Don Quijote
de la Mancha

European Masterpieces

Cervantes & Co. Spanish Classics, N° 1

MIGUEL DE CERVANTES SAAVEDRA

El ingenioso hidalgo
don Quijote de la Mancha

Edited and with notes and an index by
TOM LATHROP
Founder Member of the Cervantes Society of America
Asociación de Cervantistas
Sociedad Cervantina, Madrid

Consulting Editor
ANNETTE GRANT CASH
Georgia State University

Cover by
JACK DAVIS

Revised and corrected edition

Cervantes & Co.

Interior drawings by GUSTAVE DORÉ
From his First French and Spanish Editions
(Paris, 1863 and Barcelona, 1875)

SEVENTH PRINTING

MANUFACTURED IN THE UNITED STATES OF AMERICA

ISBN 1-58871-024-4 (paper cover)
ISBN *Don Quijote Dictionary*: 1-58871-023-4 (paper cover), also available

Table of Contents

I dedicate this edition to

HOWARD SMITH

Naval aviator in the war in the Pacific, 1944

Introduction to Students

FOR DECADES, English-speaking students like you have studied foreign-language literary masterpieces such as the *Chanson de Roland*, Dante's *Commedia*, and Camões' *Lusíadas* in editions with notes (in English) explaining the background, culture, and language of the text.

Don Quijote is the most studied foreign-language masterwork in the United States, yet there has never been—until now—an edition of it prepared for you. Our classes continue to use editions published in Spain for Spaniards. In these editions, vocabulary and syntactic structures that are difficult for English speakers go without annotation. Cultural information which educated Spanish speakers already know, but English speakers do not, is equally not annotated. This means that you are deprived of much of what you need to know in order to understand the text.

I have included several features to help you get through the text as efficiently as possible. On every page (except where chapters begin) there is a running headline telling an important detail of what is happening on that page. Lines are numbered in the left margin, and at the top of each even-numbered page the Part and Chapter number are given.

There are vocabulary glosses—10,504 in both parts—in the margin immediately opposite the line where the Spanish word to be defined appears. The Spanish words to be glossed are followed by ° (and some are preceded by ' if there is more than one word to be glossed). The same ° follows archaic or odd forms of words whose modern or common equivalents are given in the margin. Using the marginal glosses will allow you to find out meanings instantly. Since there is enough room for two or three glosses per line, marginal glosses have allowed for the definition of a great many words. If the glosses spill over onto the next line, the continuation is indented. A semicolon precedes a definition from a preceding line (see p. 378, ll. 7-9 for a good example of how the system works). Generally, a word is defined in the margin only once in any given meaning—if a word has several meanings, each one will be defined in the margin as it arises.

If too many words need to be glossed in the margin, whole phrases will be translated in footnotes. The vocabulary footnotes show the word or words that begin the phrase in boldface, followed by the meaning in italics. Footnotes—there are 3,742 notes of all types in both parts—also deal with cultural items, historical, geographical, biblical, mythological, textual, and all kinds of other references. But footnotes will *not* offer interpretations—that's for you, your class, and instructor to figure out.

The text of this book is based on the Schevill-Bonilla edition (Madrid, 1928-41, 4 vols.) which takes into account all of the early editions. Schevill-Bonilla is a conservative edition since almost every change that the editors made is set off in some way. In many ways my edition is even more conservative than Schevill-Bonilla since I frequently restore what they have changed.

Schevill and Bonilla prepared an old-spelling edition. Old spelling is an unnecessary annoyance for modern readers. For example, in Golden Age typographic norms, a *u* could represent the consonant *b*; also a *y* substituted for the *i,* so the old-spelling *yua* NATURALLY was pronounced *iba* (which is the modern spelling used in this text). An initial *h* was frequently omitted and accent marks were almost always left off—*aura* represented *habrá.* I modernize spelling only when that spelling *doesn't* affect the pronunciation of the word. I changed *ss* to s 7694 times (*assí to así,* for example), *vn* to *un* (and its variations *una, uno, unas, unos*) 3790 times, *ze, zi* to *ce, ci* 5288 times, *ç* to *z* 3134 times, *qua* to *cua* 2315 times, and *Quixote* to *Quijote* 2179 times (not to mention the other instances of *x* to *j*).[1] This represents 24,667 changes only in these six categories. There are about 50,000 additional changes in less-common categories as well.

Where modernizing the spelling *would* affect the pronunciation, I made no substantial changes. Thus *ansí* was NOT changed to *así, escrebí* was not changed to *escribí, vee* to *ve, estraño* to *extraño, podimos* to *pudimos, escuridad* to *oscuridad, eceto* to *excepto, trujo* to *trajo,* and so on. You may notice that different characters use different forms of words—it would falsify the text to change the forms. Many times you might (or *will*) think there is a typographical error in the text, when the word really represents an older variant used by Cervantes. When Don Quijote is talking in archaic style, in

---

[1] In Cervantes' time, the *x* of *Quixote* was pronounced like the *sh* of *ship* (as seen by the way the French, Portuguese, and Italians transcribed the name: *Quichotte, Quixote,* and *Chisciotte* respectively—the middle consonant is pronounced *sh* in every case). The modern *j* is the normal phonetic outcome of that old sound.

imitation of the state of the language at the time the books of chivalry which he is imitating were in fashion, none of his words has been modernized.

I have followed the typographical style of the first edition wherever possible. The look of the title page (p. 1); the way the headings of the four parts are done (p. 21 and p. 68, for example); the way the parts end with lines of a diminishing length (p. 104 and p. 218, for example); the chapter headings all in italics, with indented lines starting with the second line; the 2-line drop capital to begin each chapter; indenting all lines of a poetic stanza after the first, all follow the original edition. I have also followed the first edition's Roman numeral 4, which is always IIII.

Grammatical Notes

Cervantes is a pleasure to read. I hope his style will influence your own. The Spanish that Cervantes uses is almost modern, but there are a few grammatical items that you should be aware of so they will not confuse you. First, there was frequently an assimilation of consonants when the pronoun **le(s)** followed an infinitive (**–rl–** > **–ll–**):

> Le vino deseo de tomar la pluma y **dalle** fin al pie de la letra como allí se promete. I, 1
> *He wanted to take up his pen and end it exactly as it is promised there.*
> Fueron a despertar a don Quijote, y a **decille** si estaba todavía con propósito de ir a ver el famoso entierro. I, 13
> *They went to wake Don Quijote, and ask him if he was still of a mind to go to see the famous burial*
> Le pareció ser bien **socorrelle** con un jarro de agua. I, 17
> *It seemed to be a good idea to her to rescue him with a pitcher of water*
> No podía dejar de **fatigalles** el olfato. I, 49
> *It could not help but offend their sense of smell.*

There were also more contractions with **de** than we have today. In those days **de** could contract with pronouns:

> Sin querer hacer nueva experiencia **della**. I, 1
> *Without wanting to make a new experiment of it.*

Por haberles parecido a los autores **dellas**. I, 3
For having seemed to the authors of them.
De uno **dellos** desgajó don Quijote un ramo seco. I, 8
From one of them [the trees] Don Quijote ripped off a dry limb.
Lo que **dél** sabían. I, 44
What they knew about him.

Very frequently, Cervantes uses the past subjunctive where we would expect the conditional:

Sin duda alguna lo **hiciera**. I, 1
Without any doubt he would have done it.
Os la **pusiera** en vuestras manos. I, 52
I would put her in your hands.
No me **tuviera** yo por famoso caballero andante. I, 47
I wouldn't consider myself as a famous knight errant.
"Como si fueran de vino tinto, **pudiera** vuestra merced decir mejor." I, 37
"As if they of were of red wine, your grace could better say."
No **consintiera** que tan adelante pasaras. I, 33
I wouldn't allow you to proceed.

The future subjunctive was to disappear soon after Cervantes' time. It was formed like the past subjunctive in –**ra** but with an –**e** instead of an –**a**. It was used after **si** *if,* where modern Spanish just uses the present indicative.

Yo soy libre y volveré si me **diere** gusto. I, 44
I am free and will return if it pleases me.
Si acaso **llegare** a saberlo. I, 34
If perhaps he comes to learn it.
Si no me **contentare** la vivienda. I, 31
If I don't like the lifestyle.
Pero si yo le **hiciere**.[2] I, 21
But if I do it...

---

[2] This example also shows Cervantes' use of **le** for an inanimate direct object pronoun.

It is also used after the conjunctions and certain other expressions that nowadays are followed by a present subjunctive:

En tanto que **tuviere** vida. I, 40
As long as I have life.
Todo el tiempo que el cielo **quisiere**. I, 36
As long as heaven wants.
Corred y decid a vuestro padre que se entretenga en esa batalla lo mejor que **pudiere**. 1, 44
Run and tell your father to defend himself as well as he can in that battle.
Quien **quisiere** valer y ser rico... I, 39
Whoever wants to be worthy and rich...
Bien os dará lugar a ello el que se **tardare** en abrir la sepultura. I, 13
You will have plenty of time for it during the time it takes to open the grave
En lo que **tocare** a defender mi persona no tendré mucha cuenta con esas leyes. I, 8
Insofar as what deals with defending myself, I'll not have much use for those laws.

You may also wonder about several words beginning with **a–** that have seemed to change gender such as **el alcuza, el ausencia, el añadidura, el ayuda, el Andalucía,** and **el armada.** We are used to the feminine article **el** only before *stressed* initial **a–**, as in **el aspa** and **el ama**, but in Cervantes' time it could be used before *any* initial **a–**, as the examples have shown.

When *Don Quijote* was written, the form of address **usted** had not yet developed—nobody was called **usted**. There was the formal **vuestra merced** *your grace* which Sancho Panza, Don Quijote's squire, almost always uses with his master, and which Don Quijote frequently uses with other people. Don Quijote most often calls Sancho **tú**, the familiar form that would be used today. In between the two is **vos**, generally used with one's equals, and whose forms look like the modern **vosotros** forms. Only one character uses the rustic **voacé** form (p. 164, l. 23), which, like **vuestra merced**, is conjugated like the modern **usted** forms.

Since not everybody will read this introduction, the notions mentioned here are glossed or footnoted as well. Some glosses that appear in the material before Chapter 1 are repeated when they first are used in the chapters themselves since many will not read the preliminary material.

The Life of Cervantes

Miguel de Cervantes was the fourth of seven children. He was born on September 29, 1547 in Alcalá de Henares, a university town about 30 kms. east of Madrid. His father, Rodrigo, was a barber-surgeon. The family had little money and moved frequently. When he was three and a half years old, they moved to Valladolid, the capital, then on to Córdoba in 1553, when Miguel was seven years old. In 1564 at age 17, the family was in Seville. Next to nothing is known about Miguel's education, although it had to be both intense and broad, whether in schools or on his own. There is a record that he attended the Estudio de la Villa de Madrid for about six months when he was a rather old 20, under the humanist priest Juan López de Hoyos. Cervantes contributed four poems (one sonnet, two short poems in the *redondilla* format, and a 66 stanza long elegy written in tercets) to the obituary volume put together by López de Hoyos to honor the dead queen, Isabel de Valois.[3] Cervantes—although not noted as a poet—could handle many poetic forms adroitly, and used a large number of poetic formats in the *Quijote* (there are 45 of his poems in both parts of the book).

On September 15, 1569, an arrest warrant was issued in Madrid for Cervantes, who had wounded a rival in a duel. The warrant said that Cervantes' right hand was supposed to be cut off and he was to be in exile from Madrid for ten years. He fled to Andalucía and shortly thereafter made his way to Rome where he worked in the household of Cardinal Giulio Acquaviva, whom he may have met the previous year in Madrid. He worked only a few months for the cardinal. There he learned something of the Italian language and was initiated into Italian literature. You will see many references to Italy, and writings in Italian, in the *Quijote*, particularly the Italian continuations of the French *Song of Roland*. The *novella* of the *Curioso impertinente* (in Chapters 33-35 in Part I) is based on Italian models. In the summer of 1570, Cervantes joined a Spanish regiment in Naples and went off to war as a naval gunner. He fought against the Turks in the Battle of Lepanto

---

[3] This volume was called *Historia y relación verdadera de la enfermedad, felicísimo tránsito y suntuosas exequias fúnebres de la Serenísima Reina Doña Isabel de Valois.*

(Greece) on October 7, 1571, a critical battle on which the future of Europe as a Christian continent hinged. After another battle in Tunis, and a stay in Naples, as Cervantes was finally returning to Spain in 1575, his galley was attacked by Barbary pirates and he was taken to Algiers where he was held for five years waiting to be ransomed. His time in Algiers is reflected in the Captive's Tale (Chapters 39-41 of Part I).

Once back in Spain, twelve years after he left, he had to set about earning money, and got some work from the king. Miguel married Catalina de Salazar—18 years his junior—in 1584, in what turned out to be an unhappy marriage. They lived in Esquivias in La Mancha, where he came to know the types of people who were later to populate his *Quijote*.[4] The following year, he published the first—and, as it turns out, the *only*—part of his pastoral novel *La Galatea*, which he had been writing for a few years. The novel was not successful enough to support him for long. He liked the pastoral genre sufficiently well to write a number of pastoral narrations in the *Quijote* (starting with the 11th chapter in Part I).

For about ten years he had a job as a buyer and tax collector for the crown, and traveled all around Andalusia. His knowledge of the geography of that region is frequently seen in the *Quijote*. In 1590 he applied for one of several positions in the New World—Guatemala, Cartagena [modern Colombia], or La Paz [modern Bolivia]—but his petition was denied, for which posterity can be grateful.

In 1604 he moved to Valladolid to a house that you can visit today. Part I of his *Quijote* was all but finished by then, and was printed on the presses of Juan de la Cuesta in Madrid in 1605. It was an instantaneous success. As the printers were taking apart the typeset pages from the first printing, a second printing was urgently needed and what had been taken apart had to be re-set. Since the original royal license (the equivalent of the modern copyright) didn't include Portugal, two enterprising Lisbon printers produced

---

[4] For example, fifty years earlier the local priest in Esquivias was named Pero Pérez, and he baptized the son of Mari Gutiérrez. Pero Pérez is the name of Don Quijote's village priest, and Mari Gutiérrez is one of the names ascribed to Sancho Panza's wife. This is reported by Astrana Marín in his *Vida ejemplar y heroica de Miguel de Cervantes* (Madrid: Reus, 1948-1958, vol. IV, p. 29). It all may just be coincidence, of course, since neither name is remarkable in any way, but what is important is how Cervantes created his village folk partially based on his daily observations in Esquivias.

pirated Spanish-language editions immediately. It was reprinted in Madrid once again, this time *including* a license for Portugal. There was also an edition in Valencia. All of this publishing activity so far was in 1605! Then came foreign editions in Spanish (Part I, Brussels, 1607; Milan, 1610; and of both parts, Antwerp—there were many editions in this city, 1697; London, 1738; The Hague, 1744; Amsterdam, 1755; Leipzig, 1800-07; Bordeaux, 1804; Berlin, 1804-05; Paris, 1814; Mexico, 1833; New York, 1853), followed by translations (English, 1612; French, 1614; German, 1621; Italian, 1622-25; Dutch, 1657; Portuguese, 1794; Russian, 1769). In fact, the *Quijote* has been translated into more languages than any other work of fiction.

Now that he was well known as an author, Cervantes turned to other projects. In 1613 he published his twelve *Novelas ejemplares*, several of them being in the Italian style. In 1614 he published a long poem called *Viaje del Parnaso* in which he talks about 120 different authors. Although he had hinted at a second part of his *Quijote* at the end of Part I he waited until 1615 to finish his Part II. In the meantime, in 1614, a second author came out with his own continuation of Cervantes' book (more about this in the introduction to Avellaneda, p. xxx, since the spurious *Quijote* affected the second part greatly). Also in 1615 his *Ocho comedias y ocho entremeses* was published. Cervantes was a real fan of the theater, and in Chapters 47-48 of Part I, there is a critique of the contemporary theater. The following year, just as he was getting ready to publish *Persiles y Sigismunda*, he died on April 23, 1616.

The Maligned Genius

Ever since the *Quijote* has been annotated, every editor has pointed out that the book is filled with inconsistencies, contradictions, and errors. And it is absolutely true. You will soon see that when something—anything—is stated, sooner or later it will be contradicted. This has led footnote writers since the erudite and vituperous Clemencín in the 1830s, to proclaim that this masterwork of world literature was written by an extremely careless author who must have written at full speed without ever going over his work, and that he included hundreds of contradictions without ever realizing his terrible mistakes. That there are hundreds of inconsistencies is undeniable, but that Cervantes was a careless writer is very far from the truth.

Since there are no wholesale contradictions in his other works, the obvious conclusion has to be that Cervantes put them in the *Quijote* ON PURPOSE. But why? The answer is very simple. Cervantes' advertised objective in writing *Don Quijote* was to make fun of the ancient romances of chivalry—the old books that told tales of roaming knights in armor—so that no further romances of chivalry would be written. In this he was successful, since no new romances were written in Spanish.

In the romances that Cervantes was parodying, you will find errors and contradictions. Their authors were writing stories to entertain, and paid little attention to consistency in details. In order to imitate the romances fully, Cervantes satirized not only their content but also imitated their careless style. It's as simple as that. Far from being a defect in the book, these contradictions are really an integral part of the art of the book. No one can convince me that Cervantes, whose erudition and memory were so vast that he was able to cite, in this book alone, 104 mythological, legendary, and biblical characters; 131 chivalresque, pastoral, and poetic characters; 227 historical persons or lineages; 21 famous animals; 93 well-known books; 261 geographical locations; 210 proverbs; and who created 371 characters (230 of whom have speaking roles),[5] could possibly forget from one paragraph to the next the name of Sancho Panza's wife (yet she is called Juana Gutiérrez on p. 60, l. 19 and Mari Gutiérrez five lines later. And in Part II she is *also* called Juana Panza, Teresa Panza, and Teresa Cascajo).

So Cervantes imitated the careless style of these romances by, in a *very carefully* planned way, making mistakes *on purpose* about practically everything, and he made sure that whatever was said was eventually contradicted.

In Chapter 4, when Don Quijote makes an error in math and says that seven times nine is *seventy* three (p. 39, l. 24), some modern editors think that the typesetter has made a mistake—after all, there's only one letter different between *setenta* and *sesenta*. Far from being a typesetter's mistaken it's simply Don Quijote's error in basic math. Some editors have *corrected* Don Quijote's mistake to make it come out right, and most of those don't mention that a change had been made. When editors make those silent changes, *you* are cheated out of a great deal of charm and humor in the book.

On another occasion, Don Quijote makes a mistake when he says that the biblical Samson removed the doors of the temple. It was really the gates of the city of Gaza that Samson tore off. Cervantes inserted this error on purpose, either to show that Don Quijote's biblical knowledge was faulty, or

---

[5] These numbers come from the very organized appendices to Américo Castro's edition of the *Quijote* (México: Porrúa, 1960) prepared by José Bergúa.

to show that in the heat of excitement one's memory is not as acute as it should be. To state, as Clemencín does, that this is "nuevas pruebas de la falta de atención de Cervantes y de su inexactitud en las citas" (p. 1170 of Clemencín's Castilla edition) is ludicrous. Many, many errors that the characters make are attributed to Cervantes. The characters are capable of making their own mistakes all by themselves, and when they make them we should assign them to the characters rather than to the author.

Cervantes, as a rule, simply does not make mistakes and he's not careless either. Indeed he had to be particularly keen and creative in order to make sure everything was contradicted. Every contradiction, every mistake, every careless turn of phrase, is there because Cervantes wanted it exactly that way.[6]

A Case in Point—"Erroneous" Chapter Titles

Aside from the contradictions and inconsistencies in the text itself, Cervantes has made sure there are mistakes in the chapter titles, also in imitation of careless titles in the books of chivalry. In preparing the romances of chivalry for the press, a person who was not the author obviously has frequently supplied the chapter titles, sometimes making mistakes that the author could never make. In *El caballero del Cisne*, for example, the title of Chapter 114 says: "Cómo sus enemigos mataron el caballo del caballero del Cisne," yet the horse was not killed in that chapter.[7] What Cervantes did, although he created everything himself, was to imitate the chopping of the book into chapters, and the careless preparation of chapter titles that went along with it.

Cervantes used practically every variation possible to mess up chapter titles. One thing he did was to do exactly what the example from *El caballero del Cisne* did, which was to state in the chapter title events that happened in the story, but *not* in the chapter in question. In Part 1, chapter 10 (p. 73) the title is preposterously wrong. It says: "De lo que más le avino a don Quijote con el vizcaíno y del peligro en que se vio con una turba de yangüeses." The episode with the Basque ("vizcaíno") was just finished, and the Yanguesans don't come for five more chapters. Who could possibly fail to see this

---

[6] These ideas can be read more fully in my article "Contradictions in the *Quijote* Explained," in *Jewish Culture and the Hispanic World*, ed. Mishael M. Caspi and Samuel Armistead, published by Juan de la Cuesta in 2001, pp. 242-46. These are studies in memory of my professor at UCLA, Joseph Silverman.

[7] I thank Bruce Fitch for this reference.

amusing parody? The Spanish Royal Academy of the Language did just that in their 1780 edition, and they, "corrigiendo tan notoria equivocación," in the words of the hostile Clemencín, changed the title to: "De los graciosos razonamientos que pasaron entre don Quijote y Sancho Panza, su escudero." Exactly the same thing happens in the title to Part I, Chapter 36 (p. 297), "Que trata de la brava y descomunal batalla que don Quijote tuvo con unos cueros de vino tinto, con otros raros sucesos que en la venta le sucedieron." The "descomunal batalla" already had taken place, and everybody knows it, especially Cervantes. Many of these contradictions are far from subtle.

Another variation was to switch chapter titles around. Cervantes reversed, *on purpose*, the titles for chapters 29 and 30 of Part I. The Academy's edition "fixed" these titles so that they corresponded to what was in the chapters.

Once, there is a false start. In Part I, chapter 37 (p. 305) it says, "Que trata donde se prosigue la historia de la famosa infanta Micomicona, con otras graciosas aventuras," where "Que trata" is superfluous. In the *Tabla de los capítulos* at the end of the book, the compositors changed this to read: "Que prosigue la historia de la famosa Infanta Micomicona..."

The title for Part I, Chapter 45 (p. 369) bears the Roman numeral XXXV, *thirty five*. This can hardly be a typesetter's mistake since it is so different from the "correct" XLV. It has to be that Cervantes once again "made a mistake" on purpose. The *Tabla* DOES correct it to *Capítulo cuarenta y cinco*. It is understandable that a responsible typesetter just could not allow the chapters to be numbered 43, 44, *35*,46, 47... in the table of contents.

In the first edition there is no Chapter 43 title in the body of the Part I—that is, it jumps from Chapter 42 to Chapter 44. A title for Chapter 43 *is* listed in the *Tabla* in back of the book (p. 423). Its page number refers to the place where the poem "Marinero soy de amor" begins (p. 353). Three preceding chapters have already begun with a poem (I,1 "En un lugar de la Mancha" was a verse from a *romance*; I,14 "Canción de Grisóstomo"; I,40 a sonnet)—so this might seem a logical break if there were to be a chapter division at all. But since we are dealing with *this* work it seems best to follow the first edition and to skip directly from 42 to 44.

The chapter title for 43 as listed in the *Tabla* is unique in the way it ends: "Capítulo cuarenta y tres, donde se cuenta la agradable historia del mozo de mulas; con otros estraños acaecimientos en la venta sucedidos. *Comienza: Marinero soy de amor.*" Since compositors are supposed to set exactly what they see, it seems reasonable that they would not skip a chapter division (if one were at *Marinero soy de amor*). When the compositors were preparing the

Tabla, on the other hand, they must have been horrified to see that a heading had seemingly been left off (by the author), so they *made up* a title for Chapter 43, after they determined where they thought the chapter was *supposed to* begin. You might wonder why they didn't go back and put their made up title in the text where they said it was supposed to go. It was because the book was either already printed, or the pages were locked up and ready to be printed—you can't make a table of contents unless you know the page numbers. The printers would have had to shuffle type through the end of Chapter 51, where there is a bit of space (see folio 308ʳ of the first printing), to fit in this new title, that would represent 96 reworked or reprinted pages.

Another Case in Point—The Robbery of Sancho's Donkey

The biggest "error" in the whole of Part I is without doubt the mysterious robbery and return of Sancho's donkey. The readers of the first 1605 edition of the work suddenly found that Sancho's donkey was not only missing, but *stolen*, as he blurts out in Chapter 25: "Bien haya quien nos quitó ahora del trabajo de desenalbardar al rucio" (p. 192, l. 10). Soon, when Sancho has to do an errand for Don Quijote, he says: "Será bien tornar a ensillar a Rocinante para que supla la falta del rucio" (p. 191, l. 18). When Don Quijote asks for bandages a bit later, Sancho says: "Más fue perder el asno... pues se perdieron en él las hilas y todo" (p. 191, l. 11). And then, when Sancho calls himself an ass, he says: "Mas no sé yo para qué nombro «asno» en mi boca, pues no se ha de mentar la soga en casa del ahorcado." (p. 195, l. 29). In the next chapter, Sancho meets the priest and barber of his village and "les contó la pérdida del rucio" (p. 203, l. 15). It would seem that somewhere in Chapter 25, as many have pointed out, the donkey was stolen. Later in Chapter 29, Sancho is mentioned as being on foot: "Luego subió don Quijote sobre Rocinante... quedándose Sancho a pie, donde de nuevo se le renovó la pérdida del rucio" (p. 235, l. 19). Then, after twelve chapters with no mention either of the lost or recovered donkey, little by little, the donkey reappears. In Chapter 42, Sancho is found sleeping comfortably on his donkey's trappings, which were stolen along with the animal: "Se acomodó mejor que todos, echándose sobre los aparejos de su jumento" (p. 353, l. 16). After a few similar allusions to trappings and the donkey's halter, in Chapter 46, there is the donkey, miraculously, standing in the stable, and the innkeeper swore that "no saldría de la venta Rocinante ni el jumento de Sancho, sin que se le pagase primero hasta el último ardite" (p. 379, l. 39). And then the story continues with Sancho on his donkey and Don Quijote on his horse.

That's the way it was in the first Cuesta edition of 1605. In the second Cuesta edition of 1605, the one that included Portugal in its copyright area, we now read about the loss of the donkey in Chapter 23 (at p. 170, l. 9), and its recovery in Chapter 30 (at p. 246, l. 24). These additions have led some editors to believe that Cervantes went down to the Cuesta's print shop and corrected his huge mistake himself. Far from the truth. The way it was in the first edition was exactly as he wanted it.

I don't know who wrote the inserted sections. I suspect it was someone in the print shop, given the other "corrections" made there, but I know it *wasn't* Cervantes. I am sure of it for several reasons. On stylistic grounds, the passage which tells about the loss of the donkey uses an expression which Cervantes simply does not use. It says that "Sancho Panza... *halló* menos su rucio" (p. 170, note 10). Whenever Cervantes wanted to say 'to miss" he used "*echar* menos" and not "*hallar* menos,"[8] so the person who wrote that could not have been Cervantes.

Another important proof is *where* the new material was inserted. Flores, Allen, Hartzenbusch, Stagg, and others, all agree that the robbery should not have been in Chapter 23, where it was placed, but in Chapter 25, since there is where we first see references to it. And the recovery was stuck in the middle of Chapter 30 where it seems an intrusion. Would the author have put these added sections where they now are? Clearly not. But the added sections were never supposed to be inserted at all, as the next proof shows.

Printers in Spain and in the rest of Europe used the "corrected" second Cuesta edition as a basis for their own editions until and beyond when Cervantes' Part II came out. These included the edition in Valencia (1605), one in Brussels (1607), a new one in Madrid (1608), one in Milan (1610), and yet another in Brussels (1611). Most of the copies of the book in circulation at the time Part II came out, therefore, had the inserted sections describing the theft and recovery of the donkey.

In Chapter 3 of Part II, a new character named Sansón Carrasco arrives and says: "Algunos han puesto falta y dolo en la memoria del autor puesto que se le olvida de contar quién fue el ladrón que hurtó el rucio a Sancho,

---

[8] Both expressions were used in Cervantes' time. *Echar menos* is taken from Portuguese, where *hallar* is *achar*. The Portuguese expression *achar menos* is closer phonetically, although not semantically, to *echar menos* in Spanish.

que allí no se declara, y sólo se infiere de lo escrito que se le hurtaron, y de allí a un poco le vemos a caballo sobre el mesmo jumento, sin haber parecido." To most readers this would have been perplexing, since chances are they had copies based on the *second* Cuesta edition, where not only did they know who had robbed the donkey, since it was mentioned in Chapter 30, but once it had been robbed, the second edition also corrected several subsequent references to Sancho riding it, and put him on foot. What this means is that Sansón is basing his observation on what went on in the first edition, the one without the added sections, the only one approved by Cervantes. If Cervantes had written the inserted sections, Sansón's observation would not have been made.

In my edition, as Martín de Riquer did, I have put the added sections in footnotes where they were placed in the second Cuesta edition. But to play the game correctly, in the Cervantine way, you should pay little heed to added sections. The first edition is as Cervantes wanted, and the giant error of the robbery of the donkey is also *exactly* the way Cervantes wanted it.[9]

Marcela and Don Quijote's Mission

From Chapter 12 to 14 of Part I there is a pastoral episode in which we learn of the shepherd Grisóstomo who killed himself because the beautiful shepherdess named Marcela didn't respond to his professed love for her. The general sentiment is that Marcela is responsible for his death. At Grisóstomo's funeral, Marcela appears in order to defend herself and then disappears into the forest.

This episode is important because it undermines Don Quijote's mission as a knight errant. To understand why, you have to go back to Chapter 11, where Don Quijote gives a speech to some goatherds who have invited Don Quijote and Sancho to dine and spend the night with them in their huts. In this speech, Don Quijote explains why knights errant are necessary in the world. He explains that in the Golden Age—which was long before the plow was invented—truth, sincerity, and justice were pure; that there was no need for judges; that there were no arbitrary laws. And whereas in the Golden Age maidens could roam freely and in total security, alone and unattended, in modern times no maiden is safe, not even closed up in the labyrinth of Crete

---

[9] There is more detail on this topic in my "¿Por qué Cervantes no incluyó el robo del rucio," *Anales cervantinos*, 22 (1984), 207-12.

(p. 80, l. 21). Since maidens now need to be defended, knights errant are necessary in this detestable Age of Iron, Don Quijote says.

Now, the very first maiden that Don Quijote sees is Marcela, who declares that she was born free to live in freedom in the fields and mountains and can take perfect care of herself (her speech is from p. 101, l. 22, to p. 103, l. 33). This maiden has no need whatsoever of a knight errant—she not only wanders freely and in total security in the wilderness but also she more than ably can defend herself.

Since this first maiden that Don Quijote sees doesn't need his services, maybe he should reconsider his purpose and realize that he really has no mission in the world. But Don Quijote rarely, if ever, heeds these signs.

It is interesting to see how these episodes are structured, how one will echo or respond to a previous one. There is nothing capricious about the structure of this book. Everything is there for a purpose.[10]

The Fictional Cervantes

There is a fictional Cervantes clearly represented in *Don Quijote*, but this character has not been recognized as such. Instead, other characters have been proffered as the fictional Cervantes.

In *Don Quijote*, the most common one on the fictional Cervantes list is Cide Hamete Benengeli, the author of the Arabic manuscript from which Don Quijote's story was translated (this starts on p. 70, l. 13). Fermín Caballero said that if you make an anagram of CIDE HAMETE BENENGELI you get **Migel de Cebante,** and five letters left over.[11] Cervantes always wrote his name with a **b** instead of a **v**, which bolsters Caballero's theory. But if Cervantes had added all the missing letters of his name and called his historian something like Cide Hasmete Bernengueli, it would have been clever, but it would not have made Benengeli into the fictional Cervantes.

The reason that Cide Hamete cannot be the fictional Cervantes is partly because Cide Hamete wrote only in Arabic, and Cervantes wrote only in Spanish. Cervantes, in the real world, created a book of *fiction* called *El ingenioso hidalgo Don Quijote de la Mancha compuesto por Miguel de*

---

[10] This is more developed in my "La función del episodio de Marcela y Grisóstomo en el *Quijote*," in *Actas del VIII Congreso de la Asociación Internacional de Hispanistas* (Madrid: ISTMO, 1986), pp. 123-27.

[11] In his *Pericia geográfica de Miguel de Cervantes, demostrada en la Historia de Don Quijote de la Mancha* (Madrid: Yenes. 1840).

Cervantes Saavedra, but in the world of fiction, Cide Hamete Benengeli created a book of *history* called *Historia de Don Quijote de la Mancha, por Cide Hamete Benengeli, historiador arábigo.*

Aside from the native language problem and the names of the real and fictional versions of the work, there are other things. I cannot see Cervantes referring to himself as "that dog of an author" (p. 71, l. 21) or as a person who has a reputation for lying (p, 71, l. 10). Cide Hamete is not the fictional Cervantes.

The narrator of the story, the one who in the first line of the book doesn't remember what village Don Quijote is from, the person who later will refer to himself as the *segundo autor*, is the second candidate for the fictional Cervantes. Américo Castro, in his article "Cide Hamete Benengeli: el cómo y el por qué," published in the Paris journal *Mundo nuevo* (Number 8, 1967, p. 6), states that: "En Toledo halló Cervantes el original de su obra mayor." This is absolutely astonishing to me, especially in the light of who said it. Did the real Cervantes plunge into the world of fiction and there purchase that famous Arabic manuscript? Don Américo is here equating Cervantes—the man of flesh and blood—with the book's un-named narrator whom he has dubbed "Cervantes" and whom he doubtless believed to be the *fictional* Cervantes.

Jay Allen refers to the narrator as Cervantes' fictional self in *Don Quijote: Hero or Fool* (Gainesville: University of Florida Press, 1969, p. 11). "This fictional Cervantes is not a simple copier but a dedicated researcher," he says. The narrator cannot be the fictional Cervantes. In order for it to be so, he would have to know the same things, look like, and be like the author. We have no information about what the narrator looked like, but we *do* know a few things about how the narrator worked, his attitudes, and what he could find out, and these do not equate him with Cervantes. Here is one example: the narrator could never find out what the hero's last name was, no matter where he looked, yet if Cervantes himself were the narrator it would be within his province to assign a last name, without archives and without research of any kind. Instead, Cervantes opted to create a *character* who could never locate what the elusive name might be. The narrator is not the fictional Cervantes.

Another candidate for the fictional Cervantes is don Quijote himself. It is true that Cervantes' age "frisaba con los cincuenta años" (p. 21, l. 18), and he was concerned with literature, just like his hero, but novels of chivalry didn't drive him mad, they only *made* him mad. There is a biography of

Cervantes called *The Man who was Don Quixote*, in which Rafaello Busoni approximates Cervantes to Don Quijote through manipulation of facts and a fanciful imagination (Englewood Cliffs: Prentice-Hall, 1958). Interesting reading, but far from true. In *Man of la Mancha*, Dale Wasserman also equates the two. It's a terrific musical play, but it has little to do either with Cervantes or Don Quijote.

Here, finally, is a good example of a fictional representation of Cervantes. When Don Quijote's library is being scrutinized for heretic books, the priest, talking about *La Galatea*, says: "Es grande amigo mío este Cervantes, y sé que es más versado en desdichas que en versos" (p. 55, l. 22). This Cervantes appears real, of course, because we know his name, we know that the real *Galatea* is his, and we know something about his life's troubles. But—and this is important—since the priest never lived in the real world but rather in the fictional one, it stands to reason that any friend of his, including that Cervantes whom he mentioned, would have to be fictional, too. We are also talking about a fictional *Galatea*. This Cervantes is a fictional Cervantes, but a minor one.

On a second occasion, in the Captive's Tale, we learn of an imprisoned soldier with the name "tal de Saavedra" (p. 327, l. 23). Annotators comment that "Éste es el mismo Cervantes" or "Aquí Cervantes se refiere a sí mismo." But Cervantes has not put himself into the novel, but rather a *fictional* representation of himself. Cervantes was imprisoned in the real Algeria, the "tal de Saavedra" was imprisoned in the Algeria of fiction, where he was seen by the Captive. Although the reference is fleeting, this is a second example of a fictional Cervantes.

These two examples are just minor representations of a fictional Cervantes. The principal fictional Cervantes is the person who speaks in the prologue of Part I. Howard Mancing, in his book *The Chivalric World of* Don Quijote (Columbia: University of Missouri Press, 1982, p. 192), says: "No one, to my knowledge, doubts that the 'yo' of the prologue is anyone other than the person referred to on the title page... Miguel de Cervantes." But *I* doubt it. This person—this *character*—is not Miguel de Cervantes from the title page (that's the *real* one), but rather a fictional representation of Cervantes, a character created by Cervantes as another element in his fiction.

What has tricked us about Cervantes' prologue is that it really sounds like the author's own voice before his narrator takes over when the novel begins. In this ironic introduction we see a perplexed author not knowing how to make his book more acceptable or more learned owing to his feeble intellect.

All of a sudden, an unnamed friend pops in and tells him what to do. Did someone really visit Cervantes when he had his pen behind his ear, his elbow on his desk, and his cheek in hand, and give to him the advice recorded in the prologue? No, of course not—it is all fiction.

Many people have been fooled by this prologue. Francisco Vindel, in his long-forgotten radio broadcast of April 27, 1934, called "Cervantes, Robles y Juan de la Cuesta," actually set out to prove who this mysterious caller was who visited Cervantes in that impromptu and providential fashion. Vindel tells us that it had to be Francisco de Robles, the bibliophile bookseller in whose shop *Don Quijote* would soon be sold. Who knows, maybe Robles did in fact inspire that character, but it does not make that character the real Robles.

We have all pitied Don Quijote because the poor crazy fellow believed that the fictional knight Amadís de Gaula really existed, really lived, and really engaged in eternal battles in real life. We are sorry for Don Quijote because he confused fiction with reality—he could never tell what was real, what was fiction, or what was his own imagination.

Many also fail to make this same distinction between what is fiction —which is everything that happens in *Don Quijote*—and real life, by assigning real person, Miguel de Cervantes, to different roles in that book—the narrator, the Arabic historian, the "segundo autor," and/or the protagonist himself. Real people cannot act in works of fiction, although fictional representatives of themselves can. The only true fictional Cervantes is the one who speaks in the Prologue of Part I, and this one is light years away from being the real Cervantes.[12]

The Arabic Manuscript

In the real world Cervantes created a book called *El ingenioso hidalgo don Quijote de la Mancha*. He created all of the characters, including the narrator. The first eight chapters of the book—within the reality of its fiction—were prepared by our unnamed narrator. As Chapter 8 ends, Don Quijote is in a furious battle with a raging Basque. Don Quijote has resolved to venture everything on one slash of his sword, and he begins his attack with his sword raised high. At this exact point, amazingly, the narrator's research

---

[12] This is more fully developed in my "El Cervantes ficticio" in *Hispanica Posnaniensia*, 1 (1990), 66-73, and, in a different version, in my "The Fictional Cervantes," in *Ingeniosa invención: Essays on Golden Age Literataure for Geoffrey L. Stagg in Honor of his 85th Birthday*, published by this press in 1999, pp. 251-57.

could turn up nothing further, not even how the battle came out a few seconds afterward. Some time later, our narrator is in the market in Toledo and there sees a boy selling notebooks written in Arabic. He can't read that language, but takes one of them and finds someone who can translate for him. It turns out, astoundingly, that the manuscript is the story of Don Quijote. The narrator discovers this because the translator recites something that caught his eye in the margin: "Esta Dulcinea del Toboso, tantas veces en esta historia referida, dicen que tuvo la mejor mano para salar puercos que otra mujer de toda la Mancha" (p. 70, l. 7). This work, unlike the title of our book in the real world, is called (in translation) *Historia de don Quijote de la Mancha, escrita por Cide Hamete Benengeli, historiador arábigo*. In the world of fiction, our book was written by an Arabic-speaking author. In the ancient books of chivalry, frequently the authorship of the book is attributed to a foreign source: thus, within the reality of the fiction created by their real-world authors, *Don Cirongilio de Tracia* was written originally in Latin by an author named Elisabad; *Las Sergas de Esplandián* was written in Greek by Frestón; *El caballero de la Cruz* and *Las guerras civiles de Granada* were written in Arabic, and translated into Spanish. So the story of Don Quijote continues this tradition. Cide Hamete Benengeli is an author of the wizard enchanter type, like Frestón and Elisabad, just as Don Quijote predicts he has to be, otherwise he could not be omniscient, that is, otherwise he could not relate what Don Quijote and Sancho say when they are alone in the wilderness.

On the first page of this Arabic manuscript there is a miniature showing Don Quijote with his sword raised. Underneath him is a caption that says DON QUIJOTE and under Sancho there is one that says SANCHO ZANCAS, because "que con estos dos sobrenombres le llama algunas veces la historia" (p. 71, l. 4). It is a remarkable coincidence that Cide Hamete's manuscript begins at *exactly the same point* at which our narrator's research failed him, with Don Quijote attacking the Basque.

When you continue reading the book, you will never see that comment about Dulcinea salting pork anywhere in the book, and you will see that Sancho is always called Panza and never Zancas. What this means simply is that our narrator, who promised a faithful translation from Arabic into Spanish, has edited and changed his translated text, and has even omitted certain things. This leads us to wonder how reliable the finished text is. It is one of Cervantes' artistic triumphs that through these levels of narration we can perceive clearly the presence of Cide Hamete's manuscript and at times we can even reconstruct what the manuscript must have said.

Sometimes Cide Hamete is cited directly, so there is no question about his exact words. One time he says: "Juro como un católico cristiano" (Part II, Chapter 27, p. 605, l. 6), and another time: " '¡Bendito sea el poderoso Alá! dice Hamete Benengeli al comienzo de este octavo capítulo, '¡Bendito sea el poderoso Alá!' repite tres veces" (Part II, Chapter 8, p. 482, l. 6). There are longer direct quotes, as well, for example when Cide Hamete speaks of Don Quijote's bravery (Part II, Chapter 17, p. 538, l. 28) and his poverty (Part II, Chapter 44, p. 699, l. 16), but the ironic thing about these direct quotes is that none of them furthers the story in any way.

The narrator also cites Cide Hamete through indirect discourse. For example, in Part II, Chapter 1 (p. 431, l. 6), we see: "Cuenta Cide Hamete Benengeli en la segunda parte desta historia, y tercera salida de don Quijote que el cura y el barbero se estuvieron casi un mes sin verle..." which indicates that Cide Hamete's manuscript said simply (in Arabic, of course): "El cura y el barbero se estuvieron casi un mes sin verle..." Here is another example of many: "Cuenta Cide Hamete que estando don Quijote sano de sus aruños..." The Arabic manuscript would have said: "Estando don Quijote sano de sus aruños..." (Part II, Chapter 52, p, 748, l. 4).

Many times the narrator wants to emphasize that something said is Cide Hamete's declaration and not his own. For example, at one point the text says that Sancho is unusually charitable, and the narrator wants us to know that Cide Hamete said it, and not himself: "Como él (según Cide Hamete) era caritativo a demás..." (Part II, Chapter 54, p. 759, l. 31), so we can be reasonably sure that Cide Hamete said: "Como él era caritativo a demás..."

One thing the narrator cannot stand is Cide Hamete's inexactitude in matters of flora or fauna. Where Cide Hamete has given a generic term, our narrator likes to provide an appropriate specific term. Where Cide Hamete must have said: "Así como don Quijote se emboscó entre unos árboles..." our narrator has "Así como don Quijote se emboscó en la floresta, encinar o selva..." (Part II, Chapter 10, p. 492, l. 14). Where Cide Hamete must have written: "Yendo fuera de camino, le tomó la noche (a don Quijote) entre unos espesos árboles..." our narrator changes it and then adds a comment: "Yendo fuera de camino, le tomó la noche (a don Quijote) entre unas espesas encinas o alcornoques, que en esto no guarda la puntualidad Cide Hamete que en otras cosas suele..." (Part II, Chapter 60, p. 793, l. 11). And again: "Don Quijote, arrimado al tronco de un árbol, cantó desa suerte..." but our narrator writes: "Don Quijote, arrimado al tronco de una haya o de un alcornoque (que Cide

Hamete Benengeli no distingue el árbol que era), cantó desa suerte..." (Part II, Chapter 68, p. 837, l. 17). What difference does it make what kind of tree it was? Our narrator insists on supplying details that do not affect the substance of the story.

When three country girls arrive on their mounts, Cide Hamete doesn't mention what kind of animals they are riding, so our narrator proposes what they might be: "Venían tres labradoras sobre tres pollinas, o pollinos, que el autor [= Cide Hamete] no lo declara, aunque más se puede creer que eran borricas..." (Part II, Chapter 10, p. 494, l. 31). Cide Hamete must have said: "Venían tres labradoras sobre tres bestias..." but again, what difference does it make? Our narrator insists on exactitude where none is called for.

The Arabic manuscript is present and almost within reach throughout the book. And there is a huge contradiction involving that manuscript as well. At the end of Part I, in Chapter 52, Cide Hamete's manuscript runs out. There is nothing more left, and our narrator regrets he can find nothing else: "Pero el autor[13] desta historia, puesto que [= aunque] con curiosidad y diligencia ha buscado los hechos que don Quijote hizo en su tercera salida, no ha podido hallar noticia de ellas, a lo menos por escrituras auténticas..." (p. 415, l. 15). Then when Part II begins, it starts with a quote you have already seen: "Cuenta Cide Hamete Benengeli en la segunda parte desta historia, y tercera salida de don Quijote..." You figure it out!

The Secular Clergy

In the *Quijote*, soon after the visionary gentleman himself is introduced, we meet Pero (= Pedro) Pérez, the village priest. Our priest never engages in the ordinary work of priests (except once, in Chapter 74 of Part II, p. 862, l., 24). He never says a single mass in the whole book, nor does he even say he has to prepare for one, write a sermon, hasten off to hear confessions, or anything of the kind.

It is equally strange that Don Quijote himself never says that he has to go to mass, that he needs to confess, that he needs a blessing, that he requires spiritual advice. A Christian knight, which is what Don Quijote professes himself to be, you should think at least, would be in constant need of the services of a priest. When Don Quijote, or anyone else for that matter, eats, no matter in the open wilderness or in sumptuous banquets, it is strange that

---

[13] Now, our narrator, the *segundo autor*, calls himself the "author."

no one ever says a blessing.

But what does Pero Pérez *do* to pass the time if he doesn't engage in religious matters? We find out the instant he is mentioned for the first time in the book: "[Don Quijote] tuvo muchas veces pendencia con el cura de su lugar... sobre cuál ha sido mejor caballero: Palmerín de Ingalaterra o Amadís de Gaula" (p. 23, l. 3). What the priest does most of the time is to engage in literary discussions about secular literature. He never even *mentions* religious literature—the Bible, lives of the saints, missals, prayer books, and so on. He is very astute in his valuations of secular literature and seems to have been a voracious reader in most areas.

The priest makes certain odd interjections throughout the book. At one point he makes a pagan exclamation: "Desde que Apolo fue Apolo..., tan gracioso ni tan disparatado libro como ése no se ha compuesto" (p. 54, l. 28). Why Apolo? Why not a biblical figure? Because this priest never thinks of religious matters, never considers religious sources. He is plainly obsessed with secular life and secular literature.

In Chapter 32 of Part I (p. 257, l. 10), our priest engages in a discussion of books of chivalry with an innkeeper who has just brought out a suitcase containing books of chivalry and history, and the priest astutely explains to him the difference between fiction and non-fiction. In Chapter 47 of Part I we meet the canon of Toledo (a canon is a priest who serves in a cathedral). The canon is taken aside by Pero Pérez and told of Don Quijote's craziness. This canon states that "He leído... el principio de todos los libros de caballerías... [pero] jamás me he podido acomodar a leer ninguno de principio al cabo" (p. 386, l. 25), yet he seems to know them better than that. The canon goes on to say that he has thought, not of writing a *religious* work, but of writing a book of chivalry, and in fact has already written two hundred pages of one, and the people who've read it like it. Our priest, talking about modern plays, thinks them bad, not on religious grounds, but because they don't follow the precepts of the *comedia,* "espejo de la vida humana, ejemplo de las costumbres y imagen de la verdad." Couldn't he, as a man of the cloth, have found a better illustration for these traits—Christ, for example?

The Avellaneda Affair

In 1614, when Cervantes was on the way to finishing his Part II of the *Quijote* something astounding happened. It seems that in the unlikely city of Tarragona a second part of *Don Quijote* was published, written by a mysterious fellow named Alonso Fernández de Avellaneda[14] who claims he is from Tordesillas. Cervantes was furious because Avellaneda's work had appeared before his own second part, because Avellaneda neither possessed Cervantes' inventiveness nor remotely understood the psychological subtleties of Cervantes' Don Quijote and Sancho, and maybe especially because of several insults that Avellaneda hurled at him in the Prologue, dealing with his age and maimed hand.[15]

Avellaneda himself didn't think that he was doing anything out of the ordinary. It was fairly common—and still is, for that matter—for a second author to continue a work by another. Avellaneda cites some examples of this practice in the Prologue to his *Segundo tomo del ingenioso don Quijote de la Mancha, que contiene su tercera salida y es la quinta parte de sus aventuras.* He says: "¿Cuántos han hablado de los amores de Angélica y de sus sucesos? Las *Arcadias*, diferentes las han escrito; la *Diana* no es toda de una mano" (see Riquer, p. 10). It is true that the amorous adventures of Ariosto's Angelica were continued by two Spanish authors, one of them being Lope de Vega.[16] And that same Lope wrote his own *Arcadia* in imitation of Sannazzaro's *Arcadia* (1598) of almost a century earlier. There are two continuations of Jorge de Montemayor's *La Diana.* Many modern critics hold Gil Polo's continuation in higher esteem than Montemayor's original.[17]

Avellaneda didn't consider it improper to write his own sequel to Cervantes' work so soon after the publication of the original. After all, both continuations of *La Diana* came out in 1564, just five years after Montemayor's original, and Avellaneda had waited nine years. Aside from that, Cervantes had given every indication that he was never going to continue the *Quijote.* What were some indications of this? The title page of the 1605

---

[14] Avellaneda is mysterious because this book is the only reference to him *anywhere.* Scholars have proposed that this was just a *nom-de-plume,* but no one has been able to identify the man behind the name.

[15] See Martín de Riquer's Clásicos Castellanos edition (Madrid: Espasa-Calpe, 1972), vol. I, pp. 8 and 10. All references to Avellaneda will be from this edition.

[16] Barahona de Soto published *Las lágrimas de Angélica* in Granada (1586), and Lope published his *La hermosura de Angélica* in 1602. These works are based on Angelica, a major character in Ludovico Ariosto's *Orlando Furioso* (1532).

[17] Indeed, the priest in the *Quijote* shares this opinion. In Part I, Chap. 6, p. 54, he says that they should not burn Montemayor's *Diana,* and that Gil Polo's "se guarde como si fuera del mesmo Apolo" (l. 28). The other continuation is by Alonso Pérez.

edition read simply *El ingenioso hidalgo don Quijote de la Mancha, compuesto por Miguel de Cervantes Saavedra,* and said nowhere that this was just the first of two volumes.[18] Even the division of the *Quijote* into four parts—reflecting the organization of *Amadís de Gaula* appeared to add evidence that Cervantes considered his work complete.

At the end of the book the original readers learned, perhaps to their dismay, that there really could be no sequel to *Don Quijote* because no authentic information about his third expedition could be found, although tradition held that he went to Zaragoza to compete in a tournament there.[19] The hopes of those who longed for a continuation of Cervantes' work diminished with each passing year, especially since Cervantes had turned his attention to *other* projects. In 1613 he published his *Novelas Ejemplares*; in 1614 he published his long poem, *Viaje del Parnaso*; and in 1615, about the same time that Part II of the *Quijote* came out, he published his *Ocho comedias y ocho entremeses nuevos nunca representados.* But until he published his *Novelas*, eight years after the appearance of *Don Quijote,* there was no indication that he would publish ANYTHING ever again, much less a sequel to his *Don Quijote.*

Cervantes himself fueled the flames of doubt about a sequel in the very last line of the *Quijote,* which is a subtle dare, a challenge to *another* author to continue Don Quijote's adventures. It is a slightly modified verse from Canto 30 of Ariosto's *Orlando Furioso,* which reads, "Forsi altro canterà con miglior plectro" 'perhaps someone else will sing with a better plectrum (or *pen,* as Cervantes later interpreted this line).'

Since Cervantes hadn't published his own second part; since he dared someone else—*anyone* else—to take up his pen; and since so much time had gone by, Avellaneda accepted the challenge and wrote a continuation. In this book—and what could be more natural?—he sends Don Quijote to Zaragoza to participate in the jousting tournament, taking the itinerary from the end of the 1605 *Quijote* (Chap 52, p. 415, l. 23). At the end of the book, this second Don Quijote winds up in the crazy house in Toledo. Then Avellaneda—

---

[18] I mention this because Cervantes' first book, *La Galatea* (1585) states on the title page that it's just the *first part* of the work. Had he intended to write a second part of the *Quijote* wouldn't he have said so on the title page, as he did with *La Galatea*? At least this is an impression one could have gotten.

[19] See Part I, Chap. 52, p. 415, ll. 22-25.

following *exactly* what Cervantes had done at the end of his book— suggested an itinerary for a future author to take up. He said that when Don Quijote got out of the asylum, he took on a new squire—a young lady, and pregnant as well, of all things—and went to have adventures in Ávila, Salamanca and Valladolid. He then invited yet another author to continue Don Quijote's adventures, echoing Cervantes' original dare, saying that the knight's adventures would not lack "mejor pluma que los celebre" (Riquer, vol. III, p. 130). No one took up this challenge.

Since he had not yet quite finished his own second part, Cervantes, with pen in hand, had ready means with which to discredit and even conquer his foe. I would like to trace here what he did, step by step, so you can see how his method developed to destroy both Avellaneda and his characters.

Almost everybody says that Cervantes learned of the Avellaneda continuation while he was writing Chapter 59 of his own second part, because that is where the spurious version is first mentioned.[20] Of course, there is no reason to believe that the instant Cervantes heard of Avellaneda's book he lashed out against it. He could have found out many chapters earlier, and continued with his original game plan while he figured out what to do, then, finally, in Chapter 59, adopted the plan of how to combat Avellaneda.

So in this Chapter 59, a certain Don Jerónimo and Don Juan come to the inn where Don Quijote is staying, and Don Quijote happens to overhear Don Juan suggest that they read another chapter from the *Segunda parte de Don Quijote de la Mancha*. Needless to say, this information startled Don Quijote. But when he hears that the book in question claims that Don Quijote is no longer in love with his lady Dulcinea (such was indeed the case in Avellaneda's continuation), he flies into a rage and announces that *he* is Don Quijote, and that he is still very much in love with Dulcinea. The two men seem to recognize instinctively that our Don Quijote is indeed the real one, and that the one described in their book has to be a FICTIONAL entity who has merely been assigned the same name as the real person now in their presence.

The result of this astounding news is, of course, that Don Quijote resolves never to go to Zaragoza, his original destination, but to go to Barcelona instead. At this point Cervantes' stance is that his own characters are real and that Avellaneda's are pure fiction. But no one, not even Cervantes, can combat fictional entities. He had to make Avellaneda's characters real before

---

[20] See p. 789, l. 24.

he could attack them.

Two chapters go by before we hear of the false Don Quijote again. When Don Quijote enters Barcelona, he is welcomed as the REAL Don Quijote, and "no el falso, no el ficticio, no el apócrifo, que en falsas historias estos días nos han mostrado" (Chap. 61, p. 803, l. 7). Even here, Avellaneda's hero is still pure fiction, still nothing more than the hero of a novel, a figment of someone's imagination.

Then something very strange happens. In the next chapter Don Quijote is wandering around Barcelona and he comes across a book printer. One of the books that they are putting together is none other than the *Segunda parte del ingenioso Hidalgo don Quijote de la Mancha, compuesta por un tal vecino de Tordesillas* (Chap. 62, p. 812, l. 16), which Don Quijote says he recognizes and lets it go at that. It seems very odd that Cervantes would create a new edition of his rival's book since two editions in two years in two different cities would seem to indicate that Avellaneda's book was very popular indeed. This is far from the case since the second edition of Avellaneda came out in real life 118 years later (during which time 37 editions of Cervantes' *Quijote* were published).

Let me digress for a moment to explain why Don Quijote discovers Avellaneda's book in Barcelona. Whereas Don Quijote himself just looked at Avellaneda's book for a few seconds in Chapter 59, Cervantes read it carefully.[21] In doing so, he noticed similarities in typography, decorations, and typographic style, not with books printed by Felipe Roberto, the fellow from Tarragona who is listed as the printer of Avellaneda's book, but rather with books printed by Sebastián de Cormellas in Barcelona.[22] Cervantes would have known books from the presses of Cormellas well since Cormellas had

---

[21] For example, in Cervantes' Part II, Chapter 62 (p. 804, l. 23), don Antonio, who is Don Quijote's new friend and host in Barcelona says to Sancho at the dinner table: "Acá tenemos noticia, buen Sancho, que sois tan amigo de manjar blanco y de albondiguillas, que si os sobran, las guardáis en el seno para el otro día." Don Antonio confuses our Sancho with the other Sancho that he read about in Avellaneda. The other Sancho did love meatballs and creamed chicken breasts and stored the leftovers exactly as don Antonio said. Only those few people who knew Avellaneda's book would recognize this reference, but through this allusion Cervantes was able to show that he had studied his rival's book.

[22] This was well proven by Francisco Vindel in his *La verdad sobre el falso Quijote* (Barcelona: Babra, 1937).

produced several books of interest to Cervantes.[23] So the reason Don Quijote has found Avellaneda's *Quijote* being printed in Barcelona is that Cervantes was, in a subtle way, telling us that he knew that the False *Quijote* wasn't printed in Tarragona at all, but rather in Barcelona.

In Chapter 70, when one of the young ladies that Don Quijote has met, named Altisidora, seemingly returns from the dead—and she had made up all of this, of course—, she says that she saw devils at the gates of hell playing a game resembling baseball, but instead of using balls, the devils were swinging at books. One of the volumes that they were playing with was brand new, that is, *never read*, and when it was hit, it flew to pieces. " 'Mirad qué libro es ése.' Y el diablo le respondió, 'Ésta es la *Segunda parte de la historia de don Quijote de la Mancha,* no compuesta por Cide Hamete, su primer autor, sino por un aragonés, que él dice ser natural de Tordesillas.' 'Quitádmele de ahí,' respondió el otro diablo, 'y metedle en los abismos del infierno, no le vean más mis ojos.' '¿Tan malo es?' respondió otro. 'Tan malo,' replicó el primero, 'que si de propósito yo mismo me pusiera a hacerle peor, no acertara' " (Chap. 70, p. 845, l. 38). What a terrible indictment! It is no wonder that hardly anybody has ever read the false *Quijote.* This seems to have been Cervantes' intention in lambasting the book in this way.

But it is in Chapter 72 where Cervantes creates the *dénouement* of the Avellaneda Affair, and the result is truly a brilliant coup. In that chapter, our Don Quijote meets Don Álvaro Tarfe—who is the most important supporting character in Avellaneda's story—at an inn. When Don Quijote asks him if he is the same one written about in a book, Don Álvaro says, "El mismo soy... y el tal don Quijote, sujeto principal de la tal historia, fue grandísimo amigo mío" (Chap. 72. p. 853, l. 33). Álvaro Tarfe later signs an affidavit, at Don Quijote's request, that he had never seen our Don Quijote before and that he—our Don Quijote—was not the one who appears in the second book.

So, now Cervantes' thrust has changed. We had thought, or had been led to believe ever since we heard of the spurious volume in Chapter 59, that Avellaneda's creation was purely a work of *fiction*, that his Don Quijote and Sancho were nothing but *characters in a book*, while our Don Quijote was a

---

[23] For example, he printed *La Araucana, Guzmán de Alfarache,* Lope de Vega's *Arcadia*, his *El peregrino,* and several volumes of Lope's plays; and even a book about *El pez Nicolao,* which Don Quijote refers to in Part II, Chapter 18 (p. 544, l. 27) when talking to the young poet, don Lorenzo.

real person (all this, of course, within the framework of Cervantes' own fiction). But now that Álvaro Tarfe enters Cervantes' book in the flesh and says he knew the other Don Quijote, we are forced to believe that there really was a second Don Quijote and a second Sancho wandering about Spain, exactly as Avellaneda had described, and that they really had gone to Zaragoza for the jousts, and that the other Don Quijote was now locked up in the Toledo insane asylum. Avellaneda's Don Quijote and Sancho then have become as real as Don Quijote and Sancho in Cervantes' *own* book. He has brought them to life and given them eternal fame. At the same time he has cast them into eternal oblivion since so few read Avellaneda's book because Cervantes was so convincing about how terrible the book is.[24]

Now that he has destroyed Avellaneda and his work, Cervantes is going to change Avellaneda's characters back into entities of fiction. When Don Quijote is dictating his will, he declares that if his executors should ever meet Avellaneda, they should "de mi parte le pidan, cuan encarecidamente ser pueda, perdone la ocasión que sin yo pensarlo le di de haber escrito tantos y tan grandes disparates como en ella escribe" (II, 74), meaning that his own *real* exploits caused Avellaneda to compose these "foolish things"—that is, fiction.

There are other less obvious, but important ways that Avellaneda's book affected Cervantes' second part. Up to the final chapter of Part II, Cervantes never revealed what Don Quijote's real name was. I am convinced that he never would have either—given the vagueness and contradictory information about his name—had the false *Quijote* not been published. We learn early on in Avellaneda's book that his Don Quijote's real name is Martín Quijada, and that his niece is named Madalena. Knowing this, Cervantes names his hero Alonso Quijano el Bueno[25] in his final chapter, and the niece is named Antonia Quijana. Don Quijote's housekeeper, who appears frequently in Cervantes's book, is never given a name in Avellaneda's book either, so she is not assigned a name in the final chapter of Cervantes' Part II either. Thus, the pattern of vague or non-existent names—a real part of Cervantes book—is destroyed.

---

[24] But in all fairness, Avellaneda's book really isn't as bad as Cervantes makes it out to be.

[25] The reason that he is **el Bueno** is that Avellaneda's hero is Don Quijote **el Malo**. In Part II, Chap. 72, p. 854, l. 23, don Álvaro says: "Tengo por sin duda que los encantadores que persiguen a don Quijote **el bueno**, han querido perseguirme a mí con don Quijote **el malo**."

We were also more or less led to believe in Part I that Don Quijote's village was Argamasilla, since that was the town where all those academicians who wrote epitaphs to Don Quijote's tomb were from (Part I, Chap. 52, pp. 416-18). That is, of course, why Avellaneda chose to make Argamasilla (which he always erroneously calls Argamesilla) Don Quijote's village. At the end of Cervantes' Part II, we are told that Cide Hamete did not tell us the name of Don Quijote's village so that all of the towns of La Mancha could contend among themselves for the right to claim him as their own (Part II, Chap. 74, p. 964, l. 37). But there is ONE village in La Mancha which can *never* claim the real Don Quijote, and that is precisely Argamasilla, because we know for a fact that the impostor Don Quijote is from that village, and if the real Don Quijote had also been from Argamasilla, he would have surely known that he had a neighbor, a certain Martín Quijada, who was masquerading as himself.

The last item I want to mention is Don Quijote's death. Because of Avellaneda and his dare to another author to keep Don Quijote's adventures going through yet another continuation, Cervantes realized that he had to have his hero die at the end of the book so that no one else could try to continue his own hero's adventures. No one knows exactly how Cervantes' Part II would have ended were it not for Avellaneda, but there is a good chance that Cervantes would have otherwise just had him return home and retire there. It is sad that Avellaneda's book seems to have caused the death of Don Quijote.

I confess that I have plenty more to say about this book, but I will get off my soap box and let you come to your own conclusions. This is a book that everybody has strong opinions about. You may have some thoughts quite different from your friends and teachers. That is fine and is to be expected. If you can justify your interpretations with evidence from within the book, they are legitimate. But keep in mind that everything is contradicted, so the people you argue with may have different and even opposite interpretations, but equally justified. I continue to enjoy disagreeing with everybody about this book, not to be contumacious, but because I am convinced I am right. And many of my friends enjoy disagreeing with me, too, not to be contumacious, but because they think *they* are right. It's a lot of fun.

Life Magazine

In the Fall 1997 number, *Life* lists its choices for the hundred great events

and the hundred greatest people of the millennium. *Don Quijote* rates as N°
97 on the great events list. The only other literary monuments on the list are
the Japanese *The Tale of the Genji*, considered the first novel, 1008 A.D. (N°
83 on the list), and Shakespeare's *Hamlet* (N° 35).

Editions used

Aside from the Schevill-Bonilla edition and the original 1605 Juan de la
Cuesta printing (in the photographically-reproduced edition done from a copy
that the Hispanic Society of America has),[26] I turned frequently to other
editions: Vicente Gaos' new edition of the *Quijote* is excellent textually and
has very complete and very useful footnotes (Madrid: Gredos, 1987, 3 vols.).
Juan Ignacio Ferreras also has very informative notes (Torrejón [Madrid]:
Akal, 1991, 2 vols). I used this one a lot, too. While I was preparing this
edition, the brand new edition of the *Quijote* done in Barcelona (Galaxia
Gutenberg, 1998), by Silvia Iriso and Gonzalo Pontón, and presented by
Francisco Rico, came out. This edition neatly resolves lots of problems.
Robert Flores settles a number of problems in his old-spelling edition
(Vancouver: University of Vancouver Press, 1988). I also used Martín de
Riquer's original edition (Barcelona: Juventud, 1955) in which all of my
college notes are written, and his more reliable later edition (Barcelona:
Planeta, 1980). I consulted Luis Murillo's edition (Madrid: Clásicos Castalia,
1987, 3 vols.), John Jay Allen's edition (Madrid: Cátedra, 1977, 2 vols.), Juan
Bautista Avalle Arce's edition (Madrid: Alhambra, 1979, 2 vols.), Joaquín
Casalduero's (Madrid: Alianza, 1984, 2 vols.), and Américo Castro's (Mexico
City: Porrúa, 1960. I know all of the modern editors except Juan Ignacio
Ferreras, Silvia Iriso, and Gonzalo Pontón, and I hope to meet them soon.
Among the classical editions, I consulted Francisco Rodríguez Marín's ten
volume set (Madrid: Atlas, 1947-48) and the learned and merciless one by
Diego Clemencín whose commentary exceeds the length of the *Quijote* (the
modern edition is published by Castilla [Madrid, no year mentioned]). I have
also used Covarrubias' *Tesoro de la lengua castellana o española* in Martín
de Riquer's edition (Barcelona: Horta, 1943), and the *Diccionario de la
Lengua Española en CD-ROM* of the Real Academia de la Lengua (Madrid:

---

[26] The Royal Academy of the Language has also published its own photographically-reproduced edition, and there is now one on the Internet at http://www.
intercom.es/intervista/quijote/).

Espasa Calpe, 1995).

A new edition of the *Quijote,* directed by my friend Francisco Rico (Instituto Cervantes–Crítica, 1998), came out after my work on this project was finished. Volume I is the text, with *really good* notes by Joaquín Forradellas. Volume II is just as large, and has all kinds of complementary information. The project is accompanied by the text on CD, which is most useful for searches. If you want to invest in only one scholarly edition of the *Quijote*, this is the one to get. It is a most amazing work. I have used some of Rico's solutions to some thorny problems starting with the fifth printing.

Once in a while it was useful to see what the translators had to say. I used the former Norton Critical Edition version of Ormsby (1981), revised by my old friend Joseph R. Jones; the version by my professor, Walter Starkie (Signet Classic, 1964); the Putnam translation (Modern Library, 1949); and Robinson Smith (Hispanic Society of America, 1932).

Acknowledgments

I am indebted to several people who have contributed to this project. First, to my UCLA professor of *Don Quijote,* J. Richard Andrews, emeritus at Vanderbilt University. I also owe a great debt to my longtime friend Dan Eisenberg, emeritus at Excelsior College, who put the idea to do this edition into my head, and who made the good suggestion that no interpretive footnotes be given. I am very grateful to my wife Connie, who gave me a copy of the first full-sized Spanish edition of the *Quijote* with all of the Gustave Doré illustrations (Barcelona: Imprenta y Librería Religiosa y Científica del Heredero de don Pablo Riera, 1875, 2 vols.). The illustrations in the text proper are from that edition. I would have loved to include *all* of Doré's illustrations, but it would have extended the number of pages drastically. My wife also gave me, more recently, the precious original 1863 Hachette French edition of the work where the Doré drawing first appeared. I have used the French edition for the illustrations that follow this Introduction.

Annette Cash of Georgia State University read the whole text and all of the notes and made a great number of valuable corrections and suggestions of all kinds, for which I am very grateful. Her students Kaye Bass and Kevin Davis discovered several corrections that I hadn't found, for which I am grateful. I also thank Jerry Culley and Nik Gross of my department at the University of Delaware, who helped me make sure that the Latin and Greek translations were correct. My students Victoria Richardson, María del Carmen Vicente-Quesada, Francisco Aragón Guiller, Leslie Medearis, Amy Leyva, Christine Swoap, Fátima Correa, and Chloe Justice (a senior at Randolph Macon Women's

College), found further things to fix as well as making astute comments from the student's point of view. And my assistant Mark Parsia did some astute last minute proofreading for which I am thankful. The impossible-to-scan Schevill-Bonilla edition was transcribed by an expert typist, Phyllis Dale, who did a perfect job.

My friend and former editor of *Cervantes—Bulletin of the Cervantes Society of America*, Mike McGaha, with his usual meticulous care, provided me with a comprehensive list of things to fix from the third printing, and he followed with a similar list from the fourth printing. I also thank Steve Hutchinson and Dan Resnick for their valuable suggestions. Any lingering infelicities are strictly my own.

Finally, what a delight it is to have a cover done by my longtime friend whom I just recently met, Jack Davis. He is the world's best cartoonist. I've been a fan of his for more than fifty years.

Please let me know what *you* think of this edition. If you have suggestions for making it better, let me know. And don't hesitate to inform me if you see something which you think needs to be fixed. My e-mail address is lathrop@udel.edu.

T. L.
May, 2005

PART I, CHAPTER 3. Don Quijote watches over his arms before becoming a knight

PART I, CHAPTER 7. Don Quijote convinces his neighbor Sancho to be his squire

PART I, CHAPTER 8. Don Quijote loses the battle with the giants

PART I, CHAPTER 18. Don Quijote attacks an army of sheep

PART I, CHAPTER 22. Don Quijote meets a group of galley slaves chained together

PART I, CHAPTER 43. Enchanters suspend Don Quijote by his wrist

PART II, CHAPTER 22. Don Quijote prepares to enter the Cueva de Montesinos

PART II, CHAPTER 66. Don Quijote and Sancho at the beach in Barcelona

EL INGENIOSO

HIDALGO DON QUI-
JOTE DE LA MANCHA,

Compuesto por Miguel de Cervantes Saavedra.

DIRIGIDO AL DUQUE DE BÉJAR,

Marqués de Gibraleón, Conde de Benalcázar y Bañares,
Vizconde de la Puebla de Alcocer, Señor de
las villas de Capilla, Curiel y
Burguillos.

Año 1605

CON PRIVILEGIO
EN MADRID Por Juan de la Cuesta

Véndese en casa de Francisco de Robles, librero del Rey nuestro señor.

Tasa°

price

Y O, JUAN GALLO DE ANDRADA, escribano° de Cámara del Rey nuestro
señor, de los que residen en su consejo,° certifico y doy fe: que,
habiéndose visto por los señores dél un libro intitulado *El ingenioso hidalgo*
de la Mancha, compuesto por Miguel de Cervantes Saavedra, tasaron° cada
5 pliego del dicho libro a tres maravedís[1] y medio, el cual tiene ochenta y tres
pliegos,[2] que al dicho precio monta el dicho libro docientos y noventa
maravedís y medio, en que se ha de vender en papel,[3] y dieron licencia para
que a este precio se pueda vender; y mandaron que esta tasa se ponga al
10 principio del dicho libro, y no se pueda vender sin ella. Y para que dello
conste, di la presente, en Valladolid, a veinte dias del mes de deciembre de
mil y seiscientos y cuatro años.

Juan Gallo de Andrada.

notary
court

fixed the price

[1] A *maravedí* was worth .094 grams of silver. The first part of the *Quijote* was thus
worth 27.307 grams of silver (Riquer 1980). There were 34 *maravedís* in a *real*.

[2] A *pliego* is a "gathering" of a book. Each *pliego* has eight printed pages on it. There
are 40 double *pliegos* and 3 single *pliegos* in the *Quijote*, 83 in all.

[3] **En papel** means *paperbound*.

Testimonio de las erratas°

ESTE LIBRO NO TIENE cosa digna° de notar que no corresponda a su
original. En testimonio de lo haber correcto di esta fe,° en el Colegio de
la Madre de Dios de los Teólogos de la Universidad de Alcalá, en primero
de diciembre de 1604 años.

El Licenciado Francisco Murcia de la Llana.

mistakes

worthy
certificate

El Rey

POR CUANTO POR PARTE de vos,[1] Miguel de Cervantes, nos fue fecha relación° que habíades compuesto un libro intitulado *El ingenioso hidalgo de la Mancha*, el cual os había costado mucho trabajo, y era muy
5 útil y provechoso,° y nos pedistes y suplicastes os mandásemos dar licencia y facultad° para le poder imprimir,° y previlegio° por el tiempo que fuésemos servidos,[2] o como la nuestra merced fuese, lo cual, visto por los del nuestro Consejo, por cuanto en el dicho libro se hicieron las diligencias que la premática° últimamente por nos° fecha sobre la impresión de los
10 libros dispone, fue acordado que debíamos mandar dar esta nuestra cédula° para vos, en la dicha razón, y nos tuvímoslo por bien. Por la cual, por os hacer bien y merced, os damos licencia y facultad para que vos, o la persona que vuestro poder hubiere, y no otra alguna, podáis imprimir el dicho libro, intitulado *El ingenioso hidalgo de la Mancha*, que de suso se
15 hace mención, en todos estos nuestros Reinos de Castilla,[3] por tiempo y espacio de diez años, que corran y se cuenten desde el dicho día de la data desta nuestra cédula; so pena que la persona, o personas, que sin tener vuestro poder lo imprimiere o vendiere, o hiciere imprimir o vender, por el mesmo caso pierda la impresión° que hiciere, con los moldes° y aparejos°
20 della, y más incurra en pena° de cincuenta mil maravedís cada vez que lo contrario hiciere. La cual dicha pena sea la tercia parte para la persona que lo acusare, y la otra tercia parte para nuestra Cámara, y la otra tercia parte para el juez° que lo sentenciare. Con tanto, que todas las veces que hubiéredes de hacer imprimir el dicho libro durante el tiempo de los dichos
25 diez años, le traigáis al nuestro Consejo, juntamente con el original que en él fue visto, que va rubricado° cada plana,° y firmado al fin dél, de Juan Gallo de Andrada, nuestro escribano de Cámara, de los que en él residen, para saber si la dicha impresión está conforme° el original; o traigáis fe en pública forma[4] de como por corretor nombrado por nuestro mandado, se vio
30 y corrigió la dicha impresión por el original y se imprimió conforme a él, y quedan impresas las erratas por él apuntadas, para cada un libro de los que así fueren impresos, para que se tase el precio que por cada volumen hubiéredes de haber.

Margin glosses: report — beneficial — right, print, copyright — decree, **nosotros** permission — press-run, type, equipment; fine — judge — initialed, page — like

---

[1] **Vos**, used with inferiors, is a singular form.

[2] **Ser servido** is *to please*.

[3] Since the original copyright did not include Portugal, two pirated editions came out in Lisbon in 1605 as well. Jorge Rodríguez and Pedro Crasbeeck printed these editions in February and March, 1605. When the second 1605 Madrid edition came out, copyright had been secured for Portugal as well, too late for the two Lisbon editions.

[4] **Fe en…** that is, an affidavit.

Y mandamos al impresor que así imprimiere el dicho libro, no imprima el principio, ni el primer pliego dél,[5] ni entregue más de un solo libro, con el original, al autor o persona a cuya costa lo imprimiere, ni otro alguno, para efeto de la dicha correción y tasa, hasta que antes y primero el dicho libro esté corregido y tasado por los del nuestro Consejo; y estando hecho, y no de otra manera, pueda imprimir el dicho principio y primer pliego, y sucesivamente ponga esta nuestra cédula, y la aprobación, tasa y erratas, so pena de caer e incurrir en las penas contenidas en las leyes y premáticas destos nuestros reinos.

Y mandamos a los del nuestro Consejo, y a otras cualesquier justicias dellos, guarden y cumplan esta nuestra cédula y lo en ella contenido.

Fecha en Valladolid, a veinte y seis días del mes de setiembre de mil y seiscientos y cuatro años.

YO EL REY

Por mandado del Rey nuestro señor,

Juan de Amezqueta.

---

[5] Since the first **pliego** *printed section* of a book has the **tasa**, the authorities needed to verify the size of the complete, printed book—without the first **pliego**—so that a price could be assigned to it. Once that price was assigned, the first **pliego**, with its notice of price, could be printed, and the book could be bound and sold.

AL DUQUE° DE
BÉJAR, MARQUÉS° DE
Gibraleón, Conde de Benalcázar y
Bañares, Vizconde de la Puebla de
Alcocer, Señor de las villas
de Capilla, Curiel y
Burguillos.

duke

marquis

E N FE *del buen acogimiento° y honra que hace Vuestra Excelencia a*   reception
toda suerte° de libros, como Príncipe tan inclinado a favorecer las   type
buenas artes, mayormente las que por su nobleza no se abaten° al   submit
servicio y granjerías° del vulgo, he determinado de sacar a luz al Ingenioso   gain
Hidalgo don Quijote de la Mancha, *al abrigo° del clarísimo nombre de*   shelter
vuestra Excelencia, a quien, con el acatamiento° que debo a tanta   veneration
grandeza, suplico le reciba agradablemente en su protección, para que a
su sombra,° aunque desnudo de aquel precioso ornamento de elegancia y   shadow
erudición de que suelen andar vestidas las obras que se componen en las
casas de los hombres que saben, ose° parecer seguramente en el juicio de   dare
algunos que, no continiéndose° en los límites de su ignorancia, suelen   are not contained
condenar con más rigor y menos justicia los trabajos ajenos; que, poniendo
los ojos la prudencia de vuestra Excelencia en mi buen deseo, fío° que no   I trust
desdeñará° la cortedad° de tan humilde servicio.[1]   scorn, smallness

Miguel de Cervantes.
Saavedra

---

[1] The duke was 28 when the *Quijote* came out. He died in 1619, and there is no
record of his doing any favors for Cervantes.

Prólogo

DESOCUPADO° LECTOR:° sin juramento° me podrás creer que quisiera que este libro, como hijo del entendimiento,° fuera el más hermoso, el más gallardo° y más discreto° que pudiera imaginarse; pero no he podido yo contravenir° al orden de naturaleza,° que en ella cada cosa engendra° su semejante.° Y así, ¿qué podrá engendrar el estéril° y mal cultivado ingenio° mío, sino la historia de un hijo seco,° avellanado,° antojadizo° y lleno de pensamientos° varios, y nunca imaginados de otro alguno, bien como quien se engendró en una cárcel,° donde toda incomodidad° tiene su asiento° y donde todo triste ruido hace su habitación?° El sosiego,° el lugar apacible,° la amenidad de los campos, la serenidad de los cielos, el murmurar de las fuentes, la quietud del espíritu,° son grande parte para que las musas más estériles se muestren fecundas° y ofrezcan partos° al mundo que le colmen° de maravilla y de contento.

Acontece tener un padre un hijo feo y sin gracia alguna, y el amor que le tiene le pone una venda° en los ojos para que no vea sus faltas, antes las juzga por discreciones° y lindezas,° y las cuenta a sus amigos por agudezas° y donaires.° Pero yo, que, aunque parezco padre, soy padrastro° de don Quijote, no quiero irme con la corriente del uso, ni suplicarte, casi con las lágrimas° en los ojos, como otros hacen, lector carísimo, que perdones o disimules° las faltas que en este mi hijo vieres; y ni eres su pariente, ni su amigo, y tienes tu alma en tu cuerpo, y tu libre albedrío,° como el más pintado,[2] y estás en tu casa, donde eres señor della, como el Rey de sus alcabalas,° y sabes lo que comúnmente se dice, que *debajo de mi manto° al Rey mato.*° Todo lo cual te esenta° y hace libre de todo respecto y obligación, y así puedes decir de la historia todo aquello que te pareciere, sin temor que te calunien° por el mal, ni te premien por el bien que dijeres della.

Sólo quisiera dártela monda° y desnuda, sin el ornato° de prólogo, ni de la inumerabilidad y catálogo de los acostumbrados° sonetos, epigramas y elogios° que al principio de los libros suelen° ponerse. Porque te sé decir, que, aunque me costó algún trabajo componerla,° ninguno tuve por mayor que hacer esta prefación° que vas leyendo. Muchas veces tomé la pluma para escribille, y muchas la dejé, por no saber lo que escribiría; y estando una suspenso,[3] con el papel delante, la pluma en la oreja, el codo° en el bufete y la mano en la mejilla,° pensando lo que diría, entró 'a deshora° un amigo mío, gracioso° y bien entendido,° el cual, viéndome tan imaginativo,° me preguntó la causa, y no encubriéndosela° yo, le dije que pensaba en el prólogo que había de hacer a la historia de don Quijote, y que me tenía 'de suerte que° ni quería hacerle, ni menos sacar a luz las hazañas° de tan noble caballero.°

"Porque ¿cómo queréis vos que no me tenga confuso° el que dirá el

---

idle, reader, oath
intellect
gallant, ingenious
violate, nature
begets, like, barren
talent, dry, shriveled
capricious, thoughts
jail
annoyance, site
dwelling, tranquility,
   pleasant; soul
fruitful
births, bestow

blindfold
cleverness, charm,
   subtleties; witticisms,
   stepfather
tears
overlook
will

taxes, cloak
I kill, exempts

hold you responsible

pure, embellishment
usual
eulogies, usually
to write it
preface

elbow
cheek, unexpectedly
witty, wise, pensive
concealing...

so that, deeds
knight
fearful

---

[2] **Como...** *like the best of them.*
[3] That is, **estando una vez suspenso.**

antiguo legislador que llaman vulgo,° cuando vea que al cabo de tantos años · public
como ha que duermo en el silencio del olvido,° salgo ahora, con todos mis · oblivion
años 'a cuestas,° con una leyenda seca como un esparto, ajena de invención, · on my shoulders
menguada de estilo, pobre de concetos y falta de toda erudición y doctrina;
5   sin acotaciones en las márgenes y sin anotaciones en el fin del libro,⁵ como
veo que están otros libros, aunque sean fabulosos° y profanos,° tan llenos · ficticious, secular
de sentencias° de Aristóteles, de Platón y de toda la caterva° de filósofos, · maxims, multitide
que admiran° a los leyentes,° y tienen a sus autores por hombres leídos,° · amaze, readers,
eruditos y elocuentes? ¡Pues qué, cuando citan la 'Divina Escritura,° no · well-read; Bible
10   dirán sino que son unos Santos Tomases⁶ y otros Doctores de la Iglesia,
guardando en esto un decoro tan ingenioso, que en un renglón° han pintado · written line
un enamorado destraído,° y en otro hacen un sermoncico° cristiano, que es · absent-minded, littl
un contento y un regalo oílle, o leelle! De todo esto ha de carecer° mi libro, · sermon; lack
porque ni tengo qué acotar° en el margen, ni qué anotar en el fin, ni menos · to annotate
15   sé qué autores sigo en él, para ponerlos al principio, como hacen todos, por
las letras del ABC, comenzando en Aristóteles y acabando en Xenofonte⁷ y
en Zoilo,⁸ o Zeuxis,⁹ aunque fue maldiciente° el uno y pintor° el otro. · slanderer, painter
También ha de carecer mi libro de sonetos al principio, a lo menos de
sonetos cuyos autores sean duques, marqueses, condes,° obispos,° damas o · counts, bishops
20   poetas celebérrimos.° Aunque si yo los pidiese a dos o tres oficiales · most celebrated
amigos, yo sé que me los darían, y tales que no les igualasen los de
aquellos que tienen más nombre en nuestra España.

    "En fin, señor y amigo mío," proseguí, "yo determino que el señor don
Quijote se quede sepultado° en sus archivos° en la Mancha, hasta que el · buried, archives
25   cielo depare° quien le adorne de tantas cosas como le faltan, porque yo me · provides
hallo incapaz° de remediarlas, por mi insuficiencia y pocas letras, y porque · incapable
naturalmente soy poltrón° y perezoso° de andarme buscando autores que · lazy, lazy
digan lo que yo me sé decir sin ellos. De aquí nace la suspensión° y · hesitation
elevamiento,° amigo, en que me hallastes, bastante causa para ponerme en · rapture
30   ella la que de mi habéis oído."

    Oyendo lo cual, mi amigo, dándose una palmada° en la frente° y · slap, forehead
disparando° en una carga° de risa,° me dijo: · discharging, load,
    "Por Dios, hermano, que agora me acabo de desengañar° de un · laughter; disabuse
engaño° en que he estado todo el mucho tiempo que ha que os conozco, en · deception

---

⁵ **Seca...** *dry as a mat-weed, void of artifice, diminished in style, poor in conceits, and lacking in all erudition; without marginal notes and without annotations at the end of the book.*

⁶ Saint Thomas Aquinas (1225-74), Italian priest who founded the accepted philosophy of Catholicism.

⁷ Xenophon was born in 431 B.C. He was a friend of Socrates, a soldier of fortune, and a historical writer.

⁸ Greek Sophist (4th century B.C.) who wrote nine books severely criticizing the contradicitons in Homer.

⁹ Classical Greek painter, 5th century B.C. No work of his survives, but many were described.

el cual siempre os he tenido por discreto y prudente° en todas vuestras aciones.° Pero agora veo que estáis tan lejos de serlo como lo está el cielo de la tierra. ¿Cómo que es posible que cosas de tan poco momento, y tan fáciles de remediar, puedan tener fuerzas de suspender° y absortar° un ingenio tan maduro° como el vuestro, y tan hecho a romper y atropellar° por otras dificultades mayores? A la fe, esto no nace de falta de habilidad,° sino de sobra° de pereza° y penuria° de discurso.° ¿Queréis ver si es verdad lo que digo? Pues estadme atento y veréis cómo en un abrir y cerrar de ojos confundo° todas vuestras dificultades, y remedio todas las faltas que decís que os suspenden y acobardan° para dejar de sacar a la luz del mundo la historia de vuestro famoso don Quijote, luz y espejo° de toda la 'caballería andante."°

"Decid," le repliqué yo, oyendo lo que me decía, "¿de qué modo pensáis llenar el vacío° de mi temor, y reducir° a claridad el caos de mi confusión?"

A lo cual el dijo:

"Lo primero, en que reparáis de los sonetos, epigramas o elogios que os faltan para el principio, y que sean de personajes graves° y de título,° se puede remediar en que vos mesmo toméis algún trabajo en hacerlos, y después los podéis bautizar° y poner el nombre que quisiéredes, ahijándolos° al Preste Juan de las Indias, o al Emperador de Trapisonda,[10] de quien yo sé que hay noticia° que fueron famosos poetas, y cuando° no lo hayan sido, y hubiere algunos pedantes y bachilleres° que por detrás os muerdan° y murmuren° desta verdad, no se os dé dos maravedís, porque ya que os averigüen° la mentira, no os han de cortar la mano con que lo escribistes.

"En lo de citar en las márgenes los libros y autores de donde sacáredes las sentencias y dichos que pusiéredes en vuestra historia, no hay más sino hacer de manera que 'vengan a pelo° algunas sentencias, o latines,° que vos sepáis de memoria, o, a lo menos, que os cuesten poco trabajo el buscalle, como será poner, tratando de libertad y cautiverio:° *Non bene pro toto libertas venditur auro*;[11] y luego en el margen citar a Horacio,° o a quien lo dijo. Si tratáredes del poder° de la muerte, acudir luego con *Pallida Mors æquo pulsat pede pauperum tabernas regumque turres*.[12] Si de la amistad° y amor que Dios manda que se tenga al enemigo,° entraros luego al punto por la Escritura Divina, que lo podéis hacer con tantico° de curiosidad, y decir las palabras, por lo menos, del mismo Dios: *Ego autem dico vobis, diligite inimicos vestros*.[13] Si tratáredes de malos pensamientos, acudid° con el Evangelio: *De corde exeunt cogitationes malæ*.[14] Si de la instabilidad de

Glosses (right margin):
judicious
acciones

stop, absorb
mature, push through
talent
excess, laziness,
poverty, thought
I master
intimidate
mirror
knight errantry

vacuum, convert

important, rank

baptize
adopting
information, if
univ. graduates
bite, backbite
discover

suit perfectly, Latin
phrases
captivity
Horace
power
friendship
enemy
a bit

go

---

[10] Both of these are fictional, legendary characters.

[11] "Freedom is not wisely sold for all the gold in the world," from Walter Anglius' *Æsop's Fables* (12th century).

[12] "Pale death goes equally to the hut of the poor and to the towers of kings," from Horace.

[13] "But what I tell you is this: love your enemies," Matthew 5:44.

[14] "From out of the heart proceed evil thoughts," Matthew 15:19.

los amigos, ahí está Catón, que os dará su dístico:° *Donec eris felix, multos*   couplet
numerabis amicos, tempora si fuerint nubila, solus eris.[15] Y con estos
latinicos,° y otros tales, os tendrán siquiera° por gramático;° que el serlo no   Latin phrases, at le
es de poca honra y provecho° el día de hoy.   grammarian; profi

5   "En lo que toca al poner anotaciones al fin del libro, seguramente lo
podéis hacer desta manera: si nombráis algún gigante en vuestro libro,
hacelde° que sea el gigante Golías,° y con sólo esto, que os costará casi   **hace*dl*e,** Goliath
nada, tenéis una grande anotación, pues podéis poner: 'El gigante Golías,
o Goliat, fue un filisteo° a quien el pastor David mató de una gran pedrada°   Philistene, blow w
10 en el valle de Terebinto, según se cuenta en el libro de los Reyes, en el   stone
capítulo que vos halláredes que se escribe.' Tras esto, para mostraros
hombre erudito en letras humanas y cosmógrafo,° haced de modo como en   cosmographer
vuestra historia se nombre el río Tajo,° y veréisos luego con otra famosa   Tagus
anotación, poniendo: 'El río Tajo fue así dicho por un Rey de las Españas;
15 tiene su nacimiento en tal lugar y muere en el mar Océano, besando los
muros de la famosa ciudad de Lisboa,° y es opinión que tiene las arenas°   Lisbon, sands
de oro, &c.' Si tratáredes de ladrones,° yo os diré la historia de Caco,[16] que   thieves
la sé 'de coro;° si de mujeres rameras,° ahí está el Obispo de Mondoñedo,[17]   by heart, prostitute
que os prestará a Lamia, Laida y Flora, cuya anotación os dará gran   will lend
20 crédito;° si de crueles, Ovidio os entregará a Medea;[18] si de encantadores°   reputation, enchant
y hechiceras,° Homero tiene a Calipso,[19] y Virgilio a Circe;[20] si de capitanes   witches
valerosos,° el mesmo Julio César° os prestará a sí mismo en sus   brave, Cæsar
Comentarios,[21] y Plutarco os dará mil Alejandros.[22] Si tratáredes de amores,
con dos onzas° que sepáis de la lengua toscana,° 'toparéis con° León   ounces, Tuscan, yo
25 Hebreo,[23] que os hincha las medidas.[24] Y si no queréis andaros por tierras   run across
extrañas,° en vuestra casa tenéis a Fonseca, *Del amor de Dios,*[25] donde se   foreign
cifra° todo lo que vos y el más ingenioso acertare° a desear en tal materia.   enumerate, happen

---

[15] "When you are prosperous, you will have many friends, but when your situation
looks black you will be alone," adapted from Ovid, *Tristia*, I, 9.

[16] Famous bandit, of Roman mythology, son of Vulcan. He stole Hercules' oxen. His
story is related in Virgil's *Æneid*, Book 7.

[17] Fray Antonio de Guevara (1480-1545) was the Obispo de Mondoñedo (province of
Lugo), and writes of these three prostitutes in his *Epístolas familiares*.

[18] Medea murdered all but one of her children by Jason (whom she helped to find the
Golden Fleece), and probably killed her father as well.

[19] Calypso offered Odysseus eternal youth and immortality if he would stay with her
(he left after seven years).

[20] Circe was the mother of three of Odysseus' children. She lived alone on the Island
of Aeaea where she turned all visitors into animals.

[21] The *Commentaries* by Cæsar (102-44 B.C.) deal with the Gallic Wars and the civil
war.

[22] The *Commentaries* by Cæsar (102-44 B.C.) deal with the Gallic Wars and the civil
war.

[23] León Hebreo (Juda Abravanel) wrote his *Dialoghi d'amore* in Italian (1535), but
you didn't need to know Italian to read them since they were translated into Spanish
three times before 1605.

[24] **Que...** *who will satisfy you completely*

[25] Fray Cristóbal de Fonseca wrote a *Tratado del Amor de Dios* (1592).

En resolución, no hay más sino que vos procuréis° nombrar estos nombres, try to
o tocar° estas historias en la vuestra, que aquí he dicho, y dejadme a mí el deal with
cargo° de poner las anotaciones y acotaciones;° que yo 'os voto a tal° de charge, notes, by
llenaros las márgenes° y de gastar cuatro pliegos en el fin del libro. Jove; margins
    "Vengamos ahora a la citación° de los autores que los otros libros references
tienen, que en el vuestro os faltan.° El remedio que esto tiene es muy fácil, are lacking
porque no habéis de hacer otra cosa que buscar un libro que los acote° annotate
todos, desde la A hasta la Z, como vos decís. Pues ese mismo abecedario° alphabet
pondréis vos en vuestro libro; que, puesto que a la clara se vea la mentira,
por la poca necesidad que vos teníades de aprovecharos dellos, no importa
nada,[26] y quizá alguno habrá tan simple° que crea que de todos os habéis foolish
aprovechado en la simple° y sencilla° historia vuestra. Y cuando no sirva simple, simple
de otra cosa, por lo menos servirá aquel largo catálogo de autores a dar 'de
improviso autoridad° al libro. Y más, que no habrá quien se ponga a instant credibility
averiguar° si los seguistes o no los seguistes, 'no yéndole nada en ello;° discover, it's not
cuanto más que, si bien caigo en la cuenta,[27] este vuestro libro no tiene worth it to him
necesidad de ninguna cosa de aquellas que vos decís que le falta, porque
todo el es una invectiva° contra los libros de caballerías, de quien nunca se censure
acordó Aristóteles,[28] ni dijo nada San Basilio,[29] ni alcanzó Cicerón.[30] Ni
caen debajo de la cuenta de sus 'fabulosos disparates° las puntualidades° de ficticious nonsense,
la verdad, ni las observaciones de la astrología, ni le son de importancia las exactness
medidas° geométricas, ni la confutación° de los argumentos de quien se measurements,
sirve la retórica, ni tiene para qué predicar° a ninguno, mezclando° lo disproof; preach,
humano con lo divino, que es un género de mezcla de quien no se ha de mixing
vestir ningún cristiano entendimiento.° intellect
    "Sólo tiene que aprovecharse de la imitación en lo que fuere° **vaya**
escribiendo; que cuanto ella fuere más perfecta, tanto mejor será lo que se
escribiere. Y pues esta vuestra escritura° no mira a más que a deshacer la writing
autoridad y cabida° que en el mundo y en el vulgo tienen los libros de influence
caballerías, no hay para qué andéis mendigando° sentencias° de filósofos, begging, maxims
consejos de la Divina Escritura, fábulas° de poetas, oraciones de retóricos, fables
milagros de santos, sino procurar° que 'a la llana,° con palabras try, simply
significantes, honestas° y bien colocadas,° salga vuestra oración y período° pure, placed,
sonoro° y festivo;° pintando en todo lo que alcanzáredes° y fuere posible, sentence; clear,
vuestra intención, dando a entender vuestros conceptos, sin intricarlos° y witty, attain;
escurecerlos.° Procurad también que, leyendo vuestra historia, el tangling; confusing
melancólico° se mueva a risa,° el risueño la acreciente, el simple no 'se them; sad person,
enfade,° el discreto° se admire de la invención, el grave no la desprecie,° laughter; be vexed,
sharp person, scorn

---

[26] **Puesto que...** *even though your trick may be easily seen, since you will have little need to use them [the quotes], it is not at all important*

[27] **Cuanto más...** *moreover, if I understand it correctly*

[28] Aristotle, the greatest Greek philospher (384-322 B.C.), studied under Plato and tutored Alexander the Great.

[29] St. Basil (329-379) defended the orthodox faith against the heretical Arians. His writings include the *Address to Young Men*, in which he defends the study of pagan literature, such as that of classical Greece, by Christians.

[30] Cicero (106-43 B.C.) was Rome's greatest orator, also a politician and philosopher.

ni el prudente deje de alabarla.° En efecto, llevad la mira puesta a derribar   praise it
la máquina mal fundada destos caballerescos libros, aborrecidos de tantos
y alabados de muchos más;[31] que, si esto alcanzásedes, no habríades
alcanzado poco."

5   Con silencio grande estuve escuchando lo que mi amigo me decía, y
de tal manera se imprimieron° en mí sus razones,° que, sin ponerlas en   imprinted, words
disputa, las aprobé° por buenas, y de ellas mismas quise hacer este prólogo;   approved
en el cual verás, lector suave,° la discreción de mi amigo, la buena ventura°   gentle, fortune
mía en hallar en tiempo tan necesitado tal consejero,° y el alivio° tuyo en   adviser, relief
10 hallar tan sincera y tan sin revueltas° la historia del famoso don Quijote de   deviataions
la Mancha, de quien hay opinión por todos los habitadores° del distrito del   dwellers
campo de Montiel,[32] que fue el más casto° enamorado° y el mas valiente   chaste, lover
caballero que de 'muchos años a esta parte° se vio en aquellos contornos.°   for many years,
Yo no quiero encarecerte° el servicio que te hago en darte a conocer tan   vicinity; overrate
15 noble y tan honrado caballero; pero quiero que me agradezcas° el   thank
conocimiento° que tendrás del famoso Sancho Panza, su escudero,° en   acquaintance, squire
quien, a mi parecer,° te doy cifradas todas las gracias escuderiles que en la   opinion
caterva de los libros vanos de caballerías están esparcidas.[33]

        Y con esto, Dios te dé salud,°   health
20   y a mí no olvide.
               Vale.   good-bye, *Latin*

---

[31] **Llevad...** *look towards tearing down the ill-founded contrivance of these books of chivalry, despised by so many and praised by even more*

[32] Montiel is a town in La Mancha.

[33] **Te doy...** *I have enumerated all of the squirely graces that are scattered throughout the multitide of the inane books of chivalry*

Al libro de don Quijote de la Mancha
Urganda la Desconocida[1]

Si de llegarte a los bue—[nos],[2]
libro, fueres con letu—[ra],
no te dirá el boquirru—[bio]
que no pones bien los de—[dos].
Mas si el pan no se te cue—[ce]
por ir a manos de idio—[ta],
verás, de manos a bo—[ca],
aun no dar una en el cla—[vo];
si bien se comen las ma—[nos]
por mostrar que son curio—[sos].
Y, pues la espiriencia ense—[ña]
que el que a buen árbol se arri—[ma]
buena sombra le cobi—[ja],
en Béjar tu buena estre—[lla]
Un árbol real te ofre—[ce]
que da príncipes por fru—[to],
en el cual floreció un Du—[que]
que es nuevo Alejandro Ma—[gno];
llega a su sombra: que a osa—[dos]
favorece la fortu—[na].
De un noble hidalgo manche—[go]
contarás las aventu—[ras],
a quien ociosas letu—[ras]
trastornaron la cabe—[za].
Damas, armas, caballe—[ros]
le provocaron de mo—[do]
que, cual Orlando furio—[so],
templado a lo enamora—[do],
alcanzó a fuerza de bra—[zos]
a Dulcinea del Tobo—[so].
No indiscretos hierogli—[fos]

---

[1] Urganda was an enchantress in *Amadís de Gaula* who could change her appearance.

[2] These light **décimas** [poems with stanzas of ten eight syllable lines], were written with **cabo roto** *broken tail*—that is, the last syllable has been eliminated in order to create a puzzle for readers. I have restored the final syllable to help you decipher them. There were about a dozen verses that baffled me, so I broadcasted my doubts via the Internet. Jay Allen, Gonzalo Díaz-Migoyo, Dan Eisenberg, Baltasar Fra-Molinero, Michael Gerli, Aurelio Gonzales Pérez, David Hildner, and Randolph Pope swiftly responded, some with astute philological commentary, and I thank them for their assistance.

Since the poems themselves are not a part of the typical curriculum, I have not added any commentary about or glosses to the texts themselves. The authors of the poems are curious, so there are notes about them.

estampes en el escu—[do];
que, cuando es todo figu—[ra],
con ruines puntos se envi—[dia],
Si en la dirección te humi—[llas],
     no dirá mofante algu—[no]:
"¡Qué don Álvaro de Lu—[na],
qué Aníbal el de Carta—[go],
qué Rey Francisco en Espa—[ña]
se queja de la fortu—[na]!"
Pues al cielo no le plu—[go]
     que salieses tan ladi—[no]
como el negro Juan Lati—[no],
hablar latines rehu—[ye].
No me despuntes de agu—[do],
     ni me alegues con filó—[nes];
porque torciendo la bo—[ca],
dirá el que entiende la le—[tra],
no un palmo de las ore—[jas]:
"¿Para qué conmigo flo—[res]?"
No te metas en dibu—[jos],
     ni en saber vidas aje—[nas];
que en lo que no va ni vie—[ne]
pasar de largo es cordu—[ra].
Que suelen en caperu—[za]
     darles a los que grace—[jan];
mas tú quémate las ce—[jas]
sólo en cobrar buena fa—[ma];
que el que imprime neceda—[des]
dalas a censo perpe—[tuo].
Advierte que es desati—[no],
     siendo de vidrio el teja—[do],
tomar piedras en las ma—[nos]
para tirar al veci—[no].
Deja que el hombre de jui—[cio]
     en las obras que compo—[ne]
se vaya con pies de plo—[mo];
que el que saca a luz pape—[les]
para entretener donce—[llas],
escribe a tontas y a lo—[cas].

Del Donoso, poeta entreverado
A Sancho Panza y Rocinante⁶

Soy Sancho Panza, escude—[ro]
 del manchego don Quixo—[te];
 puse pies en polvoro—[sa]
 por vivir a lo discre—[to];
que el tácito Villadie—[go]
 toda su razón de esta—[do]
 cifró en una retira—[da],
 según siente *Celesti*—[*na*],
 libro, en mi opinión, divi—[no],
 si encubriera mas lo huma—[no].

A Rocinante

Soy Rocinante el famo—[so],
 bisnieto del gran Babie—[ca];
 por pecados de flaque—[za]
 fui a poder de un don Quixo—[te].
Parejas corrí a lo flo—[jo],
 mas por uña de caba—[llo]
 no se me escapó ceba—[da];
 que esto saqué a Lazari—[llo]
 cuando, para hurtar el vi—[no]
 al ciego, le di la pa—[ja].

Orlando Furioso⁷
A don Quijote de la Mancha
SONETO

Si no eres par, tampoco le has tenido;
 que par pudieras ser entre mil pares,
 ni puede haberle donde tú te hallares,
 invito vencedor, jamás vencido.
Orlando soy, Quijote, que, perdido
 por Angélica, vi remotos mares,
 ofreciendo a la fama en sus altares
 aquel valor que respetó el olvido.
No puedo ser tu igual, que este decoro
 se debe a tus proezas y a tu fama,
 puesto que, como yo, perdiste el seso.

---

⁶ Rocinante was Don Quixote's horse. Donoso is a made-up name,
⁷ *Orlando furioso* is an Italian epic poem (published in 1540) based loosely on the French Roland legend.

Mas serlo has mío, si al soberbio moro
y cita fiero domas, que hoy nos llama
iguales en amor con mal suceso.

El Caballero del Febo[8]
A don Quijote de la Mancha
SONETO

A vuestra espada no igualó la mía,
    Febo español, curioso cortesano,
    ni a la alta gloria de valor mi mano,
    que rayo fue do nace y muere el día.
Imperios desprecié; la monarquía
    que me ofreció el Oriente rojo en vano
    dejé, por ver el rostro soberano
    de Claridiana, aurora hermosa mía.
Améla por milagro único y raro,
    y, ausente en su desgracia, el propio infierno
    temió mi brazo, que domó su rabia.
Mas vos, godo Quijote, ilustre y claro,
    por Dulcinea sois al mundo eterno,
    y ella por vos famosa, honesta y sabia.

De Solisdán[9]
A don Quijote de la Mancha
SONETO

Maguer, señor Quijote, que sandeces
    vos tengan el cerbelo derrumbado,
    nunca seréis de alguno reprochado
    por home de obras viles y soeces.
Serán vuesas fazañas los joeces,
    pues tuertos desfaciendo habéis andado,
    siendo vegadas mil apaleado
    por follones cautivos y raheces.
Y si la vuesa linda Dulcinea
    desaguisado contra vos comete,
    ni a vuesas cuitas muestra buen talante,
en tal desmán, vueso conorte sea
    que Sancho Panza fue mal alcagüete,
    necio él, dura ella, y vos no amante.

---

[8] *El caballero del Febo* was a romance of chivalry published in 1555.

[9] No one knows who this Solisdán is. It looks like an imitation of a character from or author of a romance of chivalry since the language uses archaic words and pronunciation.

no se lo estorbaran.°   prevented

Tuvo muchas veces competencia° con el cura° de su lugar, que era   debate, priest
hombre docto,° graduado en Sigüenza,[28] sobre cuál había sido mejor   learned
caballero, Palmerín de Ingalaterra o Amadís de Gaula;[29] mas° maese Nicolás,   but
5   barbero del mesmo pueblo, decía que ninguno llegaba al Caballero del Febo,[30]
y que si alguno se le podía comparar, era don Galaor, hermano de Amadís de
Gaula, porque tenía muy acomodada condición para todo; que no era
caballero melindroso,° ni tan llorón° como su hermano, y que en lo de la   namby-pamby,
valentía no le iba en zaga.[31]   crybaby
10   En resolución, el 'se enfrascó° tanto en su letura,° que se le pasaban las   engaged, lectura
noches leyendo de claro en claro, y los días de turbio en turbio;[32] y así, del
poco dormir y del mucho leer, se le secó el celebro[33] de manera que vino a
perder el juicio. Llenósele la fantasía de todo aquello que leía en los libros,
así de encantamentos como de pendencias, batallas, desafíos, heridas,
15   requiebros, amores, tormentas y disparates imposibles.[34] Y asentósele° de tal   settled
modo en la imaginación que era verdad toda aquella máquina° de aquellas   contrivance
sonadas soñadas invenciones[35] que leía, que para él no había otra historia más
cierta° en el mundo. Decía él que el Cid Ruy Díaz[36] había sido muy buen   certain
caballero; pero que no tenía que ver con el Caballero de la Ardiente Espada,[37]
20   que de sólo un revés° había partido por medio dos fieros° y descomunales°   backhand slash,
gigantes. Mejor estaba con Bernardo del Carpio, porque en Roncesvalles   fierce, huge
había muerto a Roldán el encantado,[38] valiéndose° de la industria° de   using, trick
Hércules, cuando ahogó a Anteo, el hijo de la Tierra, entre los brazos.[39] Decía

[28] Sigüenza's minor university was held in little esteem.

[29] Palmerín and Amadís are heroes of famous romances of chivalry (1547 and 1508).
Ingalaterra is not a misprint—it is the only form listed by Covarrubias.

[30] The Caballero del Febo is the hero of the four books of the *Espejo de príncipes y cavalleros* (1555).

[31] **En lo de la valentía...** *in bravery he was his equal*

[32] **Se le pasaban...** *he spent the nights reading from sunset to sunrise, and the days from sunrise to sunset*

[33] **Se le secó...** *his brain dried up.* **Celebro = cerebro.**

[34] **Así de encantamentos...** *from enchantments as well as quarrels, battles, challenges, wounds, love stories, loves, misfortunes, and impossible nonsense*

[35] **Sonadas...** *resounding imagined fiction*

[36] The Cid, Spain's national hero (11th century) and the subject of the *Poema de mio Cid.*

[37] Amadís de Grecia, a fictional hero, was known by this name because of a red, sword-shaped birthmark on his chest. He never cut two giants in half, according to Clemencín.

[38] Bernardo is a legendary hero who appears only in Spanish versions of the story of Roland. Roland, Charlemagne's nephew, is the French hero sung about in the *Chanson de Roland.* Roncesvalles, the site of the massacre in which Roland was killed in 778, is in the western Spanish Pyrenees very near the French border.

[39] Antæus, son of Terra or Gaia (the Latin and Greek names for "Earth") was a mythological giant who compelled visitors to wrestle with him. When they were exhausted, he would kill them. Hercules, realizing that Antæus' strength came from his mother (the Earth), overcame him by first lifting him off the ground and then throttling him (Spanish verb = **ahogar**).

mucho bien del gigante Morgante[40] porque, con ser de aquella generación gigantea, que todos son soberbios y descomedidos, él solo era afable y bien criado.[41] Pero sobre todos estaba bien con Reinaldos de Montalbán,[42] y más cuando le veía salir de su castillo, y robar cuantos topaba,° y cuando en allende° robó aquel ídolo de Mahoma,[43] que era todo de oro, según dice su historia.[44] Diera él, por dar una 'mano de coces° al traidor de Galalón,[45] al ama que tenía, y aun a su sobrina de añadidura.

    En efeto,° rematado° ya su juicio, vino a 'dar en° el más estraño° pensamiento que jamás dio loco en el mundo, y fue que le pareció convenible° y necesario, así para el aumento° de su honra como para el servicio de su república, hacerse caballero andante, y irse por todo el mundo con sus armas° y caballo, a buscar las aventuras, y a ejercitarse° en todo aquello que él había leído que los caballeros andantes se ejercitaban, deshaciendo todo género de agravio,° y poniéndose en ocasiones° y peligros, donde, acabándolos, cobrase° eterno nombre° y fama. Imaginábase el pobre ya coronado° por el valor° de su brazo, por lo menos del imperio° de Trapisonda,[46] y así, con estos tan agradables pensamientos, llevado del estraño gusto que en ellos sentía, se dio priesa° a poner en efeto lo que deseaba.

    Y lo primero que hizo fue limpiar unas armas que habían sido de sus bisabuelos,° que, tomadas de orín y llenas de moho,[47] luengos° siglos había que estaban puestas y olvidadas en un rincón. Limpiólas y aderezólas° lo mejor que pudo; pero vio que tenían una gran falta, y era que no tenían 'celada de encaje,° sino morrión simple;[48] mas a esto suplió su industria, porque de cartones° hizo un modo de media celada, que, encajada° con el morrión, hacían una apariencia° de celada entera.° Es verdad que para probar si era fuerte y podía estar al riesgo de una cuchillada, sacó su espada[49] y le dio dos golpes,° y con el primero y 'en un punto° deshizo° lo que había hecho en una

Right margin glosses:
came across
overseas
a bunch of kicks

efecto, ended, hit
upon, extraño
right, increase

armor, put into
practice
injury, risks
receive, renown
crowned, strength,
empire
prisa

ancestors, long
repaired

closed helmet
cardboard, joined
appearance, whole

slashes, instantly,
ruined

---

[40] Morgante is the giant whom Roland converts to Christianity in an Italian burlesque epic poem, *Morgante maggiore*, by Luigi Pulci, inspired by the French Roland legend. It was published in Spanish in 1535.

[41] **Todos son soberbios...** *all of them are arrogant and rude, he alone was courteous and well-mannered*

[42] The Frenchman Renaut de Montauban was one of Roland's companions, together known as the Twelve Peers of France. He is well-known in the Spanish *romancero*.

[43] Muhammed (570-632) was a prophet and founder of Islam. Islam prohibits the use of idols.

[44] This story is the *Espejo de caballerías* (1525), which seems to derive from an Italian version of the Roland legend.

[45] Ganelon, as he is known in France, Charlemagne's brother-in-law, is the traitor who caused the death of Roland and the remaining Twelve Peers at Roncesvalles in the French *Chanson de Roland*.

[46] The Empire of Trebizond (1204-1461), covered a large part of the southern coast of the Black Sea region.

[47] **Tomadas de orín...** *having rusted and full of mold*

[48] **Morrión** = an open helmet with a slight brim.

[49] **Podía estar...** *could withstand a slash, he took out his sword*

semana; y no dejó de parecerle mal la facilidad con que la había hecho peda- *protect himself a-*
zos,[50] y por asegurarse° deste peligro, 'la tornó a hacer de nuevo,° poniéndole *gainst; he made it*
unas barras de hierro por de dentro, de tal manera que él quedó satisfecho de *again; strength, trial*
su fortaleza,° y sin querer hacer nueva experiencia° della, la diputó° y tuvo *deemed*
5 por celada finísima de encaje.

Fue luego a ver su rocín,° y aunque tenía más cuartos que un real[51] y más *skinny horse*
tachas que el caballo de Gonela,[52] que *tantum pellis & ossa fuit*,[53] le pareció
que ni el Bucéfalo de Alejandro, ni Babieca el del Cid[54] con él 'se igualaban.° *equaled*
Cuatro días se le pasaron en imaginar qué nombre le pondría, porque, según
10 se decía él a sí mesmo, no era razón° que caballo de caballero tan famoso, y *right*
tan bueno él 'por sí° estuviese sin nombre conocido, y ansí,° procuraba *in himself, así,*
acomodársele° de manera que declarase quién había sido antes que fuese de *to make one fit*
caballero andante, y lo que era entonces; pues estaba muy puesto en razón
que, mudando su señor estado,[55] mudase él también el nombre y le cobrase
15 famoso y de estruendo,[56] como convenía a la nueva orden y al nuevo ejercicio
que ya profesaba; y así, después de muchos nombres que formó, borró° y *struck out*
quitó, añadió, deshizo y tornó a hacer en su memoria e imaginación, al fin le
vino a llamar ROCINANTE, nombre, a su parecer, alto, sonoro° y significativo *sonorous*
de lo que había sido cuando fue rocín, antes de lo que ahora era, que era antes
20 y primero de todos los rocines del mundo.

Puesto nombre, y tan a su gusto, a su caballo, quiso ponérsele a sí mismo,
y en este pensamiento duró otros 'ocho días,° y 'al cabo° se vino a llamar DON *one week, finally*
QUIJOTE; de donde, como 'queda dicho,° tomaron ocasión los autores desta *has been said*
tan verdadera historia que, sin duda, se debía de llamar Quijada, y no
25 Quesada, como otros quisieron decir. Pero acordándose que el valeroso° *brave*
Amadís, no sólo se había contentado con llamarse Amadís 'a secas,° sino que *simply*
añadió el nombre de su reino y patria[57] por hacerla famosa, y se llamó Amadís
de Gaula, así quiso, como buen caballero, añadir al suyo el nombre de la
suya[58] y llamarse DON QUIJOTE DE LA MANCHA, con que, a su parecer,
30 declaraba muy 'al vivo° su linaje y patria, y la honraba con tomar el *vividly*
sobrenombre° della. *name*

Limpias, pues, sus armas, hecho del morrión celada,[59] puesto nombre a
su rocín y confirmándose a sí mismo, 'se dio a entender° que no le faltaba otra *he convinced himself*

---

[50] **Y no…** *and the ease with which he had knocked it to pieces seemed bad to him*
[51] A **cuarto** was a coin worth four **maravedís**. There were 68 **cuartos** in a **real de a ocho**. **Cuartos** is also an affliction that causes horses' hooves to split.
[52] Pietro Gonella was a buffoon in the court of the Duke of Ferrara (15th century).
[53] **Tantum…** *was all skin and bones*
[54] Alejandro is Alexander the Great. His horse is called Bucephalus in English. The Cid won Babieca in a battle with a Moorish king.
[55] **Mudando…** *his master changing professions*
[56] **Le cobrase…** *to something famous and showy*
[57] **Reino…** *kingdom and country*. **Patria** also means *region*, as it does in line 30 below.
[58] **Al suyo…** *to his [name] the name of his [region]* = **patria**.
[59] **Hecho…** *having made a covered helmet of an uncovered one*

cosa sino buscar una dama de quien enamorarse;° porque el caballero andante   to love
sin amores era árbol sin hojas° y sin fruto, y cuerpo sin alma.° Decíase él a sí: leaves, soul
"Si yo por malos de mis pecados,[60] o por mi buena suerte,° me encuentro por   luck
ahí con algún gigante, como 'de ordinario les acontece° a los caballeros   ordinarily happens
5   andantes, y le derribo de un encuentro,[61] o le parto° por mitad del cuerpo, o   split
finalmente, le venzo° y le rindo,° ¿no será bien tener a quien enviarle   conquer, overcome
presentado, y que entre y se hinque de rodillas[62] ante mi dulce° señora, y diga   sweet
con voz humilde,° y rendido:° 'Yo, señora, soy el gigante Caraculiambro,[63]   meek, obsequious;
señor de la ínsula° Malindrania,[64] a quien venció en singular batalla el jamás   **isla**
10   como-se-debe alabado caballero[65] don Quijote de la Mancha, el cual me
mandó que me presentase ante vuestra merced para que la vuestra grandeza[66]
disponga de mí a su talante?' "[67]

¡Oh, cómo 'se holgó° nuestro buen caballero cuando hubo hecho este   took pleasure
discurso,° y más cuando halló a quien dar nombre de su dama! Y fue, a lo que   speech
15   se cree, que en un lugar cerca del suyo había una 'moza labradora° de muy   peasant lass
'buen parecer,° de quien él un tiempo anduvo enamorado, aunque, según se   good looking
entiende, ella jamás lo supo ni se dio cata dello.[68] Llamábase Aldonza
Lorenzo, y a ésta le pareció ser bien darle título de señora° de sus   mistress
pensamientos; y buscándole nombre que no desdijese mucho del suyo,[69] y que
20   tirase y se encaminase al de princesa[70] y gran señora, vino a llamarla
DULCINEA DEL TOBOSO, porque era natural del Toboso;[71] nombre, a su
parecer, músico y peregrino,° y significativo, como todos los demás que a él   rare
y a sus cosas había puesto.

---

[60] **Por malos...** *through my misfortune*

[61] **Le derribo...** *I vanquish him with one blow*

[62] **Enviarle...** *to send her, and he enters and kneels*

[63] The giant's name is quite indecent—**cara** *face,* **cul(o)** *anus.* Even today the
expressions **caraculo** or **cara de culo** are used in a most deprecatory way.   **Cara de
hambre** is an expression referring to an unfortunate person **Caraculiambro** combines both
expressions. I thank Román Álvarez for these observations.

[64] With a switch in vowels, based on **malandrín** *rascal,* it means "Island of Rascals."

[65] **El jamás...** *the never enough praised knight*

[66] **Vuestra merced** *your grace* and **vuestra grandeza** *your greatness* are formal ways
of saying "you." In the Feliciano de Silva "quotes" above, there were other forms: **vuestra
fermosura** and **vuestra divinidad.** There are other variants that you will see throughout
the book.

[67] **Disponga de mí...** *do what you want with me*

[68] **Ni se dio...** *nor did she suspect it*

[69] **No desdijese...** *didn't differ much from her own*

[70] **Tirase y se...** *suggested and implied the name of a princess*

[71] El Toboso is a village in the extreme southeastern corner of the modern province
of Toledo. Today it has 2300 inhabitants, mostly engaged in farming and sheep raising.

Capítulo II. Que trata de la primera salida que de su tierra hizo el ingenioso don Quijote.

HECHAS, PUES, estas prevenciones,° no quiso aguardar° más tiempo a poner en efeto su pensamiento, apretándole° a ello la falta que él pensaba que hacía en el mundo su tardanza,° según eran los agravios que pensaba deshacer, tuertos que enderezar, sinrazones que emendar, y abusos que mejorar, y deudas que satisfacer.[1] Y así, sin 'dar parte° a persona alguna de su intención y sin que nadie le viese, una mañana, antes del día, que era uno de los calurosos° del mes de julio, se armó de todas sus armas,[2] subió sobre Rocinante, puesta su mal compuesta° celada, embrazó° su adarga, tomó su lanza, y por la 'puerta falsa° de un corral,° salió al campo con grandísimo contento y alborozo° de ver 'con cuánta facilidad° había dado principio a su buen deseo.

Mas apenas se vio en el campo cuando le asaltó° un pensamiento terrible, y tal, que 'por poco° le hiciera dejar la comenzada empresa;[3] y fue que le vino a la memoria que no era armado° caballero, y que, conforme a ley de caballería,[4] ni podía ni debía tomar armas° con ningún caballero; y puesto que[5] lo fuera, había de llevar armas blancas,[6] como novel° caballero, sin empresa° en el escudo,° hasta que por su esfuerzo la ganase. Estos pensamientos le hicieron titubear° en su propósito;° mas, pudiendo más su locura que otra razón alguna,[7] propuso de hacerse armar caballero del primero que topase, a imitación de otros muchos que así lo hicieron, según él había leído en los libros que tal le tenían.[8] 'En lo de° las armas blancas, pensaba limpiarlas de manera, en teniendo lugar, que lo fuesen más que un armiño;[9] y con esto 'se quietó° y prosiguió su camino, sin llevar otro que aquel que su caballo quería, creyendo que en aquello consistía la fuerza de las aventuras.

Yendo, pues, caminando nuestro flamante° aventurero, iba hablando consigo mesmo, y diciendo: "¿Quién duda, sino que en los venideros° tiempos, cuando salga a luz la verdadera historia de mis famosos hechos,° que el sabio[10] que los escribiere no ponga, cuando llegue a contar esta mi primera salida tan de mañana, desta manera?: 'Apenas había el rubicundo Apolo[11] tendido por la faz° de la ancha y espaciosa tierra las doradas°

Marginal glosses: preparations, wait · distressing him · delay · revealing · hot · mended, clasped, back gate, yard · exhilaration, how easily · struck · almost · dubbed · arms · novice · device, shield · waver, purpose · as far as · he calmed down · brand-new · future · deeds · face, golden

---

[1] **Según eran los agravios…** *such were the wrongs he planned to right, the injustices to rectify, the abuses to make better, and the debts to settle.*

[2] **Se armó…** *he put all his armor on.*

[3] **Por poco…** *it almost made him give up the already-begun undertaking.*

[4] **Conforme a la ley…** *consistent with the law of knighthood.*

[5] **Puesto que** frequently means *even if* and *although* throughout this book.

[6] **Armas blancas** refer to a shield without any picture or motto on it since the novice knight had no feats to celebrate yet.

[7] **Pudiendo…** *his craziness being stronger than any other reasoning.*

[8] **Que tal…** *which had [brought] him to this state.*

[9] **En teniendo…** *as soon as he could, that they would be [whiter] than an ermine.*

[10] In the books of chivalry, it was common for knights to have a **sabio** *wizard* historian who recorded their deeds. How else could their thoughts and actions be recorded when they were alone in the wilderness?

[11] The Greek god Apollo dragged the sun through the sky behind his chariot.

hebras° de sus hermosos cabellos, y apenas los pequeños y pintados°   locks, colored
pajarillos con sus harpadas° lenguas habían saludado con dulce y meliflua°   forked, honeyed
armonía la venida de la rosada° Aurora,[12] que, dejando la blanda cama del   crimson
celoso° marido, por las puertas y balcones del manchego° horizonte a los   jealous, Manchegan
5   mortales se mostraba, cuando el famoso caballero don Quijote de la
Mancha, dejando las ociosas plumas,° subió sobre su famoso caballo   feathers
Rocinante, y comenzó a caminar° por el antiguo y conocido campo de   to travel
Montiel.' "[13] Y era la verdad que por él caminaba; y añadió diciendo:
"Dichosa° edad, y siglo° dichoso, aquel adonde saldrán a luz las famosas   fortunate, epoch
10 hazañas mías, dignas de entallarse en bronces, esculpirse en mármoles y
pintarse en tablas,[14] para memoria en lo futuro. ¡Oh tú, sabio encantador,°   enchanter
quienquiera que seas, a quien ha de tocar el ser coronista° desta peregrina°   chronicler, rare
historia, ruégote que no te olvides de mi buen Rocinante, compañero eterno
mío en todos mis caminos y carreras°!" Luego volvía diciendo, como si   wanderings
15 verdaderamente fuera enamorado: "¡Oh princesa Dulcinea, señora deste
cautivo° corazón! mucho agravio me habedes fecho[15] en despedirme y   captive
reprocharme con el riguroso afincamiento de mandarme no parecer ante la
vuestra fermosura. Plégaos, señora, de membraros deste vuestro sujeto
corazón, que tantas cuitas por vuestro amor padece."[16] Con estos iba
20 ensartando° otros disparates,° todos al modo de los que sus libros le habían   stringing together,
enseñado, imitando en cuanto podía su lenguaje. Con esto caminaba tan   nonsense
despacio, y el sol entraba tan apriesa y con tanto ardor, que fuera bastante
a derretirle los sesos, si algunos tuviera.[17]
      Casi todo aquel día caminó sin acontecerle cosa que de contar fuese,[18]
25 de lo cual 'se desesperaba,° porque quisiera topar luego luego[19] con quien   despaired
hacer experiencia° del valor de su fuerte brazo. Autores hay que dicen que   trial
la primera aventura que le avino° fue la del Puerto Lápice,[20] otros dicen que   happened
la de los 'molinos de viento°; pero lo que yo he podido averiguar° en este   windmills, find out
caso, y lo que he hallado escrito en los *Anales° de la Mancha* es que él   annals
30 anduvo todo aquel día, y al anochecer,° su rocín y él se hallaron cansados   nightfall

---

[12] Aurora was the Roman goddess of the dawn. Her "husband" was Tithonus.

[13] Montiel is about 70 kms. to the south of El Toboso in the province of Ciudad Real.

[14] **Dignas de entallarse...** *worthy to be sculpted in bronze, to be sculpted in marble, and to be painted on panels.*

[15] **Habedes fecho = habéis hecho.** Here is where Don Quixote begins speaking in the style of the ancient books he knew so well. **Fecho** shows the old characteristic—most initial fs before a vowel had fallen by Cervantes' time, but were still being pronounced when the old books of chivalry were being written.

[16] **Reprocharme con el riguroso...** *to reproach me with a harsh command, banning me from appearing before you [your beauty]. May it please you, lady, to remember this subjected heart of yours, which so many afflictions suffers for your love.* **Afincamiento** is modern **ahincamiento.**

[17] **Tan apriesa...** *so hurriedly and with such vigor that it would be enough to melt his brains, if he had any.*

[18] **Sin acontecerle...** *without anything happening that was worth relating.*

[19] **Luego luego** *right then.* Doubling the word intensified it.

[20] Puerto Lápice (**puerto** means *mountain pass*) is a town about 40 kms. west of El Toboso in the province of Ciudad Real.

y muertos de hambre; y que, mirando a todas partes por ver si descubriría
algún castillo° o alguna majada° de pastores donde recogerse,° y adonde
pudiese remediar su mucha hambre y necesidad, vio, no lejos del camino
por donde iba, una venta,° que fue como si viera una estrella que no a los
5 portales, sino a los alcázares de su redención le encaminaba.²¹ Diose priesa
a caminar, y llegó a ella a tiempo que anochecía.

    Estaban acaso° a la puerta dos mujeres mozas, destas que llaman «del
partido»,²² las cuales iban a Sevilla con unos harrieros° que en la venta
aquella noche acertaron a hacer jornada;²³ y como a nuestro aventurero todo
10 cuanto pensaba, veía o imaginaba, le parecía ser hecho y pasar al modo de
lo que había leído,²⁴ luego que vio la venta se le representó que era un
castillo con sus cuatro torres y chapiteles de luciente plata, sin faltarle su
puente levadiza y honda cava,²⁵ con todos aquellos aderentes° que semejan-
tes° castillos se pintan.

15   Fuese llegando a la venta que a él le parecía castillo, y a poco trecho°
della detuvo las riendas° a Rocinante, esperando que algún enano° se
pusiese entre las almenas,° a dar señal° con alguna trompeta de que llegaba
caballero al castillo. Pero como vio que se tardaban° y que Rocinante se
daba priesa por llegar a la caballeriza,° se llegó a la puerta de la venta, y vio
20 a las dos destraídas° mozas que allí estaban, que a él le parecieron dos
hermosas doncellas° o dos graciosas° damas, que delante de la puerta del
castillo se estaban solazando.° En esto sucedió acaso que un porquero, que
andaba recogiendo de unos rastrojos una manada de puercos,²⁶ que, sin
perdón, así se llaman, tocó un cuerno,° a cuya señal ellos se recogen, y 'al
25 instante° se le representó a don Quijote lo que deseaba, que era que algún
enano hacía señal de su venida°; y así, con estraño contento, llegó a la venta
y a las damas. Las cuales, como vieron venir un hombre de aquella suerte°
armado, y con lanza y adarga, llenas de miedo se iban a entrar en la venta;
pero don Quijote, coligiendo° por su huida° su miedo, alzándose la visera
30 de papelón,²⁷ y descubriendo° su seco y polvoroso° rostro, con gentil
talante° y voz reposada les dijo:

    "No fuyan° las vuestras mercedes ni teman desaguisado° alguno, ca°
a la orden de caballería que profeso non toca ni atañe facerle a ninguno,²⁸

---

²¹ **Estrella que no...** *a star which was leading him, not to the gates, but rather to the palaces of his recovery.*

²² **Mujeres del partido** = *traveling prostitutes.*

²³ **Acertaron...** *they happened to spend the night.*

²⁴ **Todo cuanto...** *everything he thought, saw, or imagined, seemed to be fashioned and happen in the ways he had read.*

²⁵ **Se le representó...** *he thought it was a castle with four towers and pinnacles of shining silver, not lacking a drawbridge and a deep moat*

²⁶ **Un porquero...** *a swineherd, who was gathering a herd of pigs from a harvested field.*

²⁷ **Alzándose la visera...** *raising his cardbord visor*

²⁸ **Que profeso...** *which I practice does not allow me to wrong anyone.* **Non** *is archaic.*

cuanto más a tan altas doncellas como vuestras presencias demuestran."

    Mirábanle las mozas, y andaban con los ojos buscándole el rostro, que la mala visera le encubría°; mas como se oyeron llamar doncellas, cosa tan   concealed fuera de su profesión, no pudieron tener la risa,[29] y fue de manera que don

5 Quijote 'vino a correrse° y a decirles: became offended

    "Bien parece la mesura en las fermosas, y es mucha sandez, además, la risa que de leve causa procede; pero non vos lo digo porque° os acuitedes   **para que** ni mostredes mal talante, que el mío non es de ál que de serviros."[30]

    El lenguaje, no entendido de las señoras, y el mal talle° de nuestro   figure

10 caballero acrecentaba° en ellas la risa, y en él el enojo,° y pasara muy   increased, anger adelante si a aquel punto no saliera el ventero,° hombre que, por ser muy   innkeeper gordo,° era muy pacífico°; el cual, viendo aquella figura contrahecha,°   fat, easy-going, armada de armas tan desiguales° como eran la brida,° lanza, adarga y   strange; dissimilar, coselete,° no estuvo en nada en acompañar a las doncellas en las muestras   long stirrups; armor

15 de su contento.[31] Mas, en efeto, temiendo la máquina de tantos pertrechos,[32] determinó de hablarle comedidamente,° y así le dijo: courteously

    "Si vuestra merced, señor caballero, busca posada,° amén° del lecho,°   lodging, except, bed porque en esta venta no hay ninguno, todo lo demás se hallará en ella en mucha abundancia."

20   Viendo don Quijote la humildad° del alcaide° de la fortaleza,° que tal   meekness, governor, le pareció a él el ventero y la venta, respondió: fortress

    "Para mí, señor castellano,° cualquiera cosa basta, porque «mis arreos°   warden, trappings son las armas, / mi descanso el pelear,° &c.»"[33]   fighting

    Pensó el huésped° que el haberle llamado castellano había sido por   innkeeper

25 haberle parecido de los sanos de Castilla, aunque él era andaluz,° y de los   Andalusian de la Playa de San Lúcar,[34] no menos ladrón° que Caco, ni menos maleante°   thief, trickster que estudiantado° paje; y así, le respondió: mischievous

    "Según eso, «las camas» de vuestra merced serán «duras peñas»,° y «su   large rocks dormir, siempre velar°»; y siendo así, bien 'se puede apear,° con seguridad   staying awake, can,

30 de hallar en esta choza° ocasión y ocasiones para no dormir en todo un año,   dismount; hovel cuanto más en una noche."

    Y diciendo esto, fue a tener° el estribo° a don Quijote, el cual se apeó   hold, stirrup con mucha dificultad y trabajo, como aquel que en todo aquel día no se ha-

---

[29] **No pudieron...** *they couldn't contain their laughter.*

[30] **Bien parece...** *Politeness is becoming in beautiful women, and besides, laughter which comes from a trifling cause is great folly; but I am not telling you this so that you will be distressed or make you angry, for my will is no other than to serve you.* **Acuitedes** and **mostredes** *are archaic verb forms.* **Ál** *other is archaic.*

[31] **No estuvo...** *he was almost at the point of joining the damsels in their show of mirth.*

[32] **La máquina...** *the mass of weaponry.*

[33] These lines were from a well-known **romance**: "Mis arreos son las armas / mi descanso es pelear / mi cama las duras peñas / mi dormir siempre velar."

[34] The **sanos de Castilla** in ordinary language meant "good people," but in the underworld language it meant "cunning thieves." The Playa de San Lúcar was a gathering place for rogues.

bía desayunado. Dijo luego al huésped que le tuviese mucho cuidado de su caballo, porque era la mejor pieza° que comía pan en el mundo. Miróle el ventero, y no le pareció tan bueno como don Quijote decía, ni aun la mitad; y acomodándole° en la caballeriza, volvió a ver lo que su huésped° mandaba, al cual estaban desarmando° las doncellas, que ya se habían reconciliado con él; las cuales, aunque le habían quitado el peto° y el espaldar,° jamás supieron ni pudieron desencajarle la gola,° ni quitalle la contrahecha celada que traía atada° con unas cintas° verdes, y era menester° cortarlas por no poderse quitar los ñudos°; mas él no lo quiso consentir en ninguna manera, y así, se quedó toda aquella noche con la celada puesta, que era 'la mas graciosa° y estraña figura que se pudiera pensar. Y al desarmarle, como él se imaginaba que aquellas 'traídas y llevadas° que le desarmaban eran algunas principales señoras y damas de aquel castillo, les dijo con mucho donaire°:

> "Nunca fuera caballero
> de damas tan bien servido,
> como fuera don Quijote
> cuando de su aldea° vino:
> doncellas curaban° dél,
> princesas del su rocino,[35]

"o Rocinante; que éste es el nombre, señoras mías, de mi caballo, y don Quijote de la Mancha el mío; que, puesto que no quisiera descubrirme fasta que las fazañas fechas en vuestro servicio y pro[36] me descubrieran, la fuerza de acomodar° al propósito° presente este romance viejo[37] de Lanzarote ha sido causa que sepáis mi nombre 'antes de toda sazón°; pero tiempo vendrá en que las vuestras señorías me manden, y yo obedezca, y el valor de mi brazo descubra el deseo que tengo de serviros."

Las mozas, que 'no estaban hechas° a oír semejantes retóricas, no respondían palabra; sólo le preguntaron si quería comer alguna cosa.

"Cualquiera yantaría° yo," respondió don Quijote, "porque a lo que entiendo me haría mucho 'al caso.°"

'A dicha° acertó a ser viernes aquel día, y no había en toda la venta sino unas raciones de un pescado que en Castilla llaman *abadejo*,[38] y en Andalucía *bacallao*, y en otras partes *curadillo*, y en otras *truchuela*. Preguntáronle si, por ventura, comería su merced truchuela; que no había otro pescado que dalle a comer.

piece *of horseflesh*

sheltering him, guest
removing armor
breastplate
backplate, gorget
tied, ribbons, neces-
sary; knots

funniest

prostitutes

grace

village
took care of

accommodate, subject

prematurely

not accustomed

I would eat
to the purpose
by chance

---

[35] Don Quijote here adapts a famous **romance** about Lancelot, whose last four lines are: "como fuera Lanzarote / cuando de Bretaña vino, / que dueñas curaban dél / doncellas de su rocino…"

[36] **Fasta que…** *until the deeds done in your service and benefit.* **Fasta, fazañas, fechas** and **pro** are all archaic.

[37] The **romance viejo** was a traditional, fifteenth-century **romance**, different from the **romances nuevos** of the sixteenth century.

[38] All of these variants mean *codfish*.

"Como haya muchas truchuelas," respondió don Quijote, "podrán servir de una trucha;° porque eso 'se me da° que me den ocho reales en sencillos,° que en una pieza de a ocho.³⁹ Cuanto más que podría ser que fuesen estas truchuelas como la ternera,° que es mejor que la vaca, y el cabrito° que el

5   cabrón.° Pero, sea lo que fuere,⁴⁰ venga luego, que el trabajo y peso de las armas no se puede llevar sin el gobierno de las tripas."⁴¹

Pusiéronle la mesa a la puerta de la venta por el fresco, y trújole° el huésped una porción del mal remojado y peor cocido bacallao,⁴² y un pan tan negro y mugriento° como sus armas; pero era materia de grande risa

10   verle comer, porque, como tenía puesta la celada y alzada la visera, no podía poner nada en la boca con sus manos si otro no se lo daba y ponía, y ansí, una de aquellas señoras servía deste menester.° Mas al darle de beber, no fue posible, ni lo fuera,⁴³ si el ventero no horadara° una caña,° y puesto el un cabo° en la boca, por el otro le iba echando° el vino; y todo

15   esto lo recebía° en paciencia, 'a trueco de° no romper las cintas de la celada.

Estando en esto, llegó acaso a la venta un castrador° de puercos, y así como llegó, sonó su silbato° de cañas cuatro o cinco veces, con lo cual acabó de confirmar don Quijote que estaba en algún famoso castillo, y que

20   le servían con música, y que el abadejo eran truchas, el pan candeal,⁴⁴ y las rameras° damas, y el ventero castellano del castillo; y con esto daba por bien empleada su determinación° y salida. Mas lo que más le fatigaba° era el no verse armado caballero, por parecerle que no se podría poner legítimamente en aventura alguna, sin recibir° la orden de caballería.

trout, it's the same to me, small coins

veal, kid
he-goat

brought him

grimy

need

bored, reed
end, pouring
recibía, *in exchange for*

gelder
whistle

prostitutes
resolution, bothered

recibir

³⁹ A **pieza de a ocho** *coin of eight bits* was the same as eight **reales**. This explains why our "two bits" is a quarter.

⁴⁰ **Sea...** *be what it may.* Nowadays the future subjunctive has ceded to the present: **sea lo que sea**.

⁴¹ **Venga luego...** *Let it come right away, for travail and weight of armor cannot be borne without the support of the stomach.*

⁴² **Mal remojado...** *badly marinated and worse cooked codfish.*

⁴³ **Ni lo...** *nor would it have been.*

⁴⁴ **El pan candeal** = *the bread [of] white flour.*

Capítulo III. Donde se cuenta la graciosa° manera que tuvo don Quijote en armarse caballero.

amusing

Y ASÍ, fatigado deste pensamiento, abrevió su venteril° y limitada cena. La cual acabada, llamó al ventero, y encerrándose con él en la
5 caballeriza, se hincó de rodillas ante él, diciéndole:
"No me levantaré jamás de donde estoy, valeroso caballero, fasta que la vuestra cortesía me otorgue° un don° que pedirle quiero, el cual redundará en alabanza° vuestra y en pro del 'género humano.°'"
El ventero, que vio a su huésped a sus pies y oyó semejantes razones,
10 estaba confuso° mirándole sin saber qué hacerse ni decirle, y porfiaba° con él que se levantase, y jamás quiso, hasta que le hubo de decir que él le otorgaba el don que le pedía.
"No esperaba yo menos de la gran magnificencia vuestra, señor mío," respondió don Quijote, "y así os digo que el don que os he pedido, y de
15 vuestra liberalidad me ha sido otorgado, es que mañana, en aquel día, me habéis de armar caballero,[1] y esta noche en la capilla° deste vuestro castillo velaré las armas, y mañana, como tengo dicho, 'se cumplirá° lo que tanto deseo, para poder, como se debe, ir por todas las cuatro partes del mundo buscando las aventuras en pro de los menesterosos,° como está 'a cargo de°
20 la caballería y de los caballeros andantes, como yo soy, cuyo deseo a semejantes fazañas es inclinado.°'"
El ventero, que, como está dicho, era un poco socarrón,° y ya tenía algunos barruntos° de la falta de juicio de su huésped, acabó de creerlo cuando acabó de oírle semejantes razones, y por tener que reír aquella
25 noche,[2] determinó de seguirle el humor; y así, le dijo que andaba° muy acertado° en lo que deseaba y pedía, y que tal prosupuesto° era propio° y natural de los caballeros tan principales como él parecía y como su gallarda° presencia mostraba; y que él, ansimesmo,° en los años de su mocedad,° se había dado a aquel honroso ejercicio, andando por diversas partes del mundo
30 buscando sus aventuras, sin que hubiese dejado los Percheles de Málaga, Islas de Riarán, Compás de Sevilla, Azoguejo de Segovia, la Olivera de Valencia, Rondilla de Granada, Playa de Sanlúcar, Potro de Córdoba y las Ventillas de Toledo,[3] y otras diversas partes, donde había ejercitado la ligereza de sus pies, sutileza de sus manos, haciendo muchos tuertos,
35 recuestando muchas viudas, deshaciendo algunas doncellas y engañando a algunos pupilos,[4] y finalmente, dándose a conocer por cuantas audiencias

inn-style

grant, boon
praise, mankind

perplexed, insisted

chapel
will be fulfilled

needy, duty of

disposed
jokester
suspicion

"was"
correct, goal, proper
gallant
therefore, youth

---

[1] The evening before the ceremony, the novice knight typically watched over his arms and spent the night in prayer. The next day, the arms were blessed, the novice confessed, and then was dubbed a knight in a religious ceremony.

[2] **Por tener que...** *to have something to amuse them that evening.*

[3] These places form what Clemencín called "a picaresque map of Spain." The **Islas de Riarán** are in Málaga, and they're not islands, but rather city blocks.

[4] **Ejercitando...** *showing the fleetness of his feet, the light-fingeredness of his hands, doing many wrongs, courting many widows, deflowering some maidens, deceiving some orphans.*

y tribunales[5] hay casi en toda España; y que, a lo último, se había venido a
recoger a aquel su castillo, donde vivía con su hacienda y con 'las ajenas,°   other people's
recogiendo en él a todos los caballeros andantes, de cualquiera calidad° y   rank
condición que fuesen, sólo por la mucha afición que les tenía, y porque
5   partiesen° con él de sus haberes° en pago de su 'buen deseo.°   share, assets,
     Díjole también que en aquel su castillo no había capilla alguna donde   benevolence
poder velar las armas, porque estaba derribada° para hacerla de nuevo; pero   torn down
que, en caso de necesidad, él sabía que se podían velar dondequiera,° y que   anywhere
aquella noche las podría velar en un patio del castillo; que a la mañana,
10   siendo Dios servido, se harían las debidas ceremonias, de manera que él
quedase armado caballero, y tan caballero, que no pudiese ser más en el
mundo.
     Preguntóle si traía dineros; respondió don Quijote que no traía blanca,[6]
porque él nunca había leído en las historias de los caballeros andantes que
15   ninguno los hubiese traído. A esto dijo el ventero que 'se engañaba°; que,   he was deceived
'puesto caso que° en las historias no se escribía, por haberles parecido a los   although
autores dellas que no era menester escrebir° una cosa tan clara y tan   **escribir**
necesaria de traerse, como eran dineros y camisas limpias, no por eso se
había de creer que no los trujeron°; y así, tuviese por cierto y averiguado°   **trajeron,** proven
20   que todos los caballeros andantes, de que tantos libros están llenos y
atestados,° llevaban bien herradas° las bolsas° por lo que pudiese sucederles,   crammed, stocked,
y que asimismo llevaban camisas y una arqueta° pequeña llena de   purses; small chest
ungüentos° para curar las heridas que recebían,° porque no todas veces en   ointments, **recibían**
los campos y desiertos,° donde se combatían y salían heridos,° había quien   wilderness, wounded
25   los curase, si ya no era que tenían algún sabio encantador por amigo, que
luego los socorría,° trayendo por el aire, en alguna nube, alguna doncella o   aided
enano° con alguna redoma de agua de tal virtud que, 'en gustando° alguna   dwarf, by tasting
gota della, luego al punto quedaban sanos de sus llagas y heridas, como si
mal alguno hubiesen tenido;[7] mas que, en tanto que esto no hubiese, tuvieron
30   los pasados caballeros por cosa acertada que sus escuderos fuesen proveídos
de dineros y de otras cosas necesarias, como eran hilas° y ungüentos para   bandages
curarse; y cuando sucedía que los tales caballeros no tenían escuderos, que
eran 'pocas y raras veces,° ellos mesmos lo llevaban todo en unas alforjas   few and far between
muy sutiles, que casi no se parecían,[8] a las ancas° del caballo, 'como que°   crupper, as if
35   era otra cosa de más importancia; porque no siendo por ocasión semejante,
esto de llevar alforjas no fue muy admitido entre los caballeros andantes, y
por esto le daba por consejo,° pues aun se lo podía mandar como a su   advice
ahijado, que tan presto lo había de ser,[9] que no caminase 'de allí adelante°   from then on

---

[5] **Dándose a conocer...** *making himself known in all the courts.*
[6] The **blanca** was a coin worth half a **maravedí.**
[7] **Alguna redoma...** *some flask of water of such power that, by tasting a drop of it,
they were instantly cured of their wounds, as if they had never had any injury.*
[8] **Alforjas muy sutiles...** *small saddlebags which you could hardly see.*
[9] **Aun...** *he could even command him as his godson, since so soon he would be.*

sin dineros y sin las prevenciones° referidas, y que vería cuan bien se   provisions
hallaba con ellas, cuando menos se pensase.[10]
  Prometióle don Quijote de hacer lo que se le aconsejaba 'con toda
puntualidad.° Y así, se dio luego orden como velase las armas en un corral   scrupulously
5 grande que a un lado de la venta estaba, y recogiéndolas don Quijote todas,
las puso sobre una pila° que junto a un pozo° estaba. Y embrazando° su   trough, well, clasping
adarga, 'asió de° su lanza, y con gentil continente° se comenzó a pasear°   grasped, mien, walk
delante de la pila, y cuando comenzó el paseo comenzaba a cerrar la noche.
  Contó el ventero a todos cuantos estaban en la venta la locura de su
10 huésped, la vela° de las armas y la armazón° de caballería que esperaba.   watching over,
Admiráronse° de tan estraño género de locura, y fuéronselo a mirar desde   dubbing; were
lejos, y vieron que, con sosegado ademán,° unas veces se paseaba, otras,   amazed; manner
arrimado° a su lanza, ponía los ojos en las armas, sin quitarlos por un buen   leaning against
espacio dellas.[11] Acabó de cerrar la noche, pero con tanta 'claridad de la
15 luna,° que podía competir con 'el que se la prestaba°; de manera que cuanto   moonlight, [the sun]
el novel caballero hacía era bien visto de todos.   which lent it
  Antojósele° en esto a uno de los harrieros que estaban en la venta ir a   fancied
'dar agua° a su recua,° y fue menester quitar las armas de don Quijote, que   water, mules
estaban sobre la pila, el cual, viéndole llegar, en voz alta le dijo:
20 "¡Oh, tú, quienquiera que seas, atrevido° caballero, que llegas a tocar°   impudent, to touch
las armas del más valeroso andante que jamás se ciñó espada,[12] mira lo que
haces y no las toques, si no quieres dejar la vida en pago de tu
atrevimiento!"
  No 'se curó° el harriero destas razones, y fuera° mejor que se curara,   paid heed, sería
25 porque fuera curarse en salud; antes, trabando de las correas, las arrojó gran
trecho de sí.[13] Lo cual, visto por don Quijote, alzó° los ojos al cielo,° y   raised, heaven
puesto el pensamiento, a lo que pareció, en su señora Dulcinea, dijo:
  "Acorredme,° señora mía, en esta primera afrenta° que a este vuestro   help, affront
'avasallado pecho° se le ofrece; no me desfallezca° en este primero trance   enslaved heart, fail
30 vuestro favor y amparo.°"   protection
  Y diciendo estas y otras semejantes razones, soltando° la adarga, alzó   throwing down
la lanza a dos manos, y dio con ella tan gran golpe al harriero en la cabeza,
que le derribó en el suelo° tan maltrecho,° que, si segundara° con otro, no   ground, ill-treated,
tuviera necesidad de maestro que le curara. Hecho esto, recogió sus armas   did a second time
35 y tornó a pasearse con el mismo reposo° que primero.   tranquility
  Desde allí a poco, sin saberse lo que había pasado, porque aun estaba
aturdido° el harriero, llegó otro con la mesma intención de dar agua a sus   dazed

---

[10] **Vería cuan...** *he would see how useful they were, when he least expected it.*
[11] **Ponía los ojos...** *he looked intently at his armor, without taking his eyes off it for a long time.*
[12] **Del más valeroso...** *of the bravest knight that ever girded a sword.*
[13] **Trabando de las...** *seizing the straps, he threw them a long distance from himself.*

mulos, y llegando a quitar las armas para desembarazar° la pila, sin hablar   unencumber
don Quijote palabra, y sin pedir favor° a nadie, soltó otra vez la adarga, y   permission
alzó otra vez la lanza, y sin hacerla pedazos, hizo más de tres la cabeza del
segundo harriero, porque se la abrió por cuatro. Al ruido acudió° toda la   ran to
5 gente de la venta, y entre ellos el ventero. Viendo esto don Quijote, embrazó
su adarga, y puesta mano a su espada, dijo:
    "¡Oh, señora de la fermosura, esfuerzo° y vigor del debilitado° corazón   strength, weakened
mío, ahora es tiempo que vuelvas los ojos de tu grandeza a éste tu cautivo
caballero, que tamaña° aventura está atendiendo°!"   so great, waiting
10   Con esto cobró,° a su parecer, tanto ánimo,° que si le acometieran todos   recovered, courage
los harrieros del mundo no volviera el pie atrás.[14] Los compañeros de los
heridos, que tales los vieron,[15] comenzaron desde lejos a llover piedras sobre
don Quijote, el cual, lo mejor que podía, 'se reparaba° con su adarga, y no se   protected himself
osaba apartar de la pila por no desamparar° las armas. El ventero 'daba   abandon
15 voces° que le dejasen, porque ya les había dicho como era loco, y que por   shouted
loco se libraría aunque los matase a todos.[16] También don Quijote las daba,
mayores, llamándolos de alevosos° y traidores, y que el señor del castillo era   treacherous
un follón° y mal nacido caballero, pues de tal manera consentía que se   rogue
tratasen los andantes caballeros, y que si él hubiera recebido la orden de
20 caballería, que él le diera a entender su alevosía:[17] "Pero de vosotros, soez°   vile
y baja canalla,° no hago caso alguno. ¡Tirad, llegad, venid y ofendedme° en   rabble, attack me
cuanto pudiéredes; que vosotros veréis el pago que lleváis de vuestra sandez
y demasía°!"   insolence
    Decía esto con tanto brío° y denuedo,° que infundió° un terrible temor   force, daring, in-
25 en los que le acometían, y así, por esto, como por las persuasiones del   stilled
ventero, le dejaron de tirar,° y él dejó retirar° a los heridos, y tornó a la vela   throwing, take away
de sus armas con la misma quietud° y sosiego que primero.   tranquility
    No le parecieron bien al ventero las burlas° de su huésped, y determinó   jokes
abreviar° y darle la negra° orden de caballería luego, antes que otra   cut short, cursed
30 desgracia° sucediese. Y así, llegándose a él, 'se desculpó de° la insolencia   misfortune,
que aquella gente baja con él había usado, sin que él supiese cosa alguna,   apologized for
pero que bien castigados° quedaban de su atrevimiento. Díjole, como ya le   punished
había dicho, que en aquel castillo no había capilla, y para lo que restaba° de   remained
hacer tampoco era necesaria; que todo el toque° de quedar armado caballero   main point
35 consistía en la pescozada y en el espaldarazo,[18] según él tenía noticia del
ceremonial° de la orden, y que aquello en mitad de un campo se podía hacer,   ceremony book
y que ya había cumplido con lo que tocaba° al velar de las armas, que con   appertained
solas dos horas de vela se cumplía, cuanto más que él había estado más de
cuatro.

---

[14] **No volviera...** *he wouldn't back up a step.*
[15] **Que tales...** *who saw them in such a state.*
[16] **Por...** *because he was crazy he would be set free even though he killed everyone.*
[17] **Él le...** *he would make him accountable for his treachery.*
[18] **La pescozada...** *the slap on the neck and shoulders.*

Todo se lo creyó don Quijote y dijo que él estaba allí pronto° para   ready
obedecerle, y que concluyese 'con la mayor brevedad° que pudiese, porque   as soon as possible
si fuese otra vez acometido, y se viese armado caballero, no pensaba dejar
persona viva en el castillo, eceto° aquellas que él le mandase, a quien por   **excepto**
5 respeto dejaría.

Advertido° y medroso° desto el castellano, trujo luego un libro donde   forewarned, afraid
asentaba la paja y cebada[19] que daba a los harrieros, y con un cabo° de vela°   stub, candle
que le traía un muchacho, y con las dos ya dichas doncellas, se vino adonde
don Quijote estaba, al cual mandó hincar de rodillas, y leyendo en su
manual,° como que decía alguna devota oración,° en mitad de la leyenda°   account book, prayer,
alzó la mano y diole sobre el cuello° un buen golpe, y tras él, con su mesma   reading; neck
espada, un gentil espaldarazo, siempre murmurando entre dientes, como que
rezaba.° Hecho esto, mandó a una de aquellas damas que le ciñese la espada,   was praying
la cual lo hizo con mucha desenvoltura° y discreción, porque no fue   poise
15 menester poca para no reventar° de risa a cada punto de las ceremonias. Pero   burst
las proezas° que ya habían visto del novel caballero les tenía la risa 'a raya.°   feats, within bounds

Al ceñirle la espada, dijo la buena señora:
"Dios haga a vuestra merced muy venturoso caballero y le dé ventura
en lides."[20]

Don Quijote le preguntó cómo se llamaba, porque él supiese de allí
adelante a quien quedaba obligado por la merced° recebida, porque pensaba   favor
darle alguna parte de la honra° que alcanzase por el valor de su brazo. Ella   glory
respondió con mucha humildad que se llamaba la Tolosa, y que era hija de
un remendón° natural° de Toledo, que vivía a las tendillas de Sancho   clothes mender,
25 Bienaya,[21] y que dondequiera que ella estuviese le serviría y le tendría por   native
señor. Don Quijote le replicó que, por su amor, le hiciese merced que de allí
adelante se pusiese DON,[22] y se llamase DOÑA TOLOSA. Ella se lo prometió,
y la otra le calzó° la espuela, con la cual le pasó casi el mismo coloquio°   put on, conversation
que con la de la espada. Preguntóle su nombre, y dijo que se llamaba la
Molinera, y que era hija de un honrado molinero de Antequera;[23] a la cual
también rogó don Quijote que se pusiese DON, y se llamase DOÑA
MOLINERA, ofreciéndole nuevos servicios y mercedes.

Hechas, pues, 'de galope° y aprisa, las hasta allí nunca vistas   hurriedly
ceremonias, no vio la hora don Quijote de verse a caballo y salir buscando
35 las aventuras, y ensillando luego a Rocinante, subió en él, y abrazando a

---

[19] **Donde asentaba...** *where he recorded the straw and barley.*

[20] **Ventura en lides** *good fortune in fights.* She knows the language of books of knight errantry, which were very popular reading, especially among young women.

[21] Sancho Bienhaya was a marketplace in Toledo. The father lived *near* the market stands.

[22] In the Golden Age, only those who had a right to it could be called **don**. Nowadays, you can call anyone by his or her first name if you precede it with **don** or **doña**.

[23] Spanish city in the province of Málaga.

su huésped, le dijo cosas tan extrañas, agradéciendole la merced de haberle armado caballero, que no es posible 'acertar a referirlas.° El ventero, por verle ya fuera de la venta, con no menos retóricas, aunque con más breves palabras, respondió a las suyas, y sin pedirle la costa° de la posada,° le dejó 'ir a la buena hora.°

to manage to relate them
expense, lodging
go away

Capítulo IIII. De lo que le sucedió a nuestro caballero cuando salió de la venta.

L A[1] DEL alba sería cuando don Quijote salió de la venta, tan contento, tan gallardo, tan alborozado° por verse ya armado caballero, que el gozo le reventaba por las cinchas° del caballo. Mas viniéndole a la memoria los consejos de su huésped 'cerca de° las prevenciones tan necesarias que había de llevar consigo, especial° la de los dineros y camisas, determinó volver a su casa y acomodarse° de todo, y de un escudero, haciendo cuenta de recebir[2] a un labrador vecino° suyo, que era pobre y con hijos, pero muy a propósito para el oficio escuderil[3] de la caballería. Con este pensamiento guió° a Rocinante hacia su aldea, el cual, casi conociendo la querencia,° con tanta gana° comenzó a caminar, que parecía que no ponía los pies en el suelo.

exhilarated
girth
about
especially
supply himself
neighbor

guided, way
desire

No había andado mucho, cuando le pareció que a su diestra° mano, de la espesura° de un bosque que allí estaba, salían unas voces delicadas,° como de persona que se quejaba,° y apenas° las hubo oído, cuando dijo:

right (*arch.*)
dense part, faint
was complaining,

"Gracias doy al cielo por la merced que me hace, pues tan presto me pone ocasiones delante donde yo pueda 'cumplir con° lo que debo a mi profesión y donde pueda coger el fruto de mis buenos deseos. Estas voces, sin duda, son de algún menesteroso, o menesterosa, que 'ha menester° mi favor y ayuda."

hardly
discharge

needs

Y volviendo las riendas, encaminó a Rocinante hacia donde le pareció que las voces salían. Y a pocos pasos° que entró por el bosque, vio atada° una yegua° a una encina,° y atado en otra a un muchacho, desnudo de medio cuerpo arriba,[4] hasta de edad de quince años, que era el que las voces daba, y no sin causa, porque le estaba dando con una pretina° muchos azotes° un labrador de buen talle,° y cada azote le acompañaba° con una reprehensión° y consejo. Porque decía:

steps, tied
mare, oak tree

belt, lashes
size, followed,
reprimand

"La lengua queda,° y los ojos listos.°"

quiet, diligent

---

[1] **La [hora] del alba.** The last word of the previous chapter is understood here.
[2] **Haciendo cuenta…** *he planned to hire.*
[3] **Muy propósito…** *very fit for the occupation of squire.*
[4] **Desnudo…** *naked from the waist up.*

Y el muchacho respondía:

"No lo haré otra vez, señor mío; por la pasión de Dios, que no lo haré otra vez, y yo prometo de tener de aquí adelante más cuidado con el hato.°" — flock

Y viendo don Quijote lo que pasaba, con voz airada° dijo: — furious

"Descortés° caballero, mal parece tomaros con quien defender no se — ill-bred puede;[5] subid sobre vuestro caballo y tomad vuestra lanza,"—que también tenía una lanza arrimada a la encina adonde estaba arrimada la yegua— "que yo os haré conocer ser de cobardes lo que estáis haciendo."[6]

El labrador, que vio sobre sí aquella figura llena de armas, blandiendo° — brandishing la lanza sobre su rostro,° túvose por muerto,[7] y con buenas palabras — face respondió:

"Señor caballero, este muchacho que estoy castigando, es un mi criado que me sirve de guardar una 'manada de ovejas° que tengo en estos — flock of sheep contornos,° el cual es tan descuidado,° que cada día me falta una; y porque — vicinity, careless castigo su descuido, o bellaquería,° dice que lo hago 'de miserable,° por no — roguery, out of pagalle la soldada° que le debo, y en Dios y en mi ánima° que miente." — stinginess; salary, soul; vile rustic

"¿«Miente» delante de mí,[8] 'ruin villano°?" dijo don Quijote. "Por el sol que nos alumbra,° que estoy por pasaros 'de parte a parte° con esta lanza; — illuminates, wide pagadle luego sin más réplica°; si no, por el Dios que nos rige, que os — open; objection concluya y aniquile en este punto.[9] Desatadlo° luego." — untie him

El labrador bajó la cabeza, y sin responder palabra, desató a su criado, al cual preguntó don Quijote que cuánto le debía su amo. Él dijo que nueve meses, a siete reales cada mes. 'Hizo la cuenta° don Quijote y halló que — calculated montaban° setenta y tres reales, y díjole al labrador que 'al momento° los — it amounted to, right desembolsase,° si no quería morir por ello. Respondió el medroso villano — then; disburse que para el paso° en que estaba y juramento° que había hecho—y aún no — situation, oath había jurado nada—, que no eran tantos, porque se le habían de descontar° — to deduct y 'recebir en cuenta° tres pares de zapatos que le había dado, y un real de — credit dos sangrías° que le habían hecho estando enfermo.[10] — bloodlettings

"Bien está todo eso," replicó don Quijote, "pero quédense los zapatos y las sangrías por los azotes[11] que sin culpa° le habéis dado; que si él — guilt rompió el cuero° de los zapatos que vos pagastes, vos le habéis rompido[12] — leather el de su cuerpo; y si le sacó el barbero sangre[13] estando enfermo, vos en

---

[5] **Mal parece...** *it seems bad to take on someone who cannot defend himself.*

[6] **Yo os...** *I will make you see that what you are doing is the work of cowards.*

[7] **Túvose...** *took himself for dead.*

[8] To claim that another person was lying—and not only in the books of chivalry—was considered an affront to the person being spoken to as well as the person spoken about.

[9] **Por...** *by the God who rules us I'll finish and annihilate you on the spot.*

[10] **Estando...** *when he was sick.*

[11] **Quédense...** *accept the whiplashes in payment for the shoes and bloodlettings.*

[12] **Rompido** is used occasionally instead of **roto** by Cervantes.

[13] Barbers were also surgeons, and letting blood in order to cure a sick person was common.

sanidad° se la habéis sacado; ansí que, por esta parte, no os debe nada."   health
"El daño° está, señor caballero, en que no tengo aquí dineros; véngase   hindrance
Andrés conmigo a mi casa, que yo se los pagaré un real sobre otro."
"¿Irme yo con él," dijo el muchacho, "más? ¡Mal año, no señor, ni por
5 pienso[14]; porque, en viéndose solo, me desuelle como a un San
Bartolomé!"[15]
"No hará tal," replicó don Quijote, "basta que yo se lo mande para que
me tenga respeto, y con que él me lo jure por la ley de caballería que ha
recebido, le dejaré ir libre[16] y aseguraré° la paga."   will guarantee
10 "Mire° vuestra merced, señor, lo que dice," dijo el muchacho, "que este   consider
mi amo° no es caballero, ni ha recebido orden de caballería alguna; que es   master
Juan Haldudo el rico, el vecino° del Quintanar.[17]   resident
"Importa poco eso," respondió don Quijote, "que Haldudos puede haber
caballeros;[18] cuanto más, que cada uno es hijo de sus obras."
15 "Así es verdad," dijo Andrés, "pero este mi amo, ¿de qué obras es hijo,
pues me niega° mi soldada, y mi sudor° y trabajo?"   denies, sweat
"No niego, hermano Andrés," respondió el labrador, "y hacedme placer°   pleasure
de veniros conmigo; que yo juro por todas las órdenes que de caballerías hay
en el mundo de pagaros, como tengo dicho, un real sobre otro, y aun
20 sahumados."[19]
"Del sahumerio 'os hago gracia,°'" dijo don Quijote, "dádselos en   I exempt you
reales,[20] que con eso me contento, y mirad que lo cumpláis como lo habéis
jurado; si no, por el mismo juramento os juro de volver a buscaros y a
castigaros, y que os 'tengo de° hallar, aunque os escondáis más que una   **tengo que**
25 lagartija.° Y si queréis saber quien os manda esto, para quedar con más   lizard
veras obligado a cumplirlo[21], sabed que yo soy el valeroso don Quijote de
la Mancha, el desfacedor° de agravios y sinrazones, y a Dios quedad; y 'no   undoer *(arch.)*
se os parta de las mientes° lo prometido y jurado, 'so pena de° la pena   don't forget, unde
pronunciada."   the penalty of
30 Y en diciendo esto, picó a su Rocinante, y en 'breve espacio° se apartó   short time
dellos. Siguióle el labrador con los ojos, y cuando vio que había traspuesto°   left

[14] **Ni por...** *absolutely not.*
[15] **Me desuelle...** *he'll flay me like a St. Bartholomew.* Bartholomew was one of the
twelve apostles, and tradition has it that he was flayed and beheaded by King Astyges of
of Babylonia.
[16] **Basta que yo...** *It is sufficient for me to command him for him to obey me; and
provided that he swears by the law of chivalry that he has received, I'll let him go free.*
[17] El Quintanar de la Orden is in the modern province of Toledo, only 19 kms.
northwest of El Toboso
[18] **Haldudos puede...** *there can be Haldudos who are knights.*
[19] **Sahumados** *perfumed.* Here, it seems to mean "with interest," according to
Casalduero. Most editors say it means "with good will," after the definition in Covarrubias.
[20] **En reales** = *in silver coins.*
[21] **Para quedar...** *so that you will be even more obliged to fulfill it.*

del bosque y que ya no parecía, volvióse a su criado Andrés, y díjole: "Venid acá, hijo mío, que os quiero pagar lo que os debo, como aquel deshacedor de agravios me dejó mandado."

"Eso juro yo," dijo Andrés, "y ¡cómo que andará vuestra merced acertado en cumplir el mandamiento de aquel buen caballero,[22] que mil años viva; que, según° es de valeroso y de buen juez, vive Roque que si no me paga, que vuelva y ejecute[23] lo que dijo!"   *since*

"También lo juro yo," dijo el labrador, "pero, por lo mucho que os quiero, quiero acrecentar° la deuda° por acrecentar la paga."   *increase, debt*

Y asiéndole° del brazo, le tornó a atar a la encina, donde le dio tantos azotes que le dejó por muerto.   *seizing him*

"Llamad, señor Andrés, ahora," decía el labrador, "al desfacedor de agravios; veréis como no desface aquéste,° aunque creo que no está acabado de hacer, porque me viene gana de desollaros vivo,[24] como vos temíades."   *this one (arch.)*

Pero, al fin, le desató y le dio licencia que fuese a buscar su juez para que ejecutase la pronunciada sentencia. Andrés se partió algo mohino,° jurando de ir a buscar al valeroso don Quijote de la Mancha y contalle punto por punto lo que había pasado, y que se lo había de pagar con las setenas.[25] Pero, con todo esto, él se partió llorando y su amo se quedó riendo.   *mournful*

Y desta manera deshizo el agravio el valeroso don Quijote, el cual, contentísimo° de lo sucedido, pareciéndole que había dado felicísimo y alto principio a sus caballerías, con gran satisfación° de sí mismo iba caminando hacia su aldea, diciendo a media voz: *very pleased*   **satisfacción**

"Bien te puedes llamar dichosa° sobre cuantas hoy viven en la tierra, ¡oh, sobre las bellas bella Dulcinea del Toboso! pues te cupo en suerte[26] tener sujeto y rendido° a toda tu voluntad e° talante a un tan valiente y tan nombrado° caballero como lo es y será don Quijote de la Mancha. El cual, como todo el mundo sabe, ayer rescibió° la orden de caballería, y hoy ha desfecho el mayor tuerto y agravio que formó la sinrazón y cometió la crueldad. Hoy quitó el látigo° de la mano a aquel despiadado° enemigo, que tan sin ocasión° vapulaba° a aquel delicado infante.°"   *fortunate*   *surrendered,* **y**   *renowned*   **recibió**   *whip, cruel*   *reason, whipped,*   *child*

En esto, llegó a un camino que en cuatro se dividía, y luego se le vino a la imaginación las encrucejadas[27] donde los caballeros andantes se ponían a pensar cuál camino de aquellos tomarían, y por imitarlos estuvo un rato quedo, y 'al cabo de° haberlo muy bien pensado, soltó° la rienda a Rocinante, dejando a la voluntad° del rocín la suya, el cual siguió su primer   *after, released*   *will*

---

[22] **¡Cómo...** *your worship will do well to obey the command of that good knight*

[23] **Que vuelva...** *may he come back and do*

[24] **Creo...** *I think it's not finished because I'm feeling like flaying you alive*

[25] **Pagar con las setenas** means *to pay back sevenfold*, from the *Fuero Juzgo*, an ancient book of Spanish law.

[26] **Te cupo...** *it befell your fortune*

[27] **Encrucejadas = encrucijadas** *crossroads*

intento,° que fue el irse camino de su caballeriza. Y habiendo andado como   intention
dos millas,° descubrió don Quijote un grande tropel° de gente, que, como   miles, crowd
después se supo, eran unos mercaderes° toledanos que iban a comprar seda°   merchants, silk
a Murcia.²⁸ Eran seis, y venían con sus quitasoles,° con otros cuatro criados   parasols
5   a caballo y tres mozos de mulas a pie.

Apenas los divisó don Quijote, cuando se imaginó ser cosa de nueva
aventura; y por imitar en todo cuanto a él le parecía posible los pasos que
había leído en sus libros, le pareció venir allí de molde uno que pensaba
hacer.²⁸ᵃ Y así, con gentil continente° y denuedo, 'se afirmó° bien en los   mien, made fast
10   estribos, apretó° la lanza, llegó° la adarga al pecho,° y puesto en la mitad del   clutched, placed,
camino, estuvo esperando que aquellos caballeros andantes llegasen, que ya   chest
él por tales los tenía y juzgaba,° y cuando llegaron a trecho que se pudieron   judged
ver y oír, levantó don Quijote la voz, y con 'ademán arrogante,° dijo: haughty manner
"Todo el mundo 'se tenga,° si todo el mundo no confiesa° que no hay   stop, confess
15   en el mundo todo doncella más hermosa que la Emperatriz° de la Mancha,   Empress
la 'sin par° Dulcinea del Toboso."   peerless
Paráronse° los mercaderes al son° destas razones, y a ver la estraña   stopped, sound
figura del que las° decía; y por la figura y por las razones luego echaron de   i.e., **las razones,** fa◖
ver la locura de su dueño;²⁹ mas quisieron ver despacio en qué paraba
20   aquella confesión que se les pedía,³⁰ y uno dellos, que era un poco burlón°   jester
y muy mucho discreto,° le dijo: witty
"Señor caballero, nosotros no conocemos quién sea esa buena señora
que decís; mostrádnosla, que si ella fuere de tanta hermosura como
significáis,° de buena gana y sin apremio° alguno confesaremos la verdad   represent, constrain◖
25   que por parte vuestra nos es pedida."
"Si os la mostrara," replicó don Quijote, "¿qué hiciérades vosotros en
confesar una verdad tan notoria?³¹ La importancia está en que, sin verla, lo
habéis de creer, confesar, afirmar, jurar y defender; 'donde no,° conmigo sois   if not
en batalla, gente descomunal° y soberbia. Que, ahora vengáis uno a uno,   monstrous
30   como pide la orden de caballería, ora° todos juntos, como es costumbre y   or
mala usanza° de los de vuestra ralea,° aquí os aguardo y espero, confiado°   custom, breed,
en la razón que de mi parte tengo."   confident
"Señor caballero," replicó el mercader, "suplico° a vuestra merced, en   entreat
nombre de todos estos príncipes° que aquí estamos que, por que no   princes
35   encarguemos° nuestras conciencias, confesando una cosa por nosotros jamás   burden
vista ni oída, y más siendo tan en perjuicio° de las emperatrices y reinas   detriment

---

²⁸ Murcia is an important agricultural center in south-eastern Spain.

²⁸ᵃ **Por imitar...** *to imitate as closely as possible the exploits he had read about in his books, the one that he planned to do seemed made to order.*

²⁹ **Echaron de ver...** *they realized the craziness of their* [i.e., **las razones']** *owner.*

³⁰ **Quisieron ver...** *they wanted to see where that confession they were being asked to give was leading.*

³¹ **¿Qué hiciérades...** *what merit would there be in confessing a truth so evident.*

del Alcarria y Estremadura,[32] que vuestra merced sea servido de mostrarnos algún retrato° de esa señora, aunque sea tamaño° como un grano de trigo;° que por el hilo se sacará el ovillo,[33] y quedaremos con esto satisfechos y seguros, y vuestra merced quedará contento y pagado.° Y aun creo que estamos ya tan de su parte,[34] que, aunque su retrato nos muestre que es tuerta° de un ojo y que del otro le mana bermellón y piedra azufre,[35] con todo eso, por complacer° a vuestra merced, diremos en su favor todo lo que quisiere."

(margin: portrait, so small, wheat / satisfied / blind / humor)

"No le mana, canalla infame,°" respondió don Quijote encendido en cólera,° "no le mana, digo, eso que decís, sino ámbar y algalia entre algodones;[36] y no es tuerta ni corcovada,° sino más derecha que un huso° de Guadarrama. Pero ¡vosotros pagaréis la grande blasfemia que habéis dicho contra tamaña beldad,° como es la de mi señora!"

(margin: despicable / rage / hunchback, spindle / beauty)

Y en diciendo esto, arremetió° con la lanza baja° contra el que lo había dicho, con tanta furia y enojo, que, si la buena suerte° no hiciera que en la mitad del camino tropezara° y cayera Rocinante, lo pasara mal el atrevido mercader.[37] Cayó Rocinante, y fue rodando° su amo una buena pieza° por el campo, y queriéndose levantar, 'jamás pudo,° tal embarazo° le causaban la lanza, adarga, espuelas y celada, con el peso de las antiguas armas. Y entretanto° que 'pugnaba por° levantarse y no podía, estaba diciendo:

(margin: attacked, lowered / fortune / stumble / rolling, distance / couldn't, impediment / while, struggled to)

"¡Non fuyáis,° gente cobarde, gente cautiva,° atended; que no por culpa° mía, sino de mi caballo, estoy aquí tendido°!"

(margin: flee, wretched, blame / stretched out)

Un mozo de mulas de los que allí venían, que no debía de ser muy bien intencionado,° oyendo decir al pobre caído tantas arrogancias,[38] no lo pudo sufrir° sin darle la respuesta en las costillas.° Y llegándose a él, tomó la lanza, y después de haberla hecho pedazos, con uno dellos comenzó a dar a nuestro don Quijote tantos palos,° que, 'a despecho y pesar de° sus armas, le molió como cibera.° Dábanle voces sus amos que no le diese tanto,[39] y que le dejase; pero estaba ya el mozo picado° y no quiso dejar el juego hasta envidar° todo el resto de su cólera; y acudiendo por los demás trozos° de la lanza, los acabó de deshacer sobre el miserable caído, que, con toda aquella tempestad° de palos que sobre él llovía,[40] no cerraba la boca, amena-

(margin: natured / endure, ribs / blows, in spite of / wheat / irate / he parleyed, pieces / storm)

---

[32] El Alcarria is a region made up of parts of the modern provinces of Cuenca, Guadalajara and Madrid. Estremadura is a region composed of the provinces of Mérida and Badajoz in western Spain.

[33] **Por el hilo...** *by the yarn we can judge the skein.*

[34] **Estamos ya...** *we are in such agreement with you.*

[35] **Del...** *from the other she oozes vermillion and sulphur.* **Bermellón** is a red pigment.

[36] **Ámbar...** *ambergris and civet packed in cotton.* Ambergris forms in the intestines of the sperm whale, and "civet" is a secretion from the civet, a catlike mammal. Both are used in the manufacture of perfumes.

[37] **Lo pasara...** *the impudent merchant would have had a bad time of it.*

[38] **Oyendo decir...** *hearing the poor fallen one say so many arrogant things.*

[39] **Dábanle...** *his masters yelled to him not to beat him so much.*

[40] The text says only **vía**, seemingly a typesetter's mistake.

zando° al cielo y a la tierra, y a los malandrines,° que tal le parecían.   threatening, briganc

    Cansóse el mozo, y los mercaderes siguieron su camino, llevando qué
contar en todo él del pobre apaleado.[41] El cual, después que se vio solo,
tornó a probar° si podía levantarse; pero si no lo pudo hacer cuando sano°   try, hale
5 y bueno, ¿cómo lo haría molido° y casi deshecho°? Y aún se tenía por   beaten-up, destroye
dichoso, pareciéndole que aquélla era propia desgracia de caballeros
andantes, y toda la atribuía a la falta° de su caballo; y no era posible   fault
levantarse, según tenía brumado° todo el cuerpo.   bruised

    [41] **Los mercaderes...** *the merchants continued their journey, taking with them stories
to tell for the rest of the trip about the drubbed person.*

Capítulo V. Donde se prosigue la narración de la desgracia ° *misfortune*
de nuestro caballero.

V IENDO, PUES, que, en efeto, no podía menearse,° acordó de acogerse° a   stir, resort
  su ordinario° remedio, que era pensar en algún paso° de sus libros, y   usual, passage
trújole° su locura a la memoria aquel de Valdovinos y del Marqués de   **le trajo**
Mantua,[1] cuando Carloto le dejó herido en la montiña,° historia sabida de los   forest
niños, no ignorada° de los mozos, celebrada° y aun creída de los viejos, y   unknown, venerated
con todo esto, no más verdadera° que los milagros de Mahoma.[2] Ésta, pues,   true
le pareció a él que le venía 'de molde° para el paso° en que se hallaba; y así,   just right, situation
con muestras° de grande sentimiento,° se comenzó a volcar° por la tierra,   signs, pain, wallow,
y a decir con debilitado° aliento° lo mesmo que dicen decía el herido   weakened, breath
caballero del bosque:

> ¿Dónde estás, señora mía,
> que no te duele mi mal?
> O no lo sabes, señora,
> o eres falsa y desleal.°   unloyal

    Y desta manera fue prosiguiendo el romance, hasta aquellos versos que
dicen:

> ¡Oh, noble Marqués de Mantua,
> mi tío y señor carnal![3]

    Y quiso la suerte[4] que, cuando llegó a este verso, acertó a pasar por allí
un labrador de su mesmo lugar y vecino suyo, que venía de llevar una carga
de trigo al molino, el cual, viendo aquel hombre allí tendido, se llegó a él y
le preguntó que quién era y qué mal sentía, que tan tristemente se quejaba.[5]
    Don Quijote creyó, sin duda, que aquél era el Marqués de Mantua, su
tío, y así, no le respondió otra cosa sino fue proseguir en su romance, donde
'le daba cuenta° de su desgracia y de los amores del hijo del Emperante° con   told of, Emperor
su esposa; todo de la mesma manera que el romance lo canta. El labrador
estaba admirado oyendo aquellos disparates, y quitándole la visera, que ya
estaba hecha pedazos de los palos, le limpió el rostro, que le tenía cubierto
de polvo,° y apenas le hubo limpiado,[6] cuando le conoció, y le dijo: dirt
    "Señor Quijana"—que así se debía de llamar cuando él tenía juicio y no
había pasado de hidalgo sosegado a caballero andante—"¿quién ha puesto
a vuestra merced desta suerte?"

---

[1] This is a popular subject from the **romances viejos**. According to the **romance**, Carloto,
son of Charlemagne, falls in love with the princess Sebilla, wife of Valdovinos. In order to
have her, Carloto wounds Valdovinos and leaves him in a forest. The Marqués de Mantua,
Valdovinos' uncle, finds him there while hunting. The referent to **le** in the next phrase is thus
Valdovinos, and not the Marqués de Mantua.
[2] Muhammad worked no miracles.
[3] The weakened Don Quijote makes a mistake: it should be **señor y tío carnal**. **Tío carnal**
= *paternal or maternal uncle.*
[4] **Quiso...** *as luck would have it.*
[5] **Se llegó...** *he approached him and asked him who he was and what had befallen him
that made him lament so sadly*
[6] Readers of the time would realize that Don Quijote's neighbor does exactly what the
Marqués de Mantua did with Valdovinos in cleaning off his face.

Pero él seguía con su romance a cuanto le preguntaba.

Viendo esto el buen hombre, lo mejor que pudo le quitó el peto y espaldar, para ver si tenía alguna herida; pero no vio sangre ni señal alguna. Procuró levantarle del suelo, y no con poco trabajo le subió sobre su
5 jumento,° por parecer caballería más sosegada.[7] Recogió las armas, hasta las astillas° de la lanza, y liólas° sobre Rocinante, al cual tomó de la rienda, y del cabestro° al asno, y se encaminó hacia su pueblo, bien pensativo° de oír los disparates que don Quijote decía. Y no menos iba don Quijote,[8] que, de puro molido y quebrantado,° no se podía tener sobre el borrico,[9] y de cuando
10 en cuando daba unos suspiros° que los ponía en el cielo; de modo que de nuevo obligó a que el labrador le preguntase le dijese qué mal sentía.[10] Y no parece sino que el diablo le traía a la memoria los cuentos acomodados a sus sucesos,[11] porque en aquel punto, olvidándose de Valdovinos, se acordó del moro° Abindarráez, cuando el alcaide° de Antequera, Rodrigo de Narváez,
15 le prendió y llevó cautivo° a su alcaidía.° De suerte que, cuando el labrador le volvió a preguntar que cómo estaba y qué sentía, le respondió las mesmas palabras y razones que el cautivo Abencerraje respondía a Rodrigo de Narváez, del mesmo modo que él había leído la historia en *La Diana*, de Jorge de Montemayor,[12] donde se escribe, aprovechándose° della tan 'a
20 propósito,° que el labrador se iba dando al diablo de oír tanta máquina de necedades;[13] por donde conoció que su vecino estaba loco y 'dábale priesa° a llegar al pueblo por escusar° el enfado° que don Quijote le causaba con su larga arenga.° 'Al cabo de lo cual,° dijo:

"Sepa[14] vuestra merced, señor don Rodrigo de Narváez, que esta
25 hermosa Jarifa, que he dicho,° es ahora la linda Dulcinea del Toboso, por quien yo he hecho, hago y haré los más famosos hechos de caballerías que se han visto, vean, ni verán en el mundo."

A esto respondió el labrador:

"Mire vuestra merced, señor, ¡pecador de mí![15] que yo no soy don
30 Rodrigo de Narváez, ni el Marqués de Mantua, sino Pedro Alonso, su vecino; ni vuestra merced es Valdovinos, ni Abindarráez, sino el honrado° hidalgo del señor Quijana."

"Yo sé quién soy," respondió don Quijote, "y sé que puedo ser, no sólo los que he dicho, sino todos los doce Pares de Francia,[16] y aun todos los

Margin glosses:
donkey
splinters, tied them
halter, worried

pounded
sighs

Moor, governor
captive, governor's
 house

profiting from
aptly
hurried
avoid, vexation
speech, after which

mentioned

honorable

---

[7] **Por parecer...** *because it seemed like a calmer mount.*
[8] **Y no menos...** *and no less [worried] went Don Quijote.*
[9] **No se podía...** *he couldn't sit straight up on the donkey.*
[10] **De nuevo...** *once again it compelled the peasant to ask him to tell him what ailed him.*
[11] **El diablo...** *the devil brought stories to his mind that fit what happened to him.*
[12] This legend is found in the *Siete libros de la Diana* (added to the edition of 1561). It is the story of the Moor Abindarráez who, on his way to get married to Jarifa, is put in prison by Rodrigo de Narváez, governor of Antequera (near Málaga). The governor befriends the Moor and lets him go to get married, provided he come back within three days, which he does, with his new wife. The governor finally lets them both go free.
[13] **Se iba...** *he went along cursing his fate for having to hear such a lot of nonsense.*
[14] **Sepa** as a command means *I want you to know.*
[15] **¡Pecador...** *sinner that I am.*
[16] The Twelve Peers were Charlemagne's men, all equal in valor, therefore "peers."

Nueve de la Fama,[17] pues a todas las hazañas que ellos todos juntos y cada uno por sí hicieron, se aventajarán las mías."[18]

En estas pláticas° y en otras semejantes llegaron al lugar a la hora que anochecía; pero el labrador aguardó a que fuese algo más noche, porque no viesen al molido hidalgo tan mal caballero.[19] Llegada, pues, la hora que le pareció, entró en el pueblo y en la casa de don Quijote, la cual halló toda alborotada°—y estaban en ella el cura y el barbero del lugar, que eran grandes amigos de don Quijote—que estaba diciéndoles su ama a voces:

"¿Qué le parece a vuestra merced, señor licenciado Pero Pérez," que así se llamaba el cura, "de la desgracia de mi señor? Tres días ha que no parecen él, ni el rocín, ni la adarga, ni la lanza, ni las armas. ¡Desventurada de mí! que me doy a entender, y así es ello la verdad como nací para morir,[20] que estos malditos° libros de caballerías que él tiene y suele leer tan 'de ordinario,° le han vuelto el juicio;[21] que ahora me acuerdo haberle oído decir muchas veces, hablando 'entre sí,° que quería hacerse caballero andante e irse a buscar las aventuras por esos mundos. Encomendados° sean a Satanás° y a Barrabás[22] tales libros, que así han echado a perder el más delicado entendimiento que había en toda la Mancha."[23]

La sobrina decía lo mesmo, y aun decía más:

"Sepa señor maese Nicolás," que éste era el nombre del barbero, "que muchas veces le aconteció a mi señor tío estarse leyendo en estos desalmados° libros de desventuras° dos días con sus noches, al cabo de los cuales arrojaba el libro de las manos y ponía mano a la espada y andaba a cuchilladas con las paredes,° y cuando estaba muy cansado, decía que había muerto° a cuatro gigantes como cuatro torres,° y el sudor° que sudaba del cansancio° decía que era sangre de las feridas que había recebido en la batalla, y bebíase luego un gran jarro° de agua fría, y quedaba sano y sosegado, diciendo que aquella agua era una preciosísima° bebida que le había traído el sabio Esquife,[24] un grande encantador y amigo suyo. Mas yo me tengo la culpa de todo, que no avisé a vuestras mercedes de los disparates de mi señor tío, para que lo remediaran° antes de llegar a lo que ha llegado, y quemaran todos estos descomulgados° libros; que tiene muchos, que bien merecen ser abrasados° como si fuesen de herejes.°"

"Esto digo yo también," dijo el cura, "y 'a fee° que no se pase el día

conversations

upset

damned
usually
to himself
commended
satan

soulless, misfortunes

walls
killed, towers, sweat
weariness
pitcher
very precious

told
remedy
excommunicated
burned, heretics

in truth

---

[17] The "Nine Worthies," as they are known in English are Joshua, David, Judas Maccabæus (Jews), Hector, Alexander, Cæsar (pagans), Arthur, Charlemagne, and Godefroy of Bouillon (Christians). The last named one was the leader of the First Crusade.

[18] **A todas...** *my deeds will surpass those of all of those put together and of each one individually.*

[19] **El labrador...** *the peasant waited for it to get darker so that [the people] wouldn't see the beaten-up hidalgo so sorrily mounted.*

[20] **¡Desventurada de mí...** *Woe is me. I'm beginning to understand, and it's the truth just as I was born to die...*

[21] **Le han...** *have made him crazy.*

[22] Barabbas was the prisoner released instead of Christ (Matthew 27:15-21).

[23] **Han echado...** *they have ruined the most sensitive mind that there was in all of la Mancha.*

[24] The niece probably means Alquife, husband of Urganda la Desconocida, who appears in several books of the Amadís cycle.

de mañana sin que dellos no²⁵ se haga acto público,²⁶ y sean condenados° al   condemned
fuego, porque no den ocasión a quien los leyere de hacer lo que mi buen
amigo debe de haber hecho."

    Todo esto estaban oyendo el labrador y don Quijote, con que acabó de
5 entender el labrador la enfermedad° de su vecino, y así, comenzó a decir a   illness
voces:

    "Abran vuestras mercedes al señor Valdovinos y al señor Marqués de
Mantua, que viene mal ferido; y al señor moro Abindarráez, que trae cautivo
el valeroso Rodrigo de Narváez, alcaide de Antequera."

10   A estas voces salieron todos, y como conocieron los unos a su amigo,
las otras a su amo y tío, que aún no se había apeado del jumento, porque no
podía, corrieron a abrazarle. Él dijo:

    "Ténganse todos; que vengo mal ferido por la culpa de mi caballo.
Llévenme a mi lecho, y llámese, si fuere posible, a la sabia Urganda,²⁷ que
15 'cure y cate de° mis feridas."   take care of

    "¡Mirá en hora maza!"²⁸ dijo a este punto el ama, "si me decía a mí bien
mi corazón del pie que cojeaba mi señor!²⁹ Suba vuestra merced en buen
hora; que, sin que venga esa Urgada,° le sabremos aquí curar. ¡Malditos,   "worn out, sexually
digo, sean otra vez y otras ciento, estos libros de caballerías, que tal han
20 parado a vuestra merced!"³⁰

    Lleváronle luego a la cama, y catándole las feridas, no le hallaron
ninguna; y él dijo que todo era molimiento,° por haber dado una gran caída   pounding
con Rocinante, su caballo, combatiéndose con diez jayanes,° los más   giants
desaforados° y atrevidos° que se pudieran fallar° en gran parte de la tierra.   huge, fearless, hall.
25   "Ta, ta," dijo el cura, "¿jayanes hay en la danza? Para mi santiguada,°   sign of the cross
que yo los° queme mañana antes que llegue la noche."   i.e., the books

    Hiciéronle a don Quijote mil preguntas, y a ninguna quiso responder
otra cosa sino que le diesen de comer y le dejasen dormir, que era lo que más
le importaba. Hízose así, y el cura se informó muy a la larga del labrador, del
30 modo que había hallado a don Quijote;³¹ él se lo contó todo, con los
disparates que al hallarle y al traerle había dicho, que fue poner más deseo
en el licenciado de hacer lo que 'otro día° hizo, que fue llamar a su amigo el   the next day
barbero maese Nicolás, con el cual se vino a casa de don Quijote.

---

²⁵ This is a meaningless **no**. They are *going to* burn the books.

²⁶ **Acto público = auto público** *auto de fe*, the burning of heretics.

²⁷ Urganda la Desconocida was an enchantress in *Amadís de Gaula*, already mentioned
in note 24 and in the preliminary verses, p. 13, l. 2.

²⁸ **¡Mirá en hora maza!** = **¡Mirad en hora mala!** This is a **vos** command.

²⁹ **Si me decía…** *if my heart didn't tell me well on what foot my master limped,* i.e. "what
my master's problem was."

³⁰ **Que tal han…** *which have put you in such a state.*

³¹ **El cura se informó…** *the priest found out very extensively from the peasant about how
he had found Don Quijote.*

Capítulo VI. Del donoso° y grande escrutinio° que el cura   witty, scrutiny
y el barbero hicieron en la librería de nuestro ingenioso
hidalgo.

EL CUAL aún todavía dormía.¹ Pidió las llaves a la sobrina del aposento°   room
5   donde estaban los libros, autores del daño,° y ella se las dio de muy   damage
buena gana; entraron dentro todos, y la ama con ellos, y hallaron más de
cien cuerpos° de libros grandes muy bien encuadernados,° y otros pequeños;   volumes, bound
y así como el ama los vio, volvióse a salir del aposento con gran priesa, y
tornó luego con una escudilla° de agua bendita° y un hisopo,° y dijo: bowl, holy, sprinkler
0   "Tome vuestra merced, señor licenciado; rocíe° este aposento, no esté   sprinkle
aquí algún encantador de los muchos que tienen estos libros, y nos encanten,
en pena de las que les queremos dar echándolos del mundo."²
  Causó risa al licenciado la simplicidad del ama, y mandó al barbero que
le fuese dando³ de aquellos libros, uno a uno, para ver 'de qué trataban,°   what they were about
5   pues podía ser hallar algunos que no mereciesen castigo⁴ de fuego.
  "No," dijo la sobrina, "no hay para qué perdonar a ninguno, porque
todos han sido los dañadores; mejor será arrojallos por las ventanas al patio,
y hacer un rimero° dellos y 'pegarles fuego,° y si no, llevarlos al corral, y   pile, set fire to them
allí se hará la hoguera,° y no ofenderá el humo.°"   bonfire, smoke
20   Lo mismo dijo el ama, tal era la gana que las dos tenían de la muerte
de aquellos inocentes; mas el cura no vino en ello sin primero leer siquiera
los títulos.⁵ Y el primero que maese Nicolás le dio en las manos, fue *Los
cuatro de Amadís de Gaula*,⁶ y dijo el cura:
  "Parece cosa de misterio ésta, porque, según he oído decir, este libro fue
25   el primero de caballerías que se imprimió en España, y todos los demás han
tomado principio y origen déste, y así me parece que, como a dogmatizador°   founder
de una secta tan mala, le debemos sin escusa alguna condenar al fuego."
  "No señor," dijo el barbero, "que también he oído decir que es el mejor
de todos los libros que de este género se han compuesto, y así, como a único
30   en su arte, se debe perdonar."
  "Así es verdad," dijo el cura, "y por esa razón se le otorga la vida por
ahora. Veamos esotro° que está junto a él."   **este otro**

---

¹ As with last two chapters, this one begins by continuing the previous chapter as if
there were no break. Don Quijote is the subject of **dormía**. The subject of **pidió** in the next
sentence is the priest.

² **No esté...** *so that some enchanter of the many that those books have won't come to
put a spell on us, to punish us for wanting to eject them from the world.*

³ **Le fuese...** *he keep giving him.*

⁴ **Podía...** *it might be they would find some that didn't deserve punishment.*

⁵ **Mas el...** *but the priest would not agree to it without at least first reading the titles.*

⁶ Don Quijote's library is well organized. The first section is his favorite books, the
romances of chivalry. In this part, the first several books all belong to the "Amadís
cycle"—*Amadís de Gaula* and its continuations. The first known edition of the four books
of *Amadís* is that of Zaragoza, 1508. There were 19 other editions preceding the
publication of *Don Quijote*, mostly from Seville and Toledo—those printed outside of
Spain were in Louvain (Belgium) and Venice. The author of Parts I-III of *Amadís de Gaula*
is unknown. Part IV was written by Garci Rodríguez de Montalvo.

"Es," dijo el barbero, "*Las Sergas° de Esplandián*,[7] hijo legítimo de   deeds
Amadís de Gaula."

"Pues en verdad," dijo el cura, "que no le ha de valer al hijo la bondad°   goodness
del padre. Tomad, señora ama, abrid esa ventana y echadle al corral, y dé
5   principio al montón° de la hoguera que se ha de hacer."   mound

Hízolo así el ama con mucho contento, y el bueno de Esplandián fue
volando al corral, esperando con toda paciencia el fuego que le amenazaba.

"Adelante," dijo el cura.

"Este que viene," dijo el barbero, "es *Amadís de Grecia*,[8] y aun todos
10   los deste lado, a lo que creo, son del mesmo linaje de Amadís."

"Pues vayan todos al corral," dijo el cura, "que a trueco de quemar a la
reina Pintiquiniestra[9] y al pastor Darinel, y a sus églogas,° y a las endiabla-   eclogues
das° y revueltas° razones de su autor, quemaré con ellos al padre que me   devilish, convoluted
engendró, si anduviera en figura de caballero andante."[10]

15   "De ese parecer° soy yo," dijo el barbero.   opinion

"Y aun yo," añadió la sobrina.

"Pues así es," dijo el ama, "vengan, y al corral con ellos."

Diéronselos, que eran muchos, y ella ahorró° la escalera,° y dio con   spared, stairs
ellos por la ventana abajo.

20   "¿Quién es ese tonel?"[11] dijo el cura.

"Éste es," respondió el barbero, "*Don Olivante de Laura*."[12]

"El autor de ese libro," dijo el cura, "fue el mesmo que compuso a
Jardín de flores,[13] y en verdad que no sepa determinar cuál de los dos libros
es más verdadero, o, por decir mejor, menos mentiroso.° Sólo sé decir que   lying
25   éste irá al corral por disparatado° y arrogante."   absurd

"Este que se sigue es *Florimorte de Hircania*,"[14] dijo el barbero.

---

[7] Written by Garci Rodríguez de Montalvo, the reviser of *Amadís de Gaula*. It is the fifth book in the Amadís cycle (the first four are the four books of *Amadís de Gaula*). Originally published in Seville, 1510, with nine more editions until 1588.

[8] This is book 9 of the Amadís cycle, written by Feliciano de Silva and published in Seville, 1530. Up to 1596 there were six other editions. Book 6, *Florisando* by Páez de Ribera (Salamanca, 1510), is not mentioned because it was rare. The most recent edition had been published in Seville, 1526, about seventy-five years before our story starts. Also not mentioned are books 7 and 8 of the Amadís cycle, *Lisuarte de Grecia*, part 1 by Feliciano de Silva (Seville, 1514, with nine more editions until 1587) and part 2 by Juan Díaz, another rare book published only once, in Seville, 1526. In all, there were twelve books in the Amadís cycle (book 10 was *Florisel de Niquea*, book 11 was *Rogel de Grecia*, and book 12 was *Silves de la Selva*).

[9] The priest doesn't quite remember right: it's "Pintiquin*estra*," without the fourth *i*.

[10] **Si anduviera...** *if he were going around dressed as a knight errant.*

[11] **Tonel** means *cask*. Editors have thought that it refers to the large size of the book, but this one was only slightly longer than *Amadís de Grecia*, and much shorter than *Amadís de Gaula*.

[12] By Antonio de Torquemada, published in Barcelona, 1564.

[13] Published in Mondoñedo, 1553.

[14] The book in the real world is called **Felixmarte de Hircania** by Melchor Ortega. There was only one contemporary edition, Valladolid, 1556. Felixmarte's strange birth was that his mother was midwifed by a wild woman in a forest. And his "resounding adventures" include wiping out an army of 1,600,000 singlehandedly. Schevill changes the title to *Florismarte...* since the 2nd and 3rd editions of the *Quijote* use that name.

"¿Ahí está el señor Florimorte?" replicó el cura. "Pues a fe que ha de
parar presto en el corral, a pesar de su estraño nacimiento° y sonadas   birth
aventuras; que no da lugar a otra cosa la dureza y sequedad de su estilo.[15]
Al corral con él y con esotro, señora ama."
"'Que me place,° señor mío," respondía ella, y con mucha alegría   It pleases me
ejecutaba lo que le era mandado.
"Éste es *El caballero Platir*,"[16] dijo el barbero.
"Antiguo libro es ése," dijo el cura, "y no hallo en él cosa que merezca
venia°; acompañe a los demás sin réplica.°'"   forgiveness, appeal
Y así fue hecho.
Abrióse otro libro, y vieron que tenía por título *El Caballero de la
Cruz*.[17]
"Por nombre tan santo° como este libro tiene, se podía perdonar su   holy
ignorancia; mas también se suele decir «tras° la cruz está el diablo»; vaya   behind
al fuego."
Tomando el barbero otro libro, dijo:
"Éste es *Espejo* ° *de caballerías*."[18]   mirror
"Ya conozco a su merced," dijo el cura, "ahí anda el señor Reinaldos
de Montalbán con sus amigos y compañeros, más ladrones que Caco, y los
doce Pares con el verdadero historiador Turpín,[19] y en verdad, que 'estoy
por° condenarlos no más que a destierro° perpetuo, siquiera° porque tienen   I favor, exile, just
parte de la invención[20] del famoso Mateo Boiardo,[21] de donde también
'tejió su tela° el cristiano poeta Ludovico Ariosto,[22] al cual, si aquí le hallo,   wove his cloth
y que habla en otra lengua que la suya, no le guardaré respeto alguno; pero
si habla en su idioma, le pondré sobre mi cabeza."[23]
"Pues yo le tengo en italiano," dijo el barbero, "mas no le entiendo."
"Ni aun fuera bien que vos le entendiérades,"[24] respondió el cura, "y
aquí le perdonáramos al señor capitán que no le hubiera traído a España y

---

[15] **Que no...** *the stiffness and dryness of his style deserve nothing else.*
[16] Written by a certain "Enciso," published only once, in Valladolid, 1533.
[17] *Lepolemo o el Caballero de la Cruz* perhaps was written by Alonso de Salazar.
It was first published in Valencia, 1521, with ten more editions up to 1563.
[18] Published in three parts. The first two are by Pedro López de Santa Catalina
(Toledo, 1525 and 1527), and the third part by Pedro de Reinoso (Toledo 1547). The first
complete edition (with all three parts together), and the last one published before 1605,
was in Medina del Campo, 1586.
[19] Jean Turpin, archbishop of Reims, had been dead already 200 years when the
false history of Charlemagne was attributed to him.
[20] That is, the characters *just mentioned* have a part in the invention.
[21] The Italian Mateo Boiardo wrote a semiburlesque poem called *Orlando
Innamorato* (1486-95).
[22] Another Italian, Ludovico Ariosto published *Orlando Furioso* in 1532. It
continues Boiardo's work.
[23] To show respect.
[24] **Ni aun...** *it's just as well you don't understand him.* In 1612, the Inquisition
expurgated parts of the poem for the Spanish audience. If the barber could read the
original, he would see things the Inquisition didn't want him to see.

hecho castellano,[25] que le quitó mucho de su natural valor°; y lo mesmo   value
harán todos aquellos que los libros 'de verso° quisieren volver° en otra   in verse, translate
lengua; que, por mucho cuidado que pongan y habilidad que muestren, jamás
llegarán al punto que ellos tienen en su primer nacimiento.

5   Digo, en efeto, que este libro y todos los que se hallaren que tratan destas cosas de Francia,
se echen y depositen en un pozo seco, hasta que con más acuerdo° se vea lo   concurrence
que se ha de hacer dellos, ecetuando a un *Bernardo del Carpio*[26] que anda
por ahí,[27] y a otro llamado *Roncesvalles*;[28] que éstos, en llegando a mis
manos, han de estar en las del ama y dellas en las del fuego, sin remisión
10   alguna."[29]

Todo lo confirmó el barbero, y lo tuvo por bien y por cosa muy
acertada, por entender que era el cura tan buen cristiano y tan amigo de la
verdad, que no diría otra cosa por todas las° del mundo. Y abriendo otro   las *verdades*
libro, vio que era *Palmerín de Oliva*,[30] y junto a él estaba otro que se
15   llamaba *Palmerín de Ingalaterra*.[31] Lo cual, visto por el licenciado, dijo:

"Esa Oliva se haga luego rajas° y se queme, que aun no queden della las   shreds
cenizas°; y esa Palma de Ingalaterra se guarde y se conserve, como a cosa   ashes
única,° y se haga para ello otra caja como la que halló Alejandro en los   unique
despojos° de Darío, que la diputó° para guardar en ella las obras del poeta   spoils, designated
20   Homero.[32] Este libro, señor compadre, tiene autoridad por dos cosas: la una,
porque él por sí es muy bueno; y la otra, porque 'es fama° que le compuso   it is said
un discreto rey de Portugal.[33] Todas las aventuras del castillo de Miraguarda
son bonísimas y de grande artificio, las razones cortesanas° y claras, que   courteous
guardan y miran el decoro del que habla con mucha propriedad y entendi-
25   miento.° Digo, pues, salvo vuestro buen parecer,[34] señor maese Nicolás, que   understanding
éste y *Amadís de Gaula* queden libres del fuego, y todos los demás, sin hacer
más 'cala y cata,° perezcan."   investigation

"No, señor compadre," replicó el barbero, "que este que aquí tengo es

---

[25] **Le perdonáramos...** *We might pardon the captain if he had not brought it to Spain and made it Spanish.* Captain Jerónimo Jiménez de Urrea translated Ariosto's work into Spanish (1549), taking great liberties with it.

[26] *Historia de la hazañas y hechos del invencible caballero Bernardo del Carpio*, a poem in **octavas reales** by Agustín Alonso (1585).

[27] **Que...** *which is out there somewhere.*

[28] *El verdadero suceso de la famosa batalla de Roncesvalles, con la muerte de los doce Pares de Francia* (Toledo, 1555) by Francisco Garrido de Villena.

[29] **En llegando...** *coming to my hands, will soon be in those of the housekeeper, and from them into the [hands] of the fire, without any appeal.*

[30] Perhaps by Francisco Vázquez. It had twelve editions before the publication of *Don Quijote*, beginning with Salamanca, 1511. The editions were mostly published in Venice and Seville.

[31] Written by Francisco Moraes Cabral in Portuguese. The earliest Spanish version was published in Toledo in two parts: Part I, 1547 and Part II, 1548. The earliest *surviving* Portuguese edition is that of Évora, 1567. Remember that **Ingalaterra** was not a mistake in those days.

[32] According to Plutarch in his *Life of Alexander*, when Alexander found the jewel-encrusted box among King Darius' affairs, he resolved to store Homer's *Iliad* in it.

[33] People erroneously thought the book was by King João II of Portugal.

[34] **Salvo...** *unless you have a different opinion.*

el afamado° *Don Belianís.*"[35]   famous

"Pues ése" replicó el cura, "con la segunda, tercera y cuarta parte,
tienen necesidad de un poco de ruibarbo° para purgar la demasiada cólera°   rhubarb, bile
suya, y es menester quitarles todo aquello del Castillo de la Fama y otras
5 impertinencias° de más importancia, para lo cual se les da 'término   bigger blunders
ultramarino,° y como se enmendaren, así se usará con ellos de misericordia   maximum time
o de justicia; y en tanto, tenedlos vos, compadre, en vuestra casa; mas no los
dejéis leer a ninguno."

"Que me place," respondió el barbero.
10 Y sin querer cansarse más en leer libros de caballerías, el cura mandó
al ama que tomase todos los grandes y diese con ellos en el corral. No se
dijo a tonta ni a sorda, sino a quien tenía más gana de quemallos que de
echar una tela,[36] por grande y delgada° que fuera, y asiendo casi ocho de una   fine
vez, los arrojó por la ventana. Por tomar muchos juntos,[37] se le cayó uno a
15 los pies del barbero, que le tomó gana de ver de quién era, y vio que decía:
Historia del famoso caballero Tirante el Blanco.[38]

"¡Válame Dios!" dijo el cura, dando una gran voz, "¡que aquí esté
Tirante el Blanco! Dádmele acá, compadre, que 'hago cuenta° que he   I state
hallado en él un tesoro° de contento y una mina de pasatiempos.° Aquí está   treasure, pastime
20 don Quirieleisón de Montalbán, valeroso caballero, y su hermano Tomás de
Montalbán, y el caballero Fonseca, con la batalla que el valiente de Tirante
hizo con el alano,° y las agudezas de la doncella Placerdemivida, con los   Great Dane (dog)
amores y embustes° de la viuda° Reposada, y la señora Emperatriz,   tricks, widow
enamorada de Ipólito, su escudero. Dígoos verdad, señor compadre, que por
25 su estilo es éste el mejor libro del mundo. Aquí comen los caballeros, y
duermen y mueren en sus camas, y hacen testamento° antes de su muerte,   will
con otras cosas, de que todos los demás libros deste género carecen.° Con   lack
todo eso, os digo que merecía el que le compuso, pues no hizo tantas
necedades de industria, que le echaran a galeras por todos los días de su
30 vida.[39] Llevadle a casa y leedle, y veréis que es verdad cuanto dél os he
dicho."

"Así será," respondió el barbero, "pero, ¿qué haremos destos pequeños
libros que quedan?"

[35] Written by Jerónimo Fernández, and published in four parts. Parts 1 and 2 were first
published in Seville, 1554 (followed by five more contemporary editions), and parts 3 and
4 were published in Burgos, 1579 (followed by just one more contemporary edition).

[36] **Tenía...** *she was more desirous of burning them than "to make love."* Ferreras and
Murillo assure us that "getting ready to weave" was a proverbial expression.

[37] **Por...** *for having taken so many at once.*

[38] This was originally a Catalan work by Johanot Martorell, called *Tirant lo Blanch*
(Barcelona, 1490). It was translated and published in Spanish anonymously in 1511, and was
a rare item, thus the priest is so surprised to find it. Earlier the priest says that *Amadís de
Gaula* was the first romance of chivalry, but the 1490 *Tirant* preceded it. The priest didn't
know about the Catalan edition.

[39] **Merecía...** *The one who wrote it deserves, since he didn't produce so many
foolishnesses intentionally, to be in gallies for all the days of his life.* This has been called
"the most obscure passage of the *Quijote*." It seems to refer to the gallies that are rowed, but
modern opinion is that it refers to printers' gallies, thus meaning that it should constantly be
reprinted. It has actually had very few editions.

"Éstos," dijo el cura, "no deben de ser de caballerías, sino de poesía."
Y abriendo uno, vio que era *La Diana*,[40] de Jorge de Montemayor, y
dijo, creyendo que todos los demás eran del mesmo género:
"Éstos no merecen ser quemados, como los demás, porque no hacen ni
5 harán el daño que los de caballerías han hecho, que son libros de entendimiento, sin perjuicio de tercero."[41]
"¡Ay, señor!" dijo la sobrina, "bien los puede vuestra merced mandar
quemar como a los demás, porque no sería mucho que, habiendo sanado mi
señor tío de la enfermedad caballeresca,° leyendo éstos se le antojase de   chivalresque
10 hacerse pastor° y andarse por los bosques y prados° cantando y tañendo,° y   shepherd, fields,
lo que sería peor, hacerse poeta, que, según dicen, es enfermedad incurable   playing (*arch.*)
y pegadiza.°"   contagious
"Verdad dice esta doncella," dijo el cura, "y será bien quitarle a nuestro
amigo este tropiezo° y ocasión delante. Y pues comenzamos por *La Diana*,   stumbling block
15 de Montemayor, soy de parecer que no se queme, sino que se le quite todo
aquello que trata de la sabia Felicia y de la agua encantada, y casi todos los
versos mayores,[42] y quédesele en hora buena la prosa y la honra de ser
primero en semejantes libros."
"Éste que se sigue," dijo el barbero, "es *La Diana*, llamada *segunda*, del
20 salmantino,° y éste, otro que tiene el mesmo nombre, cuyo autor es Gil   from Salamanca
Polo."[43]
"Pues la del salmantino," respondió el cura, "acompañe y acreciente° el   increase
número de los condenados al corral, y la de Gil Polo se guarde como si
fuera del mesmo Apolo; y pase adelante, señor compadre, y 'démonos prisa°   let's hurry
25 que se va haciendo tarde."
"Este libro es," dijo el barbero abriendo otro, "*Los diez libros de
fortuna de amor*, compuestos por Antonio de Lofraso, poeta sardo.°"[44]   Sardinian
"Por las órdenes que recebí," dijo el cura, "que desde que Apolo fue
Apolo, y las musas musas, y los poetas poetas, tan gracioso ni tan disparata-
30 tado libro como ése no se ha compuesto, y que, 'por su camino,° es el mejor   in its own way
y el más único de cuantos deste género han salido a la luz del mundo; y el
que no le ha leído 'puede hacer cuenta° que no ha leído jamás cosa de gusto.   may be sure
Dádmele acá, compadre; que precio más haberle hallado que si me dieran
una sotana de raja de Florencia."[45]
35 Púsole aparte con grandísimo gusto, y el barbero prosiguió diciendo:

---

[40] Don Quijote's library continues with the pastoral section. *Los siete libros de la Diana*
was published in 1559. This was the first and most famous **novela pastoril**, so it is natural
that it be first on his shelves. You read in the last chapter that the *Abencerraje* was a part
of this novel.

[41] **Son libros...** *They are intellectual books that can't hurt anyone.* There is a scholarly
debate as to whether or not **entendimento** should be changed to **entretenimiento**
entertainment, as suggested by Pellicer.

[42] A **verso mayor** is just a line of poetry longer than eight syllables.

[43] Both continuations of *Diana* were published in Valencia in 1564. The *Diana
segunda* is by Alonso Pérez and is not considered good; the other one, known as *Diana
enamorada*, by Gil Polo, is thought by many to be superior to Montemayor's.

[44] Published in Barcelona, 1573.

[45] **Precio...** *I prize more having found it than if they gave me a cassock of fine
Florentine cloth*

"Estos que se siguen son: *El Pastor de Iberia, Ninfas de Enares* y *Desengaños° de celos.*"[46] [*sad teachings*]

"Pues no hay más que hacer," dijo el cura, "sino entregarlos al brazo seglar[47] del ama, y no se me pregunte el por qué, que sería nunca acabar."

"Éste que viene es *El Pastor de Fílida.*"[48]

"No es ése pastor," dijo el cura, "sino muy discreto cortesano°; guárdese como joya° preciosa." [*courtly knight* / *jewel*]

"Este grande que aquí viene se intitula," dijo el barbero, "*Tesoro de varias poesías.*"[49]

"Como ellas no fueran tantas,"[50] dijo el cura, "fueran° más estimadas; menester es que este libro 'se escarde° y limpie de algunas bajezas° que entre sus grandezas tiene; guárdese, porque su autor es amigo mío, y por respeto de otras más heroicas y levantadas° obras que ha escrito." [**serían** / *weed, vulgarity* / *lofty*]

"Éste es," siguió el barbero, "*El Cancionero,*[51] de López Maldonado."

"También el autor de ese libro," replicó el cura, "es grande amigo mío, y sus versos en su boca admiran a quien los oye, y tal es la suavidad° de la voz con que los canta, que encanta.° Algo largo es en las églogas, pero nunca lo bueno fue mucho;[52] guárdese con los escogidos.° Pero, ¿qué libro es ése que está junto a él?" [*mellowness* / *enchants* / *chosen ones*]

"*La Galatea,*[53] de Miguel de Cervantes," dijo el barbero.

"Muchos años ha que es grande amigo mío ese Cervantes, y sé que es más versado° en desdichas° que en versos. Su libro tiene algo de buena invención; propone° algo y no concluye nada. Es menester esperar la segunda parte que promete; quizá con la emienda° alcanzará 'del todo° la misericordia° que ahora se le niega, y entretanto que esto se ve, tenedle recluso° en vuestra posada,° señor compadre." [*versed, misfortunes* / *he proposes* / *emendation, complete* / *mercy* / *in seclusion, dwelling*]

"Que me place," respondió el barbero. "Y aquí vienen tres, todos juntos: *La Araucana* de don Alonso de Ercilla; *La Austríada,* de Juan Rufo, jurado° de Córdoba, y *El Monserrato,* de Cristóbal de Virués, poeta valenciano."[54] [*magistrate*]

---

[46] Three not-so-good pastoral novels, published in Seville, 1591; Alcalá de Henares, 1587; and Madrid, 1586. For purposes of chronology, however, the first one is important since it is the newest book in Don Quijote's library. The *H*enares River flows through Alcalá, 30 kms. east of Madrid, where Cervantes was born.

[47] After the Inquisition condemned a person, that person was given to the *secular arm* for execution of sentence.

[48] Published in Madrid, 1582, and written by Luis Gálvez de Montalvo.

[49] The remainder of the books are of poetry, except for the misplaced *Galatea,* a pastoral novel. The *Tesoro* is an anthology of poetry published by Pedro de Padilla in Madrid, 1582.

[50] **Como...** *if there weren't so many of them.*

[51] Published in 1586. Cervantes wrote two poems for this collection.

[52] **Nunca...** *there was never much of what is good.*

[53] This was Cervantes' first published book, a pastoral novel, 1585. He kept promising a second part which he never wrote.

[54] Three long poems. The first deals with the Spanish conquest of the Araucanian Indians (in modern Chile) (Madrid, 1569). The second is about Don Juan de Austria (Madrid, 1584), and the third talks about the founding of the monastery of Monserrat, near Barcelona (1587). The book is called *El Monserrate* in the real world.

"Todos esos tres libros," dijo el cura, "son los mejores que en verso heroico,[55] en lengua castellana, están escritos, y pueden competir con los más famosos de Italia. Guárdense como las más ricas prendas° de poesía que   jewels
tiene España."

5   Cansóse el cura de ver más libros, y así, 'a carga cerrada,° quiso que   without looking
todos los demás se quemasen; pero ya tenía abierto uno el barbero, que se
llamaba las *Lágrimas de Angélica*.[56]

"Lloráralas[57] yo," dijo el cura en oyendo el nombre, "si tal libro hubiera
mandado quemar; porque su autor fue uno de los famosos poetas del mundo,
10 no sólo de España, y fue felicísimo en la tradución° de algunas fábulas de   **traducción**
Ovidio.°'"   Ovid

Capítulo VII. De la segunda salida de nuestro buen caballero don Quijote de la Mancha

ESTANDO EN esto, comenzó a dar voces don Quijote, diciendo:
15   "¡Aquí, aquí, valerosos caballeros, aquí es menester mostrar la
fuerza de vuestros valerosos brazos; que los cortesanos llevan lo mejor del
torneo°!"   tournament

Por acudir a este ruido y estruendo,° no se pasó adelante[1] con el   clatter
escrutinio de los demás libros que quedaban; y así, se cree que fueron al
20 fuego, sin ser vistos ni oídos: *La Carolea* y *León de España*, con *Los
Hechos del Emperador*,[2] compuestos por don Luis de Ávila, que, sin duda,
debían de estar entre los que quedaban, y quizá, si el cura los viera, no
pasaran por tan rigurosa sentencia.

Cuando llegaron a don Quijote, ya él estaba levantado de la cama, y
25 proseguía en sus voces y en sus desatinos, dando cuchilladas y reveses a
todas partes, estando tan despierto como si nunca hubiera dormido°;   slept
'abrazáronse con° él y por fuerza le volvieron al lecho, y después que hubo   grappled with
sosegado un poco, volviéndose a hablar con el cura, le dijo:

"Por cierto, señor arzobispo Turpín, que es gran mengua° de los que nos   discredit
30 llamamos Doce Pares, dejar tan sin más ni más llevar la vitoria deste torneo
a los caballeros cortesanos,[3] habiendo nosotros los aventureros[4] ganado el

---

[55] **Verso heroico** means "eleven syllable lines."

[56] By Luis Barahona de Soto (1586), a long poem continuing *Orlando furioso*.

[57] **Las** refers to "tears."

[1] **No se...** *they didn't continue.*

[2] There are TWO *Carolea*s: Jerónimo Sempere (Valencia, 1560, a not-very-good book in verse about Carlos V) and Juan de Ochoa de Salde (Lisbon, 1585, also about Carlos V). Some editors favor one, some the other. The *León de España* by Pedro de Vecilla Castellanos (Salamanca, 1586), written in **octavas reales**, tells of historical events that took place in León (in northern Castile). In the real world, Luis de Ávila wrote no *Los hechos del Emperador*.

[3] **Dejar...** *to let the courtly knights so heedlessly win the victory of this tournament.*

[4] Don Quijote here is making a broad distinction between the **cortesanos** *courtly knights* and the **aventureros** *knights errant*.

prez° en los tres días antecedentes." trophy

"Calle vuestra merced, señor compadre," dijo el cura, "que Dios será
servido que la suerte 'se mude° y que lo que hoy se pierde se gane mañana; changes
y atienda° vuestra merced a su salud por agora, que me parece que debe de take care of
5   estar demasiadamente cansado, si ya no es que está mal ferido."

"Ferido, no," dijo don Quijote, "pero molido y quebrantado, no hay
duda en ello, porque aquel bastardo de don Roldán[5] me ha molido a palos
con el tronco de una encina,[6] y todo de envidia, porque ve que yo solo soy
el opuesto de sus valentías.[7] Mas no me llamaría yo Reinaldos de Montalbán
10 si, en levantándome deste lecho, no me lo pagare, a pesar de todos sus
encantamentos. Y por agora, tráiganme de yantar, que sé que es lo que más
me hará al caso,[8] y quédese lo del vengarme° a mi cargo." to avenge myself

Hiciéronlo ansí, diéronle de comer, y quedóse otra vez dormido, y ellos
admirados de su locura.

15 Aquella noche quemó y abrasó el ama cuantos libros había en el corral
y en toda la casa, y tales debieron de arder° que merecían guardarse en burn
perpetuos archivos. Mas no lo permitió su suerte y la pereza° del laziness
escrutiñador,° y así se cumplió el refrán° en ellos, de que pagan a las veces censor, saying
justos° por pecadores.° pious, sinners

20 Uno de los remedios que el cura y el barbero dieron por entonces, para
el mal de su amigo, fue que le 'murasen y tapiasen° el aposento de los libros, wall up
porque cuando se levantase no los hallase—quizá quitando la causa, cesaría
el efeto—, y que dijesen que un encantador se los había llevado, y el
aposento y todo. Y así fue hecho con mucha presteza.° haste

25 De allí a dos días se levantó don Quijote, y lo primero que hizo fue a
ver[9] sus libros, y como no hallaba el aposento donde le había dejado, andaba
de una en otra parte[10] buscándole. Llegaba adonde solía tener la puerta y
tentábala° con las manos, y volvía y revolvía los ojos por todo,[11] sin decir felt around
palabra; pero al cabo de una buena pieza,° preguntó a su ama que hacia qué time
30 parte estaba el aposento de sus libros.[12]

El ama, que ya estaba bien advertida° de lo que había de responder, le instructed
dijo:

"¿Qué aposento o qué nada busca vuestra merced? Ya no hay aposento
ni libros en esta casa, porque todo se lo llevó el mesmo diablo."

35 "No era diablo," replicó la sobrina, "sino un encantador que vino sobre
una nube una noche, después del día que vuestra merced de aquí se partió,
y apeándose de una sierpe° en que venía caballero,° entró en el aposento, y serpent, astride
no sé lo que se hizo dentro, que a cabo de poca pieza salió volando° por flying

---

[5] This is Roland, of the *Song of Roland* and the Italian versions, *Orlando Furioso* and
Orlando innamorato.

[6] Reminiscent of a scene in *Orlando Furioso*.

[7] **Solo...** *I alone rival him in his achievements.*

[8] **Tráiganme...** *bring me something to eat, because I know it is what will do me most
good.*

[9] Schevill has changed this to **fue ir a ver**, as have others.

[10] **Andaba...** *he went here and there.*

[11] **Volvía...** *he looked all around.*

[12] **Preguntó...** *he asked his housekeeper the whereabouts of his book room.*

el tejado,° y dejó la casa llena de humo,° y cuando acordamos a mirar[13] lo   roof, smoke
que dejaba hecho, no vimos libro ni aposento alguno; sólo se nos acuerda
muy bien[14] a mí y al ama que, al tiempo del partirse aquel mal viejo, dijo en
altas voces que, por enemistad° secreta que tenía al dueño de aquellos libros   hatred
5   y aposento, dejaba hecho el daño en aquella casa que después se vería. Dijo,
también, que se llamaba el sabio Muñatón."

"Frestón[15] diría," dijo don Quijote.

"No sé," respondió el ama, "si se llamaba Frestón o Fritón,° sólo sé que   augmentative of
acabó en -TÓN su nombre."   **fried**

10   "Así es," dijo don Quijote, "que ése es un sabio encantador, grande
enemigo mío, que me tiene ojeriza,° porque sabe por sus artes° y letras que   ill-will, cunning
tengo de venir, andando los tiempos,[16] a pelear° en singular batalla con un   fight
caballero a quien él favorece,° y le tengo de vencer sin que él lo pueda   protects
estorbar, y por esto procura hacerme todos los sinsabores° que puede; y   pains
15   mándole yo que mal° podrá él contradecir,° ni evitar,° lo que por el cielo está   scarcely, oppose,
ordenado."   avoid

"¿Quién duda de eso?" dijo la sobrina. "¿Pero quién le mete° a vuestra   puts
merced, señor tío, en esas pendencias? ¿No será mejor estarse pacífico° en   tranquil
su casa y no irse por el mundo a buscar pan de trastrigo,[17] sin considerar que
20   muchos van por lana° y vuelven tresquilados[18]?"   wool

"¡Oh, sobrina mía," respondió don Quijote, "y cuán mal que estás en la
cuenta![19] 'Primero que° a mí me tresquilen, tendré peladas° y quitadas las   before, plucked
barbas° a cuantos imaginaren tocarme en la punta° de un solo cabello.°"[20]   beards, tip, hair

No quisieron las dos replicarle° más, porque vieron que se le encendía°   argue with him,
25   la cólera.   was inflaming

Es, pues, el caso que él estuvo 'quince días° en casa muy sosegado, sin   two weeks
dar muestras de querer segundar° sus primeros devaneos,° en los cuales días   repeat, mad pursuits
pasó graciosísimos cuentos[21] con sus dos compadres el cura y el barbero,
sobre que él decía que la cosa de que más necesidad tenía el mundo era de
30   caballeros andantes, y de que en él se resucitase la caballería andantesca.[22]
El cura algunas veces le contradecía, y otras concedía, porque si no guardaba
este artificio,° no había poder averiguarse con él.[23]   ploy

En este tiempo solicitó° don Quijote a un labrador vecino suyo, hombre   made overtures
de bien, si es que este título se puede dar al que es pobre, pero de muy poca

---

[13] **Cuando...** *when we went to see.*

[14] **Sólo...** *only we remember very well*

[15] Don Quijote probably means Fristón. In *Belianís de Grecia*, Fristón is the wizard author who tells the story of Belianís. In the real world, of course, Jerónimo Fernández created both Fristón and Belianís.

[16] **Andando...** *in the course of time.*

[17] **Pan de trastrigo** *bread made of ultra flour* is something impossible to obtain.

[18] **Tresquilado = trasquilado** *shorn.*

[19] **Cuán...** *how little you understand the situation.*

[20] The beard was the symbol of masculinity, and tearing hairs from or cutting one's beard was a grave offense.

[21] **Pasó...** *he had delightful conversations.*

[22] **que más...** *what the world most needed was knights errant and that through him knight errantry would come back to life.*

[23] **No había...** *there was no way to deal with him.*

sal en la mollera.[24] En resolución, tanto le dijo, tanto le persuadió y
prometió, que el pobre villano 'se determinó de° salirse con él y servirle de   decided
escudero.

Decíale, entre otras cosas, don Quijote, que 'se dispusiese a° ir con él   get ready
5   'de buena gana,° porque 'tal vez° le podía suceder aventura, que ganase, en   gladly, some time
«quítame allá esas pajas,»[25] alguna ínsula, y le dejase a él por gobernador°   governor
de ella. Con estas promesas y otras tales, Sancho Panza, que así se llamaba
el labrador, dejó su mujer y hijos y 'asentó por° escudero de su vecino. Dio   became
luego don Quijote orden en buscar dineros,[26] y vendiendo una cosa y
10   empeñando° otra y malbaratándolas° todas, llegó° una razonable cantidad.   pawning, making bad
Acomodóse, asimesmo, de una rodela[27] que pidió prestada a un su amigo, y   deals, collected
pertrechando° su rota celada lo mejor que pudo, avisó° a su escudero Sancho   repairing, told
del día y la hora que pensaba 'ponerse en camino,° para que él se acomodase   to start out
de lo que viese que más le era menester.[28] Sobre todo le encargó que llevase
15   alforjas, e dijo que sí llevaría,[29] y que ansimesmo pensaba llevar un asno que
tenía muy bueno, porque él no estaba duecho° a andar mucho a pie.   accustomed

En lo del asno reparó° un poco don Quijote, imaginando si se le   considered
acordaba si algún caballero andante había traído escudero 'caballero
asnalmente,° pero nunca le vino alguno a la memoria; mas con todo esto   on donkey-back
20   determinó que le llevase, con presupuesto de acomodarle de más honrada
caballería en habiendo ocasión para ello, quitándole el caballo al primer
descortés caballero que topase.[30]

'Proveyóse de° camisas y de las demás cosas que él pudo, conforme al   supplied himself with
consejo que el ventero le había dado. Todo lo cual hecho y cumplido,° sin   fulfilled
25   despedirse Panza de sus hijos y mujer, ni don Quijote de su ama y sobrina,
una noche se salieron del lugar sin que persona los viese;[31] en la cual
caminaron tanto, que, al amanecer,° se tuvieron por seguros[32] de que no los   daybreak
hallarían aunque los buscasen.

Iba Sancho Panza sobre su jumento como un patriarca, con sus alforjas
30   y su bota,° y con mucho deseo de verse ya gobernador de la ínsula que su   wineskin
amo le había prometido. Acertó° don Quijote a tomar la misma derrota° y   happened, path
camino que el que él había tomado en su primer viaje, que fue por el campo
de Montiel, por el cual caminaba con menos pesadumbre° que la vez pasada,   unpleasantness
porque, por ser la hora de la mañana y herirles a soslayo los rayos del sol,[33]
35   no les fatigaban.

Dijo en esto Sancho Panza a su amo:

---

[24] **Muy poca...** *not very smart.*
[25] **Quítame...** *in the twinkling of an eye.*
[26] **Dio...** *set about to raise money.*
[27] A small iron shield. The **adarga**—his previous shield—was leather-covered and therefore easier to wield.
[28] **Se acomodase...** *he could supply himself with what he thought was most necessary.*
[29] **Dijo...** *he said that he would certainly take them.*
[30] **Acomodarle...** *to supply him with a more honorable mount when the opportunity arose for it by taking away the horse from the first ill-bred knight he should run across.*
[31] **Sin que...** *without anyone seeing them.*
[32] **Se tuvieron...** *they were sure.*
[33] **Herirles...** *the rays of the sun shone upon them obliquely.*

"Mire vuestra merced, señor caballero andante, que no se le olvide lo que de la ínsula me tiene prometido, que yo la sabré gobernar por grande que sea."[34]

A lo cual le respondió don Quijote:

5 "'Has de saber,° amigo Sancho Panza, que fue costumbre muy usada° de los caballeros andantes antiguos, hacer gobernadores a sus escuderos de las ínsulas o reinos que ganaban, y yo tengo determinado de que por mí no falte tan agradecida usanza,[35] antes pienso aventajarme° en ella; porque ellos algunas veces, y quizá las más, esperaban a que sus escuderos fuesen viejos, 10 y ya después de hartos° de servir y de llevar malos días y peores noches, les daban algún título de conde,° o, por lo mucho, de marqués,° de algún valle o provincia de poco 'más a menos°; pero si tú vives y yo vivo, bien podría ser que antes de seis días ganase yo tal reino, que tuviese otros a él aderentes,[36] que viniesen de molde para coronarte° por rey de uno dellos. Y 15 no lo tengas a mucho,[37] que cosas y casos acontecen a los tales caballeros, por modos tan nunca vistos ni pensados, que con facilidad te podría dar aun más de lo que te prometo."

"De esa manera," respondió Sancho Panza, "si yo fuese rey por algún milagro de los que vuestra merced dice, 'por lo menos,° Juana Gutiérrez, mi 20 oíslo,° vendría a ser reina, y mis hijos infantes."

"Pues ¿quién lo duda?" respondió don Quijote.

"Yo lo dudo," replicó Sancho Panza, "porque tengo para mí que, aunque lloviese Dios reinos sobre la tierra, ninguno asentaría° bien sobre la cabeza de Mari Gutiérrez. Sepa, señor que no vale dos maravedís para reina; 25 condesa le caerá mejor,[38] y aun «Dios, y ayuda»."[39]

"Encomiéndalo tú a Dios, Sancho," respondió don Quijote, "que Él dará lo que más le convenga; pero no apoques° tu ánimo tanto que te vengas a contentar con menos que con ser adelantado.°"

"No haré, señor mío," respondió Sancho, "y más teniendo tan principal 30 amo en vuestra merced, que me sabrá dar todo aquello que me esté bien y yo pueda llevar.°"

Margin glosses:
- I want you to know, common
- surpass
- so many [years] count, marquis **más *o* menos**
- crown you
- **nada menos** wife
- would fit
- undervalue provincial governor
- manage

---

[34] **Por...** *no matter how big it is.*

[35] **Hacer gobernadores...** *to make their squires governors of islands or kingdoms that they won, and I have decided to maintain such a pleasing custom.*

[36] **Que tuviese...** *that has others dependent upon it.*

[37] **Y no...** *and don't consider it to be much.*

[38] **Condesa...** *countess would suit her better*

[39] **Dios...** *God help her.*

Capítulo VIII. Del buen suceso° que el valeroso don Quijote tuvo en la espantable° y jamás imaginada aventura de los molinos de viento, con otros sucesos dignos° de felice° recordación.°

outcome
frightful

worthy, **feliz**, re-
membrance

5 EN ESTO descubrieron treinta o cuarenta molinos de viento que hay en aquel campo. Y así como don Quijote los vio, dijo a su escudero:

"La ventura va guiando nuestras cosas mejor de lo que acertáramos a desear,¹ porque ¿ves allí, amigo Sancho Panza, donde se descubren treinta, o pocos más, desaforados gigantes con quien pienso hacer batalla y 10 quitarles a todos las vidas, con cuyos despojos comenzaremos a enriquecer°? Que ésta es buena° guerra, y es gran servicio de Dios quitar tan mala simiente° de sobre la faz° de la tierra."

to get rich, just
seed, face

"¿Qué gigantes?" dijo Sancho Panza.

"Aquellos que allí ves," respondió su amo, "de los brazos largos; que 15 los suelen tener algunos de casi dos leguas."²

"Mire vuestra merced," respondió Sancho, "que aquellos que allí se parecen no son gigantes, sino molinos de viento, y lo que en ellos parecen brazos, son las aspas,° que, volteadas° del viento, hacen andar la 'piedra del molino.°'"

sails, being turned
millstone

20 "Bien parece," respondió don Quijote, "que no estás cursado° en esto de las aventuras—ellos son gigantes, y si tienes miedo, quítate de ahí, y ponte en oración 'en el espacio que° yo voy a entrar con ellos en fiera y desigual° batalla."

accustomed

while
unequal

Y diciendo esto, dio de espuelas a su caballo Rocinante, sin 'atender 25 a° las voces que su escudero Sancho le daba, advirtiéndole° que sin duda alguna eran molinos de viento y no gigantes, aquellos que iba a acometer. Pero él iba tan puesto° en que eran gigantes, que ni oía las voces de su escudero Sancho, ni 'echaba de ver,° aunque estaba ya bien cerca, lo que eran; antes° iba diciendo en voces altas:

heeding, advising

set
notice
rather

30 "¡Non fuyades,° cobardes y viles criaturas, que un solo caballero es el que os acomete!"

flee (*arch.*)

Levantóse en esto un poco de viento, y las grandes aspas comenzaron a moverse, lo cual visto por don Quijote, dijo:

"Pues aunque mováis más brazos que los del gigante Briareo,³ me lo 35 habéis de pagar."⁴

Y en diciendo esto, y encomendándose de todo corazón a su señora Dulcinea, pidiéndole que en tal trance le socorriese, bien cubierto de su rodela, con la lanza en el ristre,° arremetió a todo el galope de Rocinante, y embistió° con el primero molino que estaba delante, y dándole una 40 lanzada en el aspa, la volvió el viento con tanta furia que hizo la lanza pedazos, llevándose tras sí al caballo y al caballero, que fue rodando muy maltrecho° por el campo.

lance rest (on armor)
assailed

ill-treated

¹ **Mejor de lo...** *better than we could have wished*

² **Los suelen...** *some of them customarily have arms almost two leagues long.* A league in Spain is 5,572 meters, more than three miles.

³ Briareus was one of the "hecatoncheiroi" *the hundred handed* of Greek mythology. He had, obviously, a hundred arms.

⁴ **Me lo habéis...** *you'll have to answer to me*

Acudió Sancho Panza a socorrerle a todo el correr de su asno, y
cuando llegó, halló que no se podía menear—tal fue el golpe que dio con
él Rocinante.[5]

"¡Válame Dios!" dijo Sancho, "¿no le dije yo a vuestra merced que
mirase bien lo que hacía, que no eran sino molinos de viento, y no lo podía
ignorar sino quien llevase otros tales en la cabeza?"[6]

"Calla, amigo Sancho," respondió don Quijote, "que las cosas de la
guerra, más que otras, están sujetas a continua mudanza°; 'cuanto más° que   change, moreover
yo pienso, y es así verdad, que aquel sabio Frestón que me robó el aposento
y los libros ha vuelto° estos gigantes en molinos, por quitarme la gloria de   turned
su vencimiento,° tal es la enemistad que me tiene. Mas, al cabo al cabo,[7]   vanquishment
han de poder poco sus malas artes contra la bondad de mi espada."[8]

"Dios lo haga como puede," respondió Sancho Panza.

Y ayudándole a levantar, tornó a subir sobre Rocinante, que medio
despaldado° estaba; y hablando en° la pasada aventura, siguieron el camino   dislocated, **de**
del Puerto Lápice, porque allí decía don Quijote que no era posible dejar
de hallarse muchas y diversas aventuras, por ser lugar muy pasajero,[9] sino
que iba muy pesaroso° por haberle faltado la lanza, y diciéndoselo a su   sorrowful
escudero, le dijo:

"Yo me acuerdo haber leído que un caballero español, llamado Diego
Pérez de Vargas,[10] habiéndosele en una batalla roto la espada, desgajó° de   tore off
una encina un 'pesado ramo° o tronco, y con él hizo tales cosas aquel día,   heavy branch
y machacó° tantos moros, que le quedó por sobrenombre «Machuca», y así,   pounded
él como sus decendientes se llamaron desde aquel día en adelante[11] Vargas
y Machuca. Hete dicho esto, porque de la primera encina o roble° que 'se   oak tree
me depare° pienso desgajar otro tronco, tal y tan bueno como aquél, que me   presents itself
imagino y pienso hacer con él tales hazañas, que tú te tengas por bien
afortunado de haber merecido venir a vellas y a ser testigo de cosas que
apenas podrán ser creídas."[12]

"A la mano de Dios,"[13] dijo Sancho, "yo lo creo todo así como vuestra
merced lo dice. Pero enderécese° un poco, que parece que va 'de medio   straighten up
lado,° y debe de ser del molimiento de la caída."   listing

"Así es la verdad," respondió don Quijote, "y si no me quejo del dolor,
es porque no es dado° a los caballeros andantes quejarse de herida alguna,   allowed
aunque se le salgan las tripas° por ella."   intestines

---

[5] **Tal fue el...** *such was the blow that Rocinante gave him*

[6] **No lo podía...** *only a person who has windmills in his head could not ignore it*

[7] **Al cabo al cabo...** *in the long run.* Repeating an expression, as with *luego luego,*
intensifies its meaning

[8] **Han de...** *his evil cunning will have little power against the goodness of my sword*

[9] **No era posible...** *it was not possible to fail to find many and different adventures
since it was such a well-traveled place*

[10] Diego Pérez de Vargas was a real person who fought, in the thirteenth century,
under Fernando III, *el Santo.* He ripped off an olive branch to use as a weapon. Ferreras
says that this is the true origin of the name Machuca.

[11] **Desde...** *from that day on*

[12] **Tú te...** *you will consider yourself very fortunate to have deserved to come to see
them and to be a witness to things that will hardly be believed*

[13] **A la...** *be that as God wills*

"Si eso es así, no tengo yo qué replicar,° " respondió Sancho, "pero   to say
sabe Dios si yo me holgara que vuestra merced se quejara cuando alguna
cosa le doliera.[14] De mí sé decir que me he de quejar del más pequeño
dolor que tenga, si ya no se entiende también con los escuderos de los
5 caballeros andantes eso del no quejarse."[15]

No se dejó de reír don Quijote de la simplicidad de su escudero, y así,
le declaró que podía muy bien quejarse como y cuando quisiese,[16] sin gana
o con ella. Que hasta entonces no había leído cosa en contrario en la orden
de caballería. Díjole Sancho que mirase que era hora de comer. Respondióle
10 su amo que por entonces no le hacía menester, que comiese él cuando se
le antojase.[17]

Con esta licencia, se acomodó° Sancho lo mejor que pudo sobre su   made himself
jumento, y sacando de las alforjas lo que en ellas había puesto, iba   comfortable
caminando y comiendo detrás de su amo muy de su espacio, y de cuando
15 en cuando[18] empinaba° la bota, con tanto gusto, que le pudiera envidiar el   raised
más regalado bodegonero de Málaga.[19] Y en tanto que él iba de aquella
manera 'menudeando tragos,° no se le acordaba de ninguna promesa que su   repeating swallows
amo le hubiese hecho, ni tenía por ningún trabajo, sino por mucho
descanso,[20] andar buscando las aventuras, por peligrosas que fuesen.[21]

20 'En resolución,° aquella noche la pasaron entre unos árboles, y del uno   in short
dellos desgajó don Quijote un ramo seco° que casi le podía servir de lanza,   dead
y puso en él el hierro° que quitó de la que se le había quebrado.° Toda   lancehead, broken
aquella noche no durmió don Quijote, pensando en su señora Dulcinea, por
acomodarse a lo que había leído en sus libros cuando los caballeros pasaban
25 sin dormir muchas noches en las florestas y despoblados, entretenidos con
las memorias de sus señoras.[22]

No la pasó ansí Sancho Panza. Que, como tenía el estómago° lleno, y   stomach
no de agua de chicoria, de un sueño se la llevó toda, y no fueran parte para
despertarle, si su amo no lo llamara, los rayos del sol, que le daban en el
30 rostro, ni el canto de las aves, que muchas y muy regocijadamente la venida
del nuevo día saludaban.[23] Al levantarse, 'dio un tiento° a la bota, y hallóla   took a swig
algo más flaca que la noche antes, y afligiósele° el corazón, por parecerle   grieved
que no llevaban camino de remediar° tan presto su falta. No quiso   to remedy

---

[14] **Yo me...** *I would be pleased if you would complain when something hurt you*

[15] **Si ya...** *unless the business of not complaining extends to the squires of knights-errant.*

[16] **Como y...** *however and whenever he wanted*

[17] **Que comiese...** *that he should eat when he felt like it*

[18] **Muy de...** *taking his time, and once in a while*

[19] **Le pudiera...** *the most well-stocked tavernkeeper of Málaga could envy him*

[20] **Ni tenía...** *nor did he hold it as travail, but rather as great recreation*

[21] **Por...** *no matter how dangerous they might be*

[22] **Florestas...** *forests and unpopulated areas, sustained by memories of their ladies*

[23] **Agua de chicoria...** *worthless beverage, he slept the whole night away, and neither the rays of the sun nor the singing of the birds, who were many and joyfully greeted the coming of the new day, were enough to waken him, if his master had not called him*

desayunarse° don Quijote, porque, como está dicho, dio en sustentarse de   take breakfast
sabrosas memorias.[24]

Tornaron a su comenzado camino del Puerto Lápice, y 'a obra de° las   at about
tres del día le° descubrieron.   i.e., Puerto Lápice

5   "Aquí," dijo en viéndole don Quijote, "podemos, hermano Sancho
Panza, meter las manos hasta los codos° en esto que llaman aventuras. Mas   elbows
advierte que, aunque° me veas en los mayores peligros del mundo, no has   even if
de poner mano a tu espada para defenderme, si ya no vieres que los que me
ofenden es canalla y gente baja,[25] que en tal caso bien puedes ayudarme;
10   pero si fueren caballeros, en ninguna manera te es lícito ni concedido° por   granted
las leyes de caballería que me ayudes, hasta que seas armado caballero."

"Por cierto, señor," respondió Sancho, "que vuestra merced sea° muy   **será**
bien obedicido° en esto, y más, que yo de mío me soy pacífico y enemigo   obeyed
de meterme en ruidos ni pendencias;[26] bien es verdad que 'en lo que tocare°   as regards
15   a defender mi persona no tendré mucha cuenta con esas leyes,[27] pues las
divinas y humanas permiten que cada uno se defienda de quien quisiere
agraviarle.°"   to harm him

"No digo yo menos," respondió don Quijote, "pero en esto de
ayudarme contra caballeros, has de tener 'a raya° tus naturales ímpetus."   within limits
20   "Digo que así lo haré," respondió Sancho, "y que guardaré ese preceto°   **precepto**
tan bien como el día del domingo."

Estando en estas razones, asomaron por el camino dos frailes de la
orden de San Benito, caballeros sobre dos dromedarios, que no eran más
pequeñas dos mulas en que venían.[28] Traían sus 'antojos de camino° y sus   traveling masks
25   quitasoles. Detrás dellos venía un coche con cuatro o cinco 'de a caballo°   on horse back
que le acompañaban, y dos mozos de mulas a pie. Venía en el coche, como
después se supo, una señora vizcaína° que iba a Sevilla, donde estaba su   Basque
marido, que pasaba° a las Indias con un muy honroso cargo.° No venían los   was going, position
frailes con ella, aunque iban el mesmo camino. Mas apenas los divisó° don   perceived
30   Quijote, cuando dijo a su escudero:

"O yo me engaño, o ésta ha de ser la más famosa aventura que se haya
visto, porque aquellos bultos° negros que allí parecen deben de ser, y son,   shapes
sin duda, algunos encantadores que llevan hurtada° alguna princesa en aquel   kidnapped
coche, y es menester deshacer este tuerto a todo mi poderío.°"   power
35   "Peor será esto que los molinos de viento," dijo Sancho. "Mire, señor,
que aquéllos son frailes de San Benito, y el coche debe de ser de alguna
gente pasajera.° Mire que digo que mire bien lo que hace, no sea el diablo   transient
que le engañe."

"Ya te he dicho, Sancho," respondió don Quijote, "que sabes poco de

---

[24] **Dio en…** *it was enough to sustain himself with pleasant memories*
[25] **No has…** *you must not take your sword to defend me, unless you see that those who attack me are rabble and low people*
[26] **Yo del mío…** *on my part, I am peaceable and an enemy of getting mixed up in other people's disputes*
[27] **No tendré…** *I won't pay much attention to those laws*
[28] **Caballeros…** *mounted on two dromedaries, since the two mules on which they were coming were no smaller*

achaque° de aventuras; lo que yo digo es verdad, y ahora lo verás."   subject

Y diciendo esto, 'se adelantó° y se puso en la mitad del camino por   moved forward
donde los frailes venían, y en llegando tan cerca que a él le pareció que le
podrían oír lo que dijese, en alta voz dijo:

5   "¡Gente endiablada° y descomunal, dejad 'luego al punto° las altas   devilish, immediately
princesas que en ese coche lleváis forzadas;²⁹ si no, aparejaos° a recebir   get ready
presta muerte por justo castigo de vuestras malas obras!"

Detuvieron los frailes las riendas, y quedaron admirados, así de la
figura de don Quijote como de sus razones, a las cuales respondieron:

10   "Señor caballero, nosotros no somos endiablados ni descomunales, sino
dos religiosos° de San Benito que vamos nuestro camino,³⁰ y no sabemos   friars
si en este coche vienen o no ningunas forzadas princesas."

"Para conmigo no hay palabras blandas—que ya yo os conozco,
'fementida canalla,°'" dijo don Quijote.   lying rabble

15   Y sin esperar más respuesta, picó a Rocinante y la lanza baja,
arremetió contra el primero fraile, con tanta furia y denuedo, que si el fraile
no se dejara caer de la mula, él le hiciera venir al suelo mal de su grado,³¹
y aun mal ferido, si no cayera muerto.

El segundo religioso, que vio del modo que trataban a su compañero,
20 puso piernas al castillo de su buena mula,³² y comenzó a correr por aquella
campaña,° 'más ligero° que el mesmo viento.   countryside, swifter

Sancho Panza, que vio en el suelo al fraile, apeándose ligeramente de
su asno, arremetió a él y le comenzó a quitar los hábitos.° Llegaron en esto   habits
dos mozos de los frailes, y preguntáronle que por qué le desnudaba°;   was undressing
25 respondióles Sancho que aquello le tocaba a él ligítimamente,° como   **legítimamente** legi-
despojos de la batalla que su señor don Quijote había ganado. Los mozos,   timately
que no sabían de burlas, ni entendían aquello de despojos ni batallas, viendo
que ya don Quijote estaba desviado° de allí, hablando con las que en el   turned aside
coche venían, arremetieron con Sancho, y 'dieron con él° en el suelo, y sin   they threw him
30 dejarle pelo° en las barbas, le molieron a coces, y le dejaron tendido en el   hair
suelo, sin aliento ni sentido, y sin detenerse un punto,³³ tornó a subir el
fraile todo temeroso° y acobardado° y sin color en el rostro, y cuando se   fearful, low-spirited
vio 'a caballo,° picó tras su compañero, que un buen espacio° de allí le   mounted, distance
estaba aguardando y esperando en qué paraba aquel sobresalto;³⁴ y sin
35 querer aguardar el fin de todo aquel comenzado suceso, siguieron su
camino, haciéndose más cruces° que si llevaran al diablo 'a las espaldas.°   crosses, on their
    shoulders

Don Quijote estaba, como se ha dicho, hablando con la señora del
coche, diciéndole:

"La vuestra fermosura, señora mía, puede facer de su persona lo que
40 más le viniere en talante, porque ya la soberbia de vuestros robadores yace

---

²⁹ **Forzadas** *against their will*

³⁰ **Vamos...** *we're going our own way*

³¹ **Si el fraile...** *if the friar had not let himself fall from the mule, he [Quijote] would
have made him go the ground much against his will*

³² **Puso piernas...** *he put the spurs to his large mule*

³³ **Sin aliento...** *with the wind knocked out of him and senseless, and without waiting
a second*

³⁴ **Esperando...** *waiting to see how that frightening encounter came out*

por el suelo,³⁵ derribada por este mi fuerte brazo; y porque no penéis por
saber el nombre de vuestro libertador,³⁶ sabed que yo me llamo don Quijote
de la Mancha, caballero andante y aventurero, y cautivo de la sin par y
hermosa doña Dulcinea del Toboso; y en pago del beneficio° que de mí   benefit
5 habéis recebido, no quiero otra cosa sino que volváis al Toboso, y que de
mi parte os presentéis ante esta señora y le digáis lo que por vuestra libertad
he fecho."

Todo esto que don Quijote decía, escuchaba un escudero de los que el
coche acompañaban,³⁷ que era vizcaíno; el cual, viendo que no quería dejar
10 pasar el coche adelante, sino que decía que luego había de 'dar la vuelta° al   return
Toboso, se fue para don Quijote, y asiéndole de la lanza, le dijo en mala
lengua castellana y peor vizcaína, desta manera:

"Anda, caballero, que mal andes; por el Dios que crióme, que, si no
dejas coche, así te matas como estás ahí vizcaíno."³⁸
15 Entendióle muy bien don Quijote, y con mucho sosiego le respondió:

"Si fueras caballero, como no lo eres, ya yo hubiera castigado tu
sandez° y atrevimiento, cautiva criatura.°"   folly, creature

A lo cual replicó el vizcaíno:

"¿Yo no caballero?³⁹ Juro a Dios tan mientes como cristiano. Si lanza
20 arrojas y espada sacas, ¡el agua cuán presto verás que al gato llevas.
Vizcaíno por tierra, hidalgo por mar, hidalgo por el diablo, y mientes que
mira si otra dices cosa."⁴⁰

" '¡Ahora lo veredes!' dijo Agrajes"⁴¹ respondió don Quijote. Y
arrojando la lanza en el suelo, sacó su espada y embrazó su rodela, y
25 arremetió al vizcaíno con determinación de quitarle la vida.

El vizcaíno, que así le vio venir, aunque quisiera apearse de la mula,
que, por ser de las malas 'de alquiler,° no había que 'fiar en° ella, no pudo   rental, trust in
hacer otra cosa sino sacar su espada. Pero avínole bien⁴² que se halló junto
al coche, de donde pudo tomar una almohada° que le sirvió de escudo, y   cushion
30 luego se fueron el uno para el otro, como si fueran dos mortales enemigos.
La demás gente quisiera ponerlos en paz; mas no pudo, porque decía el

---

³⁵ **La vuestra…** *You, beauteous lady, can do with yourself whatever you want, because
the arrogance of your kidnappers lies on the ground*

³⁶ **Porque no…** *so that you won't agonize to know the name of your liberator*

³⁷ **Todo eso…** *Everything that Don Quijote said was heard by one of the squires who
were accompanying the coach*

³⁸ **Anda…** *If you don't let the coach alone, it is as certain that this Basque will kill you
as you are standing there.* Gaos' translation (translated).

³⁹ Rodríguez Marín says that just being Basque, given their ancient lineage in the Iberian
Peninsula, gave the Basques the right to be considered noble.

⁴⁰ **Juro…** *I swear to God as a Christian that you are lying. If you throw down your
lance and draw your sword, we'll see who wins. A Basque on land, an* hidalgo *by sea,*
hidalgo *by the devil, and you're lying if you say anything else.* **"Llevar el gato al agua,"**
means *to have your own way.* **Mientes que mira = mira que mientes.**

⁴¹ This was a proverb. Agrajes was a character in *Amadís de Gaula*. Agrajes never said
these exact words in the book.

⁴² **Pero…** *but he was lucky*

vizcaíno en sus mal trabadas° razones, que si no le dejaban acabar su   joined
batalla, que él mismo había de matar a su ama y a toda la gente que se lo
estorbase.⁴³ La señora del coche, admirada y temerosa de lo que veía, hizo
al cochero que 'se desviase° de allí algún poco, y desde lejos se puso a   turn away
5 mirar la rigurosa contienda,° en el discurso° de la cual dio el vizcaíno una   fray, course
gran cuchillada a don Quijote encima de un hombro,° 'por encima de° la   shoulder, above
rodela, que, a dársela sin defensa, le abriera hasta la cintura.° Don Quijote,   waist
que sintió la pesadumbre° de aquel desaforado golpe, dio una gran voz,   gravity
diciendo:

10 "¡Oh, señora de mi alma, Dulcinea, flor de la fermosura, socorred a
este vuestro caballero, que, por satisfacer a la vuestra mucha bondad, en
este riguroso trance se halla!"⁴⁴

El decir esto, y el apretar la espada, y el cubrirse bien de su rodela, y
el arremeter al vizcaíno, todo fue en un tiempo, llevando determinación de
15 aventurarlo todo a la de un golpe solo.⁴⁵ El vizcaíno, que así le vio venir
contra él, bien entendió por su denuedo su coraje,° y determinó de hacer lo   anger
mesmo que don Quijote. Y así, le aguardó bien cubierto de su almohada,
sin poder rodear la mula a una ni a otra parte,⁴⁶ que ya, de puro cansada y
no hecha a semejantes niñerías,° no podía 'dar un paso.°   childish acts, take a
20 Venía, pues, como se ha dicho, don Quijote contra el cauto° vizcaíno,   step; wary
con la espada en alto, con determinación de abrirle por medio, y el vizcaíno
le aguardaba ansimesmo, levantada la espada y aforrado° con su almohada,   protected
y todos los circunstantes° estaban temerosos y colgados° de lo que había de   persons present, in
suceder de aquellos tamaños golpes con que 'se amenazaban°; y la señora   suspense; menaced
25 del coche y las demás criadas suyas estaban haciendo mil votos° y   supplications
ofrecimientos° a todas las imágenes y 'casas de devoción° de España,   offerings, shrines
porque Dios librase a su escudero, y a ellas, de aquel tan grande peligro en
que se hallaban.

Pero está el daño de todo esto que en este punto y término deja
30 pendiente el autor desta historia esta batalla,⁴⁷ disculpándose° que no halló   apologizing
más escrito destas hazañas de don Quijote, de las que deja referidas.⁴⁸ Bien
es verdad que el segundo autor desta obra no quiso creer que tan curiosa°   strange
historia estuviese entregada a las leyes del olvido,° ni que hubiesen sido tan   oblivion
poco curiosos los ingenios de la Mancha,⁴⁹ que no tuviesen en sus archivos°   archives
35 o en sus escritorios°algunos papeles que deste famoso caballero tratasen,⁵⁰   drawers
y así, con esta imaginación,° no se desesperó de hallar el fin desta   thought
apacible° historia, el cual, siéndole el cielo favorable,⁵¹ le halló   pleasant
del modo que se contará en la segunda parte.

⁴³ **Él mismo...** *he himself would kill his mistress and anyone who prevented him from doing it*

⁴⁴ **Socorred...** *help your knight who is in this rigorous peril for the sake of your great goodness*

⁴⁵ **Aventurarlo...** *to venture everything on a single blow*

⁴⁶ **Sin poder...** *without being able to move his mule one way or the other*

⁴⁷ **En este...** *at this point, the author leaves this battle pending*

⁴⁸ **De las...** *than what he has related*

⁴⁹ **Ni que...** *nor that the studious people of la Mancha would be so little inquisitive*

⁵⁰ **Algunos...** *some papers that dealt with this famous knight*

⁵¹ **Siéndole...** *since heaven was kind to him*

SEGUNDA PARTE DEL INGENIOSO
hidalgo don Quijote de la Mancha.

Capítulo IX. Donde se concluye y 'da fin° a la estupenda batalla que el gallardo vizcaíno y el valiente manchego tuvieron.   ends

DEJAMOS EN la primera parte desta historia al valeroso vizcaíno y al famoso don Quijote con las espadas altas y desnudas, 'en guisa de descargar° dos furibundos° fendientes,° tales que, si 'en lleno° se acertaban,° por lo menos se dividirían y fenderían de arriba abajo[1] y abrirían como una granada°; y que en aquel punto tan dudoso° paró y quedó destroncada° tan sabrosa historia, sin que nos diese noticia su autor dónde se podría hallar lo que della faltaba.[2] Causóme esto mucha pesadumbre° porque el gusto de haber leído tan poco se volvía en disgusto° de pensar el mal camino que se ofrecía para hallar lo mucho que, a mi parecer, faltaba de tan sabroso cuento. Parecióme cosa imposible y fuera de toda buena costumbre, que a tan buen caballero le hubiese faltado algún sabio que tomara a cargo el escrebir sus nunca vistas hazañas,[3] cosa° que no faltó a ninguno de los caballeros andantes,

> de los que dicen las gentes
> que van a sus aventuras,

porque cada uno dellos tenía uno o dos sabios, como de molde, que no solamente escribían sus hechos, sino que pintaban sus más mínimos pensamientos° y niñerías,° por más escondidas° que fuesen. Y no había de ser tan desdichado° tan buen caballero, que le faltase a él lo que sobró° a Platir y a otros semejantes.[4] Y así, no podía inclinarme a creer[5] que tan gallarda° historia hubiese quedado manca° y estropeada,° y 'echaba la culpa° a la malignidad° del tiempo, devorador y consumidor de todas las cosas, el cual, o la tenía oculta o consumida.[6]

Por otra parte,[7] me parecía que, pues entre sus libros se habían hallado

as if to strike, raging
slashes, squarely;
hit; pomegranate,
perilous; cut off
grief
vexation

something

thoughts, hidden
unfortunate, had in
excess
lively, lacking, mu-
tilated; blamed,
perversity

---

[1] **Fenderían...** *cleave from top to bottom*
[2] **Sin que...** *without its author telling us where we could find what was missing*
[3] **A tan...** *such a good knight would lack a wizard who would undertake the writing of his never-before-seen deeds*
[4] Platir's author was a wizard named Galtenor.
[5] **No podía...** *I couldn't lead myself to believe*
[6] **O la...** *either had it hidden or destroyed*
[7] **Por...** *on the other hand*

tan modernos como *Desengaño de celos* y *Ninfas y pastores de Henares*,[8] que también su historia debía de ser moderna, y que, ya que no estuviese escrita, estaría en la memoria de la gente de su aldea y de las a ella circunvecinas.[9] Esta imaginación me traía confuso y deseoso° de saber real   desirous
y verdaderamente toda la vida y milagros[10] de nuestro famoso español don Quijote de la Mancha, luz y espejo de la caballería manchega, y el primero que en nuestra edad y en estos tan calamitosos° tiempos se puso al trabajo   calamitous
y ejercicio de las andantes armas, y al de desfacer agravios, socorrer viudas, amparar doncellas de aquellas que andaban con sus azotes° y palafrenes,°   whips, palfries
y con toda su virginidad 'a cuestas,° de monte en monte y de valle en   intact
valle;[11] que si no era que algún follón, o algún villano de hacha y capellina, o algún descomunal gigante las forzaba,[12] doncella hubo en los pasados tiempos que, al cabo de ochenta años, que en todos ellos no durmió un día debajo de tejado, se fue tan entera a la sepultura° como la madre que la   grave
había parido.°   bore

Digo, pues, que por estos y otros muchos respetos, es digno nuestro gallardo Quijote de continuas y memorables alabanzas, y aun a mí no se me deben negar por el trabajo y diligencia que puse en buscar el fin desta agradable historia.[13] Aunque bien sé que si el cielo, el caso° y la fortuna no   chance
me ayudan, el mundo quedará falto y sin el pasatiempo y gusto[14] que bien casi dos horas podrá tener el que con atención la leyere. Pasó, pues, el hallarla en esta manera.[15]

Estando yo un día en el Alcaná de Toledo,[16] llegó un muchacho a vender unos cartapacios° y papeles viejos a un sedero,° y como yo soy   notebooks, silk-
aficionado° a leer, aunque sean los 'papeles rotos° de las calles, llevado   merchant; devotee,
desta mi natural inclinación,[17] tomé un cartapacio de los que el muchacho   scraps of paper
vendía, y vile con caracteres que conocí ser arábigos.° Y puesto que,   Arabic
aunque los conocía, no los sabía leer, anduve mirando si parecía por allí algún morisco aljamiado[18] que los leyese; y no fue muy dificultoso° hallar   hard
intérprete semejante, pues aunque le buscara de otra mejor y más antigua lengua le hallara.[19] En fin, la suerte me deparó° uno, que, diciéndole mi   presented
deseo y poniéndole el libro en las manos, le abrió por medio, y leyendo un

---

[8] Published in 1586 and 1587 respectively.

[9] **La gente...** *people from his village and from neighboring ones*

[10] **Vida...** formula used with lives of saints.

[11] **Monte...** *from mountain to mountain and from valley to valley*

[12] **Si no era que...** *if some rogue, or some wicked man with hatchet and helmet, or some huge giant didn't rape them*

[13] **Y aun...** *And even [praise] should not be denied me for my work and diligence to look for the end of this pleasant story*

[14] **El mundo...** *the world would be lacking and without the pastime and pleasure*

[15] **Pasó...** *The finding of it, then, happened in this way*

[16] This was a market street in Toledo near the cathedral.

[17] **Llevado...** *taken by my natural curiosity*

[18] **Aunduve...** *I walked around looking to see if there was some Spanish-speaking Moor.* **Aljamiado** refers in another context to the Spanish language written in Arabic characters.

[19] **Aunque...** *even if I looked for one of a better and older language [= Hebrew], I would find one.* Hebrew was considered the oldest language.

poco en él, se comenzó a reír.

Preguntéle yo que de qué se reía, y respondióme que de una cosa que tenía aquel libro escrita en el margen por anotación. Díjele que me la dijese, y él, sin dejar la risa, dijo:

5 "Está, como he dicho, aquí, en el margen, escrito esto: 'Esta Dulcinea del Toboso, tantas veces en esta historia referida, dicen que tuvo la mejor mano para salar° puercos que otra mujer de toda la Mancha.' "   to salt

Cuando yo oí decir «Dulcinea del Toboso», quedé atónito° y suspenso,°   astonished, amazed porque luego se me representó° que aquellos cartapacios contenían la   occurred

10 historia de don Quijote. Con esta imaginación le di priesa que leyese el principio, y haciéndolo ansí, volviendo de improviso el arábigo en castellano,[20] dijo que decía: HISTORIA DE DON QUIJOTE DE LA MANCHA, ESCRITA POR CIDE HAMETE BENENGELI, HISTORIADOR° ARÁBIGO.   historian

Mucha discreción fue menester para disimular° el contento que recebí   hide

15 cuando llegó a mis oídos el título del libro, y salteándosele° al sedero,   snatching... compré al muchacho todos los papeles y cartapacios por medio real;[21] que si él tuviera discreción y supiera 'lo que° yo los deseaba, bien se pudiera   how much prometer y llevar más de seis reales[22] de la compra.°   purchase

Apartéme luego con el morisco por el claustro de la 'Iglesia Mayor,° y   cathedral

20 roguéle me volviese aquellos cartapacios, todos los que trataban de don Quijote, en lengua castellana, sin quitarles ni añadirles nada, ofreciéndole la paga que él quisiese. Contentóse con dos arrobas° de pasas° y 'dos   23 kilos, raisins fanegas° de trigo, y prometió de traducirlos bien y fielmente y con mucha   3.2 bushels brevedad. Pero yo, por facilitar más el negocio° y por no dejar de la mano[23]   matter

25 tan buen hallazgo,° le truje a mi casa, donde en poco más de mes y medio   treasure la tradujo toda, del mesmo modo que aquí se refiere.

Estaba en el primero cartapacio pintada, muy al natural, la batalla de don Quijote con el vizcaíno, puestos en la mesma postura° que la historia   position cuenta: levantadas las espadas, el uno cubierto de su rodela, el otro de la

30 almohada, y la mula del vizcaíno tan al vivo, que estaba mostrando ser de alquiler a tiro de ballesta.[24] Tenía a los pies escrito el vizcaíno un título° que   caption decía: DON SANCHO DE AZPETIA,[25] que sin duda debía de ser su nombre, y a los pies de Rocinante estaba otro que decía: DON QUIJOTE. Estaba Rocinante maravillosamente pintado, tan largo° y tendido, tan atenuado° y   long,, lean

35 flaco, con tanto espinazo,° tan ético confirmado,[26] que mostraba bien al   backbone descubierto con cuanta advertencia y propriedad se le había puesto el nombre de Rocinante.[27] Junto a él estaba Sancho Panza, que tenía del cabestro a su asno, a los pies del cual estaba otro rétulo° que decía: **rótulo** = caption

---

[20] **Volviendo...** *translating quickly from Arabic to Spanish*

[21] A **medio real** represents very little money.

[22] **Se pudiera...** *one could have asked for and gotten six* reales

[23] **No dejar...** *not let out of my possession*

[24] **Estaba...** *you could see it was a rental animal a crossbow shot away*

[25] Schevill restores the name to Azpeitia, but given the inaccuracy with *Sancho Panza* later, I prefer to leave it as it was in the first edition. Azpeitia is a village in the Basque country between San Sebastian and Bilbao.

[26] **Ético...** *far gone in consumption*

[27] **Mostraba...** *it showed clearly with what judgment and appropriateness he had been called Rocinante*

SANCHO ZANCAS, y debía de ser que tenía, a lo que mostraba la pintura, la barriga° grande, el talle° corto y las zancas° largas, y por esto se le debió de poner nombre de *Panza*, y de *Zancas*, que con estos dos sobrenombres le llama algunas veces la historia.

 belly, stature, shanks

  Otras algunas menudencias° había que advertir. Pero todas son de poca importancia, y que no hacen al caso[28] a la verdadera relación° de la historia, que ninguna es mala como sea verdadera.[29] Si a ésta se le puede poner alguna objeción cerca° de su verdad, no podrá ser otra sino haber sido su autor arábigo,[30] siendo muy propio de los de aquella nación° ser mentirosos,° aunque, por ser tan nuestros enemigos,° antes se puede entender haber quedado falto en ella que demasiado.[31] Y ansí me parece a mí, pues cuando pudiera y debiera 'estender la pluma° en las alabanzas de tan buen caballero, parece que 'de industria° las pasa en silencio, cosa mal hecha y peor pensada, habiendo y debiendo ser los historiadores puntuales,° verdaderos y 'no nada apasionados,° y que ni el interés ni el miedo, el rancor° ni la afición,° no les hagan torcer° del camino de la verdad, cuya madre es la historia, émula° del tiempo, depósito° de las acciones, testigo de lo pasado, ejemplo y aviso° de lo presente, advertencia de lo por venir. En ésta sé que se hallará todo lo que se acertare a desear en la más apacible. Y si algo bueno en ella faltare, para mí tengo que fue por culpa del galgo de su autor, antes que por falta del sujeto.[32]

 trifles
 telling

 acerca
 origin
 liars, enemies

 i.e., outdone himself
 on purpose
 accurate
 free from passion
 animosity, fondness,
 swerve; emulator,
 storehouse; counsel

  En fin, su segunda parte, siguiendo la tradución, comenzaba desta manera:

  Puestas y levantadas en alto las cortadoras° espadas de los dos valerosos y enojados° combatientes,° no parecía sino que estaban amenazando al cielo, a la tierra y al abismo:° tal era el denuedo y continente que tenían. Y el primero que fue a descargar° el golpe fue el colérico° vizcaíno, el cual fue dado con tanta fuerza y tanta furia, que, a no volvérsele la espada en el camino,[33] aquel solo golpe fuera bastante para dar fin a su rigurosa contienda y a todas las aventuras de nuestro caballero; mas la buena suerte, que para mayores cosas le tenía guardado, torció° la espada de su contrario, de modo que, aunque le acertó° en el hombro izquierdo, no le hizo otro daño que desarmarle todo aquel lado, llevándole de camino gran parte de la celada, con la mitad de la oreja,[34] que todo ello con espantosa ruina° vino al suelo, dejándole muy maltrecho.

 trenchant
 angry, combatants
 hell
 strike, wrathful

 deflected
 hit

 fall

  ¡Válame Dios, y quién será aquel que buenamente pueda contar ahora la rabia° que entró en el corazón de nuestro manchego, viéndose parar° de aquella manera! No se diga más sino que fue de manera que se alzó de

 rage, wind up

---

[28] **No hacen...** *they are not important*

[29] **Ninguna...** *no story is bad as long as it's true*

[30] **Si a ésta...** *If one can make an objection to its truth, the only one could be that its author was an Arab*

[31] **Antes...** *it can be understood that he would have fallen short of the truth rather than exaggerated it*

[32] **Si algo...** *if something is lacking in it, I hold that the dog of the author was to blame rather than something lacking in the subject*

[33] **A no...** *had the sword not turned in its course*

[34] **No le...** *it did no other damage than to remove his armor from that side, taking with it a large part of his helmet and half his ear*

nuevo en los estribos, y apretando más la espada en las dos manos, con tal
furia descargó sobre el vizcaíno, acertándole 'de lleno° sobre la almohada   squarely
y sobre la cabeza, que, sin ser parte tan buena defensa,³⁵ como si cayera
sobre él una montaña, comenzó a echar sangre por las narices° y por la boca   nostrils
5   y por los oídos,° y a dar muestras de caer de la mula abajo, de donde cayera,   ears
sin duda, si no se abrazara con el cuello.³⁶ Pero con todo eso, sacó los pies
de los estribos, y luego soltó los brazos, y la mula, espantada del terrible
golpe, dio a correr por el campo, y a pocos corcovos dio con su dueño en
tierra.³⁷
10   Estábaselo con mucho sosiego mirando don Quijote, y como lo vio
caer, saltó de su caballo, y con mucha ligereza se llegó a él, y poniéndole la
punta de la espada en los ojos, le dijo que 'se rindiese°—si no, que le   surrender
cortaría la cabeza. Estaba el vizcaíno tan turbado° que no podía responder   confused
palabra, y él lo pasara mal, según estaba ciego don Quijote,³⁸ si las señoras
15   del coche, que hasta entonces con gran desmayo° habían mirado la   dismay
pendencia, no fueran a donde estaba y le pidieran 'con mucho
encarecimiento,° les hiciese tan gran merced y favor de perdonar la vida a   very ardently
aquel su escudero.
    A lo cual don Quijote respondió con mucho entono° y gravedad°:   haughtiness, com-
20   "Por cierto, fermosas señoras, yo soy muy contento de hacer lo que me   posure
pedís. Mas ha de ser con una condición y concierto,° y es que este caballero   agreement
me ha de prometer de ir al lugar del Toboso y presentarse de mi parte ante
la 'sin par° doña Dulcinea, para que ella haga dél lo que más fuere de su   peerless
voluntad."
25   La temerosa° y desconsolada° señora,³⁹ sin entrar en cuenta de lo que   terrified, grief-
don Quijote pedía,⁴⁰ y sin preguntar quién Dulcinea fuese, le prometieron   stricken
que el escudero haría todo aquello que de su parte le fuese mandado.
    "Pues en fe de esa palabra,⁴¹ yo no le haré más daño, puesto que me lo
tenía bien merecido."⁴²

---

³⁵ **Sin...** *even so good a defense being useless*
³⁶ **A dar...** *giving signs that he might fall down from the mule, and he would have had
he not clutched its neck*
³⁷ **Espantada...** *frightened by the terrible blow, began running through the countryside,
and with a few bucks threw its owner to the ground*
³⁸ **Él lo...** *he would have fared badly, such was the blind rage of Don Quijote*
³⁹ Schevill emends this to **las temerosas y desconsoladas señoras.**
⁴⁰ **Sin entrar...** *without any idea what Don Quijote was asking*
⁴¹ **En fe...** *on the faith of that promise*
⁴² **Puesto...** *although in my opinion he well deserved it*

Capítulo X. De lo que más le avino a don Quijote con el vizcaíno y del peligro en que se vio con una turba° de yangüeses.[1]

turba° mob

Y A EN este tiempo se había levantado Sancho Panza, algo maltratado° de los mozos de los frailes, y había estado atento° a la batalla de su señor don Quijote, y rogaba° a Dios en su corazón fuese servido de darle vitoria, y que en ella ganase alguna ínsula de donde le hiciese gobernador,[2] como se lo había prometido. Viendo, pues, ya acabada° la pendencia, y que su amo volvía a subir sobre Rocinante, llegó a tenerle el estribo,[3] y antes que subiese se hincó de rodillas delante dél, y asiéndole de la mano, se la besó° y le dijo:

maltratado° abused
atento° attentive
rogaba° prayed
acabada° finished
besó° kissed

"Sea vuestra merced servido, señor don Quijote mío, de darme el gobierno de la ínsula que en esta rigurosa pendencia se ha ganado, que, por grande que sea, yo me siento con fuerzas de 'saberla gobernar,° tal y tan bien como otro que haya gobernado ínsulas en el mundo."

saberla gobernar,° will be able to govern it

A lo cual respondió don Quijote:

"Advertid,° hermano Sancho, que esta aventura, y las a ésta semejantes, no son aventuras de ínsulas, sino de encrucijadas, en las cuales no se gana otra cosa que sacar rota la cabeza o una oreja menos.[4] Tened paciencia, que aventuras se ofrecerán donde no solamente os pueda hacer gobernador, 'sino más adelante.°"

Advertid,° be advised
sino más adelante.° but even more

Agradecióselo mucho Sancho, y besándole otra vez la mano y la falda° de la loriga,° le ayudó a subir sobre Rocinante, y él subió sobre su asno, y comenzó a seguir a su señor, que, a 'paso tirado,° sin despedirse ni hablar más con las del coche, se entró por un bosque que allí junto estaba. Seguíale Sancho a todo el trote de su jumento,[5] pero caminaba tanto° Rocinante, que, viéndose quedar atrás, le fue forzoso° dar voces a su amo que se aguardase. Hízolo así don Quijote, teniendo las riendas a Rocinante hasta que llegase su cansado escudero, el cual, en llegando, le dijo:

falda° skirt
loriga,° mail armor
paso tirado,° brisk pace
tanto° so fast
forzoso° necessary

"Paréceme, señor, que sería acertado irnos a retraer° a alguna iglesia, que, según quedó maltrecho aquel con quien os combatistes,[6] 'no será mucho° que den noticia del caso a la Santa Hermandad[7] y nos prendan. Y a fe que si lo hacen, que primero que salgamos de la cárcel, que nos ha de 'sudar el hopo.°"

retraer° take refuge
no será mucho° it would be likely
sudar el hopo.° sweat it out

"Calla," dijo don Quijote. "¿Y dónde has visto tú, o leído jamás, que caballero andante haya sido puesto ante la justicia por más homicidios que hubiese cometido?"[8]

---

[1] **Yangüeses** are people from Yanguas in the province of Soria, north of Madrid. Yanguas is at the north end of the province, on the road that goes to Pamplona.

[2] **Ganase…** *win an island where he would make him governor*

[3] **Llegó…** *he went to hold his stirrup*

[4] **No se…** *you win nothing but a broken head or an ear less*

[5] **A todo…** *at his donkey's fastest trot*

[6] **Os combatistes:** here Sancho does not call Don Quijote **vuestra merced**, but rather **vos**, which is much less formal.

[7] **La Santa Hermandad** *the Holy Brotherhood* was Spain's rural police.

[8] **Por más homicidios…** *no matter how many murders he may have committed*

"Yo no sé nada de omecillos,° respondió Sancho, "ni en mi vida le   disputes
caté a ninguno;[9] sólo sé que la Santa Hermandad tiene que ver con los que
pelean en el campo, y en esotro no me entremeto."[10]

"Pues 'no tengas pena,° amigo," respondió don Quijote, "que yo te   don't worry
5   sacaré de las manos de los caldeos,[11] 'cuanto más° de las de la Hermandad.   not to mention
Pero dime, por tu vida, ¿has visto más valeroso caballero que yo en todo 'lo
descubierto de la tierra°? ¿Has leído en historias otro que tenga ni haya   known world
tenido más brío en acometer, más aliento en el perseverar, más destreza° en   skill
el herir,° ni más maña° en el derribar?"   striking, dexterity

10   "La verdad sea," respondió Sancho, "que yo no he leído ninguna
historia jamás, porque ni sé leer ni escrebir; mas lo que 'osaré apostar° es   I'll dare to bet
que más atrevido amo que vuestra merced yo no le he servido en todos los
días de mi vida, y quiera Dios que estos atrevimientos no se paguen donde
tengo dicho.[12] Lo que le ruego a vuestra merced es que se cure, que le va°   flows
15   mucha sangre de esa oreja. Que aquí traigo hilas y un poco de ungüento
blanco[13] en las alforjas."

"Todo eso fuera bien escusado,"[14] respondió don Quijote, "si a mí se
me acordara de hacer una redoma° del bálsamo° de Fierabrás,[15] que con   flask, balm
sola una gota se ahorrarán° tiempo y medicinas."   will save

20   "¿Qué redoma y qué bálsamo es ése?" dijo Sancho Panza.

"Es un bálsamo," respondió don Quijote, "de quien tengo la receta° en   recipe
la memoria, con el cual no hay que tener temor a la muerte, ni hay pensar
morir de ferida alguna. Y ansí, cuando yo le haga y te le dé,[16] no tienes más
que hacer sino que, cuando vieres que en alguna batalla me han partido por
25   medio del cuerpo,[17] como muchas veces suele acontecer, bonitamente la
parte del cuerpo que hubiere caído en el suelo, y 'con mucha sotiliza,° antes   very deftly
que la sangre 'se hiele,° la pondrás sobre la otra mitad que quedare en la   coagulates
silla,° advirtiendo de encajallo igualmente y al justo.[18] Luego me darás a   saddle
beber solos dos tragos del bálsamo que he dicho, y verásme quedar más
30   sano que una manzana."

"Si eso hay," dijo Panza, "yo renuncio° desde aquí el gobierno de la   give up
prometida ínsula, y no quiero otra cosa en pago de mis muchos y buenos
servicios, sino que vuestra merced me dé la receta de ese 'estremado licor,°   very good liquid

---

[9] **En mi...** *never in my life have I held animosity towards anyone*
[10] **En esotro...** *I don't meddle in that other business*
[11] The Chaldeans were an ancient people living in Mesopotamia mentioned several times in the Old Testament (Ezekiel, Daniel, and Jeremiah). The expression means "I'll save you from harm."
[12] **Quiera...** *may God will that these daring acts not be paid for in the way I have said*
[13] This is an ointment made of wax, white lead, and oil, useful precisely for healing wounds.
[14] **Todo...** *this all would be unnecessary*
[15] Fierabrás was a giant Saracen written about in a French epic poem. When he sacked Rome, he stole two containers with the remainder of the embalming fluid used in Christ's body. This is what is known as the **bálsamo de Fierabrás**.
[16] **Cuando...** *when I make it and give it to you*
[17] **Me han...** *they have cut my body in half*
[18] **Advirtiendo...** *being careful to fit it equally and straightly*

que para mí tengo que valdrá la onza,° 'adonde quiera,° más de a dos reales,   ounce, anywhere
y no he menester yo más para pasar esta vida honrada y descansadamente.[19]
Pero es de saber agora si tiene mucha costa el hacelle."[20]

"Con menos de tres reales se pueden hacer 'tres azumbres,°'" respondió   1½ gallons
don Quijote.

"¡Pecador de mí!" replicó Sancho, "¿pues a qué aguarda vuestra merced
a hacelle y a enseñármele?"[21]

"Calla, amigo," respondió don Quijote, "que mayores secretos pienso
enseñarte y mayores mercedes hacerte. Y por agora curémonos, que la oreja
me duele más de lo que yo quisiera."

Sacó Sancho de las alforjas hilas y ungüento, mas cuando don Quijote
llegó a ver rota su celada, pensó perder el juicio,[22] y puesta la mano en la
espada y alzando los ojos al cielo, dijo:

"Yo hago juramento al criador° de todas las cosas, y a los santos cuatro   creator
evangelios° donde más largamente están escritos,[23] de hacer la vida que hizo   gospels
el grande Marqués de Mantua cuando juró de vengar la muerte de su sobrino
Valdovinos, que fue de «no comer pan a manteles, ni con su mujer folgar,»[24]
y otras cosas que, aunque dellas no me acuerdo, las doy aquí por expresadas,[25]
hasta tomar entera venganza° del que tal desaguisado me fizo."   vengeance

Oyendo esto Sancho, le dijo:

"Advierta vuestra merced, señor don Quijote, que si el caballero
cumplió° lo que se le dejó ordenado[26] de irse a presentar ante mi señora   fulfilled
Dulcinea del Toboso, ya habrá cumplido con lo que debía, y no merece otra
pena si no comete nuevo delito.°'"   crime

"Has hablado y apuntado° muy bien," respondió don Quijote, "y, así,   pointed out
anulo° el juramento en cuanto lo que toca a tomar dél nueva venganza.[27] Pero   I rescind
hágole y confírmole° de nuevo de hacer la vida que he dicho hasta tanto que   le = the oath
quite por fuerza otra celada, tal y tan buena como ésta, a algún caballero. Y
no pienses, Sancho, que así a humo de pajas hago esto,[28] que bien tengo a
quien imitar en ello, que esto mesmo pasó al pie de la letra sobre el yelmo° de   helmet
Mambrino, que tan caro le costó a Sacripante."[29]

"Que dé al diablo vuestra merced tales juramentos, señor mío," replicó
Sancho, "que son muy en daño de la salud y muy en perjuicio de la

---

[19] **Honrada...** *honorably and at my ease*

[20] **Es...** *I'd like to know if it costs much to make it*

[21] **A qué...** *what are you waiting for to make it and to show me how?*

[22] **Llegó...** *saw his broken helmet he thought he would lose his mind*

[23] **Donde...** *in all their fullest meaning.* When one wanted to "swear on the Bible" and
none was present, this expression was used instead.

[24] **No comer...** *not to eat bread from a tablecloth nor sport with his wife.* These two
romance verses are from one about the Cid, and not the Marqués de Mantua, as several
editors point out.

[25] **Las doy...** *I consider them as having been stated*

[26] **Lo que...** *what he was ordered to do*

[27] **En cuanto...** *insofar as taking fresh vengeance on him goes*

[28] **Así...** *I'm not making idle threats*

[29] In *Orlando Furioso*, it was Dardinel and not Sacripante that it cost so dearly.

conciencia. Si no, dígame ahora: si acaso en muchos días no topamos
hombre armado con celada,[30] ¿qué hemos de hacer? ¿Hase de cumplir el
juramento 'a despecho de° tantos inconvenientes° e incomodidades° como   in spite of, obstacle
será el dormir vestido, y el no dormir en poblado,° y otras mil penitencias°   annoyances; town
5 que contenía el juramento de aquel loco viejo del Marqués de Mantua, que   penances
vuestra merced quiere revalidar° ahora? Mire vuestra merced bien que por   to revive
todos estos caminos no andan hombres armados, sino harrieros y   cart drivers
carreteros,° que no sólo no traen celadas, pero quizá no las han oído
nombrar[31] en todos los días de su vida."
10   "Engáñaste en eso," dijo don Quijote, "porque no habremos estado dos
horas por estas encrucijadas, cuando veamos más armados° que los que   armed men
vinieron sobre Albraca a la conquista de Angélica la Bella."[32]
    "Alto,° pues, sea ansí," dijo Sancho, "y a Dios prazga° que nos suceda   stop, may it please
bien, y que se llegue ya el tiempo de ganar esta ínsula que tan cara me
15 cuesta, y muérame yo luego."[33]
    "Ya te he dicho, Sancho, que no te dé eso cuidado alguno; que, cuando
faltare ínsula, ahí está el reino de Dinamarca° o el de Soliadisa,[34] que te   Denmark
vendrán como anillo° al dedo,° y más que, por ser en tierra firme, te debes   ring, finger
más alegrar.[35] Pero dejemos esto para su tiempo, y mira si traes algo en esas
20 alforjas que comamos, porque vamos luego en busca de algún castillo
donde alojemos° esta noche y hagamos el bálsamo que te he dicho, porque   we may lodge
yo te 'voto a Dios,° que me va doliendo mucho la oreja."   I swear to God
    "Aquí trayo° una cebolla° y un poco de queso° y no sé cuantos   **traigo**, onion, chee
mendrugos° de pan," dijo Sancho, "pero no son manjares° que pertenecen°   scraps, food, pertai
25 a tan valiente caballero como vuestra merced."
    "Qué mal lo entiendes," respondió don Quijote, "hágote saber, Sancho,
que es honra de los caballeros andantes no comer en un mes, y ya que
coman, sea de aquello que hallaren más a mano. Y esto se te hiciera cierto[36]
si hubieras leído tantas historias como yo, que, aunque han sido muchas, en
30 'todas ellas° no he hallado hecha relación de que los caballeros andantes   none of them
comiesen, si no era acaso° y en algunos suntuosos banquetes que les hacían,   on occasions
y los demás días se los pasaban en flores.[37] Y aunque se deja entender que
no podían pasar sin comer[38] y sin hacer todos los otros menesteres°   functions

[30] **Si acaso...** *if perhaps in many days we don't run across an armed man with a*
helmet
[31] **Pero...** *but perhaps they've never heard them mentioned*
[32] In *Orlando innamorato*, the Albraca castle was stormed by 2,200,000 armed
soldiers, stretching over four leagues.
[33] **Que se...** *may the time for winning me that island which is costing me so dear come*
soon, and may I die right then
[34] **Soliadisa** is don Quijote's mistake for **Sobradisa**, a fictional kingdom ruled by
Amadís' brother.
[35] **Por ser...** *because it's not an island you should be happier*
[36] **Ya que...** *even when they do eat, it should be whatever they find most at hand. This*
would be clear to you...
[37] **Los demás...** *the remaining days they spent virtually fasting*
[38] **Se deja...** *it is understood that they couldn't go without eating*

naturales, porque, en efeto, eran hombres como nosotros, hase de entender[39] también que, andando lo más del tiempo de su vida por las florestas y despoblados, y sin cocinero,° que su más ordinaria comida sería de viandas° rústicas, tales como las que tú ahora me ofreces. Así que, Sancho amigo, no 'te congoje° lo que a mí me da gusto, ni querrás tú hacer mundo nuevo, ni sacar la caballería andante de sus quicios."[40]   *cook, food*

    let distress you

"Perdóneme vuestra merced," dijo Sancho, "que como yo no sé leer ni escrebir, como otra vez he dicho, no sé ni 'he caído en° las reglas de la profesión caballeresca, y de aquí adelante yo proveeré° las alforjas de todo género de fruta seca para vuestra merced, que es caballero, y para mí las proveeré, pues no lo soy, de otras 'cosas volátiles° y de más sustancia."   *understand*

    provide

    poultry

"No digo yo, Sancho," replicó don Quijote, "que sea forzoso a los caballeros andantes no comer otra cosa sino esas frutas que dices, sino que su más ordinario sustento° debía de ser dellas, y de algunas yerbas° que hallaban por los campos, que ellos conocían y yo también conozco."   *food, herbs*

"Virtud es,"[41] respondió Sancho, "conocer esas yerbas, que, según yo me voy imaginando,[42] algún día será menester usar de ese conocimiento."

Y sacando en esto lo que dijo que traía, comieron los dos en buena paz y compaña.° Pero deseosos de buscar donde alojar aquella noche, acabaron con mucha brevedad° su pobre y seca comida. Subieron luego a caballo, y diéronse priesa por llegar a poblado antes que anocheciese; pero faltóles el sol, y la esperanza de alcanzar° lo que deseaban, junto a unas chozas° de unos cabreros,° y así, determinaron de pasarla allí, que, cuanto fue de pesadumbre para Sancho no llegar a poblado, fue de contento para su amo dormirla al 'cielo descubierto,° por parecerle que cada vez que esto le sucedía era hacer un acto posesivo[43] que facilitaba° la prueba° de su caballería.   *company*

    haste

    attain, huts

    goatherds

    in open air

    supplied, proof

---

[39] **Hase...** *one must understand*
[40] **Hacer...** *make a new world or alter the customs of knight errantry.* **Quicio** = *hinge.*
[41] **Virtud...** *it's a good thing*
[42] **Según...** *the way I'm thinking*
[43] **Acto posesivo**: an act which proves the nobility and purity of the person doing it.

Capítulo XI. De lo que lo sucedió a don Quijote con unos cabreros.

Fue RECOGIDO° de los cabreros con buen ánimo, y habiendo Sancho, lo
mejor que pudo, acomodado a Rocinante y a su jumento, se fue tras el
olor que despedían de sí ciertos tasajos de cabra,[1] que hirviendo° al fuego
en un caldero° estaban; y aunque él quisiera en aquel mesmo punto ver si
estaban 'en sazón de° trasladarlos° del caldero al estómago, lo dejó de
hacer,[2] porque los cabreros los quitaron del fuego, y tendiendo° por el suelo
unas pieles° de ovejas, aderezaron° con mucha priesa su rústica mesa, y
convidaron° a los dos, con muestras de muy 'buena voluntad,° con lo que
tenían. Sentáronse a la redonda de las pieles seis dellos,[3] que eran los que
en la majada° había, habiendo primero, con groseras° ceremonias, rogado
a don Quijote que se sentase sobre un dornajo° que 'vuelto del revés° le
pusieron. Sentóse don Quijote, y quedábase Sancho en pie para servirle la
copa,° que era hecha de cuerno.° Viéndole en pie su amo, le dijo:

"Porque veas, Sancho, el bien° que en sí encierra° la andante
caballería, y cuán a pique están los que en cualquiera ministerio della se
ejercitan de venir brevemente a ser honrados y estimados del mundo,[4]
quiero que aquí, a mi lado y en compañía desta buena gente, te sientes, y
que seas una mesma cosa conmigo, que soy tu amo y natural señor, que
comas en mi plato y bebas por donde yo bebiere, porque de la caballería
andante se puede decir lo mesmo que del amor se dice: que todas las cosas
iguala."[5]

"Gran merced," dijo Sancho, "pero sé decir a vuestra merced que como
yo tuviese bien de comer, tan bien y mejor me lo comería en pie y a mis
solas como sentado a par de un emperador.[6] Y aun si va a decir verdad,
mucho mejor me sabe° lo que como en mi rincón, sin melindres° ni
respetos,° aunque sea pan y cebolla, que los gallipavos° de otras mesas
donde me sea forzoso mascar° despacio, beber poco, limpiarme a menudo,
no estornudar,° ni toser° si me viene gana, ni hacer otras cosas que la
soledad° y la libertad traen consigo. Así que, señor mío, estas honras que
vuestra merced quiere darme por ser ministro° y aderente° de la caballería
andante, como lo soy siendo escudero de vuestra merced, conviértalas en
otras cosas que me sean de más cómodo y provecho;[7] que éstas, aunque las
'doy por bien recebidas,° las renuncio para 'desde aquí° al fin del mundo."

"Con todo eso, te has de sentar, porque «a quien se humilla Dios le

received

boiling
cauldron
ready, to transfer

spreading out
skins, prepared
invited, good will

sheep-fold, rustic
trough, turned over

cup, horn

goodness, embraces

tastes, fussing
observances, turkey
chew
sneeze, cough
privacy
servant, aide

I acknowledge,
from this moment

---

[1] **Se fue...** *he followed the aroma that certain pieces of goat meat emitted*

[2] **Lo dejó...** *he refrained from doing it* (i.e., checking to see if meat was ready).

[3] **Sentáronse...** *six of them sat around the skins*

[4] **Cuán a pique...** *those who practice it in any capacity are soon honored and esteemed by the world*

[5] **Porque...** *so that one can say of knight errantry what is said about love: that it makes all things equal*

[6] **Como yo...** *as long as I eat well, I'll eat it as well and better standing up and alone than seated next to an emperor*

[7] **Conviértalas...** *convert them [the honors] into other things that are of more use and benefit to me*

ensalza»."[8]
Y asiéndole por el brazo, le forzó a que junto dél se sentase.

No entendían los cabreros aquella jerigonza° de escuderos y de   gibberish
caballeros andantes, y no hacían otra cosa que comer y callar, y mirar a sus
huéspedes, que, con mucho donaire y gana, embaulaban tasajo como el
puño.[9] Acabado el servicio de carne, tendieron sobre las zaleas° gran   sheepskins
cantidad de bellotas° avellanadas,° y juntamente pusieron un medio queso,   acorns, dry
más duro que si fuera hecho de argamasa.° No estaba en esto ocioso el   cement
cuerno, porque andaba a la redonda tan a menudo, ya lleno, ya vacío, como
arcaduz de noria,[10] que con facilidad vació° un zaque° de dos que estaban   emptied, wineskin
'de manifiesto.°   exposed

Después que don Quijote hubo bien satisfecho su estómago, tomó un
puño° de bellotas en la mano, y mirándolas atentamente, soltó la voz a   handful
semejantes razones:

"¡Dichosa edad y siglos dichosos aquellos a quien los antiguos°   ancients
pusieron nombre de DORADOS°; y no porque en ellos el oro, que en esta   golden
nuestra edad de hierro tanto se estima, se alcanzase en aquella venturosa sin
fatiga alguna,[11] sino porque entonces los que en ella vivían ignoraban estas
dos palabras de TUYO y MÍO! Eran en aquella santa edad todas las cosas
comunes;° a nadie le era necesario, para alcanzar su ordinario sustento,   public
tomar otro trabajo que alzar la mano y alcanzarle de las robustas encinas,
que liberalmente les estaban convidando con su dulce y sazonado° fruto.   ripe
Las claras fuentes y corrientes ríos, en magnífica abundancia, sabrosas y
transparentes aguas les ofrecían.[12] En las quiebras° de las peñas° y en lo   fissures, boulders
hueco de los árboles formaban su república las solícitas° y discretas°   diligent, prudent
abejas,° ofreciendo a cualquiera mano, sin interés° alguno, la fértil cosecha°   bees, concern,
de su dulcísimo trabajo. Los valientes° alcornoques° despedían de sí, sin   harvest; big, cork-
otro artificio que el de su cortesía, sus anchas y 'livianas cortezas,° con que   trees; light barks
se comenzaron a cubrir las casas, sobre rústicas estacas° sustentadas, no   stakes
más que para defensa° de las inclemencias° del cielo. Todo era paz   protection, rigors
entonces, todo amistad,° todo concordia.° Aún no se había atrevido la   friendship, harmony
pesada reja del corvo arado a abrir ni visitar las entrañas piadosas de
nuestra primera madre, que ella, sin ser forzada, ofrecía por todas las partes
de su fértil y espacioso seno lo que pudiese hartar, sustentar y deleitar a los
hijos que entonces la poseían.[13]

"Entonces sí que andaban las simples y hermosas zagalejas° de valle   young women

---

[8] **A quien...** *he who humbles himself is exalted by God.* Luke 18:14.

[9] **Embaulaban...** *they were stowing away pieces as big as your fist*

[10] **Andaba...** *it went around so frequently, now full, now empty, like the bucket of a
waterwheel.* The **noria** *was a horse driven waterwheel on whose circumference was
attached a series of buckets.*

[11] **No porque...** *not because in them gold, which is so esteemed in this, our age of
iron, was acquired in that fortunate one without effort*

[12] **Las claras...** *clear fountains and running rivers, in magnificent abundance, gave
them their delicious and transparent water*

[13] **Aún no...** *the heavy plow had not yet dared to open nor visit the pious bowels of
our first mother [the earth], for she, without being forced, gave everywhere from her
fertile and spacious bosom that which could fill, sustain, and delight the children that
possessed her then*

en valle y de otero en otero, en trenza y en cabello,[14] sin más vestidos de
aquellos que eran menester para cubrir honestamente° lo que la honestidad°   modestly, decency
quiere y ha querido siempre que se cubra, y no eran sus adornos° de los   ornaments
que ahora se usan, a quien la púrpura de Tiro y la por tantos modos
5 martirizada seda encarecen,[15] sino de algunas hojas verdes de lampazos y
yedra entretejidas, con lo que quizá iban tan pomposas y compuestas como
van agora nuestras cortesanas con las raras y peregrinas invenciones que la
curiosidad ociosa les ha mostrado.[16] Entonces 'se decoraban° los concetos°   were adorned,
amorosos del alma simple y sencillamente, del mesmo modo y manera que   literary conceits
10 ella los concebía, sin buscar artificioso° rodeo° de palabras para encarecer- ingenious, circumlo-
los. No había la fraude, el engaño ni la malicia,° mezcládose con la verdad   cution; wickedness
y llaneza.° La justicia se estaba en sus proprios términos, sin que la osasen   sincerity
turbar ni ofender los del favor y los del interese, que tanto ahora la
menoscaban, turban y persiguen.[17] 'La ley del encaje° aún no se había   arbitrary law
15 sentado en el entendimiento° del juez, porque entonces no había que juzgar,   judgment
ni quien fuese juzgado.[18] Las doncellas y la honestidad andaban, como
tengo dicho, por dondequiera, 'sola y señera,° sin temor que la ajena   alone
desenvoltura y lascivo intento[19] le menoscabasen, y su perdición nacía de
su gusto y propria voluntad.[20] Y agora, en estos nuestros detestables siglos,° age
20 no está segura ninguna, aunque la oculte y cierre otro nuevo laberinto como
el de Creta,[21] porque allí, por los resquicios,° o por el aire, con el celo° de gaps, zeal
la maldita solicitud,° se les entra la amorosa pestilencia° y les hace dar con importunity, plague
todo su recogimiento° al traste.° Para cuya seguridad, andando más los   seclusion, ruina-
tiempos y creciendo más la malicia,[22] 'se instituyó° la orden de los   tion; was establishe[d]
25 caballeros andantes para defender las doncellas, amparar° las viudas, y   to protect
socorrer a los huérfanos° y a los menesterosos.   orphans
   "Desta orden soy yo, hermanos cabreros, a quien agradezco el gasaje°   graceful reception
y buen acogimiento° que hacéis a mí y a mi escudero. Que, aunque por ley   reception
natural están todos los que viven obligados a favorecer° a los caballeros   befriend
30 andantes, todavía, por saber que sin saber vosotros esta obligación me
acogistes y regalastes,° es razón que con la voluntad a mí posible os   entertained
agradezca la vuestra."
   Toda esta larga arenga, que se pudiera muy bien escusar,[23] dijo nuestro

---

[14] **De valle...** *from valley to valley and from hill to hill, in braids with hair flowing*

[15] **A quien...** *which Tyrian purple and silk—which is tortured in so many ways—
enhance.* **A quien** refers to **adornos.**

[16] **Sino de...** *but rather of intertwined green-dock and ivy, with which they carried
themselves with perhaps as much dignity and composure as our courtesans do nowadays
in extravagant dresses.*

[17] **La justicia...** *justice was was adminstered on its own terms, and was not tainted
by favor and self-interest, which now impair, overturn, and persecute it*

[18] **No había...** *there was nothing to judge, nor anyone to be judged*

[19] **La ajena...** *another's boldness and lustful intention*

[20] **Y su...** *and any ruination was born of their pleasure and free will*

[21] **No está...** *no woman is safe, even if she is hidden and locked in a new labyrinth
such as the one on Crete*

[22] **Andando...** *as time went by and as wickedness increased*

[23] **Que se pudiera...** *which could well have been well omitted*

caballero, porque las bellotas que le dieron le trujeron a la memoria la edad dorada. Y antojósele hacer aquel inútil razonamiento° a los cabreros, que, sin respondelle palabra, embobados° y suspensos, le estuvieron escuchando. Sancho, asimesmo, callaba y comía bellotas, y visitaba muy a menudo el segundo zaque, que, porque 'se enfriase° el vino, le tenían colgado de un alcornoque.

speech

gaping

get cold

Más tardó en hablar don Quijote que en acabarse la cena;[24] al fin de la cual uno de los cabreros dijo:

"Para que con más veras pueda vuestra merced decir, señor caballero andante, que le agasajamos° con prompta° y buena voluntad, queremos darle solaz° y contento con hacer que cante un compañero nuestro, que no tardará mucho en estar aquí. El cual es un zagal° muy entendido° y muy enamorado, y que, sobre todo, sabe leer y escrebir, y es músico de un rabel[25] que no hay más que desear."

entertain, **pronta,** *enjoyment*
youth, intelligent

Apenas había el cabrero acabado de decir esto, cuando llegó a sus oídos el son del rabel, y de allí a poco llegó el que le tañía, que era un mozo de hasta veinte y dos años, 'de muy buena gracia.° Preguntáronle sus compañeros si había cenado, y respondiendo que sí, el que había hecho los ofrecimientos° le dijo:

good-looking

offers

"De esa manera, Antonio, bien podrás hacernos placer de cantar un poco, porque vea este señor huésped que tenemos también por los montes y selvas[26] quien sepa de música. Hémosle dicho tus buenas habilidades,° y deseamos que las muestres y nos saques verdaderos;[27] y así te ruego por tu vida que te sientes y cantes el romance[28] de tus amores, que te compuso el beneficiado° tu tío, que en el pueblo ha parecido muy bien."[29]

cleverness

priest

"Que me place," respondió el mozo.

Y sin hacerse más de rogar,[30] se sentó en el tronco de una desmochada° encina, y templando° su rabel, de allí a poco,[31] con muy buena gracia, comenzó a cantar, diciendo desta manera:

cut off, tuning

ANTONIO

Yo sé, Olalla, que me adoras,
    puesto que no me lo has dicho
    ni aún con los ojos siquiera,
    mudas lenguas de amoríos.°

flirtations

---

[24] **Más...** *Don Quijote spent more time talking than finishing his dinner*

[25] The **rabel** is an old Arabic bowed musical instrument with three strings tuned in fifths. It had a flat top and a rounded bottom.

[26] Here appears to be a real mistake in the typesetting of the text. In the original it says **tenemos, que también por los montes y selvas hay,** which makes no sense. I hesitated to change it, but it seems to make good sense this new way.

[27] **Nos...** *prove us right*

[28] **Romance** is a poetic form of eight-syllable lines whose vowels rhyme only in even-numbered verses, in this case the rhyme is **i - o**.

[29] **Que en...** *which was well-received in town*

[30] **Sin...** *without any further urging*

[31] **De...** *in a little while*

Porque sé que eres sabida,°   knowing
   en que me quieres 'me afirmo°;   I maintain
   que nunca fue desdichado
   amor que fue conocido.
5 Bien es verdad, que 'tal vez,°   **alguna vez**
   Olalla, me has dado indicio°   indication
   que tienes de bronce el alma
   y el blanco pecho de risco.°   stone
Más allá, entre tus reproches°   rebukes
10 y honestísimos desvíos,°   indifference
   tal vez la esperanza muestra
   la orilla° de su vestido.   border
Abalánzase° al señuelo°   dashes, lure
   mi fe, que nunca ha podido,
15 ni menguar° por no llamado,   diminish
   ni crecer° por escogido.   increase
Si el amor es cortesía,
   de la que tienes colijo,
   que el fin de mis esperanzas
20 ha de ser cual° imagino.   **como**
Y si son servicios parte
   de hacer un pecho benigno,
   algunos de los que he hecho
   fortalecen° mi partido.°   strengthen, advantage
25 Porque si has 'mirado en° ello,   noticed
   más de una vez habrás visto
   que me he vestido en los lunes
   lo que me honraba el domingo.
Como el amor y la gala°   full dress
30 andan un mesmo camino,
   en todo tiempo a tus ojos
   quise mostrarme polido.°   nice looking
Dejo el bailar por tu causa,
   ni las músicas te pinto
35 que has escuchado 'a deshoras°   unexpectedly
   y al canto del gallo° primo.°   rooster, first
No cuento las alabanzas
   que de tu belleza he dicho;
   que, aunque verdaderas, hacen
40 ser yo de algunas malquisto.°   detested
Teresa del Berrocal,
   yo alabándote,° me dijo: praising
   "Tal piensa que adora a un ángel,
   y viene a adorar a un jimio,°   monkey
45 Merced a los muchos dijes,°   trinkets
   y a los 'cabellos postizos,°   wigs
   y a hipócritas° hermosuras   hypocritical
   que engañan al amor mismo."

Desmentíla,° y enojóse;   I contradicted
volvió por ella su primo,
desafióme,° y ya sabes   he challenged me
lo que yo hice y él hizo.
5 No te quiero yo a montón,[32]
ni te pretendo° y te sirvo   press suit
por lo de barraganía,°   concubinage
que más bueno es mi designio.°   intention
Coyundas° tiene la Iglesia   yokes
10 que son lazadas de sirgo;°   silk
pon tú el cuello en la gamella,[33]
verás como pongo el mío.
'Donde no,° desde aquí juro   if not
por el santo más bendito°   blessed
15 de no salir de estas sierras
sino para capuchino.°   Capuchin monk

Con esto dio el cabrero fin a su canto, y aunque don Quijote le rogó que algo más cantase, no lo consintió Sancho Panza, porque 'estaba más 20 para° dormir que para oír canciones. Y ansí, dijo a su amo: he favored

"Bien puede vuestra merced acomodarse° 'desde luego° a donde ha de   arrange, now
posar° esta noche—que el trabajo que estos buenos hombres tienen todo el   to lodge
día no permite que pasen las noches cantando."

"Ya te entiendo, Sancho," le respondió don Quijote, "que bien 'se me 25 trasluce° que las visitas del zaque piden más recompensa° de sueño que de   I infer, compensation
música."

"A todos nos sabe bien, bendito sea Dios," respondió Sancho.

"No lo niego," replicó don Quijote, "pero acomódate tú donde quisieres, que los de mi profesión mejor parecen velando que durmiendo.
30 Pero, con todo esto, sería bien, Sancho, que me vuelvas a curar esta oreja, que me va doliendo más de lo que es menester."

Hizo Sancho lo que se le mandaba. Y viendo uno de los cabreros la herida, le dijo que no tuviese pena, que él pondría remedio con que fácilmente 'se sanase.° Y tomando algunas hojas de romero,° de mucho que   get better, rosemary
35 por allí había, las mascó y las mezcló con un poco de sal, y aplicándoselas a la oreja, se la vendó° muy bien, asegurándole° que no había menester otra   bandaged, assuring
medicina, y así fue la verdad.

[32] **No...** *I don't love you like I'd love just anyone*
[33] The **gamella** is the rounded extremity at each end of the yoke that binds a pair of oxen.

Capítulo XII. De lo que contó un cabrero a los que estaban con don Quijote.

E STANDO EN esto, llegó otro mozo de los que les traían del aldea el
bastimento,° y dijo: supplies
"¿Sabéis lo que pasa en el lugar, compañeros?"
"¿Cómo lo podemos saber?" respondió uno dellos.
"Pues sabed," prosiguió el mozo, "que murió esta mañana aquel
famoso pastor estudiante llamado Grisóstomo, y 'se murmura° que ha   they gossip
muerto de amores de aquella endiablada moza de Marcela,¹ la hija de
Guillermo el rico, aquella que se anda en hábito° de pastora por esos   dress
andurriales.°"   deserted places
"Por Marcela dirás,°" dijo uno.   you mean
"Por ésa digo," respondió el cabrero. "Y es lo bueno° que mandó en   **extraño**
su testamento que le enterrasen° en el campo, como si fuera moro, y que   bury
sea al pie de la peña donde está la fuente del alcornoque;² porque, según es
fama,³ y él dicen que lo dijo,⁴ aquel lugar es adonde él la vio la vez
primera. Y también mandó otras cosas, tales, que los abades° del pueblo   parish priests
dicen que no se han de cumplir, ni es bien que se cumplan, porque parecen
'de gentiles.° A todo lo cual responde aquel gran su amigo Ambrosio,⁵ el   pagan
estudiante, que también se vistió de pastor con él, que se ha de cumplir
todo, sin faltar nada,⁶ como lo dejó mandado Grisóstomo, y sobre esto anda
el pueblo alborotado.° Mas, a lo que se dice, en fin se hará lo que   agitated
Ambrosio y todos los pastores, sus amigos, quieren, y mañana le vienen a
enterrar con gran pompa adonde tengo dicho. Y tengo para mí que ha de
ser cosa muy de ver, a lo menos, yo no dejaré de ir a verla, si supiese no
volver mañana al lugar."⁷
"Todos haremos lo mesmo," respondieron los cabreros, "y 'echaremos
suertes° a° quien ha de quedar a guardar las cabras de todos."   draw straws, **a ver**
"Bien dices, Pedro," dijo uno, "aunque no será menester⁸ usar de esa
diligencia, que yo me quedaré por todos. Y no lo atribuyas a virtud° y a   righteousness
poca curiosidad mía, sino a que no me deja andar el garrancho° que el otro   thorn
día me pasó° este pie."   pierced
"Con todo eso, te lo agradecemos," respondió Pedro.
Y don Quijote rogó a Pedro le dijese qué muerto era aquél y qué
pastora aquélla. A lo cual Pedro respondió que lo que sabía era que el
muerto era un hijodalgo° rico, vecino de un lugar que estaba en aquellas   **hidalgo**

---

¹ **Aquella moza...** *that devilish girl Marcela.* **De** is not translated. Of course, it may
also mean *the servant of Marcela* as well, provoking the next remark.
² **Fuente del...** *spring near the cork tree*
³ **Según...** *as the story goes*
⁴ **Él dicen que...** *he, they say that he said it*
⁵ **Aquel gran su...** *that great friend of his Ambrosio*
⁶ **Sin faltar...** *to the letter*
⁷ **Si supiese...** *even if it means I won't get back to my village tomorrow*
⁸ Schevilll has: **"Bien dices, Pedro," dijo uno; "que...**. The original edition has:
"Bien dices, Pedro," dijo; "aunque... The Royal Academy added **uno** in 1780. This
reading is accepted by Flores, and here as well, but I restore **aunque**.

sierras,° el cual había sido estudiante muchos años en Salamanca,[9] al cabo   mountains
de los cuales había vuelto a su lugar, con opinión de muy sabio y muy
leído.[10] "Principalmente, decían que sabía la ciencia de las estrellas, y de lo
que pasan allá en el cielo el sol y la luna, porque puntualmente° nos decía   exactly
5 el cris[11] del sol y de la luna."

"Eclipse se llama, amigo, que no cris el escurecerse° esos dos   growing dark
luminares mayores," dijo don Quijote.

Mas Pedro, no reparando en niñerías, prosiguió su cuento, diciendo:
"Asimesmo adevinaba° cuándo había de ser el año abundante o estil."   **adivinaba**
10 "Estéril queréis decir, amigo," dijo don Quijote.

"Estéril o estil" respondió Pedro, "todo se sale allá.[12] Y digo que con
esto que decía se hicieron su padre y sus amigos, que le daban crédito, muy
ricos,[13] porque hacían lo que él les aconsejaba, diciéndoles: 'Sembrad° este   sow
año cebada, no trigo; en éste podéis sembrar garbanzos,° y no cebada; el   chickpeas
15 que viene será de guilla° de aceite°; los tres siguientes no se cogerá gota.°'   good harvest, oil,
                                                                                  a drop
"Esa ciencia se llama astrología," dijo don Quijote.

"No sé yo cómo se llama," replicó Pedro, "mas sé que todo esto sabía,
y aun más. Finalmente, no pasaron muchos meses después° que vino de   **desde**
Salamanca, cuando un día remaneció° vestido de pastor, con su cayado° y   appeared, shepherd's
20 pellico,° habiéndose quitado los hábitos largos que como escolar° traía, y   hook; jacket, scholar
juntamente se vistió con él de pastor otro su grande amigo,[14] llamado
Ambrosio, que había sido su compañero en los estudios. Olvidábaseme de
decir como Grisóstomo, el difunto,° fue grande hombre de componer   dead person
coplas°; tanto, que él hacía los villancicos° para la noche del Nacimiento   verses, carols
25 del Señor y los autos[15] para el día de Dios, que los representaban los mozos
de nuestro pueblo, y todos decían que eran por el cabo.[16] Cuando los del
lugar vieron 'tan de improviso° vestidos de pastores a los dos escolares,   so suddenly
quedaron admirados, y no podían adivinar la causa que les había movido
a hacer aquella tan estraña mudanza. Ya en este tiempo era muerto el padre
30 de nuestro Grisóstomo, y él quedó heredado° en mucha cantidad de   inherited
hacienda,° ansí en muebles° como en raíces,° y en no pequeña cantidad de   wealth, goods,
ganado mayor y menor,[17] y en gran cantidad de dineros; de todo lo cual   property
quedó el mozo señor desoluto,° y en verdad que todo lo merecía; que era   **absoluto**
muy buen compañero, y caritativo,° y amigo de los buenos, y tenía una cara   charitable
35 como una bendición.° Después se vino a entender que el haberse mudado   blessing
de traje no había sido por otra cosa que por andarse por estos despoblados
'empós de° aquella pastora Marcela, que nuestro zagal nombró denantes,°   pursuing, **antes**

[9] Salamanca was Spain's premier university with about 7,000 students. It ranked with
Paris, Oxford, and Bologna.

[10] **Con...** and people thought he was very wise and learned

[11] **Cris** for **eclipse** was attested as a traditional form in Old Spanish according to
Gaos.

[12] **Todo...** it's all the same

[13] **Se hicieron...** his father and his friends, who believed him, became very rich

[14] **Juntamente...** another great friend of his dressed as a shepherd together with him

[15] That is, **autos sacramentales**, allegorical one-act plays presented on Corpus Christi
day, or the **día de Dios**, the first Thursday after Trinity Sunday.

[16] **Eran...** they were the best

[17] **Mayor...** big and little cattle = cows and sheep

de la cual se había enamorado el pobre difunto de Grisóstomo.[18] Y quiero
os decir agora, porque es bien que lo sepáis, quien es esta rapaza.° Quizá,   young girl
y aun sin quizá, no habréis oído semejante cosa en todos los días de vuestra
vida, aunque viváis más años que sarna.°"   itch
5   "Decid *Sarra*"[19] replicó don Quijote, no pudiendo sufrir el trocar° de   exchange
los vocablos° del cabrero.   words
"Harto° vive la sarna," respondió Pedro, "y si es, señor, que me habéis   enough
de andar zaheriendo° a cada paso los vocablos, no acabaremos en un año."   censuring
"Perdonad, amigo," dijo don Quijote, "que por haber tanta diferencia
10   de sarna a Sarra os lo dije. Pero vos respondistes muy bien, porque vive más
sarna que Sarra; y proseguid vuestra historia, que no os replicaré° más en   dispute
nada."
"Digo, pues, señor mío de mi alma," dijo el cabrero, "que en nuestra
aldea hubo un labrador, aún más rico que el padre de Grisóstomo, el cual se
15   llamaba Guillermo, y al cual dio Dios, 'amén de° las muchas y grandes   besides
riquezas,° una hija de cuyo parto° murió su madre, que fue la más honrada   wealth, birth
mujer que hubo en todos estos contornos. No parece sino que ahora la veo,[20]
con aquella cara que del un cabo tenía el sol y del otro la luna, y sobre todo
hacendosa° y amiga de los pobres, por lo que creo que debe de estar su   hard-working
20   ánima 'a la hora de ahora° 'gozando de° Dios en el otro mundo. De pesar de   **ahora**, enjoying
la muerte de tan buena mujer[21] murió su marido Guillermo, dejando a su
hija Marcela, muchacha y rica, 'en poder de° un tío suyo, 'sacerdote y   in the care of
beneficiado° en nuestro lugar. Creció la niña con tanta belleza, que nos   priest
hacía acordar de la de su madre, que la tuvo muy grande, y con todo esto,
25   se juzgaba que le había de pasar la de la hija.[22]
"Y así fue, que, cuando llegó a edad de catorce a quince años, nadie la
miraba que no bendecía° a Dios, que tan hermosa la había criado,° y los más   praised, created
quedaban enamorados y perdidos por ella. Guardábala° su tío con mucho   he kept her
recato° y con mucho encerramiento°; pero, con todo esto, la fama de su   modesty, seclusion
30   mucha hermosura se estendió° de manera que, así por ella como por sus   **extendió**
muchas riquezas, no solamente de los de nuestro pueblo, sino de los de
muchas leguas a la redonda,[23] y de los mejores dellos, era rogado, solicitado
e importunado su tío se la diese por mujer.[24] Mas él, que a las derechas[25] es
buen cristiano, aunque quisiera casarla luego, así como la vía° de edad, no   **veía**
35   quiso hacerlo sin su consentimiento, sin 'tener ojo° a la ganancia° y   without regard, profi
granjería° que le ofrecía el tener la hacienda de la moza, dilatando° su   gain, putting off
casamiento. Y a fe que se dijo esto en más de un corrillo° en el pueblo, en   circle
alabanza del buen sacerdote. Que quiero que sepa, señor andante, que en

---

[18] **De la cual...** *whom the poor, dead Grisóstomo had fallen in love with*
[19] Abraham's wife, Sarah, lived to 110 years old. Modern Spanish spells the name with
one *r*: **Sara.**
[20] **No parece...** *I can just see her now*
[21] **De pesar...** *out of grief for the death of such a good wife*
[22] **Nos hacía...** *[her beauty] made us remember that of her mother, and she was very
beautiful, and, with all this, we thought that her beauty would surpass that of her mother*
[23] **Los de muchas...** *those [villages] for leagues around*
[24] **Era rogado...** *they begged, entreated and importuned her uncle so that he should
give her to them as a bride*
[25] **A las...** *as it ought to be*

estos lugares cortos de todo se trata y de todo se murmura.[26] Y tened para vos, como yo tengo para mí,[27] que debía de ser demasiadamente bueno el clérigo° que obliga a sus feligreses° a que digan bien dél, especialmente en las aldeas."

                                                          cleric, parishioners

     "Así es la verdad," dijo don Quijote, "y proseguid adelante, que el cuento es muy bueno, y vos, buen Pedro, le contáis con muy buena gracia."

     "La del Señor no me falte, que es la que hace al caso. Y en lo demás, sabréis que, aunque el tío proponía° a la sobrina y le decía las calidades de cada uno en particular, de los muchos que por mujer la pedían, rogándole que se casase y escogiese a su gusto, jamás ella respondió otra cosa sino que por entonces no quería casarse, y que, por ser tan muchacha, no se sentía hábil° para poder llevar la carga° del matrimonio. Con estas que daba, al parecer, justas escusas,[28] dejaba el tío de importunarla, y esperaba a que entrase algo más en edad, y ella supiese° escoger compañía a su gusto. Porque decía él, y decía muy bien, que no habían de dar los padres a sus hijos estado contra su voluntad.[29] Pero hételo aquí, cuando no me cato, que remanece un día la melindrosa Marcela hecha pastora;[30] y sin ser parte[31] su tío ni todos los del pueblo, que se lo desaconsejaban,° dio en irse al campo con las demás zagalas del lugar,[32] y dio en guardar su mesmo ganado. Y así como ella salió en público y su hermosura se vio 'al descubierto,° no os sabré° buenamente decir cuántos ricos mancebos,° hidalgos y labradores, han tomado el traje de Grisóstomo y la andan requebrando° por esos campos. Uno de los cuales, como ya está dicho, fue nuestro difunto, del cual decían que la dejaba de querer, y la adoraba.[33]

     "Y no se piense que porque Marcela se puso en aquella libertad y vida tan suelta,° y de tan poco o de ningún recogimiento,° que por eso ha dado indicio, ni por semejas,[34] que venga en menoscabo° de su honestidad y recato. Antes es tanta y tal la vigilancia con que mira por su honra,° que de cuantos la sirven y solicitan ninguno se ha alabado, ni con verdad se podrá alabar, que le haya dado alguna pequeña esperanza de alcanzar su deseo. Que, puesto que no huye° ni 'se esquiva° de la compañía y conversación de los pastores, y los trata cortés y amigablemente, en llegando a descubrirle su intención cualquiera dellos, aunque sea tan justa y santa como la del matrimonio, los arroja de sí como con un trabuco.° Y con esta manera de condición hace más daño en esta tierra que si por ella entrara la pestilencia,° porque su afabilidad° y hermosura atrae° los corazones de los

                        presented

              capable, burden

              pudiese

              advising against

              uncovered, **podré,**
              young men
              courting

              free, privacy
              discredit
              chastity

              flees, disdains

              catapult

              plague, graciousness, attract

---

[26] **En estos...** *in these little villages everything is discussed and everything is gossiped about*

[27] **Y tened...** *rest assured, as I do*

[28] **Con estas...** *with these seemingly proper excuses*

[29] **No habían...** *parents were not to force their children's marriage against their will*

[30] **Pero hételo...** *but here she is, when least I suspect it, the prudish Marcela, turned into a shepherdess*

[31] **Sin ser...** *without being able to stop it*

[32] **Dio en...** *she took to going into the countryside with the rest of the girls of the village*

[33] **La dejaba...** *he didn't just love her, he adored her*

[34] **Ha dado...** *has she given anything that even resembles*

que la tratan a servirla y a amarla,[35] pero su desdén° y desengaño° los   scorn, reproofs
conduce° a términos de desesperarse, y así, no saben qué decirle, sino   lead
llamarla a voces cruel y desagradecida,° con otros títulos a éste semejantes,   ungrateful
que bien la calidad de su condición manifiestan.[36] Y si aquí estuviésedes,
5   señor, algún día, veríades resonar° estas sierras y estos valles con los   resound
lamentos de los desengañados° que la siguen.   those who were

    "No está muy lejos de aquí un sitio donde hay casi dos docenas de altas   rejected
hayas,° y no hay ninguna que en su lisa° corteza no tenga grabado° y escrito   beech trees, smooth,
el nombre de Marcela, y encima de alguno, una corona° grabada en el   carved; crown
10 mesmo árbol, como si más claramente dijera su amante° que Marcela la   lover
lleva y la merece de toda la hermosura humana. Aquí sospira° un pastor,   sighs
allí se queja otro, acullá° se oyen amorosas canciones, acá desesperadas   over there
endechas.° Cuál° hay que pasa todas las horas de la noche sentado al pie de   dirges, someone
alguna encina o peñasco,° y allí, sin plegar° los llorosos ojos, embebecido°   rock, closing
15 y transportado° en sus pensamientos, le halló el sol a la mañana. Y cuál hay   bemused, carried
que, sin dar vado° ni tregua° a sus suspiros, en mitad del ardor° de la más   away; relief, respite
enfadosa° siesta del verano, tendido sobre la ardiente arena, envía sus   heat, vexatious
quejas al piadoso° cielo. Y déste y de aquél, y de aquéllos y de éstos, libre   merciful
y desenfadadamente° triunfa° la hermosa Marcela, y todos los que la   without embarass-
20 conocemos estamos esperando en qué ha de parar su altivez,[37] y quién ha   ment, conquers
de ser el dichoso que ha de venir a domeñar° condición tan terrible y gozar   tame
de hermosura tan estremada. Por ser todo lo que he contado tan averiguada
verdad, me doy a entender que también lo es la que nuestro zagal dijo que
se decía de la causa de la muerte de Grisóstomo.[38] Y así, os aconsejo, señor,
25 que no dejéis de hallaros mañana a su entierro,° que será muy de ver,   burial
porque Grisóstomo tiene muchos amigos, y no está de este lugar a aquel
donde manda enterrarse media legua."[39]

    "En cuidado me lo tengo,"[40] dijo don Quijote, "y agradézcoos el gusto
que me habéis dado con la narración de tan sabroso cuento."

30   "¡Oh!" replicó el cabrero, "aún no sé yo la mitad de los casos
sucedidos a los amantes de Marcela, mas podría ser que mañana topásemos
en el camino algún pastor que nos los dijese, y por ahora, bien será que os
vais a dormir debajo de techado,° porque el sereno° os podría dañar° la   roof, night air, harm
herida, puesto que es tal la medicina que se os ha puesto, que no hay que
35 temer de contrario acidente."

    Sancho Panza, que ya daba al diablo el tanto hablar del cabrero,
solicitó, por su parte, que su amo se entrase a dormir en la choza de Pedro.
Hízolo así, y todo lo más de la noche se le pasó en memorias de su señora
Dulcinea, a imitación de los amantes de Marcela. Sancho Panza se acomodó
40 entre Rocinante y su jumento, y durmió, no como enamorado desfa-
vorecido,° sino como hombre molido a coces.   injured

---

[35] **Los corazones...** *the hearts of those who come into contact with her to serve and love
her*
[36] **Que bien...** *which well attest to her character*
[37] **En qué...** *how far her haughtiness will go*
[38] **Me doy...** *I can believe that what our young man said that they said was the cause
of Grisóstomo's death is also true*
[39] **No está...** *it's not half a league from this place to where he is to be buried*
[40] **En cuidado...** *I'll make a point of it*

Capítulo XIII. Donde se da fin al cuento de la pastora Marcela, con otros sucesos.

MAS APENAS comenzó a descubrirse el día por los balcones del Oriente, cuando los cinco de los seis cabreros se levantaron y fueron a despertar a don Quijote, y a decille si estaba todavía con próposito de ir a ver el famoso° entierro de Grisóstomo, y que ellos le 'harían compañía.° Don Quijote, que otra cosa no deseaba, se levantó y mandó a Sancho que ensillase y enalbardase° 'al momento,° lo cual él hizo con mucha diligencia,° y con la mesma se pusieron luego todos en camino.¹ Y no hubieron andado un cuarto de legua, cuando, al cruzar de una senda,² vieron venir hacia ellos hasta seis pastores, vestidos con pellicos negros y coronadas las cabezas con guirnaldas° de ciprés y de amarga adelfa.° Traía cada uno un grueso bastón° de acebo° en la mano. Venían con ellos, asimesmo, dos gentiles hombres de a caballo, muy bien aderezados de camino, con otros tres mozos de a pie que los acompañaban. En llegándose a juntar³ se saludaron cortésmente, y preguntándose los unos a los otros dónde iban, supieron que todos se encaminaban al lugar del entierro, y así comenzaron a caminar todos juntos.

Uno de los de a caballo, hablando con su compañero, le dijo:

"Paréceme, señor Vivaldo, que habemos de dar por bien empleada⁴ la tardanza que hiciéremos° en° ver este famoso entierro, que no podrá dejar de ser famoso, según estos pastores nos han contado estrañezas,° ansí del muerto pastor como de la pastora homicida.°"

"Así me lo parece a mí," respondió Vivaldo, "y no digo yo hacer tardanza de un día, pero de cuatro la hiciera, a trueco de verle."⁵

Preguntóles don Quijote qué era lo que habían oído de Marcela y de Grisóstomo. El caminante dijo que aquella madrugada° habían encontrado con aquellos pastores, y que, por haberles visto en aquel tan triste traje, les habían preguntado la ocasión porque iban de aquella manera; que uno dellos se lo contó, contando la estrañeza y hermosura de una pastora llamada Marcela, y los amores de muchos que la recuestaban,° con la muerte de aquel Grisóstomo a cuyo entierro iban. Finalmente, él contó todo lo que Pedro a don Quijote había contado.

Cesó esta plática, y comenzóse otra, preguntando el que se llamaba Vivaldo a don Quijote qué era la ocasión que le movía a andar armado de aquella manera por tierra tan pacífica.

A lo cual respondió don Quijote:

"La profesión de mi ejercicio no consiente ni permite que yo ande de otra manera. El 'buen paso,° el regalo° y el reposo allá se inventó para los blandos cortesanos. Mas el trabajo,° la inquietud° y las armas sólo se inventaron e hicieron para aquellos que el mundo llama caballeros andantes, de los cuales yo, aunque indigno,° soy el menor de todos."

Apenas le oyeron esto, cuando todos le tuvieron por loco. Y por

notable, would
accompany
saddle, right away
speed

garlands, oleander
staff, holly

hagamos, to
strange things
murderous

early morning

courted

easy life, pleasure
travail, unrest

unworthy

---

¹ **Con la mesma...** *with the same [speed] they then got on the road*
² **Al cruzar...** *where two paths crossed*
³ **En llegándose...** *When they met each other*
⁴ **Dar por...** *consider well spent*
⁵ **No...** *I would delay not just a day, but four days, to see it*

averiguarlo más y ver qué género de locura era el suyo, le tornó a preguntar
Vivaldo, que qué quería decir «caballeros andantes».

"¿No han vuestras mercedes leído," respondió don Quijote, "los anales
e historias de Ingalaterra, donde se tratan las famosas fazañas del rey
5 Arturo, que continuamente° en nuestro 'romance castellano° llamamos el   constantly, Spanish
rey Artús, de quien es° tradición antigua y común en todo aquel reino de   there is
la Gran Bretaña, que este rey no murió, sino que, por arte de encantamento,
se convirtió en cuervo, y que, andando los tiempos,[6] ha de volver a reinar
y a cobrar su reino y cetro,° a cuya causa no se probará que desde aquel   scepter
10 tiempo a éste haya ningún inglés muerto cuervo alguno?[7] Pues en tiempo
deste buen rey fue instituida aquella famosa orden de caballería de los
caballeros de la Tabla Redonda,[8] y pasaron, sin faltar un punto, los amores
que allí se cuentan de don Lanzarote del Lago[9] con la reina Ginebra, siendo
medianera° dellos y sabidora° aquella tan honrada dueña° Quintañona, de   go-between, confi-
15 donde nació aquel tan sabido romance, y tan decantado° en nuestra España,   dante, dueña; exalted
de:

> Nunca fuera caballero
> de damas tan bien servido,
> como fuera Lanzarote
20 > cuando de Bretaña vino,

con aquel progreso° tan dulce y tan suave de sus amorosos y fuertes fechos.   progression
Pues desde entonces, 'de mano en mano,° fue aquella orden de caballería   handed down
estendiéndose y dilatándose° por muchas y diversas partes del mundo. Y en   spreading
ella fueron famosos y conocidos por sus fechos el valiente Amadís de
25 Gaula, con todos sus hijos y nietos, hasta la quinta generación, y el valeroso
Felixmarte de Hircania,[10] y el nunca-como-se-debe alabado Tirante el
Blanco, y 'casi que° en nuestros días vimos y comunicamos° y oímos al   almost, talk
invencible y valeroso caballero don Belianís de Grecia. Esto, pues, señores,
es ser caballero andante, y la que he dicho es la orden de su caballería, en
30 la cual, como otra vez he dicho, yo, aunque pecador, he hecho profesión,
y lo mesmo que profesaron los caballeros referidos profeso yo. Y así me
voy por estas soledades y despoblados buscando las aventuras, con ánimo°   mind
deliberado° de ofrecer mi brazo y mi persona a la más peligrosa[11] que la   considered
suerte me deparare,° en ayuda de los flacos° y menesterosos."   presents, feeble
35 Por estas razones que dijo, acabaron de enterarse los caminantes que
era don Quijote 'falto de juicio,° y del género de locura que lo señoreaba,°   crazy, governed
de lo cual recibieron la mesma admiración° que recibían todos aquellos que   wonder

---

[6] **Andando...** *with the passage of time*

[7] **A cuya causa...** *That is the reason it cannot be proven that any Englishman from
that day until this has ever killed any raven*

[8] The wizard Merlin built the table round so that everyone sitting at it would be equal.

[9] Lanzarote del Lago is Lancelot of the Lake; Ginebra is Guinevere, King Arthur's
wife; Quintañona does not appear in the English Arthurian legend, but rather is native to
the Spanish versions.

[10] This was the knight referred to in Chapter 6 as Florimorte de Hircania. See note 14
of that chapter.

[11] **A la [aventura] más peligrosa...**

de nuevo venían en conocimiento della.[12] Y Vivaldo, que era persona muy
discreta y de alegre° condición, por pasar sin pesadumbre° el poco camino   merry, boredom
que decían que les faltaba, al llegar a la sierra del entierro, quiso darle
ocasión a que pasase más adelante con sus disparates.[13] Y así le dijo:

5   "Paréceme, señor caballero andante, que vuestra merced ha profesado
una de las más estrechas° profesiones que hay en la tierra, y tengo para mí   austere
que aun la de los frailes cartujos[14] no es tan estrecha."

"Tan estrecha bien podía ser," respondió nuestro don Quijote, "pero tan
necesaria en el mundo, no estoy en dos dedos de ponello en duda;[15] porque,
10   si va a decir verdad, no hace menos el soldado que 'pone en ejecución° lo   carries out
que su capitán le manda, que el mesmo capitán que se lo ordena. Quiero
decir que los religiosos, con toda paz y sosiego,° piden al cielo el bien de   tranquility
la tierra. Pero los soldados y caballeros ponemos en ejecución lo que ellos
piden, defendiéndola con el valor de nuestros brazos y filos° de nuestras   edges
15   espadas, no debajo de cubierta,° sino al cielo abierto, 'puestos por blanco°   shelter, targeted by
de los insufribles° rayos del sol en el verano y de los erizados° yelos° del   unbearable, rigorous,
invierno. Así, que somos ministros de Dios en la tierra, y brazos por quien   **hielos**
se ejecuta en ella Su justicia. Y como las cosas de la guerra y las a ellas
tocantes° y concernientes no se pueden poner en ejecución sino sudando,   concerning
20   afanando° y trabajando, síguese que aquellos que la profesan tienen, sin   toiling
duda, mayor trabajo que aquellos que en sosegada paz y reposo están
rogando a Dios favorezca[16] a los que poco pueden. No quiero yo decir, ni
me pasa por pensamiento, que es tan buen estado el de caballero andante
como el del encerrado religioso. Sólo quiero inferir, por lo que yo padezco,
25   que sin duda es más trabajoso y mas aporreado,° y más hambriento° y   cudgeled, hungry
sediento,° miserable,° roto° y piojoso°; porque no hay duda sino que los   thirsty, wretched,
caballeros andantes pasados pasaron mucha malaventura° en el discurso de   ragged, lousy; mis-
su vida. Y si algunos subieron a ser emperadores[17] por el valor de su brazo,   fortune
a fe que les costó 'buen porqué° de su sangre y de su sudor; y que si a los   a good deal
30   que a tal grado subieron les faltaran encantadores y sabios que los
ayudaran, que ellos quedaran bien defraudados° de sus deseos, y bien   deprived
engañados de sus esperanzas."

"De ese parecer estoy yo," replicó el caminante, "pero una cosa, entre
otras muchas, me parece muy mal de los caballeros andantes, y es que,
35   cuando se ven en ocasión de acometer una grande y peligrosa aventura en
que se vee° manifiesto° peligro de perder la vida, nunca en aquel instante   ve, clear
de acometella se acuerdan de encomendarse a Dios, como cada cristiano

[12] **Todos aquellos...** *all those who first came to know it [his craziness]*

[13] **A que pasase...** *to let him go further with his nonsense*

[14] The Carthusian order was founded in France in 1084. Monks live in cells, and devote their time to prayer, study, and agriculture. They never speak to one another. Paintings in the Cartuja of Granada show the monks with cleavers, among other things, embedded in their heads as they toil, doubtless an exaggeration.

[15] **Pero tan necesaria...** *but as to its [the Carthusian order] being as necessary in the world, I am very close to doubting*

[16] Sometimes the expected **que** is eliminated before subjunctive verbs.

[17] Tirante became emperor of Greece, Rogel of Persia, Palmerín de Oliva of Constantinople—but don't look them up in history books.

está obligado a hacer en peligros semejantes. Antes se encomiendan a sus
damas, con tanta gana y devoción, como si ellas fueran su dios: cosa que
me parece que huele° algo a gentilidad.°"   it smells, paganism
     "Señor," respondió don Quijote, "eso no puede ser menos en ninguna
5 manera, y caería en mal caso el caballero andante que otra cosa hiciese;[18]
que ya está en uso y costumbre en la caballería andantesca que el caballero
andante que al acometer algún gran 'fecho de armas° tuviese su señora   feat at arms
delante, vuelva a ella los ojos blanda y amorosamente, como que le pide
con ellos le favorezca y ampare[19] en el dudoso trance que acomete. Y aun
10 si nadie le oye, está obligado a decir algunas palabras entre dientes, en que
de todo corazón se le encomiende. Y desto tenemos innumerables ejemplos
en las historias. Y no se ha de entender por esto que han de dejar de
encomendarse a Dios, que tiempo y lugar les queda para hacerlo en el
discurso de la obra.°"   task
15   "Con todo eso," replicó el caminante, "'me queda un escrúpulo,° y es   I have a qualm
que muchas veces he leído que 'se traban palabras° entre dos andantes   there's a dispute
caballeros, y de una en otra, se les viene a encender la cólera,[20] y a volver°   wheel
los caballos y tomar una buena pieza del campo, y luego, sin más ni más,[21]
a todo el correr dellos,[22] se vuelven a encontrar, y en mitad de la corrida°   run
20 se encomiendan a sus damas. Y lo que suele suceder del encuentro es que
el uno cae por las ancas del caballo pasado con la lanza del contrario de
parte a parte,[23] y al otro 'le viene también,° que, a no tenerse a las crines del   "would do the same"
suyo, no pudiera dejar de venir al suelo.[24] Y no sé yo cómo el muerto tuvo
lugar para encomendarse a Dios en el discurso de esta tan acelerada° obra.   hurried
25 Mejor fuera que las palabras que en la carrera gastó encomendándose a su
dama, las gastara en lo que debía y estaba obligado como cristiano. Cuanto
más, que yo tengo para mí que no todos los caballeros andantes tienen
damas a quien encomendarse, porque no todos son enamorados."
     "Eso no puede ser," respondió don Quijote, "digo que no puede ser que
30 haya caballero andante sin dama, porque tan proprio° y tan natural les es a   proper
los tales ser enamorados como al cielo tener estrellas. Y 'a buen seguro° que   it's clear
no se haya visto historia donde se halle caballero andante sin amores, y por
el mesmo caso que estuviese sin ellos, no sería tenido por legítimo
caballero, sino por bastardo, y que entró en la fortaleza de la caballería
35 dicha, no por la puerta, sino por las bardas, como salteador y ladrón."[25]

---

[18] **Eso no puede...** *that cannot be otherwise and the knight errant who did anything else
would fare ill*
[19] **Como que le pide...** *as if he were pleading with them [his eyes] for her to favor and
protect him*
[20] **De una...** *from one word to the next their anger rises*
[21] **Sin...** *without further ado*
[22] **A todo...** *at full speed*
[23] **Pasado con...** *having been run through and through by the lance of the opponent*
[24] **Al otro...** *and the other too, if he didn't hold on to the horse's mane, he couldn't
avoid falling to the ground*
[25] **Por el mesmo caso...** *for the simple reason that if he were without them [loves], he
would not be considered legitimate, but a bastard, who entered the fortress of chivalry not
through the door, but over the walls, like a robber and a thief*

"Con todo eso," dijo el caminante, "me parece, si mal no me acuerdo, haber leído que don Galaor, hermano del valeroso Amadís de Gaula, nunca tuvo dama señalada° a quien pudiese encomendarse, y con todo esto no fue tenido en menos, y fue un muy valiente y famoso caballero."   *definite*

5   A lo cual respondió nuestro don Quijote:

"Señor, una golondrina° sola no hace verano; cuanto más que yo sé que   *swallow* 'de secreto° estaba ese caballero muy bien enamorado; fuera que aquello de   *secretly* querer a todas bien cuantas bien le parecían era condición natural a quien no podía ir a la mano.[26] Pero, 'en resolución,° averiguado está muy bien   *in short*

10 que él tenía una sola a quien él había hecho señora de su voluntad,[27] a la cual se encomendaba muy a menudo y muy secretamente, porque se preció de secreto° caballero."   *private*

"Luego, si es de esencia que todo caballero andante haya de ser enamorado," dijo el caminante, "bien se puede creer que vuestra merced lo

15 es,[28] pues es de la profesión. Y si es que vuestra merced no se precia° de ser   *take pride in* tan secreto como don Galaor, con las veras que puedo[29] le suplico, en nombre de toda esta compañía y en el mío, nos diga el nombre, patria, calidad y hermosura de su dama, que ella se tendría por dichosa de que todo el mundo sepa que es querida y servida de un tal caballero como vuestra

20 merced parece."

Aquí dio un gran suspiro don Quijote, y dijo:

"Yo no podré afirmar si la dulce mi enemiga[30] gusta o no de que el mundo sepa que yo la sirvo. Sólo sé decir, respondiendo a lo que con tanto comedimiento° se me pide, que su nombre es Dulcinea; su patria, el   *politeness*

25 Toboso, un lugar de la Mancha; su calidad, por lo menos, 'ha de ser° de   *must be* princesa, pues es reina y señora mía; su hermosura, sobrehumana,° pues en   *superhuman* ella se vienen a hacer verdaderos[31] todos los imposibles y quiméricos°   *fanciful* atributos de belleza que los poetas dan a sus damas: que sus cabellos son oro, su frente Campos Elíseos, sus cejas arcos del cielo, sus ojos soles, sus

30 mejillas rosas, sus labios corales, perlas sus dientes, alabastro su cuello, mármol su pecho, marfil sus manos, su blancura nieve, y las partes que a la vista humana encubrió la honestidad son tales, según yo pienso y entiendo, que sólo la discreta consideración puede encarecerlas y no compararlas."[32]

35 "El linaje, prosapia y alcurnia[33] querríamos saber," replicó Vivaldo.

A lo cual respondió don Quijote:

---

[26] **Fuera que...** *besides, his propensity for falling in love with all who seemed good to him was a natural condition which he could not control*

[27] Galaor's lady was Queen Briolanja (*Amadís* IV, chap. 121, at the beginning).

[28] **Lo es** *you are (in love)*

[29] **con las veras...** *as earnestly as I can*

[30] **Si la...** *if my sweet enemy*

[31] **Se...** *are verified*

[32] **Su frente...** *her forehead is Elysian Fields, her eyebrows rainbows, her eyes suns, her cheeks roses, her lips coral, pearls her teeth, alabaster her neck, marble her bosom, ivory her hands, her whiteness snow, and the parts which decency has hidden from human view are such, the way I think and imagine, that only circumspect contemplation can extol and not compare.*

[33] **El linaje...** *Her lineage, ancestry, and family*

"No es de los antiguos Curcios, Gayos y Cipiones romanos; ni de los modernos Colonas y Ursinos; ni de los Moncadas y Requesenes de Cataluña; ni menos de los Rebellas y Villanovas de Valencia; Palafoxes, Nuzas, Rocabertis, Corellas, Lunas, Alagones, Urreas, Foces y Gurreas de
5 Aragón; Cerdas, Manriques, Mendozas y Guzmanes de Castilla; Alencastros, Pallas y Meneses de Portogal; pero es de los del Toboso de la Mancha, linaje, aunque moderno, tal que puede dar generoso° principio a   noble
las más ilustres familias de los venideros° siglos. Y no se me replique en   future
esto,[34] si no fuere con las condiciones que puso Cervino al pie del trofeo de
10 las armas de Orlando, que decía:

"Nadie las mueva,
que estar no pueda con Roldán a prueba."[35]

"Aunque el mío es de los Cachopines de Laredo,"[36] respondió el
caminante, "no le osaré yo poner° con el del Toboso de la Mancha, puesto   compare
15 que, para decir verdad, semejante apellido hasta ahora no ha llegado a mis oídos."
"¡Cómo eso no habrá llegado!"[37] replicó don Quijote.
Con gran atención iban escuchando todos los demás la plática de los dos, y aun hasta los mesmos cabreros y pastores conocieron la demasiada
20 falta de juicio de nuestro don Quijote. Sólo Sancho Panza pensaba que cuanto su amo decía era verdad, sabiendo él quién era y habiéndole conocido desde su[38] nacimiento. Y en lo que dudaba algo era en creer aquello de la linda Dulcinea del Toboso, porque nunca tal nombre ni tal princesa había llegado jamás a su noticia, aunque vivía tan cerca del
25 Toboso.
En estas pláticas iban, cuando vieron que, por la quiebra° que dos altas   gap
montañas hacían, bajaban hasta veinte pastores, todos con pellicos de negra lana vestidos, y coronados con guirnaldas, que, a lo que después pareció, eran cual de tejo y cual de ciprés.[39] Entre seis dellos traían unas andas,°   litter
30 cubiertas de mucha diversidad de flores y de ramos, lo cual visto por uno de los cabreros, dijo:
"Aquellos que allí vienen son los que traen el cuerpo de Grisóstomo, y el pie de aquella montaña es el lugar donde él mandó que le enterrasen."
Por esto se dieron priesa a llegar, y fue a tiempo que ya los que venían
35 habían puesto las andas en el suelo, y cuatro dellos con agudos° picos°   sharp, pick-axes
estaban cavando° la sepultura a un lado de una dura peña. Recibiéronse°   digging, greeted

[34] **No se...** *let me not be contradicted in this*
[35] From Canto 24 of *Orlando Furioso*. Cervino found Orlando's armor and hung it from a tree with the inscription "Let no one move them [pieces of armor] who doesn't want to battle with Roldán [Roland]." Orlando is Italian for Roland.
[36] This was an *hidalgo* family from the Santander region, on the northern seacoast of Spain.
[37] **¡Cómo eso...** *how could it not have reached you?*
[38] **Su** refers to Sancho, not Don Quijote, i.e., Sancho is younger than Don Quijote, who says in Part II, Chapter 20 that he will doubtless die before Sancho.
[39] **Cual de tejo...** *some of yew, some of cypress*

los unos y los otros cortésmente. Y luego don Quijote y los que con él venían se pusieron a mirar las andas, y en ellas vieron cubierto de flores un cuerpo muerto, vestido como pastor, de edad, al parecer, de treinta años. Y aunque muerto, mostraba que vivo había sido de rostro hermoso y de disposición gallarda. Alrededor dél tenía en las mesmas andas algunos libros y muchos papeles abiertos y cerrados.° Y así los que esto miraban como° los que abrían la sepultura y todos los demás que allí había, guardaban un maravilloso silencio, hasta que uno de los que al muerto trujeron, dijo a otro:

"Mira bien, Ambrosio, si es éste el lugar que Grisóstomo dijo, ya que queréis que tan puntualmente se cumpla lo que dejó mandado en su testamento."

"Éste es," respondió Ambrosio, "que muchas veces en él me contó mi desdichado amigo la historia de su desventura. Allí me dijo él que vio la vez primera a aquella enemiga mortal del·linaje humano, y allí fue también donde la primera vez le declaró su pensamiento,° tan honesto como enamorado. Y allí fue la última vez donde Marcela le acabó de desengañar y desdeñar, 'de suerte que° 'puso fin° a la tragedia de su miserable vida. Y aquí, en memoria de tantas desdichas, quiso él que le depositasen en las entrañas del eterno olvido."

Y volviéndose a don Quijote y a los caminantes, prosiguió diciendo:

"Ese cuerpo, señores, que con piadosos ojos estáis mirando, fue depositario de un alma en quien el cielo puso infinita parte° de sus riquezas. Ése es el cuerpo de Grisóstomo, que fue único en el ingenio,° solo en la cortesía, estremo en la gentileza,° fénix° en la amistad, magnífico° sin tasa,° grave sin presunción,° alegre sin bajeza, y finalmente, primero en todo lo que es ser bueno, y sin segundo en todo lo que fue ser desdichado. Quiso bien, fue aborrecido°; adoró, fue desdeñado; rogó° a una fiera,° importunó a un mármol, corrió tras el viento, dio voces a la soledad, sirvió a la ingratitud,° de quien alcanzó por premio ser despojos de la muerte en la mitad de la carrera° de su vida, a la cual dio fin una pastora, a quien él procuraba eternizar³⁹ para que viviera en la memoria de las gentes, cual lo pudieran mostrar bien esos papeles que estáis mirando, si él no me hubiera mandado que los entregara al fuego en habiendo entregado su cuerpo a la tierra."

"De mayor rigor y crueldad usaréis vos con ellos," dijo Vivaldo, "que su mesmo dueño,⁴⁰ pues no es justo ni acertado que se cumpla la voluntad de quien lo que ordena va fuera de todo razonable discurso;⁴¹ y no le tuviera bueno Augusto César⁴² si consintiera que se pusiera en ejecución lo que el divino Mantuano⁴³ dejó en su testamento mandado. Ansí que, señor

---

³⁹ **Él procuraba...** *he tried to immortalize*

⁴⁰ **"De mayor...** *"More harshly and cruelly would you deal with them [the papers]," said Vivaldo, "than their owner himself"*

⁴¹ **La voluntad...** *the will of someone who in what he orders goes contrary to all that is reasonable.* **En** *is understood before* **lo que**.

⁴² **No le...** *Cæsar Augustus would not have been reasonable*

⁴³ When Virgil, born near Mantua, died, he willed that his Æneid be burned because it was not yet fully revised, but this was countermanded in the way Vivaldo has stated.

Margin glosses:
sealed
as well as
resolution
so that, ended
share
wit
refinement, exquisite,
generous, measure;
vanity
hated, courted, beast
unthankfulness
course

Ambrosio, ya que deis el cuerpo de vuestro amigo a la tierra, 'no queráis° *do not be willing to*
dar sus escritos al olvido; que si él ordenó como agraviado,° no es bien que *aggrieved*
vos cumpláis como indiscreto.° Antes haced, dando la vida a estos papeles, *foolish*
que la tenga siempre la crueldad de Marcela, para que sirva de ejemplo en
5 los tiempos 'que están por venir,° a los vivientes, para que se aparten y *future*
huyan de caer en semejantes despeñaderos°; que ya sé yo, y los que aquí *dangerous undertak-*
venimos, la historia deste vuestro enamorado y desesperado amigo, y *ings*
sabemos la amistad vuestra, y la ocasión° de su muerte, y lo que dejó *cause*
mandado al acabar de la vida; de la cual lamentable historia se puede sacar
10 cuánta haya sido la crueldad de Marcela, el amor de Grisóstomo, la fe de
la amistad vuestra, con el paradero° que tienen los que 'a rienda suelta° *stopping place, rashly*
corren por la senda° que el desvariado° amor delante de los ojos les pone. *path, extravagant*
Anoche supimos la muerte de Grisóstomo, y que en este lugar había de ser
enterrado, y así de curiosidad y de lástima,° dejamos nuestro derecho viaje, *pity*
15 y acordamos de venir a ver con los ojos lo que tanto nos había lastimado° **causado lástima**
en oíllo. Y en pago desta lástima y del deseo que en nosotros nació de
remedialla si pudiéramos, te rogamos, ¡oh discreto Ambrosio! a lo menos,
yo te lo suplico de mi parte, que, dejando de abrasar[44] estos papeles, me
dejes llevar algunos dellos."
20   Y sin aguardar que el pastor respondiese, alargó° la mano y tomó *reached*
algunos de los que más cerca estaban. Viendo lo cual Ambrosio, dijo:
    "Por cortesía consentiré que os quedéis, señor, con los que ya habéis
tomado; pero pensar que dejaré de abrasar los que quedan, es pensamiento
vano.°" *futile*
25   Vivaldo, que deseaba ver lo que los papeles decían, abrió luego el uno
dellos y vio que tenía por título *Canción desesperada.*° Oyólo Ambrosio, *hopeless*
y dijo:
    "Ése es el último papel que escribió el desdichado, y porque veáis,
señor, en el término° que le tenían sus desventuras, leelde[45] de modo que *condition*
30 seáis oído; que bien os dará lugar a ello el que se tardare en abrir la
sepultura."[46]
    "Eso haré yo de muy buena gana," dijo Vivaldo.
    Y como todos los circunstantes° tenían el mesmo deseo, se le pusieron *persons present*
a la redonda,[47] y él, leyendo en voz clara, vio que así decía:

[44] **Dejando...** *by not burning*
[45] **Leelde = leedle.** The consonant cluster **-dl-** was uncommon enough (used only in
this **vos** command) to cause people to substitute the more common **-ld-** cluster. If you
read the Prologue, you saw this feature already, p. 10, l. 7.
[46] **Os dará...** *the delay in opening the grave will give you the opportunity to read it*
[47] **Se pusieron...** *they gathered around him*

Capítulo XIIII. Donde se ponen los versos desesperados del difunto pastor, con otros no esperados sucesos.

CANCIÓN DE GRISÓSTOMO[1]

YA QUE QUIERES, CRUEL, que se publique°	proclaim
de lengua en lengua y de una en otra gente[2]	
del áspero° rigor tuyo la fuerza,	harsh
haré que el mesmo infierno° comunique	hell
al triste pecho mío un son doliente,°	sorrowful
con que el uso común de mi voz tuerza.°	distort
Y 'al par de° mi deseo, que 'se esfuerza°	equal to, make effort
a decir mi dolor y tus hazañas,	
de la espantable voz irá el acento,	
y en él mezcladas, por mayor tormento	
pedazos de las míseras° entrañas.	wretched
Escucha, pues, y presta atento oído,	
no al concertado° son, sino al ruïdo	harmonized
que de lo hondo de mi amargo pecho,	
llevado de un forzoso desvarío,°	delirium
por gusto mío[3] sale y tu despecho.	
El rugir° del león, del lobo° fiero,	roar, wolf
el temeroso aullido,° el silbo° horrendo	howl, hiss
de escamosa° serpiente, el espantable	scaly
baladro° de algún monstruo, el agorero°	shout, ill-boding
graznar° de la corneja,° y el estruendo	cawing, crow
del viento contrastado° en mar instable;	opposed
del ya vencido° toro el implacable	subdued
bramido,° y de la viuda tortolilla[4]	bellow
el sentible° arrullar°; el triste canto	lamentable, lulling
del envidiado° buho,[5] con el llanto°	envied, crying
de toda la infernal negra cuadrilla,°	gang
salgan con la doliente ánima fuera,	
mezclados en un son, de tal manera,	

---

[1] This poem is written in eleven-syllable lines (= **arte mayor**) in stanzas of 16 lines. At the end there is a final section of only five lines. The rhyme scheme is ABCABCCDEED-FFGFG for the stanzas of 16 lines. Typical of poetic language, there is word order that is far from normal, and there are ideas that continue from one line to the next. The themes of the poem—the severity of the woman and the pain of the lover—are quite clear in the first stanza.

[2] **De una...** *from person to person.*

[3] **Mío** rhymes with **desvarío** in the preceding line. In all eight stanzas as well as the five-verse final stanza there are similar internal rhymes in the last line. The second stanza, with **halla** and **contalle**, is the least successful.

[4] Covarrubias says that **tórtola** *turtle-dove* is the symbol of a widow who never remarries and keeps chaste.

[5] Ormsby has a note here: "The owl was the only bird that witnessed the Crucifixion and it became for that reason an object of envy to the other birds, so much so that it cannot appear in the daytime without being persecuted." There are other interpretations as well.

    que se confundan los sentidos° todos,   senses
    pues la pena cruel que en mí se halla,
    para contalle pide nuevos modos.°   ways
    De tanta confusión, no las arenas
5   del padre Tajo oirán los tristes ecos,
    ni del famoso Betis° las olivas°;   Guadalquivir, olives
    que allí se esparcirán° mis duras penas   tree; scatter
    en altos riscos° y en profundos huecos,°   cliffs, caves
    con muerta lengua y con palabras vivas,
10   o ya en escuros° valles, o en esquivas°   dark, elusive
    playas, desnudas° de contrato humano,   lacking
    o adonde el sol jamás mostró su lumbre,°   light
    o entre la venenosa° muchedumbre   poisonous
    de fieras que alimenta el libio° llano°;   Libyan, plain
15   que, puesto que en los páramos° desiertos   deserts
    los ecos roncos° de mi mal inciertos°   hoarse, uncertain
    suenen con tu rigor tan sin segundo,
    por privilegio de mis cortos hados,°   fate
    serán llevados por el ancho mundo.
20   Mata un desdén, atierra° la paciencia,   destroys
    o verdadera o falsa, una sospecha°;   suspicion
    matan los celos° con rigor más fuerte;   jealousy
    desconcierta la vida larga ausencia:[6]
    contra un temor de olvido no aprovecha°   becomes useful
25   firme esperanza de dichosa suerte.
    En todo hay cierta, inevitable muerte,
    mas yo, ¡milagro nunca visto! vivo
    celoso, ausente, desdeñado y cierto
    de las sospechas que me tienen muerto,
30   y en el olvido en quien mi fuego avivo,°   enflames
    y entre tantos tormentos, nunca alcanza
    mi vista a 'ver en° sombra a la esperanza,   **ver *aun* en**
    ni yo, desesperado, la procuro;
    antes, por estremarme° en mi querella,°   exert myself, com-
35   estar sin ella eternamente juro.   plaint
    ¿Puédese, por ventura, en un instante
    esperar y temer, o es bien hacello,
    siendo las causas del temor más ciertas?
    ¿Tengo, si el duro celo° está delante,   **celos**
40   de cerrar estos ojos, si he de vello
    por mil heridas en el alma abiertas?
    ¿Quién no abrirá 'de par en par° las puertas   open wide
    a la desconfianza,° cuando mira   mistrust
    descubierto el desdén, y las sospechas,
45   ¡oh amarga conversión! verdades hechas,
    y la limpia verdad vuelta en mentira?
    ¡Oh en el reino de amor fieros tiranos

---

[6] **Desconcierta...** *a long absence disconcerts life.*

celos! ponedme un hierro en estas manos;
dame, desdén, una torcida soga°;   rope
mas ¡ay de mí! que, con cruel vitoria,
vuestra memoria el sufrimiento ahoga.
Yo muero, en fin; y por que nunca espere
buen suceso en la muerte, ni en la vida,
pertinaz° estaré en mi fantasía;   obstinate
diré que va acertado el que bien quiere,
y que es más libre el alma más rendida
a la de amor antigua tiranía.
Diré que la enemiga siempre mía
hermosa el alma como el cuerpo tiene,
y que su olvido de mi culpa nace,
y que en fe de los males que nos hace,
amor su imperio en justa paz mantiene.
Y con esta opinión, y un duro lazo,°   knot
acelerando el miserable plazo°   term
a que me han conducido° sus desdenes,   led
ofreceré a los vientos cuerpo y alma,
sin lauro° o palma de futuros bienes.   laurel
Tú, que con tantas sinrazones muestras
la razón que me fuerza a que la haga
a la cansada vida que aborrezco,
pues ya ves que te da notorias muestras
esta del corazón profunda llaga,[7]
de cómo alegre a tu rigor me ofrezco,
si 'por dicha° conoces que merezco   perhaps
que el cielo claro de tus bellos ojos
en mi muerte 'se turbe,° no lo hagas;   troubles
que no quiero que en nada satisfagas°   atones
al darte de mi alma los despojos.
Antes con risa en la ocasión funesta°   mournful
descubre que el fin mío fue tu fiesta;
mas gran simpleza es avisarte desto,
pues sé que está tu gloria conocida
en que mi vida llegue al fin tan presto.
Venga, que es tiempo ya, del hondo abismo°   abyss
Tántalo con su sed, Sísifo venga
con el peso terrible de su canto;
Ticio traya° su buitre,° y ansimismo   **traiga,** vulture

---

[7] **Esta del corazón profunda llaga** = **esta profunda llaga del corazón.**

con su rueda Egión[8] no se detenga,
ni las hermanas que trabajan tanto.[9]
Y todos juntos su mortal° quebranto°   able to kill, grief
trasladen en mi pecho, y en voz baja,
5   si ya a un desesperado son debidas,
canten obsequias° tristes, doloridas,°   dirges, doleful
al cuerpo, a quien se niegue aun la mortaja.°   shroud
Y el portero° infernal de los tres rostros,[10]   doorman
con otras mil quimeras° y mil monstros,°   chimeras, **monstruo**
10   lleven el doloroso contrapunto°;   harmony of words
que otra pompa mejor no me parece
que la merece un amador° difunto.   lover
Canción desesperada, no te quejes
cuando mi triste compañía dejes;
15   antes, 'pues que° la causa do° naciste   **puesto que, donde**
con mi desdicha augmenta su ventura,
aun en la sepultura, no estés triste.

Bien les pareció a los que escuchado habían la canción de Grisóstomo,
20 puesto que el que la leyó dijo que no le parecía que conformaba con la
relación que él había oído del recato y bondad de Marcela, porque en ella
se quejaba Grisóstomo de celos, sospechas y de ausencia, todo en perjuicio
del buen crédito° y buena fama de Marcela. A lo cual respondió Ambrosio,   reputation
como aquel que sabía bien los más escondidos pensamientos de su amigo:
25   "Para que, señor, 'os satisfagáis° desa duda, es bien que sepáis que   satisfy yourself
cuando este desdichado escribió esta canción estaba ausente de Marcela, de
quien él se había ausentado por su voluntad, por ver si usaba con él la
ausencia de sus ordinarios fueros.[11] Y como al enamorado ausente no hay
cosa que no le fatigue ni temor que no le 'dé alcance,° así le fatigaban a   affect
30 Grisóstomo los celos imaginados y las sospechas temidas como si fueran
verdaderas. Y con esto queda en su punto la verdad que la fama pregona de
la bondad de Marcela,[12] la cual, fuera de ser cruel y un poco arrogante,

---

[8] Tantalus was the mythological king of Sipylus, consigned to eternal torture. He stands in a lake with water to his chin, but can't drink because when he tries, the water recedes. There is also fruit just out of reach. Sisyphus was the mythological king of Corinth whose punishment was to forever roll a large stone up a hill. It rolls down again before reaching the top. Tityus (Ticio in the poem) was killed by Zeus or Apollo and was sent to Tartarus where his regenerating liver was eaten daily by vultures. Ixion (Egión in the poem), mythological king of Thessaly, was the first murderer. Zeus struck him with thunder and tied him to a perpetually rotating wheel in Hades, surrounded by snakes.

[9] Refers to the fifty Danaids, all sisters, who married sons of the same father (Ægyptus). The new husbands murdered their wives on their wedding night and their punishment was to eternally fill leaking vessels with water.

[10] Cereberus, the watchdog of Hades. In addition to his three heads, he had a dragon's tail and snakes springing from his neck. He ate people who tried to escape.

[11] **Por ver...** *to see if absence would make use of its usual powers with him,* i.e. to see what effect it would have on him.

[12] **Queda en...** *the truth that fame proclaims about the goodness of Marcela is not diminished.*

y un mucho desdeñosa,° la mesma envidia ni debe ni puede ponerle falta alguna." — disdainful

"Así es la verdad," respondió Vivaldo.

Y queriendo leer otro papel de los que había reservado° del fuego, lo — retained
5 estorbó una maravillosa visión, que tal parecía ella, que improvisamente° — suddenly
se les ofreció a los ojos, y fue que por cima de la peña donde se cavaba la
sepultura, pareció la pastora Marcela, tan hermosa, que pasaba a su fama
su hermosura.[13] Los que hasta entonces no la habían visto la miraban con
admiración y silencio, y los que ya estaban acostumbrados a verla no
10 quedaron menos suspensos que los que nunca la habían visto. Mas apenas
la hubo visto Ambrosio, cuando con muestras de ánimo indignado° le dijo: — angry
"¿Vienes a ver por ventura, ¡oh fiero basilisco[14] destas montañas! si
con tu presencia vierten° sangre las heridas deste miserable a quien tu — flows
crueldad quitó la vida?[15] ¿O vienes a ufanarte° en las crueles hazañas de tu — boast
15 condición, o a ver desde esa altura,° como otro despiadado° Nero,[16] el — height, cruel
incendio de su abrasada Roma, o a pisar° arrogante este desdichado — trample
cadáver, como la ingrata° hija al de su padre Tarquino[17]? Dinos presto a lo — ungrateful
que vienes,[18] o qué es aquello de que más gustas. Que por saber yo que los
pensamientos de Grisóstomo jamás dejaron de obedecerte en vida, haré que,
20 aun él muerto, te obedezcan los de todos aquellos que se llamaron sus
amigos."[19]

"No vengo, ¡oh Ambrosio! a ninguna cosa de las que has dicho,"
respondió Marcela, "sino a volver por mí misma y a dar a entender cuán
fuera de razón[20] van todos aquellos que de sus penas y de la muerte de
25 Grisóstomo me culpan. Y así ruego a todos los que aquí estáis me estéis
atentos, que no será menester mucho tiempo, ni gastar muchas palabras,
para persuadir una verdad a los discretos.

"Hízome el cielo, según vosotros decís, hermosa, y de tal manera, que,
sin ser poderosos a otra cosa,[21] a que me améis os mueve mi hermosura.[22]
30 Y por el amor que me mostráis, decís, y aun queréis, que esté yo obligada

---

[13] **Pasaba a su fama...** *her beauty exceeded its fame.*

[14] The basilisk is a mythological creature, sort of a poisonous dragon, that could kill with its looks alone.

[15] This was a belief that the body of the murder victim would bleed from its wounds in the presence of the murderer.

[16] **Nerón** is the usual form for Nero (37 to 68A.D.) in Spanish. An apt comparison—supposedly he watched Rome burn from the Tarpeian Rock.

[17] **Como la ingrata...** *as the ungrateful daughter did to [the body of] her father, Tarquino.* Tarquinius Superbus was the last king of Rome, a horrible despot, from 534 to 510B.C. Tarquinius' wife, Tullia, legend has it, ran over the cadaver of her *father,* Servius Tullius, with a carriage. Early Roman history is hazy at best.

[18] **Dinos...** *tell us quickly what you have come for.*

[19] **Por saber...** *since I know that in his thoughts Grisóstomo never failed to obey you while he was living, even with him dead, I will make everyone who called themselves his friends obey you.*

[20] **Volver...** *to defend myself and make you understand how unreasonable.*

[21] **Sin...** *in spite of yourselves.*

[22] **A que me améis os mueve mi hermosura = mi hermosura os mueve a que me améis.**

a amaros. Yo conozco, con el natural entendimiento que Dios me ha dado,
que todo lo hermoso es amable.° Mas no alcanzo° que, por razón de ser　　love-able, understand
amado, esté obligado lo que es amado por hermoso, a amar a quien le
ama.²³ Y más, que podría acontecer que el amador de lo hermoso fuese feo,
5　y siendo lo feo digno° de ser aborrecido, cae muy mal²⁴ el decir: 'Quiérote　　worthy
por hermosa; hasme de amar aunque sea feo.' Pero, 'puesto caso que°　　supposing
corran igualmente las hermosuras, no por eso han de correr iguales los
deseos, que no todas hermosuras enamoran°; que algunas alegran° la vista　　cause love, gladden
y no rinden° la voluntad. Que si todas las bellezas enamorasen y rindiesen,　　overcome
10　sería un andar las voluntades confusas y descaminadas,²⁵ sin saber en cuál
habían de parar; porque, siendo infinitos los sujetos hermosos, infinitos
habían de ser los deseos, y según yo he oído decir, el verdadero amor no
se divide, y ha de ser voluntario y no forzoso.° Siendo esto así, como yo　　obligatory
creo que lo es, ¿por qué queréis que rinda mi voluntad por fuerza, obligada
15　no más de que decís que me queréis bien? Si no, decidme: si como el cielo
me hizo hermosa 'me hiciera° fea, ¿fuera justo que me quejara de vosotros　　had made me
porque no me amábades? Cuanto más que habéis de considerar que yo no
escogí la hermosura que tengo, que, 'tal cual es,° el cielo me la dio de　　such as it is
gracia, sin yo pedilla ni escogella. Y así como la víbora° no merece ser　　viper
20　culpada° por la ponzoña° que tiene, puesto que con ella mata, por habérsela　　blamed, venom
dado naturaleza,° tampoco²⁶ yo merezco ser reprehendida° por ser hermosa,　　nature, blamed
que la hermosura en la mujer honesta es como el fuego apartado,° o como　　distant
la espada aguda: que ni él quema, ni ella corta a quien a ellos no 'se
acerca.° La honra y las virtudes° son adornos del alma, sin las cuales el　　draws near, virtues
25　cuerpo, aunque lo sea, no debe de parecer hermoso. Pues si la honestidad
es una de las virtudes que al cuerpo y alma más adornan y hermosean,°　　make beautiful
¿por qué la ha de perder la que es amada por hermosa, por corresponder a
la intención de aquel que por sólo su gusto, con todas sus fuerzas e
industrias, procura que la pierda?²⁷
30　　"Yo nací libre, y para poder vivir libre escogí la soledad de los
campos. Los árboles destas montañas son mi compañía, las claras aguas
destos arroyos° mis espejos; con los árboles y con las aguas comunico mis　　streams
pensamientos y hermosura. Fuego soy apartado y espada puesta lejos.²⁸ A
los que he enamorado con la vista, he desengañado con las palabras. Y si
35　los deseos se sustentan con esperanzas, no habiendo yo dado alguna a
Grisóstomo ni a otro alguno, en fin, de ninguno dellos, bien se puede decir
que antes le mató su porfía° que mi crueldad. Y si se me hace cargo²⁹ que　　obstinacy
eran honestos sus pensamientos, y que por esto estaba obligada a
corresponder a ellos, digo que, cuando en ese mismo lugar donde ahora se

---

²³ **Por razón...** *because of being loved, what is loved through being beautiful is obliged to love what loves it.*
²⁴ **Cae...** *it would be silly.*
²⁵ **Sería un andar...** *everyone's will would wander about confused and perplexed*
²⁶ The 1605 edition and Schevill have **tan poco** here.
²⁷ **Procura que...** *he seeks for her to lose it.*
²⁸ **Fuego soy...** *I am the distant fire and the sword placed far away.*
²⁹ **Si se me...** *if the reproach is made against me.*

cava su supultura me descubrió la bondad de su intención, le dije yo que la mía era vivir en perpetua soledad, y de que sola la tierra gozase el fruto de mi recogimiento y los despojos de mi hermosura. Y si él, con todo este desengaño, quiso porfiar contra la esperanza y navegar° contra el viento, ¿qué mucho que se anegase en la mitad del golfo de su desatino?[30] Si yo le entretuviera, fuera falsa; si le contentara, hiciera contra mi mejor intención y prosupuesto.[31] Porfió desengañado, desesperó sin ser aborrecido; ¡mirad ahora si será razón que de su pena se me dé a mí la culpa! Quéjese el engañado, desespérese aquel a quien le faltaron° las prometidas esperanzas, confíese el que yo llamare,[32] ufánese el que yo admitiere°; pero no me llame cruel ni homicida aquel a quien yo no prometo, engaño, llamo ni admito.

°sail

°not fulfilled
°receive

"El cielo aún hasta ahora no ha querido que yo ame por destino,° y el pensar que tengo de amar por elección° es escusado.° Este general desengaño sirva a cada uno de los que me solicitan de su particular° provecho, y entiéndase de aquí adelante,[33] que, si alguno por mí muriere, no muere de celoso ni desdichado, porque quien a nadie quiere, a ninguno debe dar celos; que los desengaños no se han de tomar en cuenta de desdenes.[34] El que me llama fiera y basilisco, déjeme como cosa perjudicial° y mala; el que me llama ingrata, no me sirva; el que desconocida,° no me conozca; quien cruel, no me siga; que esta fiera, este basilisco, esta ingrata, esta cruel y esta desconocida, ni los buscará, servirá, conocerá, ni seguirá en ninguna manera; que si a Grisóstomo mató su impaciencia y arrojado° deseo, ¿por qué se ha de culpar mi honesto proceder° y recato? Si yo conservo mi limpieza con la compañía de los árboles, ¿por qué ha de querer que la pierda el que quiere que la tenga con los hombres? Yo, como sabéis, tengo riquezas propias° y no codicio° las ajenas. Tengo libre condición y no gusto de sujetarme.° Ni quiero ni aborrezco a nadie. No engaño a éste, ni solicito aquél; ni burlo° con uno, ni me entretengo con el otro. La conversación honesta de las zagalas destas aldeas y el cuidado de mis cabras me entretiene.° Tienen mis deseos por término° estas montañas. Y si de aquí salen, es a contemplar la hermosura del cielo, pasos con que camina el alma a su morada° primera." Y en diciendo esto, sin querer oír respuesta alguna, 'volvió las espaldas° y se entró por lo más cerrado de un monte° que allí cerca estaba, dejando admirados, tanto de su discreción como de su hermosura,[35] a todos los que allí estaban. Y algunos dieron muestras,° de aquellos que de la poderosa° flecha° de los rayos de sus bellos ojos estaban heridos, de quererla seguir, sin aprovecharse del manifiesto desengaño que habían oído.

°fate
°choice, useless
°personal

°harmful
°unfeeling

°bold
°behavior

°my own, covet
°submit
°dally

°entertains
°boundary
°dwelling place
°turned around
°forest

°indications, mighty
°arrow

Lo cual visto por don Quijote, pareciéndole que allí venía bien usar de su caballería socorriendo a las doncellas menesterosas, puesta la mano en

[30] **Qué...** *it's no surprise that he drowned in the middle of the gulf of his foolishness.*
[31] **Si yo...** *If I had kept him in hope, I would have been false; if I had gratified him, I would have done it against my better intention and purpose.*
[32] **Confíese...** *let him be filled with hope whom I beckon.*
[33] **De...** *from now on.*
[34] **Los desengaños...** *discouragement must not be taken for disdain.*
[35] **Tanto...** *as much for her acuteness of mind as for her beauty.*

el puño° de su espada, en altas e inteligibles voces dijo: hilt

"Ninguna persona, de cualquier estado y condición° que sea, 'se atreva   rank
a° seguir a la hermosa Marcela, so pena de caer en la furiosa indignación°   dare, anger
mía. Ella ha mostrado, con claras y suficientes razones, la poca o ninguna
5   culpa que ha tenido en la muerte de Grisóstomo, y cuán ajena vive de
condescender con los deseos de ninguno de sus amantes;[36] a cuya causa es
justo que, en lugar de ser seguida y perseguida, sea honrada y estimada de
todos los buenos del mundo, pues muestra que en él, ella es sola la que con
tan honesta intención vive."[37]

10   O ya que fuese por las amenazas° de don Quijote, o porque Ambrosio   threats
les dijo que concluyesen con lo que a su buen amigo debían, ninguno de los
pastores se movió ni apartó de allí hasta que, acabada la sepultura y
abrasados los papeles de Grisóstomo, pusieron su cuerpo en ella, no sin
muchas lágrimas de los circunstantes. Cerraron la sepultura con una gruesa°   large
15   peña, en tanto que se acababa una losa° que, según Ambrosio dijo, pensaba   gravestone
mandar hacer,[38] con un epitafio que había de decir desta manera:

> YACE AQUÍ DE UN AMADOR
> EL MÍSERO CUERPO HELADO,°   frigid
> QUE FUE PASTOR DE GANADO,
20   PERDIDO POR DESAMOR.°   indifference
> MURIÓ A MANOS DEL RIGOR
> DE UNA ESQUIVA HERMOSA INGRATA,
> CON QUIEN SU IMPERIO DILATA
> LA TIRANÍA DE AMOR.

25   Luego esparcieron° por cima de la sepultura muchas flores y ramos, y   scattered
dando todos el pésame° a su amigo Ambrosio, se despidieron dél. Lo mesmo   condolences
hicieron Vivaldo y su compañero, y don Quijote se despidió de sus huéspedes
y de los caminantes, los cuales le rogaron se viniese con ellos a Sevilla, por
ser lugar tan acomodado a hallar aventuras, que en cada calle y tras cada
30   esquina se ofrecen más que en otro alguno.

Don Quijote les agradeció el aviso° y el ánimo que mostraban de hacerle   information
merced, y dijo que por entonces no quería ni debía ir a Sevilla, hasta que
hubiese despojado° todas aquellas sierras de ladrones malandrines, de quien   rid
era fama que todas estaban llenas. Viendo su buena determinación, no
35   quisieron los caminantes importunarle° más, sino, tornándose a despedir de   pester him
nuevo, le dejaron y prosiguieron su camino, en el cual no les faltó de qué
tratar,° así de la historia de Marcela y Grisóstomo, como de las locuras de don   discuss
Quijote. El cual determinó de ir a buscar a la pastora Marcela
y ofrecerle todo lo que él podía en su servicio. Mas no le
40   avino como él pensaba, según se cuenta en el
discurso desta verdadera historia, dando
aquí fin la segunda parte.

---

[36] **Cuán ajena...** *how distant she is from yielding to the desires of any of her lovers.*

[37] **Muestra que en él...** *she shows that in it [the world], she is the only one who lives such a virtuous design.*

[38] **Pensaba...** *planned to have made.*

TERCERA PARTE
DEL INGENIOSO
hidalgo don Quijote de
la Mancha.

Capítulo XV. Donde se cuenta la desgraciada aventura que
se topó don Quijote en topar con unos desalmados
yangüeses.

CUENTA EL sabio Cide Hamete Benengeli que, así como don Quijote se
despidió de sus huéspedes y de todos los que se hallaron al entierro del
pastor Grisóstomo, él y su escudero se entraron por el mesmo bosque donde
vieron que se había entrado la pastora Marcela. Y habiendo andado más de
dos horas por él, buscándola por todas partes sin poder hallarla, vinieron a
parar a un prado lleno de fresca yerba,° junto del cual corría un arroyo   grass
apacible y fresco, tanto, que convidó,[1] 'y forzó,° a pasar allí las horas de la   y *aun* forzó
siesta, que rigurosamente comenzaba ya a entrar.

Apeáronse don Quijote y Sancho, y dejando al jumento y a Rocinante
a sus anchuras[2] pacer° de la mucha yerba que allí había, 'dieron saco° a las   to graze, they raided
alforjas, y sin cerimonia° alguna, en buena paz y compañía, amo y mozo°   ceremonia; servant
comieron lo que en ellas hallaron. No se había curado Sancho de echar
sueltas° a Rocinante, seguro de que le conocía por tan manso° y tan poco   fetters, meek
rijoso,° que todas las yeguas de la dehesa° de Córdoba no le hicieran tomar   lustful, pasture
mal siniestro.[3] Ordenó, pues, la suerte, y el diablo, que no 'todas veces°   all the time
duerme, que andaban por aquel valle paciendo una manada de hacas°   mares
galicianas de unos harrieros gallegos,[4] de los cuales es costumbre sestear°   to nap
con su recua en lugares y sitios de yerba y agua. Y aquél, donde acertó° a   happened
hallarse don Quijote, era muy a propósito de los gallegos. Sucedió, pues,
que a Rocinante le vino en deseo de refocilarse° con las señoras facas,° y   have recreation,
saliendo, así como las olió,° de su natural paso y costumbre,[5] sin pedir   mares; smelled
licencia a su dueño, tomó un trotico algo picadillo[6] y se fue a comunicar su
necesidad con ellas. Mas ellas, que, a lo que pareció, debían de tener más
gana de pacer que de ál, recibiéronle con las herraduras° y con los dientes,   horseshoes
de tal manera, que 'a poco espacio° se le rompieron las cinchas° y quedó sin   in a short time,
silla, 'en pelota.° Pero lo que él debió más de sentir fue que, viendo los   girths; naked
harrieros la fuerza° que a sus yeguas se les hacía, acudieron con estacas,°   violence, stakes

[1] It was the **arroyo** that invited.
[2] **A sus...** *without rein.*
[3] **Hicieran tomar...** *would not make him do anything bad.*
[4] **Gallegos** are people from Galicia, in northwestern Spain. A main city in Galicia is
Santiago de Compostela, which is 500 kilometers from Yanguas.
[5] **De su...** *not using his normal gait and demeanor.*
[6] **Un trotico...** *a jaunty little trot.*

y tantos palos le dieron, que le derribaron 'mal parado° en el suelo.   badly battered

Ya, en esto, don Quijote y Sancho, que la paliza° de Rocinante habían   beating
visto, llegaban hijadeando.° Y dijo don Quijote a Sancho: panting

"A lo que yo veo, amigo Sancho, éstos no son caballeros, sino gente
5   soez y de baja ralea.° Dígolo porque bien me puedes ayudar a tomar la   breed
debida venganza del agravio que delante de nuestros ojos se le ha hecho a
Rocinante."

"¿Qué diablos de⁷ venganza hemos de tomar," respondió Sancho, "si
éstos son más de veinte, y nosotros no más de dos, y aun quizá nosotros
10   sino uno y medio?"

"Yo valgo por ciento," replicó don Quijote.

Y sin hacer más discursos, 'echó mano° a su espada y arremetió a los   took
gallegos, y lo mesmo hizo Sancho Panza, incitado° y movido del ejemplo   spurred on
de su amo. Y a las primeras⁸ dio don Quijote una cuchillada a uno que le
15   abrió un sayo de cuero de que venía vestido, con gran parte de la espalda.°   shoulder
Los gallegos, que se vieron maltratar° de aquellos dos hombres solos,   abused
siendo ellos tantos, acudieron a sus estacas, y cogiendo a los dos en medio,⁹
comenzaron a menudear° sobre ellos con grande ahinco° y vehemencia.   rain blows, zeal
Verdad es que al segundo toque° dieron con Sancho en el suelo, y lo   blow
20   mesmo le avino a don Quijote, sin que le valiese su destreza y buen ánimo.
Y quiso su ventura que viniese a caer a los pies de Rocinante, que aún no
se había levantado, donde se echa de ver la furia con que machacan estacas
puestas en manos rústicas y enojadas.

Viendo, pues, los gallegos el 'mal recado° que habían hecho, con la   injury
25   mayor presteza que pudieron cargaron° su recua y siguieron su camino,   gathered
dejando a los dos aventureros de mala traza° y de peor talante. El primero   appearance
que 'se resintió° fue Sancho Panza, y hallándose junto a su señor, con voz   recovered senses
enferma y lastimada,° dijo: doleful

"¡Señor don Quijote! ¡Ah, señor don Quijote!"
30   "¿Qué quieres, Sancho hermano?" respondió don Quijote, con el
mesmo tono afeminado° y doliente que Sancho.   effeminate

"Querría, si fuese posible," respondió Sancho Panza, "que vuestra
merced me diese dos tragos de aquella bebida del feo Blas, si es que la
tiene vuestra merced ahí 'a mano.° Quizá será de provecho para los   on hand
35   quebrantamientos° de huesos como lo es para las feridas."   fractures

"Pues a tenerla yo aquí,¹⁰ ¡desgraciado° yo! ¿qué nos faltaba¹¹?"   unlucky
respondió don Quijote. "Mas yo te juro, Sancho Panza, a fe de caballero
andante, que antes que pasen dos días, si la fortuna no ordena otra cosa, la
tengo de tener en mi poder, o mal me han de andar las manos."¹²

40   "Pues ¿en cuántos° le parece a vuestra merced que podremos mover los   **cuántos** *días*
pies?" replicó Sancho Panza.

"De mí sé decir," dijo el molido caballero don Quijote, "que no sabré

---

⁷ **¿Qué...** *What the devil kind of.*
⁸ **A...** *at the first exchanges.*
⁹ **Cogiendo...** *hemming the two of them in.*
¹⁰ **A tenerla...** *if I had any here.*
¹¹ **¿Qué...** *what more could we want?*
¹² **Mal...** *I will be very unlucky*

'poner término a° esos días. Mas yo me tengo la culpa de todo, que 'no
había de° poner mano a la espada contra hombres que no fuesen armados
caballeros como yo. Y así creo que en pena de haber pasado° las leyes de
la caballería, ha permitido el dios de las batallas que se me diese este
castigo.[13] Por lo cual, Sancho Panza, conviene° que estés advertido en esto
que ahora te diré, porque importa mucho a la salud° de entrambos,° y es
que cuando veas que semejante canalla nos hace algún agravio, no aguardes
a que yo ponga mano al espada para ellos, porque no lo haré en ninguna
manera, sino pon tu mano a tu espada y castígalos muy a tu sabor°; que, si
en su ayuda y defensa acudieren caballeros, yo te sabré defender y
ofendellos con todo mi poder, que ya habrás visto por mil señales° y
experiencias° hasta adonde se estiende el valor de este mi fuerte brazo."

    Tal quedó de arrogante el pobre señor con el vencimiento del valiente
vizcaíno.

    Mas no le pareció tan bien a Sancho Panza el aviso de su amo, que
dejase de responder,[14] diciendo:

    "Señor, yo soy hombre pacífico, manso, sosegado, y sé disimular
cualquiera injuria,° porque tengo mujer y hijos que sustentar° y criar.° Así,
que séale a vuestra merced también aviso, pues no puede ser mandato,° que
en ninguna manera pondré mano a la espada ni contra villano ni contra
caballero. Y que, desde aquí para delante de Dios,[15] perdono cuantos
agravios me han hecho y han de hacer, ora° me los haya hecho o haga o
haya de hacer persona alta o baja, rico o pobre, hidalgo o pechero,° sin
eceptar° estado° ni condición alguna."

    Lo cual oído por su amo, le respondió:

    "Quisiera tener aliento para poder hablar un poco descansado,° y que
el dolor que tengo en esta costilla 'se aplacara° 'tanto cuanto,° para darte
a entender, Panza, en el error en que estás. Ven acá, pecador; si el viento
de la fortuna, hasta ahora tan contrario, en nuestro favor se vuelve,
llenándonos las velas° del deseo, para que seguramente y sin contraste°
alguno 'tomemos puerto° en alguna de las ínsulas que te tengo prometida,
¿qué sería de ti, si, ganándola yo, te hiciese señor della, pues lo vendrás a
imposibilitar° por no ser caballero, ni quererlo ser, ni tener valor ni
intención de vengar tus injurias y defender tu señorío?° Porque has de saber
que en los reinos y provincias nuevamente conquistados nunca están tan
quietos° los ánimos de sus naturales, ni 'tan de parte° del nuevo señor, que
no se tengan temor de que han de hacer alguna novedad para alterar de
nuevo las cosas, y volver, como dicen, a probar ventura.[16] Y así es menester
que el nuevo posesor tenga entendimiento para saberse gobernar, y valor
para ofender y defenderse en cualquiera acontecimiento.°"

    "En este que ahora nos ha acontecido," respondió Sancho, "quisiera yo
tener ese entendimiento y ese valor que vuestra merced dice. Mas yo le

---

[13] **Ha permitido...** *the god of battles has allowed that I be given this punishment.*

[14] **Mas no le pareció...** *but the announcement of his master didn't seem so good to Sancho that he should fail to respond to it.*

[15] **Desde aquí...** *from now until I die.*

[16] **Que no se tengan...** *that they might not be afraid to start an uprising to change things once again, and, as they say, try their luck.*

Margin glosses:
- put a number to
- shouldn't
- transgressed
- it's good
- health, both of us
- pleasure
- signs
- proofs
- offense, feed, raise
- command
- whether
- commoner
- **exceptuar,** rank
- with ease
- would abate, a little
- sails, opposition
- we land
- make impossible
- dominion
- peaceable, well-disposed
- event

juro, a fe de pobre hombre, que más estoy para bizmas° que para pláticas.   poultices
Mire vuestra merced si se puede levantar, y ayudaremos a Rocinante, aunque
no lo merece porque él fue la causa principal de todo este molimiento. Jamás
tal creí de Rocinante, que le tenía por[17] persona casta° y tan pacífica como yo.   chaste
5   En fin, bien dicen que es menester mucho tiempo para venir a conocer las
personas, y que no hay cosa segura en esta vida. ¿Quién dijera que tras de
aquellas tan grandes cuchilladas como vuestra merced dio a aquel desdichado
caballero andante,[18] había de venir 'por la posta° y en seguimiento suyo esta   right away
tan grande tempestad de palos que ha descargado sobre nuestras espaldas?"
10   "Aun las tuyas, Sancho," replicó don Quijote, "deben de estar hechas a
semejantes nublados.[19] Pero las mías, criadas entre sinabafas° y holandas,°   fine fabric, fine linen
claro está que sentirán más el dolor desta desgracia. Y si no fuese porque
imagino, ¿qué digo imagino? sé muy cierto, que todas estas incomodidades
son muy anejas° al ejercicio de las armas, aquí me dejaría morir de puro   associated with
15   enojo.°"   vexation
        A esto replicó el escudero:
        "Señor, ya que estas desgracias son 'de la cosecha° de la caballería,   ordinary fare
dígame vuestra merced si suceden muy a menudo, o si tienen sus tiempos
limitados en que acaecen,° porque me parece a mí que a dos cosechas   happen
20   quedaremos inútiles para la tercera, si Dios, por su infinita misericordia, no
nos socorre."
        "Sábete, amigo Sancho," respondió don Quijote, "que la vida de los
caballeros andantes está sujeta a mil peligros y desventuras, y ni más ni
menos está en potencia° propincua° de ser los caballeros andantes reyes y   possibility, near
25   emperadores, como lo ha mostrado la experiencia en muchos y diversos
caballeros, de cuyas historias yo tengo entera noticia.° Y pudiérate contar   knowledge
agora, si el dolor me diera lugar, de algunos que sólo por el valor de su brazo
han subido a los altos grados° que he contado. Y estos mesmos se vieron   stations
antes y después en diversas calamidades° y miserias, porque el valeroso   misfortunes
30   Amadís de Gaula se vio en poder de su mortal enemigo Arcaláus el
encantador, de quien se tiene por averiguado que le dio, teniéndole preso,°   prisoner
más de docientos azotes con las riendas de su caballo, atado a una coluna° de   **columna**
un patio.[20] Y aun hay un autor secreto,° y de no poco crédito, que dice que,   anonymous
habiendo cogido al Caballero del Febo con una cierta trampa° que 'se le   trap
35   hundió° debajo de los pies, en un cierto castillo, y al caer, se halló en una   collapsed
honda sima° debajo de tierra, atado de pies y manos, y allí le echaron una   pit
destas que llaman melecinas[21] de agua de nieve y arena, de lo que llegó muy
al cabo,[22] y si no fuera socorrido en aquella gran cuita de un sabio grande
amigo suyo, lo pasara muy mal el pobre caballero.[23] Ansí, que bien

---

[17] **Le tenía...** *I thought he was.*
[18] Refers to the Basque in Chapters 8 and 9.
[19] **Deben...** *should be accustomed to such squalls.*
[20] Clemencín says that it was the squire Gandalín, and not Amadís who was tied to the column.
[21] **Le echaron...** *they gave him one of these things that they call enemas.*
[22] **De lo...** *which almost finished him.*
[23] **Lo pasara...** *the poor knight would have had a bad time of it.*

puedo yo pasar entre tanta buena gente, que mayores afrentas son las que éstos pasaron que no las que ahora nosotros pasamos.[24] Porque quiero hacerte sabidor,° Sancho, que no afrentan° las heridas que se dan con los instrumentos° que acaso se hallan en las manos. Y esto está, en la ley del duelo,° escrito por palabras expresas: que si el zapatero° da a otro con la horma° que tiene en la mano, puesto que verdaderamente es de palo,° no por eso se dirá que queda apaleado aquel a quien dio con ella. Digo esto porque no pienses que, puesto que quedamos desta pendencia molidos, quedamos afrentados, porque las armas que aquellos hombres traían, con que nos machacaron, no eran otras que sus estacas, y ninguno dellos, a lo que se me acuerda, tenía estoque,° espada ni puñal.°"

"No me dieron a mí lugar," respondió Sancho, "a que mirase en tanto, porque apenas puse mano a mi tizona,[25] cuando me santiguaron° los hombros con sus pinos,° de manera que me quitaron la vista de los ojos y la fuerza de los pies, dando conmigo adonde ahora yago,° y adonde no me da pena alguna el pensar si fue afrenta o no, lo de los estacazos, como me la da el dolor de los golpes, que me han de quedar tan impresos en la memoria como en las espaldas."[26]

"Con todo eso te hago saber, hermano Panza," replicó don Quijote, "que no hay memoria a quien el tiempo no acabe, ni dolor que muerte no le consuma."

"Pues ¿qué mayor desdicha puede ser,°" replicó Panza, "de aquella que aguarda al tiempo que la consuma y a la muerte que la acabe? Si esta nuestra desgracia fuera de aquellas que con un par de bizmas se curan, aun no tan malo. Pero voy viendo que no han de bastar todos los emplastos° de un hospital para ponerlas en buen término siquiera."

"Déjate deso y saca fuerzas de flaqueza,[27] Sancho," respondió don Quijote, "que así haré yo, y veamos cómo está Rocinante, que, a lo que me parece, no le ha cabido al pobre la menor parte desta desgracia."[28]

"No hay de qué maravillarse deso," respondió Sancho, "siendo él tan buen caballero andante, de lo que yo me maravillo es de que mi jumento haya quedado libre y sin costas,° donde nosotros salimos sin costillas."

"Siempre deja la ventura una puerta abierta en las desdichas para dar remedio a ellas," dijo don Quijote. "Dígolo porque esa bestezuela° podrá suplir ahora la falta de Rocinante, llevándome a mí desde aquí a algún castillo donde sea curado de mis feridas. Y más, que no tendré a deshonra° la tal caballería, porque me acuerdo haber leído que aquel buen viejo Sileno, ayo° y pedagogo° del alegre dios de la risa,[29] cuando entró en la

knower (*arch.*), offend; implements duel, shoemaker last, wood

rapier, dagger

crossed pine wood I lie

haber

plasters

cost

little animal

disgrace

governor, tutor

---

[24] **Bien puedo…** *I can well suffer among such good people, for they have undergone greater affronts than we have just now undergone.*

[25] **Tizón** was the name of one of the Cid's swords, and **tizón/tizona** came to be a somewhat common substitute for *sword*.

[26] **No me da…** *it doesn't grieve me at all to consider if it was an affront or not, that business with the blows with the stakes, as does the pain from the blows themselves, which will remain as imprinted on my memory as on my back.*

[27] **Déjate…** *no more of that and take strength from weakness.*

[28] **No le…** *the poor thing hasn't gotten the least of this misfortune.*

[29] Bacchus.

ciudad de las cien puertas,[30] iba muy a su placer caballero sobre un muy hermoso asno.

"Verdad será que él debía de ir caballero como vuestra merced dice," respondió Sancho, "pero hay grande diferencia del ir caballero al ir
5   atravesado° como costal° de basura.°"   stretched out, sack, garbage

A lo cual respondió don Quijote:

"Las feridas que se reciben en las batallas antes dan honra que la quitan. Así que, Panza amigo, no me repliques más, sino, como ya te he dicho, levántate lo mejor que pudieres y ponme de la manera que más te
10 agradare° encima de tu jumento, y vamos de aquí antes que la noche venga   pleases
y nos saltee° en este despoblado."   take by surprise

"Pues yo he oído decir a vuestra merced," dijo Panza, "que es muy de caballeros andantes el dormir en los páramos y desiertos lo más del año, y que lo tienen a mucha ventura."

15 "Eso es," dijo don Quijote, "cuando no pueden más,[31] o cuando están enamorados; y es tan verdad esto, que ha habido caballero que se ha estado sobre una peña, al sol y a la sombra y a las inclemencias del cielo, dos años, sin que lo supiese su señora. Y uno destos fue Amadís cuando, llamándose Beltenebros, se alojó en la Peña Pobre,[32] ni sé si ocho años o ocho meses,
20 que no estoy muy bien en la cuenta. Basta que él estuvo allí haciendo penitencia por no sé qué sinsabor° que le hizo la señora Oriana. Pero   displeasure
dejemos ya esto, Sancho, y acaba, antes que suceda otra desgracia al jumento como a Rocinante."

"Aun ahí sería el diablo," dijo Sancho.

25 Y despidiendo treinta AYES y sesenta sospiros y ciento y veinte pésetes°   curses
y reniegos° de quien allí le había traído, se levantó, quedándose agobiado°   execrations, bent
en la mitad del camino, como arco turquesco,[33] sin poder acabar de   over
enderezarse. Y con todo este trabajo aparejó su asno, que también había andado algo destraído° con la demasiada libertad de aquel día. Levantó   astray
30 luego a Rocinante, el cual, si tuviera lengua con que quejarse, a buen seguro que Sancho ni su amo no le fueran en zaga.[34]

En resolución, Sancho acomodó a don Quijote sobre el asno y puso de reata a Rocinante,[35] y llevando al asno de cabestro se encaminó poco más a menos hacia donde le pareció que podía estar el 'camino real.° Y la suerte,   highway
35 que sus cosas de bien en mejor iba guiando,[36] aún no hubo andado una pequeña legua, cuando le deparó° el camino, en el cual descubrió una venta   came into sight
que, a pesar suyo y gusto de don Quijote, había de ser castillo. Porfiaba Sancho que era venta, y su amo que no, sino castillo; y tanto duró la porfía, que tuvieron lugar, sin acabarla, de llegar a ella, en la cual Sancho se entró,
40 sin más averiguación,° con toda su recua.   verification

---

[30] Don Quijote makes a mistake. Bacchus is from Thebes of Greece. The Thebes with **cien puertas** is in Egypt.

[31] **Cuando...** *when they can't help it.*

[32] This was a small, barren island where Amadís, scorned by Oriana, went to do penance with a hermit. Amadís never said exactly how long his stay there was.

[33] A very long bow which was shot with one end stuck into the ground.

[34] **A buen seguro...** *it is certain that neither Sancho nor his master would outdo him.*

[35] **Puso de reata...** *tied Rocinante behind.*

[36] **Que sus cosas...** *which was guiding their affairs better and better.*

Capítulo XVI. De lo que le sucedió al ingenioso hidalgo en la venta que él imaginaba ser castillo.

EL VENTERO, que vio a don Quijote atravesado en el asno, preguntó a Sancho qué mal traía. Sancho le respondió que no era nada, sino que había dado una caída de una peña abajo,[1] y que venía algo brumadas las costillas.

Tenía el ventero por mujer a una, no de la condición que suelen tener las de semejante trato,° porque naturalmente era caritativa y se dolía de las calamidades de sus prójimos,° y así acudió luego a curar a don Quijote, y hizo que una hija suya doncella, muchacha y de muy buen parecer, la ayudase a curar a su huésped. Servía en la venta, asimesmo, una moza asturiana,[2] ancha de cara, llana de cogote, de nariz roma, del un ojo tuerta y del otro no muy sana.[3] Verdad es que la gallardía° del cuerpo suplía° las demás faltas: no tenía siete palmos° de los pies a la cabeza, y las espaldas, que algún tanto le cargaban, la hacían mirar al suelo más de lo que ella quisiera.[4]

Esta gentil moza, pues, ayudó a la doncella, y las dos hicieron una muy mala cama a don Quijote en un camaranchón° que, en otros tiempos, daba manifiestos indicios que había servido de pajar° muchos años. En la cual también alojaba un harriero que tenía su cama hecha un poco más allá de la de nuestro don Quijote, y aunque era de las enjalmas y mantas de sus machos,[5] hacía mucha ventaja a[6] la de don Quijote, que sólo contenía cuatro mal lisas tablas sobre dos no muy iguales bancos, y un colchón que, en lo sutil, parecía colcha, lleno de bodoques, que, a no mostrar que eran de lana por algunas roturas, al tiento, en la dureza, semejaban de guijarro,[7] y dos sábanas hechas de cuero de adarga, y una frazada,° cuyos hilos,° si se quisieran contar, no se perdiera uno solo de la cuenta.°

En esta maldita cama se acostó don Quijote. Y luego la ventera y su hija le 'emplastaron de arriba abajo,° alumbrándoles Maritornes, que así se llamaba la asturiana. Y como al bizmalle° viese la ventera tan acardenalado° a partes a don Quijote, dijo que aquello más parecían golpes que caída.

"No fueron golpes," dijo Sancho, "sino que la peña tenía muchos picos° y tropezones,° y que cada uno había hecho su cardenal.°" Y también le dijo: "Haga vuestra merced, señora, de manera que queden algunas estopas,° que no faltará quien las haya menester,[8] que también me duelen

trade
fellow creatures

gracefulness, made up for; 8" spans

garret
strawloft

cover, threads
count

applied plasters from head to foot; poulticed; bruised

sharp points, projections, bruise bandages

---

[1] **Había dado...** *he had fallen down from a boulder.*

[2] Asturias is a seaside region of northern Spain corresponding to the modern province of Oviedo.

[3] **Ancha de cara...** *wide in the face, flat at the back of head, with a flat nose, blind in one eye, and not very sound in the other*

[4] **Algún tanto...** *weighed her down a bit, made her look at the ground more than she would like.*

[5] **Enjalmas...** *light packsaddles and blankets of his mules.*

[6] **Hacía...** *it was much better than.*

[7] **Sólo contenía...** *it was made of only four not very smooth planks on two not very even trestles, and a mattress which in thinness seemed to be a quilt, filled with pellets, which, if you couldn't see through some holes that they were made of wool, they seemed to be pebbles, in hardness, to the touch.*

[8] **No faltará...** *there will be someone who needs them*

a mí un poco los lomos.°"   ribs

"Desa manera," respondió la ventera, "¿también debistes vos de caer?"

"No caí," dijo Sancho Panza, "sino que del sobresalto que tomé de ver caer a mi amo, de tal manera me duele a mí el cuerpo, que me parece que me han dado mil palos."

"Bien podrá ser eso," dijo la doncella, "que a mí me ha acontecido muchas veces soñar que caía de una torre abajo, y que nunca acababa de llegar al suelo, y cuando despertaba del sueño, hallarme tan molida y quebrantada[9] como si verdaderamente hubiera caído."

"Ahí está el toque, señora," respondió Sancho Panza, "que yo sin soñar nada, sino estando más despierto que ahora estoy, me hallo con pocos menos cardenales que mi señor don Quijote."

"¿Cómo se llama este caballero?" preguntó la asturiana Maritornes.

"Don Quijote de la Mancha," respondió Sancho Panza, "y es caballero aventurero, y de los mejores y más fuertes que de luengos tiempos acá se han visto en el mundo."

"¿Qué es caballero aventurero?" replicó la moza.

"¿Tan nueva sois en el mundo, que no lo sabéis vos?" respondió Sancho Panza. "Pues sabed, hermana mía, que caballero aventurero es una cosa que en dos palabras se ve apaleado y emperador. Hoy está la más desdichada criatura del mundo y la más menesterosa, y mañana tendría dos o tres coronas de reinos que dar a su escudero."

"Pues ¿cómo vos, siéndolo deste tan buen señor," dijo la ventera, "no tenéis, a lo que parece, siquiera° algún condado°?"   at least, county

"Aún es temprano," respondió Sancho, "porque no ha sino un mes que andamos buscando las aventuras, y hasta ahora no hemos topado con ninguna que lo sea.[10] Y tal vez hay que se busca una cosa y se halla otra. Verdad es que si mi señor don Quijote sana desta herida, o caída, y yo no quedo contrecho° della, no trocaría mis esperanzas con el mejor título de España."   crippled

Todas estas pláticas estaba escuchando muy atento don Quijote, y sentándose en el lecho como pudo, tomando de la mano a la ventera, le dijo:

"Creedme, fermosa señora, que os podéis llamar venturosa° por haber   fortunate
alojado en este vuestro castillo a mi persona, que es tal, que si yo no la alabo,[11] es por lo que suele decirse que la alabanza propria envilece,° pero mi   debases
escudero os dirá quién soy. Sólo os digo que tendré eternamente escrito en mi memoria el servicio que me habedes fecho, para agradecéroslo mientras la vida me durare. Y pluguiera° a los altos cielos que el amor no me tuviera tan   may it please
rendido y tan sujeto a sus leyes, y los ojos de aquella hermosa ingrata que digo entre mis dientes,[12] que los desta fermosa doncella fueran señores de mi libertad."

---

[9] **Me ha…** *it has happened to me that I dreamed that I was falling down from a tower and never hit the ground, and when I woke, I was as beaten up and pounded.*

[10] **Hasta ahora…** *until now we haven't come across any that can be called one.* **Lo** *refers to* **aventura.**

[11] **Si yo…** *if I don't praise it* [= **mi persona**].

[12] **Entre…** *under my breath.*

Confusas estaban la ventera y su hija y la buena de Maritornes oyendo las razones del andante caballero, que así las entendían como si hablara en griego,° aunque bien alcanzaron que todas se encaminaban a ofrecimiento y requiebros.[13] Y como no 'usadas a° semejante lenguaje, mirábanle y admirábanse, y parecíales otro hombre de los que se usaban,[14] y agradeciéndole con venteriles razones sus ofrecimientos, le dejaron, y la asturiana Maritornes curó a Sancho, que no menos lo había menester que su amo.

    Había el harriero concertado con ella que aquella noche se refocilarían juntos, y ella le había dado su palabra de que, en estando sosegados los huéspedes y durmiendo sus amos, le iría a buscar y satisfacerle el gusto en cuanto le mandase. Y cuéntase desta buena moza que jamás dio semejantes palabras que no las cumpliese, aunque las diese en un monte y sin testigo alguno, porque presumía° muy de hidalga, y no tenía por afrenta° estar en aquel ejercicio de servir en la venta, porque decía ella que desgracias y malos sucesos la habían traído a aquel estado.

    El duro, estrecho,° apocado° y fementido° lecho de don Quijote estaba primero en mitad de aquel estrellado[15] establo,° y luego, junto a él, hizo el suyo Sancho, que sólo contenía una 'estera de enea° y una manta, que antes mostraba ser de anjeo° tundido° que de lana. Sucedía° a estos dos lechos el del harriero, fabricado, como se ha dicho, de las enjalmas y de todo el adorno de los dos mejores mulos que traía, aunque eran doce, lucios,° gordos y famosos, porque era uno de los ricos harrieros de Arévalo,[16] según lo dice el autor desta historia, que deste harriero hace particular mención, porque le conocía muy bien, y aun quieren decir que era algo pariente suyo.[17] 'Fuera de que° Cide Mahamate Benengeli fue historiador muy curioso y muy puntual° en todas las cosas, y échase bien de ver, pues las que quedan referidas, con ser tan mínimas° y tan rateras,° no las quiso pasar en silencio. De donde podrán tomar ejemplo los historiadores graves, que nos cuentan las acciones tan corta y sucintamente,° que apenas nos llegan a los labios,[18] dejándose en el tintero,° ya por descuido, por malicia o ignorancia, lo más sustancial de la obra.° ¡Bien haya mil veces[19] el autor de *Tablante de Ricamonte*,[20] y aquel del otro libro donde se cuenta los hechos del conde Tomillas,[21] y con qué puntualidad lo describe todo!

    Digo, pues, que después de haber visitado el harriero a su recua y dádole el segundo pienso, 'se tendió° en sus enjalmas y se dio a esperar a

Right margin glosses:
Greek
used to
prided herself, disgrace
narrow, weakened, treacherous; stable
rush mat
linen, threadbare, came next
sleek
besides
accurate
smallest, trivial
briefly
inkwell
work
stretched out

---

[13] **Todas...** *all [the words] were leading to offerings and flattery.*

[14] **Parecíales...** *he seemed to them to be another type of man from what they were accustomed to.*

[15] Supposedly you could see stars **estrellas** through the roof.

[16] Arévalo is a city in the province of Ávila (population today of 6400), about 50 kms. north of Ávila proper.

[17] **Algo...** *something of a relative of his.*

[18] **Apenas...** *we hardly get a taste of them.*

[19] **Bien...** *a thousand blessings on.*

[20] *La corónica de los nobles caballeros Tablante de Ricamonte y de Jofre hijo del conde Donasón*, anonymous when published in Toledo in 1513.

[21] Conde Tomillas is a character in the *Historia de Enrique fi[jo] de Oliva, rey de Iherusalem, emperador de Constantinopla* (Seville, 1498).

su puntualísimo° Maritornes. Ya estaba Sancho bizmado y acostado, y aunque   very punctual
procuraba° dormir, no lo consentía el dolor de sus costillas. Y don Quijote,   tried to
con el dolor de las suyas, tenía los ojos abiertos como liebre.° Toda la venta   hare
estaba en silencio, y en toda ella no había otra luz que la que daba una
5   lámpara que colgada° en medio del portal ardía.° Esta maravillosa quietud,°   hanging, burned
y los pensamientos que siempre nuestro caballero traía de los sucesos que a   stillness
cada paso se cuentan en los libros autores de su desgracia, le trujo a la
imaginación una de las estrañas locuras que buenamente imaginarse pueden.
Y fue que él se imaginó haber llegado a un famoso castillo, que, como se ha
10 dicho, castillos eran a su parecer todas las ventas donde alojaba, y que la hija
del ventero lo era del señor del castillo,²² la cual, vencida° de su gentileza,°   conquered, elegance
se había enamorado dél y prometido que aquella noche, 'a furto° de sus   on the sly
padres, vendría a yacer con él una buena pieza. Y teniendo toda esta quimera,
que él se había fabricado, por firme y valedera,° se comenzó a acuitar y a   binding
15 pensar en el peligroso trance en que su honestidad se había de ver, y propuso
en su corazón de no cometer alevosía a su señora Dulcinea del Toboso,
aunque la mesma reina Ginebra con su dama Quintañona se le pusiesen
delante.
     Pensando, pues, en estos disparates, se llegó el tiempo y la hora, que para
20 él fue menguada,²³ de la venida de la asturiana, la cual, en camisa° y   nightshirt
descalza,° cogidos los cabellos en una 'albanega de fustán,° con tácitos° y   barefoot, hairnet,
atentados° pasos, entró en el aposento donde los tres alojaban, en busca del   quiet; careful
harriero. Pero apenas llegó a la puerta, cuando don Quijote la sintió,° y   heard
sentándose en la cama, a pesar de sus bizmas y con dolor de sus costillas,
25 tendió° los brazos para recebir a su fermosa doncella. La asturiana, que, toda   extended
recogida° y callando, iba con las manos delante° buscando a su querido,° topó   crouching, in front,
con los brazos de don Quijote, el cual la asió fuertemente de una muñeca,° y   lover; wrist
tirándola° hacia sí, sin que ella osase hablar palabra, la hizo sentar sobre la   pulling her
cama. Tentóle° luego la camisa, y aunque ella era de harpillera,° a él le   felt, burlap
30 pareció ser de finísimo y delgado cendal.° Traía en las muñecas unas cuentas°   silk, beads
de vidro,° pero a él le dieron vislumbres° de preciosas perlas orientales. Los   glass, semblance
cabellos, que en alguna manera tiraban a crines, él los marcó por hebras de
lucidísimo oro de Arabia,²⁴ cuyo resplandor° al del mesmo sol escurecía. Y   brightness
el aliento, que, sin duda alguna, olía a ensalada fiambre° y trasnochada,° a él   coldcuts, stale
35 le pareció que arrojaba de su boca un olor suave° y aromático, y finalmente   gentle
él la pintó en su imaginación de la misma traza y modo que lo había leído en
sus libros, de la otra princesa que vino a ver el° mal ferido caballero, vencida   *a*l
de sus amores, con todos los adornos que aquí van puestos. Y era tanta la
ceguedad° del pobre hidalgo, que el tacto,° ni el aliento, ni otras cosas que   blindness, touch
40 traía en sí la buena doncella, no le desengañaban, las cuales pudieran hacer
vomitar a otro que no fuera harriero. Antes le parecía que tenía entre sus
brazos a la diosa° de la hermosura. Y teniéndola bien asida, con voz amorosa   goddess
y baja, le comenzó a decir:

²² **La hija...** *the daughter of the innkeeper was the daughter of the lord of the castle.*
²³ The **hora menguada** is the fatal moment.
²⁴ **En alguna...** *in some way resembled the mane of a horse, he considered them to be*
threads of shiniest Arabian gold

"Quisiera hallarme en términos, fermosa y alta señora, de poder pagar°   respond to
tamaña merced como la que con la vista de vuestra gran fermosura me
habedes° fecho, pero ha querido la fortuna, que no se cansa de perseguir°   **habéis,** pursue
a los buenos, ponerme en este lecho, donde yago tan molido y quebrantado,
que, aunque de mi voluntad quisiera satisfacer a la vuestra, fuera°   **sería**
imposible. Y más,° que se añade a esta imposibilidad otra mayor, que es la   furthermore
prometida fe que tengo dada a la sin par Dulcinea del Toboso, única señora
de mis más escondidos pensamientos. Que si esto no hubiera de por
medio,[25] no fuera yo tan sandio° caballero, que 'dejara pasar en blanco° la   foolish, would miss
venturosa ocasión en que vuestra gran bondad me ha puesto."

Maritornes estaba congojadísima° y trasudando° de verse tan asida de   very distressed,
don Quijote, y sin entender ni estar atenta a las razones que le decía,   sweating
procuraba, sin hablar palabra, desasirse.° El bueno del harriero, a quien   get loose
tenían despierto sus malos deseos,[26] desde el punto que entró su coima° por   concubine
la puerta, la sintió. Estuvo atentamente escuchando todo lo que don Quijote
decía, y celoso° de que la asturiana le hubiese faltado a la palabra por   suspicious
otro,[27] se fue llegando más al lecho de don Quijote, y estúvose quedo hasta
ver en qué paraban aquellas razones que él no podía entender. Pero como
vio que la moza forcejaba° por desasirse, y don Quijote trabajaba por   struggled
tenella, pareciéndole mal la burla, enarboló° el brazo en alto y descargó tan   raised high
terrible puñada° sobre las estrechas quijadas° del enamorado caballero, que   punch, jaws
le bañó° toda la boca en sangre. Y no contento con esto, se le subió encima   bathed
de las costillas, y con los pies, más que de trote, se las paseó todas de cabo
a cabo.[28] El lecho, que era un poco endeble° y de no firmes fundamentos,°   weak, foundation
no pudiendo sufrir° la añadidura del harriero, 'dio consigo en el suelo,° a   support, fell
cuyo gran ruido despertó el ventero, y luego imaginó que debían de ser
pendencias de Maritornes, porque, habiéndola llamado a voces, no
respondía. Con esta sospecha se levantó y encendiendo° un candil,° se fue   lighting, lamp
hacia donde había sentido la pelaza.° La moza, viendo que su amo venía y   scuffle
que era de condición terrible, toda medrosica° y alborotada, 'se acogió° a   afraid, took refuge
la cama de Sancho Panza, que aún dormía, y allí 'se acorrucó° y se hizo un   curled up
ovillo.°   ball

El ventero entró diciendo:

"¿Adónde estás, puta?° A buen seguro que son tus cosas éstas."   whore

En esto despertó Sancho, y sintiendo aquel bulto° casi encima de sí,   mass
pensó que tenía la pesadilla° y comenzó a dar puñadas a una y otra parte,   nightmare
y entre otras, alcanzó con no sé cuántas a Maritornes, la cual, sentida del
dolor, echando a rodar la honestidad,[29] dio el retorno a Sancho con tantas,
que, a su despecho, le quitó el sueño,[30] el cual, viéndose tratar de aquella
manera y sin saber de quién, alzándose como pudo, se abrazó con
Maritornes, y comenzaron entre los dos la más reñida° y graciosa escara-   hard-fought

---

[25] **Si esto...** *if this weren't in the way.*
[26] **A quien...** *whose lascivious desires had him awake.*
[27] **Le hubiese...** *had broken her word to him for another.*
[28] **Con los...** *with his feet, faster than at a trot, he strolled from one end of them [the ribs] to the other.*
[29] **Sentida del dolor...** *feeling the pain, casting aside her modesty.*
[30] **A su...** *to his dismay, woke him up.*

muza° del mundo.   skirmish

    Viendo, pues, el harriero, a la lumbre del candil del ventero, cuál° andaba   **cómo**
su dama, dejando a don Quijote, acudió a dalle el socorro necesario. Lo
mismo hizo el ventero, pero con intención diferente, porque fue a castigar° a   to punish
5 la moza, creyendo, sin duda, que ella sola era la ocasión de toda aquella
harmonía. Y así, como suele decirse: el gato al rato, el rato a la cuerda,° la   rope
cuerda al palo,°[31] daba el harriero a Sancho, Sancho a la moza, la moza a él,   stick
el ventero a la moza, y todos menudeaban con tanta priesa que no se daban
'punto de reposo.° Y fue lo bueno que al ventero se le apagó el candil,[32] y   a moment's rest
10 como quedaron ascuras,° dábanse tan sin compasión todos a bulto, que 'a   **a oscuras**
doquiera° que ponían la mano no dejaban cosa sana.°   wherever, sound

    Alojaba acaso aquella noche en la venta un cuadrillero° de los que llaman   officer
de la Santa Hermandad Vieja de Toledo, el cual, oyendo ansimesmo el estraño
estruendo de la pelea,° asió de su media vara y de la caja de lata de sus   fight
15 títulos,[33] y entró ascuras en el aposento, diciendo:

    "¡Ténganse a la justicia![34] ¡Ténganse a la Santa Hermandad!"

    Y el primero con quien topó fue con el apuñeado° de don Quijote, que   pummeled
estaba en su derribado° lecho, tendido boca arriba,[35] sin sentido alguno, y   flattened
echándole a tiento mano a las barbas,[36] no cesaba de decir: "¡Favor a la
20 justicia!" Pero viendo que el que tenía asido no 'se bullía° ni meneaba, se dio   stirred
a entender que estaba muerto, y que los que allí dentro estaban eran sus
matadores, y con esta sospecha, reforzó° la voz, diciendo: made loud

    "¡Ciérrese la puerta de la venta! ¡Miren no se vaya nadie, que han muerto
aquí a un hombre!"

25   Esta voz sobresaltó° a todos, y 'cada cual° dejó la pendencia en el grado°   terrified, each one,
que le tomó la voz. Retiróse el ventero a su aposento, el harriero a sus   stage
enjalmas, la moza a su rancho.° Solos los desventurados don Quijote y   room
Sancho no se pudieron mover de donde estaban. Soltó en esto el cuadrillero
la barba de don Quijote, y salió a buscar luz, para buscar y prender los
30 delincuentes. Mas no la halló, porque el ventero, de industria, había muerto
la lámpara cuando se retiró a su estancia, y fuele forzoso acudir a la
chimenea,° donde, con mucho trabajo y tiempo, encendió el cuadrillero otro   fireplace
candil.

---

[31] Rodríguez Marín explains that this is from a children's tale (I, 436-37).
[32] **Fue...** *the best part was the innkeeper's lamp went out.*
[33] **Media vara...** *staff of office and tin box of warrants.*
[34] **Ténganse...** *Stop in the name of justice.*
[35] **Tendido...** *stretched out on his back.*
[36] **Echándole...** *touching the beard.*

Capítulo XVII. Donde se prosiguen los innumerables trabajos que el bravo° don Quijote y su buen escudero Sancho Panza pasaron en la venta que, por su mal, pensó que era castillo.

valiant

HABÍA YA vuelto en este tiempo de su parasismo° don Quijote, y con el mesmo tono de voz con que el día antes había llamado a su escudero, cuando estaba tendido en «el val de las estacas»,¹ le comenzó a llamar, diciendo:

loss of consciousness

"Sancho amigo, ¿duermes? ¿Duermes, amigo Sancho?"

"¡Qué tengo de dormir, pesia a mí!"² respondió Sancho, lleno de pesadumbre y de despecho, "que no parece sino que todos los diablos han andado comigo° esta noche."

conmigo

"Puédeslo creer ansí, sin duda," respondió don Quijote, "porque, o yo sé poco, o este castillo es encantado. Porque 'has de saber...° mas esto que ahora quiero decirte, hasme de jurar que lo tendrás secreto hasta después de mi muerte."

I want you to know

"Sí, juro," respondió Sancho.

"Dígolo," replicó don Quijote, "porque soy enemigo de que se quite la honra a nadie."³

"Digo que sí juro," tornó a decir Sancho, "que lo callaré hasta después de los días de vuestra merced, y plega° a Dios que lo pueda descubrir mañana."

may it please

"¿Tan malas obras te hago,⁴ Sancho," respondió don Quijote, "que me querrías ver muerto con tanta brevedad?"

"No es por eso," respondió Sancho, "sino porque soy enemigo de guardar mucho las cosas, y no querría que se me pudriesen de guardadas."⁵

"Sea por lo que fuere,"⁶ dijo don Quijote, "que más fío° de tu amor y de tu cortesía. Y así has de saber que esta noche me ha sucedido una de las más estrañas aventuras que yo sabré encarecer.° Y por contártela 'en breve,° sabrás que poco ha que a mí vino la hija del señor deste castillo, que es la más apuesta° y fermosa doncella que en gran parte de la tierra se puede hallar. ¿Qué te podría decir del adorno de su persona? ¿Qué de su gallardo entendimiento? ¿Qué de otras cosas ocultas,° que, por guardar la fe que debo a mi señora Dulcinea del Toboso, dejaré pasar intactas y en silencio? Sólo te quiero decir que, envidioso° el cielo de tanto bien como la ventura me había puesto en las manos, o quizá—y esto es lo más cierto—que, como tengo dicho, es encantado este castillo, al tiempo que yo estaba con ella en dulcísimos y amorosísimos coloquios, sin que yo la viese ni supiese por donde venía, vino una mano pegada° a algún brazo de algún descomunal gigante y asentóme° una puñada en las quijadas, tal que

trust

describe
briefly
elegant

concealed

envious

attached to
struck

---

¹ **El val de las estacas** "the valley of the stakes," comes from an old **romance** which everyone would have recognized: "Por el val de las estacas / El buen Cid pasado había: / A la mano izquierda deja / La villa de Constantina."

² **¡Qué tengo...** *How can I sleep, for God's sake*

³ **Soy enemigo...** *I hate it if anyone loses his good name*

⁴ **¿Tan malas...** *Do I treat you so badly?*

⁵ **No querría...** *I don't want them to rot for having kept them too long*

⁶ **Sea...** *be that as it may*

las tengo todas bañadas en sangre, y después me molió 'de tal suerte° que   in such a way
estoy peor que ayer cuando los gallegos, que, por demasías° de Rocinante,   excesses
nos hicieron el agravio que sabes. Por donde conjeturo que el tesoro de la
fermosura desta doncella le debe de guardar algún encantado moro, y no
5 debe de ser para mí."[7]
    "Ni para mí tampoco," respondió Sancho, "porque más de
cuatrocientos moros me han aporreado a mí de manera que el molimiento
de las estacas 'fue tortas y pan pintado.° Pero dígame, señor, ¿cómo llama   was nothing
a esta buena y rara aventura, habiendo quedado della cuál quedamos?[8] Aun
10 vuestra merced, menos mal, pues tuvo en sus manos aquella incomparable
fermosura que ha dicho. Pero yo ¿qué tuve, sino los mayores porrazos° que   blows
pienso recebir en toda mi vida? ¡Desdichado de mí y de la madre que me
parió, que ni soy caballero andante, ni lo pienso ser jamás, y de todas las
malandanzas° me cabe la mayor parte!"   misfortunes
15   "Luego ¿también estás tú aporreado?" respondió don Quijóte.
    "¿No le he dicho que sí, pesia a mi linaje?" dijo Sancho.
    "No tengas pena, amigo," dijo don Quijote, "que yo haré agora el
bálsamo precioso con que sanaremos en un abrir y cerrar de ojos."[9]
    Acabó en esto de encender el candil el cuadrillero, y entró a ver el que
20 pensaba que era muerto, y así como le vio entrar Sancho, viéndole venir en
camisa y con su 'paño de cabeza° y candil en la mano, y con una muy mala   night cap
cara, preguntó a su amo:
    "Señor, ¿si será éste a dicha el moro encantado que nos vuelve a
castigar, si se dejó algo en el tintero?"
25   "No puede ser el moro," respondió don Quijote, "porque los
encantados no se dejan ver de nadie."[10]
    "Si no se dejan ver, déjanse sentir," dijo Sancho, "si no, díganlo mis
espaldas."[11]
    "También lo podrían decir las mías," respondió don Quijote, "pero no
30 es bastante indicio ése para creer que este que se vee sea el encantado
moro."
    Llegó el cuadrillero, y como los halló hablando en tan sosegada
conversación, quedó suspenso. Bien es verdad que aún don Quijote se
estaba boca arriba, sin poderse menear de puro molido y emplastado.°   covered with plasters
35 Llegóse a él el cuadrillero y díjole:
    "Pues ¿cómo va, buen hombre?"[12]
    "Hablara yo 'más bien criado,°" respondió don Quijote, "si fuera que   more courteously

---

[7] **La fermosura…** *some enchanted Moor must guard the beauty of this maiden, and it
[the beauty] must not be for me*
[8] **Habiendo quedado…** *having come out of it the way we have*
[9] **En un…** *in the twinkling of an eye*
[10] **No se…** *they don't let anyone see them*
[11] **Déjanse sentir…** *"They let themselves be felt," said Sancho, "if not, let my back
speak for me."*
[12] Although this was said seemingly in innocence, Don Quijote takes offense because
he thinks it is used in its despective meaning, **pobre hombre.** Clemencín says that is a form
of address that implies great superiority.

vos.[13] ¿Úsase en esta tierra hablar desa suerte° a los caballeros andantes,   way
majadero°?"   blockhead
   El cuadrillero, que se vio tratar° tan mal de un hombre de tan 'mal   addressed
parecer,° no lo pudo sufrir, y alzando el candil con todo su aceite, dio a don   bad appearance
5 Quijote con él en la cabeza, de suerte que le dejó muy bien descalabrado,°   wounded on head
y como todo quedó ascuras, salióse luego, y Sancho Panza dijo:
   "Sin duda, señor, que éste es el moro encantado, y debe de guardar el
tesoro para otros, y para nosotros sólo guarda las puñadas y los
candilazos.°"   blows with lamp
10   "Así es," respondió don Quijote, "y no hay que hacer caso destas cosas
de encantamentos, ni hay para qué tomar cólera ni enojo con ellas, que,
como son invisibles y fantásticas,° no hallaremos de quien vengarnos,   unreal
aunque más lo procuremos.[14] Levántate, Sancho, si puedes, y llama al
alcaide desta fortaleza, y procura que se me dé un poco de aceite, vino, sal
15 y romero para hacer el salutífero° bálsamo, que en verdad que creo que lo   curative
he° bien menester ahora, porque se me va mucha sangre de la herida que   **tengo**
esta fantasma° me ha dado."   phantom
   Levantóse Sancho con harto° dolor de sus huesos, y fue ascuras donde   plenty of
estaba el ventero, y encontrándose con el cuadrillero, que estaba escuchando
20 en qué paraba su enemigo, le dijo:
   "Señor, quienquiera que seáis, hacednos merced y beneficio° de darnos   kindness
un poco de romero, aceite, sal y vino, que es menester para curar uno de los
mejores caballeros andantes que hay en la tierra, el cual yace° en aquella   lies
cama mal ferido por las manos del encantado moro que está en esta venta."
25   Cuando el cuadrillero tal oyó, túvole por hombre falto de seso.[15] Y
porque ya 'comenzaba a amanecer,° abrió la puerta de la venta, y llamando   dawn
al ventero, le dijo lo que aquel buen hombre quería. El ventero le proveyó
de cuanto quiso,[16] y Sancho se lo llevó a don Quijote, que estaba con las
manos en la cabeza, quejándose del dolor del candilazo, que no le había
30 hecho más mal que levantarle dos chichones° algo crecidos,° y lo que él   bumps on head,
pensaba que era sangre no era sino sudor que sudaba con la congoja° de la   swollen; anguish
pasada tormenta.
   En resolución, él tomó sus simples,° de los cuales hizo un compuesto,°   ingredients, com-
mezclándolos todos y cociéndolos° un buen espacio, hasta que le pareció   pound; cooking
35 que estaban 'en su punto.° Pidió luego alguna redoma° para echallo, y como   ready, flask
no la hubo en la venta, se resolvió de ponello en una alcuza o aceitera de
hoja de lata,[17] de quien el ventero le hizo grata° donación.° Y luego dijo   free, gift
sobre la alcuza más de ochenta paternostres° y otras tantas avemarías,°   Our Fathers, Hail
salves° y credos,° y a cada palabra acompañaba una cruz° a modo de   Marys; *Salve*
40 bendición. A todo lo cual se hallaron presentes Sancho, el ventero   *Reginas*, credos,
   cross

---

[13] **Si fuera...** *if I were you*
[14] **No hallaremos...** *we won't find anyone to take vengeace on, no matter how hard
we look*
[15] **Túvole...** *he took him for a crazy person*
[16] **Le proveyó...** *provided him with everything he wanted*
[17] **En un...** *in a cruet or an oil container of tin*

y cuadrillero, que ya el harriero sosegadamente andaba entendiendo en el beneficio de sus machos.[18]

Hecho esto, quiso él mesmo 'hacer luego la esperiencia° de la virtud de aquel precioso bálsamo que él se imaginaba, y así se bebió de lo que no
5 pudo caber° en la alcuza y quedaba en la olla° donde se había cocido, casi 'media azumbre.° Y apenas lo acabó de beber, cuando comenzó a vomitar de manera que no le quedó cosa en el estómago, y con las ansias° y agitación del vómito le dio un sudor copiosísimo, por lo cual mandó que le arropasen° y le dejasen solo. Hiciéronlo ansí, y quedóse dormido más de
10 tres horas, al cabo de las cuales despertó y se sintió aliviadísimo° del cuerpo, y en tal manera mejor de su quebrantamiento,° que se tuvo por sano. Y verdaderamente creyó que había acertado con el bálsamo de Fierabrás, y que con aquel remedio podía acometer desde allí adelante, sin temor alguno, cualesquiera ruinas,° batallas y pendencias, por peligrosas que
15 fuesen.

Sancho Panza, que también tuvo a milagro la mejoría de su amo,[19] le rogó que le diese a él lo que quedaba en la olla, que no era poca cantidad. Concedióselo don Quijote, y él tomándola a dos manos, con buena fe y mejor talante, se la echó a pechos y envasó bien poco menos que su amo.[20]
20 Es, pues, el caso que el estómago del pobre Sancho no debía de ser tan delicado como el de su amo, y así 'primero que° vomitase le dieron tantas ansias y bascas,° con tantos trasudores y desmayos,° que él pensó bien y verdaderamente que era llegada su última hora. Y viéndose tan afligido° y congojado,° maldecía° el bálsamo y al ladrón que se lo había dado.
25 Viéndole así don Quijote, le dijo:

"Yo creo, Sancho, que todo este mal te viene de no ser armado caballero. Porque tengo para mí que este licor no debe de aprovechar a los que no lo son."

"Si eso sabía vuestra merced," replicó Sancho, "¡mal haya yo y toda
30 mi parentela![21] ¿para qué consintió que lo gustase?"

En esto hizo su operación el brebaje,° y comenzó el pobre escudero a desaguarse por entrambas canales,[22] con tanta priesa, que la estera de enea sobre quien se había vuelto a echar, ni la manta de anjeo con que se cubría, fueron más de provecho.° Sudaba y trasudaba con tales parasismos y
35 accidentes, que no solamente él, sino todos pensaron que se le acababa la vida. Duróle esta borrasca° y 'mala andanza° casi dos horas, al cabo de las cuales no quedó como su amo, sino tan molido y quebrantado, que no se podía tener.

Pero don Quijote, que, como se ha dicho, se sintió aliviado y sano,
40 quiso partirse luego a buscar aventuras, pareciéndole que todo el tiempo que allí se tardaba era quitársele al mundo y a los en él menesterosos de su

---

[18] **El harriero...** *the muleteer was calmly attending to the good of his mules*
[19] **Tuvo...** *held the improvement of his master to be a miracle*
[20] **Se la...** *he took it and drank not much less than his master*
[21] **Mal haya...** *woe is me and all my kindred*
[22] The dictionary definition of **desaguarse** is *to discharge by vomiting or stooling,* so the added **por entrambas canales** *through both canals* underlines that both things happened.

Marginal glosses (right column):

try out
fit, pot
quart
nausea

cover
very relieved
bruises

disasters

before
nausea, faintings
afflicted
distressed, cursed

brew

use

tempest, **malandanza**

favor y amparo,[23] y más° con la seguridad° y confianza que llevaba en su | moreso, security
bálsamo. Y así, forzado° deste deseo, él mismo ensilló a Rocinante y | compelled
enalbardó al jumento de su escudero, a quien también ayudó a vestir y a
subir en el asno. Púsose luego a caballo, y llegándose a un rincón de la
5   venta, asió de un lanzón° que allí estaba, para que le sirviese de lanza. | metal-tipped pole
Estábanle mirando 'todos cuantos° había en la venta, que pasaban° de | everyone, surpassed
más de veinte personas. Mirábale también la hija del ventero, y él también
no quitaba los ojos della, y de cuando en cuando arrojaba un sospiro que
parecía que le arrancaba° de lo profundo de sus entrañas, y todos pensaban | drew out
10 que debía de ser del dolor que sentía en las costillas, a lo menos pensábanlo
aquellos que la noche antes le habían visto bizmar.

'Ya que° estuvieron los dos a caballo, puesto a la puerta de la venta, | as soon as
llamó al ventero, y con voz muy reposada y grave le dijo:

"Muchas y muy grandes son las mercedes, señor alcaide, que en este
15 vuestro castillo he recebido, y quedo obligadísimo° a agradecéroslas todos | very obliged
los días de mi vida. Si os las puedo pagar° en haceros vengado° de algún | repay, avenged
soberbio° que os haya fecho algún agravio, sabed que mi oficio no es otro | arrogant person
sino valer a los que poco pueden, y vengar a los que reciben tuertos, y
castigar alevosías. Recorred° vuestra memoria, y si halláis alguna cosa deste | examine
20 jaez° que encomendarme, no hay sino decilla, que yo os prometo, por la | kind
orden de caballero que recebí, de faceros satisfecho y pagado a toda vuestra
voluntad."

El ventero le respondió con el mesmo sosiego:

"Señor caballero, yo no tengo necesidad de que vuestra merced me
25 vengue ningún agravio, porque yo sé tomar la venganza que me parece,[24]
cuando se me hacen. Sólo he menester que vuestra merced me pague el
gasto° que esta noche ha hecho en la venta, así de la paja y cebada de sus | expense
dos bestias,° como de la cena y camas." | animals

"Luego ¿venta es ésta?" replicó don Quijote.
30   "Y muy honrada,°" respondió el ventero. | reputable

"Engañado° he vivido hasta aquí," respondió don Quijote, "que en | deceived
verdad que pensé que era castillo, y no malo. Pero, pues es ansí que no es
castillo, sino venta, lo que se podrá hacer por agora es que perdonéis por
la paga,[25] que yo no puedo contravenir° a la orden de los caballeros andan- | violate
35 tes, de los cuales sé cierto,° sin que hasta ahora haya leído cosa en | for certain
contrario, que jamás pagaron posada° ni otra cosa en venta donde | lodging
estuviesen, porque se les debe de fuero° y de derecho° cualquier buen | law, right
acogimiento° que se les hiciere, en pago del insufrible trabajo que padecen | shelter
buscando las aventuras de noche y de día, en invierno y en verano, a pie y
40 a caballo, con sed y con hambre, con calor y con frío, sujetos a todas las
inclemencias del cielo y a todos los incómodos° de la tierra." | discomforts

"Poco tengo yo que ver en eso," respondió el ventero, "págueseme lo
que se me debe, y dejémonos de cuentos ni de caballerías, que yo no tengo
cuenta con otra cosa que con cobrar° mi hacienda." | collect
45   "Vos sois un sandio y mal hostalero,°" respondió don Quijote. | innkeeper

---

[23] **Quitársele...** *to deprive his protection from the world and the needy in it*
[24] **La venganza...** *the vengeance that I see fit*
[25] **Perdonéis...** *forgive the payment*

Y poniendo piernas a Rocinante[26] y terciando° su lanzón, se salió de   brandishing
la venta sin que nadie le detuviese, y él, sin mirar si le seguía su escudero,
'se alongó° un buen trecho. El ventero que le vio ir y que no le pagaba,   went away
acudió a cobrar de Sancho Panza, el cual dijo que pues° su señor no había   since
5 querido pagar, que tampoco él pagaría. Porque siendo el escudero de
caballero andante, como era, la mesma regla y razón corría por él como por
su amo en no pagar cosa alguna en los mesones° y ventas. Amohinóse°   inns, became irritated
mucho desto el ventero, y amenazóle que si no le pagaba, que lo cobraría
de modo que le pesase.° A lo cual Sancho respondió que, por la ley de   would displease
10 caballería que su amo había recebido, no pagaría un solo cornado,° aunque   1/6 of a *maravedí*
le costase la vida, porque no había de perder por él la buena y antigua
usanza de los caballeros andantes, ni se habían de quejar dél los escuderos
de los tales que estaban por venir al mundo, reprochándole el
quebrantamiento de tan justo fuero.[27]
15 Quiso la mala suerte del desdichado Sancho que, entre la gente que
estaba en la venta, se hallasen cuatro perailes° de Segovia, tres agujeros°   woolcarders, needle-
del Potro de Córdoba y dos vecinos de la Heria[28] de Sevilla, gente alegre,   makers
bien intencionada, maleante y juguetona,° los cuales, casi como instigados°   playful, incited
y movidos de un mesmo espíritu, se llegaron a Sancho, y apeándole del
20 asno, uno dellos entró por° la manta° de la cama del huésped, y echándole°   to fetch, blanket,
en ella, alzaron los ojos y vieron que el techo° era algo más bajo de lo que   **le** = Sancho; ceiling
habían menester para su obra, y determinaron salirse al corral, que tenía por
límite el cielo. Y allí, puesto Sancho en mitad de la manta, comenzaron a
levantarle en alto y a holgarse con él, como con perro por carnestolendas.°   carnival
25 Las voces que el mísero manteado daba fueron tantas, que llegaron a
los oídos de su amo, el cual, deteniéndose a escuchar atentamente, creyó
que alguna nueva aventura le venía, hasta que claramente conoció que el
que gritaba era su escudero, y volviendo las riendas, con un penado° galope   laborious
llegó a la venta, y hallándola cerrada, la rodeó° por ver si hallaba por donde   went around
30 entrar. Pero no hubo llegado a las paredes del corral, que no eran muy altas,
cuando vio el mal juego que se le hacía a su escudero. Viole bajar y subir
por el aire, con tanta gracia y presteza,° que, si la cólera le dejara, tengo   nimbleness
para mí que 'se riera.° Probó a subir desde el caballo a las bardas,[29] pero   he would have
estaba tan molido y quebrantado, que aun apearse no pudo, y así, desde   laughed
35 encima del caballo, comenzó a decir tantos denuestos° y baldones° a los   insults, affronts
que a Sancho manteaban,° que no es posible acertar a escribillos, mas no   were blanketing
por esto cesaban ellos de su risa° y de su obra, ni el volador Sancho dejaba   laughter
sus quejas,° mezcladas ya con amenazas, ya con ruegos.° Mas todo   grumblings, suppli-
aprovechaba poco, ni aprovechó, hasta que de puro cansados le dejaron.°   cations; let go
40 Trujéronle allí su asno, y subiéndole encima, le arroparon con su gabán.°   sleeved cloak
Y la compasiva de Maritornes, viéndole tan fatigado,° le pareció ser bien   weary

---

[26] **Y poniendo…** *and spurring Rocinante.* The first edition had **al Rocinante**. The
second had **a Rocinante**. I have changed Schevill's **al** to **a**.

[27] **Ni se habían…** *nor would the squires of others who had yet to come into the world*
be able to complain about him, reproaching him for having broken such a proper law

[28] Pronounced **Jeria** = **Feria**, a section of Seville where a market was held weekly
(Rodríguez Marín). Another place where rogues gathered together.

[29] **Probó…** *he tried to climb up from the horse to the fence*

con un jarro de agua, y así se le trujo del pozo, por ser más frío. Tomóle
Sancho, y llevándole a la boca, se paró a las voces que su amo le daba,
diciendo:

"¡Hijo Sancho, no bebas agua! ¡Hijo, no la bebas, que te matará! Ves
aquí tengo el santísimo° bálsamo"—y enseñábale la alcuza del brebaje—   very holy
"que con dos gotas que dél bebas sanarás sin duda."

A estas voces volvió Sancho los ojos como de través,[30] y dijo con otras
mayores:

"Por dicha ¿hásele olvidado a vuestra merced como yo no soy
caballero, o quiere que acabe de vomitar las entrañas que me quedaron de
anoche? ¡Guárdese su licor con todos los diablos, y déjeme a mí!"

Y el acabar de decir esto y el comenzar a beber, todo fue uno. Mas
como al primer trago vio que era agua, no quiso pasar adelante, y rogó a
Maritornes que se le trujese de vino, y así lo hizo ella de muy buena
voluntad, y lo pagó de su mesmo dinero, porque, en efecto, se dice della   appearance
que, aunque estaba en aquel trato, tenía unas 'sombras y lejos° de cristiana.

Así como bebió Sancho dio de los carcaños° a su asno, y abriéndole   heels
la puerta de la venta de par en par, se salió della, muy contento de no haber
pagado nada y de haber salido con su intención, aunque había sido a costa
de sus acostumbrados fiadores,° que eran sus espaldas. Verdad es que el   guarantors
ventero se quedó con sus alforjas en pago de lo que se le debía. Mas
Sancho no las 'echó menos,° según salió turbado.° Quiso el ventero   missed, upset
atrancar° bien la puerta así como le vio fuera. Mas no lo consintieron los   bar
manteadores,° que era gente que, aunque don Quijote fuera verdaderamente   blanketers
de los caballeros andantes de la Tabla Redonda, no le estimaran° en dos   value
ardites.°   "old coins"

---

[30] **Volvió...** Sancho either rolled his eyes, squinted, or looked cross-eyed. No one
knows for sure.

Capítulo XVIII. Donde se cuentan las razones que pasó Sancho Panza con su señor don Quijote, con otras aventuras dignas de ser contadas.

LlEGÓ SANCHO a su amo marchito° y desmayado,° tanto, que no podía harrear° a su jumento. Cuando así le vio don Quijote, le dijo:

"Ahora acabo de creer, Sancho bueno, que aquel castillo o venta, de que es encantado sin duda, porque aquellos que tan atrozmente° tomaron pasatiempo° contigo, ¿qué podían ser sino fantasmas y gente del otro mundo? Y confirmo esto por haber visto que cuando estaba° por las bardas del corral mirando los actos de tu triste tragedia, no me fue posible subir por ellas, ni menos pude apearme de Rocinante, porque me debían de tener encantado; que te juro por la fe de quien soy que, si pudiera subir o apearme, que yo te hiciera° vengado de manera que aquellos follones y malandrines se acordaran de la burla para siempre, aunque en ello supiera° contravenir a las leyes de la caballería, que, como ya muchas veces te he dicho, no consienten que caballero ponga mano contra quien no lo sea, si no fuere en defensa de su propria vida y persona, en caso 'de urgente° y gran necesidad."

"También me vengara yo si pudiera, fuera o no fuera armado caballero, pero no pude; aunque tengo para mí[1] que aquellos que se holgaron conmigo no eran fantasmas ni hombres encantados, como vuestra merced dice, sino hombres de 'carne y de hueso° como nosotros. Y todos, según los oí nombrar° cuando me volteaban,° tenían sus nombres: que el uno se llamaba Pedro Martínez, y el otro Tenorio Hernández, y el ventero oí que se llamaba Juan Palomeque el Zurdo.° Así que, señor, el no poder saltar las bardas del corral ni apearse del caballo, en ál estuvo que en encantamentos.[2] Y lo que yo 'saco en limpio° de todo esto es, que estas aventuras que andamos buscando, 'al cabo al cabo,° nos han de traer a tantas desventuras, que no sepamos cuál es nuestro pie derecho. Y lo que sería mejor y más acertado, según mi poco entendimiento, fuera el volvernos a nuestro lugar, ahora que es tiempo de la siega° y de entender en la hacienda,° dejándonos de andar de Ceca en Meca y de zoca en colodra,[3] como dicen."

"¡Qué poco sabes, Sancho," respondió don Quijote, "de achaque de caballería! Calla y ten paciencia, que día vendrá donde veas, por vista de ojos, cuán honrosa cosa es andar en este ejercicio. Si no, dime, ¿qué mayor contento puede haber en el mundo, o qué gusto puede igualarse al de vencer° una batalla y al de triunfar de su enemigo? Ninguno, sin duda alguna."

"Así debe de ser," respondió Sancho, "puesto que yo no lo sé. Sólo sé que después que somos caballeros andantes, o vuestra merced lo es—que yo no hay para qué me cuente° en tan honroso número—, jamás hemos vencido batalla alguna, si no fue la del vizcaíno, y aun de aquélla salió vuestra merced con media oreja y media celada menos, que después acá

---

[1] **Tengo...** *I firmly believe*

[2] **En ál...** *had to do with something other than enchantments*

[3] **De Ceca...** *from one place to another.* **Ceca** is the name of the mosque at Cordova and **Meca** is Mecca, the holy Muslim city. **Zoca en colodra** seems to mean *from a bad place to a worse place.*

Margin glosses:
withered, faint
drive

cruelly
amusement
yo estaba

habría
tuviera que

pressing

flesh and blood
called by name,
whirled
left-handed

conclude
in the end

harvest, farm

winning

count

todo ha sido palos y más palos, puñadas y más puñadas, llevando yo de ventaja el manteamiento,[4] y haberme sucedido por personas encantadas, de quien no puedo vengarme, para saber hasta dónde llega el gusto del vencimiento del enemigo, como vuestra merced dice."

"Ésa es la pena que yo tengo y la que tú debes tener, Sancho," respondió don Quijote, "pero de aquí adelante yo procuraré haber a las manos[5] alguna espada hecha por tal maestría,° que al que la trujere consigo   skill no le puedan hacer ningún género de encantamentos. Y aun podría ser que 'me deparase° la ventura aquella° de Amadís, cuando se llamaba el   might present to me, CABALLERO DE LA ARDIENTE ESPADA,[6] que fue una de las mejores espadas   aquella *espada* que tuvo caballero en el mundo, porque, fuera que tenía la virtud dicha,[7] cortaba como una navaja,° y no había armadura,° por fuerte y encantada que   razor, armor fuese, que se le parase delante."[8]

"Yo soy tan venturoso," dijo Sancho, "que cuando eso fuese[9] y vuestra merced viniese a hallar espada semejante, sólo vendría a servir y aprovechar a los armados caballeros, como el bálsamo, y a los escuderos... que se los papen duelos."[10]

"No temas eso, Sancho," dijo don Quijote, "que mejor lo hará el cielo contigo."

En estos coloquios iban don Quijote y su escudero, cuando vio don Quijote que por el camino que iban venía hacia ellos una grande y espesa polvareda,° y en viéndola, se volvió a Sancho y le dijo: cloud of dust

"Éste es el día, ¡oh Sancho! en el cual se ha de ver el bien que me tiene guardado mi suerte. Éste es el día, digo, en que se ha de mostrar, tanto como en otro alguno, el valor de mi brazo, y en el que tengo de hacer obras que queden escritas en el libro de la fama por todos los venideros siglos. ¿Ves aquella polvareda que allí se levanta, Sancho? Pues toda es cuajada° de un   churned up, very 'copiosísimo ejército° que de diversas e innumerables gentes por allí viene   large army marchando."

"'A esa cuenta,° dos deben de ser," dijo Sancho, "porque desta parte   in that case contraria[11] se levanta asimesmo otra semejante polvareda."

Volvió a mirarlo don Quijote, y vio que así era la verdad, y alegrándose sobremanera,° pensó sin duda alguna que eran dos ejércitos que venían a   beyond measure embestirse° y a encontrarse° en mitad de aquella espaciosa llanura°; porque   attack, clash tenía a todas horas y momentos llena la fantasía[12] de aquellas batallas,   plain encantamentos, sucesos, desatinos, amores, desafíos, que en los libros de caballerías se cuentan, y 'todo cuanto° hablaba, pensaba o hacía, era   everything encaminado a cosas semejantes. Y la polvareda que había visto la levantaban dos grandes manadas de ovejas y carneros° que, por aquel   sheep

---

[4] **Llevando yo de...** *over and above that, I have been blanketed*
[5] **Haber a...** *to have on hand*
[6] This was Amadís de Grecia.
[7] **Fuera que...** *aside from having the mentioned power*
[8] **Que se le...** *that could withstand it*
[9] **"Yo so\Such is my luck,"** said Sancho, *"that when this came to pass..."*
[10] **Que se los...** *they'll be eaten by grief*
[11] **Desta...** *from the other side*
[12] **Tenía a todas horas...** *he had his imagination filled at all times*

mesmo camino, de dos diferentes partes venían, las cuales, con el polvo, no
se echaron de ver[13] hasta que llegaron cerca. Y con tanto ahinco afirmaba
don Quijote que eran ejércitos, que Sancho lo vino a creer y a decirle:
"Señor, pues ¿qué hemos de hacer nosotros?"

5   "¿Qué?" dijo don Quijote, "favorecer y ayudar a los menesterosos y
desvalidos. Y has de saber, Sancho, que este que viene por nuestra frente le
conduce° y guía el grande emperador Alifanfarón, señor de la grande isla   leads
Trapobana;[14] este otro que a mis espaldas marcha es el de su enemigo el rey
de los garamantas,[15] Pentapolén del Arremangado° Brazo, porque siempre   rolled-up sleeve
10 entra en las batallas con el brazo derecho desnudo."

    "Pues ¿por qué se quieren tan mal[16] estos dos señores?" preguntó
Sancho.

    "Quiérense mal," respondió don Quijote, "porque este Alefanfarón es
un foribundo° pagano, y está enamorado de la hija de Pentapolín, que es una   raging
15 muy fermosa y 'además agraciada° señora, y es cristiana, y su padre no se   excessively graceful
la quiere entregar al rey pagano, si no deja primero la ley de su falso profeta
Mahoma y se vuelve a la suya."[17]

    "¡Para mis barbas," dijo Sancho, "si no hace muy bien Pentapolín,[18] y
que le tengo de ayudar en cuanto pudiere!"

20   "En eso harás lo que debes, Sancho," dijo don Quijote, "porque para
entrar en batallas semejantes 'no se requiere° ser armado caballero."   it's not required

    "Bien se me alcanza eso,"[19] respondió Sancho. "Pero, ¿dónde
pondremos a este asno, que estemos ciertos de hallarle después de pasada
la refriega°? porque el entrar en ella en semejante caballería no creo que   fray
25 está en uso° hasta agora."   custom

    "Así es verdad," dijo don Quijote, "lo que puedes hacer dél es dejarle
a sus aventuras,[20] ora se pierda o no, porque serán tantos los caballos que
tendremos después que salgamos vencedores,° que aun corre peligro   conquerors
Rocinante no le trueque por otro.[21] Pero estáme atento y mira, que te quiero
30 dar cuenta[22] de los caballeros más principales que en estos dos ejércitos
vienen. Y para que mejor los veas y notes, retirémonos a aquel altillo° que   little hill
allí se hace,° de donde se deben de descubrir los dos ejércitos."[23]   **ve**

    Hiciéronlo ansí, y pusiéronse sobre una loma,° desde la cual se vieran   hill
bien las dos manadas que a don Quijote se le hicieron° ejércitos, si las   **parecieron**
35 nubes del polvo que levantaban no les turbara° y cegara° la vista. Pero, con   obscure, blind
todo esto, viendo en su imaginación lo que no veía ni había, con voz
levantada comenzó a decir:

---

[13] **No se echaron** ... *they could not be seen*
[14] **Trapobana** is a switched-around **Taprobana**, the old name for Ceylon, now Sri
Lanka.
[15] Peoples from central Africa.
[16] **¿Por qué**... *why do they hate each other so much?*
[17] **Se vuelve**... *adopts his own*, that is, Pentapolín's Christianity.
[18] **¡Para mis barbas**... *"By my beard," said Sancho, "Pentapolín does quite right."*
[19] **Bien**... *I can understand that*
[20] **Dejarle**... *let him go free*
[21] **Aun corre**... *even Rocinante runs the risk that I'll exchange him for another*
[22] **Te quiero**... *I want to tell you about*
[23] **De donde**... *from where one can see the two armies*

"Aquel caballero que allí ves de las armas jaldes,° que trae en el [*yellow*]
escudo un león coronado, rendido° a los pies de una doncella, es el valeroso [*subdued*]
Laurcalco, señor de la Puente de Plata;[24] el otro de las armas de las flores
de oro, que trae en el escudo tres coronas de plata en campo azul, es el
5 temido Micocolembo,[25] gran duque de Quirocia; el otro de los miembros° [*limbs*]
giganteos, que está a su derecha mano, es el nunca medroso Brandabarbarán
de Boliche,° señor de las tres Arabias,[26] que viene armado de aquel cuero [*"an old game"*]
de serpiente, y tiene por escudo una puerta, que, según es fama, es una de
las del templo que derribó Sansón,[27] cuando con su muerte se vengó de sus
10 enemigos.[28]

    "Pero vuelve los ojos a estotra° parte, y verás delante y en la frente [*esta otra*]
destotro ejército al siempre vencedor y jamás vencido Timonel de
Carcajona,[29] príncipe de la Nueva Vizcaya,° que viene armado con las [*Basque country*]
armas partidas° a cuarteles,° azules, verdes, blancas y amarillas, y trae en [*divided, quarters*]
15 el escudo un gato de oro en campo leonado,° con una letra que dice: MIAU, [*lion-colored*]
que es el principio del nombre de su dama, que, según se dice, es la sin par
Miulina, hija del duque Alfeñiquén del Algarbe;[30] el otro, que carga y
oprime los lomos de aquella poderosa alfana,[31] que trae las armas como
nieve blancas,[32] y el escudo blanco y sin empresa alguna, es un caballero
20 novel, de nación° francés, llamado Pierres Papín,[33] señor de las baronías de [*birth*]
Utrique; el otro, que bate° las hijadas° con los herrados° carcaños a aquella [*strikes, flanks, with*]
pintada y ligera cebra,° y trae las armas de los veros azules,[34] es el [*spurs; zebra*]
poderoso duque de Nerbia, Espartafilardo del Bosque, que trae por empresa
en el escudo una esparraguera,° con una letra en castellano° que dice así: [*asparagus plant, Spanish; drags*]
25 RASTREA° MI SUERTE."

    Y desta manera fue nombrando muchos caballeros del uno y del otro
escuadrón, que él se imaginaba, y a todos les dio sus armas, colores,
empresas y motes° 'de improviso,° llevado de la imaginación de su nunca [*mottos, improvising*]
vista locura, y sin parar, prosiguió diciendo:
30   "A este escuadrón frontero° forman y hacen gentes de diversas [*in front*]
naciones:[35] aquí están los que bebían las dulces aguas del famoso Jan-

[24] There is a proverb **A enemigo que huye, puente de plata** *if your enemy flees, [give him] a bridge of silver.*

[25] **Mico** was a slang term for *lecherous man* and **cola** for *penis.*

[26] Arabia was divided into three sections, in Spanish: **Pétrea, Feliz** and **Desierta.**

[27] In Judges 16:3, Samson removed the doors of the gates of the city of Gaza, *not* the temple.

[28] Judges 16:29-30 tells how Samson pushed out the pillars of a temple, causing it to crumble, killing himself and a large number of Philistines, his enemies.

[29] **Carcajona** suggests **carcajada** *hearty laugh*

[30] The southern seacoast of Portugal is the Algarve. It had been Moorish territory.

[31] **Carga...** *weighs upon and presses down on the loins of that powerful horse*

[32] **Armas...** *arms white as snow*

[33] There was a hunchback Frenchman in Seville, proprietor of a playing-card store, whose name was Pierre Papin, in real-life, and mentioned in Cervantes' *El rufián dichoso* (Rodríguez Marín's note).

[34] **Veros azules** is a heraldic term referring to alternating bars of blue and white on one's shield.

[35] **A este...** *People of different nations form and make up this squadron in front*

to;[36] los montuosos que pisan los masílicos campos;[37] los que criban[38] el
finísimo y menudo° oro en la felice Arabia;[39] los que gozan las famosas y   fine
frescas riberas° del claro Termodonte;[40] los que sangran[41] por muchas y   shores
diversas vías° al dorado Pactolo;[42] los númidas,[43] dudosos° en sus promesas;   ways, unreliable
5   los persas en arcos y flechas famosos;[44] los partos, los medos, que pelean
huyendo;[45] los árabes, de mudables° casas; los citas, tan crueles como   moveable
blancos;[46] los etiopes,° de horadados° labios, y otras infinitas naciones,   Ethiopians, pierced
cuyos rostros conozco y veo, aunque de los nombres no me acuerdo. En
estotro escuadrón vienen los que beben las corrientes cristalinas del
10 olivífero Betis;[47] los que tersan° y pulen° sus rostros con el licor del   smooth, polish
siempre rico y dorado Tajo;[48] los que gozan las provechosas aguas del
divino Genil;[49] los que pisan los tartesios[50] campos, de pastos° abundantes;   pasture
los que se alegran en los elíseos jerezanos[51] prados; los manchegos, ricos
y coronados de 'rubias espigas°; los de hierro vestidos, reliquias° antiguas   golden wheat, relics
15 de la sangre goda°; los que en Pisuerga[52] se bañan, famoso por la   Gothic
mansedumbre° de su corriente; los que su ganado apacientan° en las   gentleness, graze
estendidas dehesas del tortuoso Guadiana,[53] celebrado° por su escondido   famous
curso°; los que tiemblan° con el frío del silvoso° Pirineo[54] y con los blancos   current, shines, wild
copos° del levantado Apenino.[55] Finalmente, cuantos toda la Europa en sí   snowflakes

---

[36] The Xanthus is the river of ancient Troy (located in modern southwest Turkey),
sung about by both Homer and Virgil. It flows into the Mediterranean Sea.

[37] **Montuosos...** *woodsmen who tread on the Massilian plains.* The Massilian Plains
were in ancient Numidia, modern Algeria, in northern Africa.

[38] Here, the first edition has **cubren**, which Schevill changed into **[des]cubren.**
Starting with the second edition, **criban** *they sift* is used.

[39] Arabia Felix is one of the three Arabias mentioned in note 26.

[40] The Thermodon is a minor river in the Roman province of Pontus, on the south
shore of the Black Sea, now in Turkey.

[41] **Los que...** *those who drain,* that is, *drink from*

[42] The Pactolus River, a tributary of the ancient Hermus River (modern Gediz in
western Turkey), was called golden because King Midas, who turned everything he
touched into gold, reputedly bathed there.

[43] The Numidians lived in what is now Algeria (see note 37, above).

[44] **Los persas...** *Persians, famous for bows and arrows*

[45] **Los partos...** *the Parthians and Medes who fight as they flee.* Parthia and Media
were ancient kingdoms in what is now Iran.

[46] The Scythians were cruel because they were cannibals (note by Rodríguez Marín,
Gaos, *et al.*).They flourished before the Christian era in what is now southern Russia.

[47] **Las cristalinas...** *the transparent running [waters] of the olive-bearing Guadalquivir.* Bætis is the Roman name for the Guadalquivir, the river that flows through Seville
south to the Atlantic Ocean. The remainder of rivers mentioned are all in Spain.

[48] The Tagus flows through Toledo and goes into the Atlantic Ocean out of Lisbon.

[49] The Genil flows through Granada in the south of Spain.

[50] Tartessos is an ancient, unlocated city along the Guadalquivir River.

[51] Refers to Jérez de la Frontera, a southern Spanish city near Cádiz.

[52] The Pisuerga River flows north through Valladolid, and exits near Santander.

[53] The Guadiana River starts in la Mancha and goes west to Badajoz, then south to
form the border with Portugal until it exits into the Atlantic Ocean.

[54] The Pyrenees mountains separate France from Spain.

[55] The Apennine Mountains extend the length of Italy.

contiene y encierra."

¡Válame Dios, y cuántas provincias dijo, cuántas naciones nombró, dándole a cada una con maravillosa presteza los atributos que le pertenecían, todo absorto° y empapado° en lo que había leído en sus libros °absorbed, saturated
5   mentirosos!

Estaba Sancho Panza 'colgado de° sus palabras, sin hablar ninguna, y °hanging on de cuando en cuando volvía la cabeza a ver si veía los caballeros y gigantes que su amo nombraba. Y como no descubría a ninguno, le dijo:

"Señor, encomiendo al diablo[56] hombre, ni gigante, ni caballero de
10 cuantos vuestra merced dice parece por todo esto, a lo menos, yo no los veo. Quizá todo debe ser encantamento, como las fantasmas de anoche."

"¿Cómo dices eso?" respondió don Quijote. "¿No oyes el relinchar° de °neighing los caballos, el tocar de los clarines,° el ruido de los atambores°?"   °bugles, drums

"No oigo otra cosa," respondió Sancho, sino muchos balidos° de ovejas °bleating
15 y carneros."

Y así era la verdad, porque ya llegaban cerca los dos rebaños.°   °flocks

"El miedo que tienes," dijo don Quijote, "te hace, Sancho, que ni veas ni oyas a derechas.[57] Porque uno de los efectos del miedo es turbar los sentidos y hacer que las cosas no parezcan lo que son. Y si es que tanto
20 temes, retírate 'a una parte° y déjame solo, que solo basto a dar la victoria °somewhere a la parte a quien yo diere mi ayuda."

Y diciendo esto, puso las espuelas a Rocinante, y puesta la lanza en el ristre,° bajó de la costezuela° como un rayo.°   °lance rest, slope,
                                                                                          bolt of lightning
Diole voces Sancho, diciéndole:
25 "¡Vuélvase vuestra merced, señor don Quijote, que voto° a Dios que °I swear son carneros y ovejas las que va a embestir! ¡Vuélvase, desdichado° del   °wretched padre que me engendró! ¿Qué locura es ésta? ¡Mire que no hay gigante ni caballero alguno, ni gatos, ni armas, ni escudos partidos ni enteros, ni veros azules ni endiablados°! ¿Qué es lo que hace? ¡Pecador soy yo a Dios!"   °bedeviled
30 Ni por ésas volvió don Quijote; antes, en altas voces, iba diciendo:

"¡Ea, caballeros, los que seguís y militáis° debajo de las banderas° del °go to war, standards valeroso Emperador Pentapolín del Arremangado Brazo, seguidme todos. Veréis cuán fácilmente le doy venganza de su enemigo Alefanfarón de la Trapobana!"
35 Esto diciendo, se entró por medio del escuadrón de las ovejas, y comenzó de alanceallas° con tanto coraje y denuedo, como si de veras °spear alanceara a sus mortales enemigos. Los pastores y ganaderos que con la manada venían dábanle voces que no hiciese aquello; pero, viendo que 'no aprovechaban,° desciñéronse° las hondas[58] y comenzaron a saludalle los   °it did no good,
40 oídos con piedras como el puño. Don Quijote no se curaba de las piedras;   took out antes, discurriendo° a todas partes, decía: rambling

"¿Adónde estás, soberbio Alifanfarón? Vente a mí, ¡que un caballero

---

[56] Gaos says that **encomiendo al diablo** is an expression which means **ninguno**.
[57] **El miedo…** *Your fear… makes you not see or hear correctly*
[58] **Hondas** are slingshots of the kind with two cords attached to a leather patch. The stone is placed in the patch and the slingshot is whirled about. When one of the cords is released, the stone shoots out on the tangent.

solo soy que desea de 'solo a solo° probar tus fuerzas y quitarte la vida, en   one on one
pena de la que das al valeroso Pentapolín Garamanta!"
    Llegó en esto una peladilla° de arroyo, y dándole en un lado, le   pebble
sepultó° dos costillas en el cuerpo. Viéndose tan maltrecho, creyó, sin duda,   caved in
5 que estaba muerto o mal ferido, y acordándose de su licor, sacó su alcuza
y púsosela a la boca, y comenzó a echar licor en el estómago. Mas antes que
acabase de envasar lo que a él le parecía que era bastante, llegó otra
almendra° y diole en la mano y en el alcuza, tan de lleno, que se la° hizo   stone, = the flask
pedazos, llevándole de camino⁵⁹ tres o cuatro dientes y muelas° de la boca,   molars
10 y machucándole° malamente dos dedos de la mano.   crushing
    Tal fue el golpe primero, y tal el segundo, que le fue forzoso al pobre
caballero dar consigo del caballo abajo.⁶⁰ Llegáronse a él los pastores y
creyeron que le habían muerto. Y así con mucha priesa, recogieron su
ganado, y cargaron de las reses° muertas, que pasaban de siete, y sin   sheep
15 averiguar otra cosa, se fueron.
    Estábase todo este tiempo Sancho sobre la cuesta,° mirando las locuras   hill
que su amo hacía, y arrancábase° las barbas, maldiciendo° la hora y el punto en que la   pulling out, cursing
fortuna se le había dado a conocer.⁶¹ Viéndole, pues, caído en el suelo, y
que ya los pastores se habían ido, bajó de la cuesta y llegóse a él, y hallóle
20 de muy mal arte,° aunque no había perdido el sentido, y díjole: condition
    "¿No le decía yo, señor don Quijote, que se volviese, que los que iba
a acometer no eran ejércitos, sino manadas de carneros?"
    "Como eso puede desparecer y contrahacer aquel ladrón del sabio mi
enemigo.⁶² Sábete, Sancho, que es muy fácil cosa a los tales hacernos
25 parecer° lo que quieren, y este maligno° que me persigue, envidioso de la   creer, wicked perso⬚
gloria que vio que yo había de alcanzar desta batalla, ha vuelto° los   turned
escuadrones de enemigos en manadas de ovejas. Si no, haz una cosa,
Sancho, por mi vida, porque te desengañes y veas ser verdad lo que te digo:
sube en tu asno y síguelos bonitamente,° y verás como, en alejándose de   neatly
30 aquí algún poco, se vuelven en su 'ser primero,° y dejando de ser carneros,   original form
son hombres 'hechos y derechos° como yo te los pinté primero… Pero no   full-fledged
vayas agora, que he menester tu favor y ayuda. Llégate a mí y mira cuántas
muelas y dientes me faltan, que me parece que no me ha quedado ninguno
en la boca."
35   Llegóse Sancho tan cerca, que casi le metía los ojos en la boca, y fue
a tiempo que ya había obrado° el bálsamo en el estómago de don Quijote,   acted
y al tiempo que Sancho llegó a mirarle la boca, arrojó de sí, más recio que
una escopeta,° cuanto dentro tenía, y dio con todo ello en las barbas del   musket
compasivo escudero.
40   "¡Santa María!" dijo Sancho, "y ¿qué es esto que me ha sucedido? Sin
duda este pecador está herido de muerte, pues vomita sangre por la boca."
    Pero reparando un poco más en ello, 'echó de ver° en la color, sabor y   he discovered
olor, que no era sangre, sino el bálsamo de la alcuza, que él le había visto

---

⁵⁹ **Llevándole…** *taking along the way*
⁶⁰ **Le fue…** *it was necessary for the poor knight to drop from his horse to the ground*
⁶¹ **Se le…** *had brought them together*
⁶² **Como puede…** *That thieving wizard, my enemy, can falsify and make things like these disappear*

beber; y fue tanto el asco° que tomó, que, revolviéndosele° el estómago,   *nausea, turning*
vomitó las tripas sobre su mismo señor, y quedaron entrambos como de
perlas.° Acudió° Sancho a su asno para sacar de las alforjas con qué   *pearls, went*
limpiarse y con qué curar a su amo, y como no las halló, estuvo 'a punto
5 de° perder el juicio. Maldíjose de nuevo y propuso en su corazón de dejar   *about to*
a su amo y volverse a su tierra,° aunque perdiese el salario de lo servido y   *home*
las esperanzas del gobierno de la prometida ínsula.

    Levantóse en esto don Quijote, y puesta la mano izquierda en la boca,
porque no se le acabasen de salir los dientes,[63] asió con la otra las riendas
10 de Rocinante, que nunca se había movido de junto a su amo, tal era de leal°   *loyal*
y bien acondicionado,° y fuese a donde su escudero estaba, de pechos sobre   *trained*
su asno,[64] con la mano en la mejilla, en guisa de hombre pensativo
además.[65] Y viéndole don Quijote de aquella manera, con muestras de tanta
tristeza, le dijo:
15 "Sábete, Sancho, que no es un hombre más que otro,[66] si no hace más
que otro. Todas estas borrascas que nos suceden son señales de que presto
ha de serenar° el tiempo y han de sucedernos bien las cosas, porque no es   *clear up*
posible que el mal ni el bien sean durables,° y de aquí se sigue que,   *lasting*
habiendo durado mucho el mal, el bien está ya cerca. Así que no debes
20 congojarte por las desgracias que a mí me suceden, pues a ti no te cabe
parte dellas."[67]

    "¿Cómo no?" respondió Sancho. "Por ventura el que ayer mantearon,
¿era otro que el hijo de mi padre? Y las alforjas que hoy me faltan, con
todas mis alhajas,° ¿son de otro que del mismo?"   *belongings*
25 "¿Que te faltan las alforjas, Sancho?" dijo don Quijote.

    "Sí que me faltan," respondió Sancho.

    "Dese modo, no tenemos qué comer hoy," replicó don Quijote.

    "Eso fuera," respondió Sancho, "cuando faltaran° por estos prados las   *lack*
yerbas que vuestra merced dice que conoce, con que suelen suplir
30 semejantes faltas° los tan mal aventurados andantes caballeros como vuestra   *lacks*
merced es."

    "Con todo eso," respondió don Quijote, "tomara yo ahora 'más aína°   *rather*
un cuartal° de pan, o una hogaza,° y dos cabezas de 'sardinas arenques,°   *small loaf, loaf,*
que cuantas yerbas describe Dioscórides, aunque fuera el ilustrado por el   *herrings*
35 doctor Laguna.[68] Mas, con todo esto, sube en tu jumento, Sancho el bueno,
y vente tras mí. Que Dios, que es proveedor° de todas las cosas, no nos ha   *provider*
de faltar, y más, andando tan en su servicio como andamos,[69] pues no falta
a los mosquitos del aire,[70] ni a los gusanillos° de la tierra, ni a los   *worms*

---

[63] **Porque no se le...** *so that the rest of his teeth wouldn't fall out*
[64] **De pechos...** *with his chest against his donkey*
[65] **En guisa de...** *like a very pensive man*
[66] **No es un...** *one man is no more than another*
[67] **Pues a ti...** *since you have no part in them*
[68] Pedanius Dioscorides (40-90A.D.) was a Greek physician who wrote *De materia medica*, a pharmacological text that was the standard for 1600 years. Dr. Andrés de Laguna's Spanish edition was published in Antwerp in 1555.
[69] **No nos ha...** *He won't fail us, and moreso since we are so much in His service*
[70] **No falta...** *doesn't fail the gnats of the air*

renacuajos° del agua. Y es tan piadoso,° que hace salir su sol sobre los   tadpoles, merciful
buenos y los malos, y llueve sobre los injustos° y justos."[71]   unjust

"Más bueno era vuestra merced," dijo Sancho, "para predicador[72] que
para caballero andante."

5   "De todo sabían y han de saber los caballeros andantes, Sancho," dijo
don Quijote, "porque caballero andante hubo[73] en los pasados siglos, que así
se paraba a hacer un sermón o plática° en mitad de un 'campo real,° como   discourse, camp
si fuera graduado por la Universidad de París, de donde se infiere que
nunca la lanza embotó° la pluma, ni la pluma la lanza."   blunted

10   "Ahora bien, sea así como vuestra merced dice," respondió Sancho.
"Vamos ahora de aquí, y procuremos dónde alojar esta noche, y quiera Dios
que sea en parte donde no haya mantas, ni manteadores, ni fantasmas, ni
moros encantados; que, si los hay daré al diablo el hato y el garabato."[74]

"Pídeselo tú a Dios, hijo," dijo don Quijote, "y guía tú por donde
15   quisieres, que esta vez quiero dejar a tu eleción el alojarnos. Pero dame acá
la mano, y atiéntame° con el dedo, y mira bien cuántos dientes y muelas me   feel
faltan deste lado derecho, de la quijada alta, que allí siento el dolor."

Metió Sancho los dedos, y estándole tentando, le dijo:

"¿Cuántas muelas solía° vuestra merced tener en esta parte?"   used to
20   "Cuatro," respondió don Quijote, fuera de la cordal,° todas enteras y   wisdom tooth
muy sanas."

"Mire vuestra merced bien lo que dice, señor," respondió Sancho.

"Digo cuatro, si no eran cinco," respondió don Quijote, "porque en
toda mi vida 'me han° sacado diente ni muela de la boca, ni se me ha   **no me han**
25   caído, ni comido de neguijón ni de reuma alguna."[75]

"Pues en esta parte de abajo," dijo Sancho, "no tiene vuestra merced
más de dos muelas y media, y en la de arriba, ni media ni ninguna, que
toda está rasa° como la palma de la mano."   smooth

"¡Sin ventura yo!" dijo don Quijote, oyendo las tristes nuevas° que su   news
30   escudero le daba, "que más quisiera que me hubieran derribado° un brazo,   torn off
como° no fuera el de la espada, porque te hago saber, Sancho, que la boca   as long as
sin muelas es como molino sin piedra, y en mucho más se ha de estimar un
diente que un diamante.° Mas a todo esto estamos sujetos los que   diamond
profesamos la estrecha orden de la caballería. Sube, amigo, y guía, que yo
35   te seguiré al paso° que quisieres."   pace

Hízolo así Sancho y encaminóse hacia donde le pareció que podía
hallar acogimiento, sin salir del camino real que por allí iba muy seguido.°   straight
Yéndose, pues, poco a poco, porque el dolor de las quijadas de don Quijote
no le dejaba sosegar° ni atender a darse priesa,[76] quiso Sancho entretenelle   be comfortable
40   y divertille° diciéndole alguna cosa, y entre otras que le dijo, fue lo que se   amuse him
dirá en el siguiente capítulo.

---

[71] Matthew 5:45.
[72] **Más bueno…** *you would make… a better preacher*
[73] **Caballero andante** should be treated as a plural, not a singular.
[74] **Daré…** *may the devil carry everything off.* **Hato** is a flock and **garabato** is a
shepherd's hook.
[75] **Ni comido…** *nor destroyed by cavities or any abscess*
[76] **Ni atender…** *nor think about going faster*

Capítulo XIX. De las discretas razones que Sancho pasaba con su amo, y de la aventura que le sucedió con un cuerpo muerto, con otros acontecimientos famosos.

"PARÉCEME, SEÑOR mío, que todas estas desventuras que estos días nos han sucedido, sin duda alguna, han sido pena del pecado cometido por vuestra merced contra la orden de su caballería, no habiendo cumplido el juramento° que hizo de no comer pan a manteles ni con la reina folgar, con todo aquello que a esto se sigue y vuestra merced juró de cumplir, hasta quitar aquel almete° de Malandrino, o como se llama el moro, que no me acuerdo bien."

    "Tienes mucha razón, Sancho," dijo don Quijote. "Mas, para decirte verdad, ello se me había pasado de la memoria, y también puedes tener por cierto que por la culpa de no habérmelo tú acordado° en tiempo, te sucedió aquello de la manta. Pero yo 'haré la enmienda,° que modos hay de composición en la orden de la caballería para todo."[1]

    "Pues ¿juré yo algo, 'por dicha°?" respondió Sancho.

    "No importa que no hayas jurado," dijo don Quijote, "basta que yo entiendo que de participantes no estás muy seguro,[2] y 'por sí o por no,° no será malo proveernos de remedio."

    "Pues si ello es así," dijo Sancho, "mire vuestra merced no se le torne a olvidar esto, como lo del juramento. Quizá les volverá la gana a las fantasmas de solazarse° otra vez conmigo, y aun con vuestra merced, si le ven tan pertinaz."

    En éstas y otras pláticas les tomó la noche en mitad del camino, sin tener ni descubrir donde aquella noche se recogiesen. Y lo que no había de bueno en ello era que perecían° de hambre, que con la falta de las alforjas les faltó toda la despensa° y matalotaje.° Y para acabar de confirmar esta desgracia les sucedió una aventura, que, sin artificio alguno, verdaderamente lo parecía. Y fue que la noche cerró con alguna escuridad,° pero con todo esto caminaban, creyendo Sancho que, pues aquel camino era real, a una o dos leguas, 'de buena razón° hallaría en él alguna venta.

    Yendo, pues, desta manera, la noche escura, el escudero hambriento° y el amo con gana de comer, vieron que por el mesmo camino que iban, venían hacia ellos gran multitud de lumbres, que no parecían sino estrellas° que se movían. Pasmóse° Sancho en viéndolas, y don Quijote no las tuvo todas consigo.[3] Tiró el uno del cabestro a su asno, y el otro de las riendas a su rocino,° y estuvieron quedos mirando atentamente lo que podía ser aquello, y vieron que las lumbres se iban acercando a ellos, y mientras más se llegaban mayores parecían. A cuya vista Sancho comenzó a temblar

oath

helmet

reminded
will make amends

by chance

just in case

have pleasure

were dying
pantry, provisions

oscuridad

razonablemente
hungry

stars
was stunned

rocín

---

    [1] **Que modos...** *for there are ways to fix everything in the order of chivalry.* The **modos de composición** here refers to "bulls of composition," legal documents which were sold by the Church to those who had property of others, so that the person in question could reconcile himself with God.

    [2] **Basta que...** *it's enough for me to understand that you are not entirely free from involvement.* The **excomunión de participantes** was the penalty given to those who had dealings with people who had been excommunicated.

    [3] **No las...** *felt uneasy*

como un azogado,[4] y los cabellos de la cabeza se le erizaron° a don Quijote,   stood on end
el cual, animándose° un poco, dijo: encouraging himself
    "Ésta, sin duda, Sancho, debe de ser grandísima y peligrosísima   °   very dangerous
aventura, donde será necesario que yo muestre todo mi valor y esfuerzo."
5   "¡Desdichado de mí!" respondió Sancho. "Si acaso esta aventura fuese
de fantasmas, como me lo va pareciendo, ¿adónde habrá costillas que la
sufran?"
    "Por más fantasmas que sean," dijo don Quijote, "no consentiré yo 'que
te° toque en el pelo de la ropa, que si la otra vez se burlaron ° contigo, fue   que *ninguno* te,
10 porque no pude yo saltar las paredes del corral. Pero ahora estamos 'en campo   played tricks
raso,° donde podré yo como quisiere esgremir° mi espada."   in the open air,
    "Y si le encantan y entomecen, ° como la otra vez lo hicieron," dijo   brandish; make
Sancho, "¿qué aprovechará estar en campo abierto o no?"   numb
    "Con todo eso," replicó don Quijote, "te ruego, Sancho, que tengas buen
15 ánimo, que la experiencia te dará a entender el que yo tengo."
    "Sí tendré, si a Dios place," respondió Sancho.
    Y apartándose los dos a un lado del camino, tornaron a mirar atentamente
lo que aquello de aquellas lumbres que caminaban podía ser. Y de allí a muy
poco descubrieron muchos encamisados,° cuya temerosa visión 'de todo   surplice wearers
20 punto° remató° el ánimo de Sancho Panza, el cual comenzó a 'dar diente con   completely, finished
diente,° como quien tiene frío de cuartana. [5] Y creció más el batir° y   chatter teeth, beating
dentellear° cuando distintamente vieron lo que era, porque descubrieron hasta   gnashing
veinte encamisados, todos a caballo, con sus hachas   ° encendidas en las   torches
manos, detrás de los cuales venía una litera   ° cubierta de luto,° a la cual   litter, black
25 seguían otros seis de a caballo, enlutados ° hasta los pies de las mulas, que   dressed in black
bien vieron que no eran caballos en el sosiego° con que caminaban. Iban los   calmness
encamisados murmurando entre sí, con una voz baja y compasiva.° Esta   doleful
estraña visión a tales horas y en tal despoblado, bien bastaba para poner
miedo en el corazón de Sancho, y aun en el de su amo. Y así fuera en cuanto
30 a don Quijote,[6] que ya Sancho había dado al través con todo su esfuerzo.[7] Lo
contrario le avino a su amo, al cual en aquel punto se le representó en su
imaginación, al vivo, que aquélla era una de las aventuras de sus libros.
Figurósele que la litera eran andas donde debía de ir algún mal ferido o
muerto caballero, cuya venganza a él solo estaba reservada, y sin hacer otro
35 discurso, enristró su lanzón, púsose bien en la silla, y con gentil brío   ° y   resolution
continente se puso en la mitad del camino por donde los encamisados   necessarily
forzosamente° habían de pasar, y cuando los vio cerca, alzó la voz y dijo:
    "Deteneos, caballeros, o quienquiera que seáis, y dadme cuenta de quién
sois, de dónde venís, adónde vais, qué es lo que en aquellas andas lleváis, que,
40 según las muestras, o vosotros habéis fecho, o vos han fecho, algún
desaguisado, y conviene y es menester que yo lo sepa, o bien para

---

    [4] **Temblar...** *to shake like a leaf.* **Azogue** is mercury. Mercury vapors in the mines made
workers tremble.
    [5] **Cuartana** is an illness which alternates chills and fever and recurs every four days.
    [6] **Y así...** Gaos notes that this means "and it should be hoped that it had been this way
with Don Quijote," so that he wouldn't have taken on this adventure.
    [7] **Sancho...** *Sancho had given up with all his strength*

castigaros del mal que fecistes,° o bien para vengaros del tuerto que vos   **hicisteis**
ficieron."

"Vamos de priesa," respondió uno de los encamisados, "y está la venta
lejos, y no nos podemos detener a dar tanta cuenta como pedís."

5   Y picando la mula, pasó adelante. Sintióse° desta respuesta   resented
grandemente don Quijote, y trabando° del freno° dijo: **trabando** *la mula,*
                                                                                   bit
"Deteneos y sed más bien criado, y dadme cuenta de lo que os he
preguntado, si no, conmigo sois todos en batalla."

Era la mula asombradiza,° y al tomarla del freno se espantó° de manera   shy, got scared
10   que, alzándose en los pies, dio con su dueño por las ancas en el suelo. Un
mozo que iba a pie, viendo caer al encamisado, comenzó a denostar° a don   revile
Quijote, el cual, ya encolerizado,° sin esperar más, enristrando° su lanzón,   angry, couching
arremetió a uno de los enlutados y mal ferido dio con él en tierra. Y
revolviéndose° por los demás, era cosa de ver con la presteza que los   turning around
15   acometía y desbarataba,° que no parecía sino que en aquel instante le habían   routed
nacido alas° a Rocinante, según andaba de ligero y orgulloso.° Todos los   wings, proud
encamisados era gente medrosa y sin armas, y así con facilidad° en un   ease
momento dejaron la refriega° y comenzaron a correr por aquel campo con   fray
las hachas encendidas, que no parecían sino a los de las máscaras° que en   masks
20   noche de regocijo° y fiesta° corren. Los enlutados, asimesmo revueltos° y   merriment, festival,
envueltos° en sus faldamentos y lobas,[8] no se podían mover, así que, muy   encumbered: wrap-
a su salvo,[9] don Quijote los apaleó° a todos, y les hizo dejar el sitio mal de   ped up; mauled
su grado, porque todos pensaron que aquél no era hombre, sino diablo del
infierno que les salía a quitar el cuerpo muerto que en la litera llevaban.

25   Todo lo miraba Sancho, admirado del ardimiento° de su señor, y decía   undaunted courage
entre sí:

"Sin duda este mi amo es tan valiente y esforzado° como él dice."   valiant

Estaba una hacha ardiendo en el suelo junto al primero que derribó la
mula, a cuya luz le pudo ver don Quijote, y llegándose a él, le puso la
30   punta del lanzón en el rostro, diciéndole que se rindiese, si no, que le
mataría. A lo cual respondió el caído:

"Harto rendido estoy, pues no me puedo mover, que tengo una pierna
quebrada. Suplico a vuestra merced, si es caballero cristiano, que no me
mate, que cometerá un gran sacrilegio, que soy licenciado y tengo las
35   primeras órdenes."[10]

"Pues ¿quién diablos° os ha traído aquí," dijo don Quijote, "siendo   the devil
hombre de iglesia?"

"¿Quién, señor?" replicó el caído: "mi desventura."

"Pues otra mayor os amenaza," dijo don Quijote, "si no me satisfacéis°   satisfy
40   a todo cuanto primero os pregunté."

"'Con facilidad será vuestra merced satisfecho," respondió el
licenciado, "y así, sabrá vuestra merced que, aunque denantes dije que yo
era licenciado, no soy sino bachiller, y llámome Alonso López. Soy natural
de Alcobendas, vengo de la ciudad de Baeza con otros once sacerdotes, que

[8] **Faldamentos...** *skirts and sleeveless cassocks*
[9] **Muy...** *in no danger at all*
[10] These are the first four orders on the way to becoming a priest.

son los que huyeron con las hachas. Vamos a la ciudad de Segovia[11]
acompañando un cuerpo muerto, que va en aquella litera, que es de un
caballero que murió en Baeza, donde fue depositado,° y ahora, como digo,   entombed
llevábamos sus huesos a su sepultura, que está en Segovia, de donde es
5   natural."
        "Y ¿quién le mató?" preguntó don Quijote.
        "Dios, por medio de unas calenturas° pestilentes° que le dieron,"   fever, foul
respondió el bachiller.
        "'Desa suerte,°'" dijo don Quijote, "quitado me ha nuestro Señor del   in that case
10   trabajo que había de tomar en vengar su muerte, si otro alguno le hubiera
muerto. Pero habiéndole muerto quien le mató, no hay sino callar y
encoger° los hombros, porque lo mesmo hiciera si a mí mismo me matara,[12]   shrug
y quiero que sepa vuestra reverencia que yo soy un caballero de la Mancha,
llamado don Quijote, y es mi oficio y ejercicio andar por el mundo
15   enderezando tuertos y desfaciendo° agravios."   **deshaciendo**
        "No sé cómo pueda ser eso de enderezar tuertos," dijo el bachiller,
"pues a mí de derecho me habéis vuelto tuerto,[13] dejándome una pierna
quebrada, la cual no se verá derecha en todos los días de su vida. Y el
agravio que en mí habéis deshecho ha sido dejarme agraviado de manera
20   que me quedaré agraviado para siempre, y harta desventura ha sido topar
con vos, que vais buscando aventuras."
        "No todas las cosas," respondió don Quijote, "suceden de un mismo
modo. El daño estuvo, señor bachiller Alonso López, en venir, como
veníades, de noche, vestidos con aquellas sobrepellices,° con las hachas   surplices
25   encendidas, rezando, cubiertos de luto, que propiamente semejábades cosa
mala y del otro mundo, y así, yo no pude dejar de cumplir con mi
obligación acometiéndoos, y os acometiera aunque verdaderamente supiera
que érades los mesmos satanases del infierno, que por tales os juzgué y
tuve siempre."
30   "Ya que así lo ha querido mi suerte," dijo el bachiller, "suplico a
vuestra merced, señor caballero andante—que tan 'mala andanza° me ha   bad fortune
dado—, me ayude a salir de debajo desta mula, que me tiene tomada una
pierna entre el estribo y la silla."
        "¡Hablara yo para mañana!"[14] dijo don Quijote, "y ¿hasta cuándo
35   aguardábades a decirme vuestro afán°?"   distress
        Dio luego voces a Sancho Panza que° viniese. Pero él no se curó de   **para que**
venir, porque andaba ocupado desvalijando° una 'acémila de repuesto° que   robbing, pack mule
traían aquellos buenos señores, bien bastecida° de cosas de comer. Hizo   stocked
Sancho costal° de su gabán, y recogiendo todo lo que pudo y cupo° en el   sack, fit
40   talego,° cargó° su jumento, y luego acudió a las voces de su amo, y ayudó   sack, loaded
a sacar al señor bachiller de la opresión° de la mula, y poniéndole encima   pressure

        [11] Alcobendas is a small city just north of Madrid; Baeza is in the south of Spain, in
the Province of Jaén, about 130 kms. north of Granada; Segovia is 100 kms. northwest
of Madrid.
        [12] **Lo mesmo hiciera...** *I would do the same if He were to kill me*
        [13] **De derecho...** *from right you have left me wrong*
        [14] **¡Hablara...** *I might have talked until tomorrow*

della, le dio la hacha, y don Quijote le dijo que siguiese la derrota de sus compañeros, a quien de su parte pidiese perdón del agravio, que no había sido en su mano° dejar de haberle hecho.   *power*

Díjole también Sancho:

"Si acaso quisieren saber esos señores quién ha sido el valeroso que tales los puso,[15] diráles vuestra merced que es el famoso don Quijote de la Mancha, que por otro nombre se llama el CABALLERO DE LA TRISTE°   *ugly* FIGURA."

Con esto se fue el bachiller, y don Quijote preguntó a Sancho que qué le había movido a llamarle el Caballero de la Triste Figura, más entonces que nunca.[16]

"Yo se lo diré," respondió Sancho, "porque le he estado mirando un rato a la luz de aquella hacha que lleva aquel malandante,° y   *unfortunate person* verdaderamente tiene vuestra merced la más mala figura, 'de poco acá,° que   *recently* jamás he visto. Y débelo de haber causado, o ya el cansancio° deste   *exhaustion* combate, o ya la falta de las muelas y dientes."

"No es eso," respondió don Quijote, "sino que el sabio a cuyo cargo debe de estar el escribir la historia de mis hazañas, le habrá parecido que será bien que yo tome algún nombre apelativo,° como lo tomaban todos los   *distinctive* caballeros pasados: cuál se llamaba EL DE LA ARDIENTE ESPADA; cuál, EL DEL UNICORNIO; aquél, EL DE LAS DONCELLAS; aquéste, EL DEL AVE FÉNIX; el otro, EL CABALLERO DEL GRIFO; estotro, EL DE LA MUERTE;[17] y por estos nombres e insignias° eran conocidos por toda la redondez° de la tierra. Y   *designations, face* así, digo que el sabio ya dicho te habrá puesto en la lengua y en el pensamiento ahora que me llamases «el Caballero de la Triste Figura», como pienso llamarme desde hoy en adelante. Y para que mejor me cuadre°   *fits* tal nombre, determino de hacer pintar, cuando haya lugar, en mi escudo una muy triste figura."

"No hay para qué gastar tiempo y dineros en hacer esa figura," dijo Sancho, "sino lo que se ha de hacer es que vuestra merced descubra la suya y 'dé rostro° a los que le miraren, que, 'sin más ni más,° y sin otra imagen   *face, simply* ni escudo, le llamarán «el de la Triste Figura». Y créame que le digo verdad, porque le prometo a vuestra merced, señor, y esto sea dicho 'en burlas,° que le hace tan mala cara la hambre y la falta de las muelas, que,   *as a joke* como ya tengo dicho, se podrá muy bien escusar la triste pintura."

Riose don Quijote del donaire de Sancho. Pero, con todo, propuso de llamarse de aquel nombre en pudiendo pintar su escudo, o rodela, como había imaginado.[18]

[15] **Tales...** *put you [all] in such a state*

[16] **Más...** *at that precise moment*

[17] **Ardiente Espada** was Amadís de Grecia, **Unicornio** was Belianís de Grecia, **Doncellas** was Floriandino de Macedonia in *El Caballero de la Cruz*, **Ave Fénix** was Florarlán in *Florisel de Niquea*, **Grifo** was Filesbián de Candaria in a book of the same name (Seville? 1542) which had been forgotten but has been recently discovered, and **Muerte** was another name for Amadís de Grecia.

[18] Schevill adds: "En esto volvió el bachiller, y le dijo a don Quijote:" Clearly nobody can account for the abrupt return of the **bachiller**. But since things happen in this book in unexpected ways, I believe it best to leave this passage as the early editions had it.

"Olvidábaseme de decir que advierta vuestra merced que queda descomulgado,° por haber puesto las manos violentamente en cosa sagrada:° *Juxta illud, si quis suadente diabolo, &c.*"[19]

excommunicated, sacred

"No entiendo ese latín," respondió don Quijote, "mas yo sé bien que
5 no puse las manos, sino este lanzón, cuanto más que yo no pensé que ofendía a sacerdotes, ni a cosas de la Iglesia, a quien respeto y adoro como católico y fiel° cristiano que soy, sino a fantasmas y a vestiglos° del otro mundo. Y 'cuando eso así fuese,° en la memoria tengo lo que le pasó al Cid Ruy Díaz, cuando quebró la silla del embajador de aquel rey delante de su
10 Santidad del Papa,[20] por lo cual lo descomulgó, y anduvo aquel día el buen Rodrigo de Vivar como muy honrado y valiente caballero."

faithful, monsters
even so

En oyendo esto el bachiller, se fue, como queda dicho, sin replicarle palabra.

Quisiera don Quijote mirar si el cuerpo que venía en la litera eran
15 huesos o no, pero no lo consintió Sancho, diciéndole:

"Señor, vuestra merced ha acabado esta peligrosa aventura lo más 'a su salvo° de todas las que yo he visto. Esta gente, aunque vencida y desbaratada, podría ser que 'cayese en la cuenta° de que los venció sola una persona, y corridos° y avergonzados° desto, volviesen a rehacerse° y a
20 buscarnos, y nos diesen en qué entender.[21] El jumento está como conviene,° la montaña cerca, la hambre carga, no hay que hacer sino retirarnos con gentil compás° de pies, y como dicen, váyase el muerto a la sepultura y el vivo a la hogaza."

without injury
they realize
abashed, ashamed,
rally; i.e., loaded
rhythm

Y antecogiendo° su asno, rogó a su señor que le siguiese, el cual,
25 pareciéndole que Sancho tenía razón, sin volverle a replicar le siguió. Y a poco trecho que caminaban por entre dos montañuelas,° se hallaron en un espacioso y escondido valle, donde se apearon, y Sancho alivió° el jumento, y tendidos sobre la verde yerba, con la salsa° de su hambre, almorzaron, comieron, merendaron° y cenaron 'a un mesmo punto,° satisfaciendo sus
30 estómagos con más de una fiambrera° que los señores clérigos del difunto, que pocas veces se dejan mal pasar,[22] en la acémila de su repuesto traían.

gathering
small mountains
lightened
gravy
snacked, all at once
lunch basket

Mas sucedióles otra desgracia, que Sancho la tuvo por la peor de todas, y fue que no tenían vino que beber, ni aun agua que llegar a la boca. Y acosados° de la sed, dijo Sancho, viendo que el prado donde estaban estaba
35 colmado° de verde y menuda yerba, lo que se dirá en el siguiente capítulo.

pursued
liberally bestowed

[19] "After that, if anyone, at the devil's instigation, etc."
[20] This is from a late **romance** about the Cid, not from the original *Poema*. Cited by Clemencín.
[21] **Diesen en...** *give us trouble*
[22] **Pocas veces...** *rarely have a bad time of it*

Capitulo XX. De la jamás vista ni oída aventura que con más poco peligro fue acabada de famoso caballero en el mundo, como la que acabó el valeroso don Quijote de la Mancha.

"NO ES posible, señor mío, sino que estas yerbas 'dan testimonio° de que *[prove]* por aquí cerca debe de estar alguna fuente o arroyo que estas yerbas humedece,° y así será bien que vamos un poco más adelante, que ya *[waters]* toparemos donde podamos mitigar° esta terrible sed que nos fatiga, que, sin *[alleviate]* duda, causa mayor pena° que la hambre." *[grief]*

Parecióle bien el consejo a don Quijote, y tomando de la rienda a Rocinante, y Sancho del cabestro a su asno, después de haber puesto sobre él los relieves° que de la cena quedaron, comenzaron a caminar por el prado *[leftovers]* arriba a tiento,[1] porque la escuridad de la noche no les dejaba ver cosa alguna. Mas no hubieron andado docientos pasos, cuando llegó a sus oídos un grande ruido de agua, como que de algunos grandes y levantados riscos se despeñaba.° Alegróles el ruido 'en gran manera,° y parándose a escuchar *[dashed, greatly]* hacia qué parte sonaba,[2] oyeron a deshora otro estruendo que les aguó° el *[diluted]* contento del agua, especialmente a Sancho, que naturalmente era medroso y de 'poco ánimo.° Digo que oyeron que daban unos golpes 'a compás,° con *[faint-hearted, rhyth-]* un cierto crujir° de hierros y cadenas, que, acompañados del furioso *[mic; clanking,]* estruendo del agua, que pusieran° pavor a cualquier otro corazón que no *[**pondrían**]* fuera el de don Quijote.

Era la noche, como se ha dicho, escura, y ellos acertaron a entrar entre unos árboles altos, cuyas hojas, movidas del blando viento, hacían un temeroso y manso° ruido, de manera que la soledad,° el sitio,° la escuridad, *[gentle, solitude, site]* el ruido del agua con el susurro° de las hojas, todo causaba horror° y *[rustling, dread]* espanto,° y más cuando vieron que ni los golpes cesaban, ni el viento *[fright]* dormía,° ni la mañana llegaba, añadiéndose a todo esto el ignorar el lugar *[calming]* donde se hallaban. Pero don Quijote, acompañado de su intrépido° corazón, *[dauntless]* saltó sobre Rocinante, y embrazando su rodela, terció° su lanzón, y dijo: *[balanced]*

"Sancho amigo, has de saber que yo nací por querer° del cielo en esta *[will]* nuestra edad de hierro, para resucitar en ella la de oro, o la dorada, como suele llamarse. Yo soy aquel para quien están guardados° los peligros, las *[reserved]* grandes hazañas, los valerosos hechos. Yo soy, digo otra vez, quien ha de resucitar los de la Tabla Redonda, los Doce de Francia y los Nueve de la Fama, y el que ha de poner en olvido los Platires, los Tablantes, Olivantes y Tirantes, los Febos y Belianises, con toda la caterva de los famosos caballeros andantes del pasado tiempo, haciendo en este en que me hallo tales grandezas,° estrañezas y fechos de armas, que escurezcan° las 'más *[great deeds, dim]* claras° que ellos ficieron. Bien notas, escudero fiel y legal,° las tinieblas° *[brightest, faithful,]* desta noche, su estraño silencio, el sordo° y confuso estruendo destos *[darkness; quiet]* árboles, el temeroso ruido de aquella agua en cuya busca° venimos, que *[search]* parece que se despeña° y derrumba° desde los altos Montes de la Luna,[3] y *[fall, precipitate]* aquel incesable° golpear° que nos hiere y lastima° los oídos, las cuales *[incessant, hammer-]* *[ing, injures]*

---

[1] El prado... *up the meadow, feeling their way*

[2] Hacia qué... *where the sound was coming from*

[3] This alludes to the headwaters of the White Nile River in the Ruwenzori Mountains in modern Zaire. Ptolemy (150A.D.) called them the "Mountains of the Moon."

cosas todas juntas, y cada una por sí, son bastantes a infundir miedo, temor
y espanto° en el pecho del mesmo Marte,[4] cuanto más en aquel que no está   fright
acostumbrado° a semejantes acontecimientos y aventuras. Pues todo esto   accustomed
que yo te pinto, son incentivos° y despertadores° de mi ánimo, que ya hace   incitements, awak-
5 que el corazón me reviente en el pecho, con el deseo que tiene de acometer   eners
esta aventura, por más dificultosa que 'se muestra.° Así que aprieta° un   appears, tighten
poco las cinchas a Rocinante, y quédate a Dios,[5] y espérame aquí hasta tres
días no más, en los cuales si no volviere, puedes tú volverte a nuestra aldea,
y desde allí, por hacerme merced y 'buena obra,° irás al Toboso, donde   good deed
10 dirás a la incomparable señora mía Dulcinea que su cautivo caballero murió
por acometer cosas que le hiciesen digno de poder llamarse suyo."
  Cuando Sancho oyó las palabras de su amo, comenzó a llorar con la
mayor ternura° del mundo y a decille: tenderness
  "Señor, yo no sé por qué quiere vuestra merced acometer esta tan
15 temerosa aventura. Ahora es de noche, aquí no nos vee nadie, bien podemos
torcer el camino y desviarnos° del peligro, aunque no bebamos en tres días,   turn away
y pues no hay quien nos vea, menos habrá quien nos note° de cobardes,   reprehend
cuanto más que yo he oído predicar° al cura de nuestro lugar, que vuestra   preach
merced bien conoce, que quien busca el peligro, perece° en él.[6] Así que no   perishes
20 es bien tentar a Dios[7] acometiendo tan desaforado hecho, donde no se puede
escapar sino por milagro, y basta los que ha hecho el cielo con vuestra
merced en librarle° de ser manteado,° como yo lo fui, y en sacarle   deliver, blanketed
vencedor, libre y salvo[8] de entre tantos enemigos como acompañaban al
difunto. Y cuando° todo esto no mueva ni ablande° ese duro corazón,   if, soften
25 muévale el pensar y creer que apenas se habrá vuestra merced apartado de
aquí, cuando yo, de miedo, dé mi ánima a quien quisiere llevarla.[9] Yo salí
de mi tierra y dejé hijos y mujer por venir a servir a vuestra merced,
creyendo valer más y no menos.[10] Pero como la cudicia° rompe el saco, a   **codicia**
mí me ha rasgado° mis esperanzas, pues cuando más vivas las tenía de   torn
30 alcanzar[11] aquella negra y malhadada° ínsula que tantas veces vuestra   ill-fated
merced me ha prometido, veo que, en pago y trueco° della, me quiere ahora   exchange
dejar en un lugar tan apartado del trato° humano. ¡Por un solo Dios, señor   dealings
mío, que non[12] se me faga tal desaguisado! Y ya que 'del todo° no quiera   at all
vuestra merced desistir° de acometer este fecho, dilátelo,° a lo menos, hasta   give up, put it off
35 la mañana, que, a lo que a mí me muestra la ciencia que aprendí cuando era
pastor, no debe de haber desde aquí al alba tres horas, porque la boca de la

---

  [4] Mars is the Roman god of war.
  [5] **Quédate...** *God be with you*
  [6] This is a quote from Ecclesiasticus 3:26 in the Apochrypha: "...the man who flirts
with danger will lose his life."
  [7] Matthew 4:7 "Thou shalt not tempt the Lord thy God."
  [8] **Sacarle...** *bringing you out victorious, safe and sound*
  [9] **Muévale el...** *let yourself be moved by the thought and belief that as soon as you
have gone from here, I, out of pure fear, will give up my soul to whomever would take
it*
  [10] **Creyendo valer...** *thinking I would be worth more and not less*
  [11] **Cuando...** *when I had most intense [hopes] of getting*
  [12] Schevill has **no** here, but the original edition has **non**, which keeps in line with
Sancho's archaic **faga** which follows.

bocina° está encima de la cabeza, y hace la media noche en la línea del   *Little Dipper*
brazo izquierdo."[13]

"¿Cómo puedes tú, Sancho," dijo don Quijote, "ver dónde hace esa
línea, ni dónde está esa boca o ese colodrillo° que dices, si hace la noche   *back of head*
tan escura, que no parece en todo el cielo estrella alguna?"

"Así es," dijo Sancho, "pero tiene el miedo muchos ojos, y vee las
cosas debajo de tierra, cuanto más encima en el cielo, puesto que, por buen
discurso, bien se puede entender que hay poco de aquí al día."[14]

"Falte lo que faltare," respondió don Quijote, "que no se ha de decir
por mí ahora, ni en ningún tiempo, que lágrimas y ruegos me apartaron° de   *dissuaded*
hacer lo que debía a estilo de caballero. Y así te ruego, Sancho, que calles,
que Dios, que me ha puesto en corazón de acometer ahora esta tan no vista
y tan temerosa aventura, tendrá cuidado de mirar por mi salud y de consolar
tu tristeza. Lo que has de hacer es apretar bien las cinchas a Rocinante y
quedarte aquí, que yo 'daré la vuelta° presto, o vivo o muerto."   *I'll be back*

Viendo, pues, Sancho la última° resolución° de su amo, y cuán poco   *final, resolve*
valían con él sus lágrimas, consejos y ruegos, determinó de aprovecharse
de su industria, y hacerle esperar hasta el día, si pudiese. Y así, cuando
apretaba las cinchas al caballo, bonitamente y sin ser sentido,° ató con el   *heard*
cabestro de su asno ambos° pies a Rocinante, de manera que, cuando don   *both*
Quijote se quiso partir, no pudo, porque el caballo no se podía mover sino
'a saltos.°   *by hops*

Viendo Sancho Panza el buen suceso de su embuste, dijo:

"Ea, señor, que el cielo, conmovido° de mis lágrimas y plegarias,° ha   *moved, supplications*
ordenado que no se pueda mover Rocinante, y si vos queréis porfiar y
espolear° y dalle, será enojar a la fortuna, y dar coces, como dicen, contra   *spur*
el aguijón.°"   *pricks*

Desesperábase con esto don Quijote, y por más que ponía las piernas
al caballo, menos le podía mover. Y sin caer en la cuenta de la ligadura,°   *hobbling*
tuvo por bien de sosegarse y esperar, o a que amaneciese, o a que
Rocinante se menease, creyendo, sin duda, que aquello venía de otra parte
que de la industria de Sancho, y así le dijo:

"Pues así es, Sancho, que Rocinante no puede moverse, yo soy
contento de esperar a que ría el alba, aunque yo llore lo que ella tardare en
venir."

"No hay que llorar," respondió Sancho, "que yo entretendré a vuestra
merced contando cuentos desde aquí al día, si ya no es que se quiere apear
y echarse a dormir un poco sobre la verde yerba, a uso de caballeros
andantes, para hallarse más descansado° cuando llegue el día y 'punto de°   *rested, ready to*
acometer esta tan desemejable° aventura que le espera."   *incomparable*

"¿A qué llamas apear, o a qué dormir?"[15] dijo don Quijote. "¿Soy yo
por ventura de aquellos caballeros que toman reposo en los peligros?
Duerme tú, que naciste para dormir, o haz lo que quisieres, que yo haré lo

---

[13] In Spain in August, the handle of the Little Dipper does indeed stretch to the left
of the North Star at midnight. The **cabeza** is the observer's head. Clemencín offers a more
complex explanation.

[14] **Por buen discurso…** *if you think about it, it is reasonable that dawn is not far off*

[15] **¿A qué llamas…** *what do you mean dismount or sleep?*

que viere que más viene con mi pretensión.°" character

"No se enoje vuestra merced, señor mío," respondió Sancho, "que no lo dije por tanto."[16]

5 Y llegándose a él, puso la una mano en el arzón° delantero° y la otra pommel, in front
en el otro, de modo que quedó abrazado con el muslo° izquierdo de su amo, thigh
sin osarse apartar dél un dedo: tal era el miedo que tenía a los golpes que todavía alternativamente sonaban.

Díjole don Quijote que contase algún cuento para entretenerle, como se lo había prometido, a lo que Sancho dijo que sí hiciera, si le dejara el
10 temor de lo que oía.[17]

"Pero con todo eso, yo me esforzaré a decir una historia, que, si la acierto a contar y no me van a la mano,[18] es la mejor de las historias, y estéme vuestra merced atento, que ya comienzo: 'Érase que se era,[19] el bien que viniere para todos sea, y el mal para quien lo fuere a buscar...' Y
15 advierta vuestra merced, señor mío, que el principio que los antiguos dieron a sus consejas° no fue así como quiera,[20] que fue una sentencia de Catón fables
Zonzorino,[21] romano, que dice: 'Y el mal para quien le fuere a buscar,' que viene aquí como anillo al dedo, para que vuestra merced se esté quedo, y no vaya a buscar el mal a ninguna parte, sino que nos volvamos por otro
20 camino, pues nadie nos fuerza a que sigamos éste, donde tantos miedos nos sobresaltan.°" assail

"Sigue tu cuento, Sancho," dijo don Quijote, "y del camino que hemos de seguir déjame a mí el cuidado."

"Digo, pues," prosiguió Sancho, "que en un lugar de Estremadura[22]
25 había un 'pastor cabrerizo,° quiero decir, que guardaba cabras,° el cual goatherd, goats
pastor o cabrerizo, como digo de mi cuento, se llamaba Lope Ruiz, y este Lope Ruiz andaba enamorado de una pastora que se llamaba Torralba, la cual pastora llamada Torralba era hija de un ganadero° rico, y este ganadero catle owner
rico..."

30 "Si desa manera cuentas tu cuento, Sancho," dijo don Quijote, "repitiendo dos veces lo que vas diciendo, no acabarás en dos días. Dilo seguidamente,° y cuéntalo como hombre de entendimiento, y si no, no digas straight
nada."

"De la misma manera que yo lo cuento," respondió Sancho, "se
35 cuentan en mi tierra todas las consejas, y yo no sé contarlo de otra, ni es bien que vuestra merced me pida que haga usos nuevos."

"Di como quisieres," respondió don Quijote, "que pues la suerte° fortune
quiere que no pueda dejar de escucharte, prosigue."

---

[16] **Que no lo dije por tanto [como se figura,** implied] *I didn't mean it as you think.*

[17] **Dijo que sí...** *he said he would if his fear of what he was hearing would let him*

[18] **No me...** *nobody interferes*

[19] **Érase que se era** *once upon a time*

[20] **Así como quiera** *just any old thing*

[21] Catón Censorino, Cato the Censor (234-149B.C.) was the first important Roman writer. Among other things he produced *Præcepta* ("maxims") for his son. Since this does not survive, the sayings attributed to him are doubtless apochryphal. **Zonzorino** means "stupid rogue."

[22] Extremadura is a poor region made up of the modern provinces of Cáceres and Badajoz in the west of Spain, bordering on Portugal.

"Así que, señor mío de mi ánima," prosiguió Sancho, "que, como ya tengo dicho, este pastor andaba enamorado de Torralba, la pastora, que era una moza rolliza, zahareña, y tiraba algo a hombruna,[23] porque tenía unos pocos de bigotes,° que parece que ahora la veo."   mustache

"¿Luego conocístela tú?" dijo don Quijote.

"No la conocí yo," respondió Sancho, "pero quien° me contó este   the person who cuento me dijo que era tan cierto y verdadero, que podía bien, cuando lo contase a otro, afirmar y jurar que lo había visto todo. Así que, yendo días y viniendo días, el diablo, que no duerme y que todo lo añasca,° hizo de   confounds manera que el amor que el pastor tenía a la pastora se volviese en omecillo°   hatred y mala voluntad, y la causa fue, según malas lenguas, una cierta cantidad de celillos° que ella le dio, tales, que pasaban de la raya y llegaban a lo   small jealousy vedado,[24] y fue tanto lo que el pastor la aborreció° de allí adelante, que, por   hated no verla, se quiso ausentar de aquella tierra e irse donde sus ojos no la viesen jamás. La Torralba, que se vio desdeñada° de Lope, luego le quiso   scorned bien,[25] 'mas que° nunca le había querido."   although

"Ésa es natural condición de mujeres," dijo don Quijote: "desdeñar a quien las quiere y amar a quien las aborrece. Pasa adelante, Sancho."

"Sucedió," dijo Sancho, "que el pastor puso por obra su determinación,[26] y antecogiendo sus cabras, se encaminó por los campos de Estremadura para pasarse° a los reinos de Portugal. La Torralba, que lo   go over supo, se fue tras él, y seguíale a pie y descalza desde lejos, con un bordón°   staff en la mano y con unas alforjas al cuello,[27] donde llevaba, según es fama, un pedazo de espejo y otro de un peine, y no sé qué botecillo de mudas para la cara,[28] mas llevase lo que llevase, que yo no me quiero meter ahora en averiguallo, sólo diré que dicen que el pastor llegó con su ganado a pasar el río Guadiana, y en aquella sazón° iba crecido y casi fuera de   time madre,° y por la parte que llegó no había barca° ni barco, ni quien le   river bank, boat pasase° a él ni a su ganado de la otra parte, de lo que se congojó mucho,   would take porque veía que la Torralba venía ya muy cerca, y le había de dar mucha pesadumbre con sus ruegos y lágrimas. Mas tanto anduvo mirando, que vio un pescador que tenía junto a sí un barco tan pequeño, que solamente podían caber en él una persona y una cabra, y con todo esto, le habló y concertó con él que le pasase a él y a trecientas cabras que llevaba.[29] Entró el pescador en el barco, y pasó una cabra; volvió, y pasó otra; tornó a volver, y tornó a pasar otra. Tenga vuestra merced cuenta en las cabras[30] que el pescador va pasando, porque si se pierde una de la memoria, se

---

[23] **Era una moza...** *she was a plump, wild girl who looked a bit like a man*

[24] **Pasaban de la raya...** *they [these jealousies] went over the line and went as far as what is forbidden*

[25] **Luego le...** *she immediately came to love him*

[26] **Puso por obra...** *he put his decision into effect*

[27] **Alforjas al cuello** refers to a kind of double traveling bag, like a poncho. Half of one's supplies were in front, the other in back.

[28] **Un pedazo...** *a piece of broken mirror and part of a comb, and some kind of canister of face makeup*

[29] The Guadiana is no small river, and it would doubtless take days to move 300 goats to the other side.

[30] **Tenga vuestra merced...** *keep a tally of the goats*

acabará el cuento y no será posible contar más palabra dél. Sigo, pues, y
digo que el desembarcadero° de la otra parte estaba lleno de cieno° y   landing place, mud
resbaloso,° y tardaba el pescador mucho tiempo en ir y volver. Con todo   slippery
esto, volvió por otra cabra, y otra, y otra…"

5   "Haz cuenta que las pasó todas," dijo don Quijote, "no andes yendo y
viniendo desa manera, que no acabarás de pasarlas en un año."
     "¿Cuántas han pasado hasta agora?" dijo Sancho.
     "Yo ¡qué diablos sé!" respondió don Quijote.
     "He ahí lo que yo dije, que tuviese buena cuenta. Pues, por Dios, que
10   se ha acabado el cuento, que no hay pasar adelante."[31]
     "¿Cómo puede ser eso?" respondió don Quijote. "¿Tan 'de esencia° de   necessary
la historia es saber las cabras que han pasado 'por estenso,° que si se yerra° in detail, make a
una del número no puedes seguir adelante con la historia?"   mistake
     "No, señor, en ninguna manera," respondió Sancho, "porque así como
15   yo pregunté a vuestra merced que me dijese cuántas cabras habían pasado,
y me respondió que no sabía, en aquel mesmo instante se me fue a mí de
la memoria cuanto me quedaba por decir, y a fe que era de mucha virtud
y contento."
     "¿De modo," dijo don Quijote, "que ya la historia es acabada?"
20   "Tan acabada es como mi madre," dijo Sancho.
     "Dígote de verdad," respondió don Quijote, "que tú has contado una
de las más nuevas consejas, cuento o historia, que nadie° pudo pensar en   anyone
el mundo, y que tal modo de contarla, ni dejarla, jamás se podrá ver ni
habrá visto en toda la vida, aunque no esperaba yo otra cosa de tu buen
25   discurso. Mas no me maravillo, pues quizá estos golpes, que no cesan, te
deben de tener turbado el entendimiento."
     "Todo puede ser," respondió Sancho, "mas yo sé que en lo de mi
cuento no hay más que decir, que allí se acaba do° comienza el yerro° de   **donde**, error
la cuenta del pasaje de las cabras."
30   "Acabe norabuena donde quisiere,"[32] dijo don Quijote, "y veamos si se
puede mover Rocinante."
     Tornóle a poner las piernas, y él tornó a dar saltos y a estarse quedo:
tanto estaba de bien atado.[33]
     En esto parece ser, o que el frío de la mañana, que ya venía, o que
35   Sancho hubiese cenado algunas cosas lenitivas,° o que fuese cosa natural,   laxative
que es lo que más se debe creer, a él le vino en voluntad y deseo de hacer
lo que otro no pudiera hacer por él. Mas era tanto el miedo que había
entrado en su corazón, que no osaba apartarse un negro de uña[34] de su amo.
Pues pensar de no hacer lo que tenía gana, tampoco era posible, y así lo
40   que hizo, por bien de paz,[35] fue soltar la mano derecha, que tenía asida al
arzón trasero, con la cual, bonitamente y sin rumor° alguno, se soltó la   noise
lazada corrediza con que los calzones se sostenían,[36] sin ayuda de otra°   **otra *mano***

---

[31] **No hay…** *there's no way to go on*
[32] **Acabe…** *let it end where you will*
[33] **Tanto…** *he was tied so well*
[34] **Negro…** *the dirty part of a fingernail*
[35] **Por…** *for a little peace*
[36] **Lazada se soltó la…** *untied the bowknot which held up his pants*

alguna, y en quitándosela, dieron luego abajo, y se le quedaron como grillos.[37] Tras esto, alzó la camisa lo mejor que pudo, y echó al aire entrambas posaderas,° que no eran muy pequeñas. Hecho esto, que él pensó que era lo más que tenía que hacer para salir de aquel terrible aprieto° y angustia,° le sobrevino° otra mayor, que fue que le pareció que no podía mudarse° sin hacer estrépito° y ruido, y comenzó a apretar los dientes y a encoger° los hombros, recogiendo en sí el aliento todo cuanto podía.[38] Pero, con todas estas diligencias,° fue tan desdichado, que, al cabo al cabo, vino a hacer un poco de ruido, bien diferente de aquel que a él le ponía tanto miedo. Oyólo don Quijote, y dijo:

"¿Qué rumor es ése, Sancho?"

"No sé, señor," respondió él, "alguna cosa nueva debe de ser, que las aventuras y desventuras nunca comienzan por poco."

Tornó otra vez a probar ventura, y sucedióle tan bien,[39] que, sin más ruido ni alboroto que el pasado, se halló libre de la carga que tanta pesadumbre le había dado. Mas como don Quijote tenía el sentido del olfato° tan vivo como el de los oídos, y Sancho estaba tan junto y cosido° con él, que casi por línea recta° subían los vapores hacia arriba, no se pudo escusar de que algunos no llegasen a sus narices, y apenas hubieron llegado, cuando él fue al socorro apretándolas entre los dos dedos, y con tono algo gangoso,° dijo:

"Paréceme, Sancho, que tienes mucho miedo."

"Sí tengo," respondió Sancho, "mas ¿en qué lo echa de ver vuestra merced ahora más que nunca?"

"En que ahora más que nunca hueles, y no a ámbar," respondió don Quijote.

"Bien podrá ser," dijo Sancho, "mas yo no tengo la culpa, sino vuestra merced, que me trae 'a deshoras° y por estos no acostumbrados pasos."

"Retírate tres o cuatro° allá, amigo," dijo don Quijote—todo esto sin quitarse los dedos de las narices—"y desde aquí adelante ten más cuenta[40] con tu persona, y con lo que debes a la mía, que la mucha conversación que tengo contigo ha engendrado este menosprecio.°"

"Apostaré," replicó Sancho, "que piensa vuestra merced que yo he hecho de mi persona alguna cosa que no deba."

"Peor es meneallo,[41] amigo Sancho," respondió don Quijote.

En estos coloquios y otros semejantes pasaron la noche amo y mozo. Mas viendo Sancho que 'a más andar° se venía la mañana, 'con mucho tiento° desligó° a Rocinante y se ató los calzones. Como° Rocinante se vio libre, aunque él 'de suyo° no era nada brioso,° parece que se resintió, y comenzó a 'dar manotadas,° porque corbetas,° con perdon suyo, no las sabía hacer. Viendo, pues, don Quijote que ya Rocinante se movía, lo tuvo

Marginal glosses: buttocks · difficulty · anguish, followed · relieve himself, noise · hunch up · precautions · smell, stitched · straight · with twang · inopportunely · cuatro *pasos* · contempt · quickly · with much groping, untied, as soon as; by nature, spirited; paw, bucking

[37] **Dieron luego...** *they fell down right away, and became like fetters*
[38] **Recogiendo...** *holding his breath as much as he could*
[39] **Sucedióle...** *he had such success*
[40] **Ten...** *be more careful*
[41] **Peor...** *it's worse to stir it up.* Ormsby translates: "The less said the better," which is what Gaos suggests as the proper meaning as well.

a buena señal, y creyó que lo era[42] de que acometiese aquella temerosa
aventura. Acabó en esto de descubrirse el alba y de parecer distintamente
las cosas, y vio don Quijote que estaba entre unos árboles altos, que ellos
eran castaños,° que hacen la sombra muy escura. Sintió también que el   chestnuts
5   golpear no cesaba, pero no vio quién lo podía causar. Y así, sin más
detenerse, hizo sentir las espuelas a Rocinante, y tornando a despedirse de
Sancho, le mandó que allí le aguardase tres días a lo más largo,[43] como ya
otra vez se lo había dicho, y que si al cabo dellos no hubiese vuelto, tuviese
por cierto que Dios había sido servido de que en aquella peligrosa aventura
10 se le acabasen sus días. Tornóle a referir el recado° y embajada° que había   message, errand
de llevar de su parte a su señora Dulcinea, y que en lo que tocaba a la paga
de sus° servicios no tuviese pena, porque él había dejado hecho su   i.e., Sancho's
testamento° antes que saliera de su lugar, donde se hallaría gratificado° de   will, rewarded
todo lo tocante a su salario, rata° por cantidad, del tiempo que hubiese   prorated
15 servido. Pero que si Dios le sacaba de aquel peligro sano y salvo y 'sin
cautela,° se podía tener por muy más que cierta la prometida ínsula.   unscathed
De nuevo tornó a llorar Sancho, oyendo de nuevo las lastimeras
razones de su buen señor, y determinó de no dejarle hasta el último
tránsito° y fin de aquel negocio.   stopping place
20 Destas lágrimas y determinación tan honrada de Sancho Panza, saca el
autor desta historia que debía de ser bien nacido, y por lo menos, cristiano
viejo, cuyo sentimiento enterneció° algo a su amo, pero no tanto que   moved
mostrase flaqueza° alguna. Antes, disimulando° lo mejor que pudo,   frailty, dissembling
comenzó a caminar hacia la parte por donde le pareció que el ruido del
25 agua y del golpear venía. Seguíale Sancho a pie, llevando, como tenía de
costumbre, del cabestro a su jumento, perpetuo compañero de sus prósperas
y adversas fortunas. Y habiendo andado una buena pieza por entre aquellos
castaños y árboles sombríos,° dieron en un pradecillo° que al pie de unas   somber, meadow
altas peñas se hacía, de las cuales 'se precipitaba° un grandísimo golpe° de   rushed, concussion
30 agua. Al pie de las peñas estaban unas casas mal hechas, que más parecían
ruinas de edificios que casas, de entre las cuales advirtieron que salía el
ruido y estruendo de aquel golpear, que aún no cesaba.
Alborotóse° Rocinante con el estruendo del agua y de los golpes, y   got excited
sosegándole° don Quijote, se fue llegando poco a poco a las casas,   calming him down
35 encomendándose de todo corazón a su señora, suplicándole que en aquella
temerosa jornada° y empresa le favoreciese, y 'de camino,° se encomendaba   expedition, along the
también a Dios, que no le olvidase. No se le quitaba Sancho del lado, el   way
cual alargaba° cuanto podía el cuello y la vista por entre las piernas de   extended
Rocinante, por ver si vería ya lo que tan suspenso y medroso le tenía.
40 Otros cien pasos serían los que anduvieron, cuando, al doblar° de una   rounding
punta,° pareció descubierta y patente° la misma causa, sin que pudiese ser   promontory, evident
otra, de aquel horrísono° y para ellos espantable ruido, que tan suspensos   terrifying noise
y medrosos toda la noche los había tenido. Y eran—si no lo has, oh lector,

---

[42] **Creyó...** *he thought it was [a sign]*
[43] **A lo...** *at the longest*

por pesadumbre y enojo—, seis mazos de batán,[44] que con sus alternativos golpes aquel estruendo formaban.

    Cuando don Quijote vio lo que era, enmudeció° y pasmóse de arriba abajo. Miróle Sancho, y vio que tenía la cabeza inclinada° sobre el pecho, con muestras de estar corrido. Miró también don Quijote a Sancho, y viole que tenía los carrillos hinchados y la boca llena de risa, con evidentes señales de querer reventar con ella,[45] y no pudo su melanconía tanto con él, que a la vista de Sancho pudiese dejar de reírse.[46] Y como vio Sancho que su amo había comenzado, soltó la presa° de manera, que tuvo necesidad de apretarse las hijadas con los puños por no reventar riendo. Cuatro veces sosegó, y otras tantas volvió a su risa con el mismo ímpetu° que primero, de lo cual ya se daba al diablo don Quijote, y más cuando le oyó decir, como 'por modo de fisga°: "Has de saber, ¡oh, Sancho amigo! que yo nací, por querer del cielo, en esta nuestra edad de hierro para resucitar en ella la dorada, o de oro. Yo soy aquel para quien están guardados los peligros, las hazañas grandes, los valerosos fechos," y por aquí fue repitiendo todas o 'las más° razones, que don Quijote dijo la vez primera que oyeron los temerosos golpes.

    Viendo, pues, don Quijote que Sancho hacía burla dél, se corrió y enojó en tal manera, que alzó el lanzón y le asentó dos palos tales, que si, como los recibió en las espaldas, los recibiera en la cabeza, quedara libre de pagarle el salario,[47] si no fuera a sus herederos.° Viendo Sancho que sacaba tan malas veras de sus burlas,[48] con temor de que su amo no pasase adelante[49] en ellas, con mucha humildad le dijo:

    "Sosiéguese vuestra merced, que por Dios que 'me burlo.°"

    "Pues porque os burláis, no me burlo yo,"[50] respondió don Quijote. "Venid acá, señor alegre: ¿paréceos a vos que si como estos fueron mazos de batán, fueran otra peligrosa aventura, no había yo mostrado el ánimo que convenía para emprendella° y acaballa? ¿Estoy yo obligado, a dicha, siendo, como soy, caballero, a conocer y destinguir° los sones, y saber cuáles son de batán o no? Y más, que podría ser, como es verdad, que no los he visto

Glosses (right margin):
- became silent (line 3)
- leaning (line 4)
- dam (line 9)
- fit (line 11)
- in jest (line 13)
- most of (line 17)
- heirs (line 22)
- I'm joking (line 25)
- undertake it (line 29)
- **distinguir** (line 30)

---

[44] **Mazos de batán** are fulling mills. In order to make homespun cloth usable, the freshly-woven material had to go through the fulling process, which was to beat the cloth in water (and Fuller's Earth) until it shrank, thickened, and got soft. From antiquity until the Middle Ages, this was done by hand with two wooden hammers. In the thirteenth century, waterwheels provided the hard labor, and the person in the mill just kept the cloth moving. Nowadays, fulling is a combination of mechanical and chemical processes. **Mazos** are wooden hammers.

[45] **Carrillos...** *cheeks puffed out and his mouth filled with laughter, with clear signs of wanting to burst with it [laughter]*

[46] **No pudo...** *his melancholy was not so powerful over him that he couldn't help but laugh*

[47] **Si, como...** *if, as he received them on his back, he had received them on his head, he [Don Quijote] would be free from paying his [Sancho's] salary*

[48] There is a proverb, "Ni en burlas ni en veras, con tu amo partas peras" which will explain why *truth* and *jokes* are seen together.

[49] **Con temor...** *and, fearing that his master might take it further.* This shows a use of the so-called, and not translatable, "no redundante."

[50] **Porque...** *if you are joking, I am not*

en mi vida, como vos los habréis visto, como villano ruin que sois, criado
y nacido entre ellos. Si no, haced vos que estos seis mazos se vuelvan en
seis jayanes, y echádmelos a las barbas uno a uno, o todos juntos, y cuando
yo no diere con todos 'patas arriba,° haced de mí la burla que quisiéredes."   dead

5   "No haya más, señor mío," replicó Sancho, "que yo confieso que he
andado algo risueño° 'en demasía.° Pero dígame vuestra merced, ahora que   smiling, in excess
estamos en paz—así Dios le saque de todas las aventuras que le sucedieren
tan sano y salvo como le ha sacado désta—, ¿no ha sido cosa de reír, y lo
es de contar, el gran miedo que hemos tenido? a lo menos el que yo tuve,
10 que de vuestra merced ya yo sé que no le conoce, ni sabe qué es temor ni
espanto."

"No niego yo," respondió don Quijote, "que lo que nos ha sucedido no
sea[51] cosa digna de risa. Pero no es digna de contarse, que no son todas las
personas tan discretas que sepan poner en su punto[52] las cosas."

15 "A lo menos," respondió Sancho, "supo vuestra merced poner en su
punto el lanzón, apuntándome° a la cabeza y dándome° en las espaldas,   aiming, hitting
gracias a Dios y a la diligencia que puse en ladearme.° Pero vaya, que todo   swerving
saldrá en la colada,[53] que yo he oído decir: «ése te quiere bien, que te hace
llorar», y más, que suelen los principales señores, tras una mala palabra que
20 dicen a un criado, darle luego unas calzas, aunque no sé lo que le suelen
dar tras haberle dado de palos, si ya no es que los caballeros andantes dan,
tras palos, ínsulas o reinos en tierra firme."

"Tal podría correr el dado,"[54] dijo don Quijote, "que todo lo que dices
viniese a ser verdad,[55] y perdona lo pasado, pues eres discreto y sabes que
25 los primeros movimientos no son en mano del hombre.[56] Y está advertido
de aquí adelante en una cosa, para que 'te abstengas° y reportes° en el   abstain, refrain
hablar demasiado conmigo, que en cuantos libros de caballerías he leído,
que son infinitos, jamás he hallado que ningún escudero hablase tanto con
su señor como tú con el tuyo. Y en verdad que lo tengo a gran falta,° tuya   defect
30 y mía: tuya, en que me estimas en poco; mía, en que no me dejo estimar
en más. Sí, que Gandalín, escudero de Amadís de Gaula, conde fue de la
Ínsula Firme. Y se lee dél que siempre hablaba a su señor con la gorra° en   cap
la mano, inclinada la cabeza y doblado° el cuerpo, *more turquesco*.[57] Pues   bent double
¿qué diremos de Gasabal, escudero de don Galaor, que fue tan callado,° que   reserved
35 para declararnos° la excelencia de su maravilloso silencio, sola una vez se   exemplify
nombra su nombre en toda aquella tan grande como verdadera historia?[58]

---

[51] **No sea...** here is yet another case of a "**no** redundante." This is the last time this
no will be annotated.

[52] **Poner...** *put in perspective*

[53] **Todo saldrá...** *everything will come to light*, lit. *in the wash*

[54] **Tal podría...** *that's the way the die may fall*

[55] **Viniese...** *might come true*

[56] **Los primeros...** *the first impulses are not controllable*

[57] **More...** *in the Turkish way*. There is nothing of what Don Quijote says here in
Amadís, says Clemencín.

[58] Galaor was Amadís' brother, and was mentioned in Chapter 1 of this book. Gasabal,
his squire, is mentioned in Book II, Chapter 59 of the *Amadís* (p. 503, lines 264-65 of the
Edwin Place edition).

De todo lo que he dicho has de inferir, Sancho, que es menester hacer diferencia de amo a mozo, de señor a criado y de caballero a escudero. Así que desde hoy en adelante nos hemos de tratar con más respeto, sin 'darnos cordelejo,° porque de cualquiera manera que yo me enoje con vos, ha de ser   *joking*
5 mal para el cántaro.[59] Las mercedes y beneficios que yo os he prometido llegarán a su tiempo. Y si no llegaren, el salario a lo menos no se ha de perder, como ya os he dicho."

"Está bien cuanto vuestra merced dice," dijo Sancho, "pero querría yo saber, por si acaso no llegase el tiempo de las mercedes y fuese necesario
10 acudir al de los salarios, cuánto ganaba un escudero de un caballero andante en aquellos tiempos, y si se concertaban° por meses, o por días, como   *agree on price* peones de albañir."[60]

"No creo yo," respondió don Quijote, "que jamás los tales escuderos estuvieron a salario, sino a merced. Y si yo ahora te le he señalado° a ti en   *named*
15 el testamento cerrado que dejé en mi casa, fue por lo que podía suceder, que aún no sé cómo prueba en estos tan calamitosos tiempos nuestros la caballería, y no querría que por pocas cosas penase mi ánima en el otro mundo.[61] Porque quiero que sepas, Sancho, que en él° no hay estado más   *el **mundo*** peligroso que el de los aventureros."

20 "Así es verdad," dijo Sancho, "pues sólo el ruido de los mazos de un batán pudo alborotar y desasosegar° el corazón de un tan valeroso andante   *disturb* aventurero como es vuestra merced. Mas bien puede estar seguro que, de aquí adelante, no despliegue° mis labios para hacer donaire de las cosas de   *spread* vuestra merced, si no fuere para honrarle como a mi amo y señor natural."
25 "Desa manera," replicó don Quijote, "vivirás sobre la haz° de la tierra,   *face* porque, después de a los padres, a los amos se ha de respetar como si lo fuesen."

[59] **Ha de ser...** *it's going to be bad for the pitcher.* This makes no sense unless you know the saying: **Si da el cántaro en la piedra o la piedra en el cántaro, mal para el cántaro.**
[60] **Peones...** *bricklayer's hodcarriers.* **Albañir** is the only form listed in Covarrubias (*mod.* **albañil**).
[61] **Aún no...** *I don't know yet how chivalry will fare in these such woeful times of ours, and I don't want my soul to agonize in the other world because of trifles*

Capítulo XXI. Que trata de la alta aventura y rica ganancia° del yelmo de Mambrino, con otras cosas sucedidas a nuestro invencible caballero.

acquisition

5 EN ESTO comenzó a llover un poco, y quisiera Sancho que se entraran en el molino de los batanes. Mas habíales cobrado tal aborrecimiento° don dislike Quijote por la 'pesada burla,° que en ninguna manera quiso entrar dentro. biting jest Y así torciendo el camino a la derecha mano, dieron en otro como el que habían llevado el día de antes.

De allí a poco descubrió don Quijote un hombre a caballo, que traía en 10 la cabeza una cosa que relumbraba° como si fuera de oro, y aun él apenas shone le hubo visto, cuando se volvió a Sancho y le dijo:

"Paréceme, Sancho, que no hay refrán que no sea verdadero, porque todos son sentencias sacadas de la mesma experiencia, madre de las ciencias todas, especialmente aquel que dice: «donde una puerta se cierra, otra se 15 abre.» Dígolo porque si anoche nos cerró la ventura la puerta de la que buscábamos,[1] engañándonos con los batanes, ahora nos abre de par en par otra para otra mejor y más cierta aventura, que, si yo no acertare a entrar por ella, mía será la culpa, sin que la pueda dar a la poca noticia de batanes, ni a la escuridad de la noche.[2] Digo esto porque, si no me engaño, hacia 20 nosotros viene uno que trae en su cabeza puesto el yelmo de Mambrino, sobre que yo hice el juramento que sabes."[3]

"Mire vuestra merced bien lo que dice, y mejor lo que hace," dijo Sancho, "que no querría que fuesen otros batanes que nos acabasen de abatanar y aporrear el sentido."[4]

25 "¡Válate el diablo por hombre!"[5] replicó don Quijote. "¿Qué va de yelmo a batanes?"[6]

"No sé nada," respondió Sancho, "mas a fe que si yo pudiera hablar tanto como solía, que quizá diera tales razones, que vuestra merced viera que se engañaba en lo que dice."

30 "¿Cómo me puedo engañar en lo que digo, traidor escrupuloso°?" dijo frightened don Quijote. "Dime, ¿no ves aquel caballero que hacia nosotros viene, sobre un caballo rucio° rodado,° que trae puesto en la cabeza un yelmo de oro?" silver grey, dappled

"Lo que yo veo y columbro,°" respondió Sancho, "no es sino un see from afar hombre sobre un asno, pardo° como el mío, que trae sobre la cabeza una dark grey 35 cosa que relumbra."

"Pues ése es el yelmo de Mambrino," dijo don Quijote. "Apártate a una parte y déjame con él a solas. Verás cuán sin hablar palabra, por ahorrar del tiempo, concluyo esta aventura y queda por mío el yelmo que tanto he deseado."

---

[1] **Si anoche...** *if last night fortune [ventura] closed the door to the one [aventura] we were looking for*

[2] **Sin que...** *without being able to blame it on lack of experience with fulling mills nor the darkness of the night*

[3] The oath from Ch. 10 (p. 75, ll. 31-33), mentioned also in Ch. 19 (p. 133, ll. 18-19).

[4] **No querría...** *I don't want it to be other fulling mills which will overcome [abatanar] us and will knock us senseless*

[5] **¡Válate...** *the devil take you!*

[6] **¿Qué...** *what does the helmet have to do with fulling mills?*

"Yo me tengo en cuidado el apartarme,"[7] replicó Sancho, "mas quiera Dios, torno a decir, que orégano sea,[8] y no batanes."

"Ya os he dicho, hermano, que no me mentéis,° ni por pienso, más eso   mention de los batanes," dijo don Quijote, "que voto...,[9] y no digo más, que os
5 batanee el alma."

Calló Sancho, con temor que su amo no cumpliese el voto° que le   vow había echado, redondo como una bola.[10]

Es, pues, el caso que el yelmo y el caballo y caballero que don Quijote veía, era esto: que en aquel contorno había dos lugares, el uno tan pequeño
10 que ni tenía botica° ni barbero, y el otro, que estaba junto a él, sí. Y así el   apothecary's shop barbero del mayor servía al menor, en el cual tuvo necesidad un enfermo de sangrarse° y otro de 'hacerse la barba,° para lo cual venía el barbero y   to be bled, be traía una bacía° de azófar,° y quiso la suerte que, al tiempo que venía,   shaved; basin, comenzó a llover, y porque no se le manchase° el sombrero, que debía de   brass; spot
15 ser nuevo, se puso la bacía sobre la cabeza, y como estaba limpia, desde media legua relumbraba. Venía sobre un asno pardo, como Sancho dijo, y ésta fue la ocasión que a don Quijote le pareció caballo rucio rodado, y caballero y yelmo de oro, que todas las cosas que veía con mucha facilidad las acomodaba a sus desvariadas caballerías y malandantes pensamientos.
20 Y cuando él vio que el pobre caballero llegaba cerca, sin ponerse con él en razones, a todo correr de Rocinante le enristró con el lanzón bajo, llevando intención de pasarle de parte a parte. Mas cuando a él llegaba, sin detener la furia de su carrera, le dijo:

"¡Defiéndete, cautiva criatura, o entriégame° de tu voluntad lo que con   entriégame
25 tanta razón se me debe!"

El barbero, que, tan sin pensarlo ni temerlo, vio venir aquella fantasma sobre sí, no tuvo otro remedio, para poder guardarse del golpe de la lanza, sino fue el dejarse caer del asno abajo,[11] y no hubo tocado al suelo, cuando se levantó más ligero que un gamo,° y comenzó a correr por aquel llano,   deer
30 que no le alcanzara el viento. Dejóse la bacía en el suelo, con la cual se contentó don Quijote, y dijo que el pagano había andado discreto, y que había imitado al castor,° el cual, viéndose acosado de los cazadores, se   beaver taraza y harpa con los dientes aquello por lo que él, por distinto natural, sabe que es perseguido.[12] Mandó a Sancho que alzase° el yelmo, el cual,   pick up
35 tomándola en las manos, dijo:

"¡Por Dios que la bacía es buena, y que vale un real de a ocho como un maravedí!"

[7] **Yo me...** *I'll take care to get out of the way*

[8] There is a saying **Quiera Dios que orégano sea y no se nos vuelva alcaravea.** **Alcaravea** is caraway seed, a spice held in less esteem than oregano.

[9] **Que voto [a Dios]... que os batanee el alma.**

[10] **Redondo...** *round as a ball* means "in no uncertain terms."

[11] **El dejarse...** *to let himself fall from the donkey*

[12] **Viéndose...** *seeing himself pursued by hunters, bites and tears with his teeth that for which he knows by instinct he is being sought.* There was an ancient old wives' tale that the male beaver, knowing he was being hunted for the castoreum found in his genitals would castrate himself, and leave his genitals behind to save his life. In truth, this substance is found in the perineal glands near the anus of *both* sexes, and is impossible to remove with the creature's own teeth.

Y dándosela a su amo, se la puso luego en la cabeza, rodeándola a una
parte y a otra, buscándole el encaje, y como no se le hallaba, dijo:
"Sin duda que el pagano a cuya medida° se forjó° primero esta famosa   size, was forged
celada, debía de tener grandísima cabeza, y lo peor dello es que le falta la
5   mitad."
Cuando Sancho oyó llamar a la bacía celada,[13] no pudo tener la risa.
Mas vínosele a las mientes la cólera de su amo, y calló en la mitad della.
"¿De qué te ríes, Sancho?" dijo don Quijote.
"Ríome," respondió él, "de considerar la gran cabeza que tenía el
10 pagano dueño deste almete, que no semeja sino una bacía de barbero
pintiparada.°"   perfectly like
"¿Sabes qué imagino, Sancho? Que esta famosa pieza° deste encantado   fragment
yelmo, por algún estraño acidente debió de venir a manos de quien no supo
conocer ni estimar su valor, y sin saber lo que hacía, viéndola de oro
15 purísimo, debió de fundir° la otra mitad para aprovecharse del precio,° y de   melt, value
la otra mitad hizo esta que parece bacía de barbero, como tú dices. Pero sea
lo que fuere, que para mí que la conozco no hace al caso su trasmutación,[14]
que yo la aderezaré en el primer lugar donde haya herrero,° de suerte que   blacksmith
no le 'haga ventaja,° ni aun le llegue, la que hizo y forjó el dios de las   surpass
20 herrerías para el Dios de las batallas,[15] y en este entretanto la traeré como
pudiere, que más vale algo que no nada, cuanto más que bien será bastante
para defenderme de alguna pedrada."
"Eso será," dijo Sancho, "si no se tira con honda, como se tiraron en
la pelea de los dos ejércitos, cuando le santiguaron a vuestra merced las
25 muelas, y le rompieron el alcuza donde venía aquel benditísimo brebaje que
me hizo vomitar las asaduras.°"   entrails
"No me da mucha pena el haberle perdido, que ya sabes tú, Sancho,"
dijo don Quijote, "que yo tengo la receta en la memoria."
"También la tengo yo," respondió Sancho. "Pero si yo le hiciere ni le
30 probare más en mi vida, aquí sea mi hora.[16] Cuanto más, que no pienso
ponerme en ocasión de haberle menester, porque pienso guardarme con
todos mis cinco sentidos de ser ferido ni de ferir a nadie. De lo del ser otra
vez manteado no digo nada, que semejantes desgracias mal se pueden
prevenir,° y si vienen, no hay que hacer otra cosa sino encoger los   prevent
35 hombros, detener el aliento,[17] cerrar los ojos y dejarse ir por donde la suerte
y la manta nos llevare."
"Mal cristiano eres, Sancho," dijo, oyendo esto, don Quijote, "porque
nunca olvidas la injuria que una vez te han hecho. Pues sábete que es de
pechos nobles y generosos no hacer caso de niñerías. ¿Qué pie sacaste
40 cojo,° qué costilla quebrada, qué cabeza rota, para que no se te olvide   lame

---

[13] **Cuando...** *when Sancho heard the basin being called a helmet*
[14] **No hace...** *its transformation makes no difference*
[15] **De suerte...** *in such a way that the one [helmet] that the god of smithies made and forged for the god of battles won't surpass it or even come up to it.* This refers to Vulcan, the god of blacksmiths, who forged the armor of Mars.
[16] **Aquí...** *may I die right now*
[17] **Encoger...** *shrug your shoulders, hold your breath*

aquella burla? Que, bien apurada la cosa,[18] burla fue y pasatiempo, que a no entenderlo yo ansí, ya yo hubiera vuelto allá y hubiera hecho en tu venganza más daño que el que hicieron los griegos por la robada° Elena.[19]   kidnapped
La cual si fuera en este tiempo, o mi Dulcinea fuera en aquel, pudiera estar
5 segura que no tuviera tanta fama de hermosa como tiene." Y aquí dio un
sospiro, y le puso en las nubes. Y dijo Sancho:

"Pase por burlas, pues la venganza no puede pasar en veras,[20] pero yo sé de qué calidad fueron las veras y las burlas, y sé también que no se me caerán de la memoria, como nunca se quitarán de las espaldas. Pero dejando
10 esto aparte, dígame vuestra merced qué haremos deste caballo rucio rodado, que parece asno pardo, que dejó aquí desamparado aquel Martino que vuestra merced derribó, que, según él puso los pies en polvorosa y cogió las de Villadiego,[21] no lleva pergenio° de volver por él jamás, y ¡para mis   intention
barbas, si no es bueno el rucio!"
15 "Nunca yo acostumbro," dijo don Quijote, "despojar° a los que venzo   despoil
ni es uso de caballería quitarles los caballos y dejarlos a pie. Si ya no fuese que el vencedor hubiese perdido en la pendencia° el suyo, que, en tal caso,   fray
lícito es tomar el del vencido, como ganado en guerra lícita. Así que,
Sancho, deja ese caballo o asno, o lo que tu quisieres que sea, que, como°   as soon as
20 su dueño nos vea alongados° de aquí, volverá por él."   departed

"Dios sabe si quisiera llevarle," replicó Sancho, "o, por lo menos, trocalle con este mío, que no me parece tan bueno. Verdaderamente que son estrechas las leyes de caballería, pues no se estienden a dejar trocar un asno por otro, y querría saber si podría trocar los aparejos° siquiera."   trappings
25 "En eso no estoy muy cierto," respondió don Quijote, "y en caso de duda, hasta estar mejor informado, digo que los trueques, si es que tienes dellos necesidad estrema."

"Tan estrema es," respondió Sancho, "que si fueran para mi misma persona, no los hubiera menester más."[22]
30 Y luego, habilitado con aquella licencia, hizo *mutacio caparum*,[23] y puso su jumento a las mil lindezas, dejándole mejorado en tercio y quinto.[24]

Hecho esto, almorzaron de las sobras del real° que del acémila   spoils
despojaron, bebieron del agua del arroyo de los batanes, sin volver la cara a mirallos: tal era el aborrecimiento que les tenían, por el miedo en que les
35 habían puesto.

[18] **Bien...** *when you examine it closely*

[19] Elena is Helen of Troy.

[20] **"Pase por...** *let it pass for a jest since vengeance cannot be done in truth*

[21] **Él puso...** *he took to his heels*. Both expressions mean the same thing. **Polvorosa** was the underworld slang term for road. Although everyone understands what the expression with Villadiego means, its origin is unclear. See Rodríguez Marín 1, 62, 3 and 2, 133, 7.

[22] **Si fueran...** *if they were for myself, I wouldn't need them more*

[23] *Mutatio capparum* is the proper Latin term for this, when cardinals of the Church exchange fur hoods for ones of red silk annually on Easter.

[24] **Puso su...** *he made his donkey look uncommonly pretty, bettering its looks severalfold*. The expression **mejorado en tercio y quinto** is from notorial jargon, relating to making a will in favor of an heir.

Cortada, pues, la cólera,[25] y aun la malenconía,° subieron a caballo, y   melancolía
sin tomar determinado camino, por ser muy de caballeros andantes el no
tomar ninguno cierto, se pusieron a caminar por donde la voluntad de
Rocinante quiso, que se llevaba tras sí la de su amo, y aun la del asno, que
5   siempre le seguía por dondequiera que guiaba, en buen amor y compañía.
Con todo esto, volvieron al camino real, y siguieron por él a la ventura, sin
otro disignio° alguno.   thought
    Yendo, pues, así caminando, dijo Sancho a su amo:
    "Señor, ¿quiere vuestra merced darme licencia que departa un poco con
10 él?[26] Que después que me puso aquel áspero mandamiento del silencio se
me han podrido° más de cuatro cosas en el estómago, y una sola que ahora   rotted
tengo en el pico° de la lengua no querría que 'se mal lograse.°"   tip, come to naught
    "Dila," dijo don Quijote, "y sé breve en tus razonamientos, que
ninguno hay gustoso° si es largo."   pleasing
15   "Digo, pues, señor," respondió Sancho, "que de algunos días a esta
parte[27] he considerado cuán poco se gana y granjea° de andar buscando   earn
estas aventuras que vuestra merced busca por estos desiertos y encrucijadas
de caminos, donde, ya que se venzan y acaben las más peligrosas, no hay
quien las vea ni sepa, y así, se han de quedar en perpetuo silencio y en
20 perjuicio de la intención de vuestra merced y de lo que ellas merecen. Y así,
me parece que sería mejor, salvo el mejor parecer de vuestra merced, que
nos fuésemos a servir a algún emperador, o a otro príncipe grande que tenga
alguna guerra, en cuyo servicio vuestra merced muestre el valor de su
persona, sus grandes fuerzas y mayor entendimiento. Que visto esto del
25 señor a quien sirviéremos, por fuerza nos ha de remunerar a cada cual según
sus méritos, y allí no faltará quien ponga en escrito las hazañas de vuestra
merced, para perpetua memoria. De las mías no digo nada, pues no han de
salir de los límites escuderiles, aunque sé decir que si 'se usa° en la   is customary
caballería escribir hazañas de escuderos, que no pienso que se han de
30 quedar las mías 'entre renglones.°"   as afterthoughts
    "No dices mal, Sancho," respondió don Quijote, "mas antes que se
llegue a ese término° es menester andar por el mundo, como en   point
aprobación,° buscando las aventuras, para que, acabando algunas, se cobre   probation
nombre y fama tal, que cuando se fuere a la corte° de algún gran monarca   court
35 ya sea el caballero conocido por sus obras, y que apenas le hayan visto
entrar los muchachos por la puerta de la ciudad, cuando todos le sigan y
rodeen, dando voces, diciendo: 'Éste es el caballero del Sol,' o 'de la
Sierpe,°[28] o de otra insignia° alguna, debajo de la cual hubiere acabado   serpent, device
grandes hazañas. 'Éste es,' dirán, 'el que venció en singular batalla al
40 gigantazo° Brocabruno de la Gran Fuerza. El que desencantó° al gran   great giant, disen-
Mameluco[29] de Persia del largo encantamento en que había estado casi   chanted

---

[25] **Cortar la cólera** in the Academy dictionary means "to have a snack."

[26] **Con él** effectively means *with you.* Since **vuestra merced** is a third person mode of
address, **con él** is called for: *would your grace give me permission to speak with him?*

[27] **De algunos...** *for some days now*

[28] **El caballero del Sol** was the Caballero del Febo, **el caballero de la Sierpe** was
Palmerín de Oliva.

[29] **Mameluco** is an Egyptian soldier.

novecientos años.' Así que de mano en mano, irán pregonando sus hechos,
y luego, al alboroto° de los muchachos y de la demás gente, se parará a las   tumult
fenestras° de su real palacio el rey de aquel reino. Y así como vea al   windows
caballero, conociéndole por las armas o por la empresa del escudo,
5 forzosamente ha de decir: '¡Ea, sus, salgan mis caballeros, cuantos en mi
corte están, a recebir a la flor de la caballería, que allí viene!' A cuyo
mandamiento saldrán todos, y él llegará hasta la mitad de la escalera,° y le   staircase
abrazará estrechísimamente,° y le dará paz,[30] besándole en el rostro, y luego   very tightly
le llevará por la mano al aposento de la señora reina, adonde el caballero
10 la hallará con la infanta° su hija, que ha de ser una de las más fermosas y   princess
acabadas° doncellas que en gran parte de lo descubierto de la tierra a duras   perfect
penas se pueda hallar.[31] Sucederá tras esto, 'luego en continente,° que ella   immediately
ponga los ojos en el caballero, y él en los della, y cada uno parezca al otro
cosa más divina que humana, y sin saber cómo ni cómo no,[32] han de quedar
15 presos y enlazados en la intricable red amorosa,[33] y con gran cuita en sus
corazones, por no saber cómo se han de fablar para descubrir sus ansias°   longings
y sentimientos.° Desde allí le llevarán, sin duda, a algún cuarto° del palacio,   feelings, apartment,
ricamente aderezado,° donde, habiéndole quitado las armas, le traerán un   adorned
rico manto° de escarlata con que se cubra, y si bien pareció armado, tan   cloak
20 bien y mejor ha de parecer en farseto.[34]
    "Venida la noche, cenará con el rey, reina e infanta, donde nunca
quitará los ojos della, mirándola a furto de los circunstantes, y ella hará lo
mesmo con la mesma sagacidad,° porque, como tengo dicho, es muy   discernment
discreta doncella. Levantarse han[35] las tablas,° y entrará a deshora por la   tables
25 puerta de la sala un feo y pequeño enano con una fermosa dueña, que entre
dos gigantes, detrás del enano viene, con cierta aventura hecha° por un   proposed
antiquísimo° sabio, que el que la acabare será tenido por el mejor caballero   very old
del mundo. Mandará luego el rey que todos los que están presentes la
prueben,[36] y ninguno le dará fin y cima° sino el caballero huésped, en   completion
30 mucho pro de su fama, de lo cual quedará contentísima la infanta, y se
tendrá por contenta y pagada además por haber puesto y colocado sus
pensamientos en tan alta parte. Y lo bueno es que este rey o príncipe, o lo
que es, tiene una muy reñida° guerra con otro tan poderoso como él, y el   bitter
caballero huésped le pide—al cabo de algunos días que ha estado en su
35 corte—, licencia para ir a servirle en aquella guerra dicha. Darásela el rey
de muy buen talante, y el caballero le besará cortésmente las manos por la
merced que le face.
    "Y aquella noche se despedirá de su señora la infanta por las rejas° de   grates
un jardín, que cae en el aposento donde ella duerme,[37] por las cuales ya

---

[30] **Dar paz** is to greet by kissing on the face, as the next phrase confirms.
[31] **En gran...** *in a large part of the known world with great difficulty can be found*
[32] **Sin saber...** *without knowing how*
[33] **Enlazados...** *bound in the inextricable net of love*
[34] A **farseto** (*Ital.* **farsetto**) is a quilted jacket worn under armor.
[35] **Levantarse han** is an archaic future form, where the infinitive was recognized as
such and pronouns could be attached to it.
[36] That is, **hagan la prueba** *they attempt it*
[37] **Un jardín...** *the room where she sleeps which faces a garden*

otras muchas veces la había fablado, siendo medianera y sabidora de todo
una doncella de quien la infanta mucho se fiaba.[38] Sospirará él,
desmayaráse° ella, traerá agua la doncella, acuitaráse mucho porque viene   will faint
la mañana y no querría que fuesen descubiertos,° por la honra de su señora.   found out
5 Finalmente, la infanta 'volverá en sí,° y dará sus blancas manos por la reja   will come to
al caballero, el cual se las besará mil y mil veces, y se las bañará en
lágrimas. Quedará concertado° entre los dos del modo que se han de hacer   agreed
saber sus buenos o malos sucesos, y rogaréle la princesa que se detenga lo
menos que pudiere.[39] Prometérselo ha él con muchos juramentos. Tórnale
10 a besar las manos, y despídese con tanto sentimiento, que estará a poco por
acabar la vida.[40] Vase desde allí a su aposento, échase sobre su lecho, no
puede dormir del dolor de la partida,° madruga° muy de mañana. Vase a   departure, gets up
despedir del rey y de la reina, y de la infanta. Dícenle, habiéndose
despedido de los dos, que la señora infanta está 'mal dispuesta° y que no   indisposed
15 puede recebir visita. Piensa el caballero que es de pena de su partida,
traspásasele° el corazón, y falta poco de no dar indicio manifiesto de su   pierces
pena. Está la doncella medianera delante. Halo de notar todo, váselo a decir
a su señora, la cual la recibe con lágrimas, y le dice que una de las mayores
penas que tiene es no saber quién sea su caballero, y si es de linaje de
20 reyes, o no. Asegúrala la doncella que no puede caber tanta cortesía,
gentileza y valentía como la de su caballero sino en subjeto real y grave°.   important
Consuélase° con esto la cuitada°: procura consolarse por no dar mal indicio   is consoled,
de sí a sus padres, y a cabo de dos días sale en público. Ya se es ido el   unfortunate girl
caballero, pelea en la guerra, vence al enemigo del rey, gana muchas
25 ciudades, triunfa de muchas batallas. Vuelve a la corte, ve a su señora por
donde suele, conciértase que la pida a su padre por mujer en pago de sus
servicios. No se la quiere dar el rey, porque no sabe quién es. Pero, con
todo esto, o robada o de otra cualquier suerte que sea, la infanta viene a ser
su esposa, y su padre lo viene a tener a gran ventura,[41] porque se vino a
30 averiguar que el tal caballero es hijo de un valeroso rey de no sé qué reino,
porque creo que no debe de estar en el mapa. Muérese el padre, hereda la
infanta, queda rey el caballero, en dos palabras. Aquí entra luego el hacer
mercedes a su escudero y a todos aquellos que le ayudaron a subir a tan
alto estado. Casa a su escudero con una doncella de la infanta, que será, sin
35 duda, la que fue tercera° en sus amores, que es hija de un duque muy   go-between
principal."[42]
    "¡Eso pido, y barras derechas!"[43] dijo Sancho, "a eso 'me atengo,°   I'm waiting for
porque todo al pie de la letra ha de suceder por vuestra merced, llamándose
el Caballero de la Triste Figura."
40   "No lo dudes, Sancho," replicó don Quijote, "porque del mesmo modo,
y por los mesmos pasos que esto he contado, suben y han subido los

---

[38] **Siendo…** *a maiden whom she trusted being the go-between and confidante in everything*
[39] **Se detenga…** *he stay away as short a time as he can*
[40] **Estará…** *he will almost die*
[41] **Su padre…** *her father comes to consider it as good fortune*
[42] Martín de Riquer says that this is the basic story of *Tirant lo Blanch*.
[43] **¡Barras…** *no doubt about it.* This expression comes from a game.

caballeros andantes a ser reyes y emperadores. Sólo falta agora mirar[44] qué
rey de los cristianos o de los paganos tenga guerra y tenga hija hermosa.
Pero tiempo habrá para pensar esto, pues, como te tengo dicho, primero se
ha de cobrar fama por otras partes que[45] se acuda a la corte. También me
5 falta otra cosa: que, puesto caso que se halle rey con guerra y con hija
hermosa, y que yo haya cobrado fama increíble por todo el universo, no sé
yo cómo se podía hallar que yo sea de linaje de reyes, o, por lo menos,
primo segundo de emperador. Porque no me querrá el rey dar a su hija por
mujer, si no está primero muy enterado° en esto, aunque más lo merezcan   informed
10 mis famosos hechos. Así que, por esta falta, temo perder lo que mi brazo
tiene bien merecido. Bien es verdad que yo soy hijodalgo de solar conocido,
de posesión y propriedad, y de devengar quinientos sueldos,[46] y podría ser
que el sabio que escribiese mi historia deslindase° de tal manera mi   clears up
parentela° y decendencia,° que me hallase quinto o sesto° nieto de rey.   ancestry, origin,
15 Porque te hago saber, Sancho, que hay dos maneras de linajes en el mundo: sixth
unos que traen y derivan° su decendencia de príncipes y monarcas, a quien   trace
'poco a poco° el tiempo ha deshecho, y han acabado en punta,° como   a little at a time,
pirámide puesta al revés.[47] Otros tuvieron principio de gente baja, y van   point
subiendo de grado en grado,[48] hasta llegar a ser grandes señores. De manera
20 que está la diferencia en que unos fueron, que ya no son, y otros son, que
ya no fueron, y podría ser yo déstos, que después de averiguado,[49] hubiese
sido mi principio grande y famoso, con lo cual se debía de contentar el rey
mi suegro que hubiere de ser,[50] y cuando no, la infanta me ha de querer de
manera que a pesar de su padre, aunque claramente sepa que soy hijo de un
25 azacán,° me ha de admitir por señor y por esposo. Y si no, aquí entra el   water carrier
roballa y llevalla donde más gusto me diere, que el tiempo o la muerte ha
de acabar el enojo de sus padres."
    "Ahí entra bien también," dijo Sancho, "lo que algunos desalmados
dicen: «no pidas de grado lo que puedes tomar por fuerza»,[51] aunque mejor
30 cuadra decir: «más vale salto de mata, que ruego de hombres buenos».[52]
Dígolo porque, si el señor rey, suegro de vuestra merced, no se quisiere
domeñar° a entregalle a mi señora la infanta, no hay sino, como vuestra   condescend
merced dice, roballa y trasponella.° Pero está el daño que, en tanto que se   transport her
hagan las paces y se goce pacíficamente del reino,[53] el pobre escudero se
35 podrá estar 'a diente° en esto de las mercedes. Si ya no es que la doncella   fasting
tercera que ha de ser su mujer, se sale con la infanta,[54] y él pasa con ella

---

[44] **Sólo...** *all we need now is to find out*
[45] The **primero** that begins the clause goes with this **que** = *before going to court.*
[46] **Yo soy...** *I am an* **hidalgo** *with a well known ancestral mansion, with land and property, and an income of 500* **sueldos**. What the income was for (Injury? family's military service?), and the value of a **sueldo** are still debated.
[47] **Puesta...** *turned up-side down*
[48] **De grado...** *step by step*
[49] **Después...** *after investigation*
[50] **El rey...** *the king who is to be my father-in-law*
[51] **No pidas...** *never ask as a favor what you can take by force*
[52] **Más vale...** *a leap over the hedge [to escape] is better than good men's prayers*
[53] **En tanto...** *until you make peace and you come to possess your kingdom in peace*
[54] **Si ya no...** *unless the confidante who is to be his wife comes with the princess*

su mala ventura, hasta que el cielo ordene otra cosa, porque bien podrá, creo yo, desde luego dársela su señor por ligítima esposa."⁵⁵

"Eso no hay quien la quite,"⁵⁶ dijo don Quijote."

"Pues como eso sea," respondió Sancho, "no hay sino encomendarnos
5 a Dios, y dejar correr la suerte por donde mejor lo encaminare."

"Hágalo Dios," respondió don Quijote, "como yo deseo y tú, Sancho, has menester, y ruin sea quien por ruin se tiene."⁵⁷

"Sea par° Dios," dijo Sancho, "que yo cristiano viejo⁵⁸ soy, y para ser conde esto me basta." **por**

10 "Y aun te sobra,°" dijo don Quijote, "y cuando no lo fueras, no hacía **is more than enough** nada al caso,⁵⁹ porque siendo yo el rey, bien te puedo dar nobleza,° sin que **nobility** la compres ni me sirvas con nada.⁶⁰ Porque en haciéndote conde, cátate ahí caballero,⁶¹ y digan lo que dijeren, que a buena fe que te han de llamar SEÑORÍA, mal que les pese."⁶²

15 "Y ¡montas que no sabría yo autorizar el litado!"⁶³ dijo Sancho.

"*Dictado*⁶⁴ has de decir, que no *litado*," dijo su amo.

"Sea ansí," respondió Sancho Panza. "Digo que le sabría bien acomodar,⁶⁵ porque por vida mía que un tiempo fui muñidor de una cofradía,⁶⁶ y que me asentaba tan bien la ropa de muñidor, que decían todos
20 que tenía presencia para poder ser prioste° de la mesma cofradía. Pues ¿qué **steward** será cuando me ponga un ropón ducal a cuestas,⁶⁷ o me vista de oro y de perlas, a uso de conde estranjero°? Para mí tengo que me han de venir a ver **extranjero** de cien leguas."⁶⁸

"Bien parecerás,"⁶⁹ dijo don Quijote, "pero será menester que 'te rapes° **shave**
25 las barbas a menudo, que, según las tienes de espesas, aborrascadas y mal puestas,⁷⁰ si no te las rapas a navaja cada dos días, por lo menos, a tiro de escopeta se echará de ver lo que eres."⁷¹

"¿Qué hay más," dijo Sancho, "sino tomar un barbero y tenelle

⁵⁵ **Porque bien...** *for it may well be, I think, his master will give her to him as legitimate wife right away*
⁵⁶ **Eso no...** *Don't worry, no one will take her away from you.* This is Gaos' solution (I, 426, 308).
⁵⁷ **Ruin...** *may the person who considers himself despicable be despicable*
⁵⁸ A **cristiano viejo** is from a family that has always been Catholic, that is, none was or is a converted Jew.
⁵⁹ **No hacía...** *it would make no difference*
⁶⁰ **Ni me...** *nor by your doing any service*
⁶¹ **Cátate...** *imagine yourself there made a knight*
⁶² **A buena...** *honestly and sincerely, they'll have to call you YOUR LORDSHIP whether they like it or not*
⁶³ **Montas...** *Just watch how I perform my duties with this title of nobility.*
⁶⁴ **Dictado** *title of nobility*
⁶⁵ **Digo...** *I say that I'd be able to do it well*
⁶⁶ **Fui muñidor...** *I was a summoner in a brotherhood*
⁶⁷ **Cuando...** *when I put the gown of a duke on my back*
⁶⁸ **Me...** *they'll come from a hundred leagues to see me*
⁶⁹ **Bien...** *you'll look good*
⁷⁰ **Según...** *the way you keep it so thick, tangled, and unkempt.*
⁷¹ **A tiro...** *at the distance of a musket shot they'll see what you are*

asalariado° en casa. Y aun, si fuere menester, le haré que ande tras mí,   on salary
como caballerizo° de grande.°"   groom, grandee

"Pues ¿cómo sabes tú," preguntó don Quijote, "que los grandes llevan
detrás de sí a sus caballerizos?"

5   "Yo se lo diré," respondió Sancho. "Los años pasados estuve un mes
en la corte, y allí vi que, paseándose un señor muy pequeño, que decían que
era muy grande,[72] un hombre le seguía a caballo a todas las vueltas que
daba,[73] que no parecía sino que era su rabo.° Pregunté que cómo aquel   tail
hombre no 'se juntaba° con el otro, sino que siempre andaba tras dél.   joined
10 Respondiéronme que era su caballerizo, y que era uso de grandes llevar tras
sí a los tales. Desde entonces lo sé tan bien, que nunca se me ha olvidado."

"Digo que tienes razón," dijo don Quijote, "y que así puedes tú llevar
a tu barbero, que los usos no vinieron todos juntos ni se inventaron a una,°   una *vez*
y puedes ser tú el primero conde que lleve tras sí su barbero, y aun es de
15 más confianza el hacer la barba que ensillar un caballo."[74]

"Quédese eso del barbero a mi cargo,"[75] dijo Sancho, "y al de vuestra
merced se quede el procurar venir a ser rey y el hacerme conde."

"Así será," respondió don Quijote.

Y alzando los ojos, vio lo que se dirá en el siguiente capítulo.

[72] More than likely they just said that **era grande** *he was a grandee*, rather than **era
muy grande** *he was very big.*

[73] **A todas...** *every turn he took*

[74] **Es de...** *it requires more trust to have one's beard shaved than to have one's horse
saddled*

[75] **Quédese...** *let me deal with the business of the barber*

Capítulo XXII. De la libertad que dio don Quijote a muchos desdichados que, mal de su grado, los llevaban donde no quisieran ir.

CUENTA CIDE Hamete Benengeli, autor arábigo y manchego, en esta
5 gravísima, altisonante,° mínima,° dulce e imaginada historia, que   high-sounding,
después que entre el famoso don Quijote de la Mancha y Sancho Panza su   meticulous
escudero pasaron aquellas razones,[1] que en el fin del capítulo veinte y uno
quedan referidas, que don Quijote alzó los ojos y vio que por el camino que
llevaba venían hasta doce hombres a pie, ensartados° como cuentas en una   strung together
10 gran cadena de hierro por los cuellos,° y todos con esposas° a las manos.   necks, handcuffs
Venían ansimismo con ellos dos hombres de a caballo y dos de a pie. Los
de a caballo con 'escopetas de rueda,° y los de a pie con dardos° y espadas,   muskets, lances
y que así como Sancho Panza los vido,° dijo: vio
"Ésta es cadena de galeotes:[2] gente forzada° del rey, que va a las   sentenced
15 galeras.°"   galleys
"¿Cómo gente forzada?" preguntó don Quijote. "¿Es posible que el rey
haga fuerza a ninguna gente?"[3]
"No digo eso," respondió Sancho, "sino que es gente que por sus
delitos° va condenada a servir al rey en las galeras, de por fuerza."   crimes
20 "En resolución," replicó don Quijote, "como quiera que ello sea, esta
gente, aunque los llevan, van de por fuerza y no de su voluntad."
"Así es," dijo Sancho.
"Pues desa manera," dijo su amo, "aquí encaja° la ejecución de mi   fits
oficio: desfacer fuerzas y socorrer y acudir a los miserables."
25 "Advierta vuestra merced," dijo Sancho, "que la justicia, que es el
mesmo rey, no hace fuerza ni agravio° a semejante gente, sino que los   offense
castiga° en pena de sus delitos."   punishes
Llegó en esto la cadena de los galeotes, y don Quijote, con muy
corteses razones, pidió a los que iban 'en su guarda° 'fuesen servidos de°   as their guards,
30 informalle y decille la causa, o causas, porque llevaban aquella gente de   please
aquella manera.
Una de las guardas° de a caballo respondió que eran galeotes, gente de   guards
su majestad que iba a galeras, y que no había más que decir, ni él tenía más
que saber.
35 "Con todo eso," replicó don Quijote, "querría saber de cada uno dellos,
en particular, la causa de su desgracia."
Añadió a estas otras tales y tan comedidas° razones para moverlos a   polite
que le dijesen lo que deseaba, que la otra guarda de a caballo le dijo:
"Aunque llevamos aquí el registro° y la fe° de las sentencias de cada   register book,
40 uno destos malaventurados,° no es tiempo éste de detenerles a sacarlas ni   certificate; unfortu-
a leellas. Vuestra merced llegue° y se lo pregunte a ellos mesmos, que ellos   nates; approach
lo dirán si quisieren, que sí querrán, porque es gente que recibe gusto de
hacer y decir bellaquerías."

---

[1] **Después... = Después que pasaron aquellas razones entre...**
[2] **Galeotes** were galley slaves, rowers who provided the power for the king's fleet. Since no one wanted the job, criminals, some with very small crimes, were sentenced to row in the galleys.
[3] **¿Es...** *Is it possible that the king forces anyone?*

Con esta licencia, que don Quijote se tomara aunque no se la dieran, se llegó a la cadena y al primero le preguntó que por qué pecados iba de tan mala guisa.° Él le respondió que por enamorado° iba de aquella manera.   manner, lover
"¿Por eso no más?" replicó don Quijote. "¡Pues si por enamorados
5 echan a galeras, días ha que pudiera yo estar bogando° en ellas!"   rowing
"No son los amores como los que vuestra merced piensa," dijo el galeote, "que los míos fueron que quise tanto a una canasta de colar atestada de ropa blanca, que la abracé conmigo tan fuertemente, que, a no quitármela la justicia por fuerza,[4] aún hasta agora no la hubiera dejado de
10 mi voluntad. Fue en fragante, no hubo lugar de tormento.[5] Concluyóse la causa,° acomodáronme° las espaldas con ciento, y por añadidura tres   legal case, placed
precisos de gurapas,[6] y acabóse la obra."
"¿Qué son «gurapas»?" preguntó don Quijote.
"«Gurapas» son galeras," respondió el galeote.
15 El cual era un mozo de hasta edad de veinte y cuatro años, y dijo que era natural de Piedrahita.[7]
Lo mesmo preguntó don Quijote al segundo, el cual no respondió palabra, según iba de triste y malencónico. Mas respondió por él el primero, y dijo:
20 "Éste, señor, va por canario, digo, por músico y cantor."
"Pues ¿cómo?" repitió don Quijote, "¿por músicos y cantores van también a galeras?"
"Sí, señor," respondió el galeote, "que no hay peor cosa que cantar en el ansia."[8]
25 "Antes he yo oído decir," dijo don Quijote, "que «quien canta, sus males espanta».°"   scares away
"Acá es 'al revés,°'" dijo el galeote, "que quien canta una vez, llora   the opposite
toda la vida."
"No lo entiendo," dijo don Quijote.
30 Mas una de las guardas le dijo:
"Señor caballero: «cantar en el ansia» se dice, entre esta gente 'non santa,° confesar en el tormento. A este pecador° le dieron tormento y   unholy
confesó su delito, que era ser cuatrero,° que es ser 'ladrón de bestias,° y por   sinner; rustler,
haber confesado le condenaron por seis años a galeras, 'amén de° docientos   rustler; besides
35 azotes que ya lleva en las espaldas. Y va siempre pensativo y triste, porque los demás ladrones que allá quedan y aquí van, le maltratan y aniquilan, y escarnecen y tienen en poco,[9] porque confesó y no tuvo ánimo° de decir   courage
nones,° porque dicen ellos que tantas letras tiene un NO como un SÍ, y   no's

---

[4] **Quise tanto...** *I loved a basket filled with washed clothing so much that I hugged it to myself so hard that if the authorities hadn't taken it from me by force*

[5] **En...** *"In fraganti,"* caught in the act, so no torture was necessary.

[6] **Acomodáronme...** *They gave my shoulders a hundred lashes, and added exactly three years in the galleys*

[7] Piedrahita is a cattle-raising town in the province of Avila, 130 kms west of Madrid.

[8] **Cantar en el ansia.** *Ansia* is slang for water torture.

[9] **Le maltratan...** *They taunt and humiliate him, they ridicule [him] and hold [him] in little esteem*

que harta ventura tiene un delincuente que está en su lengua su vida o su muerte, y no en la de los testigos y probanzas,[10] y para mí tengo que no van muy fuera de camino."

"Y yo lo entiendo así," respondió don Quijote.

5 El cual, pasando al tercero, preguntó lo que a los otros, el cual, de presto y con mucho desenfado,° respondió y dijo: *ease*

"Yo voy por cinco años a las señoras gurapas por faltarme diez ducados."[11]

"Yo daré veinte de muy buena gana," dijo don Quijote, "por libraros 10 desa pesadumbre."

"Eso me parece," respondió el galeote, "como quien tiene dineros en 'mitad del golfo° y se está muriendo de hambre, sin tener adonde comprar   *high seas* lo que ha menester. Dígolo porque, si a su tiempo tuviera yo esos veinte ducados que vuestra merced ahora me ofrece, hubiera untado con ellos la 15 péndola del escribano y avivado el ingenio del procurador,[12] de manera que hoy me viera en mitad de la plaza de Zocodover,[13] de Toledo, y no en este camino, atraillado° como galgo. Pero Dios es grande: paciencia, y basta."   *on a leash*

Pasó don Quijote al cuarto, que era un hombre de venerable rostro, con una barba blanca que le pasaba del pecho, el cual, oyéndose preguntar la 20 causa porque allí venía, comenzó a llorar, y no respondió palabra. Mas el quinto condenado le sirvió de lengua, y dijo:

"Este hombre honrado va por cuatro años a galeras, habiendo paseado las acostumbradas vestido en pompa y a caballo."[14]

"Eso es," dijo Sancho Panza, "a lo que a mí me parece, haber salido 25 a la vergüenza.°"   *public punishment*

"Así es," replicó el galeote, "y la culpa porque le dieron esta pena es por haber sido corredor de oreja, y aun de todo el cuerpo.[15] En efecto, quiero decir que este caballero va por alcahuete,° y por tener así mesmo sus   *pimp* 'puntas y collar° de hechicero.°"   *smatterings, sorceror*

30 "A no haberle añadido esas puntas y collar," dijo don Quijote, "por solamente el alcahuete limpio° no merecía él ir a bogar en las galeras, sino   *in itself* a mandallas y a ser general dellas, porque no es así comoquiera el oficio de alcahuete,[16] que es oficio de discretos y necesarísimo en la república bien ordenada, y que no le debía ejercer sino gente muy bien nacida, y aun

---

[10] **Harta ventura...** *a criminal is very lucky when his life or death depends on his tongue and not on witnesses or other proof*

[11] The **ducado** was a gold coin worth 10 to 30 **reales** in the time of Cervantes.

[12] **Hubiera untado...** *I would have greased the pen of the notary and encouraged the cleverness of the lawyer*

[13] This is another site frequented by the **pícaros** which you can add to the places alluded to in Chapter 3, footnote 3 (p. 33).

[14] **Habiendo paseado...** *having gone down the accustomed [streets] dressed in splendor and on horseback.* The culprit was on donkey-back, stripped to his waist, wearing a dunce cap, and accompanied by a horn player—to gather a crowd—a constable, and a town crier who told of the culprit's crimes. What Sancho calls it is exactly right.

[15] A **corredor de oreja** is a *stock broker*, and a **corredor de todo el cuerpo**, a term made up by the galley slave, would be *a broker in the whole body*, that is, a pimp.

[16] **No es...** *being a pimp is not an ordinary profession*

había de haber veedor° y examinador de los tales, como le hay de los demás   *inspector*
oficios, con número deputado y conocido, como corredores de lonja,[17] y
desta manera se escusarían muchos males que se causan por andar este
oficio y ejercicio entre gente idiota y de poco entendimiento, como son
5 mujercillas° de poco más a menos, pajecillos° y truhanes° de pocos años y   *silly women, little*
de poca experiencia, que a la más necesaria ocasión, y cuando es menester   *pages, scoundrels*
dar una traza° que importe, se les yelan las migas° entre la boca y la mano,   *plan, rustic stew*
y no saben cuál es su mano derecha. Quisiera pasar adelante y dar las
razones porque convenía hacer elección° de los que en la república habían   *choice*
10 de tener tan necesario oficio. Pero no es el 'lugar acomodado° para ello: *right time*
algún día lo diré a quien lo pueda proveer° y remediar. Sólo digo ahora que   *decide*
la pena que me ha causado ver estas blancas canas° y este rostro venerable   *white hair*
en tanta fatiga° por alcahuete, me la ha quitado el adjunto° de ser hechicero,   *distress, addition*
aunque bien sé que no hay hechizos° en el mundo que puedan mover y   *spells*
15 forzar la voluntad, como algunos simples piensan, que es libre nuestro
albedrío,° y no hay yerba ni encanto° que le fuerce. Lo que suelen hacer   *will, enchantment*
algunas mujercillas simples y algunos 'embusteros bellacos,° es algunas   *roguish imposters*
misturas° y venenos° con que vuelven locos a los hombres, dando a   *compounds, poisons*
entender que tienen fuerza para hacer querer bien, siendo, como digo, cosa
20 imposible forzar la voluntad."
    "Así es," dijo el buen viejo, "y en verdad, señor, que en lo de hechicero
que no tuve culpa. En lo de alcahuete no lo pude negar. Pero nunca pensé
que hacía mal en ello, que toda mi intención era que todo el mundo se
holgase y viviese en paz y quietud, sin pendencias ni penas. Pero no me
25 aprovechó nada este buen deseo para dejar de ir a donde no espero volver,
según me cargan° los años y un mal de orina° que llevo, que no me deja   *burden, urine*
reposar° un rato."   *to rest*
    Y aquí tornó a su llanto como de primero, y túvole Sancho tanta
compasión, que sacó un real de a cuatro[18] del seno y se le dio de limosna.°   *alms*
30 Pasó adelante don Quijote y preguntó a otro su delito, el cual respondió con
no menos, sino con mucha más gallardía que el pasado:
    "Yo voy aquí porque me burlé demasiadamente con dos 'primas
hermanas° mías, y con otras dos hermanas que no lo eran mías, finalmente,   *first cousins*
tanto me burlé con todas, que resultó de la burla crecer la parentela° tan   *kinfolk*
35 intricadamente,° que no hay diablo que la declare.° Probóseme todo, faltó   *knottily, explain*
favor, no tuve dineros, víame° 'a pique° de perder los tragaderos.[19]   **me veía,** *in danger*
Sentenciáronme a galeras por seis años, consentí: castigo es de mi culpa.
Mozo soy, dure la vida, que con ella todo se alcanza. Si vuestra merced,
señor caballero, lleva alguna cosa con que socorrer a estos pobretes, Dios
40 se lo pagará en el cielo,[20] y nosotros tendremos en la tierra cuidado de rogar
a Dios en nuestras oraciones por la vida y salud de vuestra merced, que sea
tan larga y tan buena como su buena presencia merece."
    Éste iba en hábito de estudiante, y dijo una de las guardas que era muy

---

[17] **Número...** *specific number of them, as with the exchange brokers*
[18] A **real de a cuatro** is obviously half a **real de a ocho.**
[19] **Perder...** *losing my swallowers,* i.e., being hanged
[20] **Dios...** this is what beggars typically say when asking for alms.

grande hablador y muy gentil latino.[21]

Tras todos éstos venía un hombre de muy buen parecer, de edad de treinta años, sino que al mirar metía el un ojo en el otro un poco.[22] Venía diferentemente atado° que los demás, porque traía una cadena al pie, tan   bound
5 grande, que se la liaba° por todo el cuerpo, y dos argollas° a la garganta,°   bound, rings, neck
la una en la cadena, y la otra de las que llaman guarda-amigo o pie-de-amigo,[23] de la cual decendían dos hierros° que llegaban a la cintura, en los   iron bars
cuales se asían° dos esposas, donde llevaba las manos, cerradas con un   held
grueso candado,° de manera que ni con las manos podía llegar a la boca,   padlock
10 ni podía bajar la cabeza a llegar a las manos. Preguntó don Quijote que
cómo iba aquel hombre con tantas prisiones° más que los otros.   fetters
Respondióle la guarda: porque tenía aquel solo más delitos que todos los
otros juntos, y que era tan atrevido y tan grande bellaco, que aunque le
llevaban de aquella manera, no iban seguros dél, sino que temían que se les
15 había de huir.[24]

"¿Qué delitos puede tener," dijo don Quijote, "si no han merecido más
pena que echalle a las galeras?"[25]

"Va por diez años," replicó la guarda, "que es como muerte cevil.[26] No
se quiera saber más sino que este buen hombre es el famoso Ginés de
20 Pasamonte, que por otro nombre llaman Ginesillo de Parapilla."

"Señor comisario,°" dijo entonces el galeote, "váyase poco a poco, y   deputy
no andemos ahora a deslindar° nombres y sobrenombres.° Ginés me llamo,   survey, first names
y no Ginesillo, y Pasamonte es mi alcurnia,° y no Parapilla, como voacé°   ancestry, you (*rustic*)
dice. Y cada uno 'se dé una vuelta a la redonda,° y no hará poco."   mind his own
25 "Hable con menos tono,°" replicó el comisario, "señor ladrón 'de más   business; arrogance
de la marca,° si no quiere que le haga callar, mal que le pese."   superior

"Bien parece," respondió el galeote, "que va el hombre como Dios es
servido. Pero algún día sabrá alguno si me llamo Ginesillo de Parapilla o
no."
30 "Pues ¿no te llaman ansí, embustero°?" dijo la guarda.   trickster

"Sí, llaman," respondió Ginés, "mas yo haré que no me lo llamen, o
me las pelaría° donde yo digo entre mis dientes.[27] Señor caballero, si tiene   shear
algo que darnos, dénoslo ya, y vaya con Dios, que ya enfada° con tanto   is vexing
querer saber vidas ajenas. Y si la mía quiere saber, sepa que yo soy Ginés
35 de Pasamonte, cuya vida está escrita por estos pulgares.°"   "fingers"

"Dice verdad," dijo el comisario, "que él mesmo ha escrito su historia,
que no hay más que desear, y deja empeñado° el libro en la cárcel en   pawned
docientos reales."

---

[21] **Gentil...** *an excellent Latin scholar*

[22] That is, he was a bit cross-eyed. The first edition has strange punctuation: **metía el un ojo, en el otro, un poco venía...**

[23] Clemencín explains that these were iron collars that prevented the criminal either from hiding his face when being paraded about on donkey back, or turning away from whip lashes.

[24] **Temían...** *they were afraid he could get away*

[25] **¿Qué delitos...** *what crimes can he have committed... if they have only caused him to be put in the gallies?*

[26] **Muerte civil** was a sentence which included loss of rights.

[27] **Entre...** *under my breath*

"¿Tan bueno es?" dijo don Quijote.

"Es tan bueno," respondió Ginés, "que 'mal año° para *Lazarillo de*   it means trouble
Tormes[28] y para todos cuantos de aquel género se han escrito o escribieren.
Lo que le sé decir a voacé es que trata verdades, y que son verdades tan
lindas y tan donosas, que no puede haber mentiras que se le igualen."

"Y ¿cómo se intitula el libro?" preguntó don Quijote.

"*La vida de Ginés de Pasamonte*," respondió el mismo.

"Y ¿está acabado?" preguntó don Quijote.

"¿Cómo puede estar acabado," respondió él, "si aún no está acabada mi
vida? Lo que está escrito es desde mi nacimiento hasta el punto que esta
última vez me han echado en galeras."

"Luego ¿otra vez habéis estado en ellas?" dijo don Quijote.

"Para servir a Dios y al rey, otra vez he estado cuatro años, y ya sé a
qué sabe el bizcocho y el corbacho,"[29] respondió Ginés, "y no me pesa
mucho de ir a ellas, porque allí tendré lugar de acabar mi libro, que me
quedan muchas cosas que decir, y en las galeras de España hay más sosiego
de aquel que sería menester, aunque no es menester mucho más para lo que
yo tengo de escribir, porque me lo sé de coro."[30]

"Hábil pareces," dijo don Quijote.

"Y desdichado," respondió Ginés, "porque siempre las desdichas
persiguen al buen ingenio."

"Persiguen a los bellacos," dijo el comisario.

"Ya le he dicho, señor comisario," respondió Pasamonte, "que se vaya
poco a poco, que aquellos señores no le dieron esa vara para que maltratase
a los pobretes° que aquí vamos, sino para que nos guiase° y llevase adonde   unfortunates, con-
su Majestad manda. Si no, ¡por vida de…, basta! que podría ser que saliesen   duct
algún día en la colada las manchas que se hicieron en la venta,[31] y todo el
mundo calle, y viva bien, y hable mejor, y caminemos, que ya es mucho
regodeo° éste."   jest

Alzó la vara en alto el comisario para dar a Pasamonte, en respuesta de
sus amenazas, mas don Quijote se puso en medio y le rogó que no le
maltratase, pues no era mucho que quien llevaba tan atadas las manos
tuviese algún tanto suelta° la lengua. Y volviéndose a todos los de la   loose
cadena, dijo:

"De todo cuanto me habéis dicho, hermanos carísimos, he sacado en
limpio que, aunque os han castigado por vuestras culpas, las penas que vais
a padecer no os dan mucho gusto, y que vais a ellas muy 'de mala gana° y   reluctantly
muy contra vuestra voluntad, y que podría ser que el poco ánimo que

---

[28] The first novel of the picaresque genre which appeared anonymously in Burgos, 1554.
It's hero, Lázaro, is a street urchin who ekes out an existence with several masters and learns
about life.

[29] **A qué…** *how the the biscuit and the whip taste.* **Bizcocho** is literally bread *cooked
twice*, as melba toast is, to preserve it for long periods. **Corbacho** = *whip.* The phrase means
that he knows what galleys are like.

[30] **Me lo…** *I know it by heart*

[31] "What happened at the inn" is an incident not mentioned anywhere in this book. Gaos
suggests that it reflects something that happened in *Guzmán de Alfarache* (II,III,8, published
in 1602) where the **comisario** leading some galley slaves was party to a cattle theft and in
the inn wanted to share in the booty.

aquél tuvo en el tormento, la falta de dineros déste, el poco favor del otro,
y finalmente, el 'torcido juicio° del juez,° hubiese sido causa de vuestra   twisted judgment,
perdición° y de no haber salido con la justicia que de vuestra parte   judge; ruination
teníades.³² Todo lo cual se me representa a mí ahora en la memoria, de
5   manera que me está diciendo, persuadiendo y aun forzando, que muestre
con vosotros el efeto para que el cielo me arrojó al mundo y me hizo
profesar en él la orden de caballería que profeso, y el voto° que en ella hice   vow
de favorecer a los menesterosos y opresos° de los mayores. Pero, porque sé   oppressed
que una de las partes de la prudencia es que lo que se puede hacer por bien
10   no se haga por mal,³³ quiero rogar° a estos señores guardianes y comisario   beg
sean servidos de desataros° y dejaros ir en paz, que no faltarán otros que   untie you
sirvan al rey en mejores ocasiones, porque me parece duro caso hacer
esclavos a los que Dios y naturaleza hizo libres. Cuanto más, señores
guardas," añadió don Quijote, "que estos pobres no han cometido nada
15   contra vosotros, allá se lo haya cada uno con su pecado.³⁴ Dios hay en el
cielo, que no 'se descuida de° castigar al malo ni de premiar° al bueno, y no   forget, reward
es bien que los hombres honrados sean verdugos° de los otros hombres, no   punishers
yéndoles nada en ello.³⁵ Pido esto con esta mansedumbre y sosiego, porque
tenga, si lo cumplís, algo que agradeceros.³⁶ Y cuando 'de grado° no lo   willingly
20   hagáis, esta lanza y esta espada, con el valor de mi brazo, harán que lo
hagáis por fuerza."
"¡'Donosa majadería°!" respondió el comisario. "¡Bueno está el donaire   What foolishness!
con que ha salido 'a cabo de rato°! Los forzados del rey quiere que le   unexpectedly
dejemos,³⁷ como si tuviéramos autoridad para soltarlos, o él la tuviera para
25   mandárnoslo. ¡'Váyase vuestra merced, señor, norabuena su camino°   go... your way
adelante, y endérecese° ese bacín³⁸ que trae en la cabeza, y no ande   straighten
buscando tres pies al gato!"³⁹
"¡Vos sois el gato y el rato y el bellaco!" respondió don Quijote. Y
diciendo y haciendo, arremetió con él tan presto, que, sin que tuviese lugar
30   de ponerse en defensa, dio con él en el suelo, mal herido de una lanzada,
y avínole bien, que éste era el de la escopeta. Las demás guardas quedaron
atónitas y suspensas del 'no esperado° acontecimiento. Pero, 'volviendo   unexpected
sobre sí,° pusieron mano a sus espadas los de a caballo, y los de a pie a sus   recovering them-
dardos, y arremetieron a don Quijote, que con mucho sosiego los   selves
35   aguardaba. Y sin duda lo pasara mal si los galeotes, viendo la ocasión que
se les ofrecía de alcanzar libertad, no la procuraran, procurando romper la

³² **De no haber...** *justice was not done you*
³³ **Lo que se puede...** *what can be done by fair means should not be done by foul*
³⁴ **Allá...** *let each one answer for his own sins*
³⁵ **No yéndoles...** *in something that does not concern them*
³⁶ **Porque tenga...** *so that I'll have something to thank you for if you comply*
³⁷ **Quiere...** *he wants us to release to him*
³⁸ **Bacín** is used very despectively. It meant, among other things, *urinal* in Cervantes'
time (see Covarrubias).
³⁹ **Buscando...** *looking for trouble.* More common was the more unlikely *buscar cinco*
pies al gato.

cadena donde venían ensartados. Fue la revuelta° de manera que las   confusion
guardas, ya por acudir a los galeotes que se desataban, ya por acometer a
don Quijote que los acometía, no hicieron cosa que fuese de provecho.
Ayudó Sancho, por su parte, a la soltura° de Ginés de Pasamonte, que fue   release
el primero que saltó en la campaña,° libre y desembarazado,° y   campaign (*mil.*), un-
arremetiendo al comisario caído, le quitó la espada y la escopeta, con la   encumbered
cual, apuntando° al uno y señalando al otro, sin disparalla° jamás, no quedó   aiming, firing it
guarda en todo el campo, porque se fueron huyendo, así de la escopeta de
Pasamonte como de las muchas pedradas° que los ya sueltos galeotes les   blows with stones
tiraban.

Entristecióse° mucho Sancho deste suceso, porque se le representó que   became sad
los que iban huyendo habían de 'dar noticia° del caso a la Santa Hermandad,   tell
la cual, a campana herida,[40] saldría a buscar los delincuentes, y así se lo dijo
a su amo, y le rogó que luego de allí se partiesen, y 'se emboscasen° en la   retreat to forest
sierra, que estaba cerca.

"Bien está eso," dijo don Quijote, "pero yo sé lo que ahora conviene
que se haga."

Y llamando a todos los galeotes, que andaban alborotados° y habían   excited
despojado al comisario hasta dejarle 'en cueros,° se le pusieron todos 'a la   naked
redonda° para ver lo que les mandaba, y así les dijo: around

"De gente bien nacida es agradecer los beneficios que reciben, y uno
de los pecados que más a Dios ofende es la ingratitud. Dígolo porque ya
habéis visto, señores, con manifiesta° experiencia, el que de mí habéis   obvious
recebido, en pago del cual querría, y es mi voluntad, que, 'cargados de° esa   laden with
cadena que quité de vuestros cuellos, luego os pongáis en camino y vais° a   **vayáis**
la ciudad del Toboso, y allí os presentéis ante la señora Dulcinea del
Toboso, y le digáis que su caballero, el de la Triste Figura, se le envía a
encomendar,[41] y le contéis punto por punto todos los que ha tenido esta
famosa aventura, hasta poneros en la deseada libertad, y hecho esto, os
podréis ir donde quisiéredes, a la buena ventura."

Respondió por todos Ginés de Pasamonte, y dijo:

"Lo que vuestra merced nos manda, señor y libertador° nuestro, es   liberator
imposible de toda imposibilidad cumplirlo, porque no podemos ir juntos por
los caminos, sino solos y divididos, y cada uno, por su parte, procurando
meterse en las entrañas de la tierra por no ser hallado de la Santa
Hermandad, que, sin duda alguna, ha de salir en nuestra busca. Lo que
vuestra merced puede hacer, y es justo que haga, es mudar ese servicio y
montazgo° de la señora Dulcinea del Toboso en alguna cantidad de   toll
avemarías y credos, que nosotros diremos 'por la intención de vuestra
merced,° y ésta es cosa que se podrá cumplir de noche y de día, huyendo o   for you
reposando, en paz o en guerra. Pero pensar que hemos de volver ahora a las
ollas de Egipto,[42] digo, a tomar nuestra cadena, y a ponernos en camino del
Toboso, es pensar que es ahora de noche, que aún no son las diez del

---

[40] **A campana...** *sounding the alarm*
[41] **Envía...** *sends with his compliments*
[42] **Ollas...** [lit. the fleshpots of Egypt, Exodus 16:3] *captivity.* Covarrubias (under **AJO**)
speaks of **cebollas de Egipto** meaning **la mala vida pasada.**

día, y es pedir a nosotros eso como pedir peras al olmo."[43]

"Pues, ¡voto a tal," dijo don Quijote, ya puesto en cólera, "don hijo de la puta, don Ginesillo de Paropillo, o como os llamáis, que habéis de ir vos solo, rabo° entre piernas, con toda la cadena 'a cuestas°!'" — tail, on your back

5 Pasamonte, que no era nada bien sufrido,° estando ya enterado que don — patient
Quijote no era muy cuerdo,° pues tal disparate° había acometido como el — sane, extravagance
de querer darles libertad, viéndose tratar de aquella manera, 'hizo del ojo° — winked
a los compañeros, y apartándose aparte, comenzaron a llover tantas piedras
sobre don Quijote, que no se daba manos a cubrirse con la rodela,[44] y el
10 pobre de Rocinante no hacía más caso de la espuela que si fuera hecho de
bronce.° Sancho se puso tras su asno, y con él se defendía de la nube y — bronce
pedrisco° que sobre entrambos llovía. No se pudo escudar° tan bien don — shower of stones, shield; stones
Quijote que no le acertasen no sé cuantos guijarros° en el cuerpo, con tanta
fuerza, que dieron con él en el suelo, y apenas hubo caído, cuando fue
15 sobre él el estudiante, y le quitó la bacía de la cabeza, y diole con ella tres
o cuatro golpes en las espaldas y otros tantos en la tierra, con que la hizo
pedazos. Quitáronle una ropilla° que traía sobre las armas, y las medias — doublet
calzas° le querían quitar, si las grevas° no lo estorbaran. A Sancho le — stockings, shin armor
quitaron el gabán,° y dejándole 'en pelota,° repartiendo entre sí los demás — coat, naked
20 despojos de la batalla, se fueron cada uno por su parte, con más cuidado de
escaparse de la Hermandad que temían que de cargarse de la cadena e ir a
presentarse ante la señora Dulcinea del Toboso.

Solos quedaron jumento y Rocinante, Sancho y don Quijote. El
jumento, cabizbajo° y pensativo, sacudiendo° de cuando en cuando las — crestfallen, flapping
25 orejas, pensando que aún no había cesado la borrasca° de las piedras que — storm
le perseguían los oídos; Rocinante, tendido 'junto a° su amo, que también — next to
vino al suelo de otra pedrada; Sancho en pelota y temeroso de la Santa
Hermandad; don Quijote, mohinísimo° de verse 'tan mal parado° por los — very mournful, in such bad shape;
mismos a quien tanto bien° había hecho. — good

43 **Pedir...** *asking blood from a turnip*
44 **No se...** *who could hardly cover himself with his buckler*

Capítulo XXIII. De lo que le aconteció al famoso don Quijote en Sierra Morena,[1] que fue una de las 'más raras° aventuras que en esta verdadera historia se cuentan.

strangest

5 VIÉNDOSE TAN mal parado don Quijote, dijo a su escudero:
　　"Siempre, Sancho, lo he oído decir: que el hacer bien a villanos es echar agua en la mar. Si yo hubiera creído lo que me dijiste, yo hubiera escusado esta pesadumbre. Pero ya está hecho—paciencia, y escarmentar° para desde aquí adelante."[2]   take warning

10 　　"Así escarmentará vuestra merced," respondió Sancho, "como yo soy turco.[3] Pero, pues dice que si me hubiera creído se hubiera escusado este daño, créame ahora y escusará otro mayor, porque le hago saber que con la Santa Hermandad no hay usar de caballerías, que no se le da a ella por cuantos caballeros andantes hay dos maravedís, y sepa que ya me parece
15 que sus saetas° me zumban° por los oídos."   arrows, buzz

　　"Naturalmente eres cobarde, Sancho," dijo don Quijote, "pero porque no digas que soy contumaz° y que jamás hago lo que me aconsejas, por   obstinate
esta vez quiero tomar tu consejo y apartarme de la furia que tanto temes. Mas ha de ser con una condición: que jamás, en vida ni en muerte, has de
20 decir a nadie que yo me retiré y aparté deste peligro de miedo, sino por complacer a tus ruegos, que si otra cosa dijeres, mentirás en ello, y desde ahora para entonces, y desde entonces para ahora,[4] te desmiento, y digo que mientes y mentirás todas las veces que lo pensares o lo dijeres. Y no me repliques más, que en sólo pensar que me aparto y retiro de algún peligro,
25 especialmente deste que parece que lleva algún es, no es,[5] de sombra° de   shadow
miedo, estoy ya para quedarme, y para aguardar aquí solo, no solamente a la Santa Hermandad que dices y temes, sino a los hermanos de los doce Tribus de Israel,[6] y a los siete Macabeos,[7] y a Cástor y a Polux,[8] y aun a todos los hermanos y hermandades° que hay en el mundo."   brotherhoods

30 　　"Señor," respondió Sancho, "que el retirar no es huir, ni el esperar es cordura,° cuando el peligro sobrepuja° a la esperanza. Y de sabios° es   prudence, exceeds, wise persons; risk
guardarse hoy para mañana, y no aventurarse° todo en un día. Y sepa que, aunque zafio° y villano, todavía se me alcanza algo desto que llaman 'buen   ignorant
gobierno.° Así que no 'se arrepienta° de haber tomado mi consejo, sino   common sense, repent; head
35 suba en Rocinante si puede, o si no, yo le ayudaré, y sígame, que el caletre°

---

[1] A mountain range in the south of Spain, dividing la Mancha from Andalucía.

[2] **Para...** *from now on*

[3] The Turks were Spain's enemies of that period.

[4] These are legal formulas.

[5] **Algún...** *something*

[6] These were the people who took possession of the Promised Land after the death of Moses, named after the sons and grandsons of Jacob.

[7] These were the seven martyred brothers who were skinned, scalped, mutilated, and roasted alive in front of their mother. It can be read in 2 Maccabees 7—the last book of the Apocrypha.

[8] Castor and Pollux were mythological athletic twin half-brothers [!] who, after their deaths, became the constellation Gemini.

me dice que hemos menester ahora más los pies que las manos."

Subió don Quijote sin replicarle más palabra, y guiando Sancho sobre su asno, se entraron por una parte de Sierra Morena, que allí junto estaba, llevando Sancho intención de atravesarla° toda, e ir a salir al Viso, o a   go across it
5   Almodóvar del Campo,[9] y esconderse algunos días por aquellas asperezas, por no ser hallados si la Hermandad los buscase. Animóle a esto haber visto que de la refriega de los galeotes se había escapado libre la despensa° que   provisions sobre su asno venía, cosa que la juzgó 'a milagro,° según fue lo que   miraculous llevaron y buscaron los galeotes.[10]
10   Así como don Quijote entró por aquellas montañas, se le alegró el corazón, pareciendo aquellos lugares acomodados para las aventuras que buscaba. Reducíansele° a la memoria los maravillosos acaecimientos° que   came to, incidents

---

[9] El Viso del Marqués and Almodóvar del Campo are two towns separated by 62 kms. in the province of Ciudad Real, to the southwest and southeast of Ciudad Real respectively. Since Don Quijote would also be entering the Sierra Morena from the north, and both of these towns are also to the north of the Sierra, it is of little use to apply real geography to this work.

[10] At this point in the SECOND 1605 edition of *Don Quijote* Sancho's donkey is stolen. This section is added here in a footnote only, since the first edition is being followed. Until the donkey is officially returned in the second edition, occasional changes were made in the text, in order to keep the donkey stolen.

Aquella noche llegaron a la mitad de las entrañas de Sierra Morena adonde le pareció a Sancho pasar aquella noche y aun otros algunos días, a lo menos, todos aquellos que durase el matalotaje que llevaba, y así hicieron noche entre dos peñas y entre muchos alcornoques. Pero la suerte fatal, que, según opinión de los que no tienen lumbre de la verdadera fe, todo lo guía, guisa y compone a su modo, ordenó que Ginés de Pasamonte, el famoso embustero y ladrón que de la cadena, por virtud y locura de don Quijote, se había escapado, llevado del miedo de la Santa Hermandad, de quien con justa razón temía, acordó de esconderse en aquellas montañas y llevóle su suerte y su miedo a la misma parte donde había llevado a don Quijote y a Sancho Panza, a hora y tiempo que los pudo conocer, y a punto que los dejó dormir; y como siempre los malos son desagradecidos, y la necesidad sea ocasión de acudir a lo que se debe, el remedio presente venza a lo por venir, Ginés, que no era ni agradecido ni bien intencionado, acordó de hurtar el asno a Sancho Panza, no curándose de Rocinante, por ser prenda tan mala para empeñada como para vendida. Dormía Sancho Panza; hurtóle su jumento, y antes que amaneciese se halló bien lejos de poder ser hallado.

Salió el aurora alegrando la tierra y entristeciendo a Sancho Panza, porque halló menos su rucio; el cual viéndose sin él, comenzó a hacer el más triste y doloroso llanto del mundo, y fue de manera que don Quijote despertó a las voces, y oyó que en ellas decía: "¡Oh, hijo de mis entrañas, nacido en mi mesma casa, brinco de mis hijos, regalo de mi mujer, envidia de mis vecinos, alivio de mis cargas, y, finalmente, sustentador de la mitad de mi persona, porque con veinte y seis maravedís que ganaba cada día mediaba yo mi despensa!" Don Quijote, que vio el llanto y supo la causa, consoló a Sancho con las mejores razones que pudo, y le rogó que tuviese paciencia, prometiéndole de darle una cédula de cambio para que le diesen tres en su casa, de cinco que había dejado en ella. Consolóse Sancho con esto, y limpió sus lágrimas, templó sus sollozos, y agradeció a don Quijote la merced que le hacía; el cual, como entró por aquellas montañas...

en semejantes soledades y asperezas habían sucedido a caballeros andantes. Iba pensando en estas cosas, tan embebecido y trasportado en ellas, que de ninguna otra se acordaba. Ni Sancho llevaba otro cuidado, después que le pareció que caminaba por parte segura,° sino de satisfacer su estómago con los relieves que del despojo clerical° habían quedado, y así, iba tras su amo sentado 'a la mujeriega° sobre su jumento,[11] sacando de un costal y embaulando en su panza,° y no se le diera por hallar otra ventura, entretanto que iba de aquella manera, un ardite.

    °safe
    °of the clergy
    °side-saddle
    °belly

En esto alzó los ojos y vio que su amo estaba parado, procurando con la punta del lanzón alzar no sé qué bulto que estaba caído en el suelo, por lo cual se dio priesa a llegar a ayudarle, si fuese menester. Y cuando llegó fue a tiempo que alzaba con la punta del lanzón un cojín y una maleta asida a él, medio podridos, o podridos del todo, y deshechos.[12] Mas pesaba tanto, que fue necesario que Sancho se apease a tomarlos, y mandóle su amo que viese lo que en la maleta venía.

Hízolo con mucha presteza Sancho, y aunque la maleta venía cerrada con una cadena y su candado, por lo roto° y podrido della vio lo que en ella había, que eran cuatro camisas de delgada holanda,° y otras cosas de lienzo no menos curiosas que limpias, y en un pañizuelo° halló un buen montoncillo° de escudos[13] de oro, y así como los vio dijo:

    °torn
    °fine linen
    °handkerchief
    °pile

"¡Bendito sea todo el cielo, que nos ha deparado una aventura que sea de provecho!"

Y buscando más, halló un librillo de memoria ricamente guarnecido.° Éste le pidió don Quijote, y mandóle que guardase el dinero y lo tomase para él. Besóle las manos Sancho por la merced, y desvalijando a la valija de su lencería, la puso en el costal de la despensa. Todo lo cual visto por don Quijote, dijo:

    °decorated

"Paréceme, Sancho, y no es posible que sea otra cosa, que algún caminante descaminado debió de pasar por esta sierra, y salteándole malandrines, le debieron de matar y le trujeron a enterrar en esta tan escondida parte."

"No puede ser eso," respondió Sancho, "porque si fueran ladrones, no se dejaran aquí este dinero."

"Verdad dices," dijo don Quijote, "y así, no adivino ni doy en lo que esto pueda ser. Mas espérate, veremos si en este librillo de memoria hay alguna cosa escrita por donde podamos rastrear° y 'venir en conocimiento° de lo que deseamos."

    °investigate, come to
    know

Abrióle, y lo primero que halló en él, escrito como en borrador,° aunque de muy buena letra,° fue un soneto,° que, leyéndole alto, porque Sancho también lo oyese, vio que decía desta manera:

    °draft
    °writing, sonnet

    O le falta al Amor conocimiento,
      o le sobra crueldad, o no es mi pena

---

[11] In the third edition, at this point Sancho is *carrying* the saddlebags. Of course, they would have been with the donkey when he was stolen.

[12] **La punta...** *the point of his lance a saddle cushion with a valise attached to it, half rotted, or completely rotted, and falling apart*

[13] **Escudos** were gold coins valued the same as **ducados.**

igual a la ocasión que me condena
al género más duro de tormento.
Pero si Amor es dios, es argumento
que nada ignora, y es razón muy buena
que un dios no sea cruel; pues ¿quién ordena
el terrible dolor que adoro y siento?
Si digo que sois vos, Fili, no acierto,
que tanto mal en tanto bien no cabe,
ni me viene del cielo esta ruina.
Presto habré de morir, que es lo más cierto;
que al mal de quien la causa no se sabe
milagro es acertar la medicina.[14]

"Por esa trova,° " dijo Sancho, "no se puede saber nada, si ya no es que   poem
por ese hilo que está ahí se saque el ovillo[15] de todo."
"¿Qué hilo está aquí?" dijo don Quijote.
"Paréceme," dijo Sancho, "que vuestra merced nombró ahí *hilo*."
"No dije sino *Fili*," respondió don Quijote, "y éste, sin duda, es el
nombre de la dama de quien se queja el autor de este soneto, y a fe que
debe de ser razonable poeta, o yo sé poco del arte."
"Luego ¿también," dijo Sancho, "se le entiende a vuestra merced de
trovas?"[16]
"Y más de lo que tú piensas," respondió don Quijote, "y veráslo
cuando lleves una carta, escrita en verso de arriba abajo,[17] a mi señora
Dulcinea del Toboso, porque quiero que sepas, Sancho, que todos o los más
caballeros andantes de la edad pasada eran grandes trovadores° y grandes   troubadours
músicos, que estas dos habilidades, o gracias,° por mejor decir, son 'anexas   graces
a° los enamorados andantes. Verdad es que las coplas de los pasados   usual to
caballeros tienen más de espíritu que de primor.° "   beauty
"Lea más vuestra merced," dijo Sancho, "que ya hallará algo que nos
satisfaga."
Volvió la hoja don Quijote, y dijo:
"Esto es prosa, y parece carta."
"¿Carta misiva,[18] señor?" preguntó Sancho.
"En el principio no parece sino de amores," respondió don Quijote.
"Pues lea vuestra merced alto," dijo Sancho, "que gusto mucho destas
cosas de amores."
"Que me place," dijo don Quijote.
Y leyéndola alto, como Sancho se lo había rogado, vio que decía desta

---

[14] This sonnet appears in Cervantes' play *La casa de los celos*, Jornada III (see
Schevill's edition of the *Comedias*, for example, vol. I, p. 206). In that version, line 9
reads: "Si digo que es Angélica, no acierto."

[15] Remember this proverb from Chapter 4, p.43, n. 33.

[16] **Se le entiende...** *you understand about poetry, too?*

[17] **De...** *from top to bottom*

[18] **Carta misiva** *personal letter.* There were other types of letters (credit, payment,
diplomatic) so it made sense for Sancho to ask which kind.

manera:

Tu falsa promesa y mi cierta desventura me llevan a parte donde
antes volverán a tus oídos las nuevas de mi muerte que las razones de
mis quejas. Desechásteme,° ¡oh, ingrata! por quien tiene más, no por   *you rejected me*
quien vale más que yo. Mas si la virtud fuera riqueza que se estimara,
no envidiara yo dichas° ajenas, ni llorara desdichas propias. Lo que   *happinesses*
levantó tu hermosura han derribado tus obras: por ella entendí que eras
ángel, y por ellas conozco que eres mujer. Quédate en paz, causadora°   *causer*
de mi guerra, y haga el cielo que los engaños de tu esposo° estén   *husband*
siempre encubiertos,° porque tú no quedes arrepentida de lo que   *hidden*
heciste y yo no tome venganza de lo que no deseo.

Acabando de leer la carta, dijo don Quijote:
"Menos por ésta que por los versos se puede sacar más de que quien la
escribió es algún desdeñado amante."
Y hojeando° casi todo el librillo, halló otros versos y cartas, que   *glancing through*
algunos pudo leer y otros no. Pero lo que todos contenían eran quejas,
lamentos, desconfianzas, sabores y sinsabores, favores y desdenes,[19]
solenizados° los unos y llorados los otros.   *extolling*
En tanto que don Quijote pasaba el libro, pasaba Sancho la maleta, sin
dejar rincón en toda ella, ni en el cojín, que no buscase, escudriñase e
inquiriese, ni costura que no deshiciese,[20] ni vedija° de lana que no   *tuft*
escarmenase,° porque no se quedase nada por diligencia ni mal recado:[21] tal *comb*
golosina° habían despertado en él los hallados escudos, que pasaban de   *covetousness*
ciento. Y aunque no halló más de lo hallado, dio por bien empleados los
vuelos de la manta, el vomitar del brebaje, las bendiciones de las estacas,
las puñadas del harriero, la falta de las alforjas, el robo del gabán, y toda la
hambre, sed y cansancio que había pasado en servicio de su buen señor,
pareciéndole que estaba más que rebién° pagado con la merced recebida de   *very well*
la entrega° del hallázgo.   *delivery*
Con gran deseo quedó el Caballero de la Triste Figura de saber quién
fuese el dueño de la maleta, conjeturando° por el soneto y carta, por el   *speculating*
dinero en oro y por las tan buenas camisas, que debía de ser de algún
principal° enamorado, a quien desdenes y malos tratamientos de su dama   *upper class person*
debían de haber conducido 'a algún desesperado término.° Pero como por   *to kill himself*
aquel lugar inhabitable° y escabroso° no parecía persona alguna de quien   *uninhabitable,*
poder informarse, no se curó de más que de pasar adelante,[22] sin llevar otro *craggy*
camino que aquel que Rocinante quería, que era por donde él podía
caminar, siempre con imaginación que no podía faltar por aquellas malezas°   *underbrush*
alguna estraña aventura.
Yendo, pues, con este pensamiento, vio que por cima de una
montañuela° que delante de los ojos se le ofrecía,° iba saltando un hombre   *hill, presented*
de risco en risco y de mata° en mata con estraña ligereza. Figurósele° que *shrub, seemed to him*

---

[19] **Quejas...** *complaints, laments, jealousies, likes, dislikes, support, and scorn*
[20] **Escudriñase...** *scrutinized or investigated, nor any seam that he didn't undo*
[21] **Porque...** *so that nothing would remain through [lack of] diligence or carelessness.*
[22] **No...** *he thought only of going on*

iba desnudo, la barba negra y espesa,° los cabellos muchos y rabultados,°   thick, matted
los pies descalzos° y las piernas sin cosa alguna. Los muslos° cubrían unos   shoeless, thighs
calzones, al parecer, de terciopelo° leonado, mas tan hechos pedazos, que   velvet
por muchas partes se le descubrían las carnes. Traía la cabeza descubierta,°   hatless
5 y aunque pasó con la ligereza que se ha dicho, todas estas menudencias
miró y notó° el Caballero de la Triste Figura. Y aunque lo procuró,[23] no   noticed
pudo seguille, porque no era dado a la debilidad de Rocinante andar por
aquellas asperezas, y más siendo él de suyo pisacorto y flemático.[24] Luego
imaginó don Quijote que aquél era el dueño del cojín y de la maleta, y
10 propuso en sí de buscalle, aunque supiese° andar un año por aquellas   **pudiese**
montañas hasta hallarle. Y así, mandó a Sancho que se apease del asno[25] y
atajase° por la una parte de la montaña, que él iría por la otra, y podría ser   cut across
que topasen, con esta diligencia, con aquel hombre que con tanta priesa se
les había quitado de delante.[26]
15   "No podré hacer eso," respondió Sancho, "porque en apartándome de
vuestra merced, luego es conmigo el miedo, que me asalta con mil géneros°   kinds
de sobresaltos y visiones. Y sírvale esto que digo de aviso, para que de aquí
adelante no me aparte un dedo de su presencia."
       "Así será," dijo el de la Triste Figura, "y yo estoy muy contento de que
20 te quieras valer de mi ánimo,° el cual no te ha de faltar, aunque te falte el   courage
ánima del cuerpo. Y vente ahora tras mí poco a poco, o como pudieres, y
haz de los ojos lanternas, rodearemos esta serrezuela,° quizá toparemos con   small mountain range
aquel hombre que vimos, el cual, sin duda alguna, no es otro que el dueño
de nuestro hallazgo."
25   A lo que Sancho respondió:
       "Harto° mejor sería no buscalle, porque si le hallamos y acaso fuese el   much
dueño del dinero, claro está que lo tengo de restituir,° y así, fuera mejor, sin   give back
hacer esta inútil diligencia, poseerlo yo con buena fe, hasta que por otra vía
menos curiosa y diligente pareciera su verdadero señor, y quizá fuera a
30 tiempo que lo hubiera gastado, y entonces el rey 'me hacía franco.°'"   would exempt me
       "Engáñaste° en eso, Sancho," respondió don Quijote, "que ya que   **te engañas**
hemos caído en sospecha de quién es el dueño, cuasi° delante, estamos   **casi**
obligados a buscarle y volvérselos. Y cuando no le buscásemos, la
vehemente° sospecha que tenemos de que él lo sea nos pone ya en tanta   keen
35 culpa como si lo fuese. Así que, Sancho amigo, no te dé pena el buscalle,
por la que a mí se me quitará si le hallo."[27]
       Y así, picó a Rocinante, y siguióle Sancho con su acostumbrado
jumento.[28] Y habiendo rodeado parte de la montaña, hallaron en un arroyo
caída, muerta y medio comida de perros, y picada° de grajos,° una mula   pecked, crows
40 ensillada y enfrenada.° Todo lo cual confirmó en ellos más la sospecha de   bridled

[23] **Aunque...** *although he tried to*
[24] **No era...** *it wasn't possible for Rocinante to travel through those rugged places,*
especially since he was by nature slow-footed and sluggish
[25] Virtually every old edition leaves in this reference to the donkey.
[26] **Que...** *who so quickly disappeared*
[27] **Por...** *in exchange for the grief that will be taken from me if I find him*
[28] With the third edition, this comment is changed to allow for the loss of the donkey.

que aquel que huía era el dueño de la mula y del cojín. Estándola mirando, oyeron un silbo° como de pastor que guardaba ganado. Y a deshora, a su siniestra° mano, parecieron una buena cantidad de cabras, y tras ellas, por cima de la montaña, pareció el cabrero que las guardaba, que era un hombre anciano.° Diole voces don Quijote, y rogóle que bajase° donde estaban. Él respondió 'a gritos° que quién les había traído por aquel lugar, pocas o ningunas veces pisado° sino de pies de cabras, o de lobos y otras fieras que por allí andaban. Respondióle Sancho que bajase, que de todo le darían buena cuenta.²⁹ Bajó el cabrero, y en llegando adonde don Quijote estaba, dijo:

"Apostaré que está mirando la mula de alquiler que está muerta en esa hondonada.° Pues a buena fe que ha ya seis meses que está en ese lugar. Díganme, ¿han topado por ahí a su dueño?"

"No hemos topado a nadie," respondió don Quijote, "sino a un cojín y a una maletilla que no lejos deste lugar hallamos."

"También la hallé yo," respondió el cabrero, "mas nunca la quise alzar ni llegar a ella, temeroso de algún desmán,° y de que no me la pidiesen por de hurto,³⁰ que es el diablo sotil, y debajo de los pies se levanta allombre cosa donde tropiece y caya, sin saber cómo ni cómo no."³¹

"Eso mesmo es lo que yo digo," respondió Sancho, "que también la hallé yo, y no quise llegar a ella con un tiro de piedra.³² Allí la dejé, y allí se queda como se estaba, que no quiero perro con cencerro."³³

"Decidme, buen hombre," dijo don Quijote, "¿sabéis vos quién sea el dueño destas prendas°?"

"Lo que sabré yo decir," dijo el cabrero, "es que habrá 'al pie de° seis meses, poco más a menos, que llegó³⁴ a una majada de pastores, que estará como tres leguas deste lugar, un mancebo de gentil talle y apostura,° caballero sobre esa mesma mula que ahí está muerta, y con el mesmo cojín y maleta que decís que hallastes y no tocastes. Preguntónos que cuál parte desta sierra era la más áspera y escondida. Dijímosle que era esta donde ahora estamos, y es ansí la verdad, porque si entráis media legua más adentro, quizá no acertaréis a salir, y estoy maravillado° de cómo habéis podido llegar aquí, porque no hay camino ni senda que a este lugar encamine.

"Digo, pues, que en oyendo nuestra respuesta el mancebo, volvió las riendas y encaminó hacia el lugar donde le señalamos, dejándonos a todos contentos de su buen talle, y admirados de su demanda° y de la priesa con que le víamos caminar y volverse hacia la sierra. Y desde entonces nunca más le vimos, hasta que desde allí a algunos días salió al camino a uno de nuestros pastores, y sin decille nada, se llegó a él y le dio muchas puñadas y coces, y luego se fue a la borrica del hato y le quitó cuanto pan y queso

Margin glosses:
- whistle
- left
- old, come down
- by shouts
- stepped on
- ravine
- misfortune
- articles
- about
- neatness
- in awe
- enterprise

---

²⁹ **De todo le...** *they would explain everything to him well*

³⁰ **Que no me...** *that they would claim that I stole it*

³¹ **Debajo de lo pies...** *something pops up that you stumble and fall on, without knowing how.* **Allombre** is a rustic contraction of **al hombre.**

³² **Con un tiro...** *within a stone's throw*

³³ **No quiero...** *I don't want any trouble* (lit. *I don't want a dog with a cowbell*)

³⁴ **Un mancebo,** two phrases later, is the subject of **llegó.**

en ella traía, y con estraña ligereza, hecho esto,[35] se volvió a emboscar en
la sierra. Como esto supimos algunos cabreros, le anduvimos a buscar casi
dos días por lo más cerrado° desta sierra, al cabo de los cuales le hallamos   dense
metido en el hueco° de un grueso y valiente alcornoque. Salió a nosotros   hollow area
con mucha mansedumbre, ya roto el vestido, y el rostro disfigurado y
tostado del sol, de tal suerte, que apenas le conocíamos, sino que los
vestidos, aunque rotos, con la noticia que dellos teníamos, nos dieron a
entender que era el que buscábamos.

"Saludónos cortésmente, y en pocas y muy buenas razones nos dijo que
no nos maravillásemos de verle andar de aquella suerte, porque así le
convenía para cumplir cierta penitencia que por sus muchos pecados le
había sido impuesta.° Rogámosle que nos dijese quién era, mas nunca lo   imposed
pudimos acabar con él.[36] Pedímosle también que cuando hubiese menester
el sustento, sin el cual 'no podía pasar,° nos dijese donde le hallaríamos,   not do without
porque con mucho amor y cuidado se lo llevaríamos. Y que si esto tampoco
fuese de su gusto, que, a lo menos, saliese a pedirlo, y no a quitarlo, a los
pastores. Agradeció nuestro ofrecimiento, pidió perdón de los asaltos°   attacks
pasados, y ofreció de pedillo de allí adelante por amor de Dios, sin dar
molestia alguna a nadie. En cuanto lo que tocaba a la estancia de su
habitación,[37] dijo que no tenía otra que aquella que le ofrecía la ocasión
donde le tomaba la noche, y acabó su plática con un tan tierno° llanto, que   tender
bien fuéramos de piedra los que escuchado le habíamos si en él no le
acompañáramos,[38] considerándole como le habíamos visto la vez primera,
y cual° le veíamos entonces. Porque, como tengo dicho, era un muy gentil   **como**
y agraciado° mancebo, y en sus corteses° y concertadas razones mostraba   genteel, courteous
ser bien nacido y muy cortesana persona, que, puesto que éramos rústicos
los que le escuchábamos su gentileza era tanta, que bastaba a darse a
conocer a la mesma rusticidad.

"Y estando en lo mejor de su plática, paró y enmudecióse, clavó° los   stared
ojos en el suelo por un buen espacio, en el cual todos estuvimos quedos y
suspensos, esperando en qué había de parar aquel embelesamiento,° con no   spell
poca lástima de verlo, porque por lo que hacía de abrir los ojos, 'estar fijo°   standing still
mirando al suelo sin mover pestaña° gran rato, y otras veces cerrarlos   eyelash
apretando los labios y enarcando° las cejas,° fácilmente conocimos que   arching, eyebrows
algún accidente° de locura le había sobrevenido.° Mas él nos dio a entender   sudden fit, occurred
presto ser verdad lo que pensábamos, porque se levantó con gran furia del
suelo donde se había echado, y arremetió con el primero que halló junto a
sí, con tal denuedo y rabia, que, si no se le quitáramos, le matara a puñadas
y a bocados,° y todo esto hacía diciendo: '¡Ah, fementido Fernando! ¡Aquí,   bites
aquí me pagarás la sinrazón que me heciste! Estas manos te sacarán el
corazón donde albergan y tienen manida[39] todas las maldades juntas,
principalmente la fraude° y el engaño.' Y a éstas añadía otras razones, que   deceit

---

[35] **Hecho...** *once this was done*
[36] **Mas...** *but we never could find out what his name was*
[37] **La estancia...** *where he was staying*
[38] **Bien fuéramos...** *those of us who had heard him would surely have been of stone
if we didn't accompany him in it* [i.e., the crying]
[39] **Albergan...** *reside and have abode*

todas se encaminaban a decir mal de aquel Fernando, y a tacharle° de   charge him
traidor y fementido.

    "Quitámosele, pues, con no poca pesadumbre, y él, sin decir más
palabra, se apartó de nosotros y se emboscó corriendo por entre estos
5   jarales° y malezas, de modo que nos imposibilitó el seguille. Por esto   brambles
conjeturamos que la locura le venía a tiempos, y que alguno que se llamaba
Fernando le debía de haber hecho alguna mala obra, tan pesada° cuanto lo   offensive
mostraba el término a que le había conducido. Todo lo cual se ha
confirmado después acá con las veces, que han sido muchas, que él ha
10 salido al camino, unas a pedir a los pastores le den de lo que llevan para
comer, y otras a quitárselo por fuerza, porque cuando está con el accidente
de la locura, aunque los pastores se lo ofrezcan de buen grado, no lo
admite,° sino que lo toma a puñadas. Y cuando está en su seso, lo pide por   accepts
amor de Dios, cortés y comedidamente, y rinde° por ello muchas gracias,   gives back
15 y no con falta de lágrimas. Y en verdad os digo, señores," prosiguió el
cabrero, "que ayer determinamos yo y cuatro zagales, los dos criados y los
dos amigos míos, de buscarle hasta tanto que le hallemos. Y después de
hallado, ya por fuerza, ya por grado, le hemos de llevar a la villa de
Almodóvar, que está de aquí ocho leguas, y allí le curaremos, si es que su
20 mal tiene cura, o sabremos quién es cuando esté en su seso, y si tiene
parientes a quien dar noticia de su desgracia. Esto es, señores, lo que sabré
deciros de lo que me habéis preguntado, y entended que el dueño de las
prendas que hallastes es el mesmo que vistes pasar con tanta ligereza como
desnudez°"—que ya le había dicho don Quijote como había visto pasar   nakedness
25 aquel hombre saltando por la sierra.

    El cual quedó admirado de lo que al cabrero había oído, y quedó con
más deseo de saber quién era el desdichado loco, y propuso en sí lo mesmo
que ya tenía pensado: de buscalle por toda la montaña, sin dejar rincón ni
cueva° en ella que no mirase, hasta hallarle. Pero hízolo mejor la suerte de   cave
30 lo que él pensaba ni esperaba, porque en aquel mesmo instante pareció por
entre una quebrada° de una sierra, que salía donde ellos estaban, el   narrow pass
mancebo que buscaba, el cual venía hablando entre sí cosas que no podían
ser entendidas de cerca, cuanto más de lejos. Su traje era cual se ha
pintado, sólo que, llegando cerca, vio don Quijote que un coleto° hecho   jacket
35 pedazos que sobre sí traía, era de° ámbar, por donde acabó de entender que   smelled of
persona que tales hábitos traía no debía de ser de ínfima° calidad.   lowest
     humble

    En llegando el mancebo a ellos, les saludó con una voz desentonada°   humble
y bronca,° pero con mucha cortesía. Don Quijote le volvió las saludes° con   hoarse, greetings
no menos comedimiento, y apeándose de Rocinante, con gentil continente
40 y donaire le fue a abrazar, y le tuvo un buen espacio estrechamente entre
sus brazos, como si de luengos tiempos le hubiera conocido. El otro, a
quien podemos llamar EL ROTO DE LA MALA FIGURA, como a don Quijote
EL DE LA TRISTE, después de haberse dejado abrazar, le apartó un poco de
sí, y puestas sus manos en los hombros de don Quijote, le estuvo mirando
45 como que quería ver si le conocía, no menos admirado quizá de ver la
figura, talle y armas de don Quijote, que don Quijote lo estaba de verle a
él. En resolución, el primero que habló después del abrazamiento fue el
Roto, y dijo lo que se dirá adelante.

Capítulo XXIIII. Donde se prosigue la aventura de la Sierra Morena.

DICE LA historia que era grandísima la atención con que don Quijote escuchaba al astroso° caballero de la Sierra, el cual, prosiguiendo su plática, dijo: — ragged

"Por cierto, señor, quienquiera que seáis, que yo no os conozco, yo os agradezco las muestras y la cortesía¹ que conmigo habéis usado, y quisiera yo hallarme en términos que, con más que la voluntad, pudiera servir° la que habéis mostrado tenerme en el buen acogimiento que me habéis hecho. — repay
Mas no quiere mi suerte darme otra cosa con que corresponda a las buenas obras que me hacen, que buenos deseos de satisfacerlas."²

"Los que yo tengo," respondió don Quijote, "son de serviros, tanto, que tenía determinado de no salir destas sierras hasta hallaros y saber de vos si el dolor que en la estrañeza° de vuestra vida mostráis tener, se podía hallar — strangeness
algún género de remedio, y si fuera menester buscarle, buscarle con la diligencia posible. Y cuando vuestra desventura fuera de aquellas que tienen cerradas las puertas a todo género de consuelo,° pensaba ayudaros a llorarla — solace
y plañirla° como mejor pudiera, que todavía° es consuelo en las desgracias — lament it, always
hallar quien se duela dellas. Y si es que mi buen intento merece ser agradecido° con algún género de cortesía, yo os suplico, señor, por la — appreciated
mucha que veo que en vos se encierra, y juntamente os conjuro° por la cosa — implore
que en esta vida más habéis amado o amáis, que me digáis quién sois y la causa que os ha traído a vivir y a morir entre estas soledades como bruto° — irrational
animal, pues moráis entre ellos tan ajeno de vos mismo,³ cual lo muestra vuestro traje° y persona. Y juro," añadió don Quijote, "por la orden de — attire
caballería que recebí, aunque indigno y pecador, y por la profesión de caballero andante, que si en esto, señor, me complacéis, de serviros con las veras a que me obliga el ser quien soy,⁴ ora remediando vuestra desgracia, si tiene remedio, ora ayudándoos a llorarla, como os lo he prometido."

El Caballero del Bosque, que de tal manera oyó hablar al de la Triste Figura, no hacía sino mirarle y remirarle,° y tornarle a mirar de arriba — inspect him
abajo, y después que le hubo bien mirado, le dijo:

"Si tienen algo que darme a comer, por amor de Dios que me lo den. Que después de haber comido, yo haré todo lo que se me manda, en agradecimiento° de tan buenos deseos como aquí se me han mostrado." — thankfulness

Luego sacaron, Sancho de su costal y el cabrero de su zurrón,° con que — pouch
satisfizo el Roto su hambre, comiendo lo que le dieron como persona atontada,° tan apriesa, que no daba espacio de un bocado° al otro, pues — stupified, mouthful
antes los engullía° que tragaba,° y en tanto que comía, ni él ni los que le — gorged, swallowed
miraban hablaban palabra. Como acabó de comer, les hizo 'de señas° que — by signs
le siguiesen, como lo hicieron, y él los llevó a un verde pradecillo que 'a la vuelta de° una peña poco desviada de allí estaba. En llegando a él, se — around

---

¹ **Las...** = las muestras [de cortesía] y la cortesía
² **Mas no quiere...** *but my fortune doesn't give me anything to repay your favors except my desire to do so.*
³ **Pues moráis...** *since you live in a place far from your social status*
⁴ **Si en esto...** *if you, sir, accommodate my request, I will serve you earnestly as being who I am obliges me*

tendió en el suelo encima de la yerba, y los demás hicieron lo mismo. Y
todo esto sin que ninguno hablase, hasta que el Roto, después de haberse
acomodado° en su asiento, dijo: settled
   "Si gustáis, señores, que os diga en breves razones la inmensidad de
5 mis desventuras, habéisme de prometer de que con ninguna pregunta ni otra
cosa no interromperéis° el hilo de mi triste historia, porque en el punto que   interrupt
lo hagáis, en ése se quedará lo que fuere contando."[5]
   Estas razones del Roto trujeron a la memoria a don Quijote el cuento
que le había contado su escudero, cuando no acertó° el número de las cabras   guessed
10 que habían pasado el río, y se quedó la historia pendiente. Pero volviendo
al Roto, prosiguió diciendo:
   "Esta prevención que hago es porque querría pasar brevemente por el
cuento de mis desgracias. Que el traerlas a la memoria no me sirve de otra
cosa que añadir otras de nuevo, y mientras menos me preguntáredes, más
15 presto acabaré yo de decillas, puesto que no dejaré por contar cosa alguna
que sea de importancia para no satisfacer del todo a vuestro deseo."
   Don Quijote se lo prometió en nombre de los demás, y él, con este
seguro, comenzó desta manera:
   "Mi nombre es Cardenio, mi patria una ciudad de las mejores desta
20 Andalucía, mi linaje noble, mis padres ricos, mi desventura tanta, que le
deben de haber llorado mis padres y sentido mi linaje, sin poderla aliviar
con su riqueza,[6] que, para remediar desdichas del cielo, poco suelen valer
los bienes de fortuna. Vivía en esta mesma tierra un cielo, donde puso el
amor toda la gloria que yo acertara a desearme. Tal es la hermosura de
25 Luscinda, doncella tan noble y tan rica como yo, pero de más ventura, y de
menos firmeza de la que a mis honrados pensamientos se debía.[7] A esta
Luscinda amé, quise y adoré desde mis tiernos y primeros años, y ella me
quiso a mí con aquella sencillez y buen ánimo que su poca edad permitía.
Sabían nuestros padres nuestros intentos, y no les pesaba dello, porque bien
30 veían que, cuando pasaran adelante, no podían tener otro fin que el de
casarnos, cosa que casi la concertaba° la igualdad de nuestro linaje y   accorded
riquezas. Creció la edad y con ella el amor de entrambos, que al padre de
Luscinda le pareció que por buenos respetos[8] estaba obligado a negarme la
entrada de su casa, casi imitando en esto a los padres de aquella Tisbe[9] tan
35 decantada de los poetas. Y fue esta negación añadir llama° a llama y deseo   flame
a deseo, porque, aunque pusieron silencio a las lenguas, no le pudieron
poner a las plumas, las cuales, con más libertad que las lenguas, suelen dar
a entender a quien quieren lo que en el alma está encerrado:° que muchas   locked up
veces la presencia de la cosa amada turba y enmudece la intención más
40 determinada y la lengua más atrevida. ¡Ay, cielos, y cuántos billetes° le   love letters
escribí! ¡Cuán regaladas y honestas respuestas tuve! ¡Cuántas canciones

---

[5] **En ése...** *at that point what is being said will stop*
[6] **Mi desventura...** *my misfortune so great that my parents must have lamented it and
my relatives grieved over it, without their riches being able to remedy it*
[7] **De menos...** *of less constancy than my honorable thoughts deserved*
[8] **Por...** *for propriety's sake*
[9] Pyramus and Thisbe were two Babylonian lovers, as Ovid relates, who were neighbors
separated by a wall. They came to a tragic end.

compuse y cuántos enamorados versos, donde el alma declaraba y
trasladaba sus sentimientos, pintaba sus encendidos deseos, entretenía sus
memorias y recreaba su voluntad! En efeto, viéndome apurado,° y que mi   drained
alma se consumía con el deseo de verla, determiné poner por obra y acabar
5   en un punto[10] lo que me pareció que más convenía para salir con mi
deseado y 'merecido premio,° y fue el pedírsela a su padre por legítima   deserved prize
esposa, como lo hice. A lo que él me respondió que me agradecía la
voluntad que mostraba de honralle y de querer honrarme con prendas[11]
suyas, pero que siendo mi padre vivo, a él tocaba de justo derecho hacer
10   aquella demanda,[12] porque, si no fuese con mucha voluntad y gusto suyo,
no era Luscinda mujer para tomarse ni darse 'a hurto.°   by stealth
    "Yo le agradecí su 'buen intento,° pareciéndome que llevaba razón en   kindness
lo que decía, y que mi padre vendría en ello como yo se lo dijese.[13] Y con
este intento, 'luego, en aquel mismo instante,° fui a decirle a mi padre lo   right then
15   que deseaba, y al tiempo que entré en un aposento donde estaba, le hallé
con una carta abierta en la mano, la cual, antes que yo le dijese palabra, me
la dio, y me dijo: 'Por esa carta verás, Cardenio, la voluntad que el duque
Ricardo tiene de hacerte merced.' Este duque Ricardo, como ya vosotros,
señores, debéis de saber, es un grande de España que tiene su estado° en   estate
20   lo mejor desta Andalucía. Tomé y leí la carta, la cual venía tan encarecida,° flattering
que a mí mesmo me pareció mal si mi padre 'dejaba de cumplir° lo que en   didn't honor
ella se le pedía, que era que me enviase luego donde él estaba, que quería
que fuese compañero, no criado, de su hijo el mayor, y que él tomaba a
cargo el ponerme en estado que correspondiese a la estimación en que me
25   tenía.[14] Leí la carta, y enmudecí leyéndola, y más cuando oí que mi padre
me decía: "De aquí a dos días° te partirás, Cardenio, a hacer la voluntad   two days from now
del duque, y da gracias a Dios que te va abriendo camino por donde
alcances lo que yo sé que mereces.' Añadió a éstas otras razones de padre
consejero.
30   "Llegóse el término de mi partida, hablé una noche a Luscinda, díjele
todo lo que pasaba, y lo mesmo hice a su padre, suplicándole se
entretuviese algunos días y dilatase el darle estado hasta que yo viese lo que
Ricardo me quería.[15] Él me lo prometió, y ella me lo confirmó con mil
juramentos y mil desmayos.° Vine, 'en fin,° donde el duque Ricardo estaba,   swoonings, finally
35   fui dél tan bien recebido y tratado, que desde luego comenzó la envidia a
hacer su oficio, teniéndomela los criados antiguos, pareciéndoles que las
muestras que el duque daba de hacerme merced habían de ser en perjuicio
suyo.[16] Pero el que más se holgó con mi ida fue un hijo segundo del duque,

---

[10] **Determiné...** *I resolved to carry out*

[11] These **prendas** *jewels* are his daughter.

[12] **A él...** *it was his right to make this request*

[13] **Mi padre...** *my father would request Luscinda's hand as soon as I told him*

[14] **Él tomaba...** *he took it upon himself to put me in a position worthy of the esteem in which he held me*

[15] **Suplicándole...** *begging him to wait a few days and hold off on giving her away until I found out what Ricardo wanted of me*

[16] **Desde luego...** *right away envy began to do its work, the old servants feeling that their master's inclination to favor me was an injury to themselves*

llamado Fernando, mozo gallardo, gentil hombre, liberal y enamorado, el
cual en poco tiempo quiso que fuese tan su amigo, que daba que decir a
todos,[17] y aunque el mayor me quería bien y me hacía merced, no llegó al
estremo con que don Fernando me quería y trataba.

5   "Es, pues, el caso, que, como entre los amigos no hay cosa secreta que
no se comunique, y la privanza que yo tenía con don Fernando dejaba de
serlo por ser amistad,[18] todos sus pensamientos me declaraba, especialmente
uno enamorado, que le traía con un poco de desasosiego.[19] Quería bien a
una labradora, vasalla de su padre, y ella los[20] tenía muy ricos, y era tan
10 hermosa, recatada,° discreta y honesta, que nadie que la conocía se   modest
determinaba en cuál destas cosas tuviese más excelencia, ni más se
aventajase. Estas tan buenas partes° de la hermosa labradora redujeron a tal   endowments
término los deseos de don Fernando que se determinó, para poder alcanzarlo
y conquistar° la entereza° de la labradora, 'darle palabra° de ser su esposo,   overcome, virginity,
15 porque de otra manera era procurar lo imposible. Yo, obligado° de su   promise; compelled
amistad, con las mejores razones que supe y con los más vivos ejemplos
que pude, procuré estorbarle y apartarle de tal propósito.° Pero viendo que   intention
no aprovechaba, determiné de decirle el caso al duque Ricardo, su padre.
Mas don Fernando, como astuto° y discreto, se receló° y temió desto, por   crafty, suspected
20 parecerle que estaba yo obligado, en vez de buen criado,[21] a no tener
encubierta cosa que tan en perjuicio de la honra de mi señor el duque venía.
Y así, por divertirme° y engañarme, me dijo que no hallaba otro mejor   to divert me
remedio para poder apartar de la memoria la hermosura que tan sujeto le
tenía, que el ausentarse por algunos meses, y que quería que el ausencia
25 fuese que los dos nos viniésemos en casa de mi padre, con ocasión que
darían al duque, que venía a ver y a feriar° unos muy buenos caballos que   to buy
en mi ciudad había, que es madre de los mejores del mundo.
   "Apenas le oí yo decir esto, cuando, movido de mi afición, aunque su
determinación no fuera tan buena, la aprobara yo por una de las más
30 acertadas que se podían imaginar, por ver cuán buena ocasión y coyuntura°   opportunity
se me ofrecía de volver a ver a mi Luscinda. Con este pensamiento y deseo
aprobé su parecer y esforcé su propósito, diciéndole que lo pusiese por
obra[22] con la brevedad posible, porque, en efeto, la ausencia hacía su oficio
a pesar de los más firmes pensamientos.[23] Ya, cuando él me vino a decir
35 esto, según después se supo, había gozado a la labradora, con título de
esposo, y esperaba ocasión de descubrirse° a su salvo,° temeroso de lo que   reveal the truth,
el duque, su padre, haría cuando supiese su disparate.°   safely; rashness
   "Sucedió, pues, que, como el amor en los mozos por la mayor parte no
lo es, sino apetito, el cual, como tiene por último fin el deleite, en llegando

---

[17] **Daba que decir…** *it made everybody talk about it*
[18] **La privanza…** *the favor I had with don Fernando stopped being favor and turned into friendship*
[19] **Uno enamorado…** *a love affair which brought him a bit of anxiety*
[20] **Los** refers to her own parents.
[21] **En vez de…** *in my capacity as a good servant*
[22] **Lo pusiese…** *put it into operation*
[23] **La ausencia…** *absence would do its job, in spite of his staunchest thoughts*

a alcanzarle se acaba,[24] y ha de volver atrás aquello que parecía amor,[25] porque no puede pasar adelante del término que le puso naturaleza, el cual término no le puso a lo que es verdadero amor...,[26] quiero decir, que así como don Fernando gozó a la labradora, se le aplacaron sus deseos y se
5 resfriaron° sus ahincos, y si primero fingía quererse ausentar por   cooled remediarlos, ahora de veras procuraba irse por no ponerlos en ejecución. Diole el duque licencia, y mandóme que le acompañase. Venimos a mi ciudad, recibióle mi padre como quien era. Vi yo luego a Luscinda, tornaron a vivir, aunque no habían estado muertos ni amortiguados,° mis deseos, de   deadened
10 los cuales di cuenta, por mi mal, a don Fernando, por parecerme que, en la ley de la mucha amistad que mostraba, no le debía encubrir nada. Alabéle la hermosura, donaire y discreción de Luscinda de tal manera, que mis alabanzas movieron en él los deseos de querer ver doncella de tantas buenas partes adornada.[27] Cumplíselos yo, por mi corta suerte, enseñándosela una
15 noche, a la luz de una vela, por una ventana por donde los dos solíamos hablarnos. Viola en sayo,° tal, que todas las bellezas° hasta entonces por él   kind of a slip, vistas las puso en olvido. Enmudeció, perdió el sentido, quedó absorto, y   beautiful women finalmente, tan enamorado, cual lo veréis en el discurso del cuento de mi desventura. Y para encenderle más el deseo, que a mí me celaba,° y al cielo   concealed
20 a solas descubría, quiso la fortuna que hallase un día un billete suyo pidiéndome que la pidiese a su padre por esposa, tan discreto, tan honesto y tan enamorado,[28] que, en leyéndolo, me dijo que en sola Luscinda se encerraban todas las gracias de hermosura y de entendimiento que en las demás mujeres del mundo estaban repartidas.°   distributed
25   "Bien es verdad que quiero confesar ahora que, puesto que yo veía con cuán justas causas don Fernando a Luscinda alababa, me pesaba de oír aquellas alabanzas de su boca, y comencé a temer y a recelarme° dél, porque   become suspicious no se pasaba momento donde no quisiese que tratásemos de Luscinda, y él movía la plática aunque la trujese por los cabellos, cosa que despertaba en
30 mí un 'no sé qué° de celos, no porque yo temiese revés° alguno de la bondad   a bit, change y de la fe de Luscinda, pero, con todo eso, me hacía temer mi suerte lo mesmo que ella me aseguraba.[29] Procuraba siempre don Fernando leer los papeles que yo a Luscinda enviaba y los que ella me respondía, a título que de la discreción de los dos gustaba mucho.[30] Acaeció, pues, que habiéndome
35 pedido Luscinda un libro de caballerías en que leer, de quien era ella muy aficionada, que era el de *Amadís de Gaula*..."
      No hubo bien oído don Quijote nombrar libro de caballerías, cuando dijo:

---

[24] **En llegando...** *[the appetite] in achieving that end, is curbed*
[25] **Ha de volver...** *what seemed to be love tends to back away*
[26] **Pasar adelante...** *go beyond the limit imposed by nature, this limit not having been imposed by what is true love*
[27] **De tantas...** *adorned with so many good qualities*
[28] **Tan...** *all these adjectives refer to the letter.*
[29] **Me hacía...** *my fortune made me fear, even though she reassured me*
[30] **A título...** *on the excuse that our wit gave pleasure*

"Con que me dijera vuestra merced[31] al principio de su historia que su merced de la señora Luscinda[32] era aficionada a libros de caballerías, no fuera menester otra exageración para darme a entender la alteza° de su **high level** entendimiento, porque no le tuviera tan bueno como vos, señor, le habéis
5   pintado, si careciera° del gusto de tan sabrosa leyenda.[33] Así que para **lacked** conmigo no es menester gastar más palabras en declararme su hermosura, valor y entendimiento, que, con sólo haber entendido su afición,° la **interest** confirmo por la más hermosa y más discreta mujer del mundo. Y quisiera yo, señor, que vuestra merced le hubiera enviado, junto con *Amadís de*
10   *Gaula*, al bueno de *Don Rugel de Grecia*,[34] que yo sé que gustara la señora Luscinda mucho de Daraida y Geraya, y de las discreciones del pastor Darinel, y de aquellos admirables versos de sus bucólicas,° cantadas y **pastoral poems** representadas° por él con todo donaire, discreción y desenvoltura. Pero **set forth** tiempo podrá venir en que se enmiende esa falta, y no dura más en hacerse
15   la enmienda de cuanto quiera vuestra merced ser servido de venirse conmigo a mi aldea, que allí le podré dar más de trecientos libros, que son el regalo° de mi alma y el entretenimiento de mi vida, aunque 'tengo para **joy** mí° que ya no tengo ninguno, 'merced a° la malicia de malos y envidiosos **I remember, thanks** encantadores. Y perdóneme vuestra merced el haber contravenido a lo que **to**
20   prometimos de no interrumpir su plática, pues en oyendo cosas de caballerías y de caballeros andantes, así es en mi mano dejar de hablar en ellos,[35] como lo es en la de los rayos del sol dejar de calentar,° ni **give warmth** humedecer° en los de la luna, así que, perdón, y proseguir, que es lo que **give moisture** ahora hace más al caso."
25   En tanto que don Quijote estaba diciendo lo que queda dicho, se le había caído a Cardenio la cabeza sobre el pecho, dando muestras de estar profundamente pensativo. Y puesto que dos veces le dijo don Quijote que prosiguiese su historia, ni alzaba la cabeza, ni respondía palabra. Pero al cabo de un buen espacio la levantó, y dijo:
30   "No se me puede quitar del pensamiento, ni habrá quien me lo quite en el mundo, ni quien me dé a entender otra cosa, y sería un majadero el que lo contrario entendiese o creyese, sino que aquel bellaconazo° del maestro **villain** Elisabat estaba amancebado° con la reina Madésima."[36] **cohabitating**
        "Eso no, ¡voto a tal!" respondió con mucha cólera don Quijote (y
35   arrojóle como tenía de costumbre),[37] "y ésa es una muy gran malicia, o bellaquería, por mejor decir. La reina Madásima fue muy principal señora,

---

[31] **Con...** *if your grace had told me*

[32] **Su merced de...** = **la señora Luscinda**

[33] **Porque...** *because I wouldn't have found it [her understanding] as good as you have described if she lacked the taste for such delightful reading*

[34] *Don Rugel de Grecia* (1535) is the eleventh book in the Amadís cycle, written by Feliciano de Silva. Daraida and Garaya, mentioned in a moment, are indeed characters from that book. This book must have been in Don Quijote's collection—many were tossed into the corral without stating which they were.

[35] **Así es en...** *I can't help talking about them*

[36] In *Amadís de Gaula* there were three Madásimas, none of whom had relations with the surgeon/priest Elisabat. The first edition shows Madésima, which seems "correct" here, in the mouth of this crazy young man.

[37] That is, Don Quijote threw the deprecation at him.

y no se ha de presumir que tan alta princesa se había de amancebar con un
sacapotras,° y quien lo contrario entendiere, miente como muy gran bellaco.   quack
Y yo se lo daré a entender a pie o a caballo, armado o desarmado, de noche
o de día, o como más gusto le diere."

5   Estábale mirando Cardenio muy atentamente, al cual ya había venido
el accidente de su locura, y no estaba para proseguir su historia, ni tampoco
don Quijote se la oyera, según le había disgustado lo que de Madásima le
había oído. ¡Estraño caso! que así 'volvió por ella° como si verdaderamente   took her side
fuera su verdadera y natural señora: tal le tenían sus descomulgados libros.

10 Digo, pues, que como ya Cardenio estaba loco, y se oyó tratar de mentís°   liar
y de bellaco, con otros denuestos semejantes, parecióle mal la burla, y alzó
un guijarro que halló junto a sí, y dio con él en los pechos tal golpe a don
Quijote, que le hizo 'caer de espaldas.° Sancho Panza, que de tal modo vio   fall backwards
parar a su señor, arremetió al loco con el puño cerrado, y el Roto le recibió

15 de tal suerte, que con una puñada dio con él a sus pies, y luego se subió
sobre él y le brumó° las costillas muy 'a su sabor.° El cabrero, que le quiso   crushed, to his
defender, corrió el mesmo peligro. Y después que los tuvo[38] a todos   heart's content
rendidos y molidos, los dejó y se fue con gentil sosiego a emboscarse en
la montaña.

20 Levantóse Sancho, y con la rabia que tenía de verse aporreado tan sin
merecerlo, acudió a tomar la venganza del cabrero, diciéndole que él tenía
la culpa de no haberles avisado que a aquel hombre le tomaba a tiempos la
locura, que si esto supieran, hubieran estado 'sobre aviso° para poderse   on guard
guardar. Respondió el cabrero que ya lo había dicho, y que si él no lo había

25 oído, que no era suya la culpa. Replicó Sancho Panza, y tornó a replicar el
cabrero, y fue el fin de las réplicas asirse de las barbas y darse tales
puñadas, que si don Quijote no los pusiera en paz, se hicieran pedazos.
Decía Sancho, asido con el cabrero:
   "Déjeme vuestra merced, señor Caballero de la Triste Figura, que en

30 este[39] que es villano como yo y no está armado caballero, bien puedo a mi
salvo satisfacerme del agravio que me ha hecho, peleando con él mano a
mano, como hombre honrado."
   "Así es," dijo don Quijote, "pero yo sé que él no tiene ninguna culpa
de lo sucedido."

35 Con esto los apaciguó,° y don Quijote volvió a preguntar al cabrero si   calmed down
sería posible hallar a Cardenio, porque quedaba con grandísimo deseo de
saber el fin de su historia. Díjole el cabrero lo que primero le había dicho,
que era no saber de cierto su manida,° pero que si anduviese mucho por   lair
aquellos contornos no dejaría de hallarle, o cuerdo o loco.

---

[38] Cardenio is the subject of **tuvo**.
[39] **En este** is the complement to **satisfacer** which comes later.

Capítulo XXV. Que trata de las estrañas cosas que en Sierra Morena sucedieron al valiente caballero de la Mancha, y de la imitación que hizo a la penitencia de Beltenebros.

5 DESPIDIÓSE DEL cabrero don Quijote, y subiendo otra vez sobre Rocinante, mandó a Sancho que le siguiese, el cual lo hizo con su jumento de muy mala gana. Íbanse poco a poco entrando en lo más áspero de la montaña, y Sancho iba muerto por razonar° con su amo, y deseaba   to talk que él comenzase la plática por no contravenir a lo que le tenía mandado, 10 mas no pudiendo sufrir tanto silencio, le dijo:

"Señor don Quijote, vuestra merced me eche su bendición y me dé licencia, que desde aquí me quiero volver a mi casa, y a mi mujer y a mis hijos, con los cuales, por lo menos, hablaré y departiré todo lo que quisiere, porque querer vuestra merced que vaya con él¹ por estas soledades° de día   lonely places 15 y de noche, y que no le hablo cuando me diere gusto, es enterrarme en vida. Si ya quisiera la suerte que los animales hablaran, como hablaban en tiempo de Guisopete,² fuera menos mal, porque departiera yo con mi jumento lo que me viniera en gana, y con esto pasara mi mala ventura, que es recia° cosa, y que no se puede llevar en paciencia, andar buscando   hard to bear 20 aventuras toda la vida, y no hallar sino coces y manteamientos, ladrillazos°   blows with bricks y puñadas, y con todo esto, nos hemos de coser la boca, sin osar decir lo que el hombre tiene en su corazón, como si fuera mudo.°"   dumb

"Ya te entiendo, Sancho," respondió don Quijote, "tú mueres porque te alce° el entredicho° que te tengo puesto en la lengua. Dale por alzado³   lift, interdiction 25 y di lo que quisieres, con condición que no ha de durar este alzamiento°   revocation más de en cuanto anduviéremos por estas sierras."

"Sea ansí," dijo Sancho, "hable yo ahora, que después Dios sabe lo que será. Y comenzando a gozar de ese salvoconduto,° digo que ¿qué le iba a   permission vuestra merced en volver tanto por aquella reina Magimasa,⁴ o cómo se 30 llama? O ¿qué hacía al caso que aquel abad fuese su amigo o no?⁵ Que si vuestra merced 'pasara con ello,° pues no era su juez, bien creo yo que el   let it pass loco pasara adelante con su historia, y se hubieran ahorrado el golpe del guijarro y las coces, y aun más de seis torniscones.°"   punches

"A fe, Sancho," respondió don Quijote, "que si tú supieras, como yo 35 lo sé, cuán honrada y cuán principal señora era la reina Madásima, yo sé que dijeras que tuve mucha paciencia, pues no quebré la boca por donde tales blasfemias salieron. Porque es muy gran blasfemia decir ni pensar que una reina esté amancebada con un cirujano.° La verdad del cuento es que   surgeon aquel maestro Elisabat, que el loco dijo, fue un hombre muy prudente y de 40 muy sanos consejos, y sirvió de ayo y de médico a la reina. Pero, pensar

---

¹ **Querer...** *your wanting me to go with you*
² Guisopete, or Isopete, is Æsop, whose fables were published in Spanish in 1489.
³ **Dale...** *consider it lifted*
⁴ **¿Qué le iba...** *what led you to stand up so for that Queen Magimasa?*
⁵ **¿Qué hacía al...** *what difference did it make that that "abbot" was her friend or not?* Sancho confuses **Elisabat** with "**abad**" *abbot.*

que ella era su amiga es disparate, digno de muy gran castigo. Y porque veas que Cardenio no supo lo que dijo, has de advertir que cuando lo dijo ya estaba sin juicio."

"Eso digo yo," dijo Sancho, "que no había para qué hacer cuenta de⁶ las palabras de un loco, porque si la buena suerte no ayudara a vuestra merced, y encaminara el guijarro a la cabeza como le encaminó al pecho, buenos quedáramos por haber vuelto por aquella mi señora,⁷ que Dios cohonda.° Pues ¡montas que 'no se librará° Cardenio por loco!"   confound, will go

"Contra cuerdos y contra locos, está obligado cualquier caballero   free
andante a volver por la honra de las mujeres, cualesquiera que sean. Cuanto
más por las reinas de tan alta guisa° y pro° como fue la reina Madásima,   degree, dignity
a quien yo tengo particular afición por sus buenas partes, porque fuera de
haber sido fermosa, además fue muy prudente y muy sufrida en sus
calamidades, que las tuvo muchas. Y los consejos y compañía del maestro
Elisabat le fue y le fueron⁸ de mucho provecho y alivio para poder llevar
sus trabajos con prudencia y paciencia. Y de aquí tomó ocasión el vulgo,°   public
ignorante y mal intencionado, de decir y pensar que ella era su manceba.°   mistress
¡Y mienten, digo otra vez, y mentirán otras docientas, todos los que tal
pensaren y dijeren!"

"Ni yo lo digo ni lo pienso," respondió Sancho. "Allá se lo hayan,⁹ con
su pan se lo coman. Si fueron amancebados o no, a Dios habrán dado la
cuenta. De mis viñas° vengo, no sé nada. No soy amigo de saber vidas   vineyards
ajenas, que el que compra y miente, en su bolsa lo siente. Cuanto más, que
desnudo nací, desnudo me hallo: ni pierdo ni gano. Mas que lo fuesen, ¿qué
me va a mí?¹⁰ Y muchos piensan que hay tocinos, y no hay estacas.¹¹ Mas,
¿quién puede poner puertas al campo? Cuanto más, que de Dios dijeron."¹²

"¡Válame Dios," dijo don Quijote, "y qué de necedades vas, Sancho,
ensartando!¹³ ¿Qué va de lo que tratamos a los refranes que enhilas?¹⁴ Por
tu vida, Sancho, que calles, y de aquí adelante entremétete° en espolear a   occupy yourself
tu asno, y deja de hacello en lo que no te importa.¹⁵ Y entiende con todos
tus cinco sentidos que todo cuanto yo he hecho, hago e hiciere, va muy
puesto en razón¹⁶ y muy conforme a las reglas de caballería, que las sé
mejor que cuantos caballeros las profesaron en el mundo."

"Señor," respondió Sancho, "y ¿es buena regla de caballería que
andemos perdidos por estas montañas, sin senda ni camino, buscando a un

---

⁶ **Hacer...** *to pay attention to*
⁷ **Buenos...** *we would have been in fine shape on account of standing up for my lady*
⁸ **Le fue y le fueron** refer back to **compañía** and **consejos**.
⁹ **Allá se...** *it's their affair*
¹⁰ **Mas que lo fuesen...** *but even if they were, what's it to me?*
¹¹ These are the stakes from which sides of bacon are suspended.
¹² **Que de Dios dijeron** is an eroded form of **que aun de Dios dijeron mal** *they even spoke ill of God.*
¹³ **Qué de...** *what absurdities you are, Sancho, stringing together*
¹⁴ **¿Qué va de lo...** *What does what we're talking about have to do with the proverbs you are threading together?*
¹⁵ **Deja de...** *don't meddle in what doesn't concern you*
¹⁶ **Va muy puesto...** *is well founded on reason*

loco,[17] el cual, después de hallado, quizá le vendrá en voluntad de acabar lo
que dejó comenzado, no de su cuento, sino de la cabeza de vuestra merced
y de mis costillas, acabándonoslas de romper de todo punto?"

"¡Calla, te digo otra vez, Sancho!" dijo don Quijote, "porque te hago
5   saber que no sólo me trae por estas partes el deseo de hallar al loco, cuanto
el que tengo de hacer en ellas una hazaña[18] con que he de ganar perpetuo
nombre y fama en todo lo descubierto de la tierra, y será tal, que he de echar
con ella el sello a todo aquello que puede hacer perfecto y famoso a un
andante caballero."[19]

10   "Y ¿es de muy gran peligro esa hazaña?" preguntó Sancho Panza.

"No," respondió el de la Triste Figura, "puesto que de tal manera podía
correr el dado,° que echásemos azar en lugar de encuentro.[20] Pero todo ha   die
de estar en tu diligencia."

"¿En mi diligencia?" dijo Sancho.

15   "Sí," dijo don Quijote, "porque si vuelves presto de adonde pienso
enviarte, presto se acabará mi pena,° y presto comenzará mi gloria, y porque   penance
no es bien que te tenga más suspenso esperando en lo que han de parar mis
razones,[21] quiero, Sancho, que sepas que el famoso Amadís de Gaula fue
uno de los más perfectos caballeros andantes. No he dicho bien, «fue uno»:
20   fue el solo, el primero, el único, el señor de todos cuantos hubo en su
tiempo en el mundo. ¡Mal año y mal mes para don Belianís y para todos
aquellos que dijeren que se le igualó en algo, porque se engañan, juro
cierto! Digo, asimismo, que cuando algún pintor quiere salir famoso en su
arte, procura imitar los originales de los más únicos pintores que sabe.° Y   **conoce**
25   esta mesma regla corre° por todos los más oficios o ejercicios 'de cuenta°   goes, of importance
que sirven para adorno de las repúblicas. Y así lo ha de hacer y hace el que
quiere alcanzar nombre de prudente° y sufrido, imitando a Ulises,[22] en cuya   judicious
persona y trabajos nos pinta Homero un retrato vivo de prudencia y de
sufrimiento; como también nos mostró Virgilio, en persona de Eneas,[23] el
30   valor de un hijo piadoso° y la sagacidad° de un valiente y entendido   pious, shrewdness
capitán, no pintándolo ni descubriéndolo[24] como ellos fueron, sino como

---

[17] The first edition has **aun lo que,** emended by the Valencia 1605 and later editions to
a un loco.

[18] **Cuanto el que...** *as the [desire] I have to do a deed in them [these parts]*

[19] **He de echar...** *with it [the deed] I will put the seal on all that can make a knight
errant famous and perfect*

[20] **Echásemos...** *we might get an unlucky throw instead of a lucky one.* **Azar** is an
unlucky toss, **encuentro** is a lucky one.

[21] **Lo que...** *where my words are leading*

[22] Ulysses (Odysseus in Latin) was portrayed by Homer in the *Iliad* (9th or 8th century
B.C.) as a man of outstanding wisdom, eloquence, resourcefulness, courage and endurance.

[23] The mythic Æneas is sung about by Virgil in the epic poem, *Æneid* (29–19 B.C.).
Virgil portrayed Æneas' qualities of self-denial, persistence, and obedience to the gods,
which, in the view of the poet, are what built Rome.

[24] **Descubriéndolo** *revealing him* in the first editions. Later and modern editions change
this to **describiéndolo.** Riquer argues that in Cervantes' handwriting, **-cu-** and **-cri-** look
about the same. But what about the **-r-** in **-cubr-**? Wouldn't Riquer's solution demand ***des-
cribriendo**?

habían de ser, para quedar ejemplo a los venideros hombres de sus virtudes. Desta mesma suerte, Amadís fue el norte,° el lucero,° el sol de los valientes y enamorados caballeros, a quien debemos de imitar todos aquellos que debajo de la bandera de amor y de la caballería militamos. Siendo, pues, esto ansí, como lo es, hallo yo, Sancho amigo, que el caballero andante que más le imitare, estará más cerca de alcanzar la perfeción de la caballería. Y una de las cosas en que más este caballero mostró su prudencia, valor, valentía, sufrimiento, firmeza y amor, fue cuando se retiró, desdeñado de la señora Oriana, a hacer penitencia en la Peña Pobre,²⁵ mudado su nombre en el de Beltenebros, nombre por cierto significativo y proprio° para la vida que él de su voluntad había escogido. Ansí que me es a mí más fácil imitarle en esto que no en hender° gigantes, descabezar° serpientes, matar endriagos,° desbaratar ejércitos, fracasar° armadas° y deshacer encantamentos. Y pues estos lugares son tan acomodados para semejantes efectos,° no hay para qué se deje pasar la ocasión, que ahora con tanta comodidad me ofrece sus guedejas."²⁶

"En efecto," dijo Sancho, "¿qué es lo que vuestra merced quiere hacer en este tan remoto lugar?"

"¿Ya no te he dicho," respondió don Quijote, "que quiero imitar a Amadís haciendo aquí del desesperado, del sandio y del furioso,° por imitar juntamente° al valiente don Roldán,²⁷ cuando halló en una fuente las señales° de que Angélica la Bella había cometido vileza° con Medoro,²⁸ de cuya pesadumbre se volvió loco, y arrancó los árboles, enturbió° las aguas de las claras fuentes, mató pastores, destruyó ganados, abrasó chozas, derribó casas, arrastró° yeguas, y hizo otras cien mil insolencias° dignas de eterno nombre y escritura?° Y puesto que yo no pienso imitar a Roldán, o Orlando, o Rotolando—que todos estos tres nombres tenía—, parte por parte²⁹ en todas las locuras que hizo, dijo y pensó, haré el bosquejo° como mejor pudiere en las que me pareciere ser más esenciales. Y podrá ser que viniese a contentarme³⁰ con sola la imitación de Amadís, que sin hacer locuras de daño, sino de lloros° y sentimientos, alcanzó tanta fama como el que más."³¹

"Paréceme a mí," dijo Sancho, "que los caballeros que lo tal ficieron fueron provocados y tuvieron causa para hacer esas necedades y penitencias.

north star, evening star

propio

splitting, decapitating dragons, destroying, fleets purposes

raving at the same time indications, vile deed; muddied

dragged, outrages record

rough sketch

weeping

---

²⁵ Peña Pobre was the small island where Amadís went to do his penance. A hermit gave him the name Beltenebros because he was a handsome (**bel**) but sad (**tenebros[o]**) fellow.

²⁶ This refers to the Roman god of opportunity, bald except for a lock (**guedeja**) in front. You had to seize the lock when you saw it coming since when it passed by there was nothing left to take hold of.

²⁷ This Roland is not from the French *Chanson de Roland*, but rather the Italian epic *Orlando Furioso* (1532) by Ludovico Ariosto (mentioned in chapter 6, note 22). After his lady Angelica leaves him for the Moor Medoro, he does all of the insane acts mentioned in the text.

²⁸ In *Orlando Furioso* 13, 105ff. We learn that Angelica slept "more than two *siestas*" with Medoro.

²⁹ **Parte por...** *item by item*

³⁰ **Podrá ser...** *perhaps I will content myself*

³¹ **Alcanzó...** *became as famous as the best of them*

Pero vuestra merced, ¿qué causa tiene para volverse loco, qué dama le ha desdeñado, o qué señales ha hallado que le den a entender que la señora Dulcinea del Toboso ha hecho alguna niñería con moro o cristiano?" "Ahí está el punto," respondió don Quijote, "y ésa es la fineza° de mi negocio.° Que volverse loco un caballero andante con causa, ni grado° ni gracias—el toque está desatinar sin ocasión,³² y dar a entender a mi dama que si en seco hago esto, ¿qué hiciera en mojado?° Cuanto más, que harta° ocasión tengo en la larga ausencia que he hecho de la siempre señora mía Dulcinea del Toboso, que, como ya oíste decir a aquel pastor 'de marras,° Ambrosio:³³ «quien está ausente, todos los males tiene y teme». Así que, Sancho amigo, no gastes° tiempo en aconsejarme que deje tan rara, tan felice y tan 'no vista° imitación. Loco soy, loco he de ser hasta tanto que tú vuelvas con la respuesta de una carta que contigo pienso enviar a mi señora Dulcinea. Y si fuere tal cual a mi fe se le debe,³⁴ acabarse ha mi sandez y mi penitencia. Y si fuere al contrario, seré loco de veras, y siéndolo, no sentiré nada. Ansí que, de cualquiera manera que responda, saldré del conflito° y trabajo en que me dejares: gozando el bien que me trujeres,° por cuerdo, o no sintiendo el mal que me aportares,° por loco. Pero dime, Sancho, ¿traes bien guardado° el yelmo de Mambrino? Que ya vi que le alzaste del suelo cuando aquel desagradecido le quiso hacer pedazos. Pero no pudo, donde se puede echar de ver la fineza de su temple."³⁵

A lo cual respondió Sancho:

"¡Vive Dios, señor Caballero de la Triste Figura, que no puedo sufrir ni 'llevar en paciencia° algunas cosas que vuestra merced dice! Y que por ellas vengo a imaginar que todo cuanto me dice de caballerías y de alcanzar reinos e imperios, de dar ínsulas y de hacer otras mercedes y grandezas,° como es uso de caballeros andantes, que todo debe de ser cosa de viento y mentira, y todo pastraña, o patraña,³⁶ o como lo llamáremos. Porque quien oyere decir a vuestra merced que una bacía de barbero es el yelmo de Mambrino, y que no salga de este error en más de cuatro días, ¿qué ha de pensar sino que quien tal dice y afirma debe de tener güero° el juicio? La bacía yo la llevo en el costal toda abollada,° y llévola para aderezarla en mi casa y hacerme la barba en ella, si Dios me diere tanta gracia que algún día me vea con mi mujer y hijos."

"Mira, Sancho, por el mismo que denantes juraste,³⁷ te juro," dijo don Quijote, "que tienes el más corto entendimiento que tiene ni tuvo escudero en el mundo. ¿Que es posible que en cuanto ha que andas conmigo no has echado de ver que todas las cosas de los caballeros andantes parecen quimeras, necedades y desatinos, y que son todas hechas al revés? Y no porque sea ello ansí, sino porque andan entre nosotros siempre una caterva°

Marginal glosses: beauty; plan, pleasure; wet, enough; of yesteryear; waste; unheard of; struggle; traigas, bring; protected; tolerate; great things; vacant; dented; multitude

³² **El toque...** *the thing is to go crazy without a reason*
³³ **Oíste...** *you heard that well-known shepherd Ambrosio say.* What Ambrosio said was only *similar,* found in Chapter 14, p. 100, ll. 28-29.
³⁴ **Si...** *if it [the response] is as my devotion deserves*
³⁵ **La...** *how finely tempered it is*
³⁶ **Pastraña, o patraña. Pastraña** is a nonsense word. **Patraña** is a *fabulous story.*
³⁷ **Por el mismo** *Dios* **que denantes juraste...**

de encantadores que todas nuestras cosas mudan y truecan,° y les vuelven[38]   change
según su gusto y según tienen la gana de favorecernos o destruirnos, y así,
eso que a ti te parece bacía de barbero me parece a mí el yelmo de
Mambrino, y a otro le parecerá otra cosa. Y fue rara providencia del sabio
5   que es de mi parte[39] hacer que parezca bacía a todos lo que real y
verdaderamente es yelmo de Mambrino, a causa que, siendo él de tanta
estima,° todo el mundo me perseguirá por quitármele, pero como ven que   esteem
no es más de un bacín de barbero, no se curan de procuralle, como se
mostró bien en el que quiso rompelle y le dejó en el suelo sin llevarle, que
10   a fe que si le conociera, que nunca él le dejara. Guárdale, amigo, que por
ahora no le he menester, que antes me tengo de quitar todas estas armas y
quedar desnudo como cuando nací, si es que me da en voluntad de seguir
en mi penitencia más a Roldán que a Amadís."
        Llegaron en estas pláticas al pie de una alta montaña, que casi como
15   peñón° tajado° estaba sola entre otras muchas que la rodeaban. Corría por   cliff, chiseled
su falda° un manso arroyuelo,° y hacíase por toda su redondez un prado tan   side, stream
verde y vicioso,° que daba contento a los ojos que le miraban. Había por allí   luxuriant
muchos árboles silvestres,° y algunas plantas y flores que hacían el lugar   wild
apacible. Este sitio escogió el caballero de la Triste Figura para hacer su
20   penitencia, y así, en viéndole, comenzó a decir en voz alta, como si
estuviera sin juicio:
        "Éste es el lugar, ¡oh cielos! que diputo y escojo para llorar la
desventura en que vosotros mesmos me habéis puesto. Éste es el sitio donde
el humor° de mis ojos acrecentará las aguas deste pequeño arroyo, y mis   fluid
25   continos° y profundos suspiros moverán a la contina[40] las hojas destos   **continuo**usly
montaraces° árboles, en testimonio y señal de la pena que mi asendereado°   wild, beaten
corazón padece. ¡Oh vosotros, quienquiera que seáis, rústicos dioses, que
en este inhabitable lugar tenéis vuestra morada, oíd las quejas deste
desdichado amante, a quien una luenga ausencia y unos imaginados celos
30   han traído a lamentarse entre estas asperezas, y a quejarse de la dura
condición de aquella ingrata y bella, término y fin de toda humana
hermosura! ¡Oh vosotras, napeas y dríadas,[41] que tenéis por costumbre de
habitar° en las espesuras de los montes, así los ligeros y lascivos° sátiros,°   dwell, lustful, satyrs
de quien sois, aunque 'en vano,° amadas, no perturben° jamás vuestro dulce   in vain, disturb
35   sosiego, que me ayudéis[42] a lamentar mi desventura, o, a lo menos, no os
canséis de oílla! ¡Oh Dulcinea del Toboso, día de mi noche, gloria de mi
pena, norte de mis caminos, estrella de mi ventura, así el cielo te la dé
buena en cuanto acertares a pedirle,[43] que consideres el lugar y el estado a
que tu ausencia me ha conducido, y que con buen término correspondas al
40   que a mi fe se le debe![44] ¡Oh solitarios árboles, que desde hoy en adelante
habéis de hacer compañía a mi soledad: dad indicio, con el blando

---

[38] **Les vuelven = las vuelven** *they change them*
[39] **Que es de...** *who favors me*
[40] **A la...** *continuously*
[41] **Napeas y dríadas**, *wood nymphs and dryads.* Dryads are wood nymphs, too.
[42] The subject of **ayudéis** is **napeas y dríadas.**
[43] **Así el cielo...** *may heaven grant all that you seek from it*
[44] **Que a mi...** *be moved to repay what is owed to my fidelity*

movimiento de vuestras ramas,° que no os desagrade° mi presencia! ¡Oh tú,   branches, displease
escudero mío, agradable compañero en más prósperos[45] y adversos sucesos,
toma bien en la memoria lo que aquí me verás hacer, para que lo cuentes
y recites a la causa total de todo ello!"[46]

Y diciendo esto, se apeó de Rocinante, y en un momento le quitó el
freno y la silla, y dándole una palmada° en las ancas, le dijo: slap
"Libertad te da el que sin ella queda, ¡oh caballo tan estremado por tus
obras cuan° desdichado por tu suerte! Vete por do quisieres, que en la   as
frente llevas escrito que no te igualó en ligereza el Hipogrifo de Astolfo, ni
el nombrado Frontino, que tan caro le costó a Bradamante."[47]

Viendo esto Sancho, dijo:
"'Bien haya° quien nos quitó ahora del trabajo de desenalbardar° al   good luck, remove
rucio,[48] que a fe que no faltaran palmadicas° que dalle ni cosas que decille   saddle; slaps
en su alabanza. Pero si él aquí estuviera, no consintiera yo que nadie le
desalbardara, pues no había para qué, que a él no le tocaban las generales
de[49] enamorado ni de desesperado,° pues no lo estaba su amo, que era yo,   desperate
cuando Dios quería. Y en verdad, señor Caballero de la Triste Figura, que
si es que mi partida y su locura de vuestra merced va de veras,[50] que será
bien tornar a ensillar a Rocinante para que supla la falta del rucio, porque
será ahorrar tiempo a mi ida y vuelta, que si la hago a pie, no sé cuándo
llegaré ni cuándo volveré, porque, 'en resolución,° soy mal caminante."   in short

"Digo, Sancho," respondió don Quijote, "que sea como tú quisieres,
que no me parece mal tu designio. Y digo que de aquí a tres días te
partirás, porque quiero que en este tiempo veas lo que por ella hago y digo,
para que se lo digas."

"Pues ¿qué más tengo de ver," dijo Sancho, "que lo que he visto?"

"Bien estás en el cuento," respondió don Quijote, "ahora me falta
rasgar° las vestiduras,° esparcir las armas, y darme de calabazadas° por   tear, garments, blows
estas peñas, con otras cosas deste jaez, que te han de admirar.'"   with head; amaze

"¡Por amor de Dios!" dijo Sancho, "que mire° vuestra merced como se   be careful
da esas calabazadas, que a tal peña podrá llegar, y en tal punto, que con la
primera se acabase la máquina° desta penitencia, y sería yo de parecer que,   scheme
ya que a vuestra merced le parece que son aquí necesarias calabazadas y
que no se puede hacer esta obra sin ellas, se contentase, pues todo esto es
fingido y cosa contrahecha° y de burla, se contentase, digo, con dárselas en   counterfeit
el agua, o en alguna cosa blanda, como algodón,° y déjeme a mí el cargo,°   cotton, job
que yo diré a mi señora que vuestra merced se las daba en una punta de

---

[45] Most modern editors change this to **mis prósperos,** following the third edition.

[46] **A la causa total de todo ello,** that is, to Dulcinea.

[47] "The hippogriff was a winged horse with the head of an eagle on which Astolfo
went in quest of information about Orlando. Frontino was the name of the mount of
Ruggiero, Bradamante's lover. All appear in Ariosto's *Orlando Furioso* [Canto IV]."
[Ormsby's note.]

[48] This is the first allusion to the theft of Sancho's donkey in the first edition.

[49] **A él...** *he had none of the traits of.* Gaos points out that **generales** is a juridic term
referring to questions asked of witnesses to find out if there is any reason they should not
testify due to kinship with, hatred towards, etc., the accused.

[50] **Si es que...** *if my departure and your insanity are really going to happen.* Note the
singular **va** referring to both the departure and the insanity.

peña más dura que la de un diamante."

"Yo agradezco tu buena intención, amigo Sancho," respondió don Quijote, "mas quiérote hacer sabidor de que todas estas cosas que hago no son de burlas, sino muy de veras, porque de otra manera, sería contravenir a las órdenes de caballería, que nos mandan que no digamos mentira alguna, pena de relasos,[51] y el hacer una cosa por otra, lo mesmo es que mentir. Ansí que mis calabazadas han de ser verdaderas, firmes y valederas,° sin que lleven nada del sofístico° ni del fantástico. Y será necesario que me dejes algunas hilas para curarme, pues que la ventura quiso que nos faltase el bálsamo que perdimos."

worthy, fallacious

"Más fue perder el asno," respondió Sancho, "pues se perdieron en él las hilas y todo, y ruégole a vuestra merced que no se acuerde más de aquel maldito brebaje, que en sólo oírle mentar se me revuelve el alma, no que el estómago.[52] Y más le ruego, que 'haga cuenta° que son ya pasados los tres días que me ha dado de término para ver las locuras que hace, que ya las doy por[53] vistas y por pasadas en cosa juzgada,[54] y diré maravillas° a mi señora. Escriba la carta y despácheme luego, porque tengo gran deseo de volver a sacar a vuestra merced deste purgatorio donde le dejo."

consider

wondrous things

"¿Purgatorio le llamas, Sancho?" dijo don Quijote, "mejor hicieras de llamarle infierno, y aun peor, si hay otra cosa que lo sea."

"«Quien ha infierno»," respondió Sancho, "«nula es retencio»,[55] según he oído decir."

"No entiendo qué quiere decir *retencio*," dijo don Quijote.

"*Retencio* es," respondió Sancho, "que quien está en el infierno nunca sale dél, ni puede. Lo cual será al revés en vuestra merced, o a mí me andarán mal los pies,[56] si es que llevo espuelas para avivar° a Rocinante, y póngame yo una por una en el Toboso[57] y delante de mi señora Dulcinea, que yo le diré tales cosas de las necedades y locuras, que todo es uno,[58] que vuestra merced ha hecho y queda haciendo, que la venga a poner más blanda que un guante,° aunque la halle más dura que un alcornoque, con cuya respuesta, dulce y melificada,° volveré por los aires como brujo,° y sacaré a vuestra merced deste purgatorio, que parece infierno y no lo es, pues hay esperanza de salir dél, la cual,[59] como tengo dicho, no la tienen de salir los que están en el infierno, ni creo que vuestra merced dirá otra cosa."

encourage

glove
honeyed, sorceror

"Así es la verdad," dijo el de la Triste Figura, "pero ¿qué haremos para escribir la carta?"

[51] **Pena de relasos [relapsos]** *suffer the penalties of apostasy* [= the renunciation of religious faith], referring to certain crimes prosecuted by the Inquisition.

[52] **No que...** *not to mention my stomach*

[53] **Las doy...** *I consider them*

[54] **Pasadas en cosa juzgada. Pasar en cosa juzgada** is another juridical term meaning that the judge's decision is irrevocable with no possibility of appeal.

[55] What Sancho heard was doubtless "Quia in inferno nulla est redemptio," from the funeral mass: "Because in hell there is no redemption."

[56] **A mí...** *my feet will fail me.*

[57] **Póngame...** *let me get to el Toboso at once.*

[58] **Que todo...** *it's all the same*

[59] This **la cual** and the **la** in the next clause both refer to **esperanza.**

"Y la libranza pollinesca[60] también," añadio Sancho.

"Todo irá inserto," dijo don Quijote, "y sería bueno, ya que no hay papel, que la escribiésemos, como hacían los antiguos, en hojas de árboles o en unas 'tablitas de cera,° aunque tan dificultoso será hallarse eso ahora *wax tablets* 5 como el papel. Mas ya me ha venido a la memoria donde será bien, y aun más que bien, escribilla, que es en el librillo de memoria que fue de Cardenio, y tu tendrás cuidado de hacerla trasladar° en papel, de buena *copy* letra, en el primer lugar que hallares donde haya maestro° de escuela de *teacher* muchachos, o si no, cualquiera sacristán° te la trasladará, y no se la des a *sexton* 10 trasladar a ningún escribano, que hacen letra procesada,[61] que no la entenderá Satanás."

"Pues ¿qué se ha de hacer de la firma?°" dijo Sancho. *signature*

"Nunca las cartas de Amadís se firman," respondió don Quijote.

"Está bien," respondió Sancho, "pero la libranza forzosamente se ha de 15 firmar, y ésa si se traslada, dirán que la firma es falsa, y quedaréme sin pollinos."

"La libranza irá en el mesmo librillo firmada, que en viéndola mi sobrina, no pondrá dificultad en cumplilla. Y en lo que toca a la carta de amores, pondrás por firma: VUESTRO HASTA LA MUERTE, EL CABALLERO DE 20 LA TRISTE FIGURA. Y hará poco al caso[62] que vaya de mano ajena, porque, a lo que yo me sé acordar, Dulcinea no sabe escribir ni leer, y en toda su vida ha visto letra mía, ni carta mía, porque mis amores y los suyos han sido siempre platónicos,° sin estenderse a más que a un honesto mirar.° Y *Platonic, glance* aun esto tan de cuando en cuando,[63] que osaré jurar con verdad que en doce 25 años que ha que la quiero más que a la lumbre destos ojos que han de comer la tierra,[64] no la he visto cuatro veces, y aun podrá ser que destas cuatro veces no hubiese ella echado de ver la una que la miraba:[65] tal es el recato y encerramiento° con que sus padres,[66] Lorenzo Corchuelo, y su *seclusion* madre, Aldonza Nogales, la han criado.°" *raised* 30 "¡Ta, ta!" dijo Sancho. "¿Que la hija de Lorenzo Corchuelo es la señora Dulcinea del Toboso, llamada por otro nombre Aldonza Lorenzo?"

"Ésa es," dijo don Quijote, "y es la que merece ser señora de todo el universo."

"Bien la conozco," dijo Sancho, "y sé decir que tira tan bien una barra 35 como el más forzudo zagal[67] de todo el pueblo. ¡Vive el Dador,° que es *God* moza de chapa,° hecha y derecha, y de pelo en pecho,[68] y que puede sacar *good sense*

---

[60] **La libranza...** *bill of exhange for the donkeys.*

[61] **Letra procesada** was a difficult handwriting to read because there were no word divisions—the pen stayed on the paper for each whole line.

[62] **Hará...** *it won't make much difference*

[63] **Tan de...** *so seldom*

[64] **Han de comer la tierra...** Probably **ha** is what is called for. Translators assume **ha**: "That the earth will one day devour."

[65] **No hubiese...** *she didn't notice once that I was looking at her*

[66] Schevill has **su padre** here. The original is **sus padres.**

[67] **Tira la barra...** *she's as good a man as the strongest lad.* **Tirar la barra** is an expression explained in Covarrubias in the first article on "tiro."

[68] **De pelo en pecho** *with hair on her chest.* The first edition has **de pelo en pelo,** which seems a mistake.

la barba del lodo[69] a cualquier caballero andante, o por andar, que la tuviere
por señora! ¡Oh hideputa,[70] qué rejo° que tiene y qué voz! Sé decir que se   strength
puso un día encima del campanario° del aldea a llamar unos zagales suyos   bell-tower
que andaban en un barbecho° de su padre, y aunque estaban de allí más de   plowed field
5 media legua, así la oyeron como si estuvieran al pie de la torre. Y lo mejor
que tiene es que no es nada melindrosa, porque tiene mucho de cortesana°:   sharp
con todos se burla y de todo hace mueca° y donaire.° Ahora digo, señor   grins, witticism
Caballero de la Triste Figura, que no solamente puede y debe vuestra
merced hacer locuras por ella, sino que con justo título puede desesperarse,
10 y ahorcarse,° que nadie habrá que lo sepa que no diga que hizo demasiado   hang yourself
de bien,[71] puesto que le lleve el diablo. Y querría ya verme en camino sólo
por vella, que ha muchos días que no la veo, y debe de estar ya trocada,°   changed
porque gasta° mucho la faz de las mujeres andar siempre al campo, al sol   spoils
y al aire. Y confieso a vuestra merced una verdad, señor don Quijote: que
15 hasta aquí he estado en una grande ignorancia, que pensaba bien y fielmente
que la señora Dulcinea debía de ser alguna princesa de quien vuestra
merced estaba enamorado, o alguna persona tal, que mereciese los ricos
presentes que vuestra merced le ha enviado, así el del vizcaíno como el de
los galeotes, y otros muchos que deben ser, según deben de ser muchas las
20 vitorias que vuestra merced ha ganado y ganó en el tiempo que yo aún no
era su escudero. Pero bien considerado, ¿qué se le ha de dar[72] a la señora
Aldonza Lorenzo, digo, a la señora Dulcinea del Toboso, de que se le vayan
a hincar de rodillas delante della los vencidos que vuestra merced le envía
y ha de enviar?[73] Porque podría ser que al tiempo que ellos llegasen
25 estuviese ella rastrillando lino, o trillando en las eras,[74] y ellos se corriesen°   are ashamed
de verla, y ella se riese y enfadase° del presente.”   get mad
    “Ya te tengo dicho antes de agora muchas veces, Sancho,” dijo don
Quijote, “que eres muy grande hablador, y que, aunque de ingenio boto,
muchas veces despuntas de agudo.[75] Mas para que veas cuán necio° eres tú   foolish
30 y cuán discreto soy yo, quiero que me oyas un breve cuento: Has de saber
que una viuda hermosa, moza, libre y rica, y sobre todo, desenfadada,° se   carefree
enamoró de un mozo motilón,° rollizo y 'de buen tomo.° Alcanzólo a saber   lay brother, corpulent
su mayor,[76] y un día dijo a la buena viuda, por vía de fraternal reprehensión:
‘Maravillado estoy, señora, y no sin mucha causa, de que una mujer tan
35 principal, tan hermosa y tan rica como vuestra merced, se haya enamorado
de un hombre tan soez,° tan bajo y tan idiota como Fulano, habiendo en   coarse
esta casa tantos maestros, tantos presentados° y tantos teólogos° en   divinity students,
quien vuestra merced pudiera escoger, como entre peras, y   theologians

---

[69] **Sacar la barba del lodo** is a proverbial expression meaning *to help out.*
[70] **Hideputa** *son of bitch* was not insulting here but rather expressed admiration.
[71] **Nadie...** *anyone who learns of it will say you did the correct thing*
[72] **¿Qué se le...** *what good can it do* (continues in the next note)
[73] **De que...** *that those conquered people whom you send and will send to her to kneel before her*
[74] **Rastrillando...** *combing flax or threshing on the threshing floor*
[75] **Aunque de ingenio...** *although you have a dull wit, many times you show glimmerings of sharpness*
[76] **Alcanzólo...** *his superior found out about it*

decir: 'Éste quiero, aquéste° no quiero.' Mas ella le respondió con mucho   that one
donaire y desenvoltura: 'Vuestra merced, señor mío, está muy engañado, y
piensa muy a lo antiguo, si piensa que yo he escogido mal en Fulano por
idiota que le parece, pues para lo que yo le quiero,[77] tanta filosofía sabe y
5   más que Aristóteles.' Así que, Sancho, por lo que yo quiero a Dulcinea del
Toboso, tanto vale como la más alta princesa de la tierra. Sí, que no todos
los poetas que alaban damas debajo de un nombre que ellos a su albedrío°   will
les ponen, es verdad que las tienen.[78] ¿Piensas tú que las Amariles, las Filis,
las Silvias, las Dianas, las Galateas, las Alidas[79] y otras tales de que los
0   libros, los romances, las tiendas° de los barberos, los teatros de las   shops
comedias,° están llenos, fueron verdaderamente damas de carne y hueso, y   plays
de aquellos que las celebran y celebraron?[80] No, por cierto, sino que las más
se las fingen por dar subjeto a sus versos,[81] y porque los tengan por
enamorados y por hombres que tienen valor para serlo. Y así, bástame a mí
5   pensar y creer que la buena de Aldonza Lorenzo es hermosa y honesta, y
en lo del linaje, importa poco, que no han de ir a hacer la información dél
para darle algún hábito,[82] y yo me hago cuenta que es la más alta princesa
del mundo. Porque has de saber, Sancho, si no lo sabes, que dos cosas solas
incitan° a amar más que otras, que son la mucha hermosura° y la buena   stimulate, beauty
0   fama, y estas dos cosas se hallan consumadamente° en Dulcinea, porque en   perfectly
ser hermosa ninguna le iguala, y en la buena fama pocas le llegan. Y para
concluir con todo, yo imagino que todo lo que digo es así, sin que sobre ni
falte nada, y píntola en mi imaginación como la deseo, así en la belleza
como en la principalidad,° y ni la llega Elena,[83] ni la alcanza Lucrecia,[84] ni   rank
5   otra alguna de las famosas mujeres de las edades pretéritas,° griega,   past
bárbara° o latina. Y diga cada uno lo que quisiere, que si por esto fuere   barbarian
reprehendido de los ignorantes, no seré castigado de los rigurosos.°'   critical
"Digo que en todo tiene vuestra merced razón," respondió Sancho, "y
que yo soy un asno. Mas no sé yo para qué nombro «asno» en mi boca,
0   pues no se ha de mentar la soga en casa del ahorcado.° Pero venga la carta,   hanged person
y a Dios, que me mudo."[85]
Sacó el libro de memoria don Quijote, y apartándose a una parte, con
mucho sosiego comenzó a escribir la carta, y en acabándola, llamó a
Sancho y le dijo que se la quería leer porque la tomase de memoria, si
5   acaso se le perdiese por el camino, porque de su desdicha todo se podía

---

[77] **Para...** *what I want him for*

[78] **Sí, que no...** *it's true that not all poets who praise ladies using a name that they choose for them, actually have them [the ladies].*

[79] "Alidas" is in the first edition and is usually changed to Fílidas since there is no known Alida. All the other women are characters in pastoral fiction.

[80] **De aquellos...** *belonged to those who praise and praised them?*

[81] **Las fingen...** *most of them are fictional, to give a subject for their poems*

[82] **No han...** *they're not going to investigate it to confer some order on her*

[83] Helen of Troy was the legendary most beautiful woman in Greece.

[84] Lucretia was a virtuous and beautiful Roman woman who was raped by Sextus Tarquinius, the son of the Etruscan king of Rome. Because of this she killed herself. The ensuing outrage drove the Etruscans from Rome (590B.C.), and the Roman Republic began.

[85] **Que me mudo** = *que me voy*

temer. A lo cual respondió Sancho:

"Escríbala vuestra merced dos o tres veces ahí en el libro, y démele, que yo le llevaré bien guardado, porque pensar que yo la he de tomar en la memoria es disparate, que la tengo tan mala, que muchas veces se me olvida cómo me llamo. Pero, con todo eso, dígamela vuestra merced, que me holgaré mucho de oílla, que debe de ir como de molde."

"Escucha, que así dice," dijo don Quijote:

CARTA DE DON QUIJOTE A DULCINEA DEL TOBOSO

Soberana° y alta° señora: *sovereign, high-born*

El ferido de punta de ausencia[86] y el llagado de las telas del corazón,[87] dulcísima Dulcinea del Toboso, te envía la salud que él no tiene. Si tu fermosura me desprecia, si tu valor° no es en mi pro, si tus   *worth* desdenes son en mi afincamiento, maguer° que yo sea asaz° de sufrido,   *although, abundantly* mal podré sostenerme° en esta cuita, que, además de ser fuerte, es muy   *sustain myself* duradera.° Mi buen escudero Sancho te dará entera relación,° ¡oh bella   *lasting, report* ingrata, amada° enemiga mía! del modo que por tu causa quedo. Si   *beloved* gustares de acorrerme, tuyo soy, y si no, haz lo que te viniere en gusto, que con acabar mi vida habré satisfecho a tu crueldad y a mi deseo.

Tuyo hasta la muerte, EL CABALLERO DE LA TRISTE FIGURA."

"¡Por vida de mi padre," dijo Sancho en oyendo la carta, "que es la más alta cosa que jamás he oído! ¡Pesia a mí, y cómo que le dice vuestra merced ahí todo cuanto quiere, y qué bien que encaja en la firma EL CABALLERO DE LA TRISTE FIGURA! Digo de verdad que es vuestra merced el mesmo diablo, y que no hay cosa que no sepa."

"Todo es menester," respondió don Quijote, "para el oficio que trayo."

"Ea, pues," dijo Sancho, "ponga vuestra merced en esotra vuelta[88] la cédula° de los tres pollinos, y fírmela con mucha claridad,° porque la   *order, clarity* conozcan en viéndola."

"Que me place," dijo don Quijote.

Y habiéndola escrito, se la leyó, que decía ansí:

Mandará vuestra merced, por esta primera° de pollinos, señora   *order* sobrina, dar a Sancho Panza, mi escudero, tres de los cinco que dejé en casa y están a cargo de vuestra merced. Los cuales tres pollinos se los mando librar y pagar por otros tantos aquí recebidos 'de contado,° que   *on account* con ésta, y con su 'carta de pago° serán 'bien dados.° Fecha en las   *receipt, delivered* entrañas de Sierra Morena, a veinte y dos de agosto deste presente año."

"Buena está," dijo Sancho, "fírmela vuestra merced."

"No es menester firmarla," dijo don Quijote, "sino solamente poner mi

---

[86] **El ferido...** *he who is wounded by the sharp point of absence*
[87] **El llagado...** *he who is wounded to his heart's core.*
[88] **En esotra...** *on this other side*

rúbrica,[89] que es lo mesmo que firma, y para tres asnos, y aun para trecientos, fuera bastante."

"Yo me confío de vuestra merced," respondió Sancho, "déjeme, iré a ensillar a Rocinante, y aparéjese vuestra merced a echarme su bendición, que luego pienso partirme, sin ver las sandeces que vuestra merced ha de hacer, que yo diré que le vi hacer tantas, que no quiera más."[90]

"Por lo menos quiero, Sancho, y porque es menester ansí, quiero, digo, que me veas 'en cueros° y hacer una o dos docenas de locuras, que las haré en menos de media hora, porque habiéndolas tú visto por tus ojos, puedas jurar 'a tu salvo° en las demás que quisieres añadir. Y asegúrote que no dirás tú tantas cuantas yo pienso hacer."

"¡Por amor de Dios, señor mío, que no vea yo en cueros a vuestra merced, que me dará mucha lástima y no podré dejar de llorar! y tengo tal la cabeza del llanto que anoche hice por el rucio, que no estoy para meterme en nuevos lloros. Y si es que vuestra merced gusta de que yo vea algunas locuras, hágalas vestido, breves° y las que le vinieren más 'a cuento.° Cuanto más que para mí no era menester nada deso, y como ya tengo dicho, fuera ahorrar el camino de mi vuelta, que ha de ser con las nuevas que vuestra merced desea y merece. Y si no, aparéjese la señora Dulcinea,[91] que si no responde como es razón, voto hago solene[92] a quien puedo que le tengo de sacar la buena respuesta del estómago a coces y a bofetones.° Porque, ¿dónde se ha de sufrir que un caballero andante, tan famoso como vuestra merced, se vuelva loco, sin qué ni para qué,[93] por una…? No me lo haga decir la señora, porque por Dios que despotrique° y lo eche todo a doce, aunque nunca se venda.[94] ¡Bonico° soy yo para eso! ¡Mal me conoce, pues a fe que si me conociese, que me ayunase!"[95]

"A fe, Sancho," dijo don Quijote, "que, a lo que parece, que no estás tú más cuerdo que yo."

"No estoy tan loco," respondió Sancho, "mas estoy más colérico.° Pero dejando esto aparte, ¿qué es lo que ha de comer vuestra merced 'en tanto° que yo vuelvo? ¿Ha de salir al camino, como Cardenio, a quitárselo a los pastores?"

"No te dé pena ese cuidado," respondió don Quijote, "porque, aunque tuviera, no comiera otra cosa que las yerbas y frutos que este prado y estos árboles me dieren. Que la fineza de mi negocio está en no comer y en hacer otras asperezas° equivalentes."

"A Dios, pues,[96] pero ¿sabe vuestra merced que temo que no tengo de acertar a volver a este lugar donde agora le dejo, según está de

Right margin glosses:
naked
safely
brief
opportune
punches
I'll rant
dim. of **bueno**
angry
while
hardships

[89] The **rúbrica** is a "flourish," a very Spanish way of signing letters, even today.
[90] **Que no…** *she won't want [to hear] any more*
[91] **Aparéjese… Señora Dulcinea better watch out**
[92] **Voto…** *I make a solemn vow*
[93] **¿Dónde se ha…** *why would a knight errant as famous as you have to go crazy without a reason*
[94] **Lo eche…** *I may say anything that comes to mind, not caring about the consequences!*
[95] **Que me…** *she'd have respect for me*
[96] The text is not clear here—**a Dios** follows **equivalentes** without any punctuation. Schevill adds **dijo Sancho**, eliminated here.

escondido?"[97]

"Toma bien las señas,[98] que yo procuraré no apartarme destos contornos," dijo don Quijote, "y aun tendré cuidado de subirme por estos más altos riscos, por ver si te descubro cuando vuelvas. Cuanto más que lo
5   más acertado será, para que no me yerres y te pierdas,[99] que cortes algunas retamas° de las muchas que por aquí hay y las vayas poniendo 'de trecho a trecho° hasta salir a lo raso, las cuales te servirán de mojones° y señales para que me halles cuando vuelvas, a imitación del hilo del laberinto° de Perseo."[100]   broom branches periodically, land-marks; labyrinth
10   "Así lo haré," respondió Sancho Panza, y cortando algunos pidió la bendición a su señor, y no sin muchas lágrimas de entrambos, se despidió dél. Y subiendo sobre Rocinante, a quien don Quijote encomendó mucho,[101] y que mirase por él como por su propria persona, se puso en camino del llano, esparciendo de trecho a trecho los ramos de la retama, como su amo
15   se lo había aconsejado. Y así se fue, aunque todavía le importunaba don Quijote que le viese siquiera hacer dos locuras. Mas no hubo andado cien pasos, cuando volvió y dijo:

"Digo, señor, que vuestra merced ha dicho muy bien: que para que pueda jurar sin cargo° de conciencia que le he visto hacer locuras, será bien   weight
20   que vea siquiera una, aunque bien grande la he visto en la quedada de vuestra merced."[102]

"¿No te lo decía yo?" dijo don Quijote: "¡Espérate, Sancho, que en un credo[103] las haré!"

Y desnudándose con toda priesa los calzones, quedó en carnes y en
25   pañales,[104] y luego, sin más ni más, dio dos zapatetas° en el aire y dos   capers
tumbas la cabeza abajo y los pies en alto,[105] descubriendo cosas, que, por no verlas otra vez, volvió Sancho la rienda a Rocinante, y se dio por contento y satisfecho de que podía jurar que su amo quedaba loco. Y así, le dejaremos ir su camino hasta la vuelta, que fue breve.

[97] **Según está...** *since it is so hidden*
[98] **Toma...** *take your bearings well*
[99] **Para...** *so that you don't make a mistake on me and get lost*
[100] It wasn't *Per*seus (who was the slayer of Medusa), but rather *The*seus who found his way out of the Cretan labyrinth. Don Quijote's mistake.
[101] **Quien...** *whom don Quijote put in Sancho's protection*
[102] **Aunque bien...** *although I've seen a very big one [crazy act] in your staying*
[103] **En un...** *in a hurry,* i.e, in the time it takes to say a "credo."
[104] **En pañales...** *naked, and in shirttails*
[105] **Dos tumbas...** *two somersaults*

Capítulo XXVI. *Donde se prosiguen las finezas que de enamorado° hizo don Quijote en Sierra Morena.*

lover

Y VOLVIENDO a contar lo que hizo el de la Triste Figura después que se vio solo, dice la historia que así como don Quijote acabó de dar las tumbas o vueltas de medio abajo desnudo, y de medio arriba vestido,[1] y que vio que Sancho se había ido sin querer aguardar a ver más sandeces, se subió sobre una punta de una alta peña, y allí tornó a pensar lo que otras muchas veces había pensado, sin haberse jamás resuelto° en ello, y era que cuál sería mejor y le estaría más a cuento: imitar a Roldán en las locuras desaforadas° que hizo, o Amadís en las malencónicas. Y hablando entre sí mesmo,[2] decía: "Si Roldán fue tan buen caballero y tan valiente como todos dicen, ¿qué maravilla?[3] pues al fin era encantado, y no le podía matar nadie si no era metiéndole un alfiler de a blanca[4] por la punta[5] del pie, y él traía siempre los zapatos con siete suelas° de hierro,[6] aunque no le valieron tretas° contra Bernardo del Carpio,[7] que se las entendió y le ahogó entre los brazos en Roncesvalles.[8] Pero dejando en él lo de la valentía a una parte, vengamos a lo de perder el juicio, que es cierto que le perdió por las señales que halló en la fortuna,[9] y por las nuevas que le dio el pastor de que Angélica había dormido más de dos siestas con Medoro, un morillo° de cabellos enrizados° y paje de Agramante.[10] Y si él entendió que esto era verdad y que su dama le había cometido desaguisado,° no hizo mucho en volverse loco. Pero yo, ¿cómo puedo imitalle en las locuras, si no le imito en la ocasión dellas? porque mi Dulcinea del Toboso osaré yo jurar que no ha visto en todos los días de su vida moro alguno, ansí como él es, en su mismo traje, y que se está hoy como la madre que la parió. Y haríale agravio manifiesto si, imaginando otra cosa della, me volviese loco de aquel género de locura de Roldán el furioso.

"Por otra parte, veo que Amadís de Gaula, sin perder el juicio y sin hacer locuras, alcanzó tanta fama de enamorado como el que más,[11] porque

resolved
outrageous
sole of shoe
wiles
little Moor
curly
outrage

---

[1] **Medio arriba...** *naked from the waist down and clothed from the waist up*

[2] **Hablando entre...** *talking to himself*

[3] **¿Qué...** *what's so wonderful about that?*

[4] **Alfiler...** *a straight pin that cost a **blanca**. A very large pin.*

[5] A number of editors have changed this to **planta** *sole of foot*, claiming it's a printer's error, but it seems likely that it can be one of Don Quijote's own frequent mistakes, such as the one mentioned in the next footnote.

[6] It wasn't Roldán (Orlando) who had the seven iron soles, but Ferragús.

[7] See Chapter 1, note 38. The incident that follows is recounted in the Spanish version of *Orlando Furioso*, called *La segunda parte de Orlando con el verdadero suceso de la famosa batalla de Roncesvalles...* (1555), canto 35.

[8] Roncesvalles is the place near a Pyrenees pass north of Pamplona where Roland was killed in the year 778.

[9] Schevill, following many editors, changes this to **fontana**, but since Medoro's inscription speaks of people finding the inscription through **fortuna**, Riquer argues that **fortuna** should be kept.

[10] See note 28 of the last chapter. He wasn't Agramante's page, but rather Dardinel's, as Clemencín points out (*Orlando Furioso*, 18).

[11] **Como...** *as the best of them*

lo que hizo, según su historia, no fue más de que, por verse desdeñado de
su señora Oriana, que le había mandado que no pareciese ante su presencia
hasta que fuese su voluntad, de que se retiró a la Peña Pobre en compañía
de un ermitaño, y allí se hartó de llorar y de encomendarse a Dios, hasta que
5   el cielo le acorrió en medio de su mayor cuita y necesidad.[12] Y si eso es
verdad, como lo es, ¿para qué quiero yo tomar trabajo agora de desnudarme
del todo, ni dar pesadumbre a estos árboles, que no me han hecho mal
alguno, ni tengo para qué enturbiar el agua clara destos arroyos, los cuales
me han de dar de beber cuando tenga gana? Viva la memoria de Amadís, y
10 sea imitado de don Quijote de la Mancha en todo lo que pudiere, del cual
se dirá lo que del otro se dijo, que si no acabó grandes cosas, murió por
acometellas,[13] y si yo no soy desechado ni desdeñado de Dulcinea del
Toboso, bástame, como ya he dicho, estar ausente della. ¡Ea, pues, manos
a la obra! Venid a mi memoria cosas de Amadís, y enseñadme° por dónde   show me
15 tengo de comenzar a imitaros. Mas ya sé que lo más que él hizo fue rezar y
encomendarse a Dios. Pero, ¿qué haré de rosario,° que no le tengo?"   rosary
    En esto le vino al pensamiento cómo le haría, y fue que rasgó una gran
tira° de las faldas° de la camisa, que andaban colgando,[14] y diole once   strip, shirt-tails
ñudos, el uno más gordo que los demás, y esto le sirvió de rosario el tiempo
20 que allí estuvo, donde rezó un millón de avemarías. Y lo que le fatigaba
mucho era no hallar por allí otro ermitaño que le confesase y con quien
consolarse.[15] Y así se entretenía paseándose por el pradecillo, escribiendo
y grabando° por las cortezas de los árboles y por la menuda arena muchos   carving
versos, todos acomodados a su tristeza, y algunos en alabanza de Dulcinea.
25 Mas los que se pudieron hallar enteros, y que se pudiesen leer después que
a él allí le hallaron,[16] no fueron más que estos que aquí se siguen:

> Árboles, yerbas y plantas
>   que en aqueste sitio estáis,
>   tan altos, verdes y tantas:
30 >   si de mi mal no os holgáis,
>   escuchad mis quejas santas.
> Mi dolor no os alborote.
>   aunque más terrible sea,
>   pues, por pagaros escote,°   share
35 >   aquí lloró don Quijote
>   ausencias de Dulcinea
>   DEL TOBOSO.

---

[12] This sentence reflects Don Quijote's confused thoughts. By cutting it down a bit and
rearranging it slightly, it is understandable: "Amadís de Gaula, desdeñado de su señora
Oriana, alcanzó fama de enamorado porque se retiró a la Peña Pobre y allí se hartó de llorar
y de encomendarse a Dios, hasta que el cielo le acorrió."

[13] **Murió...** *he died trying*

[14] **Que andaban...** *which were hanging there*

[15] Andalod was the hermit who confessed Amadís on Peña Pobre (Chapter 51).

[16] **Después que...** *after they found him there*

Es aquí el lugar adonde
  el amador más leal
  de su señora se esconde,
  y ha venido a tanto mal
  sin saber cómo o por dónde.
Tráele amor 'al estricote,°   *from pillar to post*
  que es de muy mala ralea,
  y así, hasta henchir un pipote,°   *little barrel*
  aquí lloró don Quijote
  ausencias de Dulcinea
  DEL TOBOSO.

Buscando las aventuras
  por entre las duras peñas,
  maldiciendo entrañas duras,
  que entre riscos y entre breñas°   *brambled ground*
  halla el triste desventuras,
hirióle amor con su azote,
  no con su blanda correa,
  y en tocándole el cogote,°   *back of head*
  aquí lloró don Quijote
  ausencias de Dulcinea
  DEL TOBOSO.

No causó poca risa en los que hallaron los versos referidos el añadidura DEL TOBOSO al nombre de Dulcinea, porque imaginaron que debió de imaginar don Quijote que si en nombrando a Dulcinea no decía también DEL TOBOSO, no se podría entender la copla, y así fue la verdad como él después confesó. Otros muchos escribió, pero, como se ha dicho, no se pudieron sacar en limpio,[17] ni enteros, más destas tres coplas. En esto, y en suspirar, y en llamar a los faunos y silvanos[18] de aquellos bosques, a las ninfas° de   *nymphs* los ríos, a la dolorosa° y húmida° Eco,[19] que le respondiese, consolasen y   *sorrowful, tearful* escuchasen,[20] se entretenía, y en buscar algunas yerbas con que sustentarse en tanto que Sancho volvía, que si como tardó tres días, tardara tres semanas,[21] el Caballero de la Triste Figura quedara[22] tan desfigurado, que no le conociera la madre que lo parió.

Y será bien dejalle envuelto entre sus suspiros y versos, por contar lo que le avino a Sancho Panza en su mandadería.° Y fue que, en saliendo al   *errand arch.* camino real, se puso en busca del Toboso, y otro día llegó a la venta donde

[17] **No...** *they couldn't be made out*
[18] **Faunos y silvanos** are fauns and satyrs.
[19] Echo, in Greek mythology, was a nymph who was scorned by Narcissus and faded away only to a voice.
[20] **Respondiese** refers back to Echo, **consolasen** to the nymphs, and **escuchasen** to the rustic gods.
[21] **Que si...** *had he delayed three weeks instead of three days*
[22] The text actually says **quedarà** *will become* (the grave accent is typical). Editions usually make it **quedara** *would become.*

le había sucedido la desgracia de la manta. Y no la hubo bien visto, cuando
le pareció que otra vez andaba en los aires, y no quiso entrar dentro, aunque
llegó a hora que lo pudiera y debiera hacer, por ser la del comer y llevar
en deseo de gustar algo caliente, que había grandes días que todo era
5   fiambre. Esta necesidad le forzó a que llegase junto a la venta, todavía
dudoso si entraría o no. Y estando en esto, salieron de la venta dos personas
que luego le conocieron, y dijo el uno al otro:
    "Dígame, señor licenciado, aquel del caballo, ¿no es Sancho Panza, el
que dijo el ama de nuestro aventurero que había salido con su señor por
10 escudero?"
    "Sí es," dijo el licenciado, "y aquél es el caballo de nuestro don
Quijote."
    Y conociéronle tan bien como° aquellos que eran el cura y el barbero   since
de su mismo lugar, y los que hicieron el escrutinio y 'acto general° de los   public punishment
15 libros. Los cuales, así como acabaron de conocer a Sancho Panza y a
Rocinante, deseosos de saber de don Quijote, se fueron a él, y el cura le
llamó por su nombre, diciéndole:
    "Amigo Sancho Panza ¿adónde queda vuestro amo?"
    Conociólos luego Sancho Panza, y determinó de encubrir° el lugar y   to conceal
20 la suerte donde y como su amo quedaba. Y así, les respondió que su amo
quedaba ocupado en cierta parte y en cierta cosa que le era de mucha
importancia, la cual él no podía descubrir, por los ojos que en la cara tenía.
    "No, no," dijo el barbero, "Sancho Panza, si vos no nos decís donde
queda, imaginaremos, como ya imaginamos, que vos le habéis muerto y
25 robado, pues venís encima de su caballo. En verdad que nos habéis de dar
el dueño del rocín, o sobre eso, morena."[23]
    "No hay para qué conmigo amenazas, que yo no soy hombre que robo
ni mato a nadie: a cada uno mate su ventura, o Dios, que le hizo.[24] Mi amo
queda haciendo penitencia en la mitad desta montaña, muy a su sabor."
30   Y luego, 'de corrida° y sin parar, les contó de la suerte que quedaba,   all at once
las aventuras que le habían sucedido, y como llevaba la carta a la señora
Dulcinea del Toboso, que era la hija de Lorenzo Corchuelo, de quien estaba
enamorado hasta los hígados. Quedaron admirados los dos de lo que Sancho
Panza les contaba, y aunque ya sabían la locura de don Quijote y el género
35 della, siempre que la oían se admiraban de nuevo. Pidiéronle[25] a Sancho
Panza que les enseñase la carta que llevaba a la señora Dulcinea del
Toboso. Él dijo que iba escrita en un libro de memoria, y que era orden de
su señor que la hiciese trasladar en papel en el primer lugar que llegase, a
lo cual dijo el cura que se la mostrase, que él la trasladaría de muy buena
40 letra. Metió la mano en el seno Sancho Panza buscando el librillo, pero no
le halló, ni le podía hallar si le buscara hasta agora, porque se había
quedado don Quijote con él, y no se le había dado, ni a él se le acordó de
pedírsele.
    Cuando Sancho vio que no hallaba el libro, fuésele parando mortal el

---

[23] **Sobre...** *if not, you're in trouble.* Taken from a saying.

[24] **A cada...** *let his fortune, or God, who made him, kill each person*

[25] **Pidierondole** is in the form in the first edition, which Schevill transcribes.

rostro,[26] y tornándose a tentar todo el cuerpo muy apriesa, tornó a echar de
ver que no le hallaba, y sin más ni más, se echó entrambos puños a las
barbas y se arrancó la mitad de ellas, y luego, apriesa y sin cesar, se dio
media docena de puñadas en el rostro y en las narices,° que se las bañó   nose
todas en sangre. Visto lo cual por el cura y el barbero, le dijeron que qué
le había sucedido, que tan mal se paraba.

"¿Qué me ha de suceder?" respondió Sancho, "sino el haber perdido
de una mano a otra, en un estante,° tres pollinos, que cada uno era como   instante
un castillo."

"¿Cómo es eso?" replicó el barbero.

"He perdido el libro de memoria," respondió Sancho, "donde venía
carta para Dulcinea y una cédula firmada de su señor, por la cual mandaba
que su sobrina me diese tres pollinos, de cuatro o cinco que estaban en
casa."

Y con esto les contó la pérdida del rucio. Consolóle el cura, y díjole
que en hallando a su señor él le haría revalidar la manda,° y que tornase a   order
hacer la libranza en papel, como era uso y costumbre, porque las que se
hacían en libros de memoria jamás se acetaban ni cumplían.[27] Con esto se
consoló Sancho, y dijo que como aquello fuese ansí, que no le daba mucha
pena la pérdida de la carta de Dulcinea, porque él la sabía casi de memoria,
de la cual se podría trasladar donde y cuando quisiesen.

"Decildo,[28] Sancho, pues," dijo el barbero, "que después la
trasladaremos."

Paróse Sancho Panza a rascar la cabeza para traer a la memoria la
carta, y ya se ponía sobre un pie y ya sobre otro. Unas veces miraba al
suelo, otras al cielo, y al cabo de haberse roído° la mitad de la 'yema de un   gnawed
dedo,° teniendo suspensos a los que esperaban que ya la dijese, dijo al cabo   fingertip
de grandísimo rato:

"¡Por Dios, señor licenciado, que los diablos lleven la cosa que de la
carta se me acuerda![29] aunque en el principio decía: 'Alta y sobajada°   manhandled
señora.' "

"No diría," dijo el barbero, "«sobajada», sino «sobrehumana»° o   superhuman
«soberana» señora."

"Así es," dijo Sancho, "luego, si mal no me acuerdo, proseguía... si mal
no me acuerdo: 'El llego[30], y falto de sueño, y el ferido besa a vuestra merced
las manos, ingrata y muy desconocida hermosa,' y no sé qué decía de salud
y de enfermedad, que le enviaba, y por aquí iba escurriendo° hasta que   going on
acababa en 'Vuestro hasta la muerte, el Caballero de la Triste Figura.' "

No poco gustaron los dos de ver la buena memoria de Sancho Panza,
y alabáronsela mucho, y le pidieron que dijese la carta otras dos veces, para
que ellos ansí mesmo la tomasen de memoria para trasladalla a su tiempo.
Tornóla a decir Sancho otras tres veces, y otras tantas volvió a decir otros
tres mil disparates. Tras esto, contó asimesmo las cosas de su amo, pero no

---

[26] **Fuésele parando...** *his face became deadly [pale]*

[27] **Las que se...** *the ones done in notebooks were never accepted or honored*

[28] **Decildo = decidlo.** Many editors make it **decidla** to agree with **la carta.**

[29] **Que los diablos...** *may the devils carry off what I can remember of the letter!*

[30] **El llego = el lego** *layman* in Sancho's rustic pronunciation.

habló palabra acerca del manteamiento que le había sucedido en aquella
venta, en la cual rehusaba° entrar. Dijo también como su señor, en trayendo   refused
que le trujese buen despacho[31] de la señora Dulcinea del Toboso, se había
de poner en camino a procurar cómo ser emperador, o por lo menos
5   monarca, que así lo tenían concertado entre los dos. Y era cosa muy fácil
venir a serlo, según era el valor de su persona y la fuerza de su brazo; y
que, en siéndolo, le había de casar a él,[32] porque ya sería viudo,° que no   widower
podía ser menos. Y le había de dar por mujer a una doncella de la
emperatriz, heredera de un rico y grande estado, de tierra firme, sin
10   ínsulos[33] ni ínsulas, que ya no las quería.

    Decía esto Sancho con tanto reposo, limpiándose de cuando en cuando
las narices, y con tan poco juicio, que los dos se admiraron de nuevo,
considerando cuán vehemente° había sido la locura de don Quijote, pues   keen
había llevado tras sí el juicio de aquel pobre hombre. No quisieron cansarse
15   en sacarle del error en que estaba, pareciéndoles que, pues no le dañaba
nada la conciencia, mejor era dejarle° en él, y a ellos les sería de más gusto   to leave him
oír sus necedades. Y así, le dijeron que rogase a Dios por la salud de su
señor. Que cosa contingente y muy agible era venir con el discurso del
tiempo a ser emperador,[34] como él decía, o por lo menos arzobispo, o otra
20   dignidad° equivalente. A lo cual respondió Sancho: office

    "Señores: si la fortuna rodease° las cosas de manera que a mi amo le   arranged
viniese en voluntad de no ser emperador, sino de ser arzobispo, querría yo
saber agora qué suelen dar los arzobispos andantes a sus escuderos."

    "Suélenles dar," respondió el cura, "algún beneficio simple[35] o curado,°   parish
25   o alguna sacristanía,° que les vale mucho de 'renta rentada,° amén del 'pie   sexton's office, fixed
de altar,° que se suele estimar en otro tanto."   income; altar fees

    "Para eso será menester," replicó Sancho, "que el escudero no sea
casado, y que sepa ayudar a misa,° por lo menos, y si esto es así,   mass
¡desdichado de yo, que soy casado y no sé la primera letra del ABC! ¿Qué
30   será de mí si a mi amo le da antojo° de ser arzobispo, y no emperador,   fancy
como es uso y costumbre de los caballeros andantes?"

    "No tengáis pena, Sancho amigo," dijo el barbero, "que aquí rogaremos
a vuestro amo, y se lo aconsejaremos, y aun se lo pondremos en caso de
conciencia,[36] que sea emperador y no arzobispo, porque le será más fácil,
35   a causa de que él es más valiente que estudiante."

    "Así me ha parecido a mí," respondió Sancho, "aunque sé decir que
para todo tiene habilidad. Lo que yo pienso hacer de mi parte es rogarle a
nuestro Señor que le eche a aquellas partes donde él más se sirva,[37] y
adonde a mí más mercedes me haga."

40   "Vos lo decís como discreto," dijo el cura, "y lo haréis como buen

[31] **En trayendo...** *if he received a favorable reply*

[32] **Le había...** *[Don Quijote] was to marry him [Sancho] off*

[33] This is not a real word.

[34] **Que cosa...** *it was a fortuitous and feasible thing with the passage of time for him
to become an emperor*

[35] A **beneficio simple** is a sinecure, an ecclesiastic job that requires little work.

[36] **En conciencia...** *as a case of conscience*

[37] **Le eche...** *to place him where it will be best for him*

cristiano. Mas lo que ahora se ha de hacer es dar orden cómo sacar a vuestro amo de aquella inútil penitencia que decís que queda haciendo. Y para pensar el modo que hemos de tener,[38] y para comer, que ya es hora, será bien nos entremos en esta venta."

Sancho dijo que entrasen ellos, que él esperaría allí fuera, y que después les diría la causa porque no entraba, ni le convenía entrar en ella. Mas que les rogaba que le sacasen allí algo de comer que fuese cosa caliente, y ansimismo, cebada para Rocinante. Ellos se entraron y le dejaron, y de allí a poco el barbero le sacó de comer. Después, habiendo bien pensado entre los dos el modo que tendrían para conseguir lo que deseaban, vino el cura en un pensamiento muy acomodado al gusto de don Quijote y para lo que ellos querían. Y fue que dijo al barbero que lo que había pensado era: que él se vestiría en hábito de doncella andante, y que él[39] procurase ponerse lo mejor que pudiese como escudero, y que así irían adonde don Quijote estaba, fingiendo ser ella una doncella afligida y menesterosa, y le pediría un don, el cual él no podría dejársele de otorgar como valeroso caballero andante, y que el don que le pensaba pedir era que se viniese con ella, donde ella le llevase, a desfacelle un agravio que un mal caballero le tenía fecho, y que le suplicaba ansimesmo que no la mandase quitar su antifaz,° ni la demandase cosa de su facienda,° fasta que la hubiese fecho derecho de aquel mal caballero, y que creyese, sin duda, que don Quijote vendría en todo cuanto le pidiese por este término, y que desta manera le sacarían de allí y le llevarían a su lugar, donde procurarían ver si tenía algún remedio su estraña locura.

veil, affairs

[38] **Pensar el modo...** *to think about what we have [to do]*
[39] The first **él** refers to the priest; this one refers to the barber.

Capítulo XXVII. De cómo salieron con su intención el cura y el barbero, con otras cosas dignas de que se cuenten en esta grande historia.

No LE pareció mal al barbero la invención del cura, sino tan bien, que luego la pusieron por obra. Pidiéronle a la ventera una saya° y unas tocas,° dejándole en prendas° una sotana nueva del cura. El barbero hizo una gran barba de una cola° rucia o roja de buey,° donde el ventero tenía colgado el peine. Preguntóles la ventera que para qué le pedían aquellas cosas. El cura le contó en breves razones la locura de don Quijote, y cómo convenía aquel disfraz° para sacarle de la montaña donde a la sazón estaba. Cayeron luego el ventero y la ventera en que el loco era su huésped, el del bálsamo, y el amo del manteado escudero, y contaron al cura todo lo que con él les había pasado, sin callar lo que tanto callaba Sancho.

En resolución, la ventera vistió al cura de modo que no había más que ver: púsole una saya 'de paño,° llena de fajas° de terciopelo negro de un palmo en ancho, todas acuchilladas,[1] y unos corpiños° de terciopelo verde guarnecidos con unos ribetes° de raso° blanco, que se debieron de hacer ellos y la saya en tiempo del rey Bamba.[2] No consintió el cura que le tocasen,° sino púsose en la cabeza un birretillo° de lienzo colchado° que llevaba para dormir de noche, y ciñóse° por la frente una liga° de tafetán° negro, y con otra liga hizo un antifaz con que se cubrió muy bien las barbas y el rostro. Encasquetóse° su sombrero, que era tan grande que le podía servir de quitasol, y cubriéndose su herreruelo,° subió en su mula 'a mujeriegas,° y el barbero en la suya, con su barba que le llegaba a la cintura, entre roja y blanca, como aquella que, como se ha dicho, era hecha de la cola de un buey barroso.° Despidiéronse de todos y de la buena de Maritornes, que prometió de rezar un rosario, aunque pecadora, porque Dios les diese buen suceso en tan arduo° y tan cristiano negocio como era el que habían emprendido.

Mas apenas hubo salido de la venta, cuando le vino al cura un pensamiento: que hacía mal en haberse puesto de aquella manera, por ser cosa indecente° que un sacerdote se pusiese así, aunque le fuese mucho en ello,[3] y diciéndoselo al barbero, le rogó que trocasen trajes, pues era más justo que él fuese la doncella menesterosa, y que él haría el escudero, y que así se profanaba° menos su dignidad, y que, si no lo quería hacer, determinaba de no pasar adelante, aunque a don Quijote se le llevase el diablo.

En esto llegó Sancho, y de ver a los dos en aquel traje, no pudo tener la risa. En efeto, el barbero vino en todo aquello que el cura quiso, y trocando la invención,[4] el cura le fue informando el modo que había de

---

[1] **Acuchillado** *knived* means that openings, as if made by a knife, were cut out, revealing other colors beneath.

[2] **Se debieron...** *those and the skirt must have been made in the time of King Wamba* (he reigned in the Iberian Peninsula from 672-680).

[3] **Aunque le...** *although much might depend on it*

[4] **Trocando...** *changing their plan*

Marginal glosses:
- skirt
- veils, security
- tail, ox
- disguise
- woven, border
- bodice
- trimmings, satin
- adorn hair, cap, quilted; bound, strip, silk
- put on
- cloak
- side-saddle
- reddish
- difficult
- improper
- dishonored

tener,[5] y las palabras que había de decir a don Quijote para moverle y
forzarle a que con él se viniese, y dejase la querencia° del lugar que había   haunt
escogido para su vana penitencia. El barbero respondió que, sin que se le
diese lición,° él lo pondría bien en su punto.[6] No quiso vestirse por   lección
entonces, hasta que estuviesen junto de donde don Quijote estaba, y así,
dobló° sus vestidos,° y el cura acomodó° su barba, y siguieron su camino   folded, garments,
guiándolos Sancho Panza, el cual les fue contando lo que les aconteció con   put away
el loco que hallaron en la sierra, encubriendo, empero,° el hallazgo de la   however
maleta y de cuanto en ella venía, que, maguer que tonto, era un poco
codicioso el mancebo.

Otro día llegaron al lugar donde Sancho había dejado puestas las
señales de las ramas para acertar° el lugar donde había dejado a su señor,   to find
y en reconociéndole,° les dijo como aquélla era la entrada,° y que bien se   recognizing it,
podían vestir, si era que aquello hacía al caso para la libertad de su señor.   entrance
Porque ellos le habían dicho antes que el ir de aquella suerte y vestirse de
aquel modo era toda la importancia[7] para sacar a su amo de aquella mala
vida que había escogido, y que le encargaban° mucho que no dijese a su   charged
amo quién ellos eran, ni que los conocía, y que si le preguntase, como
lo había de preguntar, si dio la carta a Dulcinea, dijese que sí, y que, por
no saber leer, le había respondido de palabra, diciéndole que le mandaba,
so pena de[8] la su desgracia,° que luego al momento se viniese a ver con   enmity
ella, que era cosa que le importaba mucho, porque con esto y con lo que
ellos pensaban decirle, tenían por cosa cierta reducirle° a mejor vida, y   to restore him
hacer con él que luego se pusiese en camino[9] para ir a ser emperador o
monarca, que en lo de ser arzobispo no había de qué temer.

Todo lo escuchó Sancho, y lo tomó muy bien en la memoria, y les
agradeció mucho la intención que tenían de aconsejar a su señor fuese
emperador, y no arzobispo, porque él tenía para sí que para hacer mercedes
a sus escuderos más podían los emperadores que los arzobispos andantes.
También les dijo que sería bien que él fuese delante a buscarle y darle la
respuesta de su señora, que ya sería ella bastante a sacarle de aquel lugar,
sin que ellos se pusiesen en tanto trabajo. Parecióles bien lo que Sancho
Panza decía, y así, determinaron de aguardarle hasta que volviese con las
nuevas del hallazgo de su amo.

Entróse Sancho por aquellas quebradas de la sierra, dejando a los dos
en una por donde corría un pequeño y manso arroyo, a quien hacían sombra
agradable y fresca otras peñas y algunos árboles que por allí estaban. El
calor y el día que allí llegaron, era de los del mes de agosto, que por
aquellas partes suele ser el ardor muy grande; la hora, las tres de la tarde:
todo lo cual hacía al sitio más agradable, y que convidase a que en él
esperasen la vuelta° de Sancho, como lo hicieron.   return

Estando, pues, los dos allí sosegados y a la sombra, llegó a sus oídos
una voz, que, sin acompañarla son de algún otro instrumento, dulce y

---

[5] **El cura...** *the priest went along telling him [the barber] how to act*

[6] **Él lo pondría...** *he would do just fine*

[7] **Toda la importancia = todo lo importante**

[8] **So pena...** *under penalty of*

[9] **Hacer con él...** *and make it so that he could start right away*

regaladamente° sonaba, de que no poco 'se admiraron,° por parecerles que   pleasantly, marveled
aquél no era lugar donde pudiese haber quien tan bien cantase, porque,
aunque suele decirse que por las selvas y campos se hallan pastores de
voces estremadas, más son encarecimientos° de poetas que verdades, y más   exaggerations
5   cuando advirtieron que lo que oían cantar eran versos, no de rústicos°   coarse
ganaderos, sino de discretos cortesanos. Y confirmó esta verdad haber sido
los versos que oyeron, éstos:¹⁰

> ¿Quién menoscaba° mis bienes°?   lessens, riches
>   Desdenes.
> 10   Y ¿quién aumenta° mis duelos?   increases
>   Los celos.
> Y ¿quién prueba mi paciencia?
>   Ausencia.
> De ese modo, en mi dolencia°   pain
> 15   ningún remedio se alcanza,
>   pues me matan° la esperanza   kill
>   desdenes, celos y ausencia.
>
> ¿Quién me causa este dolor?
>   Amor.
> 20   Y ¿quién mi gloria repugna?°   opposes
>   Fortuna.
> Y ¿quién consiente en mi duelo?
>   El cielo.
> De ese modo, yo recelo
> 25   morir deste mal estraño,
>   pues se aumentan en mi daño
>   amor, fortuna y el cielo.
>
> ¿Quién mejorará mi suerte?
>   La muerte.
> 30   Y el bien de amor ¿quién le alcanza?
>   Mudanza.
> Y sus males ¿quién los cura?
>   Locura.
> De ese modo, no es cordura
> 35   querer curar la pasión.
>   cuando los remedios son:
>   muerte, mudanza y locura.

     La hora, el tiempo, la soledad, la voz y la destreza del que cantaba,
causó admiración y contento en los dos oyentes,° los cuales se estuvieron   listeners
40   quedos, esperando si otra alguna cosa oían. Pero viendo que duraba 'algún
tanto° el silencio, determinaron de salir a buscar el músico que con tan   quite some time
buena voz cantaba, y queriéndolo poner en efeto, hizo la mesma voz que

---

¹⁰ **Y confirmó...** *and these having been the verses they heard confirmed this truth*

no se moviesen,[11] la cual llegó de nuevo a sus oídos, cantando este soneto:

SONETO

Santa amistad, que con ligeras° alas,   light
    tu apariencia quedándose en el suelo,
5   entre benditas almas en el cielo,
    subiste alegre a las impíreas° salas,°   divine, rooms
desde allí, cuando quieres, nos señalas
    la justa paz cubierta con un velo,°   veil
    por quien a veces se trasluce° el celo   shines through
10   de buenas obras, que a la fin son malas.
Deja el cielo, ¡oh, Amistad! o no permitas
    que el engaño se vista tu librea°   uniform
    con que destruye a la intención sincera;
que si tus apariencias no le quitas,
15   presto ha de verse el mundo en la pelea
    de la discorde° confusión primera.   dissonant

El canto se acabó con un profundo° suspiro, y los dos con atención   deep
volvieron a esperar si más se cantaba. Pero viendo que la música se había
vuelto en sollozos° y en lastimeros° AYES, acordaron de saber quién era el   sobs, doleful
20 triste, tan estremado en la voz como doloroso en los gemidos,° y no   sighs
anduvieron mucho, cuando, al volver de una punta de una peña, vieron a
un hombre del mismo talle y figura que Sancho Panza les había pintado
cuando les contó el cuento de Cardenio, el cual hombre, cuando los vio, sin
sobresaltarse,° estuvo quedo, con la cabeza inclinada sobre el pecho, a guisa   being startled
25 de hombre pensativo, sin alzar los ojos a mirarlos más de la vez primera,
cuando de improviso llegaron.
   El cura, que era hombre 'bien hablado,° como el que ya tenía noticia   eloquent
de su desgracia,[12] pues por las señas° le había conocido, se llegó a él, y con   description
breves aunque muy discretas razones, le rogó y persuadió que aquella tan
30 miserable vida dejase, porque allí no la perdiese,[13] que era la desdicha
mayor de las desdichas. Estaba Cardenio entonces en su entero juicio, libre
de aquel furioso accidente que tan a menudo le sacaba de sí mismo, y así,
viendo a los dos en traje tan no usado° de los que por aquellas soledades   customary
andaban, no dejó de admirarse algún tanto, y más cuando oyó que le habían
35 hablado en su negocio como en cosa sabida, porque las razones que el cura
le dijo así lo dieron a entender, y así, respondió desta manera:
   "Bien veo yo, señores, quienquiera que seáis, que el cielo, que tiene
cuidado de socorrer a los buenos, y aun a los malos muchas veces, sin yo
merecerlo me envía, en estos tan remotos y apartados° lugares del trato   out of the way
40 común de las gentes, algunas personas que, poniéndome delante de los ojos,

---

[11] **Queriéndolo poner...** _and, wanting to do just that [see who was singing], the same
voice caused them not to move_
[12] **Como el que...** _as one who had already heard of his misfortune_
[13] **Porque allí...** _so that he wouldn't lose it_ [his life].

con vivas y varias razones, cuán sin ella[14] ando en hacer la vida que hago, han procurado sacarme désta[15] a mejor parte. Pero como no saben que sé yo que en saliendo deste daño he de caer en otro mayor, quizá me deben de tener por hombre de flacos discursos, y aun, lo que peor sería, por de

5 ningún juicio, y no sería maravilla que así fuese, porque a mí se me trasluce que la fuerza de la imaginación de mis desgracias es tan intensa y puede tanto en mi perdición, que, sin que yo pueda ser parte a estorbarlo, vengo a quedar como piedra, falto de todo buen sentido y conocimiento, y vengo a caer en la cuenta desta verdad cuando algunos me dicen y muestran

10 señales de las cosas que he hecho en tanto que aquel terrible accidente me señorea, y no sé más que dolerme en vano y maldecir sin provecho mi ventura, y dar por disculpa° de mis locuras el decir la causa dellas a   excuse cuantos oírla quieren, porque viendo los cuerdos cuál es la causa, no se maravillarán° de los efetos, y si no me dieren remedio, a lo menos no me   marvel

15 darán culpa, convirtiéndoseles el enojo de mi desenvoltura en lástima de mis desgracias. Y si es que vosotros, señores, venís con la mesma intención que otros han venido, antes que 'paséis adelante° en vuestras discretas   proceed persuasiones, os ruego que escuchéis el cuento, que no le tiene,[16] de mis desventuras, porque quizá, después de entendido, ahorraréis del trabajo que

20 tomaréis en consolar un mal que de todo consuelo es incapaz."

Los dos, que no deseaban otra cosa que saber de su mesma boca la causa de su daño, le rogaron se la contase, ofreciéndole de no hacer otra cosa de la que él quisiese en su remedio o consuelo, y con esto, el triste caballero comenzó su lastimera historia casi por las mesmas palabras y

25 pasos que la había contado a don Quijote y al cabrero pocos días atrás, cuando por ocasión del maestro Elisabat y puntualidad de don Quijote en guardar el decoro° a la caballería, se quedó el cuento imperfeto,° como la   decorum, incomplete historia lo deja contado. Pero ahora quiso la buena suerte que se detuvo el accidente de la locura, y le dio lugar de contarlo hasta el fin. Y así,

30 llegando al paso° del billete que había hallado don Fernando entre el libro   incident de *Amadís de Gaula*, dijo Cardenio que le tenía bien en la memoria y que decía desta manera:

LUSCINDA A CARDENIO

Cada día descubro en vos valores que me obligan y fuerzan a que

35 en más os estime. Y así, si quisiéredes sacarme desta deuda° sin   indebtedness ejecutarme en la honra,[17] lo podréis muy bien hacer. Padre tengo, que os conoce y que me quiere bien, el cual, sin forzar mi voluntad, cumplirá la que[18] será justo que vos tengáis, si es que me estimáis como decís, y como yo creo.

40 "Por este billete me moví a pedir a Luscinda por esposa, como ya os

[14] **Ella** refers to **razón**.
[15] **Desta** refers to **vida**, *from this [life] to a better one.*
[16] **Que no le tiene: le** refers to **cuento** which means both *story* and *end.*
[17] **Sin ejecutarme en la honra**, another juridic term: *without cost to my honor.*
[18] **La que:** starting with the second edition this was changed to **lo que.**

he contado, y éste fue por quien quedó Luscinda en la opinión de don Fernando[19] por una de las más discretas y avisadas° mujeres de su tiempo. Y este billete fue el que le puso en deseo de destruirme° antes que el mío[20] se efetuase.° Díjele yo a don Fernando en lo que reparaba° el padre de Luscinda, que era en que mi padre se la pidiese, lo cual yo no le osaba decir,[21] temeroso que no vendría° en ello, no porque no tuviese bien conocida la calidad, bondad, virtud y hermosura de Luscinda, y que tenía partes° bastantes para enoblecer° cualquier otro linaje de España, sino porque yo entendía dél, que deseaba que no me casase tan presto, hasta ver lo que el duque Ricardo hacía conmigo. En resolución, le dije que no me aventuraba a decírselo a mi padre, así por aquel inconveniente como por otros muchos que me acobardaban,° sin saber cuáles eran, sino que me parecía que lo que yo desease jamás había de tener efeto.

"A todo esto me respondió don Fernando, que él se encargaba de hablar a mi padre, y hacer con él que hablase al de Luscinda.[22] ¡Oh, Mario ambicioso!° ¡Oh, Catilina cruel! ¡Oh, Sila facinoroso!° ¡Oh, Galalón embustero! ¡Oh, Vellido traidor! ¡Oh Julián vengativo! ¡Oh Judas codicioso![23] Traidor, cruel, vengativo° y embustero, ¿qué deservicios° te había hecho este triste, que con tanta llaneza° te descubrió los secretos y contentos de su corazón? ¿Qué ofensa te hice? ¿Qué palabras te dije, o qué consejos te di, que no fuesen todos encaminados a acrecentar tu honra y tu provecho? Mas ¿de qué me quejo, desventurado de mí? Pues es cosa cierta que cuando traen las desgracias la corriente de las estrellas,[24] como vienen de alto a bajo, despeñándose° con furor y con violencia, no hay fuerza en la tierra que las detenga, ni industria humana que prevenirlas pueda. ¿Quién pudiera imaginar que don Fernando, caballero ilustre,° discreto, obligado de mis servicios, poderoso° para alcanzar lo que el deseo amoroso le pidiese dondequiera que le ocupase,[25] se había de enconar,° como suele decirse, en tomarme a mí una sola oveja que aún no poseía? Pero, quédense estas consideraciones aparte, como inútiles y sin provecho, y añudemos° el roto hilo de mi desdichada historia.

"Digo, pues, que pareciéndole a don Fernando que mi presencia le era inconveniente para poner en ejecución su falso y mal pensamiento, determinó de enviarme a su hermano mayor con ocasión de pedirle unos dineros para pagar seis caballos, que de industria y sólo para este efeto de que me ausentase—para poder mejor salir con su dañado° intento—el mesmo día que se ofreció hablar a mi padre los compró, y quiso que yo viniese por el dinero. ¿Pude yo prevenir esta traición? ¿Pude, por ventura,

clear-sighted
to ruin
be realized, waited
for
consent

qualities, honor

terrified

greedy, wicked

vindictive, disservice
sincerity

flinging themselves
down
noble
able
obtain treacherously

tie

wicked

[19] **Éste fue por...** *it was because of this [letter] that Luscinda was, in the opinion of Fernando...*

[20] That is, **mi** *deseo.*

[21] That is, to ask his own father.

[22] **Hacer...** *arrange for him to talk to Luscinda's [father]*

[23] These are all famous traitors: Marius, Catiline, and Sulla are Romans, Ganelon sold out Roland, Vellido Dolfos murdered King Sancho II of Castile, Julián handed the Iberian Peninsula over to the Moors in 710, and Judas was the treacherous apostle.

[24] **Cuando traen...** *when bad luck falls from the stars*

[25] **Para...** *to get what his amorous desire asked of him wherever he might want*

caer en imaginarla? No, por cierto, antes, con grandísimo gusto me ofrecía
partir luego, contento de la buena compra hecha. Aquella noche hablé con
Luscinda, y le dije lo que con don Fernando quedaba concertado, y que
tuviese[26] firme esperanza de que tendrían efeto nuestros buenos y justos
5   deseos, ella me dijo, tan segura° como yo de la traición de don Fernando,   unsuspicious
que procurase volver presto, porque creía que no tardaría más la conclusión
de nuestras voluntades que tardase mi padre de hablar al suyo. No sé qué se
fue[27] que, en acabando de decirme esto, se le llenaron los ojos de lágrimas,
y un nudo° se le atravesó en la garganta, que no le dejaba hablar palabra de   lump
10   otras muchas que me pareció que procuraba decirme.

"Quedé admirado deste nuevo accidente, hasta allí jamás en ella visto,
porque siempre nos hablábamos, las veces que la buena fortuna y mi
diligencia° lo concedía, con todo regocijo y contento, sin mezclar en   industry
nuestras pláticas lágrimas, suspiros, celos, sospechas o temores. Todo era
15   engrandecer° yo mi ventura por habérmela dado el cielo por señora.   extolling
Exageraba° su belleza, admirábame de su valor y entendimiento. Volvíame   extolled
ella el recambio,° alabando en mí lo que como enamorada le parecía digno   reciprocation
de alabanza. Con esto nos contábamos cien mil niñerías° y acaecimientos   trifles
de nuestros vecinos y conocidos,° y a lo que más se estendía mi desenvoltu-   acquaintances
20   ra era a tomarle, casi por fuerza, una de sus bellas y blancas manos y
llegarla a mi boca, según daba lugar la estrecheza° de una baja reja que nos   narrowness
dividía.° Pero la noche que precedió al triste día de mi partida, ella lloró,   separated
gimió° y suspiró, y se fue y me dejó lleno de confusión y sobresalto,   moaned
espantado° de haber visto tan nuevas y tan tristes muestras de dolor y   frightened
25   sentimiento en Luscinda. Pero, por no destruir mis esperanzas, todo lo
atribuí a la fuerza del amor que me tenía y al dolor que suele causar la
ausencia en los que bien se quieren.

"En fin, yo me partí, triste y pensativo, llena el alma de imaginaciones
y sospechas, sin saber lo que sospechaba ni imaginaba: claros indicios que
30   me mostraban el triste suceso y desventura que me estaba guardada. Llegué
al lugar donde era enviado; di las cartas al hermano de don Fernando; fui
bien recebido, pero no bien despachado,° porque me mandó aguardar, bien   dismissed
a mi disgusto, ocho días, y en parte donde el duque, su padre, no me viese,
porque su hermano le escribía que le enviase cierto dinero sin su sabiduría.°   knowledge
35   Y todo fue invención del falso don Fernando, pues no le faltaban a su
hermano dineros para despacharme luego. Orden y mandato fue éste que me
puso en condición de no obedecerle,[28] por parecerme imposible sustentar
tantos días la vida en el ausencia de Luscinda, y más habiéndola dejado con
la tristeza que os he contado; pero, con todo esto, obedecí, como buen
40   criado, aunque veía que había de ser 'a costa de° mi salud.   at the expense of

"Pero a los cuatro días que allí llegué, llegó un hombre en mi busca con
una carta que me dio, que en el sobrescrito° conocí ser de Luscinda, porque   envelope
la letra dél era suya. Abríla temeroso y con sobresalto, creyendo que cosa
grande debía de ser la que la había movido a escribirme estando

---

[26] Luscinda is the subject of **tuviese**.
[27] **No sé...** *I don't know why it was*
[28] **Orden y mandato...** *I risked not obeying this order*

ausente, pues presente pocas veces lo hacía.[29] Preguntéle al hombre, antes
de leerla, quién se la había dado y el tiempo que había tardado en el
camino. Díjome, que acaso pasando por una calle de la ciudad, a la hora de
medio día, una señora muy hermosa le llamó desde una ventana, los ojos
5 llenos de lágrimas, y que, con mucha priesa, le dijo: 'Hermano, si sois
cristiano, como parecéis, por amor de Dios os ruego que encaminéis° luego   take
luego esta carta al lugar y a la persona que dice el sobrescrito, que todo es
bien conocido, y en ello haréis un gran servicio a nuestro Señor. Y para que
no os falte comodidad° de poderlo hacer, tomad lo que va en este pañuelo.'   means
10 Y diciendo esto, me arrojó por la ventana un pañuelo, donde venían atados
cien reales y esta sortija° de oro que aquí traigo, con esa carta que os he   ring
dado, y luego, sin aguardar respuesta mía, se quitó de la ventana, aunque
primero vio como yo tomé la carta y el pañuelo, y por señas le dije que
haría lo que me mandaba. Y así, viéndome tan bien pagado del trabajo que
15 podía tomar en traérosla, y conociendo por el sobrescrito que érades vos a
quien se enviaba porque yo, señor, os conozco muy bien, y obligado
asimesmo de las lágrimas de aquella hermosa señora, determiné de no
fiarme de otra persona, sino venir yo mesmo a dárosla. Y en diez y seis
horas que ha que se me dio, he hecho el camino, que sabéis que es de diez
20 y ocho leguas.
   "En tanto que el agradecido° y nuevo correo° esto me decía, estaba yo   grateful, courier
colgado de sus palabras, temblándome° las piernas, de manera que apenas   trembling
podía sostenerme. En efeto, abrí la carta y vi que contenía estas razones:

   La palabra que don Fernando os dio de hablar a vuestro padre
25   para que hablase al mío, la ha cumplido más en su gusto que en
vuestro provecho. Sabed, señor, que él me ha pedido por esposa, y mi
padre, llevado de la ventaja° que él piensa que don Fernando os hace,   superiority
ha venido en lo que quiere, con tantas veras, que de aquí a dos días se
ha de hacer el desposorio,° tan secreto y tan a solas, que sólo han de   marriage
30   ser testigos los cielos y alguna gente de casa. Cuál yo quedo, imaginaldo.[30] Si os cumple venir, veldo;[31] y si os quiero bien o no, el suceso°   outcome
deste negocio os lo dará a entender. ¡A Dios plega que ésta llegue a
vuestras manos antes que la mía se vea en condición de juntarse con
la de quien tan mal sabe guardar la fe que promete!

35 "Éstas, en suma, fueron las razones que la carta contenía, y las que me
hicieron poner luego en camino, sin esperar otra respuesta ni otros dineros,
que bien claro conocí entonces que no la compra de los caballos, sino la de
su gusto, había movido a don Fernando a enviarme a su hermano. El enojo
que contra don Fernando concebí,° junto con el temor de perder la prenda   I felt
40 que con tantos años de servicios y deseos tenía granjeada, me pusieron alas,
pues, casi como en vuelo, otro día me puse en mi lugar, al punto y hora

---

[29] **Pues presente…** *since when I was present she rarely did it [wrote]*
[30] **Cuál yo quedo…** *you can imagine what state I am in.* **Imaginaldo = imaginadlo**
(and a bit later **veldo = vedlo**) *show the common switching of* **-dl-** *to* **-ld-**.
[31] **Si os cumple…** *if it is important for you to return, see to it*

que convenía para ir a hablar a Luscinda. Entré secreto, y dejé una mula en que venía en casa del buen hombre que me había llevado la carta. Y quiso la suerte que entonces la tuviese tan buena, que hallé a Luscinda puesta a la reja, testigo de nuestros amores. Conocióme Luscinda luego, y conocíla
5 yo, mas no como debía ella conocerme, y yo conocerla. Pero, ¿quién hay en el mundo que se pueda alabar que ha penetrado y sabido el confuso pensamiento y condición mudable de una mujer? Ninguno, por cierto. Digo, pues, que así como Luscinda me vio, me dijo: 'Cardenio, de boda° estoy   wedding vestida. Ya me están aguardando en la sala° don Fernando el traidor, y mi   hall
10 padre el codicioso,° con otros testigos, que antes lo serán de mi muerte que   greedy de mi desposorio. No te turbes, amigo, sino procura hallarte presente a este sacrificio, el cual si no pudiere ser estorbado de mis razones, una daga°   dagger llevo escondida que podrá estorbar más determinadas fuerzas, dando fin a mi vida y principio a que conozcas la voluntad que te he tenido y tengo.'[32]
15   "Yo le respondí, turbado y apriesa, temeroso no me faltase lugar para responderla: 'Hagan, señora, tus obras verdaderas tus palabras,[33] que si tú llevas daga para acreditarte,° aquí llevo yo espada para defenderte con ella, o para   affirm your honor matarme, si la suerte nos fuere contraria.' No creo que pudo oír todas estas razones, porque sentí que la llamaban apriesa, porque el desposado° aguardaba.   groom
20 Cerróse con esto la noche de mi tristeza, púsoseme el sol de mi alegría, quedé sin luz en los ojos y sin discurso en el entendimiento. No acertaba a entrar en su casa, ni podía moverme a parte alguna. Pero considerando cuánto importaba mi presencia para lo que suceder pudiese en aquel caso, me animé lo más que pude y entré en su casa. Y como ya sabía muy bien todas sus entradas° y   entrances
25 salidas,° y más con el alboroto que de secreto en ella andaba, nadie me echó de   exits ver. Así que, sin ser visto, tuve lugar de ponerme en el hueco que hacía una ventana de la mesma sala, que con las 'puntas y remates° de dos tapices° se   border, tapestries cubría, por entre las cuales podía yo ver, sin ser visto, todo cuanto en la sala se hacía.
30   "¿Quién pudiera decir ahora los sobresaltos que me dio el corazón mientras allí estuve, los pensamientos que me ocurrieron, las consideraciones que hice, que fueron tantas y tales, que ni se pueden decir ni aun es bien que se digan? Basta que sepáis que el desposado entró en la sala, sin otro adorno que los mesmos vestidos ordinarios que solía.° Traía por   was accustomed
35 padrino° a un primo hermano de Luscinda, y en toda la sala no había   best man persona de fuera, sino los criados de casa.
    "De allí a un poco salió de una recámara° Luscinda, acompañada de su   bedroom madre y de dos doncellas suyas, tan bien aderezada y compuesta° como su   adorned calidad y hermosura merecían, y como quien era la perfeción de la gala y
40 bizarría° cortesana. No me dio lugar mi suspensión y arrobamiento° para   splendor, amazement que mirase y notase en particular lo que traía vestido: sólo pude advertir a las colores, que eran encarnado° y blanco, y en las vislumbres° que las   red, glittering piedras y joyas del tocado° y de todo el vestido hacían, a todo lo cual se   head-dress aventajaba la belleza singular de sus hermosos y rubios cabellos, tales, que

---

[32] **Principio a que...** *beginning of your knowledge of the love that I have had and have for you*
[33] **Hagan, señora,...** *may your words make good your works*

en competencia de las preciosas piedras y de las luces de cuatro hachas que en la sala estaban, la suya con más resplandor a los ojos ofrecían. ¡Oh, memoria, enemiga mortal de mi descanso! ¿De qué sirve representarme° ahora la incomparable belleza de aquella adorada enemiga mía? ¿No será
5 mejor, cruel memoria, que me acuerdes° y representes lo que entonces hizo, para que movido de tan manifiesto agravio, procure, ya que no la venganza, a lo menos perder la vida?

"No os canséis, señores, de oír estas digresiones que hago, que no es mi pena de aquellas que puedan ni deban contarse sucintamente y 'de paso,°
10 pues cada circunstancia° suya me parece a mí que es digna de un largo discurso."

A esto le respondió el cura que, no sólo no se cansaban en oírle, sino que les daba mucho gusto las menudencias que contaba, por ser tales, que merecían no pasarse en silencio y la mesma atención que lo principal del
15 cuento.

"Digo, pues," prosiguió Cardenio, "que estando todos en la sala, entró el cura de la perroquia,° y tomando a los dos por la mano para hacer lo que en tal acto se requiere, al decir: '¿Queréis, señora Luscinda, al señor don Fernando, que está presente, por vuestro legítimo esposo, como lo manda
20 la Santa Madre Iglesia?' Yo saqué toda la cabeza y cuello de entre los tapices, y con atentísimos oídos y alma turbada 'me puse a° escuchar lo que Luscinda respondía, esperando de su respuesta la sentencia de mi muerte o la confirmación de mi vida. ¡Oh, quién se atreviera[34] a salir entonces, diciendo a voces: '¡Ah, Luscinda, Luscinda, mira lo que haces, considera
25 lo que me debes, mira que eres mía, y que no puedes ser de otro! ¡Advierte que el decir tú sí y el acabárseme la vida, ha de ser todo a un punto![35] ¡Ah, traidor don Fernando, robador de mi gloria, muerte de mi vida! ¿qué quieres? ¿qué pretendes? Considera que no puedes cristianamente llegar al fin de tus deseos, porque Luscinda es mi esposa y yo soy su marido.' ¡Ah,
30 loco de mí! ahora que estoy ausente y lejos del peligro, digo qué había de hacer lo que no hice. Ahora que dejé robar mi cara prenda, maldigo al robador, de quien pudiera vengarme si tuviera corazón para ello, como le tengo para quejarme. En fin, pues fui entonces cobarde y necio, no es mucho que muera ahora corrido, arrepentido° y loco.
35 "Estaba esperando el cura la respuesta de Luscinda, que se detuvo un buen espacio en darla, y cuando yo pensé que sacaba la daga para acreditarse, o desataba la lengua para decir alguna verdad o desengaño que en mi provecho redundase, oigo que dijo con voz desmayada y flaca: 'Sí, quiero,' y lo mesmo dijo don Fernando, y dándole el anillo,° quedaron en
40 disoluble[36] nudo ligados.° Llegó el desposado a abrazar a su esposa, y ella, poniéndose la mano sobre el corazón, cayó desmayada en los brazos de su madre. Resta ahora decir cuál quedé yo, viendo en el sí que había oído burladas° mis esperanzas, falsas las palabras y promesas de Luscinda,

picture

remind

briefly
detail

parroquia = parish

I set about to

repentant

ring
bound

mocked

---

[34] **Quién...** *if only I had dared*
[35] **Ha de ser...** *will be at the same time*
[36] Thus in the first edition. The prefix **in-** wasn't necesssary for the meaning *undissolvable* at that time. Some later editions, including Schevill, "correct" it to *indisoluble*.

imposibilitado° de cobrar en algún tiempo el bien que en aquel instante   without means
había perdido. Quedé falto de consejo,[37] desamparado, a mi parecer, de todo
el cielo, hecho enemigo de la tierra que me sustentaba, negándome el aire
aliento para mis suspiros, y el agua humor para mis ojos. Sólo el fuego se
5   acrecentó de manera que todo ardía de rabia y de celos.

   "Alborotáronse todos con el desmayo° de Luscinda, y desabro-   fainting spell
chándole° su madre el pecho para que le diese el aire, se descubrió en él un   unfastening
papel cerrado, que don Fernando tomó luego y se le puso a leer a la luz de
una de las hachas, y en acabando de leerle, se sentó en una silla y se puso
10   la mano en la mejilla con muestras de hombre muy pensativo, sin acudir a
los remedios que a su esposa se hacían para que del desmayo volviese. Yo,
viendo alborotada toda la gente de casa, me aventuré a salir, ora fuese visto
o no, con determinación que si me viesen, de hacer un desatino, tal, que
todo el mundo viniera a entender la justa indignación de mi pecho en el
15   castigo del falso don Fernando, y aun en el mudable de la desmayada
traidora. Pero mi suerte, que para mayores males, si es posible que los haya,
me debe tener guardado, ordenó que en aquel punto me sobrase el
entendimiento, que 'después acá° me ha faltado. Y así, sin querer tomar   since then
venganza de mis mayores enemigos—que, por estar tan sin pensamiento
20   mío[38] fuera fácil tomarla—quise tomarla de mi mano y ejecutar en mí la
pena que ellos merecían, y aun quizá con más rigor° del que con ellos se   severity
usara si entonces les diera muerte, pues la que se recibe repentina° presto   sudden
acaba la pena. Mas la que se dilata con tormentos, siempre mata, sin acabar
la vida.

25   "En fin, yo salí de aquella casa y vine a la de aquél donde había dejado
la mula. Hice que me la ensillase; sin despedirme dél subí en ella, y salí de
la ciudad sin osar, como otro Lot,[39] volver el rostro a miralla. Y cuando me
vi en el campo solo, y que la escuridad de la noche me encubría, y su
silencio convidaba a quejarme, sin respeto o miedo de ser escuchado ni
30   conocido, solté la voz y desaté la lengua en tantas maldiciones° de Luscinda   curses
y de don Fernando, como si con ellas satisficiera el agravio que me habían
hecho. Dile títulos de cruel, de ingrata, de falsa y desagradecida. Pero,
sobre todos, de codiciosa, pues la riqueza de mi enemigo la había cerrado
los ojos de la voluntad para quitármela a mí y entregarla a aquel con quien
35   más liberal y franca la fortuna se había mostrado. Y en mitad de la fuga°   torrent
destas maldiciones y vituperios,° la desculpaba,° diciendo que no era mucho   reproaches,
que una doncella recogida en casa de sus padres, hecha y acostumbrada   exculpated
siempre a obedecerlos, hubiese querido condecender° con su gusto, pues le   submit
daban por esposo a un caballero tan principal, tan rico y tan gentil hombre,
40   que a no querer recebirle, se podía pensar, o que no tenía juicio, o que en
otra parte tenía la voluntad,[40] cosa que redundaba tan en perjuicio de su
buena opinión y fama.

---

[37] **Quedé falto…** *I was stupified*

[38] **Por estar…** *since they were not thinking of me*

[39] In Genesis 19:17, the Lord advises Lot and others to flee and not look back at the destruction of Sodom and Gomorrah.

[40] **A no querer…** *if she had refused him, one might think that either she was crazy or her affections lay elsewhere*

"Luego volvía diciendo que, 'puesto que° ella dijera que yo era su   even if
esposo, vieran ellos que no había hecho en escogerme tan mala elección que
no la disculparan, pues antes de ofrecérseles don Fernando,[41] no pudieran
ellos mesmos acertar a desear, si 'con razón° midiesen° su deseo, otro   reasonably, weighed
5   mejor que yo para esposo de su hija, y que bien pudiera ella, antes de
ponerse en el trance° forzoso y último de dar la mano, decir que ya yo le   critical moment
había dado la mía, que yo viniera y concediera° con todo cuanto ella   admitted
acertara a fingir° en este caso.   to fancy

"En fin, me resolví en que poco amor, poco juicio, mucha ambición y
10   deseos de grandezas hicieron que se olvidase de las palabras con que me
había engañado, entretenido y sustentado en mis firmes esperanzas y
honestos deseos. Con estas voces y con esta inquietud caminé lo que
quedaba de aquella noche, y di al amanecer en una entrada destas sierras,
por las cuales caminé otros tres días, sin senda ni camino alguno, hasta que
15   vine a parar a unos prados que no sé a qué mano° destas montañas caen,   side
y allí pregunté a unos ganaderos que hacia dónde era lo más áspero destas
sierras. Dijéronme que hacia esta parte. Luego me encaminé a ella, con
intención de acabar aquí la vida, y en entrando por estas asperezas, del
cansancio y de la hambre se cayó mi mula muerta, o, lo que yo más creo,
20   por desechar de sí tan inútil carga como en mí llevaba. Yo quedé a pie,
rendido de la naturaleza,[42] traspasado de hambre, sin tener ni pensar buscar
quien me socorriese.

"De aquella manera estuve no sé qué tiempo tendido en el suelo, al
cabo del cual me levanté sin hambre, y hallé junto a mí a unos cabreros,
25   que, sin duda, debieron ser los que mi necesidad remediaron, porque ellos
me dijeron de la manera que me habían hallado, y como estaba diciendo
tantos disparates y desatinos, que daba indicios claros de haber perdido el
juicio. Y yo he sentido en mí, después acá, que no todas veces le tengo
cabal,[43] sino tan desmedrado° y flaco, que hago mil locuras, rasgándome los   impaired
30   vestidos, dando voces por estas soledades, maldiciendo mi ventura y
repitiendo en vano el nombre amado de mi enemiga, sin tener otro discurso
ni intento entonces que procurar acabar la vida voceando,° y cuando en mí   crying
vuelvo, me hallo tan cansado y molido que apenas puedo moverme. Mi más
común habitación es en el hueco de un alcornoque, capaz de cubrir este
35   miserable cuerpo. Los vaqueros° y cabreros que andan por estas montañas,   cowherds
movidos de caridad,° me sustentan, poniéndome el manjar por los caminos   charity
y por las peñas por donde entienden que acaso podré pasar y hallarlo. Y así,
aunque entonces me falte el juicio, la necesidad natural me da a conocer el
mantenimiento,[44] y despierta en mí el deseo de apetecerlo° y la voluntad de   crave it
40   tomarlo. Otras veces me dicen ellos, cuando me encuentran con juicio, que
yo salgo a los caminos, y que se lo quito por fuerza, aunque me lo den de
grado, a los pastores que vienen con ello del lugar a las majadas.

"Desta manera paso mi miserable y estrema° vida, hasta que el cielo   final

---

[41] **Antes de...** *before Don Fernando offered himself to them*
[42] **Rendido...** *worn out*
[43] **No rodas veces...** *I don't always have my complete sanity*
[44] **La necesidad...** *needs of nature make me understand what I need*

sea servido de conducirle a su último fin, o de ponerle en mi memoria, para
que no me acuerde de la hermosura y de la traición de Luscinda[45] y del
agravio de don Fernando, que si esto él hace sin quitarme la vida, yo volveré
a mejor discurso mis pensamientos, 'donde no,° no hay sino rogarle que   if not
5 absolutamente tenga misericordia de mi alma, que yo no siento en mí valor
ni fuerzas para sacar el cuerpo desta estrecheza en que por mi gusto he
querido ponerle.
     "Ésta es, ¡oh señores! la amarga historia de mi desgracia. Decidme si
es tal que pueda celebrarse° con menos sentimientos que los que en mí   be sung
10 habéis visto. Y no os canséis en persuadirme, ni aconsejarme, lo que la
razón os dijere que puede ser bueno para mi remedio,[46] porque ha de
aprovechar conmigo lo que aprovecha la medicina recetada° de famoso   prescribed
médico al enfermo que recebir no la quiere. Yo no quiero salud sin
Luscinda, y pues ella gustó de ser ajena, siendo o debiendo ser mía, guste
15 yo de ser de la desventura, pudiendo haber sido de la buena dicha. Ella
quiso, con su mudanza, hacer estable° mi perdición. Yo querré, con   stable
procurar perderme, hacer contenta su voluntad, y será ejemplo[47] a los por
venir de que a mí solo faltó lo que a todos los desdichados sobra, a los
cuales suele ser consuelo la imposibilidad de tenerle,[48] y en mí es causa de
20 mayores sentimientos y males, porque aun pienso que no se han de acabar
con la muerte."
     Aquí dio fin Cardenio a su larga plática, y tan desdichada como
     amorosa historia. Y al tiempo que el cura se prevenía° para de-   was prepared
     cirle algunas razones de consuelo, le suspendió una voz
25   que llegó a sus oídos, que en lastimados acentos°   inflections
         oyeron que decía lo que se dirá en la cuarta
           parte desta narración, que en este punto
            dio fin a la tercera el sabio y aten-
              tado historiador Cide Hamete
30   Benengeli.

---

[45] **O de ponerle...** *or to put it in my mind so that I won't remember the beauty and*
treachery of Luscinda
[46] **Lo que la...** *whatever reason might tell you can be good for my remedy*
[47] **Y [mi caso] será ejemplo**
[48] **A mí solo...** *I just lacked what other unfortunates have in abundance, which is the*
impossibility of being consoled

CUARTA PARTE DEL INGENIOSO
hidalgo don Quijote de la Mancha.

5 *Capítulo XXVIII. Que trata de la nueva y agradable aventura que al cura y barbero sucedió en la mesma sierra.*

FELICÍSIMOS Y venturosos fueron los tiempos donde se echó al mundo el audacísimo° caballero don Quijote de la Mancha, pues por haber tenido — very bold
10 tan honrosa determinación, como fue el querer resucitar y volver al mundo la ya perdida y casi muerta orden de la andante caballería, gozamos ahora, en esta nuestra edad, necesitada° de alegres entretenimientos, no sólo de la — needful dulzura° de su verdadera historia, sino de los cuentos y episodios della, que, — pleasure en parte, no son menos agradables y artificiosos y verdaderos que la misma
15 historia. La cual, prosiguiendo su rastrillado, torcido y aspado hilo,[1] cuenta que, así como el cura comenzó a prevenirse para consolar a Cardenio, lo impidió una voz que llegó a sus oídos, que, con tristes acentos, decía desta manera:

"¡Ay Dios! ¿Si será posible que he ya hallado lugar que pueda servir
20 de escondida sepultura a la carga pesada deste cuerpo, que tan contra mi voluntad sostengo? Sí será, si la soledad que prometen estas sierras no me miente. ¡Ay desdichada! y cuán más agradable compañía harán estos riscos y malezas a mi intención—pues me darán lugar para que con quejas comunique mi desgracia al cielo—que no la de ningún hombre humano,
25 pues no hay ninguno en la tierra de quien se pueda esperar consejo en las dudas, alivio en las quejas, ni remedio en los males."

Todas estas razones oyeron y percibieron° el cura y los que con él — comprehended estaban, y por parecerles, como ello era, que 'allí junto° las decían, se — nearby levantaron a buscar el dueño,[2] y no hubieron andado veinte pasos, cuando,
30 detrás de un peñasco,° vieron sentado al pie de un fresno° a un mozo — large rock, ash-tree vestido como labrador, al cual, por tener inclinado el rostro, a causa de que se lavaba los pies en el arroyo que por allí corría, no se le pudieron ver[3] por entonces. Y ellos llegaron con tanto silencio, que dél no fueron sentidos, ni él estaba a otra cosa atento que a lavarse los pies, que eran tales, que no
35 parecían sino dos pedazos de blanco cristal que entre las otras piedras del arroyo se habían nacido. Suspendióles la blancura y belleza de los pies, pareciéndoles que no estaban hechos a pisar° terrones,° ni a andar tras el — walk on, lumps of earth

---

[1] **Rastrillado...** *combed, twisted, and wound thread.* The narrator's bad pun detailing processes used in spinning thread.

[2] That is, the owner of the words.

[3] **No se le...** *they couldn't see it* [the face].

arado y los bueyes, como mostraba el hábito de su[4] dueño.

    Y, así, viendo que no habían sido sentidos, el cura, que iba delante, hizo
señas a los otros dos que se agazapasen° o escondiesen detrás de unos pedazos   crouch
de peña que allí había. Y así lo hicieron todos, mirando con atención lo que el
5 mozo hacía, el cual traía puesto un capotillo pardo de dos haldas,[5] muy ceñido°
al cuerpo con una toalla° blanca. Traía ansimesmo, unos calzones y polainas°   tightly bound,
de paño° pardo, y en la cabeza una montera° parda. Tenía las polainas   towel; leggings,
levantadas hasta la mitad de la pierna, que, sin duda alguna, de blanco   cloth, cap
alabastro parecía. Acabóse de lavar los hermosos pies, y luego, con un 'paño
10 de tocar,° que sacó debajo de la montera, se los limpió. Y al querer quitársele,[6]   kerchief
alzó el rostro, y tuvieron lugar los que mirándole estaban de ver una hermosura
incomparable, tal, que Cardenio dijo al cura con voz baja:

    "Ésta, ya que no es Luscinda, no es persona humana, sino divina."

    El mozo se quitó la montera, y sacudiendo° la cabeza a una y a otra parte,   shaking
15 se comenzaron a descoger° y desparcir° unos cabellos que pudieran los del sol   loosen, spread
tenerles envidia.[7] Con esto conocieron que el que parecía labrador era mujer,
y delicada,° y aun la más hermosa que hasta entonces los ojos de los dos   exquisite
habían visto, y aun los de Cardenio, si no hubieran mirado y conocido a
Luscinda, que después afirmó que sola la belleza de Luscinda podía contender
20 con aquélla. Los luengos y rubios cabellos, no sólo le cubrieron las espaldas,
mas toda en torno la escondieron debajo de ellos,[8] que, si no eran los pies,
ninguna otra cosa de su cuerpo se parecía:[9] tales y tantos eran. En esto, les
sirvió de peine unas manos, que si los pies en el agua habían parecido pedazos
de cristal, las manos en los cabellos semejaban pedazos de apretada° nieve,   compressed
25 todo lo cual en más admiración y en más deseo de saber quién era ponía a los
tres que la miraban.

    Por esto determinaron de mostrarse, y al movimiento que hicieron de
'ponerse en pie,° la hermosa moza alzó la cabeza, y apartándose los cabellos   stand up
de delante de los ojos con entrambas manos, miró los que el ruido hacían. Y
30 apenas los hubo visto, cuando se levantó en pie, y sin aguardar a calzarse° ni   put on shoes
a recoger los cabellos, asió con mucha presteza un bulto como de ropa que
junto a sí tenía, y quiso ponerse en huida, llena de turbación° y sobresalto. Mas   confusion
no hubo dado seis pasos, cuando, no pudiendo sufrir los delicados pies la
aspereza de las piedras, dio consigo en el suelo,[10] lo cual visto por los tres,
35 salieron a ella, y el cura fue el primero que le dijo:

    "Deteneos, señora, quienquiera que seáis, que los que aquí veis sólo
tienen intención de serviros. No hay para qué os pongáis en tan impertinente°   fretful
huida, porque ni vuestros pies lo podrán sufrir, ni nosotros
consentir." A todo esto, ella no respondía palabra, atónita y confusa.

---

[4] **Su** *their* refers to *feet.*
[5] A **capotillo de dos faldas** is a short, loose jacket.
[6] **Al querer...** *when he removed it*
[7] **Unos cabellos...** *hair which the [rays] of the sun might envy*
[8] **Toda en torno...** *they hid everything under them*
[9] **Si no eran...** *except for her feet no other part of her body was visible*
[10] **Dio consigo...** *she fell to the ground*

Llegaron, pues, a ella, y asiéndola por la mano el cura, prosiguió diciendo:
"Lo que vuestro traje, señora, nos niega, vuestros cabellos nos
descubren: señales claras, que no deben de ser de poco momento° las   consequence
causas que han disfrazado° vuestra belleza en hábito tan indigno, y traídola   disguised
5   a tanta soledad como es ésta, en la cual ha sido ventura el hallaros, si no
para dar remedio a vuestros males,° a lo menos, para darles consejo, pues   injuries
ningún mal puede fatigar tanto, ni llegar tan al estremo de serlo, mientras
no acaba la vida, que rehuya° de no escuchar siquiera el consejo que con   refuses
buena intención se le da al que lo padece. Así que, señora mía, o señor mío,
10   o lo que vos quisierdes[11] ser, perded el sobresalto que nuestra vista os ha
causado, y contadnos vuestra buena o mala suerte, que en nosotros juntos,
o en cada uno, hallaréis quien os ayude a sentir° vuestras desgracias."   sympathize with
En tanto que el cura decía estas razones, estaba la disfrazada moza
como embelesada,° mirándolos a todos, sin mover labio ni decir palabra   spellbound
15   alguna, bien así como[12] rústico aldeano° què, 'de improviso,° se le muestran   villager, suddenly
cosas raras y dél jamás vistas. Mas volviendo el cura a decirle otras
razones, al mesmo efeto encaminadas, dando ella un profundo suspiro,
rompió el silencio y dijo:
"Pues que la soledad destas sierras no ha sido parte para encubrirme,
20   ni la soltura de mis descompuestos° cabellos no ha permitido que sea   disarranged
mentirosa mi lengua, 'en balde° sería fingir yo de nuevo ahora, lo que, si   in vain
se me creyese, sería más por cortesía que por otra razón alguna.
Presupuesto° esto, digo, señores, que os agradezco el ofrecimiento que me   being so
habéis hecho, el cual me ha puesto en obligación de satisfaceros en todo lo
25   que me habéis pedido, puesto que temo que la relación que os hiciere de
mis desdichas os ha de causar, al par de la compasión, la pesadumbre,[13]
porque no habéis de hallar remedio para remediarlas, ni consuelo para
entretenerlas. Pero con todo esto, porque no ande vacilando mi honra en
vuestras intenciones,° habiéndome ya conocido por mujer, y viéndome   view
30   moza, sola y en este traje, cosas todas juntas, y cada una por sí, que pueden
'echar por tierra° cualquier honesto crédito, os habré de decir lo que   tear down
quisiera callar, si pudiera."
Todo esto dijo sin parar la que tan hermosa mujer parecía, con tan
suelta lengua, con voz tan suave, que no menos les admiró su discreción
35   que su hermosura. Y tornándole a hacer nuevos ofrecimientos y nuevos
ruegos para que lo prometido cumpliese, ella, sin hacerse más de rogar,[14]
calzándose con toda honestidad y recogiendo sus cabellos, se acomodó en
el asiento de una piedra, y puestos los tres alrededor della, haciéndose
fuerza[15] por detener algunas lágrimas que a los ojos se le venían, con voz
40   reposada y clara comenzó la historia de su vida desta manera:
"En esta Andalucía hay un lugar, de quien toma título un duque, que
le hace uno de los que llaman grandes en España. Éste tiene dos hijos: el
mayor, heredero de su estado, y al parecer, de sus buenas costumbres,° y   qualities

[11] Shortened form of **quisiéredes** *might want.*
[12] **Bien...** *just like*
[13] **Os ha de...** *may cause in you as much grief as compassion*
[14] **Sin...** *without further coaxing*
[15] **Haciéndose...** *forcing herself*

el menor, no sé yo de qué sea heredero, sino de las traiciones de Vellido y
de los embustes de Galalón. Deste señor son vasallos mis padres, humildes°   humble
en linaje, pero tan ricos, que si los bienes de su naturaleza igualaran a los
de su fortuna, ni ellos tuvieran más que desear, ni yo temiera verme en la
5   desdicha en que me veo, porque quizá nace mi poca ventura de la que no
tuvieron ellos en no haber nacido ilustres. Bien es verdad que no son tan
bajos que puedan afrentarse° de su estado, ni tan altos que a mí me quiten   be ashamed
la imaginación que tengo de que de su humildad° viene mi desgracia. Ellos,   lowness
en fin, son labradores, gente llana, sin mezcla° de alguna raza° mal   mixture, race
10   sonante,° y como suele decirse, cristianos viejos ranciosos,° pero tan ricos,   sounding, old
que su riqueza y magnífico trato les va poco a poco adquiriendo° nombre de   acquiring
hidalgos, y aun de caballeros, puesto que de la mayor riqueza y nobleza que
ellos se preciaban era de tenerme a mí por hija. Y así, por no tener otra ni
otro que los heredase, como por ser padres y aficionados, yo era una de las
15   más regaladas° hijas que padres jamás regalaron. Era el espejo en que se   pampered
miraban, el báculo° de su vejez° y el sujeto a quien encaminaban,   cane, old age
midiéndolos con el cielo, todos sus deseos,[16] de los cuales, por ser ellos tan
buenos, los míos no salían un punto. Y del mismo modo que yo era señora
de sus ánimos, ansí lo era de su hacienda. Por mí se recebían y despedían[17]
20   los criados. La razón y cuenta[18] de lo que se sembraba y cogía pasaba por
mi mano: los molinos de aceite, los lagares° del vino, el número del ganado   wine-presses
mayor y menor,[19] el de las colmenas.° Finalmente, de todo aquello que un   beehives
tan rico labrador como mi padre puede tener, y tiene, tenía yo la cuenta, y
era la mayordoma° y señora, con tanta solicitud° mía y con tanto gusto suyo,   superintendent,
25   que buenamente no acertaré a encarecerlo.   diligence

     "Los ratos que del día me quedaban, después de haber dado lo que
convenía a los mayorales, a capataces y a otros jornaleros,[20] los entretenía°   spent time
en ejercicios° que son a las doncellas tan lícitos° como necesarios, como son   activities, proper
los que ofrece la aguja y la almohadilla, y la rueca[21] muchas veces, y si
30   alguna,[22] por recrear el ánimo, estos ejercicios dejaba, me acogía al
entretenimiento de leer algún libro devoto o a tocar una harpa,° porque la   harp
experiencia me mostraba que la música compone° los ánimos descom-   restores
puestos° y alivia los trabajos que nacen del espíritu.   disturbed

     "Ésta, pues, era la vida que yo tenía en casa de mis padres, la cual si tan
35   particularmente he contado, no ha sido por ostentación,° ni por dar a   vanity
entender que soy rica, sino porque se advierta cuán sin culpa me he venido
de aquel buen estado que he dicho, al infelice en que ahora me hallo. Es,
pues, el caso que pasando mi vida en tantas ocupaciones y en un
encerramiento° tal, que al de un monesterio pudiera compararse, sin ser   cloistered life

---

[16] **El sujeto...** *[I was] the object to whom they, in accordance with heaven's rules,
directed all their wishes*

[17] **Recebían...** *hired and fired*

[18] **La razón...** *accounting*

[19] **Ganado mayor** is oxen, cows, horses, and mules; **ganado menor** is sheep.

[20] **Mayorales...** *overseers, field foremen and other day-laborers*

[21] **Aguja...** *the needle* [for embroidery], *and the sewing-cushion* [for lacemaking], *and
the distaff* [for holding spun thread].

[22] That is, **si alguna vez...**

vista, a mi parecer, de otra persona alguna que de los criados de casa,
porque los días que iba a misa era tan de mañana,[23] y tan acompañada de
mi madre y de otras criadas, y yo tan cubierta y recatada, que apenas vían°   veían
mis ojos más tierra de aquella donde ponía los pies, y con todo esto, los del
amor,[24] o los de la ociosidad,° por mejor decir, a quien los de lince° no   idleness, lynx
pueden igualarse, me vieron, puestos en la solicitud° de don Fernando, que   persistence
éste es el nombre del hijo menor del duque que os he contado."

No hubo bien nombrado a don Fernando la que el cuento contaba,
cuando a Cardenio se le mudó la color del rostro, y comenzó a trasudar,
con tan grande alteración,° que el cura y el barbero, que miraron en ello,[25]   strong emotion
temieron que le venía aquel accidente de locura que habían oído decir que
de cuando en cuando le venía. Mas Cardenio no hizo otra cosa que trasudar
y estarse quedo, mirando de hito en hito[26] a la labradora, imaginando quién
ella era. La cual, sin advertir en los movimientos de Cardenio, prosiguió su
historia, diciendo:

"Y no me hubieron bien visto, cuando, según él dijo después, quedó
tan preso de mis amores, cuanto lo dieron bien a entender sus
demostraciones.° Mas por acabar presto con el cuento, que no le tiene,[27] de   behavior
mis desdichas, quiero pasar en silencio las diligencias° que don Fernando   clever things
hizo para declararme su voluntad. Sobornó° toda la gente de mi casa, dio   bribed
y ofreció dádivas° y mercedes a mis parientes. Los días eran todos de fiesta   gifts
y de regocijo en mi calle, las noches no dejaban dormir a nadie las músicas.
Los billetes que, sin saber cómo, a mis manos venían, eran infinitos, llenos
de enamoradas razones y ofrecimientos, con menos letras que promesas y
juramentos. Todo lo cual no sólo no me ablandaba, pero me endurecía° de   made hard
manera como si fuera mi mortal enemigo, y que todas las obras que para
reducirme° a su voluntad hacía, las hiciera para el efeto contrario, no   persuade me
porque a mí me pareciese mal la gentileza de don Fernando, ni que tuviese
a demasía sus solicitudes, porque me daba un no sé qué de contento verme
tan querida y estimada de un tan principal caballero. Y no me pesaba ver
en sus papeles mis alabanzas, que en esto, por feas que seamos las mujeres,
me parece a mí que siempre nos da gusto el oír que nos llaman hermosas.

"Pero a todo esto 'se opone° mi honestidad y los consejos continuos   opposes
que mis padres me daban, que ya muy 'al descubierto° sabían la voluntad   openly
de don Fernando, porque ya a él no se le daba nada de que todo el mundo
la supiese.[28] Decíanme mis padres que en sola mi virtud y bondad dejaban
y depositaban su honra y fama, y que considerase la desigualdad° que había   difference
entre mí y don Fernando, y que por aquí echaría de ver que sus
pensamientos, aunque él dijese otra cosa, más se encaminaban a su gusto
que a mi provecho, y que si yo quisiese poner en alguna manera algún
inconveniente para que él se dejase de su injusta pretensión,° que ellos me   aim
casarían luego con quien yo más gustase, así de los más principales de

---

[23] **Tan de...** *so early in the morning*
[24] That is, **los** *ojos* **del amor.**
[25] **Miraron...** *were observing it*
[26] **Mirando...** *stared*
[27] That is, her **desdichas** have no end.
[28] **A él...** *he didn't care if the whole world knew about it*

nuestro lugar, como de todos los circunvecinos,° pues todo se podía esperar   neighboring
de su mucha hacienda y de mi buena fama. Con estos ciertos
prometimientos,° y con la verdad que ellos me decían, fortificaba yo mi   promises
entereza, y jamás quise responder a don Fernando palabra que le pudiese
5   mostrar, aunque de muy lejos, esperanza de alcanzar su deseo. Todos estos
recatos míos, que él debía de tener por desdenes, debieron de ser causa de
avivar más su lascivo apetito, que este nombre quiero dar a la voluntad que
me mostraba, la cual, si ella fuera como debía, no la supiérades vosotros
ahora, porque hubiera faltado la ocasión de decírosla.

10   "Finalmente, don Fernando supo que mis padres andaban por darme
estado,[29] por quitalle a él la esperanza de poseerme, o, a lo menos, porque
yo tuviese más guardas para guardarme. Y esta nueva o sospecha fue causa
para que hiciese lo que ahora oiréis. Y fue que una noche, estando yo en mi
aposento, con sola la compañía de una doncella que me servía, teniendo bien
15   cerradas las puertas, por temor° que, por descuido, mi honestidad no se   fear
viese en peligro, sin saber ni imaginar cómo, en medio destos recatos y
prevenciones, y en la soledad deste silencio y encierro,° me le hallé   seclusion
delante,[30] cuya vista me turbó de manera que me quitó la de mis ojos y me
enmudeció la lengua. Y así, no fui poderosa de dar voces, ni aun él creo que
20   me las dejara dar,[31] porque luego se llegó a mí, y tomándome entre sus
brazos, porque yo, como digo, no tuve fuerzas para defenderme, según
estaba turbada, comenzó a decirme tales razones, que no sé cómo es posible
que tenga tanta habilidad la mentira,° que las sepa componer de modo que   lying
parezcan tan verdaderas. Hacía el traidor que sus lágrimas acreditasen° sus   affirmed
25   palabras, y los suspiros su intención. Yo, pobrecilla, sola entre los míos, mal
ejercitada en casos semejantes,[32] comencé, no sé en qué modo, a tener por
verdaderas tantas falsedades. Pero no de suerte que me moviesen a
compasión, menos que buena, sus lágrimas y suspiros.[33]

   "Y así, pasándoseme aquel sobresalto primero, torné algún tanto a
30   cobrar mis perdidos espíritus, y con más ánimo del que pensé que pudiera
tener, le dije: 'Si como estoy, señor, en tus brazos, estuviera entre los de un
león fiero, y el librarme dellos se me asegurara con que hiciera o dijera cosa
que fuera en perjuicio de mi honestidad,[34] así fuera posible hacella o decilla
como es posible dejar de haber sido lo que fue. Así que, si tú tienes ceñido
35   mi cuerpo con tus brazos, yo tengo atada mi alma con mis buenos deseos,
que son tan diferentes de los tuyos, como lo verás, si con hacerme fuerza
quisieres pasar adelante en ellos. Tu vasalla soy, pero no tu esclava, ni tiene
ni debe tener imperio° la nobleza de tu sangre para deshonrar y tener en   right
poco la humildad de la mía. Y en tanto me estimo yo, villana y labradora,
40   como tú, señor y caballero. Conmigo no han de ser de ningún efecto
tus fuerzas, ni han de tener valor tus riquezas, ni tus palabras han de

[29] **Andaban...** *were thinking about marrying me off*
[30] **Me le hallé...** *I found him in front of me*
[31] **No fui poderosa...** *I couldn't shout, nor would he, I think, have allowed me*
[32] **Entre los míos...** *in my family I was inexperienced in these matters*
[33] **Pero...** *but his tears and sighs didn't move me to anything other than compassion*
[34] **El librarme...** *to free myself from them depended on my doing or saying something to prejudice my chastity*

poder engañarme, ni tus suspiros y lágrimas enternecerme. Si alguna de
todas estas cosas que he dicho viera yo en el que mis padres me dieran por
esposo, a su voluntad se ajustara° la mía, y mi voluntad de la suya no   would adapt
saliera. De modo que, como quedara con honra, aunque quedara sin gusto,[35]
5   de grado le entregara lo que tú, señor, ahora con tanta fuerza procuras.°   want to obtain
Todo esto he dicho, porque no es pensar que de mí alcance cosa alguna[36] el
que no fuere mi ligítimo esposo.'
        " 'Si no reparas más que en eso,[37] bellísima Dorotea'—que éste es el
nombre desta desdichada—dijo el desleal caballero, 'ves, aquí te doy la
10 mano de serlo tuyo, y sean testigos desta verdad los cielos, a quien ninguna
cosa se asconde,° y esta imagen de Nuestra Señora que aquí tienes.' "[38]   esconde
        Cuando Cardenio le oyó decir que se llamaba Dorotea, tornó de nuevo
a sus sobresaltos, y acabó de confirmar por verdadera su primera opinión,
pero no quiso interrumper° el cuento por ver en qué venía a parar lo que él   interrumpir
15 ya casi sabía, sólo dijo:
        "¿Que Dorotea es tu nombre, señora? Otra he oído yo decir del mesmo,
que quizá 'corre parejas° con tus desdichas. Pasa adelante, que tiempo   matches
vendrá en que te diga cosas que te espanten en el mesmo grado que te lasti-
men.°"   make you feel pity
20   Reparó° Dorotea en las razones de Cardenio, y en su estraño y   took notice
desastrado° traje, y rogóle que si alguna cosa de su hacienda sabía, se la   tattered
dijese luego, porque si algo le había dejado bueno la fortuna, era el ánimo
que tenía para sufrir cualquier desastre que le sobreviniese, segura de que,
a su parecer, ninguno podía llegar que el que tenía acrecentase un punto.
25   "No le perdiera yo,[39] señora," respondió Cardenio, "en decirte lo que
pienso, si fuera verdad lo que imagino, y hasta ahora no se pierde
coyuntura,[40] ni a ti te importa nada el saberlo."
        "Sea lo que fuere," respondió Dorotea, "lo que en mi cuento pasa fue
que, tomando don Fernando una imagen que en aquel aposento estaba, la
30 puso por testigo de nuestro desposorio. Con palabras eficacísimas° y   very powerful
juramentos estraordinarios° me dio la palabra de ser mi marido, puesto que,   extraordinarios
antes que acabase de decirlas, le dije que mirase bien lo que hacía, y que
considerase el enojo que su padre había de recebir de verle casado con una
villana, vasalla suya, que no le cegase° mi hermosura, tal cual era, pues no   blind
35 era bastante para hallar en ella disculpa de su yerro, y que si algún bien me
quería hacer, por el amor que me tenía, fuese dejar correr mi suerte a lo
igual de lo que mi calidad pedía, porque nunca los tan desiguales
casamientos se gozan, ni duran mucho en aquel gusto con que se comienzan.
        "Todas estas razones que aquí he dicho, le dije, y otras muchas de que
40 no me acuerdo. Pero no fueron parte para que él dejase de seguir su intento,

---

[35] **Como quedara...** *if my honor were preserved, even though I had no pleasure*
[36] **No es pensar...** *it is unthinkable that [anyone] would get anything from me*
[37] **Si no reparas...** *if that is your only worry*
[38] In Spanish Golden Age literature, this was a legitimate way for people to marry each other.
[39] **No le...** *I wouldn't miss the chance*
[40] **Hasta ahora...** *up to now there is no connection*

bien ansí como el que no piensa pagar, que, al concertar de la barata,° no   deal
repara° en inconvenientes. Yo, a esta sazón, hice un breve discurso   considers
conmigo, y me dije a mí mesma: 'Sí, que no seré yo la primera que por vía
de matrimonio haya subido de humilde a grande estado, ni será don
5   Fernando el primero a quien hermosura o ciega afición, que es lo más
cierto, haya hecho tomar compañía desigual a su grandeza.° Pues si no hago   greatness
ni mundo ni uso nuevo, bien es acudir a esta honra que la suerte me ofrece,
puesto que en éste no dure más la voluntad que me muestra de cuanto dure
el cumplimiento de su deseo,[41] que, en fin, para con Dios seré su esposa.
10   Y si quiero con desdenes despedille, en término le veo que no usando el
que debe,[42] usará el de la fuerza, y vendré a quedar deshonrada° y sin   disgraced
disculpa° de la culpa que me podía dar el que no supiere cuán sin ella he   excuse
venido a este punto. Porque, ¿qué razones serán bastantes para persuadir a
mis padres y a otros que este caballero entró en mi aposento sin
15   consentimiento° mío?'   consent
     "Todas estas demandas y respuestas revolví en un instante en la
imaginación. Y sobre todo, me comenzaron a hacer fuerza, y a inclinarme°   persuade me
a lo que fue, sin yo pensarlo, mi perdición, los juramentos de don Fernando,
los testigos que ponía,° las lágrimas que derramaba,° y finalmente, su   named, shed
20   dispusición° y gentileza, que, acompañada con tantas muestras de verdadero   **disposición**
amor, pudieran rendir a otro tan libre y recatado corazón como el mío.
Llamé a mi criada para que en la tierra acompañase a los testigos del cielo.
Tornó don Fernando a reiterar y confirmar sus juramentos. Añadió a los
primeros nuevos santos por testigos. Echóse mil futuras maldiciones si no
25   cumpliese lo que me prometía. Volvió a humedecer sus ojos y a acrecentar
sus suspiros. Apretóme más entre sus brazos, de los cuales jamás me había
dejado. Y con esto, y con volverse a salir del aposento mi doncella, yo dejé
de serlo[43] y él acabó° de ser traidor y fementido.   wound up
     "El día que sucedió a la noche de mi desgracia se venía aún no tan
30   apriesa[44] como yo pienso que don Fernando deseaba, porque, después de
cumplido aquello que el apetito pide, el mayor gusto que puede venir es
apartarse de donde le alcanzaron. Digo esto, porque don Fernando dio
priesa por partirse de mí. Y por industria de mi doncella, que era la misma
que allí le había traído, antes que amaneciese se vio en la calle. Y al
35   despedirse de mí, aunque no con tanto ahinco y vehemencia como cuando
vino, me dijo que estuviese segura de su fe y de ser firmes y verdaderos sus
juramentos. Y para más confirmación de su palabra, sacó un rico anillo del
dedo y lo puso en el mío. En efecto, él se fue y yo quedé, ni sé si triste o
alegre: esto sé bien decir, que quedé confusa y pensativa, y casi fuera de
40   mí, con el nuevo acaecimiento, y no tuve ánimo, o no se me acordó, de
reñir° a mi doncella por la traición cometida de encerrar a don Fernando en   scold
mi mismo aposento, porque aún no me determinaba si era bien o mal el que

---

[41] **Puesto que en éste...** *even though the love this person manifests may not last
longer than the fulfillment of his desire*

[42] **En término...** *in conclusion, I see that if he doesn't use the conduct he should.*
Término means both *conclusion* and *conduct.*

[43] That is, she stopped being a **doncella** *maiden.*

[44] **Se venía...** *didn't come as quickly*

me había sucedido. Díjele, al partir, a don Fernando que por el mesmo camino de aquélla podía verme otras noches, pues ya era suya, hasta que, cuando él quisiese, aquel hecho 'se publicase.° Pero no vino otra alguna, si no fue la siguiente, ni yo pude verle en la calle ni en la iglesia en más de un mes, que en vano me cansé en solicitallo, puesto que supe que estaba en la villa y que los más días iba a caza, ejercicio de que él era muy aficionado.

"Estos días y estas horas bien sé yo que para mí fueron aciagos° y menguadas. Y bien sé que comencé a dudar en ellos, y aun a descreer° de la fe de don Fernando. Y sé también que mi doncella oyó entonces las palabras que, en reprehensión de su atrevimiento, antes no había oído. Y sé que me fue forzoso 'tener cuenta° con mis lágrimas y con la compostura° de mi rostro, por no dar ocasión a que mis padres me preguntasen que de qué andaba descontenta° y me obligasen a buscar mentiras que decilles. Pero todo esto se acabó en un punto, llegándose uno donde se atropellaron° respectos y se acabaron los honrados discursos, y adonde se perdió la paciencia y salieron a plaza mis secretos pensamientos. Y esto fue porque, de allí a pocos días, se dijo en el lugar como en una ciudad allí cerca se había casado don Fernando con una doncella hermosísima en todo estremo y de muy principales padres, aunque no tan rica, que por la dote pudiera aspirar a tan noble casamiento.[45] Díjose que se llamaba Luscinda, con otras cosas que en sus desposorios sucedieron, dignas de admiración."

Oyó Cardenio el nombre de Luscinda, y no hizo otra cosa que encoger los hombros, morderse los labios, enarcar las cejas y dejar de allí a poco caer por sus ojos dos fuentes de lágrimas. Mas no por esto dejó Dorotea de seguir su cuento, diciendo:

"Llegó esta triste nueva a mis oídos, y en lugar de helárseme el corazón en oílla, fue tanta la cólera y rabia que se encendió en él, que faltó poco para no salirme por las calles dando voces, publicando la alevosía y traición que se me había hecho. Mas templóse° esta furia por entonces con pensar de poner aquella mesma noche por obra lo que puse, que fue ponerme en este hábito que me dio uno de los que llaman zagales en casa de los labradores, que era criado de mi padre, al cual descubrí toda mi desventura, y le rogué me acompañase hasta la ciudad donde entendí que mi enemigo estaba. Él, después que hubo reprehendido mi atrevimiento y afeado° mi determinación, viéndome resuelta en mi parecer, se ofreció a tenerme compañía, como él dijo, hasta el cabo del mundo. Luego, al momento encerré en una almohada de lienzo un vestido de mujer y algunas joyas y dineros, por lo que podía suceder. Y en el silencio de aquella noche, sin 'dar cuenta° a mi traidora doncella, salí de mi casa, acompañada de mi criado, y de muchas imaginaciones, y me puse en camino de la ciudad a pie, llevada en vuelo del deseo de llegar,[46] ya que no a estorbar lo que tenía por hecho, a lo menos, a decir a don Fernando me dijese con qué alma lo había hecho.

"Llegué en dos días y medio donde quería, y en entrando por la

---

[45] **Por la dote...** *through her dowry could she aspire to such a noble marriage*
[46] **Llevada...** *carried [as if] in flight by the desire to arrive*

ciudad, pregunté por la casa de los padres de Luscinda, y al primero a quien
hice la pregunta, me respondió más de lo que yo quisiera oír. Díjome la
casa y todo lo que había sucedido en el desposorio de su hija, cosa tan
pública en la ciudad, que se hacen corrillos° para contarla por toda ella.   gossip groups
5 Díjome que la noche que don Fernando se desposó con Luscinda, después
de haber ella dado el sí de ser su esposa, le había tomado un recio desmayo, y que, llegando su esposo a desabrocharle el pecho para que le diese
el aire, le halló un papel escrito de la misma letra de Luscinda, en que decía
y declaraba que ella no podía ser esposa de don Fernando, porque lo era de
10 Cardenio, que, a lo que el hombre me dijo, era un caballero muy principal
de la mesma ciudad. Y que si había dado el sí a don Fernando, fue por no
salir de la obediencia de sus padres. En resolución, tales razones dijo que
contenía el papel, que daba a entender que ella había tenido intención de
matarse en acabándose de desposar, y daba allí las razones por qué se había
15 quitado la vida, todo lo cual dicen que confirmó una daga que le hallaron,
no sé en qué parte de sus vestidos. Todo lo cual visto por don Fernando,
pareciéndole que Luscinda le había burlado y escarnecido y tenido en poco,
arremetió a ella antes que de su desmayo volviese, y con la misma daga que
le hallaron la quiso dar de puñaladas, y lo hiciera, si sus padres y los que
20 se hallaron presentes no se lo estorbaran. Dijeron más: que luego se ausentó
don Fernando, y que Luscinda no había vuelto de su parasismo hasta otro
día, que contó a sus padres como ella era verdadera esposa de aquel
Cardenio que he dicho.
   "Supe más: que 'el Cardenio,° según decían, se halló presente a los   el *tal* Cardenio
25 desposorios, y que, en viéndola desposada, lo cual él jamás pensó, se salió
de la ciudad desesperado, dejándole primero escrita una carta, donde daba
a entender el agravio que Luscinda le había hecho, y de cómo él se iba
adonde gentes no le viesen. Esto todo era público y notorio en toda la
ciudad, y todos hablaban dello. Y más hablaron cuando supieron que
30 Luscinda había faltado de casa de sus padres y de la ciudad, pues no la
hallaron en toda ella, de que perdían el juicio sus padres y no sabían qué
medio se tomar para hallarla. Esto que supe 'puso en bando° mis   encouraged
esperanzas, y tuve por mejor no haber hallado a don Fernando, que no
hallarle casado, pareciéndome que aún no estaba del todo cerrada la puerta
35 a mi remedio, dándome yo a entender que podría ser que el cielo hubiese
puesto aquel impedimento en el segundo matrimonio, por atraerle a conocer
lo que al primero debía, y a caer en la cuenta de que era cristiano, y que
estaba más obligado a su alma que a los respetos humanos.
   "Todas estas cosas revolvía en mi fantasía, y me consolaba sin tener
40 consuelo, fingiendo unas esperanzas largas y desmayadas para entretener la
vida, que ya aborrezco. Estando, pues, en la ciudad, sin saber qué hacerme,
pues a don Fernando no hallaba, llegó a mis oídos un público pregón,°   proclamation
donde se prometía grande hallazgo° a quien me hallase, dando las señas de   reward
la edad y del mesmo traje que traía. Y oí decir que se decía que me había
45 sacado de casa de mis padres el mozo que conmigo vino, cosa que me llegó
al alma, por ver cuán de caída andaba mi crédito,⁴⁷ pues no bastaba perderle

---

⁴⁷ **Por ver cuán...** *showing how low my reputation had fallen*

con mi venida, sino añadir[48] el con quién, siendo subjeto° tan bajo y tan   **sujeto**
indigno de mis buenos pensamientos. Al punto que oí el pregón, me salí de
la ciudad con mi criado, que ya comenzaba a dar muestras de titubear en
la fe que de fidelidad[49] me tenía prometida, y aquella noche nos entramos
por lo espeso desta montaña, con el miedo de no ser hallados.

"Pero como suele decirse que un mal llama a otro, y que el fin de una
desgracia suele ser principio de otra mayor, así me sucedió a mí, porque mi
buen criado, hasta entonces fiel y seguro, así como me vio en esta soledad,
incitado de su mesma bellaquería antes que de mi hermosura, quiso
aprovecharse de la ocasión que, a su parecer, estos yermos° le ofrecían. Y   wilderness
con poca vergüenza y menos temor de Dios, ni respeto mío, me 'requirió
de amores,° y viendo que yo, con feas y justas palabras, respondía a las   courted
desvergüenzas° de sus propósitos, dejó aparte los ruegos, de quien primero   impudences
pensó aprovecharse,[50] y comenzó a usar de la fuerza. Pero el justo cielo,
que pocas o ningunas veces deja de mirar y favorecer a las justas
intenciones, favoreció las mías de manera que, con mis pocas fuerzas y con
poco trabajo, di con él por un derrumbadero,° donde le dejé, ni sé si muerto   precipice
o si vivo. Y luego, con más ligereza que mi sobresalto y cansancio pedían,
me entré por estas montañas, sin llevar otro pensamiento ni otro disignio
que esconderme en ellas y huir de mi padre y de aquellos que de su parte
me andaban buscando.

"Con este deseo ha no sé cuántos meses que entré en ellas, donde hallé
un ganadero que me llevó por su criado a un lugar que está en las entrañas
desta sierra, al cual he servido de zagal todo este tiempo, procurando estar
siempre en el campo por encubrir estos cabellos que ahora, tan sin pensarlo,
me han descubierto. Pero toda mi industria y toda mi solicitud fue, y ha
sido, de ningún provecho, pues mi amo vino en conocimiento de que yo no
era varón,° y nació en él el mesmo mal pensamiento que en mi criado, y   male
como no siempre la fortuna con los trabajos da los remedios, no hallé
derrumbadero ni barranco° de donde despeñar y despenar[51] al amo, como   ravine
le hallé para el criado. Y así, tuve por menor inconveniente dejalle y
asconderme° de nuevo entre estas asperezas que probar con él mis fuerzas   **esconderme**
o mis disculpas. Digo, pues, que me torné a emboscar y a buscar donde, sin
impedimento alguno, pudiese con suspiros y lágrimas rogar al cielo se duela
de mi desventura y me dé industria y favor para salir della, o para dejar la
vida entre estas soledades, sin que quede memoria desta triste, que tan sin
culpa suya habrá dado materia para que de ella se hable y murmure en la
suya y en las ajenas tierras."[52]

---

[48] **Sino [que era necesario] añadir**—Gaos' suggested reading.
[49] **La fe que de fidelidad... = la fe de fidelidad que...**
[50] **De quien...** *which he had tried to use first*
[51] **Despeñar...** *to fling down a precipice and kill*
[52] **En las...** *in her own country and others*

Capítulo XXIX. *Que trata de la discreción[1] de la hermosa Dorotea, con otras cosas de mucho gusto y pasatiempo.[2]*

"ÉSTA ES, señores, la verdadera historia de mi tragedia: mirad y juzgad ahora si los suspiros que escuchastes, las palabras que oístes y las lágrimas que de mis ojos salían, tenían ocasión bastante para mostrarse en mayor abundancia. Y considerada la calidad° de mi desgracia, veréis que será en vano el consuelo, pues es imposible el remedio della. Sólo os ruego, lo que con facilidad podréis y debéis hacer, que me aconsejéis dónde podré pasar la vida, sin que me acabe el temor y sobresalto que tengo de ser hallada de los que me buscan,[3] que, aunque sé que el mucho amor que mis padres me tienen me asegura que seré dellos bien recebida, es tanta la vergüenza° que me ocupa° sólo al pensar que, no como ellos pensaban, tengo de parecer a su presencia, que tengo por mejor desterrarme° para siempre de ser vista, que no verles el rostro con pensamiento que ellos miran el mío ajeno de la honestidad que de mí se debían de tener prometida."[4]

       nature
       shame, disturbs
       to banish myself

Calló en diciendo esto, y el rostro se le cubrió de un color que mostró bien claro el sentimiento y vergüenza del alma. En las suyas sintieron los que escuchado la habían tanta lástima como admiración[5] de su desgracia. Y aunque luego quisiera el cura consolarla y aconsejarla, tomó primero la mano Cardenio, diciendo:

"En fin, señora, que tú eres la hermosa Dorotea, la hija única del rico Clenardo."

Admirada quedó Dorotea cuando oyó el nombre de su padre, y de ver 'cuán de poco° era el que le nombraba, porque ya se ha dicho de la mala manera que Cardenio estaba vestido. Y así, le dijo:

       how unprepossessi

"Y ¿quién sois vos, hermano, que así sabéis el nombre de mi padre? Porque yo, hasta ahora, si mal no me acuerdo, en todo el discurso del cuento de mi desdicha no le he nombrado."

"Soy," respondió Cardenio, "aquel 'sin ventura° que, según vos, señora, habéis dicho, Luscinda dijo que era su esposo. Soy el desdichado Cardenio, a quien el mal término de aquel que a vos os ha puesto en el que estáis, me ha traído a que me veáis, cual me veis, roto, desnudo, falto de todo humano consuelo, y lo que es peor de todo, falto de juicio, pues no le tengo sino cuando al cielo se le antoja dármele por algún breve espacio. Yo soy el que me hallé presente a las sinrazones de don Fernando, y el que aguardó oír el sí que de ser su esposa pronunció Luscinda. Yo soy el que no tuvo

       unfortunate person

---

[1] The original heading says **discordia**, but in the **Tabla de los capítulos** at the end of the book it says **discreción**, which seemingly indicates that the word was misread by the typesetters the first time around and correctly transcribed in the *Tabla*.

[2] This is another case of "erroneous" chapter titles. This one corresponds to the action of Chapter 30, and Chapter 30's title refers to what happens in this chapter.

[3] **Sin que...** *without being finished off by the fear that I have of being found by those who are looking for me*

[4] **Que no verles...** *than to see their faces thinking that they see in mine lacking the chastity which they had a right to expect.* This sentence has 111 words.

[5] **En...** *In their own [hearts] those who had heard her felt as much pity as wonder*

ánimo para ver en qué paraba su desmayo, ni lo que resultaba del papel que
le fue hallado en el pecho, porque no tuvo el alma sufrimiento para ver
tantas desventuras juntas. Y así dejé la casa y la paciencia, y una carta que
dejé a un huésped mío, a quien rogué que en manos de Luscinda la pusiese,
y víneme a estas soledades con intención de acabar en ellas la vida, que
desde aquel punto aborrecí como mortal enemiga mía. Mas no ha querido la
suerte quitármela,[6] contentándose con quitarme el juicio, quizá por
guardarme para la buena ventura que he tenido en hallaros, pues siendo
verdad, como creo que lo es, lo que aquí habéis contado, aún podría ser que
a entrambos nos tuviese el cielo guardado mejor suceso en nuestros desastres
que nosotros pensamos. Porque presupuesto° que Luscinda no puede casarse   since
con don Fernando, por ser mía, ni don Fernando con ella, por ser vuestro,
y haberlo ella tan manifiestamente° declarado, bien podemos esperar que el   clearly
cielo nos restituya° lo que es nuestro, pues está todavía en ser y no se ha   restore
enajenado ni deshecho.[7] Y pues este consuelo tenemos, nacido no de muy
remota esperanza, ni fundado en desvariadas imaginaciones, suplícoos,
señora, que toméis otra resolución en vuestros honrados pensamientos, pues
yo la pienso tomar en los míos, acomodándoos a esperar mejor fortuna, que
yo os juro por la fe de caballero y de cristiano de no desampararos hasta
veros en poder de don Fernando, y que, cuando con razones no le pudiere
atraer a que conozca lo que os debe,[8] de usar entonces la libertad que me
concede el ser caballero y poder, con justo título, desafialle en razón de la
sinrazón[9] que os hace, sin acordarme de mis agravios, cuya venganza dejaré
al cielo por acudir en la tierra a los vuestros."

Con lo que Cardenio dijo se acabó de admirar Dorotea,[10] y por no
saber qué gracias volver a tan grandes ofrecimientos, quiso tomarle los pies
para besárselos, mas no lo consintió Cardenio. Y el licenciado respondió
por entrambos y aprobó el buen discurso de Cardenio, y sobre todo, les
rogó, aconsejó y persuadió que se fuesen con él a su aldea, donde se
podrían 'reparar de° las cosas que les faltaban, y que allí se daría orden   to supply
cómo buscar a don Fernando, o cómo llevar a Dorotea a sus padres, o hacer
lo que más les pareciese conveniente.° Cardenio y Dorotea se lo   useful
agradecieron y acetaron la merced que se les ofrecía. El barbero, que a todo
había estado suspenso y callado, hizo también su buena plática y se ofreció,
con no menos voluntad que el cura, a todo aquello que fuese bueno para
servirles.

Contó, asimesmo, con brevedad la causa que allí los había traído, con
la estrañeza de la locura de don Quijote, y como aguardaban a su escudero,
que había ido a buscalle. Vínosele a la memoria a Cardenio, como por
sueños,° la pendencia que con don Quijote había tenido, y contóla a los   dreams
demás. Mas no supo decir por qué causa fue su quistión.°   quarrel

En esto, oyeron voces y conocieron que el que las daba era Sancho
Panza, que, por no haberlos hallado en el lugar donde los dejó, los llamaba

---

[6] That is, **quitarme la vida.**
[7] **Está todavía...** *it still exists and hasn't been transfered or destroyed*
[8] **Cuando con...** *if I can't persuade him with words to recognize what he owes you*
[9] **En razón...** *on account of the injustice*
[10] **Con lo que...** *what Cardenio said amazed Dorotea*

a voces. Saliéronle al encuentro, y preguntándole por don Quijote, les dijo
como le había hallado desnudo en camisa, flaco, amarillo y muerto de
hambre, y suspirando° por su señora Dulcinea, y que, puesto que le había   sighing
dicho que ella le mandaba que saliese de aquel lugar y se fuese al del
5   Toboso, donde le quedaba esperando, había respondido que estaba
determinado de no parecer ante su fermosura fasta que oviese° fecho   **hubiese** (*arch.*)
fazañas que le ficiesen digno de su gracia. "Y que si aquello pasaba
adelante,[11] corría peligro de no venir a ser emperador, como estaba
obligado, ni aun arzobispo, que era lo menos que podía ser. Por eso, que
10   mirasen lo que se había de hacer para sacarle de allí."
El licenciado le respondió que no tuviese pena, que ellos le sacarían de
allí, mal que le pesase. Contó luego a Cardenio y a Dorotea lo que tenían
pensado para remedio de don Quijote, a lo menos, para llevarle a su casa.
A lo cual dijo Dorotea que ella haría° la doncella menesterosa mejor que   would play the part
15   el barbero, y más, que tenía allí vestidos con que hacerlo 'al natural,° y que   of; naturally
la dejasen el cargo de saber representar todo aquello que fuese menester
para llevar adelante su intento, porque ella había leído muchos libros de
caballerías y sabía bien el estilo que tenían las doncellas cuitadas cuando
pedían sus dones a los andantes caballeros.
20   "Pues no es menester más," dijo el cura, "sino que luego se ponga por
obra, que, sin duda, la buena suerte se muestra en favor mío, pues tan sin
pensarlo, a vosotros, señores, se os ha comenzado a abrir puerta para
vuestro remedio,[12] y a nosotros se nos ha facilitado la que habíamos
menester."
25   Sacó luego Dorotea de su almohada una saya entera de cierta telilla°   light wool cloth
rica y una mantellina° de otra vistosa° tela verde, y de una cajita un collar°   shawl, pretty,
y otras joyas, con que en un instante se adornó, de manera que una rica y   necklace
gran señora parecía. Todo aquello y más dijo que había sacado de su casa
para lo que se ofreciese,[13] y que hasta entonces no se le había ofrecido
30   ocasión de habello menester. A todos contentó en estremo su mucha gracia,
donaire y hermosura, y confirmaron° a don Fernando por de poco   declared
conocimiento, pues tanta belleza° desechaba.   beauty
Pero el que más se admiró fue Sancho Panza, por parecerle, como era
así verdad, que en todos los días de su vida había visto[14] tan hermosa
35   criatura. Y así, preguntó al cura con grande ahinco le dijese quién era
aquella tan fermosa señora y qué era lo que buscaba por aquellos
andurriales.°   by-roads
"Esta hermosa señora," respondió el cura, "Sancho hermano, es, como
quien no dice nada,[15] es la heredera, por línea recta° de varón, del gran   direct
40   reino de Micomicón,[16] la cual viene en busca de vuestro amo a pedirle un
don, el cual es que le desfaga un tuerto o agravio que un mal gigante le

---

[11] This indirect discourse now changes to what Sancho said: **"Y si aquello pasaba adelante,"** *dijo Sancho...*

[12] It is the **remedio** of Cardenio and Dorotea's plight that the priest speaks of.

[13] **Para...** *for any contingency*

[14] That is, *no* **había visto**.

[15] **Como quien...** *to say the least*

[16] Combination of **mico** *monkey* and **cómico**.

tiene fecho, y a la fama que de buen caballero vuestro amo tiene por todo lo descubierto, de Guinea[17] ha venido a buscarle esta princesa."

"¡Dichosa buscada° y dichoso hallazgo!" dijo a esta sazón Sancho Panza, "y más si mi amo es tan venturoso que desfaga ese agravio y enderece° ese tuerto, matando a ese hideputa dese gigante que vuestra merced dice, que sí matará, si él le encuentra, si ya no fuese fantasma—que contra las fantasmas no tiene mi señor poder alguno. Pero una cosa quiero suplicar a vuestra merced, entre otras, señor licenciado, y es que porque a mi amo no le tome gana de ser arzobispo, que es lo que yo temo, que vuestra merced le aconseje que se case luego con esta princesa, y así quedará imposibilitado de recebir órdenes arzobispales, y vendrá con facilidad a su imperio, y yo al fin° de mis deseos, que yo he mirado bien en ello y hallo por mi cuenta° que no me está bien que mi amo sea arzobispo, porque yo soy inútil para la Iglesia, pues soy casado, y andarme ahora a traer dispensaciones para poder tener renta por la Iglesia, teniendo, como tengo, mujer y hijos, sería nunca acabar.[18] Así que, señor, todo el toque está en que mi amo se case luego con esta señora, que hasta ahora no sé su gracia,[19] y así no la llamo por su nombre."

"Llámase," respondió el cura, "la princesa Micomicona, porque llamándose su reino Micomicón, claro está que ella se ha de llamar así."

"No hay duda en eso," respondió Sancho, "que yo he visto a muchos tomar el apellido y alcurnia del lugar donde nacieron, llamándose Pedro de Alcalá, Juan de Úbeda y Diego de Valladolid:[20] y esto mesmo se debe de usar allá en Guinea: tomar las reinas los nombres de sus reinos."

"Así debe de ser," dijo el cura, "y en lo del casarse vuestro amo, yo haré en ello todos mis poderíos."

Con lo que quedó tan contento Sancho, cuanto el cura admirado de su simplicidad y de ver cuán encajados° tenía en la fantasía los mesmos disparates que su amo, pues sin alguna duda se daba a entender[21] que había de venir a ser emperador. Ya en esto se había puesto Dorotea sobre la mula del cura, y el barbero se había acomodado al rostro la barba de la cola de buey, y dijeron a Sancho que los guiase adonde don Quijote estaba, al cual advirtieron que no dijese que conocía al licenciado ni al barbero, porque en no conocerlos consistía todo el toque de venir a ser emperador su amo. Puesto que ni el cura ni Cardenio quisieron ir con ellos, porque no se le acordase a don Quijote la pendencia que con Cardenio había tenido, y el cura porque no era menester por entonces su presencia. Y así, los dejaron ir delante y ellos los fueron siguiendo a pie, poco a poco. No dejó de avisar el cura lo que había de hacer Dorotea, a lo que ella dijo que descuidasen:° que todo se haría sin faltar punto, como lo pedían y pintaban los libros de

search

sets right

object
calculations

fit together

not to worry

---

[17] Guinea traditionally referred to the western African coast at the equator, near where modern Equatorial Guinea is.

[18] **Sería...** *would be an endless job*

[19] **Gracia** is used here as *name*, so sé makes sense.

[20] Alcalá (de Henares) is Cervantes' native town, 30 kms. east of Madrid, Úbeda is in the province of Jaén, 170 kms. south of Madrid, and Valladolid is a provincial capital, and former capital of Spain (1518-1561, 1600-1606), 130 kms. northwest of Madrid.

[21] **Se daba...** *[Sancho] was convinced*

caballerías.

Tres cuartos de legua habrían andado, cuando descubrieron a don Quijote entre unas intricadas peñas, ya vestido, aunque no armado, y así como Dorotea le vio y fue informada de Sancho que aquél era don Quijote,
5   dio del azote a su palafrén,° siguiéndole el bien barbado° barbero. Y en   woman's horse,
llegando junto a él, el escudero se arrojó de la mula y fue a tomar en los   bearded
brazos a Dorotea, la cual, apeándose con grande desenvoltura, se fue a
hincar de rodillas ante las de don Quijote, y aunque él pugnaba por
levantarla, ella, sin levantarse, le fabló en esta guisa:
10   "De aquí no me levantaré, ¡oh valeroso y esforzado caballero! fasta que
la vuestra bondad y cortesía[22] me otorgue un don, el cual redundará en
honra y prez° de vuestra persona, y en pro de la más desconsolada y   glory
agraviada doncella que el sol ha visto. Y si es que el valor de vuestro fuerte
brazo corresponde a la voz° de vuestra inmortal fama, obligado estáis a   public opinion
15 favorecer a la sin ventura que de tan lueñes° tierras viene, al olor de vuestro   far-off
famoso nombre, buscándoos para remedio de sus desdichas."
    "No os responderé palabra, fermosa señora," respondió don Quijote, "ni
oiré más cosa de vuestra facienda, fasta que os levantéis de tierra."
    "No me levantaré, señor," respondió la afligida doncella, "si primero,
20 por la vuestra cortesía, no me es otorgado el don que pido."
    "Yo vos le otorgo y concedo," respondió don Quijote, "como no se
haya de cumplir° en daño o mengua de mi rey, de mi patria y de aquella   to perform
que de mi corazón y libertad tiene la llave."
    "No será en daño ni en mengua de los que decís, mi buen señor,"
25 replicó la dolorosa doncella.
    Y estando en esto, se llegó Sancho Panza al oído de su señor, y muy
pasito° le dijo: quietly
    "Bien puede vuestra merced, señor, concederle el don que pide, que no
es cosa de nada: sólo es matar a un gigantazo, y esta que lo pide es la alta
30 princesa Micomicona, reina del gran reino Micomicón, de Etiopia."[23]
    "Sea quien fuere," respondió don Quijote, "que yo haré lo que soy
obligado y lo que me dicta° mi conciencia, conforme a lo que profesado   dictates
tengo."
    Y volviéndose a la doncella, dijo:
35   "La vuestra gran fermosura se levante, que yo le otorgo el don que
pedirme quisiere."
    "Pues el que pido es," dijo la doncella, "que la vuestra magnánima°   heroic
persona se venga luego conmigo donde yo le llevare, y me prometa que no
se ha de entremeter en otra aventura ni demanda alguna hasta darme
40 venganza de un traidor que, contra todo derecho divino y humano, me tiene
usurpado mi reino."
    "Digo que así lo otorgo," respondió don Quijote, "y así podéis, señora,
desde hoy más, desechar° la malenconía que os fatiga y hacer que cobre   put aside

---

[22] **La vuestra...** *you,* similar to the use of **vuestra merced**.
[23] Ethiopia is in eastern Africa, bordering nowadays on The Sudan, Kenya, and the Somali Republic.

nuevos bríos y fuerzas vuestra desmayada esperanza, que, con el[24] ayuda de
Dios y la de mi brazo, vos os veréis presto restituida° en vuestro reino y   restored
sentada en la silla de vuestro antiguo y grande estado, a pesar y a despecho
de los follones que contradecirlo quisieren, y manos a labor, que en la
tardanza dicen que suele estar el peligro."

La menesterosa doncella pugnó con mucha porfía por besarle las
manos. Mas don Quijote, que en todo era comedido y cortés caballero,
jamás lo consintió. Antes la hizo levantar y la abrazó con mucha cortesía y
comedimiento, y mandó a Sancho que requiriese° las cinchas a Rocinante,   put on
y le armase luego al punto. Sancho descolgó° las armas, que, como trofeo,   took down
de un árbol estaban pendientes, y requiriendo las cinchas, en un punto armó
a su señor, el cual, viéndose armado, dijo:

"Vamos de aquí, en el nombre de Dios, a favorecer esta gran señora."

Estábase el barbero aún 'de rodillas,° teniendo gran cuenta[25] de   kneeling
disimular la risa y de que no se le cayese la barba, con cuya caída quizá
quedaran todos sin conseguir su buena intención. Y viendo que ya el don
estaba concedido, y con la diligencia que don Quijote 'se alistaba° para ir a   prepared
cumplirle, se levantó y tomó de la otra mano a su señora, y entre los dos la
subieron en la mula. Luego subió don Quijote sobre Rocinante y el barbero
se acomodó en su cabalgadura,° quedándose Sancho a pie, donde de nuevo   mule
se le renovó° la pérdida del rucio, con la falta que entonces le hacía. Mas   reiterated
todo lo llevaba con gusto, por parecerle que ya su señor estaba puesto en
camino y muy 'a pique de° ser emperador, porque, sin duda alguna, pensaba   on the point of
que se había de casar con aquella princesa y ser, por lo menos, rey de
Micomicón. Sólo le daba pesadumbre el pensar que aquel reino era en tierra
de negros, y que la gente que por sus vasallos le diesen habían de ser todos
negros, a lo cual hizo luego en su imaginación un buen remedio, y díjose a
sí mismo:

"¿Qué se me da a mí[26] que mis vasallos sean negros? ¿Habrá más que
cargar con ellos y traerlos a España,[27] donde los podré vender, y adonde me
los pagarán 'de contado,° de cuyo dinero podré comprar algún título o algún   instantly
oficio con que vivir descansado[28] todos los días de mi vida? ¡No, sino
dormíos, y no tengáis ingenio ni habilidad para disponer de las cosas[29] y
para vender treinta o diez mil vasallos en dácame esas pajas![30] ¡Par Dios que
los he de volar, chico con grande,[31] o como pudiere. Y que por negros que
sean los he de volver blancos, o amarillos—llegaos, que me mamo el
dedo!"[32]

Con esto andaba tan solícito y tan contento, que se le olvidaba la

---

[24] **Ayuda** hasn't changed genders. The feminine **el** (as in **el agua**) was used before *any*
intial a- in older Spanish. The pronoun **la** a few words later refers to this feminine **ayuda**.

[25] **Teniendo**... *being very careful*

[26] **¿Qué se me**... *what difference does it make to me?*

[27] **¿Habrá más**... *won't I just have to bring them to Spain*

[28] **Vivir**... *to live the easy life*

[29] **Dormíos,**... *go to sleep and don't be clever or skillful enough to take care of things*

[30] **En dácame**... *in an instant*

[31] **Los he**... *I'll sell them quickly, wholesale*

[32] **Los he de volver**... *I'll turn them into silver* [**blancos**] *or gold* [**amarillos**]*; come on!
do you think I'm stupid?*

pesadumbre de caminar a pie.

    Todo esto miraban de entre unas breñas° Cardenio y el cura, y no   thicket
sabían qué hacerse para juntarse con ellos. Pero el cura, que era gran
tracista,° imaginó luego lo que harían para conseguir lo que deseaban, y fue   schemer
5 que, con unas tijeras° que traía en un estuche,° quitó con mucha presteza   scissors, sheath
la barba a Cardenio y vistióle un capotillo pardo que él traía, y diole un
herreruelo negro, y él se quedó en calzas y en jubón,° y quedó tan otro de   doublet
lo que antes parecía Cardenio, que él mesmo no se conociera, aunque a un
espejo se mirara. Hecho esto, puesto ya que los otros habían pasado
10 adelante en tanto que ellos se disfrazaron,° con facilidad salieron al camino   disguised
real antes que ellos, porque las malezas y malos pasos de aquellos lugares
no concedían° que anduviesen tanto los de a caballo como los de a pie. En   allowed
efeto, ellos se pusieron en el llano a la salida de la sierra, y así como salió
della don Quijote y sus camaradas, el cura se le puso a mirar muy de
15 espacio, dando señales de que le iba reconociendo. Y al cabo de haberle
una buena pieza estado mirando, se fue a él abiertos los brazos y diciendo
a voces:

    "¡Para bien sea hallado el espejo de la caballería, el mi buen
compatriote don Quijote de la Mancha, la flor y la nata° de la gentileza, el   cream
20 amparo y remedio de los menesterosos, la 'quinta esencia° de los caballeros   quintessence
andantes!" Y diciendo esto, tenía abrazado por la rodilla de la pierna
izquierda a don Quijote, el cual, espantado de lo que veía y oía decir y
hacer aquel hombre, se le puso a mirar con atención, y al fin, le conoció,
y quedó como espantado de verle, y hizo grande fuerza por apearse. Mas
25 el cura no lo consintió, por lo cual don Quijote decía:

    "Déjeme vuestra merced, señor licenciado, que no es razón que yo esté
a caballo, y una tan reverenda persona como vuestra merced esté a pie."

    "Eso no consentiré yo en ningún modo," dijo el cura, "estése la vuestra
grandeza³³ a caballo, pues estando a caballo acaba las mayores fazañas y
30 aventuras que en nuestra edad se han visto, que a mí, aunque indigno
sacerdote, bastaráme subir en las ancas de una destas mulas destos señores
que con vuestra merced caminan, si no lo han por enojo.° Y aun haré   annoyance
cuenta³⁴ que voy caballero sobre el caballo Pegaso,³⁵ o sobre la cebra o
alfana en que cabalgaba° aquel famoso moro Muzaraque,³⁶ que aun hasta   rode
35 ahora yace encantado en la gran cuesta Zulema, que dista poco de la gran
Cómpluto."³⁷

    "Aun no caía yo en tanto,³⁸ mi señor licenciado," respondió don
Quijote, "y yo sé que mi señora la princesa será servida, por mi amor, de
mandar a su escudero dé a vuestra merced la silla³⁹ de su mula, que él

---

³³ **La vuestra…** *you*

³⁴ **Haré…** *I will consider*

³⁵ Pegaso was the winged horse from Greek mythology.

³⁶ About the "famous" Muzaraque nothing is known.

³⁷ Zulema is a large hill southeast of Alcalá de Henares, which was called Complutum
in Roman times.

³⁸ **Aun…** *That didn't occur to me*

³⁹ **Mandar…** *to have her squire give you the saddle.* An expected **que** is lacking
before **dé**.

podrá acomodarse en las ancas, si es que ella las[40] sufre."

"Sí sufre, a lo que yo creo," respondió la princesa, "y también sé que no será menester mandárselo al señor mi escudero, que él es tan cortés y tan cortesano, que no consentirá que una persona eclesiástica° vaya a pie,   *of the Church*
pudiendo ir a caballo."

"Así es," respondió el barbero.

Y apeándose en un punto, convidó al cura con la silla, y él la tomó sin hacerse mucho de rogar. Y fue el mal que, al subir a las ancas el barbero, la mula, que, en efeto, era 'de alquiler,° que para decir que era mala esto   *rental*
basta, alzó un poco los 'cuartos traseros° y dio dos coces en el aire, que a   *hind quarters*
darlas en el pecho de maese Nicolás, o en la cabeza, él diera al diablo la venida por don Quijote.[41] Con todo eso le sobresaltaron[42] de manera que cayó en el suelo, con tan poco cuidado de las barbas, que se le cayeron en el suelo. Y como se vio sin ellas, no tuvo otro remedio sino acudir a cubrirse el rostro con ambas manos y a quejarse que le habían derribado las muelas.° Don Quijote, como vio todo aquel mazo° de barbas sin quijadas°   *teeth, mass, jaw*
y sin sangre, lejos del rostro del escudero caído, dijo:

"¡Vive Dios, que es gran milagro éste! ¡Las barbas le ha derribado y arrancado del rostro, como si las quitaran 'aposta!°"   *on purpose*

El cura, que vio el peligro que corría su invención de ser descubierta, acudió luego a las barbas y fuese con ellas adonde yacía maese Nicolás, dando aún voces todavía. Y 'de un golpe,° llegándole la cabeza a su pecho,   *all at once*
se las puso, murmurando sobre él unas palabras, que dijo que era cierto ensalmo° apropiado para pegar° barbas, como lo verían. Y cuando se las   *incantation, stick on*
tuvo puestas, se apartó, y quedó el escudero tan bien barbado y tan sano°   *sound*
como de antes, de que se admiró don Quijote sobremanera y rogó al cura que, cuando tuviese lugar, le enseñase aquel ensalmo, que él entendía que su virtud a más que pegar barbas se debía de estender,[43] pues estaba claro que de donde las barbas se quitasen había de quedar la carne llagada° y   *injured*
maltrecha, y que pues todo lo sanaba, a más que barbas aprovechaba.

"Así es," dijo el cura, y prometió de enseñársele en la primera ocasión.

Concertáronse que, por entonces, subiese el cura, y 'a trechos° se   *at intervals*
fuesen los tres mudando, hasta que llegasen a la venta, que estaría hasta dos leguas de allí. Puestos los tres a caballo, es a saber, don Quijote, la princesa y el cura, y los tres a pie, Cardenio, el barbero y Sancho Panza, don Quijote dijo a la doncella:

"Vuestra grandeza, señora mía, guíe por donde más gusto le diere."

Y antes que ella respondiese, dijo el licenciado:

"¿Hacia qué reino quiere guiar la vuestra señoría? ¿Es por ventura hacia el de Micomicón? Que sí debe de ser, o yo sé poco de reinos."

Ella, que estaba bien en todo,[44] entendió que había de responder que sí, y así dijo:

"Sí, señor, hacia ese reino es mi camino."

---

[40] **Las** refers to **vuestras mercedes** (i.e., the priest and the barber).
[41] **Él...** *he would have cursed the search for don Quijote*
[42] It was the hooves, plural, that terrified him.
[43] **Él...** *he understood that its power extended to more than sticking on beards*
[44] **Que estaba...** *who was up on everything*

"Si así es," dijo el cura, "por la mitad de mi pueblo hemos de pasar, y de allí tomará vuestra merced la derrota° de Cartagena,[45] donde se podrá embarcar con la buena ventura. Si hay viento próspero,° mar tranquilo y sin borrasca, en poco menos de nueve años se podrá estar a vista de la gran
5 laguna° Meona, digo Meótides,[46] que está poco más de cien jornadas° 'más acá° del reino de vuestra grandeza."

      road

      fair

      lake, days
      on this side

"Vuestra merced está engañado, señor mío," dijo ella, "porque no ha dos años que yo partí dél, y en verdad, que nunca tuve buen tiempo. Y con todo eso, he llegado a ver lo que tanto deseaba, que es al señor don Quijote
10 de la Mancha, cuyas nuevas llegaron a mis oídos así como puse los pies en España, y ellas me movieron a buscarle para encomendarme en su cortesía y fiar mi justicia del valor de su invencible brazo."

"¡No más—cesen mis alabanzas!" dijo a esta sazón don Quijote, "porque soy enemigo de todo género de adulación,° y aunque ésta no lo
15 sea, todavía ofenden mis castas orejas semejantes pláticas. Lo que yo sé decir, señora mía, que ora tenga valor o no, el que tuviere o no tuviere, se ha de emplear en vuestro servicio hasta perder la vida. Y así, dejando esto para su tiempo, ruego al señor licenciado me diga qué es la causa que le ha traído por estas partes, tan solo, y tan sin criados, y tan a la ligera,[47] que me
20 pone espanto."

      flattery

"A eso yo responderé con brevedad," respondió el cura, "porque sabrá vuestra merced, señor don Quijote, que yo y maese Nicolás, nuestro amigo y nuestro barbero, íbamos a Sevilla a cobrar cierto dinero que un pariente mío, que ha muchos años que pasó a Indias,[48] me había enviado, y no tan
25 pocos que no pasan de sesenta mil pesos ensayados,[49] que es otro que tal,[50] y pasando ayer por estos lugares, nos salieron al encuentro cuatro salteadores° y nos quitaron hasta las barbas. Y de modo nos las quitaron, que le convino al barbero ponérselas postizas. Y aun a este mancebo que aquí va," señalando a Cardenio, "le pusieron como de nuevo.[51] Y es lo
30 bueno, que los que nos saltearon son de unos galeotes que dicen que libertó,° casi en este mesmo sitio, un hombre tan valiente, que, a pesar del comisario y de las guardas, los soltó a todos. Y sin duda alguna, él debía de estar fuera de juicio, o debe de ser tan grande bellaco como ellos, o algún hombre sin alma y sin conciencia, pues quiso soltar al lobo entre las
35 ovejas, a la raposa entre las gallinas, a la mosca entre la miel;[52] quiso defraudar la justicia, ir contra su rey y señor natural, pues fue contra sus

      highwaymen

      freed

---

[45] Cartagena is a seaport in southeastern Spain in the province of Alicante.

[46] **Meótides** or **Meótide** (Latin **Palus Mæoticus**) is the old name for the Sea of Azov, which is the sea which drains into the Black Sea from the northeast. **Meona** refers to a person constantly needing to urinate.

[47] **A la...** *lightly dressed*

[48] **Indias** was used to refer to the lands discovered by Spain in the Western Hemisphere.

[49] Ingots that were assayed **ensayado** were worth more than ordinary ingots.

[50] **Que es...** *which is not insignificant*

[51] **Le...** *they made him a new man*, i.e., they took so much from him that he doesn't look the same anymore.

[52] **A la raposa...** *the fox among the chickens, the fly into honey*

justos mandamientos.° Quiso, digo, quitar a las galeras sus pies,[53] poner en   commandments
alboroto a la Santa Hermandad, que había muchos años que reposaba.
Quiso, finalmente, hacer un hecho por donde se pierda su alma y no se
gane su cuerpo."

5   Habíales contado Sancho al cura y al barbero la aventura de los
galeotes, que acabó su amo con tanta gloria suya, y por esto 'cargaba la
mano° el cura refiriéndola, por ver lo que hacía o decía don Quijote, al cual   pursued eagerly
se le mudaba la color a cada palabra, y no osaba decir que él había sido el
libertador de aquella buena gente.

10   "Éstos, pues," dijo el cura, "fueron los que nos robaron, ¡que Dios por
su misericordia se lo perdone al que no los dejó llevar al debido suplicio!"

---

[53] The *oars* are the feet of the galleys.

Capítulo XXX. Que trata del gracioso artificio y orden que se tuvo en sacar a nuestro enamorado caballero de la asperísima penitencia en que se había puesto.[1]

NO HUBO bien acabado el cura, cuando Sancho dijo: "Pues mía fe, señor licenciado, el que hizo esa fazaña fue mi amo, y no porque yo no le dije antes y le avisé que mirase lo que hacía, y que era pecado darles libertad, porque todos iban allí por grandísimos bellacos."

"¡Majadero!" dijo a esta sazón don Quijote, "a los caballeros andantes no les toca, ni atañe averiguar, si los afligidos, encadenados y opresos que encuentran por los caminos van de aquella manera, o están en aquella angustia por sus culpas° o por sus gracias.° Sólo le toca ayudarles como a menesterosos, poniendo los ojos en sus penas y no en sus bellaquerías. Yo topé un rosario y sarta° de gente mohina y desdichada, y hice con ellos lo que mi religión me pide, y lo demás allá se avenga,[2] y a quien mal le ha parecido, salvo la santa dignidad del señor licenciado y su honrada persona, digo que sabe poco de achaque de caballería, y que miente como un hideputa y mal nacido, y esto le haré conocer con mi espada donde más largamente se contiene."[3]

Y esto dijo, afirmándose en los estribos y calándose° el morrión, porque la bacía de barbero, que a su cuenta era el yelmo de Mambrino, llevaba colgado del arzón delantero, hasta adobarla° del mal tratamiento que la hicieron los galeotes. Dorotea, que era discreta y de gran donaire, como quien ya sabía el menguado humor° de don Quijote y que todos hacían burla dél, sino Sancho Panza, no quiso ser para menos,[4] y viéndole tan enojado, le dijo:

"Señor caballero, miémbresele a la vuestra merced el don que me tiene prometido, y que conforme a él, no puede entremeterse° en otra aventura, por urgente que sea. Sosiegue vuestra merced el pecho, que si el señor licenciado supiera que por ese invicto brazo habían sido librados los galeotes, él se diera tres puntos° en la boca, y aun se mordiera tres veces la lengua, antes que haber dicho palabra que en despecho° de vuestra merced redundara."

"Eso juro yo bien," dijo el cura, "y aun me hubiera quitado un bigote."

"Yo callaré, señora mía," dijo don Quijote, "y reprimiré° la justa cólera que ya en mi pecho se había levantado, y iré quieto y pacífico hasta tanto que os cumpla el don prometido. Pero en pago deste buen deseo os suplico me digáis, si no se os hace de mal, cuál es la vuestra cuita y cuántas, quiénes y cuáles son las personas de quien os tengo de dar debida,° satisfecha° y entera venganza."

"Eso haré yo de gana," respondió Dorotea, "si es que no os enfada oír lástimas y desgracias."

---

offenses, cleverness

string of beads

closing

to repair it

disposition

to engage in

stitches
disrespect

I'll control

due
complete

---

[1] This heading describes the action of chapter 29.
[2] **Allá...** *that's not my business*
[3] **Donde...** *to the full extent*
[4] **No quiso...** *not wanting to be left out*

"No enfadará, señora mía," respondió don Quijote.

A lo que respondió Dorotea:

"Pues así es, esténme vuestras mercedes atentos."

No hubo ella dicho esto, cuando Cardenio y el barbero se le pusieron
5   al lado, deseosos de ver cómo fingía su historia la discreta Dorotea, y lo
mismo hizo Sancho, que tan engañado iba con ella como su amo. Y ella,
después de haberse puesto bien en la silla y prevenídose con toser y hacer
otros ademanes,° con mucho donaire comenzó a decir desta manera: preparations

"Primeramente quiero que vuestras mercedes sepan, señores míos, que
10 a mí me llaman..."

Y detúvose aquí un poco, porque se le olvidó el nombre que el cura le
había puesto. Pero él acudió al remedio, porque entendió en lo que
reparaba,⁵ y dijo:

"No es maravilla, señora mía, que la vuestra grandeza se turbe y
15 empache° contando sus desventuras, que ellas suelen ser tales, que muchas   are reluctant
veces quitan la memoria a los que maltratan, de tal manera, que aun de sus
mesmos nombres no se les acuerda, como han hecho con vuestra gran
señoría, que se ha olvidado que se llama la princesa Micomicona, legítima
heredera del gran reino Micomicón. Y con este apuntamiento puede la
20 vuestra grandeza reducir° ahora fácilmente a su lastimada memoria todo   to bring
aquello que contar quisiere."

"Así es la verdad," respondió la doncella, "y desde aquí adelante creo
que no será menester apuntarme° nada, que yo saldré a buen puerto con mi   prompt me
verdadera historia. La cual es que el rey mi padre, que se llamaba Tinacrio
25 el Sabidor,⁶ fue muy docto en esto que llaman el arte mágica, y alcanzó por
su ciencia que mi madre, que se llamaba la reina Jaramilla, había de morir
'primero que° él, y que de allí a poco tiempo él también había de pasar desta   before
vida y yo había de quedar huérfana de padre y madre. Pero decía él que no
le fatigaba tanto esto cuanto le ponía en confusión saber por cosa muy
30 cierta que un descomunal gigante, señor de una grande ínsula, que casi
alinda° con nuestro reino, llamado Pandafilando⁷ de la Fosca° Vista—   borders, gloomy
porque es cosa averiguada que aunque tiene los ojos en su lugar y derechos,
siempre mira al revés, como si fuese bizco, y esto lo hace él de maligno y
por poner miedo y espanto a los que mira—, digo que supo que este
35 gigante, en sabiendo mi orfandad,° había de pasar con gran poderío sobre   orphanhood
mi reino y me lo había de quitar todo, sin dejarme una pequeña aldea donde
me recogiese. Pero que podía escusar toda esta ruina° y desgracia si yo me   perdition
quisiese casar con él. Mas, a lo que él entendía, jamás pensaba que me
vendría a mí en voluntad de hacer tan desigual casamiento, y dijo en esto
40 la pura verdad, porque jamás me ha pasado por el pensamiento casarme con
aquel gigante, pero ni con otro alguno, por grande y desaforado que fuese.

---

⁵ **En lo que...** *why she was hesitating*

⁶ Tinacrio is a character in the romance *El caballero del Febo* (Zaragoza, 1562). This
book was not mentioned as being among Don Quijote's books.

⁷ Pandafilando seems to refer to cheating and fleeing.

"Dijo también mi padre que después que él fuese[8] muerto y viese yo
que Pandafilando comenzaba a pasar sobre mi reino, que no aguardase a
ponerme en defensa, porque sería destruirme, sino que libremente le dejase
desembarazado° el reino, si quería escusar la muerte y total destruición° de   open, destruction
5 mis buenos y leales vasallos, porque no había de ser posible defenderme de
la endiablada fuerza del gigante, sino que luego, con algunos de los míos,
me pusiese en camino de las Españas,[9] donde hallaría el remedio de mis
males, hallando a un caballero andante, cuya fama en este tiempo se
estendería por todo este reino, el cual se había de llamar, si mal no me
10 acuerdo, don Azote o don Gigote."[10]

"Don Quijote diría, señora," dijo a esta sazón Sancho Panza, "o, por
otro nombre, el Caballero de la Triste Figura."

"Así es la verdad," dijo Dorotea. "Dijo más: que había de ser alto de
cuerpo, seco de rostro, y que en el lado derecho, debajo del hombro
15 izquierdo, o por allí junto, había de tener un lunar° pardo, con ciertos   mole
cabellos a manera de cerdas.°"   hog bristles

En oyendo esto don Quijote, dijo a su escudero:

"Ten aquí, Sancho, hijo, ayúdame a desnudar, que quiero ver si soy el
caballero que aquel sabio rey dejó profetizado."

20 "Pues ¿para qué quiere vuestra merced desnudarse?" dijo Dorotea.

"Para ver si tengo ese lunar que vuestro padre dijo," respondió don
Quijote.

"No hay para qué desnudarse," dijo Sancho, "que yo sé que tiene
vuestra merced un lunar desas señas en la mitad del espinazo, que es señal
25 de ser hombre fuerte."

"Eso basta," dijo Dorotea, "porque con los amigos no se ha de mirar
en pocas cosas, y que esté en el hombro, o que esté en el espinazo, importa
poco. Basta que haya lunar, y esté donde estuviere, pues todo es una mesma
carne, y sin duda, acertó mi buen padre en todo, y yo he acertado en
30 encomendarme al señor don Quijote, que él es por quien mi padre dijo,
pues las señales del rostro vienen con las de la buena fama que este
caballero tiene, no sólo en España, pero en toda la Mancha, pues apenas me
hube desembarcado° en Osuna,[11] cuando oí decir tantas hazañas suyas que   landed
luego me dio° el alma que era el mesmo que venía a buscar."   i.e., me dijo

35 "¿Pues cómo se desembarcó vuestra merced en Osuna, señora mía,"
preguntó don Quijote, "si no es puerto de mar?"

Mas antes que Dorotea respondiese, tomó el cura la mano[12] y dijo:

"Debe de querer decir la señora princesa que, después que desembarcó
en Málaga, la primera parte donde oyó nuevas de vuestra merced fue en
40 Osuna."

---

[8] **Fuese** is used here as **estuviese** would be today.

[9] Because of the various kingdoms that Spain comprised, the area was known as **las Españas** for a long time.

[10] **Gigote** was a dish made of ground meat.

[11] Osuna is a city between Seville and Málaga, about a hundred kms. from the sea.

[12] **Tomó...** *the priest lent a hand*

"Eso quise decir," dijo Dorotea.

"Y esto lleva camino,"[13] dijo el cura, "y prosiga vuestra majestad adelante."

"No hay que proseguir," respondió Dorotea, "sino que, finalmente, mi suerte ha sido tan buena en hallar al señor don Quijote, que ya 'me cuento° y tengo por reina y señora de todo mi reino, pues él, por su cortesía y magnificencia, me ha prometido el don de irse conmigo dondequiera que yo le llevare, que no será a otra parte que a ponerle delante de Pandafilando de la Fosca Vista para que le mate y me restituya lo que tan contra razón me tiene usurpado, que todo esto ha de suceder a pedir de boca,[14] pues así lo dejó profetizado Tinacrio el Sabidor, mi buen padre, el cual también dejó dicho y escrito, en letras caldeas[15] o griegas, que yo no las sé leer, que si este caballero de la profecía,° después de haber degollado° al gigante, quisiese casarse conmigo, que yo me otorgase luego, sin réplica alguna, por su legítima esposa, y le diese la posesión de mi reino, junto con la de mi persona."

"¿Qué te parece, Sancho amigo?" dijo a este punto don Quijote. "¿No oyes lo que pasa? ¿No te lo dije yo? Mira si tenemos ya reino que mandar y reina con quien casar."

"Eso juro yo," dijo Sancho, "¡Para el puto que no se casare en abriendo el gaznatico al señor Pandahilado! Pues ¡monta que es mala la reina! Así se me vuelvan las pulgas de la cama."[16]

Y diciendo esto, dio dos zapatetas en el aire, con muestras de grandísimo contento, y luego fue a tomar las riendas de la mula de Dorotea, y haciéndola detener, se hincó de rodillas ante ella, suplicándole le diese las manos para besárselas, en señal que la recibía por su reina y señora. ¿Quién no había de reír de los circunstantes, viendo la locura del amo y la simplicidad del criado? En efecto, Dorotea se las dio y le prometió de hacerle gran señor en su reino, cuando el cielo le hiciese tanto bien que se lo dejase cobrar y gozar. Agradecióselo Sancho con tales palabras, que renovó la risa en todos.

"Ésta, señores," prosiguió Dorotea, "es mi historia. Sólo resta por deciros que de cuanta gente de acompañamiento saqué de mi reino, no me ha quedado sino sólo este buen barbado escudero, porque todos se anegaron en una gran borrasca que tuvimos vista° del puerto. Y él y yo salimos en dos tablas° a tierra, como por milagro. Y así, es todo milagro y misterio el discurso de mi vida, como lo habréis notado. Y si en alguna cosa he andado demasiada, o no tan acertada como debiera, echad la culpa a lo que el señor licenciado dijo al principio de mi cuento: que los trabajos continuos y

I consider myself

prophecy, beheaded

in sight of
planks

---

[13] **Y esto...** *and this makes sense*

[14] **A pedir...** *for the asking*

[15] The Chaldean language was spoken in Urartu, near the Black Sea, from the 9th to the 6th centuries B.C.

[16] **Para...** *[To hell with] the sodomite who doesn't marry when he opens señor Pandahilado's windpipe! Well, let's see if the queen is so bad—I wish the fleas in my bed were like that.*

extraordinarios quitan la memoria al que los padece."

"Ésa no me quitarán a mí, ¡oh alta y valerosa señora!" dijo don Quijote, "cuantos yo pasare en serviros,[17] por grandes y no vistos que sean.

5 Y así, de nuevo confirmo el don que os he prometido, y juro de ir con vos al cabo del mundo hasta verme con el fiero enemigo vuestro, a quien pienso, con el ayuda de Dios y de mi brazo, tajar° la cabeza soberbia con   cut off los filos desta, no quiero decir buena espada, merced a Ginés de Pasamonte, que me llevó la mía," esto dijo entre dientes, y prosiguió diciendo, "y después de habérsela tajado y puéstoos en pacífica posesión de vuestro

10 estado, quedará a vuestra voluntad hacer de vuestra persona lo que más en talante os viniere. Porque mientras que yo tuviere ocupada la memoria y cautiva la voluntad, perdido el entendimiento, a aquélla... y no digo más, no es posible que yo arrostre,° ni por pienso, el casarme, aunque fuese con   confront el ave fénix."[18]

15 Parecióle tan mal a Sancho lo que últimamente su amo dijo acerca de no querer casarse, que, con grande enojo, alzando la voz, dijo:

"¡Voto a mí y juro a mí, que no tiene vuestra merced, señor don Quijote, cabal juicio! Pues ¿cómo es posible que pone vuestra merced en duda el casarse con tan alta princesa como aquésta? ¿Piensa que le ha de

20 ofrecer la fortuna, tras cada cantillo,° semejante ventura como la que ahora   pebble se le ofrece? ¿Es por dicha más hermosa mi señora Dulcinea? No, por cierto: ni aun con la mitad, y aun estoy por decir que no llega a su zapato de la que está delante. Así, noramala alcanzaré yo el condado que espero, si vuestra merced se anda a pedir cotufas° en el golfo.° Cásese, cásese   food, sea

25 luego, encomiéndole yo a Satanás,[19] y tome ese reino que se le viene a las manos de *vobis, vobis,*[20] y en siendo rey, hágame marqués o adelantado, y luego, siquiera se lo lleve el diablo todo."[21]

Don Quijote, que tales blasfemias oyó decir contra su señora Dulcinea, no lo pudo sufrir, y alzando el lanzón, sin hablalle palabra a Sancho, y sin

30 decirle «esta boca es mía»,[22] le dio tales dos palos, que dio con él en tierra, y si no fuera porque Dorotea le dio voces que no le diera más, sin duda le quitara allí la vida.

"¿Pensáis," le dijo a cabo de rato, "villano ruin, que ha de haber lugar siempre para ponerme la mano en la horcajadura,[23] y que todo ha de ser

35 errar vos y perdonaros yo? Pues ¡no lo penséis, bellaco descomulgado, que

---

[17] Unusual word order, more "logically": **Cuantos [trabajos] que yo pasare en serviros no me quitarán ésa [mi memoria].**

[18] The phœnix was the mythical Egyptian bird that lived for 500 years. It built its own funeral pyre, fanned the flames with its wings, and was reincarnated. It never married anyone.

[19] **Encomiéndole...** *in the devil's name*

[20] Sancho means **de bóbilis, bóbilis** *for nothing.* **Vobis** is a Latin word meaning *to you.*

[21] **Siquiera...** *and then may the devil take the rest*

[22] Common saying which meant "Without saying a word."

[23] **Ponerme la mano...** *show me such disrespect*

sin duda lo estás, pues has puesto lengua en[24] la sin par Dulcinea! Y ¿no
sabéis vos, gañán, faquín, belitre,[25] que si no fuese por el valor que ella
infunde en mi brazo, que no le[26] tendría yo para matar una pulga. Decid,
socarrón de lengua viperina,° y ¿quién pensáis que ha ganado este reino; y   snake
5 cortado la cabeza a este gigante; y hechoos a vos marqués, que todo esto
doy ya por hecho y por cosa pasada en cosa juzgada,° si no es el valor de   decided
Dulcinea, tomando a mi brazo por instrumento de sus hazañas? Ella pelea
en mí y vence en mí, y yo vivo y respiro en ella, y tengo vida y ser. ¡Oh
hideputa, bellaco, y cómo sois desagradecido, que os véis levantado del
10 polvo de la tierra a ser señor de título, y correspondéis a tan buena obra con
decir mal de quien os la hizo!"
    No estaba tan maltrecho Sancho que no oyese todo cuanto su amo le
decía, y levantándose con un poco de presteza, se fue a poner detrás del
palafrén de Dorotea, y desde allí dijo a su amo:
15   "Dígame, señor, si vuestra merced tiene determinado de no casarse con
esta gran princesa, claro está que no será el reino suyo, y no siéndolo, ¿qué
mercedes me puede hacer? Esto es de lo que yo me quejo. Cásese vuestra
merced una por una[27] con esta reina, ahora que la tenemos aquí como
llovida° del cielo, y después puede volverse con mi señora Dulcinea, que   rained
20 reyes debe de haber habido en el mundo que hayan sido amancebados. En
lo de la hermosura no me entremeto, que, en verdad, si va a decirla, que
entrambas me parecen bien, puesto que yo nunca he visto a la señora
Dulcinea."
    "¿Cómo que no la has visto, traidor blasfemo?" dijo don Quijote, "pues
25 ¿no acabas de traerme ahora un recado de su parte?"
    "Digo que no la he visto tan despacio," dijo Sancho, "que pueda haber
notado particularmente su hermosura y sus buenas partes, punto por punto,
pero así a bulto, me parece bien."
    "Ahora te disculpo," dijo don Quijote, "y perdóname el enojo que te
30 he dado, que los 'primeros movimientos° no son en manos de los hombres."   first impulses
    "Ya yo lo veo," respondió Sancho, "y así en mí la gana de hablar
siempre es primero movimiento, y no puedo dejar de decir por una vez
siquiera lo que me viene a la lengua."
    "Con todo eso," dijo don Quijote, "mira, Sancho, lo que hablas, porque
35 tantas veces va el cantarillo° a la fuente…,[28] y no te digo más."   pitcher
    "Ahora bien," respondió Sancho, "Dios está en el cielo, que ve las
trampas, y será juez de quién hace más mal: yo en no hablar bien, o vuestra
merced en no[29] obrallo.°"   performing it
    "¡No haya más!" dijo Dorotea, "corred, Sancho, y besad la mano a
40 vuestro señor y pedilde° perdón, y de aquí adelante andad más atentado° en   **pedidle, atento**

---

[24] **Has…** *you have spoken ill of*
[25] **Gañán…** *you rustic, common laborer, vile person*
[26] This **le** refers to **valor.**
[27] **Una por…** *once and for all*
[28] The saying continues: **que deja el asa** *[handle]* **o la frente** *[spout].*
[29] This **no** has been in most editions since Brussels, 1607. It wasn't in the first edition.

vuestras alabanzas y vituperios, y no digáis mal de aquesa señora Tobosa, a quien yo no conozco, si no es para servilla, y tened confianza en Dios, que no os ha de faltar un estado donde viváis como un príncipe."

Fue Sancho cabizbajo° y pidió la mano a su señor, y él se la dio con reposado continente, y después que se la hubo besado, le echó la bendición, y dijo a Sancho que se adelantasen un poco: que tenía que preguntalle y que departir con él cosas de mucha importancia. Hízolo así Sancho, y apartáronse los dos algo adelante, y díjole don Quijote:

"Después que veniste° no he tenido lugar ni espacio para preguntarte muchas 'cosas de particularidad° 'acerca de° la embajada que llevaste y de la respuesta que trujiste,° y ahora, pues la fortuna nos ha concedido tiempo y lugar, no me niegues tú la ventura que puedes darme con tan buenas nuevas."

"Pregunte vuestra merced lo que quisiere," respondió Sancho, "que a todo daré tan buena salida como tuve la entrada.[30] Pero suplico a vuestra merced, señor mío, que no sea de aquí adelante tan vengativo."

"¿Por qué lo dices, Sancho?" dijo don Quijote.

"Dígolo," respondió, "porque estos palos de agora más fueron por la pendencia que entre los dos trabó el diablo la otra noche, que por lo que dije contra mi señora Dulcinea, a quien amo y reverencio como a una reliquia, aunque en ella no lo haya,[31] sólo por ser cosa de vuestra merced."

"No tornes a esas pláticas, Sancho, por tu vida," dijo don Quijote, "que me dan pesadumbre. Ya te perdoné entonces, y bien sabes tú que suele decirse: a pecado nuevo, penitencia nueva."[32]

En tanto que los dos iban en estas pláticas, dijo el cura a Dorotea que

with hanging head

viniste
details, about
trajiste

---

[30] **Daré tan buena...** *I'll find the way out as easily as I found the way in*

[31] That is, there's nothing of a relic about her.

[32] At this point in the second Cuesta edition, and in most later editions, Sancho's donkey comes back to him:

> Mientras eso pasaba, vieron venir por el camino donde ellos iban a un hombre caballero sobre un jumento, y cuando llegó cerca les parecía que era gitano; pero Sancho Panza, que doquiera que veía asnos se le iban los ojos y el alma, apenas hubo visto al hombre, cuando conoció que era Ginés de Pasamonte, y por el hilo del gitano sacó el ovillo de su asno como era la verdad, pues era el rucio sobre que Pasamonte venía; el cual, por no ser conocido y por vender el asno, se había puesto en traje de gitano, cuya lengua, y otras muchas, sabía hablar como si fueran naturales suyas. Viole Sancho y conocióle; y apenas le hubo visto y conocido, cuando a grandes voces dijo:
>
> "¡Ah, ladrón Ginesillo! ¡Deja mi prenda, suelta mi vida, no te empaches con mi descanso, deja mi asno, deja mi regalo! ¡Huye, puto; auséntate, ladrón, y desampara lo que no es tuyo!"
>
> No fueron menester tantas palabras y baldones, porque a la primera saltó Ginés y, tomando un trote que parecía carrera, en un punto se ausentó y alejó de todos. Sancho llegó a su rucio y, abrazándole, le dijo:
>
> "¿Cómo has estado, bien mío, rucio de mis ojos, compañero mío?"
>
> Y con esto le besaba y acariciaba, como si fuera persona. El asno callaba y se dejaba besar y acariciar de Sancho, sin responderle palabra alguna. Llegaron todos y diéronle el parabién del hallazgo del rucio, especialmente don Quijote, el cual le dijo que no por eso anulaba la póliza de los tres pollinos. Sancho se lo agradeció.

había andado muy discreta, así en el cuento como en la brevedad dél y en
la similitud° que tuvo con los de los libros de caballerías. Ella dijo que   resemblance
muchos ratos se había entretenido en leellos, pero que no sabía ella donde
eran las provincias ni puertos° de mar, yOctober 5, 2006 que así había   ports, at random
5 dicho 'a tiento° que se había desembarcado en Osuna.

"Yo lo entendí así," dijo el cura, "y por eso acudí luego a decir lo que
dije, con que se acomodó todo. Pero ¿no es cosa estraña ver con cuánta
facilidad cree este desventurado hidalgo todas estas invenciones y mentiras,
sólo porque llevan el estilo y modo de las necedades de sus libros?"

10 "Sí es," dijo Cardenio, "y tan rara y nunca vista, que yo no sé si
queriendo inventarla y fabricarla mentirosamente, hubiera tan agudo
ingenio que pudiera dar en ella."

"Pues otra cosa hay en ello," dijo el cura: "que, fuera de las
simplicidades que este buen hidalgo dice tocantes a su locura, si le tratan
15 de otras cosas, discurre° con bonísimas razones y muestra tener un   discourses
entendimiento claro y apacible° en todo, de manera que, como no le toquen   affable
en sus caballerías, no habrá nadie que le juzgue sino por de muy buen
entendimiento."

En tanto que ellos iban en esta conversación, prosiguió don Quijote
20 con la suya, y dijo a Sancho:

"'Echemos, Panza amigo, pelillos a la mar° en esto de nuestras   Let's… make peace
pendencias, y dime ahora, sin tener cuenta con enojo ni rencor alguno,
¿dónde, cómo y cuándo hallaste a Dulcinea? ¿Qué hacía? ¿Qué le dijiste?
¿Qué te respondió? ¿Qué rostro hizo cuando leía mi carta? ¿Quién te la
25 trasladó? Y todo aquello que vieres que en este caso es digno de saberse,
de preguntarse y satisfacerse, sin que añadas o mientas por darme gusto, ni
menos te acortes° por no quitármele."   shorten

"Señor," respondió Sancho, "si va a decir la verdad, la carta no me la
trasladó nadie, porque yo no llevé carta alguna."

30 "Así es, como tú dices," dijo don Quijote, "porque el librillo de
memoria donde yo la escribí le hallé en mi poder 'a cabo° de dos días de tu   after
partida, lo cual me causó grandísima pena, por no saber lo que habías tú de
hacer cuando te vieses sin carta, y creí siempre que te volvieras desde el
lugar donde la echaras menos."

35 "Así fuera," respondió Sancho, "si no la hubiera yo tomado en la
memoria cuando vuestra merced me la leyó, de manera que se la dije a un
sacristán que me la trasladó del entendimiento, tan punto por punto, que
dijo que en todos los días de su vida, aunque había leído muchas cartas de
descomunión,° no había visto ni leído tan linda carta como aquélla."   excommunication

40 "Y ¿tiénesla todavía en la memoria, Sancho?" dijo don Quijote.

"No, señor," respondió Sancho, "porque después que la di, como vi
que no había de ser de más provecho, di en olvidalla. Y si algo se me
acuerda, es aquello del «sobajada», digo del «soberana señora», y lo último,
«vuestro hasta la muerte, el Caballero de la Triste Figura». Y en medio
45 destas dos cosas le puse más de trecientas «almas», y «vidas», y «ojos
míos»."

Capítulo XXXI. De los sabrosos razonamientos que pasaron entre don Quijote y Sancho Panza, su escudero, con otros sucesos.

"TODO ESO no me descontenta.° Prosigue adelante," dijo don Quijote.   displeases
5   "Llegaste, y ¿qué hacía aquella reina de la hermosura? A buen
seguro que la hallaste ensartando perlas, o bordando° alguna empresa con   embroidering
'oro de cañutillo° para este su cautivo caballero."   gold thread
    "No la hallé," respondió Sancho, "sino ahechando° dos hanegas de   sifting
trigo en un corral de su casa."
10   "Pues 'haz cuenta,°'" dijo don Quijote, "que los granos de aquel trigo   you must realize
eran granos de perlas, tocados° de sus manos, y si miraste, amigo, el trigo   having been touched
¿era candeal, o trechel°?"   brown wheat
    "No era sino rubión,°" respondió Sancho.   reddish wheat
    "Pues yo te aseguro," dijo don Quijote, "que, ahechado por sus manos,
15 hizo pan candeal, sin duda alguna, pero pasa adelante. Cuando le diste mi
carta, ¿besóla? ¿Púsosela sobre la cabeza? ¿Hizo alguna ceremonia digna
de tal carta, o qué hizo?"
    "Cuando yo se la iba a dar," respondió Sancho, "ella estaba en la fuga
del meneo de una buena parte de trigo que tenía en la criba.¹ Y díjome:
20 'Poned, amigo, esa carta sobre aquel costal, que no la puedo leer hasta que
acabe de acribar° todo lo que aquí está.'"   sifting
    "Discreta señora," dijo don Quijote, "eso debió de ser por leerla
despacio y recrearse° con ella. Adelante, Sancho, y en tanto que estaba en   take delight
su menester,° ¿qué coloquios pasó contigo? ¿Qué te preguntó de mí? Y tú,   duties
25 ¿qué le respondiste? Acaba, cuéntamelo todo, no se te quede en el tintero
una mínima."²
    "Ella no me preguntó nada," dijo Sancho, "mas yo le dije de la manera
que vuestra merced, por su servicio, quedaba haciendo penitencia, desnudo
de la cintura arriba, metido entre estas sierras, como si fuera salvaje,°   wild man
30 durmiendo en el suelo, sin comer pan a manteles ni sin peinarse° la barba,   combing
llorando y maldiciendo su fortuna."
    "En decir que maldecía mi fortuna dijiste mal," dijo don Quijote,
"porque antes la bendigo y bendeciré todos los días de mi vida por haberme
hecho digno de merecer amar tan alta señora como Dulcinea del Toboso."
35   "Tan alta es," respondió Sancho, "que a buena fe que me lleva a mí
más de un coto."³
    "Pues ¿cómo, Sancho," dijo don Quijote, "haste medido° tú con ella?"   measured
    "Medíme en esta manera," respondió Sancho: "que llegándole a ayudar
a poner un costal de trigo sobre un jumento, llegamos tan juntos, que eché
40 de ver que me llevaba más de un gran palmo."⁴

---

¹ **En la fuga...** *right in the middle of winnowing a good deal of wheat that she had in her screen*
² The **mínima** is the musical half-note, and came to mean *the slightest thing.*
³ **Me lleva...** *she's more than four inches taller than I am*
⁴ **Un palmo** *is eight inches, so Sancho is referring to something more than that.*

"Pues ¡es verdad," replicó don Quijote, "que no acompaña esa grandeza
y la adorna con mil millones de gracias del alma! Pero no me negarás,
Sancho, una cosa: cuando llegaste junto a ella, ¿no sentiste un olor sabeo,[5]
una fragancia° aromática y un no sé qué de bueno, que yo no acierto a dalle   fragrance
5   nombre? Digo ¿un tuho, o tufo,° como si estuvieras en la tienda de algún   aroma
'curioso guantero?°"[6]   quaint glovemaker
    "Lo que sé decir," dijo Sancho, "es que sentí un olorcillo° algo   little smell
hombruno,° y debía de ser que ella, con el mucho ejercicio, estaba sudada°   mannish, sweaty
y algo correosa.°"   grimy
10   "No sería eso," respondió don Quijote, "sino que tú debías de estar
romadizado° o te debiste de oler a ti mismo, porque yo sé bien a lo que   with a cold
huele aquella rosa entre espinas,° aquel lirio° del campo, aquel ámbar   thorns, lily
desleído.°"   liquid
    "Todo puede ser," respondió Sancho, "que muchas veces sale de mí
15   aquel olor que entonces me pareció que salía de su merced de la señora
Dulcinea. Pero no hay de qué maravillarse, que un diablo parece a otro."
    "Y bien," prosiguió don Quijote, "'he aquí° que acabó de limpiar su   so
trigo y de enviallo al molino. ¿Qué hizo cuando leyó la carta?"
    "La carta," dijo Sancho, "no la leyó, porque dijo que no sabía leer ni
20   escribir. Antes la rasgó y la hizo menudas° piezas, diciendo que no la   small
quería dar a leer a nadie, porque no se supiesen en el lugar sus secretos, y
que bastaba lo que yo le había dicho 'de palabra° acerca del amor que   orally
vuestra merced le tenía y de la penitencia extraordinaria que por su causa
quedaba haciendo. Y finalmente, me dijo que dijese a vuestra merced que
25   le besaba las manos y que allí quedaba con más deseo de verle que de
escribirle, y que así le suplicaba, y mandaba, que, vista la presente,[7] saliese
de aquellos matorrales° y se dejase de hacer disparates y se pusiese luego   thickets
luego en camino del Toboso, si otra cosa de más importancia no le
sucediese, porque tenía gran deseo de ver a vuestra merced. Riose mucho
30   cuando le dije como se llamaba vuestra merced EL CABALLERO DE LA
TRISTE FIGURA. Preguntéle si había ido allá el vizcaíno de marras. Díjome
que sí, y que era un hombre muy de bien. También le pregunté por los
galeotes, mas díjome que no había visto hasta entonces alguno."
    "Todo va bien hasta agora," dijo don Quijote. "Pero dime: ¿qué joya°   reward
35   fue la que te dio al despedirte, por las nuevas que de mí le llevaste? Porque
es usada y antigua costumbre entre los caballeros y damas andantes dar a
los escuderos, doncellas o enanos que les llevan nuevas, de sus damas a
ellos, a ellas de sus andantes, alguna rica joya, en albricias,° en   reward
agradecimiento de su recado."
40   "Bien puede eso ser así, y yo la tengo por buena usanza. Pero eso
debió de ser en los tiempos pasados, que ahora sólo se debe de acostumbrar
a dar un pedazo de pan y queso, que esto fue lo que me dio mi señora

---

[5] Refers to Sheba, the area of Arabia famous for its perfumes.
[6] Gloves used to be perfumed with ambergris.
[7] **Vista...** [untranslatable legal phrase]

Dulcinea, por las bardas de un corral, cuando della me despedí, y aun, 'por más señas,° será el queso ovejuno.°"   *seemingly, of sheep*

"Es liberal en estremo," dijo don Quijote, "y si no te dio joya de oro, sin duda debió de ser porque no la tendría allí a la mano para dártela, pero
5 buenas son mangas después de Pascua.[8] Yo la veré, y se satisfará todo. ¿Sabes de qué estoy maravillado, Sancho? De que me parece que fuiste y veniste por los aires, pues poco más de tres días has tardado en ir y venir desde aquí al Toboso, habiendo de aquí allá más de treinta leguas, por lo cual me doy a entender que aquel sabio nigromante° que 'tiene cuenta con°   *magician, takes care*
10 mis cosas y es mi amigo, porque por fuerza le hay y le ha de haber, so pena   *of* que yo no sería buen caballero andante, digo que este tal te debió de ayudar a caminar sin que tú lo sintieses, que hay sabio destos que coge° a un   *takes* caballero andante durmiendo en su cama y sin saber cómo o en qué manera, amanece° otro día más de mil leguas de donde anocheció.° Y si no fuese por   *wakes up, fell asleep*
15 esto, no se podrían socorrer en sus peligros los caballeros andantes unos a otros, como se socorren 'a cada paso.° Que acaece estar uno peleando en las   *all the time* sierras de Armenia con algún endriago o con algún fiero vestiglo, o con otro caballero, donde lleva lo peor de la batalla y está ya a punto de muerte, y cuando no os me cato[9] asoma por acullá, encima de una nube o sobre un
20 carro° de fuego, otro caballero amigo suyo que poco antes se hallaba en   *cart* Ingalaterra, que le favorece y libra de la muerte, y a la noche se halla en su posada cenando muy a su sabor, y suele haber de la una a la otra parte dos o tres mil leguas. Y todo esto se hace por industria y sabiduría° destos   *ingenuity* sabios encantadores que tienen cuidado destos valerosos caballeros. Así
25 que, amigo Sancho, no se me hace dificultoso creer que en tan breve tiempo hayas ido y venido desde este lugar al del Toboso. Pues, como tengo dicho, algún sabio amigo te debió de llevar 'en volandillas,° sin que tú lo   *in the air* sintieses."

"Así sería," dijo Sancho, "porque a buena fe que andaba Rocinante
30 como si fuera asno de gitano con azogue° en los oídos."[10]   *mercury*

"Y ¡cómo si llevaba azogue!" dijo don Quijote, "y aun una legión de demonios, que es gente que camina y hace caminar sin cansarse, todo aquello que se les antoja. Pero, dejando esto aparte, ¿qué te parece a ti que debo yo de hacer ahora, cerca de lo que mi señora me manda que la vaya a
35 ver? que aunque yo veo que estoy obligado a cumplir su mandamiento, véome también imposibilitado° del don que he prometido a la princesa que   *helpless* con nosotros viene, y fuérzame la ley de caballería a cumplir mi palabra antes que mi gusto. Por una parte, me acosa° y fatiga el deseo de ver a mi   *harasses* señora; por otra, me incita y llama la prometida fe y la gloria que he de
40 alcanzar en esta empresa. Pero lo que pienso hacer será caminar a priesa y llegar presto donde está este gigante, y en llegando, le cortaré la cabeza y pondré a la princesa pacíficamente° en su estado, y 'al punto° daré la vuelta   *peacefully, immedi-* a ver a la luz que mis sentidos alumbra. A la cual daré tales disculpas, que   *ately*

---

[8] **Buenas son...** *better late than never*
[9] **Cuando...** *when he least expects it*
[10] Gypsies would put mercury in the ears of donkeys to make them go faster.

ella venga a tener por buena mi tardanza, pues verá que todo redunda en
aumento de su gloria y fama, pues cuanta yo he alcanzado, alcanzo y
alcanzaré por las armas en esta vida, toda me viene del favor que ella me
da y de ser yo suyo."

5   "¡Ay," dijo Sancho, "y cómo está vuestra merced lastimado° de esos   damaged
cascos!° Pues dígame, señor, ¿piensa vuestra merced caminar este camino   brains
en balde y dejar pasar y perder un tan rico y tan principal casamiento como
éste, donde le dan en dote un reino, que a buena verdad que he oído decir
que tiene más de veinte mil leguas 'de contorno,° y que es abundantísimo   in circumference
10   de todas las cosas que son necesarias para el sustento° de la vida humana,   sustenance
y que es mayor que Portugal y que Castilla juntos? Calle, por amor de
Dios, y tenga vergüenza de lo que ha dicho, y tome mi consejo, y
perdóneme, y cásese luego en el primer lugar que haya cura, y si no, ahí
está nuestro licenciado, que lo hará 'de perlas.° Y advierta que ya tengo   perfectly
15   edad para dar consejos, y que éste que le doy le viene de molde, y que más
vale pájaro en mano que buitre volando,[11] porque quien bien tiene y mal
escoge, por bien que se enoja, no se venga."[12]

"Mira, Sancho," respondió don Quijote, "si el consejo que me das de
que me case es porque sea luego rey, en matando al gigante, y 'tenga
20   cómodo° para hacerte mercedes y darte lo prometido, hágote saber que sin   be able
casarme podré cumplir tu deseo muy fácilmente, porque yo sacaré de
adahala,° antes de entrar en la batalla, que, saliendo vencedor della, 'ya   fee
que° no me case, me han de dar una parte del reino para que la pueda dar   even if
a quien yo quisiere, y en dándomela, ¿a quién quieres tú que la dé sino a
25   ti?"

"Eso está claro," respondió Sancho, "pero mire vuestra merced que la
escoja hacia la marina,° porque, si no me contentare la vivienda,° pueda   coast, lifestyle
embarcar° mis negros vasallos y hacer dellos lo que ya he dicho. Y vuestra   ship
merced no se cure° de ir por agora a ver a mi señora Dulcinea, sino váyase   worry about
30   a matar al gigante y concluyamos este negocio, que por Dios que se me
asienta que ha de ser de mucha honra y de mucho provecho."

"Dígote, Sancho," dijo don Quijote, "que estás en lo cierto, y que habré
de tomar tu consejo 'en cuanto° el ir antes con la princesa que a ver a   insofar as
Dulcinea. Y avísote que no digas nada a nadie, ni a los que con nosotros
35   vienen, de lo que aquí hemos departido y tratado, que pues Dulcinea es tan
recatada que no quiere que se sepan sus pensamientos, no será bien que yo,
ni otro por mí, los descubra."

"Pues si eso es así," dijo Sancho, "¿cómo hace vuestra merced que
todos los que vence[13] por su brazo se vayan a presentar ante mi señora
40   Dulcinea, siendo esto firma de su nombre, que la quiere bien, y que es su

---

[11] **Más vale...** *a bird in the hand is worth two in the bush.* **Buitre** means *vulture.*
[12] **Por...** This is supposed to be **por mal que le venga no se enoje** *let him not
complain of the bad that comes to him,* but Sancho mixes up the order. There is no
English equivalent of the whole proverb.
[13] **¿Cómo hace...** *why do you make all those you conquer...?*

enamorado?[14] Y siendo forzoso que los que fueren se han de ir a hincar de finojos° ante su presencia y decir que van de parte de vuestra merced a dalle la obediencia,° ¿cómo se pueden encubrir los pensamientos de entrambos?"

    "¡Oh, qué necio y qué simple que eres!" dijo don Quijote. "¿Tú no ves, Sancho, que eso todo redunda en su mayor ensalzamiento°? Porque has de saber que en este nuestro estilo de caballería es gran honra tener una dama muchos caballeros andantes que la sirvan, sin que se estiendan más sus pensamientos que a servilla, por sólo ser ella quien es, sin esperar otro premio de sus muchos y buenos deseos sino que ella se contente de acetarlos° por sus caballeros."

    "Con esa manera de amor," dijo Sancho, "he oído yo predicar que se ha de amar a Nuestro Señor, por sí solo, sin que nos mueva esperanza de gloria o temor de pena. Aunque yo le querría amar y servir por lo que pudiese."[15]

    "¡Válate el diablo por villano,"[16] dijo don Quijote, "y qué de discreciones dices a las veces! No parece sino que has estudiado."

    "Pues a fe mía que no sé leer," respondió Sancho.

    En esto, les dio voces maese Nicolás que esperasen un poco, que querían detenerse a beber en° una fontecilla° que allí estaba. Detúvose don Quijote, con no poco gusto de Sancho, que ya estaba cansado de mentir tanto, y temía no le cogiese su amo a palabras,[17] porque, puesto que él sabía que Dulcinea era una labradora del Toboso, no la había visto en toda su vida.

    Habíase en este tiempo vestido Cardenio los vestidos° que Dorotea traía cuando la hallaron, que, aunque no eran muy buenos, hacían mucha ventaja a los que dejaba. Apeáronse junto a la fuente, y con lo que el cura se acomodó en la venta satisficieron, aunque poco, la mucha hambre que todos traían.

    Estando en esto, acertó a pasar por allí un muchacho que iba de camino, el cual, poniéndose a mirar con mucha atención a los que en la fuente estaban, de allí a poco arremetió° a don Quijote, y abrazándole por las piernas, comenzó a llorar muy 'de propósito,° diciendo:

    "¡Ay, señor mío ¿no me conoce vuestra merced? Pues míreme bien, que yo soy aquel mozo Andrés que quitó vuestra merced de la encina donde estaba atado."

    Reconocióle don Quijote y asiéndole por la mano, se volvió a los que allí estaban, y dijo:

    "Porque vean vuestras mercedes cuán de importancia es haber caballeros andantes en el mundo, que desfagan los tuertos y agravios que en él se hacen por los insolentes y malos hombres que en él viven, sepan vuestras mercedes que los días pasados, pasando yo por un bosque, oí unos

---

[14] **Siendo...** *as if your loving her and that you are her lover were your signature?*

[15] **Por lo que...** *for what He can do for me*

[16] **¡Válate...** *may the devil take you for a peasant!*

[17] **Temía no le...** *he feared that his master would catch him in a lie*

gritos y unas voces muy lastimosas,° como de persona afligida y   doleful
menesterosa. Acudí luego, llevado de mi obligación, hacia la parte donde
me pareció que las lamentables voces sonaban, y hallé atado a una encina
a este muchacho que ahora está delante, de lo que me huelgo en el alma,
porque será testigo que no me dejará mentir en nada. Digo que estaba atado
a la encina, desnudo del medio cuerpo arriba, y estábale abriendo a azotes
con las riendas de una yegua un villano,[18] que después supe que era amo
suyo. Y así como yo le vi, le pregunté la causa de tan atroz vapulamiento,°   flogging
respondió el zafio que le azotaba porque era su criado, y que ciertos
descuidos que tenía nacían más de ladrón que de simple.[19] A lo cual este
niño dijo: 'Señor, no me azota sino porque le pido mi salario.' El amo
replicó no sé qué arengas y disculpas, las cuales, aunque de mí fueron
oídas, no fueron admitidas. En resolución, yo le hice desatar, y tomé
juramento al villano de que le llevaría consigo y le pagaría un real sobre
otro, y aun sahumados. ¿No es verdad todo esto, hijo Andrés? ¿No notaste
con cuánto imperio° se lo mandé y con cuánta humildad prometió de hacer   authority
todo cuanto yo le impuse,° y notifiqué° y quise? Responde, no 'te turbes°   required, announced,
ni dudes en nada. Di lo que pasó a estos señores, porque se vea y considere be embarrassed
ser del provecho que digo haber caballeros andantes por los caminos."
    "Todo lo que vuestra merced ha dicho es mucha verdad," respondió el
muchacho, "pero el fin del negocio sucedió muy al revés de lo que vuestra
merced se imagina."
    "¿Cómo al revés?" replicó don Quijote, "¿luego no te pagó el villano?"
    "No sólo no me pagó," respondió el muchacho, "pero así como vuestra
merced traspuso° del bosque y quedamos solos, me volvió a atar a la   left
mesma encina y me dio de nuevo tantos azotes, que quedé hecho un San
Bartolomé desollado. Y a cada azote que me daba me decía un donaire y
chufeta° acerca de hacer burla de vuestra merced, que, a no sentir yo tanto jibe
dolor, me riera de lo que decía. En efecto, él me paró° tal,° que hasta ahora left, in such a state
he estado curándome en un hospital del mal que el mal villano entonces me
hizo. De todo lo cual tiene vuestra merced la culpa, porque si se fuera su
camino adelante y no viniera donde no le llamaban, ni se entremetiera° en   meddled
negocios ajenos, mi amo se contentara con darme una o dos docenas de
azotes, y luego me soltara y pagara cuanto me debía. Mas como vuestra
merced le deshonró tan sin propósito y le dijo tantas villanías,[20]
encendiósele la cólera, y como no la pudo vengar en vuestra merced,
cuando se vio solo descargó sobre mí el nublado,[21] de modo que me parece
que no seré más hombre en toda mi vida."
    "El daño estuvo," dijo don Quijote, "en irme yo de allí, que no me
había de ir hasta dejarte pagado, porque bien debía yo de saber, por luengas
experiencias, que no hay villano que guarde palabra que tiene,[22] si él vee

---

[18] This is the subject of **estábale.**
[19] **Nacían...** *derived more from being a thief than a simpleton*
[20] **Como...** *since you insulted him so without purpose and called him so many names*
[21] **Descargó...** *he vented his anger on me*
[22] **Que tiene** *dada which he has given.* Schevill has changed **tiene** to **diere.**

que no le está bien guardalla.[23] Pero ya te acuerdas, Andrés, que yo juré que
si no te pagaba, que había de ir a buscarle y que le había de hallar, aunque
se escondiese en el vientre° de la ballena.°"[24]   stomach, whale
   "Así es la verdad," dijo Andrés, "pero no aprovechó nada."
5 "Ahora verás si aprovecha," dijo don Quijote.
   Y diciendo esto, se levantó muy apriesa y mandó a Sancho que
enfrenase° a Rocinante, que estaba paciendo en tanto que ellos comían.   bridle
Preguntóle Dorotea qué era lo que hacer quería. Él le respondió que quería
ir a buscar al villano y castigalle de tan mal término y hacer pagado a
10 Andrés hasta el último maravedí, a despecho y pesar de cuantos villanos
hubiese en el mundo. A lo que ella respondió que advirtiese que no podía,
conforme al don prometido, entremeterse en ninguna empresa hasta acabar
la suya, y que pues esto sabía él mejor que otro alguno, que sosegase el
pecho hasta la vuelta de su reino.
15   "Así es verdad," respondió don Quijote, "y es forzoso que Andrés
tenga paciencia hasta la vuelta, como vos, señora, decís, que yo le torno a
jurar y a prometer de nuevo de no parar hasta hacerle vengado y pagado."
   "No me creo desos juramentos," dijo Andrés, "más quisiera tener agora
con que llegar a Sevilla, que todas las venganzas del mundo.[25] Déme, si
20 tiene ahí, algo que coma y lleve, y quédese con Dios su merced y todos los
caballeros andantes, que tan bienandantes sean ellos para consigo, como lo
han sido para conmigo."[26]
   Sacó de su repuesto Sancho un pedazo de pan y otro de queso, y
dándoselo al mozo, le dijo:
25   "Tomá,[27] hermano Andrés, que a todos nos alcanza parte de vuestra
desgracia."[28]
   "Pues ¿qué parte os alcanza a vos?" preguntó Andrés.
   "Esta parte de queso y pan que os doy," respondió Sancho, "que Dios
sabe si me ha de hacer falta o no, porque os hago saber, amigo, que los
30 escuderos de los caballeros andantes estamos sujetos a mucha hambre y a
mala ventura, y aun a otras cosas que se sienten mejor que se dicen."
   Andrés asió de su pan y queso, y viendo que nadie le daba otra cosa,
abajó° su cabeza y tomó el camino en las manos, como suele decirse. Bien   lowered
es verdad que, al partirse, dijo a don Quijote:
35   "¡Por amor de Dios, señor caballero andante, que si otra vez me
encontrare, aunque vea que me hacen pedazos, no me socorra ni ayude, sino
déjeme con mi desgracia, que no será tanta que no sea mayor la que me
vendrá de su ayuda de vuestra merced, a quien Dios maldiga, y a todos

---

[23] **No le...** *it's not in his interest to keep it*
[24] This refers to Jonah's whale. Of course, the "whale" is said to be only a "great fish,"
in Jonah 1:17 [English Bible] or 2:1 [Spanish Bible].
[25] **Quisiera tener...** *I'd rather have the means to get to Seville than all the vengeance
in the world*
[26] **Que también...** *may they be as errant with themselves as they have been with me*
[27] This is the **vos** form of the command again.
[28] **A todos...** *we all have a share in your misfortune*

cuantos caballeros andantes han nacido en el mundo!"

Íbase a levantar don Quijote para castigalle, mas él se puso a correr de modo que ninguno se atrevió a seguille. Quedó corridísimo° don Quijote del · very crestfallen cuento de Andrés, y fue menester que los demás tuviesen mucha cuenta con
5 no reírse, por no acaballe de correr 'del todo.° · entirely

Capítulo XXXII. Que trata de lo que sucedió en la venta a toda la cuadrilla de don Quijote.

ACABÓSE LA buena comida, ensillaron luego, y sin que les sucediese cosa digna de contar, llegaron otro día a la venta, espanto y asombro° de · dread
10 Sancho Panza, y aunque él quisiera no entrar en ella, no lo pudo huir. La ventera, ventero, su hija y Maritornes, que vieron venir a don Quijote y a Sancho, les salieron a recebir con muestras de mucha alegría, y él las recibió con grave continente y aplauso,° y díjoles que le aderezasen otro · solemnity mejor lecho que la vez pasada, a lo cual le respondió la huéspeda° que · innkeeper's wife
15 como la pagase mejor que la otra vez, que ella se la¹ daría de príncipes. Don Quijote dijo que sí haría, y así le aderezaron uno razonable en el mismo caramanchón de marras, y él se acostó luego, porque venía muy quebrantado y falto de juicio. No se hubo bien encerrado, cuando la huéspeda arremetió al barbero, y asiéndole de la barba, dijo:
20 "Para mi santiguada, que no se han aún de aprovechar más de mi rabo para su barba, y que me ha de volver mi cola, que anda lo de mi marido por esos suelos, que es vergüenza, digo, el peine que solía yo colgar de mi buena cola."

No se la quería dar el barbero, aunque ella más tiraba, hasta que el
25 licenciado le dijo que se la diese, que ya no era menester más usar de aquella industria,° sino que se descubriese y mostrase en su misma forma, · stratagem y dijese a don Quijote que cuando le despojaron los ladrones galeotes se había venido a aquella venta huyendo, y que si preguntase por el escudero de la princesa, le dirían que ella le había enviado adelante a dar aviso a los
30 de su reino como ella iba y llevaba consigo al libertador de todos. Con esto dio de buena gana la cola a la ventera el barbero, y asimismo le volvieron todos los aderentes que había prestado para la libertad de don Quijote. Espantáronse° todos los de la venta de la hermosura de Dorotea, y aun del · were astonished buen talle del zagal Cardenio. Hizo el cura que les aderezasen de comer de
35 lo que en la venta hubiese, y el huésped, con esperanza de mejor paga, con diligencia les aderezó una razonable comida, y a todo esto dormía don Quijote, y fueron de parecer° de no despertalle, porque más provecho le · opinion haría por entonces el dormir que el comer.

Trataron sobre comida, estando delante el ventero, su mujer, su hija,

---

¹ Schevill has le here, referring to lecho. The original has la, referring to cama.

Maritornes, todos los pasajeros,° de la estraña locura de don Quijote[2] y del   travelers
modo que le habían hallado. La huéspeda les contó lo que con él y con el
harriero les había acontecido, y mirando si acaso estaba allí Sancho, como
no le viese, contó todo lo de su manteamiento, de que no poco gusto
5   recibieron. Y como el cura dijese que los libros de caballerías que don
Quijote había leído le habían vuelto el juicio, dijo el ventero:
     "No sé yo cómo puede ser eso, que en verdad que, a lo que yo
entiendo, no hay mejor letrado° en el mundo, y que tengo ahí dos o tres   reading
dellos, con otros papeles, que verdaderamente me han dado la vida, no sólo
10 a mí, sino a otros muchos. Porque cuando es tiempo de la siega, se recogen
aquí, las fiestas,° muchos segadores,° y siempre hay algunos que saben leer,   holidays, harvesters
el cual coge uno destos libros en las manos, y rodeámonos dél más de
treinta, y estámosle escuchando con tanto gusto que nos quita mil canas.°   white hairs
A lo menos, de mí sé decir que cuando oyo° decir aquellos furibundos y   **oigo**
15 terribles golpes que los caballeros pegan, que me toma gana de hacer otro
tanto, y que querría estar oyéndolos noches y días."
     "Y yo ni más ni menos," dijo la ventera, "porque nunca tengo buen
rato en mi casa, sino aquel que vos estáis escuchando leer, que estáis tan
embobado,° que no os acordáis de reñir° por entonces."   fascinated, argue
20   "Así es la verdad," dijo Maritornes, "y a buena fe que yo también
gusto mucho de oír aquellas cosas, que son muy lindas, y más cuando
cuentan que se está la otra señora debajo de unos naranjos° abrazada° con   orange trees, em-
su caballero, y que les está una dueña haciéndoles la guarda, muerta de   bracing
envidia° y con mucho sobresalto. Digo que todo esto es cosa 'de mieles.°'"   envy, sweet
25   "Y a vos ¿qué os parece, señora doncella?" dijo el cura, hablando con
la hija del ventero.
     "No sé, señor, en mi ánima," respondió ella, "también yo lo escucho,
y en verdad que, aunque no lo entiendo, que recibo gusto en oíllo. Pero no
gusto yo de los golpes de que mi padre gusta, sino de las lamentaciones que
30 los caballeros hacen cuando están ausentes° de sus señoras, que en verdad   absent
que algunas veces me hacen llorar de compasión° que les tengo."   pity
     "Luego ¿bien las remediárades vos, señora doncella," dijo Dorotea, "si
por vos lloraran?"[3]
     "No sé lo que me hiciera," respondió la moza, "solo sé que hay
35 algunas señoras de aquellas tan crueles, que las llaman sus caballeros tigres,
y leones, y otras mil inmundicias.° Y ¡Jesús! yo no sé qué gente es aquella   filth
tan desalmada y tan sin conciencia, que por no mirar a un hombre honrado,
le dejan que se muera, o que se vuelva loco.[4] Yo no sé para qué es tanto
melindre,° si lo hacen de honradas, cásense con ellos, que ellos no desean   prudery
40 otra cosa."
     "¡Calla, niña!" dijo la ventera, "que parece que sabes mucho destas

---

   [2] **Todos los pasajeros trataron sobre comida… de la estraña locura de don
Quijote** would be a more understandable word order: *all the travelers talked over
dinner… about the strange madness of Don Quijote.*
    [3] **¿Bien las…** *would you console them… if it were for you that they cried?*
    [4] **Por no…** *rather than look at an honorable man, they let him die or go crazy*

cosas, y no está bien a las doncellas saber ni hablar tanto."

"Como me lo pregunta este señor," respondió ella, "no pude dejar de respondelle."

"Ahora bien," dijo el cura, "traedme, señor huésped, aquesos° libros, those
5   que los quiero ver."

"Que me place," respondió él.

Y entrando en su aposento, sacó dél una maletilla° vieja cerrada con little valise
una cadenilla,° y abriéndola, halló en ella tres libros grandes y unos papeles little chain
de muy buena letra, escritos de mano. El primer libro que abrió vio que era
10 *Don Cirongilio de Tracia*,[5] y el otro de *Felixmarte de Hircania*, y el otro
la *Historia del Gran Capitán Gonzalo Hernández de Córdoba, con la vida
de Diego García de Paredes*.[6] Así como el cura leyó los dos títulos
primeros, volvió el rostro al barbero, y dijo:

"Falta nos hacen aquí ahora el ama de mi amigo y su sobrina."
15 "No hacen,"[7] respondió el barbero, "que también sé yo llevallos al
corral o a la chimenea, que en verdad que hay muy buen fuego en ella."

"Luego ¿quiere vuestra merced quemar más[8] libros?" dijo el ventero.

"No más," dijo el cura, "que estos dos: el de *Don Cirongilio* y el de
Felixmarte."
20 "Pues, ¿por ventura," dijo el ventero, "mis libros son herejes o
flemáticos,° que los quiere quemar?" sluggish

"«Cismáticos»[9] queréis decir, amigo," dijo el barbero, "que no
«flemáticos»."

"Así es," replicó el ventero, "mas si alguno quiere quemar, sea ese del
25 Gran Capitán y dese Diego García, que antes dejaré quemar un hijo que
dejar quemar ninguno desotros."

"Hermano mío," dijo el cura, "estos dos libros son mentirosos y están
llenos de disparates y devaneos.° Y este del Gran Capitán es historia sillly things
verdadera y tiene los hechos de Gonzalo Hernández de Córdoba,[10] el cual,
30 por sus muchas y grandes hazañas mereció ser llamado de todo el mundo
GRAN CAPITÁN, renombre° famoso y claro° y dél solo merecido.[11] Y este epithet, illustrious
Diego García de Paredes[12] fue un principal caballero, natural de la ciudad
de Trujillo, en Estremadura,[13] valentísimo soldado, y de tantas fuerzas° strength

---

[5] *Los quatro libros del valeroso caballero don Cirongilio de Tracia* by Bernardo de Vargas, was published in Seville, 1545. There are no known copies of possible later editions. James Ray Green has prepared a modern edition of this book (see DAI 36 [1975-76], 6735A).

[6] Published in Seville, 1580. There is a modern edition in *NBAE*, Vol. 8.

[7] i.e., **no hacen** *falta*.

[8] We must assume that the innkeeper had previously learned what the priest and barber had done to the library. A number of editions change this to **mis**.

[9] Refers to people wanting to separate themselves from the Church.

[10] Gonzalo Hernández de Córdoba was a Spanish soldier (1453-1515) who participated in the battles leading to the fall of Granada (1492), among many other accomplishments.

[11] That is, only Gonzalo Hernández de Córdoba merited the title of **Gran Capitán**.

[12] Diego García de Paredes (1466-1530), fought in Granada with and later accompanied the Gran Capitán in Sicily. He died at age 64 in Bologna, having fallen from his horse at the coronation of Carlos V.

[13] Trujillo is in the province of Cáceres in western Spain (pop. 10,000 today).

naturales, que detenía con un dedo una 'rueda de molino° en la mitad de su   millstone
furia. Y puesto con un montante° en la entrada de una puente,° detuvo a   broadsword, bridge
todo un innumerable ejército, que no pasase por ella. Y hizo otras tales
cosas, que si como él las cuenta y las escribe él, asimismo con la modestia
5   de caballero y de coronista propio, las escribiera otro libre y desapasionado,
pusieran en su olvido las de los Héctores, Aquiles y Roldanes."[14]
     "¡Tomaos con mi padre!"[15] dijo el ventero, "mirad de qué se espanta,
de detener una rueda de molino.[16] Por Dios, ahora había vuestra merced de
leer lo que hizo[17] Felixmarte de Hircania, que de un revés solo partió cinco
10   gigantes por la cintura[18] como si fueran hechos de habas,° como los   beans
frailecicos que hacen los niños.[19] Y otra vez arremetió con un grandísimo
y poderosísimo ejército, donde llevó más de un millón y seiscientos mil
soldados, todos armados desde el pie hasta la cabeza, y los desbarató a
todos como si fueran manadas de ovejas. Pues ¿qué me dirán del bueno de
15   don Cirongilio de Tracia,[20] que fue tan valiente y animoso° como se verá en   courageous
el libro, donde cuenta que navegando por un río, le salió de la mitad del
agua una serpiente de fuego, y él, así como la vio, se arrojó sobre ella, y se
puso 'a horcajadas° encima de sus escamosas° espaldas y la apretó con   astride, scaly
ambas manos la garganta, con tanta fuerza que, viendo la serpiente que la
20   iba ahogando, no tuvo otro remedio sino dejarse ir a lo hondo del río,
llevándose tras sí al caballero, que nunca la quiso soltar? Y cuando llegaron
allá bajo,[21] se halló en unos palacios y en unos jardines tan lindos, que era
maravilla, y luego la sierpe se volvió en un viejo anciano, que le dijo tantas
de cosas que no hay más que oír. ¡Calle, señor, que si oyese esto, se volvería
25   loco de placer.[22] Dos higas[23] para el Gran Capitán y para ese Diego García
que dice°!"   mention
     Oyendo esto Dorotea, dijo callando a Cardenio:
     "Poco le falta a nuestro huésped para hacer la 'segunda parte° de don   understudy
Quijote"
30   "Así me parece a mí," respondió Cardenio, "porque, según da indicio,
él tiene por cierto que todo lo que estos libros cuentan pasó ni más ni menos
que lo escriben, y no le harán creer otra cosa frailes descalzos."
     "Mirad, hermano," tornó a decir el cura, "que no hubo en el mundo
Felixmarte de Hircania, ni don Cirongilio de Tracia, ni otros caballeros
35   semejantes que los libros de caballerías cuentan. Porque todo es

---

[14] **Héctores, Aquiles y Roldanes.** Hector was an ideal warrior of the Trojan army in Homer's *Iliad*. He was killed by Achilles, the greatest soldier in Agamemnon's army.

[15] **¡Tomaos...** *In your hat!* Clearly not a literal translation.

[16] **Mirad de qué...** *what is so astonishing about stopping a millstone?*

[17] The original edition has **leyó** here. Schevill adopts Hartzenbusch's "correction." Other editions have different solutions: **leí yo de, oí yo de, leyó de, se lee en.**

[18] Felixmarte never did this feat.

[19] These **frailecicos** are toys that children cut out of beanpods, the top of which resembled the hood of a priest (*Diccionario de autoridades*).

[20] The adventure described here did not happen in *Cirongilio de Tracia*.

[21] Starting with the second edition, most versions, including Schevill's, read **abajo.**

[22] **Si...** *if you heard this [story of Cirongilio] you would go crazy with delight*

[23] **Dos...** *I don't give a rap*

compostura° y ficción de ingenios ociosos que los compusieron para el   made-up
efeto que vos decís de entretener el tiempo, como lo entretienen leyéndolos
vuestros segadores, porque, realmente, os juro que nunca tales caballeros
fueron en el mundo, ni tales hazañas ni disparates acontecieron en él."
5   "¡A otro perro con ese hueso!" respondió el ventero. "¡Como si yo no
supiese cuántas son cinco y adónde me aprieta el zapato! ¡No piense vuestra
merced darme papilla,° porque, por Dios que no soy nada blanco!° ¡Bueno   deception, inexper-
es que quiera darme vuestra merced a entender que todo aquello que estos   ienced
buenos libros dicen sea disparates y mentiras, estando impreso con licencia
10   de los señores del 'Consejo Real,° como si ellos fueran gente que habían de   Royal Council
dejar imprimir tanta mentira junta, y tantas batallas y tantos encantamentos,
que quitan el juicio!"
     "Ya os he dicho, amigo," replicó el cura, "que esto se hace para
entretener nuestros ociosos pensamientos. Y así como se consiente en las
15   repúblicas bien concertadas que haya juegos de ajedrez, de pelota y de
trucos,[24] para entretener a algunos que ni tienen ni deben ni pueden trabajar,
así se consiente imprimir y que haya tales libros, creyendo, como es verdad,
que no ha de haber alguno tan ignorante que tenga por historia verdadera
ninguna destos libros. Y si me fuera lícito agora y el auditorio° lo   audience
20   requiriera, yo dijera cosas acerca de lo que han de tener los libros de
caballerías para ser buenos, que quizá fueran de provecho y aun de gusto
para algunos. Pero yo espero que vendrá tiempo en que lo pueda comunicar
con quien pueda remediallo,° y en este entretanto, creed, señor ventero, lo   remedy it
que os he dicho, y tomad vuestros libros, y allá 'os avenid° con sus   be reconciled
25   verdades o mentiras, y buen provecho os hagan, y quiera Dios que no
cojeéis° del pie que cojea vuestro huésped don Quijote."   limp
     "Eso no," respondió el ventero, "que no seré yo tan loco que me haga
caballero andante, que bien veo que ahora no se usa lo que se usaba en
aquel tiempo, cuando se dice que andaban por el mundo estos famosos
30   caballeros."
     A la mitad desta plática se halló Sancho presente, y quedó muy
confuso y pensativo de lo que había oído decir: que ahora no se usaban
caballeros andantes, y que todos los libros de caballerías eran necedades y
mentiras, y propuso en su corazón de esperar en lo que paraba aquel viaje
35   de su amo, y que si no salía con la felicidad que él pensaba, determinaba
de dejalle y volverse con su mujer y sus hijos a su acostumbrado trabajo.
     Llevábase la maleta y los libros el ventero, mas el cura le dijo:
     "Esperad, que quiero ver qué papeles son esos que de tan buena letra
están escritos."
40   Sacólos el huésped, y dándoselos a leer, vio hasta obra de ocho
pliegos,[25] escritos de mano, y al principio tenían un título grande que decía:
Novela del curioso impertinente.[26] Leyó el cura para sí tres o cuatro

---

[24] **Ajedrez,...** *chess, ball, and pocket billiards*

[25] **Vio hasta obra...** *he [the priest] saw about eight folded sheets*. Many works were
written on sheets of paper folded once to make four pages. Given the length of this work,
as you will see, the sheets were not small.

[26] Putnam has translated this difficult-to-render title as "Story of the one who was too
curious for his own good." **Novela** comes from the italian *novella*, meaning "story."

renglones,° y dijo: lines

"Cierto que no me parece mal el título desta novela, y que me viene
voluntad de leella toda."

A lo que respondió el ventero:

5   "Pues bien puede leella su reverencia, porque le hago saber que
algunos[27] huéspedes que aquí la han leído les ha contentado mucho, y me
la han pedido con muchas veras. Mas yo no se la he querido dar, pensando
volvérsela a quien aquí dejó esta maleta olvidada con estos libros y esos
papeles, que bien puede ser que vuelva su dueño por aquí algún tiempo, y
10   aunque sé que me han de hacer falta los libros, a fe que se los he de volver,
que aunque ventero todavía soy cristiano."

"Vos tenéis mucha razón, amigo," dijo el cura, "mas, con todo eso, si
la novela me contenta, me la habéis de dejar trasladar.°"   copy

"De muy buena gana," respondió el ventero.

15   Mientras los dos esto decían, había tomado Cardenio la novela y
comenzado° a leer en ella, y pareciéndole lo mismo que al cura, le rogó que   having begun
la leyese de modo que todos la oyesen.

"Sí leyera," dijo el cura, "si no fuera mejor gastar este tiempo en
dormir que en leer."

20   "Harto reposo será para mí," dijo Dorotea, "entretener el tiempo
oyendo algún cuento, pues aún no tengo el espíritu° tan sosegado, que me   mind
conceda dormir cuando fuera razón."[28]

"Pues desa manera," dijo el cura, "quiero leerla por curiosidad
siquiera.[29] Quizá tendrá alguna[30] de gusto."

25   Acudió maese Nicolás a rogarle lo mesmo, y Sancho también, lo cual
visto del cura, y entendiendo que a todos daría gusto y él le recibiría, dijo:

"Pues así es, esténme todos atentos, que la novela comienza desta
manera:"

---

[27] Schevill, among others, has **a algunos**, which is grammatical—but let's let the
innkeeper be not so grammatical, as he was in the first edition.

[28] **Cuando fuera...** *even though I should [sleep]*

[29] **Por curiosidad...** *if only out of curiosity*

[30] **Alguna [curiosidad]**

Capítulo XXXIII. Donde se cuenta la novela[1] del «Curioso impertinente°».

arrogant

5

0

5

20

25

30

35

40

"EN FLORENCIA,[2] ciudad rica y famosa de Italia, en la provincia que llaman Toscana, vivían Anselmo y Lotario, dos caballeros ricos y principales, y tan amigos, que por excelencia y antonomasia° de todos los que los conocían LOS DOS AMIGOS eran llamados. Eran solteros,° mozos de una misma edad y de unas mismas costumbres, todo lo cual era bastante causa a que los dos con recíproca amistad se correspondiesen. Bien es verdad que el Anselmo[3] era algo más inclinado a los pasatiempos amorosos que el Lotario, al cual llevaban tras sí los de la caza. Pero cuando se ofrecía dejaba Anselmo de acudir a sus gustos por seguir los de Lotario, y Lotario dejaba los suyos por acudir a los de Anselmo. Y desta manera andaban tan a una sus voluntades, que no había concertado reloj que así lo anduviese.[4]

Andaba Anselmo perdido de amores de una doncella principal y hermosa de la misma ciudad, hija de tan buenos padres, y tan buena ella por sí, que se determinó, con el parecer de su amigo Lotario, sin el cual ninguna cosa hacía, de pedilla por esposa a sus padres. Y así, lo puso en ejecución, y el que llevó la embajada° fue Lotario, y el que concluyó el negocio tan a gusto de su amigo, que en breve tiempo se vio puesto en la posesión que deseaba, y Camila tan contenta de haber alcanzado a Anselmo por esposo, que no cesaba de dar gracias al cielo y a Lotario, por cuyo medio° tanto bien le había venido.

Los primeros días, como todos los de boda suelen ser alegres, continuó Lotario, como solía, la casa de su amigo Anselmo, procurando honralle, festejalle° y regocijalle° con todo aquello que a él le fue posible. Pero acabadas las bodas, y sosegada ya la frecuencia de las visitas y parabienes,° comenzó Lotario a descuidarse con cuidado de las idas° en casa de Anselmo, por parecerle a él, como es razón que parezca a todos los que fueren discretos, que no se han de visitar ni continuar° las casas de los amigos casados° de la misma manera que cuando eran solteros, porque aunque la buena y verdadera amistad no puede ni debe de ser sospechosa° en nada, con todo esto es tan delicada la honra del casado, que parece que se puede ofender aun de los mesmos hermanos, cuanto más de los amigos.

Notó Anselmo la remisión° de Lotario, y formó dél quejas grandes, diciéndole que si él supiera que el casarse había de ser parte para no comunicalle como solía, que jamás lo hubiera hecho, y que si por la buena correspondencia° que los dos tenían mientras él fue soltero habían alcanzado tan dulce nombre como el de ser llamados LOS DOS AMIGOS, que no permitiese por querer hacer del circunspecto,[5] sin otra ocasión alguna, que tan famoso y tan agradable nombre se perdiese, y que, así, le suplicaba,

nicknamed
bachelors

message

means

regale, gladden
felicitations
visits

keep visiting
married
suspect

seclusion

relations

---

[1] The essence of this story is found in Canto 43 of *Orlando Furioso.*
[2] Florence is the capital of Tuscany and is stunning because of its art and architecture, 235 kms. northwest of Rome.
[3] The use of the article with the names gives an Italian flavor to this story, which, besides taking place in Italy, imitates the style of the Italian *novelle.*
[4] **No había...** *no clock ran smoother [than their relationship]*
[5] **Querer hacer...** *just to act circumspect*

si era lícito que tal término de hablar se usase entre ellos, que volviese a ser
señor de su casa y a entrar y salir en ella como de antes, asegurándole que
su esposa Camila no tenía otro gusto ni otra voluntad que la que él quería
que tuviese, y que por haber sabido ella con cuantas veras los dos se
5　amaban, estaba confusa de ver en él tanta esquiveza.°　　　　　aloofness
　　　A todas estas y otras muchas razones que Anselmo dijo a Lotario para
persuadille volviese⁶, como solía, a su casa, respondió Lotario con tanta
prudencia, discreción y aviso, que Anselmo quedó satisfecho de la buena
intención de su amigo, y quedaron de concierto que dos días en la semana
10　y las fiestas fuese Lotario a comer con él. Y aunque esto quedó así
concertado entre los dos, propuso Lotario de no hacer más de aquello que
viese que más convenía a la honra de su amigo, cuyo crédito estimaba en
más que el suyo proprio.° Decía él, y decía bien, que el casado a quien el　　propio
cielo había concedido mujer hermosa tanto cuidado había de tener qué
15　amigos llevaba a su casa, como en mirar con qué amigas su mujer
conversaba, porque lo que no se hace ni concierta° en las plazas, ni en los　　contrive
templos,° ni en las fiestas públicas, ni estaciones,° cosas que no todas veces　　churches, devotional
las han de negar los maridos a sus mujeres, se concierta y facilita° en casa　　visits; manage
de la amiga o la parienta de quien más satisfacción° se tiene.　　　confidence
20　　　También decía Lotario que tenían necesidad los casados de tener cada
uno algún amigo que le advirtiese de los descuidos que en su proceder
hiciese, porque suele acontecer que con el mucho amor que el marido a la
mujer tiene, o no le advierte, o no le dice, por no enojalla, que haga o deje
de hacer algunas cosas, que el hacellas, o no, le sería de honra, o de
25　vituperio, de lo cual, siendo del amigo advertido, fácilmente pondría
remedio en todo. Pero ¿dónde se hallará amigo tan discreto y tan leal y
verdadero como aquí Lotario le pide? No lo sé yo, por cierto. Sólo Lotario
era éste, que con toda solicitud y advertimiento° miraba por la honra de su　　advice
amigo, y procuraba dezmar, frisar y acortar los días del concierto⁷ del ir a
30　su casa, porque no pareciese mal al vulgo ocioso, y a los ojos vagabundos
y maliciosos, la entrada de un mozo rico, gentilhombre y bien nacido, y de
las buenas partes que él pensaba que tenía, en la casa de una mujer tan
hermosa como Camila,⁸ que, puesto que⁹ su bondad y valor podía poner
freno a toda maldiciente° lengua, todavía no quería poner en duda su crédito　　slandering
35　ni el de su amigo, y por esto los más de los días del concierto los ocupaba
y entretenía en otras cosas, que él daba a entender ser inexcusables.° Así　　indispensable
que en quejas del uno y disculpas° del otro se pasaban muchos ratos y partes　　excuses
del día.
　　　Sucedió, pues, que uno,¹⁰ que los dos se andaban paseando por un
40　prado fuera de la ciudad, Anselmo dijo a Lotario las semejantes razones:

---

⁶ **Persuadille *que* volviese**

⁷ **Dezmar,...** *reduce drastically, diminish, and cut short the agreed upon days*

⁸ **Porque no pareciese...** *so that the visits of a rich and handsome young man at the house of a woman as beautiful as Camila not seem bad to the idle public and to roaming and malicious eyes.*

⁹ Remember that **puesto que** means *although*, as it does half a dozen times in this chapter alone.

¹⁰ That is, **un día.**

"Pensabas, amigo Lotario, que a las mercedes que Dios me ha hecho en hacerme hijo de tales padres como fueron los míos, y al darme no con mano escasa° los bienes, así los que llaman de naturaleza como los de fortuna, no puedo yo corresponder con agradecimiento que llegue al bien recebido y sobre al que me hizo en darme a ti por amigo y a Camila por mujer propia,[11] dos prendas° que las estimo, si no en el grado° que debo, en el que puedo. Pues con todas estas partes, que suelen ser el todo con que los hombres suelen y pueden vivir contentos, vivo yo el más despechado° y el más desabrido° hombre de todo el universo mundo. Porque no sé qué días a esta parte me fatiga y aprieta un deseo tan estraño y tan fuera del uso común de otros, que yo me maravillo de mí mismo, y me culpo,° y me riño a solas, y procuro callarlo y encubrirlo de mis proprios pensamientos, y así me ha sido posible salir con este secreto como si de industria procurara decillo a todo el mundo,[12] y pues que, en efeto, él ha de 'salir a plaza,° quiero que sea en la del archivo de tu secreto, confiado que con él y con la diligencia que pondrás, como mi amigo verdadero, en remediarme, yo me veré presto libre de la angustia que me causa, y llegará mi alegría por tu solicitud al grado que ha llegado mi descontento° por mi locura."

Suspenso tenían a Lotario las razones de Anselmo, y no sabía en qué había de parar tan larga prevención° o preámbulo, y aunque iba revolviendo en su imaginación qué deseo podría ser aquel que a su amigo tanto fatigaba, dio siempre muy lejos del blanco de la verdad, y por salir presto de la agonía° que le causaba aquella suspensión,° le dijo que hacía notorio agravio a su mucha amistad en andar buscando rodeos para decirle sus más encubiertos pensamientos, pues tenía cierto que se podía prometer dél,[13] o ya consejos para entretenellos,° o ya remedio para cumplillos.

"Así es la verdad," respondió Anselmo, "y con esa confianza te hago saber, amigo Lotario, que el deseo que me fatiga es pensar si Camila, mi esposa, es tan buena y tan perfeta° como yo pienso, y no puedo enterarme° en esta verdad si no es probándola de manera que la prueba manifieste° los quilates° de su bondad, como el fuego muestra los del oro. Porque yo tengo para mí, ¡oh amigo! que no es una mujer más buena de cuanto es o no es solicitada, y que aquella sola es fuerte que no 'se dobla° a las promesas, a las dádivas, a las lágrimas y a las continuas importunidades° de los solícitos° amantes. Porque, ¿qué hay que agradecer," decía él, "que una mujer sea buena, si nadie le dice que sea mala? ¿Qué mucho que esté recogida° y temerosa° la que no le dan ocasión para que se suelte, y la que sabe que tiene marido que, en cogiéndola en la primera desenvoltura,° la ha de quitar la vida? Ansí que la que es buena por temor, o por falta de lugar, yo no la quiero tener en aquella estima en que tendré a la solicitada y perseguida que salió con la corona del vencimiento.° De modo que, por estas razones y por otras muchas que te pudiera decir para acreditar y

scanty

treasures, extent

despairing
dissatisfied

blame

come out

unhappiness

preparatory statement

anxiety, suspense

to allay

perfecta, verify
proves
degree of perfection

submits
demands
insistent

reserved, timid
shameless act

victory

---

[11] **No puedo yo...** *I cannot be grateful enough for the benefit I have received, especially in having been given you as a friend and Camila as my own wife.* **Sobre** is from the verb **sobrar** meaning *to exceed.*

[12] **Así me ha...** *it has been about as possible for me to keep the secret than if I had forcibly attempted to tell it to the whole world*

[13] **Tenía cierto...** *he knew that he could count on his friend*

fortalecer la opinión que tengo, deseo que Camila, mi esposa, pase por estas dificultades° y 'se acrisole y quilate° en el fuego de verse requerida° y solicitada,° y de quien tenga valor para poner en ella sus deseos, y si ella sale, como creo que saldrá, con la palma[14] desta batalla, tendré yo por 'sin
5   igual° mi ventura. Podré yo decir que está colmo° el vacío° de mis deseos. Diré que me cupo en suerte[15] la mujer fuerte de quien el Sabio dice que ¿quién la hallará?[16] Y cuando° esto suceda al revés de lo que pienso, con el gusto de ver que acerté en mi opinión, llevaré sin pena la que de razón podrá causarme mi tan costosa experiencia.[17] Y prosupuesto° que ninguna
10 cosa de cuantas me dijeres en contra de mi deseo ha de ser de algún provecho para dejar de ponerle por la obra, quiero, ¡oh amigo Lotario! que te dispongas° a ser el instrumento que labre° aquesta° obra de mi gusto, que yo te daré lugar para que lo hagas, sin faltarte todo aquello que yo viere ser necesario para solicitar a una mujer honesta, honrada, recogida y
15 desinteresada.°

    "Y muéveme, entre otras cosas, a fiar° de ti esta tan ardua empresa, el ver que si de ti es vencida Camila, no ha de llegar el vencimiento a todo trance y rigor, sino a sólo a tener por hecho lo que se ha de hacer, por buen respeto,[18] y así, no quedaré yo ofendido más de con el deseo, y mi injuria
20 quedará escondida en la virtud de tu silencio, que bien sé que en lo que me tocare ha de ser eterno como el[19] de la muerte. Así que, si quieres que yo tenga vida que pueda decir que lo es,[20] desde luego has de entrar en esta amorosa batalla, no tibia° ni perezosamente,° sino con el ahinco y diligencia que mi deseo pide y con la confianza que nuestra amistad me asegura."

25 Éstas fueron las razones que Anselmo dijo a Lotario, a todas las cuales estuvo tan atento, que, si no fueron las que quedan escritas que le dijo, no desplegó sus labios hasta que hubo acabado, y viendo que no decía más, después que le estuvo mirando un buen espacio, como si mirara otra cosa que jamás hubiera visto que le causara admiración y espanto, le dijo:
30 "No me puedo persuadir, ¡oh amigo Anselmo! a que no sean burlas las cosas que me has dicho, que a pensar que de veras las decías no consintiera que tan adelante pasaras, porque con no escucharte previniera tu larga arenga.[21] Sin duda imagino, o que no me conoces, o que yo no te conozco. Pero no—que bien sé que eres Anselmo y tú sabes que yo soy Lotario. El
35 daño está en que yo pienso que no eres el Anselmo que solías, y tú debes de haber pensado que tampoco yo soy el Lotario que debía ser, porque las cosas que me has dicho, ni son de aquel Anselmo mi amigo, ni las que me pides se han de pedir a aquel Lotario que tú conoces. Porque los buenos

Right margin glosses:
obstacles, be tested,
courted; wooed

matchless, full,
emptiness
if

since

prepare, bring about,
this

unsuspecting
confide

lukewarmly, lazily

---

[14] That is, if she wins.
[15] **Me...** *I have been lucky to come upon*
[16] The **sabio** is Solomon: "Who can find a virtuous woman? Her worth is far beyond rubies. Her husband's whole trust is in her..." (Proverbs 31:10-11).
[17] **Llevaré...** *I shall bear without grief what such a costly experiment can cause me*
[18] **No ha de llegar...** *the conquest will not be taken to the extreme limits, but rather, that which is supposed to be done will be considered done, out of respect*
[19] **El** *silencio*
[20] **Si quieres que yo...** *If you want me to have a life that I can say is [a life]*
[21] **Con no...** *by not listening to you I would have prevented your long speech*

amigos han de probar a sus amigos, y valerse dellos, como dijo un poeta: *usque ad aras*,[22] que quiso decir que no se habían de valer de su amistad en cosas que fuesen contra Dios. Pues si esto sintió un gentil° de la   pagan
amistad, ¿cuánto mejor es que lo sienta el cristiano que sabe que por

5   ninguna humana[23] ha de perder la amistad divina? Y cuando el amigo tirase
tanto la barra,[24] que pusiese aparte los respetos del cielo por acudir a los de
su amigo, no ha de ser por cosas ligeras° y de poco momento, sino por   trifling
aquellas en que vaya la honra y la vida de su amigo. Pues dime tú ahora,
Anselmo, ¿cuál destas dos cosas tienes en peligro, para que yo me aventure

10   a complacerte y a hacer una cosa tan detestable como me pides? Ninguna,
por cierto. Antes me pides, según yo entiendo, que procure y solicite
quitarte la honra y la vida, y quitármela a mí juntamente. Porque si yo he
de procurar quitarte la honra, claro está que te quito la vida, pues el hombre
sin honra peor es que un muerto, y siendo yo el instrumento, como tú

15   quieres que lo sea, de tanto mal tuyo, ¿no vengo a quedar deshonrado y
'por el mesmo consiguiente,° sin vida? Escucha, amigo Anselmo, y ten   consequently
paciencia de no responderme hasta que acabe de decirte lo que 'se me
ofreciere° acerca de lo que te ha pedido tu deseo, que tiempo quedará para   occurs to me
que tú me repliques y yo te escuche."

20   "Que me place," dijo Anselmo, "di lo que quisieres."
Y Lotario prosiguió, diciendo:
"Paréceme, ¡oh Anselmo! que tienes tú ahora el ingenio° como el que   state of mind
siempre tienen los moros, a los cuales no se les puede dar a entender el
error de su secta° con las acotaciones° de la Santa Escritura, ni con razones   religion, quotations

25   que consistan en especulación del entendimiento, ni que vayan fundadas°   based
en artículos de fe, sino que les han de traer ejemplos palpables, fáciles,
intelegibles, demonstrativos, indubitables, con demostraciones matemáticas,[25] que no se pueden negar, como cuando dicen: «Si de dos partes
iguales quitamos partes iguales, las que quedan también son iguales.» Y

30   cuando esto no entiendan de palabra, como en efeto no lo entienden, háseles
de mostrar con las manos y ponérselo delante de los ojos, y aun con todo
esto no basta° nadie con ellos a persuadirles las verdades de mi sacra   suffice
religión. Y este mesmo término y modo me convendrá usar contigo, porque
el deseo que en ti ha nacido va tan descaminado y tan fuera de todo aquello

35   que tenga sombra° de razonable, que me parece que ha de ser tiempo   shadow
gastado el que ocupare en darte a entender tu simplicidad,[26] que por ahora
no le quiero dar otro nombre, y aun 'estoy por° dejarte en tu desatino, en   feel like
pena de tu mal deseo. Mas no me deja usar deste rigor la amistad que te
tengo, la cual no consiente que te deje puesto en tan manifiesto peligro de

40   perderte.
"Y porque claro lo veas, dime, Anselmo: ¿tú no me has dicho que
tengo de solicitar a una retirada, persuadir a una honesta, ofrecer a una

---

[22] This quotation, "As far as the altar...," comes from *The Moralia* of Plutarch.
[23] **Ninguna** *amistad* **humana**
[24] **Tirase...** *goes to such extremes*
[25] **Demonstrativos,...** *able to be proven, not admitting of doubt, with mathematical proofs*
[26] **Ha de...** *it would waste my time to try to make you see your simple-mindedness*

desinteresada, servir a una prudente? Sí que me lo has dicho. Pues si tú
sabes que tienes mujer retirada, honesta, desinteresada y prudente, ¿qué
buscas? Y si piensas que de todos mis asaltos ha de salir vencedora, como
saldrá sin duda, ¿qué mejores títulos piensas darle después que los que
5   ahora tiene? ¿O qué será más después de lo que es ahora? O es que tú no
la tienes por la que dices, o tú no sabes lo que pides. Si no la tienes por lo
que dices, ¿para qué quieres probarla, sino, como a mala, hacer della lo que
más te viniere en gusto? Mas si es tan buena como crees, impertinente cosa
será hacer experiencia de la mesma verdad, pues después de hecha se ha de
10 quedar con la estimación° que primero tenía. Así que es razón concluyente°   appraisal, conclusive
que el intentar° las cosas de las cuales antes nos puede suceder daño que   attempting
provecho es de juicios sin discurso y temerarios,[27] y más cuando quieren
intentar aquellas a que no son forzados ni compelidos,° y que de muy lejos   obliged
traen descubierto que el intentarlas es manifiesta locura.[28]
15   "Las cosas dificultosas se intentan por Dios, o por el mundo, o por
'entrambos a dos:° las que se acometen° por Dios son las que acometieron   both, undertake
los santos, acometiendo a vivir vida de ángeles en cuerpos humanos, las que
se acometen por respeto del mundo son las de aquellos que pasan tanta
infinidad° de agua, tanta diversidad de climas,° tanta estrañeza de gentes,   boundlessness,
20 por adquirir estos que llaman bienes de fortuna. Y las que se intentan por   climate
Dios y por el mundo juntamente, son aquellas de los valerosos soldados,
que apenas veen en el contrario muro° abierto tanto espacio cuanto es el   wall
que pudo hacer una redonda° 'bala de artillería,° cuando, puesto aparte todo   round, artillery shot
temor, sin hacer discurso ni advertir al manifiesto peligro que les amenaza,
25 llevados en vuelo de las alas del deseo de volver por su fe, por su nación
y por su rey, se arrojan intrépidamente por la mitad de mil contrapuestas°   diverse
muertes que los esperan. Estas cosas son las que suelen intentarse, y es
honra, gloria y provecho intentarlas, aunque tan llenas de inconvenientes y
peligros.
30   "Pero la que tú dices que quieres intentar y poner por obra, ni te ha de
alcanzar gloria de Dios, bienes de la fortuna, ni fama con los hombres,
porque, puesto que salgas con ella como deseas, no has de quedar ni más
ufano,° ni más rico, ni más honrado que estás ahora. Y si no sales, te has   proud
de ver en la mayor miseria que imaginarse pueda, porque no te ha de
35 aprovechar pensar entonces que no sabe nadie la desgracia que te ha
sucedido, porque bastará para afligirte y deshacerte que la sepas tú mesmo.
Y para confirmación desta verdad, te quiero decir una estancia,° que hizo   stanza
el famoso poeta Luis Tansilo,[29] en el fin de su primera parte de las
Lágrimas de San Pedro, que dice así:

40   Crece el dolor y crece la vergüenza
en Pedro, cuando el día se ha mostrado,
y aunque allí no ve a nadie, 'se avergüenza°   feel ashamed

---

[27] **Es...** *is irrational and reckless*
[28] **Más cuando...** *moreso if people want to try those [experiments] are not forced to,
and it can be seen a long way away that attempting them is demonstrably foolish*
[29] Luigi Tansillo (1510-1568) was an Italian poet who wrote *Le Lacrime di San
Pietro*, translated into Spanish in 1587, two years after its publication in Italy.

de sí mesmo, por ver que había pecado:°   sinned
que a un magnánimo pecho a haber° vergüenza   **tener**
no sólo ha de moverle el ser mirado;
que de sí se avergüenza cuando yerra,
si bien otro no vee que[30] cielo y tierra.

"Así que no escusarás con el secreto tu dolor.[31] Antes tendrás que
llorar contino,° si no lágrimas de los ojos, lágrimas de sangre del corazón,   continuously
como las lloraba aquel simple doctor que nuestro poeta nos cuenta, que hizo
la prueba del vaso,[32] que con mejor discurso se escusó de hacerlo el
prudente Reinaldos, que puesto que aquello sea ficción poética, tiene en sí
encerrados° secretos morales dignos de ser advertidos° y entendidos e   included, noted
imitados. Cuanto más, que con lo que ahora pienso decirte, acabarás de
venir en conocimiento° del grande error que quieres cometer.   knowledge
     "Dime, Anselmo: si el cielo, o la suerte buena, te hubiera hecho señor
y legítimo posesor de un finísimo diamante, de cuya bondad° y quilates°   excellence, carats
estuviesen satisfechos cuantos lapidarios° le viesen, y que todos a una voz   gem-cutters
y de común parecer dijesen que llegaba en quilates, bondad y fineza a
cuanto se podía estender la naturaleza de tal piedra,° y tú mesmo le   jewel
creyeses así, sin saber otra cosa en contrario, ¿sería justo que te viniese en
deseo de tomar aquel diamante, y ponerle entre un ayunque° y un martillo,°   anvil, hammer
y allí, 'a pura° fuerza de golpes y brazos, probar si es tan duro y tan fino   by dint of
como dicen? Y más, si lo pusieses por obra,[33] que 'puesto caso que° la   although
piedra hiciese resistencia a tan necia prueba, no por eso se le añadiría más
valor ni más fama, y si se rompiese, cosa que podría ser, ¿no se perdía°   **perdería**
todo? Sí, por cierto, dejando a su dueño en estimación de que todos le
tengan por simple.[34] Pues 'haz cuenta,° Anselmo amigo, que Camila es   consider
finísimo diamante, así en tu estimación como en la ajena, y que no es razón
ponerla en contingencia° de que se quiebre,° pues aunque se quede con su   risk, may break
entereza, no puede subir a más valor del que ahora tiene, y si faltase y no
resistiese, considera desde ahora cuál quedarías sin ella, y con cuánta razón
te podrías quejar de ti mesmo, por haber sido causa de su perdición y la
tuya.
     "Mira que no hay joya en el mundo que tanto valga como la mujer
casta y honrada, y que todo el honor de las mujeres consiste en la opinión
buena que dellas se tiene, y pues la de tu esposa es tal, que llega al estremo
de bondad que sabes, ¿para qué quieres poner esta verdad en duda? Mira,
amigo, que la mujer es animal imperfecto y que no se le han de poner
embarazos donde tropiece° y caiga, sino quitárselos y despejalle° el camino   may stumble, clear
de cualquier inconveniente, para que sin pesadumbre corra ligera a alcanzar

---

[30] **Vee** *otra cosa* **que**
[31] **Así...** *so you will not relieve your grief by secrecy*
[32] This "glass test" also comes from *Orlando Furioso* Canto 43. *Nuestro* **poeta** was,
of course, the *Italian* Ariosto. In this story, there is an enchanted goblet from which no
deceived husband has the power to drink. When it is presented to Reinaldos de
Montalbán, he does not take the test.
[33] **Si lo...** *if you did it*
[34] **Dejando a su...** *leaving its owner regarded by everyone as a fool*

la perfeción que le falta, que consiste en el ser virtuosa.

"Cuentan los naturales° que el arminio° es un animalejo° que tiene una   naturalists, ermine,
piel° blanquísima, y que, cuando quieren cazarle los cazadores, usan deste   small animal; fur
artificio: que, sabiendo las partes por donde suele pasar y acudir, las atajan°   cut off
5   con lodo, y después, ojeándole,° le encaminan° hacia aquel lugar, y así   shooing, they drive
como el arminio llega al lodo, se está quedo y se deja prender y cautivar,[35]
'a trueco de° no pasar por el cieno y perder y ensuciar° su blancura, que la   rather than, make
estima en más que la libertad y la vida.[36] La honesta y casta mujer es   dirty
arminio, y es más que nieve blanca y limpia la virtud de la honestidad, y
10   el que quisiere que no la pierda, antes la guarde y conserve, ha de usar de
otro estilo diferente que con el arminio se tiene,[37] porque no le han de poner
delante el cieno de los regalos y servicios de los importunos amantes,
porque quizá, y aun sin quizá, no tiene tanta virtud y fuerza natural que
pueda por sí mesma atropellar° y pasar por aquellos embarazos, y es   overcome
15   necesario quitárselos y ponerle delante la limpieza de la virtud y la belleza
que encierra en sí la 'buena fama.°   reputation

"Es asimesmo° la buena mujer como espejo de cristal° luciente y claro,   likewise, glass
pero está sujeto a empañarse y escurecerse[38] con cualquiera aliento que le
toque. Hase de usar con la honesta mujer el estilo que con las reliquias:°   holy relics
20   adorarlas y no tocarlas. Hase de guardar y estimar la mujer buena como se
guarda y estima un hermoso jardín que está lleno de flores y rosas, cuyo
dueño no consiente que nadie le pasee ni manosee.° Basta que desde lejos   touch
y por entre las verjas° de hierro gocen de su fragrancia° y hermosura.   grating, **fragancia**
Finalmente, quiero decirte unos versos que se me han venido a la memoria,
25   que los oí en una comedia moderna,[39] que me parece que 'hacen al
propósito° de lo que vamos tratando. Aconsejaba un prudente viejo a otro,   apply to
padre de una doncella, que la recogiese,° guardase y encerrase, y entre otras   lock up
razones, le dijo éstas:

          Es de vidrio° la mujer;   glass
30   pero no se ha de probar
          si se puede o no quebrar,
          porque todo podría ser.
          Y es más fácil el quebrarse,
          y no es cordura ponerse
35   a peligro de romperse
          lo que no puede soldarse.°   be mended

---

[35] **Se deja...** *he allows himself to be caught and captured*
[36] Ermines don't do this.
[37] **El que...** *he who doesn't want her to lose it, but rather to keep and conserve it, must not treat her like the hunted ermine*
[38] **Empañarse...** *being fogged and dulled*
[39] No one knows which play this poem comes from. It could be from one of Cervantes' own lost plays—you will see a sonnet from his *La casa de los celos* in the next chapter.

Y en esta opinión estén
todos, y en razón la fundo,°   base my opinion
que si hay Danaes en el mundo,
hay pluvias° de oro también.[40]   rains

"Cuanto hasta aquí te he dicho, ¡oh Anselmo! ha sido por lo que a ti
te toca, y ahora es bien que se oiga algo de lo que a mí me conviene,° y si   concerns
fuere largo, perdóname, que todo lo requiere el laberinto donde te has
entrado, y de donde quieres que yo te saque. Tú me tienes por amigo, y
quieres quitarme la honra, cosa que es contra toda amistad, y aun no sólo
pretendes° esto, sino que procuras que yo te la quite a ti. Que me la quieres   try
quitar a mí está claro, pues cuando Camila vea que yo la solicito, como me
pides, cierto está que me ha de tener por hombre sin honra y mal mirado,°   thought of
pues intento° y hago una cosa tan fuera de aquello que el ser quien soy y   attempt
tu amistad me obliga. De que quieres que te la quite a ti, no hay duda,
porque viendo Camila que yo la solicito, ha de pensar que yo he visto en
ella alguna liviandad° que me dio atrevimiento a descubrirle mi mal deseo,   frivolity
y teniéndose por deshonrada, te toca a ti, como a cosa suya, su mesma
deshonra. Y de aquí nace lo que comúnmente 'se platica:° que el marido de   happens
la mujer adúltera, puesto que él no lo sepa ni haya dado ocasión para que
su mujer no sea la que debe, ni haya sido en su mano, ni en su descuido y
poco recato estorbar su desgracia, con todo le llaman y le nombran con
nombre de vituperio y bajo, y en cierta manera le miran los que la maldad
de su mujer saben con ojos de menosprecio, en cambio de mirarle con los
de lástima, viendo que, no por su culpa, sino por el gusto de su mala
compañera, está en aquella desventura.

"Pero quiérote decir la causa, porque con justa razón es deshonrado el
marido de la mujer mala, aunque él no sepa que lo es, ni tenga culpa, ni
haya sido parte, ni dado ocasión para que ella lo sea. Y no te canses de
oírme, que todo ha de redundar en tu provecho. Cuando Dios crió a nuestro
primero padre en el Paraíso Terrenal, dice la Divina Escritura que infundió
Dios sueño en Adán, y que, estando durmiendo, le sacó una costilla del
lado siniestro, de la cual formó a nuestra madre Eva. Y así como Adán
despertó y la miró, dijo: «Ésta es carne de mi carne y hueso de mis
huesos.» Y Dios dijo: «Por ésta dejará el hombre a su padre y madre, y
serán dos en una carne misma.» Y entonces fue instituido el divino
sacramento del matrimonio, con tales lazos, que sola la muerte puede
desatarlos.[41] Y tiene tanta fuerza y virtud este milagroso sacramento, que
hace que dos diferentes personas sean una mesma carne. Y aun hace más
en los buenos casados, que, aunque tienen dos almas, no tienen más de una
voluntad. Y de aquí viene que, como la carne de la esposa sea una mesma
con la del esposo, las manchas° que en ella caen, o los defectos que se   disgraces
procura, redundan en la carne del marido, aunque él no haya dado, como
queda dicho, ocasión para aquel daño. Porque así como el dolor del pie, o

---

[40] Danæ was imprisoned in a tower because an oracle said that her son would cause
her father's death. Zeus visited her in the form of a golden shower and she became the
mother of Perseus (who, by the way, later did cause his grandfather's death).

[41] This is more or less from Genesis 2:23-24. The quotations are not exact.

de cualquier miembro del cuerpo humano, le siente todo el cuerpo, por ser
todo de una carne mesma, y la cabeza siente el daño del tobillo,° sin que   ankle
ella se le haya causado, así el marido es participante de la deshonra de la
mujer por ser una mesma cosa con ella. Y como las honras y deshonras del
5   mundo sean todas y nazcan de carne y sangre, y las de la mujer mala sean
deste género, es forzoso que al marido le quepa° parte dellas y sea tenido   fall to his share
por deshonrado sin que él lo sepa.

"Mira, pues, ¡oh Anselmo! al peligro que te pones en querer turbar el
sosiego en que tu buena esposa vive. Mira por cuán vana e impertinente
10 curiosidad quieres revolver los humores que ahora están sosegados en el
pecho de tu casta esposa. Advierte que lo que aventuras a ganar es poco,
y que lo que perderás será tanto, que lo dejaré en su punto,⁴² porque me
faltan palabras para encarecerlo. Pero si todo cuanto he dicho no basta a
moverte de tu mal propósito, bien puedes buscar otro instrumento de tu
15 deshonra y desventura, que yo no pienso serlo, aunque por ello pierda tu
amistad, que es la mayor pérdida° que imaginar puedo."   loss

Calló en diciendo esto el virtuoso y prudente Lotario, y Anselmo quedó
tan confuso y pensativo, que por un buen espacio no le pudo responder
palabra, pero, en fin, le dijo:
20 "Con la atención que has visto he escuchado, Lotario amigo, cuanto
has querido decirme, y en tus razones, ejemplos y comparaciones he visto
la mucha discreción que tienes y el estremo de la verdadera amistad que
alcanzas, y ansimesmo veo y confieso que si no sigo tu parecer y me voy
tras el mío, voy huyendo del bien y corriendo tras el mal. Presupuesto esto,
25 has de considerar que yo padezco ahora la enfermedad que suelen tener
algunas mujeres, que se les antoja comer tierra, yeso,° carbón° y otras cosas   plaster, coal
peores, aun asquerosas° para mirarse, cuanto más para comerse. Así que es   revolting
menester usar de algún artificio para que yo sane, y esto se podía hacer con
facilidad sólo con que comiences, aunque tibia y fingidamente,° a solicitar   pretending
30 a Camila, la cual no ha de ser tan tierna, que a los primeros encuentros° dé   encounters
con su honestidad por tierra, y con sólo este principio quedaré contento, y
tú habrás cumplido con lo que debes a nuestra amistad, no solamente
dándome la vida, sino persuadiéndome de no verme sin honra. Y estás
obligado a hacer esto por una razón sola, y es que estando yo, como estoy,
35 determinado de poner en plática° esta prueba, no has tú de consentir que yo   **práctica**
'dé cuenta° de mi desatino a otra persona, con que pondría en aventura° el   tell, risk
honor que tú procuras que no pierda, y cuando el tuyo no esté en el punto
que debe en la intención de Camila en tanto que la solicitares,⁴³ importa
poco o nada, pues con brevedad, viendo en ella la entereza que esperamos,
40 le podrás decir la pura verdad de nuestro artificio, 'con que° volverá tu   so
crédito al ser primero. Y pues tan poco aventuras y tanto contento me
puedes dar aventurándote, no lo dejes de hacer, aun que más inconvenientes
se te pongan delante, pues, como ya he dicho, con sólo que comiences daré
por concluida la causa."
45   Viendo Lotario la resoluta voluntad de Anselmo, y no sabiendo qué

⁴² **Lo...** *I will leave it unexpressed*
⁴³ **Cuando el tuyo...** *if your [honor] is not as high as it should be in the opinion of*
Camila while you are courting her

más ejemplos traerle, ni qué más razones mostrarle para que no la siguiese,
y viendo que le amenazaba que daría a otro cuenta de su mal deseo, por
evitar mayor mal, determinó de contentarle y hacer lo que le pedía, con
propósito e intención de guiar aquel negocio de modo que, sin alterar° los   changing
pensamientos de Camila, quedase Anselmo satisfecho. Y así, le respondió
que no comunicase su pensamiento con otro alguno, que él tomaba a su
cargo° aquella empresa, la cual comenzaría cuando a él le diese más gusto.   care
Abrazóle Anselmo tierna y amorosamente,° y agradecióle su ofrecimiento,   affectionately
como si alguna grande merced le hubiera hecho, y quedaron de acuerdo
entre los dos que 'desde otro día siguiente° se comenzase la obra, que él le   the next day
daría lugar y tiempo como 'a sus solas° pudiese hablar a Camila, y   a solas
asimesmo le daría dineros y joyas que darla y que ofrecerla.[44] Aconsejóle
que le diese músicas, que escribiese versos en su alabanza, y que, cuando
él[45] no quisiese tomar trabajo de hacerlos, él mesmo[46] los haría. A todo se
ofreció Lotario, bien con diferente intención que Anselmo pensaba.

Y con este acuerdo se volvieron a casa de Anselmo, donde hallaron a
Camila con ansia y cuidado, esperando a su esposo, porque aquel día
tardaba en venir más de lo acostumbrado. Fuese Lotario a su casa, y
Anselmo quedó en la suya, tan contento como Lotario fue pensativo, no
sabiendo qué traza dar para salir bien de aquel impertinente negocio. Pero
aquella noche pensó° el modo que tendría para engañar a Anselmo sin   devised
ofender a Camila. Y otro día vino a comer con su amigo, y fue bien
recebido de Camila, la cual le recebía y regalaba con mucha voluntad, por
entender la buena° que su esposo le tenía.   **buena** *voluntad*

Acabaron de comer, levantaron los manteles, y Anselmo dijo a Lotario
que se quedase allí con Camila en tanto que él iba a un negocio forzoso,
que dentro de hora y media volvería. Rogóle Camila que no se fuese, y
Lotario se ofreció a hacerle compañía. Mas nada aprovechó con Anselmo,
antes importunó a Lotario que se quedase y le aguardase, porque tenía que
tratar con él una cosa de mucha importancia. Dijo también a Camila que no
dejase solo a Lotario, en tanto que él volviese. En efeto, él supo tan bien
fingir la necesidad o necedad de su ausencia, que nadie pudiera entender
que era fingida. Fuese Anselmo, y quedaron solos a la mesa Camila y
Lotario, porque la demás gente de casa toda se había ido a comer. Viose
Lotario puesto en la estacada° que su amigo deseaba, y con el enemigo   dueling place
delante, que pudiera vencer, con sola su hermosura, a un escuadrón de
caballeros armados, mirad si era razón que le temiera Lotario.

Pero lo que hizo fue poner el codo° sobre el brazo de la silla y la mano   elbow
abierta en la mejilla, y pidiendo perdón a Camila del mal comedimiento,
dijo que quería reposar un poco en tanto que Anselmo volvía. Camila le
respondió que mejor reposaría en el estrado° que en la silla, y así, le rogó   drawing room
se entrase a dormir en él. No quiso Lotario, y allí se quedó dormido hasta
que volvió Anselmo, el cual, como halló a Camila en su aposento y a
Lotario durmiendo, creyó que, como se había tardado tanto, ya habrían
tenido los dos lugar para hablar y aun para dormir, y no vio la hora en

---

[44] The early editions show **la** instead of **le**.
[45] That is, Lotario.
[46] That is, Anselmo.

que[47] Lotario despertase, para volverse con él fuera y preguntarle de su ventura.

    Todo le sucedió como él quiso. Lotario despertó, y luego salieron los dos de casa, y así, le preguntó lo que deseaba, y le respondió Lotario que
5   no le había parecido ser bien que la primera vez se descubriese del todo, y así, no había hecho otra cosa que alabar a Camila de hermosa,[48] diciéndole que en toda la ciudad no se trataba de otra cosa que de su hermosura y discreción, y que éste le había parecido buen principio para entrar ganando la voluntad° y disponiéndola° a que otra vez le escuchase con gusto, usando   confidence, preparing
10 en esto del artificio que el demonio usa cuando quiere engañar a alguno que está puesto 'en atalaya° de mirar por sí, que se transforma en ángel de luz,   on guard siéndolo él de tinieblas, y poniéndole delante apariencias buenas,[49] al cabo descubre quien es, y sale con su intención, si a los principios no es descubierto su engaño. Todo esto le contentó mucho a Anselmo, y dijo que
15 cada día daría el mesmo lugar, aunque no saliese de casa, porque en ella se ocuparía en cosas que Camila no pudiese venir en conocimiento de su artificio.[50]

    Sucedió, pues, que se pasaron muchos días que, sin decir Lotario palabra a Camila, respondía a Anselmo que la hablaba, y jamás podía sacar
20 della una pequeña muestra de venir en ninguna cosa que mala fuese, ni aun dar una señal de sombra de esperanza. Antes decía que le amenazaba que si de aquel mal pensamiento no se quitaba, que lo había de decir a su esposo.

    "Bien está," dijo Anselmo, "hasta aquí ha resistido Camila a las
25 palabras, es menester ver cómo resiste a las obras: yo os daré mañana dos mil escudos de oro para que se los ofrezcáis y aun se los deis, y otros tantos para que compréis joyas con que cebarla,° que las mujeres suelen ser   excite her passion aficionadas, y más si son hermosas, por más castas que sean, a esto de traerse bien y andar galanas.[51] Y si ella resiste a esta tentación, yo quedaré
30 satisfecho y no os daré más pesadumbre."

    Lotario respondió que ya que había comenzado, que él llevaría hasta el fin aquella empresa, puesto que entendía salir della cansado y vencido. Otro día recibió los cuatro mil escudos, y con ellos cuatro mil confusiones, porque no sabía qué decirse para mentir de nuevo, pero, en efeto, determinó
35 de decirle que Camila estaba tan entera a las dádivas y promesas como a las palabras, y que no había para qué cansarse más, porque todo el tiempo se gastaba en balde.

    Pero la suerte, que las cosas guiaba de otra manera, ordenó que, habiendo dejado Anselmo solos a Lotario y a Camila, como otras veces
40 solía, él se encerró en un aposento, y por los agujeros° de la cerradura°   holes, lock estuvo mirando y escuchando lo que los dos trataban, y vio que en más de

---

[47] **No vio...** *couldn't wait until*
[48] **Alabar...** *praise Camila for her beauty*
[49] **Poniéndole...** *putting forth a good appearance*
[50] **Aunque no saliese...** *although he would not leave the house, because in it he would find things to do so that Camila would not come to know his deception*
[51] **Traerse...** *dressing well and being fashionable*

media hora Lotario no habló palabra a Camila, ni se la hablara si allí
estuviera un siglo. Y 'cayó en la cuenta° de que cuanto su amigo le había   saw
dicho de las respuestas de Camila todo era ficción y mentira. Y para ver si
esto era ansí, salió del aposento, y llamando a Lotario aparte, le preguntó
5 qué nuevas había y de qué temple estaba Camila. Lotario le respondió que
no pensaba más darle puntada[52] en aquel negocio, porque respondía tan
áspera y desabridamente,° que no tendría ánimo para volver a decirle cosa   sourly
alguna.

"¡Ha!" dijo Anselmo, "¡Lotario, Lotario, y cuán mal correspondes a lo
10 que me debes y a lo mucho que de ti confío!° Ahora te he estado mirando   trust
por 'el lugar que concede la entrada desta llave,° y he visto que no has   keyhole
dicho palabra a Camila, por donde me doy a entender que aun las primeras
le tienes por decir,[53] y si esto es así, como sin duda lo es, ¿para qué me
engañas? O ¿por qué quieres quitarme con tu industria los medios que yo
15 podría hallar para conseguir mi deseo?"

No dijo más Anselmo, pero bastó lo que había dicho para dejar corrido
y confuso a Lotario. El cual, casi como tomando por punto de honra el
haber sido hallado en mentira, juró a Anselmo que desde aquel momento
tomaba tan a su cargo el contentalle y no mentille, cual lo vería, si con
20 curiosidad lo espiaba, cuanto más que no sería menester usar de ninguna
diligencia, porque la que él pensaba poner en satisfacelle le quitaría de toda
sospecha. Creyóle Anselmo, y para dalle comodidad más segura y menos
sobresaltada,° determinó de hacer ausencia de su casa por ocho días,[54]   startling
yéndose a la de un amigo suyo que estaba en una aldea, no lejos de la
25 ciudad. Con el cual amigo concertó que le enviase a llamar con muchas
veras,[55] para tener ocasión° con Camila de su partida.   excuse

¡Desdichado y mal advertido de ti, Anselmo! ¿qué es lo que haces?
¿qué es lo que trazas?° ¿qué es lo que ordenas?° Mira que haces contra ti   are planning, are
mismo, trazando tu deshonra y ordenando tu perdición. Buena es tu esposa   arranging
30 Camila, quieta y sosegadamente la posees, nadie sobresalta tu gusto, sus
pensamientos no salen de las paredes de su casa, tú eres su cielo en la
tierra, el blanco de sus deseos, el cumplimiento de sus gustos y la medida
por donde mide° su voluntad, ajustándola en todo con la tuya y con la del   measures
cielo. Pues si la mina de su honor, hermosura, honestidad y recogimiento
35 te da sin ningún trabajo toda la riqueza que tiene y tú puedes desear, ¿para
qué quieres ahondar° la tierra y buscar nuevas vetas° de nuevo y nunca   dig into, veins
visto tesoro,° poniéndote a peligro que toda venga abajo, pues, en fin, 'se   treasure
sustenta° sobre los débiles arrimos° de su flaca naturaleza? Mira que el que   is supported, props
busca lo imposible es justo que lo posible se le niegue,[56] como lo dijo
40 mejor un poeta,[57] diciendo:

---

[52] **No pensaba...** *he didn't want to persist anymore*
[53] **Aun las...** *you haven't yet told her anything*
[54] **Ocho días**—then, as now, means *one week*—today is the first day
[55] **Con el cual...** *he arranged for his friend to send for him urgently*
[56] **El que...** *he who seeks the impossible may be justly denied what is possible*
[57] Probably the poet is again Cervantes. Rodríguez Marín notices similarities between
this poem and one in *El gallardo español*: **"...en la prisión libertad / y a lo imposible
salida..."**

Busco en la muerte la vida,
salud en la enfermedad,
en la prisión libertad,
en lo cerrado salida
5   y en el traidor lealtad.
Pero mi suerte, de quien
jamás espero algún bien,
con el cielo ha estatuido°   ordained
que, pues lo imposible pido,
10 lo posible aun no me den.

Fuese otro día Anselmo a la aldea, dejando dicho a Camila que el
tiempo que él estuviese ausente vendría Lotario a mirar por su casa y a
comer con ella, que tuviese cuidado de tratalle como a su mesma persona.
Afligióse Camila, como mujer discreta y honrada, de la orden que su
15 marido le dejaba, y díjole que advirtiese que no estaba bien que nadie, él
ausente, ocupase la silla de su mesa, y que si lo hacía por no tener
confianza que ella sabría gobernar° su casa, que probase° por aquella vez,   manage, try
y vería por experiencia como para mayores cuidados era bastante.[58]
Anselmo le replicó que aquel era su gusto y que no tenía más que hacer
20 que bajar la cabeza y obedecelle. Camila dijo que ansí lo haría, aunque
contra su voluntad.

Partióse Anselmo, y otro día vino a su casa Lotario, donde fue
rescebido° de Camila con amoroso y honesto acogimiento. La cual jamás   **recibido**
se puso en parte donde Lotario la viese a solas, porque siempre andaba
25 rodeada° de sus criados y criadas, especialmente de una doncella suya,   surrounded
llamada Leonela, a quien ella mucho quería por haberse criado desde niñas
las dos juntas en casa de los padres de Camila, y cuando se casó con
Anselmo la trujo consigo. En los tres días primeros nunca Lotario le dijo
nada, aunque pudiera, cuando se levantaban los manteles y la gente se iba
30 a comer con mucha priesa, porque así se lo tenía mandado Camila. Y aun
tenía orden Leonela que comiese primero que Camila, y que de su lado
jamás se quitase. Mas ella, que en otras cosas de su gusto tenía puesto el
pensamiento y había menester aquellas horas y aquel lugar para ocuparle en
sus contentos,° no cumplía 'todas veces° el mandamiento de su señora.   amusements, always
35 Antes los dejaba solos, como si aquello le hubieran mandado. Mas la
honesta presencia de Camila, la gravedad° de su rostro, la compostura de   seriousness
su persona era tanta, que ponía freno a la lengua de Lotario. Pero el
provecho que las muchas virtudes de Camila hicieron, poniendo silencio en
la lengua de Lotario, redundó más en daño de los dos, porque si la lengua
40 callaba, el pensamiento discurría,° y tenía lugar de contemplar parte por   roamed
parte todos los estremos de bondad y de hermosura que Camila tenía,
bastantes a enamorar una estatua de mármol, 'no que° un corazón de carne.   not to mention

Mirábala Lotario en el lugar y espacio que había de hablarla, y
consideraba cuán digna era de ser amada, y esta consideración comenzó
45 poco a poco a dar asaltos a los respectos° que a Anselmo tenía, y mil veces   regards
quiso ausentarse de la ciudad y irse donde jamás Anselmo le viese a él, ni

---

[58] **Era...** *she was able*

él viese a Camila, mas ya le hacía impedimento y detenía° el gusto que   *stopped*
hallaba en mirarla. Hacíase fuerza y peleaba consigo mismo por desechar
y no sentir el contento que le llevaba a mirar a Camila. Culpábase a solas
de su desatino, llamábase mal amigo y aun mal cristiano. Hacía discursos
5 y comparaciones entre él y Anselmo, y todos paraban en decir que más
había sido la locura y confianza de Anselmo que su poca fidelidad.° Y que   *loyalty*
si así tuviera disculpa para con Dios como para con los hombres de lo que
pensaba hacer, que no temiera pena por su culpa.[59]
En efecto, la hermosura y la bondad de Camila, juntamente con la
10 ocasión que el ignorante° marido le había puesto en las manos, dieron con   *stupid*
la lealtad° de Lotario en tierra. Y sin mirar a otra cosa que aquella a que   *loyalty*
su gusto le inclinaba, al cabo de tres días de la ausencia de Anselmo, en los
cuales estuvo en continua batalla por resistir a sus deseos, comenzó a
requebrar a Camila con tanta turbación y con tan amorosas razones, que
15 Camila quedó suspensa, y no hizo otra cosa que levantarse de donde estaba
y entrarse en su aposento sin respondelle palabra alguna. Mas no por esta
sequedad° se desmayó° en Lotario la esperanza, que siempre nace   *abruptness,*
juntamente con el amor. Antes tuvo en más a Camila.[60] La cual, habiendo   *diminished*
visto en Lotario lo que jamás pensara, no sabía qué hacerse. Y pareciéndole
20 no ser cosa segura ni bien hecha darle ocasión ni lugar a que otra vez la
hablase, determinó de enviar aquella mesma noche, como lo hizo, a un
criado suyo con un billete a Anselmo, donde le escribió estas razones:

[59] **Si así tuviera...** *if he only had an excuse before God as he had before men for
what he intended to do, he wouldn't fear the punishment for his offense*
[60] **Antes tuvo...** *he rather esteemed Camila more*

Capítulo XXXIIII. Donde se prosigue la novela del «Curioso impertinente».

"Así como suele decirse que parece mal el ejército sin su general y el castillo sin su castellano, digo yo que parece muy peor la mujer casada y moza° sin su marido, cuando justísimas ocasiones no lo impiden. Yo me hallo tan mal sin vos, y tan imposibilitada de no poder sufrir esta ausencia, que si presto no venís me habré de ir a entretener en casa de mis padres, aunque deje sin guarda la vuestra. Porque la que me dejastes,[1] si es que quedó con tal título, creo que mira más por su gusto que por lo que a vos os toca, y pues sois discreto, no tengo más que deciros, ni aun es bien que más os diga."

Esta carta recibió Anselmo, y entendió por ella que Lotario había ya comenzado la empresa, y que Camila debía de haber respondido como él deseaba. Y alegre sobremanera de tales nuevas, respondió a Camila, 'de palabra,° que no hiciese mudamiento° de su casa en modo alguno, porque él volvería con mucha brevedad. Admirada quedó Camila de la respuesta de Anselmo, que la puso en más confusión que primero, porque ni se atrevía a estar en su casa, ni menos irse a la de sus padres, porque en la quedada° corría peligro su honestidad, y en la ida iba contra el mandamiento de su esposo.

En fin, se resolvió en lo que le estuvo peor, que fue en el quedarse, con determinación de no huir la presencia de Lotario, por no dar que decir a sus criados, y ya le pesaba° de haber escrito lo que escribió a su esposo, temerosa de que no pensase que Lotario había visto en ella alguna desenvoltura que le hubiese movido a no guardalle el decoro que debía. Pero, fiada° en su bondad, se fio° en Dios y en su buen pensamiento, con que pensaba resistir callando a todo aquello que Lotario decirle quisiese, sin dar más cuenta a su marido, por no ponerle en alguna pendencia° y trabajo.

Y aun andaba buscando manera como disculpar a Lotario con Anselmo, cuando° le preguntase la ocasión que le había movido a escribirle aquel papel. Con estos pensamientos, más honrados que acertados ni provechosos,° estuvo otro día escuchando a Lotario, el cual cargó la mano de manera que comenzó a titubear la firmeza de Camila,[2] y su honestidad tuvo harto que hacer en acudir° a los ojos, para que no diesen muestra de alguna amorosa compasión que las lágrimas y las razones de Lotario en su pecho habían despertado. Todo esto notaba Lotario y todo le encendía.

Finalmente, a él le pareció que era menester, en el espacio y lugar que daba la ausencia de Anselmo, 'apretar el cerco° a aquella fortaleza. Y así, acometió a su presunción con las alabanzas de su hermosura, porque no hay cosa que más presto rinda° y allane° las encastilladas° torres de la vanidad de las hermosas que la mesma vanidad, puesta en las lenguas de la adulación. En efecto, él, con toda diligencia, minó° la roca° de su entereza° con tales pertrechos, que, aunque Camila fuera toda de bronce, viniera al suelo. Lloró, rogó, ofreció, aduló, porfió y fingió Lotario con tantos sentimientos, con muestras de tantas veras, que 'dio al través° con el recato de Camila y vino a triunfar de lo que menos se pensaba y más deseaba.

young

by messenger, move

stay

grieved

trusting, trusted

quarrel

if

beneficial

come to aid of

to lay siege

overcome, subdue, fortified
tunneled through, rock, integrity

overthrew

---

[1] That is, *the guard you left me* (= *Lotario*)
[2] **El cual...** *he pursued her so eagerly that her firmness began to waver*

Rindióse° Camila. Camila se rindió, pero ¿qué mucho si la amistad de   surrendered
Lotario no quedó en pie?[3] Ejemplo claro que nos muestra que sólo se vence
la pasión amorosa con huilla, y que nadie se ha de poner a brazos con tan
poderoso enemigo,[4] porque es menester fuerzas divinas para vencer las
5   suyas humanas.[5] Sólo supo Leonela la flaqueza° de su señora, porque no se   weakness
la pudieron encubrir los dos malos amigos y nuevos amantes. No quiso
Lotario decir a Camila la pretensión de Anselmo, ni que él le había dado
lugar para llegar a aquel punto, porque no tuviese en menos su amor, y
pensase que así, acaso y sin pensar, y no de propósito, la había solicitado.[6]
10   Volvió de allí a pocos días Anselmo a su casa, y no echó de ver lo que
faltaba en ella, que era lo que en menos tenía y más estimaba. Fuese luego
a ver a Lotario, y hallóle en su casa, abrazáronse los dos, y el uno preguntó
por las nuevas de su vida o de su muerte.
"Las nuevas que te podré dar, ¡oh amigo Anselmo!" dijo Lotario, "son
15   de que tienes una mujer que dignamente puede ser ejemplo y corona de
todas las mujeres buenas. Las palabras que le he dicho se las ha llevado el
aire; los ofrecimientos se han tenido en poco; las dádivas no se han
admitido; de algunas lágrimas fingidas mías se ha hecho burla notable. En
resolución: 'así como° Camila es cifra° de toda belleza, es archivo° donde   just as, emblem,
20   asiste° la honestidad y vive el comedimiento y el recato y todas las virtudes   archive; is present
que pueden hacer loable° y bien afortunada a una honrada mujer. Vuelve   praiseworthy
a tomar tus dineros, amigo, que aquí los tengo sin haber tenido necesidad
de tocar a ellos, que la entereza de Camila no se rinde a cosas tan bajas
como son dádivas ni promesas. Conténtate, Anselmo, y no quieras hacer
25   más pruebas de las hechas.[7] Y pues a pie enjuto° has pasado el mar de las   dry
dificultades y sospechas que de las mujeres suelen y pueden tenerse, no
quieras entrar de nuevo en el profundo piélago° de nuevos inconvenientes,   high sea
ni quieras hacer experiencia con otro piloto° de la bondad y fortaleza del   navigator
navío° que el cielo te dio en suerte para que en él[8] pasases la mar deste   ship
30   mundo, sino haz cuenta que estás ya en seguro puerto, y aférrate° con las   anchor yourself
áncoras° de la buena consideración, y déjate estar hasta que te vengan a   anchors
pedir la deuda que no hay hidalguía humana que de pagarla se escuse."[9]
Contentísimo quedó Anselmo de las razones de Lotario, y así se las
creyó como si fueran dichas por algún oráculo.° Pero, con todo eso, le rogó   oracle
35   que no dejase la empresa, aunque no fuese más de por curiosidad y
entretenimiento, aunque no se aprovechase de allí adelante de tan
ahincadas° diligencias como hasta entonces. Y que sólo quería que le   zealous
escribiese algunos versos en su alabanza, debajo del nombre de Clori,
porque él le daría a entender a Camila que andaba enamorado de una dama,

[3] **¿Qué mucho...** *but what wonder if Lotario's friendship could not stand firm?*
[4] **Nadie se ha...** *no one should fight with such a powerful enemy*
[5] **Las...** *human [powers of love]*
[6] **Porque...** *so that she wouldn't have a lesser opinion of his love, and think that perhaps it was by chance and not without planning that he had courted her.*
[7] **De las...** *than those already done*
[8] *That is, with it, the ship = Camila.*
[9] **Déjate estar...** *Live in peace until they come to demand the debt which no human nobility can forgive you from paying, that is, until your death.*

a quien le había puesto aquel nombre, por poder celebrarla con el decoro que
a su honestidad se le debía. Y que, cuando Lotario no quisiera tomar trabajo
de escribir los versos, que él° los haría.   = Anselmo

"No será menester eso" dijo Lotario, "pues no me son tan enemigas las
5   musas, que algunos ratos del año no me visiten. Dile tú a Camila lo que has
dicho del fingimiento de mis amores,[10] que los versos yo los haré, si no tan
buenos como el subjeto merece, serán, por lo menos, los mejores que yo
pudiere."

Quedaron deste acuerdo el impertinente° y el traidor amigo. Y vuelto   = Anselmo
10   Anselmo[11] a su casa, preguntó a Camila lo que ella ya se maravillaba que no
se lo hubiese preguntado:[12] que fue que le dijese la ocasión porque le había
escrito el papel que le envió. Camila le respondió que le había parecido que
Lotario la miraba un poco más desenvueltamente° que cuando él estaba en   free and easy
casa, pero que ya estaba desengañada y creía que había sido imaginación suya,
15   porque ya Lotario huía de vella y de estar con ella a solas. Díjole Anselmo
que bien podía estar segura de aquella sospecha, porque él sabía que Lotario
andaba enamorado de una doncella principal de la ciudad, a quien él
celebraba debajo del nombre de Clori, y que, aunque no lo estuviera,[13] no
había que temer de la verdad de Lotario y de la mucha amistad de entrambos.
20   Y a no estar avisada Camila de Lotario de que eran fingidos aquellos amores
de Clori,[14] y que él se lo había dicho a Anselmo por poder ocuparse algunos
ratos en las mismas alabanzas de Camila, ella sin duda cayera en la
desesperada red de los celos. Mas por estar ya advertida pasó aquel sobresalto
sin pesadumbre.

25   Otro día, estando los tres sobre mesa, rogó Anselmo a Lotario dijese
alguna cosa de las que había compuesto a su amada Clori, que pues Camila
no la conocía, seguramente podía decir lo que quisiese.

"Aunque la conociera," respondió Lotario, "no encubriera yo nada,
porque cuando algún amante loa a su dama de hermosa y la nota de cruel,
30   ningún oprobrio° hace a su buen crédito. Pero sea lo que fuere, lo que sé   infamy
decir, que ayer hice un soneto a la ingratitud desta Clori, que dice ansí:[15]

SONETO
En el silencio de la noche, cuando
ocupa el dulce sueño a los mortales,
35   la pobre cuenta de mis ricos males
estoy al cielo y a mi Clori dando.[16]

---

[10] That is, for Lotario's pretended love for this mysterious Clori.

[11] The first Cuesta editions have **Lotario** here.

[12] **Preguntó...** *he asked Camila what she was already wondering about, why he had not
asked*

[13] **Aunque...** *even if he were not [in love]*

[14] **A no estar...** *had Camila not been [previously] advised by Lotario that the love for
Clori was pretend*

[15] This sonnet also appears in Cervantes' *La casa de los celos* (published in 1615). Lauso
begins the third act with the sonnet (in Schevill's edition of the *Comedias y entremeses*,
vol. I, p. 201).

[16] In ordinary syntax: **Estoy dando la pobre cuenta de mis ricos males al cielo y a mi
Clori.**

Y al tiempo cuando el sol se va mostrando
por las rosadas puertas orientales,
con suspiros y acentos desiguales
voy la antigua querella renovando.
Y cuando el sol, de su estrellado asiento
derechos rayos a la tierra envía,
el llanto crece y doblo° los gemidos.   I double
Vuelve la noche, y vuelvo al triste cuento,
y siempre hallo, en mi mortal porfía,°   insistence
al cielo, sordo; a Clori, sin oídos.

Bien le pareció el soneto a Camila, pero mejor a Anselmo, pues le
alabó y dijo que era demasiadamente cruel la dama que a tan claras
verdades no correspondía. A lo que dijo Camila:
"Luego ¿todo aquello que los poetas enamorados dicen, es verdad?"
"En cuanto poetas, no la dicen," respondió Lotario, "mas en cuanto
enamorados, siempre quedan tan cortos° como verdaderos."   concise
"No hay duda deso," replicó Anselmo, todo por apoyar° y acreditar los   support
pensamientos de Lotario con Camila, tan descuidada° del artificio de   unaware
Anselmo, como ya enamorada de Lotario. Y así, con el gusto que de sus
cosas tenía, y más, teniendo por entendido que sus deseos y escritos a ella
se encaminaban, y que ella era la verdadera Clori, le rogó que si otro soneto
o otros versos sabía, los dijese.
"Si sé," respondió Lotario, "pero no creo que es tan bueno como el
primero, o, por mejor decir, menos malo. Y podréislo bien juzgar, pues es
éste:

Soneto
Yo sé que muero, y si no soy creído,
    es más cierto el morir, como es más cierto
    verme a tus pies, ¡oh bella ingrata!
    muerto antes que de adorarte arrepentido.
Podré yo verme en la región de olvido,
    de vida y gloria y de favor desierto,
    y allí verse podrá en mi pecho abierto
    como tu hermoso rostro está esculpido.
Que esta reliquia guardo para el duro ,
    trance que me amenaza mi porfía,
    que en tu mismo rigor se fortalece.
¡Ay de aquel que navega, el cielo escuro,
    por mar no usado y peligrosa vía,
    adonde norte o puerto no se ofrece!

También alabó este segundo soneto Anselmo, como había hecho el
primero, y desta manera iba añadiendo eslabón° a eslabón a la cadena con   link
que se enlazaba° y trababa° su deshonra, pues cuando más Lotario le   bound, fettered
deshonraba, entonces le decía que estaba más honrado. Y con esto, todos
los escalones° que Camila bajaba hacia el centro de su menosprecio, los   stairs

subía, en la opinión de su marido, hacia la cumbre° de la virtud y de su   summit
buena fama.

Sucedió en esto, que hallándose una vez, entre otras, sola Camila con
su doncella, le dijo:

5   "Corrida estoy, amiga Leonela, de ver en cuán poco he sabido
estimarme, pues siquiera no hice que, con el tiempo, comprara Lotario la
entera posesión que le di tan presto de mi voluntad.[17] Temo que ha de
estimar[18] mi presteza o ligereza,° sin que eche de ver la fuerza que él me   swiftness
hizo para no poder resistirle."

10   "No te dé pena eso, señora mía," respondió Leonela, "que no está la
monta,° ni es causa para menguar la estimación, darse lo que se da presto,   important thing
si, en efecto, lo que se da es bueno, y ello por sí digno de estimarse. Y aun
suele decirse que el que luego° da, da dos veces."   quickly

"También se suele decir," dijo Camila, "que lo que cuesta poco se
15   estima en menos."

"No corre por ti esa razón,"[19] respondió Leonela, "porque el amor,
según he oído decir, unas veces vuela y otras anda, con éste corre y con
aquél va despacio, a unos entibia° y a otros abrasa, a unos hiere° y a otros   tempers passions,
mata. En un mesmo punto comienza la carrera de sus deseos, y en aquel   wounds
20   mesmo punto la acaba y concluye.[20] Por la mañana suele poner el cerco a
una fortaleza, y a la noche la tiene rendida, porque no hay fuerza que le
resista. Y siendo así, ¿de qué te espantas, o de qué temes, si lo mismo debe
de haber acontecido a Lotario, habiendo tomado el amor por instrumento
de rendirnos la ausencia de mi señor?[21] Y era forzoso que en ella se
25   concluyese lo que el amor tenía determinado, sin dar tiempo al tiempo, para
que Anselmo le[22] tuviese de volver y con su presencia quedase imperfecta
la obra. Porque el amor no tiene otro mejor ministro para ejecutar° lo que   to perform
desea que es la ocasión, de la ocasión se sirve en todos sus hechos,°   deeds
principalmente en los principios. Todo esto sé yo muy bien, más de
30   experiencia que 'de oídas.° Y algún día te lo diré, señora, que yo también   by hearsay
soy de carne, y de sangre moza. Cuanto más, señora Camila, que no te
entregaste, ni diste tan luego, que primero no hubieses visto en los ojos, en
los suspiros, en las razones y en las promesas y dádivas de Lotario toda su
alma, viendo en ella y en sus virtudes cuán digno era Lotario de ser amado.
35   Pues si esto es ansí, no te asalten° la imaginación esos escrupulosos° y   assault, hypercritical
melindrosos° pensamientos, sino asegúrate que Lotario te estima como tú   priggish
le estimas a él, y vive con contento y satisfación de que ya que caíste en

---

[17] **Siquiera no hice...** *I didn't even make Lotario buy, over time, the whole possession
[of my body] which I gave him so quickly*

[18] The first edition has **estimar** in its meaning *to consider.* Later Cuesta editions have
desestimar *to hold in low regard.* Clearly the preparers of the second edition thought
estimar to mean *to esteem.* The sentence means: *I fear that he will consider my swiftness
without reflecting on the force he used on me so I couldn't resist him.*

[19] **"No corre...** *that saying doesn't apply to you*

[20] **En un mesmo...** *in one moment it begins the trajectory of its passion and in that
same moment it ends and finishes it*

[21] Easier to understand syntax: **el amor habiendo tomado la ausencia de mi señor
por instrumento de rendirnos.**

[22] **Le = tiempo.**

el lazo amoroso, es el que te aprieta de valor y de estima.[23] Y que no sólo tiene las cuatro ss[24] que dicen que han de tener los buenos enamorados, sino todo un ABC entero, si no, escúchame y verás como te le digo de coro: él es, según yo veo y a mí me parece: «Agradecido, Bueno, Caballero, Dadivoso, Enamorado, Firme, Gallardo, Honrado, Ilustre, Leal, Mozo, Noble, Onesto,° Principal, Cuantioso,[25] Rico» y las ss que dicen. Y luego: «Tácito, Verdadero». La X no le cuadra, porque es letra áspera. La Y ya está dicha.[26] La Z, «Celador[27] de tu honra».”[28]

    Riose Camila del ABC de su doncella, y túvola por más plática en las cosas de amor que ella decía. Y así, lo confesó ella, descubriendo a Camila como 'trataba amores° con un mancebo bien nacido, de la mesma ciudad. De lo cual se turbó° Camila, temiendo que era aquel camino por donde su honra podía correr riesgo. Apuróla si pasaban sus pláticas a más que serlo.[29] Ella, con poca vergüenza y mucha desenvoltura, le respondió que sí pasaban. Porque es cosa ya cierta que los descuidos de las señoras quitan la vergüenza a las criadas, las cuales, cuando ven a las amas° 'echar traspiés,° no se les da nada a ellas de cojear,[30] ni de que lo sepan.

    No pudo hacer otra cosa Camila sino rogar a Leonela no dijese nada de su hecho al que decía ser su amante,[31] y que tratase sus cosas con secreto, porque no viniesen a noticia de Anselmo ni de Lotario. Leonela respondió que así lo haría. Mas cumpliólo de manera que hizo cierto el temor de Camila de que por ella había de perder su crédito. Porque la deshonesta° y atrevida Leonela, después que vio que el proceder de su ama no era el que solía, atrevióse a entrar° y poner dentro de casa a su amante, confiada que, aunque su señora le viese, no había de osar descubrille.

    Que este daño acarrean,° entre otros, los pecados de las señoras, que se hacen esclavas de sus mesmas criadas, y se obligan a encubrirles sus deshonestidades y vilezas,[32] como aconteció con Camila, que, aunque vio una y muchas veces que su Leonela estaba con su galán en un aposento de su casa, no sólo no la osaba reñir, mas dábale lugar a que lo encerrase,° y quitábale todos los estorbos° para que no fuese visto de su marido. Pero no los pudo quitar, que Lotario no le viese una vez salir,[33] al 'romper del alba,° el cual, sin conocer quién era, pensó primero que debía de ser alguna fantasma. Mas cuando le vio caminar, embozarse° y encubrirse con cuidado

Margin glosses:
honesto
was having an affair
became alarmed
mistresses
take false steps
lustful
take in
carry
conceal
impediments
at daybreak
cover his face

---

[23] More understandable this way: **el que te aprieta es de valor y de estima.**

[24] In the "lovers' alphabets" of the time, the four "s-words" were **sabio, solo, solícito,** and **secreto.**

[25] Spelled with a Q in the first edition.

[26] **Ilustre** (in line 5 above) was spelled with an i, but the sound is the same.

[27] Spelled with a Z in the first edition.

[28] **caballero** *knightly*, **dadivoso** *liberal*, **firme** *unswerving*, **cuantioso** *rich*, **tácito** *silent*, **celador** de tu honra *caretaker of your honor*

[29] **Si pasaban...** *if their practices went beyond conversations*, remembering that **plática** meant **práctica** as it does in line 9 above..

[30] **No se les...** *they think nothing of limping [themselves]*

[31] That is, the man Leonela said was her lover.

[32] **Encubrirles...** *to cover up their [the maids'] lewdness and depravity*

[33] **No le viese...** *but she couldn't prevent Lotario fom seeing him leave once*

y recato, cayó de su simple pensamiento y dio en otro,[34] que fuera° la   sería
perdición de todos, si Camila no lo remediara. Pensó Lotario que aquel
hombre que había visto salir tan a deshora de casa de Anselmo no había
entrado en ella por Leonela, ni aun se acordó si Leonela era en el mundo.
5   Sólo creyó que Camila, de la misma manera que había sido fácil y ligera
con él, lo era para otro, que estas añadiduras trae consigo la maldad de la
mujer mala,[35] que pierde el crédito de su honra con el mesmo a quien se
entregó rogada y persuadida, y cree que con mayor facilidad se entrega a
otros, y da infalible crédito a cualquiera sospecha que desto le venga.[36] Y
10 no parece sino que le faltó a Lotario en este punto todo su buen
entendimiento,[37] y se le fueron de la memoria todos sus advertidos
discursos, pues sin hacer alguno[38] que bueno fuese, ni aun razonable, 'sin
más ni más,° antes que Anselmo se levantase, impaciente y ciego° de la   without further ado,
celosa rabia, que las entrañas le roía,° muriendo por vengarse de Camila,   blind; gnawed
15 que en ninguna cosa le había ofendido, se fue a Anselmo y le dijo:
    "Sábete, Anselmo, que ha muchos días que he andado peleando
conmigo mesmo, 'haciéndome fuerza° a no decirte lo que ya no es posible   struggling with
ni justo que más° te encubra. Sábete que la fortaleza de Camila está ya   myself; any longer
rendida y sujeta a todo aquello que yo quisiere hacer della,[39] y si he tardado
20 en descubrirte esta verdad, ha sido por ver si era algún liviano antojo suyo,
o si lo hacía por probarme y ver si eran con propósito firme tratados los
amores que, con tu licencia, con ella he comenzado. Creí ansimismo que
ella, si fuera la que debía y la que entrambos pensábamos, ya te hubiera
dado cuenta de mi solicitud, pero habiendo visto que se tarda, conozco que
25 son verdaderas las promesas que me ha dado de que, cuando otra vez hagas
ausencia de tu casa, me hablará en la recámara donde está el repuesto° de   cabinet
tus alhajas," y era la verdad que allí le solía hablar Camila, "y no quiero
que precipitosamente° corras a hacer alguna venganza, pues no está aun   hurriedly
cometido el pecado sino con pensamiento, y podría ser que desde éste hasta
30 el tiempo de ponerle por obra se mudase el de Camila, y naciese en su
lugar el arrepentimiento.° Y así, ya que en todo o en parte has seguido   repentance
siempre mis consejos, sigue y guarda uno que ahora te diré, para que sin
engaño y con medroso advertimiento te satisfagas de aquello que más vieres
que te convenga. Finge que te ausentas por dos o tres días, como otras
35 veces sueles, y haz de manera que te quedes escondido en tu recámara, pues
los tapices que allí hay, y otras cosas con que te puedas encubrir, te ofrecen
mucha comodidad,° y entonces verás por tus mismos ojos, y yo por los   accommodation
míos, lo que Camila quiere. Y si fuere la maldad, que se puede temer antes
que esperar, con silencio, sagacidad y discreción podrás ser el verdugo de

---

[34] **Cayó de su...** *he dropped his simple idea [that it was a phantom] and formulated
another one*

[35] More understandable: **Que la maldad de la mujer mala trae estas añadiduras
consigo**

[36] **Que desto...** *that occurs to him [the lover]*

[37] **Le faltó...** *Lotario forgot at that instant his good judgment*

[38] **Discurso** means both *speech* (as in the last clause) and *reasoning* (its meaning
here).

[39] **Sujeta a todo...** *will do whatever I want of her*

tu agravio."

Absorto, suspenso y admirado quedó Anselmo con las razones de Lotario, porque le cogieron en tiempo donde menos las esperaba oír, porque ya tenía a Camila por vencedora de los fingidos asaltos de Lotario, y
5 comenzaba a gozar la gloria del vencimiento. Callando estuvo por un buen espacio, mirando al suelo sin mover pestaña, y al cabo dijo:

"Tu lo has hecho, Lotario, como yo esperaba de tu amistad, en todo he de seguir tu consejo. Haz lo que quisieres, y guarda aquel secreto que ves que conviene en caso tan no pensado."[40]
10 Prometióselo Lotario, y en apartándose dél, se arrepintió totalmente de cuanto le había dicho, viendo cuán neciamente había andado,° pues pudiera   acted
él vengarse de Camila, y no por camino tan cruel y tan deshonrado. Maldecía su entendimiento, afeaba su ligera determinación, y no sabía qué medio tomarse para deshacer lo hecho, o para dalle alguna razonable salida.
15 Al fin acordó de dar cuenta de todo a Camila, y como no faltaba lugar para poderlo hacer, aquel mismo día la halló sola, y ella, así como vio que le podía hablar, le dijo:

"Sabed, amigo Lotario, que tengo una pena en el corazón, que me le aprieta de suerte que parece que quiere reventar en el pecho, y ha de ser
20 maravilla si no lo hace. Pues ha llegado la desvergüenza de Leonela a tanto, que cada noche encierra a un galán suyo en esta casa, y se está con él hasta el día, tan a costa de mi crédito, cuanto le quedará campo abierto de juzgarlo al que le viere salir[41] a horas tan inusitadas° de mi casa, y lo que   unaccustomed
me fatiga es que no la puedo castigar ni reñir, que el ser ella secretario° de   guardian of secret
25 nuestros tratos me ha puesto un freno en la boca para callar los suyos, y temo que de aquí ha de nacer algún mal suceso."

Al principio que Camila esto decía creyó Lotario que era artificio para desementille que el hombre que había visto salir era de Leonela, y no suyo. Pero viéndola llorar y afligirse y pedirle remedio, vino a creer la verdad, y
30 en creyéndola, acabó de estar confuso y arrepentido del todo. Pero, con todo esto, respondió a Camila que no tuviese pena, que él ordenaría remedio para atajar la insolencia de Leonela. Díjole asimismo lo que, instigado de la furiosa rabia de los celos, había dicho a Anselmo, y como estaba concertado de esconderse en la recámara para ver desde allí 'a la clara° la poca lealtad   plainly
35 que ella le guardaba. Pidióle perdón desta locura, y consejo para poder remedialla y salir bien de tan revuelto laberinto como su mal discurso le había puesto.

Espantada quedó Camila de oír lo que Lotario le decía, y con mucho enojo y muchas y discretas razones le riñó y afeó su mal pensamiento y la
40 simple y mala determinación que había tenido. Pero como naturalmente tiene la mujer ingenio presto° para el bien y para el mal, más que el varón,   quick
puesto que le va faltando cuando de propósito se pone a hacer discursos,[42] luego al instante halló Camila el modo de remediar tan al parecer inremediable° negocio, y dijo a Lotario que procurase que otro día se   unsolvable

[40] **En caso...** *in such an unexpected case*
[41] **Cuanto le...** *while whoever sees him leave will be free to make his own judgment about the situation*
[42] **Puesto...** *although it fails them when they set about to reason deliberately*

escondiese Anselmo donde decía, porque ella pensaba sacar de su escondimiento comodidad[43] para que desde allí en adelante los dos se gozasen sin sobresalto° alguno. Y sin declararle del todo su pensamiento,   fear
le advirtió que tuviese cuidado que, en estando Anselmo escondido, él
5   viniese cuando Leonela le llamase, y que a cuanto ella le dijese le
respondiese como respondiera aunque° no supiera que Anselmo le   as though
escuchaba. Porfió Lotario que le acabase de declarar su intención, por que
con más seguridad y aviso guardase todo lo que viese ser necesario.

    "Digo," dijo Camila, "que no hay más que guardar, si no fuere
10   responderme como yo os preguntare"—no queriendo Camila darle antes
cuenta de lo que pensaba hacer, temerosa que no quisiese seguir el parecer
que a ella tan bueno le parecía, y siguiese o buscase otros que no podrían
ser tan buenos.

    Con esto se fue Lotario, y Anselmo, otro día, con la escusa de ir a
15   aquella aldea de su amigo, se partió y volvió a esconderse, que lo pudo
hacer con comodidad, porque de industria se la dieron Camila y Leonela.
Escondido, pues, Anselmo, con aquel sobresalto que se puede imaginar que
tendría el que esperaba ver por sus ojos hacer notomía° de las entrañas de   dissection
su honra, íbase[44] a pique de perder el sumo bien que él pensaba que tenía
20   en su querida Camila. Seguras ya y ciertas Camila y Leonela que Anselmo
estaba escondido, entraron en la recámara, y apenas hubo puesto los pies en
ella Camila, cuando, dando un grande suspiro, dijo:

    "¡Ay, Leonela amiga! ¿no sería mejor que antes que llegase a poner en
ejecución lo que no quiero que sepas, porque no procures estorbarlo, que
25   tomases la daga de Anselmo que te he pedido y pasases° con ella este   stabbed
infame pecho mío? Pero no hagas tal, que no será razón que yo lleve la
pena de la ajena culpa. Primero quiero saber qué es lo que vieron en mí los
atrevidos y deshonestos ojos de Lotario que fuese causa de darle
atrevimiento a descubrirme un tan mal deseo como es el que me ha
30   descubierto en desprecio° de su amigo y en deshonra mía. Ponte, Leonela,   contempt
a esa ventana y llámale, que sin duda alguna él debe de estar en la calle
esperando poner en efeto su mala intención. Pero primero se pondrá la cruel
cuanto honrada mía."[45]

    "¡Ay, señora mía! " respondió la sagaz° y advertida Leonela, "y ¿qué   keen-witted
35   es lo que quieres hacer con esta daga? ¿Quieres, por ventura, quitarte la
vida o quitársela a Lotario? Que cualquiera destas cosas que quieras ha de
redundar en pérdida de tu crédito y fama. Mejor es que disimules tu
agravio, y no des lugar a que este mal hombre entre ahora en esta casa y
nos halle solas. Mira, señora, que somos flacas mujeres, y él es hombre, y
40   determinado, y como viene con aquel mal propósito, ciego y apasionado,
quizá antes que tu pongas en ejecución el tuyo, hará él lo que te estaría más
mal que quitarte la vida. ¡Mal haya° mi señor Anselmo, que tanto mal ha   curses on
querido dar a este desuellacaras° en su casa! Y 'ya, señora, que° le mates,   shameless fellow,
como yo pienso que quieres hacer, ¿qué hemos de hacer dél después de   supposing

---

[43] **Pensaba sacar...** *she planned to take from his hiding, the means...*
[44] **Íbase** may be an error for **víase = veíase**. Compare **víame a pique de perder los tragaderos** (Chap. 22, p. 163, l. 36), mentioned by Gaos.
[45] **Pero...** *but first, mine [my purpose], cruel but honorable, will be carried out*

muerto?"

"¿Qué, amiga?" respondió Camila, "dejarémosle para que Anselmo le entierre, pues será justo que tenga por descanso el trabajo que tomare en poner debajo de la tierra su misma infamia.[46] Llámale, acaba, que todo el
5   tiempo que tardo en tomar la debida venganza de mi agravio parece que ofendo a la lealtad que a mi esposo debo."

Todo esto escuchaba Anselmo, y a cada palabra que Camila decía se le mudaban los pensamientos. Mas cuando entendió que estaba resuelta en matar a Lotario, quiso salir y descubrirse, por que tal cosa no se hiciese.
10 Pero detúvole el deseo de ver en qué paraba tanta gallardía° y honesta   gallantry
resolución, con propósito de salir a tiempo que la estorbase. Tomóle en esto a Camila un fuerte desmayo, y arrojándose encima de una cama que allí estaba, comenzó Leonela a llorar muy amargamente° y a decir: bitterly

"¡Ay, desdichada de mí, si fuese tan sin ventura, que se me muriese
15 aquí entre mis brazos la flor de la honestidad del mundo, la corona de las buenas mujeres, el ejemplo de la castidad!" con otras cosas a éstas semejantes, que ninguno la escuchará que no la tuviera por la más lastimada y leal doncella del mundo, y a su señora por otra nueva y perseguida Penélope.[47] Poco tardó en volver de su desmayo Camila, y al 'volver en sí,°   coming to
20 dijo:

"¿Por qué no vas, Leonela, a llamar al más leal[48] amigo de amigo que vio el sol o cubrió la noche? ¡Acaba, corre, aguija,° camina, no se esfogue°   make haste,
con la tardanza el fuego de la cólera que tengo, y se pase en amenazas y   vent fire
maldiciones la justa venganza que espero!"

25 "Ya voy a llamarle, señora mía," dijo Leonela, "mas hasme de dar primero esa daga, porque no hagas cosa, en tanto que falto,° que dejes con   I am away
ella que llorar toda la vida a todos los que bien te quieren."

"Ve segura, Leonela amiga, que no haré," respondió Camila, "porque ya que sea atrevida y simple a tu parecer en volver por mi honra,[49] no lo
30 he de ser tanto como aquella Lucrecia,[50] de quien dicen que se mató sin haber cometido error alguno, y sin haber muerto primero a quien tuvo la causa de su desgracia. Yo moriré, si muero, pero ha de ser vengada y satisfecha del que me ha dado ocasión de venir a este lugar a llorar sus atrevimientos, nacidos tan sin culpa mía."

35 Mucho se hizo de rogar Leonela antes que saliese a llamar a Lotario, pero en fin salió, y entretanto que volvia, quedó Camila diciendo, como que hablaba consigo misma:

"'¡Válame Dios!° ¿No fuera más acertado haber despedido a Lotario,   may God help me

---

[46] **Será justo...** *it will be just for him [Anselmo] to have as recreation the work that he will do to put his own dishonor under the ground*

[47] Penelope was Ulysses' wife, the model of the perfect spouse. During her husband's twenty-year absence she had 108 (or was it 112?) suitors, all of whom she rejected.

[48] Used ironically, of course, really meaning the opposite, **desleal.**

[49] **Ya que sea...** *although I may be daring and simple in your opinion in trying to recover my honor*

[50] Lucretia was already mentioned in footnote 84 of Chapter 25 (p. 195), but what wasn't said then was that she killed herself with a knife.

como otras muchas veces lo he hecho, que no ponerle en condición, como
ya le he puesto, que me tenga por deshonesta y mala, siquiera° este tiempo   even for
que he de tardar en desengañarle? Mejor fuera, sin duda, pero no quedara
yo vengada, ni la honra de mi marido satisfecha, si tan a manos lavadas y
5 tan a paso llano se volviera a salir de donde sus malos pensamientos le
entraron.[51] Pague el traidor con la vida lo que intentó con tan lascivo deseo.
Sepa el mundo, si acaso llegare a saberlo de que Camila no sólo guardó la
lealtad a su esposo, sino que le dio venganza del que se atrevió a ofendelle.
Mas, con todo, creo que fuera mejor dar cuenta desto a Anselmo. Pero ya
10 se la 'apunté a dar° en la carta que le escribí al aldea, y creo que el no   hinted at
acudir él al remedio del daño que allí le señalé, debió de ser que, de puro
bueno y confiado, no quiso ni pudo creer que en el pecho de su tan firme
amigo pudiese caber género de pensamiento que contra su honra fuese, ni
aun yo lo creí después por muchos días, ni lo creyera jamás, si su
15 insolencia no llegara a tanto, que las manifiestas dádivas y las largas
promesas y las continuas lágrimas no me lo manifestaran. Mas ¿para qué
hago yo ahora estos discursos? ¿Tiene, por ventura, una resolución gallarda
necesidad de consejo alguno? No, por cierto. ¡Afuera,° pues, traidores!   out
¡Aquí, venganzas! ¡Entre el falso, venga, llegue, muera y acabe, y suceda
20 lo que sucediere! Limpia entré en poder del que el cielo me dio por mío;
limpia he de salir dél, y cuando mucho, saldré bañada en mi casta sangre
y en la impura del más falso amigo que vio la amistad en el mundo."
    Y diciendo esto, se paseaba por la sala con la daga desenvainada,°   unsheathed
dando tan desconcertados° y desaforados pasos y haciendo tales ademanes,   wild
25 que no parecía sino que le faltaba el juicio y que no era mujer delicada,
sino un rufián desesperado.
    Todo lo miraba Anselmo, cubierto detrás de unos tapices donde se
había escondido, y de todo se admiraba y ya le parecía que lo que había
visto y oído era bastante satisfación para mayores sospechas,[52] y ya quisiera
30 que la prueba de venir Lotario faltara,[53] temeroso de algún mal repentino°   sudden
suceso, y estando ya para manifestarse° y salir, para abrazar y desengañar   show himself
a su esposa, se detuvo porque vio que Leonela volvía con Lotario de la
mano. Y así como Camila le vio, haciendo con la daga en el suelo una gran
raya° delante della, le dijo: line
35 "Lotario, advierte lo que te digo: si a dicha te atrevieres a pasar desta
raya que ves, ni aun llegar a ella, en el punto que viere que lo intentas, en
ese mismo me pasaré el pecho con esta daga que en las manos tengo, y
antes que a esto me respondas palabra, quiero que otras algunas me
escuches, que después responderás lo que más te agradare. Lo primero,
40 quiero, Lotario, que me digas si conoces a Anselmo, mi marido, y en qué
opinión le tienes. Y lo segundo, quiero saber también si me conoces a mí.
Respóndeme a esto, y no te turbes, ni pienses mucho lo que has de
responder, pues no son dificultades las que te pregunto."
    No era tan ignorante Lotario, que desde el primer punto que Camila le

[51] **Si tan a manos...** *if he had washed his hands of it and smoothly gotten out of
where his evil thoughts took him*
[52] **Era bastante...** *was enough to answer even greater suspicions*
[53] **La prueba...** *the trial caused by Lotario's arrival could be dispensed with*

dijo que hiciese esconder a Anselmo, no hubiese dado en la cuenta de lo
que ella pensaba hacer, y así, correspondió con su intención° tan   scheme
discretamente y tan 'a tiempo,° que hicieran los dos pasar aquella mentira promptly
por más que cierta verdad, y así, respondió a Camila desta manera:

5   "No pensé yo, hermosa Camila, que me llamabas para preguntarme
cosas tan fuera de la intención con que yo aquí vengo, si lo haces por
dilatarme la prometida merced, desde más lejos pudieras entretenerla,[54]
porque tanto más fatiga el bien deseado cuanto la esperanza está más cerca
de poseello.[55] Pero porque no digas que no respondo a tus preguntas, digo
10 que conozco a tu esposo Anselmo, y nos conocemos los dos desde nuestros
más tiernos años, y no quiero decir lo que tú también sabes de nuestra
amistad, por[56] me hacer testigo del agravio que el amor hace que le haga:[57]
poderosa disculpa de mayores yerros. A ti te conozco y tengo en la misma
posesión[58] que él te tiene, que, a no ser así, por menos prendas°que las   reward
15 tuyas no había yo de ir contra lo que debo a ser quien soy,[59] y contra las
santas leyes de la verdadera amistad, ahora por tan poderoso enemigo como
el amor por mí rompidas y violadas."

"Si eso confiesas," respondió Camila, "enemigo mortal de todo aquello
que justamente merece ser amado, ¿con qué rostro osas parecer ante quien
20 sabes que es el espejo donde se mira aquel en quien tú te debieras mirar,
para que vieras con cuán poca ocasión le agravias? Pero ya cayo,° ¡ay,   caigo
desdichada de mí! en la cuenta de quién te ha hecho tener tan poca con lo
que a ti mismo debes,[60] que debe de haber sido alguna desenvoltura mía,
que no quiero llamarla deshonestidad,° pues no habrá procedido de   indecency
25 deliberada determinación, sino de algún descuido de los que las mujeres,
que piensan que no tienen de quién recatarse,° suelen hacer inadver-   be cautious
tidamente. Si no, dime: ¿cuándo, ¡oh traidor! respondí a tus ruegos con
alguna palabra o señal que pudiese despertar en ti alguna sombra de
esperanza de cumplir tus infames deseos? ¿Cuándo tus amorosas palabras
30 no fueron deshechas y reprehendidas de las mías con rigor y con aspereza?
¿Cuándo tus muchas promesas y mayores dádivas fueron de mí creídas ni
admitidas? Pero por parecerme que alguno no puede perseverar en el intento
amoroso luengo tiempo si no es sustentado de alguna esperanza, quiero
atribuirme a mí la culpa de tu impertinencia, pues sin duda algún descuido
35 mío ha sustentado tanto tiempo tu cuidado, y así, quiero castigarme y darme
la pena que tu culpa merece. Y porque vieses que siendo conmigo tan
inhumana no era posible dejar de serlo contigo, quise traerte a ser testigo
del sacrificio que pienso hacer a la ofendida honra de mi tan honrado
marido, agraviado de ti con el mayor cuidado que te ha sido

---

[54] **Desde más...** *you could have postponed it from a longer distance*

[55] **Tanto más...** *the longed for happiness distresses the most when the hope of
attaining it is closest*

[56] Here most editions add **no**, not found in the first three Cuesta editions.

[57] **Me hacer...** *to make me a witness to the wrong that love makes me do to him*

[58] **Posesión** here means both *opinion* and *possession,* the *double entendre* being
daringly intended.

[59] **No había...** *I wouldn't have gone against who I am*

[60] **Pero...** *but now I understand who has made you have so little respect for yourself*

posible, y de mí también con el poco recato que he tenido del huir la
ocasión, si alguna te di, para favorecer y canonizar° tus malas intenciones.   approve
Torno a decir que la sospecha que tengo que algún descuido mío engendró
en ti tan desvariados pensamientos es la que más me fatiga, y la que yo
5   más deseo castigar con mis propias manos, porque, castigándome otro
verdugo, quizá sería más pública mi culpa. Pero antes que esto haga, quiero
matar muriendo, y llevar conmigo quien me acabe de satisfacer el deseo de
la venganza que espero y tengo, viendo allá, dondequiera que fuere, la pena
que da la justicia desinteresada y que no se dobla° al que en términos tan   yield
10   desesperados me ha puesto."
    Y diciendo estas razones, con una increíble fuerza y ligereza arremetió
a Lotario con la daga desenvainada, con tales muestras de querer
enclavársela° en el pecho, que casi él estuvo en duda si aquellas   to pierce
demostraciones eran falsas o verdaderas, porque le fue forzoso valerse de
15   su industria y de su fuerza para estorbar que Camila no le diese, la cual tan
vivamente fingía aquel estraño embuste y fealdad,° que por dalle color de   foul act
verdad, la quiso matizar° con su misma sangre, porque viendo que no podía   to stain
haber a Lotario, o fingiendo que no podía, dijo:
    "Pues la suerte no quiere satisfacer del todo mi tan justo deseo a lo
20   menos no será tan poderosa, que, en parte, me quite que no le satisfaga."[61]
    Y haciendo fuerza para soltar la mano de la daga que Lotario la tenía
asida, la sacó, y guiando su punta 'por parte° que pudiese herir° no   where, to wound
profundamente, se la entró° y escondió por más arriba de la islilla° del lado   plunged, collarbone
izquierdo, junto al hombro, y luego se dejó caer en el suelo, como
25   desmayada.
    Estaban Leonela y Lotario suspensos y atónitos de tal suceso, y todavía
dudaban de la verdad de aquel hecho, viendo a Camila tendida en tierra y
bañada en su sangre, acudió Lotario con mucha presteza, despavorido° y sin   aghast
aliento, a sacar la daga, y en ver la pequeña herida, salió del temor que
30   hasta entonces tenía, y de nuevo se admiró de la sagacidad, prudencia y
mucha discreción de la hermosa Camila. Y por acudir con lo que a él le
tocaba, comenzó a hacer una larga y triste lamentación sobre el cuerpo de
Camila, como si estuviera difunta,° echándose muchas maldiciones, no sólo   dead
a él, sino al que que había sido causa de habelle puesto en aquel término.
35   Y como sabía que le escuchaba su amigo Anselmo, decía cosas que el que
le oyera le tuviera mucha más lástima que a Camila, aunque por muerta la
juzgara.
    Leonela la tomó en brazos y la puso en el lecho, suplicando a Lotario
fuese a buscar quien secretamente a Camila curase. Pedíale asimismo
40   consejo y parecer de lo que dirían a Anselmo de aquella herida de su
señora, si acaso viniese antes que estuviese sana. Él respondió que dijesen
lo que quisiesen, que él no estaba para dar consejo que de provecho fuese.
Sólo le dijo que procurase tomarle° la sangre, porque él se iba adonde   to stop
gentes no le viesen. Y con muestras de mucho dolor y sentimiento se salió
45   de casa, y cuando se vio solo y en parte donde nadie le veía, no cesaba de

---

[61] **No será...** *it will not be powerful enough so that in part I cannot satisfy it [my
desire]*

hacerse cruces, maravillándose de la industria de Camila y de los ademanes tan proprios de Leonela. Consideraba cuán enterado había de quedar Anselmo de que tenía por mujer a una segunda Porcia,[62] y deseaba verse con él para celebrar los dos la mentira y la verdad más disimulada que jamás pudiera imaginarse. Leonela tomó, como se ha dicho, la sangre a su señora, que no era más de aquello que bastó para acreditar su embuste, y lavando con un poco de vino la herida, se la ató° lo mejor que supo, diciendo tales razones en tanto que la curaba, que aunque° no hubieran precedido otras, bastaran a hacer creer a Anselmo que tenía en Camila un simulacro° de la honestidad.

    Juntáronse a las palabras de Leonela otras de Camila, llamándose cobarde y de poco ánimo, pues le[63] había faltado al tiempo que fuera más necesario tenerle, para quitarse la vida, que tan aborrecida tenía. Pedía consejo a su doncella si daría,° o no, todo aquel suceso a su querido esposo, la cual le dijo que no se lo dijese, porque le pondría en obligación de vengarse de Lotario, lo cual no podría ser sin mucho riesgo suyo, y que la buena mujer estaba obligada a no dar ocasión a su marido a que riñese, sino a quitalle todas aquellas que le fuese posible.

    Respondió Camila que le parecía muy bien su parecer, y que ella le seguiría, pero que en todo caso convenía buscar qué decir a Anselmo de la causa de aquella herida, que él no podría dejar de ver, a lo que Leonela respondía que ella, ni aun burlando, no sabía mentir.

    "Pues yo, hermana," replicó Camila, "¿qué tengo de saber, que no me atreveré a forjar ni sustentar una mentira si me fuese en ello la vida? Y si es que no hemos de saber dar salida a esto, mejor será decirle la verdad desnuda, que no que nos alcance en mentirosa cuenta."

    "No tengas pena, señora, de aquí a mañana," respondió Leonela, "yo pensaré qué le digamos, y quizá que por ser la herida donde es, se podrá encubrir sin que él la vea, y el cielo será servido de favorecer a nuestros tan justos y tan honrados pensamientos. Sosiégate, señora mía, y procura sosegar tu alteración, porque mi señor no te halle sobresaltada,° y lo demás déjalo a mi cargo y al de Dios, que siempre acude a los buenos deseos."

    Atentísimo había estado Anselmo a escuchar y a ver representar° la tragedia de la muerte de su honra, la cual con tan estraños y eficaces° afectos° la representaron los personajes° della, que pareció que se habían transformado en la misma verdad de lo que fingían. Deseaba mucho la noche y el tener lugar para salir de su casa, y ir a verse con su buen amigo Lotario, congratulándose con él de la margarita° preciosa que había hallado en el desengaño de la bondad de su esposa. Tuvieron cuidado las dos de darle lugar y comodidad a que saliese, y él, sin perdella, salió, y luego fue a buscar a Lotario, el cual hallado, no se puede buenamente contar los abrazos que le dio, las cosas que de su contento le dijo, las alabanzas que dio a Camila. Todo lo cual escuchó Lotario sin poder dar muestras de alguna alegría, porque se le representaba a la memoria cuán engañado estaba su amigo, y cuán injustamente él le agraviaba. Y aunque Anselmo

    [62] Portia (✝ 43 B.C.) was was the wife of Brutus—Cæsar's assassin in 44 B.C. After his death, she killed herself by swallowing hot coals.

    [63] Refers back to **ánimo** *courage*.

(margin glosses:)
bound
even though
image
diría
terrified
dramatized
powerful
ways, characters
pearl

veía que Lotario no se alegraba, creía ser la causa por haber dejado a
Camila herida y haber él sido la causa.

Y así, entre otras razones, le dijo que no tuviese pena del suceso de
Camila, porque, sin duda, la herida era ligera, pues quedaban de concierto
de encubrírsela a él. Y que, según esto, no había de qué temer, sino que de
allí adelante se gozase y alegrase con él, pues por su industria y medio él
se veía levantado a la más alta felicidad que acertara desearse, y quería que
no fuesen otros sus entretenimientos que en hacer versos en alabanza de
Camila, que la hiciesen eterna en la memoria de los siglos venideros.
Lotario alabó su buena determinación, y dijo que él por su parte ayudaría
a levantar tan ilustre edificio.° Con esto quedó Anselmo el hombre más   memorial
sabrosamente° engañado que pudo haber en el mundo. Él mismo llevaba   deliciously
por la mano a su casa, creyendo que llevaba el instrumento de su gloria,
toda la perdición de su fama. Recebíale[64] Camila con rostro al parecer
torcido,° aunque con alma risueña. Duró este engaño algunos días, hasta   looking away
que al cabo de pocos meses volvió fortuna su rueda° y salió a plaza la   wheel
maldad con tanto artificio° hasta allí cubierta, y a Anselmo le costó la vida   cunning
su impertinente curiosidad.

[64] That is, she received Lotario.

Capítulo XXXV. Donde se da fin a la novela del Curioso impertinente

Poco más 'quedaba por° leer de la novela, cuando del caramanchón° donde reposaba don Quijote salió Sancho Panza todo alborotado, diciendo a voces:

"¡Acudid, señores, presto y socorred a mi señor, que anda envuelto° en la más reñida y trabada° batalla que mis ojos han visto! ¡Vive Dios que ha dado una cuchillada al gigante enemigo de la señora princesa Micomicona, que le ha tajado la cabeza cercen a cercen,¹ como si fuera un nabo°!"

"¿Qué dices, hermano?" dijo el cura, dejando de leer lo que de la novela quedaba. "¿Estáis en vos,² Sancho? ¿Cómo diablos puede ser eso que decís, estando el gigante dos mil leguas de aquí?"

En esto oyeron un gran ruido en el aposento, y que don Quijote decía a voces:

"¡Tente,° ladrón, malandrín, follón, 'que aquí te tengo,° y no te ha de valer tu cimitarra³!"

Y parecía que daba grandes cuchilladas por° las paredes. Y dijo Sancho:

"No tienen que pararse a escuchar, sino entren a despartir° la pelea, o ya ayudar a mi amo, aunque ya no será menester, porque sin duda alguna el gigante está ya muerto y dando cuenta a Dios de su pasada y mala vida, que yo vi correr la sangre por el suelo y la cabeza cortada y caída a un lado, que es 'tamaña como° un gran cuero° de vino."

"Que me maten," dijo a esta sazón el ventero, "si don Quijote, o don diablo, no ha dado alguna cuchillada en alguno de los cueros de vino tinto° que a su cabecera° estaban llenos, y el vino derramado° debe de ser lo que le parece sangre a este buen hombre."

Y con esto, entró en el aposento, y todos tras él, y hallaron a don Quijote en el más estraño traje del mundo: estaba en camisa, la cual no era tan cumplida° que por delante le acabase de cubrir los muslos, y por detrás tenía seis dedos menos. Las piernas eran muy largas y flacas, llenas de vello° y no nada limpias. Tenía en la cabeza un bonetillo° colorado° grasiento,° que era del ventero. En el brazo izquierdo tenía revuelta° la manta de la cama, con quien tenía ojeriza Sancho, y él se sabía bien el porqué,° y en la derecha desenvainada la espada, con la cual daba cuchilladas a todas partes, diciendo palabras como si verdaderamente estuviera peleando con algún gigante, y es lo bueno que no tenía los ojos abiertos, porque estaba durmiendo y soñando° que estaba en batalla con el gigante: que fue tan intensa la imaginación de la aventura que iba a fenecer,° que le hizo soñar que ya había llegado al reino de Micomicón y que ya estaba en la pelea con su enemigo. Y había dado tantas cuchilladas en los cueros, creyendo que las daba en el gigante, que todo el aposento estaba lleno de vino, lo cual visto por el ventero, 'tomó tanto enojo,° que arremetió con don Quijote, y 'a puño cerrado,° le comenzó a dar tantos golpes, que si Cardenio y el cura no se le quitaran,° él acabara la guerra del

Margin glosses:
remained, garret

in the midst of
fierce

turnip

stop, I've got you

at

stop

as big as, skin

red wine
head of bed, spilled

long

body hair, cap, red
filthy, wrapped

reason

dreaming

to conclude

got so angry
with a closed fist
take off

---

¹ **Cercen...** *from one end to the other.* Nowadays the word is **cercén.**
² **¿Estáis...** *Are you crazy?*
³ The scimitar is a Turkish sword with a curved blade.

gigante. Y con todo aquello no despertaba el pobre caballero, hasta que el
barbero trujo un gran caldero° de agua fría del pozo, y se le echó por todo   pot
el cuerpo de golpe, con lo cual despertó don Quijote, mas no con tanto
acuerdo que echase de ver de la manera que estaba.[4]

5   Dorotea, que vio cuán corta y sotilmente° estaba vestido, no quiso   slightly
entrar a ver la batalla de su ayudador y de su contrario.° Andaba Sancho   enemy
buscando la cabeza del gigante por todo el suelo, y como no la hallaba, dijo:
    "Ya yo sé que todo lo desta casa es encantamento, que la otra vez, en
este mesmo lugar donde ahora me hallo, me dieron muchos mojicones° y   blows to the face
10   porrazos, sin saber quién me los daba, y nunca pude ver a nadie. Y ahora no
parece por aquí esta cabeza que vi cortar por mis mismísimos° ojos, y la   very own
sangre corría del cuerpo como de una fuente."
    "¿Qué sangre ni qué fuente dices, enemigo de Dios y de sus santos?"
dijo el ventero. "¿No vees, ladrón, que la sangre y la fuente no es otra cosa
15   que estos cueros que aquí están horadados y el vino tinto que nada° en este   is swimming
aposento, que nadando vea yo el alma en los infiernos de quien los
horadó?"[5]
    "No sé nada," respondió Sancho, "sólo sé que vendré a ser tan desdi-
chado, que por no hallar esta cabeza, se me ha de deshacer° mi condado   dissolve
20   como la sal en el agua."
    Y estaba peor Sancho despierto que su amo durmiendo: tal le tenían las
promesas que su amo le había hecho.[6] El ventero se desesperaba de ver la
flema° del escudero y el maleficio° del señor, y juraba que no había de ser   apathy, damage
como la vez pasada, que 'se le fueron° sin pagar, y que ahora no le habían   got away from him
25   de valer los previlegios de su caballería para dejar de pagar lo uno y lo otro,
aun hasta lo que pudiesen costar las botanas° que se habían de echar a los   plugs
rotos cueros. Tenía el cura de las manos a don Quijote, el cual, creyendo
que ya había acabado la aventura y que se hallaba delante de la princesa
Micomicona, se hincó de rodillas delante del cura, diciendo:
30   "Bien puede la vuestra grandeza, alta y famosa señora, vivir, 'de hoy
más,° segura que le pueda hacer mal[7] esta mal nacida criatura, y yo también   from now on
de hoy más soy quito° de la palabra que os di, pues con el ayuda del alto   free
Dios y con el favor de aquella por quien yo vivo y respiro, también la he
cumplido."
35   "¿No lo dije yo?" dijo oyendo esto Sancho. "Sí que no estaba yo
borracho.° ¡Mirad si tiene puesto ya en sal mi amo al gigante! ¡Ciertos son   drunk
los toros,[8] mi condado está 'de molde°!"   assured
    ¿Quién no había de reír con los disparates de los dos, amo y mozo?
Todos reían, sino el ventero, que se daba a Satanás. Pero, en fin, tanto
40   hicieron el barbero, Cardenio y el cura, que con no poco trabajo 'dieron con°   put
don Quijote en la cama, el cual 'se quedó dormido,° con muestras de   went to sleep
grandísimo cansancio. Dejáronle dormir y saliéronse al portal de la venta

---

[4] **Mas no con…** *but not enough so that he knew what had happened*
[5] **Que nadando…** *may I see the soul of the one who pierced them swimming in hell*
[6] **Tal le…** *such was the effect his master's promises had on him*
[7] **Que *no* le pueda hacer mal**
[8] That is, if the bulls are coming to the arena, everything is in order.

a consolar a Sancho Panza de no haber hallado la cabeza del gigante, aunque más tuvieron que hacer en aplacar° al ventero, que estaba desesperado por la repentina muerte de sus cueros, y la ventera decía en voz y en grito:

    "En mal punto y en hora menguada[9] entró en mi casa este caballero andante, que nunca mis ojos le hubieran visto, que tan caro me cuesta. La vez pasada se fue con el costo° de una noche, de cena, cama, paja y cebada y un rocín y un jumento, diciendo que era caballero aventurero—¡que mala ventura le dé Dios a él y a cuantos aventureros hay en el mundo!—y que por esto no estaba obligado a pagar nada, que así estaba escrito en los aranceles° de la caballería andantesca. Y ahora, 'por su respeto,° vino estotro señor y me llevó mi cola, y hámela vuelto con más de dos cuartillos[10] de daño, toda pelada,° que no puede servir para lo que la quiere mi marido. Y por fin y remate de todo,[11] romperme mis cueros y derramarme mi vino, que derramada le vea yo su sangre. ¡Pues no se piense, que por los huesos de mi padre y por el siglo° de mi madre, si no me lo[12] han de pagar un cuarto[13] sobre otro, o no me llamaría yo como me llamo ni sería hija de quien soy!"

    Estas y otras razones tales decía la ventera con grande enojo, y ayudábala su buena criada Maritornes. La hija callaba y de cuando en cuando 'se sonreía.° El cura lo sosegó todo, prometiendo de satisfacerles su pérdida lo mejor que pudiese, así de los cueros como del vino, y principalmente del menoscabo° de la cola, de quien tanta cuenta hacían. Dorotea consoló a Sancho Panza, diciéndole que 'cada y cuando° que pareciese haber sido verdad que su amo hubiese descabezado al gigante, le prometía, en viéndose pacífica en su reino, de darle el mejor condado que en él hubiese. Consolóse con esto Sancho y aseguró a la princesa que tuviese por cierto[14] que él había visto la cabeza del gigante, y que, por más señas, tenía una barba que le llegaba a la cintura, y que si no parecía era porque todo cuanto en aquella casa pasaba era por vía de encantamento, como él lo había probado otra vez que había posado en ella. Dorotea dijo que así lo creía, y que no tuviese pena, que todo se haría bien y sucedería a pedir de boca.[15]

    Sosegados todos, el cura quiso acabar de leer la novela, porque vio que faltaba poco. Cardenio, Dorotea y todos los demás le rogaron la acabase. Él, que a todos quiso dar gusto y por el que él tenía[16] de leerla, prosiguió el cuento, que así decía:

    «Sucedió, pues, que por la satisfación que Anselmo tenía de la bondad de Camila, vivía una vida contenta y descuidada, y Camila, de industria, 'hacía mal rostro° a Lotario, porque Anselmo entendiese al revés de la

Margin glosses:
- pacifying
- price
- laws, on his account
- hairless
- life
- smiled
- damage
- provided that
- was cool

---

[9] **En mal punto...** *at a bad time and an unlucky moment*
[10] **Dos cuartillos** were half a **real.**
[11] **Por fin...** *on top of it all*
[12] **Lo** refers to the wine.
[13] The **cuarto** was a coin worth four **maravedís.**
[14] **Tuviese...** *she could be certain*
[15] **A pedir...** *"as he wished"*
[16] **El [gusto] que él tenía**

"¿Sábese, por ventura," dijo Anselmo, "el camino que llevan Lotario y Camila?"

"Ni por pienso," dijo el ciudadano, "puesto que el gobernador ha usado de mucha diligencia en buscarlos."

5 "A Dios vais, señor," dijo Anselmo.

"Con Él quedéis," respondió el ciudadano, y fuese.

Con tan desdichadas nuevas casi casi llegó a términos²⁴ Anselmo no sólo de perder el juicio, sino de acabar la vida. Levantóse como pudo, y llegó a casa de su amigo, que aún no sabía su desgracia. Mas como le vio
10 llegar amarillo, consumido y seco, entendió que de algún grave mal venía fatigado. Pidió luego Anselmo que le acostasen,° y que le diesen aderezo° de escribir. Hízose así, y dejáronle acostado y solo, porque el así lo quiso, y aun° que le cerrasen la puerta. Viéndose, pues, solo, comenzó a cargar tanto la imaginación de su desventura, que claramente conoció que se le iba
15 acabando la vida. Y así, ordenó de dejar noticia de la causa de su estraña muerte, y comenzando a escribir, antes que acabase de poner todo lo que quería, le faltó el aliento y dejó la vida en las manos del dolor que le causó su curiosidad impertinente.

Viendo el señor de casa que era ya tarde, y que Anselmo no llamaba,
20 acordó de entrar a saber si pasaba adelante su indisposición, y hallóle tendido 'boca abajo,° la mitad del cuerpo en la cama y la otra mitad sobre el bufete,° sobre el cual estaba con el papel escrito y abierto, y él tenía aún la pluma en la mano. Llegóse el huésped a él, habiéndole llamado primero, y trabándole° por la mano, viendo que no le respondía, y hallándole frío,
25 vio que estaba muerto. Admiróse y congojóse en gran manera, y llamó a la gente de casa para que viesen la desgracia a Anselmo sucedida, y finalmente, leyó el papel, que conoció que de su mesma mano estaba escrito, el cual contenía estas razones:

Un necio e impertinente deseo me quitó la vida. Si las nuevas de
30 mi muerte llegaren a los oídos de Camila, sepa que yo la perdono, porque no estaba ella obligada a hacer milagros, ni yo tenía necesidad de querer que ella los hiciese, y pues yo fui el fabricador de mi deshonra, 'no hay para qué...°

Hasta aquí escribió Anselmo, por donde se echó de ver que en aquel
35 punto, sin poder acabar la razón, se le acabó la vida. Otro día dio aviso su amigo a los parientes de Anselmo de su muerte, los cuales ya sabían su desgracia y el monesterio donde Camila estaba, casi en el término de acompañar a su esposo en aquel forzoso viaje, no por las nuevas del muerto esposo, mas por las que supo del ausente amigo. Dícese que, aunque se vio
40 viuda, no quiso salir del monesterio, ni menos hacer profesión de monja,° hasta que, no de allí a muchos días,²⁵ le vinieron nuevas que Lotario había muerto en una batalla que en aquel tiempo dio Monsiur de Lautrec²⁶ al

Margin glosses:
put to bed, material
even
face down
writing desk
seizing him
there's no reason to...
nun

²⁴ **Casi casi...** *was almost on the verge*
²⁵ **No de...** *just a few days later*
²⁶ Odet de Foix, Viscount of Lautrec (1485–1528), was a Frenchman who spent years fighting in Italy.

Gran Capitán Gonzalo Fernández de Córdoba en el reino de Nápoles, donde
había ido a parar el tarde arrepentido amigo, lo cual sabido por Camila, hizo
profesión²⁷ y acabó en breves días la vida a las rigurosas manos de tristezas
y melancolías.

Éste fue el fin que tuvieron todos, nacido de un tan desatinado°   reckless
principio.»

"Bien," dijo el cura, "me parece esta novela, pero no me puedo
persuadir que esto sea verdad, y si es fingido, fingió mal el autor, porque no
se puede imaginar que haya marido tan necio, que quiera hacer tan costosa°   costly
experiencia como Anselmo. Si este caso se pusiera entre un galán y una
dama,²⁸ 'pudiérase llevar.° Pero entre marido y mujer algo tiene del   it might pass
imposible; y en lo que toca al modo de contarle, no me descontenta."

Capítulo XXXVI. Que trata de la brava y descomunal batalla que don Quijote tuvo con unos cueros de vino tinto, con otros raros sucesos que en la venta le sucedieron.¹

ESTANDO EN ESTO, EL ventero, que estaba a la puerta de la venta, dijo:
"Ésta que viene es una hermosa tropa° de huéspedes. Si ellos paran   crowd
aquí, *gaudeamus*° tenemos."   "let us be joyful" / in Latin

"¿Qué gente es?" dijo Cardenio.

"Cuatro hombres," respondió el ventero, "vienen a caballo, 'a la jineta,°   with short stirrups
con lanzas y adargas, y todos con antifaces negros. Y junto con ellos viene
una mujer vestida de blanco, en un sillón,° ansimesmo cubierto el rostro, y   sidesaddle
otros dos mozos de a pie."

"¿Vienen muy cerca?" preguntó el cura.

"Tan cerca," respondió el ventero, "que ya llegan."

Oyendo esto Dorotea, se cubrió el rostro, y Cardenio se entró en el
aposento de don Quijote. Y casi no habían tenido lugar para esto, cuando
entraron en la venta todos los que el ventero había dicho. Y apeándose los
cuatro de a caballo, que de muy gentil talle y disposición eran, fueron a
apear a la mujer que en el sillón venía. Y tomándola uno dellos en sus
brazos, la sentó en una silla que estaba a la entrada del aposento donde
Cardenio se había escondido. En todo este tiempo, ni ella ni ellos se habían
quitado los antifaces, ni hablado palabra alguna, sólo que, al sentarse la
mujer en la silla, dio un profundo suspiro y dejó caer los brazos, como
persona enferma y desmayada. Los mozos de a pie llevaron los caballos a
la caballeriza.

Viendo esto el cura, deseoso de saber qué gente era aquella que con tal
traje y tal silencio estaba, se fue donde estaban los mozos, y a uno dellos le
preguntó lo que ya deseaba, el cual le respondió:

"¡Pardiez,° señor! yo no sabré deciros qué gente sea ésta. Sólo sé que   por Dios (*euph.*)
muestra ser muy principal, especialmente aquel que llegó a tomar en sus
brazos a aquella señora que habéis visto y esto dígolo porque todos los

²⁷ That is, she became a nun.
²⁸ **Galán...** *lover and his mistress*
¹ The Royal Academy edition of 1780 changes this title to: **Que trata de otros raros sucesos que en la venta sucedieron.**

demás le tienen respeto, y no se hace otra cosa más de la que él ordena y
manda."

"Y la señora, ¿quién es?" preguntó el cura.

"Tampoco sabré decir eso," respondió el mozo, "porque en todo el
5 camino no la he visto el rostro. Suspirar sí la he oído muchas veces,[2] y dar
unos gemidos, que parece que con cada uno dellos quiere dar el alma, y 'no
es de maravillar° que no sepamos más de lo que habemos° dicho, porque   It's no wonder,
mi compañero y yo no ha más de dos días que los acompañamos, porque,   **hemos**
habiéndolos encontrado en el camino,[3] nos rogaron y persuadieron que
10 viniésemos con ellos hasta el Andalucía, ofreciéndose a pagárnoslo muy
bien."

"Y ¿habéis oído nombrar a alguno dellos?" preguntó el cura.

"No, por cierto," respondió el mozo, "porque todos caminan con tanto
silencio, que es maravilla, porque no se oye entre ellos otra cosa que los
15 suspiros y sollozos de la pobre señora, que nos mueven a lástima, y sin duda
tenemos creído que ella va forzada dondequiera que va. Y según se puede
colegir por su hábito, ella es monja, o va a serlo, que es lo más cierto, y
quizá porque no le debe de nacer de voluntad el monjío,° va triste, como   becoming a nun
parece."

20 "Todo podría ser," dijo el cura.

Y dejándolos, se volvió adonde estaba Dorotea, la cual, como había
oído suspirar a la embozada,° movida de natural compasión, se llegó a ella,   veiled
y le dijo:

"¿Qué mal sentís, señora mía? Mirad si es alguno de quien las mujeres
25 suelen tener uso y experiencia de curarle, que de mi parte os ofrezco una
buena voluntad de serviros."

A todo esto callaba la lastimada señora, y aunque Dorotea tornó con
mayores ofrecimientos, todavía se estaba en su silencio, hasta que llegó el
caballero embozado, que dijo el mozo que los demás obedecían, y dijo a
30 Dorotea:

"No os canséis, señora, en ofrecer nada a esa mujer, porque tiene por
costumbre de no agradecer cosa° que por ella se hace, ni procuréis que os   anything
responda, si no queréis oír alguna mentira de su boca."

"Jamás la dije," dijo a esta sazón la que hasta allí había estado
35 callando, "antes, por ser tan verdadera y tan sin trazas mentirosas, me veo
ahora en tanta desventura. Y desto vos mesmo quiero que seáis el testigo,
pues mi pura verdad os hace a vos ser falso y mentiroso."

Oyó estas razones Cardenio bien clara y distintamente, como quien
estaba tan junto de quien las decía, que sola la puerta del aposento de don
40 Quijote estaba en medio, y así como las oyó, dando una gran voz,° dijo: shout
"'¡Válgame Dios!° ¿qué es esto que oigo? ¿Qué voz es esta que ha   my God!
llegado a mis oídos?"

Volvió la cabeza a estos gritos aquella señora, toda sobresaltada, y no
viendo quién las daba, se levantó en pie y fuese a entrar en el aposento, lo
45 cual visto por el caballero, la detuvo, sin dejarla mover un paso. A ella, con
la turbación y desasosiego, se le cayó el tafetán con que traía cubierto el

---

[2] **Suspirar...** *I have heard her sigh many times*
[3] **Habiéndolos...** *when we happened by them along the road*

rostro, y descubrió° una hermosura incomparable y un rostro milagroso,   uncovered
aunque descolorido° y asombrado, porque con los ojos andaba rodeando   pale
todos los lugares donde alcanzaba con la vista, con tanto ahinco,° que   insistence
parecía persona fuera de juicio, cuyas señales, sin saber por qué las hacía,
pusieron gran lástima en Dorotea y en cuantos la miraban. Teníala el
caballero fuertemente asida por las espaldas, y por estar tan ocupado en
tenerla, no pudo acudir a alzarse el embozo° que se le caía, como, en efeto,   mask
se le cayó del todo, y alzando los ojos Dorotea, que abrazada con la señora
estaba, vio que el que abrazada ansimesmo la tenía era su esposo don
Fernando. Y apenas le hubo conocido, cuando arrojando° de lo íntimo° de   emitting, depths
sus entrañas un luengo y tristísimo ¡AY! se dejó caer de espaldas,
desmayada, y a no hallarse allí junto el barbero,[4] que la recogió en los
brazos, ella diera consigo en el suelo.

Acudió luego el cura a quitarle el embozo para echarle agua en el
rostro, y así como la descubrió, la conoció don Fernando, que era el que
estaba abrazado con la otra, y quedó como muerto en° verla, pero no   al
porque° dejase, con todo esto, de tener a Luscinda, que era la que procuraba   so that
soltarse° de sus brazos, la cual había conocido en el suspiro a Cardenio, y   release herself
él la había conocido a ella. Oyó asimesmo Cardenio el ¡AY! que dio
Dorotea cuando se cayó desmayada, y creyendo que era su Luscinda, salió
del aposento despavorido, y lo primero que vio fue a don Fernando, que
tenía abrazada a Luscinda. También don Fernando conoció luego a
Cardenio, y todos tres, Luscinda, Cardenio y Dorotea, quedaron mudos y
suspensos, casi sin saber lo que les había acontecido. Callaban todos y
mirábanse todos: Dorotea a don Fernando, don Fernando a Cardenio,
Cardenio a Luscinda, y Luscinda a Cardenio. Mas quien primero rompió el
silencio fue Luscinda, hablando a don Fernando desta manera:

"Dejadme, señor don Fernando, por lo que debéis a ser quien sois, ya
que por otro respeto no lo hagáis.[5] Dejadme llegar al muro de quien yo soy
yedra, al arrimo de quien no me han podido apartar vuestras
importunaciones,° vuestras amenazas, vuestras promesas ni vuestras dádivas.   demands
Notad cómo el cielo, por desusados° y a nosotros encubiertos caminos, me   unusual
ha puesto a mi verdadero esposo delante. Y bien sabéis por mil costosas
experiencias que sola la muerte fuera bastante para borrarle° de mi   erase him
memoria: sean, pues, parte tan claros desengaños para que volváis, ya que
no podáis hacer otra cosa, el amor en rabia, la voluntad en despecho, y
acabadme con él la vida, que como yo la rinda delante de mi buen esposo,
la daré por bien empleada. Quizá con mi muerte quedará satisfecho de la
fe que le mantuve, hasta el último trance de la vida."[6]

Había en este entretanto vuelto Dorotea en sí, y había estado
escuchando todas las razones que Luscinda dijo, por las cuales vino en

---

[4] **Se dejó...** *she fell backwards in a faint, and if the barber hadn't been next to her*
[5] **Ya que por...** *if for no other reason*
[6] **Sean pues...** for this 82 word sentence Starkie has: *So let these unmistakable trials
of experience convince you (since you have no alternative) to turn your love to fury, your
affection to hatred, and to put an end to my life, for I shall consider it well lost provided
I die before the eyes of my good husband. Perhaps my death will convince him that I kept
my faith to him to the last act of my life*

conocimiento de quién ella era, que viendo que don Fernando aún no la dejaba de los brazos, ni respondía a sus razones, esforzándose lo más que pudo, se levantó y se fue a hincar de rodillas a sus pies, y derramando mucha cantidad de hermosas y lastimeras lágrimas, así le comenzó a decir:

5   "Si ya no es, señor mío, que los rayos deste sol que en tus brazos eclipsado tienes te quitan y ofuscan los de tus ojos,[7] ya habrás echado de ver que la que a tus pies está arrodillada° es la sinventura, hasta que tú   kneeling quieras, y la desdichada Dorotea. Yo soy aquella labradora humilde a quien tú, por tu bondad o por tu gusto, quisiste levantar a la alteza de poder
10 llamarse tuya. Soy la que, encerrada en los límites de la honestidad, vivió vida contenta hasta que a las voces de tus importunidades y al parecer, justos y amorosos sentimientos, abrió las puertas de su recato y te entregó las llaves de su libertad, dádiva de ti tan mal agradecida cual lo muestra bien claro haber sido forzoso hallarme en el lugar donde me hallas, y verte
15 yo a ti de la manera que te veo. Pero, con todo esto, no querría que cayese en tu imaginación pensar que he venido aquí con pasos de mi deshonra, habiéndome traído sólo los del dolor y sentimiento de verme de ti olvidada.[8] Tú quisiste que yo fuese tuya, y quisístelo de manera que, aunque ahora quieras que no lo sea, no será posible que tú dejes de ser mío. Mira, señor
20 mío, que puede ser recompensa a la hermosura y nobleza por quien me dejas la incomparable voluntad que te tengo.[9] Tú no puedes ser de la hermosa Luscinda, porque eres mío, ni ella puede ser tuya, porque es de Cardenio. Y más fácil te será, si en ello miras, reducir tu voluntad a querer a quien te adora, que no encaminar la que te aborrece a que bien te quiera.
25 Tú solicitaste mi descuido, tú rogaste a mi entereza, tú no ignoraste mi calidad, tú sabes bien de la manera que me entregué a toda tu voluntad: no te queda lugar ni acogida° de llamarte 'a engaño.°   refuge, deceived

"Y si esto es así, como lo es, y tú eres tan cristiano como caballero, ¿por qué por tantos rodeos dilatas° de hacerme venturosa° en los fines,   delay, happy
30 como me hiciste en los principios? Y si no me quieres por la que soy, que soy tu verdadera y legítima esposa, quiéreme, a lo menos, y admíteme por tu esclava, que como yo esté en tu poder, me tendré por dichosa y bien afortunada. No permitas, con dejarme y desampararme, que se hagan y junten corrillos en mi deshonra. No des tan mala vejez a mis padres, pues
35 no lo merecen los leales servicios que, como buenos vasallos, a los tuyos siempre han hecho. Y si te parece que has de aniquilar tu sangre por mezclarla con la mía, considera que pocas o ninguna nobleza hay en el mundo que no haya corrido por este camino, y que la que se toma de las mujeres no es la que hace al caso en las ilustres decendencias. Cuanto más
40 que la verdadera nobleza consiste en la virtud, y si ésta a ti te falta, negándome lo que tan justamente me debes, yo quedaré con más ventajas de noble que las que tú tienes. En fin, señor, lo que últimamente te digo es

[7] **Si ya...** *if it isn't that the rays of the sun you hold eclipsed in your arms haven't taken and darkened the sight of your eyes*

[8] **No querría...** *I wouldn't want you to think that it is my shame that has taken me here, it is only my pain and feeling of sorrow at seeing myself forgotten by you*

[9] **Puede ser...** *the incomparable affection that I have for you may make up for the beauty and nobility for which you are leaving me*

que, quieras o no quieras, yo soy tu esposa, testigos son tus palabras, que no han ni deben ser mentirosas, si ya es que te precias de aquello por que me desprecias. Testigo será la firma que hiciste, y testigo el cielo a quien tú llamaste por testigo de lo que me prometías. Y cuando todo esto falte, tu
5 misma conciencia no ha de faltar de dar voces callando en mitad de tus alegrías, volviendo por esta verdad que te he dicho, y turbando tus mejores gustos y contentos."

Estas y otras razones dijo la lastimada Dorotea con tanto sentimiento y lágrimas, que los mismos que acompañaban a don Fernando, y cuantos
10 presentes estaban la acompañaron en ellas. Escuchóla don Fernando sin replicalle palabra, hasta que ella dio fin a las suyas y principio a tantos sollozos y suspiros, que bien había de ser corazón de bronce el que con muestras de tanto dolor no se enterneciera. Mirándola estaba Luscinda, no menos lastimada de su sentimiento que admirada de su mucha discreción y
15 hermosura, y aunque quisiera llegarse a ella y decirle algunas palabras de consuelo, no la dejaban los brazos de don Fernando, que apretada la tenían, el cual, lleno de confusión y espanto, al cabo de un buen espacio que atentamente estuvo mirando a Dorotea, abrió los brazos, y dejando libre a Luscinda, dijo:
20 "Venciste, hermosa Dorotea, venciste: porque no es posible tener ánimo para negar tantas verdades juntas."

Con el desmayo que Luscinda había tenido, así como la dejó don Fernando iba a caer en el suelo. Mas hallándose Cardenio allí junto, que a las espaldas de don Fernando se había puesto porque no le conociese,
25 pospuesto° todo temor y aventurando a todo riesgo,° acudió a sostener a   *having put aside, risk*
Luscinda, y cogiéndola entre sus brazos, le dijo:

"Si el piadoso cielo gusta y quiere que ya tengas algún descanso, leal, firme y hermosa señora mía, en 'ninguna parte° creo yo que le tendrás más   *nowhere*
seguro que en estos brazos que ahora te reciben y otro tiempo te recibieron,
30 cuando la fortuna quiso que pudiese llamarte mía."

A estas razones puso Luscinda en Cardenio los ojos, y habiendo comenzado a conocerle, primero por la voz, y asegurándose que él era con la vista,[10] casi 'fuera de sentido° y sin tener cuenta a ningún honesto   *beside herself*
respeto,[11] le echó los brazos al cuello, y juntando su rostro con el de
35 Cardenio, le dijo:

"Vos, sí, señor mío, sois el verdadero dueño desta vuestra captiva, aunque más lo impida la contraria suerte, y aunque más amenazas le hagan a esta vida que en la vuestra se sustenta."[12]

Estraño espectáculo fue éste para don Fernando y para todos los
40 circunstantes, admirándose de tan no visto suceso. Parecióle a Dorotea que don Fernando había perdido la color del rostro y que hacía ademán de querer vengarse de Cardenio, porque le vio encaminar la mano a ponella en la espada, y así como lo pensó, con no vista presteza se abrazó con él por las rodillas, besándoselas y teniéndole apretado, que no le dejaba mover, y sin
45 cesar un punto de sus lágrimas, le decía:

[10] **Asegurándose...** *assuring herself with her eyes* (**con la vista**) *that it was he*
[11] **Sin tener...** *forgetting about decorum*
[12] **Que en...** *which is sustained by yours [=life]*

"¿Qué es lo que piensas hacer, único refugio mío, en este tan
impensado° trance? Tú tienes a tus pies a tu esposa, y la que quieres que lo
sea[13] está en los brazos de su marido. Mira si te estará bien, o te será
posible, deshacer lo que el cielo ha hecho, o si te convendrá querer levantar
5　a igualar a ti mismo a la que, pospuesto todo inconveniente, confirmada en
su verdad y firmeza, delante de tus ojos tiene los suyos,[14] bañados de 'licor
amoroso° el rostro y pecho de su verdadero esposo. Por quien Dios es te
ruego, y por quien tú eres te suplico, que este tan notorio desengaño° no
sólo no acreciente tu ira, sino que la mengüe en tal manera que con quietud°
10　y sosiego permitas que estos dos amantes le[15] tengan sin impedimento tuyo
todo el tiempo que el cielo quisiere concedérsele, y en esto mostrarás la
generosidad de tu ilustre y noble pecho, y verá el mundo que tiene contigo
más fuerza la razón que el apetito."[16]

　　En tanto que esto decía Dorotea, aunque Cardenio tenía abrazada a
15　Luscinda, no quitaba los ojos de don Fernando, con determinación de que
si le viese hacer algún movimiento en su perjuicio, procurar defenderse y
ofender como mejor pudiese a todos aquellos que en su daño se mostrasen,[17]
aunque le costase la vida. Pero a esta sazón acudieron los amigos de don
Fernando, y el cura y el barbero, que a todo habían estado presentes, sin que
20　faltase el bueno de Sancho Panza, y todos rodeaban a don Fernando,
suplicándole 'tuviese por bien de mirar° las lágrimas de Dorotea, y que,
siendo verdad, como sin duda ellos creían que lo era, lo que en sus razones
había dicho, que no permitiese quedase defraudada de sus tan justas
esperanzas. Que considerase que no acaso, como parecía, sino con
25　particular providencia del cielo se habían todos juntado en lugar donde
menos ninguno pensaba. Y que advirtiese, dijo el cura, que sola la muerte
podía apartar a Luscinda de Cardenio, y aunque los dividiesen filos de
alguna espada, ellos tendrían por felicísima su muerte, y que en los lazos
irremediables era suma cordura, forzándose y venciéndose a sí mismo,
30　mostrar un generoso pecho,[18] permitiendo que por sola su voluntad los dos
gozasen el bien que el cielo ya les había concedido; que pusiese los ojos
ansimesmo en la beldad de Dorotea, y vería que pocas, o ninguna, se le
podían igualar, cuanto más hacerle ventaja, y que juntase a su hermosura su
humildad y el estremo del amor que le tenía, y sobre todo, advirtiese que si
35　se preciaba de caballero y de cristiano, que no podía hacer otra cosa que
cumplille la palabra dada, y que, cumpliéndosela, cumpliría con Dios y
satisfaría a las gentes discretas, las cuales saben y conocen que es
prerrogativa de la hermosura, aunque esté en sujeto humilde, como se
acompañe con la honestidad, poder levantarse e igualarse a cualquiera
40　alteza, sin nota de menoscabo del que le levanta e iguala a sí mismo, y
cuando se cumplen las fuertes leyes del gusto, como en ello no intervenga

unexpected

i.e., tears
truth
calm

well consider

---

[13] **La que**... *the one you want to be [your wife]*
[14] **Levantar a**... *raise to be your equal*... *her who has her eyes in front of yours.*
[15] This **le = lo** seems to refer back to **sosiego.**
[16] **Verá el**... *and the world will see that reason is stronger in you than passion*
[17] **A todos**... *everyone who might try to assail him*
[18] **En los lazos**... *in difficult situations the greatest prudence would be*... *to show a
generous heart*

pecado, no debe de ser culpado el que las sigue.

En efeto, a estas razones añadieron todos otras, tales y tantas, que el valeroso pecho de don Fernando, en fin, como alimentado° con ilustre sangre, se ablandó y se dejó vencer de la verdad que él no pudiera negar aunque quisiera, y la señal que dio de haberse rendido y entregado al buen parecer que se le había propuesto fue abajarse y abrazar a Dorotea, diciéndole: nourished

"Levantaos, señora mía, que no es justo que esté arrodillada a mis pies la que yo tengo en mi alma, y si hasta aquí no he dado muestras de lo que digo, quizá ha sido por orden del cielo, para que, viendo yo en vos la fe con que me amáis, os sepa estimar en lo que merecéis.[19] Lo que os ruego es que no me reprehendáis mi mal término y mi mucho descuido, pues la misma ocasión y fuerza que me movió para acetaros° por mía, esa misma me impelió° para procurar no ser vuestro, y que esto sea verdad,[20] volved y mirad los ojos de la ya contenta Luscinda, y en ellos hallaréis disculpa de todos mis yerros. Y pues ella halló y alcanzó lo que deseaba, y yo he hallado en vos lo que 'me cumple,° viva ella segura y contenta luengos y felices años con su Cardenio, que yo rogaré al cielo que me los deje vivir con mi Dorotea." aceptaros
incited I need

Y diciendo esto, la tornó a abrazar y a juntar su rostro con el suyo, con tan tierno sentimiento, que le fue necesario tener gran cuenta con que las lágrimas no acabasen de dar indubitables° señas de su amor y arrepentimiento. No lo hicieron así las de Luscinda y Cardenio, y aun las de casi todos los que allí presentes estaban, porque comenzaron a derramar tantas, los unos de contento proprio, y los otros del ajeno, que no parecía sino que algún grave y mal caso° a todos había sucedido. Hasta Sancho Panza lloraba, aunque después dijo que no lloraba él sino por ver que Dorotea no era, como él pensaba, la reina Micomicona, de quien él tantas mercedes esperaba. Duró algún espacio, junto con el llanto, la admiración en todos, y luego Cardenio y Luscinda se fueron a poner de rodillas ante don Fernando, dándole gracias de la merced que les había hecho con tan corteses razones, que don Fernando no sabía qué responderles, y así, los levantó y abrazó con muestras de mucho amor y de mucha cortesía. sure event

Preguntó luego a Dorotea le dijese[21] cómo había venido a aquel lugar tan lejos del suyo. Ella, con breves y discretas razones, contó todo lo que antes había contado a Cardenio, de lo cual gustó tanto don Fernando y los que con él venían, que quisieran que durara el cuento más tiempo: tanta era la gracia con que Dorotea contaba sus desventuras. Y así como hubo acabado, dijo don Fernando lo que en la ciudad le había acontecido, después que halló el papel en el seno de Luscinda, donde declaraba ser esposa de Cardenio y no poderlo[22] ser suya. Dijo que la quiso matar, y lo hiciera si de sus padres no fuera impedido,° y que así se salió de su casa despechado y corrido, con determinación de vengarse con más comodidad,° y que otro día supo como Luscinda había faltado de casa de sus padres, sin prevented
advantage

[19] **Os sepa...** *to value you as much as you deserve*
[20] **Que esto...** *to show you that this is true*
[21] **Preguntó...** *He then asked Dorotea to tell him*
[22] **Lo** refers to "being the wife."

que nadie supiese decir dónde se había ido, y que, en resolución, al cabo
de algunos meses vino a saber como estaba en un monesterio, con voluntad
de quedarse en él toda la vida, si no la pudiese pasar con Cardenio, y que
así como lo supo, escogiendo para su compañía aquellos tres caballeros,
vino al lugar donde estaba, a la cual no había querido hablar,[23] temeroso
que en sabiendo que él estaba allí, había de haber más guarda en el
monesterio. Y así, aguardando un día a que la portería° estuviese abierta,   gatehouse
dejó a los dos a la guarda de la puerta, y el con otro habían entrado en el
monesterio buscando a Luscinda, la cual hallaron en el claustro hablando
con una monja. Y arrebatándola,° sin darle lugar a otra cosa,[24] se habían   carrying off
venido con ella a un lugar donde 'se acomodaron° de aquello que hubieron   provided themselves
menester para traella. Todo lo cual habían podido hacer bien a su salvo por
estar el monesterio en el campo, buen trecho fuera del pueblo. Dijo que así
como Luscinda se vio en su poder, perdió todos los sentidos, y que después
de vuelta en sí[25] no había hecho otra cosa sino llorar y suspirar, sin hablar
palabra alguna, y que así, acompañados de silencio y de lágrimas habían
llegado a aquella venta, que para él era haber llegado al cielo, donde se
rematan y tienen fin todas las desventuras de la tierra.

[23] That is, he didn't want to talk to Luscinda.
[24] **Sin dar...** *without giving her time to resist*
[25] **Perdió todos...** *she lost consciousness, and after coming to*

Capítulo XXXVII. Que trata donde[1] se prosigue la historia de la famosa infanta Micomicona, con otras graciosas aventuras.

TODO ESTO escuchaba Sancho, no con poco dolor de su ánima, viendo
que se le desparecían e iban en humo las esperanzas de su ditado,° y
que la linda princesa Micomicona se le había vuelto en Dorotea, y el
gigante en don Fernando, y su amo se estaba durmiendo a 'sueño suelto,°
bien descuidado de todo lo sucedido. No se podía asegurar Dorotea si era
soñado el bien que poseía. Cardenio estaba en el mismo pensamiento, y el
de Luscinda corría por la misma cuenta. Don Fernando daba gracias al cielo
por la merced recebida y haberle sacado de aquel intricado laberinto, donde
se hallaba tan a pique de perder el crédito y el alma, y finalmente, cuantos
en la venta estaban, estaban contentos y gozosos° del buen suceso que
habían tenido tan trabados y desesperados negocios.

Todo lo ponía en su punto el cura,[2] como discreto, y a cada uno daba
el parabién del bien alcanzado, pero quien más jubilaba° y se contentaba era
la ventera, por la promesa que Cardenio y el cura le habían hecho de
pagalle todos los daños e intereses° que por cuenta de don Quijote le
hubiesen venido. Sólo Sancho, como ya se ha dicho, era el afligido,° el
desventurado y el triste. Y así, con malencónico semblante° entró a su amo,
el cual acababa de despertar, a quien dijo:

"Bien puede vuestra merced, señor Triste Figura, dormir todo lo que
quisiere, sin cuidado de matar a ningún gigante, ni de volver a la princesa
su reino, que ya todo está hecho y concluido."

"Eso creo yo bien," respondió don Quijote, "porque he tenido con el
gigante la más descomunal y desaforada batalla que pienso tener en todos
los días de mi vida, y de un revés, ¡zas! le derribé la cabeza en el suelo. Y
fue tanta la sangre que le salió, que los arroyos corrían por la tierra, como
si fueran de agua."

"Como si fueran de vino tinto, pudiera vuestra merced decir mejor,"
respondió Sancho, "porque quiero que sepa vuestra merced, si es que no lo
sabe, que el gigante muerto es un cuero horadado, y la sangre, seis arrobas
de vino tinto que encerraba en su vientre, y la cabeza cortada es la puta que
me parió,° y llévelo todo Satanás."

"Y ¿qué es lo que dices, loco?" replicó don Quijote. "¿Estás en tu
seso?"

"Levántese vuestra merced," dijo Sancho, "y verá el buen recado° que
ha hecho, y lo que tenemos que pagar, y verá a la reina convertida en una
dama particular,° llamada Dorotea, con otros sucesos, que, si cae en ellos,[3]
le han de admirar."

"No me maravillaría de nada deso," replicó don Quijote, "porque, si
bien te acuerdas, la otra vez que aquí estuvimos, te dije yo que todo cuanto

Marginal glosses: title · sound asleep · delighted · took pleasure · what was due · distressed · face · bore · profit · private

---

[1] **Que trata donde** shows a false start, in imitation of the careless style of chapter
titles in the old romances. Most editions, including Schevill, omit **que trata**. The original
edition, in the contents at the back of the book, says: **Capítulo treinta y siete, que
prosigue la historia...**

[2] **Todo lo...** *the priest fully appreciated the situation*

[3] **Si cae...** *if you come to understand them*

aquí sucedía eran cosas de encantamento, y no sería mucho que ahora fuese
lo mesmo."

"Todo lo creyera yo," respondió Sancho, "si también mi manteamiento
fuera cosa dese jaez; mas no lo fue, sino real y verdaderamente, y vi yo que
5 el ventero, que aquí está hoy día, tenía dél un cabo de la manta, y me
empujaba° hacia el cielo con mucho donaire y brío,° y con tanta risa como   impelled, energy
fuerza; y donde interviene conocerse las personas,[4] tengo para mí, aunque
simple y pecador, que no hay encantamento alguno, sino mucho molimiento
y mucha mala ventura."

10 "Ahora bien, Dios lo remediará," dijo don Quijote. "Dame de vestir,[5]
y déjame salir allá fuera; que quiero ver los sucesos y transformaciones que
dices."

Diole de vestir Sancho, y en el entretanto que se vestía, contó el cura
a don Fernando y a los demás las locuras de don Quijote, y del artificio que
15 habían usado para sacarle de la Peña Pobre, donde él se imaginaba estar por
desdenes de su señora. Contóles asimismo casi todas las aventuras que
Sancho había contado, de que no poco se admiraron y rieron, por parecerles,
lo que a todos parecía, ser el más estraño género de locura que podía caber°   fit
en pensamiento desparatado.° Dijo más el cura: que pues ya el buen suceso   **disparatado**
20 de la señora Dorotea impidía° pasar con su disignio° adelante, que era   **impedía**, intention
menester inventar y hallar otro para poderle llevar a su tierra. Ofrecióse
Cardenio de proseguir lo comenzado, y que Luscinda haría y representaría
la persona de Dorotea.

"No," dijo don Fernando; "no ha de ser así; que yo quiero que Dorotea
25 prosiga su invención,° que, como° no sea muy lejos de aquí el lugar deste   deception, if
buen caballero, yo holgaré de que se procure su remedio."

"No está más de dos jornadas de aquí."

"Pues aunque estuviera más, gustara yo de caminallas, a trueco de
hacer tan buena obra."

30 Salió en esto don Quijote, armado de todos sus pertrechos, con el
yelmo, aunque abollado, de Mambrino en la cabeza, embrazado de su rodela
y arrimado a su tronco[6] o lanzón. Suspendió a don Fernando y a los demás
la estraña presencia de don Quijote, viendo su rostro de media legua de
andadura,° seco y amarillo, la desigualdad de sus armas y su mesurado   length
35 continente, y estuvieron callando hasta ver lo que él decía, el cual, con
mucha gravedad y reposo, puestos los ojos en la hermosa Dorotea, dijo:

"Estoy informado, hermosa señora, deste mi escudero que la vuestra
grandeza se ha aniquilado, y vuestro ser se ha deshecho, porque de reina y
gran señora que solíades ser, os habéis vuelto en una particular doncella; si
40 esto ha sido por orden del rey nigromante de vuestro padre, temeroso que
yo no os diese la necesaria y debida ayuda, digo que no supo, ni sabe, de

---

[4] **Donde**... *when it comes to recognizing persons*

[5] **Dame**... *help me get me dressed*

[6] This trunk = lance refers back to chapter 8, p. 62, l. 21, where Diego Pérez de Vargas
used **un pesado ramo o** *tronco* with which he killed many enemies. When his own lance
was destroyed, Don Quijote proposed to find "otro tronco, tal y tan bueno como aquél" (l.
26) which he did do later in that same chapter.

la misa la media,[7] y que fue poco versado en las historias caballerescas; porque si él las hubiera 'leído y pasado° tan atentamente, y 'con tanto espacio° como yo las pasé y leí, hallara a cada paso como otros caballeros, de menor fama que la mía, habían acabado cosas más dificultosas, no siéndolo mucho matar a un gigantillo, por arrogante que sea; porque no ha muchas horas que yo me vi con él; y... quiero callar, porque no me digan que miento; pero el tiempo, descubridor de todas las cosas, lo dirá cuando menos lo pensemos."

read
deliberately

"Vístesos° vos con dos cueros, que no con un gigante," dijo a esta sazón el ventero, al cual mandó don Fernando que callase y no interrumpiese la plática de don Quijote en ninguna manera; y don Quijote prosiguió diciendo:

Os visteis

"Digo, en fin, alta y desheredada° señora, que si por la causa que he dicho vuestro padre ha hecho este metamorfóseos[8] en vuestra persona, que 'no le deis crédito° alguno; porque no hay ningún peligro en la tierra por quien no 'se abra camino° mi espada, con la cual, poniendo la cabeza de vuestro enemigo en tierra, os pondré a vos la corona de la vuestra en la cabeza, en breves días."

disinherited

don't trust him
find a way

No dijo más don Quijote, y esperó a que la princesa le respondiese, la cual, como ya sabía la determinación de don Fernando, de que se prosiguiese adelante en el engaño hasta llevar a su tierra a don Quijote, con mucho donaire y gravedad le respondió:

"Quienquiera que os dijo, valeroso caballero de la Triste Figura, que yo me había mudado y trocado de mi ser,° no os dijo lo cierto, porque la misma que ayer fui me soy hoy: verdad es que alguna mudanza han hecho en mí ciertos acaecimientos de buena ventura,[9] que me la han dado la mejor que yo pudiera desearme; pero no por eso he dejado de ser la que antes, y de tener los mesmos pensamientos de valerme del valor de vuestro valeroso e invenerable[10] brazo que siempre he tenido; así que, señor mío, vuestra bondad vuelva la honra al padre que me engendró, y téngale por hombre advertido y prudente, pues con su ciencia halló camino tan fácil y tan verdadero para remediar mi desgracia; que yo creo que si por vos, señor, no fuera, jamás acertara a tener la ventura que tengo, y en esto digo tanta verdad como son buenos testigos della los más destos señores que están presentes. Lo que resta es que mañana nos pongamos en camino, porque ya hoy se podrá hacer poca jornada, y en lo demás del buen suceso que espero, lo dejaré a Dios y al valor de vuestro pecho."

being

Esto dijo la discreta Dorotea, y en oyéndolo don Quijote, se volvió a Sancho, y con muestras de mucho enojo, le dijo:

"Ahora te digo, Sanchuelo,[11] que eres el mayor bellacuelo que hay en España; dime, ladrón vagamundo,° ¿no me acabaste de decir ahora que esta

tramp

---

[7] **Ni sabe...** *he doesn't know half the mass = he doesn't know anything.*

[8] Secondary form (deriving from the Greek genitive singular) for **metamorfosis** *transformation.*

[9] **Alguna...** *certain incidents of good fortune have made a change in me*

[10] Dorotea is either making a mistake or talking in jest. **Invencible** or **invulnerable** is what we would expect under ordinary circumstances.

[11] **-uelo** gives a scornful aspect to the word it is attached to.

princesa se había vuelto en una doncella que se llamaba Dorotea, y que la
cabeza que entiendo que corté a un gigante era la puta que te parió, con
otros disparates que me pusieron en la mayor confusión que jamás he estado
en todos los días de mi vida? ¡Voto," miró al cielo y apretó los dientes, "que
5   estoy por 'hacer un estrago° en ti, que ponga sal en la mollera[12] a todos   wreak havoc
cuantos mentirosos escuderos hubiere de caballeros andantes, de aquí
adelante, en el mundo!"

"Vuestra merced se sosiegue, señor mío," respondió Sancho, "que bien
podría ser que yo me hubiese engañado en lo que toca a la mutación de la
10   señora princesa Micomicona; pero en lo que toca a la cabeza del gigante, o,
a lo menos, a la horadación de los cueros, y a lo de ser vino tinto la sangre,
no me engaño, ¡vive Dios! porque los cueros allí están heridos a la cabecera
del lecho de vuestra merced, y el vino tinto tiene hecho un lago el aposento,
y si no, al freír de los huevos lo verá[13]—quiero decir, que lo verá cuando
15   aquí su merced del señor ventero[14] le pida el menoscabo de todo. De lo
demás, de que la señora reina se esté como se estaba, me regocijo en el
alma, porque me va mi parte, como a cada hijo de vecino."[15]

"Ahora yo te digo, Sancho," dijo don Quijote, "que eres un mentecato,°   idiot
y perdóname, y basta."

20   "Basta," dijo don Fernando, "y no se hable más en esto; y pues la
señora princesa dice que se camine mañana, porque ya hoy es tarde, 'hágase
así,° y esta noche la podremos pasar en buena conversación hasta el   so be it
venidero° día, donde todos acompañaremos al señor don Quijote, porque   coming
queremos ser testigos de las valerosas e inauditas° hazañas que ha de hacer   unheard-of
25   en el discurso desta grande empresa que a su cargo lleva."

"Yo soy el que tengo de serviros y acompañaros," respondió don
Quijote, "y agradezco mucho la merced que se me hace y la buena opinión
que de mí se tiene, la cual procuraré que salga verdadera, o me costará la
vida, y aun más, si más costarme puede."

30   Muchas palabras de comedimiento y muchos ofrecimientos pasaron
entre don Quijote y don Fernando; pero a todo puso silencio un pasajero°   traveler
que en aquella sazón entró en la venta, el cual en su traje mostraba ser
cristiano recién° venido de tierra de moros, porque venía vestido con una   recently
casaca° de paño azul, corta de faldas, con medias mangas y sin cuello;° los   tunic, collar
35   calzones eran asimismo de lienzo azul, con bonete de la misma color; traía
unos borceguíes datilados y un alfanje morisco, puesto en un tahelí que le
atravesaba el pecho.[16] Entró luego tras él, encima de un jumento, una mujer
a la morisca vestida, cubierto el rostro, con una toca en la cabeza; traía un
'bonetillo de brocado,° y vestida una almalafa° que desde los hombros a los   brocaded cap, cloak
40   pies la cubría.

Era el hombre de robusto y agraciado talle, de edad de poco más de
cuarenta años, algo moreno° de rostro, largo de bigotes, y la barba muy   dark-complected

---

[12] **Que ponga...** *so that it might put some sense.* **Mollera** means *brain pan.*
[13] His old proverb means something like "It'll all come out in the wash."
[14] **Su merced...** *his grace, the innkeeper*
[15] **Me va...** *my share will come to me as much as to any neighbor's son*
[16] **Borceguíes...** *Date-colored low boots and and a short, curved sword, Moorish style,*
hanging from a strap across his chest

bien puesta; en resolución, él mostraba en su apostura,° que si estuviera   bearing
bien vestido, le juzgaran por persona de calidad y bien nacida.

Pidió en entrando un aposento, y como le dijeron que en la venta no
le había, mostró recebir pesadumbre, y llegándose a la que en el traje
5 parecía mora, la apeó en sus brazos. Luscinda, Dorotea, la ventera, su hija
y Maritornes, llevadas° del nuevo y para ellos nunca visto traje, rodearon   attracted
a la mora, y Dorotea, que siempre fue agraciada, comedida y discreta,
pareciéndole que así ella como el que la traía se congojaban por la falta del
aposento, le dijo:

10 "No os dé mucha pena, señora mía, la incomodidad de regalo[17] que
aquí falta, pues es proprio de ventas no hallarse en ellas; pero, con todo
esto, si gustáredes de pasar[18] con nosotras," señalando a Luscinda, "quizá
en el discurso de este camino habréis hallado otros no tan buenos
acogimientos."[19]

15 No respondió nada a esto la embozada, ni hizo otra cosa que levantarse
de donde sentado se había, y puestas entrambas manos cruzadas sobre el
pecho, inclinada la cabeza, dobló° el cuerpo en señal de que lo agradecía.   bent at the waist
Por su silencio imaginaron que, sin duda alguna, debía de ser mora y que
no sabía hablar cristiano.° Llegó en esto el cautivo, que entendiendo en otra   Spanish
20 cosa hasta entonces había estado, y viendo que todas tenían cercada a la que
con él venía, y que ella a cuanto le decían callaba, dijo:

"Señoras mías, esta doncella apenas entiende mi lengua, ni sabe hablar
otra ninguna sino conforme a su tierra, y por esto no debe de haber
respondido, ni responde, a lo que se le ha preguntado."

25 "No se le pregunta otra cosa ninguna," respondió Luscinda, "sino
ofrecelle por esta noche nuestra compañía y parte del lugar donde nos
acomodáremos, donde se le hará el regalo que la comodidad ofreciere con
la voluntad que obliga a servir a todos los estranjeros que dello[20] tuvieren
necesidad, especialmente siendo mujer a quien se sirve."

30 "Por ella y por mí," respondió el captivo, "os beso, señora mía, las
manos, y estimo mucho y en lo que es razón la merced ofrecida, que en tal
ocasión, y de tales personas como vuestro parecer muestra, bien se echa de
ver que ha de ser muy grande."

"Decidme, señor," dijo Dorotea: "esta señora ¿es cristiana o mora?
35 Porque el traje y el silencio nos hace pensar que es lo que no querríamos
que fuese."

"Mora es en el traje y en el cuerpo; pero en el alma es muy grande
cristiana, porque tiene grandísimos deseos de serlo."

"Luego ¿no es baptizada?" replicó Luscinda.

40 "No ha habido lugar para ello," respondió el captivo, "después que
salió de Argel,[21] su patria y tierra, y hasta agora no se ha visto en peligro

---

[17] We should expect **comodidad de regalo** meaning *comfort*, and not **incomodidad**,
but since it is Dorotea who is talking, the error is not surprising.

[18] We assume **pasar** *la noche*. Starting with the third edition, it was changed to **posar**
to lodge.

[19] **En el...** *along this road you will have found not such good shelter.*

[20] That is, **regalo** *comfort*.

[21] **Argel** is *Algiers* in English, capital of Algeria, in Africa, due south of Barcelona.

de muerte tan cercana, que obligase a baptizalla sin que supiese primero todas las ceremonias que nuestra madre la Santa Iglesia manda; pero Dios será servido que presto se bautice con la decencia° que la calidad de su persona merece, que es más de lo que muestra su hábito y el mío."   dignity

5   Con estas razones puso²² gana en todos los que escuchándole estaban de saber quién fuese la mora y el captivo; pero nadie se lo quiso preguntar por entonces, por ver que aquella sazón era más para procurarles descanso que para preguntarles sus vidas. Dorotea la²³ tomó por la mano y la llevó a sentar junto a sí, y le rogó que se quitase el embozo. Ella miró al cautivo,
10 como si le preguntara le dijese lo que decían y lo que ella haría. Él, en lengua arábiga, le dijo que le pedían se quitase el embozo, y que lo hiciese, y así, se lo quitó y descubrió un rostro tan hermoso, que Dorotea la tuvo por más hermosa que a Luscinda, y Luscinda por más hermosa que a Dorotea, y todos los circunstantes conocieron que si alguno²⁴ se podría
15 igualar al de las dos, era el de la mora, y aun hubo algunos que le aventajaron° en alguna cosa. Y como la hermosura tenga prerrogativa y   preferred gracia de reconciliar los ánimos y atraer las voluntades, luego se rindieron todos al deseo de servir y acariciar° a la hermosa mora.   treat tenderly

    Preguntó don Fernando al captivo cómo se llamaba la mora, el cual
20 respondió que lela²⁵ Zoraida, y así como esto oyó ella, entendió lo que le habían preguntado al cristiano, y dijo con mucha priesa, llena de congoja y donaire:

    "¡No, no Zoraida: María, María!" dando a entender que se llamaba María y no Zoraida.

25 Estas palabras, el grande afecto con que la mora las dijo, hicieron derramar más de una lágrima a algunos de los que la escucharon, especialmente a las mujeres, que de su naturaleza son tiernas y compasivas. Abrazóla Luscinda con mucho amor, diciéndole:

    "¡Sí, sí—María, María!"
30 A lo cual respondió la mora:

    "¡Sí, sí, María—Zoraida *macange!*" que quiere decir NO.²⁶

    Ya en esto llegaba la noche, y por orden de los que venían con don Fernando había el ventero puesto diligencia y cuidado en aderezarles de cenar lo mejor que a él le fue posible. Llegada, pues, la hora, sentáronse
35 todos a una larga mesa, como de tinelo,° porque no la había redonda° ni   servants' table, round cuadrada en la venta, y dieron la cabecera° y principal asiento, puesto que   head of table él lo rehusaba, a don Quijote, el cual quiso que estuviese a su lado la señora Micomicona, pues él era su aguardador.° Luego se sentaron Luscinda   defender y Zoraida, y frontero dellas, don Fernando y Cardenio, y luego el cautivo
40 y los demás caballeros, y al lado de las señoras, el cura y el barbero. Y así cenaron con mucho contento, y acrecentóseles más viendo que, dejando de comer don Quijote, movido de otro semejante espíritu que el que le movió a hablar tanto como habló cuando cenó con los cabreros, comenzó a decir:

---

²² Schevill has added **con** here since **estas razones** cannot agree with **puso**.
²³ Obviously, **la** refers to the Moorish woman
²⁴ That is, **si algún rostro...**
²⁵ **Lela** means **doña.**
²⁶ Or more appropriately it means *not that.*

"Verdaderamente, si bien se considera, señores míos, grandes e inauditas cosas ven los que profesan la orden de la andante caballería. Si no, ¿cuál de los vivientes habrá en el mundo que ahora por la puerta deste castillo entrara, y de la suerte que estamos nos viere, que juzgue y crea que
5 nosotros somos quien somos?[27] ¿Quién podrá decir que esta señora que está a mi lado es la gran reina que todos sabemos, y que yo soy aquel caballero de la Triste Figura que anda por ahí en boca de la fama? Ahora no hay que dudar, sino que esta arte y ejercicio[28] excede a todas aquellas y aquellos que los hombres inventaron, y tanto más se ha de tener en estima, cuanto a más
10 peligros está sujeto. 'Quítenseme delante° los que dijeren que las letras   away with
hacen ventaja a las armas, que les diré, y 'sean quien se fueren,° que no   be who they may
saben lo que dicen. Porque la razón que los tales suelen decir, y a lo que
ellos más 'se atienen,° es que los trabajos del espíritu exceden a los del   abide by
cuerpo, y que las armas sólo con el cuerpo 'se ejercitan,° como si fuese su   are practiced
15 ejercicio oficio de ganapanes,° para el cual no es menester más de buenas   porters
fuerzas, o como si en esto que llamamos armas los que las profesamos no
'se encerrasen° los actos de la fortaleza,° los cuales piden para ejecutallos   include, bravery
mucho entendimiento, o como si no trabajase el ánimo del guerrero° que   warrior
tiene a su cargo un ejército o la defensa de una ciudad sitiada,° así con el   under siege
20 espíritu como con el cuerpo. Si no, véase si se alcanza con las fuerzas
corporales° a saber y conjeturar el intento del enemigo, los disignios, las   of the body
estratagemas,° las dificultades, 'el prevenir° los daños que se temen, que   strategies, foreseeing
todas estas cosas son acciones del entendimiento, en quien no tiene parte
alguna el cuerpo.
25 "Siendo, pues, ansí, que las armas requieren espíritu como las letras,
veamos ahora cuál de los dos espíritus, el del letrado° o el del guerrero,   man of letters
trabaja más. Y esto se vendrá a conocer por el fin y paradero° a que cada   goal
uno se encamina, porque aquella intención se ha de estimar en más que
tiene por objeto más noble fin. Es el fin y paradero de las letras…,[29] y no
30 hablo ahora de las divinas, que tienen por blanco llevar y encaminar las
almas al cielo, que a un fin tan sin fin como éste ninguno otro se le puede
igualar: hablo de las letras humanas, que es su fin 'poner en su punto° la   regulate
justicia distributiva y dar a cada uno lo que es suyo, entender y hacer que
las buenas leyes se guarden, fin por cierto generoso y alto y digno de
35 grande alabanza, pero no de tanta como merece aquel a que las armas
atienden, las cuales tienen por objeto y fin la paz, que es el mayor bien que
los hombres pueden desear en esta vida. Y así, las primeras buenas nuevas
que tuvo el mundo y tuvieron los hombres fueron las que dieron los ángeles
la noche que fue nuestro día, cuando cantaron en los aires: «Gloria sea en
40 las alturas y paz en la tierra a los hombres de buena voluntad»,[30] y a la
salutación que el mejor maestro de la tierra y del cielo enseñó a sus
allegados° y favoridos° fue decirles que, cuando entrasen en alguna casa,   followers, favored

---

[27] **Cuál de los…** *Who in the world, if he entered the door of this castle and saw us here as we are, would think that we are who we are?*
[28] That is, knight-errantry.
[29] **Es el…** *the goal of letters is…*
[30] Luke 2:14. The quote leaves out **a Dios: Gloria sea a Dios en…**

dijesen: «Paz sea en esta casa.»[31] Y otras muchas veces les dijo: «Mi paz
os doy, mi paz os dejo, paz sea con vosotros»,[32] bien como joya y prenda
dada y dejada de tal mano, joya, que sin ella, en la tierra ni en el cielo
puede haber bien alguno.[33] Esta paz es el verdadero fin de la guerra, que lo
5   mesmo es decir armas que guerra. Prosupuesta,° pues, esta verdad, que el   given
fin de la guerra es la paz, y que en esto hace ventaja al fin de las letras,
vengamos ahora a los trabajos del cuerpo del letrado y a los del profesor°   one who professes
de las armas, y véase cuáles son mayores."
De tal manera y por tan buenos términos iba prosiguiendo en su plática
10   don Quijote, que obligó a que por entonces ninguno de los que
escuchándole estaban le tuviese por loco. Antes, como todos los más eran
caballeros, a quien son anejas las armas, le escuchaban de muy buena gana,
y él prosiguió diciendo:
"Digo, pues, que los trabajos del estudiante son éstos: principalmente,
15   pobreza,° no porque todos sean pobres, sino por poner este caso en todo el   poverty
estremo que pueda ser, y en haber dicho que padece pobreza, me parece
que no había que decir más de su mala ventura, porque quien es pobre no
tiene cosa buena. Esta pobreza la padece 'por sus partes,° ya en hambre, ya   in various ways
en frío, ya en desnudez, ya en todo junto. Pero, con todo eso, no es tanta,
20   que no coma, aunque sea un poco más tarde de lo que se usa, aunque sea
de las sobras de los ricos, que es la mayor miseria del estudiante este que
entre ellos llaman «andar a la sopa»,[34] y no les falta algún ajeno brasero[35]
o chimenea, que, si no calienta, a lo menos entibie° su frío, y en fin, la   moderates
noche duermen debajo de cubierta. No quiero llegar a otras menudencias,
25   'conviene a saber,° de la falta de camisas y no sobra de zapatos, la raridad   for example
y poco pelo del vestido,[36] ni aquel ahitarse° con tanto gusto, cuando la   gorging
buena suerte les depara algún banquete.
"Por este camino que he pintado, áspero y dificultoso, tropezando aquí,
cayendo allí, levantándose acullá, tornado a caer acá, llegan al grado° que   university degree
30   desean, el cual alcanzado, a muchos hemos visto que, habiendo pasado por
estas sirtes° y por estas Scilas y Caribdis,[37] como llevados en vuelo de la   sand bars
favorable fortuna, digo que los hemos visto mandar y gobernar el mundo
desde una silla, trocada su hambre en hartura,° su frío en refrigerio,° su   satiety, comfort
desnudez en galas° y su dormir en una estera° en reposar en holandas y   fancy clothing, mat
35   damascos,° premio justamente merecido de su virtud. Pero contrapuestos°   fancy fabric, com-
y comparados sus trabajos con los del mílite° guerrero, se quedan muy atrás   pared; soldier
en todo, como ahora diré."

---

[31] Luke 10:5.
[32] The first two are from John 14:27, the third is fom John 20:19.
[33] **Joya...** *A jewel without which neither heaven nor earth can have any happiness*
[34] Covarrubias says that **ir a la sopa** meant to go to monasteries to get something to
eat, usualy broth and a piece of bread.
[35] This is the Spanish "table heater," coals in a metal container suspended under the
middle of a table.
[36] **Raridad...** *thin and threadbare clothing*
[37] Scylla and Charybdis were two irresistible monsters who haunted the Strait of
Messina in the *Odyssey*. The terms now refer to the Rock of Scylla and the ever-changing,°
swirling currents (Charybdis) there, both things being hazards to navigation.

Capítulo XXXVIII. Que trata del curioso discurso que hizo don Quijote de las armas y las letras.

PROSIGUIENDO DON Quijote, dijo:
"Pues comenzamos en el estudiante por la pobreza y sus partes,[1]
veamos si es más rico el soldado. Y veremos que no hay ninguno más pobre
en la misma pobreza, porque está atenido° a la miseria de su paga, que viene — dependent
o tarde o nunca, o a lo que garbeare° por sus manos, con notable peligro de — robs
su vida y de su conciencia. Y a veces 'suele ser° su desnudez tanta, que un — is
coleto acuchillado[2] le sirve de gala y de camisa, y en la mitad del invierno
se suele reparar° de las inclemencias del cielo, estando en la campaña rasa, — defend
con sólo el aliento de su boca, que, como sale de lugar vacío,° tengo por — empty
averiguado que debe de salir frío, contra toda naturaleza. Pues esperad que
espere que llegue la noche para restaurarse de todas estas incomodidades en
la cama que le aguarda, la cual, si no es por su culpa, jamás pecará° de — will sin
estrecha; que bien puede medir en la tierra los pies que quisiere, y
revolverse en ella a su sabor, sin temor que se le encojan° las sábanas. — rumpling

"Lléguese, pues, a todo esto el día y la hora de recebir el grado de su
ejercicio; lléguese un día de batalla, que allí le pondrán la borla[3] en la
cabeza, hecha de hilas, para curarle algún balazo° que quizá le habrá pasado — gunshot wound
las sienes,° o le dejará estropeado° de brazo o pierna. Y cuando esto no — temples, crippled
suceda, sino que el cielo piadoso le guarde y conserve sano y vivo, podrá ser
que se quede en la mesma pobreza que antes estaba, y que sea menester que
suceda uno y otro rencuentro,° una y otra batalla, y que de todas salga — fight
vencedor, para medrar° en algo. Pero estos milagros vense raras veces. — to get promoted

"Pero decidme, señores, si habéis mirado en ello, ¿'cuán menos° son los — how fewer
premiados° por la guerra que los que han perecido en ella? Sin duda habéis — rewarded
de responder que no tienen comparación, ni se pueden reducir a cuenta los
muertos,[4] y que se podrán contar los premiados vivos con tres letras de
guarismo.[5] Todo esto es al revés en los letrados, porque de faldas, que no
quiero decir de mangas,[6] todos tienen en qué entretenerse.° Así que, aunque — sustain themselves
es mayor el trabajo del soldado, es mucho menor el premio. Pero a esto se
puede responder que es más fácil premiar a dos mil letrados que a treinta
mil soldados, porque a aquéllos° se premian con darles oficios que por — the former
fuerza se han de dar a los de su profesión,[7] y a éstos° no se pueden premiar, — the latter
sino con la mesma hacienda del señor a quien sirven, y esta imposibilidad
fortifica más la razón° que tengo. — argument

[1] **Pues...** *since we began with poverty and in students its various aspects*
[2] In chapter 27 **acuchillado** referred to holes cut as if by knives, on purpose, to make a pattern of colors beneath. This time it refers to actual knife slashes in the jacket.
[3] As with the student receiving his **grado** *academic degree* above, the **borla** refers to the tassel on a doctor's academic cap.
[4] **Ni se pueden...** *the dead cannot be counted*
[5] **Guarismo** refers to *Arabic number*, so **tres letras** (= numbers) **de guarismo** means that 1000 has not been reached yet.
[6] **Faldas** and **mangas** refer to *fees* and *tips* and have come to mean "legally or illegally."
[7] **Se premian...** *are rewarded by giving them appointments which have to be given to those of their profession*

"Pero dejemos esto aparte, que es laberinto de muy dificultosa salida, sino volvamos a la preeminencia° de las armas contra las letras: materia que hasta ahora está por averiguar, según son las razones que cada una de su parte alega;° y entre las que he dicho, dicen las letras que sin ellas no se
5 podrían sustentar las armas, porque la guerra también tiene sus leyes y está sujeta a ellas, y que las leyes caen debajo de lo que son letras y letrados. A esto responden las armas que las leyes no se podrán sustentar sin ellas, porque con las armas se defienden las repúblicas, se conservan los reinos, se guardan las ciudades, se aseguran° los caminos, se despejan° los mares
10 de cosarios,° y finalmente, si por ellas no fuese, las repúblicas, los reinos, las monarquías, las ciudades, los caminos de mar y tierra estarían sujetos al rigor y a la confusión que trae consigo la guerra 'el tiempo que dura° y tiene licencia de usar de sus privilegios y de sus fuerzas.° Y es razón averiguada que aquello que más cuesta° se estima y debe de estimar en más.
15 "Alcanzar alguno a ser eminente en letras le cuesta tiempo, vigilias,° hambre, desnudez, 'vaguidos de cabeza,° indigestiones de estómago y otras cosas a éstas adherentes, que en parte ya las tengo referidas. Mas llegar uno por sus términos a ser buen soldado le cuesta todo lo que al estudiante, en tanto mayor grado[8] que no tiene comparación, porque a cada paso está a
20 pique de perder la vida. Y ¿qué temor de necesidad y pobreza puede llegar, ni fatigar al estudiante, que llegue al que tiene un soldado, que, hallándose cercado° en alguna fuerza,° y estando de posta o guarda en algún revellín o caballero,[9] siente que los enemigos están minando° hacia la parte donde él está, y no puede apartarse de allí por ningún caso, ni huir el peligro que
25 de tan cerca le amenaza? Sólo lo que puede hacer es dar noticia a su capitán de lo que pasa, para que lo remedie con alguna contramina,° y el estarse quedo, temiendo y esperando cuándo improvisamente ha de subir a las nubes sin alas y bajar al profundo sin su voluntad.
"Y si éste parece pequeño peligro, veamos si le iguala, o hace ventajas,
30 el de embestirse dos galeras por las proas° en mitad del mar espacioso, las cuales, enclavijadas° y trabadas, no le queda al soldado más espacio del que concede dos pies de tabla del espolón.° Y con todo esto, viendo que tiene delante de sí tantos ministros de la muerte que le amenazan cuantos cañones° de artillería 'se asestan° de la parte contraria, que no distan de su
35 cuerpo una lanza,[10] y viendo que al primer descuido de los pies iría a visitar los profundos senos de Neptuno;[11] y con todo esto, con intrépido corazón llevado de la honra que le incita, se pone a ser blanco de tanta arcabucería° y procura pasar por tan estrecho paso al bajel° contrario. Y lo que más es de admirar, que apenas uno ha caído donde no se podrá levantar hasta la fin del
40 mundo, cuando otro ocupa su mesmo lugar, y si éste también cae en el mar, que como a enemigo le aguarda,[12] otro y otro le sucede, sin dar tiempo

---

[8] **Tanto...** *such a larger degree*
[9] **Revellín...** These two terms refer to guardposts in fortresses.
[10] **No distan...** *are not the distance of the length of a lance from his body*
[11] Neptune is the god of the seas.
[12] **Como...** *[the sea] as an enemy waits for him*

Glosses (right margin):
superiority
alleges
make safe, are
cleared; pirates
while it lasts
powers
costs
loss of sleep
headaches
surrounded, fortress
tunneling
defensive tunnel
filled with explosives
prows
locked
point of the prow
cannons, are being aimed
musketry
ship

al tiempo de sus muertes:[13] valentía y atrevimiento° el mayor que se puede   daring
hallar en todos los trances de la guerra.

    "'Bien hayan° aquellos benditos siglos que carecieron de la espantable   blessed
furia de aquestos endemoniados° instrumentos de la artillería, a cuyo   devilish
5 inventor 'tengo para mí° que en el infierno se le está dando el premio de su   I believe
diabólica invención, con la cual dio causa que un infame y cobarde brazo
quite la vida a un valeroso caballero, y que, sin saber cómo o por dónde, en
la mitad del coraje° y brío que enciende y anima a los valientes pechos,   courage
llega una 'desmandada bala,° disparada de quien quizá huyó y se espantó del   random bullet
10 resplandor° que hizo el fuego al disparar de la maldita máquina, y corta y   flash
acaba en un instante los pensamientos y vida de quien la merecía gozar
luengos siglos.

    "Y así, considerando esto, estoy por decir que en el alma me pesa de
haber tomado este ejercicio de caballero andante en edad tan detestable
15 como es ésta en que ahora vivimos, porque aunque a mí ningún peligro me
pone miedo, todavía 'me pone recelo° pensar si la pólvora° y el estaño[14] me   it troubles me
han de quitar la ocasión de hacerme famoso y conocido por el valor de mi   powder,
brazo y filos de mi espada, por todo lo descubierto de la tierra. Pero haga el
cielo lo que fuere servido;[15] que tanto seré más estimado, si salgo con lo que
20 pretendo, cuanto a mayores peligros me he puesto que se pusieron los
caballeros andantes de los pasados siglos."

    Todo este largo preámbulo dijo don Quijote en tanto que los demás
cenaban, olvidándose de llevar bocado a la boca, puesto que algunas veces
le había dicho Sancho Panza que cenase, que después habría lugar para
25 decir todo lo que quisiese. En los que escuchado le habían sobrevino nueva
lástima, de ver que hombre que, al parecer, tenía buen entendimiento y buen
discurso en todas las cosas que trataba, le hubiese perdido tan
rematadamente° en tratándole de su negra y pizmienta[16] caballería. El cura   utterly
le dijo que tenía mucha razón en todo cuanto había dicho en favor de las
30 armas, y que él, aunque letrado y graduado, estaba de su mesmo parecer.

    Acabaron de cenar, levantaron los manteles, y en tanto que la ventera,
su hija y Maritornes aderezaban el camaranchón de don Quijote de la
Mancha, donde habían determinado que aquella noche las mujeres solas en
él se recogiesen, don Fernando rogó al cautivo les contase el discurso de su
35 vida, porque no podría ser sino que fuese peregrino y gustoso, según las
muestras que había comenzado a dar, viniendo en compañía de Zoraida. A
lo cual respondió el cautivo que de muy buena gana haría lo que se le
mandaba, y que sólo temía que el cuento no había de ser tal que les diese el
gusto que él deseaba; pero que, con todo eso, por no faltar en obedecelle,
40 le contaría. El cura y todos los demás se lo agradecieron, y de nuevo se lo
rogaron. Y él, viéndose rogar de tantos, dijo que no eran menester ruegos
adonde el mandar tenía tanta fuerza.

---

[13] **Sin...** *without any time between their deaths*
[14] **Estaño** is *tin*. Bullets were made from lead, zinc and tin.
[15] **Haga...** *heaven's will be done*
[16] **Pizmienta** means *black as pitch* (= **la pez**). Since **negra** here means *cursed*,
pizmienta seems to intensify the meaning of **negra**, according to Gaos.

"Y así, estén vuestras mercedes atentos, y oirán un discurso verdadero, a quien podría ser que no llegasen los mentirosos que con curioso y pensado artificio suelen componerse."

Con esto que dijo, hizo que todos se acomodasen y le prestasen un
5   grande silencio, y él, viendo que ya callaban y esperaban lo que decir quisiese, con voz agradable y reposada comenzó a decir desta manera:

Capítulo XXXIX. Donde el cautivo cuenta su vida y sucesos.

10   "EN UN LUGAR DE las montañas de León[1] tuvo principio mi linaje, con quien fue más agradecida° y liberal la naturaleza que la fortuna, aunque en la estrecheza° de aquellos pueblos todavía alcanzaba mi padre fama de rico, y verdaderamente lo fuera, 'si así se diera maña° a conservar su hacienda como se la daba en gastalla. Y la condición° que tenía de ser liberal y gastador° le procedió de haber sido soldado los años de su
15   joventud;° que es escuela la soldadesca,° donde el mezquino° se hace franco° y el franco pródigo,° y si algunos soldados se hallan miserables,° son como monstruos que se ven raras veces. Pasaba mi padre los términos de la liberalidad y 'rayaba en° los de ser pródigo, cosa que no le es de ningún provecho al hombre casado y que tiene hijos que le han de suceder
20   en el nombre y en el ser. Los° que mi padre tenía eran tres, todos varones y todos de edad de poder elegir° estado. Viendo, pues, mi padre que, según él decía, no podía 'irse a la mano contra su condición,° quiso 'privarse del° instrumento y causa que le hacía gastador y dadivoso,° que fue privarse de la hacienda, sin la cual el mismo Alejandro[2] pareciera estrecho.°

25   "Y así llamándonos un día a todos tres a solas en un aposento, nos dijo unas razones semejantes a las que ahora diré. 'Hijos, para deciros que os quiero bien, basta saber y decir que sois mis hijos, y para entender que os quiero mal, basta saber que no me voy a la mano en lo que toca a conservar vuestra hacienda. Pues para que entendáis desde aquí adelante que os quiero
30   como padre, y que no os quiero destruir como padrastro,° quiero hacer una cosa con vosotros, que ha muchos días que la tengo pensada[3] y con madura consideración dispuesta.° Vosotros estáis ya en edad de tomar estado, o a lo menos, de elegir ejercicio, tal, que cuando mayores os honre y aproveche.[4] Y lo que he pensado es hacer de mi hacienda cuatro partes: las
35   tres os daré a vosotros, a cada uno lo que le tocare, sin exceder en cosa alguna, y con la otra me quedaré yo para vivir y sustentarme los días que el cielo fuere servido de darme de vida. Pero querría que después que cada uno tuviese en su poder la parte que le toca de su hacienda, siguiese uno

favored
poverty
if he were as skillful
tendency
wasteful
*ju*ventud; soldiering,
  stingy; generous,
  lavish, stingy
approached

los *hijos*
to choose
resist his propensity,
  abandon; generous
miserly

stepfather

deliberated

---

[1] León, in the northwest part of the peninsula, is the former kingdom in the Middle Ages. The city of León was its capital.

[2] Much of what is attributed to Alexander the Great (356 B.C.-323 B.C.) is fanciful, as is his legendary generosity.

[3] **Ha...** *for several days I have thought it through*

[4] **Tal...** *such that when you are older will bring you honor and profit*

de los caminos que le diré. Hay un refrán en nuestra España, a mi parecer,
muy verdadero, como todos lo son, por ser sentencias breves sacadas de la
luenga y discreta experiencia, y el que yo digo, dice: «Iglesia, o mar, o casa
real,» como si más claramente dijera:[5] Quien quisiere valer y ser rico, siga,
5   o la Iglesia, o navegue° ejercitando el arte de la mercancía,° o entre a servir   go to sea, business
a los reyes en sus casas. Porque dicen: «Más vale migaja° de rey que merced   crumb
de señor.» Digo esto, porque querría, y es mi voluntad, que uno de vosotros
siguiese las letras, el otro la mercancía, y el otro sirviese al rey en la guerra,
pues es dificultoso entrar a servirle en su casa; que ya que la guerra no dé
10   muchas riquezas, suele dar mucho valor y mucha fama. Dentro de 'ocho
días° os daré toda vuestra parte en dineros, sin defraudaros en un ardite,   one week
como lo veréis por la obra. Decidme ahora si queréis seguir mi parecer y
consejo en lo que os he propuesto.'
    "Y mandándome a mí, por ser el mayor, que respondiese, después de
15   haberle dicho que no 'se deshiciese° de la hacienda, sino que gastase todo   get rid of
lo que fuese su voluntad, que nosotros éramos mozos para saber ganarla,
vine a concluir en que cumpliría su gusto,[6] y que el mío era seguir el
ejercicio de las armas, sirviendo en él a Dios y a mi rey. El segundo
hermano hizo los mesmos ofrecimientos, y escogió el irse a las Indias,
20   'llevando empleada° la hacienda que 'le cupiese.° El menor, y a lo que yo   investing, belonged
creo, el más discreto, dijo que quería seguir la Iglesia, o irse a acabar sus   to him
comenzados estudios a Salamanca. Así como acabamos de concordarnos,°   agreeing
y escoger nuestros ejercicios, mi padre nos abrazó a todos, y con la
brevedad que dijo, 'puso por obra° cuanto° nos había prometido; y dando   put into effect,
25   a cada uno su parte, que, a lo que se me acuerda, fueron cada tres mil   everything
ducados, en dineros, porque un nuestro tío compró toda la hacienda y la
pagó 'de contado,° porque no saliese del 'tronco de la casa,° en un mesmo   instantly, family
día nos despedimos todos tres de nuestro buen padre, y en aquel mesmo,
pareciéndome a mí ser inhumanidad° que mi padre quedase viejo y con tan   cruelty
30   poca hacienda, 'hice con él° que de mis tres mil tomase los dos mil ducados,   I induced him
porque a mí me bastaba el resto para acomodarme de lo que había menester
un soldado.
    "Mis dos hermanos, movidos de mi ejemplo, cada uno le dio mil
ducados. De modo que a mi padre le quedaron cuatro mil en dineros, y más
35   tres mil, que, a lo que parece, valía la hacienda que le cupo, que no quiso
vender, sino quedarse con ella en raíces. Digo, en fin, que nos despedimos
dél y de aquel nuestro tío que he dicho, no sin mucho sentimiento y
lágrimas de todos, encargándonos que les hiciésemos saber, todas las veces
que hubiese comodidad para ello, de nuestros sucesos, prósperos° o   favorable
40   adversos.° Prometímoselo, y abrazándonos y echándonos su bendición, el   unfavorable
uno tomó el viaje de Salamanca, el otro de Sevilla,[7] y yo el de Alicante,[8]
adonde tuve nuevas que había una nave ginovesa° que cargaba° allí lana   Genoese, was loading
para Génova.[9]

[5] **Como...** *or, to say it more clearly*
[6] **Vine...** *finally complied with his wish*
[7] Seville was the major port from where ships left Spain for the New World.
[8] Alicante is a major Mediterranean port in southeastern Spain.
[9] Genoa is a major European seaport in northwestern Italy.

"Éste[10] hará veinte y dos años que salí de casa de mi padre, y en todos ellos, puesto que he escrito algunas cartas, no he sabido dél ni de mis hermanos nueva alguna. Y lo que en este discurso de tiempo he pasado lo diré brevemente. Embarquéme° en Alicante, llegué con próspero viaje a   I embarked
5   Génova, fui desde allí a Milán,[11] donde me acomodé de armas y de algunas
galas° de soldado, de donde quise ir a 'asentar mi plaza° al Piamonte,[12] y   uniforms, begin
estando ya de camino para Alejandría de la Palla,[13] tuve nuevas que el gran   serving
Duque de Alba[14] pasaba a Flandes.[15] 'Mudé propósito,° fuime con él, servíle   I changed my plan
en las jornadas° que hizo, halléme en la muerte de los Condes de Eguemón   campaigns
10   y de Hornos,[16] alcancé a ser alférez° de un famoso capitán de Guadalajara,   lieutenant
llamado Diego de Urbina.[17] Y a cabo de algún tiempo que llegué a Flandes,
se tuvo nuevas de la liga° que la Santidad del papa Pío Quinto,[18] de felice   confederation
recordación, había hecho con Venecia[19] y con España contra el enemigo
común, que es el Turco. El cual, en aquel mesmo tiempo, había ganado con
15   su armada la famosa Isla de Chipre,[20] que estaba debajo del dominio° de   control
venecianos, y pérdida lamentable y desdichada.

'Súpose cierto° que venía por general desta liga el serenísimo[21] don   it was a known fact
Juan de Austria, hermano natural de nuestro buen rey don Felipe.[22]
Divulgóse° el grandísimo aparato° de guerra que se hacía. Todo lo cual me   spread, preparations
20   incitó y conmovió° el ánimo y el deseo de verme en la jornada que se   moved
esperaba; y aunque tenía barruntos, y casi promesas ciertas, de que en la
primera ocasión que se ofreciese sería promovido° a capitán, lo quise dejar   promoted
todo y venirme, como me vine, a Italia. Y quiso mi buena suerte que el
señor don Juan de Austria acababa de llegar a Génova;[23] que pasaba a
25   Nápoles° a juntarse con la armada de Venecia, como después lo hizo en   Naples
Mecina.[24]

[10] **Este *año***

[11] Milan is a major manufacturing, commercial, and financial city 120 kms. north of Genoa.

[12] The Italian Piedmont region is west of Milan, bordering on France and Switzerland.

[13] Alessandria della Paglia was a fortress city about half way between Milan and Genoa.

[14] This was, in real life, the third Duke of Alba, Fernando Álvarez de Toledo, who did enter Brussels in 1567.

[15] **Flandes** is Flanders, roughly modern Belgium.

[16] The Duke of Alba had the rebellious dukes of Egmont and Horn beheaded in June of 1568.

[17] Diego de Urbina, in real life, went on to the battle of Lepanto (1571), in which Cervantes fought as well.

[18] Pius V (1504-1572) was a great reformer who eliminated Protestantism in Italy, excommunicated Elizabeth I, and organized the battle of Lepanto.

[19] Venice was a republic until 1797.

[20] The Turks did want to expand their empire by invading the Venetian island of Cyprus in 1570.

[21] *Most serene*, an honorific title.

[22] Don Juan de Austria (1545-1578) was indeed the bastard son of Carlos V and half brother of Felipe II.

[23] In real life, Juan de Austria did arrrive in Genoa on July 26, 1571.

[24] Troops were assembled in Messina, the Sicilian port nearest to mainland Italy, on August 24, 1571.

"Digo, en fin, que yo me hallé en aquella felicísima jornada,[25] ya hecho capitán de infantería, a cuyo honroso cargo me subió mi buena suerte más que mis merecimientos. Y aquel día, que fue para la cristiandad° tan   Christendom dichoso, porque en él se desengañó el mundo y todas las naciones del error
5 en que estaban, creyendo que los turcos eran invencibles por la mar, en aquel día, digo, donde quedó el orgullo° y soberbia otomana quebrantada,°   pride, crushed entre tantos venturosos como allí hubo—porque más ventura tuvieron los cristianos que allí murieron, que los que vivos y vencedores quedaron—, yo solo fui el desdichado; pues, en cambio de que pudiera esperar, si fuera en
10 los romanos siglos,° alguna naval corona,[26] me vi aquella noche, que siguió   times a tan famoso día, con cadenas a los pies y esposas° a las manos.   manacles

"Y fue desta suerte, que habiendo el Uchalí,[27] rey de Argel, atrevido y venturoso cosario, embestido y rendido la capitana de Malta,[28] que solos tres caballeros quedaron vivos en ella, y éstos mal heridos, acudió la capitana
15 de Juan Andrea[29] a socorrella, en la cual yo iba con mi compañía, y haciendo lo que debía en ocasión semejante, salté° en la galera contraria, la   I jumped cual, desviándose de la que la había embestido, estorbó que mis soldados me siguiesen, y así me hallé solo entre mis enemigos, a quien no pude resistir por ser tantos; en fin, me rindieron lleno de heridas. Y como ya
20 habréis, señores, oído decir que el Uchalí 'se salvó° con toda su escuadra,°   escaped, squad vine yo a quedar cautivo en su poder, y solo fui el triste entre tantos alegres, y el cautivo entre tantos libres; porque fueron quince mil cristianos los que aquel día alcanzaron la deseada libertad, que todos venían al remo° en la   oar turquesca° armada.   Turkish

25 "Lleváronme a Costantinopla,[30] donde el Gran Turco Selin[31] hizo general de la mar a mi amo, porque había hecho su deber en la batalla, habiendo llevado por muestra° de su valor el estandarte° de la religión° de   proof, flag, order Malta. Halléme el segundo año, que fue el de setenta y dos, en Navarino,[32] bogando en la capitana de los tres fanales.[33] Vi y noté la ocasión que allí se
30 perdió de no coger en el puerto toda el armada turquesca. Porque todos

[25] This *fortunate battle* was the Battle of Lepanto, October 7, 1571, where the Venetian and Spanish armadas defeated the Turks. "Lepanto" is in Greece at modern Náfpaktos, east of Patrás in the Gulf of Corinth. After four hours the Christian fleet won the battle and captured 117 enemy gallies. The victory boosted European morale greatly. Cervantes participated in this battle.

[26] The Romans awarded a Naval Crown to the first soldier who jumped across to an enemy galley.

[27] Uchalí had been an Italian renegade who converted to Islam and was viceroy of Algiers in 1570. In real life, he did take part in the battle of Lepanto.

[28] **Embestido...** *having attacked and taken the flagship of Malta.* Malta is a small island in the middle of the Mediterranean Sea.

[29] Giovanni Andrea Doria commanded the right wing of the Christian armada.

[30] Constantinople, capital of the Ottoman Empire, was the old name of Istanbul, Turkey's largest city.

[31] This is Selim II (1524-1574), son of Süleyman I, the Magnificent (1494-1566)

[32] Navarinon is a port town in southwestern Greece about 175 kms. south of "Lepanto."

[33] **Capitana de los tres fanales**—the galley with the three lanterns was the admiral's flagship.

los leventes y genízaros[34] que en ella[35] venían tuvieron por cierto que les
habían de embestir dentro del mesmo puerto,[36] y tenían 'a punto° su ropa   ready
y pasamaques, que son sus zapatos, para huirse luego por tierra sin esperar
ser combatidos: tanto era el miedo que habían cobrado a nuestra armada.
5 Pero el cielo lo ordenó de otra manera, no por culpa ni descuido del general
que a los nuestros regía, sino por los pecados de la cristiandad, y porque
quiere y permite Dios que tengamos siempre verdugos que nos castiguen.[37]

   "En efeto, el Uchalí se recogió a Modón, que es una isla que está junto
a Navarino, y echando la gente en tierra, fortificó la boca del puerto y
10 estúvose quedo hasta que el señor don Juan se volvió. En este viaje se tomó
la galera que se llamaba LA PRESA, de quien era capitán un hijo de aquel
famoso cosario Barba Roja:[38] tomóla la capitana de Nápoles, llamada LA
LOBA, regida por aquel rayo de la guerra, por el padre de los soldados, por
aquel venturoso y jamás vencido capitán don Álvaro de Bazán, marqués de
15 Santa Cruz.[39] Y no quiero dejar de decir lo que sucedió en la presa de LA
PRESA. Era tan cruel el hijo de Barba Roja, y trataba tan mal a sus cautivos,
que así como los que venían al remo vieron que la galera LOBA° les iba   She-Wolf
entrando,[40] y que los alcanzaba, soltaron todos a un tiempo los remos, y
asieron de su capitán que estaba sobre el estanterol° gritando que bogasen   captain's station
20 a priesa, y pasándole de banco° en banco, de popa a proa,[41] le dieron   bench
bocados, que a poco más que pasó del árbol° ya había pasado su ánima al   mast
infierno.° Tal era, como he dicho, la crueldad con que los trataba y el odio° hell, hatred
que ellos le tenían.

   "Volvimos a Constantinopla, y el año siguiente, que fue el de setenta
25 y tres, se supo en ella como el señor don Juan había ganado a Túnez[42] y
quitado aquel reino a los turcos, y puesto en posesión dél a Muley Hamet,
cortando las esperanzas que de volver a reinar en él tenía Muley Hamida,[43]
el moro más cruel y más valiente que tuvo el mundo. Sintió mucho esta
pérdida el Gran Turco, y usando de la sagacidad que todos los de su casa
30 tienen, hizo paz con venecianos, que mucho más que él la deseaban, y el
año siguiente de setenta y cuatro acometió a la Goleta[44] y al fuerte° que   fort

---

[34] **Leventes** were the Turkish marines; **genízaros** were the sultan's personal guards.
[35] i.e., the Turkish armada
[36] **Tuvieron...** *were sure that they were to be attacked in that harbor itself*
[37] **Verdugos...** *scourge to chastise us*
[38] In real life, the the son of Barbarossa was not the captain, but rather a certain Mahamet Bey.
[39] Álvaro de Bazán (1526-1588) had commanded 30 galleons at Lepanto.
[40] **Les...** *was closing in on them*
[41] **De...** *from poop to prow*
[42] Tunis is the capital of modern Tunisia, an African country 240 kms. west and a bit south of Sicily.
[43] Muley Hassán was king of Tunis until 1542 when his son Muley Hamida blinded and dethroned him. He more or less ruled until 1573 when his brother Muley Hamet took over (on October 14) but within a year the Turks imprisoned him.
[44] La Goleta was a fortress that protected Tunis. On July 14, 1535, Carlos V attacked La Goleta by sea with an immense force and later overtook Tunis, releasing 20,000 Christian prisoners. After that, the Spanish occupied the fortress at La Goleta, which Muley Hassán was forced to permit.

junto a Túnez había dejado 'medio levantado° el señor don Juan.   *half built*

"En todos estos trances° andaba yo al remo, sin esperanza de libertad   *battles*
alguna; a lo menos, no esperaba tenerla por rescate,° porque tenía   *ransom*
determinado de no escribir las nuevas de mi desgracia a mi padre. Perdióse,
5 en fin, la Goleta; perdióse el fuerte, sobre las cuales plazas hubo de
soldados turcos, pagados, setenta y cinco mil[45], y de moros y alárabes° de   *non-Arab Muslims*
toda la África más de cuatrocientos mil, acompañado este tan gran número
de gente con tantas municiones y pertrechos de guerra, y con tantos
gastadores,° que con las manos y a puñados de tierra pudieran cubrir la   *diggers*
10 Goleta y el fuerte.[46]

"Perdióse primero la Goleta, tenida° hasta entonces por inexpugnable,°   *thought, impregnable*
y no se perdió por culpa de sus defensores,° los cuales hicieron en su   *defenders*
defensa todo aquello que debían y podían, sino porque la experiencia
mostró la facilidad con que se podían levantar trincheas° en aquella desierta   *barricades*
15 arena,[47] porque a dos palmos se hallaba agua,[48] y los turcos no la hallaron
a dos varas,° y así con muchos sacos de arena levantaron las trincheas tan   *yards*
altas, que sobrepujaban las murallas de la fuerza, y tirándoles a caballero,   *fort*
ninguno podía parar ni asistir a la defensa.[49] Fue común opinión que no se
habían de encerrar los nuestros en la Goleta, sino esperar en campaña al
20 desembarcadero, y los que esto dicen hablan de lejos y con poca
experiencia de casos semejantes; porque si en la Goleta y en el fuerte
apenas había siete mil soldados, ¿cómo podía tan poco número, aunque más
esforzados fuesen, salir a la campaña y quedar en las fuerzas[50] contra tanto
como era el de los enemigos? Y ¿cómo es posible dejar de perderse fuerza
25 que no es socorrida,[51] y más cuando la cercan° enemigos muchos y   *surround*
porfiados° y en su mesma tierra?   *fierce*

"Pero a muchos les pareció, y así me pareció a mí, que fue particular
gracia° y merced que el cielo hizo a España en permitir que se asolase°   *favor, destroy*
aquella oficina y capa de maldades, y aquella gomia o esponja y polilla de
30 la infinidad de dineros que allí sin provecho se gastaban,[52] sin servir de otra
cosa que de conservar la memoria de haberla ganado la felicísima del
invictísimo Carlos Quinto, como si fuera menester para hacerla eterna,

---

[45] **Sobre...** *in whose fortifications there were 75,000 paid Turkish soldiers*
[46] **A puñados...** *by handfuls of dirt they could cover la Goleta and the fort*
[47] **Desierta...** *desert sand*
[48] **A dos...** *at sixteen inches they found water*
[49] **Con muchos...** *with many sandbags that raised fortifications so high that they surpassed the walls of the fort, and firing on them from above, no one could make a stand or put up a defense.* **Caballero**, already mentioned, referred to a construction from which they could fire in relative safety.
[50] **Quedar...** *hold their own*
[51] **¿Cómo es...** *how could a fort fail to be lost if no reinforcements are sent?*
[52] **Aquella oficina...** *that breeding place and hiding place of wicked things, that waster or sponge and destroyer of an infinite amount of money which was spent there without benefit*

como lo es y será, que aquellas piedras la sustentaran.[53] Perdióse también
el fuerte, pero fuéronle ganando los turcos palmo a palmo,[54] porque los que
lo defendían pelearon tan valerosa y fuertemente, que pasaron de veinte y
cinco mil enemigos los que mataron en veinte y dos asaltos generales que
5   les dieron. Ninguno cautivaron sano[55] de trecientos que quedaron vivos,
señal cierta y clara de su esfuerzo y valor y de 'lo bien° que se habían   *how well*
defendido y guardado sus plazas.

    "Rindióse 'a partido° un pequeño fuerte o torre que estaba en mitad del   *unconditionallly*
estaño,° a cargo de[56] don Juan Zanoguera,[57] caballero valenciano y famoso   *lagoon*
10   soldado. Cautivaron a don Pedro Puertorcarrero, general de la Goleta, el
cual hizo cuanto fue posible por defender su fuerza, y sintió tanto el haberla
perdido, que de pesar murió en el camino de Constantinopla, donde le
llevaban cautivo. Cautivaron ansimesmo al general del fuerte, que se
llamaba Gabrio Cerbellón, caballero milanés,° grande ingeniero° y   *from Milan, enginee*
15   valentísimo soldado. Murieron en estas dos fuerzas muchas personas de
cuenta, de las cuales fue una Pagán de Oria,[58] caballero del hábito de San
Juan,[59] de condición generoso, como lo mostró la suma° liberalidad que usó   *great*
con su hermano, el famoso Juan Andrea de Oria, y lo que más hizo
lastimosa su muerte[60] fue haber muerto a manos de unos alárabes de quien
20   se fio, viendo ya perdido el fuerte, que le ofrecieron de llevarle en hábito
de moro a Tabarca,[61] que es un portezuelo o casa° que en aquellas riberas   *station*
tienen los ginoveses que se ejercitan en la pesquería° del coral, los cuales   *collection*
alárabes le cortaron la cabeza y se la trujeron al general de la armada
turquesca, el cual cumplió con ellos nuestro refrán castellano que «aunque
25   la traición aplace,° el traidor se aborrece», y así se dice que mandó el   *pleases*
general ahorcar a los que le trujeron el presente, porque no se le habían
traído vivo.

    "Entre los cristianos que en el fuerte se perdieron, fue uno llamado don
Pedro de Aguilar, natural no sé de qué lugar del Andalucía, el cual había
30   sido alférez en el fuerte, soldado de mucha cuenta y de raro entendimiento;
especialmente tenía particular gracia° en lo que llaman poesía. Dígolo   *gift*
porque su suerte le trujo a mi galera y a mi banco y a ser esclavo de mi
mesmo patrón,° y antes que nos partiésemos de aquel puerto hizo este   *master*
caballero dos sonetos a manera de epitafios, el uno a la Goleta y el otro al

[53] **Conservar...** *preserve the happy memory of having been won by the invincible Carlos V, as if those stones were needed to make his name eternal, as it is and will always be* [I follow Starkie for the last confusing phrase]. That is, as if the fort itself were needed to preserve the memory of its capture by Carlos V.
[54] **Palmo...** *inch by inch*
[55] **Ninguno...** *they captured none unwounded*
[56] **A...** *under the command of*
[57] Juan Zanoguera and the next three people mentioned are historical.
[58] Veteran of Lepanto, page of Felipe II and brother of Giovanni Andrea Doria, to whom he left all of his estimable wealth, referred to shortly.
[59] The Order of San Juan, founded in the 11th century, is one of the Catholic military orders whose members are the knights of that order.
[60] **Lo que...** *what made his death sadder*
[61] Tabarka was a small Genoese-owned port at the time of the Battle of Lepanto, formerly Spanish. It is in modern Tunisia between the Algerian city of Bône and Tunis.

fuerte. Y en verdad que los tengo de decir, porque los sé de memoria, y creo que antes causarán gusto que pesadumbre."

En el punto que el cautivo nombró a don Pedro de Aguilar, don Fernando miró a sus camaradas, y todos tres se sonrieron, y cuando llegó a decir de los sonetos, dijo el uno: "Antes que vuestra merced pase adelante, le suplico me diga qué se hizo[62] ese don Pedro de Aguilar que ha dicho."

"Lo que sé es," respondió el cautivo, "que al cabo de dos años que estuvo en Constantinopla, se huyó en traje de arnaúte° con un griego espía,°   Albanian, spy y no sé si vino en libertad, puesto que creo que sí, porque de allí a un año vi yo al griego en Constantinopla, y no le pude preguntar el suceso de aquel viaje."

"Pues lo[63] fue," respondió el caballero, "porque ese don Pedro es mi hermano, y está ahora en nuestro lugar, bueno y rico, casado y con tres hijos."

"Gracias sean dadas a Dios," dijo el cautivo, "por tantas mercedes como le hizo, porque no hay en la tierra, conforme mi parecer, contento que se iguale a alcanzar la libertad perdida."

"Y más," replicó el caballero, "que yo sé los sonetos que mi hermano hizo."

"Dígalos, pues, vuestra merced," dijo el cautivo, "que los sabrá decir mejor que yo."

"Que me place," respondió el caballero; y el de la Goleta decía así:[64]

Capítulo XL. Donde se prosigue la historia del cautivo.

SONETO

ALMAS DICHOSAS° QUE del mortal velo   happy
Libres y esentas,° por el bien que obrastes,°   free, did
Desde la baja tierra os levantastes,
A lo más alto y lo mejor del cielo.
Y ardiendo en ira° y en honroso celo,   rage
De los cuerpos la fuerza ejercitastes,
Que en propia y sangre ajena colorastes
El mar vecino y arenoso° suelo;   sandy
Primero que el valor, faltó la vida   ·
En los cansados brazos que, muriendo,
Con ser vencidos, llevan la vitoria.
Y esta vuestra mortal, triste caída,
Entre el muro y el hierro, os va adquiriendo°   acquiring
Fama que el mundo os da, y el cielo gloria.

---

[62] **Qué...** *what became of*
[63] **Lo** refers back to **suceso**: *It was successful.* Of course in the previous sentence the word meant *outcome.*
[64] **El de...** *the one about la Goleta went like this*

"Desa mesma manera le° sé yo," dijo el cautivo.   **lo**
"Pues el del fuerte, si mal no me acuerdo," dijo el caballero, "dice así:"

SONETO

5   De entre esta tierra estéril, derribada
           Destos terrones por el suelo echados,
           Las almas santas de tres mil soldados
           Subieron vivas a mejor morada,
           Siendo primero, en vano, ejercitada
10   La fuerza de sus brazos esforzados,
           Hasta que, al fin, de pocos y cansados,
           Dieron la vida al filo de la espada.
           Y éste es el suelo que continuo ha sido
           De mil memorias lamentables lleno
15   En los pasados siglos y presentes.
           Mas no más justas de su duro seno
           Habrán al claro cielo almas subido,
           Ni aun él sostuvo cuerpos tan valientes.

No parecieron mal los sonetos, y el cautivo se alegró con las nuevas
20 que de su camarada° le dieron, y prosiguiendo su cuento, dijo: **friend**
"Rendidos, pues, la Goleta y el fuerte, los turcos dieron orden en
desmantelar la Goleta, porque el fuerte quedó tal, que no hubo qué poner
por tierra,[1] y para hacerlo con más brevedad y menos trabajo, la minaron
por tres partes, pero con ninguna se pudo volar° lo que parecía menos   **to blow up**
25 fuerte, que eran las murallas viejas; y todo aquello que había quedado en
pie de la fortificación nueva, que había hecho el Fratín,[2] con mucha
facilidad vino a tierra.[3] En resolución, la armada volvió a Constantinopla
triunfante y vencedora, y de allí a pocos meses murió mi amo, el Uchalí,[4]
al cual llamaban Uchalí Fartax, que quiere decir en lengua turquesca «el
30 renegado tiñoso»,° porque lo era, y es costumbre entre los turcos ponerse **scabby**
nombres de alguna falta que tengan, o de alguna virtud que en ellos haya.
Y esto es porque no hay entre ellos sino cuatro apellidos° de linajes,[5] que **last names**
decienden° de la casa Otomana,[6] y los demás, como tengo dicho, toman **descend**
nombre y apellido ya de las tachas del cuerpo, y ya de las virtudes del
35 ánimo. Y este Tiñoso bogó el remo, siendo esclavo del Gran Señor,[7] catorce
años, y a más de los treinta y cuatro de su edad renegó de despecho

---

[1] **El fuerte...** *the fort was in such a state that there was nothing to raze*
[2] El Fratín was an Italian architect, Giacome Paleazzo, who worked for Carlos V and Felipe II.
[3] **Con...** *came to the ground easily.*
[4] In real life, Uchalí died in June of 1587.
[5] Annotators always point out these four names: Muhammat, Mustafá, Murad, and Alí.
[6] The Ottoman Empire lasted from the fourteenth century until 1922.
[7] The **Gran Señor** was the Grand Turk, the sultan of Constantinople.

de que un turco, estando al remo, le dio un bofetón,[8] y por poderse vengar
dejó su fe, y fue tanto su valor, que, sin subir° por los torpes medios y   rising
caminos que los más privados° del Gran Turco suben,[9] vino a ser rey de   favorites
Argel, y después, a ser general de la mar, que es el tercero cargo[10] que hay en
aquel señorío. Era calabrés de nación,[11] y moralmente fue 'hombre de bien° y   worthy man
trataba con mucha humanidad a sus cautivos, que 'llegó a tener° tres mil, los   finally had
cuales, después de su muerte, 'se repartieron,° como él lo dejó en su   were divided
testamento, entre el Gran Señor (que también es hijo heredero de cuantos
mueren y 'entra a la parte° con los más° hijos que deja el difunto), y entre sus   shares, **demás**
renegados;°[12] y yo cupe° a un renegado veneciano que, siendo grumete de una   renegades, fell
nave,[13] le cautivó el Uchalí, y le quiso tanto, que fue uno de los más regalados
garzones[14] suyos, y él vino a ser el más cruel renegado que jamás se ha visto.
Llamábase Azán Agá,[15] y llegó a ser muy rico y a ser rey de Argel, con el
cual yo vine de Constantinopla algo contento por estar tan cerca de España,[16]
no porque pensase escribir a nadie el desdichado suceso mío,[17] sino por ver si
me era más favorable la suerte en Argel que en Constantinopla, donde ya
había probado mil maneras de huirme,° y ninguna tuvo sazón° ni ventura;° y   escaping, opportu-
pensaba en Argel buscar otros medios de alcanzar lo que tanto deseaba, porque   nity, luck
jamás me desamparó la esperanza de tener libertad, y cuando en lo que
fabricaba, pensaba y ponía por obra no correspondía el suceso a la intención,[18]
luego, sin abandonarme, fingía° y buscaba otra esperanza que me sustentase,   concealed my
aunque fuese débil y flaca.   intentons

"Con esto entretenía la vida, encerrado en una prisión o casa que los
turcos llaman BAÑO,[19] donde encierran los cautivos cristianos, así los que
son del rey como de algunos particulares,[20] y los que llaman DEL
ALMACÉN,[21] que es como decir CAUTIVOS DEL CONCEJO,° que sirven a la   municipality
ciudad en las obras públicas que hace y en otros oficios, y estos tales

[8] **A más...** at more *than 34 years of age he renounced his faith in resentment of a
Turk who, while rowing, gave him a punch*

[9] Gaos points out that these "obscene means" refer to sodomy.

[10] Tercer cargo *the third highest position.* The highest ones are Grand Vizier (prime
minister) and **muftí** (the highest judicial position in the empire).

[11] **Era...** *he was Calabrian by birth.* Calabria is the region that forms the toe of the
Italian boot.

[12] That is, he left part of his slaves to the Grand Turk (who was going to get some in
any case) and the rest to his renegades.

[13] **Siendo...** *when he [the Venetian] was a cabin boy on a ship*

[14] **Regalados...** *regaled youths*—refers to handsome boys used for sodomy, as Gaos
explains.

[15] Hassán Bajá was a Venetian originally named Andreta (born in 1545). Cervantes
was his slave and was pardoned three times by him for his three attempts to escape.

[16] Algiers is only 340 kms. from the Spanish coast.

[17] **No porque...** *not because I planned to write anybody about my misfortunes*

[18] **Cuando...** *when the outcome of what I devised, planned, and tried didn't
correspond to my intention*

[19] Comes from an Arabic word meaning 'building' **banayya.** It was a patio surrounded
by small rooms, where the Moors kept their prisoners. Cervantes has a play called *Los
baños de Argel.*

[20] **Así...** *those [slaves] of the king as well as those of some individuals*

[21] In this case **almacén** refers to the community, as the sentence goes on to explain.

cautivos tienen muy dificultosa su libertad; que, como son del común y no
tienen amo particular, no hay con quién tratar su rescate, aunque le tengan.[22]
En estos baños, como tengo dicho, suelen llevar a sus cautivos algunos
particulares del pueblo, principalmente cuando 'son de rescate,° porque allí   to be ransomed
5 los tienen holgados° y seguros hasta que venga su rescate. También los   at their ease
cautivos del rey que son de rescate no salen al trabajo con la demás
chusma,° si no es cuando se tarda su rescate; que entonces, por hacerles que   crowd
escriban por él con más ahinco, les hacen trabajar y ir por leña° con los   firewood
demás, que es un no pequeño trabajo.

10   "Yo, pues, era uno de los de rescate, que como se supo que era
capitán, puesto que dije mi poca posibilidad° y falta de hacienda, no   means
aprovechó nada para que no me pusiesen en el número de los caballeros y
gente de rescate. Pusiéronme una cadena, más por señal de rescate que por
guardarme con ella, y así pasaba la vida en aquel baño, con otros muchos
15 caballeros y gente principal, señalados° y tenidos° por de rescate. Y aunque   designated, held
la hambre y desnudez pudiera fatigarnos a veces, y aun casi siempre,
ninguna cosa nos fatigaba tanto como oír y ver 'a cada paso° las jamás   at every turn
vistas ni oídas crueldades que mi amo usaba con los cristianos. Cada día
ahorcaba el suyo, empalaba° a éste, desorejaba° a aquél; y esto por tan poca   impaled, cut the
20 ocasión, y tan sin ella, que los turcos conocían que lo hacía no más de por   ear off
hacerlo,[23] y por ser natural condición suya ser homicida de todo el género°   race
humano. Sólo 'libró bien° con él un soldado español llamado tal de   got along well
Saavedra,[24] el cual, con haber hecho cosas que quedarán en la memoria de
aquellas gentes por muchos años, y todas por alcanzar libertad, jamás le dio
25 palo, ni se lo mandó dar, ni le dijo mala palabra, y por la menor cosa de
muchas que hizo temíamos todos que había de ser empalado; y así lo temió
él más de una vez,[25] y si no fuera porque el tiempo no da lugar,[26] yo dijera
ahora algo de lo que este soldado hizo, que fuera parte para entreteneros y
admiraros harto mejor que con el cuento de mi historia.[27]

30   "Digo, pues, que encima del patio de nuestra prisión caían° las   overlooked
ventanas de la casa de un moro rico y principal, las cuales, como de
ordinario son las de los moros, más eran agujeros que ventanas, y aun éstas
se cubrían con celosías° muy espesas y apretadas.° Acaeció, pues, que un   lattices, dense
día, estando en un terrado° de nuestra prisión con otros tres compañeros,   patio
35 haciendo pruebas de saltar con las cadenas,[28] por entretener el tiempo,
estando solos, porque todos los demás cristianos habían salido a trabajar,

---

[22] **Estos...** *these captives get their freedom with great difficulty—since they belong to
the town and have no particular master with whom to deal for their ransom, even though
they may have it [the ransom money]*

[23] **Lo hacía...** *he did it for its own sake*

[24] This is, of course, Cervantes' own maternal last name.

[25] **Jamás le dio...** *he [Hassán Bajá] never drubbed him nor had him drubbed, nor
said a bad word to him, and for the least of the things he did we feared that he
[Saavedra] would be impaled; and he feared it himself more than once.*

[26] **El...** *time does not allow*

[27] There is an account of what Cervantes did to escape, to promote insurrection, and
to avoid getting executed himself, in Fray Diego de Haedo's *Topografía e historia de
Argel* (Valladolid, 1612), available in a modern edition.

[28] **Haciendo...** *seeing how far we could jump with our chains on*

alcé acaso los ojos, y vi que por aquellas cerradas ventanillas que he dicho
parecía una caña, y al remate° della puesto un lienzo° atado, y la caña se   end, piece of cloth
estaba blandeando° y moviéndose, casi como si hiciera señas que   waving
llegásemos a tomarla. 'Miramos en ello,° y uno de los que conmigo estaban   we watched it
fue a ponerse debajo de la caña, por ver si la soltaban, o lo que hacían;
pero así como llegó, alzaron la caña y la movieron a los dos lados, como
si dijeran NO con la cabeza. Volvióse el cristiano, y tornáronla a bajar y
hacer los mesmos movimientos que primero. Fue otro de mis compañeros,
y sucedióle lo mesmo que al primero. Finalmente, fue el tercero, y avínole
lo que al primero y al segundo.

"Viendo yo esto, no quise dejar de 'probar la suerte,° y así como llegué   to try my luck
a ponerme debajo de la caña, la dejaron caer, y dio° a mis pies dentro del   it fell
baño; acudí luego a desatar el lienzo, en el cual vi un nudo, y dentro dél
venían diez cianíis,[29] que son unas monedas de 'oro bajo° que usan los   gold alloy
moros, que cada una vale diez reales de los nuestros. Si me holgué con el
hallazgo, no hay para qué decirlo, pues fue tanto el contento como la
admiración de pensar de donde podía venirnos aquel bien,° especialmente   good fortune
a mí, pues las muestras de no haber querido soltar la caña sino a mí claro
decían que a mí se hacía la merced. Tomé mi buen dinero, quebré la caña,
volvíme al terradillo,° miré la ventana y vi que por ella salía una muy   terrace
blanca mano, que la abrían y cerraban muy apriesa. Con esto entendimos
o imaginamos que alguna mujer que en aquella casa vivía nos debía de
haber hecho aquel beneficio, y en señal de que lo agradecíamos hecimos°   hicimos
zalemas° a uso de moros, inclinando° la cabeza, doblando° el cuerpo y   salaams, bowing,
poniendo los brazos sobre el pecho. De allí a poco, sacaron por la mesma   bending
ventana una pequeña cruz hecha de cañas, y luego la volvieron a entrar.
Esta señal nos confirmó en que alguna cristiana debía de estar cautiva en
aquella casa, y era la que el bien nos hacía; pero la blancura de la mano y
las ajorcas° que en ella vimos nos deshizo este pensamiento, puesto que   bracelets
imaginamos que debía de ser cristiana renegada, a quien de ordinario suelen
tomar por legítimas mujeres sus mesmos amos, y aun lo tienen a ventura,[30]
porque las estiman en más que las de su nación.

"En todos nuestros discursos° dimos° muy lejos de la verdad del caso,   conjectures, we
y así todo nuestro entretenimiento° desde allí adelante era mirar y tener por   were; occupation
norte a la ventana donde nos había aparecido la estrella de la caña; pero
bien se pasaron quince días en que no la vimos, ni la mano tampoco, ni otra
señal alguna. Y aunque en este tiempo procuramos con toda solicitud saber
quién en aquella casa vivía, y si había en ella alguna cristiana renegada,
jamás hubo quien nos dijese otra cosa, sino que allí vivía un moro principal
y rico, llamado Agi Morato,[31] alcaide que había sido de la Pata,[32] que es
oficio entre ellos de mucha calidad. Mas cuando más descuidados
estábamos de que por allí habían de llover más cianíis, vimos a deshora

---

[29] Editors disagree on the accentuation of this name for an Algerian coin—some, as
in the case of Schevill, show no accent, others *-íis, -ís,* or *-iís.* I follow Gaos.

[30] **Aun...** *they even do it gladly*

[31] Pronounced "ah gee" in Arabic but "águi" in Spanish as later spellings of the name
show. In real life, Hajji Murad did live in Algiers in those years.

[32] Al-Batha was a fortress six miles from Oran.

parecer la caña y otro lienzo en ella con otro nudo más crecido, y esto fue
'a tiempo que° estaba el baño como la vez pasada, solo y sin gente.   when
Hecimos la acostumbrada prueba, yendo cada uno primero que yo, de los
mismos tres que estábamos, pero a ninguno se rindió° la caña sino a mí,   delivered
5   porque en llegando yo, la 'dejaron caer.° Desaté el nudo y hallé cuarenta   dropped
escudos de oro españoles, y un papel escrito en arábigo, y al cabo de lo
escrito, hecha una grande cruz. Besé la cruz, tomé los escudos, volvíme al
terrado, hecimos todos nuestras zalemas, tornó a parecer la mano, hice
señas que leería el papel, cerraron la ventana. Quedamos todos confusos y
10 alegres° con lo sucedido, y como ninguno de nosotros no entendía el   happy
arábigo, era grande el deseo que teníamos de entender lo que el papel
contenía, y mayor la dificultad de buscar quien lo leyese.

"En fin, yo me determiné de fiarme de un renegado, natural de
Murcia,[33] que se había dado por grande amigo mío,[34] y 'puesto prendas°   having made
15 entre los dos que le obligaban a guardar el secreto que le encargase,°   pledges; I would
porque suelen algunos renegados, cuando tienen intención de volverse a   entrust
tierra de cristianos, traer consigo algunas firmas° de cautivos principales,   testimonials
en que 'dan fe,° en la forma que pueden, como el tal renegado es hombre   attest
de bien y que siempre ha hecho bien a cristianos, y que lleva deseo de
20 huirse en la primera ocasión que se le ofrezca. Algunos hay que procuran
estas fees° con buena intención. Otros se sirven dellas acaso° y 'de   fes, casually
industria;° que viniendo a robar a tierra de cristianos, si a dicha se pierden   cunningly
o los cautivan, sacan sus firmas y dicen que por aquellos papeles se verá
el propósito con que venían, el cual era de quedarse en tierra de cristianos,
25 y que por eso venían en corso° con los demás turcos. Con esto se escapan   maritime raid
de aquel 'primer ímpetu,° y se reconcilian con la Iglesia, sin que se les haga   immediate conse-
daño,[35] y cuando veen la suya,[36] se vuelven a Berbería[37] a ser lo que antes   quences
eran. Otros hay que usan destos papeles, y los procuran con buen intento,
y se quedan en tierra de cristianos.

30 "Pues uno de los renegados que he dicho era este mi amigo, el cual
tenía firmas de todas nuestras camaradas, donde le acreditábamos° cuanto   vouched for
era posible, y si los moros le hallaran estos papeles, le quemaran vivo. Supe
que sabía muy bien arábigo, y no solamente hablarlo, sino escribirlo. Pero
antes que del todo me declarase con él, le dije que me leyese aquel papel,
35 que acaso me había hallado en un agujero de mi rancho.° Abrióle y estuvo   cell
un buen espacio mirándole y construyéndole,° murmurando entre los   arranging it
dientes. Preguntéle si lo entendía. Díjome que muy bien, y que si quería
que me lo declarase palabra por palabra, que le diese tinta° y pluma,°   ink, pen
porque mejor lo hiciese. Dímosle luego lo que pedía, y él, poco a poco, lo
40 fue traduciendo. Y en acabando dijo: 'Todo lo que va aquí en romance,° sin   Spanish
faltar letra, es lo que contiene este papel morisco, y hase de advertir que
adonde dice Lela Marién, quiere decir Nuestra Señora la Virgen María.'

[33] A city in southeastern Spain, a bit inland, on the Río Segura (Chap. 4, p. 42, n. 28).
[34] **Que se...** *who claimed he was my great friend*
[35] When renegades returned to Spain, they appeared before the Inquisition, and these
affidavits were useful in obtaining their release without punishment.
[36] **Cuando...** *as soon as they have the chance*
[37] Moorish terrritory along the northern African coast.

"Leímos el papel, y decía asi:

Cuando yo era niña tenía mi padre una esclava, la cual en mi lengua me mostró° la ZALÁ° cristianesca° y me dijo muchas cosas de Lela Marién. La cristiana murió, y yo sé que no fue al fuego, sino con Alá,° porque después la vi dos veces, y me dijo que me fuese a tierra de cristianos a ver a Lela Marién, que me quería mucho. No sé yo cómo vaya;[38] muchos cristianos he visto por esta ventana, y ninguno me ha parecido caballero,° sino tú. Yo soy muy hermosa y muchacha, y tengo muchos dineros que llevar conmigo. Mira tú si puedes hacer cómo nos vamos,° y serás allá mi marido, si quisieres; y si no quisieres, no se me dará nada,[39] que Lela Marién me dará con quien me case. Yo escribí esto; mira a quién lo das a leer; no te fíes de ningún moro, porque son todos marfuces.° Desto tengo mucha pena, que quisiera que no te descubrieras a nadie, porque si mi padre lo sabe, me echará luego en un pozo y me cubrirá de piedras. En la caña pondré un hilo, ata allí la respuesta; y si no tienes quien te escriba arábigo, dímelo por señas; que Lela Marién hará que te entienda. Ella y Alá te guarden, y esa cruz que yo beso muchas veces;[40] que así me lo mandó la cautiva.

taught, prayer, Christian
Allah
gentleman
vayamos
deceitful

"Mirad, señores, si era razón que las razones deste papel nos admirasen y alegrasen, y así lo uno y lo otro fue de manera que el renegado entendió que no acaso se había hallado aquel papel, sino que realmente a alguno de nosotros se había escrito; y así nos rogó que si era verdad lo que sospechaba, que nos fiásemos dél y se lo dijésemos, que él aventuraría su vida por nuestra libertad; y diciendo esto, sacó del pecho un crucifijo de metal, y con muchas lágrimas juró por el Dios que aquella imagen representaba, en quien él, aunque pecador y malo, bien y fielmente creía, de 'guardarnos lealtad° y secreto[41] en todo cuanto quisiésemos descubrirle, porque le parecía, y casi adevinaba,° que por medio de aquella que aquel papel había escrito, había él y todos nosotros de tener libertad y verse él en lo que tanto deseaba, que era reducirse al gremio de la Santa Iglesia su madre,[42] de quien como miembro podrido estaba dividido y apartado,° por su ignorancia y pecado.

to be loyal to us
guessed
separated

"Con tantas lágrimas y con muestras de tanto arrepentimiento dijo esto el renegado, que todos de un mesmo parecer consentimos y venimos en declararle la verdad del caso, y así le dimos cuenta de todo,[43] sin encubrirle nada. Mostrámosle la ventanilla por donde parecía la caña, y él marcó° desde allí la casa y quedó de tener especial y gran cuidado[44] de informarse

situated

---

[38] **No...** *I don't know how to go [there]*
[39] **No...** *it will not distress me*
[40] **Ella...** *may she [Mary] and Allah and this cross (which I kiss many times) protect you*
[41] **Secreto** also takes the previous **guardar** with it: *to keep a secret*
[42] **Reducirse...** *to restore himself to the Holy Mother Church*
[43] **Le...** *we told him everything*
[44] **Quedó...** *he took special care*

quién en ella venía.° Acordamos ansimesmo que sería bien responder al `later editions: `**`vivía`**
billete° de la mora, y como teníamos quien lo supiese hacer,[45] 'luego al `letter`
momento° el renegado escribió las razones que yo le fui notando, que `right then`
puntualmente fueron las que diré, porque de todos los puntos sustanciales
5 que en este suceso me acontecieron, ninguno se me ha ido de la memoria,
ni aun se me irá 'en tanto que° tuviere vida. En efeto, lo que a la mora se le `as long as`
respondió, fue esto:

El verdadero Alá te guarde, señora mía, y aquella bendita Marién,
que es la verdadera madre de Dios, y es la que te ha puesto en corazón
10 que te vayas a tierra de cristianos, porque te quiere bien. Ruégale tú
que 'se sirva de° darte a entender cómo podrás poner por obra lo que te `she be pleased`
manda; que ella es tan buena, que sí° hará. 'De mi parte,° y de la de `certainly, on my`
todos estos cristianos que están conmigo, te ofrezco de hacer por ti `part`
todo lo que pudiéremos, hasta morir. No dejes de escribirme y avisarme
15 lo que pensares hacer, que yo te responderé siempre; que° el grande `for`
Alá nos ha dado un cristiano cautivo que sabe hablar y escribir tu
lengua tan bien como lo verás por este papel. Así que, sin tener miedo,
nos puedes avisar de todo lo que quisieres. A lo que dices[46] que si
fueres a tierra de cristianos que has de ser mi mujer, yo te lo prometo
20 como buen cristiano, y sabe que los cristianos cumplen lo que
prometen mejor que los moros. Alá y Marién su madre sean en tu
guarda,[47] señora mía.

"Escrito y cerrado este papel, aguardé dos días a que estuviese el baño
solo, como solía, y luego salí al paso acostumbrado del terradillo, por ver
25 si la caña parecía, que no tardó mucho en asomar, así como la vi, aunque no
podía ver quien la ponía, mostré el papel como dando a entender que
pusiesen el hilo; pero ya venía puesto en la caña, al cual até el papel, y de
allí a poco tornó a parecer nuestra estrella con la blanca bandera° de paz del `flag`
atadillo;° dejáronla caer, y alcé yo, y hallé en el paño, en toda suerte de `little bundle`
30 moneda° de plata y de oro, más de cincuenta escudos, los cuales cincuenta `money`
veces más doblaron° nuestro contento y confirmaron la esperanza de tener `increased`
libertad.
"Aquella misma noche volvió nuestro renegado, y nos dijo que había
sabido° que en aquella casa vivía el mesmo moro que a nosotros nos habían `learned`
35 dicho que se llamaba Agui Morato, riquísimo 'por todo estremo,° el cual `extremely`
tenía una sola hija, heredera de toda su hacienda; y que era común opinión
en toda la ciudad ser° la más hermosa mujer de la Berbería, y que muchos `i.e., she was`
de los virreyes° que allí venían la habían pedido por mujer, y que ella nunca `viceroys`
se había querido casar; y que también supo que tuvo una cristiana cautiva,
40 que ya se había muerto. Todo lo cual concertaba con lo que venía en el
papel. Entramos luego en consejo con el renegado en qué orden° se tendría `plan`
para sacar a la mora y venirnos todos a tierra de cristianos; y en fin, se
acordó por entonces que esperásemos al aviso° segundo de Zoraida, que `communication`

[45] **Como…** *since we had someone who could do it*
[46] **A lo…** *as to what you say*
[47] **Sean…** *keep you*

así se llamaba la que ahora quiere llamarse María. Porque bien vimos que ella, y no otra alguna, era la que había de dar medio a todas aquellas dificultades. Después que quedamos en esto, dijo el renegado que no tuviésemos pena; que él perdería la vida, o nos pondría en libertad.

"Cuatro días estuvo el baño con gente, que fue ocasión que cuatro días tardase en parecer la caña; al cabo de los cuales, en la acostumbrada soledad del baño pareció con el lienzo tan preñado,° que un felicísimo parto   full prometía; inclinóse a mí la caña y el lienzo, hallé en él otro papel y cien escudos de oro, sin otra moneda alguna; estaba allí el renegado, dímosle a leer el papel dentro de nuestro rancho, el cual dijo que así decía:[48]

> Yo no sé, mi señor, cómo dar orden que nos vamos a España, ni Lela Marién me lo ha dicho, aunque yo se lo he preguntado; lo que se podrá hacer es que yo os daré por esta ventana muchísimos dineros de oro: rescataos° vos con ellos, y vuestros amigos, y vaya uno en tierra   ransom yourself de cristianos, y compre allá una barca, y vuelva por los demás, y a mí me hallarán en el jardín de mi padre, que está a la puerta de Babazón,[49] junto a la marina,° donde tengo de estar todo este verano con mi padre   seashore y con mis criados; de allí de noche me podréis sacar sin miedo y llevarme a la barca; y mira que has de ser mi marido, porque si no, yo pediré a Marién que te castigue. Si no te fías de nadie que vaya por la barca, rescátate tú y ve; que yo sé que volverás mejor que otro, pues eres caballero y cristiano. Procura saber° el jardín, y cuando te pasees   conocer por ahí sabré que está solo el baño y te daré mucho dinero. Alá te guarde, señor mío.

"Esto decía y contenía el segundo papel, lo cual visto por todos, cada uno se ofreció a querer ser el rescatado,° y prometió de ir y volver con toda   ransomed one puntualidad, y también yo me ofrecí a lo mismo; a todo lo cual se opuso el renegado, diciendo que en ninguna manera consentiría que ninguno saliese de libertad hasta que fuesen todos juntos, porque la experiencia le había mostrado cuán mal cumplían los libres las palabras que daban en el cautiverio; porque muchas veces habían usado de aquel remedio° algunos   measures principales cautivos, rescatando a uno que fuese a Valencia o Mallorca[50] con dineros para poder armar° una barca y volver por los que le habían   to equip rescatado, y nunca habían vuelto. Porque la libertad alcanzada[51] y el temor de no volver a perderla les borraba de la memoria todas las obligaciones del mundo. Y en confirmación de la verdad que nos decía, nos contó brevemente un caso que casi en aquella mesma sazón había acaecido a unos caballeros cristianos, el más estraño que jamás sucedió en aquellas partes, donde a cada paso suceden cosas de grande espanto° y de admiración.   astonishment

---

[48] **El cual...** *who said it said thus*

[49] One of the nine portals that led into Algiers

[50] Valencia is the Spanish city on the Mediterranean coast and Mallorca is the Spanish island fairly nearby, either chosen because of their proximity to Algiers.

[51] The first edition has **Porque de la libertad alcanzada...** *because liberty once achieved...* Most editions since omit the de, considering it an error. Schevill has **"Porque, de[cía], la libertad alcanzada..."**

"En efecto, él vino a decir que lo que se podía y debía hacer era que el dinero que se había de dar para rescatar al cristiano, que se le diese a él, para comprar allí en Argel, una barca, con achaque° de hacerse mercader — pretext
y tratante° en Tetuán[52] y en aquella costa,° y que siendo el señor de la — trader, coast
5 barca, fácilmente se daría traza para sacarlos del baño y embarcarlos° a — **los** = *us*
todos. Cuanto más que si la mora, como ella decía, daba dineros para rescatarlos a todos, que estando libres, era facilísima cosa aun embarcarse en la mitad del día, y que la dificultad que se ofrecía mayor[53] era que los moros no consienten que renegado alguno compre ni tenga barca, si no es
10 bajel grande para ir en corso, porque se temen que el que compra barca, principalmente si es español, no la quiere sino para irse a tierra de cristianos; pero que él facilitaría° este inconveniente con hacer que un moro — alleviate
tangerino[54] 'fuese a la parte con él° en la compañía° de la barca y en la — be his partner,
ganancia de las mercancías,° y con esta sombra° él vendría a ser señor de — purchase; cargo,
15 la barca, con que daba por acabado todo lo demás.[55] — pretext
"Y puesto que a mí y a mis camaradas nos había parecido mejor lo de enviar por la barca a Mallorca, como la mora decía, no osamos contradecirle, temerosos que si no hacíamos lo que él decía, nos había de descubrir y poner a peligro de perder las vidas, si descubriese el trato de
20 Zoraida, por cuya vida diéramos todos las nuestras, y así determinamos de ponernos en las manos de Dios y en las del renegado, y en aquel mismo punto se le respondió a Zoraida diciéndole que haríamos todo cuanto nos aconsejaba, porque lo había advertido tan bien como si Lela Marién se lo hubiera dicho, y que en ella sola estaba dilatar aquel negocio o ponello
25 luego por obra. Ofrecímele de nuevo de ser su esposo, y con esto, otro día que acaeció a estar solo el baño, en diversas veces,[56] con la caña y el paño, nos dio dos mil escudos de oro, y un papel donde decía que el primer JUMÁ, que es el viernes, se iba al jardín de su padre, y que antes que se fuese nos daría más dinero, y que si aquello no bastase, que se lo
30 avisásemos, que nos daría cuanto le pidiésemos: que su padre tenía tantos que no lo echaría menos, 'cuanto más° que ella tenía las llaves de todo. — besides
"Dimos luego quinientos escudos al renegado para comprar la barca; con ochocientos me rescaté yo, dando el dinero a un mercader valenciano que a la sazón se hallaba en Argel, el cual me rescató del rey, tomándome
35 sobre su palabra, dándola[57] de que con el primer bajel que viniese de Valencia pagaría mi rescate; porque si luego diera el dinero, fuera dar sospechas al rey que había muchos días que mi rescate estaba en Argel, y que el mercader, por sus grangerías,° lo había callado. Finalmente, mi amo — profit
era tan caviloso,° que en ninguna manera me atreví a que luego se — distrustful

---

[52] Tetuán is an important Moroccan city near the Mediterranean coast.

[53] **La dificultad que se ofrecía mayor = la mayor dificultad que se ofrecía**

[54] Thus in the original editions, *person from Tangier* (the Moroccan Mediterranean port). Most editors, including Schevill, change it to **tagarino** *Moor from the ancient kingdom of Aragón* since this Moor is referred to as **tagarino** in the next chapter.

[55] **Con...** *he considered the rest as good as done*

[56] **Otro...** *the next day the baño happened to be empty, [she gave us] at different times...*

[57] **Tomándome...** *taking me on his pledged word and giving it [his word]*

desembolsase el dinero.[58] El jueves antes del viernes que la hermosa
Zoraida se había de ir al jardín nos dio otros mil escudos y nos avisó de su
partida, rogándome que si me rescatase, supiese luego el jardín de su padre,
y que en todo caso buscase ocasión de ir allá y verla. Respondíle en breves
palabras que así lo haría, y que tuviese cuidado de encomendarnos a Lela
Marién con todas aquellas oraciones que la cautiva le había enseñado.

"Hecho esto, dieron orden en que los tres compañeros nuestros se
rescatasen, por facilitar la salida del baño, y porque viéndome a mí
rescatado, y a ellos no, pues había dinero, no 'se alborotasen° y les   get worried
persuadiese el diablo que hiciesen alguna cosa en perjuicio de Zoraida, que
puesto que el ser ellos quien eran me podía asegurar deste temor,[59] con todo
eso, no quise poner el negocio 'en aventura,° y así los hice rescatar por la   at risk
misma orden que yo me rescaté, entregando todo el dinero al mercader para
que con certeza° y seguridad pudiese hacer la fianza,° al cual nunca   certainty, security
descubrimos nuestro trato y secreto por el peligro que había."

---

[58] **En ninguna...** *in no way did I dare to have the money paid right then*
[59] **Puesto que...** *although the fact of their being who they were could relieve my fear*

Capítulo XLI. Donde todavía prosigue el cautivo su suceso.

"NO SE pasaron quince días, cuando ya nuestro renegado tenía comprada una muy buena barca, capaz de[1] más de treinta personas, y para asegurar su hecho y dalle color,[2] quiso hacer, como hizo, un viaje a
5 un lugar que se llamaba Sargel,[3] que está treinta leguas de Argel, 'hacia la parte de° Orán,[4] en el cual hay mucha contratación° de 'higos pasos.° Dos o tres veces hizo este viaje en compañía del tagarino[5] que había dicho. TAGARINOS llaman en Berbería a los moros de Aragón, y a los de Granada MUDÉJARES,[6] y en el reino de Fez[7] llaman a los mudéjares ELCHES, los
10 cuales son la gente de quien aquel rey más 'se sirve° en la guerra.

    "Digo, pues, que cada vez que pasaba con su barca 'daba fondo° en una caleta° que estaba no dos tiros de ballesta del jardín donde Zoraida esperaba, y allí, muy 'de propósito,° se ponía el renegado con los morillos que bogaban el remo, o ya a hacer la zalá, o a como por ensayarse° 'de
15 burlas° a lo que pensaba hacer 'de veras°. Y así se iba al jardín de Zoraida y le pedía fruta. Y su padre se la daba sin conocelle, y aunque él quisiera hablar a Zoraida, como él después me dijo, y decille que él era el que por orden mía le había de llevar a tierra de cristianos, que estuviese contenta y segura, nunca le fue posible, porque las moras no se dejan ver de ningún
20 moro ni turco, si no es que su marido o su padre se lo manden. De cristianos cautivos se dejan tratar y comunicar, aun más de aquello que sería razonable,° y a mí me hubiera pesado que él la hubiera hablado—que quizá la alborotara, viendo que su negocio andaba 'en boca de° renegados.

    "Pero Dios, que lo ordenaba de otra manera, no dio lugar al buen deseo
25 que nuestro renegado tenía, el cual, viendo cuán seguramente° iba y venía a Sargel, y que daba fondo cuando y como y adonde quería, y que el tagarino, su compañero, no tenía más voluntad de lo que la suya ordenaba, y que yo estaba ya rescatado, y que sólo faltaba buscar algunos cristianos que bogasen el remo, me dijo que mirase° yo cuáles° quería traer conmigo,
30 fuera de los rescatados, y que los tuviese hablados° para el primer viernes, donde° tenía determinado que fuese nuestra partida. Viendo esto, hablé a doce españoles, todos valientes hombres del remo, y de aquellos que más libremente° podían salir de la ciudad, y no fue poco hallar tantos en aquella coyuntura,° porque estaban veinte bajeles en corso y se habían llevado toda
35 la gente de remo. Y éstos no se hallaran si no fuera que su amo se quedó aquel verano sin ir en corso, a acabar una galeota[8] que tenía en astillero.°

Glosses (right margin):
- towards, trade, dried figs
- uses
- anchored
- cove
- intentionally
- rehearse
- not seriously, in earnest
- proper
- i.e., talked about by
- safely
- find, which (Christians); arranged for
- when
- easily
- circumstance
- shipyard

---

[1] **Capaz de** *contener*

[2] **Para asegurar...** *to make his deal safe and give it credence*

[3] Modern Cherchell, known as Iol in ancient times, originally a Carthaginian trading station and the capital of Mauretania (25B.C.), was an important Roman port. An active port in Cervantes' time, today it is just a small fishing town.

[4] Oran is an Algerian port, the second most important one after Algiers, directly south of Cartagena.

[5] The **tagarino** mentioned here is the one called **tangerino** in the last chapter.

[6] That is, in Barbary they call the Moors of Granada **mudéjares**.

[7] The Kingdom of Fez is now a part of northern Morocco. The city of Fez is very ancient and its university dates from 859.

[8] This was a small galley, 16-20 rowers per side.

A los cuales no les dije otra cosa sino que el primer viernes, en la tarde, se saliesen uno a uno,[9] disimuladamente,° y se fuesen 'la vuelta° del jardín de Agi Morato, y que allí me aguardasen hasta que yo fuese. A cada uno di este aviso 'de por sí,° con orden que, aunque allí viesen a otros cristianos, no les dijesen sino que yo les había mandado esperar en aquel lugar.

 "Hecha esta diligencia,° me faltaba hacer otra, que era la que más me convenía: y era la de avisar a Zoraida en el punto que estaban los negocios[10] para que estuviese apercebida° y sobre aviso, que no se sobresaltase, si de improviso la asaltásemos° antes del tiempo que ella podía imaginar que la barca de cristianos podía volver. Y así determiné de ir al jardín y ver si podría hablarla, y con ocasión de coger° algunas yerbas, un día antes de mi partida, fui allá, y la primera persona con quien encontré fue con su padre, el cual me dijo en lengua que en toda la Berbería y aun en Costantinopla se halla entre cautivos y moros, que ni es morisca, ni castellana, ni de otra nación alguna, sino una mezcla de todas las lenguas, con la cual todos nos entendemos, digo, pues, que en esta manera de lenguaje me preguntó que qué buscaba en aquel su jardín y de quién era. Respondíle que era esclavo de Arnaúte Mamí[11]—y esto porque sabía yo por muy cierto que era un grandísimo amigo suyo—, y que buscaba de todas yerbas para hacer ensalada. Preguntóme, por el consiguiente, si era hombre de rescate o no, y que cuánto pedía mi amo por mí.

 "Estando en todas estas preguntas y respuestas, salió de la casa del jardín la bella Zoraida, la cual ya había mucho[12] que me había visto, y como las moras en ninguna manera 'hacen melindre° de mostrarse a los cristianos, ni tampoco 'se esquivan,° como ya he dicho, no se le dio nada de venir adonde su padre conmigo estaba. Antes, 'luego cuando° su padre vio que venía y de espacio, la llamó y mandó que llegase. Demasiada cosa sería decir yo agora la mucha hermosura, la gentileza, el gallardo y rico adorno° con que mi querida Zoraida se mostró a mis ojos. Sólo diré que más perlas pendían de su hermosísimo cuello, orejas y cabellos, que cabellos tenía en la cabeza. En las gargantas° de los sus pies, que descubiertas° a su usanza traía, traía dos CARCAJES—que así se llamaban las manillas° o 'ajorcas de los pies° en morisco—de purísimo oro, con tantos diamantes engastados,° que ella me dijo después que su padre los estimaba en diez mil doblas,[13] y las que traía en las muñecas de las manos valían 'otro tanto.° Las perlas eran en gran cantidad y muy buenas, porque la mayor gala° y bizarría de las moras es adornarse de ricas perlas y aljófar,° y así hay más perlas y aljófar entre moros que entre todas las demás naciones, y el padre de Zoraida tenía fama de tener muchas y de las mejores que en Argel había, y de tener asimismo más de docientos mil escudos españoles, de todo lo cual era señora esta que ahora lo es mía.

furtively, towards

individually

step

prepared
seized

gathering

Costantinopla =
Istanbul

not reluctant
avoid
as soon as

attire

ankles
bare
bracelets, anklets
set

the same
elegance, seed-pearls

---

[9] **Uno...** *one by one*
[10] **En el punto...** *how things stood*
[11] In real life, Arnaúte Mamí was the Albanian pirate who captured *Cervantes* when he was returning from Naples to Spain in 1575.
[12] **Ya...** *for some time*
[13] The doubloon was worth two escudos. Gaos says this amount came to more than 70,000 **reales.**

"Si con todo este adorno podía venir entonces hermosa, o no, por las reliquias que le han quedado en tantos trabajos se podrá conjeturar cuál debía de ser en las prosperidades.[14] Porque ya se sabe que la hermosura de algunas mujeres tiene días y sazones, y requiere accidentes° para diminuirse° o acrecentarse, y es natural cosa que las 'pasiones del ánimo° la levanten o abajen, puesto que las más veces la destruyen. Digo, en fin, que entonces llegó en todo estremo aderezada y en todo estremo hermosa, o a lo menos a mí me pareció serlo la más que hasta entonces había visto,[15] y con esto, viendo las obligaciones en que me había puesto, me parecía que tenía delante de mí una 'deidad del cielo,° venida a la tierra para mi gusto y para mi remedio.

"Así como ella llegó, le dijo su padre en su lengua como yo era cautivo de su amigo Arnaúte Mamí, y que venía a buscar ensalada. Ella tomó la mano, y en aquella mezcla de lenguas que tengo dicho, me preguntó si era caballero y qué era la causa que no me rescataba. Yo le respondí que ya estaba rescatado, y que en el precio podía echar de ver en lo que mi amo me estimaba, pues había dado[16] por mí mil y quinientos zoltanís.[17] A lo cual ella respondió: 'En verdad que si tú fueras de mi padre, que yo hiciera que no te diera el por 'otros dos tantos,° porque vosotros, cristianos, siempre mentís en cuanto decís, y os hacéis pobres por engañar a los moros.' 'Bien podría ser eso, señora,' le respondí, 'mas en verdad que yo la he tratado[18] con mi amo, y la trato y la trataré con cuantas personas hay en el mundo.' 'Y ¿cuándo te vas?' dijo Zoraida. 'Mañana creo yo,' dije, 'porque está aquí un bajel de Francia que se hace mañana a la vela,[19] y pienso irme en él.' '¿No es mejor,' replicó Zoraida, 'esperar a que vengan bajeles de España y irte con ellos, que no con los de Francia, que no son vuestros amigos?' 'No,' respondí yo, 'aunque si como hay nuevas que viene ya un bajel de España es verdad,[20] todavía yo le aguardaré, puesto que es más cierto el partirme mañana, porque el deseo que tengo de verme en mi tierra y con las personas que bien quiero es tanto, que no me dejará esperar otra comodidad si se tarda, por mejor que sea.' 'Debes de ser, sin duda, casado en tu tierra,' dijo Zoraida, 'y por eso deseas ir a verte con tu mujer.' 'No soy,' respondí yo, 'casado, mas tengo dada la palabra de casarme en llegando allá.' 'Y ¿es hermosa la dama a quien se la diste?'[21] dijo Zoraida, 'Tan hermosa es,' respondí yo, 'que para encarecella y decirte la verdad, te parece a ti mucho.'

"Desto se rio muy de veras su padre, y dijo: '*Gualá*,° cristiano, que debe de ser muy hermosa si se parece a mi hija, que es la más hermosa de

---

chance causes

diminish, emotions

goddess

twice as much

my God

---

[14] **Por las reliquias…** *through the vestiges that remain after so many travails, you can imagine how she must have been in prosperity*

[15] **A mí me…** *she seemed the most [beautiful] I had seen up to then*

[16] That is, **yo había dado**, although Clemencín thinks that the original had **habiã dado** = **habían dado**.

[17] The **zolta***mí* was worth, in gold, a Spanish crown.

[18] **Yo la he tratado = yo he tratado la verdad** *I have been sincere*

[19] **Se hace…** *that sets sail tomorrow*

[20] **Si como…** *the news is true that a ship is coming from Spain*

[21] **Se la diste? La** refers to **palabra.**

todo este reino. Si no, mírala bien y verás como te digo verdad.' Servíanos
de intérprete a las más de estas palabras y razones el padre de Zoraida,
como más ladino,° que aunque ella hablaba la bastarda lengua que, como   knower of Spanish
he dicho, allí se usa, más declaraba su intención° por señas que por   meaning
5   palabras.

"Estando en estas y otras muchas razones, llegó un moro corriendo y
dijo a grandes voces que por las bardas o paredes del jardín habían saltado
cuatro turcos y andaban cogiendo la fruta, aunque no estaba madura.°   ripe
Sobresaltóse el viejo, y lo mesmo hizo Zoraida, porque es común y casi
10 natural el miedo que los moros a los turcos tienen, especialmente a los
soldados, los cuales son tan insolentes° y 'tienen tanto imperio sobre° los   contemptuous,
moros que a ellos están sujetos,²² que los tratan peor que si fuesen esclavos   so dominate
suyos. Digo, pues, que dijo su padre a Zoraida: 'Hija, retírate a la casa y
enciérrate en tanto que yo voy a hablar a estos canes,° y tú, cristiano, busca   dogs
15 tus yerbas y 'vete en buen hora,° y llévete Alá 'con bien° a tu tierra.' Yo me   go away, safely
incliné y él se fue a buscar los turcos, dejándome solo con Zoraida, que
comenzó a dar muestras de irse donde su padre la había mandado. Pero
apenas 'él se encubrió con° los árboles del jardín, cuando ella, volviéndose   he was hidden by
a mí, llenos los ojos de lágrimas, me dijo: '¿Ámexi, cristiano, ámexi?' Que
20 quiere decir: «¿Vaste, cristiano, vaste?» Yo la respondí: 'Señora, sí, pero no
en ninguna manera sin ti. El primero jumá° me aguarda, y no te sobresaltes   Friday
cuando nos veas, que sin duda alguna iremos a tierra de cristianos.'

"Yo le dije esto de manera que ella me entendió muy bien a todas las
razones que entrambos pasamos, y echándome un brazo al cuello, con
25 desmayados pasos comenzó a caminar hacia la casa, y quiso la suerte, que
pudiera ser muy mala, si el cielo no lo ordenara de otra manera, que yendo
los dos de la manera y postura que os he contado, con un brazo al cuello,
su padre, que ya volvía de 'hacer ir° a los turcos, nos vio de la suerte y   chasing away
manera que íbamos, y nosotros vimos que él nos había visto, pero Zoraida,
30 advertida° y discreta, no quiso quitar el brazo de mi cuello, antes se llegó   quick-witted
más a mí y puso su cabeza sobre mi pecho, doblando un poco las rodillas,
dando claras señales y muestras que se desmayaba, y yo ansimismo di a
entender que la sostenía contra mi voluntad. Su padre llegó corriendo
adonde estábamos, y viendo a su hija de aquella manera, le preguntó que
35 qué tenía, pero como ella no le respondiese, dijo su padre: 'Sin duda alguna
que con el sobresalto de la entrada de estos canes se ha desmayado,' y
quitándola del mío, la arrimó a su pecho, y ella, dando un suspiro y aun no
enjutos los ojos de lágrimas, volvió a decir: '¡Ámexi, cristiano, ámexi!'
«¡Vete, cristiano, vete!' A lo que su padre respondió: "No importa, hija, que
40 el cristiano se vaya, que ningún mal te ha hecho, y los turcos ya son idos.
No te sobresalte cosa alguna, pues ninguna hay que pueda darte
pesadumbre, pues, como ya te he dicho, los turcos, a mi ruego,° se   request
volvieron por donde entraron.' 'Ellos, señor, la sobresaltaron, como has
dicho,' dije yo a su padre, 'mas pues ella dice que yo me vaya, no la quiero
45 dar pesadumbre. Quédate en paz, y con tu licencia volveré, si fuere
menester, por yerbas a este jardín, que, según dice mi amo, en ninguno las

---

²² **Que a ellos...** *who are their subjects*

hay mejores para ensalada que en él.' 'Todas las[23] que quisieres podrás
volver,' respondió Agi Morato, 'que mi hija no dice esto porque tú ni
ninguno de los cristianos la enojaban,° sino que por decir que los turcos se   bothered
fuesen, dijo que tú te fueses, o porque ya era hora que buscases tus yerbas.'
5   "Con esto me despedí al punto de entrambos, y ella, arrancándosele el
alma, al parecer, se fue con su padre. Y yo, con achaque de buscar las
yerbas, rodeé muy bien y a mi placer° todo el jardín. Miré bien las entradas   ease
y salidas, y la fortaleza° de la casa, y la comodidad° que se podía ofrecer   security, opportunity
para facilitar todo nuestro negocio. Hecho esto, me vine y di cuenta de
10   cuanto había pasado al renegado y a mis compañeros. Y ya no veía la hora
de[24] verme gozar sin sobresalto del bien que en la hermosa y bella Zoraida
la suerte me ofrecía.
    "En fin, el tiempo se pasó y se llegó el día y plazo de nosotros tan
deseado, y siguiendo todos el orden y parecer que con discreta
15   consideración y largo discurso muchas veces habíamos dado, tuvimos el
buen suceso que deseábamos. Porque el viernes que se siguió al día que yo
con Zoraida hablé en el jardín, nuestro renegado,[25] al anochecer, dio fondo
con la barca casi frontero de donde la hermosísima Zoraida estaba. Ya los
cristianos que habían de bogar el remo estaban prevenidos° y escondidos   ready
20   por diversas partes de todos aquellos alrededores.° Todos estaban suspensos   surroundings
y alborozados aguardándome, deseosos ya de embestir con el bajel que a
los ojos tenían, porque ellos no sabían el concierto° del renegado, sino que   plan
pensaban que a fuerza de brazos habían de haber y ganar la libertad,
'quitando la vida° a los moros que dentro de la barca estaban.   killing
25   "Sucedió, pues, que así como yo me mostré, y mis compañeros, todos
los demás escondidos que nos vieron se vinieron llegando a nosotros. Esto
era ya a tiempo que la ciudad estaba ya cerrada, y por toda aquella campaña
ninguna persona parecía. Como estuvimos juntos, dudamos si sería mejor
ir primero por Zoraida, o rendir° primero a los moros bagarinos,° que   subdue, sailors
30   bogaban el remo en la barca. Y estando en esta duda, llegó a nosotros
nuestro renegado, diciéndonos que en qué 'nos deteníamos,° que ya era   delaying
hora, y que todos sus moros estaban descuidados,° y los más de ellos   off guard
durmiendo. Dijímosle en lo que reparábamos,[26] y él dijo que lo que más
importaba era rendir primero el bajel, que se podía hacer con grandísima
35   facilidad y sin peligro alguno, y que luego podíamos ir por Zoraida.
Pareciónos bien a todos lo que decía, y así sin detenernos más, haciendo él
la guía,[27] llegamos al bajel, y saltando él dentro primero, metió mano a un
alfanje y dijo en morisco: '¡Ninguno de vosotros se mueva de aquí, si no
quiere que le cueste la vida!' Ya a este tiempo, habían entrado dentro casi
40   todos los cristianos. Los moros, que eran de poco ánimo, viendo hablar de
aquella manera a su arráez,° quedáronse espantados, y sin ninguno de todos   captain

[23] **Todas las** *veces*
[24] **Ya no veía…** *I couldn't wait*
[25] Here the text says **Morrenago** which Schevill corrects to **nuestro renegado**, as in
line 31, below. Flores had reconstructed **nr̄o renegado**, but I wonder [with Gaos] if the
second word was also abbreviated in the manuscript: **nr̄o rreneg°**.
[26] **En lo…** *why we were hesitating*
[27] **Haciendo…** *with him as our guide*

ellos echar mano a las armas, que pocas o casi ningunas tenían, se dejaron, sin hablar alguna palabra, maniatar[28] de los cristianos, los cuales con mucha presteza lo hicieron, amenazando a los moros que si alzaban por alguna vía o manera la voz, que luego al punto los 'pasarían todos a cuchillo.°   *would be stabbed*

5   "Hecho ya esto, quedándose 'en guardia° dellos la mitad de los   *keeping guard*
nuestros, los que quedábamos, haciéndonos asimismo el renegado la guía, fuimos al jardín de Agi Morato, y quiso la buena suerte que, llegando a abrir la puerta, se abrió con tanta facilidad como si cerrada no estuviera. Y así con gran quietud° y silencio, llegamos a la casa sin ser sentidos de   *calm*
10 nadie. Estaba la bellísima Zoraida aguardándonos a una ventana, y así como sintió gente, preguntó con voz baja si éramos NIZARANI, como si dijera o preguntara si éramos cristianos. Yo le respondí que sí, y que bajase. Cuando ella me conoció, no se detuvo un punto, porque, sin responderme palabra, bajó en un instante, abrió la puerta y mostróse a todos tan hermosa y
15 ricamente vestida, que no lo acierto a encarecer. Luego que yo la vi, le tomé una mano y la comencé a besar, y el renegado hizo lo mismo, y mis dos camaradas. Y los demás, que el caso no sabían, hicieron lo que vieron que nosotros hacíamos, que no parecía sino que le dábamos las gracias y la reconocíamos por señora de nuestra libertad. El renegado le dijo en
20 lengua morisca si estaba su padre en el jardín. Ella respondió que sí, y que dormía. 'Pues será menester despertalle,' replicó el renegado, 'y llevárnosle con nosotros, y todo aquello que tiene de valor este hermoso jardín.' 'No,' dijo ella, 'a mi padre no se ha de tocar en ningún modo, y en esta casa no hay otra cosa que lo que yo llevo, que es tanto, que bien habrá para que
25 todos quedéis ricos y contentos, y esperaros[29] un poco y lo veréis.'

"Y diciendo esto, se volvió a entrar, diciendo que muy presto volvería, que nos estuviésemos quedos, sin hacer ningún ruido. Pregunté al renegado lo que con ella había pasado, el cual me lo contó, a quien yo dije que en ninguna cosa se había de hacer más de lo que Zoraida quisiese, la
30 cual ya que volvía cargada con un cofrecillo° lleno de escudos de oro,   *little trunk*
tantos, que apenas lo podía sustentar.° Quiso la mala suerte que su padre   *carry*
despertase en el ínterin° y sintiese el ruido que andaba en el jardín, y   *interim*
asomándose° a la ventana, luego conoció que todos los que en él[30] estaban   *leaning out*
eran cristianos. Y dando muchas, grandes y desaforadas voces, comenzó a
35 decir en arábigo: '¡Cristianos, cristianos! ¡Ladrones, ladrones!' Por los cuales gritos nos vimos todos puestos en grandísima y temerosa confusión.°   *chaos*
Pero el renegado, viendo el peligro en que estábamos, y lo mucho que le importaba salir con aquella empresa antes de ser sentido, con grandísima presteza, subió donde Agi Morato estaba, y juntamente° con él fueron   *together*
40 algunos de nosotros, que yo no osé desamparar a la Zoraida, que como desmayada se había dejado caer en mis brazos.

"En resolución, los que subieron se dieron tan buena maña, que en un momento bajaron con Agi Morato, trayéndole atadas las manos y puesto un pañizuelo en la boca, que no le dejaba hablar palabra, amenazándole que el
45 hablarla le había de costar la vida. Cuando su hija le vio, se cubrió los ojos

---

[28] **Se dejaron... maniatar** *they let themselves be tied up*
[29] Infinitive used as a command: *wait.*
[30] **En él** *jardín*

por no verle, y su padre quedó espantado, ignorando cuán de su voluntad se había puesto en nuestras manos. Mas entonces siendo más necesarios los pies, con diligencia y presteza nos pusimos en la barca, que ya los que en ella habían quedado nos esperaban, temerosos de algún mal suceso nuestro.

5   "Apenas serían dos horas pasadas de la noche, cuando ya estábamos todos en la barca, en la cual se le quitó al padre de Zoraida la atadura de las manos y el paño de la boca. Pero tornóle a decir el renegado que no hablase palabra, que le quitarían la vida. Él, como vio allí a su hija, comenzó a suspirar ternísimamente,° y más cuando vio que yo estrecha-   very tenderly
10 mente la tenía abrazada, y que ella sin defender, quejarse ni esquivarse, se estaba queda. Pero con todo esto, callaba, porque no pusiesen en efeto las muchas amenazas que el renegado le hacía.

    "Viéndose, pues, Zoraida ya en la barca, y que queríamos dar los remos al agua, y viendo allí a su padre y a los demás moros, que atados
15 estaban, le dijo al renegado que me dijese le hiciese merced[31] de soltar a aquellos moros y de dar libertad a su padre, porque antes se arrojaría en la mar que ver delante de sus ojos, y 'por causa suya,° llevar cautivo a un   on her account
padre que tanto la había querido. El renegado me lo dijo, y yo respondí que era muy contento. Pero él respondió que no convenía, a causa que, si allí
20 los dejaban, apellidarían luego la tierra[32] y alborotarían la ciudad, y serían causa que saliesen a buscallos[33] con algunas 'fragatas ligeras,° y les tomasen   swift frigates
la tierra y la mar, de manera que no pudiésemos escaparnos, que lo que se podría hacer era darles libertad en llegando a la primera tierra de cristianos. En este parecer venimos todos, y Zoraida, a quien se le dio cuenta, con las
25 causas que nos movían a no hacer luego lo que quería, también se satisfizo. Y luego, con regocijado silencio y alegre diligencia, cada uno de nuestros valientes remeros° tomó su remo, y comenzamos, encomendándonos a Dios   rowers
de todo corazón, a navegar la vuelta de las islas de Mallorca, que es la tierra de cristianos más cerca.

30   "Pero a causa de soplar un poco el viento tramontana,° y estar la mar   from the north
algo picada,° no fue posible seguir la derrota° de Mallorca, y fuenos   rough, course
forzoso dejarnos 'ir tierra a tierra° la vuelta de Orán, no sin mucha   follow the coast
pesadumbre nuestra, por no ser descubiertos del lugar de Sargel, que en aquella costa cae sesenta millas de Argel. Y asimismo temíamos encontrar
35 por aquel paraje° alguna galeota de las que de ordinario vienen con   place
mercancía de Tetuán, aunque cada uno por sí, y por todos juntos,[34] presumíamos° de que si se encontraba galeota de mercancía, como no fuese   supposed
de las que andan en corso, que no sólo no nos perderíamos, mas que tomaríamos bajel donde con más seguridad pudiésemos acabar nuestro viaje.
40 Iba Zoraida, en tanto que se navegaba, puesta la cabeza entre mis manos por no ver a su padre, y sentía yo que iba llamando a Lela Marién, que nos ayudase.

    "Bien habríamos navegado treinta millas, cuando nos amaneció, como tres tiros de arcabuz 'desviados de° tierra, toda la cual vimos desierta, y sin   from

---

[31] **Le dijo...** *she told the renegade to tell me to do her the favor*
[32] **Apellidarían...** *they would call out the country folk*
[33] **Buscallos—los** is used because the captive is relating what was said: *look for them.*
[34] **Cada uno...** *each one on his own and everybody all together*

nadie que nos descubriese,° pero con todo eso nos fuimos, a fuerza de — see
brazos, entrando un poco en la mar[35] que ya estaba algo más sosegada. Y
habiendo entrado casi dos leguas, diose orden que se bogase 'a cuarteles° — in shifts
en tanto que comíamos algo, que iba bien proveída la barca, puesto que los
que bogaban dijeron que no era aquel tiempo de tomar reposo° alguno: que — rest
les diesen de comer los que no bogaban, que ellos no querían soltar los
remos de las manos en manera alguna. Hízose ansí, y en esto comenzó a
soplar° un viento largo[36] que nos obligó a 'hacer luego vela° y a dejar el — blow, put up sails
remo, y 'enderezar a° Orán, por no ser posible poder hacer otro viaje. Todo — to make for
se hizo con mucha presteza, y así a la vela navegamos por más de ocho
millas por hora, sin llevar otro temor alguno, sino el de encontrar con bajel
que de corso fuese.

"Dimos de comer a los moros bagarinos y el renegado les consoló,
diciéndoles como no iban cautivos: que en la primera ocasión les darían
libertad, lo mismo se le dijo al padre de Zoraida, el cual respondió:
'Cualquiera otra cosa pudiera yo esperar y creer de vuestra liberalidad y
buen término, ¡oh, cristianos! mas el darme libertad, no me tengáis por tan
simple que lo imagine, que nunca os pusistes vosotros al peligro de
quitármela[37] para volverla° tan liberalmente, especialmente sabiendo quién — give it back
soy yo, y el interese° que se os puede seguir de dármela,[38] el cual interese — sum
si le queréis poner nombre,° desde aquí os ofrezco todo aquello que — price
quisiéredes por mí y por esa desdichada hija mía, o si no por ella sola, que
es la mayor y la mejor parte de mi alma.'

"En diciendo esto, comenzó a llorar tan amargamente, que a todos nos
movió a compasión, y forzó a Zoraida que le mirase, la cual, viéndole
llorar, así 'se enterneció,° que se levantó de mis pies y fue a abrazar a su — was moved
padre, y juntando su rostro con el suyo comenzaron los dos tan tierno
llanto, que muchos de los que allí íbamos le acompañamos en él. Pero
cuando su padre la vio 'adornada de fiesta° y con tantas joyas sobre sí, le — dressed festively
dijo en su lengua: '¿Qué es esto, hija, que ayer al anochecer antes que nos
sucediese esta terrible desgracia en que nos vemos, te vi con tus ordinarios
y 'caseros vestidos,° y agora, sin que hayas tenido tiempo de vestirte, y sin — everyday clothes
haberte dado alguna nueva alegre de solenizalle con adornarte y pulirte,[39]
te veo compuesta° con los mejores vestidos que yo supe y pude darte — dressed up
cuando nos fue la ventura más favorable? Respóndeme a esto, que me
tienes más suspenso y admirado que la misma desgracia en que me hallo.'

"Todo lo que el moro decía a su hija nos lo declaraba el renegado, y
ella no le respondía palabra. Pero cuando él vio a un lado de la barca el
cofrecillo donde ella solía tener sus joyas, el cual sabía él bien que le había
dejado en Argel y no traídole al jardín, quedó más confuso, y preguntóle
que cómo aquel cofre había venido a nuestras manos, y qué era lo que
venía dentro. A lo cual el renegado, sin aguardar que Zoraida le

[35] **Entrando...** *moving a bit out to sea*
[36] This is a wind that blows towards the side of a ship.
[37] **Quitármela. La** = **libertad.**
[38] **Se os...** *you can receive in giving it back to me*
[39] **Sin que hayas...** *without having given you some happy news to commemorate by
adorning yourself with great care.*

respondiese, le respondió: 'No te canses, señor, en preguntar a Zoraida tu
hija tantas cosas, porque con una° que yo te responda te satisfaré a todas.   una *cosa*
Y así quiero que sepas que ella es cristiana, y es la que ha sido la lima° de   file
nuestras cadenas y la libertad de nuestro cautiverio. Ella va aquí de su
5   voluntad, tan contenta, a lo que yo imagino, de verse en este estado,° como   position
el que sale de las tinieblas a la luz, de la muerte a la vida y de la pena a la
gloria.' '¿Es verdad lo que éste dice, hija?' dijo el moro. 'Así es,' respondió
Zoraida. '¿Que en efeto,' replicó el viejo, 'tú eres cristiana, y la que ha
puesto a su padre en poder de sus enemigos?' A lo cual respondió Zoraida:
10   'La que es cristiana yo soy, pero no la que te ha puesto en este punto,°   position
porque nunca mi deseo se estendió a dejarte, ni a hacerte mal, sino a
hacerme a mí bien.' 'Y ¿qué bien es el que te has hecho, hija?' 'Eso,'
respondió ella, 'pregúntaselo tú a Lela Marién, que ella te lo sabrá decir
mejor que no yo.'
15   "Apenas hubo oído esto el moro, cuando, con una increíble presteza,
se arrojó 'de cabeza° en la mar, donde sin ninguna duda se ahogara,° si el   head first, would
vestido largo y embarazoso° que traía no le entretuviera un poco sobre el   have drowned;
agua. Dio voces Zoraida que le sacasen, y así acudimos luego todos, y   encumbering
asiéndole de la almalafa, le sacamos medio ahogado y 'sin sentido,° de que   unconscious
20   recibió tanta pena Zoraida, que, como si fuera ya muerto, hacía sobre él un
tierno y doloroso llanto.° Volvímosle boca abajo,[40] volvió mucha agua,   lament
'tornó en sí° al cabo de dos horas, en las cuales, habiéndose trocado el   he came to
viento, nos convino° volver hacia tierra y hacer fuerza de remos por no   it was advisable
embestir en ella.[41] Mas quiso nuestra buena suerte que llegamos a una cala°   cape
25   que 'se hace° al lado de un pequeño promontorio o cabo,° que de los moros   lies, cove
es llamado el de la CAVA RUMÍA, que en nuestra lengua quiere decir LA
MALA MUJER CRISTIANA. Y es tradición entre los moros que en aquel lugar
está enterrada la Cava,[42] por quien se perdió España, porque CAVA en su
lengua quiere decir *mujer mala*, y RUMÍA, *cristiana*, y aun tienen por mal
30   agüero° llegar allí a dar fondo cuando la necesidad les fuerza a ello, porque   omen
nunca le dan sin ella,[43] puesto que para nosotros no fue abrigo de mala
mujer, sino puerto seguro de nuestro remedio, según andaba alterada° la   rough
mar.
       "Pusimos nuestras centinelas° en tierra, y no dejamos jamás los remos   sentries
35   de la mano. Comimos de lo que el renegado había proveído, y rogamos a
Dios y a Nuestra Señora, de todo nuestro corazón, que nos ayudase y
favoreciese, para que felicemente° diésemos fin a tan dichoso principio.   **felizmente**
Diose orden, a suplicación° de Zoraida, como echásemos en tierra a su   request
padre y a todos los demás moros que allí atados venían, porque no le

---

[40] **Volvímosle...** *we turned him face down*

[41] **Hacer...** *use the force of our oars so as not to crash against it [la tierra]*

[42] *Mala mujer* means "prostitute." According to the medieval tradition, La Cava,
daughter of Conde Julián, was perhaps raped (the act is certain, the force involved is not)
by Rodrigo, the last Visigothic king of Spain. Julián, her father, in the African town
(formerly in Morocco, and now part of Spain) of Ceuta, got his revenge by inducing the
Moors to invade the Iberian Peninsula in 711. This theme is a commonplace in Spanish
literature.

[43] **Porque...** *because they never do it [anchor their vessels] without it [need]*

bastaba el ánimo, ni lo podían sufrir sus blandas entrañas,[44] ver delante de sus ojos atado a su padre y aquellos de su tierra presos. Prometímosle de hacerlo así al tiempo de la partida, pues no corría peligro el dejallos en aquel lugar, que era despoblado. No fueron tan vanas nuestras oraciones,

5 que no fuesen oídas del cielo, que en nuestro favor luego volvió el viento, tranquilo° el mar, convidándonos a que tornásemos° alegres a proseguir   calm, become nuestro comenzado viaje.

    "Viendo esto, desatamos a los moros y uno a uno los pusimos en tierra, de lo que ellos se quedaron admirados. Pero llegando a desembarcar°   disembark

10 al padre de Zoraida, que ya estaba en todo su acuerdo,[45] dijo: '¿Por qué pensáis, cristianos, que esta mala hembra° huelga de que me deis libertad?   female ¿Pensáis que es por piedad que de mí tiene? No, por cierto, sino que lo hace por el estorbo que le dará mi presencia cuando quiera poner en ejecución sus malos deseos. Ni penséis que la ha movido a mudar religión

15 entender ella que la vuestra a la nuestra se aventaja,[46] sino el saber que en vuestra tierra se usa la deshonestidad más libremente que en la nuestra.' Y volviéndose a Zoraida, teniéndole yo y otro cristiano de entrambos brazos asido porque algún desatino no hiciese, le dijo: '¡Oh, infame moza y mal aconsejada muchacha! ¿Adónde vas, ciega y desatinada, en poder destos

20 perros, naturales enemigos nuestros? ¡Maldita sea la hora en que yo te engendré y malditos sean los regalos y deleites en que te he criado!' Pero viendo yo que llevaba término de no acabar tan presto,[47] di priesa a ponelle en tierra, y desde allí, a voces, prosiguió en sus maldiciones y lamentos, rogando a Mahoma rogase a Alá[48] que nos 'destruyese, confundiese° y   destroy, confound

25 acabase. Y cuando, por habernos 'hecho a la vela,° no podimos° oír sus   set sail, **pudimos** palabras, vimos sus obras, que eran arrancarse las barbas, mesarse° los   tearing out cabellos y arrastrarse° por el suelo, mas una vez esforzó° la voz de tal   writhing, exerted manera, que podimos entender que decía: '¡Vuelve, amada hija, vuelve a tierra, que todo te lo perdono. Entrega a esos hombres ese dinero que ya es

30 suyo, y vuelve a consolar a este triste padre tuyo que en esta desierta° arena   deserted dejará la vida, si tú le dejas!'

    "Todo lo cual escuchaba Zoraida, y todo lo sentía y lloraba, y no supo decirle ni respondelle palabra, sino: '¡Plega a Alá, padre mío, que Lela Marién, que ha sido la causa de que yo sea cristiana, ella te consuele en tu

35 tristeza! Alá sabe bien que no pude hacer otra cosa de la que he hecho, y que estos cristianos no deben nada a mi voluntad, pues aunque quisiera no venir con ellos y quedarme en mi casa, me fuera imposible, según la priesa que me daba mi alma a poner por obra esta° que a mí me parece tan buena   esta *cosa* como tú, padre amado, la juzgas por mala.' Esto dijo a tiempo que ni su

40 padre la oía, ni nosotros ya le veíamos. Y así consolando yo a Zoraida, atendimos todos a nuestro viaje, el cual nos le facilitaba el proprio° viento,   itself de tal manera que bien tuvimos por cierto de vernos otro día al amanecer

---

[44] **No le...** *her spirit was not strong enough, nor could her tender heart stand*
[45] **Ya estaba...** *now that he had all his wits about him*
[46] **Ni pensáis...** *don't think that her understanding that your religion is better than ours has moved her to change [religions]*
[47] **Llevaba...** *it looked like he was not going to finish so soon*
[48] **Rogando...** *praying to Mohammed to pray to Allah*

en las riberas de España.[49]

"Mas como pocas veces, o nunca, viene el bien puro y sencillo, sin ser acompañado o seguido de algún mal que le turbe o sobresalte, quiso nuestra ventura, o quizá las maldiciones que el moro a su hija había echado (que
5   siempre se han de temer de cualquier padre que sean), quiso, digo, que estando ya engolfados,° y siendo ya casi pasadas tres horas de la noche,   on the high sea yendo 'con la vela tendida de alto baja,° frenillados[50] los remos porque el   at full sail próspero viento nos quitaba del trabajo de haberlos menester, con la luz de la luna que claramente resplandecía,° vimos cerca de nosotros un bajel   shone
10   redondo,[51] que, con todas las velas tendidas, llevando un poco a orza el timón,[52] delante de nosotros atravesaba, y esto tan cerca, que nos fue forzoso amainar° por no embestirle, y ellos, asimesmo, 'hicieron fuerza de   take in sails timón° para darnos lugar que pasásemos.   turned hard

"Habíanse puesto 'a bordo° del bajel a preguntarnos quién éramos y   alongside
15   adónde navegábamos y de dónde veníamos, pero por preguntarnos esto en lengua francesa, dijo nuestro renegado: 'Ninguno responda, porque éstos sin duda son cosarios franceses que 'hacen a toda ropa.'° Por este   rob everything advertimiento° ninguno respondió palabra, y habiendo pasado un poco   warning delante, que ya el bajel quedaba 'a sotavento,° de improviso soltaron° dos   downwind, they fired
20   piezas° de artillería, y a lo que parecía, ambas venían con cadenas,[53] porque   pieces con una cortaron nuestro árbol° por medio y dieron con él y con la vela en   mast la mar, y al momento disparando otra pieza, vino a dar la bala[54] en mitad de nuestra barca, de modo que la abrió toda sin hacer otro mal alguno. Pero como nosotros nos vimos 'ir a fondo,° comenzamos todos a grandes voces   sinking
25   a pedir socorro° y a rogar a los del bajel que 'nos acogiesen,° porque nos   help, take us in anegábamos. Amainaron entonces, y echando el esquife° o barca a la mar,   skiff entraron en él hasta doce franceses, bien armados, con sus arcabuces y cuerdas encendidas.[55] Y así llegaron junto al nuestro, y viendo cuán pocos éramos, y como el bajel 'se hundía,° nos recogieron, diciendo que por haber   was sinking
30   usado de la descortesía° de no respondelles nos había sucedido aquello.   rudeness

"Nuestro renegado tomó el cofre de las riquezas de Zoraida, y dio con él en la mar, sin que ninguno echase de ver en lo que hacía. En resolución, todos pasamos con los franceses, los cuales, después de haberse informado de todo aquello que de nosotros saber quisieron, como si fueran nuestros
35   capitales° enemigos, nos despojaron de todo cuanto teníamos, y a Zoraida   principal le quitaron hasta los carcajes que traía en los pies. Pero no me daba a mí tanta pesadumbre la que a Zoraida daban, como me la daba el temor que

---

[49] It would be about 240 kms. from the African coast to the nearest Spanish shore. At eight knots an hour they would be able to make it in a single day.

[50] **Frenillado** means that the oars are in position, but with the handles tied down so that the blades are above the surface of the water.

[51] A **bajel redondo** had square sails, not triangular shaped ones.

[52] **Llevando...** *adjusting the rudder to put the prow a bit into the wind*

[53] The cannons were loaded with "chain shot"—two half cannonballs connected by a chain. When fired, they separate and the chain does the damage. It was used precisely for destroying riggings on ships.

[54] The text originally read **vela**, seemingly an obvoius error for **vala** (= **bala**) *cannonball*.

[55] **Cuerdas encendidas** *lighted wicks*, i.e. with which to fire the muskets

tenía de que habían de pasar del quitar de las riquísimas y preciosísimas joyas al quitar de la joya que más valía y ella más estimaba.[56] Pero los deseos de aquella gente no se estienden a más que al dinero, y desto jamás se vee harta su codicia,° lo cual entonces llegó a tanto, que aun hasta los   *greed*
5 vestidos de cautivos nos quitaran si de algún provecho les fueran. Y hubo parecer entre ellos de que a todos nos arrojasen a la mar envueltos en una vela, porque tenían intención de tratar° en algunos puertos de España con   *to trade* nombre de que eran bretones,[57] y si nos llevaban vivos serían castigados, siendo descubierto su hurto.

10   "Mas el capitán, que era el que había despojado a mi querida Zoraida, dijo que él se contentaba con la presa° que tenía, y que no quería tocar en   *prize* ningún puerto de España, sino pasar el estrecho° de Gibraltar de noche, o   *straits* como pudiese, y irse a la Rochela,[58] de donde había salido. Y así tomaron por acuerdo de darnos el esquife de su navío y todo lo necesario para la
15 corta navegación que nos quedaba, como lo hicieron otro día, ya a vista de tierra de España, con la cual vista todas nuestras pesadumbres y pobrezas se nos olvidaron de todo punto, como si no hubieran pasado por nosotros:[59] tanto es el gusto de alcanzar la libertad perdida.

    "Cerca de medio día podría ser cuando nos echaron en la barca,
20 dándonos dos barriles° de agua y algún bizcocho, y el capitán, movido no   *kegs* sé de qué misericordia, al embarcarse la hermosísima Zoraida, le dio hasta cuarenta escudos de oro, y no consintió que le quitasen sus soldados estos mesmos vestidos que ahora tiene puestos. Entramos en el bajel, dímosles las gracias por el bien que nos hacían, mostrándonos más agradecidos que
25 quejosos.° Ellos se hicieron a lo largo[60] siguiendo la derrota del estrecho.   *angry* Nosotros, sin mirar a otro norte que a la tierra que se nos mostraba delante, nos dimos tanta priesa a bogar, que al poner del sol estábamos tan cerca, que bien pudiéramos, a nuestro parecer, llegar antes que fuera muy noche. Pero por no parecer en aquella noche la luna y el cielo mostrarse escuro,[61]
30 y por ignorar el paraje en que estábamos, no nos pareció cosa segura embestir° en tierra, como a muchos de nosotros les parecía, diciendo que   *i.e., to land* diésemos en ella, aunque fuese en unas peñas y lejos de poblado, porque así aseguraríamos° el temor que de razón se debía tener que por allí anduviesen   *would calm* bajeles de cosarios de Tetuán, los cuales anochecen en Berbería y amanecen
35 en las costas de España,[62] y hacen de ordinario presa,[63] y se vuelven a dormir a sus casas. Pero de los contrarios pareceres el que se tomó fue que nos llegásemos poco a poco y que si el sosiego del mar lo concediese,

---

[56] **Pero no me...** *but the distress that they caused her didn't affect me as much as the fear I had that they would go from taking her most rich and precious jewels to taking the jewel that was most valuable to her and the one that she esteemed the most.*

[57] **Bretones** are the French who live in Brittany in northwestern France.

[58] La Rochelle is a port city in southwestern France, an independent republic at that time (until 1628), and a hangout for pirates.

[59] **Como si no...** *as if we had never had them [pesadumbres and pobrezas]*

[60] **Se hicieron...** *they went out to sea*

[61] **Pero...** *but since there was no moon that night and the sky was dark*

[62] **Anochecen...** *leave Barbary at nightfall and arrive at the coast of Spain at daybreak*

[63] That is, **de ordinario hacen presa**

desembarcásemos donde pudiésemos.

"Hízose así, y poco antes de la media noche sería cuando llegamos al pie de una disformísima° y alta montaña, no tan junto° al mar que no concediese un poco de espacio para poder desembarcar cómodamente.   *very deformed, close*
5 Embestimos en la arena, salimos a tierra, besamos el suelo, y con lágrimas de muy alegrísimo contento dimos todos gracias a Dios, Señor Nuestro, por el bien tan incomparable que nos había hecho. Sacamos de la barca los bastimentos que tenía, tirámosla en tierra, y subímonos un grandísimo trecho en la montaña, porque aun allí estábamos y aun no podíamos
10 asegurar el pecho, ni acabábamos de creer que era tierra de cristianos la que ya nos sostenía.[64] Amaneció más tarde, a mi parecer, de lo que quisiéramos. Acabamos de subir toda la montaña por ver si desde allí algún poblado 'se descubría,° o algunas cabañas° de pastores, pero aunque más tendimos la   *was seen, huts* vista, ni poblado, ni persona, ni senda, ni camino descubrimos.
15   "Con todo esto determinamos de entrarnos la tierra adentro, pues no podría ser menos sino que presto descubriésemos quien nos diese noticia della. Pero lo que a mí más me fatigaba era el ver ir a pie a Zoraida por aquellas asperezas, que, puesto que alguna vez la puse sobre mis hombros, mas le cansaba° a ella mi cansancio que la reposaba su reposo, y así nunca   *bothered*
20 más quiso que yo aquel trabajo tomase. Y con mucha paciencia y muestras de alegría, llevándola yo siempre de la mano, poco menos de un cuarto de legua debíamos de haber andado, cuando llegó a nuestros oídos el son de una pequeña esquila,° señal clara que por allí cerca había ganado, y   *cowbell* mirando todos con atención si alguno se parecía, vimos al pie de un
25 alcornoque un pastor mozo, que con grande reposo y descuido estaba labrando° un palo con un cuchillo. Dimos voces, y él, alzando la cabeza, se   *whittling* puso ligeramente en pie, y a lo que después supimos, los primeros que a la vista se le ofrecieron fueron el renegado y Zoraida, y como él los vio en hábito de moros, pensó que todos los de la Berbería estaban sobre él, y
30 metiéndose con estraña ligereza por el bosque adelante, comenzó a dar los mayores gritos del mundo, diciendo: '¡Moros, moros hay en la tierra! ¡Moros, moros! ¡Arma, arma!'

"Con estas voces quedamos todos confusos, y no sabíamos qué hacernos, pero considerando que las voces del pastor habían de alborotar la
35 tierra, y que la caballería de la costa[65] había de venir luego a ver lo que era, acordamos que el renegado se desnudase° las ropas de turco y se vistiese   *take off* un gilecuelco° o casaca° de cautivo que uno de nosotros le dio luego,   *jacket, coat* aunque se quedó en camisa. Y así encomendándonos a Dios, fuimos por el mismo camino que vimos que el pastor llevaba, esperando siempre cuándo
40 había de dar sobre nosotros la caballería de la costa. Y no nos engañó nuestro pensamiento, porque aun no habrían pasado dos horas, cuando, habiendo ya salido de aquellas malezas a un llano, descubrimos hasta cincuenta caballeros que con gran ligereza, 'corriendo a media rienda,° a   *cantering* nosotros se venían, y así como los vimos nos estuvimos quedos
45 aguardándolos. Pero como ellos llegaron y vieron, en lugar de los moros

[64] **Aun no...** *we couldn't assure our hearts nor did we finally believe that it was Christian ground on which we were standing*
[65] This was a coastal militia to deal with attacks by Turks.

que buscaban, tanto pobre cristiano, quedaron confusos, y uno dellos nos
preguntó si éramos nosotros acaso la ocasión porque un pastor había
apellidado al arma. 'Sí,' dije yo, y queriendo comenzar a decirle mi suceso,
y de dónde veníamos, y quién éramos, uno de los cristianos que con
5   nosotros venían conoció al jinete° que nos había hecho la pregunta, y dijo   horseman
sin dejarme a mí decir más palabra: 'Gracias sean dadas a Dios, señores,
que a tan buena parte nos ha conducido, porque si yo no me engaño, la
tierra que pisamos es la de Vélez Malaga,[66] si ya los años de mi cautiverio
no me han quitado de la memoria el acordarme que vos, señor, que nos
10   preguntáis quién somos, sois Pedro de Bustamante, tío mío.'
     "Apenas hubo dicho esto el cristiano cautivo, cuando el jinete se arrojó
del caballo y vino a abrazar al mozo, diciéndole: 'Sobrino de mi alma y de
mi vida. Ya te conozco, y ya te he llorado por muerto yo, y mi hermana tu
madre, y todos los tuyos, que aún viven, y Dios ha sido servido de darles
15   vida para que gocen el placer de verte. Ya sabíamos que estabas en Argel,
y por las señales y muestras de tus vestidos y la de todos los desta
compañía, comprendo que habéis tenido milagrosa libertad.' 'Así es,'
respondió el mozo, 'y tiempo nos quedará para contároslo todo.' Luego que
los jinetes entendieron que éramos cristianos cautivos, se apearon de sus
20   caballos, y cada uno nos convidaba con el suyo[67] para llevarnos a la ciudad
de Vélez Málaga, que legua y media de allí estaba. Algunos dellos
volvieron a llevar la barca a la ciudad, diciéndoles dónde la habíamos
dejado. Otros nos subieron a las ancas,[68] y Zoraida fue en las del caballo
del tío del cristiano.
25   "Salliónos a recebir todo el pueblo, que ya de alguno que 'se había
adelantado° sabían la nueva de nuestra venida. No se admiraban de ver   had gone ahead
cautivos libres, ni moros cautivos, porque toda la gente de aquella costa está
hecha° a ver a los unos y a los otros, pero admirábanse de la hermosura de   accustomed
Zoraida, la cual en aquel instante y sazón estaba 'en su punto,° ansí con el   at its greatest
30   cansancio del camino como con la alegría de verse ya en tierra de
cristianos, sin sobresalto de perderse, y esto le había sacado al rostro tales
colores, que si no es que la afición entonces me engañaba, osaré decir que
más hermosa criatura no había en el mundo, a lo menos, que yo la hubiese
visto.
35   "Fuimos derechos° a la iglesia a dar gracias a Dios por la merced   directly
recebida, y así como en ella entró Zoraida, dijo que allí había rostros que se
parecían a los de Lela Marién. Dijímosle que eran imágenes suyas, y como
mejor se pudo, le dió el renegado a entender lo que significaban, para que
ella las adorase como si verdaderamente fueran cada una dellas la misma
40   Lela Marién que la había hablado. Ella, que tiene buen entendimiento y un
natural° fácil y claro, entendió luego cuanto acerca de las imágenes se le   instinct
dijo. Desde allí nos llevaron y repartieron° a todos en diferentes casas del   distributed
pueblo, pero al renegado, Zoraida y a mí nos llevó el cristiano que vino con
nosotros, y en casa de sus padres, que medianamente° eran acomodados de   moderately

[66] A small city (now with 25,000 inhabitants) slightly inland and about 30 kms. east
of Málaga.
[67] That is, they invited the captives to ride their horses.
[68] **Otros nos...** *others lifted us to the cruppers*

los bienes de fortuna, y nos regalaron con tanto amor como a su mismo hijo.

"Seis días estuvimos en Vélez, al cabo de los cuales el renegado, hecha su información de cuanto le convenía,[69] se fue a la ciudad de Granada a reducirse por medio de la Santa Inquisición al gremio santísimo de la Iglesia. Los demás cristianos libertados se fueron cada uno donde mejor le pareció. Solos quedamos Zoraida y yo con solos los escudos que la cortesía del francés le dio a Zoraida, de los cuales compré este animal en que ella viene, y sirviéndola yo hasta agora de padre y escudero, y no de esposo, vamos con intención de ver si mi padre es vivo, o si alguno de mis hermanos ha tenido más próspera ventura que la mía, puesto que por haberme hecho el cielo compañero de Zoraida, me parece que ninguna otra suerte me pudiera venir, por buena que fuera, que más la estimara. La paciencia con que Zoraida lleva las incomodidades que la pobreza trae consigo y el deseo que muestra tener de verse ya cristiana es tanto y tal, que me admira y me mueve a servirla todo el tiempo de mi vida, puesto que el gusto que tengo de verme suyo y de que ella sea mía me le turba y deshace no saber si hallaré en mi tierra algún rincón donde recogella, y si habrán hecho el tiempo y la muerte tal mudanza en la hacienda y vida de mi padre y hermanos, que apenas halle quien me conozca, si ellos faltan.

"No tengo más, señores, que deciros de mi historia, la cual si es agradable y peregrina, júzguenlo vuestros buenos entendimientos, que de mí sé decir que quisiera habérosla contado más brevemente, puesto que el temor de enfadaros más de cuatro circustancias° me ha quitado de la lengua."   *incidents*

Capítulo XLII. Que trata de lo que más sucedió en la venta y de otras muchas cosas dignas de saberse.

CALLÓ EN diciendo esto el cautivo, a quien don Fernando dijo: "'Por cierto,° señor capitán, el modo con que habéis contado este estraño suceso ha sido tal que iguala a la novedad° y estrañeza del mesmo caso. Todo es peregrino y raro y lleno de accidentes° que maravillan° y suspenden° a quien los oye. Y es de tal manera el gusto que hemos recebido en escuchalle que, aunque nos hallara el día de mañana entretenidos° en el mesmo cuento, holgáramos que de nuevo se comenzara."   *indeed*

novelty

incidents, astonish

amaze

occupied

Y en diciendo esto, Cardenio[1] y todos los demás se le ofrecieron con todo lo a ellos posible para servirle,[2] con palabras y razones tan amorosas° y tan verdaderas,° que el capitán se tuvo por bien satisfecho de sus voluntades.° Especialmente le ofreció don Fernando que si quería volverse con él, que él haría que el marqués,° su hermano, fuese padrino° del   *affectionate*

sincere

good will

marquis, godfather

---

[69] **Hecha...** *having learned what he was supposed to do*

[1] The first edition reads **don Antonio**, who is not one of the characters mentioned before, or after, in the inn. Most editors, including Schevill-Bonilla, change this to **Cardenio** since his name at least ends the same way. Gaos, along with Fitzmaurice-Kelly, opts for **don Fernando**. Cervantes *may* have written **don Antonio**, of course.

[2] **Se le...** *offered to serve them in whatever ways they could*

bautismo° de Zoraida, y que él, por su parte, le acomodaría de manera que   baptism
pudiese entrar en su tierra con el autoridad° y cómodo° que a su persona   credit, dignity
se debía. Todo lo agradeció cortesísimamente° el cautivo, pero no quiso   very courteously
acetar ninguno de sus liberales ofrecimientos.

5   En esto llegaba ya la noche, y al cerrar della, llegó a la venta un coche,
con algunos hombres de a caballo. Pidieron posada, a quien la ventera
respondió que no había en toda la venta un palmo desocupado.°   unoccupied
   "Pues aunque eso sea," dijo uno de los de a caballo que habían
entrado, "no ha de faltar para el señor oidor° que aquí viene."   judge

10   A este nombre se turbó la güéspeda,° y dijo: inkeeper's wife
   "Señor, lo que en ello hay es que no tengo camas. Si es que su merced
del señor oidor la trae, que sí debe de traer, entre en buen hora; que yo y
mi marido nos saldremos de nuestro aposento por acomodar a su merced."
   "'Sea en buen hora,°'" dijo el escudero.   that's fine

15   Pero a este tiempo ya había salido del coche un hombre que, en el traje
mostró luego el oficio y cargo que tenía, porque la ropa luenga, con las
mangas arrocadas,° que vestía, 'mostraron ser° oidor, como su criado había   turned-up, showed
dicho. Traía de la mano a una doncella, al parecer de hasta diez y seis años,   he was
vestida de camino, tan bizarra,° tan hermosa y tan gallarda,° que a todos   elegant, charming

20   puso en admiración su vista, de suerte que a no haber visto a Dorotea y a
Luscinda y Zoraida, que en la venta estaban, creyeran que otra tal
hermosura como la desta doncella difícilmente pudiera hallarse. Hallóse°   was present
don Quijote al entrar del oidor y de la doncella, y así como le vio, dijo:
   "Seguramente puede vuestra merced entrar y espaciarse° en este   relax

25   castillo, que aunque es estrecho y mal acomodado, no hay estrecheza ni
incomodidad° en el mundo que no dé lugar a las armas y a las letras, y más   lack of comfort
si las armas y letras traen por guía y adalid° a la fermosura, como la traen   leader
las letras de vuestra merced en esta fermosa doncella, a quien deben no sólo
abrirse y manifestarse° los castillos, sino apartarse los riscos, y devidirse y   make themselves

30   abajarse las montañas, para dalle acogida.³ Entre vuestra merced, digo, en   known
este paraíso:° que aquí hallará estrellas y soles que acompañen el cielo que   paradise
vuestra merced trae consigo: aquí hallará las armas en su punto y la
hermosura en su estremo."
   Admirado quedó el oidor del razonamiento de don Quijote, a quien se

35   puso a mirar muy de propósito. Y no menos le admiraba su talle que sus
palabras, y sin hallar ningunas con que respondelle, se tornó a admirar de
nuevo cuando vio delante de sí a Luscinda, Dorotea y a Zoraida, que, a las
nuevas de los nuevos güéspedes y a las que la ventera les había dado de la
hermosura de la doncella, habían venido a verla y a recebirla.⁴ Pero don

40   Fernando, Cardenio y el cura le hicieron 'más llanos° y más cortesanos   plainer
ofrecimientos. En efecto, el señor oidor entró confuso, así de lo que veía
como de lo que escuchaba, y las hermosas de la venta dieron la
bienllegada° a la hermosa doncella.   welcome
   En resolución, bien echó de ver el oidor que era gente principal toda

45   la que allí estaba. Pero el talle, visaje° y la apostura de don Quijote le   facial expression

---

³ **Sino...** *but also cliffs ought to split and mountains bow down to welcome her*
⁴ **A las nuevas...** *with the news about the new guests and what the innkeeper's wife*
had told them about the beauty of the young woman, they had come to see and greet her

desatinaba.° Y habiendo pasado entre todos corteses ofrecimientos y bewildered
tanteado° la comodidad de la venta, se ordenó lo que antes estaba ordenado: examined
que todas las mujeres se entrasen en el camaranchón ya referido, y que los
hombres se quedasen fuera, como en su guarda. Y así fue contento el oidor
5 que su hija, que era la doncella, se fuese con aquellas señoras, lo que ella
hizo de muy buena gana. Y con parte de la estrecha cama del ventero, y con
la mitad de la que el oidor traía, se acomodaron aquella noche mejor de lo
que pensaban.

El cautivo, que desde el punto que vio al oidor, le dio saltos el corazón[5]
10 y barruntos de que aquél era su hermano, preguntó a uno de los criados que
con él venían 'que cómo° se llamaba y si sabía de qué tierra era. El criado **cómo**
le respondió que se llamaba el licenciado Juan Pérez de Viedma, y que
'había oído decir° que era de un lugar de las montañas de León. Con esta he had heard
relación, y con lo que él había visto, se acabó de confirmar de que aquél era
15 su hermano, que había seguido las letras por consejo de su padre. Y
alborotado y contento, llamando aparte a don Fernando, a Cardenio y al
cura, les contó lo que pasaba, certificándoles° que aquel oidor era su assuring
hermano. Habíale dicho también el criado como iba proveído° por oidor a appointed
las Indias, en la Audiencia de México. Supo también como aquella doncella
20 era su hija, de cuyo parto había muerto su madre, y que él había quedado
muy rico con el dote que con la hija se le quedó en casa. Pidióles consejo
qué modo tendría para descubrirse, o para conocer° primero si, después de learn
descubierto, su hermano, por verle pobre, 'se afrentaba,° o le recebía con would be ashamed
buenas entrañas.
25 "Déjeseme a mí el hacer esa experiencia," dijo el cura, "cuanto más que
no hay pensar sino que[6] vos, señor capitán, seréis muy bien recebido,
porque el valor y prudencia que en su buen parecer descubre vuestro
hermano[7] no da indicios de ser arrogante, ni desconocido,° ni que no ha de unfeeling
saber poner los casos de la fortuna 'en su punto.°" in perspective
30 "Con todo eso," dijo el capitán, "yo querría, no de improviso, sino 'por
rodeos,° dármele a conocer." in a roundabout way
"Ya os digo," respondió el cura, "que 'yo lo trazaré° de modo que todos I will detail it
quedemos satisfechos."

Ya, en esto, estaba aderezada la cena, y todos se sentaron a la mesa,
35 eceto el cautivo y las señoras, que cenaron de por sí en su aposento. En la
mitad de la cena, dijo el cura:
"Del mesmo nombre de vuestra merced, señor oidor, tuve yo una
camarada en Costantinopla, donde estuve cautivo algunos años. La cual
camarada era uno de los valientes soldados y capitanes que había en toda la
40 infantería española. Pero tanto cuanto tenía de esforzado y valeroso tenía de
desdichado."
"Y ¿cómo se llamaba ese capitán, señor mío?" preguntó el oidor.
"Llamábase," respondió el cura, "Ruy Pérez de Viedma, y era natural
de un lugar de las montañas de León. El cual me contó un caso° que a su incident
45 padre con sus hermanos le había sucedido, que, a no contármelo un hombre

---

[5] **Le dio...** *his heart skipped beats*
[6] **No hay...** *there's no reason to think other than that*
[7] **El valor...** *the worth and wisdom which is seen in your brother's good appearance*

tan verdadero como él, lo tuviera por conseja,° de aquellas que las viejas   old wives' tale
cuentan el invierno al fuego. Porque me dijo que su padre había dividido
su hacienda entre tres hijos que tenía, y les había dado ciertos consejos,
mejores que los de Catón. Y sé yo decir que el que él escogió de venir a
5 la guerra le había sucedido tan bien, que en pocos años, por su valor y
esfuerzo, sin otro brazo que el de su mucha virtud, subió a ser capitán de
infantería, y a verse en camino y predicamento° de ser presto 'maestre de   prestige
campo.° Pero fuele la fortuna contraria, pues donde la pudiera esperar y   regiment commander
tener buena, allí la perdió con perder la libertad, en la felicísima jornada
10 donde tantos la° cobraron, que fue en la batalla de Lepanto. Yo la perdí en   i.e., **libertad**
la Goleta, y después, por diferentes sucesos, nos hallamos camaradas en
Costantinopla. Desde allí vino a Argel, donde sé que le sucedió uno de los
más estraños casos que en el mundo han sucedido."
De aquí fue prosiguiendo el cura, y con brevedad sucinta° contó lo que   concise
15 con Zoraida a su hermano había sucedido. A todo lo cual estaba tan atento
el oidor, que ninguna vez había sido tan oidor° como entonces. Sólo llegó   i.e., listener
el cura al punto de cuando los franceses despojaron a los cristianos que en
la barca venían, y la pobreza y necesidad en que su camarada y la hermosa
mora habían quedado, de los cuales no había sabido en qué habían parado,[8]
20 ni si habían llegado a España, o llevádolos los franceses a Francia.[9] Todo
lo que el cura decía estaba escuchando algo de allí desviado° el capitán, y   to one side
notaba todos los movimientos que su hermano hacía. El cual, viendo que
ya el cura había llegado al fin de su cuento, dando un grande suspiro y
llenándosele los ojos de agua,° dijo: i.e., tears
25 "¡Oh, señor, si supiésedes las nuevas que me habéis contado, y cómo
me tocan tan en parte,[10] que me es forzoso dar muestras dello con estas
lágrimas que, contra toda mi discreción y recato,° me salen por los ojos!   reserve
Ese capitán tan valeroso que decís es mi mayor hermano, el cual, como más
fuerte y de más altos pensamientos que yo ni otro hermano menor mío,
30 escogió el honroso y digno ejercicio de la guerra, que fue uno de los tres
caminos que nuestro padre nos propuso, según os dijo vuestra camarada en
la conseja que, a vuestro parecer, le oístes.[11] Yo seguí el de las letras, en
las cuales Dios y mi diligencia me han puesto en el grado que me veis. Mi
menor hermano está en el Pirú,[12] tan rico, que con lo que ha enviado a mi
35 padre y a mí ha satisfecho bien la parte que él se llevó, y aun dado a las
manos de mi padre con que poder hartar su liberalidad natural.[13] Y yo,
ansimesmo, he podido con más decencia y autoridad tratarme° en mis   take care of myself
estudios y llegar al puesto° en que me veo. Vive aún mi padre, muriendo   position
con el deseo de 'saber de° su hijo mayor, y pide a Dios con continuas   to learn about
40 oraciones no cierre la muerte sus ojos hasta que él vea con vida a los° de   i.e., **los ojos**
su hijo. Del cual me maravillo, siendo tan discreto, como en tantos trabajos

---

[8] **En qué...** *what had happened to them*
[9] **Llevádolos...** *[if] the French [had] taken them to France*
[10] **Cómo me...** *how deeply it touches me*
[11] **La conseja...** *the old wives' tale—in your opinion—that you heard from him*
[12] **Perú,** of course, but at that time **Pirú** was a common variant.
[13] **Y aun...** *and [has] even given into my father's hands enough to satisfy his natural generosity*

y afliciones o prósperos sucesos se haya descuidado de dar noticia de sí a
su padre, que si él lo supiera, o alguno de nosotros, no tuviera necesidad de
aguardar al milagro de la caña para alcanzar su rescate. Pero de lo que yo
agora me temo es de pensar si aquellos franceses le habrán dado libertad,
5 o le habrán muerto por encubrir su hurto. Esto todo será que yo prosiga mi
viaje, no con aquel contento con que le comencé, sino con toda melancolía
y tristeza. ¡Oh, buen hermano mío, y quién° supiera agora donde estabas,   "if I"
que yo te fuera a buscar y a librar de tus trabajos, aunque fuera a costa de
los míos! ¡Oh, quién llevara nuevas a nuestro viejo padre de que tenías
10 vida, aunque estuvieras en las mazmorras° más escondidas de Berbería, que   dungeons
de allí te sacaran sus riquezas, las de mi hermano y las mías! ¡Oh, Zoraida
hermosa y liberal, quién pudiera pagar° el bien que a un hermano hiciste,   repay
quién pudiera hallarse 'al renacer de tu alma,° y a las bodas, que tanto gusto   i.e., at your baptism
a todos nos dieran!"
15   Éstas y otras semejantes palabras decía el oidor, lleno de tanta
compasión con las nuevas que de su hermano le habían dado, que todos los
que le oían le acompañaban en dar muestras del sentimiento que tenían de
su lástima.° Viendo, pues, el cura, que tan bien había salido con su   lamentation
intención, y con lo que deseaba el capitán, no quiso tenerlos a todos más
20 tiempo tristes, y así se levantó de la mesa, y entrando donde estaba Zoraida,
la tomó por la mano, y tras ella se vinieron Luscinda, Dorotea y la hija del
oidor. Estaba esperando el capitán a ver lo que el cura quería hacer, que fue
que, tomándole a él asimesmo de la otra mano, con entrambos a dos, se fue
donde el oidor y los demás caballeros estaban, y dijo:
25   "Cesen, señor oidor, vuestras lágrimas, y cólmese vuestro deseo de
todo el bien que acertare a desearse,[14] pues tenéis delante a vuestro buen
hermano, y a vuestra buena cuñada. Este que aquí veis es el capitán
Viedma, y ésta la hermosa mora que tanto bien le hizo. Los franceses que
os dije los pusieron en la estrecheza que veis, para que vos mostréis la
30 liberalidad de vuestro buen pecho."[15]
     Acudió el capitán a abrazar a su hermano, y él le puso ambas manos
en los pechos, por mirarle 'algo más apartado.° Mas cuando le acabó de   at some distance
conocer, le abrazó tan estrechamente, derramando tan tiernas lágrimas de
contento, que los más de los que presentes estaban le hubieron de
35 acompañar en ellas. Las palabras que entrambos hermanos se dijeron, los
sentimientos que mostraron, apenas creo que pueden pensarse, cuanto más
escribirse.[16] Allí, en breves razones, se dieron cuenta de sus sucesos; allí
mostraron, puesta en su punto, la buena amistad de dos hermanos; allí
abrazó el oidor a Zoraida; allí la ofreció su hacienda; allí hizo que la
40 abrazase su hija; allí la cristiana hermosa y la mora hermosísima 'renovaron
las lágrimas de todos.°   made everybody cry   again
     Allí don Quijote estaba atento sin hablar palabra, considerando estos
tan estraños sucesos, atribuyéndolos todos a quimeras de la andante

---

[14] **Cólmese...** *may your desire for all the goodness that you could possibly want be
fulfilled*
[15] **Los franceses...** *The French I mentioned put them in the state of poverty that you
see so that you might show the liberality of your kind heart.*
[16] **Apenas...** *I believe can hardly be imagined much less written down*

caballería. Allí concertaron que el capitán y Zoraida se volviesen con su
hermano a Sevilla, y avisasen° a su padre de su hallazgo y libertad, para
que, como° pudiese, viniese a hallarse en las bodas y bautismo de Zoraida,
por no le ser al oidor posible dejar el camino que llevaba, a causa de tener
nuevas que de allí a un mes 'partía flota° de Sevilla a la Nueva España,[17] y
fuérale de grande incomodidad perder el viaje.

send news
if
the fleet would leave

En resolución, todos quedaron contentos y alegres del buen suceso del
cautivo, y como ya la noche iba casi en las dos partes de su jornada,[18]
acordaron de recogerse° y reposar lo que de ella les quedaba. Don Quijote
se ofreció a hacer la guardia del castillo, porque° de algún gigante o otro
mal andante follón no fuesen acometidos, codiciosos del gran tesoro de
hermosura que en aquel castillo 'se encerraba.° Agradeciéronselo los que le
conocían, y dieron al oidor cuenta del humor estraño de don Quijote, de que
no poco gusto recibió.

to retire
para que
was enclosed

Sólo Sancho Panza se desesperaba con la tardanza del recogimiento,°
y sólo él 'se acomodó° mejor que todos, echándose sobre los aparejos de su
jumento, que le costaron tan caros,° como adelante se dirá.

"going to bed"
accommodated
himself; dearly

Recogidas, pues las damas en su estancia,° y los demás acomodádose
como menos mal pudieron, don Quijote se salió fuera de la venta a hacer la
centinela del castillo, como lo había prometido. Sucedió, pues, que faltando
poco por venir el alba, llegó a los oídos de las damas una voz tan entonada°
y tan buena, que les obligó a que todas le prestasen atento oído,
especialmente Dorotea, que despierta estaba, a cuyo lado dormía doña Clara
de Viedma, que ansí se llamaba la hija del oidor. Nadie podía imaginar
quién era la persona que tan bien cantaba, y era una voz sola, sin que la
acompañase instrumento alguno. Unas veces les parecía que cantaban en el
patio, otras que en la caballeriza. Y estando en esta confusión muy atentas,
llegó a la puerta del aposento Cardenio, y dijo:

room
in tune

"Quien no duerme, escuche; que oirán una voz de un mozo de mulas,
que de tal manera canta, que encanta."

"Ya lo oímos, señor," respondió Dorotea.

Y con esto se fue Cardenio, y Dorotea, poniendo toda la atención
posible, entendió que lo que se cantaba era esto:

> Marinero° soy de amor,[19]
> y en su piélago profundo
> navego sin esperanza
> de llegar a puerto alguno.
> Siguiendo voy a una estrella
> que desde lejos descubro,
> más bella y resplandeciente
> que cuantas vio Palinuro.[20]

sailor

---

[17] New Spain was the vice-royalty of Mexico.

[18] **La noche...** *two thirds of the night were over*

[19] Although this poem looks like it is in stanzas of four lines, it is really a **romance,**
with even-numbered lines rhyming in *u – o.*

[20] Palinurus was the helmsman of Æneas' boat in the *Æneid.*

Yo no sé adónde me guía,
y así navego confuso,
el alma a mirarla atenta,
cuidadosa y con descúido.[21]
5   Recatos impertinentes,
honestidad contra el uso,
son nubes que me la encubren
cuando más verla procuro.
¡Oh, clara y luciente estrella,
10   en cuya lumbre 'me apuro!°   I hurry
al punto que te me encubras,
será de mi muerte el punto.

Llegando el que cantaba a este punto, le pareció a Dorotea que no sería
bien que dejase Clara de oír una tan buena voz, y así moviéndola a una y
15 a otra parte, la despertó, diciéndole:
"Perdóname, niña, que te despierto, pues lo hago porque gustes de oír
la mejor voz que quizá habrás oído en toda tu vida."
Clara despertó toda soñolienta,° y de la primera vez no entendió lo   drowsy
que Dorotea le decía, y volviéndoselo a preguntar ella, se lo volvió a decir,
20 por lo cual estuvo atenta Clara. Pero apenas hubo oído dos versos, que el
que cantaba iba prosiguiendo, cuando le tomó un temblor° tan estraño,   trembling
como si de algún grave accidente de cuartana° estuviera enferma, y   intermittent fever
abrazándose estrechamente con Dorotea, le dijo:
"¡Ay, señora de mi alma y de mi vida! ¿Para qué me despertastes? Que
25 el mayor bien que la fortuna me podía hacer por ahora era tenerme cerrados
los ojos y los oídos, para no ver ni oír a ese desdichado músico."
"¿Qué es lo que dices, niña? Mira que dicen que el que canta es un
mozo de mulas."
"No es sino señor de lugares," respondió Clara, "y el° que le tiene en   el *lugar*
30 mi alma, con tanta seguridad, que si él no quiere dejalle, no le será quitado
eternamente."
Admirada quedó Dorotea de las sentidas° razones de la muchacha,   heartfelt
pareciéndole que se aventajaban en mucho a la discreción que sus pocos
años prometían. Y así le dijo:
35   "Habláis de modo, señora Clara, que no puedo entenderos. Declaraos
más, y decidme qué es lo que decís de alma y de lugares y deste músico,
cuya voz tan inquieta° os tiene. Pero no me digáis nada por ahora, que no   anxious
quiero perder, por acudir a vuestro sobresalto,° el gusto que recibo de oír distress
al que canta: que me parece que con nuevos versos y nuevo tono° torna a   song
40 su canto.°"   singing
"Sea en buen hora," respondió Clara.
Y por no oílle, 'se tapó° con las manos entrambos oídos, de lo que   she covered
también se admiró Dorotea, la cual, estando atenta a lo que se cantaba, vio
que proseguían en esta manera:

---

[21] I put an accent mark on the *u* to make the *u – o* rhyme come out right.

Dulce esperanza mía,[22]
    que, rompiendo imposibles y malezas,
sigues firme la vía
    que tú mesma te finges y aderezas,
no te desmaye el verte
    a cada paso junto al de tu muerte.
No alcanzan perezosos
    honrados triunfos, ni vitoria alguna,
ni pueden ser dichosos
    los que, no contrastando° a la fortuna,   *resisting*
entregan, desválidos°   *destitute*
    al ocio blando todos los sentidos.
Que amor sus glorias venda
    caras, es gran razón y es trato justo;
pues no hay más rica prenda
    que la que se quilata por su gusto,
y es cosa manifiesta
    que no es de estima lo que poco cuesta.
Amorosas porfías
    tal vez alcanzan imposibles cosas,
y ansí, aunque con las mías
    sigo de amor las más dificultosas,
no por eso recelo
    de no alcanzar desde la tierra el cielo.

    Aquí dio fin la voz, y principio a nuevos sollozos Clara. Todo lo cual encendía el deseo de Dorotea, que deseaba saber la causa de tan suave canto y de tan triste lloro. Y así le volvió a preguntar qué era lo que le quería decir denantes. Entonces Clara, temerosa de que Luscinda no la oyese, abrazando estrechamente a Dorotea, puso su boca tan junto del oído de Dorotea, que seguramente podía hablar sin ser de otro sentida. Y así le dijo:

    "Este que canta, señora mía, es un hijo de un caballero, natural del reino de Aragón, señor de dos lugares, el cual vivía frontero de la casa de mi padre, en la corte.° Y aunque mi padre tenía las ventanas de su casa con   *capital* lienzos° en el invierno y celosías en el verano, yo no sé lo que fue, ni lo que   *curtains* no,[23] que este caballero, que 'andaba al estudio,° me vio, ni sé si en la   *was a student* iglesia o en otra parte. Finalmente, él se enamoró de mí, y me lo dio a entender desde las ventanas de su casa, con tantas señas y con tantas lágrimas, que yo le hube de creer, y aun querer, sin saber lo que 'me quería.° Entre las señas que me hacía, era una de juntarse la una mano con   *wanted of me* la otra, dándome a entender que se casaría conmigo, y aunque yo me holgaría mucho de que ansí fuera, como° sola y sin madre, no sabía con   *since I was* quién comunicallo, y así lo dejé estar, sin dalle otro favor, si no era, cuando

---

[22] This poetic form, with alternating lines of 7 and 11 syllables, is known as the *sexteto* or *lira*.
[23] **Yo no sé...** *I do not know how*

estaba mi padre fuera de casa y el suyo también, alzar un poco el lienzo, o la celosía, y dejarme ver toda, de lo que él hacía tanta fiesta,[24] que daba señales de volverse loco.

"Llegóse en esto el tiempo de la partida de mi padre, la cual él supo, y no de mí, pues nunca pude decírselo. 'Cayó malo,° a lo que yo entiendo, de pesadumbre, y así el día que nos partimos nunca pude verle para despedirme dél, siquiera° con los ojos. Pero a cabo de dos días que caminábamos, 'al entrar° de una posada° en un lugar una jornada de aquí, le vi a la puerta del mesón, puesto en hábito de mozo de mulas, tan al natural,[25] que si yo no le trujera tan retratado° en mi alma, fuera imposible conocelle. Conocíle, admiréme y alegréme. Él me miró 'a hurto de° mi padre, de quien él siempre se esconde cuando atraviesa por delante de mí en los caminos y en las posadas do llegamos. Y como yo sé quién es, y considero que por amor de mí viene a pie y con tanto trabajo, muérome de pesadumbre, y adonde él pone los pies, pongo yo los ojos. No sé con qué intención viene, ni cómo ha podido escaparse de su padre, que le quiere estraordinariamente, porque no tiene otro heredero y porque él lo merece, como lo verá vuestra merced cuando le vea. Y más le sé decir, que todo aquello que canta lo saca de su cabeza, que he oído decir que es muy gran estudiante y poeta. Y hay más: que cada vez que le veo o le oigo cantar, tiemblo toda y 'me sobresalto,° temerosa de que mi padre le conozca y venga en conocimiento de nuestros deseos. En mi vida[26] le he hablado palabra,° y con todo eso le quiero de manera que no he de poder vivir sin él. Esto es, señora mía, todo lo que os puedo decir deste músico, cuya voz tanto os ha contentado, que en sola ella echaréis bien de ver que no es mozo de mulas, como decís, sino señor de almas y lugares, como yo os he dicho."

"No digáis más, señora doña Clara," dijo a esta sazón Dorotea, y esto, besándola mil veces. "No digáis más, digo, y esperad que venga el nuevo día, que yo espero en Dios de encaminar de manera vuestros negocios, que tengan el felice fin[27] que tan honestos principios merecen."

"¡Ay, señora!" dijo doña Clara, "¿qué fin se puede esperar,° si su padre es tan principal y tan rico que le parecerá que aun yo no puedo ser criada de su hijo, cuanto más esposa? Pues casarme yo a hurto de mi padre, no lo haré por cuanto hay en el mundo. No querría sino que este mozo se volviese y me dejase. Quizá con no velle y con la gran distancia del camino que llevamos se me aliviaría la pena que ahora llevo, aunque sé decir que este remedio que me imagino me ha de aprovechar bien poco.[28] No sé qué diablos ha sido esto,[29] ni por dónde se ha entrado este amor que le tengo, siendo yo tan muchacha y él tan muchacho, que en verdad que creo que somos de una edad mesma, y que yo no tengo cumplidos diez y seis años,

Marginal glosses:
he got sick
even
a la entrada, inn
etched
undetected by
I jump inside of me
one single word
expect

---

[24] **De lo...** *which so pleased him*
[25] **Tan...** *so well disguised*
[26] **En mi vida,** that is, ***never in my life.***
[27] That is, **de manera que vuestros negocios tengan el felice fin...**
[28] **Me ha...** *will be of little help to me*
[29] **No sé...** *I don't know how the devil this has happened*

que para el día de San Miguel[30] que vendrá dice mi padre que los cumplo."
No pudo dejar de reírse Dorotea oyendo cuán como niña hablaba doña
Clara, a quien dijo:
"Reposemos, señora, lo poco que creo queda de la noche, y «amane-
cerá Dios y medraremos»,[31] o mal me andarán las manos."[32]
Sosegáronse con esto, y en toda la venta se guardaba un grande
silencio. Solamente no dormían la hija de la ventera y Maritornes, su criada.
Las cuales como ya sabían 'el humor de que pecaba° don Quijote, y que   the mental dispositon
estaba fuera de la venta, armado y a caballo, haciendo la guarda,   of
determinaron las dos de hacelle alguna burla, o, a lo menos, de pasar un
poco el tiempo oyéndole sus disparates.
Es, pues, el caso, que en toda la venta no había ventana que saliese al
campo, sino un agujero° de un pajar, por donde echaban la paja por de   hole
fuera. A este agujero se pusieron las dos semidoncellas, y vieron que don
Quijote estaba a caballo, recostado° sobre su lanzón, dando de cuando en   leaning
cuando tan dolientes y profundos suspiros, que parecía que con cada uno
se le arrancaba el alma. Y asimesmo, oyeron que decía con voz blanda,
regalada° y amorosa: delicate
";Oh, mi señora Dulcinea del Toboso, estremo de toda hermosura, fin
y remate de la discreción, archivo del mejor donaire, depósito de la
honestidad, y últimamente,° idea de todo lo provechoso, honesto y   finally
deleitable° que hay en el mundo! Y ¿qué fará agora la tu merced? ¿Si   delightful
tendrás, por ventura, las mientes en[33] tu cautivo caballero, que a tantos
peligros por sólo servirte de su voluntad ha querido ponerse?[34] Dame tú
nuevas della, ¡oh, 'luminaria de las tres caras!° quizá con envidia de la°   moon, la *cara*
suya la estás ahora mirando, que, o paseándose por alguna galería de sus
suntuosos° palacios, o ya 'puesta de pechos° sobre algún balcón, está   sumptuous, leaning
considerando cómo, salva° su honestidad y grandeza, ha de amansar° la   with no detriment to,
tormenta que por ella este mi cuitado° corazón padece, qué gloria ha de dar   tame; afflicted
a mis penas, qué sosiego a mi cuidado,° y finalmente, qué vida a mi muerte   worry
y qué premio° a mis servicios. Y tú, sol, que ya debes de estar apriesa   reward
ensillando tus caballos por madrugar y salir a ver a mi señora, así como la
veas, suplícote que de mi parte la saludes. Pero guárdate que al verla y
saludarla no le des paz en el rostro,[35] que tendré más celos de ti que tú los
tuviste de aquella ligera ingrata que tanto te hizo sudar y correr por los
llanos de Tesalia, o por las riberas de Peneo,[36] que no me acuerdo bien por
dónde corriste entonces, celoso y enamorado."
A este punto llegaba entonces don Quijote en su tan lastimero°   doleful

---

[30] This is the 29th of September.
[31] Proverb: "Tomorrow is another day."
[32] See Chapter 15, p. 106, n. 12.
[33] **Tendrás,...** *will you be thinking, perhaps, about*
[34] **Que a tantos...** *who of his free will has wanted to expose himself to these perils
just to serve you?*
[35] **Pero...** *but be careful when you see and greet her not to kiss her on the face*
[36] Refers to Daphne, a nymph of the plains of Thessaly, daughter of the river god
Peneius. Don Quijote is making up Apollo's jealousy, and that's why he can't remember
what happens next.

razonamiento, cuando la hija de la ventera le comenzó a cecear,° y a   beckon to him
decirle:

"Señor mío, lléguese acá la vuestra merced, si es servido."

A cuyas señas y voz volvió don Quijote la cabeza, y vio a la luz de la
5 luna, que entonces estaba en toda su claridad, como le llamaban del agujero
que a él le pareció ventana, y aun con rejas doradas, como conviene que las
tengan tan ricos castillos como él se imaginaba que era aquella venta. Y
luego en el instante se le representó en su loca imaginación que otra vez,
como la pasada, la doncella fermosa, hija de la señora de aquel castillo,
10 vencida de su amor, tornaba a solicitarle, y con este pensamiento, por no
mostrarse descortés y desagradecido, volvió las riendas a Rocinante y se
llegó al agujero, y así como vio a las dos mozas, dijo:

"Lástima os tengo, fermosa señora, de que hayades° puesto vuestras   hayáis
amorosas mientes en parte donde no es posible corresponderos conforme°   as
15 merece vuestro gran valor y gentileza, de lo que no debéis dar culpa a este
miserable andante caballero, a quien tiene amor imposibilitado de poder
entregar su voluntad a otra que aquella que en el punto que sus ojos la
vieron,[37] la hizo señora absoluta de su alma. Perdonadme, buena señora, y
recogeos en vuestro aposento, y no queráis con significarme más vuestros
20 deseos que yo me muestre más desagradecido,[38] y si del amor que me tenéis
halláis en mí otra cosa con que satisfaceros que el mismo amor no sea,
pedídmela,[39] que yo os juro por aquella ausente enemiga dulce mía, de
dárosla encontinente,° si bien me pidiésedes una guedeja de los cabellos de   immediately
Medusa,[40] que eran todos culebras, o ya los mesmos rayos del sol,
25 encerrados en una redoma."

"No ha menester nada deso mi señora, señor caballero," dijo a este
punto Maritornes.

"Pues ¿qué ha menester, discreta dueña, vuestra señora?" respondió don
Quijote.

30 "Sola una de vuestras hermosas manos," dijo Maritornes, "por poder
deshogar° con ella el gran deseo que a este agujero la ha traído, tan a   give vent to
peligro de su honor, que si su señor padre la hubiera sentido, la menor
tajada della fuera la oreja."[41]

"Ya quisiera yo ver eso," respondió don Quijote, "pero él se guardará
35 bien deso, si ya no quiere hacer el más desastrado° fin que padre hizo en   disastrous
el mundo, por haber puesto las manos en los delicados miembros de su
enamorada hija."

Parecióle a Maritornes que sin duda don Quijote daría la mano que la
habían pedido, y proponiendo en su pensamiento lo que había de hacer, se
40 bajó del agujero y se fue a la caballeriza, donde tomó el cabestro del

---

[37] **En el punto...** *as soon as his eyes saw her*

[38] **No queráis...** *don't reveal more of your desires to me so that I won't show myself more ungrateful*

[39] **Si del amor...** *if you find in your love for me anything I can do for you, other than returning your love, just ask me for it*

[40] Medusa, after her affair with Poseidon, had her hair turned to snakes. Anyone who looked at her head was turned to stone.

[41] **La menor...** *the least slice from her would be her ear*

jumento de Sancho Panza, y con mucha presteza se volvió a su agujero, a
tiempo que don Quijote se había puesto de pies sobre la silla de Rocinante,
por alcanzar a la ventana enrejada° donde se imaginaba estar la ferida   grated
doncella, y al darle la mano, dijo:
5   "Tomad, señora, esa mano, o por mejor decir, ese verdugo de los
malhechores° del mundo. Tomad esa mano, digo, a quien no ha tocado   evildoers
otra° de mujer alguna, ni aun la de aquella que tiene entera posesión de   otra *mano*
todo mi cuerpo. No os la doy para que la beséis, sino para que miréis la
contestura° de sus nervios,° la trabazón° de sus músculos, la anchura° y   structure, tendons,
10 espaciosidad° de sus venas,° de donde sacaréis que tal debe de ser la fuerza   connections, breadth;
del brazo que tal mano tiene."   capacity, veins
"Ahora lo veremos," dijo Maritornes.
Y haciendo una 'lazada corrediza° al cabestro, se la echó a la muñeca,   slip knot
y bajándose del agujero, ató lo que quedaba al cerrojo° de la puerta del   door latch
15 pajar muy fuertemente. Don Quijote, que sintió la aspereza° del cordel° en   roughness, cord
su muñeca, dijo:
"Más parece que vuestra merced me ralla° que no que me regala° la   is scraping, caressing
mano. No la tratéis tan mal, pues ella° no tiene la culpa del mal que mi   i.e., my hand
voluntad os hace, ni es bien que en tan poca parte venguéis el todo de
20 vuestro enojo.[42] Mirad que quien quiere bien no se venga tan mal."
Pero todas estas razones de don Quijote ya no las escuchaba nadie,
porque así como Maritornes le ató, ella y la otra se fueron, muertas de risa,
y le dejaron asido de manera que fue imposible soltarse. Estaba, pues, como
se ha dicho, de pies sobre Rocinante, metido todo el brazo por el agujero,
25 y atado de la muñeca y al cerrojo de la puerta, con grandísimo temor y
cuidado que si Rocinante 'se desviaba a un cabo o a otro,° había de quedar   moved a little bit
colgado del brazo. Y así no osaba hacer movimiento alguno, puesto que de
la paciencia y quietud de Rocinante bien se podía esperar que estaría sin
moverse un siglo entero.
30 En resolución, viéndose don Quijote atado, y que ya las damas se
habían ido, se dio a imaginar que todo aquello se hacía por vía de
encantamento, como la vez pasada, cuando en aquel mesmo castillo le
molió aquel moro encantado del harriero, y maldecía entre sí su poca
discreción y discurso, pues habiendo salido tan mal la vez primera de aquel
35 castillo, se había aventurado a entrar en él la segunda, siendo advertimiento
de caballeros andantes que, cuando han probado una aventura y no salido
bien con ella, es señal que no está para ellos guardada, sino para otros, y
así no tienen necesidad de probarla segunda vez. Con todo esto, tiraba de
su brazo por ver si podía soltarse, mas él estaba tan bien asido, que todas
40 sus pruebas fueron en vano. Bien es verdad que tiraba 'con tiento,°   delicately
porque
Rocinante no se moviese, y aunque él quisiera sentarse y ponerse en la silla,
no podía sino estar en pie, o arrancarse° la mano.   pull off
Allí fue el desear de la espada de Amadís,[43] contra quien° no tenía   which
fuerza encantamento alguno; allí fue el maldecir de su fortuna; allí fue el
45 exagerar° la falta que haría en el mundo su presencia el tiempo que allí   exaggeration
estuviese encantado, que sin duda alguna se había creído que lo estaba; allí

---

[42] **Ni es...** *it is not good for you to take out all your vengeance on such a small part*
[43] **Allí fue...** *then is when he wanted Amadís' sword*

el acordarse° de nuevo de su querida Dulcinea del Toboso; allí fue el llamar   remembering
a su buen escudero Sancho Panza, que, sepultado en sueño, y tendido sobre
el albarda° de su jumento, no se acordaba en aquel instante de la madre que   packsaddle
lo había parido; allí llamó a los sabios Lirgandeo y Alquife,[44] que le
5   ayudasen; allí invocó a su buena amiga Urganda, que le socorriese, y
finalmente, allí le tomó la mañana, tan desesperado y confuso, que
bramaba° como un toro, porque no esperaba él que con el día se remediaría   was bellowing
su cuita, porque la tenía por eterna, teniéndose por encantado. Y hacíale
creer esto ver que Rocinante poco ni mucho se movía, y creía que de
10 aquella suerte, sin comer, ni beber, ni dormir, habían de estar él y su
caballo hasta que aquel mal influjo° de las estrellas se pasase, o hasta que   influence
otro más sabio encantador le desencantase.

Pero engañóse mucho en su creencia,° porque apenas comenzó a   belief
amanecer, cuando llegaron a la venta cuatro hombres de a caballo, muy
15 bien 'puestos y aderezados,° con sus escopetas sobre los arzones. Llamaron°   equipped, knocked
a la puerta de la venta, que aun estaba cerrada, con grandes golpes, lo cual
visto por don Quijote desde donde aun no dejaba de hacer la centinela, con
voz arrogante y alta, dijo:

"Caballeros, o escuderos, o quienquiera que seáis, 'no tenéis para qué°   you have no reason
20 llamar a las puertas deste castillo, que 'asaz de claro° está que a tales horas,   it's clear enough
o los que están dentro duermen, o no tienen por costumbre de abrirse las
fortalezas hasta que el sol esté tendido por todo el suelo. Desviaos afuera,
y esperad 'que aclare el día,° y entonces veremos si será justo o no que os   for day to break
abran."

25 "¿Qué diablos de fortaleza o castillo es éste," dijo uno, "para
obligarnos a guardar estas ceremonias? Si sois el ventero, mandad que nos
abran. Que somos caminantes que no queremos más de dar cebada a
nuestras cabalgaduras y pasar adelante, porque vamos de priesa."

"¿Paréceos, caballeros, que tengo yo talle de ventero?" respondió don
30 Quijote.

"No sé de qué tenéis talle," respondió el otro, "pero sé que decís
disparates en llamar castillo a esta venta."

"Castillo es," replicó don Quijote, "y aun de los mejores de toda esta
provincia, y gente tiene dentro que ha tenido cetro en la mano y corona en
35 la cabeza."

"Mejor fuera al revés," dijo el caminante: "el cetro en la cabeza y la
corona en la mano,[45] y será, 'si a mano viene,° que debe de estar dentro   perhaps
alguna compañía de representantes, de los cuales es tener a menudo esas
coronas y cetros que decís, porque en una venta tan pequeña, y adonde se
40 guarda tanto silencio como ésta, no creo yo que se alojan personas dignas
de corona y cetro."

"Sabéis poco del mundo," replicó don Quijote, "pues ignoráis los casos
que suelen acontecer en la caballería andante."

Cansábanse los compañeros que con el preguntante° venían, del   the question asker

---

[44] Lirgandeo is the chronicler, parallel with Cide Hamete, in the *Caballero del Febo*.
Alquife was a magician in *Amadís de Gaula*.

[45] Starkie points out that in Cervantes' time, criminals were branded with a crown on
their hand.

coloquio que con don Quijote pasaba, y así tornaron a llamar con grande
furia, y fue de modo que el ventero despertó, y aun todos cuantos en la
venta estaban, y así se levantó a preguntar quién llamaba.

   Sucedió en este tiempo que una de las cabalgaduras en que venían los
cuatro que llamaban se llegó a oler a Rocinante, que, melancólico y triste,
con las orejas caídas, sostenía sin moverse a su estirado° señor, y como, en   stretched out
fin era de carne, aunque parecía de leño, no pudo dejar de resentirse° y   feel the effects
tornar a oler a quien le llegaba a hacer caricias,° y así no se hubo movido   caresses
'tanto cuanto,° cuando se desviaron los juntos pies de don Quijote, y   a bit
resbalando° de la silla, dieran con él en el suelo[46] a no quedar colgado del   slipping off
brazo, cosa que le causó tanto dolor, que creyó, o que la muñeca le
cortaban, o que el brazo se le arrancaba,[47] porque él quedó tan cerca del
suelo, que con los 'estremos de las puntas° de los pies besaba la tierra, que   tips
era en su perjuicio, porque como sentía lo poco que le faltaba para poner
las plantas° en la tierra, fatigábase° y estirábase° cuanto podía por alcanzar   feet, exerted,
al suelo, bien así como los que están en el tormento° de la garrucha[48]   stretched himself;
puestos a toca, no toca,[49] que ellos mesmos son causa de acrecentar su dolor   torture
con el ahinco que ponen en estirarse, engañados de la esperanza que se les
representa, que con poco más que se estiren llegarán al suelo.

---

[46] **Dieran...** *he would have fallen to the ground*
[47] **O que...** *either his wrist was being cut through or his arm being torn off*
[48] The **garrucha** is a pulley. In this torture, the prisoner was suspended from a pulley so that his feet barely touched the ground.
[49] **Puestos...** *in between touching and not touching*

Capítulo XLIIII. Donde se prosiguen los inauditos sucesos de la venta.

EN EFETO, fueron tantas las voces que don Quijote dio, que, abriendo de presto las puertas de la venta, salió el ventero, despavorido, a ver quién
5 tales gritos daba, y los que estaban fuera hicieron lo mesmo. Maritornes, que ya había despertado a las mismas voces, imaginando lo que podía ser, se fue al pajar y desató, sin que nadie lo viese, el cabestro que a don Quijote sostenía, y él dio luego en el suelo, a vista del ventero y de los caminantes, que, llegándose a él, le preguntaron qué tenía, que tales voces
10 daba. Él, sin responder palabra, se quitó el cordel de la muñeca, y levantándose en pie, subió sobre Rocinante, embrazó su andarga, enristró su lanzón, y tomando buena parte de campo, volvió a medio galope,[1] diciendo:
"Cualquiera que dijere que yo he sido con 'justo título° encantado,   just cause
15 como mi señora la princesa Micomicona me dé licencia para ello, yo le desmiento, le rieto y desafío a singular batalla."
Admirados se quedaron los nuevos caminantes de las palabras de don Quijote, pero el ventero les quitó de aquella admiración, diciéndoles que era don Quijote, y que no había que 'hacer caso° dél, porque estaba fuera de   pay attention
20 juicio. Preguntáronle al ventero si acaso había llegado a aquella venta un muchacho de hasta edad de quince años, que venía vestido como mozo de mulas, de tales y tales señas, dando las mesmas que traía el amante de doña Clara. El ventero respondió que había tanta gente en la venta, que no había echado de ver en el que preguntaban. Pero habiendo visto uno dellos el
25 coche donde había venido el oidor, dijo:
"Aquí debe de estar, sin duda, porque éste es el coche que él dicen que sigue.[2] Quédese uno de nosotros a la puerta, y entren los demás a buscarle, y aun sería bien que uno de nosotros rodease toda la venta, porque no se fuese por las bardas de los corrales."
30 "Así se hará," respondió uno dellos.
Y entrándose los dos dentro, uno se quedó a la puerta y el otro se fue a rodear la venta, todo lo cual veía el ventero, y no sabía atinar° para qué   figure out
se hacían aquellas diligencias, puesto que bien creyó que buscaban aquel mozo, cuyas señas le habían dado. Ya a esta sazón aclaraba el día, y así por
35 esto, como por el ruido que don Quijote había hecho, estaban todos despiertos y se levantaban, especialmente doña Clara y Dorotea, que, la una con sobresalto de tener tan cerca a su amante, y la otra con el deseo de verle, habían podido dormir bien mal aquella noche.
Don Quijote, que vio que ninguno de los cuatro caminantes hacía caso
40 dél, ni le respondían a su demanda,° moría y rabiaba° de despecho y saña,°   challenge, seething,
y si él hallara en las ordenanzas° de su caballería que lícitamente° podía el   fury; laws, legally
caballero andante tomar y emprender otra empresa, habiendo dado su palabra y fe de no ponerse en ninguna hasta acabar la que había prometido, él embistiera con todos y les hiciera responder, mal de su grado. Pero por
45 parecerle no convenirle ni estarle bien comenzar nueva empresa hasta poner a Micomicona en su reino, hubo de callar y estarse quedo, esperando a ver

---

[1] **Tomando...** *making a wide turn down the field, he came back at a half gallop*
[2] **Que él...** *that they say he is following*

en qué paraban las diligencias de aquellos caminantes, uno de los cuales
halló al mancebo que buscaba durmiendo al lado de un mozo de mulas,
bien descuidado de que nadie ni le buscase, ni menos de que le hallase. El
hombre le trabó del brazo y le dijo:

"Por cierto, señor don Luis, que responde° bien a quien vos sois el   corresponds
hábito° que tenéis, y que dice bien la cama en que os hallo al regalo con   outfit
que vuestra madre os crió."

Limpióse el mozo los soñolientos ojos, y miró de espacio al que le
tenía asido, y luego conoció que era criado de su padre, de que recibió tal
sobresalto, que no acertó o no pudo hablarle palabra por un buen espacio,
y el criado prosiguió, diciendo:

"Aquí no hay que hacer otra cosa, señor don Luis, sino prestar
paciencia y 'dar la vuelta° a casa, si ya vuestra merced no gusta que su   return
padre y mi señor la° dé al otro mundo, porque no se puede esperar otra   la *vuelta*
cosa de la pena con que queda por vuestra ausencia."

"Pues ¿cómo supo mi padre," dijo don Luis, "que yo venía este camino
y en este traje?"

"Un estudiante," respondió el criado, "a quien distes cuenta de vuestros
pensamientos, fue el que lo descubrió, movido a lástima, de las que vio que
hacía vuestro padre[3] al punto que os echó menos. Y así despachó a cuatro
de sus criados en vuestra busca, y todos estamos aquí a vuestro servicio,
más contentos de lo que imaginar se puede por el 'buen despacho° con que   speed
tornaremos, llevándoos a los ojos que tanto os quieren."

"Eso será como yo quisiere, o como el cielo lo ordenare," respondió
don Luis.

"¿Qué habéis de querer, o qué ha de ordenar el cielo, fuera de
consentir en volveros, porque no ha de ser posible otra cosa?"

Todas estas razones que entre los dos pasaban oyó el mozo de mulas,
junto a quien don Luis estaba, y levantándose de allí, fue a decir lo que
pasaba a don Fernando y a Cardenio y a los demás, que ya vestido se
habían, a los cuales dijo como aquel hombre llamaba de DON a aquel
muchacho, y las razones que pasaban, y como le quería volver a casa de su
padre, y el mozo no quería. Y con esto, y con lo que dél sabían, de la
buena voz que el cielo le había dado, vinieron todos en gran deseo de saber
más particularmente quién era, y aun de ayudarle, si alguna fuerza le
quisiesen hacer.[4] Y así se fueron hacia la parte donde aún estaba hablando
y porfiando° con su criado.   arguing stubbornly

Salía en esto Dorotea de su aposento, y tras ella doña Clara toda
turbada, y llamando Dorotea a Cardenio aparte, le contó en breves razones
la historia del músico y de doña Clara, a quien él también dijo lo que
pasaba de la venida a buscarle los criados de su padre,[5] y no se lo dijo tan
callando,° que lo dejase de oír Clara, de lo que quedó tan 'fuera de sí,°   quietly, beside herself
si Dorotea no llegara a tenerla, diera consigo en el suelo. Cardenio dijo a

---

[3] **De las *lástimas* que vio que hacía vuestro padre** *by the grief that he saw in your
father*

[4] **Si...** *if they tried to use force against him*

[5] **De la venida...** *when his father's servants came to look for him*

Dorotea que se volviesen al aposento, que él procuraría poner remedio en todo, y ellas lo hicieron.

Ya estaban todos los cuatro que venían a buscar a don Luis dentro de la venta, y rodeados dél, persuadiéndole que luego, sin detenerse un punto, 5 volviese a consolar a su padre. Él respondió que en ninguna manera lo podía hacer hasta dar fin a un negocio en que le iba la vida, la honra y el alma.[6] Apretáronle entonces los criados, diciéndole que en ningún modo volverían sin él, y que le llevarían, quisiese o no quisiese.

"Eso no haréis vosotros," replicó don Luis, "si no es llevándome 10 muerto, aunque de cualquiera manera que me llevéis, será llevarme sin vida."

Ya a esta sazón habían acudido a la porfía° todos los más que en la   dispute venta estaban, especialmente Cardenio, don Fernando, sus camaradas, el oidor, el cura, el barbero y don Quijote, que ya le pareció que no había 15 necesidad de guardar más el castillo. Cardenio, como ya sabía la historia del mozo, preguntó a los que llevarle querían, que qué les movía a querer llevar contra su voluntad aquel muchacho.

"Muévenos," respondió uno de los cuatro, "dar la vida a su padre, que por la ausencia deste caballero queda a peligro de perderla."

20 A esto dijo don Luis:

"No hay para qué se dé cuenta aquí de mis cosas. Yo soy libre y volveré si me diere gusto, y si no, ninguno de vosotros me ha de hacer fuerza."

"Harásela a vuestra merced la razón,[7]" respondió el hombre, "y cuando 25 ella no bastare con vuestra merced, bastará con nosotros para hacer a lo que venimos[8] y lo que somos obligados."

"Sepamos qué es esto de raíz,"[9] dijo a este tiempo el oidor.

Pero el hombre que lo conoció, como vecino de su casa, respondió:

"¿No conoce vuestra merced, señor oidor, a este caballero, que es el 30 hijo de su vecino, el cual se ha ausentado de casa de su padre, en el hábito tan indecente a su calidad, como vuestra merced puede ver?"

Miróle entonces el oidor más atentamente, y conocióle, y abrazándole, dijo:

"¿Qué niñerías son éstas, señor don Luis, o qué causas tan poderosas, 35 que os hayan movido a venir desta manera, y en este traje, que dice tan mal con la calidad vuestra?"[10]

Al mozo se le vinieron las lágrimas a los ojos, y no pudo responder palabra. El oidor dijo a los cuatro que se sosegasen, que todo se haría bien, y tomando por la mano a don Luis, le apartó a una parte, y le preguntó 'qué 40 venida había sido aquélla.°   why he had come

Y en tanto que le hacía ésta y otras preguntas, oyeron grandes voces a la puerta de la venta, y era la causa dellas que dos huéspedes, que aquella noche habían alojado en ella, viendo a toda la gente ocupada en saber lo

---

[6] **En que...** *on which his life, his honor, and his soul were at stake*
[7] **Harásela...** *reason will compel you*
[8] **Bastará...** *it will be enough to make us do what we came for*
[9] **Sepamos...** *let's find out what's at the bottom of this*
[10] **Que dice...** *which is so opposed to your station*

que los cuatro buscaban, habían intentado a irse sin pagar lo que debían.
Mas el ventero, que atendía más a su negocio° que a los ajenos, les asió 'al   affairs
salir° de la puerta y pidió su paga, y les afeó su mala intención con tales   a la salida
palabras, que les movió a que le respondiesen con los puños.° Y así le   punches
comenzaron a dar tal mano,° que el pobre ventero tuvo necesidad de dar   i.e., of punches
voces y pedir socorro. La ventera y su hija no vieron a otro más
desocupado° para poder socorrerle que a don Quijote, a quien la hija de la   idle
ventera dijo:

"Socorra vuestra merced, señor caballero, por la virtud que Dios le dio,
a mi pobre padre, que dos malos hombres le están moliendo como a cibera."

A lo cual respondió don Quijote muy de espacio y con mucha flema:°   calm
"Fermosa doncella, no ha lugar por ahora vuestra petición,[11] porque
estoy impedido de entremeterme en otra aventura en tanto que 'no diere
cima° a una en que mi palabra me ha puesto. Mas lo que yo podré hacer por   conclude happily
serviros, es lo que ahora diré: corred y decid a vuestro padre que 'se
entretenga° en esa batalla lo mejor que pudiere y que no se deje vencer en   defend himself
ningún modo, en tanto que yo pido licencia a la princesa Micomicona para
poder socorrerle en su cuita, que si ella me la da, tened por cierto que yo le
sacaré della."

"Pecadora de mí," dijo a esto Maritornes, que estaba delante, "primero
que vuestra merced alcance° esa licencia que dice, estará ya mi señor en el   get
otro mundo."

"Dadme° vos, señora, que yo alcance la licencia que digo," respondió   allow me
don Quijote, "que como yo la tenga, poco hará al caso[12] que él esté en el
otro mundo, que de allí le sacaré, a pesar del mismo mundo que lo
contradiga,[13] o por lo menos, os daré tal venganza de los que allá le
hubieren enviado, que quedéis más que medianamente satisfechas."

Y sin decir más, se fue a 'poner de hinojos° ante Dorotea, pidiéndole,   kneel
con palabras caballerescas y andantescas, que la su grandeza fuese servida
de darle licencia de acorrer y socorrer al castellano de aquel castillo, que
estaba puesto en una grave mengua.° La princesa se la dio de buen talante,   distress
y él luego, embrazando su adarga y poniendo mano a su espada, acudió a la
puerta de la venta, adonde aun todavía traían los dos huéspedes a mal traer
al ventero.[14] Pero así como llegó, embazó° y se estuvo quedo, aunque   hesitated
Maritornes y la ventera le decían que en qué se detenía, que socorriese a su
señor y marido.

"Deténgome," dijo don Quijote, "porque no me es lícito poner mano
a la espada contra gente escuderil. Pero llamadme aquí a mi escudero
Sancho, que a él toca y atañe esta defensa y venganza."[15]

Esto pasaba en la puerta de la venta, y en ella andaban las puñadas y
mojicones muy en su punto, todo en daño del ventero y en rabia de
Maritornes, la ventera y su hija, que se desesperaban de ver la cobardía° de   cowardice

[11] **No ha...** *your request is inappropriate*
[12] **Poco...** *it will make little difference*
[13] **A pesar...** *in spite of everything the other world does to the contrary*
[14] **Traían...** *the two guests were mistreating the innkeeper*
[15] **A él...** *this defense and vengeance is his affair*

don Quijote, y de lo mal que lo pasaba su marido, señor y padre.

Pero dejémosle aquí, que no faltará quien le socorra, o si no, sufra y
calle el que se atreve a más de a lo que sus fuerzas le prometen,° y   allow
volvámonos atrás cincuenta pasos a ver qué fue lo que don Luis respondió
5   al oidor, que le dejamos aparte preguntándole la causa de su venida a pie,
y de tan vil traje vestido. A lo cual el mozo, asiéndole fuertemente de las
manos, como en señal de que algún gran dolor le apretaba el corazón, y
derramando lágrimas en grande abundancia, le dijo:

"Señor mío, yo no sé deciros otra cosa sino que desde el punto que
10   quiso el cielo y facilitó nuestra vecindad[16] que yo viese a mi señora doña
Clara, hija vuestra y señora mía, desde aquel instante la hice dueño[17] de mi
voluntad, y si la vuestra, verdadero señor y padre mío, no lo impide, en este
mesmo día ha de ser mi esposa. Por ella dejé la casa de mi padre, y por ella
me puse en este traje para seguirla dondequiera que fuese, como la saeta al
15   blanco, o como el marinero al norte. Ella no sabe de mis deseos más de lo
que ha podido entender de algunas veces que desde lejos ha visto llorar mis
ojos. Ya, señor, sabéis la riqueza y la nobleza de mis padres, y como yo
soy su único heredero. Si os parece que éstas son partes para que os
aventuréis a hacerme en todo venturoso, recebidme luego por vuestro hijo,
20   que si mi padre, llevado de otros disignios suyos, no gustare deste bien que
yo supe buscarme, más fuerza tiene el tiempo para deshacer y mudar las
cosas que las humanas voluntades."

Calló en diciendo esto el enamorado mancebo, y el oidor quedó en
oírle suspenso, confuso y admirado, así de haber oído el modo y la
25   discreción con que don Luis le había descubierto su pensamiento, como de
verse en punto que no sabía él qué poder tomar en tan repentino y no
esperado negocio.[18] Y así no respondió otra cosa sino que se sosegase por
entonces, y entretuviese a sus criados, que por aquel día no le volviesen,
porque se tuviese tiempo para considerar lo que mejor a todos estuviese.
30   Besóle las manos por fuerza don Luis, y aun se las bañó con lágrimas, cosa
que pudiera enternecer un corazón de mármol, no sólo el del oidor, que,
como discreto, ya había conocido cuán bien le estaba a su hija aquel
matrimonio, puesto que, si fuera posible, lo quisiera efetuar con voluntad
del padre de don Luis, del cual sabía que pretendía hacer de título a su
35   hijo.[19]

Ya a esta sazón estaban en paz los huéspedes con el ventero, pues por
persuasión y buenas razones de don Quijote, más que por amenazas, le
habían pagado todo lo que él quiso, y los criados de don Luis aguardaban
el fin de la plática del oidor y la resolución de su amo, cuando el demonio,
40   que no duerme, ordenó que en aquel mesmo punto entró en la venta el
barbero a quien don Quijote quitó el yelmo de Mambrino, y Sancho Panza
los aparejos del asno, que trocó con los del suyo, el cual barbero, llevando

---

[16] **Desde...** *since heaven wanted to and made us neighbors*

[17] The use of the masculine **dueño** when referring to the owner of the knight's love,
is traditional in chivalresque literature.

[18] **No sabía...** *he didn't know what action to take in such a sudden and unexpected
matter*

[19] **Pretendía...** *wanted to bestow a title on his son*

su jumento a la caballeriza, vio a Sancho Panza que estaba aderezando no sé qué de la albarda, y así como la vio, la conoció, y se atrevió a arremeter a Sancho, diciendo:

"¡Ah, don[20] ladrón, que aquí os tengo! Venga mi bacía y mi albarda,
5 con todos mis aparejos que me robastes."

Sancho, que se vio acometer tan de improviso y oyó los vituperios que le decían, con la una mano asió de la albarda, y con la otra dio un mojicón al barbero, que le bañó los dientes en sangre, pero no por esto dejó el barbero la presa que tenía hecha en el albarda, antes alzó la voz de tal
10 manera, que todos los de la venta acudieron al ruido y pendencia, y decía:

"¡Aquí del rey[21] y de la justicia, que sobre cobrar mi hacienda me quiere matar este ladrón,[22] 'salteador de caminos!°'"   highwayman

"¡Mentís," respondió Sancho, "que yo no soy salteador de caminos, que en buena guerra ganó mi señor don Quijote estos despojos!"

15 Ya estaba don Quijote delante, con mucho contento de ver cuán bien se defendía y ofendía su escudero, y túvole desde allí adelante por hombre de pro,° y propuso en su corazón de armalle caballero en la primera ocasión   courage que se le ofreciese, por parecerle que sería en él bien empleada la orden de la caballería. Entre otras cosas que el barbero decía en el discurso de la
20 pendencia, vino a decir:

"Señores: así esta albarda es mía como la muerte que debo a Dios. Y así la conozco como si la hubiera parido, y ahí está mi asno en el establo, que no me dejará mentir. Si no, pruébensela, y si no le viniere pintiparada,°   perfectly yo quedaré por infame. Y hay más: que el mismo día que ella se me quitó,[23]
25 me quitaron también una bacía de azófar nueva que no se había estrenado, que 'era señora de° un escudo."   cost

Aquí no se pudo contener° don Quijote sin responder, y poniéndose   contain himself entre los dos, y apartándoles,° depositando la albarda en el suelo, que la   separating them tuviese de manifiesto hasta que la verdad se aclarase,[24] dijo:

30 "¡Porque vean vuestras mercedes clara y manifiestamente el error en que está este buen escudero, pues llama bacía a lo que fue, es y será yelmo de Mambrino, el cual se le quité yo en buena guerra, y me hice señor dél con ligítima y lícita posesión! En lo del albarda 'no me entremeto,° que lo que   I won't get involved en ello sabré decir es que mi escudero Sancho me pidió licencia para quitar
35 los jaeces° del caballo deste vencido cobarde, y con ellos adornar el suyo.   trappings Yo se la di y él los tomó, y de haberse convertido de jaez en albarda no sabré dar otra razón si no es la ordinaria: que como esas transformaciones se ven en los sucesos de la caballería, para confirmación de lo cual, corre, Sancho hijo, y saca° aquí el yelmo que este buen hombre dice ser bacía."   bring out

40 "¡Pardiez,° señor!" dijo Sancho, "si no tenemos otra prueba de nuestra   by golly intención que la que vuestra merced dice, tan bacía es el yelmo de Malino como el jaez deste buen hombre albarda."

---

[20] **Don** used ironically to increase the offense intended.
[21] ¡**Aquí**... *help in the name of the king!*
[22] **Sobre**... *while I am trying to recover my property this thief is trying to kill me*
[23] **Ella**... *it [la albarda] was taken from me*
[24] **La tuviese**... *putting it on display until the truth could be cleared up*

"Haz lo que te mando," replicó don Quijote, "que no todas las cosas deste castillo han de ser guiadas por encantamento."

Sancho fue a do estaba la bacía y la trujo, y así como don Quijote la vio, lo tomó en las manos y dijo:

"Miren vuestras mercedes con qué cara° podía decir este escudero que   cheek ésta es bacía, y no el yelmo que yo he dicho. Y juro por la orden de caballería que profeso, que este yelmo fue el mismo que yo le quité, sin haber añadido en él ni quitado cosa alguna."

"En eso no hay duda," dijo a esta sazón Sancho, "porque desde que mi señor le ganó hasta agora no ha hecho con él más de una batalla, cuando libró a los sin ventura encadenados, y si no fuera por este baciyelmo, no lo pasara entonces muy bien, porque hubo asaz de pedradas en aquel trance."

Capítulo XXXV.[1] *Donde se acaba de averiguar la duda del yelmo de Mambrino y de la albarda, y otras aventuras sucedidas, con toda verdad.*

"¿QUÉ LES parece a vuestras mercedes, señores," dijo el barbero, "de lo que afirman estos gentiles hombres, pues aún porfían que ésta no es bacía, sino yelmo?"

"Y quien lo contrario dijere," dijo don Quijote, "le haré yo conocer que miente, si fuere caballero, y si escudero, que remiente mil veces."

Nuestro barbero, que a todo estaba presente, como tenía tan bien conocido el humor de don Quijote, quiso esforzar su desatino y llevar adelante la burla, para que todos riesen, y dijo hablando con el otro barbero:

"Señor barbero, o quien° sois, sabed que yo también soy de vuestro oficio, y tengo más ha de veinte años 'carta de examen,° y conozco muy bien de todos los instrumentos de la barbería,° sin que le falte uno, y ni más ni menos fui un tiempo en mi mocedad soldado, y sé también qué es yelmo, y qué es morrión y celada de encaje, y otras cosas tocantes a la milicia,° digo, a los géneros de armas de los soldados. Y digo, salvo mejor parecer, remitiéndome° siempre al mejor entendimiento, que esta pieza que está aquí delante, y que este buen señor tiene en las manos, no sólo no es bacía de barbero, pero está tan lejos de serlo, como está lejos lo blanco de lo negro y la verdad de la mentira, también digo que éste, aunque es yelmo, no es yelmo entero." ┄ whoever "license" barber's trade military deferring

"No, por cierto," dijo don Quijote, "porque le falta la mitad, que es la babera.°" ┄ beaver

"Así es," dijo el cura, que ya había entendido la intención de su amigo el barbero.

Y lo mismo confirmó Cardenio, don Fernando y sus camaradas. Y aun el oidor, si no estuviera tan pensativo con el negocio de don Luis, ayudara por su parte a la burla, pero las veras° de lo que pensaba le tenían tan suspenso, que poco o nada atendía a aquellos donaires. ┄ realities

"¡Válame Dios!" dijo a esta sazón el barbero burlado. "¿Que es posible que tanta gente honrada diga que ésta no es bacía, sino yelmo? Cosa parece ésta que puede poner en admiración a toda una universidad, por discreta que sea. Basta—si es que esta bacía es yelmo, también debe de ser esta albarda jaez de caballo, como este señor ha dicho."

"A mí albarda me parece," dijo don Quijote, "pero ya he dicho que en eso no me entremeto."

"De que sea albarda o jaez," dijo el cura, "no está en más de decirlo el señor don Quijote, que en estas cosas de la caballería todos estos señores y yo le damos la ventaja."

"Por Dios, señores míos," dijo don Quijote, "que son tantas y tan estrañas las cosas que en este castillo, en dos veces que en él he alojado, me han sucedido, que no me atreva a decir afirmativamente ninguna cosa de lo que acerca de lo que en él se contiene se preguntare, porque imagino que cuanto en él se trata va por vía de encantamento. La primera vez me fatigó mucho un moro encantado que en él hay, y a Sancho no le fue muy

---

[1] In the first edition it *does* say XXXV instead of XLV.

bien con otros sus secuaces,[2] y anoche estuve colgado deste brazo casi dos horas, sin saber cómo ni cómo no, vine a caer en aquella desgracia. Así que ponerme yo agora en cosa de tanta confusión a dar mi parecer, será caer en 'juicio temerario.° En lo que toca a lo que dicen que ésta es bacía y no   rash judgment
5   yelmo, ya yo tengo respondido. Pero en lo de declarar si ésa es albarda o jaez, no me atrevo a dar 'sentencia difinitiva.° Sólo lo dejo al buen parecer   absolute opinion de vuestras mercedes. Quizá por no ser armados caballeros, como yo lo soy, no tendrán que ver con vuestras mercedes los encantamentos deste lugar, y tendrán los entendimientos libres, y podrán juzgar de las cosas deste
10 castillo como ellas son real y verdaderamente, y no como a mí me parecían."

"No hay duda," respondió a esto don Fernando, "sino que el señor don Quijote ha dicho muy bien hoy, que a nosotros toca la difinición° deste   resolution caso, y porque vaya con más fundamento, yo tomaré en secreto los votos
15 destos señores, y de lo que resultare, daré entera y clara noticia."

Para aquellos que la° tenían del humor de don Quijote, era todo esto   la *noticia* materia de grandísima risa, pero para los que le ignoraban, les parecía el mayor disparate del mundo, especialmente a los cuatro criados de don Luis, y a don Luis ni más ni menos, y a otros tres pasajeros que acaso habían
20 llegado a la venta, que tenían parecer de ser cuadrilleros, como, en efeto, lo eran. Pero el que más se desesperaba era el barbero, cuya bacía allí delante de sus ojos se le había vuelto en yelmo de Mambrino, y cuya albarda pensaba sin duda alguna que se le había de volver en jaez rico de caballo, y los unos y los otros se reían de ver cómo andaba don Fernando
25 tomando los votos de unos en otros, hablándolos al oído, para que en secreto declarasen si era albarda o jaez aquella joya, 'sobre quien° tanto se   over which había peleado. Y después que hubo tomado los votos de aquellos que a don Quijote conocían, dijo en alta voz:

"El caso es, buen hombre, que ya yo estoy cansado de tomar tantos
30 pareceres, porque veo que a ninguno pregunto lo que deseo saber, que no me diga que es disparate el decir que ésta sea albarda de jumento, sino jaez de caballo, y aun de caballo castizo,° y así, habréis de tener paciencia,   pure-blooded porque, a vuestro pesar y al de vuestro asno, éste es jaez y no albarda, y vos habéis alegado y probado muy mal de vuestra parte."

35 "No la° tenga yo en el cielo," dijo el sobrebarbero, "si todos vuestras   la *parte* mercedes no se engañan, y que así parezca mi ánima ante Dios,[3] como ella me parece a mí albarda y no jaez, pero «allá van leyes, etc.»,[4] y no digo más. Y en verdad que no estoy borracho: que no me he desayunado si de pecar no."[5]

40 No menos causaban risa las necedades que decía el barbero que los disparates de don Quijote, el cual a esta sazón dijo:

"Aquí no hay más que hacer, sino que cada uno tome lo que es suyo,

---

[2] **Otros sus secuaces** *his other underlings.* Remember that Sancho claimed that he was beaten up by more than 400 Moors, supposed underlings of the Moor who beat up don Quijote (Chap. 17, p. 118, l.6).

[3] **Así...** *may my soul appear thus before God*

[4] **Allí van leyes do quieren reyes** *Laws go where kings want*

[5] **Que no...** *for I have eaten nothing, unless it is sins*

y a quien Dios se la dio, San Pedro se la bendiga.°'"   bless
    Uno de los cuatro dijo:
    "Si ya no es que esto sea burla pensada,° no me puedo persuadir que   planned
hombres de tan buen entendimiento como son, o parecen todos los que aquí
están, se atrevan a decir y afirmar que ésta no es bacía, ni aquélla albarda.   5
Mas como veo que lo afirman y lo dicen, me doy a entender que no carece
de misterio el porfiar una cosa tan contraria de lo que nos muestra la
misma° verdad y la misma experiencia. Porque, ¡voto a tal!" y 'arrojóle   itself
redondo,° "que no me den a mí a entender cuantos hoy viven en el mundo   exclaimed
al revés de que ésta no sea bacía de barbero, y ésta albarda de asno."⁶   10
    "Bien podría ser de borrica," dijo el cura.
    "'Tanto monta,°'" dijo el criado, "que el caso no consiste en eso, sino   it's all the same
en si es o no es albarda, como vuestras mercedes dicen."
    Oyendo esto uno de los cuadrilleros que habían entrado, que había oído
la pendencia y quistión,° lleno de cólera y de enfado dijo: 15   dispute
    "Tan albarda es como mi padre, y el que otra cosa ha dicho o dijere
debe de estar 'hecho uva.°'"   i.e., drunk
    "¡Mentís como bellaco villano!" respondió don Quijote.
    Y alzando el lanzón, que nunca le dejaba de las manos, le iba a
descargar tal golpe sobre la cabeza, que a no desviarse el cuadrillero, se le   20
dejara allí tendido. El lanzón se hizo pedazos en el suelo, y los demás
cuadrilleros, que vieron tratar mal a su compañero, alzaron la voz pidiendo
favor a la Santa Hermandad. El ventero, que era de la cuadrilla,° entró al   company
punto por su varilla° y por su espada, y se puso al lado de sus compañeros.   staff of office
Los criados de don Luis rodearon a don Luis, porque con el alboroto no 'se   25
les fuese.° El barbero, viendo la casa revuelta,° tornó a asir de su albarda,   get away, in turmoil
y lo mismo hizo Sancho. Don Quijote puso mano a su espada y arremetió
a los cuadrilleros. Don Luis daba voces a sus criados que le dejasen a él,
y acorriesen a don Quijote y a Cardenio y a don Fernando, que todos
favorecían a don Quijote. El cura daba voces; la ventera gritaba; su hija se   30
afligía; Maritornes lloraba; Dorotea estaba confusa; Luscinda, suspensa y
doña Clara, desmayada; el barbero aporreaba° a Sancho; Sancho molía al   pounded
barbero; don Luis, a quien un criado suyo se atrevió a asirle del brazo
porque no se fuese, le dio una puñada que le bañó los dientes en sangre; el
oidor le defendía; don Fernando tenía debajo de sus pies a un cuadrillero,   35
midiéndole el cuerpo con ellos° muy a su sabor. El ventero tornó a reforzar   **sus pies**
la voz pidiendo favor a la Santa Hermandad, de modo que toda la venta era
llantos, voces, gritos, confusiones, temores, sobresaltos, desgracias,
cuchilladas, mojicones, palos, coces y 'efusión de sangre,° y en la mitad   bloodshed
deste caos, máquina y laberinto de cosas, se le representó en la memoria de   40
don Quijote que se veía metido 'de hoz y de coz° en la discordia del campo   suddenly
de Agramante.⁷ Y así, dijo con voz que atronaba° la venta: stunned
    "¡Ténganse todos; todos envainen;° todos se sosieguen; óiganme todos,   sheathe your swords

---

⁶ **que no me...** *no living person can make me believe that this is not a barber's basin and this not a packsaddle*

⁷ **Campo de Agramante**—in *Orlando Furioso*, when Agramante is laying siege to Paris, Charlemagne manages to sow seeds of discord amongst Agramante's men, who begin fighting among themselves for unclear reasons (see Cantos 14 and 27).

si todos quieren quedar con vida!"

A cuya gran voz todos se pararon, y él prosiguió, diciendo:

"¿No os dije yo, señores, que este castillo era encantado y que alguna región° de demonios debe de habitar en él? En confirmación de lo cual   **legión**
quiero que veáis por vuestros ojos cómo se ha pasado aquí y trasladado entre nosotros la discordia del campo de Agramante. Mirad cómo allí se pelea por la espada, aquí por el caballo, acullá por el águila, acá por el yelmo,[8] y todos peleamos y todos no nos entendemos. Venga, pues, vuestra merced, señor oidor, y vuestra merced, señor cura, y el uno sirva de rey Agramante. Y el otro de rey Sobrino,[9] y pónganos en paz, porque, por Dios todopoderoso,° que es gran bellaquería que tanta gente principal como aquí   **almighty**
estamos se mate por causas tan livianas.°"   **slight**

Los cuadrilleros, que no entendían el frasis° de don Quijote y se veían   **language**
malparados° de don Fernando, Cardenio y sus camaradas, no querían   **in a sorry state**
sosegarse; el barbero, sí, porque en la pendencia tenía deshechas las barbas y el albarda. Sancho, a la más mínima voz de su amo, obedeció, como buen criado; los cuatro criados de don Luis también se estuvieron quedos, viendo cuán poco les iba en no estarlo. Sólo el ventero porfiaba que se habían de castigar las insolencias de aquel loco que a cada paso le alborotaba° la   **disturbed**
venta. Finalmente, el rumor se apaciguó por entonces, la albarda se quedó por jaez hasta el Día del Juicio, y la bacía por yelmo, y la venta por castillo en la imaginación de don Quijote.

Puestos, pues, ya en sosiego, y hechos amigos todos, a persuasión del oidor y del cura, volvieron los criados de don Luis a porfiarle que al momento se viniese con ellos, y en tanto que él con ellos se avenía,° el   **reconciling**
oidor comunicó° con don Fernando, Cardenio y el cura, qué debía hacer en   **consulted**
aquel caso, contándoseles con las razones que don Luis le había dicho. En fin, fue acordado que don Fernando dijese a los criados de don Luis quién él era, y como era su gusto que don Luis se fuese con él al Andalucía, donde de su hermano el marqués sería estimado como el valor de don Luis merecía,[10] porque, desta manera, se sabía de la intención de don Luis que no volvería por aquella vez a los ojos de su padre, si le hiciesen pedazos. Entendida, pues, de los cuatro la calidad de don Fernando y la intención de don Luis, determinaron entre ellos que los tres se volviesen a contar lo que pasaba a su padre, y el otro se quedase a servir a don Luis, y a no dejalle hasta que ellos volviesen por él, o viese lo que su padre les ordenaba.

Desta manera se apaciguó aquella máquina de pendencias por la autoridad de Agramante y prudencia del rey Sobrino, pero viéndose el enemigo de la concordia y el émulo° de la paz menospreciado° y burlado,   **rival, despised**
y el poco fruto que había granjeado de haberlos puesto a todos en tan confuso laberinto, acordó de probar otra vez la mano, resucitando nuevas pendencias y desasosiegos.°   **disturbances**

Es, pues, el caso que los cuadrilleros se sosegaron por haber entreoído°   **overheard**

---

[8] The sword they were fighting for was Roland's Durendal (heroes gave names to their swords), the horse was Frontino, the eagle was on a shield belonging to Hector—but the helmet was don Quijote's "Mambrino's helmet."

[9] These two kings pacified the battle.

[10] **Sería…** *don Luis would be shown the honor that his rank deserved*

la calidad de los que con ellos se habían combatido, y se retiraron de la
pendencia, por parecerles que de cualquiera manera que sucediese, habían
de llevar lo peor de la batalla. Pero uno dellos, que fue el que fue molido
y pateado° por don Fernando, le vino a la memoria que entre algunos   trampled
5   mandamientos° que traía para prender a algunos delicuentes, traía uno   warrants
contra don Quijote, a quien la Santa Hermandad había mandado prender por
la libertad que dio a los galeotes, y como Sancho, con mucha razón, había
temido. Imaginando, pues, esto, quiso certificarse si las señas que de don
Quijote traía venían bien. Y sacando del seno un pergamino,° topó con el   parchment
10 que buscaba, y poniéndosele a leer de espacio, porque no era buen lector,°   reader
a cada palabra que leía ponía los ojos en don Quijote y iba cotejando° las   comparing
señas del mandamiento con el rostro de don Quijote, y halló que, sin duda
alguna, era el que el mandamiento rezaba,° y apenas se hubo certificado,   described
cuando, recogiendo° su pergamino, en la izquierda[11] tomó el mandamiento,   folding up
15 y con la derecha asió a don Quijote del cuello fuertemente, que no le dejaba
alentar,° y a grandes voces decía: to breathe
   "¡Favor a la Santa Hermandad! Y para que se vea que lo pido de veras,
léase este mandamiento, donde se contiene que se prenda a este salteador
de caminos."
20   Tomó el mandamiento el cura, y vio como era verdad cuanto el
cuadrillero decía, y como convenía° con las señas con don Quijote, el cual,   agreed
viéndose tratar mal de aquel villano malandrín, puesta la cólera en su punto,
y crujiéndole° los huesos de su cuerpo, como mejor pudo, él asió al   cracking
cuadrillero con entrambas manos de la garganta, que, a no ser socorrido de
25 sus compañeros, allí dejara la vida antes que don Quijote la presa.° El   grip
ventero, que por fuerza había de favorecer a los de su oficio, acudió luego
a dalle favor. La ventera, que vio de nuevo a su marido en pendencias, de
nuevo alzó la voz, cuyo tenor[12] le llevaron luego Maritornes y su hija,[13]
pidiendo favor al cielo y a los que allí estaban. Sancho dijo, viendo lo que
30 pasaba:
   "¡Vive el Señor, que es verdad cuanto mi amo dice de los encantos
deste castillo, pues no es posible vivir una hora con quietud en él!"
   Don Fernando despartió al cuadrillero y a don Quijote, y con gusto de
entrambos, les desenclavijó° las manos que el uno en el collar del sayo del   unlocked
35 uno, y el otro en la garganta del otro bien asidas tenían. Pero no por esto
cesaban los cuadrilleros de pedir su preso y que les ayudasen a dársele
atado y entregado a toda su voluntad, porque así convenía al servicio del
rey y de la Santa Hermandad, de cuya parte de nuevo les pedían socorro y
favor, para hacer aquella prisión° de aquel robador y salteador de sendas y   arrest
40 de carreras.°   roads
   Reíase de oír decir estas razones don Quijote, y con mucho sosiego
dijo:
   "Venid aca, gente soez y mal nacida, ¿saltear de caminos llamáis al dar
libertad a los encadenados,° soltar los presos, acorrer a los miserables, alzar   men chained together

---

[11] The first edition has **y quizá** here. Most editors, including Schevill, change it to **en la izquierda.**

[12] The first editon has **temor** (folio 277ᵛ) which has been seen as an error for **tenor.**

[13] **Cuyo tenor...** *in which Maritornes and her daughter joined her*

los caídos, remediar° los menesterosos? ¡Ah, gente infame, digna por   helping
vuestro bajo y vil entendimiento que el cielo no os comunique el valor que
se encierra en[14] la caballería andante, ni os dé a entender el pecado e
ignorancia en que estáis en no reverenciar° la sombra, cuanto más la   revering
5   asistencia° de cualquier caballero andante! Venid acá, ladrones en cuadrilla,   presence
que no cuadrilleros, salteadores de caminos con licencia de la Santa
Hermandad, decidme, ¿quién fue el ignorante que firmó mandamiento de
prisión contra un tal caballero como yo soy? ¿Quién el que ignoró que son
esentos de todo 'judicial fuero° los caballeros andantes? ¿Y que su ley es su   jurisdiction
10   espada, sus fueros sus bríos, sus premáticas° su voluntad? ¿Quién fue el   decrees
mentecato, vuelvo a decir, que no sabe que no hay secutoria° de hidalgo con   title
tantas preeminencias° ni esenciones° como la que adquiere un caballero   privileges, exemption
andante el día que se arma caballero y se entrega al duro ejercicio de la
caballería? ¿Qué caballero andante pagó pecho,° alcabala,° chapín de la   tribute, tax
15   reina,[15] 'moneda forera,° portazgo,° ni barca?° ¿Qué sastre° le llevó   king's tribute, toll,
hechura° de vestido que le hiciese? ¿Qué castellano le acogió en su castillo   ferry, tailor; bill
que le hiciese pagar el escote? ¿Qué rey no le asentó° a su mesa? ¿Qué   seated
doncella no 'se le aficionó° y se le entregó rendida a todo su talante y   fell in love with him
voluntad? Y finalmente, ¿qué caballero andante ha habido, hay, ni habrá en
20   el mundo que no tenga bríos para dar él solo cuatrocientos palos a
cuatrocientos cuadrilleros que se le pongan delante?"

Capítulo XLVI. De la notable aventura de los cuadrilleros y la gran ferocidad° de nuestro buen caballero don Quijote.

ferocity

EN TANTO que don Quijote esto decía, estaba persuadiendo el cura a los cuadrilleros como don Quijote era 'falto de juicio,° como lo veían por sus obras y por sus palabras, y que no tenían para qué llevar aquel negocio adelante, pues aunque le prendiesen y llevasen, luego le habían de dejar por loco, a lo que respondió el del mandamiento que 'a él no tocaba° juzgar de la locura de don Quijote, sino hacer lo que por su mayor le era mandado, y que, una vez preso, siquiera le soltasen trecientas.[1]

"Con todo eso," dijo el cura, "por esta vez no le habéis de llevar, ni aun él dejará llevarse, a lo que yo entiendo."[2]

En efeto, tanto les supo el cura decir y tantas locuras supo don Quijote hacer, que más locos fueran que no él los cuadrilleros si no conocieran la falta de don Quijote, y así, tuvieron por bien de apaciguarse, y aun de ser medianeros° de hacer las paces entre el barbero y Sancho Panza, que todavía asistían con gran rancor a su pendencia. Finalmente, ellos, como miembros de justicia, mediaron la causa y fueron árbitros° della, de tal modo que ambas partes quedaron, si no del todo contentas, a lo menos, en algo satisfechas, porque se trocaron las albardas, y no las cinchas y jáquimas.° Y en lo que tocaba a lo del yelmo de Mambrino, el cura, 'a socapa° y sin que don Quijote lo entendiese,° le dio por la bacía ocho reales, y el barbero le hizo una 'cédula del recibo,° y de no llamarse a engaño[3] por entonces, ni 'por siempre jamás,° amén.

Sosegadas, pues, estas dos pendencias, que eran las más principales y de más tomo,° restaba que los criados de don Luis se contentasen de volver los tres, y que el uno quedase para acompañarle donde don Fernando le quería llevar. Y como ya la buena suerte y mejor fortuna había comenzado a romper lanzas y a facilitar dificultades[4] en favor de[5] los amantes de la venta y de los valientes della, quiso[6] llevarlo al cabo y dar a todo felice suceso, porque los criados se contentaron de cuanto don Luis quería, de que recibió tanto contento doña Clara, que ninguno en aquella sazón la mirara al rostro que no conociera el regocijo° de su alma.

Zoraida, aunque no entendía bien todos los sucesos que había visto, se entristecía y alegraba 'a bulto,° conforme veía y notaba los semblantes a cada uno, especialmente de su español, en quien tenía siempre puestos los ojos y traía colgada el alma. El ventero, a quien no se le pasó[7] por alto la dádiva y recompensa que el cura había hecho al barbero, pidió el escote de don Quijote, con el menoscabo de sus cueros y falta de vino, jurando que

crazy

it was not up to him

mediators

arbitrators

headstalls
surrepticiously,
 finding out; receipt
forever and ever

importance

joy

variously

---

[1] **Una vez…** *once he was a prisoner, they could even let him go 300 [times]*
[2] **A lo…** *the way I understand it*
[3] **No llamarse…** *not to claim that he had been deceived*
[4] **Había comenzado…** *had begun to remove obstacles.*
[5] The original edition has **en saber de**, changed to **en favor de** in the Brussels (1607) edition, now the accepted solution.
[6] **[La buena suerte] quiso…**
[7] The first edition says **a quien se le pagó**. Most editions change this to **a quien no se le pasó**. Schevill brackets the **no** to show it wasn't in the first edition.

no saldría de la venta Rocinante ni el jumento de Sancho, sin que se le pagase
primero hasta el último ardite. Todo lo apaciguó el cura y lo pagó don
Fernando, puesto que el oidor de muy buena voluntad había también ofrecido
la paga, y de tal manera quedaron todos en paz y sosiego, que ya no parecía
5 la venta la discordia del campo de Agramante, como don Quijote había dicho,
sino la misma paz y quietud del tiempo de Otaviano,[8] de todo lo cual fue
común opinión que se debían dar las gracias a la 'buena intención° y mucha   good will
elocuencia del señor cura, y a la incomparable liberalidad de don Fernando.
    Viéndose, pues, don Quijote, libre y desembarazado de tantas
10 pendencias, así de su escudero, como suyas, le pareció que sería bien seguir
su comenzado viaje y dar fin a aquella grande aventura para que había sido
llamado y escogido.[9] Y así, con resoluta determinación se fue a poner de
hinojos ante Dorotea, la cual no le consintió que hablase palabra hasta que se
levantase, y él, por obedecella, se puso en pie y le dijo:
15   "Es común proverbio, fermosa señora, que «la diligencia es madre de la
buena ventura», y en muchas y graves cosas ha mostrado la experiencia que
la solicitud del negociante° trae a buen fin el pleito° dudoso.° Pero en   negotiator, lawsuit,
ningunas cosas se muestra[10] esta verdad que en las de la guerra, adonde la   uncertain
celeridad° y presteza previene los discursos° del enemigo y alcanza la vitoria   speed, movements
20 antes que el contrario se ponga en defensa. Todo esto digo, alta y preciosa[11]
señora, porque me parece que la estada° nuestra en este castillo ya es sin   stay
provecho, y podría sernos de tanto daño, que lo echásemos de ver algún día,
porque ¿quién sabe si por ocultas° espías y diligentes habrá sabido ya vuestro   hidden
enemigo el gigante de que yo voy a destruille, y dándole lugar el tiempo, se
25 fortificase en algún inexpugnable° castillo o fortaleza contra quien valiesen   impregnable
poco mis diligencias y la fuerza de mi incansable° brazo? Así que, señora mía,   tireless
prevengamos, como tengo dicho, con nuestra diligencia sus designios, y
partámonos luego a la buena ventura, que no está más de tenerla vuestra
grandeza como desea, de cuanto yo tarde de verme con vuestro contrario."[12]
30   Calló y no dijo más don Quijote, y esperó con mucho sosiego la
respuesta de la fermosa infanta, la cual, con ademán señoril° y acomodado al   lordly
estilo de don Quijote, le respondió desta manera:
    "Yo os agradezco, señor caballero, el deseo que mostráis tener de
favorecerme en mi gran cuita, bien así como caballero, a quien es anejo y
35 concerniente favorecer los huérfanos y menesterosos, y quiera el cielo que
el vuestro y mi deseo se cumplan para que veáis que hay agradecidas
mujeres en el mundo. Y en lo de mi partida, sea luego, que yo no tengo
más voluntad que la vuestra: disponed° vos de mí a toda vuestra guisa y   order

---

[8] The **Pax Octaviana** or **Pax romana** refers to the period of relative tranquility in
ancient Rome between 27 B.C. and 180 A.D.
[9] This seems to be a reference to Matthew 20:16 "Muchos son los llamados y pocos los
escogidos."
[10] Some editions add **más** or **mejor** here. Schevill adds a bracketed **más**.
[11] A number of editors change this to **preciada**, starting with the Brussels 1607 edition.
[12] **De cuanto...** *by my delay in confronting your enemy*

talante, que la que una vez os entregó la defensa de su persona y puso en vuestras manos la restauración de sus señoríos, no ha de querer ir contra lo que la vuestra prudencia ordenare."

"A la mano de Dios," dijo don Quijote, "pues así es que una señora se
5 me humilla,[13] no quiero yo perder la ocasión de levantalla y ponella en su heredado trono;° la partida sea luego, porque me va poniendo espuelas al   throne deseo, y al camino, lo que suele decirse que en la tardanza está el peligro, y pues no ha criado el cielo ni visto el infierno ninguno° que me espante°   **ningún** *peligro,* ni acobarde, ensilla, Sancho, a Rocinante, y apareja tu jumento y el palafrén   frighten
10 de la reina, y despidámonos del castellano y destos señores, y vamos de aquí luego al punto."

Sancho, que a todo estaba presente, dijo, meneando la cabeza a una parte y a otra:[14]

"¡Ay, señor, señor, y «cómo hay más mal en el aldegüela que se
15 suena»,[15] con perdón sea dicho de las tocadas honradas!"[16]

"¿Qué mal puede haber en ninguna aldea, ni en todas las ciudades del mundo, que pueda sonarse° en menoscabo mío, villano?"   resound

"Si vuestra merced se enoja," respondió Sancho, "yo callaré y dejaré de[17] decir lo que soy obligado como buen escudero, y como debe un buen
20 criado decir a su señor."

"Di lo que quisieres," replicó don Quijote, "como tus palabras no se encaminen a ponerme miedo, que si tú le tienes, haces como quien eres, y si yo no le tengo, hago como quien soy."

"No es eso, pecador fui yo a Dios," respondió Sancho, "sino que yo
25 tengo por cierto y por averiguado que esta señora que se dice ser reina del gran reino Micomicón no lo es más que mi madre, porque a ser lo que ella dice,[18] no se anduviera hocicando° con alguno de los que están 'en la   kissing rueda,° a vuelta de cabeza y a cada traspuesta.°"   present, fleeting oc-

Paróse colorada con las razones de Sancho Dorotea, porque era verdad   casion
30 que su esposo don Fernando alguna vez, a hurto de otros ojos, había cogido con los labios parte del premio que merecían sus deseos—lo cual había visto Sancho, y pareciéndole que aquella desenvoltura más era de dama cortesana que de reina de tan gran reino—, y no pudo ni quiso responder palabra a Sancho, sino dejóle proseguir en su plática, y él fue diciendo:
35 "Esto digo, señor, porque si al cabo de haber andado caminos y carreras y pasado malas noches y peores días, ha de venir a coger el fruto de nuestros trabajos el que se está holgando en esta venta, no hay para qué darme priesa a que ensille a Rocinante, albarde el jumento y aderece al palafrén, pues será mejor que nos estemos quedos, y «cada puta hile, y

[13] **Pues así...** *since a lady humbles herself to me thus*
[14] **Meneando...** *shaking his head*
[15] **«Cómo...** *there is more mischief in the village than you hear of*
[16] **Con perdón...** *begging the pardon of the good people.* Sancho should have said **tocas** *hats,* but frequently makes mistakes, and this one is particularly apt since he will mention how Dorotea has been touched by Fernando..
[17] **De** was missing in the first three editons.
[18] **A ser...** *if she were what she says*

comamos»."[19]

¡Oh, válame Dios, y cuán grande que fue el enojo que recibió don Quijote oyendo las descompuestas palabras de su escudero! Digo que fue tanto, que con voz atropellada y tartamuda° lengua, lanzando vivo fuego por   stammering
5 los ojos, dijo:

"¡Oh, bellaco villano, mal mirado, descompuesto, ignorante, infacundo,° deslenguado,° atrevido, murmurador° y maldiciente!° ¿tales   incoherent, foul
palabras has osado decir en mi presencia y en la destas ínclitas° señoras?   mouthed, gossip,
Y ¿tales deshonestidades y atrevimientos osaste poner en tu confusa   slanderer; illustrious
10 imaginación? ¡Vete de mi presencia, monstruo de naturaleza, depositario de
mentiras, almario° de embustes, silo de bellaquerías, inventor de maldades,   cabinet
publicador° de sandeces, enemigo del decoro que se debe a las reales   publisher
personas! ¡Vete: no parezcas delante de mí, so pena de mi ira!"

Y diciendo esto, enarcó las cejas, hinchó los carrillos, miró a todas
15 partes, y dio con el pie derecho una gran patada° en el suelo, señales todas   stamp
de la ira que encerraba° en sus entrañas. A cuyas palabras y furibundos°   held, raging
ademanes quedó Sancho tan encogido° y medroso, que se holgara que en   cowering
aquel instante se abriera debajo de sus pies la tierra y le tragara. Y no supo
qué hacerse, sino volver las espaldas y quitarse de la enojada presencia de
20 su señor. Pero la discreta Dorotea, que tan entendido tenía ya el humor de
don Quijote, dijo para templarle° la ira: to appease

"No 'os despechéis,° señor Caballero de la Triste Figura, de las   get angry
sandeces que vuestro buen escudero ha dicho, porque quizá no las debe de
decir sin ocasión, ni de su buen entendimiento y cristiana conciencia se
25 puede sospechar que levante testimonio° a nadie, y sí, se ha de creer, sin   false testimony
poner duda en ello, que, como en este castillo, según vos, señor caballero,
decís, todas las cosas van y suceden por modo de encantamento, podría ser,
digo, que Sancho hubiese visto por esta diabólica vía lo que él dice que vio
tan en ofensa de mi honestidad."

30 "Por el omnipotente Dios juro," dijo a esta sazón don Quijote, "que la
vuestra grandeza ha 'dado en el punto,° y que alguna mala visión se le puso   hit the mark
delante a este pecador de Sancho, que le hizo ver lo que fuera° imposible   sería
verse de otro modo que por el de encantos no fuera, que sé yo bien de la
bondad e inocencia deste desdichado, que no sabe levantar testimonios a
35 nadie."

"Ansí es y ansí será," dijo don Fernando, "por lo cual debe vuestra
merced, señor don Quijote, perdonalle y reducille al gremio de su gracia,
sicut erat in principio,[20] antes que las tales visiones le sacasen de juicio."

Don Quijote respondió que él le perdonaba, y el cura fue por Sancho,
40 el cual vino muy humilde y hincándose de rodillas, pidió la mano a su amo,
y él se la dio, y después de habérsela dejado besar, le echó la bendición,
diciendo:

"Agora acabarás de conocer, Sancho hijo, ser verdad lo que yo otras
muchas veces te he dicho, de que todas las cosas de este castillo son hechas
45 por vía de encantamento."

---

[19] **Cada...** *every prostitute spin, and let's eat.* In rough times, the pimp would have
the prositutes do other types of work so that they all could be supported.

[20] *As it was in the beginning...* from the Latin Gloria Patri.

"Así lo creo yo," dijo Sancho, "excepto aquello de la manta, que realmente sucedió por vía ordinaria."

"No lo creas," respondió don Quijote, "que si así fuera, yo te vengara entonces, y aun agora. Pero ni entonces ni agora pude, ni vi en quién tomar
5 venganza de tu agravio."

Desearon saber todos qué era aquello de la manta, y el ventero les contó, punto por punto, la volatería° de Sancho Panza, de que no poco se   flight
rieron todos, y de que no menos se corriera Sancho, si de nuevo no le asegurara su amo que era encantamento, puesto que jamás llegó la sandez
10 de Sancho a tanto, que creyese no ser verdad pura y averiguada, sin mezcla de engaño alguno, lo de haber sido manteado por personas de carne y hueso, y no por fantasmas soñadas ni imaginadas, como su señor lo creía y lo afirmaba.

Dos días eran ya pasados los que había que toda aquella ilustre
15 compañía estaba en la venta,[21] y pareciéndoles que ya era tiempo de partirse, dieron orden para que, sin ponerse al trabajo de volver Dorotea y don Fernando con don Quijote[22] a su aldea con la invención de la libertad de la reina Micomicona, pudiesen el cura y el barbero llevárselo como deseaban, y procurar la cura° de su locura en su tierra. Y lo que ordenaron   cure
20 fue que se concertaron° con un carretero de bueyes que acaso acertó a pasar   arranged
por allí, para que lo llevase en esta forma: hicieron una como jaula° de   cage
'palos enrejados,° capaz° que pudiese en ella caber holgadamente° don   wooden bars, spa-
Quijote, y luego don Fernando y sus camaradas, con los criados de don Luis   cious, comfortably
y los cuadrilleros, juntamente con el ventero, todos por orden y parecer del
25 cura, se cubrieron los rostros y se disfrazaron,° quién de una manera y   disguised
quién de otra, de modo que a don Quijote le pareciese ser otra gente de la que en aquel castillo había visto.

Hecho esto, con grandísimo silencio se entraron adonde él estaba durmiendo y descansando de las pasadas refriegas. Llegáronse a él, que
30 libre y seguro de tal acontecimiento dormía, y asiéndole fuertemente, le ataron muy bien las manos y los pies, de modo que, cuando él despertó con sobresalto, no pudo menearse ni hacer otra cosa más que admirarse y suspenderse de ver delante de sí tan estraños visajes.° Y luego dio en la   faces
cuenta de lo que su continua y desvariada imaginación le representaba,[23] y
35 se creyó que todas aquellas figuras eran fantasmas de aquel encantado castillo, y que, sin duda alguna, ya estaba encantado, pues no se podía menear ni defender: todo 'a punto° como había pensado que sucedería el   exactly
cura, trazador desta máquina. Sólo Sancho, de todos los presentes, estaba en su mesmo juicio y en su mesma figura, el cual, aunque le faltaba bien
40 poco para tener la mesma enfermedad de su amo, no dejó de conocer quién eran todas aquellas contrahechas° figuras. Mas no osó descoser° su boca   disguised, unsew
hasta ver en qué paraba aquel asalto y prisión de su amo. El cual tampoco hablaba palabra, atendiendo a ver el paradero de su desgracia, que fue que, trayendo allí la jaula, le encerraron dentro y le clavaron° los maderos° tan   nailed down, bars

---

[21] **Dos días...** *the illustrious company was in the inn for two days*
[22] **Sin...** *so that Dorotea and don Fernando wouldn't have to return with don Quijote*
[23] **Dio en la...** *he came to realize what his never-ending and extravagant imagination represented to him*

fuertemente, que no se pudieran romper 'a dos tirones.°   in a million years
Tomáronle luego en hombros, y al salir del aposento, se oyó una voz
temerosa, todo cuanto la supo formar el barbero, no el del albarda, sino el
otro, que decía:

5   "¡Oh, Caballero de la Triste Figura, no te dé afincamiento° la prisión   grief
en que vas, porque así conviene para acabar más presto la aventura en que
tu gran esfuerzo te puso! La cual se acabará cuando el furibundo león
manchado²⁴ con la blanca 'paloma tobosina° yoguieren° en uno, ya después   Tobosan dove, lie
de humilladas las altas cervices al blando yugo matrimoñesco,²⁵ de cuyo
10   inaudito consorcio° saldrán a la luz del orbe° los bravos cachorros° que   union, world, cubs
imitarán las 'rumpantes garras° del valeroso padre. Y esto será antes que el   rampant claws
seguidor de la fugitiva ninfa²⁶ faga dos vegadas° la visita de las 'lucientes   **veces**
imágines,° con su rápido y natural curso. Y tú, ¡oh, el más noble y   zodiac signs
obediente escudero que tuvo espada 'en cinta,° barbas en rostro y olfato° en   at his side, sense of
15   las narices! no te desmaye ni descontente ver llevar ansí delante de tus ojos   smell
mesmos a la flor de la caballería andante, que presto, si al plasmador° del   framer
mundo le place, te verás tan alto y tan sublimado,° que no 'te conozcas, y   exalted
no 'saldrán defraudadas° las promesas que te ha fecho tu buen señor. Y   will not prove false
asegúrote, de parte de la sabia Mentironiana, que tu salario te sea pagado,
20   como lo verás 'por la obra,° y sigue las pisadas° del valeroso y encantado   in due course, steps
caballero, que conviene que vayas donde paréis entrambos, y porque no me
es lícito decir otra cosa, a Dios quedad, que yo me vuelvo a donde yo me
sé."
Y al acabar de la profecía, alzó la voz de punto,° y diminuyóla   tone
25   después, con tan tierno acento,° que aun los sabidores de la burla estuvieron   sound
por creer que era verdad lo que oían. Quedó don Quijote consolado con la
escuchada profecía, porque luego coligió 'de todo en todo° la significación   completely
de ella, y vio que le prometían el verse ayuntado²⁷ en santo y debido
matrimonio con su querida Dulcinea del Toboso, de cuyo felice vientre°   womb
30   saldrían los cachorros, que eran sus hijos, para gloria perpetua de la
Mancha. Y creyendo esto bien y firmemente, alzó la voz, y dando un gran
suspiro, dijo:
"¡Oh, tú, quienquiera que seas, que tanto bien me has pronosticado!°   foretold
—ruégote que pidas de mi parte al sabio encantador que mis cosas tiene a
35   cargo, que no me deje perecer en esta prisión donde agora me llevan, hasta
ver cumplidas tan alegres e incomparables promesas como son las que aquí
se me han hecho, 'que como esto sea,° tendré por gloria las penas de mi   if this happens
cárcel y por alivio estas cadenas que me ciñen, y no por duro campo de
batalla este lecho en que 'me acuestan,° sino por cama blanda y tálamo°   lie me down, nuptial
40   dichoso. Y en lo que toca a la consolación de Sancho Panza, mi escudero,   bed
yo confío de su bondad y buen proceder que no me dejará, en buena ni en
mala suerte, porque cuando no suceda, por la suya o por mi corta ventura,

²⁴ **Manchado** is *spotted*, but here it obliquely hints at **manchego**.
²⁵ **Después…** *after they shall have bowed their high necks under the soft matrimonial
yoke*
²⁶ The fleeing nymph is Daphne and her follower is Apollo, the sun.
²⁷ The first three Cuesta editions have **ayuntados** here, seen as an error by most
editors, including Schevill.

el poderle yo dar la ínsula,[28] o otra cosa equivalente que le tengo prometida, por lo menos, su salario no podrá perderse, que en mi testamento, que ya está hecho, dejo declarado lo que se le ha de dar, no conforme a sus muchos y buenos servicios, sino a la posibilidad mía."

Sancho Panza se le inclinó con mucho comedimiento, y le besó entrambas las manos, porque la una no pudiera, por estar atadas entrambas. Luego tomaron la jaula en hombros aquellas visiones, y la acomodaron en el carro de los bueyes.

Capítulo XLVII. Del estraño modo con que fue encantado don Quijote de la Mancha, con otros famosos sucesos.[1]

CUANDO DON Quijote se vio de aquella manera enjaulado y encima del carro, dijo:

"Muchas y muy graves historias he yo leído de caballeros andantes, pero jamás he leído, ni visto, ni oído, que a los caballeros encantados los lleven desta manera[2] y 'con el espacio° que prometen estos perezosos y tardíos° animales, porque siempre los suelen llevar por los aires, con estraña ligereza, encerrados en alguna parda° y escura nube, o en algún carro de fuego, o ya sobre algún hipogrifo[3] o otra bestia semejante. Pero que me lleven a mí agora sobre un carro de bueyes ¡vive Dios que me pone en confusión! Pero quizá la caballería y los encantos destos nuestros tiempos deben de seguir otro camino que siguieron los antiguos. Y también podría ser que, como yo soy nuevo caballero en el mundo y el primero que ha resucitado el ya olvidado ejercicio de la caballería aventurera,° también nuevamente se hayan inventado otros géneros de encantamentos, y otros modos de llevar a los encantados. ¿Qué te parece desto, Sancho hijo?"

"No sé yo lo que me parece," respondió Sancho, "por no ser tan leído como vuestra merced en las escrituras° andantes. Pero, con todo eso, osaría afirmar y jurar que estas visiones que por aquí andan, que no son del todo católicas."[4]

"¿Católicas? ¡Mi padre!" respondió don Quijote, "¿cómo han de ser católicas, si son todos demonios que han tomado cuerpos fantásticos para venir a hacer esto, y a ponerme en este estado? Y si quieres ver esta verdad, tócalos y pálpalos,° y verás como no tienen cuerpo sino de aire, y como no consiste más de en la apariencia."

"Par° Dios, señor," replicó Sancho, "ya yo los he tocado, y este diablo

despacio
slow
dark

errant

writings

feel them

por

---

[28] **Cuando no...** *if it doesn't happen, through his or my bad luck, that I can't give him an island*

[1] Here is another case of a so-called misplaced chapter heading—since Don Quijote is already enchanted.

[2] Don Quijote may not have heard of it, but Cervantes doubtless did, since this episode reflects the way Lancelot was transported in the French epic *Le Chevalier de la charrette,* **carro** in Spanish.

[3] The **hipogrifo** was a clawed flying horse with the face of a griffin.

[4] **No es católico** means *It sounds fishy.*

que aquí anda tan solícito° es rollizo de carnes, y tiene otra propiedad muy   diligently
diferente de la que yo he oído decir que tienen los demonios. Porque, según
se dice, todos huelen a piedra azufre y a otros malos olores, pero éste huele
a ámbar 'de media legua.°"   at half a league
5   Decía esto Sancho por° don Fernando, que, como tan señor, debía de   about
oler a lo que Sancho decía.

"No te maravilles deso, Sancho amigo," respondió don Quijote,
"porque te hago saber que los diablos saben mucho, y puesto que traigan
olores consigo, ellos no 'huelen nada,° porque son espíritus, y si huelen, no   huelen *a* nada
10   pueden oler cosas buenas, sino malas y hidiondas.° Y la razón es, que,   foul-smelling
como ellos dondequiera que están, traen el infierno consigo y no pueden
recebir género de alivio alguno en sus tormentos, y el buen olor sea cosa
que deleita y contenta, no es posible que ellos huelan cosa buena. Y si a ti
te parece que ese demonio que dices huele a ámbar, o tú te engañas, o él
15   quiere engañarte con hacer que no le tengas por demonio."

Todos estos coloquios pasaron entre amo y criado, y temiendo don
Fernando y Cardenio que Sancho no viniese a caer del todo en la cuenta de
su invención, a quien andaba ya muy en los alcances,[5] determinaron de
abreviar con la partida, y llamando aparte al ventero, le ordenaron que
20   ensillase a Rocinante y enalbardase el jumento de Sancho, el cual lo hizo
con mucha presteza.

Ya, en esto, el cura se había concertado con los cuadrilleros que le
acompañasen hasta su lugar, dándoles un tanto cada día.[6] Colgó Cardenio
del arzón de la silla de Rocinante, del un cabo la adarga y del otro la bacía,
25   y por señas mandó a Sancho que subiese en su asno y tomase de las riendas
a Rocinante, y puso a los dos lados del carro a los dos cuadrilleros, con sus
escopetas. Pero antes que se moviese el carro, salió la ventera, su hija y
Maritornes a despedirse de don Quijote, fingiendo que lloraban de dolor de
su desgracia, a quien don Quijote dijo:

30   "No lloréis, mis buenas señoras, que todas estas desdichas son anexas
a los que profesan lo que yo profeso, y si estas calamidades no me
acontecieran, no me tuviera yo por famoso caballero andante. Porque a los
caballeros de poco nombre y fama nunca les suceden semejantes casos,
porque no hay en el mundo quien se acuerde dellos. A los valerosos, sí, que
35   tienen envidiosos de su virtud y valentía a muchos príncipes y a muchos
otros caballeros,[7] que procuran por malas vías destruir a los buenos. Pero,
con todo eso, la virtud es tan poderosa, que por sí sola, a pesar de toda la
nigromancia° que supo su primer inventor Zoroastes,[8] saldrá vencedora de   black magic
todo trance y dará de sí luz en el mundo, como la da el sol en el cielo.
40   Perdonadme, fermosas damas, si algún desaguisado por descuido mío os he
fecho, que de voluntad y 'a sabiendas° jamás le di a nadie. Y rogad a Dios   knowingly
me saque destas prisiones donde algún mal intencionado encantador me ha

---

[5] **Andaba...** *he had almost figured it out*
[6] **Dándoles...** *paying them a bit every day*
[7] **Tienen...** *they have caused many princes and other knights to be envious of their virtue*
[8] Zoroaster (also known as Zarathustra) (628–*ca.* 551 B.C). Persian priest who, in legend, is connected with occult knowledge and magic.

puesto, que si de ellas me veo libre, no se me caerá de la memoria las
mercedes que en este castillo me habedes fecho, para gratificallas,° servillas   reward them
y recompensallas como ellas merecen."
    En tanto que las damas del castillo esto pasaban con don Quijote, el
5 cura y el barbero se despidieron de don Fernando y sus camaradas, y del
capitán y de su hermano y todas aquellas contentas señoras, especialmente
de Dorotea y Luscinda. Todos se abrazaron y quedaron° de darse noticia de   agreed
sus sucesos, diciendo don Fernando al cura dónde había de escribirle para
avisarle en lo que paraba don Quijote, asegurándole que no habría cosa que
10 más gusto le diese que saberlo, y que él asimesmo le avisaría de todo
aquello que él viese que podría darle gusto, así de su casamiento, como del
bautismo de Zoraida, y suceso de don Luis, y vuelta de Luscinda a su casa.
El cura ofreció de hacer cuanto se le mandaba, con toda puntualidad.
Tornaron a abrazarse otra vez, y otra vez tornaron a nuevos ofrecimientos.
15   El ventero se llegó al cura y le dio unos papeles, diciéndole que los
había hallado en un aforro° de la maleta donde se halló la *Novela del*   lining
curioso impertinente, y que pues su dueño no había vuelto más por allí, que
se los llevase todos, que pues él no sabía leer, no los quería. El cura se lo
agradeció, y abriéndolos luego, vio que al principio de lo escrito decía:
20 *Novela de Rinconete y Cortadillo*,[9] por donde entendió ser alguna novela,
y coligió que, pues la del *Curioso impertinente* había sido buena, que
también lo sería aquélla, pues podría ser fuesen todas de un mesmo autor.
Y así, la guardó con prosupuesto de leerla cuando tuviese comodidad.
    Subió a caballo, y también su amigo el barbero, con sus antifaces,°   masks
25 porque no fuesen luego conocidos de don Quijote, y pusiéronse a caminar
tras el carro, y la orden que llevaban era ésta: iba primero el carro,
guiándole su dueño, a los dos lados iban los cuadrilleros, como se ha dicho,
con sus escopetas. Seguía luego Sancho Panza sobre su asno, llevando de
rienda a Rocinante. Detrás de todo esto iban el cura y el barbero sobre sus
30 poderosas mulas, cubiertos los rostros, como se ha dicho, con grave y
reposado continente, no caminando más de lo que permitía el paso tardo°   slow
de los bueyes. Don Quijote iba sentado en la jaula, las manos atadas,
tendidos los pies, y arrimado a las verjas,° con tanto silencio y tanta   bars
paciencia, como si no fuera hombre de carne, sino estatua de piedra.
35   Y así, con aquel espacio y silencio caminaron hasta dos leguas, que
llegaron a un valle, donde le pareció al boyero° ser lugar acomodado para   wagoner
reposar y dar pasto a los bueyes. Y comunicándolo con el cura, fue de
parecer el barbero que caminasen un poco más, porque él sabía detrás de
un recuesto° que cerca de allí se mostraba, había un valle de más yerba y   slope
40 mucho mejor que aquel donde parar querían. Tomóse el parecer del barbero,
y así, tornaron a proseguir su camino.
    En esto volvió el cura el rostro y vio que 'a sus espaldas° venían hasta   behind him
seis o siete hombres de a caballo, bien puestos y aderezados,° de los cuales   equipped
fueron presto alcanzados, porque caminaban, no con la flema y reposo de
45 los bueyes, sino como quien iba sobre mulas de canónigos,[10] y con deseo

---

[9] This **novela** was published as the third of Cervantes' twelve *Novelas ejemplares*
(1613).
[10] Canons were staff priests in a cathedral.

de llegar presto a sestear a la venta, que menos de una legua de allí se
parecía. Llegaron los diligentes° a los perezosos, y saludáronse cortésmente,   speedy ones
y uno de los que venían, que, en resolución, era canónigo de Toledo y
señor de los demás que le acompañaban, viendo la concertada° procesión   orderly
5   del carro, cuadrilleros, Sancho, Rocinante, cura y barbero, y más a don
Quijote enjaulado° y aprisionado,° no pudo dejar de preguntar qué   caged, imprisoned
significaba llevar aquel hombre de aquella manera, aunque ya se había dado
a entender, viendo las insignias° de los cuadrilleros, que debía de ser algún   badges
facinoroso salteador o otro delincuente, cuyo castigo tocase a la Santa
10   Hermandad. Uno de los cuadrilleros, a quien fue hecha la pregunta,
respondió ansí:
        "Señor, lo que significa ir este caballero desta manera dígalo él, porque
nosotros no lo sabemos."
        Oyó don Quijote la plática, y dijo:
15   "¿Por dicha vuestras mercedes, señores caballeros, son versados y
perictos° en esto de la caballería andante? Porque si lo son, comunicaré con   experienced
ellos[11] mis desgracias, y si no, no hay para qué me canse en decillas."
        Y a este tiempo habían ya llegado el cura y el barbero, viendo que los
caminantes estaban en pláticas con don Quijote de la Mancha, para
20   responder de modo que no fuese descubierto su artificio. El canónigo, a lo
que don Quijote dijo, respondió:
        "En verdad, hermano, que sé más de libros de caballerías que de las
Súmulas de Villalpando.[12] Ansí que, 'si no está más que en esto,°   if that's all
seguramente podéis comunicar conmigo lo que quisiéredes."
25   "A la mano de Dios," replicó don Quijote. "Pues así es, quiero, señor
caballero, que sepades que yo voy encantado en esta jaula por envidia y
fraude de malos encantadores, que la virtud más es perseguida de los malos
que amada de los buenos. Caballero andante soy, y no de aquellos de cuyos
nombres jamás la fama se acordó para eternizarlos° en su memoria, sino de   immortalize
30   aquellos que a despecho y pesar de la mesma envidia, y de cuantos magos
crió Persia, bracmanes la India, ginosofistas la Etiopia,[13] ha de poner su
nombre en el templo de la inmortalidad, para que sirva de ejemplo y
dechado° en los venideros siglos, donde los caballeros andantes vean los   model
pasos que han de seguir, si quisieren llegar a la cumbre y alteza honrosa de
35   las armas."
        "Dice verdad el señor don Quijote de la Mancha," dijo a esta sazón el
cura, "que él va encantado en esta carreta, no por sus culpas y pecados,
sino por la mala intención de aquellos a quien la virtud enfada y la valentía
enoja. Éste es, señor, el Caballero de la Triste Figura, si ya le oístes
40   nombrar en algún tiempo, cuyas valerosas hazañas y grandes hechos serán

---

[11] Since **vuestra merced** *your grace* is a feminine third-person verb form, you should
expect to find **ellas** here. But since **señores caballeros** follows, don Quijote uses the
masculine form. It means *you*, of course.
        [12] Gaspar Cardillo de Villalpando was a professor of Theology at the University of
Alcalá where his *Summa summularum* (colloquially the *Súmulas*) was required reading.
        [13] Brahmans are Indian priests; gymnosophists refer here to the chief priestly caste of
the ancient Ethiopians, mentioned in Heliodorus' *Ethiopian Story*, Book 10.

escritas en bronces duros y en eternos mármoles, por más que se canse la
envidia en escurecerlos y la malicia en ocultarlos.°"   hiding them
    Cuando el canónigo oyó hablar al preso y al libre en semejante estilo,
estuvo por hacerse la cruz de admirado,[14] y no podía saber lo que le había
5 acontecido, y en la mesma admiración cayeron todos los que con él venían.
En esto Sancho Panza, que se había acercado a oír la plática, para adobarlo°   to clarify
todo, dijo:
    "Ahora, señores, quiéranme bien o quiéranme mal por lo que dijere, el
caso de ello es que así va encantado mi señor don Quijote como mi madre.
10 Él tiene su entero juicio, él come y bebe y hace sus necesidades como los
demás hombres, y como las hacía ayer, antes que le enjaulasen.° Siendo   put in the cage
esto ansí, ¿cómo quieren hacerme a mí entender que va encantado? Pues yo
he oído decir a muchas personas que los encantados ni comen, ni duermen,
ni hablan, y mi amo, si no le van a la mano, hablará más que treinta
15 procuradores."
    Y volviéndose a mirar al cura, prosiguió diciendo:
    "¡Ah, señor cura, señor cura! ¿Pensaba vuestra merced que no le
conozco, y pensará que yo no calo° y adivino adónde se encaminan estos   understand
nuevos encantamentos? Pues sepa que le conozco, por más que se encubra
20 el rostro, y sepa que le entiendo, por más que disimule sus embustes. En
fin, donde reina° la envidia no puede vivir la virtud, ni adonde hay   reigns
escaseza,° la liberalidad. Mal haya el diablo, que si por su reverencia no   stinginess
fuera,[15] ésta fuera ya la hora que mi señor estuviera casado con la infanta
Micomicona, y yo fuera conde por lo menos, pues no se podía esperar otra
25 cosa, así de la bondad de mi señor, el de la Triste Figura, como de la
grandeza de mis servicios. Pero ya veo que es verdad lo que se dice por ahí,
que la rueda de la fortuna anda 'más lista° que una rueda de molino, y que   faster
los que ayer estaban 'en pinganitos,° hoy están por el suelo. De mis hijos y   prosperous
de mi mujer me pesa, pues cuando podían y debían esperar ver entrar a su
30 padre por sus puertas hecho gobernador o visorrey° de alguna ínsula o   viceroy
reino, le verán entrar hecho 'mozo de caballos.° Todo esto que he dicho,   stable boy
señor cura, no es más de por encarecer° a 'su paternidad° haga conciencia   stress, "you"
del mal tratamiento que a mi señor se le hace, y mire bien no le pida Dios
en la otra vida esta prisión de mi amo,[16] y 'se le haga cargo° de todos   he charges
35 aquellos socorros y bienes que mi señor don Quijote deja de hacer en este
tiempo que está preso."
    "¡Adóbame esos candiles!"[17] dijo a este punto el barbero. "¿También
vos, Sancho, sois de la cofradía de vuestro amo? ¡Vive el Señor que voy
viendo que le habéis de tener compañía en la jaula, y que habéis de quedar
40 tan encantado como él por lo que os toca de su humor y de su caballería!
En mal punto 'os empreñastes° de sus promesas, y en mal hora se os entró   impregnated yourself
en los cascos la ínsula que tanto deseáis."
    "Yo no estoy preñado de nadie," respondió Sancho, "ni soy hombre que

---

[14] **Estuvo...** *he was about to cross himself in wonder*
[15] **Si...** *if it weren't for you*
[16] **Mire...** *watch out that God doesn't hold you accountable in the other world for
making my master a prisoner*
[17] **¡Adóbame...** *I don't believe it!*

me dejaría empreñar 'del rey que fuese,° y aunque pobre, soy cristiano viejo   by the king himself
y no debo nada a nadie, y si ínsulas deseo, otros desean otras cosas peores,
y cada uno es hijo de sus obras, y 'debajo de ser hombre,° puedo venir a   being a man
ser papa, cuanto más gobernador de una ínsula, y más pudiendo ganar
5   tantas mi señor, que le falte a quien dallas. Vuestra merced mire cómo
habla, señor barbero, que no es todo hacer barbas, y algo va de Pedro a
Pedro. Dígolo, porque todos nos conocemos, y 'a mí no se me ha de echar
dado falso.° Y en esto del encanto de mi amo, Dios sabe la verdad, y   you can't deceive m
quédese aquí, porque es peor meneallo."
10   No quiso responder el barbero a Sancho, porque no descubriese con sus
simplicidades lo que él y el cura tanto procuraban encubrir. Y por este
mesmo temor había el cura dicho al canónigo que caminasen un poco
delante, que él le diría el misterio del enjaulado, con otras cosas que le
diesen gusto. Hízolo así el canónigo, y adelantóse con sus criados, y con él
15   estuvo atento a todo aquello que decirle quiso de la condición, vida, locura
y costumbres de don Quijote, contándole brevemente el principio y causa
de su desvarío, y todo el progreso de sus sucesos hasta haberlo puesto en
aquella jaula, y el disignio que llevaban de llevarle a su tierra, para ver si
por algún medio hallaban remedio a su locura. Admiráronse de nuevo los
20   criados y el canónigo de oír la peregrina historia de don Quijote, y en
acabándola de oír, dijo:
"Verdaderamente, señor cura, yo hallo por mi cuenta que son
perjudiciales en la república estos que llaman libros de caballerías. Y
aunque he leído,[18] llevado de un ocioso y falso gusto, casi el principio de
25   'todos los más° que hay impresos, jamás me he podido acomodar a leer   the majority
ninguno del principio al cabo, porque me parece que, cuál más, cuál menos,
todos ellos son una mesma cosa, y no tiene más éste que aquél, ni estotro
que el otro. Y según a mí me parece, este género de escritura y
composición cae debajo de aquel de las fábulas que llaman milesias,[19] que
30   son cuentos disparatados que atienden solamente a deleitar, y no a enseñar,
al contrario de lo que hacen las fábulas apólogas,[20] que deleitan y enseñan
juntamente. Y puesto que el principal intento de semejantes libros sea el
deleitar, no sé yo cómo puedan conseguirle, yendo llenos de tantos y tan
desaforados disparates.
35   "Que el deleite que en el alma se concibe ha de ser de la hermosura y
concordancia° que vee o contempla en las cosas que la vista o la   harmony
imaginación le ponen delante, y toda cosa que tiene en sí fealdad° y   ugliness
descompostura° no nos puede causar contento alguno. Pues ¿qué hermosura   disproportion
puede haber, o qué proporción de partes con el todo y del todo con las
40   partes en un libro o fábula° donde un mozo de diez y seis años[21] da una   fable
cuchillada a un gigante como una torre, y le divide en dos mitades, como
si fuera de alfeñique,° y que cuando nos quieren pintar una batalla, después   almond paste
de haber dicho que hay de la parte° de los enemigos un millón de   side

---

[18] **He leído**—the first edition has **el oýdo**, corrected in the third edition.
[19] The Greek Milesian tales were pure fiction with no moral to extract.
[20] In contrast with the Milesian tales, the Phrygian apologues did have some moral
teaching that could be extracted.
[21] This alludes to Belianís de Grecia who cut a giant in half (I,18).

competientes,° como sea contra ellos el señor del libro,[22] forzosamente, mal   combatants
que nos pese,[23] habemos de entender que el tal caballero alcanzó la vitoria
por sólo el valor de su fuerte brazo?

    "Pues ¿qué diremos de la facilidad con que una reina o emperatriz
5 heredera° se conduce en los brazos de un andante y no conocido caballero?   heiress
¿Qué ingenio, si no es del todo bárbaro e inculto,° podrá contentarse   uncultured
leyendo que una gran torre, llena de caballeros, va por la mar adelante,
como nave° con próspero viento, y hoy anochece en Lombardía,[24] y mañana   ship
amanezca en tierras del preste Juan de las Indias,[25] o en otras que ni las
10 descubrió Tolomeo ni las vio Marco Polo?[26] Y si a esto se me respondiese
que los que tales libros componen los escriben como cosas de mentira,° y   fiction
que así no están obligados a mirar en delicadezas° ni verdades, responder-   fine points
les-ía[27] yo que tanto la mentira es mejor cuanto más parece verdadera, y
tanto más agrada cuanto tiene más de lo dudoso° y posible. Hanse de casar   truthfulness
15 las fábulas mentirosas con el entendimiento de los que las leyeren,
escribiéndose de suerte que, facilitando los imposibles, allanando las
grandezas, suspendiendo los ánimos, admiren, suspendan, alborocen y
entretengan, de modo que anden a un mismo paso la admiración y la alegría
juntas, y todas estas cosas no podrá hacer el que huyere de la verisimilitud
20 y de la imitación, en quien consiste la perfeción de lo que se escribe.[28]

    "No he visto ningún libro de caballerías que haga un cuerpo de fábula°   plot
entero con todos sus miembros, de manera que el medio corresponda al
principio y el fin al principio y al medio, sino que los componen con tantos
miembros, que más parece que llevan intención a formar una quimera[29] o
25 un monstruo que a hacer una figura proporcionada. Fuera desto, son en el
estilo duros; en las hazañas, increíbles; en los amores, lascivos; en las
cortesías,° 'mal mirados;° largos en las batallas; necios en las razones;   compliments, uncouth
disparatados en los viajes, y finalmente, ajenos de todo discreto artificio, y
por esto, dignos de ser desterrados de la república cristiana, como a gente
30 inútil."

---

[22] **Como sea...** *and the hero of the book is against them*

[23] **Mal...** *in spite of ourselves*

[24] Lombardy is the northern Italian region that borders on Switzerland. Its largest city is Milan.

[25] Preste Juan de las Indias supposedly ruled a large portion of Asia in the thirteenth century.

[26] The first edition says **descubrió** as transcribed here. Some editors, realizing that the Egyptian geographer Ptolemy (127–145 A.D.) was not a navigator but rather a writer of treatises, change this to **describió**. I prefer to leave the error with the canon. Ptolemy knew the earth was round, and thought it was the center of the universe. Marco Polo was the Venetian merchant (1254-1324) who traveled to China where he spent 17 years.

[27] **Les respondería** in a very archaic style.

[28] **Escribiéndose...** *written in such a way that impossible things seem possible, excesses are smoothed over, the mind is kept in suspense, so that they astonish, stimulate, delight, and entertain in such a way that admiration and pleasure move together; and the person who flees from credibility and imitation—of which the perfection of what one writes consists—cannot accomplish this.* Complex even in translation!

[29] A *chimera* in Greek mythology is a three-headed (lion, snake, goat) monster who breathed fire.

El cura le estuvo escuchando con grande atención, y parecióle hombre
de buen entendimiento y que tenía razón en cuanto decía. Y así, le dijo que,
por ser él de su mesma opinión y 'tener ojeriza° a los libros de caballerías,   disliked
había quemado todos los de don Quijote, que eran muchos. Y contóle el
escrutinio que dellos había hecho, y los que había condenado al fuego y   5
dejado con vida, de que no poco se rio el canónigo. Y dijo que, con todo
cuanto mal había dicho de tales libros, hallaba en ellos una cosa buena, que
era el sujeto° que ofrecían para que un buen entendimiento pudiese   opportunity
mostrarse en ellos, porque daban largo y espacioso campo por donde sin   obstacle
empacho° alguno pudiese correr la pluma, descubriendo naufragios,°   shipwrecks   10
tormentas, un capitán valeroso, con todas las partes que para ser tal se
requieren, mostrándose prudente, previniendo las astucias° de sus enemigos;   cunning
y elocuente orador,° persuadiendo o disuadiendo a sus soldados; maduro en   speaker
el consejo, presto en 'lo determinado;° tan valiente en el esperar como en   resolve
el acometer; pintando ora un lamentable y trágico suceso, ahora un alegre   15
y 'no pensado° acontecimiento; allí una hermosísima dama, honesta, discreta   unexpected
y recatada; aquí un caballero cristiano, valiente y comedido; acullá un
desaforado bárbaro fanfarrón;° acá un príncipe cortés, valeroso y bien   show-off
mirado; representando bondad y lealtad de vasallos, grandezas y mercedes
de señores. Ya puede mostrarse astrólogo, ya cosmógrafo excelente, ya   20
músico, ya inteligente en las 'materias de estado,° y tal vez le vendrá   affairs of state
ocasión de mostrarse nigromante, si quisiere. Puede mostrar las astucias de
Ulixes,[30] la piedad de Eneas, la valentía de Aquiles, las desgracias de
Héctor, las traiciones de Sinón,[31] la amistad de Eurialo,[32] la liberalidad de
Alejandro, el valor de César, la clemencia y verdad de Trajano,[33] la   25
fidelidad de Zopiro,[34] la prudencia de Catón, y finalmente, todas aquellas
acciones que pueden hacer perfecto a un varón ilustre, ahora poniéndolas
en uno sólo, ahora dividiéndolas en muchos.

"Y siendo esto hecho con apacibilidad° de estilo y con ingeniosa   gentleness
invención, que tire lo más que fuere posible a la verdad, sin duda   30
compondrá una tela° de varios y hermosos lizos[35] tejida, que, después de   web
acabada, tal perfección y hermosura muestre, que consiga el fin mejor que
se pretende en los escritos, que es enseñar y deleitar juntamente, como ya
tengo dicho. Porque la escritura desatada destos libros da lugar a que el
autor pueda mostrarse épico, lírico, trágico, cómico, con todas aquellas   35
partes que encierran en sí las dulcísimas y agradables ciencias de la poesía
y de la oratoria, que la épica también puede escrebirse en prosa como en
verso."

[30] Ulysses is the hero of Homer's *Odyssey*. He is the master of cunning.

[31] Sinon was the Greek spy who persuaded the Trojans to accept the wooden horse.

[32] Euryalus was Æneas' companion. He and his close friend Nisus died together at the
hands of the Rutuli.

[33] Trajan was the Roman emperor who was famous for clemency. He was born in
Italica, near Seville in 53A.D. and lived until 117.

[34] Zopirus was a Persian nobleman faithful to Darius I (550 – 486B.C.). He helped
Darius become king of Persia in 522. Too complicated a story for such a minor note.

[35] The text says **lazos** *knots*, which Schevill respects, but suggests that **lizos** *threads*
is a better reading.

Capítulo XLVIII. Donde prosigue el canónigo la materia de los libros de caballerías, con otras cosas dignas de su ingenio.

"Así es como vuestra merced dice, señor canónigo," dijo el cura, "y por esta causa son más dignos de reprehensión los que hasta aquí han compuesto semejantes libros, sin tener advertencia a ningún buen discurso, ni al arte y reglas por donde pudieran guiarse y hacerse famosos en prosa, como lo son en verso los dos príncipes de la poesía griega y latina."[1]

"Yo, a lo menos," replicó el canónigo, "he tenido cierta tentación° de hacer un libro de caballerías, guardando en él todos los puntos que he significado,° y si he de confesar la verdad, tengo escritas más de cien hojas.[2] Y para hacer la experiencia de si correspondían a mi estimación, las he 'comunicado con° hombres apasionados° desta leyenda, dotos° y discretos, y con otros ignorantes, que sólo atienden al gusto de oír disparates, y de todos he hallado una agradable aprobación.° Pero, con todo esto, no he proseguido adelante, así por parecerme que hago cosa ajena de mi profesión, como por ver que es más el número de los simples que de los prudentes, y que puesto que es mejor ser loado° de los pocos sabios que burlado de los muchos necios, no quiero sujetarme al confuso° juicio del desvanecido° vulgo, a quien por la mayor parte toca leer semejantes libros.

"Pero lo que más me le quitó de las manos, y aun del pensamiento de acabarle, fue un argumento que hice conmigo mesmo, sacado de las comedias que ahora se representan, diciendo: 'Si estas que ahora se usan, así las imaginadas como las de historia,° todas o las más son conocidos disparates, y cosas que no llevan pies ni cabeza, y con todo eso, el vulgo las oye con gusto, y las tiene y las aprueba por buenas, estando tan lejos de serlo, y los autores que las componen, y los actores que las representan dicen que así han de ser, porque así las quiere el vulgo, y no de otra manera, y que las que llevan traza y siguen la fábula como el arte pide, no sirven sino para cuatro discretos que las entienden, y todos los demás se quedan ayunos° de entender su artificio, y que a ellos les está mejor ganar de comer con los muchos, que no opinión con los pocos, deste modo vendrá a ser mi libro, al cabo de haberme quemado las cejas[3] por guardar los preceptos referidos, y vendré a ser el sastre del cantillo.'[4]

"Y aunque algunas veces he procurado persuadir a los actores,° que se engañan en tener la opinión que tienen, y que más gente atraerán y más fama cobrarán representando comedias que hagan el arte, que no con las disparatadas, y están tan asidos y encorporados° en su parecer, que no hay razón ni evidencia que dél los saque. Acuérdome que un día dije a uno destos pertinaces:° 'Decidme, ¿no os acordáis que ha pocos años que se representaron° en España tres tragedias, que compuso un famoso poeta

temptation

indicated

gave to, fond, learned

approval

praised
confused
smug

history

without any idea

producers

obstinate

obstinate people
put on

---

[1] These are Homer and Virgil.
[2] **Cien hojas** represents 200 pages, since each **hoja** was written on both sides.
[3] **Al cabo...** *after so much effort*
[4] **«El sastre del cantillo que cosía de balde y ponía el hilo»** *The tailor on the corner who sewed for nothing and threw in the thread.* 224 words in this sentence.

destos reinos,[5] las cuales fueron tales, que admiraron, alegraron y suspendieron a todos cuantos las oyeron, así simples como prudentes, así del vulgo como de los escogidos,° y dieron más dineros a los representantes° ellas tres solas que treinta de las mejores que 'después acá°
5 se han hecho?' 'Sin duda,' respondió el autor° que digo, 'que debe de decir vuestra merced por la *Isabela*, la *Filis* y la *Alejandra*.'[6] 'Por ésas digo,' le repliqué yo, 'y mirad si guardaban bien los preceptos del arte,[7] y si por guardarlos dejaron de parecer lo que eran y de agradar a todo el mundo.[8] Así que no está la falta en el vulgo que pide disparates, sino en aquellos que no
10 saben representar otra cosa. Sí, que no fue disparate la *Ingratitud vengada*, ni le tuvo la *Numancia*, ni se le halló en la del *Mercader amante*, ni menos en la *Enemiga favorable*,[9] ni en otras algunas que de algunos entendidos poetas han sido compuestas para fama y renombre suyo, y para ganancia de los que las han representado.' Y otras cosas añadí a éstas, con que a mi
15 parecer le dejé algo confuso, pero no satisfecho ni convencido, para sacarle de su errado pensamiento."

  "En materia ha tocado vuestra merced,[10] señor canónigo," dijo a esta sazón el cura, "que ha despertado en mí un antiguo rancor que tengo con las comedias que agora se usan, tal, que iguala al que tengo con los libros de
20 caballerías, porque habiendo de ser la comedia, según le parece a Tulio[11] —espejo de la vida humana, ejemplo de las costumbres y imagen de la verdad—las que ahora se representan son espejos de disparates, ejemplos de necedades e imágenes de lascivia.° Porque, ¿qué mayor disparate puede ser en el sujeto que tratamos que salir un niño en mantillas° en la primera
25 cena° del primer acto, y en la segunda salir ya hecho hombre barbado? Y ¿qué mayor que pintarnos un viejo valiente y un mozo cobarde, un lacayo rectórico,° un paje consejero, un rey ganapán° y una princesa fregona?°

  "¿Qué diré, pues, de la observancia° que guardan en los tiempos en que pueden o podían suceder las acciones que representan, sino que he visto
30 comedia que la primera jornada° comenzó en Europa, la segunda en Asia, la tercera se acabó en África, y aun si fuera de cuatro jornadas, la cuarta acababa en América, y así se hubiera hecho en todas las cuatro partes del mundo? Y si es que la imitación es lo principal que ha de tener la comedia, ¿cómo es posible que satisfaga a ningún mediano° entendimiento que,

Margin glosses:
select few
actors, since then
producer
lewdness
diapers
scene
eloquent, handyman
 dishwasher; attention
act
average

---

[5] Lupercio Leonardo de Argensola (1559-1613). The three plays are mentioned below.
[6] These plays so praised by the canon went a long time before they were published. The first and third came out in 1772 and the second had to wait until 1889.
[7] These *precepts of art* are the three unities of drama: action, time, and place. In Cervantes' own plays he didn't observe all three unities.
[8] **Por guardarlos...** *by keeping them [the precepts] they failed to seem what they were and to please everybody*
[9] *La ingratitud vengada* (1587) is by Lope de Vega (1562–1635), *La Numancia* is Cervantes' tragedy about the Roman victory over the Numantians. *El mercader amante*, by Gaspar de Aguilar (1561–1623), respects the three unities. *La enemiga favorable* is by a canon named Francisco Agustín Tárrega (1554?–1602) which also observes the three unities. Don't feel bad if you've only heard of Lope de Vega and Cervantes.
[10] **En...** *you have touched on a subject*
[11] Tully is Cicero. What the Roman orator really said, slightly different from what our priest attributed to him is: imitation of life, mirror of customs, and image of the truth.

fingiendo una acción que pasa en tiempo del rey Pepino y Carlomagno, el mismo que en ella hace la persona principal le atribuían que fue el Emperador Heraclio, que entró con la Cruz en Jerusalén, y el que ganó la Casa Santa, como Godofre de Bullón,[12] habiendo infinitos años de lo uno a lo otro, y fundándose° la comedia sobre cosa fingida, atribuirle verdades de historia y mezclarle pedazos de otras sucedidas a diferentes personas y tiempos, y esto, no con trazas verisímiles, sino con patentes errores de todo punto inexcusables? Y es lo malo que hay ignorantes que digan que esto es lo perfecto, y que lo demás es buscar gullurías.°   *founding*

superfluities

"Pues ¿qué, si venimos a las comedias divinas?[13] ¡Qué de milagros falsos fingen en ellas, qué de cosas apócrifas° y mal entendidas, atribuyendo a un santo los milagros de otro! Y aun en las humanas° se atreven a hacer milagros, sin más respeto ni consideración que parecerles que allí estará bien el tal milagro y apariencia,° como ellos llaman, para que gente ignorante se admire y venga a la comedia, que todo esto es en perjuicio de la verdad y en menoscabo de las historias y aun en oprobrio de los ingenios españoles, porque los estranjeros, que con mucha puntualidad guardan las leyes de la comedia, nos tienen por bárbaros e ignorantes, viendo los absurdos° y disparates de las° que hacemos.   *apochryphal*

secular

special effect

absurdities, **las**
comedias

"Y no sería bastante disculpa desto decir que el principal intento que las repúblicas bien ordenadas tienen, permitiendo que se hagan públicas comedias, es para entretener la comunidad con alguna honesta recreación, y divertirla a veces de los malos humores que suele engendrar la ociosidad,[14] y que, pues éste se consigue con cualquier comedia buena o mala, no hay para qué poner leyes ni estrechar° a los que las componen y representan a que las hagan como debían hacerse, pues, como he dicho, con cualquiera se consigue lo que con ellas se pretende.[15] A lo cual respondería yo que este fin se conseguiría mucho mejor, sin comparación alguna, con las comedias buenas que con las no tales. Porque de haber oído la comedia artificiosa y bien ordenada, saldría el oyente alegre con las burlas, enseñado° con las veras,° admirado de los sucesos, discreto con las razones, advertido con los embustes, sagaz con los ejemplos, airado contra el vicio° y enamorado de la virtud, que todos estos afectos ha de despertar la buena comedia en el ánimo del que la escuchare, por rústico y torpe° que sea. Y de toda imposibilidad, es imposible dejar de alegrar y entretener, satisfacer y contentar la comedia que todas estas partes tuviere,[16] mucho más que aquella que careciere dellas, como por la mayor parte carecen estas que de ordinario agora se representan.   *to force*

instructed, truths
vice

slow mentally

[12] Pippin, that is Pépin III, the Short, lived between 714–768 and Charlemagne lived between 742–814. Heraclius (575–641) was an emperor of the Eastern Roman Empire. He claimed to have recovered the wood from Christ's cross. Godfrey of Bouillon (*ca.* 1060–1100) was a leader in the First Crusade.

[13] ¿**Qué,...** *what about mystery plays?*

[14] **Divertirla...** *to take one's mind off the evil humors which idleness sometimes engenders*

[15] **Con cualquiera...** *the same object is achieved by any kind of play*

[16] **Es imposible...** *it is impossible that the play that has all of these features can fail to entertain, satisfy, and gratify*

"Y no tienen la culpa desto los poetas que las componen, porque algunos hay dellos que conocen muy bien en lo que yerran,° y saben estremadamente° lo que deben hacer. Pero como las comedias se han hecho mercadería° vendible,° dicen, y dicen verdad, que los representantes no se
5 las comprarían si no fuesen de aquel jaez. Y así, el poeta procura acomodarse con lo que el representante que le ha de pagar su obra le pide. Y que esto sea verdad, véase por muchas e infinitas comedias que ha compuesto un felicísimo ingenio destos reinos,[17] con tanta gala, con tanto donaire, con tan elegante verso, con tan buenas razones, con tan graves
10 sentencias, y finalmente, tan llenas de elocución y alteza de estilo, que tiene lleno el mundo de su fama. Y por querer acomodarse al gusto de los representantes, no han llegado todas, como han llegado algunas, al punto de la perfección que requieren.[18]

"Otros las componen tan sin mirar lo que hacen, que después de
15 representadas tienen necesidad los recitantes de huirse y ausentarse, temerosos de ser castigados, como lo han sido muchas veces, por haber representado cosas en perjuicio de algunos reyes y en deshonra° de algunos linajes. Y todos estos inconvenientes cesarían, y aun otros muchos más que no digo, con que hubiese en la corte una persona inteligente y discreta que
20 examinase todas las comedias antes que se representasen, no sólo aquellas que se hiciesen en la corte, sino todas las que se quisiesen representar en España, sin la cual aprobación, sello° y firma, ninguna justicia° en su lugar dejase representar comedia alguna. Y desta manera los comediantes° tendrían cuidado de enviar las comedias a la corte, y con seguridad podrían
25 representallas. Y aquellos que las componen mirarían con más cuidado y estudio° lo que hacían, temorosos[19] de haber de pasar sus obras por el riguroso examen° de quien lo entiende, y desta manera se harían buenas comedias y se conseguiría felicísimamente lo que en ellas se pretende, así el entretenimiento del pueblo, como la opinión de los ingenios de España,
30 el interés y seguridad de los recitantes, y el ahorro del cuidado de castigallos.[20]

"Y si se diese cargo a otro, o a este mismo, que examinase los libros de caballerías que de nuevo se compusiesen, sin duda podrían salir algunos con la perfección que vuestra merced ha dicho, enriqueciendo° nuestra
35 lengua del° agradable y precioso tesoro de la elocuencia, dando ocasión que los libros viejos se escureciesen a la luz de los nuevos que saliesen, para honesto pasatiempo, no solamente de los ociosos, sino de los más ocupados.° Pues no es posible que esté continuo el arco armado,° ni la condición° y flaqueza humana se pueda sustentar sin alguna lícita
40 recreación."

A este punto de su coloquio llegaban el canónigo y el cura, cuando adelantándose el barbero, llegó a ellos, y dijo al cura:

"Aquí, señor licenciado, es el lugar que yo dije que era bueno para

Right margin glosses:

go astray
very well
commodity, sellable

dishonor

seal, authority
directors

study
examination

enriching
with the

busy, ready
nature

---

[17] Reference to Lope de Vega.
[18] **No han...** *not all [of his plays] have achieved, as some have, the level of perfection they require*
[19] The priest says this form instead of the current **temerosos**.
[20] **Y el ahorro...** *and sparing the bother of punishing them [the actors]*

que, sesteando nosotros, tuviesen los bueyes fresco y abundoso° pasto."   abundant
"Así me lo parece a mí," respondió el cura. Y diciéndole al canónigo
lo que pensaba hacer, él también quiso quedarse con ellos, convidado del
sitio de un hermoso valle que a la vista se les ofrecía. Y así, por gozar dél
como de la conversación del cura, de quien ya iba aficionado,[21] y por saber
más 'por menudo° las hazañas de don Quijote, mandó a algunos de sus   in detail
criados que se fuesen a la venta, que no lejos de allí estaba, y trujesen della
lo que hubiese de comer, para todos, porque él determinaba de sestear en
aquel lugar aquella tarde. A lo cual uno de sus criados respondió que el
acémila del repuesto, que ya debía de estar en la venta, traía recado°   provisions
bastante para no obligar a no tomar de la venta más que cebada.

"Pues así es," dijo el canónigo, "llévense allá todas las cabalgaduras,
y haced volver la acémila."

En tanto que esto pasaba, viendo Sancho que podía hablar a su amo sin
la continua asistencia del cura y el barbero, que tenía por sospechosos,[22] se
llegó a la jaula donde iba su amo y le dijo:

"Señor, para descargo° de mi conciencia le quiero decir lo que pasa   relief
cerca de su encantamento, y es que aquestos dos que vienen aquí cubiertos
los rostros son el cura de nuestro lugar y el barbero, y imagino han dado
esta traza de llevalle desta manera, de pura envidia que tienen como vuestra
merced se les adelanta en hacer famosos hechos.[23] Presupuesta, pues, esta
verdad, síguese que no va encantado, sino embaído° y tonto. Para prueba   deceived
de lo cual le quiero preguntar una cosa, y si me responde como creo que
me ha de responder, tocará con la mano este engaño, y verá como no va
encantado, sino 'trastornado el juicio.°'"   driven crazy

"Pregunta lo que quisieres, hijo Sancho," respondió don Quijote, "que
yo te satisfaré y responderé a toda tu voluntad. Y en lo que dices que
aquellos que allí van y vienen con nosotros son el cura y el barbero,
nuestros compatriotos° y conocidos, bien podrá ser que parezca que son   townsmen
ellos mesmos. Pero que lo sean realmente y en efeto, eso no lo creas en
ninguna manera. Lo que has de creer y entender es que si ellos se les
parecen, como dices, debe de ser que los que me han encantado habrán
tomado esa apariencia y semejanza, porque es fácil a los encantadores tomar
la figura que se les antoja, y habrán tomado las destos nuestros amigos para
darte a ti ocasión de que pienses lo que piensas, y ponerte en un laberinto
de imaginaciones que no aciertes a salir dél, aunque tuvieses la soga de
Teseo,[24] y también lo habrán hecho para que yo vacile° en mi   waver
entendimiento, y no sepa atinar de dónde me viene este daño, porque si por
una parte tú me dices que me acompañan el barbero y el cura de nuestro
pueblo, y por otra yo me veo enjaulado, y sé de mí que fuerzas humanas,
como no fueran sobrenaturales,° no fueran bastantes para enjaularme, ¿qué   supernatural
quieres que diga o piense sino que la manera de mi encantamento excede
a cuantas yo he leído en todas las historias que tratan de caballeros andantes

---

[21] **De quien...** *to whom he had taken a liking*
[22] **Que tenía...** *whom he considered suspicious*
[23] **Se les...** *surpasses them in doing famous deeds*
[24] As the story goes, Ariadne gave Theseus a thread, not a rope, so he could find his
way out of the labyrinth of Crete.

que han sido encantados? Ansí que bien puedes darte paz y sosiego en esto de creer que son los que dices, porque así son ellos como yo soy turco. Y en lo que toca a querer preguntarme algo, di, que yo te responderé aunque me preguntes de aquí a mañana."

5 "¡Válame nuestra señora!" respondió Sancho, dando una gran voz. "Y ¿es posible que sea vuestra merced tan duro de celebro y tan falto de meollo,° que no eche de ver que es pura verdad lo que le digo, y que en esta   understanding su prisión y desgracia tiene más parte la malicia que el encanto? Pero pues así es, yo le quiero probar evidentemente como no va encantado. Si no, 10 digame, así Dios le saque desta tormenta, y así se vea en los brazos de mi señora Dulcinea cuando menos se piense…"

"Acaba de conjurarme,°" dijo don Quijote, "y pregunta lo que   beseeching me quisieres. Que ya te he dicho que te responderé con toda puntualidad."

"Eso pido," replicó Sancho, "y lo que quiero saber es que me diga, sin 15 añadir ni quitar cosa ninguna, sino con toda verdad, como se espera que la han de decir y la dicen todos aquellos que profesan las armas, como vuestra merced las profesa, debajo de título de caballeros andantes…"

"Digo que no mentiré en cosa alguna," respondió don Quijote. "Acaba ya de preguntar, que en verdad que me cansas con tantas salvas,° plegarias   oaths 20 y prevenciones,° Sancho."   precautions

"Digo que yo estoy seguro de la bondad y verdad de mi amo, y así, porque hace al caso a nuestro cuento,[25] pregunto, hablando con acatamiento,° si acaso después que vuestra merced va enjaulado, y a su   respect parecer encantado, en esta jaula, le ha venido gana y voluntad de hacer 25 'aguas mayores o menores,° como suele decirse."   number two or
   number one; clari

"No entiendo eso de «hacer aguas», Sancho. Aclárate° más, si quieres   properly que te responda derechamente.°"

"¿Es posible que no entiende vuestra merced de «hacer aguas menores o mayores»? Pues en la escuela destetan° a los muchachos con ello. Pues   are weaned 30 sepa que quiero decir si le ha venido gana de hacer lo que 'no se escusa.°"   can't be put off

"¡Ya, ya te entiendo, Sancho! Y muchas veces, y aun agora la tengo. ¡Sácame deste peligro, que no anda todo limpio!"

---

[25] **Hace al caso…** *it has to do with our subject at hand*

Capítulo XLIX. Donde se trata del discreto coloquio que Sancho Panza tuvo con su señor don Quijote.

"¡HA!" DIJO Sancho. "¡Cogido° le tengo! ¡Esto es lo que yo deseaba saber como al alma y como a la vida!¹ Venga acá, señor, ¿podría negar lo que comúnmente suele decirse por ahí cuando una persona está de 'mala voluntad:° 'No sé qué tiene Fulano, que ni come, ni bebe, ni duerme, ni responde 'a propósito° a lo que le preguntan, que no parece sino que está encantado?' De donde 'se viene a sacar° que los que no comen, ni beben, ni duermen, ni hacen las obras° naturales que yo digo, estos tales están encantados, pero no aquellos que tienen la gana que vuestra merced tiene, y que bebe cuando se lo dan, y come cuando lo tiene, y responde a todo aquello que le preguntan."

"Verdad dices, Sancho," respondió don Quijote, "pero ya te he dicho que hay muchas maneras de encantamentos, y podría ser que con el tiempo se hubiesen mudado de unos en otros, y que agora se use que los encantados hagan todo lo que yo hago, aunque antes no lo hacían. De manera que contra el uso de los tiempos no hay que argüir° ni de qué 'hacer consecuencias.° Yo sé y tengo para mí que voy encantado, y esto me basta para la seguridad de mi conciencia,° que la formaría² muy grande si yo pensase que no estaba encantado y me dejase estar en esta jaula, perezoso y cobarde, defraudando el socorro que podría dar a muchos menesterosos y necesitados que de mi ayuda y amparo deben tener a la hora de ahora precisa° y estrema necesidad."

"Pues con todo eso," replicó Sancho, "digo que, para mayor abundancia y satisfacción,³ sería bien que vuestra merced probase a salir desta cárcel, que yo 'me obligo° con todo mi poder a facilitarlo, y aun a sacarle della, y probase de nuevo a subir sobre su buen Rocinante, que también parece que va encantado, según va de malencólico y triste, y hecho esto, probásemos otra vez la suerte de buscar más aventuras, y si no nos sucediese bien, tiempo nos queda para volvernos a la jaula, en la cual prometo, a ley de buen y leal escudero, de encerrarme juntamente con vuestra merced, si acaso fuere vuestra merced tan desdichado, o yo tan simple, que no acierte a salir con lo que digo."

"Yo soy contento de hacer lo que dices, Sancho hermano," replicó don Quijote, "y cuando tú veas coyuntura de poner en obra mi libertad, yo te obedeceré en todo y por todo. Pero tú, Sancho, verás cómo te engañas en el conocimiento de mi desgracia."

En estas pláticas se entretuvieron el caballero andante y el mal andante escudero, hasta que llegaron donde, ya apeados, los aguardaban el cura, el canónigo y el barbero. Desunció° luego los bueyes de la carreta el boyero y dejólos andar 'a sus anchuras° por aquel verde y apacible sitio, cuya frescura° convidaba a quererla gozar, no a las personas tan encantadas como don Quijote, sino a los tan advertidos y discretos como su escudero, el cual

caught

indisposed

properly
one can gather
functions

argue
draw inferences
mind

clear

I promise

unyoked
freely
coolness

---

¹ **Como [quiero] al alma y como [quiero] a la vida** *just as I love my heart and soul.* This is Rodríguez Marín's good solution.

² **Formaría (cargo de conciencia)** *it would weigh heavily on my conscience*

³ Gaos suggests this meaning: **a mayor abundamiento y para mejor satisfacción** *furthermore, and for better satisfaction.*

rogó al cura que permitiese que su señor saliese por un rato de la jaula,
porque si no le dejaban salir, no iría tan limpia aquella prisión como
requiría la decencia de un tal caballero como su amo.

Entendióle el cura, y dijo que de muy buena gana haría lo que le pedía,
si no temiera que, en viéndose su señor en libertad, había de hacer de las
suyas,[4] y irse donde jamás 'gentes le viesen.°   **nadie le viese**

"Yo 'le fío de la fuga,°" respondió Sancho.   guarantee he won't

"Y yo 'y todo,°" dijo el canónigo, "y más si él me da la palabra como   flee; also
caballero de no apartarse de nosotros hasta que sea nuestra voluntad."

"Sí doy" respondió don Quijote, que todo lo estaba escuchando,
"cuanto más que el que está encantado, como yo, no tiene libertad para
hacer de su persona lo que quisiere, porque el que le encantó le puede hacer
que no se mueva de un lugar en tres siglos, y si hubiere huido, le hará
volver 'en volandas.°"   in an instant

Y que, pues esto era así, bien podían soltalle, y más siendo tan en
provecho de todos, y del no soltalle les protestaba° que no podía dejar de   assured
fatigalles el olfato,° si de allí no se desviaban.[5]   sense of smell

Tomóle la mano el canónigo, aunque las tenía atadas, y debajo de su
buena fe y palabra le desenjaularon,° de que él se alegró infinito y en   let out of cage
grande manera de verse fuera de la jaula. Y lo primero que hizo fue
estirarse todo el cuerpo, y luego se fue donde estaba Rocinante, y dándole
dos palmadas° en las ancas, dijo: slaps

"Aún espero en Dios y en su bendita Madre, flor y espejo de los
caballos, que presto nos hemos de ver los dos cual deseamos: tú con tu
señor a cuestas, y yo encima de ti, ejercitando el oficio para que Dios me
echó al mundo."

Y diciendo esto don Quijote, se apartó con Sancho en remota parte, de
donde vino más aliviado° y con más deseos de poner en obra lo que su   relieved
escudero ordenase. Mirábalo el canónigo y admirábase de ver la estrañeza
de su grande locura, y de que en cuanto hablaba y respondía mostraba tener
bonísimo entendimiento. Solamente venía a 'perder los estribos,° como otras   talk nonsense
veces se ha dicho, en tratándole de caballería. Y así, movido de compasión,
después de haberse sentado todos en la verde yerba para esperar el repuesto
del canónigo, le dijo:

"¿Es posible, señor hidalgo, que haya podido tanto con vuestra merced
la amarga y ociosa letura de los libros de caballerías, que le hayan vuelto
el juicio de modo que venga a creer que va encantado, con otras cosas deste
jaez, tan lejos de ser verdaderas como lo está la mesma mentira de la
verdad? Y ¿cómo es posible que haya entendimiento humano que se dé a
entender que ha habido en el mundo aquella infinidad de Amadises, y
aquella turbamulta° de tanto famoso caballero, tanto emperador de   mish-mash
Trapisonda, tanto Felixmarte de Hircania, tanto palafrén, tanta doncella
andante, tantas sierpes, tantos endriagos, tantos gigantes, tantas inauditas
aventuras, tanto género de encantamentos, tantas batallas, tantos desaforados
encuentros, tanta bizarría de trajes, tantas princesas enamoradas, tantos
escuderos condes, tantos enanos graciosos, tanto billete, tanto requiebro,

---

[4] **Había de...** *he might try to have his own way*
[5] **Si de...** *unless they kept their distance*

tantas mujeres valientes, y finalmente, tantos y tan disparatados casos como los libros de caballerías contienen? De mí sé decir que cuando los leo, en tanto que no pongo la imaginación en pensar que son todos mentira y liviandad, me dan algún contento. Pero cuando 'caigo en la cuenta° de lo que son, 'doy con° el mejor dellos en la pared, y aun diera con él en el fuego, si cerca o presente le tuviera, bien como a merecedores de tal pena, por ser falsos y embusteros y fuera del trato° que pide la común naturaleza, y como a inventores de nuevas sectas y de nuevo modo de vida, y como a quien da ocasión que el vulgo ignorante venga a creer y a tener por verdaderas tantas necedades como contienen.[6]

I realize
I throw

treatment

"Y aun tienen tanto atrevimiento, que se atreven a turbar los ingenios° de los discretos y bien nacidos hidalgos, como se echa bien de ver por lo que con vuestra merced han hecho, pues le han traído a términos que sea forzoso encerrarle en una jaula, y traerle sobre un carro de bueyes, como quien trae o lleva algún león, o algún tigre, de lugar en lugar, para ganar con él dejando que le vean.[7] Ea, señor don Quijote, duélase° de sí mismo y redúzgase al gremio de[8] la discreción, y sepa usar de la mucha° que el cielo fue servido de darle, empleando el felicísimo talento de su ingenio en otra letura que redunde en aprovechamiento° de su conciencia y en aumento de su honra. Y si todavía, llevado de su natural inclinación, quisiere leer libros de hazañas y de caballerías, lea en la 'Sacra Escritura° el de los Jueces,° que allí hallará verdades grandiosas y hechos tan verdaderos como valientes. Un Viriato tuvo Lusitania; un César Roma; un Aníbal Cartago; un Alejandro Grecia; un Conde Fernán González Castilla; un Cid Valencia; un Gonzalo Fernández Andalucía; un Diego García de Paredes Estremadura; un Garci Pérez de Vargas Jérez; un Garci Laso Toledo; un don Manuel de León Sevilla,[9] cuya leción de sus valerosos hechos puede entretener, enseñar, deleitar y admirar a los más altos ingenios que los leyeren. Ésta sí será letura digna del buen entendimiento de vuestra merced, señor don Quijote mío, de la cual saldrá erudito° en la historia, enamorado de la virtud, enseñado en la bondad, mejorado en las costumbres, valiente sin temeridad,° osado° sin cobardía, y todo esto, para honra de Dios, provecho suyo y fama de la Mancha, do, según he sabido, trae vuestra merced su principio y origen."

wits

take pity
mucha *discreción*

advantage

Bible
Judges

learned

recklessness, daring

[6] **Y como a inventores...** *for inventing new religious sects and new ways of life, and for causing the ignorant masses to come to believe and hold as true so many follies that they contain*

[7] **Para ganar...** *to earn money by letting it be seen*

[8] **Redúzgase...** *return to the bosom of*

[9] Viriathus was a Celtic leader in Lusitania (modern Portugal) who fought to prevent the Romans from entering his country (he was assassinated in 140B.C.). Hannibal (247–c. 181B.C.) was a great Carthaginian general who led his forces against Rome in the Second Punic War (218–201B.C.). Fernán González (died 970) united various counties to form a unified Castile. The Cid is credited to Valencia (which he conquered) rather than Burgos (where he was born). Andalusia's Gonzalo Fernández was already mentioned as the Gran Capitán, Gonzalo Hernández de Córdoba. The Garcilaso de le Vega mentioned here is not the poet, but rather the soldier who participated in the conquest of Granada with Fernando and Isabel. Manuel Ponce de León was a contemporary of Garcilaso. After he went into an arena with lions to retrieve his lady's glove, she slapped him with it.

Atentísimamente estuvo don Quijote escuchando las razones del canónigo, y cuando vio que ya había puesto fin a ellas, después de haberle estado un buen espacio mirando, le dijo:

"Paréceme, señor hidalgo, que la plática de vuestra merced se ha
5   encaminado a querer darme a entender que no ha habido caballeros andantes en el mundo, y que todos los libros de caballerías son falsos, mentirosos, dañadores° e inútiles para la república, y que yo he hecho mal en leerlos, y   harmful peor en creerlos, y más mal en imitarlos, habiéndome puesto a seguir la durísima profesión de la caballería andante que ellos enseñan, negándome que
10   no ha habido en el mundo Amadises, ni de Gaula, ni de Grecia, ni todos los otros caballeros de que las escrituras están llenas."

"Todo es al pie de la letra, como vuestra merced lo va relatando," dijo a esta sazón el canónigo.

A lo cual respondió don Quijote:
15   "Añadió también vuestra merced, diciendo que me habían hecho mucho daño tales libros, pues me habían vuelto el juicio y puéstome en una jaula, y que me sería mejor hacer la enmienda y mudar de letura, leyendo otros más verdaderos y que mejor deleitan y enseñan."

"Así es," dijo el canónigo.
20   "Pues yo," replicó don Quijote, "hallo por mi cuenta que el sin juicio y el encantado es vuestra merced, pues se ha puesto a decir tantas blasfemias contra una cosa tan recebida° en el mundo y tenida por tan verdadera, que el   accepted que la negase, como vuestra merced la niega, merecía la mesma pena que vuestra merced dice que da a los libros cuando los lee y le enfadan. Porque
25   querer dar a entender 'a nadie° que Amadís no fue en el mundo, ni todos los   i.e., to everyone otros caballeros aventureros, de que están colmadas° las historias, será querer   filled persuadir que el sol no alumbra,° ni el hielo enfría, ni la tierra sustenta,   shine porque ¿qué ingenio puede haber en el mundo que pueda persuadir a otro que no fue verdad lo de la infanta Floripes y Guy de Borgoña? ¿Y lo de Fierabrás
30   con la puente de Mantible,[10] que sucedió en el tiempo de Carlo Magno, que voto a tal que es tanta verdad como es ahora de día?

"Y si es mentira, también lo debe de ser que no hubo Héctor,[11] ni Aquiles, ni la guerra de Troya, ni los Doce Pares de Francia, ni el rey Artús de Ingalaterra, que anda hasta ahora convertido en cuervo, y le esperan en su
35   reino 'por momentos.° Y también se atreverán a decir que es mentirosa   at any moment la historia de Guarino Mezquino,[12] y la de la demanda° del Santo Grial,[13]   quest

---

[10] Don Quijote is recalling three sections from the same popular book of fiction, *Historia del emperador Carlomagno y los doce pares de Francia* (Seville, 1525), printed ten times before 1605. Floripes (the sister of the giant Saracen Fierabrás) married Gui de Bourgogne. Those who wanted to pass over the marble bridge of Mantible had to pay an enormous tribute: 100 each of maidens, horses, falcons and dogs.

[11] The mythological Hector led forces in the Trojan war, killing 31 Greeks. He was killed by Achilles.

[12] *Crónica del muy noble caballero Guarino Mezquino* (Seville, 1512, with two more editions), translated from the Italian (Padua, 1473). Juan de Valdés in his *Diálogo de la lengua* says it is an exceptionally untruthful book and is poorly written to boot.

[13] The Holy Grail is the cup Christ used at the Last Supper. *La demanda del Sancto Grial* (Toledo, 1515) in which King Arthur and Lancelot go looking for it is pure fiction.

y que son apócrifos los amores de don Tristán y la reina Iseo,[14] como los
de Ginebra y Lanzarote, habiendo personas que casi se acuerdan de haber
visto a la dueña Quintañona, que fue la mejor escanciadora° de vino que   wine pourer
tuvo la Gran Bretaña. Y es esto tan ansí, que me acuerdo yo que me decía
una mi agüela° 'de partes de mi padre,° cuando veía alguna dueña con tocas   abuela, paternal
reverendas: 'Aquélla, nieto, se parece a la dueña Quintañona.' De donde
arguyo yo que la debió de conocer ella, o por lo menos, debió de alcanzar
a ver algún retrato suyo. Pues, ¿quién podrá negar no ser verdadera la
historia de Pierres y la linda Magalona,[15] pues aun hasta hoy día se vee en
la armería° de los reyes la clavija° con que volvía° al caballo de madera,   armory, peg, guided
sobre quien iba el valiente Pierres por los aires,[16] que es un poco mayor que
un 'timón de carreta,° y junto a la clavija está la silla de Babieca?   cart-pole
    "Y en Roncesvalles está el cuerno de Roldán, tamaño como una grande
viga,°[17] de donde se infiere que hubo Doce Pares, que hubo Pierres, que   beam
hubo Cides y otros caballeros semejantes,

> destos que dicen las gentes
> que a sus aventuras van.[18]

"Si no, díganme también que no es verdad que fue caballero andante el
valiente lusitano° Juan de Merlo,[19] que fue a Borgoña° y se combatió en la   Portuguese, Bur-
ciudad de Ras con el famoso señor de Charní, llamado mosén° Pierres, y   gundy; sir
después, en la ciudad de Basilea,° con mosén Enrique de Remestán,   Basel (Switz.)
saliendo de entrambas empresas vencedor y lleno de honrosa fama. Y las
aventuras y desafíos que también acabaron en Borgoña los valientes
españoles Pedro Barba y Gutierre Quijada[20]—de cuya alcurnia° yo deciendo,   lineage
por línea recta de varón—, venciendo a los hijos del conde de San Polo.
Niéguenme, asimesmo, que no fue a buscar las aventuras a Alemania° don   Germany
Fernando de Guevara,[21] donde se combatió con micer° Jorge, caballero de   mi señor
la casa del duque de Austria. Digan que fueron burla las justas° de Suero   jousts

[14] The story of Tristan and Iseult came from a Celtic legend and became a well-known
Old French poem. It first appeared in Spain in 1501.

[15] *Historia de la linda Magalona, hija del rey de Nápoles, y de Pierres, hijo del conde
de Provenza* (Seville, 1519, and five more editions before 1605), a very popular work of
fiction of Provençal origin (12th century).

[16] Pierres rode no flying wooden horse in the book about Magalona. The episode
derives from *La historia del muy valiente y esforzado caballero Clamades...* (Burgos,
1521). In the Royal Armory you won't see the peg next to Babieca's saddle. You won't
see Babieca's saddle there either, anymore.

[17] Roland's horn, the *oliphant*, was made from an elephant's tusk. Visitors who go to
Roncesvalles will not see Roland's horn there. Going into France from there you *will* see
a spectacular view.

[18] A variant of these verses is found at the beginning of Chapter 9, p. 68.

[19] All of the people mentioned here are historic. Juan Merlo fought with Juan II of
Castile (1406-1454). Ras is the French city of Arras, capital of the department of Pas-de-
Calais. Clemencín has astonishing notes about these people starting on p. 1474 of the
Castilla edition.

[20] Both of these are mentioned in the *Crónica de Juan II*.

[21] Also mentioned in the chronicle just cited.

de Quiñones, del Paso,[22] las empresas de mosén Luis de Falces contra don
Gonzalo de Guzmán,[23] caballero castellano, con otras muchas hazañas
hechas por caballeros cristianos, destos y de los reinos estranjeros, tan
auténticas y verdaderas, que torno a decir, que el que las negase carecería
5 de toda razón y buen discurso."
    Admirado quedó el canónigo de oír la mezcla que don Quijote hacía
de verdades y mentiras, y de ver la noticia que tenía de todas aquellas
cosas, tocantes y concernientes a los hechos de su andante caballería, y así,
le respondió:
10   "No puedo yo negar, señor don Quijote, que no sea verdad algo de lo
que vuestra merced ha dicho, especialmente en lo que toca a los caballeros
andantes españoles, y asimesmo, quiero conceder que hubo Doce Pares de
Francia, pero no quiero creer que hicieron todas aquellas cosas que el
arzobispo Turpín dellos escribe—porque la verdad dello es que fueron
15 caballeros escogidos por los reyes de Francia, a quien llamaron PARES, por
ser todos iguales en valor, en calidad y en valentía, a lo menos, si no lo
eran, era razón que lo fuesen, y era como una religión de las que ahora se
usan de Santiago o de Calatrava,[24] que se presupone que los que la profesan
han de ser o deben ser caballeros valerosos, valientes y bien nacidos, y
20 como ahora dicen CABALLERO DE SAN JUAN o DE ALCÁNTARA, decían en
aquel tiempo CABALLERO DE LOS DOCE PARES, porque lo fueron doce
iguales los que para esta religión militar se escogieron. En lo de que hubo
Cid, no hay duda, ni menos Bernardo del Carpio, pero de que hicieron las
hazañas que dicen, creo que la hay muy grande. En lo otro de la clavija,
25 que vuestra merced dice del conde Pierres, y que está junto a la silla de
Babieca en la armería de los reyes, confieso mi pecado, que soy tan
ignorante o tan 'corto de vista,° que, aunque he visto la silla, no he echado   short-sighted
de ver la clavija, y más siendo tan grande como vuestra merced ha dicho."
    "Pues allí está sin duda alguna," replicó don Quijote, "y por más señas,
30 dicen que está metida en una funda° de vaqueta,° porque no se tome de   sheath, cowhide
moho.°"   rust
    "Todo puede ser," respondió el canónigo, "pero por las órdenes que
recebí, que no me acuerdo haberla visto. Mas puesto que conceda que está
allí, no por eso me obligo a creer las historias de tantos Amadises ni las de
35 tanta turbamulta de caballeros como por ahí nos cuentan, ni es razón que
un hombre como vuestra merced, tan honrado y de tan buenas partes,° y   qualities
dotado° de tan buen entendimiento, se dé a entender que son verdaderas   endowed
tantas y tan estrañas locuras como las que están escritas en los disparatados
libros de caballerías."

---

[22] This **Paso** is the **paso honroso**. In 1434 Suero de Quiñones defended a bridge on
the river Órbigo near León (this was his **paso honroso**). He fought and defeated 68
knights there from Spain, Portugal, Britain, Italy, and France.
[23] Two more knights from the same chronicle.
[24] These are Spanish religious-military orders of knights dating from the late twelfth
century.

Capítulo L. De las discretas altercaciones° que don Quijote y el canónigo tuvieron, con otros sucesos.

quarrels

"**B**UENO ESTÁ eso," respondió don Quijote, "los libros que están impresos con licencia de los reyes, y con aprobación de aquellos a quien se remitieron,° y que con gusto general son leídos y celebrados° de los grandes y de los chicos, de los pobres y de los ricos, de los letrados e ignorantes, de los plebeyos° y caballeros, finalmente, de todo género de personas, de cualquier estado y condición que sean, ¿habían de ser mentira, y más llevando tanta apariencia de verdad, pues nos cuentan el padre, la madre, la patria, los parientes, la edad, el lugar y las hazañas, punto por punto y día por día, que el tal caballero hizo, o caballeros hicieron? Calle vuestra merced, no diga tal blasfemia y créame—que le aconsejo en esto lo que debe de hacer como discreto— si no, léalos, y verá el gusto que recibe de su leyenda.

submitted, praised

plebeians

"Si no, dígame, ¿hay mayor contento que ver, como si dijésemos, aquí ahora se muestra delante de nosotros un gran lago de pez° hirviendo 'a borbollones,° y que andan nadando y cruzando° por él muchas serpientes, culebras° y lagartos,° y otros muchos géneros de animales feroces° y espantables, y que del medio del lago sale una voz tristísima, que dice: 'Tú, caballero, quienquiera que seas, que el temeroso lago estás mirando—si quieres alcanzar el bien que debajo destas negras aguas se encubre, muestra el valor de tu fuerte pecho, y arrójate en mitad de su° negro y encendido licor, porque si así no lo haces, no serás digno de ver las altas maravillas que en sí encierran y contienen los siete castillos de las siete fadas,° que debajo desta negregura° yacen?' ¿Y que apenas el caballero no ha acabado de oír la voz temerosa, cuando 'sin entrar más en cuentas° consigo, sin ponerse a considerar el peligro a que se pone, y aun sin despojarse de la pesadumbre° de sus fuertes armas, encomendándose a Dios y a su señora, se arroja en mitad del bullente° lago?

pitch
furiously, crossing
snakes, lizards,
ferocious

its

fairies
blackness
without further
thought
weight
boiling

"Y cuando no se cata ni sabe dónde ha de parar, se halla entre unos floridos° campos, con quien los Elíseos no tienen que ver en ninguna cosa. Allí le parece que el cielo es más transparente, y que el sol luce con claridad más nueva. Ofrécesele a los ojos una apacible floresta, de tan verdes y frondosos árboles compuesta, que alegra a la vista su verdura,° y entretiene los oídos el dulce y no aprendido canto de los pequeños, infinitos y pintados pajarillos que por los intricados ramos van cruzando. Aquí descubre un arroyuelo, cuyas frescas aguas, que líquidos cristales parecen, corren sobre menudas arenas y blancas pedrezuelas,° que oro cernido° y puras perlas semejan. Acullá vee una artificiosa fuente de jaspe° variado° y de liso mármol compuesta. Acá vee otra, a lo brutesco° adornada, adonde las menudas conchas de las almejas,° con las torcidas casas, blancas y amarillas, del caracol,° puestas con orden desordenada, mezclados entre ellas pedazos de cristal luciente y de contrahechas esmeraldas,° hacen una variada labor° de manera que el arte, imitando a la naturaleza, parece que allí la vence.

flowered

greenness

little stones, sifted
jasper, varied
grotesque
clams
snail
emeralds
piece of work

"Acullá, de improviso, se le descubre un fuerte castillo o vistoso alcázar, cuyas murallas son de macizo° oro, las almenas de diamantes, las puertas de jacintos.° Finalmente, él es de tan admirable compostura,° que

solid
jacinths, composition

con ser la materia de que está formado no menos que de diamantes, de
carbuncos,° de rubíes, de perlas, de oro y de esmeraldas, es de más   type of ruby
estimación su hechura.° Y ¿hay más que ver, después de haber visto esto,   workmanship
que ver salir por la puerta del castillo un buen número de doncellas, cuyos
5 galanos° y vistosos trajes, si yo me pusiese ahora a decirlos como las   elegant
historias nos los cuentan, 'sería nunca acabar,° y tomar luego la que parecía I'd never finish
principal de todas por la mano al atrevido caballero[1] que se arrojó en el
ferviente° lago, y llevarle, sin hablarle palabra, dentro del rico alcázar o   boiling
castillo, y hacerle desnudar como su madre le parió, y bañarle con
10 templadas° aguas, y luego untarle° todo con olorosos ungüentos, y vestirle   warm, anoint
una camisa de cendal delgadísimo,° toda olorosa° y perfumada, y acudir   very fine, fragrant
otra doncella y echarle un mantón° sobre los hombros, que, por lo menos   shawl
menos, dicen que 'suele valer° una ciudad y aun más?   is worth
   "¿Qué es ver, pues, cuando nos cuentan que tras todo esto, le llevan a
15 otra sala, donde halla puestas las mesas con tanto concierto,° que queda   harmony
suspenso y admirado? ¿Qué el verle echar agua a manos, toda de ámbar y
de olorosas flores distilada?° ¿Qué el hacerle sentar sobre una silla de   filtered
marfil? ¿Qué verle servir todas las doncellas, guardando un maravilloso
silencio? ¿Qué el traerle tanta diferencia de manjares, tan sabrosamente
20 guisados,° que no sabe el apetito a cuál deba de alargar la mano? ¿Cuál será prepared
oír la música que en tanto que come suena, sin saberse quién la canta ni
adónde suena? Y ¿después de la comida acabada y las mesas alzadas,°   cleared
quedarse el caballero recostado sobre la silla, y quizá 'mondándose los
dientes,° como es costumbre, entrar a deshora por la puerta de la sala otra   picking his teeth
25 mucho más hermosa doncella que ninguna de las primeras,[2] y sentarse al
lado del caballero, y comenzar a darle cuenta de qué castillo es aquél, y de
cómo ella está encantada en él,° con otras cosas que suspenden al caballero   el *castillo*
y admiran a los leyentes° que van leyendo su historia?   readers
   "No quiero alargarme más en esto, pues dello se puede colegir que
30 cualquiera parte que se lea de cualquiera historia de caballero andante ha de
causar gusto y maravilla a cualquiera que la leyere. Y vuestra merced
créame, y como otra vez le he dicho, lea estos libros, y verá como le
destierran la melancolía que tuviere, y le mejoran la condición, si acaso la
tiene mala. De mí sé decir que, después que soy caballero andante, soy
35 valiente, comedido, liberal, bien criado, generoso, cortés, atrevido, blando,
paciente, sufridor° de trabajos, de prisiones, de encantos, y aunque ha tan   endurer
poco que me vi encerrado en una jaula como loco, pienso, por el valor de
mi brazo, favoreciéndome el cielo y no me siendo contraria la fortuna, en
pocos días verme rey de algún reino, adonde pueda mostrar el
40 agradecimiento y liberalidad que mi pecho encierra, 'que mía fe,° señor, el   upon my faith
pobre está 'inhabilitado de poder° mostrar la virtud de liberalidad con   unable
ninguno, aunque en sumo grado la posea. Y el agradecimiento, que sólo
consiste en el deseo, es cosa muerta, como es muerta la fe sin obras. Por
esto querría que la fortuna me ofreciese presto alguna ocasión, donde me
45 hiciese emperador, por mostrar mi pecho, haciendo bien a mis amigos,

---

[1] **Tomar luego...** *[and then see] her who seemed to be the most important of all the
maidens take the daring knight by the hand*

[2] **Otra mucho...** *another maiden much more beautiful than any of the previous ones*

especialmente a este pobre de Sancho Panza, mi escudero, que es el mejor hombre del mundo, y querría darle un condado que le tengo muchos días ha prometido,[3] sino que temo que no ha de tener habilidad para gobernar su estado."

5   Casi estas últimas palabras oyó Sancho a su amo, a quien dijo:

"Trabaje vuestra merced, señor don Quijote, en darme ese condado, tan prometido de vuestra merced como de mí esperado, que yo le prometo que no me falte a mí habilidad para gobernarle, y cuando me faltare, yo he oído decir que hay hombres en el mundo que 'toman en arrendamiento° los   lease
10   estados de los señores y les dan un tanto° cada año, y ellos se tienen cuidado   amount
del gobierno, y el señor se está a pierna tendida, gozando de la renta que le dan, sin curarse de otra cosa. Y así haré yo, y no repararé en tanto más cuanto,[4] sino que luego me desistiré de todo, y me gozaré mi renta como un duque,° y allá se lo hayan."[5]   duke
15   "Eso, hermano Sancho," dijo el canónigo, "entiéndese en cuanto al gozar la renta, empero, al administrar justicia, ha de atender el señor del estado, y aquí entra la habilidad y buen juicio, y principalmente la buena intención de acertar,° que si ésta falta en los principios, siempre irán errados   be right
los medios y los fines.[6] Y así suele Dios ayudar al buen deseo del simple
20   como desfavorecer al malo del discreto."[7]

"No sé esas filosofías," respondió Sancho Panza, "mas sólo sé que tan presto tuviese yo el condado como sabría regirle, que tanta alma tengo yo como otro, y tanto cuerpo como 'el que más,° y tan rey sería yo de mi estado   the best of them
como cada uno del suyo, y siéndolo, haría lo que quisiese, y haciendo lo que
25   quisiese, haría mi gusto, y haciendo mi gusto, estaría contento, y en estando uno contento, no tiene más que desear, y no teniendo más que desear, acabóse, y 'el estado venga,° y a Dios y veámonos, como dijo un ciego a   let the estate come
otro."

"No son malas filosofías ésas, como tú dices, Sancho, pero, con todo
30   eso, hay mucho que decir sobre esta materia de condados."

A lo cual replicó don Quijote:

"Yo no sé que haya más que decir. Sólo me guío por el ejemplo que me da el grande Amadís de Gaula, que hizo a su escudero conde de la Ínsula Firme. Y así, puedo yo sin escrúpulo de conciencia hacer conde a Sancho
35   Panza,[8] que es uno de los mejores escuderos que caballero andante ha tenido."

Admirado quedó el canónigo de los concertados disparates que don Quijote había dicho, del modo con que había pintado la aventura del Caballero del Lago, de la impresión que en él habían hecho las pensadas°   deliberate
40   mentiras de los libros que había leído. Y finalmente, le admiraba la necedad de Sancho, que con tanto ahinco deseaba alcanzar el condado que su amo

[3] **Le tengo...** *I promised him many days ago*
[4] **No repararé...** *I won't worry about details*
[5] **Allá...** *who cares about the rest?*
[6] **Si ésta...** *if this is lacking in the beginning, the middle and final parts will go astray*
[7] **Desfavorecer...** *foils the bad intentions of the shrewd*
[8] Clemencín points out that Amadís didn't make Gandalín the *conde* of Ínsula Firme, but only *señor*, so Don Quijote is not exactly following Amadís.

le había prometido.

    Ya en esto volvían los criados del canónigo, que a la venta habían ido
por la acémila del repuesto, y haciendo mesa de una alhombra° y de la verde   carpet
yerba del prado, a la sombra° de unos árboles se sentaron y comieron allí,   shade
5 porque el boyero no perdiese la comodidad de aquel sitio, como queda
dicho. Y estando comiendo, a deshora oyeron un recio° estruendo y un son   loud
de esquila, que por entre unas zarzas° y espesas matas que allí junto estaban   brambles
sonaba, y al mesmo instante vieron salir de entre aquellas malezas una
hermosa cabra, toda la piel manchada° de negro, blanco y pardo. Tras ella   spotted
10 venía un cabrero dándole voces, y diciéndole palabras a su uso, para que se
detuviese, o al rebaño volviese. La fugitiva cabra, temerosa y despavorida,°   terrified
se vino a la gente, como a favorecerse della,[9] y allí se detuvo. Llegó el
cabrero, y asiéndola de los cuernos, como si fuera capaz de discurso y
entendimiento, le dijo:
15   "¡Ah, cerrera,° cerrera; Manchada,° Manchada, y cómo andáis vos   wanderer, Spotty
estos días de pie cojo![10] ¿Qué lobos os espantan, hija? ¿'No me diréis qué
es esto,° hermosa? Mas ¿qué puede ser sino que sois hembra, y no podéis   won't you tell me?
estar sosegada°? ¡Que mal haya vuestra condición y la de todas aquellas a   still
quien imitáis![11] Volved, volved, amiga, que si no tan contenta, a lo menos,
20 estaréis más segura en vuestro aprisco,° o con vuestras compañeras, que si   fold
vos, que las habéis de guardar y encaminar, andáis tan sin guía y tan
descaminada, ¿en qué podrán parar ellas?"

    Contento dieron las palabras del cabrero a los que las oyeron,
especialmente al canónigo, que le dijo:
25   "Por vida vuestra, hermano, que os soseguéis un poco, y no 'os
acuciéis° en volver tan presto esa cabra a su rebaño, que pues ella es   hurry
hembra, como vos decís, ha de seguir su natural distinto, por más que vos
os pongáis a estorbarlo. Tomad este bocado, y bebed 'una vez,° con que   a swallow
templaréis la cólera, y en tanto, descansará la cabra."
30   Y el decir esto y el darle con la punta del cuchillo los lomos° de un   loins
'conejo fiambre,° todo fue uno. Tomólo, y agradeciólo el cabrero, bebió, y   cold rabbit
sosegóse, y luego dijo:

    "No querría que por haber yo hablado con esta alimaña° tan 'en seso,°   animal, seriously
me tuviesen vuestras mercedes por hombre simple, que en verdad que no
35 carecen de misterio las palabras que le dije. Rústico° soy, pero no tanto que   peasant
no entienda cómo se ha de tratar con los hombres y con las bestias."

    "Eso creo yo muy bien," dijo el cura, "que ya yo sé de esperiencia que
los montes crían letrados, y las cabañas° de los pastores encierran   huts
filósofos."
40   "A lo menos, señor," replicó el cabrero, "acogen hombres
escarmentados,° y para que creáis esta verdad y la toquéis con la mano,   learned from
aunque parezca que sin ser rogado° me convido, si no os enfadáis dello, y   experience; asked
queréis, señores, un breve espacio prestarme oído atento,[12] os contaré una

---

[9] **Como a...** *as if for protection by the people*
[10] **Cómo andáis...** *how you've been limping recently!*
[11] **Que mal...** *a curse on your temperament and the temperament of those that you imitate*
[12] **Queréis,...** *[if] you want, sirs, to lend me an attentive ear for a short time*

verdad, que acredite° lo que ese señor," señalando al cura, "ha dicho, y la   will confirm
mía."

A esto respondió don Quijote:

"Por ver que tiene este caso 'un no sé qué° de sombra de aventura de   a bit
5   caballería, yo, por mi parte, os oiré, hermano, de muy buena gana, y así lo
harán todos estos señores, por lo mucho que tienen de discretos y de ser
amigos de curiosas novedades° que suspendan, alegren y entretengan los   news
sentidos, como sin duda pienso que lo ha de hacer vuestro cuento.
Comenzad, pues, amigo, que todos escucharemos."

10   "Saco la mía,"[13] dijo Sancho, "que yo a aquel arroyo me voy con esta
empanada,° donde pienso hartarme por tres días, porque he oído decir a mi   meat pie
señor don Quijote que el escudero de caballero andante ha de comer cuando
se le ofreciere, hasta no poder más a causa que se les suele ofrecer entrar
acaso por una selva tan intricada, que no aciertan a salir della en seis días,
15   y si el hombre no va harto, o bien proveídas las alforjas, allí se podrá
quedar, como muchas veces se queda, hecho 'carne momia.°'"   mummy

"Tú estás en lo cierto, Sancho," dijo don Quijote, "vete adonde
quisieres y come lo que pudieres, que yo ya estoy satisfecho, y sólo me falta
dar al alma su refacción,° como se la daré escuchando el cuento deste buen   nourishment
20   hombre."

"Así las daremos todos a las nuestras," dijo el canónigo.

Y luego rogó al cabrero que diese principio a lo que prometido había.
El cabrero dio dos palmadas sobre el lomo a la cabra, que por los cuernos
tenía, diciéndole:

25   "Recuéstate junto a mí, Manchada, que tiempo nos queda para volver
a nuestro apero.°'"   flock

Parece que lo entendió la cabra, porque en sentándose su dueño, se
tendió ella junto a él con mucho sosiego, y mirándole al rostro, daba a
entender que estaba atenta a lo que el cabrero iba diciendo, el cual comenzó
30   su historia desta manera:

[13] *I am going to fold.* A card player's expression meaning that he is leaving the game.

Capítulo LI. *Que trata de lo que contó el cabrero a todos los que llevaban a don Quijote.*

"TRES LEGUAS deste valle está una aldea que, aunque pequeña, es de las más ricas que hay en todos estos contornos, en la cual había un labrador muy honrado, y tanto que aunque es anexo al ser rico el ser honrado, más lo era él por la virtud que tenía que por la riqueza que alcanzaba. Mas lo que le hacía más dichoso, según él decía, era tener una hija de tan estremada hermosura, rara discreción, donaire y virtud, que el que la conocía y la miraba, se admiraba de ver las estremadas partes con que el cielo y la naturaleza la habían enriquecido.° Siendo niña, fue hermosa, y siempre fue creciendo en belleza, y en la edad de diez y seis años fue hermosísima.° La fama de su belleza se comenzó a estender por todas las circunvecinas aldeas ¿Qué digo yo por las circunvecinas no más, si se estendió a las apartadas ciudades, y aun se entró por las salas de los reyes y por los oídos de todo género de gente que, como a cosa rara, o como a imagen de milagros, de todas partes a verla venían?

"Guardábala su padre y guardábase ella, que no hay candados,° guardas° ni cerraduras que mejor guarden a una doncella que las del recato proprio.° La riqueza del padre y la belleza de la hija movieron a muchos, así del pueblo como forasteros,° a que por mujer se la pidiesen. Mas él, como a quien tocaba disponer° de tan rica joya, andaba confuso, sin saber° determinarse a quién la entregaría de los infinitos que le importunaban,° y entre los muchos que tan buen deseo tenían, fui yo uno, a quien dieron[1] muchas y grandes esperanzas de buen suceso conocer que el padre conocía quien yo era, el ser natural del mismo pueblo, limpio en sangre,[2] en la edad floreciente,° en la hacienda muy rico y en el ingenio no menos acabado.

"Con todas estas mismas partes la pidió también otro del mismo pueblo, que fue causa de suspender° y 'poner en balanza° la voluntad del padre, a quien parecía que con cualquiera de nosotros estaba su hija bien empleada, y por salir desta confusión, determinó decírselo a Leandra—que así se llama la rica que en miseria me tiene puesto—advirtiendo que, pues los dos éramos iguales, era bien dejar a la voluntad de su querida hija el escoger a su gusto, cosa digna de imitar de todos los padres que a sus hijos quieren poner en estado.[3] No digo yo que los dejen escoger en cosas ruines y malas, sino que se las propongan buenas, y de las buenas que escojan a su gusto. No sé yo el que tuvo Leandra—sólo sé que el padre nos entretuvo a entrambos con la poca edad de su hija, y con palabras generales, que ni le obligaban, ni nos desobligaban° tampoco. Llámase mi competidor Anselmo, y yo Eugenio, porque vais con noticia de los nombres de las personas que en esta tragedia se contienen, cuyo fin aún está pendiente, pero bien se deja entender que ha de ser desastrado.

"En esta sazón vino a nuestro pueblo un Vicente de la Rosa, hijo de

---

[1] The subject of **dieron** is **conocer...** and **ser natural...** with all of the items following it.

[2] "Clean in blood" meant that you were an "old Christian," that is, no Jewish blood in your ancestry.

[3] **Los...** *fathers who want to marry their children off*

endowed

very beautiful

padlocks
bolts
her own
outsiders
dispose, **poder**
begged

blooming

postpone, hang in the
balance

released

un pobre labrador del mismo lugar, el cual Vicente venía de las Italias[4] y de
otras diversas partes, de ser Vicente de soldado[5]—llevóle de nuestro lugar,
siendo muchacho de hasta doce años, un capitán que con su compañía por
allí acertó a pasar, y volvió el mozo de allí a otros doce,[6] vestido 'a la
5 soldadesca,° pintado con mil colores, lleno de mil dijes° de cristal y sutiles   as a soldier, trinkets
cadenas de acero.° Hoy se ponía una gala° y mañana otra, pero todas sutiles,   steel, dress uniform
pintadas, de poco peso y menos tomo. La gente labradora, que de suyo es
maliciosa,[7] y dándole el ocio lugar es la misma malicia,° lo notó, y contó   mischief
punto por punto sus galas y preseas,° y halló que los vestidos eran tres de   trinkets
10 diferentes colores, con sus ligas° y medias,° pero él hacía tantos guisados°   garters, stockings, ar-
e invenciones dellas, que si no se los contaran, hubiera quien jurara que   rangements
había hecho muestra de más de diez pares de vestidos° y de más de veinte   outfits
plumajes.° Y no parezca impertinencia° y demasía esto que de los vestidos   feathered hats,
voy contando, porque ellos hacen una buena parte en esta historia.   impertinent re-
15   "Sentábase en un poyo° que debajo de un gran álamo° está en nuestra   mark; bench, poplar
plaza, y allí nos tenía a todos 'la boca abierta,° pendientes de las hazañas   agape
que nos iba contando: no había tierra en todo el orbe que no hubiese visto,
ni batalla donde no se hubiese hallado. Había muerto más moros que tiene
Marruecos° y Túnez, y entrado en más singulares desafíos, según él decía,   Morocco
20 que Gante y Luna, Diego García de Paredes[8] y otros mil que nombraba, y de
todos había salido con vitoria, sin que le hubiesen derramado una sola gota
de sangre, por otra parte, mostraba 'señales de heridas° que, aunque no se   scars
divisaban, nos hacía entender que eran arcabuzazos° dados en diferentes   musket wounds
rencuentros y faciones.° Finalmente, con una no vista arrogancia llamaba   battles
25 de VOS a sus iguales[9]° y a los mismos que le conocían, y decía que su padre   equals
era su brazo, su linaje sus obras, y que, debajo de ser soldado, al mismo rey
no debía nada.[10] Añadiósele a estas arrogancias ser un poco músico y tocar
una guitarra a lo rasgado,[11] de manera que decían algunos que la hacía
hablar, pero no pararon aquí sus gracias, que también la tenía de poeta, y
30 así, de cada niñería que pasaba en el pueblo componía un romance de legua
y media de escritura.
       "Este soldado, pues, que aquí he pintado, este Vicente de la Rosa, este
bravo, este galán,° este músico, este poeta, fue visto y mirado muchas veces   handsome man
de Leandra desde una ventana de su casa que 'tenía la vista a° la plaza;   which looked out
35 enamoróla el oropel° de sus vistosos trajes; encantáronla sus romances, que   onto; tinsel

---

[4] "Las Italias" because Italy was not a unified country until the nineteenth century.
[5] **Venía...** *Vicente came from Italy and other places, where he was a soldier*
[6] **Volvió...** *and the young man came back from there twelve years later*
[7] **De...** *by nature is mischievous*
[8] Since Garcilaso and Diego García de Paredes are mentioned in the same sentence in
Chapter 49 (p. 397, ll 25-26), some editors have assumed that Gante y Luna is a
compositor's misreading for Garci Lasso.
[9] The singular **vos** was reserved generally for inferiors. It used the modern **vosotros** form
of the verb.
[10] **Decía...** *he said that his father was his [right] arm, his lineage was his deeds, and
that, as a soldier, he owed nothing, even to the king himself.*
[11] **Rasgado,** modern **rasgueado,** is a Spanish strumming technique involving from one
finger to all five, typical of flamenco playing.

de cada uno que componía daba veinte traslados;° llegaron a sus oídos las   copies
hazañas que él de sí mismo había referido, y finalmente, que así el diablo
lo debía de tener ordenado, ella se vino a enamorar dél, antes que en él
naciese presunción de solicitalla,° y como en los casos de amor no hay   to woo her
5 ninguno que con más facilidad se cumpla que aquel que tiene de su parte el
deseo de la dama, con facilidad se concertaron Leandra y Vicente, y primero
que alguno de sus muchos pretendientes° cayesen en la cuenta de su deseo,   suitors
ya ella le tenía cumplido, habiendo dejado la casa de su querido y amado
padre, que° madre no la tiene, y ausentádose de la aldea con el soldado, que   since
10 salió con más triunfo desta empresa que de todas las muchas que él 'se
aplicaba.°   boasted
    "Admiró el suceso a toda el aldea, y aun a todos los que dél noticia
tuvieron. Yo quedé suspenso, Anselmo atónito, el padre triste, sus parientes
afrentados, solícita° la justicia, los cuadrilleros listos.° Tomáronse los   ready, prepared
15 caminos, escudriñáronse los bosques y cuanto había, y al cabo de tres días
hallaron a la antojadiza° Leandra en una cueva de un monte,° desnuda en   capricious, mountain
camisa, sin muchos dineros y preciosísimas joyas que de su casa había
sacado. Volviéronla a la presencia de su lastimado padre. Preguntáronle su
desgracia. Confesó sin apremio que Vicente de la Roca[12] la había engañado,
20 y debajo de su palabra de ser su esposo la persuadió que dejase la casa de
su padre, que él la llevaría a la más rica y más viciosa° ciudad que había en   luxurious
todo el universo mundo, que era Nápoles,° y que ella, mal advertida y peor   Naples
engañada, le había creído, y robando a su padre, se le entregó la misma
noche que había faltado, y que él la llevó a un áspero monte y la encerró en
25 aquella cueva donde la habían hallado. Contó también cómo el soldado, sin
quitalle su honor, le robó cuanto tenía, y la dejó en aquella cueva y se
fue—suceso que de nuevo puso en admiración a todos.
    "Duro se nos hizo de creer la continencia del mozo,[13] pero ella lo
afirmó con tantas veras, que 'fueron parte° para que el desconsolado padre   it helped
30 se consolase, no haciendo cuenta de las riquezas que le llevaban, pues le
habían dejado a su hija con la joya que, si una vez se pierde, no deja
esperanza de que jamás se cobre. El mismo día que pareció Leandra la
desapareció° su padre de nuestros ojos y la llevó a encerrar en un   made disappear
monesterio de una villa que está aquí cerca, esperando que el tiempo gaste°   will wear away
35 alguna parte de la mala opinión en que su hija se puso. Los pocos años de
Leandra sirvieron de disculpa de su culpa,° a lo menos con aquellos que 'no   failing
les iba algún interés en que° ella fuese mala o buena. Pero los que conocían   didn't care if
su discreción y mucho entendimiento no atribuyeron a ignorancia su
pecado, sino a su desenvoltura° y a la natural inclinación° de las mujeres,   frivolity, propensity
40 que, por la mayor parte, suele ser desatinada y mal compuesta.°   put together
    "Encerrada Leandra, quedaron los ojos de Anselmo ciegos, a lo menos,
sin tener cosa que mirar que contento le diese, los míos en tinieblas, sin luz
que a ninguna cosa de gusto les encaminase.[14] Con la ausencia de Leandra

---

[12] The first two mentions of his name were "Rosa." The first edition has "Roca" here
(folio 306v), which I maintain is an effort by Cervantes to confuse names *on purpose.*
Virtually all editions change this third instance to Rosa.

[13] **Duro…** *it was hard for us to believe the restraint of the young man*

[14] **Sin luz…** *without the light to lead them towards anything that gives pleasure*

crecía nuestra tristeza, apocábase° nuestra paciencia, maldecíamos las galas   diminished
del soldado y abominábamos° del poco recato del padre de Leandra.   we cursed
Finalmente, Anselmo y yo nos concertamos de dejar el aldea y venirnos a
este valle, donde él apacentando una gran cantidad de ovejas suyas proprias,
5 y yo un numeroso rebaño de cabras, también mías, pasamos la vida entre
los árboles, dando vado a nuestras pasiones, o cantando juntos alabanzas o
vituperios de la hermosa Leandra, o suspirando solos y a solas comunicando
con el cielo nuestras querellas.

    "A imitación nuestra, otros muchos de los pretendientes de Leandra se
10 han venido a estos ásperos montes usando el mismo ejercicio nuestro, y son
tantos, que parece que este sitio se ha convertido en la pastoral Arcadia,
según está colmo° de pastores y de apriscos, y no hay parte en él donde no   filled
se oiga el nombre de la hermosa Leandra. Éste la maldice y la llama
antojadiza, varia° y deshonesta;° aquél la condena por fácil y ligera;° tal   indifferent, immodest,
15 la absuelve° y perdona, y tal la justicia y vitupera; uno celebra su   loose; absolves
hermosura, otro reniega de su condición,[15] y en fin, todos la deshonran y
todos la adoran, y de todos se estiende a tanto la locura, que hay quien se
queje de desdén sin haberla jamás hablado,[16] y aun quien 'se lamente° y   laments
sienta la rabiosa° enfermedad de los celos, que ella jamás dio a nadie,   furious
20 porque, como ya tengo dicho, antes se supo su pecado que su deseo. No
hay hueco de peña, ni margen° de arroyo, ni sombra de árbol que no esté   bank
ocupada de algún pastor que sus desventuras a los aires cuente. El eco
repite el nombre de Leandra dondequiera que pueda formarse. LEANDRA
resuenan los montes; LEANDRA murmuran los arroyos, y LEANDRA nos
25 tiene a todos suspensos° y encantados, esperando sin esperanza y temiendo   bewildered
sin saber de qué tememos.

    "Entre estos disparatados,° el que muestra que menos y más juicio   foolish persons
tiene es mi competidor° Anselmo, el cual, teniendo tantas otras cosas de   rival
que quejarse, sólo se queja de ausencia,° y al son de un rabel que   [Leandra's] absence
30 admirablemente toca, con versos, donde muestra su buen entendimiento,
cantando se queja. Yo sigo otro camino más fácil, y a mi parecer el más
acertado, que es decir mal de la ligereza° de las mujeres, de su   fickleness
inconstancia,° de su doble trato,[17] de sus promesas muertas, de su fe   inconstancy
rompida y finalmente, del poco discurso que tienen en saber colocar sus
35 pensamientos e intenciones que tienen. Y ésta fue la ocasión, señores, de
las palabras y razones que dije a esta cabra cuando aquí llegué—que por ser
hembra la tengo en poco,[18] aunque es la mejor de todo mi apero.

    "Ésta es la historia que prometí contaros. Si he sido en el contarla
prolijo,° no seré en serviros corto. Cerca de aquí tengo mi majada, y en ella   long-winded
40 tengo fresca leche y muy sabrosísimo queso, con otras varias y sazonadas
frutas, no menos a la vista que al gusto agradables."

---

[15] **Tal la justicia...** *one condemns and censures her, one celebrates her beauty, another complains about her character*

[16] **De todos...** *this madness extends to everyone to such an extent that there are those that complain of her scorn without having ever spoken to her*

[17] **Doble trato** *double dealing*

[18] **La...** *I hold her in little esteem*

Capítulo LII. De la pendencia que don Quijote tuvo con el cabrero, con la rara aventura de los deceplinantes,° a quien dio felice fin a costa de su sudor.

penitents

GENERAL GUSTO causó el cuento del cabrero a todos los que escuchado
le habían, especialmente le recibió el canónigo, que con estraña
curiosidad notó la manera con que le había contado, tan lejos de parecer
rústico cabrero cuan cerca de mostrarse discreto cortesano. Y así, dijo que
había dicho muy bien el cura en decir que los montes criaban letrados.
Todos se ofrecieron a Eugenio, pero el que más se mostró liberal en esto
fue don Quijote, que le dijo:
  "Por cierto, hermano cabrero, que si yo me hallara posibilitado° de *allowed*
poder comenzar alguna aventura, que luego luego me pusiera en camino,
porque vos la° tuviérades buena, que yo sacara del monesterio, donde, sin *la ventura*
duda alguna, debe de estar contra su voluntad, a Leandra, a pesar de la
abadesa° y de cuantos quisieran estorbarlo, y os la pusiera en vuestras *abbess*
manos para que hiciérades della a toda vuestra voluntad y talante,
guardando, pero,° las leyes de la caballería, que mandan que a ninguna *however*
doncella se le sea fecho desaguisado alguno, aunque yo espero en Dios
Nuestro Señor que no ha de poder tanto la fuerza de un encantador
malicioso, que no pueda más la de otro encantador mejor intencionado, y
para entonces os prometo mi favor y ayuda, como me obliga mi profesión,
que no es otra si no es favorecer a los desválidos° y menesterosos." *needy*
  Miróle el cabrero, y como vio a don Quijote de tan mal pelaje° y *dressed*
catadura,° admiróse y preguntó al barbero, que cerca de sí tenía: *looks*
  "Señor, ¿quién es este hombre que tal talle tiene y de tal manera
habla?"
  "¿Quién ha de ser," respondió el barbero, "sino el famoso don Quijote
de la Mancha, desfacedor de agravios, enderezador° de tuertos, el amparo *righter*
de las doncellas, el asombro de los gigantes y el vencedor de las batallas?"
  "Eso me semeja,°" respondió el cabrero, "a lo que se lee en los libros *seems*
de caballeros andantes, que hacían todo eso que de este hombre vuestra
merced dice, puesto que para mí tengo, o que vuestra merced se burla, o
que este gentil hombre debe de tener vacíos los aposentos de la cabeza."
  "Sois un grandísimo bellaco," dijo a esta sazón don Quijote, "y vos
sois el vacío y el menguado,° que yo estoy más lleno¹ que jamás lo estuvo *wretch*
la muy hideputa° puta que os parió." *bitch*
  Y diciendo y hablando, arrebató° de un pan° que junto a sí tenía, y dio *snatched, loaf*
con él al cabrero en todo el rostro, con tanta furia, que le remachó° las *flattened*
narices. Mas el cabrero, que no sabía de burlas, viendo con cuántas veras
le maltrataban,² sin tener respeto a la alhombra, ni a los manteles, ni a todos
aquellos que comiendo estaban, saltó sobre don Quijote, y asiéndole del
cuello con entrambas manos, no dudara de ahogalle, si Sancho Panza no
llegara en aquel punto y le asiera por las espaldas y diera con él encima de
la mesa, quebrando platos, rompiendo tazas° y derramando y esparciendo *cups*
cuanto en ella estaba. Don Quijote, que se vio libre, acudió a subirse sobre

---

¹ Don Quijote contrasts **lleno** with **vacío. Lleno** is also used to mean *pregnant*, but only with animals, thus the insult to Eugenio's mother is increased.
² **Viendo...** *seeing himself mistreated in earnest*

el cabrero, el cual, lleno de sangre el rostro, molido a coces de Sancho, andaba buscando 'a gatas° algún cuchillo de la mesa para hacer alguna · on all fours sanguinolenta° venganza, pero estorbábanselo el canónigo y el cura. Mas el · bloody barbero hizo de suerte que el cabrero cogió debajo de sí a don Quijote,
5 sobre el cual llovió tanto número de mojicones, que del rostro del pobre caballero llovía tanta sangre como del suyo.

Reventaban de risa el canónigo y el cura, saltaban los cuadrilleros de gozo, zuzaban° los unos y los otros, como hacen a los perros cuando en · urged pendencia están trabados. Sólo Sancho Panza se desesperaba, porque no se
10 podía desasir de un criado del canónigo, que le estorbaba que a su amo no ayudase. En resolución, estando todos en regocijo y fiesta,° sino los dos · enjoyment aporreantes° que se carpían,° oyeron el son de una trompeta, tan triste, que · combatants, were les hizo volver los rostros hacia donde les pareció que sonaba. Pero el que · quarreling más se alborotó de oírle fue don Quijote, el cual, aunque estaba debajo del
15 cabrero, harto° contra su voluntad y más que medianamente molido, le dijo: · quite "Hermano demonio, que no es posible que dejes de serlo, pues has tenido valor y fuerzas para sujetar 'las mías,° ruégote que hagamos treguas,° · *mis fuerzas*, truce no más de por una hora, porque el doloroso son de aquella trompeta que a nuestros oídos llega me parece que a alguna nueva aventura me llama."
20 El cabrero, que ya estaba cansado de moler y ser molido, le dejó luego, y don Quijote se puso en pie, volviendo asimismo el rostro adonde el son se oía, y vio a deshora que por un recuesto bajaban muchos hombres vestidos de blanco a modo de diciplinantes. Era el caso, que aquel año habían las nubes negado su rocío° a la tierra, y por todos los lugares de · moisture
25 aquella comarca° se hacían procesiones, rogativas° y diciplinas,° pidiendo · region, praying for a Dios abriese las manos de su misericordia y les lloviese, y para este · rain, scourges efecto la gente de una aldea que allí junto estaba venía en procesión a una 'devota ermita° que en un recuesto de aquel valle había. · holy shrine

Don Quijote, que vio los estraños trajes de los diciplinantes,[3] sin
30 pasarle por la memoria las muchas veces que los 'había de haber visto,° se · must have seen imaginó que era cosa de aventura y que a él solo tocaba, como a caballero andante, el acometerla, y confirmóle más esta imaginación, pensar que una imagen que traían cubierta de luto fuese alguna principal señora que llevaban por fuerza aquellos follones y descomedidos malandrines, y como
35 esto le cayó en las mientes, con gran ligereza arremetió a Rocinante, que paciendo andaba, quitándole del arzón el freno y el adarga, y en un punto le enfrenó, y pidiendo a Sancho su espada, subió sobre Rocinante y embrazó su adarga, y dijo en alta voz a todos los que presentes estaban: "Agora, valerosa compañía, veredes cuánto importa que haya en el
40 mundo caballeros que profesen la orden de la andante caballería. Agora digo que veredes, en la libertad de aquella buena señora que allí va cautiva, si se han de estimar los caballeros andantes."

Y en diciendo esto, apretó los muslos a Rocinante, porque espuelas no las tenía, y a todo galope, porque carrera tirada[4] no se lee en toda esta
45 verdadera historia que jamás la diese Rocinante, se fue a encontrar con los

---

[3] What these people are wearing is very similar to the Ku Klux Klan garb of today.
[4] **Carrera tirada** or **tendida** is a full gallop. **Galope**, in those days, Ferreras says, meant *trot*.

diciplinantes, bien que fueran° el cura y el canónigo y barbero a detenelle,   tried
mas no les fue posible, ni menos le detuvieron las voces que Sancho le
daba, diciendo:

"¿Adónde va, señor don Quijote? ¿Qué demonios lleva en el pecho que
5 le incitan a ir contra nuestra fe católica? Advierta, mal haya yo, que aquélla
es procesión de diciplinantes, y que aquella señora que llevan sobre la
peana° es la imagen benditísima de la Virgen sin mancilla.° Mire, señor, lo   litter, blemish
que hace, que por esta vez se puede decir que no es lo que sabe."

Fatigóse en vano Sancho, porque su amo iba tan puesto° en llegar a los   determined
10 ensabanados° y en librar a la señora enlutada, que no oyó palabra, y aunque   sheeted people
la oyera, no volviera, si el rey se lo mandara. Llegó, pues, a la procesión,
y paró a Rocinante, que ya llevaba deseo de quietarse° un poco, y con   to rest
turbada y ronca voz, dijo:

"Vosotros, que quizá por no ser buenos os encubrís los rostros, atended
15 y escuchad lo que deciros quiero."

Los primeros que se detuvieron fueron los que la imagen llevaban, y
uno de los cuatro clérigos que cantaban las ledanías,° viendo la estraña   litanies
catadura de don Quijote, la flaqueza de Rocinante y otras circunstancias 'de
risa° que notó y descubrió en don Quijote, le respondió diciendo: laughable
20 "Señor hermano, si nos quiere decir algo, dígalo presto, porque se van
estos hermanos abriendo las carnes, y no podemos, ni es razón que nos
detengamos a oír cosa alguna, si ya no es tan breve que en dos palabras se
diga.

"En una lo diré," replicó don Quijote, "y es ésta: que luego al punto
25 dejéis libre a esa hermosa señora, cuyas lágrimas[5] y triste semblante dan
claras muestras que la lleváis contra su voluntad y que algún notorio
desaguisado le habedes fecho. Y yo, que nací en el mundo para desfacer
semejantes agravios, no consentiré que un solo paso adelante pase sin darle
la deseada libertad que merece."

30 En estas razones, cayeron todos los que las oyeron que don Quijote
debía de ser algún hombre loco, y tomáronse° a reír muy de gana, cuya risa   they began
fue poner pólvora a la cólera de don Quijote, porque sin decir más palabra,
sacando la espada, arremetió a las andas. Uno de aquellos que las llevaban,
dejando la carga a sus compañeros, salió al encuentro de don Quijote,
35 enarbolando° una horquilla° o bastón con que sustentaba° las andas en tanto   brandishing, forked
que descansaba, y recibiendo en ella una gran cuchillada que le tiró don   prop, held up
Quijote, con que se la hizo dos partes, con el último tercio, que le quedó
en la mano, dio tal golpe a don Quijote encima de un hombro, por el
mismo lado de la espada, que no pudo cubrir el adarga contra villana
40 fuerza, que el pobre don Quijote vino al suelo muy mal parado.

Sancho Panza, que jadeando° le iba a los alcances,[6] viéndole caído, dio   panting
voces a su moledor° que no le diese otro palo, porque era un pobre   assailant
caballero encantado, que no había hecho mal a nadie en todos los días de
su vida. Mas lo que detuvo al villano no fueron las voces de Sancho, sino
45 el ver que don Quijote no bullía° pie ni mano. Y así, creyendo que le había   moved

[5] As in this case, Spanish statues of the Virgin frequently have tears running down
their cheeks.

[6] **Le...** *was pursuing him*

muerto, con priesa se alzó la túnica a la cinta y dio a huir por la campaña
como un gamo.

Ya en esto llegaron todos los de la compañía de don Quijote adonde
él estaba. Mas los de la procesión, que los vieron venir corriendo, y con
5 ellos los cuadrilleros con sus ballestas, temieron algún mal suceso y
hiciéronse todos un remolino° alrededor de la imagen, y alzados los   barrier of people
capirotes,° empuñando° las diciplinas° y los clérigos los ciriales,° esperaban   hoods, grasping,
el asalto, con determinación de defenderse y aun ofender, si pudiesen, a sus   whips, candles
acometedores,° pero la fortuna lo hizo mejor que se pensaba, porque Sancho   attackers
10 no hizo otra cosa que arrojarse sobre el cuerpo de su señor, haciendo sobre
él el más doloroso y risueño° llanto del mundo, creyendo que estaba   laughable
muerto.

El cura fue conocido de otro cura que en la procesión venía, cuyo
conocimiento puso en sosiego el concebido° temor de los dos escuadrones.   imagined
15 El primer cura dio al segundo en dos razones cuenta de quién era don
Quijote, y así, él como toda la turba de los diciplinantes fueron a ver si
estaba muerto el pobre caballero, y oyeron que Sancho Panza, con lágrimas
en los ojos, decía:

"¡Oh flor de la caballería, que con sólo un garrotazo° acabaste la   blow with club
20 carrera de tus tan bien gastados años! ¡Oh honra de tu linaje, honor y gloria
de toda la Mancha y aun de todo el mundo, el cual, faltando tú en él,
quedará lleno de malhechores, sin temor de ser castigados de sus 'malas
fechorías!° ¡Oh liberal sobre todos los Alejandros, pues por solos ocho   misdeeds
meses de servicio me tenías dada la mejor ínsula que el mar ciñe y rodea!
25 ¡Oh humilde con los soberbios y arrogante con los humildes, acometedor
de peligros, sufridor de afrentas, enamorado sin causa, imitador de los
buenos, azote de los malos, enemigo de los ruines, en fin, caballero
andante, que es todo lo que decir se puede!"

Con las voces y gemidos de Sancho revivió° don Quijote, y la primer   revived
30 palabra que dijo fue: "El que de vos vive ausente, dulcísima Dulcinea, a
mayores miserias que éstas está sujeto. Ayúdame, Sancho amigo, a ponerme
sobre el carro encantado, que ya no estoy para oprimir la silla de Rocinante,
porque tengo todo este hombro hecho pedazos."

"Eso haré yo de muy buena gana, señor mío," respondió Sancho, "y
35 volvamos a mi aldea en compañía destos señores, que su bien desean, y allí
daremos orden de hacer otra salida que nos sea de más provecho y fama."

"Bien dices, Sancho," respondió don Quijote, "y será gran prudencia
dejar pasar el mal influjo de las estrellas que agora corre."

El canónigo y el cura y barbero le dijeron que haría muy bien en hacer
40 lo que decía. Y así, habiendo recebido grande gusto de las simplicidades de
Sancho Panza, pusieron a don Quijote en el carro, como antes venía. La
procesión volvió a ordenarse y a proseguir su camino. El cabrero se
despidió de todos. Los cuadrilleros no quisieron pasar adelante, y el cura
les pagó lo que se les debía. El canónigo pidió al cura le avisase el suceso
45 de don Quijote, si sanaba de su locura, o si proseguía en ella, y con esto
tomó licencia para seguir su viaje.

En fin, todos se dividieron y apartaron, quedando solos el cura y
barbero, don Quijote y Panza, y el bueno de Rocinante, que a todo lo que

había visto estaba con tanta paciencia como su amo. El boyero unció sus
bueyes y acomodó a don Quijote sobre un haz° de heno,° y con su   bundle, hay
acostumbrada flema siguió el camino que el cura quiso, y a cabo de seis
días llegaron a la aldea de don Quijote, adonde entraron en la mitad del día,
5   que acertó a ser domingo, y la gente estaba toda en la plaza, por mitad de
la cual atravesó el carro de don Quijote. Acudieron todos a ver lo que en
el carro venía, y cuando conocieron a su compatrioto, quedaron
maravillados, y un muchacho acudió corriendo a dar las nuevas a su ama
y a su sobrina de que su tío y su señor venía flaco y amarillo, y tendido
10   sobre un montón° de heno, y sobre un carro de bueyes. Cosa de lástima fue   heap
oír los gritos que las dos buenas señoras alzaron, las bofetadas° que se   blows
dieron, las maldiciones que de nuevo echaron a los malditos libros de
caballerías, todo lo cual se renovó cuando vieron entrar a don Quijote por
sus puertas.
15   A las nuevas desta venida de don Quijote acudió la mujer de Sancho
Panza, que ya había sabido que había ido con él, sirviéndole de escudero,
y así como vio a Sancho, lo primero que le preguntó fue que si venía bueno
el asno. Sancho respondió que venía mejor que su amo.
"Gracias sean dadas a Dios," replicó ella, "que tanto bien me ha hecho,
20   pero contadme agora, amigo, ¿qué bien habéis sacado de vuestras
escuderías?° ¿qué saboyana° me traéis a mí? ¿qué zapaticos° a vuestros   squirings, skirt, little
hijos?"   shoes
"No traigo nada deso," dijo Sancho, "mujer mía, aunque traigo otras
cosas de más momento y consideración."
25   "Deso recibo yo mucho gusto," respondió la mujer, "mostradme esas
cosas de más consideración y más momento, amigo mío, que las quiero ver
para que se me alegre este corazón, que tan triste y descontento ha estado
en todos los siglos de vuestra ausencia."
"En casa os las mostraré, mujer," dijo Panza, "y por agora estad
30   contenta, que, siendo Dios servido de que otra vez salgamos en viaje a
buscar aventuras, vos me veréis presto conde o gobernador de una ínsula,
y no de las de por ahí, sino la mejor que pueda hallarse."
"Quiéralo así el cielo, marido mío, que bien lo habemos menester. Mas
decidme, ¿qué es eso de ínsulas,[7] que no lo entiendo?"
35   "No es la miel para la boca del asno," respondió Sancho, "a su tiempo
verás, mujer, y aun te admirarás de oírte llamar SEÑORÍA de todos tus
vasallos."
"¿Qué es lo que decís, Sancho, de señorías, ínsulas y vasallos?"
respondió Juana Panza, que así se llamaba la mujer de Sancho, aunque no
40   eran parientes, sino porque se usa en la Mancha tomar las mujeres el
apellido de sus maridos.
"No 'te acucies,° Juana, por saber todo esto tan apriesa. Basta que te   be in hurry
digo verdad, y cose° la boca. Sólo te sabré decir, 'así de paso,° que no hay   sew, by the way
cosa más gustosa en el mundo que ser un hombre honrado escudero de un

---

[7] **Ínsula** was really never a current word in Spanish, and that's why Sancho's wife
doesn't know it. It's a "cultismo," a made up word based on the Latin source, and used
essentially only in the books of chivalry. The people used **isla**, a form seen first in Berceo
(early thirteenth century).

caballero andante, buscador de aventuras. Bien es verdad que las más que
se hallan no salen tan a gusto como el hombre querría, porque de ciento que
se encuentran, las noventa y nueve suelen salir aviesas° y torcidas. Sélo yo   adversely
de expiriencia, porque de algunas he salido manteado y de otras molido.
5   Pero, con todo eso, es linda cosa esperar los sucesos, atravesando montes,
'escudriñando selvas,° pisando peñas, visitando castillos, alojando en ventas   searching forests
a toda discreción, sin pagar ofrecido sea al diablo el maravedí."⁸
   Todas estas pláticas pasaron entre Sancho Panza y Juana Panza, su
mujer, en tanto que el ama y sobrina de don Quijote le recibieron y le
10 desnudaron y le tendieron en su antiguo lecho. Mirábalas él con ojos
atravesados,° y no acababa de entender en qué parte estaba. El cura encargó   squinting
a la sobrina tuviese gran cuenta con regalar a su tío, y que estuviesen alerta
de que otra vez no se les escapase, contando lo que había sido menester
para traelle a su casa. Aquí alzaron las dos de nuevo los gritos al cielo; allí
15 se renovaron las maldiciones de los libros de caballerías; allí pidieron al
cielo que confundiese° en el centro del abismo a los autores de tantas   plunge
mentiras y disparates. Finalmente, ellas quedaron confusas y temerosas de
que se habían de ver sin su amo y tío en el mesmo punto que tuviese
alguna mejoría;° y sí fue como ellas se lo imaginaron.   improvement
20 Pero el autor desta historia, puesto que con curiosidad y diligencia ha
buscado los hechos que don Quijote hizo en su tercera salida, no ha podido
hallar noticia de ellas, a lo menos por escrituras auténticas. Sólo la fama ha
guardado en las memorias de la Mancha, que don Quijote, la tercera vez
que salió de su casa, fue a Zaragoza,⁹ donde se halló en unas famosas justas
25 que en aquella ciudad hicieron, y allí le pasaron cosas dignas de su valor
y buen entendimiento. Ni de su fin y acabamiento° pudo alcanzar cosa   end
alguna, ni la alcanzara, ni supiera, si la buena suerte no le deparara un
antiguo médico,° que tenía en su poder una caja de plomo,° que, según él   doctor, lead
dijo, se había hallado en los cimientos° derribados de una antigua ermita°   foundation, hermitage
30 que 'se renovaba.° En la cual caja se habían hallado unos pergaminos   was being rebuilt
escritos con letras góticas,¹⁰ pero en versos castellanos, que contenían
muchas de sus hazañas y daban noticia de la hermosura de Dulcinea del
Toboso, de la figura de Rocinante, de la fidelidad de Sancho Panza y de la
sepultura del mesmo don Quijote, con diferentes epitafios y elogios de su
35 vida y costumbres.
   Y los que se pudieron leer y 'sacar en limpio,° fueron los que aquí   make out
pone el fidedigno° autor desta nueva y jamás vista historia. El cual autor no   trustworthy
pide a los que la leyeren, en premio del inmenso trabajo que le costó
inquerir y buscar todos los archivos manchegos por sacarla a luz, sino que
40 le den el mesmo crédito que suelen dar los discretos a los libros de
caballerías, que tan validos° andan en el mundo, que con esto se tendrá por   favored
bien pagado y satisfecho. Y se animará a sacar y buscar otras,° si no tan   otras *historias*
verdaderas, a lo menos, de tanta invención y pasatiempo. Las palabras

---

⁸ **Sin...** *without paying a single* **maravedí**

⁹ A major Spanish city on the Ebro River, 280 kms. west of Barcelona.

¹⁰ There is some dispute as to what Gothic letters are. For me it is the writing used
in, for example, Alfonso el Sabio's court (13th century). In any case, the parchments are
old!

primeras que estaban escritas en el pergamino que se halló en la caja de
plomo eran éstas:

> Los académicos° de la Argamasilla,[11] lugar de   academicians
> la Mancha, en vida y muerte del valeroso
> 5   don Quijote de la Mancha,
> '*hoc scripserunt.*°   they wrote this

> El Monicongo,[12] académico de la Argamasilla,
> a la sepultura de don Quijote.

EPITAFIO

> 10   El calvatrueno,° que adornó a la Mancha   crazy person
> de más despojos que Jasón[13] de Creta;
> el juicio que tuvo la veleta°   weathervane
> aguda donde fuera mejor ancha;
> el brazo que su fuerza tanto ensancha,°   enlarges
> 15   que llegó del Catay hasta Gaeta;[14]
> la musa más horrenda y más discreta,
> que grabó versos en broncínea plancha;[15]
> el que 'a cola° dejó los Amadises,   at the rear
> y en muy poquito a Galaores tuvo,
> 20   estribando° en su amor y bizarría;   lying
> el que hizo callar los Belianises;
> aquel que en Rocinante errando° anduvo,   went
> yace debajo desta losa fría.

[11] Argamasilla is a village 70 kms. east of Ciudad Real and 48 kms. southwest of El
Toboso. Today there are 6,300 inhabitants, mostly dealing in agriculture. There was no
Academy there in real life.

[12] This is the old name for the Congo (modern République Démocratique du Congo,
formerly Zaire). In those days, academicians would take literary pseudonyms. The
burlesque names seen here would have been amusing in that light.

[13] Jason is a mythological hero who was sent on a suicide mission to find the Golden
Fleece, which led to the successful expedition of the argonauts. Since Jason had no
connection with Crete, you should be immediately suspicious about the quality of these
academicians.

[14] **Del...** *from China to a port city near Naples.* The words are practically phonetic
anagrams of each other.

[15] **Que...** *who engraved verses on a bronzed plaque*

Del Paniaguado,° académico de la Argamasilla,   protégé
    in laudem Dulcineæ del Doboso.[16]

SONETO

Esta que veis de rostro amondongado,°   looking like innards
5   alta de pechos y ademán brioso,
    es Dulcinea, reina del Toboso,
    de quien fue el gran Quijote aficionado.
Pisó por ella el uno y otro lado
    de la gran Sierra Negra,° y el famoso   Morena
10   campo de Montiel, hasta el herboso°   grassy
    llano de Aranjuez,[17] a pie y cansado.
Culpa de Rocinante. ¡Oh dura estrella,
    que esta manchega dama y este invito°   unconquered
    andante caballero, en tiernos años,
15 ella dejó muriendo de ser bella,
    y él, aunque queda en mármores escrito,
    no pudo huir de amor, iras y engaños!

Del Caprichoso,° discretísimo académico de la   capricious
    Argamasilla, en loor° de Rocinante,   praise
20   caballo de don Quijote de
        la Mancha.

SONETO[18]

En el soberbio trono diamantino°   rigidly firm
    que con sangrientas° plantas huella Marte,   bloody
25   frenético° el manchego su estandarte   frenzied
    tremola° con esfuerzo peregrino.   waves
Cuelga las armas y el acero fino
    con que destroza,° asuela, raja° y parte: smashes, splits
    ¡nuevas proezas! pero inventa el arte
30   un nuevo estilo al nuevo paladino.°   champion
Y si de su Amadís se precia Gaula,
    por cuyos bravos descendientes Grecia
    triunfó mil veces, y su fama ensancha,
Hoy a Quijote le corona el aula°   palace
35   do Belona[19] preside, y dél se precia
    más que Grecia, ni Gaula, la alta Mancha.
Nunca sus glorias el olvido mancha,°   tarnish
    pues hasta Rocinante en ser gallardo,
    excede a Brilladoro y a Bayardo.[20]

[16] *In... in praise of Dulcinea del Toboso.* The first edition *did* say "Doboso." It could be an amusing error-on-purpose by Cervantes.

[17] Aranjuez is a city 60 kms. south of Madrid. Don Quijote never got near that place.

[18] The 17-verse sonnet is not a mistake. Adding three lines was common.

[19] Bellona was the Roman goddess of war, the sister, friend, or wife of Mars

[20] These were the horses respectively of Orlando (Furioso) and Renaut de Montauban.

Del Burlador, académico Argamasillesco, a
    Sancho Panza.

SONETO
Sancho Panza es aqueste en cuerpo chico,
    pero grande en valor, ¡milagro estraño!
    escudero el más simple y sin engaño
    que tuvo el mundo, os juro y certifico.
De ser conde no estuvo en un tantico,°   a bit
    si no se conjuraran en su daño
    insolencias y agravios del tacaño°   stingy
    siglo, que aun no perdonan a un borrico.
Sobre él anduvo, con perdón se miente,
    este manso escudero, tras el manso
    caballo Rocinante y tras su dueño.
Oh vanas esperanzas de la gente,
    cómo pasáis con prometer descanso,
    y al fin paráis en sombra, en humo, en sueño!

Del Cachidiablo,° académico de la Argamasilla,   hobgoblin
    en la sepultura de don Quijote:

EPITAFIO[21]
Aquí yace el caballero
    bien molido y mal andante,
    a quien llevó Rocinante
    por uno y otro sendero.°   path
Sancho Panza, el majadero,
    yace también junto a él,
    escudero el más fiel
    que vio el trato de escudero.

Del Tiquitoc, académico de la Argamasilla,
    en la sepultura de Dulcinea del Toboso:

EPITAFIO
Reposa aquí Dulcinea,
    y aunque de carnes rolliza,
    la volvió en polvo y ceniza
    la muerte espantable y fea.
Fue de castiza ralea
    y tuvo asomos° de dama;   traces
    del gran Quijote fue llama,
    y fue gloria de su aldea.

---

[21] These last two are **redondillas**, stanzas of eight syllables, full rhyme, following this
pattern: ABBA.

Estos fueron los versos que se pudieron leer; los demás, por
estar carcomida° la letra, se entregaron a un académico   eaten away
para que por conjeturas° los declarase. Tiénese   conjectures
noticia que lo ha hecho, a costa de muchas
5   vigilias y mucho trabajo, y que tiene
intención de sacallos a luz
con esperanza de la
tercera salida de
don Quijote.

10   *Forse altro canterà con miglior plectio.*[22]

FINIS.°   the end, *Lat.*

---

[22] This is an ill-remembered verse from *Orlando Furioso* (XXX,16): *Forsi altri canterà con miglior plettro.* After having stated that Don Quijote made a third sally that took him to Zaragoza the rather cocky narrator dares anyone to take his pen and continue the story. The quote means: "Perhaps another will sing with a better pick," the pick being analogical with a pen.

TABLA DE LOS
Capítulos que contiene esta famosa historia del valeroso caballero don Quijote de la Mancha.

---

[1] In the old editions, "page" numbers referred to folios and not pages. A folio is two modern pages. Chapters could begin on the front or the back of the folio. Obviously there were half the number of folios than of pages. In the original, therefore, to the right it says "fol." and not "pág."

Fin de la tabla

SEGUNDA PARTE
DEL INGENIOSO
CABALLERO DON
QUIJOTE DE LA MANCHA.

Por Miguel de Cervantes Saavedra, autor de su primera parte.

Dirigida a don Pedro Fernández de Castro, Conde de Lemos, de Andrade y de Villalba, Marqués de Sarria, Gentilhombre de la Cámara de Su Majestad, Comendador de la
Encomienda de Peñafiel, y la Zarza de la Orden de Alcántara, Virrey, Gobernador y Capitán General
del Reino de Nápoles, y Presidente del Su-
premo Consejo de Italia.

Año  1615

CON PRIVILEGIO

En Madrid, *por Juan de la Cuesta,*
Véndese en casa de Francisco de Robles, librero del Rey N.S.

TASA

Yo, Hernando de Vallejo, Escribano de Cámara del Rey nuestro señor, de los que residen en su Consejo, doy fe que habiéndose visto por los señores dél un libro que compuso Miguel de Cervantes Saavedra, intitulado *Don Quijote de la Mancha, segunda parte*, que con licencia de su Majestad fue impreso, le tasaron a cuatro maravedís cada pliego en papel, el cual tiene setenta y tres pliegos, que al dicho respeto 'suma y monta° doscientos y noventa y dos maravedís, y mandaron que esta tasa se ponga al principio de cada volumen del dicho libro, para que se sepa y entienda, lo que por él se ha de pedir, y llevar, sin que se exceda en ello en manera alguna, como consta y parece por el auto° y decreto° original sobre ello dado, y que queda en mi poder, a que me refiero, y de mandamiento de los dichos señores del Consejo, y de pedimiento° de la parte del dicho Miguel de Cervantes di esta fee en Madrid, a veinte y uno días del mes de otubre de mil y seis cientos y quince años.

suma y monta° amounts to

auto° y decreto° judgment, decree

pedimiento° petition

Hernando de Vallejo.

FEE DE ERRATAS

Vi este libro intitulado *Segunda parte de don Quijote de la Mancha*, compuesto por Miguel de Cervantes Saavedra, y no hay en él cosa digna de notar que no corresponda a su original. Dada en Madrid a veinte y uno de otubre, mil y seiscientos y quince.

El Licenciado Francisco Murcia de la Llana.

Aprobación

Por comisión y mandado de los señores del Consejo, he hecho ver el libro contenido en este memorial. No contiene cosa contra la fe ni buenas costumbres, antes es libro de mucho entretenimiento lícito, mezclado de mucha filosofía moral. Puédesele dar licencia para imprimirle. En Madrid, a cinco de noviembre de mil seiscientos y quince.

Doctor Gutierre de Cetina.[1]

[1] This is not the same Gutierre de Cetina who is the poet, who lived much earlier, from 1520 to 1557, and died in Mexico.

Aprobación

*P*OR *comisión° y mandado de los señores del Consejo he visto la*   assignment
Segunda parte de don Quijote de la Mancha, *por Miguel de Cervantes*
Saavedra. No contiene cosa contra nuestra santa fe católica, ni buenas
5   *costumbres. Antes muchas° de honesta recreación y apacible divertimiento,°*   muchas *cosas,*
que los antiguos juzgaron convenientes a sus repúblicas, pues aun en² la   diversion
severa° de los lacedemonios° levantaron estatua a la risa, y los de Tesalia³   severa *república,*
la dedicaron fiestas, como lo dice Pausanias,⁴ referido de Bosio, lib. 2 De   Spartans
signis Eccles., cap. 10, alentando° ánimos marchitos y espíritus melan-   cheering up
10   *cólicos, de que se acordó Tulio en el primero* De legibus, *y el poeta*
diciendo: "Interpone tuis interdum gaudia curis,"⁵ lo cual hace el autor
mezclando las veras a las burlas, lo dulce a lo provechoso y lo moral a lo
faceto,° disimulando en el cebo° del donaire el anzuelo° de la reprehensión,   amusing, feed, hook
y cumpliendo con el acertado asunto en que pretende la expulsión de los
15   *libros de caballerías, pues con su buena diligencia mañosamente°*   skillfully
alimpiando° de su contagiosa dolencia a estos reinos. Es obra muy digna   limpiando
de su grande ingenio, honra y lustre° de nuestra nación, admiración y   splendor
invidia° de las estrañas.° Éste es mi parecer, salvo, etc. En Madrid, a 17   envidia, foreign
de Marzo de 1615.

20   El M. Joseph de Valdivielso.

Aprobación

*P*OR COMISIÓN del señor Doctor Gutierre de Cetina, vicario general⁶ desta
villa de Madrid, Corte de su Majestad, he visto este libro de la *Segunda
parte del Ingenioso Caballero don Quijote de la Mancha,* por Miguel de
25   Cervantes Saavedra, y no hallo en él cosa indigna de un cristiano celo ni
que disuene° de la decencia debida a buen ejemplo, ni virtudes morales,   not in accord with
antes mucha erudición y aprovechamiento, así en la continencia de su bien
seguido asunto° para extirpar° los vanos y mentirosos libros de caballerías,   subject, wipe out
cuyo contagio° había cundido° más de lo que fuera justo, como en la lisura°   contagion, spread,
30   del lenguaje castellano, no adulterado con enfadosa y estudiada afectación—   smoothness
vicio con razón aborrecido de hombres cuerdos—y en la corrección de

---

² There is no **en** in the first edition. Schevill and others have added it.

³ Thessaly was an isolated, independent-spirited part of ancient Greece.

⁴ Pausanias (fl. 143-176 A.D.) was a Greek geographer who wrote *Description of Greece* (10 vols.), mostly concerned with works of art.

⁵ "Put some happiness into your worries once in a while."

⁶ The vicar-general is the bishop's administrative assistant.

vicios que generalmente toca,° ocasionado de sus agudos discursos, guarda   concerns
con tanta cordura las leyes de reprehensión cristiana, que aquel que fuere
tocado° de la enfermedad que pretende curar, en lo dulce y sabroso de sus   affected
medicinas gustosamente habrá bebido, cuando menos lo imagine, sin
empacho ni asco° alguno, lo provechoso de la detestación de su vicio, con   disgust
que se hallará—que es lo mas difícil de conseguirse—gustoso y reprehendido.[7]

Ha habido muchos que por no haber sabido templar° ni mezclar a   to blend
propósito lo útil con lo dulce° han dado con todo su molesto° trabajo en   delightful, tiresome
tierra, pues no pudiendo imitar a Diógenes[8] en lo filósofo y docto,
atrevida,°[9] por no decir licenciosa y desalumbradamente,° le pretenden   daringly, erroneously
imitar en lo cínico,° entregándose a maldicientes, inventando casos que no   cynical
pasaron para hacer capaz al vicio que tocan de su áspera reprehensión, y
por ventura descubren caminos para seguirle hasta entonces ignorados, con
que vienen a quedar, si no reprehensores, a lo menos maestros dél. Hácense
odiosos° a los bien entendidos,° con el pueblo pierden el crédito, si alguno   detestable, connois-
tuvieron, para admitir sus escritos y los vicios que arrojada° e   seurs; rashly
imprudentemente° quisieren corregir en muy peor estado que antes, que no   carelessly
todas las postemas° a un mismo tiempo están dispuestas para admitir las   abscesses
recetas° o cauterios.° Antes algunos mucho mejor reciben las blandas° y   prescriptions, cautery
suaves° medicinas, con cuya aplicación el atentado y docto médico consigue   gentle; mild
el fin de resolverlas, término que muchas veces es mejor que no el que se
alcanza con el rigor del hierro.°   knife

Bien diferente han sentido de los escritos de Miguel de Cervantes así
nuestra nación como las estrañas, pues como a milagro desean ver el° autor   **al**
de libros que con general aplauso, así por su decoro y decencia como por
la suavidad y blandura° de sus discursos han recebido España, Francia,   gentleness
Italia, Alemania y Flandes.

Certifico con verdad que en veinte y cinco de febrero deste año de
seiscientos y quince, habiendo ido el ilustrísimo señor don Bernardo de
Sandoval y Rojas, cardenal arzobispo de Toledo, mi señor, a 'pagar la
visita° que a Su Ilustrísima hizo el embajador de Francia,[10] que vino a tratar   return the visit
cosas tocantes a los casamientos de sus príncipes y los de España,[11] muchos
caballeros franceses de los que vinieron acompañando al embajador,[12] tan
corteses como entendidos y amigos de 'buenas letras,° se llegaron a mí y   good literature
a otros capellanes° del cardenal mi señor, deseosos de saber qué libros de   chaplains

---

[7] 197 words in this sentence. The Licenciado Márquez Torres doesn't like books of
chivalry.

[8] Diogenes was a cynical Greek philosopher.

[9] This is one of those cases where three adverbs in a row are listed, only the last of
which adds **-mente**.

[10] **Que...** *which the embassador of France made to his excellency*

[11] This was to be a double royal marriage: Louis XIII of France was to marry Philip
II of Spain's daughter, Princess Anne of Austria; and the future Philip IV was to marry
Isabel, daughter of Henri IV of France.

[12] This ambassador was Noël Brûlart de Sillery, a great fan of *Don Quijote*, part I,
which had been translated into French in 1614 by César Oudin.

ingenio andaban más validos, y tocando a caso en este que yo estaba
censurando,[13] apenas oyeron el nombre de Miguel de Cervantes, cuando se
comenzaron a 'hacer lenguas,° encareciendo la estimación en que así en   praise him highly
Francia como en 'los reinos sus confinantes,° se tenían sus obras, la   bordering countries
5   *Galatea*, que alguno dellos tiene casi de memoria la primera parte désta, y
las *Novelas*.[14] Fueron tantos sus encarecimientos,° que me ofrecí llevarles   praises
que viesen el° autor dellas, que estimaron con mil demostraciones de vivos   **al**
deseos. Preguntáronme muy 'por menor° su edad, su profesión, calidad y   in a detailed way
cantidad.° Halléme obligado a decir que era viejo, soldado, hidalgo y pobre,   financial condition
10 a que uno respondió estas formales palabras:
      "Pues ¿a tal hombre no le tiene España muy rico y sustentado° del   supported
erario° público?"   treasury
      Acudió otro de aquellos caballeros con este pensamiento y con mucha
agudeza, y dijo:
15   "Si necesidad le ha de obligar a escribir, plega a Dios que nunca tenga
abundancia para que con sus obras, siendo él pobre, haga rico a todo el
mundo."
      Bien creo que está, para censura, un poco larga, alguno dirá que toca
los límites de 'lisonjero elogio:° mas la verdad de lo que cortamente digo   flattering praise
20 deshace en el crítico la sospecha y en mí el cuidado. Además que el día de
hoy no se lisonjea a quien no tiene con qué 'cebar el pico° del adulador°   "grease the palm,"
que, aunque afectuosa y falsamente dice de burlas, pretende° ser   flatterer; wants
remunerado° de veras.   paid
      En Madrid, a veinte y siete de febrero de mil y seiscientos y quince.

25   *El Licenciado Márquez Torres*

---

[13] **Tocando...** *especially the one I was currently censoring*
[14] Cervantes' twelve *Novelas ejemplares* were published in Madrid in 1613. His *La Galatea*, its first and only part, was published in Madrid in 1585.

Privilegio

Por cuanto por parte de vos, Miguel de Cervantes Saavedra, nos fue
fecha[1] relación que habíades compuesto[2] la *Segunda parte de don
Quijote de la Mancha*, 'de la cual hacíades presentación,° y por ser libro de   which you submitted
5   historia agradable y honesta, y haberos costado mucho trabajo y estudio,
nos suplicastes os mandásemos dar licencia para le poder imprimir y
privilegio por veinte años, o como la nuestra merced fuese, lo cual visto por
los del nuestro Consejo, por cuanto en el dicho libro se hizo la diligencia
que la premática, por nos sobre ello fecha,[3] dispone, fue acordado que
0   debíamos mandar dar esta nuestra cédula en la dicha razón, y nos tuvímoslo
por bien.[4] Por la cual vos damos licencia y facultad para que por tiempo y
espacio de 'diez años cumplidos primeros siguientes,° que corran y se   the next 10 years
cuenten desde el día de la fecha de esta nuestra cédula en adelante, vos, o
la persona que para ello vuestro poder hobiere,° y no otra alguna, podáis   **hubiere = tenga**
5   imprimir y vender el dicho libro que de suso se hace mención, y por la
presente° damos licencia y facultad a cualquier impresor de nuestros reinos   this permit
que nombráredes para que durante el dicho tiempo le pueda imprimir por
el original, que en el nuestro Consejo se vio que va rubricado y firmado al
fin de Hernando de Vallejo, nuestro escribano de Cámara, y uno de los que
20   en él residen,[5] con que antes y primero que se venda lo traigáis ante ellos,
juntamente con el dicho original, para que se vea si la dicha impresión está
conforme a él, o traigáis fe en pública forma, como por corretor por nos
nombrado se vio y corrigió la dicha impresión por el dicho original, y más
al dicho impresor que ansí imprimiere el dicho libro no imprima el
25   principio y primer pliego dél, ni entregue más de un solo libro con el
original al autor y persona a cuya costa lo imprimiere, ni a otra alguna, para
efecto de la dicha correción y tasa, hasta que antes y primero el dicho libro
esté corregido y tasado por los del nuestro Consejo,[6] y estando hecho, y no
30   de otra manera, pueda imprimir el dicho principio y primer pliego, en el
cual imediatamente ponga esta nuestra licencia y la aprobación, tasa y
erratas, ni lo podáis vender, ni vendáis vos ni otra persona alguna, hasta que
esté el dicho libro en la forma susodicha,° so pena de caer e incurrir en   aforesaid

[1] The King here is not mimicking Don Quijote's style of speech by using fecha here
(and in line 9, but in line 13 it does mean *date*!), it is just that the "official style" used
conservative language.

[2] **Por...** *when we learned from you, Miguel de Cervantes Saavedra, that you had
written...*

[3] **Se hizo...** *fulfilled the regulations made by us*

[4] **Y nos...** *and we agree*

[5] **Nuestro...** *clerk of our Council and one who resides in it,* that is, he himself is a
member of the Council.

[6] See p. 5, foontote 5, of Part I.

las penas contenidas en la dicha premática y leyes de nuestros reinos que
sobre ello disponen, y más, que durante el dicho tiempo persona alguna sin
vuestra licencia no le pueda imprimir ni vender, so pena que el que lo
imprimiere y vendiere haya perdido y pierda cualesquiera libros, moldes°   type
5   y aparejos° que dél tuviere, y más incurra en pena de cincuenta mil   equipment
maravedís por cada vez que lo contrario hiciere, de la cual dicho pena sea
la tercia parte para nuestra Cámara, y la otra tercia parte para el juez que
lo sentenciare, y la otra tercia parte para el que lo denunciare,° y más a los   denounces
del nuestro Consejo, Presidentes, Oidores de las nuestras Audiencias,
10 Alcaldes,° Alguaciles° de la nuestra Casa y Corte y Chancillerías,° y a otras   mayors, bailiffs
cualesquiera justicias de todas las ciudades, villas y lugares de los nuestros   chanceries
reinos y señoríos y a cada uno en su juridición, ansí a los que agora son
como a los que serán de aquí adelante, que vos guarden y cumplan esta
nuestra cédula y merced, que ansí vos hacemos, y contra ella no vayan ni
15 pasen en manera alguna, so pena de la nuestra merced y de diez mil
maravedís para la nuestra Cámara.

    Dada en Madrid, a treinta días del mes de marzo de mil y seiscientos
y quince años.

Y O   E L   R E Y

Por mandado del Rey nuestro señor,
Pedro de Contreras

20

Prólogo al lector

VÁLAME Dios, y con cuánta gana debes de estar esperando ahora, lector ilustre, o quier plebeyo, este prólogo, creyendo hallar en él venganzas,° riñas° y vituperios del autor del segundo *Don Quijote*, digo de aquel que dicen que se engendró en Tordesillas y nació en Tarragona.[1] Pues en verdad que no te 'he dar° este contento, que puesto que los agravios despiertan la cólera en los más humildes pechos, en el mío ha de padecer excepción esta regla—quisieras tú que lo diera del asno, del mentecato y del atrevido.[2] Pero no me pasa por el pensamiento—castíguele su pecado, con su pan se lo coma y 'allá se lo haya.°

Lo que no he podido dejar de sentir es que me note de viejo y de manco,[3] como si hubiera sido en mi mano haber detenido el tiempo que no pasase por mí, o si mi manquedad° hubiera nacido en alguna taberna, sino° en la más alta ocasión° que vieron los siglos pasados, los presentes, ni esperan ver los venideros.[4] Si mis heridas no resplandecen en los ojos de quien las mira, son estimadas, a lo menos, en la estimación de los que saben dónde se cobraron. Que el soldado más 'bien parece° muerto en la batalla que libre en la fuga, y es esto en mí de manera que si ahora me propusieran y facilitaran 'un imposible,° quisiera antes haberme hallado en aquella facción° prodigiosa° que sano ahora de mis heridas sin haberme hallado en ella. Las° que el soldado muestra en el rostro y en los pechos, estrellas son que guían a los demás al cielo de la honra, y al de desear la justa alabanza, y hase de advertir° que no se escribe con las canas, sino con el entendimiento, el cual suele mejorarse° con los años.

He sentido° también que me llame invidioso,°[5] y que, como a ignorante, me describa qué cosa sea la invidia, que en realidad de verdad,

---

(glosses in margin)

revenge

quarrels,

he *de* dar

let it be

lack of hand, rather then; battle

looks better

something impossible war action, wonderful las *heridas*

to point out get better resented, **envidioso** = envious

---

[1] Since you are reading the prologue, you should also read the part of the Introduction that talks about Alonso Fernández de Avellaneda, the author of the 1614 continuation of *Don Quijote*. The title page of Avellaneda's book says that he is from Tordesillas, and that his book was published in Tarragona.

[2] **Quisieras...** *you would want me to call him an ass, an idiot, or an impertinent person.*

[3] Avellaneda says that Cervantes is as old as the "Castillo de San Cervantes" in Toledo, as it was colloquially known (see Covarrubias, p. 411, b 33). It's really the Castillo de San *Servando*, near the Alcántara Bridge, in Toledo (9th century). Avellaneda also says that "Cervantes confesses that he has only one hand." These references can be found in Martín de Riquer's edition of Avellaneda's *Quijote*, Clásicos Castellanos 174, pp. 10 and 8.

[4] This was the Battle of Lepanto. See Chapter 39, p. 319 of Part I, footnote 25.

[5] See Riquer's edition of Avellaneda, vol. I, pp. 10-11.

de dos que hay[6] yo no conozco sino a la santa, a la noble y bien
intencionada. Y siendo esto así, como lo es, no tengo yo de perseguir° a   attack
ningún sacerdote, y más si tiene por añadidura ser familiar del Santo
Oficio,[7] y si él lo dijo, por quien parece que lo dijo, engañóse de todo en
5   todo, que del tal adoro el ingenio, admiro las obras y la ocupación continua
y virtuosa.[8] Pero, en efecto, le agradezco a este señor autor el decir que mis
Novelas son más satíricas que ejemplares,°[9] pero que son buenas—y no lo   exemplary
pudieran ser si no tuvieran de todo.

    Paréceme que me dices que ¹ando muy limitado° y que me contengo   I act with restraint
10   mucho en los términos de mi modestia, sabiendo que no se ha añadir
aflicción al afligido,[10] y que la que debe de tener este señor sin duda es
grande, pues no osa parecer a campo abierto y al cielo claro, encubriendo
su nombre, fingiendo su patria, como si hubiera hecho alguna traición de
lesa majestad.° Si por ventura llegares a conocerle, dile de mi parte que no   "treason"
15   me tengo por agraviado[11]—que bien sé lo que son tentaciones del demonio,
y que una de las mayores es ponerle a un hombre en el entendimiento que
puede componer y imprimir un libro[12] con que gane tanta fama como
dineros, y tantos dineros cuanta fama, y para confirmación desto quiero que
en tu buen donaire y gracia le cuentes este cuento:

20   Había en Sevilla un loco que dio en el más gracioso disparate y tema°   mania
que dio loco en el mundo. Y fue que hizo un cañuto° de caña puntiagudo°   tube, sharp
¹en el fin,° y en cogiendo° algún perro en la calle, o en cualquiera otra   at one end, seizing
parte, con el un pie le cogía el suyo, y el otro le alzaba con la mano,[13] y
como mejor podía le acomodaba el cañuto en la parte que, soplándole,° le   blowing into it
25   ponía redondo como una pelota, y en teniéndolo desta suerte, le daba dos
palmaditas° en la barriga y le soltaba, diciendo a los circunstantes, que   little slaps
siempre eran muchos: "¿Pensarán vuestras mercedes ahora que es poco
trabajo hinchar un perro?" ¿Pensará vuestra merced ahora que es poco
trabajo hacer un libro? Y si este cuento no le cuadrare, dirásle, lector
30   amigo, éste, que también es de loco y de perro:

    Había en Córdoba otro loco que tenía por costumbre de traer encima
de la cabeza un pedazo de losa de mármol, o un canto° no muy liviano, y   stone

---

   [6] This first type of envy is one of the seven deadly sins, together with pride,
covetousness, lust, gluttony, anger, and sloth. The second type of envy, the one Cervantes
is referring to here, is what Gaos calls "noble emulation."

   [7] This person is Lope de Vega, who indeed took orders in 1614, and was a "familiar
del Santo Oficio de la Inquisición" since 1608.

   [8] **La ocupación...** *his ever virtuous way of life,* as Starkie translates. Cervantes knew
about Lope's scandalous private life.

   [9] See Riquer's Avellaneda, vol. 1, pp. 7-8.

   [10] **No se...** *one should not add more suffering to the person who is suffering*

   [11] **No me...** *I don't consider myself insulted*

   [12] **Ponerle...** *to make a man think that he can write and publish a book*

   [13] **Con...** *with his foot held down one of the dog's legs, and he lifted the other leg
with his hand*

en topando algún perro descuidado, se le ponía junto,[14] y 'a plomo° dejaba   *like lead*
caer sobre él el peso. Amohinábase el perro y dando ladridos° y aullidos,   *barks*
no paraba en tres calles.

Sucedió, pues, que entre los perros que° descargó° la carga, fue uno un   **sobre los *que*,**
perro de un bonetero,° a quien quería mucho su dueño. Bajó el canto, diole   *discharged; hatmaker*
en la cabeza, alzó el grito el molido perro, violo y sintiólo su amo, asió de
una 'vara de medir° y salió al loco, y no le dejó hueso sano, y cada palo   *yardstick*
que le daba decía: "Perro ladrón, ¿a mi podenco°?[15] ¿No viste, cruel, que   *hunting dog*
era podenco mi perro?"

Y repitiéndole el nombre de PODENCO muchas veces, envió al loco
'hecho una alheña.° Escarmentó° el loco y retiróse, y en más de un mes no   *beaten up, learned a*
salió a la plaza, al cabo del cual tiempo volvió con su invención y con más   *lesson*
carga. Llegábase donde estaba el perro y mirándole muy bien de hito en
hito y sin querer ni atreverse a descargar la piedra, decía: "Éste es podenco:
¡guarda!°" En efeto, todos cuantos perros topaba, aunque fuesen alanos° o   *watch out! Great*
gozques,° decía que eran podencos, y así, no soltó más el canto.   *Danes; lap dogs*

Quizá de esta suerte le podrá acontecer a este historiador, que no se
atreverá a soltar más la presa° de su ingenio en libros que, en siendo malos,   *weight*
son más duros que las peñas.

Dile también que de la amenaza que me hace, que me ha de quitar la
ganancia con su libro,[16] no 'se me da un ardite,° que acomodándome al   *I could care less*
entremés° famoso de *La Perendenga*,[17] le respondo que me viva el   *one-act comic play*
Veinticuatro mi señor, y Cristo con todos.[18] Viva el gran Conde de Lemos,[19]
cuya cristiandad° y liberalidad bien conocida contra todos los golpes de mi   *Christianity*
corta fortuna 'me tiene en pie,° y vívame la suma caridad del ilustrísimo°   *supports me, his*
de Toledo don Bernardo de Sandoval y Rojas,[20] y siquiera° no haya   *eminence; although*
emprentas° en el mundo, y siquiera se impriman contra mí más libros que   *print shops*
tienen letras *Las coplas de Mingo Revulgo*.[21] Estos dos príncipes, sin que

---

[14] **Se le...** *he went up to [the dog]*

[15] The **podenco** represents several kinds of Spanish-bred dogs, similar to the greyhound, but smaller, and very good for hunting.

[16] See Riquer's Avellaneda, vol. 1, p. 8.

[17] This FAMOUS *La Peredenga* is something of a mystery. Agustín Moreto wrote an **entremés** of that name—it means *prostitute*—that exists in manuscript form, but Moreto was born *four years after Cervantes' death*. Martín de Riquer suggests that since Moreto adapted earlier works by others, this could be a play, now lost, that Moreto reworked.

[18] **Me viva...** *I still have my patron, and "peace be unto you."*

[19] You will soon see that Cervantes dedicates this book to this count.

[20] Bernardo de Sandoval y Rojas, as archbishop of Toledo, aided Cervantes in his old age.

[21] The *Coplas de Mingo Revulgo*, written around 1470, is an anonymous satiric poem 32 9-verse stanzas long, each verse containing 8 syllables. The meaning of the phrase beginning with **y siquiera no hay emprentas** is obscure, at least to me and the translators. It seems to say that no matter how many books are published against him, Cervantes will still be protected by these two men. If **letras** refers to *letters*, you'll have to count them to see how many books Cervantes is referring to. If it means *stanzas*, which it can, then he is not afraid of 32 books against him.

los solicite adulación mía, ni otro género de aplauso,[22] por sola su bondad, han tomado 'a su cargo° el hacerme merced y favorecerme. En lo que me tengo por más dichoso y más rico que si la fortuna por camino ordinario me hubiera puesto en su cumbre. La honra puédela tener el pobre, pero no el

5   vicioso°—la pobreza puede anublar° a la nobleza, pero no escurecerla° 'del todo.° Pero como la virtud dé alguna luz de sí, aunque sea por los inconvenientes y resquicios de la estrecheza,[23] viene a ser estimada de los altos y nobles espíritus, y por el consiguiente, favorecida.

      Y no le digas más, ni yo quiero decirte más a ti, sino advertirte que

10   consideres que esta *Segunda parte de don Quijote* que te ofrezco, es cortada° del mismo artífice° y del mesmo paño que la primera, y que en ella te doy a don Quijote dilatado° y finalmente, muerto y sepultado, por que ninguno se atreva a levantarle nuevos testimonios,[24] pues bastan los pasados. Y basta también que un hombre honrado haya 'dado noticia°

15   destas discretas locuras, sin querer de nuevo entrarse en ellas,[25] que
la abundancia de las cosas, aunque sean buenas, hace que no
se estimen, y la carestía,° aun de las malas, se estima
en algo. Olvídaseme de decirte, que esperes el
Persiles que ya estoy acabando

20   y la segunda parte de
Galatea.[26]

on their own

wicked person, cloud, obscure it; completely

cut, creator
longer

related the story

scarcity

---

[22] **Sin que...** *without receiving praise or any other kind of flattery from me*

[23] **Inconvenientes...** *straits and cracks of poverty*

[24] This **levantarle nuevos testamentos** smacks of **levantar falsos testimonios** *to bear false witness.* It means something like *to relate new stories about him.*

[25] **Sin...** *without going into the matter again*

[26] The *Persiles* was finally published in 1617. Cervantes finished it just four days before his death, and even in the prologue to that book—one day after receiving extreme unction from the church—, he said he still hoped to finish *La Galatea.* Some people think that the second part of *La Galatea* was lost. I think, given this joking reference to it, that it was never even begun.

DEDICATORIA AL
Conde de Lemos[1]

ENVIANDO a Vuestra Excelencia los días pasados mis *Comedias*, antes
impresas que representadas,[2] si bien me acuerdo, dije que don Quijote
5 quedaba calzadas las espuelas para ir a besar las manos a Vuestra
Excelencia,[3] y ahora digo que se las ha calzado y se ha puesto en camino,
y si él allá llega me parece que habré hecho algún servicio a Vuestra
Excelencia, porque es mucha la priesa que de infinitas partes me dan a que
le envíe, para quitar el hámago° y la náusea que ha causado otro don   sour taste
10 Quijote, que con nombre de segunda parte se ha disfrazado y corrido por
el orbe. Y el que más ha mostrado desearle[4] ha sido el grande Emperador
de la China, pues en lengua chinesca° habrá un mes que me escribió una   Chinese
carta con un propio,° pidiéndome, o por mejor decir, suplicándome, se le   messenger
enviase porque quería fundar un colegio donde 'se leyese° la lengua   teach
15 castellana, y quería que el libro que se leyese fuese el de la historia de don
Quijote, juntamente con esto me decía que fuese yo a ser el rector° del tal   principal
colegio.
Preguntéle al portador si su majestad le había dado para mí alguna
ayuda de costa.[5] Respondióme que ni por pensamiento.[6]
20 "Pues, hermano," le respondí yo, "vos os podéis volver a vuestra China
a las diez o a las veinte[7] o a las que venís despachado,[8] porque yo no estoy
con salud para ponerme en tan largo viaje. Además que sobre estar
enfermo,[9] estoy muy sin dineros, y emperador por emperador y monarca por

---

[1] This Conde de Lemos, the seventh one, was don Pedro Fernández Ruiz de Castro
y Osorio (1576-1622), viceroy of Naples from 1610 to 1622. Cervantes also dedicated his
Ocho comedias y ocho entremeses (1615) and his *Persiles y Sigismunda* (1616) to this
same person.

[2] The title of the collection does state that these plays had never been produced.

[3] See the Schevill edition (1940), vol. 1 of the *Comedias*, p. 11, where this statement
is made.

[4] **El que...** *the one who has shown most interest in him*. Of course, *him*, referrring to
Don Quijote the person, really means *it*, referring to the book.

[5] This would be per-diem expenses today, money over and above the salary to pay
for travel costs.

[6] **Ni por...** *it hadn't even occurred to him*

[7] That is, at ten to twenty leagues per day, a league being 5,572 meters (3.465 miles)

[8] **A las...** *or whatever rate you are used to*

[9] **Sobre...** *aside from being sick*

monarca, en Nápoles tengo al grande Conde de Lemos, que, sin tantos
titulillos° de colegios ni rectorías,° me sustenta, me ampara y hace más   <small>little titles,</small>
merced que la que yo 'acierto a° desear."   <small>rectorships; could</small>
   Con esto le despedí, y con esto me despido, ofreciendo a Vuestra Exce-
5 lencia *Los trabajos de Persilis°y Sigismunda*, libro a quien daré fin dentro   <small>variant of *Persiles*</small>
de cuatro meses,¹⁰ *Deo volente*;° el cual ha de ser, o el más malo, o el   <small>"God willing" *Latin*</small>
mejor que en nuestra lengua se haya compuesto, quiero decir de los de
entretenimiento, y digo que me arrepiento de haber dicho EL MÁS MALO,
porque según la opinión de mis amigos ha de llegar al estremo de bondad
10 posible.
   Venga Vuestra Excelencia con la salud que es deseado,¹¹ que ya estará
Persiles para besarle las manos, y yo los pies, como criado que soy de
Vuestra Excelencia.
   De Madrid, último de otubre de mil seiscientos y quince.

15   Criado de Vuestra Excelencia, *Miguel de Cervantes Saavedra.*

---

¹⁰ The *Persiles*' dedication was dated April 19, 1616, two months longer than
Cervantes expected. Cervantes' widow published the book in 1617.
  ¹¹ **Venga...** *May you return [to Spain] in the health that I desire for you*

CAPÍTULO PRIME-
ro. De lo que el cura y el barbero pasaron con don Qui-
jote cerca de su en-
fermedad.

UENTA Cide Hamete Benengeli en la segunda parte desta historia, y tercera salida de don Quijote, que el cura y el barbero se estuvieron casi un mes sin verle, por no renovarle° y traerle a la memoria las cosas pasadas. Pero no por esto dejaron de visitar a su sobrina y a su ama, encargándolas tuviesen cuenta con regalarle, dándole a comer cosas confortativas° y apropiadas° para el corazón y el celebro, de donde procedía, 'según buen discurso,° toda su mala ventura. Las cuales dijeron que así lo hacían, y lo harían con la voluntad y cuidado posible, porque echaban de ver que su señor por momentos iba dando muestras de estar en su entero juicio, de lo cual recibieron los dos gran contento por parecerles que habían acertado en haberle traído encantado en el carro de los bueyes, como se contó en la primera parte desta tan grande como puntual historia, en su último capítulo.

    Y así, determinaron de visitarle y hacer esperiencia° de su mejoría, aunque tenían casi por imposible que la tuviese, y acordaron de no tocarle en ningún punto de la andante caballería, por no ponerse a peligro de descoser los[1] de la herida, que tan tiernos estaban.

    Visitáronle, en fin, y halláronle sentado en la cama, vestida una 'almilla de bayeta verde,° con un bonete colorado° toledano, y estaba tan seco y amojamado,° que no parecía sino hecho de carne momia. Fueron dél muy bien recebidos, preguntáronle por su salud. Y él dio cuenta de sí y 'de ella° con mucho juicio y con muy elegantes palabras. Y en el discurso de su plática vinieron a tratar en esto que llaman 'razón de estado° y modos de gobierno, enmendando este abuso y condenando aquél, reformando una costumbre y desterrando otra, haciéndose cada uno de los tres un nuevo legislador, un Licurgo moderno o un Solón flamante.[2] Y de tal manera renovaron la república, que no pareció sino que la habían puesto en una fragua° y sacado otra de la que pusieron. Y habló don Quijote con tanta

remind him

strengthening,
suitable; it appeared

experiencia

green flannel jacket,
red; dried up
de su salud

politics

forge

---

[1] **Los puntos,** i.e. stitches.

[2] Lycurgus (7th century B.C.) was the lawmaker responsible for institutions in ancient Sparta, particularly the military. Solon (630 - 560 B.C.) was an Athenian statesman, one of the Seven Wise Men of Greece, who introduced a more humane law code and ended aristocratic control of the government.

discreción en todas las materias que se tocaron, que los dos esaminadores° **examinadores**
creyeron indubitadamente° que estaba 'del todo° bueno y en su entero undoubtedly,
juicio. completely

Halláronse presentes a la plática la sobrina y ama, y no se hartaban de
5   dar gracias a Dios de ver a su señor con tan buen entendimiento. Pero el
cura, mudando el propósito primero, que era de no tocarle en cosa de
caballerías, quiso hacer 'de todo en todo° esperiencia si la sanidad° de don once and for all,
Quijote era falsa o verdadera. Y así, 'de lance en lance,° vino a contar recovery; a bit at a
algunas nuevas que habían venido de la corte, y entre otras, dijo que se time
10 tenía por cierto que el Turco bajaba[3] con una poderosa armada, y que no se
sabía su designio, ni adónde había de descargar tan gran nublado. Y con
este temor, con que casi cada año nos 'toca arma,° estaba puesta en ella° sounds the alarm,
toda la cristiandad, y su majestad había 'hecho proveer° las costas de i.e. alert; made
Nápoles y Sicilia y la Isla de Malta. provision for

15 A esto respondió don Quijote: "Su majestad ha hecho como
prudentísimo guerrero en proveer sus estados 'con tiempo° porque no le in time
halle desapercebido° el enemigo, pero si se tomara mi consejo, aconsejárale unprepared
yo que usara de una prevención,° de la cual su majestad la hora de agora precaution
debe estar muy ajeno de pensar en ella."

20 Apenas oyó esto el cura, cuando dijo entre sí: "Dios te tenga en su
mano, pobre don Quijote, que me parece que te despeñas de la alta cumbre
de tu locura hasta el profundo abismo de tu simplicidad."

Mas el barbero, que ya había dado en el mesmo pensamiento que el
cura, preguntó a don Quijote cuál era la advertencia de la prevención que
25 decía era bien se hiciese—quizá podría ser tal que se pusiese en la lista de
los muchos advertimientos impertinentes° que se suelen dar a los príncipes. irrelevant
"El mío, señor rapador,°" dijo don Quijote, "no será impertinente, sino barber (insult)
perteneciente.°" pertinent

"No lo digo por tanto,"[4] replicó el barbero, "sino porque tiene mostrado
30 la esperiencia que todos o los más arbitrios° que se dan a su majestad, o judgments
son imposibles o disparatados, o en daño del rey o del reino."

"Pues el mío," respondió don Quijote, "ni es imposible ni disparatado,
sino el más fácil, el más justo y el más mañero° y breve que puede caber feasible
en pensamiento de arbitrante° alguno." adviser

35 "Ya tarda en decirle vuestra merced, señor don Quijote," dijo el cura.
"No querría," dijo don Quijote, "que le dijese yo aquí agora, y
amaneciese mañana en los oídos de los señores consejeros, y se llevase otro
las gracias y el premio de mi trabajo."

"Por mí," dijo el barbero, "doy la palabra, para aquí y para delante de
40 Dios, de no decir lo que vuestra merced dijere a rey ni a roque,[5] ni a
hombre terrenal°—juramento que aprendí del romance del cura que en el earthly
prefacio° avisó al rey del ladrón que le había robado las cien doblas y la su prologue to the mass

---

[3] **El Turco bajaba...** *the Turkish fleet was approaching.* Even after the battle of
Lepanto, the Turks continued to be a danger to Mediterranean countries.

[4] **No lo...** *I don't mean it that way*

[5] *To king or rook,* coming naturally from chess, means *to no one.*

mula la andariega.°"[6]   swift
    "No sé historias," dijo don Quijote, "pero sé que es bueno ese juramento,
en fee de que sé que es hombre de bien el señor barbero."
    "Cuando no lo fuera," dijo el cura, "yo le abono° y salgo por él,[7] que en   vouch for
5 este caso no hablará más que un mudo, so pena de pagar lo juzgado y
sentenciado."[8]
    "Y a vuestra merced ¿quién le fía, señor cura?" dijo don Quijote.
    "Mi profesión" respondió el cura, "que es de guardar secreto."
    "¡Cuerpo de tal!"[9] dijo a esta sazón don Quijote. "¿Hay más sino mandar
10 su majestad por público pregón que se junten en la corte para un día señalado
todos los caballeros andantes que vagan° por España, que aunque no viniesen   wander
sino media docena,° tal° podría venir entre ellos que solo bastase a destruir   dozen, such a one
toda la potestad° del Turco? Esténme vuestras mercedes atentos y 'vayan   power
conmigo.° ¿Por ventura, es cosa nueva deshacer un solo caballero andante un   follow along
15 ejército de doscientos mil hombres, como si todos juntos tuvieran una sola
garganta, o fueran hechos de alfeñique?[10] Si no, díganme, ¿cuántas historias
están llenas destas maravillas? ¡Había,[11] en hora mala para mí, que no quiero
decir para otro,[12] de vivir hoy el famoso don Belianís o alguno de los del
innumerable° linaje de Amadís de Gaula! Que si alguno destos hoy viniera y   countless
20 con el Turco 'se afrontara,° a fee que no le arrendara la ganancia.[13] Pero Dios   confronted
mirará por su pueblo y deparará alguno, que, si no tan bravo como los pasados
andantes caballeros, a lo menos, no les será inferior en el ánimo. Y Dios me
entiende y no digo más."
    "¡Ay!" dijo a este punto la sobrina, "¡Que me maten si no quiere mi señor
25 volver a ser caballero andante!"
    A lo que dijo don Quijote: "Caballero andante he de morir, y baje o suba
el Turco cuando él quisiere y cuan poderosamente pudiere—que otra vez digo
que Dios me entiende."
    A esta sazón dijo el barbero: "Suplico a vuestras mercedes que se me dé
30 licencia para contar un cuento breve que sucedió en Sevilla, que, por

---

    [6] This **Romance del cura** is discussed at length in Rodríguez Marín's *Atlas* edition
(1949), vol. IX, pp. 280-95. In this Valencian story, a priest is robbed on the road of his
donkey and his money, the thief admonishing him to tell no one of the robbery. In saying
mass later in front of the king, he sees the thief beneath the pulpit and is able to denounce
him within the mass itself, and the king has the thief arrested. Sam Armistead says that this
ballad is unknown in the modern oral tradition.
    [7] **Salgo por él = salgo** *fiador* **por él.** "I will vouch for him."
    [8] **Lo juzgado...** *any judgment set against him*
    [9] This is a clear euphemism for **Cuerpo de Dios.**
    [10] Both **alfenique** and **alfeñique** *almond paste* were used then. The original says the
former; Schevill transcribed the latter.
    [11] This sentence skips around a bit: **Había... de vivir hoy el famoso don Belianís** *The*
famous don Belianís should be living today.
    [12] **En hora...** *to my misfortune and not to anyone else's*
    [13] **No le...** *I wouldn't like to be in their shoes*

venir aquí como de molde, me da gana de contarle."

Dio la licencia don Quijote, y el cura y los demás le prestaron atención, y él comenzó desta manera: "En la casa de los locos de Sevilla estaba un hombre a quien sus parientes habían puesto allí por falto de
5 juicio. Era graduado en cánones por Osuna,[14] pero aunque lo fuera por Salamanca, según opinión de muchos, no dejara de ser loco. Este tal graduado, al cabo de algunos años de recogimiento° 'se dio a entender° que   confinement, he let it
estaba cuerdo y en su entero juicio, y con esta imaginación escribió al   be known
arzobispo, suplicándole encarecidamente,° y con muy concertadas° razones,   earnestly, well-
10 'le mandase sacar° de aquella miseria en que vivía, pues por la   chosen; he be taken
misericordia° de Dios había ya cobrado el juicio perdido, pero que sus   out; compassion
parientes, por gozar de la parte de su hacienda, le tenían allí, y a pesar de
la verdad, querían que fuese loco hasta la muerte.

"El arzobispo, persuadido de muchos billetes concertados y discretos,
15 mandó a un capellán suyo se informase del rector° de la casa si era verdad   head
lo que aquel licenciado le escribía, y que asimesmo hablase con el loco, y
que si le pareciese que tenía juicio, le sacase y pusiese en libertad. Hízolo
así el capellán, y el retor le dijo que aquel hombre aún se estaba loco. Que
puesto que hablaba muchas veces como persona de grande entendimiento,
20 al cabo 'disparaba con° tantas necedades, que en muchas y en grandes   hurled
igualaban a sus primeras discreciones, como se podía hacer la esperiencia
hablándole. Quiso hacerla el capellán, y poniéndole° con el loco, habló con   **poniéndole** *el rector*
él una hora y más, y en todo aquel tiempo jamás el loco dijo razón torcida
ni disparatada, antes habló tan atentamente° que el capellán fue forzado   discreetly
25 a creer que el loco estaba cuerdo. Y entre otras cosas que el loco le dijo fue
que el retor le tenía ojeriza,° por no perder los regalos que sus parientes le   grudge
hacían porque dijese que aún estaba loco, y° con lúcidos° intervalos, y que   although, lucid
el mayor contrario° que en su desgracia tenía era su mucha hacienda, pues   obstacle
por gozar della sus enemigos 'ponían dolo° y dudaban de la merced que   willfully mis-
30 nuestro Señor le había hecho en volverle de bestia en hombre. Finalmente,   represented
él habló de manera que hizo sospechoso al retor, codiciosos y desalmados
a sus parientes, y a él tan discreto, que el capellán se determinó a llevársele
consigo, a que el arzobispo le viese y tocase con la mano la verdad de
aquel negocio.

35   "Con esta buena fee, el buen capellán pidió al retor mandase dar los
vestidos con que allí había entrado el licenciado. Volvió a decir el retor que
mirase lo que hacía, porque sin duda alguna el licenciado aún se estaba
loco. No sirvieron de nada para con el capellán las prevenciones y
advertimientos del retor para que dejase de llevarle. Obedeció el retor,
40 viendo ser orden del arzobispo. Pusieron al licenciado sus vestidos, que eran
nuevos y decentes, y como él se vio vestido de cuerdo y desnudo de loco,
suplicó al capellán que por caridad le diese licencia para ir a despedirse de
sus compañeros los locos. El capellán dijo que él le quería acompañar y ver
los locos que en la casa había. Subieron, en efeto, y con ellos algunos que

---

[14] Part I, Chapter 30, p. 242, n. 11 speaks of Osuna's location. There was also a minor university there.

se hallaron presentes, y llegado el licenciado a una jaula adonde estaba un
loco furioso, aunque entonces sosegado y quieto, le dijo:
    " 'Hermano mío, mire si me manda algo,[15] que me voy a mi casa. Que
ya Dios ha sido servido por su infinita bondad y misericordia, sin yo
5 merecerlo, de volverme mi juicio. Ya estoy sano y cuerdo, que acerca del
poder de Dios ninguna cosa es imposible. Tenga grande esperanza y
confianza en Él, que pues a mí me ha vuelto a mi primero estado, también
le volverá a él,[16] si en Él confía. Yo tendré cuidado de enviarle algunos
regalos que coma, y cómalos en todo caso, que le hago saber que imagino,
10 como quien ha pasado por ello, que todas nuestras locuras proceden de
tener los estómagos vacíos y los celebros llenos de aire. Esfuércese,
esfuércese, que el descaecimiento° en los infortunios° apoca la salud y   despondency,
acarrea° la muerte.'   misfortunes; causes
    "Todas estas razones del licenciado escuchó otro loco que estaba en
15 otra jaula, frontero de la del furioso, y levantándose de una estera vieja,
donde estaba echado y desnudo en cueros, preguntó a grandes voces quién
era el que se iba sano y cuerdo.
    "El licenciado respondió: 'Yo soy, hermano, el que me voy. Que ya no
tengo necesidad de estar más aquí, por lo que doy infinitas gracias a los
20 cielos que tan grande merced me han hecho.'
    " 'Mirad lo que decís, licenciado, no os engañe el diablo,' replicó el
loco. 'Sosegad el pie y estaos quedito en vuestra casa y ahorraréis la
vuelta.'
    " 'Yo sé que estoy bueno,' replicó el licenciado, 'y no habrá para qué
25 tornar a 'andar estaciones.'°   come back
    " '¿Vos bueno?' dijo el loco, 'Agora bien, ello dirá[17]—andad con Dios,
pero yo os voto a Júpiter,[18] cuya majestad yo represento en la tierra, que
por sólo este pecado que hoy comete Sevilla en sacaros desta casa y en
teneros por cuerdo, tengo de hacer un tal castigo 'en ella,° que quede   en Sevilla
30 memoria dél por todos los siglos de los siglos, amén. ¿No sabes tú,
licenciadillo menguado, que lo podré hacer, pues, como digo, soy Júpiter
tonante,° que tengo en mis manos los 'rayos abrasadores° con que puedo y   thundering, burning
suelo amenazar y destruir el mundo? Pero con sola una cosa quiero castigar   lightning bolts
a este ignorante pueblo, y es con no llover en él, ni en todo su distrito y
35 contorno, por tres enteros años, que se han de contar desde el día y punto
en que ha sido hecha esta amenaza en adelante. ¿Tú libre, tú sano, tú
cuerdo—y yo loco, y yo enfermo, y yo atado? Así pienso llover como
pensar ahorcarme.'
    "A las voces y a las razones del loco estuvieron los circunstantes
40 atentos, pero nuestro licenciado, volviéndose a nuestro capellán y asiéndole
de las manos, le dijo:

---

[15] **Mire si me...** *tell me if there's anything I can do for you*
[16] **También le...** *He will also return you to it [health]*
[17] **Ello dirá** *we'll see about that*
[18] Jupiter (or Zeus in Greek) was the supreme Roman god, also the god of weather
and rain, the sender of lightning.

" 'No tenga vuestra merced pena, señor mío, ni haga caso de lo que este loco ha dicho. Que si él es Júpiter y no quisiere llover, yo que soy Neptuno,[19] el padre y el dios de las aguas, lloveré todas las veces que se me antojare y fuere menester.'

"A lo que respondió el capellán: 'Con todo eso, señor Neptuno, no será bien enojar° al señor Júpiter. Vuestra merced se quede en su casa. Que otro día, cuando haya más comodidad y más espacio,° volveremos por vuestra merced.'

"Rióse el retor y los presentes, por cuya risa se medio corrió el capellán. Desnudaron al licenciado, quedóse en casa y acabóse el cuento."

"Pues ¿éste es el cuento, señor barbero," dijo don Quijote, "que, por venir aquí como de molde, no podía dejar de contarle? ¡Ah, señor rapista,° señor rapista, y cuán ciego es aquel que no vee por 'tela de cedazo!° Y ¿es posible que vuestra merced no sabe que las comparaciones que se hacen de ingenio a ingenio, de valor a valor, de hermosura a hermosura y de linaje a linaje son siempre odiosas y mal recebidas? Yo, señor barbero, no soy Neptuno, el dios de las aguas, ni procuro que nadie me tenga por discreto, no lo siendo. Sólo 'me fatigo° por dar a entender al mundo en el error en que está, en no renovar° en sí el felicísimo tiempo donde campeaba° la orden de la andante caballería. Pero no es merecedora la depravada° edad nuestra de gozar tanto bien como el° que gozaron las edades donde los andantes caballeros 'tomaron a su cargo° y echaron sobre sus espaldas la defensa de los reinos, el amparo de las doncellas, el socorro de los huérfanos y pupilos, el castigo de los soberbios y el premio de los humildes. Los más de los caballeros que agora se usan, antes les crujen los damascos, los brocados y otras ricas telas de que se visten, que la malla con que se arman.[20] Ya no hay caballero que duerma en los campos, sujeto al rigor del cielo, armado de todas armas desde los pies a la cabeza. Y ya no hay quien, sin sacar los pies de los estribos, arrimado a la lanza, sólo procure descabezar, como dicen, el sueño[21] como lo hacían los caballeros andantes. Ya no hay ninguno que saliendo deste bosque entre en aquella montaña, y de allí, pise° una estéril y desierta playa del mar, las más veces proceloso y alterado.[22] Y hallando en ella y en su orilla un pequeño batel° sin remos, vela, mástil,° ni jarcia° alguna, con intrépido corazón se arroje en él, entregándose a las 'implacables olas° del mar profundo, que ya le suben al cielo y ya le bajan al abismo, y él, puesto el pecho a la incontrastable° borrasca, cuando menos 'se cata,° se halla tres mil y más leguas distante del lugar donde se embarcó. Y saltando° en tierra remota y no conocida le suceden cosas dignas de estar escritas, no en pergaminos, sino en bronces.°

Right margin glosses:
to anger
time

barber
cheesecloth

I get tired
reviving, flourished
depraved
el *bien*
undertook

steps onto
dinghy
mast, rigging
relentless waves

invincible, he expects
going ashore

bronze tablets

---

[19] Neptune (Poseidon in Greek) was the Roman god of the waters.

[20] **Antes les crujen…** *they dress in damasks, brocades and other rich fabrics instead of coats of mail*

[21] **Descabezar,…** *to take a nap, as they say.* The expression is used even today.

[22] It is the sea, of course, that is tempestuous and angry.

"Mas agora ya triunfa la pereza de la diligencia,[23] la ociosidad del trabajo, el vicio de la virtud, la arrogancia de la valentía y la teórica de la práctica de las armas,[24] que sólo vivieron y resplandecieron en las edades del oro y en los andantes caballeros. Si no, díganme, ¿quién más honesto
5   y más valiente que el famoso Amadís de Gaula? ¿Quién más discreto que Palmerín de Inglaterra?[25] ¿Quién más acomodado° y manual° que Tirante *easily pleased, mild* el Blanco? ¿Quién más galán que Lisuarte de Grecia? ¿Quién más acuchillado° ni acuchillador° que don Belianís? ¿Quién más intrépido que *slashed, slashing* Perión de Gaula?[26] O ¿quién más acometedor° de peligros que Felixmarte *attacking*
10   de Hircania? O ¿quién más sincero que Esplandián? ¿Quién más arrojado que don Ceriongilio de Tracia?[27] ¿Quién más bravo que Rodamonte?[28] ¿Quién más prudente que el rey Sobrino?[29] ¿Quién más atrevido que Reinaldos?[30] ¿Quién más invencible que Roldán? Y ¿quién más gallardo y más cortés que Rugero, de quien decienden hoy los duques de Ferrara,[31]
15   según Turpín en su *Cosmografía*?[32]
"Todos estos caballeros, y otros muchos que pudiera decir,° señor cura, *mention* fueron caballeros andantes, luz y gloria de la caballería. Déstos, o tales como éstos, quisiera yo que fueran los de mi arbitrio,° que 'a serlo,° su *team, if they were* majestad se hallara bien servido, y ahorrara de mucho gasto, y el Turco se
20   quedara pelando° las barbas. Y con esto, no quiero quedar en mi casa, pues *tearing out* no me saca el capellán della, y si su Júpiter, como ha dicho el barbero, no lloviere, aquí estoy yo que lloveré cuando se me antojare. Digo esto, por que sepa el señor Bacía que le entiendo."
"En verdad, señor don Quijote," dijo el barbero, "que no lo dije por
25   tanto, y así me ayude Dios como fue buena mi intención, y que no debe vuestra merced sentirse.°" *take offense*
"Si puedo sentirme o no," respondió don Quijote "yo me lo sé."
A esto dijo el cura: "Aun bien que yo casi no he hablado palabra hasta ahora, y no quisiera quedar con un escrúpulo que me roe y escarba° la *scrapes [at]*
30   conciencia, nacido de lo que aquí el señor don Quijote ha dicho."
"Para otras cosas más," respondió don Quijote, "tiene licencia el señor

---

[23] **Triunfa...** *sloth triumphs over diligence*

[24] **La teórica...** *and [military] theory [triumphs over] the practice of arms.* Gaos points out that there were books of military theory published at the time. The implication is that courtly knights just study books while the errant ones engage in war.

[25] **Inglaterra** and not **Ingalaterra**, this time.

[26] Perión de Gaula is Amadís' father.

[27] This is Ci*ro*ngilio de Tracia, mentioned in Part I, Chap. 32, p. 257, n. 5.

[28] Rodamonte is a character in *Orlando furioso* who fought against Charlemagne and was later killed by Ruggiero, soon to be mentioned.

[29] Rey Sobrino was mentioned in Part I, Chapter 45, p. 372, l. 10, one of the kings who fought under Agramante against Charlemagne.

[30] This is Reinaldos de Montalbán. See Part I, Chap. 1, p. 24, n. 42.

[31] It is Ariosto in *Orlando Furioso*, Canto 3, where it says that the dukes of Ferrara descend from Ruggiero.

[32] Turpin never had such a work attributed to him until Don Quijote's remark.

cura, y así puede decir su escrúpulo, porque no es de gusto andar con la
conciencia escrupulosa.°"   *laden with qualms*

"Pues con ese beneplácito,°" respondió el cura, "digo que mi escrúpulo   *consent*
es que no me puedo persuadir en ninguna manera a que toda la caterva de
5 caballeros andantes que vuestra merced, señor don Quijote, ha referido, hayan
sido real y verdaderamente personas de carne y hueso en el mundo. Antes
imagino que todo es ficción, fábula y mentira, y sueños contados por hombres
despiertos o, por mejor decir, medio dormidos."

"Ése es otro error," respondió don Quijote, "en que han caído muchos
10 que no creen que haya habido tales caballeros en el mundo, y yo muchas
veces, con diversas gentes y ocasiones, he procurado sacar a la luz de la
verdad este casi común engaño. Pero algunas veces no he salido con mi
intención y otras sí, sustentándola sobre los hombros de la verdad, la cual
verdad es tan cierta, que estoy por decir que con mis propios ojos vi a Amadís
15 de Gaula, que era un hombre alto de cuerpo, blanco de rostro, bien puesto de   *appearance*
barba, aunque negra, de vista° entre blanda y rigurosa, corto de razones, tardo   *to anger, to lay aside,*
'en airarse° y presto en deponer° la ira. Y del modo que he delineado° a   *described*
Amadís, pudiera, a mi parecer, pintar y descubrir todos cuantos caballeros   *understanding*
andantes andan en las historias en el orbe. Que por la aprehensión° que tengo
20 de que fueron como sus historias cuentan, y por las hazañas que hicieron y
condiciones que tuvieron, se pueden sacar por buena filosofía sus faciones,°   *facial features,*
sus colores° y estaturas.°"   *complexion, height;*

"¿Qué tan grande° le parece a vuestra merced, mi señor don Quijote,"   *how big?*
preguntó el barbero, "debía de ser el gigante Morgante?"[33]
25 "En esto de gigantes," respondió don Quijote, "hay diferentes opiniones,
si los ha habido o no en el mundo. Pero la Santa Escritura, que no puede faltar
un átomo en la verdad, nos muestra que los hubo, contándonos la historia de
aquel filisteazo° de Golías,[34] que tenía siete codos° y medio de altura, que es   *big Philistine, cubits*
una desmesurada° grandeza. También en la isla de Sicilia se han hallado   *inordinate*
30 canillas° y espaldas° tan grandes, que su grandeza manifiesta que fueron   *shinbones, shoulder*
gigantes sus dueños, y tan grandes, como grandes torres, que la geometría   *blades*
saca esta verdad de duda. Pero con todo esto no sabré decir con certidumbre°   *certainty*
qué tamaño tuviese Morgante, aunque imagino que no debió de ser muy alto.
Y muéveme a ser deste parecer hallar en la historia donde se hace mención
35 particular de sus hazañas, que muchas veces dormía debajo de techado, y pues
hallaba casa donde cupiese, claro está que no era desmesurada su grandeza.°"   *size*

"Así es," dijo el cura. El cual, gustando de oírle decir tan grandes
disparates, le preguntó que qué sentía acerca de los rostros de Reinaldos de
Montalbán y de don Roldán, y de los demás doce Pares de Francia,[35] pues
40 todos habían sido caballeros andantes.

"De Reinaldos," respondió don Quijote, "me atrevo a decir que era ancho
de rostro, 'de color bermejo,° los ojos bailadores° y algo saltados,°   *ruddy, twinkling,*
    protruding

---

[33] For Morgante, see Part I, Chap. 1, p. 24, n. 40.
[34] In I Samuel 17:4 Goliath is really only *six* cubits and a half tall, 9'9".
[35] See Part I, Chap. 5, p. 46, n. 16.

puntoso° y colérico en demasía, amigo de ladrones y de gente perdida. De   *demanding*
Roldán o Rotolando o Orlando, que con todos estos nombres le nombran
las historias, soy de parecer, y me afirmo, que fue de mediana estatura,
ancho de espaldas, algo estevado,° moreno de rostro y barbitaheño,°   *bowlegged, red-*
5 velloso° en el cuerpo y de vista amenazadora,° corto de razones, pero muy   *bearded; hairy;*
comedido y bien criado."   *threatening*
  "Si no fue Roldán más gentilhombre que vuestra merced ha dicho,"
replicó el cura, "no fue maravilla que la señora Angélica la Bella le
desdeñase y dejase por la gala,° brío° y donaire que debía de tener el   *elegance, dash*
10 morillo barbiponiente° a quien ella se entregó, y anduvo discreta de   *new-bearded*
adamar° antes la blandura de Medoro,³⁶ que la aspereza de Roldán."   *adore*
  "Esa Angélica," respondió don Quijote, "señor cura, fue una doncella
destraída, andariega° y algo antojadiza, y tan lleno dejó el mundo de sus   *gad-about*
impertinencias como de la fama de su hermosura. Despreció mil señores,
15 mil valientes y mil discretos, y contentóse con un pajecillo barbilucio,° sin   *dandy*
otra hacienda ni nombre que el que le pudo dar de agradecido la amistad
que guardó a su amigo.³⁷ El gran cantor de su belleza, el famoso Ariosto,
por no atreverse o por no querer cantar lo que a esta señora le sucedió
después de su ruin entrego,° que no debieron ser cosas demasiadamente   *surrender*
20 honestas, la dejó, donde dijo:

Y como del Catay° recibió el cetro.   *China*
quizá otro cantará con mejor plectro.³⁸

  "Y sin duda, que esto fue como profecía, que los poetas también se
25 llaman VATES, que quiere decir *adivinos*.° Véese esta verdad clara, porque   *fortune tellers*
'después acá° un famoso poeta andaluz lloró y cantó sus lágrimas, y otro   *since then*
famoso y único poeta castellano cantó su hermosura."³⁹
  "Dígame, señor don Quijote," dijo a esta sazón el barbero, "¿no ha
habido algún poeta que haya hecho alguna sátira a esa señora Angélica
30 entre tantos como la han alabado?"
  "Bien creo yo," respondió don Quijote, "que si Sacripante⁴⁰ o Roldán
fueran poetas, que ya me hubieran jabonado° a la doncella, porque es   *satirized*
propio y natural de los poetas desdeñados y no admitidos de sus damas—
fingidas, o no fingidas—en efeto, de aquellas⁴¹ a quien ellos escogieron por

---

³⁶ See Part I, Chap. 25, p. 188, note 28.
³⁷ **Ni nombre...** *nor reputation except that which he got through loyalty to his friend.*
This was the devotion that he had for his master Dardinel.
³⁸ This is the last line of Part I—Chap. 53, p. 419, line 10.
³⁹ The Andalusian poet is Barahona de Soto who wrote *Las lágrimas de Angélica*
(1586), a book which was in Don Quijote's library (see Part I, Chapter 6, p. 56, n. 56).
It was Lope de Vega who wrote *La hermosura de Angélica* (1602).
⁴⁰ A character in *Orlando furioso*, referred to in error in Part I, Chap. 10, p. 75, n. 29.
⁴¹ The 1st edition says **o fingidas en efeto de aquellos**. It has been labeled a very obscure passage, seemingly a typesetter's error. Pellicer, the Academy of the Language, and
Schevill all change it to what it is here. Gaos (II, 47) reviews several suggested changes.

señoras de sus pensamientos, vengarse con sátiras y libelos,° venganza, por   lampoons
cierto, indigna de pechos generosos. Pero hasta agora no ha llegado a mí
noticia ningún verso infamatorio° contra la señora Angélica, que trujo   discrediting
revuelto el mundo."[42]

5   "Milagro," dijo el cura.

Y en esto, oyeron que el ama y la sobrina, que ya habían dejado la
conversación, daban grandes voces en el patio, y acudieron todos al ruido.

---

[42] **Trujo...** *turned the world topsy-turvy.*

Capítulo II. Que trata de la notable pendencia que Sancho Panza tuvo con la sobrina y ama de don Quijote, con otros sujetos° graciosos.

matters

CUENTA la historia que las voces que oyeron don Quijote, el cura y el barbero eran de la sobrina y ama, que las daban, diciendo a Sancho Panza, que pugnaba por entrar a ver a don Quijote, y ellas le defendían° la puerta:

were holding

"¿Qué quiere este mostrenco° en esta casa? Idos a la vuestra, hermano, que vos sois, y no otro, el que destrae° y sonsaca° a mi señor y le lleva por esos andurriales."

vagabond
deludes, entices away

A lo que Sancho respondió: "Ama de Satanás, el sonsacado y el destraído y el llevado por esos andurriales soy yo, que no tu amo. Él me llevó por esos mundos, y vosotras os engañáis en la mitad del justo precio.[1] Él me sacó de mi casa con engañifas,° prometiéndome una ínsula, que hasta agora le espero."

deceptions

"Malas ínsulas te ahoguen," respondió la sobrina, "Sancho maldito, y ¿qué son ínsulas? ¿Es alguna cosa de comer, golosazo,° comilón,° que tú eres?"

glutton, glutton

"No es de comer," replicó Sancho, "sino de gobernar y regir mejor que cuatro ciudades y que cuatro 'alcaldes de corte.°'"

judgeships

"Con todo eso," dijo el ama, "no entraréis acá, saco de maldades y costal de malicias. Id a gobernar vuestra casa y a labrar° vuestros pegujares,° y dejaos de pretender ínsulas ni ínsulos."[2]

work
land parcels

Grande gusto recebían el cura y el barbero de oír el coloquio de los tres, pero don Quijote, temeroso que Sancho se descosiese y desbuchase° algún montón de maliciosas necedades y tocase en puntos que no le estarían bien a su crédito, le llamó y hizo a las dos que callasen y le dejasen entrar. Entró Sancho, y el cura y el barbero se despidieron de don Quijote, de cuya salud desesperaron, viendo cuán puesto estaba en sus desvariados pensamientos y cuán embebido° en la simplicidad de sus mal andantes caballerías, y así dijo el cura al barbero: "Vos veréis, compadre, cómo, cuando menos lo pensemos, nuestro hidalgo sale otra vez a volar la ribera."[3]

disgorge

immersed

"No pongo yo duda en eso," respondió el barbero; "pero no me maravillo tanto de la locura del caballero como de la simplicidad del escudero, que tan creído° tiene aquello de la ínsula, que creo que no se lo sacarán del casco° cuantos desengaños pueden imaginarse."

confident
head

"Dios los remedie," dijo el cura, "y estemos 'a la mira.° Veremos en

on the lookout

---

[1] **En la mitad del justo precio** is a legal term from sales contracts. I asked my colleague Ivo Domínguez, a former lawyer, what it meant. He said the whole expression, starting with **os engañáis** means "you are totally mistaken."

[2] **Ínsulas ni ínsulos**: *ínsulos* is nonsense.

[3] **Volar la ribera** *flying along the shore* is a falconry term, referring here to Don Quijote's next sally.

lo que para esta máquina de disparates⁴ de tal caballero y de tal escudero—
que parece que los forjaron a los dos en una mesma turquesa,° y que las   mold
locuras del señor sin las necedades del criado no valían un ardite."
　　"Así es," dijo el barbero, "y holgara mucho saber qué tratarán ahora los
5　dos."
　　"'Yo seguro,°'" respondió el cura, "que la sobrina o el ama nos lo   I'm sure
cuenta después, que no son de condición que dejarán de escucharlo."
　　En tanto, don Quijote se encerró con Sancho en su aposento, y estando
solos, le dijo: "Mucho me pesa, Sancho, que hayas dicho y digas que yo fui
10　el que te saqué de tus casillas,° sabiendo que yo no me quedé en mis casas.   cottage
Juntos salimos, juntos fuimos y juntos peregrinamos°—una misma fortuna   roamed
y una misma suerte ha corrido por° los dos. Si a ti te mantearon una vez,   **para**
a mí me han molido ciento, y esto es lo que te llevo de ventaja."
　　"Eso estaba puesto en razón," respondió Sancho, "porque, según
15　vuestra merced dice, más anexas son a los caballeros andantes las
desgracias que a sus escuderos."
　　"Engáñaste, Sancho," dijo don Quijote, "según aquello, *cuando caput
dolet, &c.*"⁵
　　"No entiendo otra lengua que la mía," respondió Sancho.
20　　"Quiero decir," dijo don Quijote, "que cuando la cabeza duele, todos
los miembros duelen, y así, siendo yo tu amo y señor, soy tu cabeza y tú
mi parte, pues eres mi criado, y por esta razón el mal que a mí me toca o
tocare, a ti te ha de doler y a mí el tuyo."
　　"Así había de ser," dijo Sancho, "pero cuando a mí me manteaban
25　como a miembro, se estaba mi cabeza detrás de las bardas, mirándome
volar por los aires, sin sentir dolor alguno, y pues los miembros están
obligados a dolerse del mal de la cabeza, había de estar obligada ella a
dolerse dellos."
　　"¿Querrás tú decir agora, Sancho," respondió don Quijote, "que no me
30　dolía yo cuando a ti te manteaban? Y si lo dices, no lo digas, ni lo pienses,
pues más dolor sentía yo entonces en mi espíritu que tú en tu cuerpo. Pero
dejemos esto aparte por agora, que tiempo habrá donde lo ponderemos° y   we will consider
pongamos en su punto.⁶ Y dime, Sancho amigo, ¿qué es lo que dicen de mí
por ese lugar, en qué opinión me tiene el vulgo, en qué los hidalgos y en
35　qué los caballeros? ¿Qué dicen de mi valentía, qué de mis hazañas y qué
de mi cortesía?° ¿Qué se platica del asumpto° que he tomado de resucitar   courtesy, enterprise
y volver al mundo la ya olvidada orden caballeresca? Finalmente, quiero,
Sancho, me digas lo que acerca desto ha llegado a tus oídos, y esto me has
de decir, sin añadir al bien ni quitar al mal cosa alguna, que de los vasallos
40　leales es decir⁷ la verdad a sus señores en su ser y figura propia, sin que la
adulación la acreciente, o otro vano respeto la disminuya.° Y quiero que   lessens
sepas, Sancho, que si a los oídos de los príncipes° llegase la verdad   important persons
desnuda, sin los vestidos de la lisonja,° otros siglos correrían, otras edades   flattery

---

　　⁴ **En lo...** *how the absurdities turn out*
　　⁵ **Cuando caput dolet, cætera membra dolent** *when the head hurts, the other*
members hurt. Latin proverb.
　　⁶ **Pongamos...** *come to a conclusion*
　　⁷ **Es decir**, that is **es *natural* decir.**

serían tenidas por más de hierro que la nuestra, que entiendo que de las que
ahora se usan es la dorada.[8] Sírvate este advertimiento, Sancho, para que
discreta y bien intencionadamente pongas en mis oídos la verdad de las
cosas que supieres de lo que te he preguntado."

"Eso haré yo de muy buena gana, señor mío," respondió Sancho, "con
condición que vuestra merced no se ha de enojar de lo que dijere, pues
quiere que lo diga en cueros sin vestirlo de otras ropas de aquellas con que
llegaron a mi noticia."

"En ninguna manera me enojaré," respondió don Quijote; "bien puedes,
Sancho, hablar libremente y sin rodeo alguno."

"Pues lo primero que digo," dijo, "es que el vulgo 'tiene a vuestra
merced por° grandísimo loco y a mí por no menos mentecato. Los hidalgos   think you are
dicen que, no conteniéndose° vuestra merced en los límites de la hidalguía,   keeping within
se ha puesto DON y 'se ha arremetido a° caballero, con cuatro cepas° y dos   dared to become,
yugadas de tierra[9] y con un trapo atrás y otro adelante.° Dicen los caballeros   grapevines; **delante**
que no querrían que los hidalgos se opusiesen a ellos, especialmente
aquellos hidalgos escuderiles que 'dan humo a° los zapatos y 'toman los   shine shoes with soot
puntos° de las medias negras con seda° verde."   to darn, thread

"Eso," dijo don Quijote, "no tiene que ver conmigo, pues ando siempre
bien vestido y jamás remendado[10]—roto,° bien podría ser, y el roto más de   ragged
las armas que del tiempo."[11]

"En lo que toca," prosiguió Sancho, "a la valentía, cortesía, hazañas y
asumpto de vuestra merced, hay diferentes opiniones. Unos dicen 'loco,
pero gracioso,' otros, 'valiente, pero desgraciado,' otros, 'cortés, pero
impertinente,' y por aquí van discurriendo en tantas cosas, que ni a vuestra
merced ni a mí nos dejan hueso sano."

"Mira, Sancho," dijo don Quijote, "dondequiera que está la virtud en
eminente grado, es perseguida. Pocos o ninguno de los famosos varones que
pasaron° dejó de ser calumniado° de la malicia. Julio César, animosísimo,   lived, slandered
prudentísimo y valentísimo capitán, fue notado de ambicioso y algún tanto
no limpio, ni en sus vestidos ni en sus costumbres. Alejandro, a quien sus
hazañas le alcanzaron el renombre de MAGNO, dicen dél que tuvo sus
ciertos puntos de borracho. De Hércules, el de los muchos trabajos, se
cuenta que fue lascivo y muelle.° De don Galaor, hermano de Amadís de   effeminate
Gaula, se murmura que fue más que demasiadamente rijoso, y de su
hermano, que fue llorón. Así que, ¡oh Sancho! entre las tantas calumnias de
buenos bien pueden pasar las mías, como no sean más de las que has
dicho."

"Ahí está el toque, cuerpo de mi padre," replicó Sancho.

---

[8] **Otros siglos correrían...** Starkie has: "these times would be different, and other ages
would more fitly be reputed iron than ours, which I reckon to be of gold." This seems to be
the gist of it, but Don Quijote until now has said his age was of iron.

[9] A **yugada de tierra** was the amount of land two oxen could plow in one day.

[10] It was considered bad for **hidalgos** to wear mended, patched clothing, although
threadbare was all right. Mended clothing was for the working class. Correas cites this
version of the proverb: **El hidalgo roto y no remendado.**

[11] That is, Don Quijote's armor, with its constant friction, is what has spoiled his clothes.

"Pues ¿hay más?" preguntó don Quijote.

"Aún la cola falta por desollar,° " dijo Sancho, "lo de hasta aquí son   to skin
tortas y pan pintado,[12] mas si vuestra merced quiere saber todo lo que hay
acerca de las caloñas° que le ponen, yo le traeré aquí 'luego al momento°   slanders, right now
5   quien se las diga todas, sin que les falte una meaja.° Que anoche llegó el   "half-penny"
hijo de Bartolomé Carrasco, que viene de estudiar de Salamanca, hecho
bachiller, y yéndole yo a dar la bienvenida, me dijo que andaba ya en libros
la historia de vuestra merced con nombre del *Ingenioso hidalgo don Quijote
de la Mancha*. Y dice que me mientan a mí en ella con mi mesmo nombre
10   de Sancho Panza, y a la señora Dulcinea del Toboso, con otras cosas que
pasamos nosotros a solas, que me hice cruces 'de espantado,° cómo las   in amazement
pudo saber el historiador que las escribió."

"Yo te aseguro, Sancho," dijo don Quijote, "que debe de ser algún
sabio encantador el autor de nuestra historia, que a los tales no se les
15   encubre nada de lo que quieren escribir."

"Y ¡cómo," dijo Sancho, "si era sabio y encantador, pues—según dice
el bachiller Sansón Carrasco, que así se llama el que dicho tengo[13]—que el
autor de la historia se llama Cide Hamete Berenjena!° "   eggplant

"Ese nombre es de moro," respondió don Quijote.

20   "Así era," respondió Sancho, "porque por la mayor parte he oído decir
que los moros son amigos de berenjenas."

"Tú debes, Sancho," dijo don Quijote, "errarte en el sobrenombre de
ese Cide, que en arábigo quiere decir SEÑOR."

"Bien podría ser," replicó Sancho; "mas si vuestra merced gusta que
25   yo le haga venir aquí, iré por él en volandas."

"Harásme mucho placer, amigo," dijo don Quijote; "que me tiene
suspenso lo que me has dicho, y no comeré bocado que 'bien me sepa°   tastes good to me
hasta ser informado de todo."

"Pues yo voy por él," respondió Sancho.

30   Y dejando a su señor, se fue a buscar al bachiller, con el cual volvió
de allí a poco espacio, y entre los tres pasaron un graciosísimo coloquio.

---

[12] **Tortas…** *nothing.* "You haven't heard anything yet."
[13] **El que…** *the one I've mentioned*

Capítulo III. Del 'ridículo razonamiento° que pasó entre don Quijote, Sancho Panza y el bachiller Sansón Carrasco.

°laughable conversation

Pensativo 'a demás° quedó don Quijote, esperando al bachiller Carrasco, de quien esperaba oír las nuevas de sí mismo puestas en libro como había dicho Sancho, y no se podía persuadir a que tal historia hubiese, pues aún no estaba enjuta en la cuchilla° de su espada la sangre de los enemigos que había muerto, y ya querían que anduviesen 'en estampa° sus altas caballerías. Con todo eso, imaginó que algún sabio, o ya amigo o enemigo,[1] por arte de encantamento las 'habrá dado a la estampa°—si amigo, para engrandecerlas y levantarlas° sobre las más señaladas° de caballero andante; si enemigo, para aniquilarlas y ponerlas debajo de las más viles que de algún vil escudero se hubiesen escrito, puesto—decía entre sí—que nunca hazañas de escuderos se escribieron. Y cuando fuese verdad que la tal historia hubiese, siendo de caballero andante, por fuerza había de ser grandílocua, alta, insigne,° magnífica y verdadera.

°quite

°blade
°in print

°must have published
°raise them, outstanding

°distinguished

Con esto se consoló algún tanto, pero desconsolóle pensar que su autor era moro, según aquel nombre de Cide, y de los moros no se podía esperar verdad alguna, porque todos son embelecadores,° falsarios° y quimeristas.° Temíase no hubiese tratado sus amores con alguna indecencia° que redundase en menoscabo y perjuicio de la honestidad de su señora Dulcinea del Toboso. Deseaba que hubiese declarado su fidelidad y el decoro que siempre la había guardado, menospreciando° reinas, emperatrices y doncellas de todas calidades, teniendo a raya los ímpetus de los naturales movimientos. Y así envuelto y revuelto en estas y otras muchas imaginaciones, le hallaron Sancho y Carrasco, a quien don Quijote recibió con mucha cortesía.

°deceivers, liars, troublemakers; impropriety

°scorning

Era el bachiller, aunque se llamaba Sansón,[2] no muy grande de cuerpo, aunque muy gran socarrón, de color macilenta,° pero de muy buen entendimiento. Tendría hasta veinte y cuatro años, carirredondo,° 'de nariz chata° y de boca grande, señales todas de ser de condición maliciosa y amigo de donaires y de burlas, como lo mostró en viendo a don Quijote, poniéndose delante dél de rodillas, diciéndole:

°wan
°round-faced
°snub-nosed

"Déme vuestra grandeza las manos, señor don Quijote de la Mancha, que por el hábito de San Pedro que visto, aunque no tengo otras órdenes que las cuatro primeras,[3] que es vuestra merced uno de los más famosos caballeros andantes que ha habido, ni aun habrá en toda la redondez de la tierra. 'Bien haya° Cide Hamete Benengeli que la historia de vuestras grandezas dejó escritas, y 'rebién haya° el curioso que tuvo cuidado de hacerlas traducir de arábigo en nuestro vulgar castellano para universal

°blessings on
°more blessings on

---

[1] The first edition says **amigo** *de* **enemigo**

[2] The biblical Samson was very strong. For example, in Judges 16:3 it says: "[Samson] rose, seized hold of the doors of the city gate and the two posts, pulled them out, bar and all, hoisted them on to his shoulders and carried them to the top of the hill…"

[3] These are the minor orders: *ostiarius, lector, exorcista,* and *acolytus.*

entretenimiento de las gentes."

Hízole levantar don Quijote, y dijo: "¿ 'Desa manera verdad es° que hay   you mean it's true?
historia mía, y que fue moro y sabio el que la compuso?"

"Es tan verdad, señor," dijo Sansón, "que tengo para mí, que el día de
5   hoy están impresos más de doce mil libros de la tal historia. Si no, dígalo
Portugal, Barcelona y Valencia,[4] donde se han impreso,° y aun hay fama   been printed
que se está imprimiendo en Amberes,[5] y 'a mi se me trasluce° que no ha   it's apparent to me
de haber nación ni lengua donde no se traduzga."[6]

"Una de las cosas," dijo a esta sazón don Quijote, "que más debe de
10   dar contento a un hombre virtuoso y eminente[7] es verse, viviendo, andar
con buen nombre por las lenguas de las gentes, impreso y en estampa. Dije
«con buen nombre» porque siendo al contrario, ninguna muerte se le
igualara."

"Si por buena fama y si por buen nombre va," dijo el bachiller, "sólo
15   vuestra merced lleva la palma[8] a todos los caballeros andantes, porque el
moro en su lengua y el cristiano en la suya tuvieron cuidado de pintarnos
muy al vivo la gallardía de vuestra merced, el ánimo grande en acometer
los peligros, la paciencia en las adversidades y el sufrimiento, así en las
desgracias como en las heridas, la honestidad y continencia en los amores
20   tan platónicos de vuestra merced y de mi señora doña Dulcinea del
Toboso."

"Nunca," dijo a este punto Sancho Panza, "he oído llamar con DON a
mi señora Dulcinea, sino solamente LA SEÑORA DULCINEA DEL TOBOSO, y
ya en esto anda errada la historia."

25   "No es objeción de importancia ésa," respondió Carrasco.

"No por cierto," respondió don Quijote. "Pero dígame vuestra merced,
señor bachiller, ¿qué hazañas mías son las que más 'se ponderan° en esa   are praised
historia?"

"En eso," respondió el bachiller, "hay diferentes opiniones, como hay

---

[4] **Si no...** *just ask Portugal, Barcelona, and Valencia*

[5] In real life, editions of the *Quijote* preceding the publication of the second part, were
produced in Madrid, Lisbon, Valencia (1605); Brussels (1607); and Milan (1610). The
first Barcelona edition was of both parts in 1617. The first edition in Antwerp (Amberes)
was in 1673. Rodríguez Marín (Vol IV, p. 82) calculated that the first ten printings done
until 1610 would have totaled, conservatively, 15,000 copies. Let's give Sansón the benefit
of the doubt for the total printed in his world.

[6] **Traduzga = traduzca.** In this, Sansón was quite right. The *Quijote* has been
translated into virtually every important western language, and many from elsewhere:
Afrikaans, Albanian, Arabic, Armenian, Basque, Bulgarian, Catalan, Chinese, Croa-
tian, Czech, Danish, Dutch, English, Esperanto, Finnish, Flemish, French, Gaelic,
German, Hindustani, Indonesian, Italian, Japanese, Kashmīrī, Korean, Mallorquin,
Norwegian, Polish, Portuguese, Provençal, Rumanian, Russian, Sanskrit, Serbian,
Slovenian, Swedish, Tagalog, Tibetan, Turkish, Ukrainian, Welsh, and Yiddish (not
every one of these has a complete translation).

[7] **Que más...** *which must please a virtuous and eminent man the most*

[8] The palm [branch] is the traditional symbol of victory. The person who carries it off
is thus the winner.

diferentes gustos°—unos se atienen a la aventura de los molinos de viento,   tastes
que a vuestra merced le parecieron Briareos y gigantes;[9] otros, a la de los
batanes;[10] éste, a la descripción de los dos ejércitos, que después parecieron
ser dos manadas de carneros;[11] aquél encarece la del muerto que llevaban
a enterrar a Segovia;[12] uno dice que a todas se aventaja la de la libertad de
los galeotes;[13] otro, que ninguna iguala a la de los dos gigantes benitos, con
la pendencia del valeroso vizcaíno."[14]

"Dígame, señor bachiller," dijo a esta sazón Sancho, "¿entra ahí la
aventura de los yangüeses, cuando a nuestro buen Rocinante se le antojó
pedir cotufas en el golfo?"[15]

"No se le quedó nada," respondió Sansón, "al sabio en el tintero. Todo
lo dice y todo lo apunta, hasta lo de las cabriolas° que el buen Sancho hizo   capers
en la manta."

"En la manta no hice yo cabriolas," respondió Sancho; "en el aire sí,
y aun más de las que yo quisiera."

"A lo que yo imagino," dijo don Quijote, "no hay historia humana en
el mundo que no tenga sus altibajos,° especialmente las que tratan de   ups and downs
caballerías, las cuales nunca pueden estar llenas de prósperos sucesos."

"Con todo eso," respondió el bachiller, "dicen algunos que han leído
la historia, que se holgaran se les hubiera olvidado[16] a los autores della
algunos de los infinitos palos que en diferentes encuentros dieron al señor
don Quijote."

"Ahí entra la verdad de la historia," dijo Sancho.

"También pudieran callarlos por equidad,°" dijo don Quijote, "pues las   fairness
acciones que ni mudan, ni alteran la verdad de la historia, no hay para qué
escribirlas si han de redundar en menosprecio° del señor de la historia. A   scorn
fee que no fue tan piadoso Eneas como Virgilio le pinta, ni tan prudente
Ulises como le describe Homero."

"Así es," replicó Sansón, "pero uno es escribir como poeta y otro como
historiador. El poeta puede contar o cantar las cosas, no como fueron, sino
como debían ser, y el historiador las ha de escribir, no como debían ser,
sino como fueron, sin añadir ni quitar a la verdad 'cosa alguna.°"   anything

"Pues si es que se anda a decir verdades ese señor moro," dijo Sancho,
"a buen seguro que entre los palos de mi señor se hallen los míos, porque
nunca a su merced le 'tomaron la medida° de las espaldas, que no me la   measured
tomasen a mí de todo el cuerpo. Pero no hay de que maravillarme, pues
como dice el mismo señor mío, del dolor de la cabeza han de participar los
miembros."

"Socarrón sois, Sancho," respondió don Quijote, "a fee que no os falta
memoria, cuando vos queréis tenerla."

[9] See Part II, Chap. 8, n. 3, p. 61.
[10] See Part I, Chap. 20, pp. 139-49.
[11] See Part I, Chap. 18, pp. 125-30.
[12] See Part I, Chap. 19, pp. 134-36.
[13] See Part I, Chap. 22, pp. 160-68.
[14] See Part I, Chap. 8, pp. 64-67 and Chap. 9, pp. 71-72.
[15] **Pedir...** *to ask for impossible things*
[16] **Se holgaran se les hubiera olvidado** = se holgarían *si* se les hubiera olvidado

"Cuando yo quisiese olvidarme de los garrotazos que me han dado,"
dijo Sancho, "no lo consentirán los cardenales, que aún se están frescos en
las costillas."

"Callad, Sancho," dijo don Quijote, "y no interrumpáis al señor
5 bachiller, a quien suplico pase adelante en decirme lo que se dice de mí en
la referida historia."

"Y de mí," dijo Sancho; "que también dicen que soy yo uno de los
principales presonajes della."

"*Per*sonajes, que no *pre*sonajes, Sancho amigo," dijo Sansón.

10 "Otro reprochador de voquibles° tenemos," dijo Sancho; "pues ándense   vocablos *words*
a eso[17] y no acabaremos en toda la vida."

"Mala me la dé Dios,[18] Sancho," respondió el bachiller, "si no sois vos
la segunda persona de la historia, y que hay tal° que precia° más oíros   people, esteem
hablar a vos que al 'más pintado° de toda ella, puesto que también hay   best
15 quien diga que anduvistes demasiadamente 'de crédulo° en creer que podía   gullible
ser verdad el gobierno de aquella ínsula ofrecida por el señor don Quijote,
que está presente."

"Aún hay sol en las bardas,"[19] dijo don Quijote, "y mientras más fuere
entrando en edad Sancho, con la esperiencia que dan los años, estará más
20 idóneo y más hábil para ser gobernador, que no está agora."

"Por Dios, señor," dijo Sancho, "la isla que yo no gobernase° con los   govern
años que tengo, no la gobernaré con los años de Matusalén.[20] El daño está
en que la dicha ínsula se entretiene, no sé dónde, y no en faltarme a mí el
caletre para gobernarla."[21]

25 "Encomendadlo a Dios, Sancho," dijo don Quijote; "que todo se hará
bien, y quizá mejor de lo que vos pensáis—que no se mueve la hoja en el
árbol° sin la voluntad de Dios."   tree

"Así es verdad," dijo Sansón, "que si Dios quiere, no le faltarán a
Sancho mil islas que gobernar, cuanto más una."

30 "Gobernador he visto por ahí," dijo Sancho, "que a mi parecer no
llegan a la suela de mi zapato, y con todo eso, los llaman SEÑORÍA,° y se   lordship
sirven con plata."

"Esos no son gobernadores de ínsulas," replicó Sansón, "sino de otros
gobiernos más manuales°—que los que gobiernan ínsulas, por lo menos,   manageable
35 han de saber gramática."

"Con la *grama* bien 'me avendría° yo," dijo Sancho, "pero con la *tica*[22]   I'd adapt
ni me tiro ni me pago,[23] porque no la entiendo. Pero dejando esto del
gobierno en las manos de Dios, que me eche a las partes donde más de mí

---

[17] **Pues ándense…** *if that's the way things are going*
[18] **Mala *vida* me dé Dios**
[19] That is, there's still time.
[20] In Genesis 5:27 we read that Methuselah lived 969 years.
[21] **El daño…** *the trouble is that the island is over there somewhere where I don't
know, and not that I haven't enough brains to govern it*
[22] A **grama** is a grass that grows wild. **Tica** is nonsense, and that's why Sancho can't
understand it.
[23] **Ni me…** *I'll not wager.* This is a card player's term indicating an unwillingness to
play a given hand.

se sirva, digo, señor bachiller Sansón Carrasco, que infinitamente me ha
dado gusto que el autor de la historia haya hablado de mí de manera que no
enfadan° las cosas que de mí se cuentan. Que a fe de buen escudero que si   *give offense*
hubiera dicho de mí cosas que no fueran muy de cristiano viejo, como soy,
que nos habían de oír los sordos."

"Eso fuera hacer milagros," respondió Sansón.

"Milagros o no milagros," dijo Sancho, "cada uno mire cómo habla o
cómo escribe de las presonas, y no ponga a 'troche moche° lo primero que   *willy-nilly*
le viene al magín.°"   *imagination*

"Una de las tachas que ponen a la tal historia," dijo el bachiller, "es
que su autor puso en ella una novela intitulada *El curioso impertinente*, no
por mala ni por mal razonada sino por 'no ser de aquel lugar,° ni tiene que   *being out of place*
ver con la historia de su merced del señor don Quijote."

"Yo apostaré," replicó Sancho, "que ha mezclado el hideperro° berzas   *son of a dog*
con capachos."[24]

"Ahora digo," dijo don Quijote, "que no ha sido sabio el autor de mi
historia, sino algún ignorante hablador° que, a tiento y sin algún discurso, se   *chatterbox*
puso a escribirla, salga lo que saliere,[25] como hacía Orbaneja,[26] el pintor de
Úbeda,[27] al cual preguntándole qué pintaba, respondió: 'Lo que saliere.'[28] Tal
vez pintaba un gallo de tal suerte y tan mal parecido, que era menester que
con letras góticas[29] escribiese junto a él: ÉSTE ES GALLO, y así debe de ser de
mi historia, que tendrá necesidad de comento° para entenderla."[30]   *commentary*

"Eso no," respondió Sansón, "porque es tan clara, que no hay cosa que
dificultar° en ella. Los niños la manosean,[31] los mozos la leen, los hombres   *to make difficult*
la entienden y los viejos la celebran, y finalmente es tan trillada° y tan   *well-worn*
leída, y tan sabida de todo género de gentes, que apenas han visto algún
rocín flaco, cuando dicen: 'Allí va Rocinante,' y los que más se han dado
a su letura son los pajes. No hay antecámara de señor, donde no se halle un
Don Quijote. Unos le toman, si otros le dejan; éstos 'le embisten° y aquéllos   *seize it*
le piden. Finalmente, la tal historia es del más gustoso y menos perjudicial
entretenimiento que hasta agora se haya visto, porque en toda ella no se
descubre, 'ni por semejas,° una palabra deshonesta, ni un pensamiento   *even a hint*
menos que católico."

"A escribir de otra suerte," dijo don Quijote, "no fuera escribir
verdades, sino mentiras, y los historiadores que de mentiras se valen habían
de ser quemados, como los que 'hacen moneda falsa,° y no sé yo qué le   *counterfeit money*
movió al autor a valerse de novelas y cuentos ajenos,° habiendo tanto que   *irrelevant*

---

[24] **Berzas...** *cabbages with baskets;* that is, he's mixed everything up.

[25] **Salga...** *no matter what turns out*

[26] Nothing is known about this painter Orbaneja.

[27] Úbeda (pop. 28,000) is the commercial center for the surrounding agricultural area. It
is east of Cordova and north of Granada.

[28] '**Lo...** *whatever turns out*

[29] **Letras góticas**, according to Gaos, were large capital letters. These would be different
fom the **letras góticas** mentioned in Part I, Chap. 52, p. 415, n. 10.

[30] This also seems to be true. Some editions of this book have more notes than text, such
as Clemencín's and Gaos' Gredos edition.

[31] **Los niños...** *children rummage through it*

escribir en los míos. Sin duda se debió de atener al refrán: «De paja y de
heno,° &c.»³² Pues en verdad que en sólo manifestar mis pensamientos, mis   hay
sospiros, mis lágrimas, mis buenos deseos y mis acometimientos° pudiera   undertakings
hacer un volumen° mayor, o tan grande, que el que pueden hacer todas las   i.e., a volume of
5   obras del Tostado.³³ En efeto, lo que yo alcanzo, señor bachiller, es que   work
para componer historias y libros de cualquier suerte que sean, es menester
un gran juicio y un maduro entendimiento—decir gracias y escribir donaires
es de grandes ingenios. La más discreta figura de la comedia es la del
bobo,° porque no lo ha de ser el que quiere dar a entender que es simple.³⁴   fool
10 La historia es como cosa sagrada, porque ha de ser verdadera, y donde está
la verdad está Dios, en cuanto a verdad, pero 'no obstante° esto hay algunos   in spite of
que así componen y arrojan libros de sí, como si fuesen buñuelos.°"   doughnuts
     "No hay libro tan malo," dijo el bachiller, "que no tenga algo bueno."³⁵
     "No hay duda en eso," replicó don Quijote, "pero muchas veces
15 acontece que los que tenían 'méritamente granjeada° y alcanzada gran fama   deservedly won
por sus escritos, en dándolos a la estampa, la perdieron del todo, o la
menoscabaron en algo."
     "La causa deso es," dijo Sansón, "que como las obras impresas se
miran despacio, fácilmente se veen sus faltas, y tanto más se escudriñan
20 cuanto es mayor la fama del que las compuso. Los hombres famosos por
sus ingenios, los grandes poetas, los ilustres historiadores, siempre, o las
más veces, son envidiados de aquellos que tienen por gusto y por particular
entretenimiento juzgar los escritos ajenos, sin haber dado algunos propios
a la luz del mundo."
25   "'Eso no es de maravillar,°" dijo don Quijote, "porque muchos teólogos   that's not surprising
hay que no son buenos para el púlpito, y son bonísimos para conocer las
faltas o sobras de los que predican."
     "Todo eso es así, señor don Quijote," dijo Carrasco, "pero quisiera yo
que los tales censuradores° fueran más misericordiosos° y menos   censors, merciful
30 escrupulosos, sin 'atenerse a° los átomos del sol³⁶ clarísimo de la obra de   stressing
que murmuran,° que si *aliquando bonus dormitat Homerus*,³⁷ consideren lo   are criticizing
mucho que estuvo despierto por dar la luz de su obra con la menos sombra
que pudiese, y quizá podría ser que lo que a ello les parece mal, fuesen
lunares que a las veces acrecientan la hermosura del rostro que los tiene, y
35 así digo que es grandísimo el riesgo a que se pone el que imprime un libro,
siendo de toda imposibilidad imposible componerle tal, que satisfaga y
contente a todos los que le leyeren."

³² The complete saying is: **De paja y de heno, el vientre lleno.**
³³ Alonso de Madrigal [el Tostado] (1400-1455) was bishop of Ávila. His complete
works total 31 volumes, 21 of which are biblical commentaries in Latin.
³⁴ **No lo ha...** *the person who wants to be taken for a simpleton must not be one*
³⁵ This is a maxim of Pliny the Elder (23–79 A.D.) found in his *Epistles*, III, 5. He is
best known for his *Natural History.*
³⁶ **Átomos** is usually translated here as spots on the sun.
³⁷ Sansón misquotes Horace very slightly (*Ars Poetica*, 359), which has **quandoque**
instead of **aliquando.** It means "Sometimes Homer nods [= makes mistakes]." Modern
scholarship holds that "Homer," instead of being a single poet, is really a series of poets
in the oral tradition, thus inconsistencies do crop up in the *Iliad.*

"El que de mí trata," dijo don Quijote, "a pocos habrá contentado."

"Antes es al revés, que como de *stultorum infinitus est numerus*,[38] infinitos son los que han gustado de la tal historia. Y algunos han puesto falta y dolo° en la memoria del autor, pues se le olvida de contar quién fue — fraud el ladrón que hurtó el rucio a Sancho, que allí no se declara, y sólo se infiere de lo escrito que se le hurtaron, y de allí a poco le vemos a caballo sobre el mesmo jumento, sin haber parecido. También dicen que se le olvidó poner° lo que Sancho hizo de aquellos cien escudos que halló en la — to put down maleta en Sierra Morena, que nunca más los nombra,° y hay muchos que — mentions desean saber qué hizo dellos, o en qué los gastó, que es uno de los puntos sustanciales que faltan en la obra."

Sancho respondió: "Yo, señor Sansón, no estoy ahora para ponerme en cuentas° ni cuentos. Que me ha tomado un desmayo de estómago, que si no — accountings le reparo con dos tragos de 'lo añejo° me pondrá en la espina de Santa — wine Lucía.[39] En casa lo tengo, mi oíslo me aguarda, en acabando de comer daré la vuelta, y satifaré[40] a vuestra merced y a todo el mundo de lo que preguntar quisieren, así de la pérdida del jumento, como del gasto de los cien escudos."

Y sin esperar respuesta ni decir otra palabra, se fue a su casa. Don Quijote pidió y rogó al bachiller se quedase a 'hacer penitencia° con él. — take pot-luck Tuvo° el bachiller el envite,° quedóse, añadióse al ordinario un par de — accepted, invitation pichones,° tratóse en la mesa de caballerías, siguióle el humor Carrasco, — pigeons acabóse el banquete, durmieron la siesta, volvió Sancho y renovóse° la — renewed plática pasada.

"There is an infinite number of stupid people," Ecclesiastes I:15, in the *Latin Vulgate*. Your copy of the Bible probably will not contain this phrase, which is the second half of the verse and is eliminated in most versions.

[39] **Me pondrá...** *I'll get very weak*

[40] This ordinarily would be **satisfaré**. Schevill has added the -s-, but what with Sancho's mistakes (**presonas, presonajes** earlier in this chapter) and his hunger, it may be just another of his mistakes. He does say **satisfaga** in Part I, p. 172, line 30, so most editions restore the -s-.

Capítulo IIII. Donde Sancho Panza satisface al bachiller Sansón Carrasco de sus dudas y preguntas, con otros sucesos dignos de saberse y de contarse.

VOLVIÓ Sancho a casa de don Quijote, y volviendo al pasado° razonamiento, dijo: "A¹ lo que el señor Sansón dijo que se deseaba saber quién, o cómo, o cuándo se me hurtó° el jumento, respondiendo digo que la noche misma que huyendo de la Santa Hermandad nos entramos en Sierra Morena, después de la aventura sin ventura de los galeotes, y de la del difunto que llevaban a Segovia, mi señor y yo nos metimos entre una espesura, adonde mi señor, arrimado a su lanza, y yo sobre mi rucio, molidos y cansados de las pasadas refriegas, nos pusimos a dormir como si fuera sobre cuatro 'colchones de pluma.° Especialmente yo dormí con tan pesado sueño, que quienquiera que fue tuvo lugar de llegar y suspenderme° sobre cuatro estacas que puso a los cuatro lados° de la albarda, de manera que me dejó a caballo sobre ella y me sacó debajo de mí al rucio, sin que yo lo sintiese."

"Eso es cosa fácil,² y no acontecimiento nuevo. Que lo mesmo le sucedió a Sacripante cuando, estando en el cerco de Albraca, con esa misma invención° le sacó el caballo de entre las piernas aquel famoso ladrón llamado Brunelo."³

"Amaneció," prosiguió Sancho, "y apenas me hube estremecido,° cuando, faltando las estacas, di conmigo en el suelo una gran caída, miré por el jumento y no le vi, 'acudiéronme lágrimas a los ojos° y hice una lamentación, que si no la puso el autor de nuestra historia, puede 'hacer cuenta° que no puso cosa buena.⁴ Al cabo de no sé cuántos días, viniendo con la señora princesa Micomicona, conocí mi asno, y que venía sobre él en hábito de gitano° aquel Ginés de Pasamonte, aquel embustero y grandísimo maleador° que quitamos° mi señor y yo de la cadena."

"No está en eso el yerro," replicó Sansón, "sino en que antes de haber parecido el jumento, dice el autor que iba a caballo Sancho en el mesmo rucio."

"A eso," dijo Sancho, "no sé qué responder, sino que el historiador se engañó o ya sería descuido del impresor.°"

"Así es, sin duda," dijo Sansón, "pero ¿'qué se hicieron° los cien escudos? ¿Deshiciéronse?°"

Respondió Sancho: "Yo los gasté en pro de mi persona y de la de mi

previous
robbed
feather beds
prop me up
corners
artifice
stretched
tears came to my
eyes
depend on it
gypsy
rogue, removed
printer
what became of?
did they disappear?

---

¹ This **a** in ordinary word order would follow **respondiendo: Respondiendo a lo que el señor Sansón dijo que se deseaba saber quién, o cómo, o cuándo se me hurtó el jumento...**

² Schevill adds **dijo Sansón** here, but it is more likely that it is Don Quijote himself who responds since he doubtless knows *Orlando furioso* better than Sansón.

³ This is from Stanza 84 of the 27th Canto of *Orlando furioso*.

⁴ In the first edition, there was no lamentation. It was in the second edition of 1605, which can be seen in Part I, Chap. 23, p. 170, n. 10.

mujer y de mis hijos,[5] y ellos han sido causa de que mi mujer lleve en paciencia los caminos y carreras que he andado sirviendo a mi señor don Quijote. Que si al cabo de tanto tiempo volviera sin blanca y sin el jumento a mi casa, negra ventura me esperaba, y si hay más que saber de mí, aquí estoy, que responderé al mesmo rey en presona,° y nadie tiene para qué meterse en si truje o no truje, si gasté o no gasté. Que si los palos que me dieron en estos viajes se hubieran de pagar a° dinero, aunque no 'se tasaran° sino a cuatro maravedís cada uno, en otros cien escudos no había para pagarme la mitad. Y cada uno meta la mano en su pecho y no se ponga a juzgar lo blanco por negro y lo negro por blanco, que cada uno es como Dios le hizo, y aun peor muchas veces."

   "Yo tendré cuidado," dijo Carrasco, "de acusar° al autor de la historia que si otra vez la imprimiere, no se le olvide esto que el buen Sancho ha dicho, que será realzarla° un buen coto más de lo que ella se está."

   "¿Hay otra cosa que enmendar en esa leyenda,° señor bachiller?" preguntó don Quijote.

   "Sí debe de haber," respondió él, "pero ninguna debe de ser de la importancia de las ya referidas."

   "Y ¿por ventura," dijo don Quijote, "promete el autor segunda parte?"

   "Sí promete," respondió Sansón; "pero dice que no ha hallado ni sabe quién la tiene, y así estamos en duda si saldrá o no; y así por esto, como porque algunos dicen: 'Nunca segundas partes fueron buenas,' y otros: 'De las cosas de don Quijote bastan las escritas,°' se duda que no ha de haber segunda parte, aunque algunos que son más joviales que saturninos[6] dicen: 'Vengan más quijotadas, embista don Quijote, y hable Sancho Panza, y sea lo que fuere, que con eso nos contentamos.' "

   "Y ¿a qué se atiene el autor?"

   "A que," respondió Sansón, "en hallando que halle la historia que él va buscando con estraordinarias diligencias, la dará luego a la estampa, llevado más del interés que de darla se le sigue,[7] que de otra alabanza alguna."

   A lo que dijo Sancho: "¿Al dinero y al interés mira el autor? Maravilla será que acierte,° porque no hará sino harbar,° harbar como sastre en 'vísperas de pascuas,° y las obras que se hacen apriesa nunca se acaban con la perfección que requieren. Atienda ese señor moro, o lo que es, a mirar lo que hace, que yo y mi señor le daremos tanto 'ripio a la mano° en materia de aventuras y de sucesos° diferentes, que pueda componer no sólo segunda parte, sino ciento. Debe de pensar el buen hombre, sin duda, que nos dormimos aquí en las pajas[8]—pues ténganos el pie al herrar y verá del que

persona

en, were appraised

to advise

enhance it

text

already written

he'll succeed, work fast; Easter eve

abundance incidents

---

[5] Sancho says later, in Chapter 28 of Part 2, that he earned two **ducados** a month when he worked for Bartolomé Carrasco, which must have been enough to support his family. The **ducado** and the **escudo** were equivalent, so you can imagine how much money these 100 **escudos** represented—more than what he would earn in four years toiling for Sansón's father.

[6] **Más...** *more jovial than sad.* From the astrological signs of Jove and Saturn.

[7] **Llevado...** *moved more by the profit that will come to him*

[8] **Dormimos...** *we are resting on our laurels*

cosqueamos.[9] Lo que yo sé decir es que si mi señor tomase mi consejo, ya habíamos de estar en esas campañas deshaciendo agravios y enderezando tuertos, como es uso y costumbre de los buenos andantes caballeros."

No había bien acabado de decir estas razones Sancho, cuando llegaron a sus oídos relinchos° de Rocinante, los cuales relinchos tomó don Quijote   *neighs*
por felicísimo agüero, y determinó de hacer de allí a tres o cuatro días otra salida, y declarando su intento al bachiller, le pidió consejo por qué parte comenzaría su jornada, el cual le respondió que era su parecer que fuese al reino de Aragón y a la ciudad de Zaragoza,[10] adonde de allí a pocos días se habían de hacer unas solenísimas justas por la fiesta de San Jorge,[11] en las cuales podría ganar fama sobre todos los caballeros aragoneses, que sería ganarla sobre todos los del mundo. Alabóle ser honradísima y valentísima su determinación,[12] y advirtióle que anduviese más atentado en acometer los peligros, a causa que su vida no era suya, sino de todos aquellos que le habían de menester[13] para que los amparase y socorriese en sus desventuras.

"Deso es lo que yo reniego, señor Sansón," dijo a este punto Sancho, "que así acomete mi señor a cien hombres armados, como un muchacho goloso° a media docena de badeas.° ¡Cuerpo del mundo, señor bachiller! Sí,   *sweet-toothed,*
que tiempos hay de acometer, y tiempos de retirar. Sí, no ha de ser todo   *watermelons*
«¡Santiago,[14] y cierra,° España!» Y más, que yo he oído decir, y creo que   *attack*
a° mi señor mismo, si mal no me acuerdo, que en los estremos de cobarde   *from*
y de temerario° está el medio de la valentía, y si esto es así, no quiero que   *reckless*
huya sin tener para qué, ni que acometa cuando la demasía° pide otra cosa.   *odds*
Pero sobre todo aviso a mi señor que si me ha de llevar consigo, ha de ser con condición que él se lo ha de batallar° todo, y que yo no he de estar   *fight*
obligado a otra cosa que a 'mirar por° su persona en lo que tocare a su   *look after*
limpieza° y a su regalo, que en esto yo le bailaré el agua delante.[15] Pero   *cleanliness*
pensar que tengo de poner mano a la espada, aunque sea contra villanos malandrines de hacha y capellina,° es pensar en lo escusado.[16] Yo, señor   *hood*
Sansón, no pienso granjear fama de valiente, sino del mejor y más leal escudero que jamás sirvió a caballero andante. Y si mi señor don Quijote, obligado de mis muchos y buenos servicios, quisiere darme alguna ínsula de las muchas que su merced dice que se ha de topar por ahí, recibiré mucha merced en ello. Y cuando no me la diere, nacido soy, y no ha vivir

---

[9] **Ténganos…** *he should put us to the proof and he'll see what foot we limp on*

[10] Zaragoza (pop. 600,000), the capital of the region and province of Aragón (which had been an actively expanding kingdom stretching south from the French border), is about half way between Madrid and Barcelona. Mentioned in Part I, Chap. 52, n. 9.

[11] Celebrated on April 23, but jousts in his honor were held three times a year.

[12] **Alabóle…** *he [Sansón] praised his [Don Quijote's] very honorable and very valiant resolve*

[13] **Que…** *who needed him*

[14] Santiago (St. James) is the patron saint of Spain, whom Spanish troops called upon to help them in battle.

[15] **Yo le…** *I'll see to it that his desires are taken care of*

[16] **Es pensar…** *is to think the unthinkable*

el hombre en hoto de otro,[17] sino de Dios, y más, que tan bien, y aun quizá
mejor, me sabrá el pan desgobernado° que siendo gobernador. Y ¿sé yo, por   without a government
ventura, si en esos gobiernos me tiene aparejada° el diablo alguna   prepared
zancadilla° donde tropiece° y caiga y me haga las muelas[18]? Sancho nací y   stumbling block, trip
Sancho pienso morir—pero si con todo esto, 'de buenas a buenas,° sin   all at once
mucha solicitud y sin mucho riesgo, me deparase el cielo alguna ínsula o
otra cosa semejante, no soy tan necio que la desechase. Que también se
dice: «cuando te dieren la vaquilla,° corre con la soguilla,°» y «cuando   heifer, halter
viene el bien, mételo en tu casa.»

"Vos, hermano Sancho," dijo Carrasco, "habéis hablado como un
catedrático,° pero con todo eso confiad en Dios y en el señor don Quijote,   professor
que os ha de dar un reino, 'no que° una ínsula."   not just

"Tanto es lo de más como lo de menos,"[19] respondió Sancho, "aunque
sé decir al señor Carrasco, que no echará mi señor el reino que me diera en
saco roto.[20] Que yo he tomado el pulso a mí mismo, y me hallo con salud
para regir reinos y gobernar ínsulas, y esto ya otras veces lo he dicho a mi
señor."

"Mirad, Sancho," dijo Sansón, "que los oficios° mudan las costumbres,   professions
y podría ser que, viéndoos gobernador, no conociésedes a la madre que os
parió."

"Eso allá se ha de entender,"[21] respondió Sancho, "con los que nacieron
en las malvas,[22] y no con los que tienen sobre el alma cuatro dedos de
enjundia° de cristianos viejos como yo los tengo. ¡No, sino llegaos a mi   fat
condición, que sabrá usar de desagradecimiento con alguno!"[23]

"Dios la haga," dijo don Quijote, "y 'ello dirá° cuando el gobierno   we'll see
venga, que ya me parece que le trayo entre los ojos."

Dicho esto, rogó al bachiller que, si era poeta, le hiciese merced de
componerle unos versos que tratasen de la despedida° que pensaba hacer de   farewell
su señora Dulcinea del Toboso, y que advirtiese que en el principio de cada
verso había de poner una letra de su nombre, de manera, que al fin de los
versos, juntando las primeras letras, se leyese DULCINEA DEL TOBOSO.

El bachiller respondió que puesto que él no era de los famosos poetas
que había en España que decían que no eran sino tres y medio, que no
dejaría de componer los tales metros,° aunque hallaba una dificultad grande   verses
en su composición a causa que las letras que contenían el nombre eran diez
y siete,[24] y que si hacía cuatro castellanas de a cuatro versos,[25] sobrará una

---

[17] **Vivir... en hoto de otro** *live under someone else's protection*
[18] **Me haga...** *break my teeth.* A definition for **hacer** in Covarrubias is **deshacer**!
[19] **Tanto es...** *it's all the same to me*
[20] **No echará...** *my master won't be throwing any kingdom he might give me into a bag with a hole in the bottom*
[21] **Eso allá...** *that may be true*
[22] **Que nacieron...** *with low birth:* "born among the mallows."
[23] **Llegaos...** *look at my disposition—would I be ungrateful to anyone?*
[24] But note the seventeen-line sonnet on p. 417 of the first part.
[25] That is, four eight-syllable stanzas of four lines each.

letra,[26] y si de a cinco, a quien llaman décimas o redondillas,[27] faltaban tres
letras. Pero con todo eso procuraría embeber° una letra lo mejor que   suppress
pudiese, de manera que en las cuatro castellanas se incluyese el nombre de
Dulcinea del Toboso.

5   "Ha de ser así en todo caso," dijo don Quijote; "que si allí no va el
nombre patente° y 'de manifiesto,° no hay mujer que crea que para ella se   obvious, clear
hicieron los metros."

       Quedaron° en esto y en que la partida sería de allí a ocho días.   they settled
Encargó don Quijote al bachiller la tuviese secreta, especialmente al cura
10 y a maese Nicolás y a su sobrina y al ama, porque no estorbasen su
honrada y valerosa determinación. Todo lo prometió Carrasco. Con esto se
despidió, encargando a don Quijote que de todos sus buenos o malos
sucesos le avisase, habiendo comodidad, y así se despidieron, y Sancho fue
a poner en orden lo necesario para su jornada.

[26] **Sobrará...** *there would be one letter left over*
[27] At the time, **décimas** were made up of two five-line stanzas. The **redondilla** is
typically associated today with a four-line stanza, but there were other possibilities. This
is not a mistake.

Capítulo V. De la discreta y graciosa plática que pasó entre Sancho Panza y su mujer Teresa Panza, y otros sucesos dignos de felice recordación.

LEGANDO a escribir el traductor desta historia este quinto capítulo, dice que le tiene por apócrifo, porque en él habla Sancho Panza con otro estilo del que se podía prometer de su corto° ingenio, y dice cosas tan sutiles,° que no tiene por posible que él las supiese. Pero que no quiso dejar de traducirlo, por cumplir con lo que a su oficio debía, y así prosiguió diciendo:

Llegó Sancho a su casa tan regocijado° y alegre, que su mujer conoció su alegría a tiro de ballesta, tanto, que la obligó a preguntarle: "¿Qué traés, Sancho amigo, que tan alegre venís?"[1]

A lo que él respondió: "Mujer mía, si Dios quisiera, bien me holgara yo de no estar tan contento como muestro."

"No os entiendo, marido," replicó ella, "y no sé qué queréis decir en eso de que os holgáredes, si Dios quisiera, de no estar contento, que maguer tonta, no sé yo quién recibe gusto de no tenerle."

"Mirad, Teresa," respondió Sancho: "yo estoy alegre porque tengo determinado de volver a servir a mi amo don Quijote, el cual quiere la vez tercera salir a buscar las aventuras, y yo vuelvo a salir con él porque lo quiere así mi necesidad, junto con la esperanza que me alegra de pensar si podré hallar otros cien escudos como los ya gastados, puesto que me entristece el haberme de apartar de ti y de mis hijos. Y si Dios quisiera darme de comer 'a pie enjuto° y en mi casa, sin traerme por vericuetos° y encrucijadas—pues lo podía hacer a poca costa y no más de quererlo[2] —claro está que mi alegría fuera más firme y valedera, pues que la que tengo va mezclada con la tristeza del dejarte. Así, que dije bien que holgara, si Dios quisiera, de no estar contento."

"Mirad, Sancho," replicó Teresa, "después que os hicistes miembro de caballero andante, habláis de tan rodeada manera, que no hay quien os entienda."

"Basta que me entienda Dios, mujer," respondió Sancho, "que Él es el entendedor de todas las cosas, y quédese esto aquí. Y advertid, hermana, que os conviene tener cuenta estos tres días con el rucio, de manera que esté para armas tomar. Dobladle los piensos,° requerid° la albarda y las demás jarcias,° porque no vamos a bodas, sino a rodear° el mundo, y a tener 'dares y tomares° con gigantes, con endriagos y con vestiglos, y a oír silbos, rugidos,° bramidos y baladros, y aun todo esto fuera 'flores de cantueso,° si no tuviéramos que entender con yangüeses y con moros encantados."

"Bien creo yo, marido," replicó Teresa, "que los escuderos andantes no

---

scant
subtle

joyful

in comfort, rough
roads

feed, prepare
harness, roam
fights
roars
trivialities

comen el pan de balde,[3] y así quedaré rogando a nuestro Señor os saque presto de tanta mala ventura."

"Yo os digo, mujer," respondió Sancho, "que si no pensase antes de mucho tiempo verme gobernador[4] de una ínsula, aquí me caería muerto."

5 "Eso no, marido mío," dijo Teresa, "viva la gallina, aunque sea con su pepita.[5] Vivid vos, y llévese el diablo cuantos gobiernos hay en el mundo. Sin gobierno salistes del vientre de vuestra madre, sin gobierno habéis vivido hasta ahora, y sin gobierno os iréis o os llevarán a la sepultura cuando Dios fuere servido.[6] Como ésos hay en el mundo[7] que viven sin

10 gobierno, y no por eso dejan de vivir y de ser contados en el número de las gentes. La mejor salsa del mundo es la hambre, y como ésta no falta a los pobres, siempre comen con gusto. Pero mirad, Sancho, si por ventura os viéredes con algún gobierno, no os olvidéis de mí y de vuestros hijos. Advertid que Sanchico tiene ya quince años cabales, y 'es razón° que vaya   it's only right

15 a la escuela, si es que su tío, el abad, le ha de dejar hecho de la Iglesia.[8] Mirad también que Mari Sancha, vuestra hija, no se morirá si la casamos, que me va dando barruntos que desea tanto tener marido como vos deseáis veros con gobierno, y en fin en fin, mejor parece la hija mal casada que bien abarraganada."°   in concubinage

20 "A buena fe," respondió Sancho, "que si Dios me llega a tener algo qué de gobierno,[9] que tengo de casar, mujer mía, a Mari Sancha tan altamente que no la alcancen sino con llamarla SEÑORÍA."

"Eso no, Sancho," respondió Teresa, "casadla con su igual, que es lo más acertado.° Que si de los zuecos la sacáis a chapines[10] y de saya parda   correct

25 de catorceno a verdugado y saboyanas de seda,[11] y de una MARICA y un TÚ a una DOÑA TAL y SEÑORÍA, no se ha de hallar la mochacha[12] y a cada paso ha de caer en mil faltas, descubriendo la hilaza° de su tela basta° y   thread, coarse grosera."

"Calla, boba," dijo Sancho, "que todo será usarlo dos o tres años.[13] Que

30 después le vendrá el señorío° y la gravedad como de molde, y cuando no,   dignity ¿qué importa? Séase° ella SEÑORÍA y venga lo que viniere."   let her be

"Medíos, Sancho, con vuestro estado,[14]" respondió Teresa, "no os queráis alzar a mayores y advertid al refrán que dice: «al hijo de tu vecino límpiale las narices y métele en tu casa».[15] Por cierto que sería gentil cosa

---

[3] **No comen...** *earn the bread that they eat*

[4] **Si no...** *if I didn't think that I'd be a governor before long*

[5] This is a proverb meaning that it is better to live with a handicap than not live at all. **Pepita** is the disease chickens get that we call *pip*, a tumor on the tongue.

[6] **Cuando...** *when it pleases God*

[7] **Como ésos...** *how many are there in the world*

[8] That is, that Sanchico become a priest.

[9] **Algo...** *something of a government*

[10] **Si de...** *if you take her out of her clogs and put her in fine shoes*

[11] **De saya...** *from her gray flannel skirt to hoopskirts made of silk*

[12] **No se...** *the girl won't know where she is*

[13] **Todo...** *she will only have to practice it for two or three years*

[14] **Medíos,...** *measure yourself, Sancho, with your equals*

[15] A variant of: "Al hijo de tu vecina, límpiale el moco y cásale con tu hija."

casar a nuestra María con un condazo, o con caballerote[16] que cuando se le
antojase la pusiese como nueva,[17] llamándola de villana, hija del
destripaterrones° y de la pelarruecas.° ¡No en mis días,[18] marido! ¡Para eso   clodhopper, thread-
por cierto he criado yo a mi hija![19] Traed vos dineros, Sancho, y el casarla   spinner
5 dejadlo a mi cargo. Que ahí está Lope Tocho, el hijo de Juan Tocho, mozo
rollizo y sano, y que le conocemos, y sé que no mira de mal ojo a la
mochacha, y con éste que es nuestro igual estará bien casada, y le tendremos
siempre a nuestros ojos,[20] y seremos todos unos, padres y hijos, nietos y
yernos, y andará la paz y la bendición de Dios entre todos nosotros, y no
10 casármela vos[21] ahora en esas cortes y en esos palacios grandes, adonde ni
a ella la entiendan ni ella se entienda."

"Ven acá, bestia y mujer de Barrabás," replicó Sancho, "¿por qué
quieres tú ahora, sin qué ni para qué,[22] estorbarme que no case a mi hija con
quien me dé nietos que se llamen SEÑORÍA? Mira, Teresa, siempre he oído
15 decir a mis mayores que el que no sabe gozar de la ventura cuando le viene,
que no se debe quejar si se le pasa. Y no sería bien que, ahora que está
llamando[23] a nuestra puerta, se la cerremos. Dejémonos llevar deste viento
favorable que nos sopla." (Por este modo de hablar y por lo que más abajo
dice Sancho, dijo el tradutor° desta historia que tenía por apócrifo este   traductor
20 capítulo.)

"¿No te parece, animalia," prosiguió Sancho, "que será bien dar con mi
cuerpo en algún gobierno provechoso que nos saque el pie del lodo? Y
cásese a Mari Sancha con quien yo quisiere, y verás como te llaman a ti
DOÑA TERESA PANZA, y te sientas en la iglesia sobre alcatifa,° almohadas y   pew cushion
25 arambeles,° a pesar y despecho de las hidalgas° del pueblo. No, sino estaos   tapestries, highborn
siempre en un ser,[24] sin crecer ni menguar,° como 'figura de paramento,°' y   ladies; growing
en esto no hablemos más, que Sanchica ha de ser condesa, aunque tú más   smaller, knick-
me digas."[25]   knack

"¿Veis cuanto decís, marido?" respondió Teresa, "Pues con todo eso
30 temo que este condado de mi hija ha de ser su perdición. Vos haced lo que
quisiéredes, ora la hagáis duquesa o princesa. Pero séos decir que no será
ello con voluntad ni consentimiento mío. Siempre, hermano, fui amiga de
la igualdad, y no puedo ver entonos° sin fundamentos. Teresa me pusieron   conceit
en el bautismo, nombre mondo° y escueto,° sin añadiduras, ni cortapisas,°   plain, simple,
35 ni arrequives° de DONES ni DOÑAS. Cascajo se llamó mi padre, y a mí, por   trimmings;
ser vuestra mujer, me llaman Teresa Panza, que 'a buena razón° me habían   adornments; by
                                                                                 rights

---

[16] **Condazo** and **caballerote** are **conde** and **caballero** followed by despective suffixes.
Schevill has **con [un] caballerote.**

[17] **La pusiese...** *he'd put her in her place*

[18] **No...** *not while I am alive*

[19] **¡Para...** *I certainly didn't raise her for this.* Negative implied.

[20] **A nuestros...** *within our sight*

[21] **No...** *I won't have you marrying her off on me*

[22] **Sin...** *without why or wherefore*

[23] That is, *la ventura* **está llamando...**

[24] **Estaos...** *stay as you are*

[25] **Aunque...** *no matter what you say*

de llamar Teresa Cascajo. Pero allá van reyes do quieren leyes,[26] y con este nombre me contento, sin que me le pongan un DON encima que pese tanto, que no le pueda llevar, y no quiero dar que decir a los que me vieren andar vestida a lo condesil o a lo de gobernadora,[27] que luego dirán: '¡Mirad qué entonada° va la pazpuerca!° Ayer no se hartaba de estirar de un copo de estopa, y iba a misa cubierta la cabeza[28] con la falda° de la saya° en lugar de manto, y ya hoy va con verdugado,° con broches° y con entono, como si no la conociésemos.' Si Dios me guarda mis siete o mis cinco sentidos, o los que tengo, no pienso dar ocasión de verme en tal aprieto.° Vos, hermano, idos° a ser gobierno o ínsulo, y entonaos° a vuestro gusto, que mi hija ni yo por el siglo° de mi madre que no nos hemos de 'mudar un paso° de nuestra aldea. La mujer honrada, la pierna quebrada y en casa, y la doncella honesta, el hacer algo es su fiesta.[29] Idos con vuestro don Quijote a vuestras aventuras y dejadnos a nosotras con nuestras malas venturas, que Dios nos las mejorará como seamos buenas. Y yo no sé por cierto quién le puso a él DON que no tuvieron sus padres ni sus agüelos.°"

"Ahora digo," replicó Sancho, "que tienes algún familiar° en ese cuerpo. ¡Válate Dios, la mujer, y qué de cosas has ensartado unas en otras, sin tener pies ni cabeza! ¿Qué tiene que ver el cascajo,° los broches, los refranes y el entono con lo que yo digo? Ven acá, mentecata e ignorante, que así te puedo llamar, pues no entiendes mis razones y vas huyendo de la dicha. Si yo dijera que mi hija se arrojara de una torre abajo, o que se fuera por esos mundos, como se quiso ir la infanta doña Urraca,[30] tenías razón de no venir con mi gusto. Pero si en dos paletas[31] y en menos de un abrir y cerrar de ojos te la chanto[32] un DON y una SEÑORÍA a cuestas, y te la saco de los rastrojos, y te la pongo en toldo y en peana[33] y en un estrado° de más almohadas de velludo, que tuvieron moros en su linaje los Almohadas[34] de Marruecos,° ¿por qué no has de consentir y querer lo que yo quiero?"

---

[26] Teresa mixes this up: **Allá van leyes do[nde] quieren reyes.**

[27] **Vestida...** *dressed as a countess or a governor's wife*

[28] It was a Catholic custom for women to enter the church with their heads covered.

[29] The first part of this saying really means that a married woman, to be honorable, should stay at home. Here Teresa uses it to mean that she should not leave her village. The second part of the saying is more usual as: **y la doncella, pierna y media.**

[30] This is from an old **romance** that everyone knew, dealing with doña Urraca, Fernando I of Castile's daughter, who was so upset when she learned that only her brothers would inherit from their father that she said: **Irme he por esas tierras / como una mujer errada / y este mi cuerpo daría / a quien bien se me antojara, / a los moros por dinero, / y a los cristianos de gracia.** Clemencín gives various versions. This one can be seen on p. 1541, col. 1, of his edition.

[31] **En...** *in an instant.* **Paleta**, among other things, is a slice of pastry.

[32] **Te...** *I'll bestow on her.* **Chanto** is Galician for **planto.**

[33] **En toldo...** *under a canopy and on a pedestal*, much like a statue of a saint.

[34] **Almohadas** means cushions, of course, as above. Sancho means **Almohades** who held power starting in the twelfth century in Morocco and Spain.

Margin glosses:
conceited, foul woman; tail, skirt
hoopskirt, brooches

awkward situation
go off, be conceited
life, take one step

abuelos = ancestors
devil

gravel

drawing room
Morocco

"¿Sabéis por qué, marido?" respondió Teresa: "por el refrán que dice: «Quien te cubre, te descubre». Por el pobre todos pasan los ojos como de corrida, y en el rico los detienen, y si el tal rico fue un tiempo pobre, allí es el murmurar, y el maldecir, y el peor perseverar de los maldicientes, que los hay por esas calles a montones,[35] como enjambres° de abejas."   swarms

"Mira, Teresa," respondió Sancho, "y escucha lo que agora quiero decirte, quizá no lo habrás oído en todos los días de tu vida, y yo agora no hablo 'de mío.° Que todo lo que pienso decir son sentencias del padre   about my own self
predicador que la cuaresma° pasada predicó en este pueblo, el cual, si mal   Lent
no me acuerdo, dijo que todas las cosas presentes que los ojos están mirando se presentan, están y asisten en nuestra memoria mucho mejor y 'con más vehemencia° que las cosas pasadas."   more forcefully

(Todas estas razones que aquí va diciendo Sancho son las segundas por quien dice el tradutor que tiene por apócrifo este capítulo, que exceden a la capacidad de Sancho. El cual prosiguió diciendo:)

"'De donde nace° que cuando vemos alguna persona bien aderezada y   hence
con ricos vestidos compuesta y con pompa[36] de criados, parece que por fuerza nos mueve y convida a que la tengamos respeto, puesto que la memoria en aquel instante nos represente alguna bajeza° en que vimos a la   low condition
tal persona, la cual inominia,° ahora sea de pobreza, o de linaje, como ya   low state
pasó, no es, y sólo es° lo que vemos presente. Y si este a quien la fortuna   there is
sacó del borrador de su bajeza—que por estas mesmas razones lo dijo[37] el padre—a la alteza de su prosperidad, fuere° bien criado, liberal y cortés con   assuming he is
todos, y 'no se pusiere en cuentos° con aquellos que por antigüedad son   doesn't try to vie
nobles, 'ten por cierto,° Teresa, que no habrá quien se acuerde de lo que fue,   be certain
sino que reverencien lo que es, si no fueren los invidiosos, de quien ninguna próspera fortuna está segura."

"Yo no os entiendo, marido," replicó Teresa, "haced lo que quisiéredes y no me quebréis más la cabeza con vuestras arengas y retóricas. Y si estáis revuelto en hacer lo que decís…"

"Resuelto has de decir, mujer," dijo Sancho, "y no revuelto."

"No os pongáis a disputar, marido, conmigo," respondió Teresa, "yo hablo como Dios es servido y no me meto en más dibujos.[38] Y digo que si estáis porfiando en tener gobierno, que llevéis con vos a vuestro hijo Sancho, para que desde agora le enseñéis a tener gobierno, que bien es que los hijos hereden y aprendan los oficios de sus padres."

"En teniendo gobierno," dijo Sancho, "enviaré por él por la posta, y te enviaré dineros que no me faltarán, pues nunca falta quien se los preste a los gobernadores cuando no los tienen, y vístele de modo que disimule lo que es y parezca lo que ha de ser."

"Enviad vos dinero," dijo Teresa, "que yo os lo vistiré° como un   vestiré
palmito.[39]"

"En efecto, ¿quedamos de acuerdo," dijo Sancho, "de que ha de ser

---

[35] **Los hay…** *there are lots of them in the streets*
[36] The first edition has **ponga** here.
[37] The first editon had **dexo** here.
[38] **No me…** *I don't beat around the bush*
[39] Covarrubias says this means "with lots of clothing."

condesa° nuestra hija?"   countess

"El día que yo la viere condesa," respondió Teresa, "ése haré cuenta
que la entierro. Pero otra vez os digo que hagáis lo que os diere gusto, que
con esta carga nacemos las mujeres de estar obedientes a sus maridos
5   aunque sean unos porros.°"   blockheads

Y en esto comenzó a llorar tan de veras como si ya viera muerta y
enterrada a Sanchica. Sancho la consoló diciéndole que ya que la hubiese
de hacer condesa, la haría todo lo más tarde que ser pudiese. Con esto se
acabó su plática, y Sancho volvió a ver a don Quijote para dar orden en su
10 partida.

Capítulo VI. De lo que le pasó a don Quijote con su sobrina y con su ama, y es uno de los importantes capítulos de toda la historia.

E N tanto que Sancho Panza y su mujer Teresa Cascajo pasaron la
5 impertinente referida plática, no estaban ociosas la sobrina y el ama de don Quijote, que por mil señales iban coligiendo que su tío y señor quería desgarrarse° la vez tercera y volver al ejercicio de su, para ellas, mal to escape
andante caballería. Procuraban por todas las vías posibles apartarle de tan mal pensamiento, pero todo era predicar en desierto y majar° en hierro frío. pounding
10 Con todo esto, entre otras muchas razones que con él pasaron, le dijo el ama: "En verdad, señor mío, que si vuesa merced no 'afirma el pie llano° behave
y se está quedo en su casa y se deja de andar por los montes y por los valles° como ánima en pena, buscando esas que dicen que se llaman valleys
aventuras, a quien yo llamo desdichas, que me tengo de quejar en voz y en
15 grita° a Dios y al rey, que pongan remedio en ello." shouting

A lo que respondió don Quijote: "Ama, lo que Dios responderá a tus quejas yo no lo sé, ni lo que ha de responder su majestad tampoco, y sólo sé que si yo fuera rey, me escusara de responder a tanta infinidad de memoriales° impertinentes como cada día le dan—que uno de los mayores petitions
20 trabajos que los reyes tienen entre otros muchos es el estar obligados a escuchar a todos y a responder a todos, y así no querría yo que cosas mías 'le diesen pesadumbre.°" bother him

A lo que dijo el ama: "Díganos, señor, ¿en la corte de su majestad no hay caballeros?

25 "Sí," respondió don Quijote, "y muchos, y es razón que los haya para adorno de la grandeza de los príncipes y para ostentación° de la majestad exaltation
real."

"Pues ¿no sería vuesa merced," replicó ella, "uno de los que a pie quedo[1] sirviesen a su rey y señor, estándose en la corte?"

30 "Mira, amiga," respondió don Quijote, "no todos los caballeros pueden ser cortesanos, ni todos los cortesanos pueden ni deben ser caballeros andantes. De todos ha de haber en el mundo, y aunque todos seamos caballeros, va mucha diferencia de los unos a los otros, porque los cortesanos, sin salir de sus aposentos ni de los umbrales° de la corte, se thresholds
35 pasean por todo el mundo, mirando un mapa, sin costarles blanca, ni padecer calor ni frío, hambre ni sed. Pero nosotros los caballeros andantes verdaderos, al sol, al frío, al aire, a las inclemencias del cielo, de noche y de día, a pie y a caballo, medimos toda la tierra con nuestros mismos pies. Y no solamente conocemos los enemigos pintados,° sino en su mismo ser, i.e., in paintings
40 y en todo trance y en toda ocasión los acometemos, sin mirar° en niñerías, paying attention
ni en las leyes de los desafíos, si lleva o no lleva más corta la lanza o la espada, si trae sobre sí reliquias o algún engaño° encubierto, si se ha de deception
partir y hacer tajadas el sol,[2] o no, con otras ceremonias deste jaez, que se

---

[1] **A pie...** *without taking a step*
[2] This refers to making sure that the sun affects both combatants equally.

usan en los desafíos particulares de persona a persona, que tú no sabes y yo
sí.

    "Y has de saber más—que el buen caballero andante, aunque vea diez
gigantes que con las cabezas no sólo tocan, sino pasan las nubes, y que a
5 cada uno le sirven de piernas dos grandísimas torres, y que los brazos
semejan árboles° de gruesos y poderosos navíos, y cada ojo como una gran   masts
'rueda de molino° y más ardiendo que un horno° de vidrio, no le han de   millstone, furnace
espantar en manera alguna, antes con gentil continente y con intrépido
corazón los ha de acometer y embestir, y si fuere posible, vencerlos y
10 desbaratarlos en un pequeño instante, aunque viniesen armados de unas
conchas° de un cierto pescado[3] que dicen que son más duras que si fuesen   shells
de diamantes, y en lugar de espadas trujesen cuchillos tajantes° de   sharp
damasquino acero,[4] o porras° ferradas° con puntas asimismo de acero, como   clubs, covered
yo las he visto más de dos veces. Todo esto he dicho, ama mía, porque veas
15 la diferencia que hay de unos caballeros a otros, y sería razón que no
hubiese príncipe que no estimase en más esta segunda, o 'por mejor decir,°   rather
primera especie de caballeros andantes—que, según leemos en sus historias,
tal ha habido entre ellos, que ha sido la salud° no sólo de un reino, sino de   salvation
muchos."

20   "¡Ah, señor mío!" dijo a esta sazón la sobrina, "advierta vuestra merced
que todo eso que dice de los caballeros andantes es fábula y mentira, y sus
historias, ya que no las quemasen, merecían que a cada una se le echase un
sambenito,[5] o alguna señal en que fuese conocida por infame y por
gastadora° de las buenas costumbres."   spoiler

25   "Por el Dios que me sustenta," dijo don Quijote, "que si no fueras mi
sobrina derechamente, como hija de mi misma hermana, que había de hacer
un tal castigo en ti por la blasfemia que has dicho, que sonara por todo el
mundo. ¿Cómo que es posible que una rapaza que apenas sabe menear°   manage
doce palillos° de randas° se atreva a poner lengua y a censurar° las historias   bobbins, lace,
30 de los caballeros andantes? ¿Qué dijera el señor Amadís si lo tal oyera?   disapprove of
Pero a buen seguro que él te perdonara, porque fue el más humilde y cortés
caballero de su tiempo, y demás,° grande amparador de las doncellas; mas   **además**
tal° te pudiera haber oído, que no te fuera bien dello.[6] Que no todos son   others
corteses ni 'bien mirados°—algunos hay follones y descomedidos. Ni todos   well-mannered
35 los que se llaman caballeros lo son de todo en todo, que unos son de oro,
otros de alquimia° y todos parecen caballeros, pero no todos pueden estar   fool's gold
al toque de la piedra de la verdad.[7] Hombres bajos hay que revientan por
parecer caballeros, y caballeros altos hay que parece que 'a posta° mueren   intentionally
por parecer hombres bajos; aquéllos se levantan, o con la ambición, o con

---

[3] Clemencín (p. 1544) gives several examples of this type of armor.

[4] Covarrubias says that **damasquino** refers only to knives and scimitars from Damascus.

[5] This is a folk etymology for **saco benedicto**, a yellow woollen shirt with a red cross
in front worn by penitents sentenced by the Inquisition.

[6] **No te...** *would not have sat so well with them*

[7] **Al toque...** *to withstand the touchstone.* The touchstone was used to grade the purity
of gold. Purity was judged by the nature of the streak left on it when rubbed with the gold
being tested.

la virtud, éstos 'se abajan,° o con la flojedad,° o con el vicio, y es menester   lower themselves,
aprovecharnos del conocimiento discreto para distinguir estas dos maneras   sloth
de caballeros tan parecidos° en los nombres y tan distantes en las acciones."   similar
"Válame Dios," dijo la sobrina, "que sepa vuestra merced tanto, señor
5   tío, que si fuese menester en una necesidad, podría subir en un púlpito e
irse a predicar por esas calles, y que, con todo esto, dé en una ceguera tan
grande y en una sandez tan conocida, que se dé a entender que es valiente,
siendo viejo, que tiene fuerzas, estando enfermo, y que endereza tuertos,
estando por la edad agobiado, y sobre todo que es caballero, no lo siendo,
10   porque aunque lo puedan ser los hidalgos, no lo son los pobres."
"Tienes mucha razón, sobrina, en lo que dices," respondió don Quijote,
"y cosas te pudiera yo decir cerca de los linajes, que te admiraran—pero
por no mezclar lo divino con lo humano, no las digo. Mirad, amigas, a
cuatro suertes de linajes, y estadme atentas, se pueden reducir todos los que
15   hay en el mundo, que son éstas:[8] unos que tuvieron principios humildes y
se fueron estendiendo y dilatando hasta llegar a una suma grandeza; otros,
que tuvieron principios grandes y los fueron conservando, y los conservan
y mantienen en el ser que comenzaron; otros, que aunque tuvieron
principios grandes, acabaron en punta como pirámide, habiendo diminuido
20   y aniquilado su principio hasta parar en nonada,° como lo es la punta de la   nada
pirámide, que respeto de su basa° o asiento no es nada; otros hay, y éstos   base
son los más, que ni tuvieron principio bueno, ni razonable medio, y así
tendrán el fin, sin nombre, como el linaje de la gente plebeya y ordinaria.
"De los primeros que tuvieron principio humilde y subieron a la
25   grandeza que agora conservan te sirva de ejemplo la casa Otomana, que de
un humilde y bajo pastor que le dio principio, está en la cumbre que le
vemos.[9] Del segundo linaje, que tuvo principio en grandeza y la conserva
sin aumentarla, serán ejemplo muchos príncipes que por herencia lo son, y
se conservan en ella sin aumentarla ni diminuirla, conteniéndose en los
30   límites° de sus estados° pacíficamente. De los que comenzaron grandes y   borders, states
acabaron en punta hay millares° de ejemplos. Porque todos los Faraones[10]   thousands
y Tolomeos de Egipto,[11] los Césares[12] de Roma, con toda la caterva, si es

[8] **A cuatro...** Here is a more understandable word order: **Se pueden reducir todos los linajes que hay en el mundo a cuatro suertes, que son éstas...**

[9] Editions of the *Quijote* which annotate this state that Osman, (1258-1324), Uthmān in Arabic, the founder of the empire, was a shepherd and a highwayman, but in reality he was a prince in a part of what is now northwestern Turkey. He conquered the remainder of northwestern Turkey. The Ottoman Empire went on to conquer most areas around the Mediterranean and Black Seas in a clockwise circle from Trieste to the Moroccan border, achieving its maximum size in 1683. The name Ottoman ultimately derives from Uthmān.

[10] The pharaohs ruled in Egypt from 1570 B.C. to 945 B.C.

[11] Ptolemy I (367-282 B.C.) became ruler of Egypt in 323 B.C. founded the Ptolmaic Dynasty, which lasted until 30 B.C. The last Ptolemy was number fifteen. Ptolemy, the astronomer and geographer (127-145) is not related to this dynasty.

[12] There was, with one exception, a continuum of 15 Cæsars from Julius (100 - 44 B.C.) through Antoninus Pius (that is, **Cæsar** Titus Ælius Hadrianus Antoninus Augustus Pius), who reigned from 138-161 A.D. Titus, who was not called Cæsar, reigned from 79-81 A.D.

que se le puede dar este nombre, de infinitos príncipes, monarcas, señores, medos, asirios, persas, griegos y bárbaros,[13] todos estos linajes y señoríos han acabado en punta y en nonada, así ellos como los que les dieron principio, pues no será posible hallar agora ninguno de sus decendientes, y si le hallásemos, sería en bajo y humilde estado. Del linaje plebeyo 'no tengo que decir,° sino que sirve sólo de acrecentar el número de los que viven, sin que merezcan otra fama ni otro elogio sus grandezas.

I have nothing to say

"De todo lo dicho quiero que infiráis,° bobas mías, que es grande la confusión que hay entre los linajes, y que solos aquéllos parecen grandes y ilustres que lo muestran en la virtud y en la riqueza y liberalidad de sus dueños. Dije «virtudes, riquezas y liberalidades» porque el grande que fuere vicioso° será vicioso grande, y el rico no liberal será un avaro° mendigo° —que al poseedor° de las riquezas no le hace dichoso el tenerlas, sino el gastarlas, y no el gastarlas 'como quiera,° sino el saberlas bien gastar. Al caballero pobre no le queda otro camino para mostrar que es caballero, sino el de la virtud, siendo afable, bien criado, cortés y comedido y oficioso;° no soberbio, no arrogante, no murmurador y sobre todo caritativo; que con dos maravedís° que con ánimo alegre dé al pobre, se mostrará tan liberal como el que 'a campana herida° da limosna, y no habrá quien le vea adornado de las referidas virtudes que, aunque no le conozca, deje de juzgarle y tenerle por de buena casta,° y el no serlo sería milagro; y siempre la alabanza fue premio de la virtud, y los virtuosos no pueden dejar de ser alabados.

you deduce

vicious, miserly,
 beggar; possessor
any old way

obliging

2/34 of a *real*
in public

descent

"Dos caminos hay, hijas, por donde pueden ir los hombres a° llegar a ser ricos y honrados—el uno es el de las letras, otro, el de las armas. Yo tengo más armas que letras, y nací, según me inclino a las armas, debajo de la influencia del planeta Marte[14]—así que casi me es forzoso seguir por su camino, y por él tengo de ir a pesar de todo el mundo, y será en balde cansaros en persuadirme a que no quiera yo lo que los cielos quieren, la fortuna ordena y la razón pide y sobre todo mi voluntad desea. Pues con saber, como sé, los innumerables trabajos que son anexos al andante caballería, sé también los infinitos bienes que se alcanzan con ella. Y sé que la senda de la virtud es muy estrecha, y el camino del vicio ancho y espacioso. Y sé que sus fines° y paraderos° son diferentes, porque el del vicio, dilatado° y espacioso, acaba en muerte, y el de la virtud, angosto° y trabajoso,° acaba en vida, y no en vida que se acaba, sino en la que no tendrá fin. Y sé, como dice el gran poeta castellano nuestro, que:

para

goals, ends
long, narrow
laborious

---

[13] Medes were related to the Persians and settled in northeastern Iran as early as the 17th century B.C. The ancient kingdom of Assyria, which flourished in the 7th century B.C., was originally located in what is now northern Iraq, and it expanded greatly. Persians lived in what is now Iran. Barbarians generally are peoples you consider inferior: for the Greeks, non-Greeks were barbarians; for the Romans, anyone who lived outside their Empire was a barbarian.

[14] Mars was the Roman god of war. Thus, being under the influence of the planet Mars carries with it that Don Quijote is a warrior by nature.

Por estas asperezas se camina
de la inmortalidad al alto asiento,
do nunca arriba,° quien de allí declina.°"[15]   *arrives, strays*

"¡Ay, desdichada de mí!" dijo la sobrina, "que también mi señor es
poeta. Todo lo sabe, todo lo alcanza. Yo apostaré que si quisiera ser
albañil,° que supiera fabricar una casa como una jaula."[16]   *bricklayer*

"Yo te prometo, sobrina," respondió don Quijote, "que si estos
pensamientos caballerescos no me llevasen tras sí todos los sentidos, que
no habría cosa que yo 'no hiciese,° ni curiosidad que no saliese de mis   *I couldn't do*
manos, especialmente jaulas y 'palillos de dientes.°"[17]   *toothpicks*

A este tiempo llamaron a la puerta, y preguntando quién llamaba,
respondió Sancho Panza que él era, y apenas le hubo conocido el ama,
cuando corrió a esconderse por no verle, tanto le aborrecía. Abrióle la
sobrina, salió a recebirle con los brazos abiertos su señor don Quijote, y
encerráronse los dos en su aposento, donde tuvieron otro coloquio que no
le hace ventaja el pasado.

---

[15] Garcilaso de la Vega (1501?-1536), in his *Elegía I*, verses 202-204. He actually has
aquí in the last verse and not **allí**.

[16] **Que supiera ...** *he could build a house as easily as he could a cage*

[17] These toothpicks are of the fancy kind, sculpted from ivory or fancy woods, as
Rodríguez Marín suggests.

Capítulo VI.[1] *De lo que pasó° don Quijote con su escudero, con otros sucesos famosísimos.*

spoke

APENAS vio el ama que Sancho Panza se encerraba con su señor, cuando dio en la cuenta de sus tratos, y imaginando que de aquella consulta° había de salir la resolución de su tercera salida, y tomando su manto, toda llena de congoja y pesadumbre, se fue a buscar al bachiller Sansón Carrasco, pareciéndole que por ser 'bien hablado° y amigo fresco° de su señor, le podría persuadir a que dejase tan desvariado° propósito. — conference / well-spoken, new / nonsensical

Hallóle paseándose por el patio de su casa, y viéndole, se dejó caer ante sus pies, trasudando y congojosa.° Cuando la vio Carrasco con muestras tan doloridas y sobresaltadas, le dijo: "¿Qué es esto, señora ama? ¿Qué le ha acontecido, que parece que se le quiere arrancar el alma?" — distressed

"No es nada, señor Sansón mío, sino que mi amo se sale, sálese sin duda."

"Y ¿por dónde se sale, señora?" preguntó Sansón. "¿Hásele roto alguna parte de su cuerpo?"

"No se sale," respondió ella, "sino por la puerta de su locura. Quiero decir, señor bachiller de mi ánima, que quiere salir otra vez, que con ésta será la tercera, a buscar por ese mundo lo que él llama venturas, que yo no puedo entender cómo les da este nombre. La vez primera nos le volvieron atravesado sobre un jumento, molido a palos. La segunda vino en un carro de bueyes, metido y encerrado en una jaula, adonde él se daba a entender que estaba encantado, y venía tal el triste, que no le conociera la madre que le parió—flaco, amarillo, los ojos hundidos° en los últimos camaranchones del celebro—que para haberle de volver algún tanto en sí, gasté más de seiscientos huevos,° como lo sabe Dios y todo el mundo, y mis gallinas que no me dejarán mentir." — sunken / eggs

"Eso creo yo muy bien," respondió el bachiller, "que ellas son tan buenas, tan gordas y tan bien criadas, que no dirán una cosa por otra si reventasen. En efecto, señora ama, ¿no hay otra cosa, ni ha sucedido otro desmán alguno, sino el que se teme que quiere hacer el señor don Quijote?"

"No, señor," respondió ella.

"Pues no tenga pena," respondió el bachiller, "sino váyase en hora buena a su casa, y téngame aderezado 'de almorzar° alguna cosa caliente, y 'de camino,° vaya rezando la oración de Santa Apolonia,[2] si es que la sabe, que yo iré luego allá y verá maravillas." — for lunch / on the way

"'Cuitada de mí,°" replicó el ama, "la oración de Santa Apolonia dice vuestra merced que rece—eso fuera si mi amo 'lo hubiera° de las muelas, pero no lo ha sino de los cascos." — poor me / i.e, **hubiera mal**

---

[1] The original edition does say VI here at the beginning of Chapter VII.

[2] Here is a version of the "Oración de Santa Apolonia" which was provided to me by my student Ana María Sánchez Catena: "El mal sosiega su ira, / ayúdame en mi dolor; / Santa Apolonia bendita, / te lo pido por favor. / Este fuego que ahora siento / sea por ti apaciguado, / tú que fuiste un ejemplo / de estos males azotado. / Alivia pronto mi mal, aleja mi sufrimiento / para que pueda alabar / tu santo nombre en el cielo / SANTA APOLONIA, RUEGA POR NOSOTROS.

"Yo sé lo que digo, señora ama—váyase y no se ponga a disputar conmigo, pues sabe que soy bachiller por Salamanca, 'que no hay más que bachillear,°" respondió Carrasco.

°there's no better bachelor than that

Y con esto se fue el ama, y el bachiller fue luego a buscar al cura, a comunicar con él lo que se dirá a su tiempo.

En el° que estuvieron encerrados don Quijote y Sancho pasaron las razones que con mucha puntualidad y verdadera relación° cuenta la historia.

°el *tiempo*
°account

Dijo Sancho a su amo: "Señor, ya yo tengo relucida° a mi mujer a que me deje ir con vuestra merced adonde quisiere llevarme."

°sparkled

"Re*du*cida° has de decir, Sancho," dijo don Quijote, "que no re*lu*cida."

°convinced

"Una o dos veces," respondió Sancho, "si mal no me acuerdo, he suplicado a vuestra merced que no me emiende los vocablos, si es que entiende lo que quiero decir en ellos, y que cuando no los entienda, diga, 'Sancho, o diablo, no te entiendo,' y si yo no me declarare, entonces podrá emendarme—que yo soy tan fócil.°"

°(nonsense word)

"No te entiendo, Sancho," dijo luego don Quijote, "pues no sé qué quiere decir *soy tan fócil*."

"*Tan fócil* quiere decir," respondió Sancho, "soy *tan así*."

"Menos te entiendo agora," replicó don Quijote.

"Pues si no me puede entender," respondió Sancho, "no sé cómo lo diga. No sé más, y Dios sea conmigo."

"Ya, ya caigo,°" respondió don Quijote, "en ello. Tú quieres decir que eres *tan dócil*, blando y mañero,° que tomarás° lo que yo te dijere, y 'pasarás por° lo que te enseñare."

°I catch on
°meek, you'll accept
°you'll do

"Apostaré yo," dijo Sancho, "que desde el emprincipio [3] me caló y me entendió, sino que quiso turbarme° por oírme decir otras docientas patochadas.°"

°embarrass me
°stupid things

"Podrá ser," replicó don Quijote, "y 'en efecto,° ¿qué dice Teresa?"

°indeed

"Teresa dice," dijo Sancho, "que ate bien mi dedo[4] con vuestra merced, y que hablen cartas y callen barbas,[5] porque quien destaja no baraja, [6] pues más vale un toma que dos te daré.[7] Y yo digo que el consejo de la mujer es poco, y el que no le toma es loco."

"Y yo lo digo también," respondió don Quijote. "Decid, Sancho amigo; pasá adelante, que habláis hoy de perlas."

"Es el caso," replicó Sancho, "que como vuestra merced mejor sabe, todos estamos sujetos a la muerte, y que hoy somos y mañana no, y que tan presto se va el cordero como el carnero,[8] y que nadie puede prometerse en este mundo más horas de vida de las que Dios quisiere darle, porque la muerte es sorda, y cuando llega a llamar a las puertas de nuestra vida, siempre va de priesa, y no la harán detener ni ruegos, ni fuerzas, ni

---

[3] Rodríguez Marín suggests that this noun is based on a mixture of **empezar** and **principiar.**

[4] **Ate bien...** *I should be careful*

[5] **Hablen cartas...** *don't speak words when you can use documents*

[6] **Quien...** *he who cuts doesn't shuffle*

[7] **Más vale...** *a bird in the hand is worth two in the bush* (not too literal)

[8] **Presto...** *the lamb goes [to the slaughter] just as the sheep*

ceptros,° ni mitras,[9] según es 'pública voz y fama,° y según nos lo dicen   scepters, common
por esos púlpitos."   knowledge

"Todo eso es verdad," dijo don Quijote. "Pero no sé donde vas a
parar."

5   "Voy a parar," dijo Sancho, "en que vuesa merced me señale salario
conocido de lo que me ha de dar cada mes 'el tiempo° que le sirviere, y   i.e., *durante* el
que el tal salario se me pague de su hacienda. Que no quiero estar a   tiempo
mercedes[10] que llegan tarde, o mal, o nunca—con lo mío me ayude Dios.[11]
En fin, yo quiero saber lo que gano, poco o mucho que sea—que sobre un
10   huevo pone la gallina,[12] y muchos pocos hacen un mucho, y mientras se
gana algo no se pierde nada. Verdad sea, que si sucediese, lo cual ni lo
creo, ni lo espero, que vuesa merced me diese la ínsula que me tiene
prometida,[13] no soy tan ingrato, ni llevo las cosas tan por los cabos,[14] que
no querré que se aprecie lo que montare la renta de la tal ínsula,[15] y se
15   descuente de mi salario gata° por cantidad."[16]   she-cat

"Sancho amigo," respondió don Quijote, "a las veces tan buena suele
ser una gata como una rata.°'"   rat / rate

"Ya entiendo" dijo Sancho, "yo apostaré que había de decir *rata* y no
gata. Pero no importa nada, pues vuesa merced me ha entendido."

20   "Y tan entendido," respondió don Quijote, "que he penetrado lo último
de tus pensamientos, y sé al blanco que tiras° con las inumerables saetas de   shooting at
tus refranes. Mira, Sancho, yo bien te señalaría salario, si hubiera hallado
en alguna de las historias de los caballeros andantes ejemplo que me
descubriese y mostrase por algún pequeño resquicio, qué es lo que solían
25   ganar cada mes o cada año. Pero yo he leído todas, o las más de sus
historias, y no me acuerdo haber leído que ningún caballero andante haya
señalado conocido salario a su escudero. Sólo sé que todos servían a
merced, y que cuando menos se lo pensaban, si a sus señores les había
corrido bien la suerte, se hallaban premiados con una ínsula o con otra cosa
30   equivalente, y por lo menos, quedaban con título y señoría. Si con estas
esperanzas y aditamentos° vos, Sancho, gustáis de volver a servirme, sea en   inducements
buena hora—que pensar que yo he de sacar de sus términos y quicios la
antigua usanza de la caballería andante, es pensar en lo escusado. Así que,
Sancho mío, volveos a vuestra casa y declarad a vuestra Teresa mi
35   intención, y si ella gustare y vos gustáredes de estar a merced conmigo,
'*bene quidem*,° y si no, tan amigos como de antes—que si al palomar° no   agreed *Latin*, pigeon
le falta cebo, no le faltarán palomas. Y advertid, hijo, que vale más buena   house

---

[9] Miters are liturgical headdresses worn by bishops and abbots.

[10] Servants and the like were either paid a salary or were paid **a mercedes** *by favors*
depending on the generosity of the lord or master.

[11] **Con lo...** *God help me with what I hope to earn*

[12] **Sobre...** *a hen sits on one egg*

[13] With less verbiage: **Si sucediese que vuesa merced me diese la ínsula que me
tiene prometida...**

[14] **Ni llevo...** *nor do I take things to such extremes*

[15] **Se aprecie...** *the income that would come from that island be appraised*

[16] What Sancho means is **rata por cantidad** *prorated.*

esperanza que ruin posesión, y buena queja que mala paga.[17] Hablo de esta manera, Sancho, por daros a entender que también como vos sé yo arrojar refranes 'como llovidos.° Y finalmente quiero decir, y os digo, que si no abundantly queréis venir a merced conmigo, y correr la suerte que yo corriere, que Dios quede con vos y os haga un santo—que a mí no me faltarán escuderos más obedientes, más solícitos y no tan empachados,° ni tan habladores como vos." awkward

Cuando Sancho oyó la firme resolución de su amo, se le anubló° el cielo clouded over y se le cayeron las alas del corazón, porque tenía creído que su señor no se iría sin él por 'todos los haberes° del mundo, y así estando suspenso y pensativo, all the money entró Sansón Carrasco con el ama y la sobrina, deseosos de oír con qué razones persuadía° a su señor que no tornase a buscar las aventuras. Llegó i.e., Sansón would Sansón, socarrón famoso, y abrazándole como la vez primera, y con voz persuade levantada,° le dijo: "¡Oh flor de la andante caballería, o luz resplandeciente raised de las armas, oh honor y espejo de la nación española! Plega a Dios todopoderoso donde más largamente se contiene, que la persona o personas que pusieren impedimento y estorbaren tu tercera salida, que no la° hallen en la = salida el laberinto de sus deseos, ni jamás se les cumpla lo que más desearen."

Y volviéndose al ama, le dijo: "Bien puede la señora ama no rezar más la oración de Santa Apolonia—que yo sé que es determinación precisa de las esferas° que el señor don Quijote vuelva a ejecutar sus altos y nuevos heaven pensamientos, y yo encargaría mucho mi conciencia si no intimase° y summon persuadiese a este caballero que no tenga más tiempo encogida° y detenida° confined, detained la fuerza de su valeroso brazo y la bondad de su ánimo valentísimo, porque defrauda con su tardanza el derecho de los tuertos, el amparo de los huérfanos, la honra de las doncellas, el favor de las viudas y el arrimo de las casadas, y otras cosas deste jaez, que tocan, atañen, dependen y son anejas a la orden de la caballería andante. Ea, señor don Quijote mío, hermoso y bravo, antes hoy que mañana se ponga vuestra merced y su grandeza en camino, y si alguna cosa faltare para ponerle en ejecución, aquí estoy yo para suplirla con mi persona y hacienda, y si fuere necesidad servir a su magnificencia de escudero, lo tendré a felicísima ventura."

A esta sazón dijo don Quijote, volviéndose a Sancho: "¿No te dije yo, Sancho, que me habían de sobrar escuderos? Mira quién se ofrece a serlo sino el inaudito bachiller Sansón Carrasco, perpetuo trastulo° y regocijador° de los joker, merrymaker patios de las escuelas salmanticenses, sano de su persona, ágil° de sus agile miembros, callado, sufridor así del calor como del frío, así de la hambre como de la sed, con todas aquellas partes que se requieren para ser escudero de un caballero andante. Pero no permita el cielo que por seguir mi gusto desjarrete° y quiebre la coluna de las letras y el vaso° de las ciencias y tronque° la palma weaken, vessel eminente de las buenas y liberales artes. Quédese el nuevo Sansón en su cut down patria, y honrándola, honre juntamente las canas de sus ancianos padres—que yo con cualquier escudero estaré contento, ya que Sancho no 'se digna° de condescend venir conmigo."

"Sí digno," respondió Sancho, enternecido y llenos de lágrimas los ojos, y prosiguió, "No se dirá por mí, señor mío, «el pan comido y la

---

[17] **Buena...** *a good claim is better than bad pay*

compañía deshecha»,[18] sí, que no vengo yo de alguna alcurnia
desagradecida—que ya sabe todo el mundo, y especialmente mi pueblo,
quién fueron los Panzas de quien yo deciendo, y más, que tengo conocido
y calado por muchas buenas obras y por más buenas palabras el deseo que
5 vuestra merced tiene de hacerme merced, y si me he puesto en cuentas de
tanto más cuanto[19] acerca de mi salario, ha sido por complacer a mi mujer,
la cual cuando toma la mano a persuadir una cosa, no hay mazo que tanto
apriete los aros de una cuba[20] como ella aprieta a que se haga lo que quiere.
Pero, en efeto, el hombre ha de ser hombre, y la mujer, mujer, y pues yo
10 soy hombre dondequiera, que no lo puedo negar, también lo quiero ser en
mi casa, pese a quien pesare. Y así no hay más que hacer sino que vuestra
merced ordene su testamento con su codicilo,° en modo que no se pueda   codicil
revolcar,° y pongámonos luego en camino, porque no padezca el alma del   knock down
señor Sansón, que dice que su conciencia le lita[21] que persuada a vuestra
15 merced a salir vez tercera por ese mundo. Y yo de nuevo me ofrezco a
servir a vuestra merced fiel y legalmente,° tan bien y mejor que cuantos   faithfully
escuderos han servido a caballeros andantes en los pasados y presentes
tiempos."
    Admirado quedó el bachiller de oír el término y modo de hablar de
20 Sancho Panza, que, puesto que había leído la primera historia de su señor,
nunca creyó que era tan gracioso como allí le pintan; pero oyéndole decir
ahora "testamento y codicilo que no se pueda re*vol*car," en lugar de
"testamento y codicilo que no se pueda re*vo*car," creyó todo lo que dél
había leído, y confirmólo por uno de los más solenes° mentecatos de   notorious
25 nuestros siglos, y dijo entre sí que tales dos locos como amo y mozo no se
habrían visto en el mundo.
    Finalmente, don Quijote y Sancho se abrazaron y quedaron amigos, y
con parecer° y beneplácito del gran Carrasco, que por entonces era su   advice
oráculo, se ordenó que de allí a tres días fuese su partida, en los cuales
30 habría lugar de aderezar lo necesario para el viaje, y de buscar una celada
de encaje, que en todas maneras dijo don Quijote que la había de llevar.
Ofreciósela Sansón, porque sabía no se la negaría un amigo suyo que la
tenía, puesto que estaba más escura por el orín y el moho que clara y
limpia por el terso° acero.   shiny
35 Las maldiciones que las dos, ama y sobrina, echaron al bachiller no
tuvieron cuento;[22] mesaron sus cabellos, arañaron° sus rostros, y al modo   they scratched
de las endechaderas° que se usaban, lamentaban la partida como si fuera la   hired mourners
muerte de su señor. El designo° que tuvo Sansón para persuadirle a que otra   plan
vez saliese fue hacer lo que adelante cuenta la historia, todo por consejo del
40 cura y del barbero, con quien él antes lo había comunicado.
    En resolución, en aquellos tres días don Quijote y Sancho se

---

[18] Starkie's "The bread partaken, the company forsaken" is a very good rendition of
this.

[19] **Si me...** *if I have fussed a bit*

[20] **No hay...** *there is no hammer that drives in the hoops of a barrel*

[21] Sancho means **dicta** *suggests* and not **lita**, which is nonsense, similar to Part I,
Chapter 21, p. 158, n. 63. "His conscience suggests to him to persuade you..."

[22] **No tuvieron...** *had no end*

acomodaron de lo que les pareció convenirles, y habiendo aplacado Sancho
a su mujer, y don Quijote a su sobrina y a su ama, al anochecer, sin que
nadie lo viese sino el bachiller, que quiso acompañarles media legua del
lugar, se pusieron en camino del Toboso,[23] Don Quijote sobre su buen
Rocinante y Sancho sobre su antiguo rucio, proveídas las alforjas de cosas
tocantes a la bucólica,° y la bolsa, de dineros, que le dio don Quijote para   food
lo que se ofreciese.[24] Abrazóle Sansón y suplicóle le avisase de su buena
o mala suerte, para alegrarse con ésta o entristecerse con aquélla, como las
leyes de su amistad pedían. Prometióselo don Quijote, dio Sansón la vuelta
a su lugar, y los dos tomaron la° de la gran ciudad del Toboso.   **la *vuelta*** = turn

[23] **En camino...** *on the road to el Toboso*
[24] **Para...** *for whatever might come up*

Capítulo VIII. Donde se cuenta lo que le sucedió a don Quijote, yendo a ver su señora Dulcinea del Toboso.

"¡BENDITO sea el poderoso Alá!" dice Hamete Benengeli al comienzo deste octavo capítulo, "¡Bendito sea Alá!" repite tres veces, y dice
5 que da estas bendiciones por ver que tiene ya en campaña a don Quijote y a Sancho, y que los letores° de su agradable historia pueden hacer cuenta   readers
que desde este punto comienzan las hazañas y donaires de don Quijote y de su escudero. Persuádeles[1] que se les olviden las pasadas° caballerías° del   past, acts of chivalry
ingenioso hidalgo, y pongan los ojos en las que están por venir, que desde
10 agora en el camino del Toboso comienzan, como las otras comenzaron en los campos de Montiel, y no es mucho lo que pide para tanto como él promete, y así prosigue diciendo:

Solos quedaron don Quijote y Sancho, y apenas se hubo apartado Sansón, cuando comenzó a relinchar° Rocinante y a sospirar° el rucio, que   neigh, break wind
15 de entrambos, caballero y escudero, fue tenido a buena señal y por felicísimo agüero, aunque, si se ha de contar la verdad, más fueron los sospiros y rebuznos° del rucio que los relinchos del rocín, de donde coligió   brays
Sancho que su ventura había de sobrepujar y ponerse 'encima de° la de su   above
señor, fundándose° no sé si en astrología judiciaria[2] que él se sabía, puesto   based on
20 que la historia no lo declara. Sólo le oyeron decir que cuando tropezaba o caía, 'se holgara° no haber salido de casa, porque del tropezar o caer no se   he would be pleased
sacaba° otra cosa sino el zapato roto o las costillas quebradas, y aunque   received
tonto, no andaba en esto muy fuera de camino.[3]

Díjole don Quijote: "Sancho amigo, la noche 'se nos va entrando° 'a   is coming
25 más andar° y con más escuridad de la que habíamos menester para alcanzar   quickly
a ver con el día al Toboso, adonde tengo determinado de ir antes que en otra aventura me ponga, y allí tomaré la bendición y buena licencia° de la sin par   consent
Dulcinea, con la cual licencia pienso y tengo por cierto de acabar y dar felice cima a toda peligrosa aventura, porque ninguna cosa desta vida hace
30 más valientes a los caballeros andantes que verse favorecidos de sus damas."

"Yo así lo creo," respondió Sancho, "pero tengo por dificultoso que vuestra merced pueda hablarla, ni verse con ella, en parte a lo menos que pueda recebir su bendición,[4] si ya no se la echa desde las bardas del corral,[5]
35 por donde yo la vi la vez primera, cuando le llevé la carta donde iban las nuevas de las sandeces y locuras que vuestra merced quedaba haciendo en el corazón de Sierra Morena."

"¿Bardas de corral se te antojaron aquéllas, Sancho," dijo don Quijote, "adonde o por donde viste aquella jamás bastantemente° alabada gentileza   sufficiently
40 y hermosura? No debían de ser sino galerías, o corredores,° o lonjas,° o   corridors, porticoes

---

[1] **Persuádeles...** that is, Cide Hamete *urges* the readers...

[2] **Astrología judiciaria** was the prediction of the future based on the stars. The *Diccionario de Autoridades* said it was "incierta, ilícita, vana y supersticiosa."

[3] **No andaba...** *he didn't stray far from the truth*

[4] **En parte...** *at least in a place where you could receive her blessing*

[5] **Si ya...** *unless she tosses it to you over the fence of the corral*

como las llaman, de ricos y reales palacios."

"Todo pudo ser," respondió Sancho, "pero a mí bardas me parecieron, si no es que soy falto de memoria."

"Con todo eso, vamos allá, Sancho," replicó don Quijote, "que como yo la vea, eso se me da[6] que sea por bardas que por ventanas, o por resquicios, o verjas de jardines—que cualquier rayo que del sol de su belleza llegue a mis ojos alumbrará mi entendimiento y fortalecerá mi corazón de modo que quede único y sin igual en la discreción y en la valentía."

"Pues en verdad, señor," respondió Sancho, "que cuando yo vi ese sol de la señora Dulcinea del Toboso, que no estaba tan claro que pudiese echar de sí rayos algunos, y debió de ser que como su merced estaba ahechando aquel trigo que dije, el mucho polvo que sacaba se le puso como nube ante el rostro y se le escureció."

"¡Que todavía das,° Sancho," dijo don Quijote, "en decir, en pensar, en creer y en porfiar que mi señora Dulcinea ahechaba trigo, siendo eso un menester y ejercicio que va 'desviado de° todo lo que hacen y deben hacer las personas principales que están constituidas° y guardadas° para otros ejercicios y entretenimientos, que muestran a tiro de ballesta su principalidad! Mal se te acuerdan a ti, ¡oh Sancho! aquellos versos de nuestro poeta,[7] donde nos pinta las labores° que hacían, allá en sus moradas de cristal, aquellas cuatro ninfas que del Tajo amado sacaron las cabezas,[8] y se sentaron a labrar° en el prado verde aquellas ricas telas que allí el ingenioso poeta nos describe, que todas eran de oro, sirgo° y perlas contestas y tejidas.[9] Y desta manera debía de ser el° de mi señora cuando tú la viste, sino que la envidia que algún mal encantador debe de tener a mis cosas, todas las que me han de dar gusto trueca y vuelve en diferentes figuras que ellas tienen, y así temo que en aquella historia que dicen que anda impresa de mis hazañas, si por ventura ha sido su autor algún sabio mi enemigo, habrá puesto unas cosas por otras, mezclando con una verdad mil mentiras, divirtiéndose a contar otras acciones fuera de lo que requiere la continuación de una verdadera historia. ¡Oh envidia, raíz de infinitos males y carcoma° de las virtudes! Todos los vicios, Sancho, traen un no sé qué de deleite consigo, pero el de la envidia no trae sino disgustos, rancores y rabias."

"Eso es lo que yo digo también," respondió Sancho, "y pienso que en esa leyenda o historia que nos dijo el bachiller Carrasco que de nosotros había visto, debe de andar mi honra a coche acá, cinchado,[10] y como dicen, al estricote, aquí y allí, barriendo° las calles. Pues a fe de bueno,[11] que no he dicho yo mal de ningún encantador ni tengo tantos bienes que pueda° ser

insist

at variance with
made, reserved

handwork

embroider
silk
el *ejercicio*

grief

sweeping
I can

---

[6] **Eso se...** *it's the same to me*

[7] "Our poet" again is Garcilaso, and the poem is his third *Égloga*, starting at verse 53.

[8] **Del Tajo...** *they rose from the beloved Tagus River.* This river flows through Toledo west and leaves the Iberian Peninsula at Lisbon.

[9] **Contestas y tejidas** both mean *woven.*

[10] **A coche...** *dragged through the dirt.* Literally, **coche acá** is a call used for swine, and **cinchado** is a pig with stripes on its belly.

[11] **A fe...** *on the faith of an honest person*

envidiado. Bien es verdad que soy algo malicioso y que tengo mis ciertos
asomos de bellaco, pero todo lo cubre y tapa la gran capa° de la simpleza°   cape, simplicity
mía, siempre natural y nunca artificiosa,° y cuando otra cosa no tuviese sino   play-acted
el creer, como siempre creo, firme y verdaderamente, en Dios y en todo
5 aquello que tiene y cree la santa Iglesia Católica Romana, y el ser enemigo
mortal, como lo soy, de los judíos, debían los historiadores tener
misericordia de mí y tratarme bien en sus escritos. Pero digan lo que
quisieren, que desnudo nací, desnudo me hallo, ni pierdo ni gano. Aunque
por verme puesto en libros y andar por ese mundo de mano en mano,[12] no
10 se me da un higo[13] que digan de mí todo lo que quisieren."

"Eso me parece, Sancho," dijo don Quijote, "a lo que sucedió a un
famoso poeta destos tiempos, el cual, habiendo hecho una maliciosa sátira
contra todas las damas cortesanas,[14] no puso ni nombró en ella a una dama
que se podía dudar si lo era o no[15]—la cual, viendo que no estaba en la lista
15 de las demás, se quejó al poeta, diciéndole qué° había visto en ella para no   i.e., what bad trait
ponerla en el número de las otras, y que alargase la sátira y la pusiese en
el ensanche.° Si no, que mirase para lo que había nacido. Hízolo así el   appendix
poeta, y púsola cual no digan dueñas,[16] y ella quedó satisfecha por verse
con fama, aunque infame.° También viene con esto lo que cuentan de aquel   infamous
20 pastor que 'puso fuego y abrasó° el templo famoso de Diana, contado por   set fire to and burne
una de las siete maravillas° del mundo, sólo porque quedase vivo su   wonders
nombre en los siglos venideros. Y aunque se mandó que nadie le nombrase
ni hiciese por palabra o por escrito mención de su nombre, porque no
consiguiese el fin de su deseo, todavía se supo que se llamaba Eróstrato.[17]
25 "También alude° a esto lo que sucedió al grande emperador Carlo   alludes
Quinto[18] con un caballero en Roma. Quiso ver el emperador aquel famoso
templo de la Rotunda,[19] que en la antigüedad se llamó el templo de todos
los dioses, y ahora, con mejor vocación,° se llama de todos los santos, y es   name

---

[12] When Sancho says that he is going throughout the world from hand to hand he
means that the *books* go from person to person.

[13] **No se...** *I don't give a fig* means "I could care less."

[14] This is a probable reference to Vicente Espinel's 1578 work *Sátira contra las damas
de Sevilla.* **Cortesanas** *courtesans* were prostitutes with a high-class clientele.

[15] **Si lo...** *if she was one [a courtesan] or not*

[16] **Púsola cual...** *he described her in such a way that not even dueñas would repeat*

[17] Herostratus was an Ephesian who set fire to the Temple of Artemis in 356 B.C. to
immortalize himself. Although the Ephesians passed a decree condeming his name to
oblivion, it only increased his notoriety and helped him achieve what he wanted. Artemis,
the goddess of the hunt in Greek religion, was indeed Diana in Roman mythology. The
temple measured 350 by 180 feet. Of the Seven Wonders of the World, only the Pyramids
of Giza still stand.

[18] Carlos V of the Holy Roman Empire was also Carlos I of Spain (1500-1558). He
did go to Rome in 1536 and delivered an address before Pope Paul III. The anecdote that
follows is reported nowhere else. Schevill thinks that Cervantes heard about it when he
was in Italy.

[19] The Pantheon in Rome took its final shape in about 120 A.D. in the form of a dome
142 feet in diameter, rising to a height of 71 feet. The 27 foot round opening at the top
is its only source of illumination. It was dedicated as a church in 609.

el edificio que 'más entero° ha quedado de los que alzó la gentilidad° en   best-preserved,
Roma, y es el que más conserva la fama de la grandiosidad° y   pagans; grandeur
magnificencia de sus fundadores. Él es de hechura° de una media naranja,°   shape, orange
grandísimo° en estremo y está muy claro, sin entrarle otra luz que la que   very big
le concede una ventana o, por mejor decir, claraboya° redonda que está en   skylight
su cima,° desde la cual mirando el emperador el edificio, estaba con él y a   top
su lado un caballero romano declarándole los primores y sutilezas° de   subtleties
aquella gran máquina° y memorable arquitetura, y habiéndose quitado de   sumptuous building
la claraboya, dijo al emperador: 'Mil veces, sacra majestad, me vino deseo
de abrazarme con vuestra majestad y arrojarme de aquella claraboya abajo
por dejar de mí fama eterna en el mundo.'
   " 'Yo os agradezco,' respondió el emperador, 'el no haber puesto tan
mal pensamiento en efeto, y de aquí adelante no os pondré yo en ocasión
que volváis a hacer prueba de vuestra lealtad, y así os mando que jamás me
habléis, ni estéis donde yo estuviere,' y tras estas palabras le hizo una gran
merced.°   gift
   "Quiero decir, Sancho, que el deseo de alcanzar fama es activo en gran
manera:[20] ¿quién[21] piensas tú que arrojó a Horacio del puente abajo,[22]
armado de todas armas, en la profundidad° del Tibre?[23] ¿quién abrasó el   depths
brazo y la mano a Mucio?[24] ¿quién impelió a Curcio[25] a lanzarse° en la   throw himself
profunda sima ardiente que apareció en la mitad de Roma? ¿quién contra
todos los agüeros que en contra se le habían mostrado, hizo pasar el
Rubicón a César?[26] y con ejemplos más modernos, ¿quién barrenó° los   scuttled
navíos y dejó 'en seco° y aislados° los valerosos españoles guiados por el   stranded, isolated
cortesísimo Cortés[27] en el nuevo mundo? Todas estas y otras grandes y
diferentes hazañas son, fueron y serán obras de la fama que los mortales
desean como premios y parte de la inmortalidad que sus famosos hechos
merecen, puesto que los cristianos, católicos y andantes caballeros más
habemos de atender a la gloria de los siglos venideros, que es eterna en las
regiones etéreas° y celestes,° que a la vanidad de la fama que en este   ethereal, celestial
presente y acabable° siglo° se alcanza—la cual fama, por mucho que dure,   transitory, life

[20] **Es activo...** *is a powerful incentive*
[21] The answer to all of these questions that begin with **¿quién?** is **la fama**.
[22] This is Horatius Cocles, who is said to have held back the Etruscans from a wooden Roman bridge until it could be demolished, then he is supposed to have swum across the Tiber to safety, despite his wounds. One record states that he drowned.
[23] The **Tibre** is the Tiber, the river that flows through Rome.
[24] This was Gaius Mucius Scævola, a Roman hero in the 6th century B.C. who held his right hand in a flame to show his indifference to pain.
[25] Marcus Curtius was a fourth century A.D. Roman hero who, to save his country leaped armed and on horseback, into a chasm that suddenly opened in the Forum, after which, we are told, it closed and all was well. That this chasm was flaming, as Don Quijote says in a moment, is doubtful.
[26] Julius Cæsar, who, on January 10, 49 B.C., crossed the Rubicon, a river that flows into the Adriatic Sea a bit south of modern Ravenna, with very few soldiers to go against an army of 60,000, managed to win battles through cleverness.
[27] Hernán Cortés landed in Vera Cruz in 1519 with about 600 soldiers and sailors on 11 ships. To prevent desertion, he secretly had his ships scuttled.

en fin se ha de acabar con el mesmo mundo, que tiene su fin señalado. Así,
¡oh Sancho! que nuestras obras no han de salir del límite que nos tiene
puesto la religión cristiana que profesamos. Hemos de matar en los gigantes
a la soberbia;²⁸ a la envidia, en la generosidad y buen pecho; a la ira, en el
5 reposado° continente y quietud del ánimo; a la gula° y al sueño,° en el poco   calm, gluttony,
comer que comemos y en el mucho velar que velamos; a la injuria²⁹ y   drowsiness
lascivia, en la lealtad que guardamos a las que hemos hecho señoras de
nuestros pensamientos; a la pereza,° con andar por todas las partes del   sloth
mundo buscando las ocasiones que nos puedan hacer y hagan, sobre
10 cristianos,³⁰ famosos caballeros. Ves aquí, Sancho, los medios por donde se
alcanzan los estremos de alabanzas que consigo trae la buena fama."

"Todo lo que vuestra merced hasta aquí me ha dicho," dijo Sancho, "lo
he entendido muy bien, pero con todo eso querría que vuestra merced me
sorbiese° una duda que agora en este punto me ha venido a la memoria."   soak up
15 "*Asolviese*° quieres decir, Sancho," dijo don Quijote, "di en buen hora,   resolve
que yo responderé lo que supiere."

"Dígame, señor," prosiguió Sancho, "esos Julios o Agostos, y todos
esos caballeros hazañosos que ha dicho, que ya son muertos, ¿dónde están
agora?"

20 "Los gentiles," respondió don Quijote, "sin duda están en el infierno.
Los cristianos, si fueron buenos cristianos, o están en el purgatorio o en el
cielo."

"Está bien," dijo Sancho, "pero sepamos ahora, esas sepulturas donde
están los cuerpos desos señorazos,° ¿tienen delante de sí lámparas de plata,   bigshots
25 o están adornadas las paredes de sus capillas de muletas,° de mortajas, de   crutches
cabelleras,° de piernas y de ojos de cera? Y si desto no, ¿de qué están   locks of hair
adornadas?"

A lo que respondió don Quijote: "Los sepulcros de los gentiles fueron
por la mayor parte suntuosos templos. Las cenizas del cuerpo de Julio César
30 se pusieron sobre una pirámide de piedra de desmesurada grandeza, a quien
hoy llaman en Roma la Aguja de San Pedro.³¹ Al emperador Adriano le
sirvió de sepultura un castillo tan grande como una buena aldea, a quien
llamaron Moles Hadriani, que agora es el Castillo de Santángel en
Roma.³² La reina Artemisa³³ sepultó° a su marido Mausoleo en un sepulcro   buried
35 que se tuvo por una de las siete maravillas del mundo—pero ninguna destas
sepulturas, ni otras muchas que tuvieron los gentiles, se adornaron con

---

²⁸ **Hemos...** *we must kill pride by killing giants*

²⁹ In the first edition it does say **injuria** *insult* instead of **lujuria** *lust*. Maybe it was
an error in the printshop, but it could be Don Quijote's mistake, so I hesitate to change
it. Schevill did change it to **lujuria**.

³⁰ **Sobre...** *in addition to Christians*

³¹ St. Peter's Needle in Rome is an obelisk, not a pyramid, brought from Egypt. It
doesn't have Caesar's ashes inside of it either.

³² When the Roman emperor Hadrian (76-138A.D.) died, his burial place was what is
now called the Castel Sant'Angelo, the famous round fortress at the Tiber River in Rome
overlooking the Ponte Sant'Angelo.

³³ Artemesia II (died *ca.* 350B.C.) reigned in Anatolia (Asian Turkey). She built the
tomb for her husband Mausolus in Halicarnassus (modern Bodrum, Turkey).

mortajas, ni con otras ofrendas° y señales° que mostrasen ser santos los que — offerings, tokens
en ellas estaban sepultados."

"A eso voy,"[34] replicó Sancho, "y dígame agora, ¿cuál es más:° — greater
resucitar a un muerto, o matar a un gigante?"

"La respuesta está 'en la mano,°'" respondió don Quijote, "más es — obvious
resucitar a un muerto."

"Cogido le tengo,"[35] dijo Sancho, "luego la fama del que resucita
muertos, da vista a los ciegos, endereza los cojos y da salud a los enfermos,
y delante de sus sepulturas arden lámparas y están llenas sus capillas de
gentes devotas que de rodillas adoran sus reliquias, mejor fama será para
éste y para el otro siglo, que la que dejaron y dejaren cuantos emperadores
gentiles y caballeros andantes ha habido en el mundo."

"También confieso esa verdad," respondió don Quijote.

"Pues esta fama, estas gracias, estas prerrogativas, como llaman a
esto,"[36] respondió Sancho, "tienen los cuerpos y las reliquias de los santos,
que con aprobación y licencia de nuestra Santa Madre Iglesia tienen
lámparas, velas, mortajas, muletas, pinturas, cabelleras, ojos, piernas, con
que aumentan la devoción y engrandecen su cristiana fama. Los cuerpos de
los santos o sus reliquias llevan los reyes sobre sus hombros, besan los
pedazos de sus huesos, adornan y enriquecen con ellos sus oratorios y sus
más preciados° altares…" — esteemed

"¿Qué quieres que infiera, Sancho, de todo lo que has dicho?" dijo don
Quijote.

"Quiero decir," dijo Sancho, "que nos demos a ser santos y
alcanzaremos más brevemente° la buena fama que pretendemos; y advierta, — quickly
señor, que ayer o antes de ayer, que según ha poco se puede decir desta
manera, 'canonizaron o beatificaron° dos frailecitos descalzos, cuyas — made a saint
cadenas de hierro con que ceñían y atormentaban° sus cuerpos se tiene — tormented
ahora a gran ventura el besarlas y tocarlas, y están en más veneración que
está, según dije, la espada de Roldán en la armería del rey nuestro señor,[37]
que Dios guarde. Así que, señor mío, más vale ser humilde frailecito de
cualquier orden que sea, que valiente y andante caballero. Más alcanzan con
Dios dos docenas de diciplinas que dos mil lanzadas, ora las den a gigantes,
ora vestiglos o a endrigos."[38]

"Todo eso es así,'" respondió don Quijote, "pero no todos podemos ser
frailes, y muchos son los caminos por donde lleva Dios a los suyos al cielo.
Religión es la caballería, caballeros santos hay en la gloria."

"Sí," respondió Sancho, "pero yo he oído decir que hay más frailes en
el cielo que caballeros andantes."

"Eso es," respondió don Quijote, "porque es mayor el número de los

---

[34] **A eso…** *I'm coming to that*

[35] **Cogido…** *I've got you there*

[36] **Como…** *or whatever you call them*

[37] Juan Bautista de Avalle-Arce reports that the Royal Armory in Madrid has a sword
that is reputedly Roland's Durendal.

[38] Schevill corrects this to **endriagos** *dragons*, but it is more likely Sancho's error.
Avellaneda's don Quijote uses **endrigos** as well. It can be seen in vol. 2, p. 40, line 6, of
Riquer's Clásicos Castellanos edition.

religiosos que el de los caballeros."

"Muchos son los andantes," dijo Sancho.

"Muchos," respondió don Quijote, "pero pocos los que merecen nombre de caballeros."

5   En éstas y otras semejantes pláticas se les pasó aquella noche y el día siguiente, sin acontecerles cosa que de contar fuese, de que no poco le pesó a don Quijote. En fin, otro día al anochecer descubrieron la gran ciudad del Toboso,[39] con cuya vista se le alegraron los espíritus a don Quijote y se le entristecieron a Sancho, porque no sabía la casa de Dulcinea, ni en su vida

10 la había visto, como no la había visto su señor. De modo que el uno por verla, y el otro por no haberla visto, estaban alborotados, y no imaginaba Sancho qué había de hacer cuando su dueño le enviase al Toboso. Finalmente, ordenó don Quijote entrar en la ciudad 'entrada la noche,° y en   when night fell tanto que la hora se llegaba, se quedaron entre unas encinas que cerca del

15 Toboso estaban. Y llegado el determinado punto, entraron en la ciudad, donde les sucedió cosas que a cosas llegan.[40]

Capítulo IX. Donde se cuenta lo que en él se verá.

MEDIA noche era por filo,[1] poco más a menos, cuando don Quijote y Sancho dejaron el monte y entraron en el Toboso. Estaba el pueblo en un sosegado silencio, porque todos sus vecinos dormían y reposaban 'a pierna tendida,° como suele decirse. Era la noche entreclara,° puesto que quisiera Sancho que fuera del todo escura por hallar en su escuridad disculpa de su sandez. No se oía en todo el lugar sino ladridos° de perros, que atronaban° los oídos de don Quijote y turbaban el corazón de Sancho. De cuando en cuando rebuznaba un jumento, gruñían° puercos, mayaban° gatos, cuyas voces de diferentes sonidos se aumentaban con el silencio de la noche, todo lo cual tuvo el enamorado caballero a mal agüero, pero, con todo esto, dijo a Sancho: "Sancho hijo, guía al palacio de Dulcinea. Quizá podrá ser que la hallemos despierta."

"¿A qué palacio tengo de guiar, cuerpo del sol," respondió Sancho, "que en el que yo vi a su grandeza no era sino casa muy pequeña?"

"Debía de estar retirada° entonces," respondió don Quijote, "en algún pequeño apartamiento° de su alcázar, solazándose a solas con sus doncellas, como es uso y costumbre de las altas señoras y princesas."

"Señor," dijo Sancho, "ya que vuestra merced quiere, a pesar mío, que sea alcázar la casa de mi señora Dulcinea, ¿es hora ésta, por ventura, de hallar la puerta abierta? ¿Y será bien que demos aldabazos° para que nos oyan° y nos abran, metiendo en alboroto y rumor° toda la gente? ¿Vamos por dicha a llamar a la casa de nuestras mancebas, como hacen los abarraganados,° que llegan y llaman y entran a cualquier hora, por tarde que sea?"

"Hallemos primero 'una por una° el alcázar," replicó don Quijote, "que entonces yo te diré, Sancho, lo que será bien que hagamos, y advierte, Sancho, que o yo veo poco, o aquel bulto grande[2] y sombra que desde aquí se descubre, 'la debe de hacer° el palacio de Dulcinea."

"Pues guíe vuestra merced," respondió Sancho, "quizá será así. Aunque yo lo veré con los ojos y lo tocaré con las manos, y así lo creeré yo como creer que es ahora de día."

Guió don Quijote, y habiendo andado como docientos pasos, dio con el bulto que hacía la sombra, y vio una gran torre, y luego conoció que el tal edificio no era alcázar, sino la iglesia principal° del pueblo. Y dijo: "Con la iglesia hemos dado,[3] Sancho."

"Ya lo veo," respondió Sancho, "y plega a Dios que no demos con nuestra sepultura—que no es buena señal andar por los cimenterios°[4] a tales horas, y más habiendo yo dicho a vuestra merced, si mal no acuerdo, que la casa desta señora ha de estar en una 'callejuela sin salida.°'"

Margin glosses: stretched out, fairly light · barks · deafened · grunted, meowed · withdrawn · isolated room · loud knocks · oigan, murmuring · lovers · in any case · what must be · main · cemeteries · cul-de-sac

---

[1] This same octosyllabic verse starts both the **romance** of Conde Claros and another one dealing with the Cid. Everyone would have recognized it at the time. **Por filo** *exactly.*

[2] The first edition says (folio 30ᵛ): **que yo veo poco que aquel bulto grande...** which most editors—as I have—change one way or another.

[3] **Con la...** *we have come upon the church*

[4] In Spain, as elsewhere, cemeteries used to be on church grounds.

"Maldito seas de Dios, mentecato," dijo don Quijote, "¿Adónde has tú hallado que los alcázares y palacios reales estén edificados en callejuelas sin salida?"

"Señor," respondió Sancho, "en cada tierra su uso.[5] Quizá se usa aquí
5   en el Toboso edificar en callejuelas los palacios y edificios grandes. Y así suplico a vuestra merced me deje° buscar por estas calles o callejuelas que   let se me ofrecen. Podría ser que en algún rincón topase con ese alcázar, que le vea yo comido de perros, que así nos trae corridos y asendereados."[6]

"Habla con respeto, Sancho, de las cosas de mi señora," dijo don
10 Quijote, "y 'tengamos la fiesta en paz,° y no arrojemos la soga tras el   let's not argue caldero."

"Yo me reportaré," respondió Sancho, "pero ¿con qué paciencia podré llevar[7] que quiera vuestra merced que de sola una vez que vi la casa de nuestra ama la haya de saber siempre,° y hallarla a media noche, no   still
15 hallándola vuestra merced, que la debe de haber visto millares de veces?"

"Tú me harás desesperar, Sancho," dijo don Quijote, "ven acá, hereje, ¿no te he dicho mil veces que en todos los días de mi vida no he visto a la sin par Dulcinea, ni jamás atravesé los umbrales de su palacio, y que sólo estoy enamorado de oídas, y de la gran fama que tiene de hermosa y
20 discreta?"

"Ahora lo oigo," respondió Sancho, "y digo que pues vuestra merced no la ha visto, ni yo tampoco."

"Eso no puede ser," replicó don Quijote, "que, por lo menos, ya me has dicho tú que la viste ahechando trigo, cuando me trujiste la respuesta
25 de la carta que le envié contigo."

"No se atenga a eso, señor," respondió Sancho, "porque le hago saber que también fue de oídas la vista y la respuesta que le truje. Porque así sé yo quien es la señora Dulcinea, como dar un puño en el cielo."

"Sancho, Sancho," respondió don Quijote, "tiempos hay de° burlar, y   to
30 tiempos donde caen y parecen mal las burlas. No porque yo diga que ni he visto ni hablado a la señora de mi alma has tú de decir también que ni la has hablado ni visto, siendo tan al revés como sabes."

Estando los dos en estas pláticas, vieron que venía a pasar por donde estaban uno con dos mulas, que por el ruido que hacía el arado, que
35 arrastraba por el suelo, juzgaron que debía de ser labrador, que habría madrugado antes del día a ir a su labranza,° y así fue la verdad. Venía el   farming labrador cantando aquel romance que dicen:

Mala la hubistes, franceses,
40   en esa de Roncesvalles.[8]

"Que me maten, Sancho," dijo en oyéndole don Quijote, "si nos ha de suceder cosa buena esta noche. ¿No oyes lo que viene cantando ese

---

[5] **En cada...** *every country has its own customs*
[6] **Que así...** *for having taken us on this wild goose chase*
[7] **¿Con qué...** *how am I to take it patiently*
[8] This continues: **"Don Carlos *[Charlemagne]* perdió la onra / murieron los Doce Pares."**

villano?"

"Sí oigo," respondió Sancho, "pero ¿qué hace a nuestro propósito la caza de Roncesvalles?[9] Así pudiera cantar el romance de Calaínos,[10] que 'todo fuera uno° para sucedernos bien o mal en nuestro negocio." it'd all be the same

Llegó en esto el labrador, a quien don Quijote preguntó:

"¿Sabréisme decir, buen amigo, que buena ventura os dé Dios, dónde son por aquí los palacios de la sin par princesa doña Dulcinea del Toboso?"

"Señor," respondió el mozo, "yo soy forastero° y ha pocos días que stranger estoy en este pueblo sirviendo a un labrador rico en la labranza del campo. En esa casa frontera viven el cura y el sacristán del lugar. Entrambos o cualquier dellos sabrá dar a vuestra merced razón desa señora princesa, porque tienen la lista de todos los vecinos del Toboso. Aunque para mí tengo que en todo él no vive princesa alguna, muchas señoras, sí, principales, que cada una en su casa puede ser princesa."

"Pues entre ésas," dijo don Quijote, "debe de estar, amigo, esta por quien te pregunto."

"Podría ser," respondió el mozo, "y adiós, que ya viene el alba."

Y dando° a sus mulas, no atendió a más preguntas. whipping

Sancho, que vio suspenso a su señor, y asaz mal contento, le dijo: "Señor, ya se viene a más andar el día y no será acertado dejar que nos halle el sol en la calle. Mejor será que nos salgamos fuera de la ciudad, y que vuestra merced se embosque en alguna floresta aquí cercana, y yo volveré de día, y no dejaré ostugo° en todo este lugar, donde no busque la corner casa, alcázar o palacio de mi señora, y asaz sería de desdichado si no la hallase, y hallándole, hablaré con su merced, y le diré dónde y cómo queda vuestra merced esperando que le dé orden y traza para verla, sin menoscabo de su honra y fama."

"Has dicho, Sancho," dijo don Quijote, "mil sentencias encerradas en el círculo de breves palabras. El consejo que ahora me has dado le apetezco y recibo de bonísima gana. Ven, hijo, y vamos a buscar donde me embosque. Que tú volverás, como dices, a buscar, a ver y hablar a mi señora, de cuya discreción y cortesía espero más que milagrosos favores."

Rabiaba° Sancho por sacar a su amo del pueblo, porque no averiguase was furiously eager la mentira de la respuesta que de parte de Dulcinea le había llevado a Sierra Morena, y así dio priesa a la salida, que fue luego, y a dos millas del lugar hallaron una floresta o bosque, donde don Quijote se emboscó, en tanto que Sancho volvía a la ciudad a hablar a Dulcinea, en cuya embajada le sucedieron cosas que piden nueva atención y nuevo crédito.° belief

---

[9] Very interesting phenomenon here. **Romances** exist in about as many versions as there are people who sing them. The farmhand sang …**en esa de Roncesvalles**, but Sancho automatically cites from the version he knows when he refers to …**la caza de Roncesvalles**. Sancho knows a more usual version of this **Romance del Conde Guarinos**.

[10] When Sancho says that the farmhand could sing the **Romance de Calaínos** (where the Moor Calaínos, in order to marry the daughter of the ruthless Almanzor, had to first cut off the heads of three of the Twelve Peers of France), it really means that it doesn't make any difference what he's singing. **Coplas de Calaínos** was a proverbial reference to inconsequential statements.

Capítulo X. Donde se cuenta la industria que Sancho tuvo para encantar a la señora Dulcinea, y de otros sucesos tan ridículos como verdaderos.

LLEGANDO el autor desta grande historia a contar lo que en este capítulo cuenta, dice que quisiera pasarle en silencio, temeroso de que no había de ser creído, porque las locuras de don Quijote llegaron aquí al término y raya de las mayores que pueden imaginarse, y aun pasaron dos tiros de ballesta más allá de las mayores. Finalmente, aunque con este miedo y recelo, las escribió de la misma manera que él las hizo, sin añadir ni quitar a la historia un átomo de la verdad, sin dársele nada por las objeciones que podían ponerle de mentiroso.[1] Y tuvo razón, porque la verdad adelgaza,° y no quiebra, y siempre anda° sobre la mentira, como el aceite sobre el agua. Y así prosiguiendo su historia, dice que así como don Quijote se emboscó en la floresta, encinar,° o selva junto al gran Toboso, mandó a Sancho volver a la ciudad, y que no volviese a su presencia sin haber primero hablado 'de su parte° a su señora, pidiéndola fuese servida de dejarse ver de° su cautivo caballero, y se dignase de echarle° su bendición, para que pudiese esperar por ella felicísimos sucesos de todos sus acometimientos° y dificultosas empresas. Encargóse Sancho de hacerlo así como se le mandaba, y de traerle tan buena respuesta, como le trujo la vez primera.

    "Anda, hijo," replicó don Quijote, "y no te turbes cuando te vieres ante la luz del sol de hermosura que vas a buscar. ¡Dichoso tú sobre todos los escuderos del mundo! Ten memoria y no se te pase° della cómo te recibe— si muda las colores el tiempo que la estuvieres dando mi embajada; si se desasosiega y turba, oyendo mi nombre; si no cabe en la almohada si acaso la hallas sentada en el estrado rico de su autoridad; y si está en pie, mírala, si se pone ahora sobre el uno, ahora sobre el otro pie; si te repite la respuesta que te diere dos o tres veces; si la muda de blanda en áspera, de aceda en amorosa;[2] si levanta la mano al cabello para componerle,° aunque no esté desordenado; finalmente, hijo, mira todas sus acciones y movimientos, porque si tú me los relatares como ellos fueron, sacaré yo lo que ella tiene escondido en lo secreto de su corazón acerca de lo que al fecho de mis amores toca. Que has de saber, Sancho, si no lo sabes, que entre los amantes las acciones y movimientos exteriores que muestran, cuando de sus amores se trata, son certísimos correos° que traen las nuevas de lo que allá en lo interior del alma pasa. Ve, amigo, y guíete otra mejor ventura que la mía, y vuélvate otro mejor suceso[3] del que yo quedo temiendo y esperando en esta amarga soledad en que me dejas."

    "Yo iré y volveré presto," dijo Sancho, "y ensanche° vuestra merced, señor mío, ese corazoncillo, que le debe de tener agora no mayor que una avellana,° y considere que se suele decir que buen corazón quebranta mala

----

grows thin, floats

oak grove

on his behalf
by, bestow

undertakings

escape

arrange it

messengers

cheer up

hazel nut

----

[1] **Sin dársele...** *not caring at all that people might object to him as being a liar*
[2] **Si la muda...** *if it changes her from soft to harsh, from harsh to amorous*
[3] **Vuélvate...** *may it bring you better success*

ventura, y que donde no hay tocinos no hay estacas.[4] Y también se dice, donde no piensa salta° la liebre.[5] Dígolo porque si esta noche no hallamos los palacios o alcázares de mi señora, agora que es de día los pienso hallar, cuando menos los piense,[6] y hallados, déjenme a mí con ella."

jumps up

5 "Por cierto, Sancho," dijo don Quijote, "que siempre traes tus refranes tan a pelo de lo que tratamos cuanto me dé Dios mejor ventura en lo que deseo."[7]

Esto dicho, volvió Sancho las espaldas y vareó° su rucio, y don Quijote se quedó a caballo, descansando sobre los estribos y sobre el arrimo de su 10 lanza, lleno de tristes y confusas imaginaciones, donde le dejaremos, yéndonos con Sancho Panza, que no menos confuso y pensativo se apartó de su señor que él quedaba. Y tanto, que apenas hubo salido del bosque, cuando, volviendo la cabeza y viendo que don Quijote no parecía, se apeó del jumento, y sentándose al pie de un árbol, comenzó a hablar consigo 15 mesmo y a decirse: "Sepamos° agora, Sancho hermano, ¿adónde va vuesa merced? ¿Va a buscar algún jumento que se le haya perdido? No, por cierto. Pues ¿qué va a buscar? Voy a buscar, como quien no dice nada,[8] a una princesa, y en ella al sol de la hermosura, y a todo el cielo junto. Y ¿adónde pensáis hallar eso que decís, Sancho? ¿Adónde? En la gran ciudad 20 del Toboso. Y bien, y ¿de parte de quién la vais a buscar? De parte del famoso Caballero don Quijote de la Mancha, que desface los tuertos y da de comer al que ha° sed y de beber al que ha hambre. Todo eso está muy bien. Y ¿sabéis su casa, Sancho? Mi amo dice que han de ser unos reales palacios o unos soberbios° alcázares. Y ¿habéisla visto algún día por 25 ventura? Ni yo ni mi amo la habemos visto jamás. Y ¿paréceos que fuera acertado y bien hecho que si los del Toboso supiesen que estáis vos aquí con intención de ir a sonsacarles sus princesas y a desasosegarles sus damas, viniesen y os moliesen las costillas a puros palos y no os dejasen hueso sano? En verdad que tendrían mucha razón, cuando no considerasen 30 que soy mandado, y que

whipped

let's see

tiene

splendid

> mensajero sois, amigo,
> no merecéis culpa, non.[9]

No os fiéis en eso, Sancho, porque la gente manchega es tan colérica como honrada y no consiente cosquillas[10] de nadie. Vive Dios, que si os huele,[11]

---

[4] The usual form of this saying is not negative in the first phrase: **Donde piensas que hay tocinos, no hay estacas.**

[5] A lot of discussion about the first phrase of this proverb, which could be **cuando no piensan** or **cuando no se piensa...**

[6] Grammatically, this should be **lo piense**, but Sancho is too flustered in this chapter, and here echos the previous, and grammatical, **los pienso**. Schevill has changed it to **lo**.

[7] **Cuanto...** *I hope that God will give me better luck in what I desire*

[8] **Como...** *that's all* (this is Ormsby's good rendition).

[9] This is from a **romance** where Bernardo del Carpio rejects a message from the king, but doesn't blame the messenger for its contents.

[10] **No consiente...** "will not consent to tickling by anybody" clearly means "will not put up with anything by anybody,"

[11] **Si os...** *if they suspect anything*

que os mando° mala ventura. ¡'Oxte, puto!° ¡allá darás, rayo!¹² No, sino   promise, get out of

ándeme yo buscando tres pies al gato por el gusto ajeno. Y más, que así   here!

será buscar a Dulcinea por el Toboso como a Marica por Ravena¹³ o al

bachiller en Salamanca. El diablo, el diablo me ha metido a mí en esto,

5   que otro no."

Este soliloquio pasó consigo Sancho, y lo que sacó dél fue que volvió

a decirse: "Ahora bien, todas las cosas tienen remedio, si no es la muerte,

debajo de cuyo yugo hemos de pasar todos, mal que nos pese, al acabar de

la vida. Este mi amo por mil señales he visto que es 'un loco de atar,° y aun   as mad as a hatter

10   también yo no le quedo en zaga, pues soy más mentecato que él, pues le

sigo y le sirvo, si es verdadero el refrán que dice: «dime con quién andas,

decirte he quién eres», y el otro de «no con quien naces, sino con quien

paces».° Siendo, pues, loco, como lo es, y de locura que las más veces toma   eat

unas cosas por otras y juzga lo blanco por negro y lo negro por blanco,

15   como le pareció cuando dijo que los molinos de viento eran gigantes, y las

mulas de los religiosos dromedarios, y las manadas de carneros ejércitos de

enemigos, y otras muchas cosas a este tono,° no será muy difícil hacerle   sort

creer que una labradora, la primera que me topare por aquí, es la señora

Dulcinea, y cuando él no lo crea, juraré yo, y si él jurare, tornaré yo a jurar,

20   y si porfiare, porfiaré yo más, y de manera que tengo de tener la mía

siempre sobre el hito,¹⁴ venga lo que viniere. Quizá con esta porfía acabaré

con él que no me envíe otra vez a semejantes mensajerías,° viendo cuán mal   errands

recado le traigo dellas, o quizá pensará, como yo imagino, que algún mal

encantador de estos que él dice que le quieren mal la habrá mudado la figura

25   por hacerle mal y daño."

Con esto que pensó Sancho Panza quedó sosegado su espíritu, y tuvo

por bien acabado su negocio, y deteniéndose allí hasta la tarde, por dar lugar

a que don Quijote pensase que le° había tenido para ir y volver del Toboso.   le = lugar time

Y sucedióle todo tan bien, que, cuando se levantó para subir en el rucio, vio

30   que del Toboso hacia donde él estaba venían tres labradoras sobre tres

pollinos,° o pollinas,° que el autor no lo declara, aunque más se puede creer   young donkeys,

que eran borricas, por ser ordinaria caballería de las aldeanas.° Pero como   fillies; village girls

no va mucho en esto,¹⁵ no hay para qué detenernos en averiguarlo.

En resolución, así como Sancho vio a las labradoras, a paso tirado

35   volvió a buscar a su señor don Quijote, y hallóle suspirando y diciendo mil

amorosas lamentaciones. Como don Quijote le vio, le dijo: "¿Qué hay,

Sancho amigo? ¿Podré señalar este día con piedra blanca, o con negra?"¹⁶

"Mejor será," respondió Sancho, "que vuesa merced le señale con

---

¹² **Allí darás rayo [, en casa de Tamayo]** *Let the lightning bolt fall on someone else*

¹³ Ravenna is that city in northern Italy, near the Adriatic Sea, south of Venice and east
of Bologna. **Marica** is an affectionate diminutive for **María.**

¹⁴ **Tener...** *I'll always come out on top*

¹⁵ **Como...** *since this isn't very important*

¹⁶ Pliny the Younger, Book VII, Chapter XL, said that the Thracians put a white stone
to indicate a good day, or a black stone to indicate a bad one, in an urn. On their death, the
stones would be counted and the proportion would reveal how happy their lives had been.
From there came the Roman custom of saying that happy days were identified with a white
stone and unhappy ones with a black one. This is Gaos' observation.

almagre,° como rétulos de cátedras,°[17] porque le echen bien de ver los que le vieren."[18] `red paint, professorships`

"De ese modo," replicó don Quijote, "buenas nuevas traes."

"Tan buenas," respondió Sancho, "que no tiene más que hacer vuesa merced sino picar a Rocinante y salir 'a lo raso° a ver a la señora Dulcinea del Toboso, que con otras dos doncellas suyas, viene a ver a vuesa merced." `into open country`

"Santo Dios, ¿qué es lo que dices, Sancho amigo?" dijo don Quijote. "Mira no me engañes, ni quieras con falsas alegrías alegrar mis verdaderas tristezas."

"¿Qué sacaría yo de engañar a vuesa merced," respondió Sancho, "y más estando tan cerca de descubrir mi verdad? Pique, señor, y venga, y verá venir a la princesa, nuestra ama, vestida y adornada, en fin, como quien ella es. Sus doncellas y ella todas son una ascua° de oro. Todas mazorcas° de perlas, todas son diamantes, todas rubíes, todas telas de brocado de más de diez altos.[19] Los cabellos sueltos por las espaldas, que son otros tantos rayos del sol, que andan jugando con el viento, y sobre todo vienen a caballo sobre tres cananeas° remendadas,° que no hay más que ver." `ember clusters` `Canaanites, spotted`

"Hacaneas,° querrás decir, Sancho." `small horses`

"Poca diferencia hay," respondió Sancho, "de *cananeas* a *hacaneas*; pero vengan sobre lo que vinieren, ellas vienen las más galanas señoras que se puedan desear, especialmente la princesa Dulcinea, mi señora, que pasma° los sentidos." `stuns`

"Vamos, Sancho hijo," respondió don Quijote, "y en albricias destas no esperadas como buenas nuevas te mando el mejor despojo que ganare en la primera aventura que tuviere, y si esto no te contenta, te mando las crías° que este año me dieren las tres yeguas mías, que tú sabes que quedan para parir en el prado concejil° de nuestro pueblo." `colts` `common`

"A las crías me atengo," respondió Sancho, "porque de ser buenos los despojos de la primera aventura no está muy cierto."

Ya en esto, salieron de la selva y descubrieron cerca a las tres aldeanas. Tendió don Quijote los ojos por todo el camino del Toboso, y como no vio sino a las tres labradoras, turbóse todo, y preguntó a Sancho si las había dejado fuera de la ciudad.

"¿Cómo fuera de la ciudad?" respondió, "¿por ventura tiene vuesa merced los ojos en el colodrillo, que no vee que son éstas las que aquí vienen, resplandecientes° como el mismo sol a mediodía?" `shining`

"Yo no veo, Sancho," dijo don Quijote, "sino a tres labradoras sobre tres borricos."

"Agora me libre Dios del diablo," respondió Sancho, "y ¿es posible que tres hacaneas, o como se llaman, blancas como el ampo° de la nieve, le parezcan a vuesa merced borricos? ¡Vive el Señor, que me pele estas `whiteness`

[17] At that time, successful candidates for professorships at universities painted their names on the university walls with red paint.

[18] **Porque le...** *so that everyone will be able to see it well*

[19] This type of working of brocaded fabric had a maximum of *three* layers, not more than ten, as Sancho exaggerates.

barbas si tal fuese verdad!"

"Pues yo te digo, Sancho amigo," dijo don Quijote, "que es tan verdad que son borricos, o borricas, como yo soy don Quijote y tú Sancho Panza. A lo menos, a mi tales me parecen."

5 "Calle, señor," dijo Sancho, "no diga la tal palabra, sino despabile° esos ojos y venga a 'hacer reverencia° a la señora de sus pensamientos, que ya llega cerca."

     open
     bow

Y diciendo esto, se adelantó a recebir a las tres aldeanas, y apeándose del rucio, tuvo° del cabestro al jumento de una de las tres labradoras, y

10 hincando ambas rodillas en el suelo, dijo: "Reina y princesa y duquesa de la hermosura, vuestra altivez y grandeza sea servida de recebir en su gracia y buen talente° al cautivo caballero vuestro, que allí está hecho piedra mármol, todo turbado y 'sin pulsos° de verse ante vuestra magnífica presencia. Yo soy Sancho Panza su escudero, y él es el asendereado

15 caballero don Quijote de la Mancha, llamado por otro nombre el Caballero de la Triste Figura."

     he took

     talante
     without a pulse

A esta sazón ya se había puesto don Quijote de hinojos junto a Sancho, y miraba con ojos desencajados° y vista turbada a la que Sancho llamaba reina y señora, y como no descubría en ella sino una moza aldeana y no de

20 muy buen rostro, porque era carirredonda° y chata, estaba suspenso[20] y admirado, sin osar desplegar° los labios. Las labradoras estaban asimismo atónitas, viendo aquellos dos hombres tan diferentes hincados de rodillas, que no dejaban pasar adelante a su compañera. Pero rompiendo el silencio la detenida, toda desgraciada° y mohina dijo: "Apártense nora en tal del

25 camino,[21] y déjenmos[22] pasar. Que vamos de priesa."

     wild

     round-faced
     open

     surly

A lo que respondió Sancho: "¡Oh princesa y señora universal del Toboso! ¿Cómo vuestro magnánimo corazón no se enternece viendo arrodillado ante vuestra sublimada presencia a la coluna° y sustento° de la andante caballería?"

     pillar, support

30 Oyendo lo cual otra de las dos, dijo: "¡Mas ¡jo, que te estrego, burra de mi suegro![23] Mirad con qué se vienen los señoritos° ahora a hacer burla de las aldeanas, como si aquí no supiésemos echar pullas° como ellos. Vayan su camino e déjenmos hacer el nueso,° y serles ha sano."[24]

     young gentlemen
     rude remarks
     nuestro

"Levántate, Sancho," dijo a este punto don Quijote, "que ya veo que

35 la Fortuna, de mi mal no harta,[25] tiene tomados los caminos todos por

---

[20] That is, **Don Quijote** **estaba suspenso.**

[21] **Apártense...** *get the devil out of our way.* **Nora en tal** is a rusticism for **enhoramala.**

[22] **Déjen*m*os (= déjennos)** is a rusticism heard even today, **-mos** reflecting erroneously the **nosotros** verb ending.

[23] **¡Jo,...** This proverb indicates impatience. **Estregar** means *to scratch.* **¡Jo¡** means *whoa!*

[24] **Serles...** *you'll be better off.* You recall this ancient future tense, where forms of **haber** follow the infinitive. As such, the pronoun can still be attached to the infinitive. "Dulcinea" uses this construction again in l. 12 on the next page.

[25] **La Fortuna, de mi mal no harta** comes directly from a verse of Garcilaso's *Égloga tercera.*

donde pueda venir algún contento a esta ánima mezquina° que tengo en las   wretched
carnes. Y tú, ¡oh estremo del valor que puede desearse, término de la
humana gentileza, único remedio deste afligido corazón que te adora! Ya
que el maligno° encantador me persigue y ha puesto nubes y cataratas° en   perverse, cataracts
5   mis ojos, y para sólo ellos° y no para otros ha mudado y transformado tu   i.e., *my* eyes
sin igual hermosura y rostro en el de una labradora pobre, si ya también el
mío no le ha cambiado[26] en el de algún vestiglo para hacerle aborrecible°   loathsome
a tus ojos, no dejes de mirarme blanda y amorosamente,[27] echando de ver
en esta sumisión y arrodillamiento que a tu contrahecha hermosura hago la
10   humildad con que mi alma te adora."[28]
     "¡Tomá que mi agüelo!"[29] respondió la aldeana, "amiguita soy yo de
oír resquebrajos.[30] Apártense y déjenmos ir y agradecérselo hemos."
     Apartóse Sancho y dejóla ir, contentísimo de haber salido bien de su
enredo.°   deception
15   Apenas se vio libre la aldeana que había hecho la figura de[31] Dulcinea,
cuando, picando a su «cananea» con un aguijón° que en un palo traía, dio   spike
a correr por el prado adelante.[32] Y como la borrica sentía la punta del
aguijón que le fatigaba más de lo ordinario, comenzó a dar corcovos,° de   bucks
manera que dio con la señora Dulcinea en tierra, lo cual visto por don
20   Quijote, acudió a levantarla, y Sancho a componer y cinchar° el albarda,   to tighten
que también vino a la barriga de la pollina. Acomodada, pues, la albarda,
y quiriendo° don Quijote levantar a su encantada señora en los brazos sobre   **queriendo**
la jumenta, la señora, levantándose del suelo, le quitó° de aquel trabajo,   relieved
porque haciéndose algún tanto atrás,[33] tomó una corridica,° y puestas ambas   little run
25   manos sobre las ancas de la pollina, dio con su cuerpo más ligero que un
halcón° sobre la albarda, y quedó a horcajadas, como si fuera hombre. Y   falcon
entonces dijo Sancho: "Vive Roque, que es la señora nuestra ama más
ligera que un acotán[34] y que puede enseñar a 'subir a la jineta° al más   mount a horse
diestro° cordobés° o mexicano. El arzón trasero de la silla pasó de un   skillful, Cordovan
30   salto,[35] y sin espuelas hace correr la hacanea como una cebra, y no le van
en zaga sus doncellas, que todas corren como el viento."
     Y así era la verdad, porque en viéndose a caballo Dulcinea, todas
picaron tras ella y 'dispararon a correr,° sin volver la cabeza atrás por   shot off running
espacio de más de media legua. Siguiólas don Quijote con la vista, y
35   cuando vio que no parecían, volviéndose a Sancho, le dijo: "¿Sancho, qué
te parece cuán 'mal quisto° soy de encantadores? Y mira hasta dónde se   hated
estiende su malicia y la ojeriza que me tienen, pues me han querido privar°   to deprive

---

[26] **Si ya...** *unless he has also changed mine*
[27] **No dejes...** *don't refuse to look at me tenderly and lovingly*
[28] More understandable this way: **Echando de ver en esta sumisión... que hago la humildad a tu... hermosura con que mi alma te adora.**
[29] **"¡Tomá...** *tell it to my grandfather!*
[30] **Resquebrajos** are *cracks.* She means **requiebros** *flattery.*
[31] **Había hecho...** *had played the part of*
[32] **Dio a...** *she started to run across the meadow*
[33] **Haciéndose...** *moving back a bit*
[34] The a**l**cotán is a bird of prey similar to the falcon. Sancho's form, without -**l**-, is a very substandard way of saying it.
[35] **El arzón...** *she went over the high back of the saddle in one jump*

del contento que pudiera darme ver en su ser° a mi señora. En efecto, yo   proper form
nací para ejemplo de desdichados y para ser 'blanco y terrero° donde 'tomen   bull's eye
la mira y asiesten° las flechas de la mala fortuna. Y has también de advertir,   they aim
Sancho, que no se contentaron estos traidores de haber vuelto° y   changed
5   transformado a mi Dulcinea, sino que la transformaron y volvieron en una
figura tan baja y tan fea como la de aquella aldeana, y juntamente le
quitaron lo que es tan suyo de[36] las principales señoras, que es el buen olor,
por andar siempre entre ámbares y entre flores. Porque te hago saber,
Sancho, que cuando llegué a subir° a Dulcinea sobre su hacanea, según tú   help up
10 dices, que a mí me pareció borrica, me dio un olor de 'ajos crudos,° que me   raw garlic
encalabrinó y atosigó el alma."[37]

"¡Oh canalla!" gritó a esta sazón Sancho, "¡oh encantadores aciagos°   ill-fated
y mal intencionados, y quién° os viera a todos ensartados por las agallas°   if I only could, gills
como sardinas en lercha![38] Mucho sabéis, mucho podéis y mucho más
15 hacéis. Bastaros debiera, bellacos, haber mudado las perlas de los ojos de
mi señora en agallas[39] alcornoqueñas y sus cabellos de oro purísimo en
cerdas° de cola de buey bermejo,° y finalmente todas sus faciones de   bristles, red
buenas en malas, sin que le tocárades en el olor, que por él siquiera
sacáramos lo que estaba encubierto debajo de aquella fea corteza,[40] aunque,
20 para decir verdad, nunca yo vi su fealdad,° sino su hermosura, a la cual   ugliness
subía de punto y quilates un lunar[41] que tenía sobre el labio derecho a
manera de bigote, con siete o ocho cabellos rubios como hebras de oro y
largos de más de un palmo."

"A ese lunar," dijo don Quijote, "según la correspondencia que tienen
25 entre sí los del rostro con los del cuerpo, ha de tener otro Dulcinea en la
tabla° del muslo que corresponde al lado donde tiene el del rostro. Pero   side
muy luengos para lunares son pelos de la grandeza que has significado."

"Pues yo sé decir a vuestra merced," respondió Sancho, "que le
parecían allí 'como nacidos.°"   as plain as day
30 "Yo lo creo, amigo," replicó don Quijote, "porque ninguna cosa puso
la naturaleza en Dulcinea que no fuese perfecta y bien acabada, y así, si
tuviera cien lunares como el que dices, en ella no fueran lunares, sino lunas
y estrellas resplandecientes. Pero dime, Sancho, ¿aquella que a mí me
pareció albarda que tu aderezaste, era silla rasa, o sillón?"[42]
35 "No era," respondió Sancho, "sino silla a la jineta,[43] con una cubierta[44]

---

[36] **Lo que...** *what belongs to*

[37] **Me encalabrinó...** *which made me choke and poisoned my soul*

[38] A **lercha** is a stick on which fish are strung up. This is the only known example of
this word according to Corominas' etymological dictionary.

[39] Sancho just used **agalla** in the meaning of *fish gill*. Here, it means *gall*, which is an
abnormal growth of plant tissue owing to infection by bacteria, fungi, insects or mites. So
he is referring to abnormal growths on cork trees.

[40] **Sin que...** *not to mention her smell, because by it alone [i.e., if it were good] we
would see what was hidden by that ugly bark*

[41] **A la cual...** *which was enhanced by a mole*

[42] **Silla...** *plain saddle or a side saddle*

[43] A **silla a la jineta** is a saddle with high pommels and short stirrups.

[44] The **cubierta** *sumpter cloth* placed under the saddle. These could be made of silk and
wook, elaborately decorated with embroidery, as this one seemingly was.

de campo que vale la mitad de un reino, según es de rica."

"Y ¡que no viese yo todo eso, Sancho!" dijo don Quijote, "ahora torno
a decir, y diré mil veces, que soy el más desdichado de los hombres."

  Harto tenía que hacer el socarrón de Sancho en disimular la risa,
oyendo las sandeces de su amo, tan delicadamente° engañado. Finalmente,   exquisitely
después de otras muchas razones que entre los dos pasaron, volvieron a
subir en sus bestias y siguieron el camino de Zaragoza, adonde pensaban
llegar a tiempo que pudiesen hallarse en unas solenes fiestas que en aquella
insigne ciudad cada año suelen hacerse. Pero antes que allá llegasen les
sucedieron cosas, que por muchas, grandes y nuevas, merecen ser escritas
y leídas, como se verá adelante.

Capítulo XI. De la estraña aventura que le sucedió al valeroso don Quijote con el carro o carreta° de Las Cortes° de la Muerte.

cart
Parliament

Pᴇɴꜱᴀᴛɪᴠᴏ a demás iba don Quijote por su camino adelante,
5   considerando la mala burla que le habían hecho los encantadores,
volviendo a su señora Dulcinea en la mala figura de la aldeana, y no
imaginaba qué remedio tendría para volverla a su ser primero, y estos
pensamientos le llevaban tan fuera de sí, que, sin sentirlo,° soltó las riendas
a Rocinante, el cual, sintiendo la libertad que se le daba, a cada paso se
10 detenía a pacer la verde hierba° de que aquellos campos abundaban; de su
embelesamiento le volvió Sancho Panza,¹ diciéndole: "Señor, las tristezas
no se hicieron para las bestias, sino para los hombres, pero si los hombres
las sienten demasiado se vuelven bestias. Vuestra merced se reporte° y
vuelva en sí y coja las riendas a Rocinante, y avive y despierte, y muestre²
15 aquella gallardía° que conviene que tengan los caballeros andantes. ¿Qué
diablos es esto? ¿Qué descaecimiento° es éste? ¿Estamos aquí o en
Francia?³ Mas que se lleve Satanás a cuantas Dulcineas hay en el mundo,
pues vale más la salud de un solo caballero andante que todos los encantos
y transformaciones de la tierra."
20   "Calla, Sancho," respondió don Quijote con voz no muy desmayada,
"calla, digo, y no digas blasfemias contra aquella encantada señora—que de
su desgracia y desventura yo solo tengo la culpa. De la invidia° que me
tienen los malos ha nacido su mala andanza."
    "Así lo digo yo," respondió Sancho, "quien la vido y la vee ahora,
25 ¿cuál es el corazón que no llora?"⁴
    "Eso puedes tú decir bien, Sancho," replicó don Quijote, "pues la viste
en la entereza cabal de su hermosura;⁵ que el encanto no se estendió a
turbarte la vista ni a encubrirte su belleza. Contra mí solo y contra mis ojos
'se endereza° la fuerza de su veneno.° Mas con todo esto he caído, Sancho,
30 en una cosa, y es que me pintaste mal su hermosura, porque, si mal no me
acuerdo, dijiste que tenía los ojos de perlas, y los ojos que parecen de
perlas, antes son de besugo° que de dama, y a lo que yo creo, los de
Dulcinea deben ser de verdes esmeraldas, rasgados,° con dos celestiales
arcos° que les sirven de cejas. Y esas perlas quítalas de los ojos y pásalas
35 a los dientes, que sin duda te trocaste, Sancho, tomando los ojos por los
dientes."
    "Todo puede ser," respondió Sancho, "porque también me turbó a mí

being aware

grass

perk up

gallantry
low spirits

envidia = envy

is aimed, venom

sea bream (fish)
almond-shaped
rainbows

---

¹ **De su...** *Sancho Panza roused him from his reverie*
² These six verbs are all indirect commands: **se reporte, vuelva en sí, coja, avive, despierte, muestre**. **Avive** and **despierte** recall the first verses of Jorge Manrique's *Coplas*: "Recuerde al alma dormida, avive el seso y despierte contemplando..."
³ **¿Estamos...** *let's hold onto reality*
⁴ **Quien la vido y la vee ahora, ¿cuál es el corazón que no llora?** This is an old proverb, thus the old form **vido** for **vio**. Sancho adapts the usual form, **Quien te vido y te vee ahora...** to his purposes.
⁵ **Entereza...** *wholeness of her beauty*

su hermosura como a vuesa merced su fealdad. Pero encomendémoslo todo a Dios, que Él es el sabidor de las cosas que han de suceder en este valle de lágrimas, en este mal mundo que tenemos, donde apenas se halla cosa que esté sin mezcla de maldad, embuste y bellaquería. De una cosa me
5   pesa, señor mío, más que de otras, que es pensar qué medio se ha de tener cuando vuesa merced venza a algún gigante o otro caballero, y le mande que se vaya a presentar ante la hermosura de la señora Dulcinea, ¿adónde la ha de hallar este pobre gigante o este pobre y mísero caballero vencido? Paréceme que los veo andar por el Toboso hechos° unos bausanes°   rendered, idiots
10 buscando a mi señora Dulcinea, y aunque la encuentren en mitad de la calle, no la conocerán más que a mi padre."
       "Quizá, Sancho," respondió don Quijote, "no se estenderá el encantamento a quitar el conocimiento° de Dulcinea a los vencidos y   recognizing presentados gigantes y caballeros, y en uno o dos de los primeros que yo
15 venza y le envíe haremos la experiencia, si la ven o no, mandándoles que vuelvan a darme relación de lo que acerca desto les hubiere sucedido."
       "Digo, señor," replicó Sancho, "que me ha parecido bien lo que vuesa merced ha dicho, y que con ese artificio vendremos en conocimiento de lo que deseamos, y si es que ella a sólo vuesa merced se encubre, la desgracia
20 más será de vuesa merced que suya.° Pero como la señora Dulcinea tenga   hers salud y contento, nosotros por acá 'nos avendremos° y lo pasaremos lo   we will adapt mejor que pudiéremos, buscando nuestras aventuras, y dejando al tiempo que haga de las suyas;⁶ que él° es el mejor médico destas y de otras   el *tiempo* mayores enfermedades."
25   Responder quería don Quijote a Sancho Panza; pero estorbóselo una carreta que salió al través del camino,⁷ cargada de los más diversos y estraños personajes y figuras que pudieron imaginarse. El que guiaba las mulas y servía de carretero era un feo demonio. Venía la carreta descubierta° al cielo abierto, sin toldo ni zarzo.° La primera figura que se   open, canopy support
30 ofreció a los ojos de don Quijote, fue la de la misma Muerte, con rostro humano; junto a ella venía un ángel con unas grandes y pintadas alas. A un lado estaba un emperador con una corona, al parecer de oro, en la cabeza. A los pies de la Muerte estaba el dios que llaman Cupido,⁸ sin venda° en   blindfold los ojos, pero con su arco, carcaj° y saetas. Venía también un caballero   quiver
35 armado 'de punta en blanco,° excepto que no traía morrión, ni celada, sino   from head to foot un sombrero lleno de plumas de diversas colores. Con éstas venían otras personas de diferentes trajes y rostros. Todo lo cual visto de improviso en alguna manera alborotó a don Quijote, y puso miedo en el corazón de Sancho. Mas luego se alegró don Quijote, creyendo que se le ofrecía alguna
40 nueva y peligrosa aventura, y con este pensamiento, y con ánimo dispuesto de acometer cualquier peligro, se puso delante de la carreta, y, con voz alta y amenazadora, dijo: "Carretero, cochero,° o diablo, o lo que eres, no tardes   cart driver en decirme quién eres, a dó vas y quién es la gente

⁶ **Que haga...** *let time run its course*
⁷ **Salió...** *crossed the road*
⁸ Cupid was the son of Mars and Venus (but maybe Mercury and Diana or Mercury and Venus), the winged and traditionally blindfolded god of love, the Roman equivalent of Eros.

que llevas en tu carrioche,° que más parece la barca de Carón⁹ que carreta   wagon
de las que se usan."

A lo cual mansamente,° deteniendo el diablo la carreta, respondió,   meekly
"Señor, nosotros somos recitantes° de la compañía de Angulo el Malo;¹⁰   actors
5 hemos hecho en un lugar que está detrás de aquella loma, esta mañana, que
es la octava del Corpus,¹¹ el auto de *Las Cortes de la Muerte*,¹² y hémosle
de hacer esta tarde en aquel lugar que desde aquí se parece, y por estar tan
cerca y escusar el trabajo de desnudarnos y volvernos a vestir, nos vamos
vestidos con los mesmos vestidos que representamos. Aquel mancebo va de
10 Muerte, el otro de Ángel. Aquella mujer, que es la del autor, va de Reina,
el otro de Soldado, aquel de Emperador, y yo de Demonio, y soy una de las
principales figuras del auto, porque hago en esta compañía los primeros
papeles.° Si otra cosa vuestra merced desea saber de nosotros,   roles
pregúntemelo, que yo le sabré responder con toda puntualidad; que como
15 soy demonio, todo se me alcanza."

"Por la fe de caballero andante," respondió don Quijote, "que así como
vi este carro imaginé que alguna grande aventura se me ofrecía, y ahora
digo que es menester tocar las apariencias con la mano para dar lugar al
desengaño. Andad con Dios, buena gente, y haced vuestra fiesta. Y mirad
20 si mandáis algo en que pueda° seros de provecho, que lo haré con buen   *yo pueda*
ánimo y buen talante, porque desde mochacho fui aficionado a la carátula,°   theater mask
y en mi mocedad se me iban los ojos tras la farándula."¹³

Estando en estas pláticas quiso la suerte que llegase uno de la
compañía, que venía vestido de bojiganga,° con muchos cascabeles,° y en   jester, jingle bells
25 la punta de un palo traía tres vejigas° de vaca hinchadas;° el cual   bladders, inflated
moharracho,° llegándose a don Quijote, comenzó a esgrimir° el palo y a   clown, to brandish
sacudir° el suelo con las vejigas y a dar grandes saltos,° sonando los   to beat, leaps
cascabeles, cuya mala visión así alborotó° a Rocinante, que, sin ser   excited
poderoso a detenerle don Quijote, tomando el freno entre los dientes, dio
30 a correr por el campo con más ligereza que jamás prometieron los huesos
de su notomía.° Sancho, que consideró el peligro en que iba¹⁴ su amo de ser   skeleton
derribado,° saltó del rucio, y a toda priesa fue a valerle.° Pero cuando a él   thrown, rescue him
llegó, ya estaba en tierra, y junto a él Rocinante, que con su amo vino al
suelo, ordinario fin y paradero de las lozanías° de Rocinante y de sus   lustiness
35 atrevimientos.°¹⁵   daring acts

---

⁹ Charon was the ferryman who transported the dead across the River Styx into hell.

¹⁰ There was such a theater manager, as Clemencín well explains on p. 1570 of his
edition, who would have been 76 years old in 1615.

¹¹ Corpus Christi celebrates the real presence of the body of Jesus in holy communion.
It takes place on the Thursday following the first Sunday after Pentecost, or Whitsunday,
which is itself fifty days after Easter. Typically it is in June or July. As part of the
celebration, **autos sacramentales** were performed, such as this one.

¹² Scholars have tried to situate this **auto sacramental**, which seems to be, given the
cast, one by Lope de Vega of the same name. Rodríguez Marín has located this in the
Royal Academy edition of Lope's works, vol. III, starting on p. 592.

¹³ **Se me...** *I thought I'd like to be an actor.* **Farándula** *acting profession.*

¹⁴ The first edition just has **...en iba...**

¹⁵ Gaos says the **lozanías** are Rocinante's, but the **atrevimientos** are Don Quijote's.

Mas apenas hubo dejado su caballería Sancho por acudir a don Quijote, cuando el demonio bailador de las vejigas saltó sobre el rucio, y, sacudiéndole con ellas, el miedo y ruido, más que el dolor de los golpes, le hizo volar por la campaña hacia el lugar donde iban a hacer la fiesta. Miraba
5 Sancho la carrera de su rucio y la caída de su amo, y no sabía a cuál de las dos necesidades acudiría primero. Pero, en efecto, como buen escudero y como buen criado, pudo más con él el amor de su señor que el cariño de su jumento, puesto que cada vez que veía levantar las vejigas en el aire y caer sobre las ancas de su rucio, eran para él tártagos° y sustos° de muerte, y   *anguish, fright*
10 antes quisiera que aquellos golpes se los dieran a él en las 'niñas de los ojos°   *eyeballs* que en el más mínimo pelo de la cola de su asno. Con esta perpleja°   *perplexing* tribulación llegó donde estaba don Quijote, harto más maltrecho de lo que él quisiera, y, ayudándole a subir sobre Rocinante, le dijo: "Señor, el Diablo se ha llevado al rucio."
15 "¿Qué diablo?" preguntó don Quijote.

"El de las vejigas," respondió Sancho.

"Pues yo le cobraré," replicó don Quijote, "si bien se encerrase con él en los más hondos y escuros calabozos° del infierno. Sígueme, Sancho, que   *jail cells* la carreta va despacio, y con las mulas della satisfaré la pérdida del rucio."
20 "No hay para qué hacer esa diligencia, señor," respondió Sancho, "vuestra merced temple su cólera, que, según me parece, ya el Diablo ha dejado el rucio, y vuelve a la querencia."

Y así era la verdad, porque habiendo caído el Diablo con el rucio, por imitar a don Quijote y a Rocinante, el Diablo se fue a pie al pueblo, y el
25 jumento se volvió a su amo.

"Con todo eso," dijo don Quijote, "será bien castigar el descomedimiento° de aquel demonio en alguno de los de la carreta, aunque   *rudeness* sea el mesmo Emperador."

"Quítesele a vuestra merced eso de la imaginación," replicó Sancho, "y
30 tome mi consejo, que es que nunca 'se tome con° farsantes,° que es gente   *take on, actors* favorecida. Recitante he visto yo estar preso° por dos muertes y salir libre   *arrested* y sin costas. Sepa vuesa merced que, como son gentes alegres y de placer, todos los favorecen, todos los amparan, ayudan y estiman, y más siendo de aquellos de las compañías reales y de título,°[16] que todos, o los más, en sus   *royal patent*
35 trajes y compostura° parecen unos príncipes."   *demeanor*

"Pues con todo," respondió don Quijote, "no se me ha de ir el demonio farsante alabando,[17] aunque le favorezca todo el género humano."

Y diciendo esto, volvió a la carreta, que ya estaba bien cerca del pueblo. Iba dando voces, diciendo: "Deteneos, esperad, turba alegre y
40 regocijada, que os quiero dar a entender cómo se han de tratar los jumentos y alimañas que sirven de caballería a los escuderos de los caballeros andantes."

Tan altos eran los gritos de don Quijote, que los oyeron y entendieron los de la carreta, y, juzgando por las palabras la intención del que las decía,

---

[16] That is, the crown granted only a certain number of official charters to acting troupes.

[17] **No se me…** *the devil actor is not going to go away boasting*

en un instante saltó la Muerte de la carreta, y tras ella, el Emperador, el Diablo carretero y el Ángel, sin quedarse la Reina ni el dios Cupido, y todos se cargaron de piedras y se pusieron en ala,[18] esperando recebir a don Quijote en las puntas° de sus guijarros. Don Quijote que los vio puestos en — sharp edges
5   tan gallardo escuadrón, los brazos levantados 'con ademán° de despedir° — with the intention, poderosamente las piedras, detuvo las riendas de Rocinante y púsose a — throwing pensar de qué modo los acometería con menos peligro de su persona. En esto que se detuvo, llegó Sancho, y viéndole 'en talle de° acometer al bien — ready to formado escuadrón, le dijo: "Asaz de locura sería intentar tal empresa;
10 considere vuesa merced, señor mío, que para 'sopa de arroyo° y tente, — stones bonete,[19] no hay arma defensiva en el mundo, sino es 'embutirse y encerrarse° en una campana de bronce, y también se ha de considerar que — to hide es más temeridad que valentía acometer un hombre solo a un ejército donde está la Muerte y pelean en persona emperadores, y a quien ayudan los
15 buenos y los malos ángeles. Y si esta consideración no le mueve a estarse quedo, muévale saber de cierto que entre todos los que allí están, aunque parecen reyes, príncipes y emperadores, no hay ningún caballero andante."

"Ahora sí," dijo don Quijote, "has dado, Sancho, en el punto que puede y debe mudarme de mi ya determinado intento. Yo no puedo ni debo sacar
20 la espada, como otras veces muchas te he dicho, contra quien no fuere armado caballero. A ti, Sancho, toca, si quieres tomar la venganza del agravio que a tu rucio se le ha hecho, que yo desde aquí te ayudaré con voces y 'advertimientos saludables.°" — sound advice

"No hay para qué, señor," respondió Sancho, "tomar venganza de
25 nadie, pues no es de buenos cristianos tomarla de los agravios, cuanto más que yo acabaré con mi asno[20] que ponga su ofensa en las manos de mi voluntad, la cual es de vivir pacíficamente los días que los cielos me dieren de vida."

"Pues ésa es tu determinación," replicó don Quijote, "Sancho bueno,
30 Sancho discreto, Sancho cristiano y Sancho sincero, dejemos estas fantasmas y volvamos a buscar mejores y 'más calificadas° aventuras. Que — worthier yo veo esta tierra 'de talle° que no han de faltar en ella muchas y muy — in such a way milagrosas."

Volvió las riendas luego, Sancho fue a tomar su rucio, la Muerte con
35 todo su 'escuadrón volante° volvieron a su carreta y prosiguieron su viaje, — renegade troops y este felice fin tuvo la temerosa aventura de la carreta de la Muerte, gracias sean dadas al saludable consejo que Sancho Panza dio a su amo, al cual el día siguiente le sucedió otra con un enamorado y andante caballero, de no menos suspensión que la pasada.

---

[18] That is, they assembled in a line.

[19] **Tente, bonete**—there is a lot of discussion about this phrase, but it seems to mean "be careful about your hat" (that they don't knock it off with their stones).

[20] **Yo acabaré...** *I'll arrange with my donkey*

Capítulo XII. De la estraña aventura que le sucedió al valeroso don Quijote con el bravo Caballero de los Espejos.

L A NOCHE que siguió al día del rencuentro° de la Muerte la pasaron don   encounter
Quijote y su escudero debajo de unos altos y sombrosos° árboles,   shady
habiendo, a persuasión de Sancho, comido don Quijote de lo que venía en
el repuesto del rucio, y entre° la cena dijo Sancho a su señor, "Señor, qué   during
tonto hubiera andado yo, si hubiera escogido en albricias los despojos de
la primera aventura que vuestra merced acabara, antes que las crías de las
10 tres yeguas. En efecto en efecto, más vale pájaro° en mano que buitre   bird
volando."

"Todavía," respondió don Quijote, "si tú, Sancho, me dejaras acometer,
como yo quería, te hubieran cabido en despojos, por lo menos, la corona de
oro de la Emperatriz y las pintadas alas de Cupido, que yo se las quitara 'al
15 redropelo° y te las pusiera en las manos."   against his will

"Nunca los cetros y coronas de los emperadores farsantes," respondió
Sancho Panza, "fueron de oro puro, sino de oropel° o 'hoja de lata.°'"   foil, tin

"Así es verdad," replicó Don Quijote, "porque no fuera acertado que
los atavíos° de la comedia fueran finos, sino fingidos y aparentes° como lo   attire, make-believe
20 es la mesma comedia, con la cual quiero, Sancho, que 'estés bien,°   favorably disposed
teniéndola en tu gracia,° y por el mismo consiguiente a los que las   i.e., good graces
representan y a los que las componen, porque todos son instrumentos de
hacer un gran bien a la república, poniéndonos un espejo a cada paso
delante, donde se veen al vivo las acciones de la vida humana, y ninguna
25 comparación hay que más al vivo nos represente lo que somos y lo que
habemos de ser como la comedia y los comediantes. Si no, dime, ¿no has
visto tú representar alguna comedia adonde se introducen reyes,
emperadores y pontífices, caballeros, damas y otros diversos personajes?
Uno hace el rufián, otro el embustero, éste el mercader, aquél el soldado,
30 otro el simple discreto, otro el enamorado simple. Y acabada la comedia,
y desnudándose de los vestidos della, quedan todos los recitantes iguales."

"Sí, he visto," respondió Sancho.

"Pues lo mesmo," dijo don Quijote, "acontece en la comedia y trato
deste mundo, donde unos hacen los emperadores, otros los pontífices, y
35 finalmente, todas cuantas figuras se pueden introducir en una comedia.
Pero, en llegando al fin, que es cuando se acaba la vida, a todos les quita
la muerte las ropas que los diferenciaban, y quedan iguales en la sepultura."

"Brava° comparación," dijo Sancho, "aunque no tan nueva que yo no   fine
la haya oído muchas y diversas veces, como aquella del juego de ajedrez,
40 que mientras dura el juego, cada pieza tiene su particular oficio, y en
acabándose el juego, todas se mezclan, juntan y barajan,° y dan con ellas   jumble together
en una bolsa, que es como dar con la vida en la sepultura."

"Cada día, Sancho," dijo don Quijote, "te vas haciendo menos simple
y más discreto."

45 "Sí, que algo se me ha de pegar° de la discreción de vuestra merced,"   to stick
respondió Sancho, "que las tierras que 'de suyo° son estériles°   of itself, barren

y secas, estercolándolas° y cultivándolas, vienen a dar buenos frutos.   spreading manure on
Quiero decir que la conversación de vuestra merced ha sido el estiércol° que   them; manure
sobre la estéril tierra de mi seco ingenio ha caído. La cultivación, el tiempo
que ha que le sirvo y comunico, y con esto espero de dar frutos de mí que
5   sean de bendición, tales, que 'no desdigan° ni deslicen° de los senderos de   not unworthy, slide
la buena crianza° que vuesa merced ha hecho en el agostado° entendimiento   breeding, withered
mío."

Riose don Quijote de las afectadas razones de Sancho, y parecióle ser
verdad lo que decía de su emienda,° porque de cuando en cuando hablaba   improvement
10   de manera que le admiraba, puesto que todas o las más veces que Sancho
quería hablar 'de oposición,° y 'a lo cortesano,° acababa su razón con   in a learned way, in a
despeñarse del monte de su simplicidad al profundo de su ignorancia,[1] y en   courtly way
lo que él se mostraba más elegante y memorioso° era en traer refranes,   with greatest memory
viniesen o no viniesen a pelo de lo que trataba, como se habrá visto y se
15   habrá notado en el discurso desta historia.

En éstas y en otras pláticas se les pasó gran parte de la noche, y a
Sancho le vino en voluntad de dejar caer las compuertas° de los ojos, como   floodgates
él decía cuando quería dormir, y desaliñando[2] al rucio, le dio pasto
abundoso y libre.[3] No quitó la silla a Rocinante por ser expreso
20   mandamiento de su señor que en el tiempo que anduviesen en campaña, o
no durmiesen debajo de techado, no desaliñase[4] a Rocinante—antigua
usanza establecida° y guardada de los andantes caballeros: quitar el freno   established
y colgarle del arzón de la silla. Pero ¿quitar la silla al caballo? ¡Guarda!° Y   beware!
así lo hizo Sancho, y le dio la misma libertad que al rucio, cuya amistad dél
25   y de Rocinante fue tan única y tan trabada, que hay fama, por tradición de
padres a hijos, que el autor desta verdadera historia hizo particulares
capítulos della, mas que, por guardar la decencia y decoro que a tan heroica
historia se debe, no los puso en ella, puesto que algunas veces se descuida
deste su prosupuesto,° y escribe que así como las dos bestias se juntaban,   resolve
30   acudían a 'rascarse el uno al otro,° y que, después de cansados y satisfechos,   to scratch one
cruzaba Rocinante el pescuezo° sobre el cuello del rucio, que le sobraba de   another; neck
la otra parte más de media vara, y mirando los dos atentamente al suelo, se
solían estar de aquella manera tres días, a lo menos, todo el tiempo que les
dejaban o no les compelía° la hambre a buscar sustento.   compelled
35   Digo que dicen que dejó el autor escrito que los había comparado en
la amistad a la que tuvieron Niso y Eurialo, y Pilades y Orestes,[5] y si esto es
así, se podía echar de ver, para universal admiración, cuán firme debió ser
la amistad destos dos pacíficos animales, y para confusión° de los   shame

---

[1] **Acababa su...** *his speech wound up by tumbling from the mountain of his simplicity to the depths of his ignorance*

[2] **Desaliñando** *having taken off the packsaddle*

[3] **Le dio...** *he gave him abundant and free grazing*

[4] **No desaliñase...** *not to take the saddle off*

[5] These are two pairs of male friends from mythology. Nisus and Euryalus have already been mentioned in Part I, Chapter 47, p. 388, at note 32. Both were companions of Æneas, and both were killed together while raiding a Latin camp. Pylades and Orestes were boyhood friends. Pylades married Electra, Orestes' sister.

hombres, que tan mal saben guardarse amistad los unos a los otros. Por esto se dijo,

> No hay amigo para amigo,
> las cañas se vuelven lanzas...[6]

5 y el otro que cantó,

> De amigo a amigo la chinche, &c.[7]

Y no le parezca a alguno que anduvo el autor algo fuera de camino en haber comparado la amistad destos animales a la de los hombres. Que de las bestias han recebido muchos advertimientos° los hombres y aprendido   lessons
10 muchas cosas de importancia, como son: de las cigüeñas,° el cristel;°[8] de los   storks, enema
perros, el vómito y el agradecimiento;° de las grullas,° la vigilancia; de las   gratitude, cranes
hormigas,° la providencia;° de los elefantes, la honestidad; y la lealtad del   ants, foresight
caballo. Finalmente, Sancho se quedó dormido al pie de un alcornoque, y
don Quijote, dormitando° al de una robusta encina.   dozing
15   Pero poco espacio de tiempo había pasado cuando le despertó un ruido
que sintió a sus espaldas, y levantándose con sobresalto, 'se puso a° mirar   he began to
y a escuchar de dónde el ruido procedía,° y vio que eran dos hombres a   came from
caballo, y que el uno, dejándose derribar° de la silla, dijo al otro, "Apéate,   lower himself
amigo, y quita los frenos a los caballos—que a mi parecer, este sitio abunda
20 de yerba para ellos y del silencio y soledad que han menester mis amorosos
pensamientos."
El decir esto y el tenderse en el suelo todo fue a un mesmo tiempo, y
al arrojarse hicieron ruido las armas de que venía armado, manifiesta señal
por donde conoció don Quijote que debía de ser caballero andante, y
25 llegándose a Sancho, que dormía, le trabó del brazo, y con no pequeño
trabajo 'le volvió en su acuerdo,° y con voz baja le dijo: "Hermano Sancho,   roused him
aventura tenemos."
"Dios nos la dé buena," respondió Sancho, "y ¿adónde está, señor mío,
su merced de esa señora aventura?"
30   "¿Adónde, Sancho?" replicó don Quijote, "Vuelve los ojos y mira, y
verás allí tendido un andante caballero, que, a lo que a mí se me trasluce, no
debe de estar demasiadamente alegre, porque le vi arrojar del caballo y
tenderse en el suelo con algunas muestras de despecho, y al caer le
crujieron° las armas."   clanked
35   "Pues ¿en qué halla vuesa merced," dijo Sancho, "que ésta sea
aventura?"

[6] Bowle pointed out that this came from a **romance** in *Las guerras civiles de Granada.* The **cañas** *reeds* were lances without metal tips.

[7] **...la chinche en el ojo** seems to reflect the same meaning as the former quote. If you want a bug in the other person's eye, you're not much of a friend. There are several interpretations of this line.

[8] All of these traits about animals come from Pliny, except that the reference to the stork here is the Egyptian Ibis in Pliny (*Natural History*, Book 8, Chapter 27). You can read there how this auto-enema is administered. Clemencín gives all the references on p. 1578 of his edition.

"No quiero yo decir," respondió don Quijote, "que esta sea aventura del todo, sino principio della—que 'por aquí° se comienzan las aventuras. Pero escucha, que a lo que parece, templando está un laúd° o vigüela,⁹ y según escupe° y se 'desembaraza el pecho,° debe de prepararse para cantar algo."

        in this way
        lute
        spits, clears his throat

5

"A buena fe que es así," respondió Sancho, "y que debe de ser caballero enamorado."

"No hay ninguno de los andantes que no lo sea," dijo don Quijote, "y escuchémosle, que por el hilo sacaremos el ovillo de sus pensamientos, si es que canta; que de la abundancia del corazón habla la lengua."¹⁰

10

Replicar quería Sancho a su amo, pero la voz del Caballero del Bosque, que no era muy mala ni muy buena, lo estorbó, y estando los dos atónitos, oyeron que lo que cantó fue este soneto:

15

> Dadme, señora, un término° que siga,
>   conforme a vuestra voluntad cortado;°
>   que será de la mía así estimado,
>   que por jamás un punto dél desdiga.
> Si gustáis que callando mi fatiga
>   muera, contadme ya por acabado;°
>   si queréis que os la cuente en desusado
>   modo, haré que el mesmo Amor la diga.
> A prueba de contrarios estoy hecho,
>   de blanda cera y de diamante duro,
>   y a las leyes de amor el alma ajusto.
> Blando cual es, o fuerte, ofrezco el pecho;
>   entallad o imprimid lo que os dé gusto,
>   que de guardarlo eternamente juro.

        behavior
        measured

20

        dead

25

30

Con un ¡AY! arrancado, al parecer, de lo íntimo de su corazón, dio fin a su canto el Caballero del Bosque, y de allí a un poco, con voz doliente y lastimada, dijo: "¡Oh la más hermosa y la más ingrata mujer del orbe! ¿Cómo que será posible, serenísima Casildea de Vandalia,¹¹ que has de consentir que se consuma y acabe en continuas peregrinaciones° y en ásperos y duros trabajos este tu cautivo caballero? ¿No basta ya que he hecho que te confiesen por la más hermosa del mundo todos los caballeros

        wanderings

35

---

⁹ The lute was originally a Moorish fretted stringed musical instrument. The European lute has a teardrop shaped body and typically has about ten pairs of strings. The striking feature is that the mechanical head to which the strings are attached is bent back almost 90° owing to the pressure of the strings. The **vihuela** was a Hispanic instrument, usually with six strings, but similar in shape to the lute, thus Don Quijote's confusion. The modern Spanish lute, with six pairs of strings tuned in musical fourths, is quite unlike the older instruments and the modern European lutes.

¹⁰ Matthew 12:34: "For the words that the mouth utters come from the overwhelming of the heart."

¹¹ Casildea is a variant of Casilda. Vandalia is Andalucía. The Caballero del Bosque will say as much in Chapter 14, p. 518: "Por llamarse Casilda y ser de la Andalucía yo la llamo Casildea de Vandalia."

de Navarra, todos los leoneses, todos los tartesios, todos los castellanos[12] y, finalmente, todos los caballeros de la Mancha?"

"Eso no," dijo a esta sazón don Quijote, "que yo soy de la Mancha y nunca tal he confesado, ni podía, ni debía confesar una cosa tan perjudicial°   prejudicial
5   a la belleza de mi señora, y este tal caballero ya vees tú, Sancho, que desvaría.° Pero escuchemos-quizá se declarará más."   is talking nonsense

"Si hará," replicó Sancho, "que término lleva de quejarse un mes arreo."[13]

Pero no fue así, porque habiendo entreoído el Caballero del Bosque que
10   hablaban cerca dél, sin pasar adelante en su lamentación se puso en pie, y dijo con voz sonora y comedida: "¿Quién va allá, qué gente? ¿Es por ventura de la del número de los contentos, o la del de los afligidos?"

"De los afligidos," respondió don Quijote.

"Pues lléguese a mí," respondió el del Bosque, "y hará cuenta que se
15   llega a la mesma tristeza y a la aflición mesma."[14]

Don Quijote, que se vio responder tan tierna y comedidamente, se llegó a él, y Sancho 'ni más ni menos.° El caballero lamentador° asió a don Quijote   as well, mournful
del brazo, diciendo: "Sentaos aquí, señor caballero, que para entender que lo sois y de los que profesan la andante caballería, bástame el haberos hallado
20   en este lugar, donde la soledad y el sereno os hacen compañía, naturales lechos y propias estancias de los caballeros andantes."

A lo que respondió don Quijote: "Caballero soy y de la profesión que decís, y aunque en mi alma tienen su propio asiento las tristezas, las desgracias y las desventuras, no por eso se ha ahuyentado° della la compasión
25   que tengo de las ajenas desdichas. De lo que contaste poco ha, colegí que las vuestras son enamoradas, quiero decir, del amor que tenéis a aquella hermosa ingrata que en vuestras lamentaciones nombrastes."

Ya cuando esto pasaban,° estaban sentados juntos sobre la dura tierra en   were talking
buena paz y compañía, como si 'al romper del día° no se hubieran de romper   daybreak
30   las cabezas.

"¿Por ventura, señor caballero," preguntó el del Bosque a don Quijote, "sois enamorado?"

"Por desventura, lo soy," respondió don Quijote, "aunque los daños que nacen de los bien colocados pensamientos, antes se deben tener por gracias
35   que por desdichas."

"Así es la verdad," replicó el del Bosque, "si no nos turbasen la razón y el entendimiento los desdenes, que siendo muchos, parecen venganzas."

"Nunca fui desdeñado de mi señora," respondió don Quijote.

"No, por cierto," dijo Sancho, que allí junto estaba, "porque es mi señora
40   como una borrega° mansa: es más blanda que una manteca.°   lamb, butter
¿Es vuestro escudero éste?" preguntó el del Bosque.

"Sí, es," respondió don Quijote.

"Nunca he visto yo escudero," replicó el del Bosque, "que se atreva

---

[12] Navarra was the kingdom bordering on France between Castilla and Aragón. The ancient kingdom of León bordered on Castilla to the west. The tartesios were the Andalusians in Phoenician times. Castellanos refers to people from Castilla.

[13] Término... it looks like he can go on lamenting for a whole month

[14] Se llega... you are drawing near to sadness and affliction themselves

hablar donde habla su señor; a lo menos, ahí está ese mío, que es tan
grande como su padre, y no se probará que haya desplegado el labio donde
yo hablo."

 "Pues a fe," dijo Sancho, "que he hablado yo y puedo hablar delante
5 de otro tan…, y 'aun quédese aquí°—que es peor meneallo."   let it be

 El escudero del Bosque asió por el brazo a Sancho, diciéndole:
"Vámonos los dos donde podamos hablar escuderilmente todo cuanto
quisiéremos, y dejemos a estos señores amos nuestros que 'se den de las
astas° contándose las historias de sus amores, que a buen seguro que les ha quarrel
10 de coger el día en ellas y no las han de haber acabado."

 "Sea en buena hora," dijo Sancho, "y yo le diré a vuestra merced quien
soy, para que vea si puedo 'entrar en docena° con los más hablantes° join, talkative
escuderos."

 Con esto se apartaron los dos escuderos, entre los cuales pasó un tan
15 gracioso coloquio, como fue grave el que pasó entre sus señores.

Capítulo XIII. Donde se prosigue la aventura del Caballero del Bosque, con el discreto, nuevo y suave coloquio que pasó entre los dos escuderos.

5 DIVIDIDOS estaban caballeros y escuderos, éstos contándose sus vidas, y aquéllos sus amores. Pero la historia cuenta primero el razonamiento de los mozos y luego prosigue el de los amos, y así dice que, apartándose un poco dellos, el del Bosque dijo a Sancho: "Trabajosa vida es la que pasamos y vivimos, señor mío, estos que somos escuderos de caballeros andantes. En verdad que comemos el pan en° el sudor de nuestros rostros,[1] que es una de   **con**
10 las maldiciones que echó Dios a nuestros primeros padres."

"También se puede decir," añadió Sancho, "que lo comemos en el hielo de nuestros cuerpos, porque ¿quién° más calor y más frío que los miserables   **¿quién** *sufre...*
escuderos de la andante caballería? Y aun menos mal si comiéramos, pues los duelos con pan son menos. Pero tal vez hay que se nos pasa un día y dos
15 sin desayunarnos, si no es del viento que sopla."

"Todo eso se puede 'llevar y conllevar,'° dijo el del Bosque, "con la   **put up with**
esperanza que tenemos del premio, porque si demasiadamente no es desgraciado el caballero andante a quien un escudero sirve, por lo menos, 'a pocos lances° se verá premiado con un hermoso gobierno de cualque°   **after a while,**
20 ínsula, o con un condado de buen parecer."   **algún**

"Yo," replicó Sancho, "ya he dicho a mi amo que me contento con el gobierno de alguna ínsula, y él es tan noble y tan liberal que me le ha prometido muchas y diversas veces."

"Yo," dijo el del Bosque, "con un canonicato° quedaré satisfecho de   **canonry**
25 mis servicios, y ya me le tiene mandado mi amo, y '¡qué tal!'°"   **such a one, too!**

"Debe de ser," dijo Sancho, "su amo de vuesa merced caballero a lo eclesiástico,[2] y podrá hacer esas mercedes a sus buenos escuderos, pero el mío es meramente lego,° aunque yo me acuerdo cuando le querían aconsejar   **lay**
personas discretas, aunque a mi parecer, 'mal intencionadas,° que procurase   **malevolent**
30 ser arzobispo. Pero él no quiso sino ser emperador, y yo estaba entonces temblando si le venía en voluntad de ser de la Iglesia, por no hallarme suficiente de tener beneficios por ella, porque le hago saber a vuesa merced que, aunque parezco hombre, soy una bestia para ser de la Iglesia."

"Pues en verdad que lo yerra vuesa merced," dijo el del Bosque, "a
35 causa que los gobiernos insulanos° no son todos 'de buena data°—algunos   **of islands, good**
hay torcidos,° algunos pobres, algunos malencónicos y, finalmente, el 'más   **corrupt**
erguido° y bien dispuesto° trae consigo una pesada carga de pensamientos   **staunchest, disposed**
y de incomodidades, que pone sobre sus hombros el desdichado que le cupo en suerte.[3] Harto mejor sería que los que profesamos esta maldita
40 servidumbre° nos retirásemos a nuestras casas, y allí nos entretuviésemos   **service**
en ejercicios más suaves, como si dijésemos, cazando o pescando. Que ¿qué escudero hay tan pobre en el mundo a quien le falte un rocín, y un par de

[1] Genesis 3:19: "You shall gain your bread by the sweat of your brow."
[2] There was no such thing as a **caballero a lo eclesiástico.**
[3] **Que pone...** *that the unfortunate person to whose lot it fell must bear on his shoulders*

galgos, y una 'caña de pescar,° con que entretenerse en su aldea?'"   fishing rod
"A mí no me falta nada deso," respondió Sancho, "verdad es que no
tengo rocín, pero tengo un asno que vale dos veces más que el caballo de mi
amo. Mala pascua me dé Dios, y sea la primera que viniere, si le trocara por
5   él, aunque me diesen cuatro fanegas de cebada encima. A burla tendrá vuesa
merced el valor de mi rucio⁴—que rucio es el color de mi jumento. Pues
galgos, no me habían de faltar, habiéndolos sobrados° en mi pueblo. Y más,   in excess
que entonces es la caza más gustosa, cuando se hace a costa ajena."
"Real y verdaderamente," respondió el del Bosque, "señor escudero,
10 que tengo propuesto y determinado de dejar estas borracherías° destos   absurdities
caballeros, y retirarme a mi aldea y criar mis hijitos,° que tengo tres como   small children
tres orientales perlas."
"Dos tengo yo," dijo Sancho, "que se pueden presentar al papa° en   pope
persona, especialmente una muchacha, a quien crío para condesa, si Dios
15 fuere servido, aunque a pesar de su madre."
"Y ¿qué edad tiene esa señora que se cría para condesa?" preguntó el
del Bosque.
"Quince años, dos más a menos," respondió Sancho, "pero es tan
grande como una lanza, y tan fresca° como una mañana de abril, y tiene una   fresh
20 fuerza de un ganapán.°"   porter
"Partes° son ésas," respondió el del Bosque, "no sólo para ser condesa,   traits
sino para ser ninfa del verde bosque. ¡Oh hideputa puta, y qué rejo debe de
tener la bellaca!"
A lo que respondió Sancho, algo mohino: "Ni ella es puta, ni lo fue su
25 madre, ni lo será ninguna de las dos, Dios quiriendo, mientras yo viviere.
Y háblese más comedidamente, que para haberse criado vuesa merced entre
caballeros andantes, que son la mesma cortesía, no me parecen muy
concertadas esas palabras."
"¡Oh qué mal se le entiende a vuesa merced," replicó el del Bosque,
30 "de achaque de alabanzas, señor escudero! ¿Cómo y no sabe que cuando
algún caballero da una buena lanzada al toro en la plaza, o cuando alguna
persona hace alguna cosa bien hecha, suele decir el vulgo: '¡Oh hideputa
puto,° y qué bien que lo ha hecho!' y aquello que parece vituperio en aquel   bugger
término, es alabanza notable? Y renegad° vos, señor, de los hijos o hijas   disown
35 que no hacen obras que merezcan se les den a sus padres loores
semejantes."
"Sí, reniego," respondió Sancho, "y dese modo y por esa misma razón
podía echar vuestra merced a mí, y hijos, y a mi mujer toda una putería°   lewd acts
encima, porque todo cuanto hacen y dicen son estremos dignos de
40 semejantes alabanzas. Y para volverlos a ver, ruego yo a Dios me saque de
pecado mortal,⁵ que lo mesmo será si me saca deste peligroso oficio de
escudero, en el cual he incurrido° segunda vez, cebado° y engañado° de una   fallen, baited, enticed
bolsa con cien ducados que me hallé un día en el corazón de Sierra Morena.
Y el diablo me pone ante los ojos aquí, allí, acá no, sino acullá, un talego

---

⁴ **A burla...** *you'll think that the value I place on my grey [donkey] is a joke*
⁵ A mortal sin is a sin of the worst kind. If a Catholic dies with a mortal sin not yet
absolved, that person will go to hell.

lleno de doblones,[6] que me parece que a cada paso le toco con la mano y me abrazo con él, y lo llevo a mi casa, y 'echo censos,° y 'fundo rentas,° y vivo como un príncipe. Y el rato que en esto pienso se me hacen fáciles y llevaderos° cuantos trabajos padezco con este mentecato de mi amo, de quien sé que tiene más de loco que de caballero."

I invest, I set up
income
tolerable

"Por eso," respondió el del Bosque, "dicen que la codicia rompe el saco, y si va a tratar dellos,° no hay otro mayor en el mundo que mi amo, porque es de aquellos que dicen: «cuidados ajenos matan al asno»,[7] pues porque° cobre otro caballero el juicio que ha perdido, se hace él loco, y anda buscando lo que no sé si después de hallado le ha de salir a los hocicos."[8]

i.e., **de los locos**

para que

"Y ¿es enamorado por dicha?"

"Sí," dijo el del Bosque, "de una tal Casildea de Vandalia, la más cruda y la más asada[9] señora que en todo el orbe puede hallarse. Pero no cojea del pie de la crudeza,° que otros mayores embustes° le gruñen° en las entrañas, y ello dirá[10] antes de muchas horas."

cruelty, schemes,
growl

"No hay camino tan llano,"° replicó Sancho, "que no tenga algún tropezón o barranco.° En otras casas cuecen habas, y en la mía, a calderadas.°[11] Más acompañados y paniaguados debe de tener la locura que la discreción.[12] Mas si es verdad lo que comúnmente se dice, que el tener compañeros en los trabajos suele servir de alivio° en ellos, con vuestra merced podré consolarme, pues sirve a otro amo tan tonto como el mío."

flat
obstacle
cauldronful

relief

"Tonto, pero valiente," respondió el del Bosque, "y más bellaco que tonto y que valiente."

"Eso no es el mío," respondió Sancho, "digo que no tiene nada de bellaco, antes «'tiene una alma como un cántaro».° No sabe hacer mal en nadie, sino bien a todos, ni tiene malicia alguna. Un niño° le hará entender que es de noche en la mitad del día, y por esta sencillez° le quiero como a las 'telas de mi corazón,° y no me amaño° a dejarle, por más disparates que haga."

is kind
child
simplicity
my heartstrings, find
a way

"Con todo eso, hermano y señor," dijo el del Bosque, "si el ciego guía al ciego, ambos van a peligro de caer en el hoyo.° Mejor es retirarnos con buen compás de pies y volvernos a nuestras querencias,° que los que buscan aventuras no siempre las hallan buenas."

hole
homes

Escupía° Sancho a menudo, al parecer, un cierto género de saliva pegajosa° y algo seca, lo cual visto y notado por el caritativo bosqueril° escudero, dijo: "Paréceme que de lo que hemos hablado se nos pegan al paladar° las lenguas. Pero yo traigo un despegador° pendiente del arzón de

was spitting
viscous, of the forest

roof of mouth, un-
sticker

---

[6] The **doblón** *doubloon* was a gold coin of varying value, from two to eight **escudos**.

[7] Refers to meddling in others' affairs and suffering the consequences.

[8] **Le ha de...** *will blow up in his face*

[9] **La más cruda y la más asada**—**cruda** means *cruel* as well as *uncooked*, thus there is a play on words with **asada** *roasted*.

[10] **Y ello...** *and you'll see it*

[11] This saying means that the speaker thinks his troubles are greater than the next person's.

[12] **Más acompañados...** *craziness must have more followers and servants than discretion*

mi caballo, que es tal como bueno."[13]

    Y levantándose, volvió desde allí a un poco con una gran bota de vino
y una empanada de media vara, y no es encarecimiento, porque era de un
conejo albar° tan grande, que Sancho, al tocarla, entendió ser[14] de algún   white
5   cabrón, no que de cabrito, lo cual visto por Sancho, dijo: "Y ¿esto trae
vuestra merced consigo, señor?"

    "Pues ¿qué se pensaba," respondió el otro, "soy yo por ventura algún
escudero de 'agua y lana?° Mejor repuesto traigo yo en las ancas de mi   little worth
caballo que lleva consigo cuando 'va de camino° un general."   goes out
10 Comió Sancho 'sin hacerse de rogar,° y tragaba a escuras bocados de   without further
nudos de suelta,[15] y dijo: "Vuestra merced sí que es escudero fiel y legal,   urging
moliente y corriente,[16] magnífico y grande, como lo muestra este banquete,
que si no ha venido aquí por arte de encantamento, parécelo, a lo menos.
Y no como yo, mezquino y malaventurado, que sólo traigo en mis alforjas
15 un poco de queso, tan duro que pueden descalabrar° con ello a un gigante,   injure the head
a quien hacen compañía cuatro docenas de algarrobas° y otras tantas de   carob beans
avellanas y nueces,° mercedes a la estrecheza de mi dueño° y a la opinión   walnuts, master
que tiene y orden que guarda de que los caballeros andantes no se han de
mantener° y sustentar sino con frutas secas y con las hierbas del campo."   feed himself
20 "Por mi fe, hermano," replicó el del Bosque, "que yo no tengo hecho
el estómago a tagarninas,° ni a piruétanos,° ni a raíces de los montes. Allá   thistles, wild pears
se lo hayan con sus opiniones y leyes caballerescas nuestros amos,[17] y
coman lo que ellos mandaren°—fiambreras traigo y esta bota colgando del   **quieran**
arzón de la silla, 'por sí o por no.° Y es tan devota mía,[18] y quiérola tanto,   just in case
25 que pocos ratos se pasan sin que la dé mil besos° y mil abrazos."°   kisses, hugs

    Y diciendo esto, se la puso en las manos a Sancho, el cual,
empinándola puesta a la boca, estuvo mirando las estrellas un cuarto de
hora, y en acabando de beber, dejó caer la cabeza a un lado, y dando un
gran suspiro, dijo: "¡Oh hideputa, bellaco, y cómo es católico!°"   good
30 "¿Veis ahí," dijo el del Bosque, en oyendo el HIDEPUTA de Sancho,
"como habéis alabado este vino, llamándole HIDEPUTA?"

    "Digo," respondió Sancho, "que confieso que conozco que no es
deshonra llamar hijo de puta a nadie cuando cae debajo del entendimiento
de alabarle. Pero dígame, señor, por el siglo de lo que más quiere,[19] ¿este
35 vino es de Ciudad Real?"[20]

    "¡Bravo mojón!"[21] respondió el del Bosque, "en verdad que no es de
otra parte, y que tiene algunos años de ancianidad.°"   age

---

[13] **Es tal...** *it's really good*

[14] **Entendió...** *thought it was*

[15] **Bocados de nudos de suelta** *mouthfuls the size of knots on horses' fetters*, i.e.,
large mouthfuls

[16] **Moliente y corriente** nowadays means *run of the mill*, but then it meant *perfect*.

[17] **Allá se lo...** *let our masters keep their opinions and laws of chivalry*

[18] **Es tan...** *I am so devoted to it*. **Devota** could mean *inspires devotion*, as it did here.
But also there is a play on words with **de bota**.

[19] **Por el siglo...** *on your mother's life*

[20] The best-known wine from the region is from Valdepeñas.

[21] **¡Bravo mojón!** *What a winetaster!*

"¡A mí con eso!"[22] dijo Sancho. "No toméis menos, sino que se me
fuera a mí por alto dar alcance a su conocimiento.[23] ¿No será bueno, señor
escudero, que tenga yo un instinto tan grande y tan natural en esto de
conocer vinos,[24] que en dándome a oler cualquiera, acierto la patria, el
5   linaje, el sabor,° y la dura° y las vueltas° que ha de dar, con todas las   taste, vintage,
circunstancias al vino atañederas?° Pero no hay de que maravillarse si[25] tuve   decanting; dealing
en mi linaje 'por parte de° mi padre los dos más excelentes mojones que en   with; on the side of
luengos años conoció la Mancha. Para prueba de lo cual les sucedió lo que
ahora diré. Diéronles a los dos a probar del vino de una cuba, pidiéndoles
10   su parecer del estado,° cualidad,° bondad o malicia° del vino. El uno lo   condition. quality,
probó con la punta de la lengua, el otro no hizo más de llegarlo a las   badness
narices. El primero dijo que aquel vino sabía a hierro, el segundo dijo que
más sabía a cordobán.° El dueño dijo que la cuba estaba limpia y que el tal   Cordovan leather
vino no tenía adobo° alguno, por donde hubiese° tomado sabor de hierro ni   added flavor, it
15   de cordobán. Con todo eso, los dos famosos mojones se afirmaron en lo que   would have
habían dicho. Anduvo el tiempo, vendióse el vino, y al limpiar° de la cuba   cleaning
hallaron en ella una llave pequeña pendiente de una correa de cordobán.
Porque vea vuestra merced si quien viene desta ralea podrá dar su parecer
en semejantes causas."°   cases
20   "Por eso digo," dijo el del Bosque, "que nos dejemos de andar
buscando aventuras, y pues tenemos hogazas, no busquemos tortas, y
volvámonos a nuestras chozas, que allí nos hallará Dios si Él quiere."
"Hasta que mi amo llegue a Zaragoza, le serviré, que después todos
nos entenderemos."[26]
25   Finalmente, tanto hablaron y tanto bebieron los dos buenos escuderos,
que tuvo necesidad el sueño de atarles las lenguas y templarles la sed, que
quitársela fuera imposible. Y así asidos entrambos de la ya casi vacía bota,
con los bocados 'a medio mascar° en la boca, se quedaron dormidos, donde   half-chewed
los dejaremos por ahora, por contar lo que el Caballero del Bosque pasó
30   con el de la Triste Figura.

---

[22] ¡A mí... *no need to tell me!*
[23] No toméis... *don't think that recognizing that wine would be out of my reach*
[24] ¿No será... *It is not strange, señor squire, that I have such a good and natural
instinct in matters of knowing wines*
[25] This **si** means *since.*
[26] Todos... *we'll have to see*

Capítulo XIIII. *Donde se prosigue la aventura del Caballero del Bosque.*

ENTRE muchas razones que pasaron don Quijote y el Caballero de la Selva, dice la historia que el del Bosque dijo a don Quijote:
5 "Finalmente, señor caballero, quiero que sepáis que mi destino, o por mejor decir, mi elección me trujo a enamorar de la sin par Casildea de Vandalia. Llámola sin par, porque no le tiene, así en la grandeza del cuerpo como en el estremo del estado y de la hermosura. Esta tal Casildea, pues, que voy contando, pagó mis buenos pensamientos y comedidos deseos con hacerme
10 ocupar, como su madrina° a Hércules,[1] en muchos y diversos peligros, prometiéndome al fin de cada uno, que en el fin del otro° llegaría el de mi esperanza. Pero así se han ido eslabonando° mis trabajos, que no tienen cuento,° ni yo sé cuál ha de ser el último° que dé principio al cumplimiento° de mis buenos deseos. Una vez me mandó que fuese a
15 desafiar a aquella famosa giganta de Sevilla llamada la Giralda,[2] que es tan valiente y fuerte como° hecha de bronce, y sin mudarse de un lugar es la más movible° y voltaria° mujer del mundo. Llegué, vila y vencíla, y hícela estar queda° y a raya, porque en más de una semana no soplaron sino vientos nortes.[3] Vez también hubo que me mandó fuese a 'tomar en peso°
20 las antiguas piedras de los valientes toros de Guisando,[4] empresa más para encomendarse° a ganapanes que a caballeros. Otra vez me mandó que me precipitase y sumiese° en la sima de Cabra,[5] peligro inaudito y temeroso, y que le trujese particular relación de lo que en aquella escura profundidad se encierra. Detuve el movimiento a la Giralda, pesé los toros de Guisando,
25 despeñéme en la sima y saqué a luz lo escondido de su abismo, y mis esperanzas, 'muertas que muertas,° y sus mandamientos y desdenes, 'vivos que vivos.°

"En resolución, últimamente me ha mandado que discurra por todas las provincias de España y haga confesar a todos los andantes caballeros que

Margin glosses:
10 step-mother
11 i.e., the next one
12 linking
13 end, last one
14 fulfillment
16 as *if it were*
17 changeable, fickle
18 still
19 weigh
21 to entrust
22 plunge
26 more and more dead
27 more and more alive

[1] Juno was Hercules' step-mother, who made him perform the famous Twelve Labors: 1) to kill a lion 2) and a nine-headed hydra; 3) to capture a stag 4) and a wild boar; 5) to clean all the cattle stables of King Augeas in one day [this king had herds of cattle, so Hercules diverted a river to wash the stables clean]; 6) to shoot man-eating birds; 7) to capture a mad bull; 8) man-eating mares; 9) to take the girdle of Hippolyte, queen of the Amazons [after which she died of a broken heart]; 10) to seize the cattle of a three-bodied giant; 11) to bring back the golden apples found at the end of the world; and 12) to bring up from the lower world the three-headed dog Cerebrus.

[2] The Moorish belltower beside Seville's cathedral is known as La Giralda today (98 meters tall, built as a minaret in the late 12th century), but technically **giralda** refers only to the weathervane statue of a woman at its top. The statue is made of bronze, as the knight goes on to say.

[3] That is, because only northwinds blew, the weathervane remained still.

[4] The four famous "bulls" of Guisando near el Tiemblo (province of Toledo) are pre-Christian representations carved from granite of four-legged animals—they do look more like bulls than anything else. They bear Iberian and Roman inscriptions.

[5] The Sima de Cabra is a cave about five kms. outside of Cabra (province of Córdoba), mentioned elsewhere by Cervantes.

por ellas vagaren,° que ella sola es la más aventajada° en hermosura de   *wander, superior*
cuantas hoy viven, y que yo soy el más valiente y el más bien enamorado
caballero del orbe, en cuya demanda he andado ya la mayor parte de España,
y en ella he vencido muchos caballeros que se han atrevido a contradecirme.

Pero de lo que yo más me precio y ufano es de haber vencido en singular
batalla a aquel tan famoso caballero don Quijote de la Mancha, y héchole
confesar que es más hermosa mi Casildea que su Dulcinea, y en sólo este
vencimiento hago cuenta que he vencido todos los caballeros del mundo,
porque el tal don Quijote que digo los ha vencido a todos, y habiéndole yo
vencido a él, su gloria, su fama y su honra se ha transferido y pasado a mi
persona:

> Y tanto el vencedor es más honrado,
> cuanto más el vencido es reputado.°⁶   *renowned*

"Así, que ya 'corren por mi cuenta° y son mías las inumerables hazañas   *belong to me*
del ya referido don Quijote."

Admirado quedó don Quijote de oír al Caballero del Bosque, y estuvo
mil veces por decirle⁷ que mentía, y ya tuvo el mentís° en el pico de la   *denial*
lengua, pero reportóse lo mejor que pudo por hacerle confesar por su propia
boca su mentira, y así sosegadamente° le dijo: "De que vuesa merced, señor   *calmly*
caballero, haya vencido a los más caballeros andantes de España, y aun de
todo el mundo, no digo nada. Pero de que haya vencido a don Quijote de la
Mancha, póngolo en duda—podría ser que fuese otro que le pareciese,
aunque hay pocos que le parezcan."

"¿Cómo no?" replicó el del Bosque, "por el cielo que nos cubre que
peleé con don Quijote, y le vencí y rendí, y es un hombre alto de cuerpo,
seco de rostro, estirado y avellanado de miembros, entrecano,° la nariz   *greying*
aguileña° y algo corva, de bigotes grandes, negros y caídos.° Campea°   *aquiline, drooping,*
debajo del nombre del CABALLERO DE LA TRISTE FIGURA, y trae por   *he battles*
escudero a un labrador llamado Sancho Panza, oprime el lomo y rige° el   *controls*
freno de un famoso caballo llamado Rocinante, y finalmente, tiene por
señora de su voluntad a una tal Dulcinea del Toboso, llamada un tiempo
Aldonza Lorenzo, como la mía, que, por llamarse Casilda y ser de la
Andalucía, yo la llamo Casildea de Vandalia. Si todas estas señas no bastan
para acreditar mi verdad, aquí está mi espada que la hará dar crédito a la
mesma incredulidad.°"   *incredulity*

"Sosegaos, señor caballero," dijo don Quijote, "y escuchad lo que
deciros quiero. Habéis de saber que ese don Quijote que decís es el mayor
amigo que en este mundo tengo, y tanto, que podré decir que le tengo en
lugar de mi misma persona,⁸ y que por las señas que dél me habéis dado, tan
puntuales y ciertas, no puedo pensar sino que sea el mismo que habéis

---

⁶ These two verses, are adapted from *La Araucana*, I, 2, of Alonso de Ercilla (1533-
1594), the epic poem about the conquest of the Chilean Indians by the Spaniards. The
verses as cited scan as eleven syllables each, but Ercilla's version was different: "Pues no
es el vencedor más estimado / de aquello en que el vencido es reputado."

⁷ **Estuvo mil...** *was about to tell him a thousand times*

⁸ **Le tengo...** *I esteem him as much as I do myself*

vencido. Por otra parte, veo con los ojos y toco con las manos no ser posible ser el mesmo, si ya no fuese que como él tiene muchos enemigos encantadores, especialmente uno que de ordinario le persigue, no haya alguno dellos tomado su figura para dejarse vencer, por defraudarle de la
5 fama que sus altas caballerías le tienen granjeada y adquirida,° por todo lo   earned
descubierto de la tierra. Y para confirmación desto, quiero también que sepáis que los tales encantadores, sus contrarios, no ha más de dos días que transformaron la figura y persona de la hermosa Dulcinea del Toboso en una aldeana soez y baja, y desta manera habrán transformado a don Quijote. Y
10 si todo esto no basta para enteraros° en esta verdad que digo, aquí está el   inform you
mesmo don Quijote que la sustentará con sus armas, a pie o a caballo, o de cualquiera suerte que os agradare."
   Y diciendo esto, se levantó en pie y se empuñó en la espada, esperando qué resolución tomaría el Caballero del Bosque, el cual, con voz asimismo
15 sosegada, respondió y dijo: "Al buen pagador no le duelen prendas.[9] El que una vez, señor don Quijote, pudo venceros transformado, bien podrá tener esperanza de rendiros en vuestro 'propio ser.° Mas porque no es bien que los   original state
caballeros hagan sus fechos de armas ascuras, como los salteadores y rufianes, esperemos el día para que el sol vea nuestras obras. Y ha de ser
20 condición de nuestra batalla que el vencido ha de quedar° a la voluntad del   submit
vencedor, para que haga dél todo lo que quisiere, con tal que sea decente a caballero lo que se le ordenare."
   "Soy más que contento desa condición y convenencia,"° respondió don   agreement on terms
Quijote.
25   Y en diciendo esto se fueron donde estaban sus escuderos, y los hallaron roncando° y en la misma forma° que estaban cuando les salteó el   snoring, position
sueño. Despertáronlos y mandáronles que 'tuviesen a punto° los caballos,   make ready
porque en saliendo el sol habían de hacer los dos una sangrienta, singular y desigual° batalla, a cuyas nuevas quedó Sancho atónito y pasmado,   arduous
30 temeroso de° la salud de su amo por las valentías que había oído decir del   for
suyo al escudero del Bosque. Pero, sin hablar palabra, se fueron los dos escuderos a buscar su ganado,° que ya todos tres caballos y el rucio se   mounts
habían olido y estaban todos juntos.
   En el camino dijo el del Bosque a Sancho: "Ha de saber, hermano, que
35 tienen por costumbre los peleantes° de la Andalucía, cuando son padrinos°   combattants, second
de alguna pendencia, no estarse ociosos, 'mano sobre mano,° en tanto que   arms folded
sus ahijados[10] riñen.° Dígolo porque esté advertido, que mientras nuestros   fight
dueños riñeren nosotros también hemos de pelear y hacernos astillas."
   "Esa costumbre, señor escudero," respondió Sancho, "allá puede correr
40 y pasar con los rufianes y peleantes que dice, pero con los escuderos de los caballeros andantes, ni por pienso. A lo menos, yo no he oído decir a mi amo semejante costumbre, y sabe de memoria todas las ordenanzas de la andante caballería. 'Cuanto más° que yo quiero° que sea verdad y   even if, accept

---

[9] **Al buen...** *leaving a pledge doesn't bother a good payer*
[10] Since **padrino** means *godfather* as well as *second in a duel*, the Squire of the Wood uses **ahijado** *godson* for the combattant. It means *master* in this context.

ordenanza expresa el pelear los escuderos en tanto que sus señores pelean, pero yo no quiero cumplirla, sino pagar la pena que estuviere puesta a los tales pacíficos escuderos, que yo aseguro que no pase de dos libras° de cera,[11] y más quiero pagar las tales libras, que sé que me costarán menos que las hilas que podré gastar° en curarme la cabeza, que ya me la cuento por partida y dividida en dos partes. Hay más—que me imposibilita el reñir el no tener espada,[12] pues en° mi vida me la puse."

 "Para eso sé yo un buen remedio," dijo el del Bosque, "yo traigo aquí dos 'talegas de lienzo° de un mesmo tamaño; tomaréis vos la una y yo la otra, y riñiremos° a talegazos° con armas iguales."

 "Desa manera, sea en buena hora," respondió Sancho, "porque antes servirá la tal pelea de despolvorearnos° que de herirnos."

 "No ha de ser así," replicó el otro, "porque se han de echar dentro de las talegas, porque no se las lleve el aire,° media docena de guijarros lindos y pelados° que pesen tanto los unos como los otros, y desta manera nos pondremos atalegar° sin hacernos mal ni daño."

 "Mirad, ¡cuerpo de mi padre," respondió Sancho, "qué martas cebollinas[13] o qué copos° de algodón cardado[14] pone en las talegas para no quedar molidos los cascos y 'hechos alheña° los huesos! Pero aunque se llenaran de 'capullos de seda,° sepa, señor mío, que no he de pelear. Peleen nuestros amos y allá se lo hayan, y bebamos y vivamos nosotros, que el tiempo tiene cuidado de quitarnos las vidas, sin que andemos buscando apetites° para que se acaben antes de llegar su sazón y término, y que se cayan de maduras."[15]

 "Con todo," replicó el del Bosque, "hemos de pelear siquiera media hora."

 "Eso, no," respondió Sancho, "no seré yo tan descortés ni tan desagradecido, que con quien he comido y he bebido 'trabe cuestión alguna,° por mínima° que sea. Cuanto más que estando sin cólera y sin enojo, ¿quién diablos se ha de amañar° a reñir 'a secas?°"

 "Para eso," dijo el del Bosque, "yo daré un suficiente remedio, y es que antes que comencemos la pelea, yo me llegaré bonitamente a vuestra merced y le daré tres o cuatro bofetadas que dé con él[16] a mis pies, con las cuales le haré despertar la cólera aunque esté con más sueño que un lirón.°"

 "Contra ese corte° sé yo otro," respondió Sancho, "que no le va en zaga. Cogeré yo un garrote,° y antes que vuestra merced llegue a despertarme la cólera haré yo dormir a garrotazos de tal suerte la suya, que

---

[11] This sounds like an unusual fine to pay, but the old religious brotherhoods would demand wax to make candles with. Sancho knows what such penalties would be since he was a **muñidor** in a local **cofradía** (see Part I, Chapter 21, p. 158, line 18).

[12] **Me imposibilita…** *having no sword makes it impossible for me to fight*

[13] A **marta cebellina** is a sable. Sancho confuses the term a bit by saying the nonsensical **cebollina**, based on the word for *onion*.

[14] Carding is a process to comb natural fibers so that they can be spun and woven into cloth.

[15] **Que se…** *let them [the lives] fall because of ripeness [old age]*

[16] **Con él** means **con vuestra merced** = *you*. Grammatically it "should be" **con ella** since **vuestra merced** is feminine.

Marginal glosses:

pounds

use

nunca en…

linen sacks
reñiremos, blows
with sacks
dust each other off

wind
smooth
hit with sacks

balls
beaten up
silkworm cocoons

reasons

start a fight, minimal
to arrange, just like
that

dormouse

plan
club

no despierte si no fuere en el otro mundo, en el cual se sabe que no soy yo
hombre que me dejo manosear el rostro de nadie.[17] Y cada uno mire por el
virote.[18] Aunque lo más acertado sería dejar dormir su cólera a cada uno,
que no sabe° nadie el alma de nadie, y tal suele venir por lana que vuelve   **conoce**
5   tresquilado, y Dios bendijo la paz y maldijo las riñas, porque si un gato
acosado, encerrado y apretado° 'se vuelve en° león, yo, que soy hombre,   cornered, turns into
Dios sabe en lo que podré volverme, y así desde ahora intimo° a vuestra   I inform
merced, señor escudero, que 'corra por su cuenta° todo el mal y daño que de   will be on your
nuestra pendencia resultare."   account
10   "Está bien," replicó el del Bosque, "amanecerá Dios y medraremos.°'"   we will prosper
En esto ya comenzaban a gorjear° en los árboles mil suertes de pintados   chirp
pajarillos, y en sus diversos y alegres cantos parecía que daban la norabuena
y saludaban a la fresca Aurora, que ya por las puertas y balcones del Oriente
iba descubriendo la hermosura de su rostro, sacudiendo° de sus cabellos un   shaking
15 número infinito de líquidas perlas, en cuyo suave licor bañándose las
yerbas, parecía asimesmo[19] ellas brotaban° y llovían blanco y menudo   shed
aljófar. Los sauces° destilaban° maná[20] sabroso, reíanse las fuentes,   willows, distilled
murmuraban los arroyos, alegrábanse las selvas y enriquecíanse los prados
con su venida. Mas apenas dio lugar la claridad del día para ver y
20 diferenciar las cosas, cuando 'la primera° que se ofreció a los ojos de   **la primera** *cosa*
Sancho Panza fue la nariz° del escudero del Bosque que era tan grande, que   nose
casi le hacía sombra a todo el cuerpo.[21] Cuéntase, en efecto, que era de
demasiada grandeza, corva en la mitad y toda llena de verrugas,° de color   warts
amoratado,° como de berenjena. Bajábale dos dedos más abajo de la boca,[22]   purple
25 cuya grandeza, color, verrugas y encorvamiento° así le afeaban° el rostro,   curving, made ugly
que, en viéndole Sancho, comenzó a herir° de pie y de mano como niño con   tremble
alferecía,° y propuso en su corazón de dejarse dar docientas bofetadas antes   epilepsy
que despertar la cólera para reñir con aquel vestiglo.
Don Quijote miró a su contendor° y hallóle ya puesta y calada° la   adversary, placed
30 celada, de modo que no le pudo ver el rostro, pero notó que era hombre
membrudo,° y no muy alto de cuerpo. Sobre las armas traía una sobrevista°   burly, tunic
o casaca de una tela, al parecer, de oro finísimo, sembradas por ella muchas
lunas pequeñas de resplandecientes espejos, que le hacían en grandísima
manera galán y vistoso.° Volábanle sobre la celada grande cantidad de   handsome
35 plumas verdes, amarillas y blancas. La lanza que tenía arrimada a un árbol
era grandísima y gruesa, y de un hierro acerado° de más de un palmo.   steel
Todo lo miró y todo lo notó don Quijote, y juzgó de lo visto y mirado

---

[17] (No) me dejo... *I don't let my face be touched by anybody.*
[18] Meaning "let everyone mind his own business."
[19] Schevill and others insert **que** here. Since Cervantes' use of **que** is not regular, the text
has been respected.
[20] This is not the biblical manna, the food that kept the Hebrews alive during the forty
years between the Exodus from Egypt and their arrival in the Promised Land, but rather a
sweet liquid that is harvested from trees and then dried. The only thing is, this manna
comes from the flowering ash tree, and not from the willow. (The willlow *does* provide
salicylic acid which became an ingredient in aspirin.)
[21] Casi le... *it almost put the rest of his body in the shade*
[22] Bajábale... *it extended the width of two fingers below his mouth*

que el ya dicho caballero debía de ser de grandes fuerzas. Pero no por eso
temió como Sancho Panza—antes con gentil denuedo° dijo al Caballero de   courage
los Espejos: "Si la mucha gana de pelear, señor caballero, no os gasta la
cortesía, por ella os pido que alcéis la visera un poco, porque yo vea si la
gallardía de vuestro rostro responde a la de vuestra disposición.°"   constitution
    "O vencido o vencedor que salgáis desta empresa, señor caballero,"
respondió el de los Espejos, "os quedará tiempo y espacio demasiado para
verme, y si ahora no satisfago a vuestro deseo, es por parecerme que hago
notable agravio a la hermosa Casildea de Vandalia en dilatar el tiempo que
tardare en alzarme la visera, sin haceros confesar lo que ya sabéis que
pretendo."
    "Pues en tanto que subimos a caballo," dijo don Quijote, "bien podéis
decirme si soy yo aquel don Quijote que dijistes haber vencido."[23]
    "A eso vos respondemos," dijo el de los Espejos, "que parecéis como
se parece un huevo a otro al mismo caballero que yo vencí. Pero, según vos
decís que le persiguen encantadores, no osaré afirmar si sois el contenido°   aforesaid
o no."
    "Eso me basta a mí," respondió don Quijote, "para que crea vuestro
engaño. Empero, para sacaros dél° de todo punto, vengan nuestros caballos.   del *engaño*
Que en menos tiempo que el que tardárades en alzaros la visera,[24] si Dios,
si mi señora y mi brazo me valen, veré yo vuestro rostro, y vos veréis que
no soy yo el vencido don Quijote que pensáis."
    Con esto, acortando razones, subieron a caballo, y don Quijote volvió
las riendas a Rocinante para tomar lo que convenía del campo para volver
a encontrar a su contrario, y lo mesmo hizo el de los Espejos. Pero no se
había apartado don Quijote veinte pasos, cuando se oyó llamar del de los
Espejos, y partiendo los dos el camino,[25] el de los Espejos le dijo:
"Advertid, señor caballero, que la condición de nuestra batalla es que el
vencido, como otra vez he dicho, ha de quedar a discreción del vencedor."
    "Ya la sé," respondió don Quijote, "con tal que lo que se le impusiere
y mandare al vencido han de ser cosas que no salgan de los límites de la
caballería."
    "Así se entiende," respondió el de los Espejos.
    Ofreciéronsele en esto a la vista de don Quijote las estrañas narices del
escudero, y no se admiró menos de verlas que Sancho, tanto, que le juzgó   begin his run
por algún monstro, o por hombre nuevo y de aquellos que no se usan en el
mundo. Sancho, que vio partir a su amo para 'tomar carrera,° no quiso   big-nosed man, slap
quedar solo con el narigudo,° temiendo que con solo un pasagonzalo° con
aquellas narices en las suyas sería acabada la pendencia suya, quedando del
golpe, o del miedo, tendido en el suelo, y fuese tras su amo, asido a una   i.e., to turn around
ación[26] de Rocinante, y cuando le pareció que ya era tiempo que volviese,°
le dijo: "Suplico a vuesa merced, señor mío, que antes que vuelva a

---

[23] **Que dijistes...** *that you said you conquered*
[24] **En menos...** *in less time than it would take you to raise your visor*
[25] That is, they both turned and faced each other and moved towards each other an equal amount.
[26] **Ación**, spelled even today with only one **c**, means *stirrup strap*. In the first edition, folio 51ʳ, it does say **acción**, kept by most modern editors.

encontrarse me ayude a subir sobre aquel alcornoque, de donde podré ver más a mi sabor, mejor que desde el suelo, el gallardo encuentro que vuesa merced ha de hacer con este caballero,"

"Antes creo, Sancho," dijo don Quijote, "que te quieres encaramar° y ⁵ subir 'en andamio° por ver sin peligro los toros."²⁷

    climb up
    in a high place

"La verdad que diga," respondió Sancho, "las desaforadas narices de aquel escudero me tienen atónito y lleno de espanto, y no me atrevo a estar junto a él."

"Ellas son tales," dijo don Quijote, "que a no ser yo quien soy, también ¹⁰ 'me asombraran,° y así ven, ayudarte he²⁸ a subir donde dices."

    would terrify me

'En lo que° se detuvo don Quijote en que Sancho subiese en el alcornoque, tomó el de los Espejos del campo lo que le pareció necesario, y creyendo que lo mismo habría hecho don Quijote, sin esperar son de trompeta ni otra señal que los avisase, volvió las riendas a su caballo, que ¹⁵ no era más ligero ni de mejor parecer que Rocinante, y a todo su correr, que era un mediano trote, iba a encontrar a su enemigo. Pero viéndole ocupado en la subida de Sancho, 'detuvo las riendas° y paróse en la mitad de la carrera, de lo que el caballo quedó agradecidísimo, a causa que ya no podía moverse. Don Quijote, que le pareció que ya su enemigo venía ²⁰ volando, arrimó° reciamente las espuelas a las 'trasijadas ijadas° de Rocinante, y le hizo aguijar° de manera que cuenta la historia que esta sola vez se conoció haber corrido algo, porque todas las demás siempre fueron trotes declarados,° y con esta no vista furia llegó donde el de los Espejos estaba hincando° a su caballo las espuelas hasta los botones,²⁹ sin que le ²⁵ pudiese mover un solo dedo del lugar donde había hecho estanco° de su carrera.

    while

    he drew rein

    stuck, skinny flanks
    hurry

    simple
    driving
    stop

En esta buena sazón y coyuntura halló don Quijote a su contrario embarazado° con su caballo y ocupado con su lanza, que nunca, o no acertó, o no tuvo lugar de ponerla en ristre. Don Quijote, que no miraba en ³⁰ estos inconvenientes, 'a salvamano° y sin peligro alguno encontró al de los Espejos con tanta fuerza, que mal de su grado le hizo venir al suelo por las ancas del caballo, dando tal caída, que sin mover pie ni mano, dio señales de que estaba muerto.

    hindered

    without risk

Apenas le vio caído Sancho, cuando se deslizó del alcornoque, y a toda ³⁵ priesa vino donde su señor estaba, el cual, apeándose de Rocinante, fue sobre el de los Espejos, y 'quitándole las lazadas° del yelmo para ver si era muerto, y para que le diese el aire, si acaso estaba vivo, y vio..., ¿quién podrá decir lo que vio, sin causar admiración, maravilla y espanto a los que lo oyeren? Vio, dice la historia, el rostro mesmo, la misma figura, el mesmo aspecto, la misma ⁴⁰ fisonomía,° la mesma efigie,° la pespetiva° mesma del bachiller Sansón Carrasco, y así como la vio, en altas voces dijo: "Acude, Sancho, y mira lo que has de ver y no lo has de creer. Aguija, hijo, y advierte lo que puede° la magia, lo que pueden los hechiceros y los encantadores."

    unlacing

    face, effigy,
    appearance
    puede *hacer*

Llegó Sancho, y como vio el rostro del bachiller Carrasco, comenzó a

---

²⁷ Allusion to seeing the bullfight from a safe place.

²⁸ You recall the ancient future formation, modern **te ayudaré**.

²⁹ The old spurs were simple spikes, with knobs to prevent great penetration.

hacerse mil cruces y a santiguarse otras tantas. En todo esto, no daba
muestras de estar vivo el derribado caballero, y Sancho dijo a don Quijote:
"Soy de parecer, señor mío, que, 'por sí o por no,° vuesa merced hinque y   in any case
meta la espada por la boca a este que parece el bachiller Sansón Carrasco.
5   Quizá matará en él a alguno de sus enemigos los encantadores."
     "No dices mal," dijo don Quijote, "porque de los enemigos, los
menos."[30]
     Y sacando la espada para poner en efecto el aviso y consejo de Sancho,
llegó el escudero del de los Espejos, ya sin las narices que tan feo le habían
10   hecho, y a grandes voces dijo: "Mire vuesa merced lo que hace, señor don
Quijote, que ese que tiene a los pies es el bachiller Sansón Carrasco, su
amigo, y yo soy su escudero."
     Y viéndole Sancho sin aquella fealdad primera, le dijo: "Y ¿las
narices?"
15   A lo que él respondió: "Aquí las tengo, en la faldriquera."°   pocket
     Y echando mano a la derecha,[31] sacó unas narices de 'pasta y barniz
de máscara,° de la manifatura° que quedan delineadas, y mirándole más y   pasteboard and
más Sancho, con voz admirativa y grande, dijo: "¡Santa María, y valme!°   varnish, shape;
¿Éste no es Tomé Cecial, mi vecino y mi compadre?"   help me
20   "Y ¡cómo si lo soy!"[32] respondió el ya desnarigado° escudero. "Tomé   un-nosed
Cecial soy, compadre y amigo Sancho Panza, y luego os diré los arcaduces,
embustes y enredos por donde soy aquí venido,[33] y en tanto, pedid y
suplicad al señor vuestro amo que no toque, maltrate, hiera ni mate al
Caballero de los Espejos que a sus pies tiene, porque sin duda alguna es el
25   atrevido y mal aconsejado, el bachiller Sansón Carrasco, nuestro
compatrioto."
     En esto, volvió en sí el de los Espejos, lo cual visto por don Quijote,
le puso la punta desnuda de su espada encima del rostro, y le dijo: "Muerto
sois, caballero, si no confesáis que la sin par Dulcinea del Toboso se
30   aventaja en belleza a vuestra Casildea de Vandalia. Y demás de esto habéis   fall
de prometer, si de esta contienda y caída° quedárades con vida, de ir a la
ciudad del Toboso, y presentaros en su presencia de mi parte, para que haga
de vos lo que más en voluntad le viniere. Y si os dejare 'en la vuestra,°   on your own
asimismo habéis de volver a buscarme—que el rastro° de mis hazañas os   trail
35   servirá de guía que os traiga donde yo estuviere—y a decirme lo que con
ella hubiéredes pasado; condiciones que, conforme a las que pusimos antes
de nuestra batalla, no salen de los términos de la andante caballería."
     "Confieso," dijo el caído caballero, "que vale más el zapato descosido°   tattered
y sucio de la señora Dulcinea del Toboso, que las barbas mal peinadas,
40   aunque limpias, de Casildea, y prometo de ir y volver de su presencia a la
vuestra y daros entera y particular cuenta de lo que me pedís."
     "También habéis de confesar y creer," añadió don Quijote, "que aquel
caballero que vencistes no fue ni pudo ser don Quijote de la Mancha, sino

---

[30] **De los enemigos...** *of enemies, the fewer the better*
[31] **Echando mano...** *putting his hand in his right-hand pocket*
[32] **¡Cómo...** *of course I am*
[33] **Luego os...** *soon I'll tell you the secrets, tricks, and schemings that brought me here*

otro que se le parecía, como yo confieso y creo que vos, aunque parecéis el bachiller Sansón Carrasco, no lo sois, sino otro que le parece, y que en su figura aquí me le han puesto mis enemigos para que detenga y temple el ímpetu de mi cólera, y para que use blandamente de la gloria del vencimiento."

"Todo lo confieso, juzgo y siento como vos lo creéis, juzgáis y sentís," respondió el derrengado° caballero. "Dejadme levantar, os ruego, si es que lo permite el golpe de mi caída, que asaz maltrecho me tiene."   battered

Ayudóle a levantar don Quijote y Tomé Cecial su escudero, del cual no apartaba los ojos Sancho, preguntándole cosas, cuyas respuestas le daban manifiestas señales de que verdaderamente era el Tomé Cecial que decía. Mas la aprehensión que en Sancho había hecho lo que su amo dijo, de que los encantadores habían mudado la figura del Caballero de los Espejos en la del bachiller Carrasco, no le dejaba dar crédito[34] a la verdad que con los ojos estaba mirando. Finalmente, se quedaron con este engaño amo y mozo, y el de los Espejos y su escudero, mohinos y mal andantes, se apartaron de don Quijote y Sancho, con intención de buscar algún lugar donde bizmarle y entablarle° las costillas. Don Quijote y Sancho volvieron a proseguir su   to splint camino de Zaragoza, donde los deja la historia, por dar cuenta de quien era el caballero de los Espejos y su narigante[35] escudero.

---

[34] **No le dejaba...** *it prevented him from believing*
[35] Cervantes made this word up, *nosed.*

Capítulo XV. Donde se cuenta y da noticia de quién era el Caballero de los Espejos y su escudero.

EN EXTREMO contento, ufano y vanaglorioso° iba don Quijote por haber **vainglorious**
alcanzado vitoria de tan valiente caballero como él se imaginaba que era
el de los Espejos, de cuya caballeresca palabra° esperaba saber si el **word = promise**
encantamento de su señora 'pasaba adelante,° pues era forzoso que el tal **continued**
vencido caballero volviese, so pena de no serlo, a darle razón de lo que con
ella le hubiese sucedido. Pero uno pensaba don Quijote y otro el de los
Espejos,[1] puesto que por entonces no era otro su pensamiento sino buscar
donde bizmarse, como se ha dicho.

Dice, pues, la historia que cuando el bachiller Sansón Carrasco aconsejó
a don Quijote que volviese a proseguir sus dejadas caballerías, fue por haber
entrado primero en bureo° con el cura y el barbero sobre qué medio se podría **secret meeting**
tomar para reducir a don Quijote a que se estuviese en su casa quieto y
sosegado, sin que le alborotasen sus mal buscadas aventuras, de cuyo consejo
salió por voto común de todos y parecer particular de Carrasco, que dejasen
salir a don Quijote, pues el detenerle parecía imposible, y que Sansón 'le
saliese al camino° como caballero andante, y trabase° batalla con él, pues no **follow him**
fight
faltaría sobre qué,[2] y le venciese, teniéndolo por cosa fácil, y que fuese pacto° **pact**
y concierto que el vencido quedase a merced° del vencedor, y así vencido don **mercy**
Quijote, le había de mandar el bachiller caballero se volviese a su pueblo y
casa, y no saliese della en dos años, o hasta tanto que por él le fuese mandado
otra cosa, lo cual era claro que don Quijote, vencido, cumpliría
indubitablemente, por no contravenir y faltar a las leyes de la caballería, y
podría ser que en el tiempo de su reclusión° se le olvidasen sus vanidades,° **seclusion, foolishness**
o se diese lugar de buscar a su locura algún conveniente remedio.[3]

Aceptólo Carrasco, y ofreciósele por escudero Tomé Cecial, compadre
y vecino de Sancho Panza, hombre alegre y 'de lucios cascos.° Armóse **lively**
Sansón como queda referido y Tomé Cecial acomodó sobre sus naturales
narices las falsas y de máscara ya dichas, porque no fuese conocido de su
compadre cuando se viesen, y así siguieron el mismo viaje que llevaba don
Quijote, y llegaron casi a hallarse en la aventura del Carro de la Muerte. Y
finalmente dieron con ellos en el bosque, donde les sucedió todo lo que el
prudente ha leído, y si no fuera por los pensamientos extraordinarios de don
Quijote, que se dio a entender que el bachiller no era el bachiller, el señor
bachiller quedara imposibilitado para siempre de graduarse de licenciado, por
no haber hallado nidos donde pensó hallar pájaros.[4]

---

[1] **Uno pensaba don Quijote y otro el de los Espejos** is taken from the saying **Uno
piensa el bayo y otro quien lo ensilla** *The bay [horse] is thinking one thing and the one
who saddles it is thinking something else.*

[2] **Pues no...** *since a pretext would be easy to find*

[3] **Se diese...** *there would be an opportunity to look for a reasonable cure for his
madness*

[4] **Por no haber hallado nidos donde pensó hallar pájaros** is a saying meaning that
things turned out the opposite of what was planned. **Nido** = *nest.*

Tomé Cecial, que vio cuán mal había logrado sus deseos y el mal paradero que había tenido su camino, dijo al bachiller: "Por cierto, señor Sansón Carrasco, que tenemos ¹nuestro merecido.° Con facilidad se piensa   what we deserved y se acomete una empresa, pero con dificultad las más veces se sale della.

5 Don Quijote loco, nosotros cuerdos, él se va sano y riendo, vuesa merced queda molido y triste. Sepamos, pues, ahora, cuál es más loco, ¿el que lo es por no poder menos, o el que lo es por su voluntad?"

A lo que respondió Sansón: "La diferencia que hay entre esos dos locos es que el que lo es por fuerza lo será siempre, y el que lo es de

10 grado, lo dejará de ser cuando quisiere."

"Pues así es," dijo Tomé Cecial, "yo fui por mi voluntad loco cuando quise hacerme escudero de vuestra merced, y por la misma quiero dejar de serlo y volverme a mi casa."

"Eso os cumple,"⁵ respondió Sansón, "porque° pensar que yo he de   but

15 volver a la mía hasta° molido a palos a don Quijote es pensar en lo   **hasta *que haya*** escusado, y no me llevará ahora a buscarle el deseo de que cobre su juicio, sino el de la venganza. Que el dolor grande de mis costillas no me deja hacer más piadosos discursos."

En esto fueron razonando los dos, hasta que llegaron a un pueblo

20 donde fue ventura hallar un algebrista° con quien se curó el Sansón   bonesetter desgraciado. Tomé Cecial se volvió y le dejó, y él quedó imaginando su venganza, y la historia vuelve a hablar dél a su tiempo, por no dejar de regocijarse ahora con don Quijote.

Capítulo XVI. De lo que sucedió a don Quijote con un discreto caballero de la Mancha.

CON la alegría, contento y vanidad que se ha dicho, seguía don Quijote su jornada, imaginándose por la pasada vitoria ser el caballero andante más valiente que tenía en aquella edad el mundo. 'Daba por° acabadas y a felice fin conducidas[1] cuantas aventuras pudiesen sucederle de allí adelante. 'Tenía en poco° a los encantos y a los encantadores, no se acordaba de los inumerables palos que en el discurso de sus caballerías le habían dado, ni de la pedrada que le derribó la mitad de los dientes, ni del desagradecimiento de los galeotes, ni del atrevimiento y lluvia de estacas de los yangüeses. Finalmente, decía entre sí, que si él hallara arte,° modo o manera cómo desencantar a su señora Dulcinea, no invidiara° a la mayor ventura que alcanzó o pudo alcanzar el más venturoso caballero andante de los pasados siglos.

En estas imaginaciones iba todo ocupado, cuando Sancho le dijo: "¿No es bueno, señor, que aún todavía traigo entre los ojos las desaforadas narices, y 'mayores de marca,° de mi compadre Tomé Cecial?"

"Y ¿crees tú, Sancho, por ventura, que el Caballero de los Espejos era el bachiller Carrasco, y su escudero Tomé Cecial, tu compadre?"

"No sé qué me diga a eso,"[2] respondió Sancho, "sólo sé que las señas° que me dio de mi casa, mujer y hijos, no me las podría dar otro que él mesmo, y la cara, quitadas° las narices, era la misma de Tomé Cecial, como yo se la he visto muchas veces en mi pueblo y 'pared en medio° de mi misma casa, y el tono° de la habla° era 'todo uno.°'"

"Estemos a razón,[3] Sancho," replicó don Quijote. "Ven acá, ¿en qué consideración puede caber que[4] el bachiller Sansón Carrasco viniese como caballero andante armado de armas ofensivas y defensivas, a pelear conmigo? ¿He sido yo su enemigo, por ventura? ¿Hele dado yo jamás ocasión para tenerme ojeriza? ¿Soy yo su rival, o hace él profesión de las armas para tener invidia a la fama que yo por ellas he ganado?"

"Pues ¿qué diremos, señor," respondió Sancho, "a esto de parecerse tanto aquel caballero, sea el que se fuere, al bachiller Carrasco, y su escudero a Tomé Cecial, mi compadre? Y si ello es encantamento como vuestra merced ha dicho, ¿no había en el mundo otros dos a quien se parecieran?"

"Todo es artificio y traza," respondió don Quijote, "de los malignos magos° que me persiguen, los cuales, anteviendo° que yo había de quedar vencedor en la contienda, 'se previnieron de° que el caballero vencido mostrase el rostro de mi amigo el bachiller, porque la amistad que le tengo se pusiese entre los filos de mi espada y el rigor de mi brazo, y templase la justa ira de mi corazón, y desta manera quedase con vida el que con embelecos° y falsías° procuraba quitarme la mía. Para prueba de lo cual ya

Right margin glosses:
he considered

he cared little

way
wouldn't envy

unique

inidications

having taken off
next door
tone, speech, the
same

magicians, foreseeing
they arranged

deceits, fraud

---

[1] **A felice fin conducidas** = conducidas con feliz fin
[2] **No sé...** *I don't know what to say about that*
[3] **Estemos...** *let's be reasonable*
[4] **¿En qué...** *how can it be that*

sabes, ¡oh Sancho! por experiencia que no te dejará mentir ni engañar, cuán
fácil sea a los encantadores mudar unos rostros en otros, haciendo de lo
hermoso feo y de lo feo hermoso, pues no ha dos días que viste por tus
mismos ojos la hermosura y gallardía de la sin par Dulcinea en toda su
5   entereza y natural conformidad,° y yo la vi en la fealdad y bajeza de una   form
zafia labradora, con cataratas en los ojos y con mal olor° en la boca. Y más,   smell
que el perverso encantador que se atrevió a hacer una transformación tan
mala, 'no es mucho° que haya hecho la de Sansón Carrasco y la de tu   it's no wonder
compadre, por quitarme la gloria del vencimiento de las manos. Pero, con
10   todo esto me consuelo, porque, en fin, en cualquier figura que haya sido,
he quedado vencedor de mi enemigo."
      "Dios sabe la verdad de todo," respondió Sancho.
      Y como él sabía que la transformación de Dulcinea había sido traza y
embeleco suyo, no le satisfacían las quimeras de su amo. Pero no le quiso
15   replicar, por no decir alguna palabra que descubriese su embuste.
      En estas razones estaban, cuando los alcanzó un hombre que detrás
dellos por el mismo camino venía sobre una muy hermosa yegua tordilla,°   dapple-grey
vestido un gabán de paño fino verde, jironado de terciopelo leonado,[5] con
una montera del mismo terciopelo. El aderezo° de la yegua era de campo,   trappings
20   y de la jineta, asimismo de morado y verde; traía un alfanje morisco
pendiente de un ancho tahalí de verde y oro, y los borceguíes eran de la
labor del tahalí. Las espuelas no eran doradas, sino dadas con un barniz°   varnish
verde, tan tersas y bruñidas,° que, por hacer labor con todo el vestido,   burnished
parecían mejor que si fuera[6] de oro puro. Cuando llegó a ellos el caminante
25   los saludó cortésmente, y picando a la yegua, se pasaba de largo.[7] Pero don   **el *mismo* camino**
Quijote le dijo: "Señor galán, si es que vuestra merced lleva el camino° que   I would be pleased
nosotros y no importa el darse priesa, 'merced recibiría° en que nos
fuésemos juntos."
      "En verdad," respondió el de la yegua, "que no me pasara tan de largo,
30   si no fuera por temor que con la compañía de mi yegua no se alborotara ese
caballo."
      "Bien puede, señor," respondió a esta sazón Sancho, "bien puede 'tener
las riendas° a su yegua, porque nuestro caballo es el más honesto y bien   rein in
mirado del mundo. Jamás en semejantes ocasiones ha hecho vileza alguna,
35   y una vez que 'se desmandó° a[8] hacerla, la lastamos° mi señor y yo con las   behaved badly, paid
setenas. Digo otra vez, que puede vuestra merced detenerse, si quisiere, que
aunque se la den entre dos platos,[9] a buen seguro que el caballo no la
arrostre."[10]
      Detuvo la rienda el caminante, admirándose de la apostura y rostro de
40   don Quijote, el cual iba sin celada, que la llevaba Sancho como maleta en
el arzón delantero de la albarda del rucio, y si mucho miraba el de lo verde

---

[5] **Jironado...** *with appliqués of tan triangles*
[6] The original shows **fuera** here, looking towards **oro**. Schevill and others change it to
fueran to agree with what precedes.
[7] **Se pasaba...** *he went by*
[8] The first edition has **ha** here.
[9] **Entre...** *"on a silver platter"*
[10] **No la...** *he wouldn't even look at her*

a don Quijote, mucho más miraba don Quijote al de lo verde, pareciéndole
hombre de chapa. La edad mostraba ser de cincuenta años, las canas pocas
y el rostro aguileño, la vista entre alegre y grave. Finalmente, en el traje y
apostura daba a entender ser hombre de 'buenas prendas.° *worth*

5   Lo que juzgó de don Quijote de la Mancha el de lo verde fue que
semejante manera ni parecer de hombre no le había visto jamás. Admiróle
la longura° de su caballo,[11] la grandeza de su cuerpo, la flaqueza° y *length, leanness*
amarillez° de su rostro, sus armas, su ademán y compostura, figura y *yellowness*
retrato° no visto por luengos tiempos atrás[12] en aquella tierra. Notó bien don *appearance*
10 Quijote la atención con que el caminante le miraba, y leyóle en la
suspensión su deseo, y como era tan cortés y tan amigo° de dar gusto a *fond*
todos, antes que le preguntase nada le salió al camino,[13] diciéndole: "Esta
figura que vuesa merced en mí ha visto, por ser tan nueva y tan fuera de
las que comúnmente se usan, no me maravillaría yo de que le hubiese
15 maravillado. Pero dejará vuesa merced de estarlo, cuando le diga, como le
digo, que soy caballero

> destos que dicen las gentes,
> que a sus aventuras van.[14]

   "Salí de mi patria, empeñé mi hacienda, dejé mi regalo y entreguéme
20 en los brazos de la fortuna que me llevasen donde más fuese servida. Quise
resucitar la ya muerta andante caballería, y ha muchos días que, tropezando
aquí, cayendo allí, despeñándome acá y levantándome acullá, he cumplido
gran parte de mi deseo, socorriendo viudas, amparando doncellas y
favoreciendo casadas,° huérfanos y pupilos, propio y natural oficio de *married women*
25 caballeros andantes, y así por mis valerosas, muchas y cristianas hazañas
he merecido andar ya en estampa en casi todas o las más naciones del
mundo. Treinta mil volúmenes se han impreso de mi historia, y lleva
camino de imprimirse[15] treinta mil veces de millares, si el cielo no lo
remedia.° Finalmente, por encerrarlo° todo en breves palabras, o en una *put a stop to,*
30 sola, digo que yo soy don Quijote de la Mancha, por otro nombre llamado *summarize it*
el Caballero de la Triste Figura, y puesto que las propias alabanzas
envilecen, esme° forzoso decir yo tal vez las mías, y esto se entiende *me es*
cuando no se halla presente quien las diga. Así que, señor gentilhombre, ni
este caballo, esta lanza,[16] ni este escudo ni escudero, ni todas juntas estas
35 armas, ni la amarillez de mi rostro, ni mi atenuada flaqueza os podrá

---

[11] Since it is *Don Quijote*'s description we are hearing about, editors have wondered
whether **caballo** is correct. A few change it to **cabello** *hair* while many more change it
to **cuello** *neck* (the first edition has **cauallo**—u and b were interchangeable—and thus
editors justified the reading **cuello**). Let's stick with **caballo** since his horse is part of his
strange overall appearance.

[12] **Por...** *for a long time*

[13] **Le salió...** *he anticipated it*

[14] There is a variant of these verses in Part I, Chapter 9, p. 68, and later in Chapter
49, p. 399.

[15] **Lleva...** *on its way to being printed*

[16] For sake or parallel structure, Schevill has placed **ni**, not found in the first edition,
before **esta**. I have omitted it because of the conversational style of the text.

admirar de aquí adelante, habiendo ya sabido quién soy y la profesión que hago."

Calló en diciendo esto don Quijote, y el de lo verde, según se tardaba en responderle, parecía que no acertaba a hacerlo. Pero de allí a buen
5   espacio le dijo: "Acertastes, señor caballero, a conocer por mi suspensión mi deseo. Pero no habéis acertado a quitarme la maravilla que en mí causa el haberos visto. Que puesto que como vos, señor, decís, que el saber ya quién sois me la° podría quitar, no ha sido así, antes, agora que lo sé,   **la *maravilla*** quedo más suspenso y maravillado. ¿Cómo y es posible que hay hoy
10   caballeros andantes en el mundo, y que hay historias impresas de verdaderas caballerías? No me puedo persuadir que haya hoy en la tierra quien favorezca viudas, ampare doncellas, ni honre casadas, ni socorra huérfanos, y no lo creyera si en vuesa merced no lo hubiera visto con mis ojos. Bendito sea el cielo, que con esa historia que vuesa merced dice que
15   está impresa de sus altas y verdaderas caballerías, se habrán puesto en olvido las innumerables de los fingidos caballeros andantes, de que estaba lleno el mundo, tan en daño de las buenas costumbres y tan en perjuicio y descrédito° de las buenas historias."   **disrepute**

"Hay mucho que decir," respondió don Quijote, "en razón de si son
20   fingidas o no las historias de los andantes caballeros."

"Pues ¿hay quien dude," respondió el Verde, "que no son falsas las tales historias?"

"Yo lo dudo," respondió don Quijote, "y quédese esto aquí. Que si nuestra jornada dura, espero en Dios de dar a entender a vuesa merced que
25   ha hecho mal en irse con la corriente de los que tienen por cierto que no son verdaderas."

Desta ultima razón de don Quijote tomó barruntos el caminante de que don Quijote debía de ser algún mentecato, y aguardaba° que con otras lo   **expected** confirmase. Pero antes que se divirtiesen en otros razonamientos, don
30   Quijote le rogó le dijese quién era, pues él le había dado parte de su condición y de su vida. A lo que respondió el del Verde Gabán: "Yo, señor Caballero de la Triste Figura, soy un hidalgo, natural de un lugar donde iremos a comer hoy, si Dios fuere servido. Soy más que medianamente rico, y es mi nombre don Diego de Miranda. Paso la vida con mi mujer y con
35   mis hijos y con mis amigos. Mis ejercicios son el de la caza y pesca, pero no mantengo ni halcón, ni galgos, sino algún perdigón manso[17] o algún hurón[18] atrevido. Tengo hasta seis docenas de libros, cuáles° de romance y   **some** cuáles de latín, de historia algunos y 'de devoción° otros. Los de caballerías   **devotional** aun no han entrado por los umbrales de mis puertas. Hojeo° más los que   **I turn pages in**
40   son profanos que los devotos, como sean de honesto entretenimiento, que deleiten con el lenguaje y admiren y suspendan con la invención, puesto que destos hay muy pocos en España. Alguna vez como con mis vecinos y amigos, y muchas veces los convido.° Son mis convites° limpios y   **i.e., to dine, banquets** aseados° y no nada escasos. Ni gusto de murmurar, ni consiento que delante   **clean**
45   de mí se murmure. No escudriño las vidas ajenas, ni soy lince de los hechos

[17] These tame partridges were, and are still, used as hunters' decoys.
[18] Ferrets were, and are, also used for hunting, for example, to drive rabbits from their burrows.

de los otros.[19] Oigo° misa cada día, reparto de° mis bienes con los pobres,   I attend, some of
sin 'hacer alarde° de las buenas obras por no dar entrada en mi corazón a   boasting
la hipocresía y vanagloria,° enemigos que blandamente° 'se apoderan° del   boastfulness, subtly,
corazón más recatado. Procuro poner en paz los que sé que están   take possession of
5 desavenidos.° Soy devoto de Nuestra Señora y confío siempre en la   on bad terms
misericordia infinita de Dios Nuestro Señor."

Atentísimo estuvo Sancho a la relación de la vida y entretenimientos
del hidalgo, y pareciéndole buena y santa, y que quien la° hacía debía de   i.e., **la vida**
hacer milagros, se arrojó del rucio y con gran priesa le fue a asir del estribo
10 derecho, y con devoto corazón y casi lágrimas le besó los pies una y
muchas veces. Visto lo cual por el hidalgo, le preguntó: "¿Qué hacéis,
hermano? ¿Qué besos son éstos?"

"Déjenme besar," respondió Sancho, "porque me parece vuesa merced
el primer santo 'a la jineta° que he visto en todos los días de mi vida."   on horseback
15 "No soy santo," respondió el hidalgo, "sino gran pecador. Vos sí,
hermano, que debéis de ser bueno, como vuestra simplicidad lo muestra."

Volvió Sancho a cobrar la albarda, habiendo sacado a plaza la risa[20] de
la profunda malencolía de su amo y causado nueva admiración a don Diego.

Preguntóle don Quijote que cuántos hijos tenía, y díjole que una de las
20 cosas en que ponían el sumo bien los antiguos filósofos, que carecieron del
verdadero conocimiento de Dios, fue en los bienes de la naturaleza, en los
de la fortuna, en tener muchos amigos y en tener muchos y buenos hijos.

"Yo, señor don Quijote," respondió el hidalgo, "tengo un hijo que a no
tenerle quizá me juzgara° por más dichoso de lo que soy, y no porque   I would consider
25 él sea malo, sino porque no es tan bueno como yo quisiera. Será de
edad de diez y ocho años, 'los seis° ha estado en Salamanca, aprendiendo   for six years
las lenguas latina y griega, y cuando quise que pasase° a estudiar otras   go on
ciencias, halléle tan embebido en la de la poesía, si es que se puede
llamar ciencia, que no es posible hacerle arrostrar° la de las leyes, que   to face
30 yo quisiera que estudiara, ni de la reina de todas, la teología. Quisiera
yo que fuera corona de su linaje,[21] pues vivimos en siglo donde nuestros
reyes premian altamente las virtuosas y buenas letras, porque letras
sin virtud son perlas en el muladar.° Todo el día se le pasa en averiguar si   dung heap
dijo bien o mal Homero en tal verso de la *Ilíada*, si Marcial[22] anduvo
35 deshonesto o no en tal epigrama, si se han de entender de una manera o
otra tales y tales versos de Virgilio. En fin, todas sus conversaciones son
con los libros de los referidos poetas, y con los de Horacio,[23] Persio,[24]

---

[19] **Ni...** *nor do I spy on other men's actions.* This is Starkie's good solution.

[20] **Habiendo...** *having brought out a laugh*

[21] **Corona...** *an honor to his family*

[22] The Roman epigramist Martial was born in Bibilis, near modern Calatayud in Spain, about 75 kms. southwest of Zaragoza. He is faulted for his gushy adulation of emperors and his obscenity. Interesting for understanding don Diego de Miranda's son are these epigrams: "Nothing is more confident than a bad poet" Book II, 63; "He does not write at all whose poems no man reads" Book III, 9.

[23] Horace was a famous Latin poet (65B.C.–8A.D.). He wrote about friendship, love, philosophy, and the art of poetry in his *Epistles* and *Odes*.

[24] Persius (34–62A.D.) was a Latin stoic poet whose satires had a high moral tone. He was a precursor of Juvenal.

Juvenal[25] y Tibulo.[26] Que de los modernos romancistas[27] no 'hace mucha
cuenta,° y con todo el mal cariño que muestra tener a la poesía de
romance,[28] le tiene agora desvanecidos los pensamientos el hacer una glosa
a cuatro versos que le han enviado de Salamanca,[29] y pienso que son de
5 justa° literaria."

    A todo lo cual respondió don Quijote: "Los hijos, señor, son pedazos
de las entrañas de sus padres, y así 'se han de querer,° o buenos o malos que
sean, como se quieren las almas que nos dan vida. A los padres toca el
encaminarlos desde pequeños por los pasos de la virtud, de la buena
10 crianza° y de las buenas y cristianas costumbres, para que, cuando grandes,
sean báculo de la vejez de sus padres y gloria de su posteridad. Y en lo de
forzarles que estudien esta o aquella ciencia no lo tengo por acertado,
aunque el persuadirles no será dañoso. Y cuando no se ha de estudiar para
pane lucrando,° siendo tan venturoso el estudiante, que le dio el cielo
15 padres que se lo dejen, sería yo de parecer que le dejen seguir aquella
ciencia a que más le vieren° inclinado, y aunque la de la poesía es menos
útil que deleitable, no es de aquellas que suelen deshonrar a quien las
posee.

    "La poesía, señor hidalgo, a mi parecer, es como una doncella tierna
20 y de poca edad y en todo extremo hermosa, a quien tienen[30] cuidado de
enriquecer, pulir y adornar otras muchas doncellas, que son todas las otras
ciencias, y ella se ha de servir de todas, y todas se han de autorizar con
ella.[31] Pero esta tal doncella no quiere ser manoseada, ni traída por las
calles, ni publicada por las esquinas de las plazas ni por los rincones de los
25 palacios. Ella es hecha de una alquimia°de tal virtud, que quien la sabe
tratar la volverá en oro purísimo[32] 'de inestimable precio.° Hala de tener, el
que la tuviere, a raya, no dejándola correr en torpes° sátiras ni en
desalmados sonetos. No ha de ser vendible en ninguna manera, 'si ya no°
fuere en poemas heroicos, en lamentables° tragedias, o en comedias alegres
30 y artificiosas. No se ha de dejar tratar de los truhanes° ni del ignorante
vulgo, incapaz° de conocer ni estimar° los tesoros que en ella se encierran.
Y no penséis, señor, que yo llamo aquí vulgo solamente a la gente plebeya
y humilde. Que todo aquel que no sabe, aunque sea señor y príncipe, puede
y debe entrar en número de vulgo. Y así el que con los requisitos° que he
35 dicho tratare y tuviere° a la poesía, será famoso y estimado su nombre

Margin glosses:
- pays little attention (line 2)
- competition (line 5)
- must be loved (line 7)
- upbringing (line 10)
- to earn one's bread / *Latin* (line 14)
- they see (line 16)
- alchemy (line 25)
- priceless (line 26)
- clumsy (line 27)
- unless (line 28)
- moving (line 29)
- buffoons (line 30)
- incapable, / appreciating (line 31)
- requirements (line 34)
- holds (line 35)

---

[25] Juvenal (55?–127?) was the best known of the Latin satiric poets. His sixteen *Satires*
deal with daily life in Rome under good and bad emperors. They attack the corruption of
society in Rome and the brutalities and follies of mankind.

[26] Tibullus (55B.C.–19B.C.) was a Roman elegiac poet considered by Quintilian to be the
best of them all. His clear and unaffected style is marked by simplicity, grace, tenderness,
and exquisiteness of feeling.

[27] That is, the modern poets who wrote in **romance** *Spanish.*

[28] **Con todo...** *but even though he seems to dislike poetry in Spanish*

[29] **Le...** *writing a gloss based on four verses that they sent him from Salamanca has
muddled his thoughts.* The contest consists of taking a four-line poem and composing a new,
longer poem of four stanzas, each one ending with a verse from the orginal.

[30] The subject of **tienen** is **otras muchas doncellas...**

[31] **Ella se ha de...** *she must use them all and they find their worth through her*

[32] There is doubtless a pun here with the other meaning of **alquimia** *fool's gold.*

en todas las naciones políticas° del mundo. Y 'a lo que decís,° señor, que   *civilized,*
vuestro hijo no estima mucho la poesía de romance, doyme a entender que   *from what you say*
no anda muy acertado en ello, y la razón es ésta: el grande Homero no
escribió en latín porque era griego, ni Virgilio no escribió en griego porque
5 era latino. En resolución, todos los poetas antiguos escribieron en la lengua
que mamaron° en la leche, y no fueron a buscar las estranjeras° para   *suckled; i.e., foreign*
declarar la alteza° de sus conceptos. Y siendo esto así, razón sería se   *languages;*
estendiese esta costumbre por todas las naciones, y que no 'se desestimase°   *grandeur; hold self*
el poeta alemán porque escribe en su lengua, ni el castellano, ni aún el   *in low esteem*
10 vizcaíno que escribe en la suya.

"Pero vuestro hijo, a lo que yo, señor, imagino, no debe de estar mal
con la poesía de romance, sino con los poetas que son meros romancistas,°   *Spanish writers*
sin saber otras lenguas ni otras ciencias que adornen y despierten y ayuden
a su natural impulso,° y aun en esto puede haber yerro. Porque, según es   *inspiration*
15 opinión verdadera, el poeta nace.[33] Quieren decir que del vientre de su
madre el poeta natural sale poeta. Y con aquella inclinación que le dio el
cielo, sin más estudio ni artificio, compone cosas que hace verdadero al que
dijo: *Est deus in nobis,* etc.[34] También digo que el natural poeta que 'se
ayudare del° arte será mucho mejor y se aventajará al poeta que sólo por   *makes use of*
20 saber el arte quisiere serlo. La razón es porque el arte no se aventaja a la
naturaleza, sino perficiónala.°[35] Así que, mezcladas la naturaleza y el arte,   *it perfects it*
y el arte con la naturaleza, sacarán un perfetísimo° poeta.   *most perfect*

"Sea, pues, la conclusión de mi plática, señor hidalgo, que vuesa
merced deje caminar a su hijo por donde su estrella le llama, que, siendo
25 él tan buen estudiante como debe de ser, y habiendo ya subido felicemente
el primer escalón° de las esencias,[36] que es el de las lenguas, con ellas por   *step*
sí mesmo subirá a la cumbre de las letras humanas, las cuales tan bien
parecen en un 'caballero de capa y espada,° y así le adornan, honran y   *secular knight*
engrandecen como las mitras a los obispos, o como las garnachas° a los   *robes*
30 peritos° jurisconsultos.° Riña vuesa merced a su hijo si hiciere sátiras que   *qualified, legal*
perjudiquen° las honras ajenas, y castíguele y rómpaselas.° Pero si hiciere   *experts; harm, tear*
sermones° al modo de Horacio, donde reprehenda° los vicios en general,   *them up; discourses,*
como tan elegantemente él lo hizo, alábele, porque lícito es al poeta escribir   *reprehends*
contra la invidia y decir en sus versos mal de los invidiosos, y así de los
35 otros vicios, 'con que° no señale persona alguna.[37] Pero hay poetas que a   **con *tal* que**
trueco de decir una malicia se pondrán a peligro que los destierren a las
islas de Ponto.[38] Si el poeta fuere casto en sus costumbres, lo será también

[33] The first part of a Latin adage, "Poeta nascitur, non fit," 'A poet is born, not made.'
[34] *Est deus in nobis: agitante calescimus in illo* "There is god in us: he stirs and we
get warm," from Ovid's *Fasti,* vi, 5.
[35] Here don Quijote is being very erudite, using the Latin stem **perfic-** instead of the
Spanish **perfecionar.**
[36] The original edition has **esencias** *essential disciplines* which I respect. Many
editions change this to **ciencias,** and this could be what was intended.
[37] **con que...** *provided that he not single out any individual*
[38] This is Ovid (43 B.C–17A.D.), exiled in 9 A.D. to the shores (*not* islands) of Pontus
Euxinus on the Black Sea, because he had written *Ars Amatoria,* a poem dealing with the
art of love. The Emperor Augustus was particularly sore at Ovid because he was trying
to foster moral reforms when Ovid's masterpiece of witty impropriety was produced.

en sus versos. La pluma es lengua del alma—cuales° fueren los conceptos   as
que en ella se engendraren, tales° serán sus escritos, y cuando los reyes y   so
príncipes veen la milagrosa ciencia de la poesía en sujetos prudentes,
virtuosos y graves, los honran, los estiman y los enriquecen, y aun los
5   coronan con las hojas del árbol a quien no ofende el rayo,[39] como en señal
que no han de ser ofendidos de nadie los que con tales coronas veen
honradas y adornadas sus sienes."

Admirado quedó el del Verde Gabán del razonamiento de don Quijote,
y tanto, que fue perdiendo de la opinión que con él tenía de ser mentecato.
10   Pero a la mitad desta plática, Sancho, por no ser muy de su gusto, se había
desviado del camino a pedir un poco de leche a unos pastores que allí junto
'estaban ordeñando° unas ovejas, y en esto, ya volvía a renovar la plática el   were milking
hidalgo, satisfecho en extremo de la discreción y buen discurso de don
Quijote, cuando, alzando don Quijote la cabeza, vio que por el camino por
15   donde ellos iban venía un carro lleno de banderas reales. Y creyendo que
debía de ser alguna nueva aventura, a grandes voces llamó a Sancho que
viniese a darle la celada, el cual Sancho, oyéndose llamar, dejó a los
pastores, y a toda priesa picó al rucio y llegó donde su amo estaba, a quien
sucedió una espantosa y desatinada aventura.

---

[39] The tree that lightning never strikes, according to an ancient supersition, is the laurel,
whose leaves were used to make wreaths to place on the heads of heroes and poets.

Capítulo XVII. De donde se declaró el último punto y extremo adonde llegó y pudo llegar el inaudito ánimo de don Quijote con la felicemente acabada aventura de los leones.

5 CUENTA la historia que cuando don Quijote daba voces a Sancho que le trujese el yelmo, estaba él comprando unos requesones° que los pastores   "cottage cheese"
le vendían, y acosado de la mucha priesa de su amo, no supo qué hacer
dellos, ni en qué traerlos, y por no perderlos, que ya los tenía pagados,°   paid for
acordó de echarlos en la celada de su señor, y con este buen recado volvió
10 a ver lo que le quería, el cual, en llegando, le dijo: "Dame, amigo, esa
celada—que yo sé poco de aventuras, o lo que allí descubro es alguna que
me ha de necesitar, y me necesita, a tomar mis armas."

El del Verde Gabán, que esto oyó, tendió la vista por todas partes, y no
descubrió otra cosa que un carro que hacia ellos venía, con dos o tres
15 banderas pequeñas, que le dieron a entender que el tal carro debía de traer
moneda de su majestad, y así se lo dijo a don Quijote.

Pero él no le dio crédito, siempre creyendo y pensando que todo lo que
le sucediese habían de ser aventuras y más aventuras, y así respondió al
hidalgo: "«Hombre apercebido, medio combatido[1]» —no se pierde nada en
20 que yo me aperciba. Que sé por experiencia que tengo enemigos visibles e
invisibles, y no sé cuándo, ni adónde, ni en qué tiempo, ni en qué figuras me
han de acometer."

Y volviéndose° a Sancho, le pidió la celada, el cual, como no tuvo   turning towards
lugar de sacar los requesones, le fue forzoso dársela como estaba. Tomóla
25 don Quijote, y sin que echase de ver lo que dentro venía, con toda priesa se
la encajó° en la cabeza, y como los requesones 'se apretaron° y   put, were squeezed
exprimieron,° comenzó a correr el suero° por todo el rostro y barbas de don   were squeezed, whey
Quijote, de lo que recibió tal susto, que dijo a Sancho: "¿Qué será esto,
Sancho, que parece que se me ablandan los cascos o se me derriten los
30 sesos, o que sudo de los pies a la cabeza? Y si es que sudo, en verdad que
no es de miedo. Sin duda creo que es terrible la aventura que agora quiere
sucederme. Dame, si tienes, con que me limpie.[2] Que el copioso sudor me
ciega los ojos."

Calló Sancho y diole un paño, y dio con él gracias a Dios de que su
35 señor no hubiese caído en el caso. Limpióse don Quijote y quitóse la celada,
por ver qué cosa era la que, a su parecer, le enfriaba la cabeza, y viendo
aquellas gachas° blancas dentro de la celada, las llegó a las narices, y en   mush
oliéndolas dijo: "¡Por vida de mi señora Dulcinea del Toboso que son
requesones los que aquí me has puesto, traidor, bergante° y mal mirado   scoundrel
40 escudero!"

A lo que con gran flema° y disimulación° respondió Sancho: "Si son   calm, pretending
requesones, démelos vuesa merced, que yo me los comeré. Pero cómalos
el diablo, que debió de ser el que ahí los puso. ¿Yo había de tener
atrevimiento de ensuciar el yelmo de vuesa merced? ¡Hallado le habéis el
45 atrevido![3] A la fe, señor, a lo que Dios me da a entender, también debo yo

---

[1] "Forewarned is forearmed."
[2] **Con que...** *something to clean myself with*
[3] **¡Hallado...** *Do you think I'm to blame?* Clearly not literal.

de tener encantadores que me persiguen, como a hechura° y miembro de   part
vuesa merced, y habrán puesto ahí esa inmundicia para mover a cólera su
paciencia, y hacer que me muela, como suele, las costillas. Pues en verdad
que esta vez han dado salto en vago.[4] Que yo confío en el buen discurso de
5   mi señor, que habrá considerado que ni yo tengo requesones, ni leche, ni
otra cosa que lo valga, y que si la tuviera, antes la pusiera en mi estómago
que en la celada."
    "Todo puede ser," dijo don Quijote.
    Y todo lo miraba el hidalgo, y de todo se admiraba, especialmente
10 cuando, después de haberse limpiado don Quijote cabeza, rostro y barbas
y celada, se la encajó, y afirmándose bien en los estribos, requiriendo la
espada y asiendo la lanza, dijo: "Ahora venga lo que viniere, que aquí estoy
con ánimo de tomarme con el mesmo Satanás en persona."
    Llegó, en esto, el carro de las banderas, en el cual no venía otra gente
15 que el carretero en las mulas, y un hombre sentado en la delantera.° Púsose   front
don Quijote delante, y dijo: "¿Adónde vais, hermanos? ¿Qué carro es éste,
qué lleváis en él y qué banderas son aquéstas?"
    A lo que respondió el carretero: "El carro es mío; lo que va en él son
dos bravos leones enjaulados, que el General de Orán envía a la Corte,
20 presentados a su majestad; las banderas son del rey nuestro señor, en señal
que aquí va cosa suya."
    "Y ¿son grandes los leones?" preguntó don Quijote.
    "Tan grandes," respondió el hombre que iba a la puerta del carro, "que
no han pasado mayores, ni tan grandes, de África a España jamás, y yo soy
25 el leonero° y he pasado otros, pero como éstos ninguno. Son hembra y   lion-keeper
macho,° el macho va en esta jaula primera, y la hembra en la de atrás, y   male
ahora van hambrientos, porque no han comido hoy. Y así vuesa merced se
desvíe, que es menester llegar presto donde 'les demos de comer.°"   we feed them
    A lo que dijo don Quijote, sonriéndose un poco: "¿Leoncitos° a mí? ¿A   little lions
30 mí leoncitos, y a tales horas? Pues por Dios que han de ver esos señores
que acá los envían, si soy yo hombre que se espanta de leones. Apeaos,
buen hombre, y pues sois el leonero, abrid esas jaulas y echadme esas
bestias fuera, que en mitad desta campaña° les daré a conocer quién es don   field
Quijote de la Mancha, a despecho y pesar de los encantadores que a mí los
35 envían."
    "Ta, ta,"[5] dijo a esta sazón entre sí el hidalgo. "Dado ha señal de quien
es nuestro buen caballero—los requesones sin duda le han ablandado los
cascos y madurado° los sesos."   softened
    Llegóse, en esto, a él Sancho, y díjole: "Señor, por quien Dios es, que
40 vuesa merced haga de manera que mi señor don Quijote no 'se tome con°   take on
estos leones, que si se toma, aquí nos han de hacer pedazos a todos."
    "Pues ¿tan loco es vuestro amo," respondió el hidalgo, "que teméis y
creéis que se ha de tomar con tan fieros animales?"
    "No es loco," respondió Sancho, "sino atrevido."
45   "Yo haré que no lo sea," replicó el hidalgo.
    Y llegándose a don Quijote, que estaba 'dando priesa° al leonero que   harrassing

---

[4] **Han...** *they are off the mark*
[5] This was used to show surprise at seeing something unexpected.

abriese las jaulas, le dijo: "Señor caballero, los caballeros andantes han de
acometer las aventuras que prometen esperanza de salir bien dellas, y no
aquellas que de en todo[6] la quitan. Porque la valentía que se entra en la
juridición de la temeridad, más tiene de locura que de fortaleza. Cuanto más
5 que estos leones no vienen contra vuesa merced, ni lo sueñan. Van
presentados a su majestad, y no será bien detenerlos ni impedirles° su   to stop
viaje."

"Váyase vuesa merced, señor hidalgo," respondió don Quijote, "a
entender con su perdigón manso y con su hurón atrevido, y deje a cada uno
10 hacer su oficio. Éste es el mío, y yo sé si vienen a mí o no estos señores
leones."

Y volviéndose al leonero, le dijo: "¡Voto a tal, don bellaco, que si no
abrís luego luego las jaulas, que con esta lanza 'os he de coser con° el   I'll stick you to
carro!"

15 El carretero, que vio la determinación° de aquella armada fantasma, le   resolve
dijo: "Señor mío, vuestra merced sea servido, por caridad, dejarme desuncir
las mulas y ponerme en salvo con ellas, antes que 'se desenvainen° los   are released
leones, porque si me las matan, quedaré rematado para toda mi vida—que
no tengo otra hacienda sino este carro y estas mulas."

20 "¡Oh hombre de poca fe!"[7] respondió don Quijote, "apéate y desunce
y haz lo que quisieres, que presto verás que trabajaste en vano, y que
pudieras ahorrar desta diligencia."

Apeóse el carretero y desunció a gran priesa, y el leonero dijo a
grandes voces: "Séanme testigos cuantos aquí están, como contra mi
25 voluntad y forzado abro las jaulas y suelto los leones, y de que protesto° a   warn
este señor que todo el mal y daño que estas bestias hicieren corra° y vaya   is the responsibility
por su cuenta, con más mis salarios y derechos. Vuestras mercedes, señores,   of
se pongan en cobro antes que abra, que yo seguro estoy que no me han de
hacer daño."

30 Otra vez le persuadió el hidalgo que no hiciese locura semejante, que
era tentar a Dios acometer tal disparate. A lo que respondió don Quijote,
que él sabía lo que hacía. Respondióle el hidalgo que lo mirase bien, que
él entendía que se engañaba.

"Ahora, señor," replicó don Quijote, "si vuesa merced no quiere ser
35 oyente desta que a su parecer ha de ser tragedia, pique la tordilla y póngase
en salvo."

Oído lo cual por Sancho, con lágrimas en los ojos le suplicó desistiese
de tal empresa, en cuya comparación habían sido tortas y pan pintado la de
los molinos de viento y la temerosa de los batanes y, finalmente, todas las
40 hazañas que había acometido en todo el discurso de su vida.

"Mire, señor," decía Sancho, "que aquí no hay encanto ni cosa que lo
valga, que yo he visto por entre las verjas y resquicios de la jaula una uña°   claw
de león verdadero, y saco por ella que el tal león, cuya debe de ser la tal
uña, es mayor que una montaña."

45 "El miedo, a los menos," respondió don Quijote, "te le hará parecer
mayor que la mitad del mundo. Retírate, Sancho, y déjame, y si aquí

---

[6] This is as in the first edition. Schevill makes it **todo en todo** *entirely*.

[7] This echoes what Christ says in Matthew 14:31.

muriere, ya sabes nuestro antiguo concierto—acudirás a Dulcinea, y no te
digo más."

A éstas añadió otras razones con que quitó las esperanzas de que no
había de dejar de proseguir su desvariado intento. Quisiera el del Verde
5 Gabán oponérsele, pero viose desigual en las armas, y no le pareció cordura
tomarse con un loco, que ya se lo había parecido de todo punto don
Quijote, el cual, volviendo a dar priesa al leonero y a reiterar las amenazas,
dio ocasión al hidalgo a que picase la yegua y Sancho al rucio y el
carretero a sus mulas, procurando todos apartarse del carro lo más que
10 pudiesen, antes que los leones 'se desembanastasen.°   were released

Lloraba Sancho la muerte de su señor, que aquella vez sin duda creía
que llegaba en las garras de los leones, maldecía su ventura y llamaba
menguada° la hora en que le vino al pensamiento volver a servirle. Pero no   wretched
por llorar y lamentarse dejaba de aporrear° al rucio para que se alejase del   beating
15 carro. Viendo, pues, el leonero que ya los que iban huyendo estaban bien
desviados, tornó a requerir° y a intimar a don Quijote lo que ya le había   persuade
requerido e intimado, el cual respondió que lo oía y que no se curase de
más intimaciones y requirimientos, que todo sería de poco fruto,° y que se   effect
diese priesa. En el espacio que tardó el leonero en abrir la jaula primera,
20 estuvo considerando don Quijote si sería bien hacer la batalla antes a pie
que a caballo. Y en fin se determinó de hacerla a pie, temiendo que
Rocinante se espantaría con la vista de los leones. Por esto saltó del caballo,
arrojó la lanza y embrazó el escudo, y, desenvainando la espada, 'paso ante
paso,° con maravilloso denuedo y corazón valiente, se fue a poner delante   step by step
25 del carro, encomendándose a Dios de todo corazón, y luego a su señora
Dulcinea.

Y 'es de saber° que, llegando a este paso el autor de esta verdadera   it should be made
historia, exclama y dice: "¡Oh fuerte y sobre todo encarecimiento animoso   known
don Quijote de la Mancha, espejo donde se pueden mirar todos los valientes
30 del mundo, segundo y nuevo don Manuel de León,[8] que fue gloria y honra
de los españoles caballeros! ¿Con qué palabras contaré esta tan espantosa°   frightening
hazaña, o con qué razones la haré creíble a los siglos venideros, o qué
alabanzas habrá que no te convengan y cuadren, aunque sean hipérboles°   exaggeration
sobre todos los hipérboles? Tú a pie, tú sólo, tú intrépido, tú magnánimo,
35 con sola una espada, y no de las del perrillo[9] cortadoras, con un escudo no
de muy luciente y limpio acero, estás aguardando y atendiendo los dos más
fieros leones que jamás criaron las africanas selvas.° Tus mismos hechos   jungles
sean los que te alaben, valeroso manchego—que yo los dejo aquí en su
punto, por faltarme palabras con que encarecerlos."
40 Aquí cesó la referida exclamación del autor y pasó adelante, anudando°   joining
el hilo de la historia, diciendo:

Que visto el leonero ya puesto en postura a don Quijote, y que no
podía dejar de soltar al león macho, so pena de caer en la desgracia del
indignado y atrevido caballero, abrió de par en par la primera jaula donde
45 estaba, como se ha dicho, el león, el cual pareció de grandeza extraordinaria
y de espantable y fea catadura. Lo primero que hizo fue revolverse en la

---

[8] For Manuel de León, see Part I, Chap. 49, p. 397, note 9.
[9] These were short, wide swords made by Julián del Rey in fifteenth-century Toledo.

jaula, donde venía echado,° y tender la garra y desperezarse° todo. Abrió   lying, stretch
luego la boca y bostezó° muy despacio, y con casi dos palmos de lengua   yawned
que sacó fuera se despolvoreó° los ojos y se lavó el rostro. Hecho esto,   cleaned dust from
sacó° la cabeza fuera de la jaula y miró a todas partes con los ojos hechos   stuck out
5 brasas,° vista y además para poner espanto a la misma temeridad. Sólo don   hot coals
Quijote lo miraba atentamente, deseando que saltase ya del carro y viniese
con él a las manos, entre las cuales pensaba hacerle pedazos.
    Hasta aquí llegó el extremo de su jamás vista locura. Pero el generoso
león, más comedido que arrogante, no haciendo caso de niñerías ni de
10 bravatas,° después de haber mirado a una y otra parte, como se ha dicho,   bravado
volvió las espaldas y enseñó sus traseras partes a don Quijote, y con gran
flema y remanso° se volvió a echar en la jaula. Viendo lo cual, don Quijote   sluggishness
mandó al leonero que le diese de palos y le irritase para echarle fuera.
    "Eso no haré yo," respondió el leonero, "porque si yo le instigo, el
15 primero a quien hará pedazos será a mí mismo. Vuesa merced, señor
caballero, se contente con lo hecho, que es todo lo que puede decirse en
género de valentía, y no quiera tentar segunda fortuna. El león tiene abierta
la puerta, en su mano está salir o no salir, pero pues no ha salido hasta
ahora, no saldrá en todo el día. La grandeza del corazón de vuesa merced
20 ya está bien declarada. Ningún bravo peleante, según a mí se me alcanza,
está obligado a más que a desafiar a su enemigo y esperarle en campaña,
y si el contrario no acude, en él se queda la infamia, y el esperante° gana   person who waits
la corona del vencimiento."
    "Así es verdad," respondió don Quijote, "cierra, amigo, la puerta, y
25 dame por testimonio en la mejor forma que pudieres lo que aquí me has
visto hacer. 'Conviene a saber:° como tú abriste al león, yo le esperé, él no   to wit
salió, volvíle a esperar, volvió a no salir y volvióse a acostar. No debo
más,[10] y encantos afuera. Y Dios ayude a la razón, y a la verdad, y a la
verdadera caballería. Y cierra, como he dicho, en tanto que 'hago señas° a   signal, those who
30 los huidos° y ausentes, para que sepan de tu boca esta hazaña."   fled
    Hízolo así el leonero, y don Quijote, poniendo en la punta de la lanza
el lienzo con que se había limpiado el rostro de la lluvia de los requesones,
comenzó a llamar a los que no dejaban de huir ni de volver la cabeza a
cada paso, todos 'en tropa° y antecogidos del hidalgo,[11] pero alcanzando   in disorder
35 Sancho a ver la señal del blanco paño, dijo: "Que me maten si mi señor no
ha vencido a las fieras bestias, pues nos llama."
    Detuviéronse todos y conocieron que el que hacía las señas era don
Quijote, y perdiendo alguna parte del miedo, poco a poco se vinieron
acercando hasta donde claramente oyeron las voces de don Quijote, que los
40 llamaba. Finalmente, volvieron al carro, y en llegando, dijo don Quijote al
carretero: "Volved, hermano, a uncir° vuestras mulas y a proseguir vuestro   hitch
viaje, y tú, Sancho, dale dos escudos de oro para él y para el leonero, en
recompensa de lo que por mí se han detenido."
    "Ésos daré yo de muy buena gana," respondió Sancho, "pero ¿qué se
45 han hecho los leones? ¿Son muertos, o vivos?"
    Entonces el leonero, menudamente° y 'por sus pausas,° contó el fin de   in great detail,
    in detail

---

[10] **No debo...** *there is nothing more I can do*
[11] **Antecogidos...** *followed by the **hidalgo***

la contienda, exagerando[12] como él mejor pudo y supo el valor de don
Quijote, de cuya vista el león, acobardado,° no quiso ni osó salir de la jaula,   unnerved
puesto que había tenido un buen espacio abierta la puerta de la jaula. Y que
por haber él dicho a aquel caballero que era tentar a Dios irritar al león para
que por fuerza saliese, como él quería que se irritase, mal de su grado, y
contra toda su voluntad,[13] había permitido que la puerta se cerrase.

    "¿Qué te parece desto, Sancho?" dijo don Quijote. "¿Hay encantos que
valgan contra la verdadera valentía? Bien podrán los encantadores quitarme
la ventura, pero el esfuerzo y el ánimo, será imposible."

    Dio los escudos Sancho, unció el carretero, besó las manos el leonero
a don Quijote por la merced recibida, y prometióle de contar aquella
valerosa hazaña al mismo rey cuando en la corte se viese.

    "Pues si acaso° su majestad preguntare quién la hizo, diréisle que EL   perhaps
CABALLERO DE LOS LEONES,[14] que de aquí adelante quiero que en éste se
trueque, cambie, vuelva y mude el que hasta aquí he tenido del Caballero
de la Triste Figura, y en esto sigo la antigua usanza de los andantes
caballeros, que se mudaban los nombres cuando querían, o cuando les venía
a cuento."

    Siguió su camino el carro, y don Quijote, Sancho y el del Verde Gabán
prosiguieron el suyo. En todo este tiempo no había hablado palabra don
Diego de Miranda, todo atento a mirar y a notar los hechos y palabras de
don Quijote, pareciéndole que era un cuerdo loco y un loco que 'tiraba a°   was leaning towards
cuerdo. No había aún llegado a su noticia la primera parte de su historia.
Que si la hubiera leído, cesara la admiración en que lo ponían sus hechos
y sus palabras, pues ya supiera el género de su locura. Pero como no la
sabía, ya° le tenía por cuerdo y ya por loco, porque lo que hablaba era   sometimes
concertado, elegante y bien dicho, y lo que hacía, disparatado, temerario y
tonto, y decía entre sí, "¿Qué más locura puede ser que ponerse la celada
llena de requesones y darse a entender que le ablandaban los cascos los
encantadores, y qué mayor temeridad y disparate que querer pelear por
fuerza con leones?"

    Destas imaginaciones y deste soliloquio le sacó don Quijote,
diciéndole: "¿Quién duda, señor don Diego de Miranda, que vuestra merced
no me tenga en su opinión por un hombre disparatado y loco? Y no sería
mucho que así fuese, porque mis obras no pueden dar testimonio de otra
cosa. Pues, con todo esto, quiero que vuestra merced advierta que no soy
tan loco ni tan menguado° como debo de haberle parecido. Bien parece un   diminished
gallardo caballero a los ojos de su rey, en la mitad de una gran plaza, dar
una lanzada con felice suceso a un bravo toro. Bien parece un caballero
armado de resplandecientes armas 'pasar la tela° en alegres justas delante   enter the contests
de las damas, y bien parecen todos aquellos caballeros que en ejercicios
militares, o lo parezcan, entretienen y alegran y, si se puede decir,
honran las cortes de sus príncipes. Pero sobre todos éstos parece mejor un
caballero andante, que por los desiertos, por las soledades, por las
encrucijadas, por las selvas y por los montes anda buscando peligrosas

---

[12] What he was exaggerating comes a few words later—**el valor de don Quijote.**
[13] That is, against Don Quijote's will.
[14] Clemencín points out that Amadís was also called **el Caballero de los Leones.**

aventuras, con intención de darles dichosa y bien afortunada cima, sólo por alcanzar gloriosa fama y duradera.[15] Mejor parece, digo, un caballero andante socorriendo a una viuda en algún despoblado que un cortesano caballero requebrando a una doncella en las ciudades. Todos los caballeros
5 tienen sus particulares ejercicios: sirva a las damas el cortesano, autorice°   glorify
la corte de su rey con libreas,° sustente los caballeros pobres con el   liveries
espléndido plato de su mesa, concierte justas, mantenga torneos y muéstrese grande, liberal y magnífico y buen cristiano sobre todo, y desta manera cumplirá con sus precisas obligaciones.
10   "Pero el andante caballero busque los rincones del mundo, éntrese en los más intricados laberintos, acometa a cada paso lo imposible, resista en los páramos despoblados los ardientes rayos del sol en la mitad del verano, y en el invierno la dura inclemencia de los vientos y de los yelos. No le asombren leones, ni le espanten vestiglos, ni atemoricen° endriagos, que   frighten
15 buscar éstos, acometer aquéllos y vencerlos a todos son sus principales y verdaderos ejercicios. Yo, pues, como me cupo en suerte ser uno del número de la andante caballería, no puedo dejar de acometer todo aquello que a mí me pareciere que cae debajo de la juridición de mis ejercicios, y así el acometer los leones que ahora acometí derechamente me tocaba,
20 puesto que conocí ser temeridad esorbitante,° porque bien sé lo que es   exorbitant
valentía, que es una virtud que está puesta entre dos estremos viciosos, como son la cobardía y la temeridad. Pero menos mal será que el que es valiente toque y suba al punto de temerario, que no que baje y toque en el punto de cobarde. Que así como es más fácil venir el pródigo° a ser liberal   generous person
25 que al avaro, así es más fácil dar el temerario en verdadero valiente que no el cobarde subir a la verdadera valentía. Y en esto de acometer aventuras, créame vuesa merced, señor don Diego, que antes se ha de perder por carta de más[16] que de menos, porque mejor suena en las orejas de los que lo oyen, 'el tal caballero es temerario y atrevido,' 'que no° 'el tal caballero es   rather than
30 tímido y cobarde.' "
   "Digo, señor don Quijote," respondió don Diego, "que todo lo que vuesa merced ha dicho y hecho va nivelado con el fiel de la misma razón,[17] y que entiendo que si las ordenanzas y leyes de la caballería andante se perdiesen, se hallarían en el pecho de vuesa merced como en su mismo
35 depósito y archivo. Y démonos priesa, que se hace tarde, y lleguemos a mi aldea y casa, donde descansará vuestra merced del pasado trabajo, que si no ha sido del cuerpo, ha sido del espíritu, que suele tal vez redundar en cansancio del cuerpo."
   "Tengo° el ofrecimiento a gran favor y merced, señor don Diego,"   I accept
40 respondió don Quijote.
   Y picando más de lo que hasta entonces,[18] serían como las dos de la tarde cuando llegaron a la aldea y a la casa de don Diego, a quien don Quijote llamaba EL CABALLERO DEL VERDE GABÁN.

---

[15] That is, **gloriosa y duradera fama.**
[16] **Antes...** *it's better to lose by a card too many*
[17] **Va nivelado...** *is proven by reason itself.* The **fiel** is the pointer on a scale.
[18] **Picando...** *spurring [their horses] more than they had before*

Capítulo XVIII. De lo que sucedió a don Quijote en el castillo o casa del Caballero del Verde Gabán, con otras cosas extravagantes.

Halló don Quijote ser la casa de don Diego de Miranda ancha como de
5   aldea. Las armas,° empero, aunque de piedra tosca,[1] encima de la   coat of arms
puerta de la calle, la bodega en el patio, la cueva en el portal,[2] y muchas
tinajas° a la redonda, que, por ser del Toboso, le renovaron las memorias   clay vats
de su encantada y transformada Dulcinea. Y sospirando y sin mirar lo que
decía, ni delante de quien estaba, dijo:

10   ¡Oh dulces prendas, por mi mal halladas,
                  dulces y alegres cuando Dios quería![3]

"¡Oh tobosescas° tinajas, que me habéis traído a la memoria la dulce   Tobosan
prenda de mi mayor amargura!°"   bitterness
Oyóle decir esto el estudiante poeta, hijo de don Diego, que con su
15 madre había salido a recebirle, y madre y hijo quedaron suspensos de ver
la extraña figura de don Quijote, el cual, apeándose de Rocinante, fue con
mucha cortesía a pedirle las manos para besárselas, y don Diego dijo:
"Recebid, señora, con vuestro sólito° agrado° al señor don Quijote de la   accustomed, affability
Mancha, que es el que tenéis delante, andante caballero, y el más valiente
20 y el más discreto que tiene el mundo."
La señora, que doña Cristina se llamaba, le recibió con muestras de
mucho amor y de mucha cortesía, y don Quijote se le ofreció con asaz de
discretas y comedidas razones. Casi los mismos comedimientos pasó con
el estudiante, que, en oyéndole hablar don Quijote,[4] le tuvo por discreto y
25 agudo.
Aquí pinta el autor todas las circunstancias de la casa de don Diego,
pintándonos en ellas lo que contiene una casa de un caballero labrador° y   farmer
rico. Pero al traductor desta historia le pareció pasar estas y otras
semejantes menudencias en silencio, porque 'no venían bien con° el   didn't fit in with
30 propósito principal de la historia, la cual más tiene su fuerza en la verdad
que en las frías digresiones.
Entraron a don Quijote en una sala, desarmóle Sancho, quedó en
valones° y en jubón de camuza,° todo bisunto con la mugre[5] de las armas.   Flemish pants, chamois skin
El cuello era valona a lo estudiantil, sin almidón y sin randas;[6] los
35 borceguíes eran datilados, y encerados° los zapatos. Ciñóse su buena   waxed

---

[1] **Piedra tosca** is *tuff*, a soft, porous rock of volcanic origin. A coat of arms made of this material would be easy to carve.

[2] Clemencín explains that the **bodega** and the **cueva** are both underground storage facilities. In the **bodega**, aging wine is stored, and in the **cueva**, Fr. *cave*, bottled wine, bacon and other comestibles are stored. Since these were underground they kept an even, cool temperature, all year round.

[3] These are the first two verses of Garcilaso de la Vega's **Soneto X**. The **prendas** in the case of the sonnet is a lock of hair from his deceased lady, Isabel de Freyre.

[4] **En oyéndole...** *[the student], hearing Don Quijote speak...*

[5] **Bisunto...** *stained with the rust*

[6] The Walloon collar, student-style, was a large, unadorned flat collar. Worn under armor, obviously it had no starch (**almidón**) or lace (**randas**).

espada, que pendía de un tahalí° de 'lobos marinos,° que es opinión que   strap, seals
muchos años fue enfermo de los riñones.⁷ Cubrióse un herreruelo de buen
paño pardo, pero antes de todo con cinco calderos° o seis de agua, que en   buckets
la cantidad de los calderos hay alguna diferencia,⁸ se lavó la cabeza y rostro,
5 y todavía se quedó el agua de color de suero, merced a la golosina° de   gluttony
Sancho y a la compra de sus negros requesones, que tan blanco pusieron a
su amo.

Con los referidos atavíos y con gentil donaire y gallardía salió don
Quijote a otra sala, donde el estudiante le estaba esperando para entretenerle
10 en tanto que las mesas 'se ponían.° Que por la venida de tan noble huésped   were being set
quería la señora doña Cristina mostrar que sabía y podía regalar a los que
a su casa llegasen.

En tanto que don Quijote se estuvo desarmando, tuvo lugar don
Lorenzo, que así se llamaba el hijo de don Diego, de decir a su padre:
15 "¿Quién diremos, señor, que es este caballero que vuesa merced nos ha
traído a casa? Que el nombre, la figura y el decir° que es caballero andante,   saying
a mí y a mi madre nos tiene suspensos."

"No sé lo que te diga, hijo," respondió don Diego, "sólo te sabré decir,
que le he visto hacer cosas del mayor loco del mundo, y decir razones tan
20 discretas que borran y deshacen sus hechos. Háblale tú y toma el pulso a lo
que sabe, y, pues eres discreto, juzga de su discreción o tontería lo que más
puesto en razón estuviere.⁹ Aunque, para decir verdad, antes le tengo por
loco que por cuerdo."

Con esto se fue don Lorenzo a entretener a don Quijote, como queda
25 dicho, y entre otras pláticas que los dos pasaron, dijo don Quijote a don
Lorenzo: "El señor don Diego de Miranda, padre de vuesa merced, me ha
dado noticia de la rara habilidad y sutil ingenio que vuesa merced tiene, y
sobre todo que es vuesa merced un gran poeta."

"«Poeta» bien podrá ser," respondió don Lorenzo, "pero «grande», ni
30 por pensamiento. Verdad es que yo soy algún tanto 'aficionado a° la poesía   fond of
y a leer los buenos poetas, pero no de manera que se me pueda dar el
nombre de grande que mi padre dice."

"No me parece mal esa humildad," respondió don Quijote, "porque no
hay poeta que no sea arrogante y piense de sí que es el mayor poeta del
35 mundo."

"No hay regla sin excepción," respondió don Lorenzo, "y alguno habrá
que lo sea y no lo¹⁰ piense."

"Pocos," respondió don Quijote, "pero dígame vuesa merced, ¿qué
versos son los que agora 'trae entre manos,° que me ha dicho el señor su   you are working on
40 padre que le traen algo inquieto y pensativo? Y si es alguna glosa, a mí se
me entiende algo de achaque de glosas, y holgaría saberlos. Y si es que son
de justa literaria, procure vuestra merced llevar el segundo premio, que el

⁷ Clemencín says that sealskin was supposed to be good for kidney infections.
⁸ That is, there is a difference of opinion among the sources for the story as to how many
buckets Don Quijote used to wash himself with.
⁹ **Juzga de su...** *judge what seems most reasonable regarding his discretion or
foolishness*
¹⁰ Both this **lo** and the preceding one refer to being a great poet.

primero siempre se lleva el favor o la gran calidad de la persona, el
segundo se le lleva la mera° justicia, y el tercero viene a ser segundo, y el   alone
primero, a esta cuenta, será el tercero,[11] al modo de las licencias° que se   degrees
dan en las universidades. Pero con todo esto, gran personaje es el nombre
5   de PRIMERO.

"Hasta ahora," dijo entre sí don Lorenzo, "no os podré yo juzgar por
loco—vamos adelante." Y dijole: "Paréceme que vuesa merced ha cursado°   attended
las escuelas: ¿qué ciencias ha oído°?"   taken

"La de la caballería andante," respondió don Quijote, "que es tan buena
10   como la de la poesía, y aun dos deditos° más."   little fingers

"No sé qué ciencia sea ésa," replicó don Lorenzo, "y hasta ahora no ha
llegado a mi noticia."

"Es una ciencia," replicó don Quijote, "que encierra en sí todas o las
más ciencias del mundo,[12] a causa que el que la profesa ha de ser
15   jurisperito° y saber las leyes de la justicia distributiva y comutativa,[13] para   legal expert
dar a cada uno lo que es suyo y lo que le conviene. Ha de ser teólogo, para
saber dar razón de la cristiana ley que profesa, clara y distintamente,
adondequiera° que le fuere pedido. Ha de ser médico, y principalmente   wherever
herbolario,° para conocer en mitad de los despoblados y desiertos las yerbas   herbalist
20   que tienen virtud de sanar° las heridas, que no ha de andar el caballero   to cure
andante a cada triquete° buscando quien se las cure. Ha de ser astrólogo,   step
para conocer por las estrellas cuantas horas son pasadas de la noche y en
qué parte y en qué clima del mundo se halla. Ha de saber las matemáticas,
porque a cada paso se le ofrecerá tener necesidad dellas, y dejando aparte
25   que ha de estar adornado de todas las virtudes teologales° y cardinales,[14]   theological
decendiendo a otras menudencias,[15] digo que ha de saber nadar como dicen
que nadaba el peje Nicolás o Nicolao.[16] Ha de saber herrar un caballo y
aderezar la silla y el freno, y volviendo a lo de arriba, ha de guardar la fe
a Dios y a su dama. Ha de ser casto en los pensamientos, honesto en las
30   palabras, liberal en las obras, valiente en los hechos, sufrido en los trabajos,
caritativo con los menesterosos y, finalmente, mantenedor° de la verdad,   keeper
aunque le cueste la vida el defenderla. De todas estas grandes y mínimas
partes se compone un buen caballero andante, porque vea vuesa merced,
señor don Lorenzo, si es ciencia mocosa° lo que aprende el caballero que   puerile
35   la estudia y la profesa, y si se puede igualar a las más estiradas° que en los   elevated
ginasios° y escuelas se enseñan."   schools

"Si eso es así," replicó don Lorenzo, "yo digo que se aventaja esa
ciencia a todas."

---

[11] That is, the person who was unjustly put in first place, becomes the third place.

[12] **Las más *de las* ciencias del mundo,**

[13] These types of justice go back to Aristotle. Commutative justice deals with equality
of reward: for example, contracts should be honored to the fullest. Distributive justice
refers to discrimination among people based on merit or service. I thank Ed Manwell for
help on this note.

[14] The theological virtues are faith, hope, and charity; the cardinal virtues are
prudence, justice, temperance, and fortitude.

[15] **Decendiendo...** *coming down to lesser details*

[16] This was a legendary Sicilian "merman" in the fifteenth century.

"¿Cómo «si es así»?" respondió don Quijote.

"Lo que yo quiero decir," dijo don Lorenzo, "es que dudo que haya habido, ni que los hay ahora, caballeros andantes y adornados de virtudes tantas."

"Muchas veces he dicho lo que vuelvo a decir ahora," respondió don Quijote, "que la mayor parte de la gente del mundo está de parecer de que no ha habido en él caballeros andantes, y por parecerme a mí que si el cielo milagrosamente no les da a entender la verdad de que los hubo y de que los hay, cualquier trabajo que se tome ha de ser en vano, como muchas veces me lo ha mostrado la experiencia, no quiero detenerme agora en sacar a vuesa merced del error, que con los muchos tiene—lo que pienso hacer es el rogar al cielo le saque dél, y le dé a entender cuán provechosos y cuán necesarios fueron al mundo los caballeros andantes en los pasados siglos, y cuán útiles fueran° en el presente, si se usaran.[17] Pero triunfan ahora, por pecados de las gentes, la pereza, la ociosidad, la gula y el regalo.°"

    would be
    luxury

"Escapado se nos ha nuestro huésped," dijo a esta sazón entre sí don Lorenzo, "pero con todo eso, él es loco bizarro, y yo sería mentecato flojo si así no lo creyese."[18]

Aquí dieron fin a su plática, porque los llamaron a comer. Preguntó don Diego a su hijo qué había sacado en limpio del ingenio del huésped, a lo que él respondió: "No le sacarán del borrador de su locura cuantos médicos y buenos escribanos tiene el mundo.[19] Él es un entreverado° loco, lleno de lúcidos intervalos."[20]

    mixed

Fuéronse a comer, y la comida fue tal como don Diego había dicho en el camino que la solía dar a sus convidados—limpia, abundante y sabrosa. Pero de lo que más se contentó don Quijote fue del maravilloso silencio que en toda la casa había, que semejaba un monasterio de cartujos. Levantados, pues, los manteles y dadas gracias a Dios, y agua a las manos, don Quijote pidió ahincadamente a don Lorenzo, dijese los versos de la justa literaria. A lo que él respondió, que por no parecer de aquellos poetas que cuando les ruegan digan sus versos los niegan, y cuando no se los piden los vomitan.[21] "Yo diré mi glosa, de la cual no espero premio alguno—que sólo por ejercitar el ingenio la he hecho."

"Un amigo y discreto," respondió don Quijote, "era de parecer que no se había de cansar nadie en glosar versos, y la razón, decía él, era que jamás la glosa podía llegar al texto, y que muchas o las más veces iba la glosa fuera de la intención y propósito de lo que pedía lo que se glosaba, y más que las leyes de la glosa eran demasiadamente estrechas—que no

---

[17] **Si se...** *if they were in fashion*

[18] **Si así...** *if I didn't believe it*

[19] **Sacarle del borrador a alguien** means *to dress someone neatly.* The whole sentence means something like *All the doctors and good writers that the world has won't be able to clean up his craziness.* There is a play on words between **borrador** *first draft* and **escribano**.

[20] That is, he has alternate crazy and lucid periods.

[21] In the first edition it says **vomitan, yo diré mi glosa**, making us wonder where the direct quote really begins. Ferreras starts it after **respondio que** a few lines above.

sufrían interrogantes, ni *dijo*, ni *diré*, ni hacer nombres° de verbos, ni mudar el sentido, con otras ataduras° y estrechezas° con que van atados los que glosan, como vuestra merced debe de saber." — nouns / restrictions, rigidity,

"Verdaderamente, señor don Quijote," dijo don Lorenzo, "que deseo
5 coger a vuestra merced en un 'mal latín continuado,° y no puedo, porque 'se me desliza° de entre las manos como anguila."° — mistake / you slip, eel

"No entiendo," respondió don Quijote, "lo que vuestra merced dice ni quiere decir en eso del deslizarme."

"'Yo me daré a entender,°'" respondió don Lorenzo, "y por ahora esté
10 vuesa merced atento a los versos glosados° y a la glosa, que dicen desta manera:[22] — I'll explain / to be glossed

¡Si mi *fue* tornase a *es*,
sin esperar más *será*,
o viniese el tiempo ya
15 de lo que será después![23]

GLOSA

Al fin, como todo pasa,
se pasó el bien que me dio
fortuna, un tiempo no escasa,
20 y nunca me le volvió,
ni abundante ni por tasa.
Siglos ha ya que me vees,
fortuna, puesto a tus pies;
vuélveme a ser venturoso;
25 que será mi ser dichoso
SI MI *FUE* TORNASE A *ES*.
No quiero otro gusto o gloria,
otra palma o vencimiento,
otro triunfo, otra vitoria,
30 sino volver al contento
que es pesar en mi memoria.
Si tú me vuelves allá,
fortuna, templado está
todo el rigor de mi fuego
35 y más si este bien es luego,
SIN ESPERAR MÁS *SERÁ*.
Cosas imposibles pido,

[22] It is easy to see that the contest is to take the four lines of the given **redondilla** and to make each verse end a stanza of the gloss. The stanzas of the gloss each consist of ten verses of eight syllables rhyming ABABACCDDC. In counting syllables, you stop at the last stressed syllable and then add one more, thus even though the verses of the four-line stanza all have only *seven* syllables, the last one is stressed, thus each line counts for eight.

[23] Rodríguez Marín points out that this **redondilla** had actually been glossed by Gregorio Silvestre in 1569.

pues volver el tiempo a ser
después que una vez ha sido,
no hay en la tierra poder
que a tanto se haya estendido.
Corre el tiempo, vuela y va
ligero y no volverá,
y erraría el que pidiese
o que el tiempo ya se fuese,
O VOLVIESE EL TIEMPO YA.
Vivo en perpleja vida,
ya esperando, ya temiendo,
es muerte muy conocida,
y es mucho mejor muriendo
buscar al dolor salida.
A mí me fuera interés
acabar, mas no lo es,
pues, con discurso mejor,
me da la vida el temor
DE LO QUE SERÁ DESPUÉS.

En acabando de decir su glosa don Lorenzo, ᶦse levantó en pie° don ⟶ stood up
Quijote, y en voz levantada que parecía grito, asiendo con su mano la
derecha de don Lorenzo, dijo: "Viven los cielos donde más altos están,
mancebo generoso, que sois el mejor poeta del orbe, y que merecéis estar
laureado,° no por Chipre, ni por Gaeta, como dijo un poeta que Dios ⟶ crowned with laurel
perdone,[24] sino por las Academias de Atenas,[25] si hoy vivieran, y por las
que hoy viven de París, Bolonia y Salamanca.[26] Plega al cielo que los
jueces que os quitaren el premio primero, Febo[27] los asaetee° y las Musas[28] ⟶ shoot with arrows
jamás atraviesen los umbrales de sus casas. Decidme, señor, si sois servido,
algunos versos mayores. Que quiero tomar de todo en todo el pulso a
vuestro admirable ingenio."

¿No es bueno que dicen[29] que se holgó don Lorenzo de verse alabar de
don Quijote, aunque le tenía por loco? ¡Oh fuerza de la adulación, a cuánto
te estiendes y cuán dilatados límites son los de tu juridición agradable! Esta
verdad acreditó don Lorenzo, pues concedió con la demanda y deseo de don
Quijote, diciéndole este soneto a la fábula o historia de Píramo y Tisbe:[30]

---

[24] If we knew who this mysterious poet was—a couple of names have been
suggested—then we might be able to figure out why don Lorenzo should not be crowned
either by the Island of Cyprus or Gaeta (that seaport northwest of Naples).

[25] The Academy of Athens was founded in 387B.C. by Plato and lasted until 529A.D.
It is the ancestor of Western universities.

[26] Paris, Bologna, and Salamanca were the best universities in Europe.

[27] Phœbus is the Roman name for Apollo, who, with Artemis, killed eleven of
Amphion's children with arrows.

[28] The nine Muses, daughters of Zeus, provided inspiration for poetry, theater, music,
and other endeavors.

[29] ¿No es... *is it necessary to say?*

[30] See Part I, Chapter 24, p. 179, note 9.

Soneto

> El muro rompe la doncella hermosa,
>   que de Píramo abrió el gallardo pecho;[31]
>   parte el Amor de Chipre y va derecho
> 5   a ver la quiebra estrecha y prodigiosa.
>   Habla el silencio allí, porque no osa
>   la voz entrar por tan estrecho estrecho;[32]
>   las almas sí, que amor suele de hecho
>   facilitar la más difícil cosa.
> 10 Salió el deseo de compás, y el paso
>   de la imprudente virgen solicita
>   por su gusto su muerte. Ved qué historia:
>   Que a entrambos en un punto ¡oh estraño caso!
>   los mata, los encubre y resucita
> 15 una espada, un sepulcro, una memoria."[33]

"¡Bendito sea Dios!" dijo don Quijote, habiendo oído el soneto a don Lorenzo, "que entre los infinitos poetas consumidos° que hay, he visto un consumado° poeta, como lo es vuesa merced, señor mío. Que así me lo da
20 a entender el artificio deste soneto."

— tormented
— consummate

Cuatro días estuvo don Quijote regaladísimo° en la casa de don Diego, al cabo de los cuales le pidió licencia para irse, diciéndole que le agradecía la merced y buen tratamiento que en su casa había recebido, pero que por no parecer bien que los caballeros andantes se den muchas horas a ocio y al
25 regalo[34] se quería ir a cumplir con su oficio, buscando las aventuras, de quien tenía noticia que aquella tierra abundaba, donde esperaba entretener el tiempo hasta que llegase el día de las justas de Zaragoza, que era el de su derecha derrota, y que primero había de entrar en la Cueva de Montesinos, de quien tantas y tan admirables cosas en aquellos contornos se contaban,
30 sabiendo e inquiriendo asimismo el nacimiento y verdaderos manantiales° de las siete lagunas llamadas comúnmente de Ruidera.[35]

— well entertained

— springs

Don Diego y su hijo le alabaron su honrosa determinación, y le dijeron que tomase de su casa y de su hacienda todo lo que en grado le viniese, que le servirían con la voluntad posible, que a ello les obligaba el valor de su
35 persona y la honrosa profesión suya.

Llegóse, en fin, el día de su partida, tan alegre para don Quijote como triste y aciago para Sancho Panza, que se hallaba muy bien con la

---

[31] This is unaccustomed word order. In more natural syntax it would be: **La doncella hermosa rompe el muro que abrió el gallardo pecho de Píramo.** Word order continues this way throughout the sonnet.

[32] The second **estrecho** means *difficulty*.

[33] An interesting technique in the last two lines: **los mata una espada, los encubre un sepulcro, y resucita una memoria.**

[34] The original does show **a ocio y al regalo** which Schevill and others change to **al ocio y al regalo** to make the structures parallel.

[35] The Lagunas de Ruidera, of a strange light bluish-green color, do exist in la Mancha and there is a Cueva de Montesinos nearby as well. Both can be visited today.

abundancia de la casa de don Diego, y rehusaba° de volver a la hambre que   couldn't accept
se usa en las florestas, despoblados[36] y a la estrecheza de sus mal proveídas
alforjas. Con todo esto, las llenó y colmó° de lo más necesario que le   filled up
pareció. Y al despedirse, dijo don Quijote a don Lorenzo: "No sé si he
dicho a vuesa merced otra vez, y si lo he dicho, lo vuelvo a decir, que
cuando vuesa merced quisiere ahorrar caminos y trabajos para llegar a la
inacesible cumbre del templo de la fama, no tiene que hacer otra cosa sino
dejar 'a una parte° la senda de la poesía, algo estrecha, y tomar la   aside
estrechísima° de la andante caballería, bastante para hacerle emperador 'en   very austere
dacá las pajas.°'"   in the twinking of an
     Con estas razones acabó don Quijote de cerrar el proceso° de su locura,   eye; trial
y más con las que añadió, diciendo: "Sabe Dios si quisiera llevar conmigo
al señor don Lorenzo para enseñarle cómo se han de perdonar los sujetos
y supeditar° y acocear° los soberbios, virtudes anejas a la profesión que yo   subdue, trample
profeso. Pero pues no lo pide su poca edad, ni lo querrán consentir sus
loables ejercicios, sólo me contento con advertirle a vuesa merced, que
siendo poeta podrá ser famoso, si se guía más por el parecer ajeno que por
el propio, porque no hay padre ni madre a quien sus hijos les parezcan feos,
y en los que lo son del entendimiento corre más este engaño."[37]
     De nuevo se admiraron padre y hijo de las entremetidas° razones de   mixed
don Quijote, ya discretas y ya disparatadas, y del tema y tesón° que llevaba   resolve
de acudir de todo en todo a la busca de sus desventuradas aventuras, que
las tenía por fin y blanco de sus deseos. Reiteráronse los ofrecimientos y
comedimientos,° y con la buena licencia de la señora del castillo, don   courtesies
Quijote y Sancho, sobre Rocinante y el rucio, se partieron.

Capítulo XIX. Donde se cuenta la aventura del pastor enamorado, con otros, en verdad, graciosos sucesos.

Poco trecho se había alongado don Quijote del lugar de don Diego, cuando encontró con dos como clérigos o como estudiantes y con dos
5 labradores que sobre cuatro 'bestias asnales° venían caballeros—el uno de los estudiantes traía como en portamanteo,° en un lienzo de bocací° verde envuelto, al parecer, un poco de grana° blanca y dos pares de medias 'de cordellate.° El otro no traía otra cosa que dos espadas negras[1] 'de esgrima,° nuevas, y con sus zapatillas.° Los labradores traían otras cosas que daban
10 indicio y señal que venían de alguna villa grande, donde las habían comprado y las llevaban a su aldea. Y así, estudiantes como labradores cayeron en la misma admiración en que caían todos aquellos que la vez primera veían a don Quijote, y morían por saber qué hombre fuese aquel tan fuera del uso de los otros hombres.
15   Saludóles don Quijote, y después de saber° el camino que llevaban, que era el mesmo que él hacía, les ofreció su compañía, y les pidió 'detuviesen el paso,° porque caminaban más° sus pollinas que su caballo, y para obligarlos, en breves razones les dijo quién era, y su oficio y profesión, que era de caballero andante, que iba a buscar las aventuras por
20 todas las partes del mundo. Díjoles que se llamaba de nombre propio don Quijote de la Mancha, y por el apelativo el Caballero de los Leones. Todo esto para los labradores era hablarles en griego o en jerigonza, pero no para los estudiantes, que luego entendieron la flaqueza del celebro de don Quijote. Pero, con todo eso, le miraban con admiración y con respecto, y
25 uno dellos le dijo: "Si vuesa merced, señor caballero, no lleva camino determinado,° como no le° suelen llevar los que buscan las aventuras, vuesa merced se venga con nosotros, verá una de las mejores bodas y más ricas que hasta el día de hoy se habrán celebrado en la Mancha, ni en otras muchas leguas a la redonda."
30   Preguntóle don Quijote si eran de algún príncipe que así las ponderaba.
    "No son," respondió el estudiante, "sino de un labrador y una labradora—él, el más rico de toda esta tierra, y ella, la más hermosa que han visto los hombres. El aparato° con que se han de hacer es estraordinario y nuevo, porque se han de celebrar° en un prado que está junto al pueblo de
35 la novia, a quien por excelencia[2] llaman QUITERIA LA HERMOSA, y el desposado se llama CAMACHO EL RICO, ella de edad de diez y ocho años y él de veinte y dos, 'ambos para en uno,° aunque algunos curiosos, que tienen de memoria los linajes de todo el mundo, 'quieren decir° que el de la hermosa Quiteria se aventaja al de Camacho.[3] Pero ya no se mira en esto,
40 que las riquezas son poderosas de soldar muchas quiebras.[4] En efecto, el tal

Margin glosses:
i.e., donkeys
traveling bag,
  buckram; liner
ribbed, fencing
buttons

finding out

slow down, fast

fixed
le = camino

festivities
take place

well-matched
they say

---

[1] **Espadas negras** means precisely *fencing foils.*
[2] **Por excelencia** *owing to her exceptional traits*
[3] The ballets about *Don Quijote*, both Russian, are based on this episode. The first was choreographed by the French-born Marius Petipa (1819-1910) in 1869, music by Ludwig Minkus. A modern version by Mikhail Baryshnikov, subtitled *Kitri's Wedding* ["Kitri" is the Russian "Quiteria"], was done in 1978. Both are available on video. Petipa's version was revised by Rudolf Nureyev, who also plays Basilio [the barber!] in the 1973 version. In each one, Don Quijote somehow manages to attack windmills.
[4] **Son poderosas...** *can solder many cracks*

Camacho es liberal, y hásele antojado de enramar[5] y cubrir todo el prado
por arriba, de tal suerte, que el sol se ha de ver en trabajo, si quiere entrar
a visitar las yerbas verdes de que está cubierto el suelo. Tiene asimismo
maheridas° danzas, así de espadas como de cascabel menudo, que hay en   prepared
su pueblo quien los repique° y sacuda por extremo. De zapateadores[6] no   rings
digo nada, que es un juicio[7] los que tiene muñidos.° Pero ninguna de las   prepared
cosas referidas, ni otras muchas que he dejado por referir,[8] ha de hacer más
memorables estas bodas, sino las que imagino que hará en ellas el
despechado Basilio.

"Es este Basilio un zagal vecino del mesmo lugar de Quiteria, el cual
tenía su casa pared y medio de la de los padres de Quiteria, de donde tomó
ocasión el Amor de renovar al mundo los ya olvidados amores de Píramo
y Tisbe, porque Basilio se enamoró de Quiteria desde sus tiernos y primeros
años,[9] y ella fue correspondiendo a su deseo con mil honestos favores.°   signs of affection
Tanto, que se contaban por entretenimiento en el pueblo los amores de los
dos niños Basilio y Quiteria. Fue creciendo la edad, y acordó el padre de
Quiteria de estorbar a Basilio la ordinaria° entrada que en su casa tenía, y   accustomed
por quitarse de andar receloso° y lleno de sospechas, ordenó de casar a su   fearful
hija con el rico Camacho, no pareciéndole ser bien casarla con Basilio, que
no tenía tantos bienes de fortuna como de naturaleza, pues 'si va° a decir   i.e., si se va
las verdades sin invidia, él es el más ágil mancebo que conocemos, gran
tirador° de barra,[10] luchador° estremado y gran jugador de pelota. Corre   thrower, wrestler
como un gamo, salta más que una cabra y birla a los bolos como por
encantamento.[11] Canta como una calandria° y toca una guitarra que la hace   lark
hablar, y sobre todo juega una espada 'como el más pintado.°'"   like the best of them
                                                                          skill
"Por esa sola gracia,°" dijo a esta sazón don Quijote, "merecía ese   skill
mancebo no sólo casarse con la hermosa Quiteria, sino con la mesma reina
Ginebra, si fuera hoy viva, a pesar de Lanzarote y de todos aquellos que
estorbarlo quisieran."

"'A mi mujer con eso,°'" dijo Sancho Panza, que hasta entonces había   tell that to my wife
ido callando y escuchando, "la cual no quiere sino que cada uno case con
su igual, ateniéndose al refrán que dicen «cada oveja con su pareja°». Lo   mate
que yo quisiera es, que ese buen Basilio, que ya 'me le voy aficionando,°   I'm taking a liking to
se casara con esa señora Quiteria; que buen siglo hayan y buen poso,° iba   him; rest
a decir al revés,[12] los que estorban que se casen los que bien se quieren."

[5] **Enramar** *to screen with branches*

[6] Covarrubias says that these rustic dancers would slap their shoes rhythmically as
they danced.

[7] **Juicio** here means *crowd*, taken from **"Juicio Final"** *Judgement Day*, where there
will be quite a crowd.

[8] **He...** *I have not mentioned*

[9] Pyramus' and Thisbe's houses shared a common wall, as Basilio and Quiteria's did.

[10] Aldonza Lorenzo (see Part I, Chapter 25, p. 193, note 67) was good at this sport,
which consists of throwing a metal bar as far as you can, but it has to land sticking in the
ground, like a javelin.

[11] **Birla...** *he plays ninepins as if by magic.*

[12] That is, he was going to say **mal siglo y mal poso**, which is what he really means,
but he didn't want to curse **"los que estorban"** in the next phrase (Gaos' good note).

"Si todos los que bien se quieren se hubiesen de casar," dijo don Quijote, "quitaríase la elección y juridición a los padres de casar sus hijos con quien y cuando deben, y si a la voluntad de las hijas quedase escoger los maridos, tal° habría que escogiese al criado de su padre, y tal al que vio pasar por la calle, a su parecer, bizarro y entonado,° aunque fuese un desbaratado° espadachín°—que el amor y la afición con facilidad ciegan los ojos del entendimiento, tan necesarios para escoger estado,° y el del matrimonio está muy a peligro de errarse, y es menester gran tiento° y particular favor del cielo para acertarle.° Quiere hacer uno un viaje largo, y si es prudente, antes de ponerse en camino busca alguna compañía segura y apacible con quien acompañarse. Pues ¿por qué no hará lo mesmo el que ha de caminar toda la vida hasta el paradero de la muerte, y más si la compañía le ha de acompañar en la cama, en la mesa y en todas partes, como es la de la mujer con su marido? La de la propia mujer no es mercaduría° que una vez comprada se vuelve,° o se trueca o cambia, porque es accidente° inseparable° que dura lo que dura la vida. Es un lazo,° que si una vez le echáis al cuello, se vuelve en el nudo gordiano,[13] que si no le corta la guadaña° de la muerte, no hay desatarle. Muchas más cosas pudiera decir en esta materia, si no lo estorbara el deseo que tengo de saber si le queda más que decir al señor licenciado acerca de la historia de Basilio."

A lo que respondió el estudiante bachiller, o licenciado, como le llamó don Quijote, que: "De todo no me queda más que decir, sino que desde el punto que Basilio supo que la hermosa Quiteria se casaba con Camacho el rico, nunca más le han visto reír, ni hablar razón concertada, y siempre anda pensativo y triste, hablando entre sí mismo, con que da ciertas y claras señales de que se le ha vuelto el juicio. Come poco y duerme poco, y lo que come son frutas, y en lo que duerme, si duerme, es en el campo sobre la dura tierra como animal bruto. Mira de cuando en cuando al cielo, y otras veces clava los ojos en la tierra, con tal embelesamiento, que no parece sino estatua vestida que el aire le mueve la ropa. En fin, él da tales muestras de tener 'apasionado el corazón,° que tememos todos los que le conocemos que el dar el sí mañana la hermosa Quiteria ha de ser la sentencia de su muerte."

"Dios lo hará mejor," dijo Sancho, "que Dios que da la llaga da la medicina. Nadie sabe 'lo que está por venir,° de aquí a mañana muchas horas hay, y en una, y aun en un momento, se cae la casa. Yo he visto llover y hacer sol, todo a un mesmo punto. Tal se acuesta sano la noche, que no se puede mover otro día. Y díganme, ¿por ventura habrá quien se alabe que tiene echado un clavo° a la rodaja° de la Fortuna? No, por cierto, y entre el sí y el NO de la mujer no me atrevería yo a poner una punta de alfiler, porque no cabría. Denme° a mí que Quiteria quiera de buen corazón y de buena voluntad a Basilio, que yo le daré a él un saco de buena ventura. Que el amor, según yo he oído decir, mira con unos antojos° que

	one
	haughty
	dissipated, bully
	marital status
	prudence
	achieve it
	merchandise, return
	bond, unbreakable,
	noose
	scythe
	heart-stricken
	what is coming
	nail, wheel
	tell me
	glasses

---

[13] In 333 B.C., Alexander the Great went into Gordium, the capital of Anatolia, and was shown a chariot lashed to a pole by means of a knot with a hidden end. Only the conqueror of Asia would be able to untie it. Legend says that he just cut the knot, but early versions say that he found a way to untie it. In any case, the Gordian Knot was supposed to be untieable, thus the allusion here.

hacen parecer oro al cobre,° a la pobreza riqueza y a las lagañas[14] perlas."   copper
"¿Adónde vas a parar, Sancho, que seas maldito?" dijo don Quijote.
"Que cuando comienzas a ensartar refranes y cuentos, no te puede esperar
sino el mesmo Judas,[15] que te lleve. Dime, animal, ¿qué sabes tú de clavos,
ni de rodajas, ni de otra cosa ninguna?"
"¡Oh! pues si no me entienden," respondió Sancho, "no es maravilla
que mis sentencias sean tenidas por disparates—pero no importa, yo me
entiendo y sé que no he dicho muchas necedades en lo que he dicho, sino
que vuesa merced, señor mío, siempre es friscal[16] de mis dichos y aun de
mis hechos."

"Fiscal° has de decir," dijo don Quijote, "que no *friscal*, prevaricador°   prosecutor, corruptor
del buen lenguaje, que Dios te confunda."

"'No 'se apunte° vuestra merced conmigo," respondió Sancho, "pues   don't get angry
sabe que no me he criado en la corte, ni he estudiado en Salamanca, para
saber si añado o quito alguna letra a mis vocablos. Sí, que ¡valgame Dios!
no hay para qué obligar al sayagués[17] a que hable como el toledano, y
toledanos puede haber que no las corten en el aire en esto del hablar
polido."[18]

"Así es," dijo el licenciado, "porque no pueden hablar tan bien los que
se crían en las Tenerías° y en Zocodover[19] como los que se pasean casi todo   tanneries
el día por el claustro de la iglesia mayor, y todos son toledanos. El lenguaje
puro, el propio, el elegante y claro está en los discretos cortesanos, aunque
hayan nacido en Majalahonda.[20] Dije *discretos*, porque hay muchos que no
lo son, y la discreción es la gramática del buen lenguaje que se acompaña
con el uso.[21] Yo, señores, por mis pecados he estudiado Cánones° en   canon law
Salamanca, y pícome° algún tanto de decir mi razón con palabras claras,   I pride myself
llanas y significantes."

"Si no os picárades más de saber más menear° las negras que lleváis   to handle
que la lengua," dijo el otro estudiante, "vos llevárades el primero en
licencias, como llevastes cola."[22]

"Mirad, bachiller," respondió el licenciado, "vos estáis en la más errada
opinión del mundo acerca de la destreza de la espada, teniéndola por vana."

"Para mí no es opinión, sino verdad asentada,'° replicó Corchuelo, "y   established
si queréis que os lo muestre con la experiencia, espadas traéis, comodidad

---

[14] **Lagaña** is the "sleep"—the watery rheum that hardens—in the corners of your eyes
while you sleep.
[15] This Judas is not the treacherous Apostle, but rather the legendary wandering Jew
who is waiting for the coming of the Messiah. Only this person would have the patience
to suffer Sancho's string of proverbs, in Don Quijote's view.
[16] This is a nonsense word.
[17] Sayagués was the Aragonese dialect that epitomized rustic speech in the Golden
Age theater. **Toledano** represented the cultured standard language.
[18] **Que no las...** *who aren't so skilled in their language*. **Polido = pulido.**
[19] The Plaza de Zocodover, a place where the Toledan underworld gathered, was
mentioned in Part I, Chap. 22, p. 162, l. 16.
[20] This formerly sleepy rustic town, now called Maja*d*ahonda, is about fifteen kms.
northwest of Madrid.
[21] **Que se...** *which comes from practice*
[22] **Vos llevárades...** *you would have been the first in your class instead of the last*

hay, yo pulsos° y fuerzas tengo, que acompañadas de mi ánimo, que no es   steady hands
poco, os harán confesar que yo no me engaño. Apeaos y usad de vuestro
compás de pies,[23] de vuestros círculos y vuestros ángulos° y ciencia, que yo   angles
espero de haceros ver estrellas a medio día con mi destreza moderna y
5   zafia,° en quien espero,° después de Dios, que está por nacer hombre que   coarse, I trust
me haga volver las espaldas,[24] y que no le hay en el mundo a quien yo no le
haga 'perder tierra.°"   give ground
      "En eso de volver o no las espaldas, 'no me meto,°" replicó el diestro,°   I'm not concerned,
"aunque podría ser que en la parte donde la vez primera clavásedes el pie,   swordsman
10   allí os abriesen la sepultura.[25] Quiero decir que allí quedásedes muerto por
la despreciada destreza."[26]
      "Ahora se verá," respondió Corchuelo.
      Y apeándose con gran presteza de su jumento, tiró con furia de una de
las espadas que llevaba el licenciado en el suyo.
15   "No ha de ser así," dijo a° este instante don Quijote, "que yo quiero ser   en
el maestro° desta esgrima y el juez desta muchas veces 'no averiguada°   judge, disputed
cuestión.°"   matter
      Y apeándose de Rocinante y asiendo de su lanza, se puso en la mitad
del camino, 'a tiempo que° ya el licenciado, con gentil donaire de cuerpo y   just when
20   compás de pies, se iba contra Corchuelo, que contra él se vino lanzando,°   shooting
como decirse suele, fuego por los ojos. Los otros dos labradores del
acompañamiento, sin apearse de sus pollinas, sirvieron de aspetatores[27] en
la mortal tragedia. Las cuchilladas, estocadas, altibajos, reveses y
mandobles[28] que tiraba Corchuelo eran sin número, más espesas que
25   hígado° y más menudas que granizo.[29] Arremetía como un león irritado.   liver *obscure refer-*
Pero salíale al encuentro un tapaboca° de la zapatilla de la espada del   *ence;* hit on the
licenciado, que en mitad de su furia le detenía y se la hacía besar como si   mouth
fuera reliquia, aunque no con tanta devoción como las reliquias deben y
suelen besarse.
30   Finalmente, el licenciado le contó a estocadas todos los botones de una
media sotanilla° que traía vestida, haciéndole tiras° los faldamentos° como   cassock, strips, skir
colas de pulpo,° derribóle° el sombrero dos veces y cansóle de manera que   octopus, knocked o
de despecho, cólera y rabia asió la espada por la empuñadura° y arrojóla por   hilt
el aire con tanta fuerza, que uno de los labradores asistentes,° que era   in attendance
35   escribano, que fue por ella, dio después por testimonio[30] que la alongó° de   threw
sí casi tres cuartos de legua, el cual testimonio sirve y ha servido para que
se conozca y vea con toda verdad como la fuerza es vencida 'del arte.°   by skill

[23] The **compás de pies** is a standard fencing move.

[24] **Está por...** *the man is not yet born who can make me turn my back*

[25] **Podría ser...** *where you first set your foot down* [i.e., the spot where you begin this sword fight] *will be where they open your tomb* [i.e., that's the place you will be killed]

[26] **Allí quedásedes...** *there you will be killed by the skill you hold in low esteem*

[27] You would expect **espectadores** *spectators* here, or at least **espectatores** (which is the form Cervantes used), but instead he uses this Italianized form, perhaps to bring to mind duels in the Italian mock epics that Don Quijote talks about.

[28] **Cuchilladas,...** *slashes, straight thrusts, downward thrusts, diagonal slashes left to right, and two-handed slashes*

[29] **Menudas...** *thicker than hail*

[30] **Dio...** *made a deposition afterwards*

Sentóse cansado Corchuelo y llegándose a él Sancho le dijo: "Mía fe, señor bachiller, si vuesa merced toma mi consejo, de aquí adelante no ha de desafiar a nadie a esgrimir,° sino a luchar o a tirar la barra, pues tiene edad y fuerzas para ello—que destos a quien llaman DIESTROS he oído decir que meten una punta de una espada por el ojo de una aguja."

5

"Yo me contento," respondió Corchuelo, "de haber caído de mi burra,[31] y de que me haya mostrado la experiencia la verdad de quien tan lejos estaba."[32]

Y levantándose abrazó al licenciado y quedaron más amigos que de antes. Y no queriendo esperar al escribano, que había ido por la espada, por parecerle que tardaría mucho, y así determinaron seguir por llegar temprano[33] a la aldea de Quiteria, de donde todos eran.

10

En lo que faltaba del camino les fue contando el licenciado las excelencias de la espada,° con tantas razones demostrativas, y con tantas figuras y demostraciones matemáticas, que todos quedaron enterados° de la bondad de la ciencia, y Corchuelo reducido de su pertinacia.[34]

15

Era anochecido, pero antes que llegasen les pareció a todos que estaba delante del pueblo un cielo lleno de inumerables y resplandecientes estrellas. Oyeron asimismo confusos° y suaves sonidos de diversos instrumentos como de flautas, tamborinos, salterios, albogues, panderos y sonajas,[35] y cuando llegaron cerca vieron que los árboles de una enramada° que 'a mano° habían puesto a la entrada del pueblo estaban todos llenos de luminarias,° a quien no ofendía° el viento, que entonces no soplaba sino tan manso, que no tenía fuerza para mover las hojas de los árboles. Los músicos eran los regocijadores de la boda, que en diversas cuadrillas° por aquel agradable sitio andaban, unos bailando,° y otros cantando, y otros tocando la diversidad de los referidos instrumentos. En efecto, no parecía sino que por todo aquel prado andaba corriendo la alegría y saltando° el contento.

20

25

Otros muchos andaban ocupados en levantar andamios,° de donde 'con comodidad° pudiesen ver otro día las representaciones° y danzas que se habían de hacer en aquel lugar, dedicado para solenizar° las bodas del rico Camacho y las exequias° de Basilio. No quiso entrar en el lugar don Quijote, aunque se lo pidieron así el labrador como el bachiller. Pero él dio por disculpa, bastantísima a su parecer, ser costumbre de los caballeros andantes dormir por los campos y florestas antes que en los poblados, aunque fuese debajo de dorados techos, y con esto se desvió un poco del camino, bien contra la voluntad de Sancho, viniéndosele a la memoria el buen alojamiento° que había tenido en el castillo o casa de don Diego.

30

35

to fence

i.e., swordsmanship
convinced

mixed together

bower
by hand
lanterns, bothered

groups
dancing

leaping

platforms
comfortably, plays
celebrate
funeral rites

lodging

---

[31] **Haber...** *having seen my mistake*

[32] **Que me haya...** *that experience has shown me the truth from which I was so far*

[33] **Determinaron...** *they decided to continue on in order to arrive early*

[34] **Corchuelo...** *Corchuelo [was] cured of his obstinacy*

[35] **Flautas...** *flutes and drums* [the same musician, in this case, played both], *psalteries* [related to the zither], *cymbals, tambourines, and small drums*

Capítulo XX. Donde se cuentan las bodas de Camacho el rico con el suceso de Basilio el pobre.

APENAS la blanca Aurora había dado lugar a que el luciente Febo, con el ardor de sus calientes rayos las líquidas perlas de sus cabellos de oro
5 enjugase,[1] cuando don Quijote, sacudiendo la pereza de sus miembros, se puso en pie y llamó a su escudero Sancho, que aun todavía roncaba, lo cual visto por don Quijote, antes que le despertase le dijo: "¡Oh tú, bienaventurado° sobre cuantos viven sobre la haz de la tierra, pues, sin   fortunate tener invidia ni ser invidiado, duermes con sosegado espíritu, ni te
10 persiguen encantadores ni sobresaltan encantamentos! Duerme,[2] digo otra vez, y lo diré otras ciento, sin que te tengan en contina vigilia celos de tu dama, ni te desvelen pensamientos de pagar deudas que debas, ni de lo que has de hacer para comer otro día tú y tu pequeña y angustiada° familia, ni   needy la ambición te inquieta,° ni la pompa vana del mundo te fatiga, pues los   disturbs
15 límites de tus deseos no se estienden a más que a pensar° tu jumento, que   to feed el[3] de tu persona sobre mis hombros le tienes puesto, contrapeso° y carga   weight que puso la naturaleza y la costumbre a los señores. Duerme el criado y está velando° el señor, pensando cómo le ha de sustentar, mejorar y hacer   staying awake mercedes. La congoja de ver que el cielo se hace de bronce sin acudir a la
20 tierra con el conveniente rocío no aflige al criado, sino al señor, que ha de sustentar en la esterilidad y hambre al que le sirvió en la fertilidad y abundancia."[4]

A todo esto no respondió Sancho porque dormía, ni despertara tan presto si don Quijote con el cuento de la lanza no le hiciera volver en sí.
25 Despertó, en fin, soñoliento y perezoso, y volviendo el rostro a todas partes, dijo: "'De la parte desta° enramada, si no me engaño, sale un tufo y olor   from that harto más de torreznos° asados que de juncos° y tomillos.° Bodas que por   bacon, rushes, thyme tales olores comienzan, para mi santiguada[5] que deben de ser abundantes y generosas."
30 "Acaba, glotón,°" dijo don Quijote, "ven, iremos a ver estos   glutton desposorios,° por ver lo que hace el desdeñado Basilio."   wedding vows

"'Mas que° haga lo que quisiere," respondió Sancho, "no fuera él   **aunque** pobre, y casárase con Quiteria. ¿No hay más sino no tener un cuarto y

---

[1] **Apenas…** *Hardly had the white Aurora given time for Phœbus to dry the liquid pearls [= dew] from her blond hair with his warming rays…* Phœbus, mentioned in Chapter 18 of Part II already (p. 558, line 27, note 27), was the Roman name for Apollo, the god of the sun. Aurora was the Roman goddess of the dawn. This reflects the language Don Quijote used about the outset of his own first sally (Part I, Chapter 2, p. 27, line 33, note 11).

[2] Schevill has **duermes** here where the original shows **duerme**. This second instance is a command, the previous **duermes** wasn't. The **digo otra vez** which follows has provoked a lot of commentary in footnotes since he had said nothing of the kind before.

[3] Although the preceding **pensar** means **dar a pensar** *to give feed to [animals]*, the **el** here refers back to it in the sense of Don Quijote giving sustenance to Sancho.

[4] **La congoja…** *the distress in seeing that the sky turns to bronze and keeps needed dew from the earth doesn't bother the servant, but rather the master, who has to support in [times of] barrenness and famine [the servant] who served him in [times of] fertility and abundance.*

[5] That is, *by the cross I make when I cross myself.*

querer casarse[6] por las nubes?[7] A la fe, señor, yo soy de parecer que el
pobre debe de contentarse con lo que hallare, y no pedir cotufas° en el   delicacies
golfo. Yo apostaré un brazo que puede Camacho envolver° en reales a   cover
Basilio, y si esto es así, como debe de ser, bien boba° fuera Quiteria en   foolish
5 desechar las galas y las joyas que le debe de haber dado y le puede dar
Camacho, por escoger el tirar de la barra y el jugar de la negra de Basilio.
Sobre un buen tiro de barra o sobre una gentil treta de espada no dan un
cuartillo° de vino en la taberna.° Habilidades y gracias que no son   pint, tavern
vendibles, mas que las tenga el conde Dirlos.[8] Pero cuando las tales gracias
10 caen sobre quien tiene buen dinero, tal sea mi vida como ellas parecen.[9]
Sobre un buen cimiento se puede levantar un buen edificio, y el mejor
cimiento y zanja° del mundo es el dinero."   foundation trench
    "Por quien Dios es, Sancho," dijo a esta sazón don Quijote, "que
concluyas con tu arenga, que tengo para mí que si te dejasen seguir en las
15 que a cada paso comienzas, no te quedaría tiempo para comer ni para
dormir, que todo le gastarías en hablar."
    "Si vuestra merced tuviera buena memoria," replicó Sancho, "debiérase
acordar de los capítulos° de nuestro concierto antes que esta última vez   provisions
saliésemos de casa. Uno dellos fue que me había de dejar hablar todo
20 aquello que quisiese, 'con que° no fuese contra el prójimo, ni contra la   con *tal* que
autoridad de vuesa merced, y hasta agora me parece que no he contravenido
contra el tal capítulo."
    "Yo no me acuerdo, Sancho," respondió don Quijote, "del tal capítulo,
y puesto que sea así, quiero que calles y vengas, que ya los instrumentos
25 que anoche oímos vuelven a alegrar los valles, y sin duda los desposorios
se celebrarán en el frescor° de la mañana, y no en el calor de la tarde."   coolness
    Hizo Sancho lo que su señor le mandaba, y poniendo la silla a
Rocinante y la albarda al rucio, subieron los dos, y paso ante paso se fueron
entrando por la enramada. Lo primero que se le ofreció a la vista de Sancho
30 fue, espetado° en un asador° de° un olmo entero, un entero novillo,° y en   spitted, spit, made
el fuego donde se había de asar° ardía un mediano monte° de leña, y seis   of, young bull; to
ollas que alrededor de la hoguera estaban no se habían hecho en la común   roast, mountain
turquesa de las demás ollas, porque eran seis medias tinajas, que cada una
cabía un rastro° de carne, así embebían° y encerraban en sí carneros   slaughterhouse,
35 enteros, sin echarse de ver como si fueran palominos. Las liebres ya sin   swallowed up
pellejo° y las gallinas sin pluma que estaban colgadas por los árboles para   skin
sepultarlas en las ollas no tenían número. Los pájaros y caza° de diversos   game
géneros eran infinitos, colgados de los árboles para que el aire los enfriase.
Contó Sancho más de sesenta zaques de más de a 'dos arrobas° cada   six gallons
40 uno y todos llenos, según después pareció, de generosos° vinos. Así había   full-bodied
rimeros de pan blanquísimo como los suele haber de montones de trigo en

---

[6] Here the original edition just has carse on folio 78ʳ. Schevill opts for **casarse** while
Riquer prefers **alzarse** (reflecting what could have been **[al]çarse** in the manuscript).

[7] *¿No hay... here he doesn't have a cent to his name yet wants to marry in the
clouds?*

[8] **Mas que...** *but let Conde Dirlos have them [the talents].* Conde Dirlos was a well-
known character in the Spanish **romances**, and was the brother of Durandarte.

[9] **Tal sea...** *may my life be as good as theirs*

las eras.[10] Los quesos puestos como ladrillos° en rejales° formaban una   bricks, stacks
muralla, y dos calderas de aceite mayores que las de un tinte° servían de   dyer's shop
freír cosas de masa,° que con dos valientes palas° las sacaban fritas y las   dough, shovels
zabullían° en otra caldera de preparada miel° que allí junto estaba. Los   plunged, honey
5   cocineros y cocineras pasaban de cincuenta, todos limpios, todos diligentes°   busy
y todos contentos. En el dilatado° vientre del novillo° estaban doce tiernos   vast, bullock
y pequeños lechones° que, cosidos por encima,[11] servían de darle sabor y   suckling pigs
enternecerle.° Las especias de diversas suertes no parecía haberlas   make it tender
comprado por libras, sino por arrobas, y todas estaban 'de manifiesto° en   on display
10 una grande arca. Finalmente, el aparato de la boda era rústico, pero tan
abundante, que podía sustentar a un ejército.

   Todo lo miraba Sancho Panza, y todo lo contemplaba, y de todo se
aficionaba. Primero le cautivaron° y rindieron el deseo las ollas, de quien   captivated
él tomara de bonísima gana un mediano puchero.[12] Luego le aficionaron la
15 voluntad los zaques[13] y últimamente las frutas de sartén,° si es que se podían   frying pan
llamar sartenes las tan orondas° calderas. Y así, sin poderlo sufrir ni ser en   pot-bellied
su mano hacer otra cosa, se llegó a uno de los solícitos cocineros, y con
corteses y hambrientas razones le rogó le dejase mojar un mendrugo° de pan   crust
en una de aquellas ollas. A lo que el cocinero respondió: "Hermano, este día
20 no es de aquellos sobre quien tiene juridición la hambre, merced al rico
Camacho. Apeaos y mirad si hay por ahí un cucharón,° y espumad° una   ladle, skim
gallina o dos, y buen provecho os hagan."

   "No veo ninguno," respondió Sancho.

   "Esperad," dijo el cocinero, "¡pecador de mí, y qué melindroso y para
25 poco debéis de ser!"[14]

   Y diciendo esto, asió de un caldero y encajándole° en una de las medias   plunging it
tinajas, sacó en él tres gallinas y dos gansos,° y dijo a Sancho: "Comed,   geese
amigo, y desayunaos con 'esta espuma° en tanto que se llega la hora del   these skimmings
yantar."

30   "No tengo en qué echarla," respondió Sancho.

   "Pues llevaos,°" dijo el cocinero, "la cuchara° y todo, que la riqueza y   take away, spoon
el contento de Camacho todo lo suple."

   En tanto, pues, que esto pasaba Sancho, estaba don Quijote mirando
cómo por una parte de la enramada entraban hasta doce labradores sobre
35 doce hermosísimas yeguas, con ricos y vistosos jaeces de campo y con
muchos cascabeles en los petrales,° y todos vestidos de regocijo y fiestas,   front straps
los cuales, 'en concertado tropel,° corrieron no una sino muchas carreras°   in an orderly rush,
por el prado, con regocijada algazara° y grita, diciendo: "Vivan Camacho   runnings; uproar
y Quiteria, él tan rico como ella hermosa, y ella la más hermosa del mundo."

40   Oyendo lo cual don Quijote, dijo entre sí: "Bien parece que éstos no
han visto a mi Dulcinea del Toboso. Que si la hubieran visto, ellos se

---

[10] **Los suele...** *like mounds of wheat on the threshing room floor*
[11] **Cosidos...** *sewn inside*
[12] **De quien...** *from which he would have willingly taken an average-sized stew-pot*
[13] **Le aficionaron...** *the wineskins attracted his attention*
[14] **Para...** *how helpless you must be!*

fueran a la mano[15] en las alabanzas desta su Quiteria."

De allí a poco comenzaron a entrar por diversas partes de la enramada muchas y diferentes danzas, entre los[16] cuales venían una de espadas, de hasta veinte y cuatro zagales de gallardo parecer y brío, todos vestidos de
5 delgado y blanquísimo lienzo, con sus 'paños de tocar° labrados° de varias colores de fina seda, y al que los guiaba, que era un ligero° mancebo, preguntó uno de los de las yeguas[17] si se había herido alguno de los danzantes.

"Por ahora, bendito sea Dios, no se ha herido nadie, todos vamos
10 sanos." Y luego comenzó a enredarse° con los demás compañeros, con tantas vueltas y con tanta destreza, que aunque don Quijote 'estaba hecho a° ver semejantes danzas, ninguna le había parecido tan bien como aquélla. También le pareció bien otra que entró de doncellas hermosísimas, tan mozas, que, al parecer, ninguna bajaba de catorce ni llegaba a diez y ocho
15 años, vestidas todas de palmilla° verde, los cabellos parte tranzados° y parte sueltos, pero todos tan rubios que con los del sol[18] podían tener competencia,° sobre los cuales traían guirnaldas de jazmines,° rosas, amaranto° y madreselva° compuestas. Guiábalas un venerable viejo y una anciana matrona,° pero más ligeros y sueltos° que sus años prometían.[19]
20 Hacíales el son una gaita zamorana,[20] y ellas, llevando en los rostros y en los ojos a la honestidad y en los pies a la ligereza, se mostraban las mejores bailadoras° del mundo.

Tras ésta entró otra 'danza de artificio° y de las que llaman habladas. Era de ocho ninfas, repartidas en dos hileras,° de la una hilera era guía el
25 dios Cupido, y de la otra el Interés,° aquél adornado de alas, arco, aljaba° y saetas, éste, vestido de ricas y diversas colores de oro y seda. Las ninfas que al amor seguían traían a las espaldas en pergamino blanco y letras grandes escritos sus nombres: POESÍA era el título de la primera, el de la segunda DISCRECIÓN, el de la tercera BUEN LINAJE, el de la cuarta
30 VALENTÍA. Del modo mesmo venían señaladas las que al Interés seguían: decía LIBERALIDAD el título de la primera, DÁDIVA° el de la segunda, TESORO el de la tercera y el de la cuarta POSESIÓN PACÍFICA.° Delante de todos venía un castillo de madera a quien tiraban cuatro salvajes, todos vestidos de hiedra° y de cáñamo° teñido° de verde, tan al natural, que por
35 poco espantaran a Sancho. En la frontera° del castillo y en todas cuatro

Right margin glosses:
head kerchiefs, embroidered; nimble,

to join

was used to

fancy cloth, trenzados = braided competition, jasmine amaranth, honeysuckle; matron, agile

dancers artistic dance rows wealth, quiver

bounty peaceful

ivy, burlap, dyed front

---

[15] **Ellos...** *they would be more moderate*

[16] Many editors change this to **las,** referring back to the nearest antedecent, **danzas.** I keep it as **los,** following Gaos' reasoning that it refers to the dancers themselves, **los danzantes,** mentioned at the end of the paragraph.

[17] **Al que...** *one of the mare riders asked the leader [of the sword dancers], a nimble lad*

[18] **Los** *rayos* **del sol.** This was such a common comparison that the referent **rayos** was not necessary.

[19] **Que...** *than their years would lead one to believe*

[20] **Hacíales...** *a Zamora* **gaita** *made music for them.* The typical **gaita** is a bagpipe, but the **gaita zamorana** is more of a hurdy-gurdy, played with a crank. It has been suggested by Paul Ravaisse that it may derive from the Arabic **zamàra,** referring to a double reed pipe, and not to the Castilian city of Zamora at all.

partes de sus cuadros²¹ traía escrito, Castillo del buen recato. Hacíanles
el son cuatro diestros tañedores° de tamboril° y flauta. Comenzaba la danza   players, small drum
Cupido, y habiendo hecho dos mudanzas,° alzaba los ojos y 'flechaba el   figures
arco° contra° una doncella que se ponía entre las almenas del castillo, a la   aimed his bow,
5   cual desta suerte dijo: towers

> Yo soy el dios poderoso
> en el aire y en la tierra
> y en el ancho mar undoso,°   undulating
10   y en cuanto el abismo encierra
> en su báratro° espantoso.   hell
> Nunca conocí qué es miedo,
> todo cuanto quiero puedo,
> aunque quiera lo imposible,
15   y en todo lo que es posible
> mando, quito, pongo y vedo.

Acabó la copla, disparó una flecha por lo alto del castillo y retiróse a
su puesto.° Salió luego el Interés y hizo otras dos mudanzas. Callaron los   place
tamborinos, y él dijo:
20

> Soy quien puede más que Amor,
> y es Amor el que me guía,
> soy de la estirpe° mejor   lineage
> que el cielo en la tierra cría,
25   más conocida y mayor.
> Soy el Interés en quien
> pocos suelen obrar bien,
> y obrar sin mí es gran milagro,
> y cual soy te 'me consagro°   I devote myself
30   por siempre jamás, amén.

Retiróse el Interés y hízose adelante la Poesía, la cual, después de
haber hecho sus mudanzas como los demás, puestos los ojos en la doncella
del castillo, dijo:
35

> En dulcísimos conceptos,°   literary conceits
> la dulcísima Poesía,
> altos, graves y discretos,
> señora, el alma te envía,
40   envuelta entre mil sonetos.
> Si acaso no te importuna
> mi porfía, tu fortuna,
> de otras muchas invidiada,
> será por mí levantada
45   sobre el cerco° de la luna.   rim

---

²¹ **En todas...** *on each of the four sides*

Desvióse la Poesía y de la parte del Interés salió la Liberalidad, y después de hechas sus mudanzas, dijo:

> Llaman Liberalidad
> al dar, que el extremo huye
> de la prodigalidad,°   lavishness
> y del contrario, que arguye
> tibia° y floja voluntad.   lukewarm
> Mas yo por te engrandecer,
> de hoy más pródiga he de ser;
> que aunque es vicio, es vicio honrado
> y de pecho enamorado,
> que en el dar se echa de ver.

Deste modo salieron y se retiraron todas las dos figuras de las dos escuadras, y cada uno hizo sus mudanzas y dijo sus versos, algunos elegantes y algunos ridículos, y sólo tomó de memoria don Quijote, que la tenía grande,[22] los ya referidos. Y luego se mezclaron todos, haciendo y deshaciendo lazos con gentil donaire y desenvoltura, y cuando pasaba el Amor por delante del castillo disparaba por alto sus flechas, pero el Interés quebraba en él alcancías[23] doradas.

Finalmente, después de haber bailado un buen espacio, el Interés sacó un bolsón° que le formaba el pellejo de un gran gato romano,° que parecía   big purse, striped estar lleno de dineros,° y arrojándole al castillo, con el golpe 'se   coins desencajaron° las tablas y se cayeron, dejando a la doncella descubierta y   fell apart sin defensa alguna. Llegó el Interés con las 'figuras de su valía,° y   companions echándola una gran cadena de oro al cuello, mostraron° prenderla, rendirla   they pretended y cautivarla. Lo cual visto por el Amor y sus valedores,° hicieron ademán°   companions, gesture de quitársela,° y todas las demostraciones que hacían eran al son de los   take her back tamborinos, bailando y danzando concertadamente. Pusiéronlos en paz los salvajes, los cuales con mucha presteza volvieron a armar° y a encajar las   put together tablas del castillo, y la doncella se encerró en él como de nuevo, y con esto se acabó la danza, con gran contento de los que la miraban.

Preguntó don Quijote a una de las ninfas que quién la había compuesto y ordenado. Respondióle que un beneficiado de aquel pueblo, que tenía gentil caletre para semejantes invenciones.

"Yo apostaré," dijo don Quijote, "que debe de ser más amigo de Camacho que de Basilio el tal bachiller o beneficiado, y que debe de tener más de satírico° que de vísperas;° bien ha encajado en la danza las   satirical, vespers habilidades de Basilio y las riquezas de Camacho."

Sancho Panza, que lo escuchaba todo, dijo: "El rey es mi gallo,[24] a Camacho me atengo."

"En fin," dijo don Quijote, "bien se parece, Sancho, que eres villano y de aquellos que dicen «viva quien vence»."

[22] **Que...** *who had a great one [memory]*
[23] These were clay spheres filled with coins, painted gold. Hurled against the castle, they break, and coins scatter.
[24] This comes from cockfighting to indicate which is the favored bird.

"No sé de los que soy," respondió Sancho, "pero bien sé que nunca de ollas de Basilio sacaré yo tan elegante espuma como es esta que he sacado de las de Camacho."

5　Y enseñóle el caldero lleno de gansos y de gallinas, y asiendo de una, comenzó a comer con mucho donaire y gana, y dijo: "¡A la barba de las habilidades de Basilio![25] Que tanto vales cuanto tienes, y tanto tienes cuanto vales. Dos linajes solos hay en el mundo, como decía una agüela° mía, que son EL TENER y EL NO TENER, aunque ella al del tener se atenía, y el día de hoy, mi señor don Quijote, antes se toma el pulso al haber que al saber. Un

10　asno cubierto de oro parece mejor que un caballo enalbardado.° Así que vuelvo a decir que a Camacho me atengo, de cuyas ollas son abundantes espumas gansos y gallinas, liebres y conejos, y de las de Basilio serán, si viene a mano, y aunque no venga sino al pie,[26] aguachirle.°"

"¿Has acabado tu arenga, Sancho?" dijo don Quijote.

15　"Habréla acabado," respondió Sancho, "porque veo que vuestra merced recibe pesadumbre con ella. Que si esto no se pusiera de por medio, obra había cortada para tres días."[27]

"Plega a Dios, Sancho," replicó don Quijote, "que yo te vea mudo° antes que me muera."

20　"Al paso que llevamos," respondió Sancho, "antes que vuestra merced se muera estaré yo mascando barro,° y entonces podrá ser que esté tan mudo que no hable palabra hasta la fin del mundo, o por lo menos hasta el Día del Juicio."

"Aunque eso así suceda, ¡oh Sancho!" respondió don Quijote, "nunca

25　llegará tu silencio a do ha llegado lo que has hablado, hablas y tienes de hablar en tu vida,[28] y más, que está muy 'puesto en razón natural° que primero llegue el día de mi muerte que el de la tuya, y así jamás pienso verte mudo, ni aun cuando estés bebiendo o durmiendo, que es lo que puedo encarecer."

30　"A buena fe, señor," respondió Sancho, "que no hay que fiar° en la descarnada,° digo en la muerte, la cual también come cordero° como carnero, y a nuestro cura he oído decir que con igual pie pisaba las altas torres de los reyes como las humildes chozas de los pobres.[29] Tiene esta señora más de poder que de melindre, no es nada asquerosa,° de todo come

35　y a todo hace, y de toda suerte de gentes, edades y preeminencias hinche sus alforjas. No es segador que duerme las siestas, que a todas horas siega, y corta así la seca como la verde yerba, y no parece que masca, sino que engulle y traga cuanto se le pone delante, porque tiene hambre canina,° que nunca se harta. Y aunque no tiene barriga, da a entender que está

Right margin glosses:
- grandmother
- with a packsaddle
- dishwater
- silent
- mud
- reasonable
- trust
- fleshless one, lamb
- squeamish
- canine

---

[25] Either "Basilio's skills can go to the devil," or "Let Basilio's skills pay for it all." The meaning is still disputed.

[26] **Si viene...** *if it ever comes to hand, or even if it only comes to foot*

[27] **Obra...** *I'd have my work cut out for three days*

[28] **Nunca llegará...** *your silence will never make up for all that you have spoken, speak, and will speak in your life*

[29] The priest's citation is from the pagan Roman poet Horace, and not from the Bible. See the Prologue to Part I, p. 9, note 12.

hidrópica[30] y sedienta de beber solas las vidas de cuantos viven, como quien se bebe un jarro de agua fría."

"No más, Sancho," dijo a este punto don Quijote, "tente en buenas[31] y no te dejes caer, que en verdad que lo que has dicho de la muerte por tus
5 rústicos términos,° es lo que pudiera decir un buen predicador. Dígote, words
Sancho, que, si[32] como tienes buen natural y discreción, pudieras tomar un púlpito en la mano y irte por ese mundo predicando lindezas…°" beautiful things

"Bien predica quien bien vive," respondió Sancho, "y yo no sé otras tologías.°" theology *rustic*
10 "Ni las has menester," dijo don Quijote, "pero yo no acabo de entender, ni alcanzar, cómo siendo el principio de la sabiduría el temor de Dios, tú, que temes más a un lagarto que a Él, sabes tanto."

"Juzgue vuesa merced, señor, de sus caballerías," respondió Sancho, "y no se meta en juzgar de los temores o valentías ajenas, que tan gentil
15 temeroso soy yo de Dios como cada hijo de vecino, y déjeme vuestra merced despabilar° esta espuma, que lo demás todas son palabras ociosas eat up
de que nos han de pedir cuenta en la otra vida."

Y diciendo esto, comenzó de nuevo a dar asalto a su caldero con tan buenos alientos, que despertó los de don Quijote, y sin duda le ayudara, si
20 no lo impidiera lo que 'es fuerza° se diga adelante. it is necessary

<hr />

[30] This is a medical condition which refers to an abnormal accumulation of fluid in the abdomen.
[31] **Tente en buenas [cartas]**, that is, stand pat.
[32] Schevill makes **si** into **así**. I follow Gaos by adding ellipsis at the end.

Capítulo XXI. Donde se prosiguen las bodas de Camacho, con otros gustosos sucesos.

CUANDO estaban don Quijote y Sancho en las razones referidas en el capítulo antecedente, se oyeron grandes voces y gran ruido, y dábanlas y causábanle los de las yeguas, que 'con larga carrera° y grita iban a recebir a los novios, que, rodeados de mil géneros de instrumentos y de invenciones,° venían acompañados del cura y de la parentela de entrambos y de toda la gente más lucida° de los lugares circunvecinos, todos vestidos de fiesta. Y como Sancho vio a la novia, dijo: "A buena fe que no viene vestida de labradora, sino de garrida° palaciega.° ¡Pardiez que según diviso, que las patenas° que había de traer son ricos corales, y la palmilla verde de Cuenca es terciopelo de treinta pelos![1] ¡Y montas que la guarnición° es de tiras de lienzo blanco! ¡Voto a mí que es de raso! Pues, ¡tomadme° las manos adornadas con sortijas de azabache!° No medre yo si no son anillos de oro, y muy de oro, y empedrados° con pelras[2] blancas como una cuajada,° que cada una debe de valer un ojo de la cara. ¡Oh hideputa y qué cabellos, que si no son postizos,° no los he visto más luengos ni más rubios en toda mi vida! ¡No sino 'ponedla tacha° en el brío y en el talle, y no la comparéis a una palma que se mueve cargada de racimos de dátiles,[3] que lo mesmo parecen los dijes que trae pendientes de los cabellos y de la garganta! Juro 'en mi ánima° que ella es una chapada° moza y que puede pasar por los bancos de Flandes."[4]

Riose don Quijote de las rústicas alabanzas de Sancho Panza— parecióle que, fuera de su señora Dulcinea del Toboso, no había visto mujer más hermosa jamás. Venía la hermosa Quiteria algo descolorida, y debía de ser de la mala noche que siempre pasan las novias en componerse° para el día venidero de sus bodas. Íbanse acercando a un teatro° que a un lado del prado estaba adornado de alfombras° y ramos, adonde se habían de hacer los desposorios° y de donde habían de mirar las danzas y las invenciones. Y a la sazón que llegaban al puesto, oyeron a sus espaldas grandes voces, y una que decía: "¡Esperaos un poco, gente tan inconsiderada como presurosa!"°

A cuyas voces y palabras todos volvieron la cabeza, y vieron que las daba un hombre vestido, al parecer, de un sayo negro jironado de carmesí a llamas.[5] Venía coronado, como se vio luego, con una corona de funesto°

Margin glosses: in a gallop · pantomimes · distinguished · elegant, court lady · rustic necklace · trimming · look at! · jet · set · cottage cheese · wig · find a fault · **por mi alma** · spirited · getting ready · platform · carpets · vows · hasty · funereal

---

[1] Velvet had a maximum of three piles, not thirty: two warps and one woof.

[2] This is not a mistake, l and r are particularly susceptible to changing places, particularly in peasant speech.

[3] **No la comparéis...** *wouldn't you compare her to [the way] a palm tree laden with dates moves*

[4] The **bancos de Flandes** have provoked a lot of interpretations. Rodríguez Marín devotes a chapter in his appendix to it (see vol. 10 of his 1949 Atlas edition, pp. 22-30) in which he shows that **bancos** refers to the nuptial bed and **Flandes** refers to the wood the bed is made of (**pino de Flandes**). But **bancos de Flandes** also refer to shoals along the Belgian coast that are difficult to navigate (and this is well documented), as well simply as Flemish banks. Thus Gaos proposes the triple play on words, that she is a spirited woman who can pass through the nuptial bed, confront the difficulties of marriage, and marry a banker if she wants.

[5] **Un sayo...** *a black jacket with crimson appliqués in the shape of flames*

ciprés, en las manos traía un bastón grande. En llegando más cerca fue conocido de todos por el gallardo Basilio, y todos estuvieron suspensos, esperando en qué habían de parar sus voces y sus palabras, temiendo algún mal suceso de su venida en sazón semejante.

5   Llegó, en fin, cansado y sin aliento, y puesto delante de los desposados,° hincando el bastón en el suelo, que tenía el cuento de una **bride and groom** punta de acero, mudada la color,[6] puestos los ojos en Quiteria, con voz tremente° y ronca estas razones dijo: "Bien sabes, desconocida Quiteria, que **trembling** conforme a la santa ley que profesamos, que, 'viviendo yo,° tú no puedes **while I'm alive**

0   tomar esposo. Y juntamente no ignoras que por esperar yo que el tiempo y mi diligencia mejorasen los bienes de mi fortuna, no he querido dejar de guardar el decoro que a tu honra convenía.[7] Pero tú, echando a las espaldas todas las obligaciones que debes a mi buen deseo, quieres hacer señor de lo que es mío a otro, cuyas riquezas le sirven no sólo de buena fortuna, sino

5   de bonísima ventura. Y para que la tenga colmada,[8] y 'no como° yo pienso **not that** que la merece, sino como se la quieren dar los cielos, yo, por mis manos, desharé el imposible o el inconveniente que puede estorbársela, quitándome a mí de por medio. ¡Viva, viva el rico Camacho con la ingrata Quiteria largos y felices siglos, y muera, muera el pobre Basilio, cuya pobreza cortó

20 las alas de su dicha y le puso en la sepultura!"

Y diciendo esto, asió del bastón que tenía hincado en el suelo, y quedándose la mitad dél en la tierra, mostró que servía de vaina° a un **sheath** mediano estoque que en él se ocultaba, y puesta 'la que se podía llamar° **what you might call** empuñadura en el suelo, con ligero desenfado y determinado propósito se

25 arrojó sobre él, y en un punto mostró la punta sangrienta a las espaldas, con la mitad del[9] acerada cuchilla, quedando el triste bañado en su sangre y tendido en el suelo, de sus mismas armas traspasado.

Acudieron luego sus amigos a favorecerle,° condolidos de su miseria **to help him** y lastimosa desgracia, y dejando don Quijote a Rocinante, acudió a

30 favorecerle y le tomó en sus brazos, y halló que aun no había espirado.° **expired** Quisiéronle sacar el estoque, pero el cura, que estaba presente, fue de parecer que no se le sacasen antes de confesarle,° porque el sacársele y el **confessing him** espirar sería todo a un tiempo. Pero volviendo un poco en sí Basilio, con voz doliente y desmayada dijo: "Si quisieses, cruel Quiteria, darme en este

35 último y forzoso trance la mano de esposa, aun pensaría que mi temeridad tendría desculpa, pues en ella alcancé el bien de ser tuyo."

El cura, oyendo lo cual, le dijo que atendiese a la salud del alma antes que a los gustos del cuerpo, y que pidiese muy de veras a Dios perdón de sus pecados y de su desesperada determinación.

40 A lo cual replicó Basilio que en ninguna manera se confesaría si primero Quiteria no le daba la mano de ser su esposa. Que aquel contento le adobaría la voluntad y le daría aliento para confesarse.

---

[6] **Mudada...** *[his] color having changed*

[7] **No ignoras...** *you know that while I was waiting for time and diligence to improve my finances, I never failed to maintain the respect due your honor*

[8] That is, to fulfill his happiness.

[9] You remember that in older Spanish, the feminine article **el** was used before *any* following **a-**, not just a stressed **a-** as today.

En oyendo don Quijote la petición del herido, en altas voces dijo que
Basilio pedía una cosa muy justa y puesta en razón y además, muy
hacedera,° y que el señor Camacho quedaría tan honrado recibiendo a la   feasible
señora Quiteria viuda del valeroso Basilio, como si la recibiera 'del lado de
5   su padre:° "Aquí no ha de haber más de un sí, que no tenga otro efecto que   from her father
el pronunciarle, pues el tálamo de estas bodas ha de ser la sepultura."
Todo lo oía Camacho y todo le tenía suspenso y confuso, sin saber qué
hacer ni qué decir. Pero las voces de los amigos de Basilio fueron tantas,
pidiéndole que consintiese que Quiteria le diese la mano de esposa, porque
10   su alma no se perdiese, partiendo desesperado desta vida, que le movieron,
y aun forzaron, a decir que si Quiteria quería dársela, que él se contentaba,
pues todo era dilatar por un momento el cumplimiento de sus° deseos.   i.e., Camacho's
Luego acudieron todos a Quiteria, y unos con ruegos y otros con
lágrimas y otros con eficaces razones la persuadían que diese la mano al
15   pobre Basilio, y ella, más dura que un mármol y más sesga° que una   still
estatua, mostraba que ni sabía, ni podía, ni quería responder palabra. Ni la
respondiera, si el cura no la° dijera que se determinase presto en lo que   le
había de hacer, porque tenía Basilio ya el alma en los dientes, y no daba
lugar a esperar inresolutas° determinaciones.°   indecisive, decsions
20   Entonces la hermosa Quiteria, sin responder palabra alguna, turbada,
al parecer, triste y pesarosa, llegó donde Basilio estaba, ya los ojos vueltos,°   upturned
el aliento corto y apresurado,° murmurando entre los dientes el nombre de   hurried
Quiteria, dando muestras de morir como gentil y no como cristiano. Llegó,
en fin, Quiteria, y puesta de rodillas le pidió la mano por señas, y no por
25   palabras. Desencajó° los ojos Basilio, y mirándola atentamente, le dijo: opened
"¡Oh Quiteria, que has venido a ser piadosa a° tiempo, cuando tu piedad ha   at a
de servir de cuchillo que me acabe de quitar la vida, pues ya no tengo
fuerzas para llevar la gloria que me das en escogerme por tuyo, ni para
suspender el dolor que tan apriesa me va cubriendo los ojos con la
30   espantosa sombra de la muerte! Lo que te suplico es, ¡oh fatal estrella mía!
que la mano que me pides y quieres darme no sea por cumplimiento,° ni   politeness
para engañarme de nuevo, sino que confieses y digas que, sin hacer fuerza
a tu voluntad, me la entregas y me la das como a tu legítimo esposo, pues
no es razón que en un trance como éste me engañes ni uses de
35   fingimientos° con quien tantas verdades ha tratado contigo."   deceit
Entre estas razones se desmayaba, de modo que todos los presentes
pensaban que cada desmayo se había de llevar el alma consigo.
Quiteria, toda honesta° y toda vergonzosa,° asiendo con su derecha   upright, shy
mano la de Basilio, le dijo: "Ninguna fuerza fuera bastante a torcer° mi   bend
40   voluntad, y así con la más libre que tengo te doy la mano de legítima
esposa, y recibo la tuya, si es que me la das de tu libre albedrío, sin que la
turbe ni contraste la calamidad en que tu discurso acelerado te ha puesto."
"Sí, doy," respondió Basilio, "no turbado ni confuso, sino con el claro
entendimiento que el cielo quiso darme, y así me doy y me entrego por tu
45   esposo."
"Y yo por tu esposa," respondió Quiteria, "ahora° vivas largos años,   whether
ahora° te lleven de mis brazos a la sepultura."   or
"Para estar tan herido este mancebo," dijo a este punto Sancho Panza,

"mucho habla. Háganle que se deje de requiebros,° y que atienda a su alma. — flirting remarks
Que a mi parecer más la tiene en la lengua que en los dientes."

Estando, pues, asidos de las manos Basilio y Quiteria, el cura, tierno
y lloroso, los echó la bendición y pidió al cielo diese buen poso al alma del
5 nuevo desposado, el cual así como recibió la bendición, con presta ligereza
se levantó en pie, y con no vista desenvoltura se sacó el estoque 'a quien° — for which
servía de vaina su cuerpo.

Quedaron todos los circunstantes admirados, y algunos dellos, más
simples que curiosos,° en altas voces comenzaron a decir: "¡Milagro, — in the know
10 milagro!"

Pero Basilio replicó: "No milagro, milagro, sino industria,° industria." — cleverness

El cura, desatentado° y atónito, acudió con ambas manos a tentar la — disturbed
herida, y halló que la cuchilla había pasado, no por la carne y costillas de
Basilio, sino por un cañón° hueco° de hierro que, lleno de sangre, en aquel — tube, empty
15 lugar bien acomodado tenía, preparada la sangre (según después se supo)
de modo que no se helase.[10]

Finalmente, el cura y Camacho, con todos los más circunstantes, se
tuvieron por burlados° y escarnidos.° La esposa no dio muestras de pesarle — tricked, deceived
de la burla, antes oyendo decir que aquel casamiento, por haber sido
20 engañoso,° no había de ser valedero, dijo que ella le confirmaba de nuevo, — deceitful
de lo cual coligieron todos que de consentimiento y sabiduría de los dos se
había trazado aquel caso. De lo que quedó Camacho y sus valedores tan
corridos,° que remitieron° su venganza a las manos, y desenvainando° — embarrassed, they / sent, unsheathing
muchas espadas, arremetieron a Basilio, en cuyo favor en un instante se
25 desenvainaron casi otras tantas. Y tomando la delantera a caballo don
Quijote, con la lanza sobre el brazo, y bien cubierto de su escudo, se hacía
dar lugar de todos.[11] Sancho, a quien jamás pluguieron ni solazaron
semejantes fechurías,° se acogió a las tinajas donde había sacado su — mischief
agradable espuma, pareciéndole aquel lugar como sagrado, que había de ser
30 tenido en respeto.

Don Quijote a grandes voces decía: "Teneos, señores, teneos, que no
es razón toméis venganza de los agravios que el amor nos hace. Y advertid
que el amor y la guerra son una misma cosa, y así como en la guerra es cosa
lícita y acostumbrada usar de ardides° y estratagemas para vencer al — ruses
35 enemigo, así en las contiendas y competencias amorosas se tienen por
buenos los embustes y marañas° que se hacen para conseguir el fin que se — intrigue
desea, como no sean en menoscabo y deshonra de la cosa amada. Quiteria
era de Basilio y Basilio de Quiteria por justa y favorable disposición de los
cielos. Camacho es rico y podrá comprar su gusto, cuando, donde y cómo
40 quisiere. Basilio no tiene más desta° oveja, y no se la ha de quitar alguno, — que esta
por poderoso que sea. Que a los dos que Dios junta no podrá separar el
hombre, y el que lo intentare, primero ha de pasar por la punta desta lanza."

Y en esto la blandió tan fuerte y tan diestramente, que puso pavor° en — fear
todos los que no le conocían. Y tan intensamente se fijó en la imaginación

---

[10] **Preparada...** *the blood having been prepared (as it was later learned) so that it would not coagulate*
[11] **Se hacía...** *he made them all give way*

de Camacho el desdén de Quiteria,[12] que se la borró de la memoria en un
instante, y así tuvieron lugar° con él las persuasiones del cura, que era   effect
varón prudente y bien intencionado, con las cuales quedó Camacho y los
de su parcialidad° pacíficos y sosegados, en señal de lo cual volvieron las   group
5   espadas a sus lugares, culpando más a la facilidad° de Quiteria que a la   ready compliance
industria de Basilio, 'haciendo discurso° Camacho, que si Quiteria quería   reasoning
bien a Basilio doncella,° también le quisiera casada, y que debía de dar   when unmarried
gracias al cielo, más por habérsela quitado, que por habérsela dado.

Consolado, pues, y pacífico Camacho y los de su mesnada,° todos los   followers
10   de la de Basilio se sosegaron, y el rico Camacho, por mostrar que no sentía
la burla ni 'la estimaba en nada,° quiso que las fiestas pasasen adelante   didn't resent it
como si realmente 'se desposara.° Pero no quisieron asistir a ellas Basilio   gotten married
ni su esposa ni secuaces,° y así se fueron a la aldea de Basilio, que también   followers
los pobres virtuosos y discretos tienen quien° los siga, honre y ampare,   **quienes**
15   como los ricos tienen quien los lisonjee y acompañe. Lleváronse consigo a
don Quijote, estimándole° por hombre de valor y de pelo en pecho. A solo   considering him
Sancho se le escureció el alma por verse imposibilitado de aguardar la
espléndida comida y fiestas de Camacho, que duraron hasta la noche. Y así
asendereado y triste, siguió a su señor, que con la cuadrilla de Basilio iba,
20   y así se dejó atrás las ollas de Egipto, aunque las llevaba en el alma, cuya
ya casi consumida y acabada espuma que en el caldero llevaba, le
representaba la gloria y la abundancia del bien que perdía, y así congojado
y pensativo, aunque sin hambre, sin apearse del rucio, siguió las huellas de
Rocinante.

---

[12] **Y tan...** *and Quiteria's rejection made such an intense impression on Camacho's*
mind

Capítulo XXII. Donde se cuenta[1] la grande aventura de la Cueva de Montesinos, que está en el corazón de la Mancha, a quien° dio felice cima el valeroso don Quijote de la Mancha. — which

G RANDES fueron y muchos los regalos° que los desposados hicieron a — warm treatment don Quijote, obligados de las muestras° que había dado, defendiendo — demonstrations su causa, y al par de la valentía le graduaron° la discreción, teniéndole por — valued un Cid en las armas y por un Cicerón[2] en la elocuencia. El buen Sancho 'se refociló° tres días a costa de los novios, de los cuales se supo que no fue — enjoyed traza comunicada con la hermosa Quiteria el herirse fingidamente, sino industria de Basilio, esperando della el mesmo suceso que se había visto. Bien es verdad que confesó que había 'dado parte de° su pensamiento a — communicated algunos de sus amigos, para que al tiempo necesario favoreciesen su intención y abonasen° su engaño. — ensure

"No se pueden ni deben llamar engaños," dijo don Quijote, "los que ponen la mira en virtuosos fines." Y que[3] el de casarse los enamorados era el fin de más excelencia, advirtiendo° que el mayor contrario° que el amor — pointing out, enemy tiene es la hambre y la continua necesidad, porque el amor es todo alegría, regocijo y contento, y más cuando el amante está en posesión de la cosa amada, contra quien son enemigos opuestos° y declarados la necesidad y la — contrary pobreza. Y que todo esto decía con intención de que se dejase el señor Basilio de ejercitar las habilidades que sabe, que aunque le daban fama, no le daban dineros, y que atendiese a granjear hacienda por medios lícitos e industriosos, que nunca faltan a los prudentes y aplicados.° — persevering

"El pobre honrado, si es que puede ser honrado el pobre, tiene prenda en tener mujer hermosa, que cuando se la quitan, le quitan la honra y se la matan.[4] La mujer hermosa y honrada, cuyo marido es pobre, merece ser coronada con laureles y palmas de vencimiento y triunfo. La hermosura por sí sola atrae las voluntades de cuantos la miran y conocen, y como a señuelo° gustoso 'se le abaten° las águilas° reales y los pájaros altaneros;° — bait, swoop down, eagles, high-flying pero si a la tal hermosura se le junta la necesidad y estrecheza, también la — kites, prey embisten los cuervos, los milanos° y las otras aves de rapiña,° y la que está a tantos encuentros firme, bien merece llamarse corona de su marido.[5]

"Mirad, discreto Basilio," añadió don Quijote, "opinión fue de no sé qué sabio que no había en todo el mundo sino una sola mujer buena, y daba por consejo que cada uno pensase y creyese que aquella sola buena era la suya, y así viviría contento. Yo no soy casado ni hasta agora me ha venido en pensamiento serlo, y con todo esto me atrevería a dar consejo al que me

---

[1] The original title begins **Donde se da cuenta la grande aventura...** Schevill and others add **de** after **cuenta**. The table of contents at the end of the book corrects the title to **Donde se cuenta...** on folio 281ᵛ. This seems like the best solution, which is what I have used, following Ferreras.

[2] Cicero (106-43 B.C.) was Rome's greatest orator, also a politician and philosopher, as already mentioned in the Prologue to Part I, p. 11, note 30.

[3] Editors correctly suggest that this would read better as **Y dijo que...** or **Y añadió que...**

[4] **Cuando...** *if she is taken away, his honor is also taken and obliterated*

[5] This comes from Proverbs 12:4: "A capable wife is her husband's crown."

lo pidiese, el[6] modo que había de buscar la mujer con quien se quisiese
casar. Lo primero, le aconsejaría que mirase más a la fama° que a la   reputation
hacienda, porque la buena mujer no alcanza la buena fama solamente con
ser buena, sino con parecerlo. Que mucho más dañan a las honras de las
5   mujeres las desenvolturas y libertades° públicas que las maldades° secretas.   scandal,
Si traes buena mujer a tu casa, fácil cosa sería conservarla y aun mejorarla   misdeeds
en aquella bondad. Pero si la traes mala, en trabajo te pondrá el enmendarla,
que no es muy hacedero pasar de un extremo a otro. Yo no digo que sea
imposible, pero téngolo por dificultoso."
10   Oía todo esto Sancho, y dijo entre sí: "Este mi amo, cuando yo hablo
cosas de meollo y de sustancia, suele decir que podría yo tomar un púlpito
en las manos y irme por ese mundo adelante predicando lindezas, y yo digo
dél, que cuando comienza a enhilar° sentencias y a dar consejos, no sólo   link together
puede tomar púlpito[7] en las manos, sino dos en cada dedo y andarse por esas
15   plazas a ¿qué quieres, boca?[8] ¡Válate el diablo por caballero andante[9] que
tantas cosas sabes! Yo pensaba en mi ánima que sólo podía saber aquello
que tocaba a sus caballerías, pero no hay cosa donde no pique[10] y deje de
meter su cucharada."[11]
Murmuraba esto algo Sancho, y entreoyóle su señor y preguntóle:
20   "¿Qué murmuras, Sancho?"
"No digo nada ni murmuro de nada;" respondió Sancho, "sólo estaba
diciendo entre mí, que quisiera haber oído lo que vuesa merced aquí ha
dicho antes que me casara, que quizá dijera yo agora: «el buey suelto bien
se lame».°"   licks
25   "¿Tan mala es tu Teresa, Sancho?" dijo don Quijote.
"No es muy mala," respondió Sancho, "pero no es muy buena, a lo
menos, no es tan buena como yo quisiera."
"Mal haces, Sancho," dijo don Quijote, "en decir mal de tu mujer, que
en efecto es madre de tus hijos."
30   "No nos debemos nada," respondió Sancho, "que también ella dice mal
de mí cuando se le antoja, especialmente cuando está celosa. Que entonces
súfrala el mesmo Satanás."[12]
Finalmente, tres días estuvieron con los novios, donde fueron regalados
y servidos como 'cuerpos de rey.° Pidió don Quijote al diestro licenciado[13]   royalty
35   le diese una guía que le encaminase a la Cueva de Montesinos, porque tenía
gran deseo de entrar en ella y ver 'a ojos vistas° si eran verdaderas las   with his own eyes
maravillas que de ella se decían por todos aquellos contornos. El licenciado
le dijo que le daría a un primo suyo, famoso estudiante y muy aficionado

---

[6] Schevill has changed this to **pidiese del**.

[7] Schevill has **tomar un púlpito**.

[8] **A ¿qué…** *give them everything they want* (Spanish proverbial phrase).

[9] **Válate…** *may the devil take you for a knight errant*

[10] **No hay…** *there is nothing he doesn't nibble on*

[11] **Meter su cucharada**—of course you **meter la cuchara** and *sacar* **la cucharada**
spoonful. Editors blame Cervantes for this lapse and not Sancho, who is the clear culprit.

[12] **Súfrala…** *even the devil can't stand her*

[13] This appears to be the unnamed swordsman from chapter 19, doubtless a supporter
of Basilio, who has also tagged along with the newlyweds.

a leer libros de caballerías, el cual con mucha voluntad le pondría a la boca
de la mesma cueva y le enseñaría las lagunas de Ruidera, famosas
ansimismo en toda la Mancha y aun en toda España, y díjole que llevaría
con él gustoso entretenimiento, a causa que era mozo que sabía hacer libros
5   para imprimir, y para dirigirlos a príncipes. Finalmente, el primo vino con
una pollina preñada, cuya albarda cubría un gayado° tapete° o harpillera.°   multi-colored, rug,
Ensilló Sancho a Rocinante y aderezó al rucio, proveyó sus alforjas, a las   saddle cloth
cuales acompañaron las del primo, asimismo bien proveídas, y encomen-
dándose a Dios y despediéndose° de todos, se pusieron en camino, tomando   **despidiéndose**
10 la derrota de la famosa Cueva de Montesinos.
En el camino preguntó don Quijote al primo de qué género y calidad
eran sus ejercicios, su profesión y estudios. A lo que él respondió que su
profesión era ser humanista, sus ejercicios y estudios componer libros para
dar a la estampa, todos de gran provecho y no menos entretenimiento para
15 la república. Que el uno se intitulaba *El de las libreas*,[14] donde pinta
setecientas y tres libreas con sus colores, motes y cifras, de donde podían
sacar y tomar las que quisiesen en tiempo de fiestas y regocijos° los   festivities
caballeros cortesanos, sin andarlas mendigando° de nadie, ni lambicando,   begging
como dicen, el cerbelo[15] por sacarlas conformes a sus deseos e intenciones.
20 "Porque doy al celoso, al desdeñado, al olvidado y al ausente las que
les convienen, que les vendrán más justas que pecadoras.[16] Otro libro tengo
también, a quien he de llamar *Metamorfóseos*, o *Ovidio español*,[17] de
invención nueva y rara, porque en él, imitando a Ovidio 'a lo burlesco,°   parodying
pinto quién fue la Giralda de Sevilla y el Ángel de la Madalena,[18] quién el
25 Caño de Vecinguerra de Córdoba,[19] quiénes los toros de Guisando, la Sierra
Morena, las fuentes de Leganitos y Lavapiés en Madrid, no olvidándome de
la del Piojo, de la del Caño Dorado y de la Priora,[20] y esto, con sus
alegorías, metáforas y translaciones,° de modo que alegran, suspenden y   transformations
enseñan a un mismo punto.

[14] These **libreas** are the outfits and ornaments worn by knights for their jousts and
tournaments.

[15] **Lambicando,...** *wracking, as they say, their brains*

[16] **Les vendrán...** *fit them to a tee.* Obviously not literal.

[17] Ovid has been referred to before (Part II, Chapter 16, p. 533, note 38) for his *Ars
Amatoria*. His other most famous work is the *Metamorphoses*, written in 15 books, all in
verse. In it is a series of mythological and legendary stories in which transformation
(*metamorphosis* in Latin) plays a role, starting with the creation of the world and ending
with the deification of Julius Cæsar. The Spanish title, *Metamorfóseos*, unlike the Ovid's
title, reflects a Greek genitive singular form, meaning something like "what is characteristic
of Metamorphosis," which is a clever transformation in itself. I thank Nik Gross for his
interpretation of the Greek case.

[18] La Magdalena here is one of the lesser parish churches in Salamanca. This angel
weather vane no longer exists. The old weather vane represented the woman sinner who
anointed Jesus' feet, bathed them with her tears, then dried them with her hair (Luke 8:37-
38).

[19] This is a sewer which flowed from Córdoba into the Guadalquivir River. Vicente
Guerra, in whose honor this sewer takes its name, was a Cordovan hero during the
Reconquest.

[20] These are or were fountains in Madrid.

"Otro libro tengo que le llamo *Suplemento a Virgilio Polidoro*,[21] que trata de la invención de las cosas, que es de grande erudición y estudio, a causa que las cosas que se dejó de decir Polidoro de gran sustancia, las averiguo yo y las declaro por gentil estilo. Olvidósele a Virgilio de declararnos quién fue el primero que tuvo catarro° en el mundo, y el primero que tomó las unciones° para curarse del morbo gálico,[22] y yo lo declaro al pie de la letra y lo autorizo° con más de veinte y cinco autores, porque vea vuesa merced si he trabajado bien y si ha de ser útil el tal libro a todo el mundo."

    Sancho, que había estado muy atento a la narración del primo, le dijo: "Dígame, señor, así Dios le dé buena manderecha° en la impresión° de sus libros, ¿sabríame decir, que sí sabrá, pues todo lo sabe, quién fue el primero que 'se rascó° en la cabeza? Que yo para mí tengo que debió de ser nuestro padre Adán.°'"

    "Sí, sería," respondió el primo, "porque Adán no hay duda sino que tuvo cabeza y cabellos, y siendo esto así, y siendo el primer hombre del mundo, alguna vez se rascaría."

    "Así lo creo yo," respondió Sancho, "pero dígame ahora, ¿quién fue el primer volteador° del mundo?"

    "En verdad, hermano," respondió el primo, "que no me sabré determinar por ahora hasta que lo estudie. Yo lo estudiaré en volviendo adonde tengo mis libros, y yo os satisfaré cuando otra vez nos veamos. Que no ha de ser ésta la postrera.°'"

    "Pues mire, señor," replicó Sancho, "no tome trabajo en esto, que ahora he caído en la cuenta de lo que le he preguntado. Sepa que el primer volteador del mundo fue Lucifer,[23] cuando le echaron o arrojaron del cielo, que vino volteando° hasta los abismos."

    "Tienes razón, amigo," dijo el primo.

    Y dijo don Quijote: "Esa pregunta y respuesta no es tuya, Sancho. A alguno las has oído decir."[24]

    "Calle, señor," replicó Sancho, "que a buena fe que 'si me doy° a preguntar y a responder, que no acabe de aquí a mañana. Sí, que para preguntar necedades y responder disparates no he menester yo andar buscando ayuda de vecinos."

    "Más has dicho, Sancho, de lo que sabes," dijo don Quijote, "que hay algunos que se cansan en saber y averiguar cosas que después de sabidas y averiguadas no importan un ardite al entendimiento ni a la memoria."

Margin glosses: cold; ointments; prove; luck, printing; scratched; Adam; tumbler; last time; tumbling; if I start

[21] Polydore Vergil (c. 1470–1555), as he was known in England, was an Italian-born humanist whose history of England became required reading in British schools. His *De rerum inventoribus* (1499), a popular treatise on various inventions, is the book to which the cousin has added. It was translated from the Latin into Spanish in 1550 by Francisco Thámara and published first in Antwerp. Several editions followed.

[22] Attributing this **morbo gálico** *syphilis* to the French seems unfair since it is generally believed that the disease came back from the New World with Columbus' crew.

[23] There is only one biblical reference to Lucifer (*light bearer* in Latin) (Isa. 14:24). He is known as Phosphorus in Greek mythology, where he represented the planet Venus, the morning star. In the Christian era, Lucifer came to be equated with Satan before his fall. Satan is called "an angel of light" in II Corinthians 11:14 thus helping the transfer.

[24] **A alguno...** *you heard someone else say them*

En éstas y otras gustosas pláticas se les pasó aquel día, y a la noche 'se albergaron° en una pequeña aldea, adonde el primo dijo a don Quijote que desde allí a la Cueva de Montesinos no había más de dos leguas, y que si llevaba determinado de entrar en ella, era menester proverse²⁵ de sogas para
5   atarse y descolgarse en su° profundidad.

Don Quijote dijo que aunque llegase al abismo, había de ver donde paraba, y así compraron casi cien brazas²⁶ de soga, y otro día, a las dos de la tarde, llegaron a la cueva, cuya boca es espaciosa y ancha, pero llena de cambroneras y cabrahigos,²⁷ de zarzas y malezas, tan espesas y intricadas,
10   que de todo en todo la ciegan y encubren. En viéndola, se apearon el primo, Sancho y Don Quijote, al cual los dos le ataron luego fortísimamente con las sogas. Y en tanto que le fajaban° y ceñían, le dijo Sancho: "Mire vuestra merced, señor mío, lo que hace, no se quiera sepultar en vida, ni se ponga adonde parezca frasco que le ponen a enfriar en algún pozo.²⁸ Sí, que a
15   vuestra merced no le toca ni atañe ser el escudriñador desta que debe de ser peor que mazmorra."²⁹

"Ata y calla," respondió don Quijote, "que tal empresa como aquésta, Sancho amigo, para mí estaba guardada."

Y entonces dijo la guía: "Suplico a vuesa merced, señor don Quijote,
20   que mire bien y especule° con cien ojos lo que hay allá dentro. Quizá habrá cosas que las ponga yo en el libro de mis *Transformaciones*."³⁰

"En manos está el pandero que le sabrá bien tañer," respondió Sancho Panza.

Dicho esto, y acabada la ligadura de don Quijote, que no fue sobre el
25   arnés,° sino sobre el 'jubón de armar,° dijo don Quijote: "Inadvertidos° hemos andado en no habernos proveído de algún esquilón° pequeño, que fuera atado junto a mí en esta mesma soga, con cuyo sonido se entendiera que todavía bajaba y estaba vivo. Pero pues ya no es posible, a la mano de Dios, que me guíe."³¹
30   Y luego se hincó de rodillas y hizo una oración en voz baja al cielo, pidiendo a Dios le ayudase y le diese buen suceso en aquella, al parecer, peligrosa y nueva aventura, y en voz alta dijo luego: "¡Oh señora de mis acciones y movimientos, clarísima y sin par Dulcinea del Toboso! Si es posible que lleguen a tus oídos las plegarias y rogaciones° deste tu
35   venturoso amante, por tu inaudita belleza te ruego las escuches. Que no son otras que rogarte no me niegues tu favor y amparo ahora que tanto le he menester. Yo voy a despeñarme, a empozarme° y a hundirme en el abismo que aquí se me representa, sólo porque conozca el mundo que si tú me

Margin glosses:
lodged
i.e., the cave's
were binding
examine
armor, doublet, careless; cowbell
entreaties
to engulf myself

²⁵ This is a variant of **proverse** *to supply oneself.* Schevill and others change this instance to **proveerse,** the form Cervantes generally uses.
²⁶ A **braza** was the width of of both arms extended, or about six feet.
²⁷ **Cambroneras…** *thorny bushes and wild fig trees*
²⁸ **Ni se ponga…** *nor get yourself in a position where you're like a bottle that they hang into some well to get cold*
²⁹ **No la toca…** *it's none of your affair to be the investigator into this, which must be worse than a dungeon*
³⁰ That is, in his *Metamorfóseos.*
³¹ Gaos suggests that this implies **que** *ojalá* **me guíe.**

favoreces, no habrá imposible° a quien yo no acometa y acabe."   impossible feat

   Y en diciendo esto se acercó a la sima, vio no ser posible descolgarse°   let himself down
ni hacer lugar a la entrada,[32] si no era a fuerza de brazos o a cuchilladas, y
así poniendo mano a la espada, comenzó a derribar y a cortar de aquellas
5   malezas que a la boca de la cueva estaban, por cuyo ruido y estruendo
salieron por ella una infinidad de grandísimos cuervos y grajos, tan espesos
y con tanta priesa, que dieron con don Quijote en el suelo. Y si él fuera tan
agorero° como católico cristiano, lo tuviera a mala señal[33] y escusara de   supersticious
encerrarse en lugar semejante. Finalmente, se levantó, y viendo que no
10   salían más cuervos ni otras aves noturnas,° 'como fueron murciélagos,° que   nocturnal, such as
asimismo entre los cuervos salieron, dándole soga el primo y Sancho, y se   bats
dejó calar° al fondo de la caverna° espantosa. Y al entrar, echándole Sancho   lower himself, cavern
su bendición y haciendo sobre él mil cruces, dijo: "¡Dios te guíe y la Peña
de Francia,[34] junto con la Trinidad de Gaeta,[35] flor, nata y espuma° de los   cream
15   caballeros andantes! ¡Allá vas, valentón° del mundo, corazón de acero,   bravest man
brazos de bronce! ¡Dios te guíe, otra vez, y te vuelva libre, sano y sin
cautela a la luz desta vida que dejas por enterrarte en esta escuridad que
buscas!"

   Casi las mismas plegarias y deprecaciones° hizo el primo.   prayers

20   Iba don Quijote dando voces que le diesen soga y más soga, y ellos se
la daban poco a poco, y cuando las voces, que acanaladas° por la cueva   as if through a pipe
salían, dejaron de oírse, ya ellos tenían descolgadas las cien brazas de soga,
y fueron de parecer de volver a subir a don Quijote, pues no le podían dar
más cuerda. Con todo eso, se detuvieron como media hora, al cabo del cual
25   espacio volvieron a recoger la soga con mucha facilidad y sin peso alguno,
señal que les hizo imaginar que don Quijote se quedaba dentro, y
creyéndolo así Sancho, lloraba amargamente y tiraba con mucha priesa por
desengañarse.° Pero llegando, a su parecer, a poco más de las ochenta   to learn the truth
brazas, sintieron peso, de que en extremo se alegraron. Finalmente, a las
30   diez vieron distintamente a don Quijote, a quien dio voces Sancho,
diciéndole: "Sea vuestra merced muy bien vuelto, señor mío, que ya
pensábamos que se quedaba allá para casta.°"   a generation

   Pero no respondía palabra don Quijote, y sacándole del todo, vieron
que traía cerrados los ojos, con muestras de estar dormido. Tendiéronle en
35   el suelo y desliáronle,° y con todo esto, no despertaba. Pero tanto le   they untied him
volvieron y revolvieron, sacudieron y menearon, que al cabo de un buen
espacio volvió en sí, desperezándose,° bien como si de algún grave y   stretching
profundo sueño despertara, y mirando a una y otra parte como espantado,
dijo: "Dios os lo perdone, amigos, que me habéis quitado de la más sabrosa
40   y agradable vida y vista que ningún humano ha visto ni pasado. En efecto,

---

[32] **Ni hacer...** *nor find a way to enter*

[33] Crows, depending on which side of you they were, were considered bad omens.

[34] This is Nuestra Señora de la Peña de Francia, a monastery that was built at the summit of a mountain on the site of where an image of Holy Mary was discovered in 1409. It is located between Ciudad Rodrigo and Salamanca.

[35] This is another monastery, founded by Fernando de Aragón, at Gaeta, a town in the Kingdom of Naples, already mentioned in Part II, Chapter 18, p. 547, note 24.

ahora acabo de conocer[36] que todos los contentos desta vida pasan como
sombra y sueño, o 'se marchitan° como la flor del campo. ¡Oh, desdichado   wither
Montesinos; o mal ferido Durandarte;[37] oh, sin ventura Belerma; oh, lloroso
Guadiana, y vosotras sin dicha hijas de Ruidera,[38] que mostráis en vuestras
5   aguas las° que lloraron vuestros hermosos ojos!"   i.e., tears
     Escuchaban[39] el primo y Sancho las palabras de don Quijote, que las
decía como si con dolor inmenso las sacara de las entrañas. Suplicáronle les
diese a entender lo que decía, y les dijese lo que en aquel infierno había
visto.
10   "¿Infierno le llamáis?" dijo don Quijote, "pues no le llaméis ansí,
porque no lo merece, como luego veréis."
     Pidió que le diesen algo de comer, que traía grandísima hambre.
Tendieron la harpillera del primo sobre la verde yerba, acudieron a la
despensa de sus alforjas, y sentados todos tres en buen amor y compaña,
15   merendaron° y cenaron todo junto. Levantada la harpillera, dijo don Quijote   ate lunch
de la Mancha: "No se levante nadie y estadme, hijos, todos atentos."

³⁶ **Acabo...** *finally understand*
     ³⁷ **Durandarte** is the Spanish equivalent of **Durendal**, the name of Roland's sword.
At Roncesvalles, where Roland was slain, he had Durendal with him. Over the ages, the
sword became transformed into a person in the Spanish tradition. None of what happens
at Roncesvalles involving Durandarte, Montesinos, and Belerma—all of which you will
soon find out—is part of the French *Song of Roland* tradition.
     ³⁸ Since the Guadiana River begins in this area and the Lagunas de la Ruidera are
nearby, Guadiana and Ruidera take on human form in Don Quijote's account of his
adventure, as if they would later be transformed into the river and the **lagunas** in the same
way mythological characters were similarly changed.
     ³⁹ In the original edition, the page ends with **hermosos ojos!** followed by a **reclamo**
(which is the word or syllable that begins the next page) under the last line, in this case
it is **Con**. Then the next page instead of beginning with **Con** begins with **-cuchaban**. This
has led some editors to reconstruct **Con atención / grande atención / admiración /
escuchaban**. Schevill proposes that perhaps the **reclamo** should have been **Es-** instead
of **Con**, in which case it would have been as it is here, simply **Escuchaban**.

Capítulo XXIII. De las admirables cosas que el estremado° don Quijote contó que había visto en la profunda Cueva de Montesinos, cuya imposibilidad y grandeza hace que se tenga esta aventura por apócrifa.

<blockquote>incomparable</blockquote>

5 LAS cuatro de la tarde serían, cuando el sol entre nubes cubierto, con luz escasa y templados° rayos, dio lugar a don Quijote para que sin calor y pesadumbre contase a sus dos clarísimos oyentes lo que en la Cueva de Montesinos había visto, y comenzó en el modo siguiente: "A obra de doce o catorce estados° de la profundidad desta mazmorra,° a la derecha mano,
10 se hace una concavidad° y espacio° capaz de poder caber en ella un gran carro con sus mulas. Éntrale una pequeña luz por unos resquicios o agujeros, que lejos le responden, abiertos[1] en la superficie de la tierra. Esta concavidad y espacio vi yo a tiempo cuando ya iba cansado y mohino de verme, pendiente y colgado de la soga, caminar por aquella escura región
15 abajo, sin llevar cierto ni determinado camino, y así determiné entrarme en ella y descansar un poco. Di voces pidiéndoos que no descolgásedes° más soga hasta que yo os lo dijese, pero no debistes de oírme. Fui recogiendo la soga que enviábades, y haciendo della una rosca° o rimero, me senté sobre él, pensativo a demás, considerando lo que hacer debía para calar° al fondo,
20 no teniendo quién° me sustentase.[2]

"Y estando en este pensamiento y confusión, de repente, y sin procurarlo, me salteó un sueño profundísimo, y cuando menos lo pensaba, sin saber cómo ni cómo no, desperté dél y me hallé en la mitad del más bello, ameno° y deleitoso° prado que puede criar la naturaleza, ni imaginar
25 la más discreta imaginación humana. Despabilé los ojos, limpiémelos y vi que no dormía, sino que realmente estaba despierto. Con todo esto me tenté la cabeza y los pechos, por certificarme si era yo mismo el que allí estaba, o alguna fantasma vana° y contrahecha. Pero el tacto, el sentimiento, los discursos concertados, que entre mí hacía,[3] me certificaron que yo era allí
30 entonces el que soy aquí ahora.

"Ofrecióseme luego a la vista un real y suntuoso palacio o alcázar, cuyos muros y paredes parecían de transparente y claro cristal fabricados, del cual abriéndose dos grandes puertas, vi que por ellas salía y hacia mí se venía un venerable anciano,° vestido con un capuz° de bayeta° morada,°
35 que por el suelo le arrastraba. Ceñíale los hombros y los pechos una 'beca de colegial° de raso° verde, cubríale la cabeza una gorra milanesa° negra, y la barba, canísima,° le pasaba de la cintura. No traía arma ninguna, sino un rosario de cuentas en la mano, mayores que medianas nueces, y los

Marginal glosses:
- mild
- average man's height, pit; recess, ledge
- let down
- coil
- go down
- anyone
- pleasant, delightful
- insubstantial
- old man, cloak, flannel, purple scholar's hood, satin, Milanese; very white

---

[1] The original edition has **abiertas** here which Schevill has changed to **abiertos** for grammatical agreement. Gaos keeps the feminine form suggesting that the lapse is due to the influence of **quiebras** or **grietas** *fissures.*

[2] The cave, as described by Don Quijote, is quite like the rabbit hole in *Alice in Wonderland,* which goes straight down. In reality, this cave consists of a series of "rooms" connected by an easy-sloping trail. Clemencín describes this cave on p. 1641 of the Castilla edition (Part II, Chapter 23, note 3).

[3] **Pero el tacto…** *but my sense of touch, my feeling, the well-ordered reasoning that I did with myself*

dieces[4] asimismo como huevos medianos de avestruz.°[5] El continente, el   ostrich
paso, la gravedad y la anchísima° presencia, cada cosa de por sí y todas   stately
juntas, me suspendieron y admiraron. Llegóse a mí, y lo primero que hizo
fue abrazarme estrechamente y luego decirme, 'Luengos tiempos ha,
5   valeroso caballero don Quijote de la Mancha, que los que estamos en estas
soledades encantados esperamos verte, para que des noticia al mundo de lo
que encierra y cubre la profunda cueva por donde has entrado, llamada LA
CUEVA DE MONTESINOS, hazaña sólo guardada para ser acometida de tu
invencible corazón y de tu ánimo stupendo.[6] Ven conmigo, señor clarísimo,
10   que te quiero mostrar las maravillas que este transparente alcázar solapa,°   hides
de quien yo soy alcaide y guarda° mayor° perpetua, porque soy el mismo   guardian, chief
Montesinos, de quien la cueva toma nombre.'

"Apenas me dijo que era Montesinos, cuando le pregunté si fue verdad
lo que en el mundo de acarriba° se contaba, que él había sacado de la mitad   above
15   del pecho, con una pequeña daga, el corazón de su grande amigo
Durandarte y llevádole a la señora Belerma, como él se lo mandó al punto
de su muerte.

"Respondióme que en todo decían verdad, sino en la daga, porque no
fue daga, ni pequeña, sino un 'puñal buido,° más agudo que una lezna.'°   sharp poniard, awl
20   "Debía de ser," dijo a este punto Sancho, "el tal puñal de Ramón de
Hoces el sevillano."[7]

"No sé," prosiguió don Quijote, "pero no sería dese puñalero,° porque   poniard maker
Ramón de Hoces fue ayer, y lo de Roncesvalles, donde aconteció esta
desgracia, ha muchos años,[8] y esta averiguación no es de importancia, ni
25   turba ni altera la verdad y contexto de la historia."

"Así es," respondió el primo, "prosiga vuestra merced, señor don
Quijote, que le escucho con el mayor gusto del mundo."

"No con menor° lo cuento yo," respondió don Quijote, "y así digo, que   lesser
el venerable Montesinos me metió en el cristalino° palacio, donde en una   crystal
30   sala baja fresquísima sobremodo° y toda de alabastro, estaba un sepulcro de   excessively
mármol con gran maestría fabricado, sobre el cual vi a un caballero tendido
'de largo a largo,° no de bronce, ni de mármol, ni de jaspe hecho, como los   full length
suele haber en otros sepulcros, sino de pura carne y de puros huesos. Tenía
la mano derecha, que a mi parecer es algo peluda,° y nervosa,° señal de   hairy, sinewy
35   tener muchas fuerzas su dueño, puesta sobre el lado del corazón. Y antes
que preguntase nada[9] a Montesinos, viéndome suspenso mirando al° del   **al hombre**

---

[4] The rosary is essentially five sets of eleven beads used to keep track of prayers said.
Ten beads represent repetitions of the Hail Mary prayer, and the eleventh one (the **diez**,
a slight misnomer), a bit larger than the others, represents the Our Father prayer. These
55 beads are connected into a loop to which is added five more beads and a crucifix.

[5] An ostrich egg is six inches across, and three inches wide. It weighs about three
pounds.

[6] Although many editors make this into **estupendo**, the original did show it spelled
stupendo, perhaps an Italianism, in imitation of the fantastic epics written in Italian.

[7] No one knows if there was a real Ramón de Hoces who worked in Seville.

[8] **Ha muchos años** is an understatement. Roland was slain at Roncesvalles in 778 A.D.
See Part I, Chap. 26, p. 199, note 8.

[9] **Antes...** *before I could ask anything*

sepulcro, me dijo: 'Éste es mi amigo Durandarte, flor y espejo de los
caballeros enamorados y valientes de su tiempo. Tiénele aquí encantado,
como me tiene a mí y a otros muchos y muchas, Merlín, aquel francés
encantador,[10] que dicen que fue hijo del diablo. Y lo que yo creo es que no
5   fue hijo del diablo, sino que supo, como dicen, un punto más que el diablo.
El cómo o para qué nos encantó nadie lo sabe, y ello dirá andando los
tiempos, que no están muy lejos, según imagino.[11] Lo que a mí me admira
es que sé, tan cierto como ahora es de día, que Durandarte acabó los° de su   **los** *días*
vida en mis brazos, y que después de muerto le saqué el corazón con mis
10   propias manos, y en verdad que debía de pesar dos libras,[12] porque según
los naturales, el que tiene mayor corazón es dotado de mayor valentía del°   **que el**
que le tiene pequeño. Pues siendo esto así, y que realmente murió este
caballero, ¿cómo ahora se queja y sospira de cuando en cuando, como si
estuviese vivo?'
15   "Esto dicho, el mísero Durandarte, dando una gran voz, dijo:

> ¡Oh mi primo Montesinos!
> lo postrero que os rogaba,
> que cuando yo fuere muerto
> y mi ánima arrancada,
20 >   que llevéis mi corazón
> adonde Belerma estaba,
> sacándomele del pecho,
> ya con puñal, ya con daga.

"Oyendo lo cual el venerable Montesinos, se puso de rodillas ante el
25   lastimado caballero, y con lágrimas en los ojos le dijo: 'Ya señor
Durandarte, carísimo primo mío, ya hice lo que me mandastes en el aciago
día de nuestra pérdida.[13] Yo os saqué el corazón lo mejor que pude, sin que
os dejase una mínima parte en el pecho. Yo le limpié con un pañizuelo 'de
puntas,° yo partí con él 'de carrera° para Francia, habiéndoos primero   **lace, quickly**
30   puesto en el seno de la tierra, con tantas lágrimas que fueron bastantes a
lavarme las manos y limpiarme con ellas la sangre que tenían de haberos
andado en las entrañas. Y 'por más señas,° primo de mi alma, en el primero   **as further proof**
lugar que topé saliendo de Roncesvalles, eché un poco de sal en vuestro
corazón, porque no oliese mal y fuese, si no fresco, a lo menos amojamado°   **dry-cured**
35   a la presencia de la señora Belerma, la cual, con vos y conmigo y con
Guadiana, vuestro escudero, y con la dueña Ruidera y sus siete hijas y dos
sobrinas, y con otros muchos de vuestros conocidos y amigos, nos tiene
aquí encantados el sabio Merlín ha muchos años, y aunque pasan de
quinientos,[14] no se ha muerto ninguno de nosotros. Solamente faltan Ruidera
40   y sus hijas y sobrinas, las cuales llorando, por compasión que debió de
tener Merlín dellas, las convirtió en otras tantas lagunas, que ahora

---

[10] Merlin was the sorceror in the King Arthur legend. He wasn't French.
[11] **Ello dirá...** *it will be told in time, and I imagine that that time is not far off*
[12] The human heart typically weighs only about 10½ ounces.
[13] This **pérdida** was the French loss at the battle of Roncesvalles.
[14] It would have been a bit more than 800 years since the battle at Roncesvalles.

en el mundo de los vivos y en la provincia de la Mancha las llaman las
Lagunas de Ruidera. Las siete son de los reyes de España, y las dos
sobrinas, de los caballeros de una orden santísima que llaman de San Juan.[15]
Guadiana, vuestro escudero, plañendo asimismo vuestra desgracia, fue
5   convertido en un río llamado de su mesmo nombre, el cual cuando llegó a
la superficie de la tierra y vio el sol del otro cielo, fue tanto el pesar que
sintió de ver que os dejaba, que 'se sumergió° en las entrañas de la tierra.[16]   he submerged
Pero como no es posible dejar de acudir a su natural corriente,° de cuando   current
en cuando sale y se muestra donde el sol y las gentes le vean. Vanle
10   administrando de sus aguas las referidas lagunas,[17] con las cuales y con
otras muchas que se llegan, entra pomposo y grande en Portugal.[18] Pero con
todo esto, por dondequiera que va, muestra su tristeza y melancolía y no se
precia de criar en sus aguas peces regalados y de estima, sino burdos° y   coarse
desabridos,° bien diferentes de los del Tajo dorado. Y esto que agora os   bad-tasting
15   digo, ¡oh primo mío! os lo he dicho muchas veces, y como no me
respondéis, imagino que no me dais crédito, o no me oís, de lo que yo
recibo tanta pena cual Dios lo sabe.

    " 'Unas nuevas os quiero dar ahora, las cuales, ya que no sirvan de
alivio a vuestro dolor, no os le aumentarán en ninguna manera. Sabed que
20   tenéis aquí en vuestra presencia, y abrid los ojos y veréislo, aquel gran
caballero de quien tantas cosas tiene profetizadas° el sabio Merlín, aquel   prophesied
don Quijote de la Mancha, digo, que de nuevo y con mayores ventajas que
en los pasados siglos ha resucitado en los presentes la ya° olvidada andante   now
caballería, por cuyo medio y favor podría ser que nosotros fuésemos
25   desencantados: que las grandes hazañas para los grandes hombres están
guardadas.'

    " 'Y cuando así no sea,'[19] respondió el lastimado Durandarte con voz
desmayada y baja, 'cuando así no sea, ¡oh primo! digo, paciencia y barajar.'
Y volviéndose de lado, tornó a su acostumbrado silencio, sin hablar más
30   palabra.

    "Oyéronse en esto grandes alaridos° y llantos, acompañados de   howls
profundos gemidos y angustiados sollozos. Volví la cabeza y vi por las
paredes de cristal que por otra sala pasaba una procesión de dos hileras de
hermosísimas doncellas, todas vestidas de luto, con turbantes° blancos   turbans
35   sobre las cabezas, al modo turquesco. 'Al cabo y fin° de las hileras venía una   at the end
señora, que en la gravedad lo parecía, asimismo vestida de negro, con tocas
blancas tan tendidas y largas, que besaban la tierra. Su turbante era mayor
dos veces que el mayor de alguna de las otras. Era cejijunta° y la nariz algo   with eyebrows grown
    together

[15] According to Ferreras, it is true that two of these lakes were assigned to the Order of
San Juan de Jerusalén and the remainder belonged to the kingdom.

[16] The Guadiana River does originate in la Mancha, and some sections of it do flow
underground.

[17] **Vanle...** *the already-mentioned lakes feed water into it*

[18] The Guadiana flows west to Badajoz, then turns towards the south where it forms the
border with Portugal for about 50 kms. Then it goes into Portugal, and about 50 kms. before
it enters the sea, once again it is the border between the two countries. By the time it gets
to Badajoz, it is a very wide river.

[19] **Y cuando...** *and if this doesn't happen*

chata, la boca grande, pero colorados los labios. Los dientes, que 'tal vez°   when
los descubría, mostraban ser ralos° y no bien puestos, aunque eran blancos   with gaps
como unas peladas almendras.° Traía en las manos un lienzo delgado, y   almonds
entre° él, a lo que pude divisar, un corazón 'de carne momia,° según venía   in, mummified
5   seco y amojamado. Díjome Montesinos como toda aquella gente de la
procesión eran sirvientes° de Durandarte y de Belerma, que allí con sus dos   servants
señores estaban encantados, y que la última que traía el corazón entre el
lienzo y en las manos era la señora Belerma, la cual, con sus doncellas,
cuatro días en la semana hacían aquella procesión y cantaban, o por mejor
10   decir, lloraban endechas sobre el cuerpo y sobre el lastimado corazón de su°   i.e., Montesinos'
primo. Y que si me había parecido algo fea,° o no tan hermosa como tenía   i.e., Belerma
la fama, era la causa las malas noches y peores días que en aquel
encantamento pasaba, como lo podía ver en sus grandes ojeras° y en su   rings under eyes
color quebradiza.°   yellow
15   " 'Y no toma ocasión su amarillez y sus ojeras de estar con el mal
mensil,° ordinario en las mujeres, porque ha muchos meses, y aun años, que   monthly
no le tiene, ni asoma por sus puertas, sino del dolor que siente su corazón
por el que de contino tiene en las manos, que le renueva y trae a la
memoria la desgracia de su 'mal logrado° amante. Que si esto no fuera,   unlucky
20   apenas la igualara en hermosura, donaire y brío la gran Dulcinea del
Toboso, tan celebrada en todos estos contornos y aun en todo el mundo.'
" '¡Cepos quedos!°' dije yo entonces, 'señor don Montesinos. Cuente   careful!
vuesa merced su historia como debe, que ya sabe que toda comparación es
odiosa, y así no hay para qué comparar a nadie con nadie. La sin par
25   Dulcinea del Toboso es quien es, y la señora doña Belerma es quien es y
quien ha sido, y 'quédese aquí.°'   let it be
"A lo que él me respondió: 'Señor don Quijote, perdóneme vuesa
merced, que yo confieso que 'anduve mal° y no dije bien en decir que   I was wrong
apenas igualara la señora Dulcinea a la señora Belerma, pues me bastaba
30   a mí haber entendido por no sé qué barruntos que vuesa merced es su
caballero, para que me mordiera° la lengua antes de compararla sino con el   I'd bite
mismo cielo.'
"Con esta satisfación° que me dio el gran Montesinos, 'se quietó° mi   apology, calmed
corazón del sobresalto que recebí en oír que a mi señora la comparaban con   down
35   Belerma."
"Y aun me maravillo yo," dijo Sancho, "de como vuesa merced no se
subió sobre el vejote,° y le molió a coces todos los huesos y le peló las   old man
barbas, sin dejarle pelo en ellas."
"No, Sancho amigo," respondió don Quijote, "no me estaba a mí bien
40   hacer eso,[20] porque estamos todos obligados a tener respeto a los ancianos,
aunque no sean caballeros, y principalmente a los que lo son[21] y están
encantados. Yo sé bien que no nos quedamos a deber nada[22] en otras
muchas demandas° y respuestas que entre los dos pasamos."   questions
A esta sazón dijo el primo: "Yo no sé, señor don Quijote, cómo vuestra

---

[20] **No me...** *it wouldn't have been right for me to do that*
[21] That is, those old men who are knights.
[22] **No nos...** *we owed each other nothing*

merced en tan poco espacio de tiempo como ha que está allá bajo,[23] haya
visto tantas cosas y hablado y respondido tanto."

"¿Cuánto ha que bajé?" preguntó don Quijote.

"Poco más de una hora," respondió Sancho,

"Eso no puede ser," replicó don Quijote, "porque allá me anocheció° ⟶ night came
y amaneció, y tornó a anochecer y amanecer tres veces. De modo que, a mi
cuenta, tres días he estado en aquellas partes remotas y escondidas a la vista
nuestra."

"Verdad debe de decir mi señor," dijo Sancho, "que como todas las
cosas que le han sucedido son por encantamento, quizá lo que a nosotros
nos parece un hora, debe de parecer allá tres días con sus noches."

"Así será," respondió don Quijote.

"Y ¿ha comido vuestra merced en todo este tiempo, señor mío?"
preguntó el primo.

"No me he desayunado de bocado," respondió don Quijote, "ni aun he
tenido hambre, 'ni por pensamiento.°'" ⟶ absolutely not

"Y ¿los encantados comen?" dijo el primo.

"No comen," respondió don Quijote, "ni tienen 'escrementos mayores,° ⟶ bowel movements
aunque es opinión que les crecen las uñas, las barbas y los cabellos."

"Y ¿duermen por ventura los encantados, señor?" preguntó Sancho.

"No, por cierto," respondió don Quijote, "a lo menos, en estos tres días
que yo he estado con ellos, ninguno ha pegado° el ojo, ni yo tampoco." ⟶ closed

"Aquí encaja bien el refrán," dijo Sancho, "de «dime con quién andas,
decirte he quién eres». Ándase vuestra merced con encantados, ayunos° y ⟶ fasting people
vigilantes,° mirad si es mucho que ni coma ni duerma mientras con ellos ⟶ wakeful people
anduviere. Pero perdóneme vuestra merced, señor mío, si le digo que de
todo cuanto aquí ha dicho, lléveme Dios, que iba a decir el diablo, si le
creo cosa alguna."[24]

"¿Cómo no?" dijo el primo. "Pues ¿había de mentir el señor don
Quijote, que aunque quisiera, no ha tenido lugar para componer° e imaginar ⟶ invent
tanto millón de mentiras?"

"Yo no creo que mi señor miente," respondió Sancho.

"Si no ¿qué crees?" le preguntó don Quijote.

"Creo," respondió Sancho, "que aquel Merlín o aquellos encantadores
que encantaron a toda la chusma° que vuestra merced dice que ha visto y ⟶ crowd
comunicado° allá bajo, le encajaron en el magín o la memoria toda esa ⟶ spoken with
máquina que nos ha contado, y todo aquello que por contar le queda."[25]

"Todo eso pudiera ser, Sancho," replicó don Quijote, "pero no es así,
porque lo que he contado lo vi por mis propios ojos y lo toqué con mis
mismas manos. Pero ¿qué dirás cuando te diga yo ahora como entre otras
infinitas cosas y maravillas que me mostró Montesinos, las cuales despacio
y a sus tiempos te las iré contando en el discurso de nuestro viaje, por no
ser todas deste lugar,[26] me mostró tres labradoras que por aquellos

---

[23] **En tan...** *in such a short time you are down there.* This **está** is viewed as a
historical present.

[24] **Si le...** *if I believe anything you said*

[25] **Por contar...** *remains to be told*

[26] **Por no...** *since all of them would be out of place here*

amenísimos° campos iban saltando y brincando como cabras, y apenas las very pleasant
hube visto, cuando conocí ser la una la sin par Dulcinea del Toboso, y las
otras dos aquellas mismas labradoras que venían con ella, que hablamos[27]
a la salida del Toboso? Pregunté a Montesinos si las conocía. Respondióme
5 que no, pero que él imaginaba que debían de ser algunas señoras principales
encantadas, que pocos días había que en aquellos prados habían parecido,
y que no me maravillase desto, porque allí estaban otras muchas señoras de
los pasados y presentes siglos, encantadas en diferentes y extrañas figuras,
entre las cuales conocía él a la reina Ginebra y su dueña Quintañona,
10 escanciando° el vino a Lanzarote «cuando de Bretaña vino».[28] pouring
  Cuando Sancho Panza oyó decir esto a su amo, pensó perder el juicio
o morirse de risa. Que como él sabía la verdad del fingido° encanto de pretended
Dulcinea, de quien él había sido el encantador y el levantador° de 'tal concocter
testimonio,° acabó de conocer indubitablemente que su señor estaba fuera (false) evidence
15 de juicio y loco de todo punto, y así le dijo: "En mala coyuntura y en peor
sazón y en aciago día bajó vuestra merced, caro patrón mío, al otro mundo,
y en mal punto se encontró con el señor Montesinos, que tal nos le ha
vuelto.[29] Bien se estaba vuestra merced acarriba° con su entero juicio, tal up here
cual Dios se le había dado, hablando sentencias y dando consejos a cada
20 paso, y no agora, contando los mayores disparates que pueden imaginarse."
  "Como te conozco, Sancho," respondió don Quijote, "no hago caso de
tus palabras."
  "Ni yo tampoco de las de vuestra merced," replicó Sancho, "siquiera
me hiera, siquiera me mate por las que le he dicho o por las que le pienso
25 decir si en las suyas no se corrige y enmienda. Pero dígame vuestra merced,
ahora que 'estamos en paz.° ¿Cómo o en qué conoció a la señora nuestra we have made up
ama? Y si la habló, ¿qué dijo y qué le respondió?"
  "Conocíla," respondió don Quijote, "en que trae los mesmos vestidos
que traía cuando tú me le[30] mostraste. Habléla, pero no me respondió
30 palabra, antes me volvió las espaldas,[31] y se fue huyendo con tanta priesa,
que no la alcanzara una jara.° Quise seguirla, y lo hiciera si no me dart
aconsejara Montesinos que no me cansase en ello, porque sería en balde, y
más, porque se llegaba la hora donde me convenía volver a salir de la sima.
Díjome asimismo que andando el tiempo se me daría aviso cómo habían de
35 ser desencantados él y Belerma y Durandarte, con todos los que allí
estaban. Pero lo que más pena me dio de las que allí vi y noté, fue que
estándome diciendo Montesinos estas razones, se llegó a mí por un lado, sin
que yo la viese venir, una de las dos compañeras de la sin ventura
Dulcinea, y llenos los ojos de lágrimas, con turbada y baja voz me dijo, 'Mi
40 señora Dulcinea del Toboso besa a vuestra merced las manos, y suplica a

[27] **Que...** *with whom we spoke.* This is not the only time Cervantes uses this
construction with **hablar** taking a direct object.
 [28] Queen Guinevere, the dueña Quintañona and Lancelot have been mentioned already
in Part I, Chapter 13, p. 90, note 9.
 [29] **Tal...** *in such a state he has sent you back to us*
 [30] The original edition has **le** here which Schevill and others change to **la**.
 [31] **Antes...** *rather she turned her back on me*

vuestra merced se la haga de hacerla saber cómo está.[32] Y que, por estar en una gran necesidad asimismo suplica a vuestra merced, cuan encarecidamente puede, sea servido de prestarle sobre este faldellín que aquí traigo de cotonía° nuevo, media docena de reales,[33] o los que vuestra merced tuviere. Que ella da su palabra de volvérselos con mucha brevedad.'   cotton

"Suspendióme y admiróme el tal recado, y volviéndome al señor Montesinos, le pregunté, '¿Es posible, señor Montesinos, que los encantados principales padecen necesidad?' A lo que él me respondió, 'Créame vuestra merced, señor don Quijote de la Mancha, que esta que llaman necesidad adondequiera° se usa, y por todo se estiende y a todos   anywhere alcanza, y aun hasta los encantados no perdona. Y pues la señora Dulcinea del Toboso envía a pedir esos seis reales y la prenda es buena, según parece, no hay sino dárselos.[34] Que sin duda debe de estar puesta en algún grande aprieto.' 'Prenda, no la tomaré yo,' le respondí, 'ni menos le daré[35] lo que pide, porque no tengo sino solos° cuatro reales.' Los cuales le di, que   only fueron los que tú, Sancho, me diste el otro día para dar limosna a los pobres que topase por los caminos, y le dije, 'Decid, amiga mía, a vuesa señora, que a mí me pesa en el alma de sus trabajos, y que quisiera ser un Fúcar[36] para remediarlos. Y que le hago saber que yo no puedo ni debo tener salud, careciendo de su agradable vista y discreta conversación, y que le suplico cuan encarecidamente puedo, sea servida su merced de dejarse ver y tratar deste su cautivo servidor y asendereado caballero. Diréisle también que cuando menos se lo piense oirá decir cómo yo he hecho un juramento y voto, a modo de aquel que hizo el marqués de Mantua, de vengar a su sobrino Valdovinos cuando le halló para espirar en mitad de la montiña, que fue de no comer pan a manteles, con las otras zarandajas[37] que allí añadió, hasta vengarle. Y así le haré yo de no sosegar y de andar las siete partidas del mundo, con más puntualidad° que las anduvo el infante don Pedro de   diligence Portugal,[38] hasta desencantarla.' 'Todo eso y más debe vuestra merced a mi señora,' me respondió la doncella.' Y tomando los cuatro reales, en lugar de hacerme una reverencia, hizo una cabriola, que° se levantó dos varas 'de   *tal* que medir° en el aire."   measurable

"¡Oh santo Dios!" dijo a este tiempo dando una gran voz Sancho, "¿es

---

[32] **Se la haga...** *let her know how you are*

[33] That is, she wants to leave the shawl as security for the loan.

[34] **No hay...** *there is nothing to do but give them to her*

[35] **Ni menos...** *nor can I give her*

[36] The Fuggers formed a banking and mercantile dynasty that not only dominated European business in the fifteenth and sixteenth centuries, but also affected European politics. Through their wealth they were able to get rid of François I of France and finance the election of Carlos V of Spain as Holy Roman Emperor.

[37] You can see in Part I, Chapter 10, p. 75, lines 18-19 what these other trifles were. The Marqués de Mantua and Valdovinos are also mentioned in Part I, Chapter 5, several times.

[38] The world had only four parts then, Asia, Europe, Africa and America. Don Pedro de Portugal (1392-1449) was the subject of a book *Libro del Infante don Pedro de Portugal que anduvo las quatro partidas del mundo* (Salamanca, 1547). The number was increased to seven—and there is a lot of discussion about this—perhaps because of the influence of Alfonso X's lawbook *Las siete partidas*.

posible que tal hay en el mundo³⁹ y que tengan 'en él° tanta fuerza los   **en el** *mundo*
encantadores y encantamentos, que hayan trocado el buen juicio de mi señor
en una tan disparatada locura? ¡Oh señor, señor, por quien Dios es, que
vuestra merced mire por sí y vuelva por su honra,⁴⁰ y no dé crédito a esas
5   vaciedades° que le tienen menguado y 'descabalado el sentido!°"   nonsense, out of you
    mind
"Como me quieres bien, Sancho, hablas desa manera," dijo don   experienced
Quijote, "y como no estás experimentado° en las cosas del mundo, todas las
cosas que tienen algo de dificultad te parecen imposibles. Pero andará el
tiempo, como otra vez he dicho, y yo te contaré algunas de las° que allá   **las** *cosas*
10   abajo he visto, que te harán creer las que aquí he contado, cuya verdad ni
admite° réplica ni disputa."   allows

---

³⁹ That is, **¿es posible que haya tal persona en el mundo…** The modern language uses
the subjunctive **haya**.
⁴⁰ **Mire…** *look out for yourself and consider your honor*

Capítulo XXIIII. *Donde se cuentan mil zarandajas tan impertinentes como necesarias al verdadero entendimiento desta grande historia.*

DICE el que tradujo esta grande historia del original, de la que escribió su primer autor Cide Hamete Benengeli, que llegando al capítulo de la aventura de la Cueva de Montesinos, en el margen dél estaban escritas de mano del mesmo Hamete estas mismas razones: "No me puedo 'dar a entender,° ni me puedo persuadir, que al valeroso don Quijote le pasase puntualmente todo lo que en el antecedente capítulo queda escrito. La razón es que todas las aventuras hasta aquí sucedidas han sido contingibles° y verisímiles;° pero esta desta cueva no le hallo entrada alguna para tenerla por verdadera,[1] por ir tan fuera de los términos razonables. Pues pensar yo que don Quijote mintiese, siendo el más verdadero hidalgo y el más noble caballero de sus tiempos, no es posible que no dijera él una mentira si le asaetearan.° Por otra parte, considero que él la contó y la dijo con todas las circunstancias dichas, y que no pudo fabricar° en tan breve espacio tan gran máquina de disparates, y si esta aventura parece apócrifa, yo no tengo la culpa, y así, sin afirmarla por falsa o verdadera la escribo. Tú, letor, pues eres prudente, juzga lo que te pareciere, que yo no debo ni puedo más, puesto que se tiene por cierto que al tiempo de su fin y muerte dicen que 'se retrató° della y dijo que él la había inventado, por parecerle que convenía y cuadraba bien con las aventuras que había leído en sus historias."

Y luego prosigue diciendo:

Espantóse el primo, así del atrevimiento de Sancho Panza como de la paciencia de su amo, y juzgó que del contento que tenía de haber visto a su señora Dulcinea del Toboso, aunque encantada, le nacía aquella 'condición blanda° que entonces mostraba, porque si así no fuera, palabras y razones le dijo Sancho que merecían molerle a palos. Porque realmente le pareció que había andado atrevidillo° con su señor, a quien le dijo: "Yo, señor don Quijote de la Mancha, doy por bien empleadísima[2] la jornada que con vuestra merced he hecho, porque en ella he granjeado° cuatro cosas. La primera, haber conocido a vuestra merced, que lo tengo a gran felicidad. La segunda, haber sabido lo que se encierra en esta Cueva de Montesinos, con las mutaciones° de Guadiana y de las lagunas de Ruidera, que me servirán para el *Ovidio español* que traigo entre manos. La tercera, entender la antigüedad de los naipes,° que, por lo menos, ya se usaban en tiempo del emperador Carlo Magno, según puede colegirse de las palabras que vuesa merced dice que dijo Durandarte, cuando al cabo de aquel grande espacio que estuvo hablando con él Montesinos, él despertó, diciendo, 'Paciencia y barajar,' y esta razón y modo de hablar no la pudo aprender encantado, sino cuando no lo estaba, en Francia y en tiempo del referido emperador Carlo Magno, y esta averiguación me viene pintiparada para el otro libro que voy componiendo, que es *Suplemento de Virgilio Polidoro, en la invención de las antigüedades*, y creo que en el suyo no se acordó de poner

(margin glosses)
convince myself
possible
credible
shot with arrows
make up
he retracted
good temper
impudent
gained
transformations
playing cards

---

[1] **No le hallo...** *I find no way in which I can accept it as true*

[2] In principle, you cannot put **-ísimo** onto a past pariciple. I think this reflects the cousin's pseudo-erudite style. **Bien empleadísima** would mean *very well spent.*

la de los naipes, como la pondré yo ahora, que será de mucha importancia,
y más, alegando° autor tan grave y tan verdadero como es el señor   quoting
Durandarte. La cuarta es haber sabido con certidumbre el nacimiento del río
Guadiana, hasta ahora ignorado de las gentes."

5   "Vuestra merced tiene razón," dijo don Quijote, "pero querría yo saber,
ya que Dios le haga merced[3] de que se le dé licencia para imprimir esos sus
libros, que lo dudo, ¿a quién piensa dirigirlos?°"   dedicate them
    "Señores y grandes hay en España a quien puedan dirigirse," dijo el
primo.

10   "No muchos," respondió don Quijote, "y no porque no lo merezcan,
sino que no quieren admitirlos por no obligarse a la satisfación que parece
se debe al trabajo y cortesía de sus autores.[4] Un príncipe conozco yo[5] que
puede suplir la falta de los demás con tantas ventajas, que si me atreviere
a decirlas, quizá despertará la invidia en más de cuatro generosos pechos.

15   Pero quédese esto aquí para otro tiempo más cómodo, y vamos a buscar
adonde recogernos esta noche."
    "No lejos de aquí," respondió el primo, "está una ermita donde hace
su habitación un ermitaño,° que dicen ha sido soldado, y está en opinión de   hermit
ser un buen cristiano, y muy discreto y caritativo además. Junto con la

20   ermita tiene una pequeña casa que él ha labrado° a su costa, pero, con todo,   built
aunque chica,° es capaz de recibir huéspedes."   small
    "¿Tiene, por ventura, gallinas el tal ermitaño?" preguntó Sancho.
    "Pocos ermitaños están sin ellas," respondió don Quijote, "porque no
son los que agora se usan como aquellos de los desiertos de Egipto,[6] que

25   se vestían de hojas de palma y comían raíces de la tierra. Y no se entienda
que por decir bien de aquéllos no lo digo de aquéstos,[7] sino que quiero
decir que al rigor y estrecheza de entonces no llegan las penitencias de los
de agora. Pero no por esto dejan de ser todos buenos, a lo menos, yo por
buenos los juzgo, y cuando todo corra turbio, menos mal hace el hipócrita

30   que se finge bueno que el público pecador."[8]
    Estando en esto, vieron que hacia donde ellos estaban venía un hombre
a pie, caminando a priesa y dando varazos° a un macho que venía cargado   blows with a stick
de lanzas y de alabardas.[9] Cuando llegó a ellos, los saludó y pasó de largo.

---

    [3] **Ya que...** *if God grants*
    [4] **Sino que no...** *but rather because they don't want to accept them [the books] so
that they will not be obliged to reward the authors what is due for their work and their
courtesy.* Don Quijote is referring to patrons who are not generous with the authors who
dedicate books to them.
    [5] Editors usually say that this is the Conde de Lemos to whom Part II was dedicated.
Don Quijote, of course, could not know any flesh-and-blood count since he is fictitious.
Nonetheless, it would seem that Cervantes put this in to bring a smile to the count's face.
    [6] **No son los...** *the ones [hermits] they have now aren't like the ones from the deserts
of Egypt*
    [7] **No se entienda...** *don't think that because I speak well of the former I don't say the
same about the latter*
    [8] **Cuando...** *if worst comes to worst, the hypocrite who pretends to be good does less
harm than the shameless sinner*
    [9] These are halberds, weapons used through the 16th century, whose heads were half
ax and half blade, They were mounted on a pole five or six feet long.

Don Quijote le dijo: "Buen hombre; deteneos, que parece que vais con más diligencia que ese macho ha menester."

"No me puedo detener, señor," respondió el hombre, "porque las armas que veis que aquí llevo han de servir mañana, y así me es forzoso el no detenerme, y adiós. Pero si quisiéredes saber para qué las llevo, en la venta que está 'más arriba de° la ermita pienso alojar esta noche, y si es que hacéis este mesmo camino, allí me hallaréis, donde os contaré maravillas, y adiós otra vez." beyond

Y de tal manera aguijó el macho, que no tuvo lugar don Quijote de preguntarle qué maravillas eran las que pensaba decirles, y como él era algo curioso y siempre le fatigaban deseos de saber cosas nuevas, ordenó que al momento se partiesen y fuesen a pasar la noche en la venta, sin tocar en la ermita, donde quisiera el primo que se quedaran.

Hízose así, subieron a caballo y siguieron todos tres el derecho camino de la venta, a la cual llegaron un poco antes de anochecer. Dijo el primo a don Quijote que llegasen a ella a beber un trago. Apenas oyó esto Sancho Panza, cuando encaminó el rucio a la ermita,[10] y lo mismo hicieron don Quijote y el primo. Pero la mala suerte de Sancho parece que ordenó que el ermitaño no estuviese en casa, que así se lo dijo una sotaermitaño° que female sub-hermit en la ermita hallaron. Pidiéronle de lo caro,[11] respondió que su señor no lo tenía, pero que si querían agua barata, que se la daría de muy buena gana.

"Si yo la tuviera de agua,"[12] respondió Sancho, "pozos hay en el camino, donde la hubiera satisfecho. ¡Ah, bodas de Camacho y abundancia de la casa de don Diego, y cuántas veces 'os tengo de echar menos!°" I miss you

Con esto dejaron la ermita y picaron hacia la venta, y a poco trecho toparon un mancebito° que delante dellos iba caminando no con mucha very young man priesa, y así le alcanzaron.° Llevaba la espada sobre el hombro y en ella overtook puesto un bulto o envoltorio,° al parecer, de sus vestidos, que al parecer, bundle debían de ser los calzones o gregüescos,° y herreruelo,° y alguna camisa, breeches, cape porque traía puesta una ropilla° de terciopelo, con algunas vislumbres de jacket raso,[13] y la camisa, 'de fuera;° las medias eran de seda y los zapatos untucked cuadrados,° a uso de Corte, la edad llegaría a diez y ocho o diez y nueve square-toed años, alegre de rostro y al parecer, ágil de su persona. Iba cantando seguidillas para entretener el trabajo° del camino. Cuando llegaron a él, tedium acababa de cantar una, que el primo tomó de memoria, que dicen que decía:

A la guerra me lleva
mi necesidad.
Si tuviera dineros,

---

[10] Another contradiction. They just decided to skirt the hermitage and go to the inn. And now they are at the hermitage? Nothing new, just some more imitation of the careless style of the books of chivalry. Many editors change the **venta** just mentioned into **ermita**.

[11] This refers to expensive wine, which it is logical that hermits would not have.

[12] That is, **si yo tuviera *gana* de *beber* agua.**

[13] **Vislumbres de raso**—that is, there were shiny places in the (worn out) velvet that made it look like it was satin.

no fuera, en verdad."[14]

El primero que le habló fue don Quijote, diciéndole: "Muy 'a la ligera°   lightly
camina vuesa merced, señor galán, y ¿adónde bueno?[15] Sepamos, si es que
gusta decirlo."
5   A lo que el mozo respondió: "El caminar tan a ligera lo causa el calor
y la pobreza, y el adónde voy es a la guerra."
    "¿Cómo la pobreza?" preguntó don Quijote, "que por el calor bien
puede ser."
    "Señor," replicó el mancebo, "yo llevo en este envoltorio unos
10 gregüescos de terciopelo, compañeros desta ropilla. Si los gasto en el
camino, no me podré 'honrar con° ellos en la ciudad, y no tengo con qué   wear
comprar otros. Y así por esto, como por orearme,° voy desta manera hasta   to air myself
alcanzar unas compañías de infantería, que no están doce leguas de aquí,
donde asentaré mi plaza, y no faltarán bagajes° en que caminar de allí   pack-horses
15 adelante, hasta el embarcadero,° que dicen ha de ser en Cartagena. Y más   departure port
quiero tener por amo y por señor al rey y servirle en la guerra, que no a un
pelón° en la corte."   worthless person
    "Y ¿lleva vuesa merced alguna ventaja[16] por ventura?" preguntó el
primo.
20   "Si yo hubiera servido a algún grande de España o algún principal
personaje," respondió el mozo, "a buen seguro que yo la llevara, que eso
tiene° el servir a los buenos. Que del tinelo suelen salir a ser alférez o   comes from
capitanes, o con algún buen entretenimiento.° Pero yo, desventurado, serví   pension
siempre a catarriberas° y a 'gente advenediza,° de ración y quitación tan   worthless people,
25 mísera y atenuada, que en pagar el almidonar un cuello se consumía la   upstarts
mitad della,[17] y sería tenido a milagro que un paje aventurero alcanzase
alguna siquiera razonable ventura."
    "Y dígame por su vida, amigo," preguntó don Quijote, "¿es posible que
en los años que sirvió no ha podido alcanzar alguna librea?"
30   "Dos me han dado," respondió el paje, "pero así como el que se sale
de alguna religión° antes de profesar le quitan el hábito y le vuelven sus   religious order
vestidos, así me volvían a mí los míos mis amos, que, acabados los
negocios 'a que° venían a la corte, se volvían a sus casas y recogían las   for why
libreas que por sola ostentación habían dado."
35   "Notable *espilorchería*,[18] como dice el italiano," dijo don Quijote, "pero
con todo eso, tenga a felice ventura el haber salido de la corte con tan
buena intención como lleva, porque no hay otra cosa en la tierra más
honrada ni de más provecho que servir a Dios, primeramente, y luego a su

---

[14] In those days, the **seguidilla** was lively, happy song. Nowadays, at least in the
flamenco version, they are sad, emotional songs. The old **seguidillas** used a six- or seven-
line verse for the odd-numbered verses and six for the even numbered verses. Keep in
mind that you count only to the last stressed syllable and add one.

[15] **¿Adónde...** *where are you going?*

[16] The **ventaja** was a supplement to a soldier's ordinary income.

[17] **De ración...** *of such miserable and lean income and salary that when he paid for
his collar to be starched it used up half of his income*

[18] **Spilorceria**, in Italian, *stinginess.*

rey y señor natural, especialmente en el ejercicio de las armas, por las cuales se alcanzan, si no más riquezas, a lo menos, más honra que por las letras, como yo tengo dicho muchas veces. Que puesto que han fundado más mayorazgos° las letras que las armas, todavía llevan un no sé qué los **great lineages** de las armas a los de las letras,[19] con un sí sé qué de esplendor, que se halla en ellos, que los aventaja a todos.

"Y esto que ahora le quiero decir, llévelo en la memoria, que le será de mucho provecho y alivio en sus trabajos, y es que aparte la imaginación de los sucesos adversos que le podrán venir.[20] Que el peor de todos es la muerte, y como ésta sea buena, el mejor de todos es el morir.[21] Preguntáronle a Julio César, aquel valeroso emperador romano, cuál era la mejor muerte. Respondió que la impensada, la 'de repente° y 'no prevista,° **sudden, unforeseen** y aunque respondió como gentil y ajeno del conocimiento del verdadero Dios, con todo eso, dijo bien, para ahorrarse del sentimiento humano,[22] que 'puesto caso que° os maten en la primera facción° y refriega, o ya de un **although, battle** tiro de artillería, o volado° de una mina, ¿qué importa? todo es morir y **blown up** acabóse la obra. Y según Terencio,[23] más bien parece el soldado muerto en la batalla que vivo y salvo en la huida, y tanto alcanza de fama el buen soldado, cuanto tiene de obediencia a sus capitanes[24] y a los que mandarle pueden. Y advertid, hijo, que al soldado mejor le está el oler a pólvora que algalia,[25] y que si la vejez os coge en este honroso ejercicio, aunque sea lleno de heridas y estropeado o cojo, a lo menos, no os podrá coger sin honra, y tal, que no os la podrá menoscabar la pobreza.[26] Cuanto más que ya se va dando orden[27] como se entretengan y remedien los soldados viejos y estropeados, porque no es bien que se haga con ellos lo que suelen hacer los que ahorran° y dan libertad a sus negros° cuando ya son viejos y no **liberate, i.e. black** pueden servir, y echándolos de casa con título de libres, los hacen esclavos **slaves** de la hambre, de quien no piensan ahorrarse sino con la muerte. Y por ahora no os quiero decir más, sino que subáis a las ancas deste mi caballo hasta la venta, y allí cenaréis conmigo, y por la mañana seguiréis el camino, que os le dé Dios tan bueno como vuestros deseos merecen."

El paje no aceptó el convite° de las ancas, aunque sí el de cenar con **invitation** él en la venta, y a esta sazón dicen que dijo Sancho entre sí: "¡Válate Dios

---

[19] **Todavía...** *still, the lineages created by arms have a certain edge over those created by letters*

[20] **Aparte...** *put out of your mind the adversities that may come to you*

[21] **El mejor...** *death is the best [fortune] of all*

[22] **Para...** *sparing human feelings.* Schevill's edition says **sentimento**, a typographical error.

[23] No one has been able to find this reference in Terence. Clemencín attributes this wrong attribution to *Cervantes'* faulty memory, but this is really Don Quijote's error. Cervantes makes a similar statement in the Prologue to this part (p. 433, line 18), but cites no source.

[24] **Tanto alcanza...** *the good soldier achieves fame insofar as he is obedient to his captains*

[25] **Al soldado...** *it is better for a soldier to smell of gunpowder than civet*

[26] **Que no os...** *which poverty will not be able to diminish*

[27] This order was not forthcoming during Cervantes' lifetime. Starkie says that the soldiers' pension was not introduced until the mid 1700s.

por señor! Y ¿es posible que hombre que sabe decir tales, tantas y tan
buenas cosas como aquí ha dicho, diga que ha visto los disparates
imposibles que cuenta de la Cueva de Montesinos? Ahora bien, 'ello dirá.°"   time will tell

    Y en esto llegaron a la venta a tiempo que anochecía, y no sin gusto
5 de Sancho, por ver que su señor la juzgó por verdadera venta y no por
castillo, como solía. No hubieron bien entrado, cuando don Quijote preguntó
al ventero por el hombre de las lanzas y alabardas, el cual le respondió que
en la caballeriza estaba acomodando el macho. Lo mismo hicieron de sus
jumentos el sobrino[28] y Sancho, dando a Rocinante el mejor pesebre° y el   manger
10 mejor lugar de la caballeriza.

---

[28] **Sobrino** has been **primo** to this point. Schevill keeps it, but says that it is a
"descuido de Cervantes por **primo**." It is not a **descuido** at all, but rather just another
contradiction built into the work. Readers who delve into the books of chivalry will find
the same carelessness that Cervantes IS IMITATING here. Some editors make the change
to **primo** without comment, others keep **sobrino** and state that it *should be* **primo**. Editors
who make changes like this without comment, gratuitously cheat their readers of an
important facet of the book.

*Capítulo XXV. Donde se apunta la aventura del rebuzno°
y la graciosa° del titerero,° con las memorables
adivinanzas° del mono° adivino.*

braying
amusing one,
 puppeteer
prophesies, monkey

No SE le cocía el pan[1] a don Quijote, como suele decirse, hasta oír y
5   saber las maravillas prometidas del° hombre 'condutor de° las armas.
Fuele a buscar donde el ventero le había dicho que estaba, y hallóle, y
díjole que en todo caso le dijese luego lo que le había de decir después,
acerca de lo que le había preguntado en el camino. El hombre le respondió:
"Más despacio, y no 'en pie,° se ha de tomar el cuento de mis maravillas.
10 Déjeme vuestra merced, señor bueno, acabar de dar recado° a mi bestia, que
yo le diré cosas que le admiren."
    "No quede por eso," respondió don Quijote, "que yo os ayudaré a
todo."
    Y así lo hizo, ahechándole° la cebada y limpiando el pesebre, humildad
15 que obligó al hombre a contarle con buena voluntad lo que le pedía, y
sentándose en un poyo y don Quijote junto a él, teniendo por senado° y
auditorio al primo, al paje, a Sancho Panza y al ventero, comenzó a decir
desta manera: "Sabrán vuesas mercedes que en un lugar que está cuatro
leguas y media desta venta, sucedió que a un regidor° dél, por industria y
20 engaño de una muchacha criada suya, y esto es largo de contar, le faltó un
asno, y aunque el tal regidor hizo las diligencias posibles por hallarle, no
fue posible. Quince días serían pasados, según es pública voz y fama, que°
el asno faltaba, cuando, estando en la plaza el regidor perdidoso,° otro
regidor del mismo pueblo le dijo, ''Dadme albricias,° compadre, que
25 vuestro jumento ha parecido.°' 'Yo os las mando y buenas, compadre,'
respondió el otro, 'pero sepamos dónde ha parecido.' 'En el monte,'
respondió el hallador,° 'le vi esta mañana, sin albarda y sin aparejo alguno,
y tan flaco que era una compasión miralle. Quísele antecoger° delante de
mí y traérsole, pero está ya tan montaraz y tan huraño,° que cuando llegué°
30 a él, se fue huyendo y se entró en lo más escondido del monte. Si queréis
que volvamos los dos a buscarle, dejadme poner esta borrica en mi casa,
que luego vuelvo.' 'Mucho placer me haréis,' dijo el del jumento, 'e yo
procuraré pagároslo en la mesma moneda.'
    "Con estas circunstancias todas y de la mesma manera que yo lo voy
35 contando lo cuentan todos aquellos que están enterados en la verdad deste
caso. En resolución, los dos regidores, a pie y mano a mano, se fueron al
monte, y llegando al lugar y sitio donde pensaron hallar el asno, no le
hallaron, ni pareció por todos aquellos contornos, aunque más le buscaron.
Viendo, pues, que no parecía, dijo el regidor que le había visto al otro:
40 'Mirad, compadre, una traza me ha venido al pensamiento, con la cual, sin
duda alguna, podremos descubrir este animal aunque esté metido en las
entrañas de la tierra, no que del monte, y es que yo sé rebuznar°
maravillosamente, y si vos sabéis 'algún tanto,° dad el hecho por
concluido.' '¿Algún tanto decís, compadre?' dijo el otro, 'por Dios, que no
45 dé la ventaja a nadie, ni aun a los mesmos asnos.' 'Ahora lo veremos,'
respondió el regidor segundo, 'porque tengo determinado que os vais vos

by the, conveying

standing up
feed

giving him

audience

alderman

desde que
who-had-lost
congratulate me
shown up

finder
to catch
shy, I approached

to bray
a bit

---

[1] **No se le...** *his bread wouldn't bake.* Proverbial saying meaning that he was
impatient.

por una parte del monte y yo por otra, de modo que le rodeemos y
andemos° todo, y de trecho en trecho rebuznaréis vos y rebuznaré yo, y no walk around
podrá ser menos sino que el asno nos oya° y nos responda, si es que está oiga
en el monte.' A lo que respondió el dueño del jumento, 'Digo, compadre,
5 que la traza es excelente y digna de vuestro gran ingenio.'

  "Y dividiéndose los dos, según el acuerdo, sucedió que casi a un
mesmo tiempo rebuznaron, y cada uno, engañado del rebuzno del otro,
acudieron a buscarse, pensando que ya el jumento había parecido. Y en
viéndose, dijo el perdidoso, '¿Es posible, compadre, que no fue mi asno el
10 que rebuznó?' 'No fue sino yo,' respondió el otro. 'Ahora digo,' dijo el
dueño, 'que de vos a un asno, compadre, no hay alguna diferencia, en
cuanto 'toca al° rebuznar, porque en mi vida[2] he visto ni oído cosa más deals with
propia.' 'Esas alabanzas y encarecimiento,' respondió el de la traza, 'mejor
os atañen y tocan a vos que a mí, compadre, que por el Dios que me crió
15 que podéis dar dos rebuznos de ventaja al mayor y más perito rebuznador
del mundo. Porque el sonido que tenéis es alto, lo sostenido de la voz, a su
tiempo y compás, los dejos, muchos y apresurados,[3] y, en resolución, yo me
doy por vencido y os rindo° la palma y doy la bandera desta rara I yield
habilidad.' 'Ahora digo,' respondió el dueño, 'que me tendré y estimaré en
20 más de aquí adelante y pensaré que sé alguna cosa, pues tengo alguna
gracia. Que puesto que pensara que rebuznaba bien, nunca entendí que
llegaba al extremo que decís.' 'También diré yo ahora,' respondió el
segundo, 'que hay raras habilidades perdidas en el mundo y que son 'mal
empleadas° en aquellos que no saben aprovecharse dellas.' 'Las nuestras,' wasted
25 respondió el dueño, 'si no es en casos semejantes como el que traemos
entre manos, no nos pueden servir en otros, y aun en éste plega a Dios que
nos sean de provecho.'

  "Esto dicho, se tornaron a dividir y a volver a sus rebuznos, y a cada
paso se engañaban y volvían a juntarse, hasta que se dieron por contraseño° countersign
30 que para entender que eran ellos y no el asno, rebuznasen dos veces, una
tras otra. Con esto, doblando a cada paso los rebuznos, rodearon todo el
monte sin que el perdido jumento respondiese, ni aun 'por señas.° Mas by signs
¿cómo había de responder el pobre y mal logrado, si le hallaron en lo más
escondido del bosque comido de lobos? Y en viéndole, dijo su dueño: 'Ya
35 me maravillaba yo de que él no respondía, pues a no estar muerto, él
rebuznara si nos oyera, o no fuera asno. Pero a trueco de haberos oído
rebuznar con tanta gracia, compadre, doy por bien empleado el trabajo que
he tenido en buscarle, aunque le he hallado muerto.' 'En buena mano está,[4]
compadre,' respondió el otro, 'pues si bien canta el abad,° no le va en zaga abbot
40 el monacillo.°' acolyte

  "Con esto, desconsolados y roncos, se volvieron a su aldea, adonde
contaron a sus amigos, vecinos y conocidos cuanto les había acontecido en
la busca del asno, exagerando el uno la gracia del otro en el rebuznar, todo

---

[2] *nunca* **en mi vida**

[3] These are musical terms: *your tone is loud, your voice is sustained both in time and rhythm, and your final notes are many and rapid.*

[4] **En buena mano está [el vaso]** *after you.* This is an old expression of courtesy inviting the other to drink first. Here, the expression means *you are better than I am.*

lo cual se supo y se estendió por los lugáres circunvecinos. Y el diablo, que
no duerme, como es amigo de sembrar y derramar rencillas° y discordia   quarrels
'por doquiera,° levantando caramillos° en el viento y grandes quimeras de   everywhere, gossip
nonada, ordenó e hizo que las gentes de los otros pueblos, en viendo a
5   alguno de nuestra aldea, rebuznase,[5] como 'dándoles en rostro° con el   slapping their faces
rebuzno de nuestros regidores. 'Dieron en ello° los muchachos, que fue dar   started up
en manos y en bocas de todos los demonios del infierno, y fue cundiendo°   spreading
el rebuzno 'de en uno en otro pueblo,° de manera que son conocidos los   from town to town
naturales del pueblo del rebuzno, como son conocidos y diferenciados los
10   negros de los blancos, y ha llegado a tanto la desgracia desta burla, que
muchas veces con mano armada y formado escuadrón han salido contra los
burladores los burlados° a darse la batalla, sin poderlo remediar 'rey ni   mocked
roque,° ni temor, ni vergüenza. Yo creo que mañana o 'esotro día° han de   anyone, the next day
salir en campaña los de mi pueblo, que son los del rebuzno, contra otro
15   lugar que está a dos leguas del nuestro, que es uno de los que más nos
persiguen, y por salir bien apercebidos, llevo compradas estas lanzas y
alabardas que habéis visto. Y éstas son las maravillas que dije que os había
de contar, y si no os lo han parecido, no sé otras."

Y con esto dio fin a su plática el buen hombre, y en esto entró por la
20   puerta de la venta un hombre todo vestido de camuza, medias, gregüescos
y jubón, y con voz levantada dijo: "Señor huésped, ¿hay posada?° Que   place to stay
viene aquí el 'mono adivino° y el retablo° de la libertad° de Melisendra."   divining monkey,
"¡Cuerpo de tal!" dijo el ventero, "¡Que aquí está el señor mase[6] Pedro!   portable theater,
Buena noche se nos apareja."   freeing
25   Olvidábaseme de decir como el tal mase Pedro traía cubierto el ojo
izquierdo y casi medio carrillo con un parche° de tafetán verde, señal que   patch
todo aquel lado debía de estar enfermo. Y el ventero prosiguió diciendo:
"Sea bienvenido vuestra merced, señor mase Pedro. ¿Adónde está el mono
y el retablo, que no los veo?"
30   "Ya llegan cerca," respondió el todo camuza, "sino que yo me he
adelantado a saber si hay posada."

"Al mismo Duque de Alba[7] se la quitara para dársela al señor mase
Pedro," respondió el ventero, "llegue el mono y el retablo, que gente hay
esta noche en la venta que pagará el verle y las habilidades del mono."
35   "'Sea en buenora,°" respondió el del parche, "que yo moderaré° el   good, I'll lower
precio, y con sola la costa° me daré por bien pagado. Y yo vuelvo a hacer   expenses
que camine la carreta donde viene el mono y el retablo."

Y luego se volvió a salir de la venta.

Preguntó luego don Quijote al ventero qué mase Pedro era aquél, y qué
40   retablo y qué mono traía.

A lo que respondió el ventero: "Éste es un famoso titerero que ha
muchos días que anda por esta Mancha de Aragón[8] enseñando un retablo

---

[5] Schevill has changed this to **rebuznasen** to make it agree with **las gentes.**

[6] **Mase** is an equivalent of **maese** *master*, seen later on.

[7] This was the famous Fernando Álvarez de Toledo, the third Duque de Alba (1507-
1582) who conquered Portugal (1580), commanded Carlos V's army, and counseled Felipe
II on military matters.

[8] This is the Eastern Mancha, not related to the ancient kingdom of Aragón.

de Melisendra liberada[9] por el famoso don Gaiferos, que es una de las mejores y más bien representadas historias que de muchos años a esta parte en este reino se han visto. Trae asimismo consigo un mono de la más rara habilidad que se vio entre monos, ni se imaginó entre hombres, porque si le preguntan algo, está atento a lo que le preguntan, y luego salta sobre los hombros de su amo, y llegándosele al oído le dice la respuesta de lo que le preguntan, y maese Pedro la declara luego. Y de las cosas pasadas dice mucho más que de las que están 'por venir,° y aunque no todas veces acierta° en todas, en las más no yerra, de modo que nos hace creer que tiene el diablo en el cuerpo. Dos reales lleva° por cada pregunta, si es que el mono responde—quiero decir, si responde el amo por él, después de haberle hablado al oído. Y así se cree que el tal maese Pedro está° riquísimo; y es *hombre galante*, como dicen en Italia, y *bon compaño*,[10] y dase la mejor vida del mundo. Habla más que seis y bebe más que doce, todo a costa de su lengua y de su mono y de su retablo."

    En esto, volvió maese Pedro, y en una carreta venía el retablo, y el mono, grande y sin cola, con las posaderas 'de fieltro.° Pero no de mala cara, y apenas le vio don Quijote, cuando le preguntó: "Dígame vuestra merced, señor adivino, ¿*qué pexe pillamo?*[11] ¿qué ha de ser de nosotros? Y vea aquí mis dos reales."

    Y mandó a Sancho que se los diese a maese Pedro, el cual respondió por el mono y dijo: "Señor, este animal no responde, ni da noticia de las cosas que están 'por venir.° De las pasadas sabe algo, y de las presentes, 'algún tanto.°"

    "¡Voto a rus!°" dijo Sancho, "No dé yo un ardite porque me digan lo que por mí ha pasado, porque ¿quién lo puede saber mejor que yo mesmo? Y pagar yo porque me digan lo que sé, sería una gran necedad, pero pues sabe las cosas presentes, 'he aquí° mis dos reales y dígame el señor monísimo° qué hace ahora mi mujer Teresa Panza y en qué se entretiene."

    No quiso tomar maese Pedro el dinero, diciendo: "No quiero recebir adelantados° los premios sin que hayan precedido los servicios."

    Y dando con la mano derecha dos golpes sobre el hombro izquierdo, en un brinco° se le puso el mono en él, y llegando la boca al oído 'daba diente con diente° muy a priesa. Y habiendo hecho este ademán° por espacio de un credo,[12] de otro brinco se puso en el suelo. Y 'al punto° con grandísima priesa se fue maese Pedro a poner de rodillas ante don Quijote, y abrazándole las piernas dijo: "Estas piernas abrazo, bien así como si

Margin glosses:
to come
guesses right
charges

es

calloused

to come
a bit
Dios

here are
supreme monkey

in advance

leap
chattered, attitude
at the same instant

---

[9] Here the original text says **dada** instead of Schevill's (and others) **liberada**. **Liberada** makes more sense than **dada**, but it falsifies the text a bit. Gaos has a long commentary about this (II, 379-80).

[10] These are highly hispanified versions of **uomo galante** *man who is attentive to women* and **buon compagno** *good companion*.

[11] I retain the **-x-** in **pexe** from the first edition since the Golden Age **x** was pronounced "sh" like the **-sc** of Italian *pesce*. The Spanish transcription comes quite close to the Italian pronunciation of **Che pesce pigliamo?** *What fish will we catch?* which means what Don Quijote goes on to say.

[12] That is, for as long as it takes to say a credo, about fifteen seconds.

abrazara las dos Colunas de Hércules,[13] ¡oh resucitador° insigne de la ya   reviver
puesta en olvido andante caballería! ¡Oh no jamás-como-se-debe alabado
caballero don Quijote de la Mancha, ánimo de los desmayados, arrimo de
los que van a caer, brazo de los caídos, báculo y consuelo de todos los
5   desdichados!"
     Quedó pasmado don Quijote, absorto° Sancho, suspenso el primo,   amazed
atónito el paje, abobado° el del rebuzno, confuso el ventero y, finalmente,   spellbound
espantados° todos los que oyeron las razones del titerero, el cual prosiguió,   amazed
diciendo: "Y tú, ¡oh buen Sancho Panza! el mejor escudero y del mejor
10   caballero del mundo. Alégrate, que tu buena mujer Teresa está buena, y ésta
es la hora en que ella está rastrillando una libra de lino, y por más señas
tiene a su lado izquierdo un jarro desbocado° que cabe un buen porqué° de   broken-lipped,
vino, con que se entretiene en su trabajo."   amount
     "Eso creo yo muy bien," respondió Sancho, "porque es ella una
15   bienaventurada, y a no ser celosa[14] no la trocara yo por la giganta
Andandona,[15] que según mi señor, fue una mujer muy cabal° y muy 'de   clever
pro,° y es mi Teresa de aquellas que no se dejan mal pasar,[16] aunque sea a   worthy
costa de sus herederos."
     "Ahora digo," dijo a esta sazón don Quijote, "que el que lee mucho y
20   anda mucho, vee mucho y sabe mucho. Digo esto, porque ¿qué persuasión
fuera bastante para persuadirme que hay monos en el mundo que adivinen,
como lo he visto ahora por mis propios ojos? porque yo soy el mesmo don
Quijote de la Mancha que este buen animal ha dicho, puesto que se ha
estendido° algún tanto en mis alabanzas; pero como quiera que yo me sea,[17]   exaggerated
25   doy gracias al cielo, que me dotó° de un ánimo° blando y compasivo,   endowed, heart
inclinado siempre a hacer bien a todos y mal a ninguno."
     "Si yo tuviera dineros," dijo el paje, "preguntara al señor mono qué me
ha de suceder en la peregrinación° que llevo."   pilgrimage
     A lo que respondió maese Pedro, que ya se había levantado de los pies
30   de don Quijote: "Ya he dicho que esta bestezuela no responde a lo por
venir, que si respondiera no importara no haber dineros. Que por servicio
del señor don Quijote, que está presente, dejara yo todos los intereses del
mundo, y agora porque se lo debo y por darle gusto, quiero armar° mi   set up
retablo y dar placer a cuantos están en la venta, sin paga alguna."
35   Oyendo lo cual el ventero, alegre sobremanera, señaló el lugar donde
se podía poner el retablo, que en un punto fue hecho. Don Quijote no
estaba muy contento con las adivinanzas del mono, por parecerle no ser a

---

[13] The **Columnas de Hércules** (*Pillars of Hercules*, in English) refer to two peaks at the
Straits of Gibraltar (the Rock of Gibraltar on the Iberian Peninsula and Mount Hacho in
Ceuta on the African coast). The Ancients believed that these were originally one mountain
and Hercules split them to open the Mediterranean Sea.

[14] **A no...** *if she weren't jealous*

[15] Andandona was the sister of the giant Madarque in *Amadís* (Chapter 65, p. 683, lines
346-67, of the Edwin Place edition) where she is described as: "la más brava y la más
esquiva que en el mundo había... Tenía todos los cabellos blancos y tan crespos que no los
podía peinar; era muy fea de rostro que no semejaba sino al diablo... Era muy enemiga de
los cristianos y hacíales mucho mal."

[16] **Que no se dejan...** *who don't let themselves be deprived of anything*

[17] **Como quiera...** *whatever type of person I might be*

próposito que un mono adivinase, ni las de por venir, ni las pasadas cosas, y así en tanto que maese Pedro acomodaba el retablo, se retiró don Quijote con Sancho a un rincón de la caballeriza, donde, sin ser oídos de nadie, le dijo: "Mira, Sancho, yo he considerado bien la estraña habilidad deste mono, y hallo por mi cuenta que sin duda este maese Pedro, su amo, debe de tener hecho pacto, tácito° o espreso,° con el demonio." — tacit, express

"Si el patio es espeso y del demonio," dijo Sancho, "sin duda debe de ser muy sucio° patio. Pero ¿de qué provecho le es al tal maese Pedro tener — dirty esos patios?"

"No me entiendes, Sancho. No quiero decir sino que debe de tener hecho algún concierto con el demonio, de que infunda esa habilidad en el mono, con que gane de comer, y después que esté rico le dará su alma, que es lo que este universal enemigo pretende. Y háceme creer esto el ver que el mono no responde sino a las cosas pasadas o presentes, y la sabiduría del diablo no se puede estender a más, que las por venir no las sabe, si no es por conjeturas, y no 'todas veces.° Que a solo Dios está reservado conocer — every time los tiempos y los momentos, y para Él no hay pasado ni porvenir,° que todo — future es presente, y siendo esto así, como lo es, está claro que este mono habla con el estilo del diablo, y estoy maravillado cómo no le han acusado al Santo Oficio,[18] y examinádole, y sacado de cuajo en virtud de quién adivina.[19] Porque cierto está que este mono no es astrólogo, ni su amo ni él alzan, ni saben alzar estas figuras que llaman judiciarias,[20] que tanto ahora se usan en España, que no hay mujercilla, ni paje, ni 'zapatero de viejo° que — **zapatero viejo,** no presuma de alzar una figura, como si fuera una sota° de naipes del suelo, — jack (playing card) echando a perder con sus mentiras e ignorancias la verdad maravillosa de la ciencia. De una señora sé yo, que preguntó a uno destos figureros° que — astrologers, lap dog si una 'perrilla de falda,° pequeña, que tenía, si se empreñaría y pariría,[21] y cuántos y de qué color serían los perros que pariese. A lo que el señor judiciario, después de haber alzado la figura, respondió que la perrica° se — dog empreñaría y pariría tres perricos—el uno verde, el otro encarnado y el otro de mezcla, con tal condición que la tal perra 'se cubriese ° entre las once y — mates doce del día o de la noche, y que fuese en lunes o en sábado. Y lo que sucedió fue que de allí a dos días se murió la perra de ahíta,° y el señor — overeating levantador° quedó acreditado° en el lugar por acertadísimo judiciario, como — astrologer, confirm lo quedan todos o los más levantadores."

"Con todo eso querría," dijo Sancho, "que vuestra merced dijese a maese Pedro preguntase a su mono si es verdad lo que a vuestra merced le pasó en la Cueva de Montesinos. Que yo para mí tengo, con perdón de vuestra merced, que todo fue embeleco y mentira, o por lo menos cosas soñadas.°" — dreamed

"Todo podría ser," respondió don Quijote, "pero yo haré lo que me aconsejas, puesto que me ha de quedar un no sé qué de escrúpulo.[22]

Estando en esto, llegó maese Pedro a buscar a don Quijote y decirle

---

[18] The Santo Oficio was the Inquisition (see the Prologue to Part II, p. 434, note 7).
[19] **Sacado...** *taken from him by whose power he is able to divine*
[20] **Alzar estas...** *cast a horoscope*
[21] **Se empreñaría...** *would get pregnant and give birth*
[22] **Puesto que...** *although I have some qualms about it*

que ya estaba en orden el retablo, que su merced viniese a verle porque 'lo merecía.° Don Quijote le comunicó su pensamiento y le rogó preguntase luego a su mono le dijese si ciertas cosas que había pasado en la Cueva de Montesinos habían sido soñadas o verdaderas, porque a él le parecía que 'tenían de todo.° A lo que maese Pedro, sin responder palabra, volvió a traer el mono, y puesto delante de don Quijote y de Sancho, dijo: "Mirad, señor mono, que este caballero quiere saber si ciertas cosas que le pasaron en una Cueva llamada de Montesinos, si fueron falsas, o verdaderas."

Y haciéndole la acostumbrada señal, el mono se le subió en el hombro izquierdo, y hablándole al parecer en el oído, dijo luego maese Pedro: "El mono dice que parte de las cosas que vuesa merced vio o pasó en la dicha cueva son falsas, y parte verisímiles, y que esto es lo que sabe, y no otra cosa, en cuanto a esta pregunta. Y que si vuesa merced quiere saber más, que el viernes venidero responderá a todo lo que se le preguntare. Que por ahora se le ha acabado la virtud, que no le vendrá hasta el viernes, como dicho tiene."

"¿No lo decía yo," dijo Sancho, "que no se me podía asentar que todo lo que vuesa merced, señor mío, ha dicho de los acontecimientos de la cueva era verdad, ni aun la mitad?"

"Los sucesos lo dirán, Sancho," respondió don Quijote, "que el tiempo, descubridor° de todas las cosas, no se deja ninguna que no las saque a la luz del sol, aunque esté escondida en los senos de la tierra; y por ahora baste esto, y vámonos a ver el retablo del buen maese Pedro, que para mí tengo que debe de tener alguna novedad."

"¿Cómo alguna?" respondió maese Pedro, "Sesenta mil encierra en sí este mi retablo. Dígole a vuesa merced, mi señor don Quijote, que es una de las cosas 'más de ver° que hoy tiene el mundo, y *operibus credite, & non verbis.*[23] Y manos a labor, que se hace tarde, y tenemos mucho que hacer y que decir y que mostrar."

Obedeciéronle don Quijote y Sancho, y vinieron donde ya estaba el retablo puesto y descubierto, lleno por todas partes de candelillas° de cera encendidas, que le hacían vistoso y resplandeciente.° En llegando, se metió maese Pedro dentro dél, que era el que había de manejar° las 'figuras del artificio,° y fuera se puso un muchacho, criado del maese Pedro, para servir de intérprete y declarador° de los misterios del tal retablo. Tenía una varilla° en la mano con que señalaba las figuras que salían. Puestos, pues, todos cuantos había en la venta, y algunos en pie, frontero del retablo, y acomodados don Quijote, Sancho, el paje y el primo en los mejores lugares, el trujamán° comenzó a decir lo que oirá y verá el que le oyere o viere el capítulo siguiente.

Marginal glosses:
- it was worth it
- they had a little of both
- discoverer
- worthy to see
- little candles
- bright
- work
- puppets
- narrator
- pointer
- narrator

[23] This is similar to John 10:38: "Though you believe me not, believe the works."

Capítulo XXVI. Donde se prosigue la graciosa aventura del titerero, con otras cosas en[1] verdad harto buenas.

CALLARON todos, tirios y troyanos,[2] quiero decir, pendientes° estaban
todos los que el retablo miraban de la boca del declarador de sus   in suspense
5   maravillas,[3] cuando se oyeron sonar en el retablo cantidad de atabales,° y   drums
trompetas, y dispararse mucha artillería, cuyo rumor pasó en tiempo breve,
y luego alzó la voz el muchacho, y dijo: "Esta verdadera historia que aquí
a vuesas mercedes se representa, es sacada al pie de la letra de las
corónicas° francesas y de los romances españoles que andan en boca de las   chronicles
10 gentes y de los muchachos por esas calles. Trata de la libertad que dio el
señor don Gaiferos a su esposa Melisendra,[4] que estaba cautiva en España,
en poder de moros, en la ciudad de Sansueña, que así se llamaba entonces
la que hoy se llama Zaragoza. Y vean vuesas mercedes allí como está
jugando a las tablas° don Gaiferos, según aquello que se canta: backgammon

15   Jugando está a las tablas don Gaiferos
            que ya de Melisendra está olvidado

y aquel personaje, que allí asoma con corona en la cabeza y ceptro en las
manos, es el emperador Carlo Magno, padre putativo° de la tal Melisendra,   supposed
el cual, mohino° de ver el ocio° y descuido° de su yerno,° le sale a reñir. Y   annoyed, idleness,
20 adviertan con la vehemencia y ahinco que[5] le riñe, que no parece sino que   neglect, son-in-law
le quiere dar con el ceptro media docena de coscorrones,° y aun hay autores   knocks on the head
que dicen que se los dio, y 'muy bien dados.° Y después de haberle dicho   well-deserved
muchas cosas acerca del peligro que corría su honra en no procurar la
libertad de su esposa, dicen que le dijo:

25   harto os he dicho, miradle.°   see to it

"Miren vuestras mercedes también como el emperador vuelve las
espaldas y deja despechado a don Gaiferos, el cual ya ven como arroja

---

[1] Schevill inexplicably has **de** here.
[2] This is from the 1555 Spanish translation of the first verse of Book II of the *Æneid*:
"Conticuere omnes, intentique ora tenebant." The references to **tirios** *Tyrians* and **troyanos**
Trojans are clearly from the Spanish translator and not from Virgil. An English version
states: "A sudden silence fell on all of them."
[3] **Todos los que miraban el retablo estaban pendientes de [las] maravillas [que
venían] de la boca del declarador...**
[4] There is nothing in French history or literature about this. Gaiferos, in the Spanish tale,
is Charlemagne's nephew and Melisendra is his daughter. The way the story is told here
follows the Spanish **romances** of the sixteenth century. In the story, before they got
married, Melisendra was kidnapped and Gaiferos stayed in Paris for seven years before he
went to rescue her. This is where Maese Pedro's dramatization begins.
Menéndez Pidal proposes that this story derives from legends about a Visigothic hero
named Walter de España, who rescued his betrothed, Hiltgunda, in a similar fashion (you
can read about it in his *La epopeya castellana a través de la literatura española* [Madrid:
Espasa-Calpe, 1959, p. 25]). If you squint at the name Walter and apply a couple of
philological rules to it, you can develop "Gaiter" from it, which is pretty close to Gaiferos.
[5] **La vehemencia y ahinco *con* que...**

"Eso no," dijo a esta sazón don Quijote, "en esto de las campanas anda muy impropio° maese Pedro, porque entre moros no se usan campanas, sino atabales y un género de dulzainas[16] que parecen nuestras chirimías,[17] y esto de sonar campanas en Sansueña sin duda que es un gran disparate."

incorrect

Lo cual oído por maese Pedro, cesó el tocar, y dijo: "No mire vuesa merced en niñerías, señor don Quijote, ni quiera llevar las cosas tan por el cabo, que no se le halle.[18] ¿No se representan por ahí casi de ordinario mil comedias llenas de mil impropiedades° y disparates, y con todo eso corren felicísimamente su carrera y se escuchan, no sólo con aplauso,° sino con admiración y todo? Prosigue, muchacho, y deja decir,[19] que como yo llene mi talego,[20] siquiera represente más impropiedades que tiene átomos el sol."[21]

inaccuracies
applause

"Así es la verdad," replicó don Quijote.

Y el muchacho dijo: "Miren cuánta y cuán lucida caballería° sale de la ciudad en siguimiento° de los dos católicos amantes, cuántas trompetas que suenan, cuántas dulzainas que tocan y cuántos atabales y atambores que retumban.° Témome que los han de alcanzar y los han de volver atados a la cola de su mismo caballo, que sería un horrendo espetáculo.°"

horsemen
pursuit

resound
spectacle
multitude of Moors

Viendo y oyendo, pues, tanta morisma° y tanto estruendo don Quijote, parecióle ser bien dar ayuda a los que huían, y levantándose en pie, en voz alta dijo: "No consentiré yo que en mis días y en mi presencia se le haga superchería[22] a tan famoso caballero y a tan atrevido enamorado como don Gaiferos. ¡Deteneos, mal nacida canalla, no le sigáis ni persigáis. Si no, conmigo sois en la batalla!"

Y diciendo y haciendo, desenvainó la espada, y de un brinco se puso junto al retablo y con acelerada y nunca vista furia comenzó a llover cuchilladas sobre la titerera° morisma, derribando a unos, descabezando a otros, estropeando° a éste, destrozando a aquél, y entre otros muchos, tiró un altibajo tal, que si maese Pedro no se abaja, se encoge y agazapa,[23] le cercenara° la cabeza con más facilidad que si fuera hecha de 'masa de mazapán.°

puppet
mutilating

would have cut off
almond paste

Daba voces maese Pedro, diciendo: "Deténgase vuesa merced, señor don Quijote, y advierta que estos que derriba, destroza y mata no son verdaderos moros, sino unas figurillas° de pasta.° ¡Mire, pecador de mí, que me destruye y 'echa a perder° toda mi hacienda!"

little figures,
pasteboard; ruin

Mas no por esto dejaba de menudear don Quijote cuchilladas,

[16] This was a double-reeded Renaissance folk wind instrument, an indirect predecessor of the oboe.

[17] This was a double-reeded instrument that looked like a clarinet, with ten finger holes.

[18] **Ni quiera...** *nor take things to such extremes that they'll never find an end.*

[19] That is, *let them say (what they want).*

[20] That is, as long as he fills his pockets with money.

[21] **Siquiera...** *it makes no difference if I show more inaccuracies than the sun has atoms.* If *atoms* seems too modern, see Covarrubias' definition, which talks of particles seen in a ray of sunlight.

[22] Italianism: **soperchieria** *outrageous behavior.* The Italian **ch** is pronounced **k**, so it looks like the Spanish form derives from a mispronounced written source.

[23] **No se abaja...** *doesn't lower himself, hunch up and duck*

mandobles, tajos° y reveses como llovidos. Finalmente, en menos de dos ⟶ slashes
credos dio con todo el retablo en el suelo, hechas pedazos y desmenuzadas° ⟶ cut to bits
todas sus jarcias° y figuras, el rey Marsilio mal herido y el emperador Carlo ⟶ equipment
Magno, partida la corona y la cabeza en dos partes. Alborotóse el senado
5 de los oyentes, huyóse el mono por los tejados de la venta, temió el primo,
acobardóse el paje, y hasta el mesmo Sancho Panza tuvo pavor grandísimo,
porque como él juró después de pasada la borrasca, jamás había visto a su
señor con tan desatinada cólera.

Hecho, pues, el general destrozo° del retablo, sosegóse un poco don ⟶ destruction
10 Quijote y dijo: "Quisiera yo tener aquí delante 'en este punto° todos ⟶ now
aquellos que no creen ni quieren creer de cuánto provecho sean en el
mundo los caballeros andantes. Miren si no me hallara yo aquí presente qué
fuera del buen don Gaiferos y de la hermosa Melisendra.²⁴ A buen seguro
que ésta fuera ya la hora que los hubieran alcanzado estos canes° y les ⟶ dogs, i.e., Moors
15 hubieran hecho algún desaguisado. En resolución, ¡viva la andante
caballería sobre cuantas cosas hoy viven en la tierra!"

"Viva en hora buena," dijo a esta sazón con voz enfermiza maese
Pedro, "y muera yo, pues soy tan desdichado que puedo decir con el rey
don Rodrigo:

20   Ayer fui señor de España,
                      y hoy no tengo una almena
                      que pueda decir que es mía.²⁵

"No ha media hora, ni aun un mediano momento, que me vi señor de
reyes y de emperadores, llenas mis caballerizas y mis cofres° y sacos de ⟶ chests
25 infinitos caballos y de innumerables galas, y agora me veo desolado° y ⟶ devastated
abatido,° pobre y mendigo, y sobre todo sin mi mono, que a fe que primero ⟶ disheartened
que le vuelva a mi poder me han de sudar los dientes,²⁶ y todo por la furia
mal considerada deste señor caballero, de quien se dice que ampara pupilos
y endereza tuertos, y hace otras obras caritativas, y en mí solo ha venido a
30 faltar su intención generosa, que sean benditos y alabados los cielos allá
donde tienen más levantados sus asientos.²⁷ En fin, el Caballero de la Triste
Figura había de ser aquel que había de desfigurar° las mías.°" ⟶ deface; i.e., my
    Enternecióse Sancho Panza con las razones de maese Pedro, y díjole: ⟶ figures
"No llores, maese Pedro, ni te lamentes, que me quiebras el corazón.
35 Porque te hago saber que es mi señor don Quijote tan católico y
escrupuloso° cristiano, que si él cae en la cuenta de que te ha hecho algún ⟶ scrupulous
agravio, te lo sabrá y te lo querrá pagar y satisfacer con muchas ventajas."
    "Con que me pagase el señor don Quijote alguna parte de las hechuras° ⟶ figures

---

²⁴ **Miren si no...** *Look what would have happened to the good don Gaiferos and the beautiful Melisendra if I hadn't found myself here*

²⁵ These verses are taken from the **Romance de don Rodrigo como perdió a España**. It was Rodrigo who lost Spain to the Moors in 711 A.D.

²⁶ The common expression is **sudar el rabo**, indicating that it represents a lot of work. Maese Pedro uses **dientes** as a euphemism. Clemencín says, amusingly, that "la acción de sudar no conviene a los dientes" (note 28, p. 1673).

²⁷ **Que sean...** *may heaven be praised*

que me ha deshecho, quedaría contento, y su merced aseguraría su conciencia,[28] porque no se puede salvar quien tiene lo ajeno contra la voluntad de su dueño y no lo restituye."[29]

"Así es," dijo don Quijote, "pero hasta ahora yo no sé que tenga° nada   *yo tenga* vuestro, maese Pedro."

"¿Cómo NO?" respondió maese Pedro. "Y estas reliquias° que están por   remains este duro y estéril suelo, ¿quién las esparció y aniquiló sino la fuerza invencible dese poderoso brazo? Y ¿cúyos eran sus cuerpos sino míos? Y ¿con quién me sustentaba yo sino con ellos?"

"'Ahora acabo de creer,°'" dijo a este punto don Quijote, "lo que otras   I now firmly believe muchas veces he creído—que estos encantadores que me persiguen no hacen sino ponerme las figuras como ellas son[30] delante de los ojos, y luego me las mudan y truecan en las que ellos quieren. Real y verdaderamente os digo, señores que me oís, que a mí me pareció todo lo que aquí ha pasado que pasaba al pie de la letra—que Melisendra era Melisendra; don Gaiferos, don Gaiferos; Marsilio, Marsilio; y Carlo Magno, Carlo Magno. Por eso 'se me alteró la cólera,° y por cumplir con mi profesión de caballero andante,   I became angry quise dar ayuda y favor a los que huían, y con este buen propósito hice lo que habéis visto. Si me ha salido al revés no es culpa mía, sino de los malos que me persiguen. Y con todo esto, deste mi yerro, aunque no ha procedido de malicia,° quiero yo mismo condenarme en costas.[31] Vea maese Pedro lo   malice que quiere por las figuras deshechas, que yo me ofrezco a pagárselo luego en buena y corriente° moneda castellana."   valid

Inclinósele maese Pedro, diciéndole: "No esperaba yo menos de la inaudita cristiandad del valeroso don Quijote de la Mancha, verdadero socorredor° y amparo de todos los necesitados y menesterosos   helper vagamundos.° Y aquí el señor ventero y el gran Sancho serán medianeros   vagabonds y apreciadores° entre vuesa merced y mí de lo que valen o podían valer las   assessors ya deshechas figuras."

El ventero y Sancho dijeron que así lo harían, y luego maese Pedro alzó del suelo, con la cabeza menos,° al rey Marsilio de Zaragoza, y dijo: "Ya   lacking se vee cuán imposible es volver a este rey a su 'ser primero,° y así me   original state parece, salvo mejor juicio, que se me dé por su muerte, fin y acabamiento cuatro reales y medio."

"Adelante," dijo don Quijote.

"Pues por esta abertura° de arriba abajo," prosiguió maese Pedro,   split tomando en las manos al partido emperador Carlo Magno, "no sería mucho que pidiese yo cinco reales y un cuartillo."°   ¼ **real**

"No es poco," dijo Sancho.

"Ni mucho," replicó el ventero, "médiese° la partida y señálensele   split the difference cinco reales."

"Dénsele todos cinco y cuartillo," dijo don Quijote, "que no está en un cuartillo más a menos la monta desta notable desgracia, y acabe presto

---

[28] **Su merced...** *his grace would have a clear conscience*

[29] **No se puede...** *a person who has something of someone else against the will of the owner cannot save himself without giving it back*

[30] **Como...** *as they [really] are*

[31] **Quiero...** *I want to sentence myself to pay*

maese Pedro, que se hace hora de cenar y yo tengo ciertos barruntos° de   feelings
hambre."

"Por esta figura," dijo maese Pedro, "que ésta sin narices y un ojo
menos, que es de la hermosa Melisendra, quiero, y me pongo en lo justo,
5   dos reales y doce maravedís."

"Aun ahí sería el diablo,"[32] dijo don Quijote, "si ya no estuviese
Melisendra con su esposo, por lo menos, en la raya° de Francia, porque el   border
caballo en que iban a mí me pareció que antes volaba que corría, y así no
hay para qué venderme a mí el gato por liebre,[33] presentándome aquí a
10   Melisendra desnarigada, estando la otra, si viene a mano, ahora holgándose
en Francia con su esposo a pierna tendida. Ayude Dios con lo suyo a cada
uno, señor maese Pedro, y caminemos todos con pie llano y con intención
sana,[34] y prosiga."

Maese Pedro, que vio que don Quijote izquierdeaba° y que volvía a su   was raving
15   primer tema, no quiso que se le escapase, y así le dijo: "Ésta no debe de ser
Melisendra, sino alguna de las doncellas que la servían, y así con sesenta
maravedís que me den por ella, quedaré contento y bien pagado."

Desta manera fue poniendo precio a otras muchas destrozadas figuras,
que después los moderaron° los dos jueces árbitros, con satisfación de las   adjusted
20   partes, que llegaron a cuarenta reales y tres cuartillos, y además desto, que
luego lo desembolsó Sancho, pidió maese Pedro dos reales por el trabajo
de tomar° el mono.   to catch

"Dáselos, Sancho," dijo don Quijote, "no para tomar el mono, sino la
mona,° y docientos diera yo ahora en albricias a quien me dijera con   drunken binge
25   certidumbre que la señora doña Melisendra y el señor don Gaiferos estaban
ya en Francia y entre los suyos."

"Ninguno nos lo podrá decir mejor que mi mono," dijo maese Pedro,
"pero no habrá diablo que ahora le tome. Aunque imagino que el cariño y
la hambre le han de forzar a que me busque esta noche, y amanecerá Dios,
30   y verémonos."

En resolución, la borrasca del retablo se acabó y todos cenaron en paz
y en buena compañía, a costa de don Quijote, que era liberal en todo
extremo. Antes que amaneciese se fue el que llevaba las lanzas y las
alabardas, y ya después de amanecido se vinieron 'a despedir de° don   to take leave of
35   Quijote el primo y el paje, el uno para volverse a su tierra, y el otro, a
proseguir su camino, para ayuda del cual le dio don Quijote una docena de
reales. Maese Pedro no quiso volver a entrar en más 'dimes ni diretes° con   disputes
don Quijote, a quien él conocía muy bien, y así madrugó antes que el sol,
y, cogiendo las reliquias de su retablo y a su mono, se fue también a buscar
40   sus aventuras. El ventero, que no conocía a don Quijote, tan admirado le
tenían sus locuras como su liberalidad. Finalmente, Sancho le pagó muy
bien por orden de su señor, y despidiéndose dél, casi a las ocho del día
dejaron la venta y se pusieron en camino, donde los dejaremos ir, que así
conviene, para dar lugar a contar otras cosas pertenecientes a la declaración°   telling
45   desta famosa historia.

---

[32] **Aún ahí...** *how can that be?* Not literal, obviously.
[33] **Venderme...** *sell me a cat for a hare.* A proverb dealing with deception.
[34] **Caminemos...** Starkie: "Let's play fair and square."

Capítulo XXVII. Donde se dà cuenta quiénes eran maese Pedro y su mono, con el mal suceso que don Quijote tuvo en la aventura del rebuzno, que no la acabó como él quisiera y como lo tenía pensado.

ENTRA Cide Hamete, coronista desta grande historia, con estas palabras en este capítulo, "Juro como católico cristiano," a lo que su traductor dice que el jurar Cide Hamete «como católico cristiano», siendo él moro, como sin duda lo era, no quiso decir otra cosa, sino que así como el católico cristiano, cuando jura, jura o debe jurar verdad y decirla en lo que dijere, así él la decía como si jurara como cristiano católico en lo que quería escribir de don Quijote, especialmente en decir quién era maese Pedro y quién el mono adivino que traía admirados todos aquellos pueblos con sus adivinanzas.

Dice, pues, que bien se acordará el que hubiere leído la primera parte desta historia de aquel Ginés de Pasamonte[1] a quien, entre otros galeotes, dio libertad don Quijote en Sierra Morena, beneficio que después le fue mal agradecido y peor pagado de aquella gente maligna y 'mal acostumbrada.°   low life Este Ginés de Pasamonte, a quien don Quijote llamaba Ginesillo de Parapilla,[2] fue el que hurtó a Sancho Panza el rucio, que por no haberse puesto el 'cómo ni el cuándo° en la primera parte, por culpa de los   explanation impresores, ha dado en qué entender a muchos,[3] que atribuían a poca memoria del autor la falta de emprenta. Pero, en resolución, Ginés le hurtó estando sobre él durmiendo Sancho Panza, usando de la traza° y modo que   trick usó Brunelo cuando, estando Sacripante sobre Albraca, le sacó el caballo de entre las piernas,[4] y después le cobró Sancho, como se ha contado. Este Ginés, pues, temeroso de no ser hallado de la justicia que le buscaba para castigarle de sus infinitas bellaquerías y delitos, que fueron tantos y tales, que él mismo compuso un gran volumen contándolos, determinó pasarse al reino de Aragón y cubrirse el ojo izquierdo, acomodándose al oficio de titerero. Que esto y el 'jugar de manos° lo sabía hacer por extremo.   sleight of hand

Sucedió, pues, que de unos cristianos ya libres que venían de Berbería compró aquel mono, a quien enseñó° que en haciéndole cierta señal, se le   taught subiese en el hombro y le murmurase, o lo pareciese, al oído. Hecho esto, antes que entrase en el lugar donde entraba con su retablo y mono, se informaba en el lugar 'más cercano,° o de quien él mejor podía, qué cosas   nearest particulares hubiesen sucedido en el tal lugar y a qué personas, y llevándolas bien en la memoria, lo primero que hacía era mostrar su retablo, el cual unas veces era de una historia y otras de otra, pero todas alegres y regocijadas y conocidas. Acabada la muestra proponía las habilidades de su mono, diciendo al pueblo que adivinaba todo lo pasado y lo presente, pero que en lo de por venir no se daba maña. Por la respuesta de cada pregunta pedía dos reales y de algunas 'hacía barato,° según tomaba el pulso a los   he discounted preguntantes, y como tal vez llegaba a las casas de quien él sabía los

---

[1] Part I, Chapter 22, pp. 164-68.
[2] See Part I, Chap. 22, p. 164, l. 20, and p. 168, l. 3.
[3] **Ha dado...** *has baffled many*
[4] Part II, Chapter 4, p. 460.

sucesos de los que en ella moraban, aunque no le preguntasen nada, por no pagarle, él hacía la seña al mono y luego decía que le había dicho tal y tal cosa, que venía de molde con lo sucedido. Con esto cobraba crédito inefable° y andábanse todos tras él. Otras veces, como era tan discreto,   incredible
5   respondía de manera que las respuestas venían bien con las preguntas, y como nadie le apuraba ni apretaba a que dijese como adevinaba su mono, a todos 'hacía monas° y llenaba sus esqueros.°   deceived, purses

Así como entró en la venta conoció a don Quijote y a Sancho, por cuyo conocimiento le fue fácil poner en admiración a don Quijote y a Sancho
10   Panza y a todos los que en ella estaban. Pero hubiérale de costar caro si don Quijote bajara un poco más la mano, cuando cortó la cabeza al rey Marsilio y destruyó toda su caballería, como queda dicho en el antecedente capítulo.

Esto es lo que hay que decir de maese Pedro y de su mono. Y volviendo a don Quijote de la Mancha, digo que después de haber salido de
15   la venta, determinó de ver primero las riberas del río Ebro[5] y todos aquellos contornos, antes de entrar en la ciudad de Zaragoza, pues le daba tiempo para todo el mucho que faltaba desde allí a las justas. Con esta intención siguió su camino, por el cual anduvo dos días sin acontecerle cosa digna de ponerse en escritura, hasta que al tercero, al subir de una loma, oyó un gran
20   rumor de atambores, de trompetas y arcabuces.

Al principio pensó que algún tercio° de soldados pasaba por aquella   regiment
parte, y por verlos picó a Rocinante y subió la loma arriba, y cuando estuvo en la cumbre vio al pie della, a su parecer, más de docientos hombres armados de diferentes suertes de armas, como si dijésemos lanzones,
25   ballestas, partesanas, alabardas y picas,° y algunos arcabuces y muchas   pikes
rodelas. Bajó del recuesto y acercóse al escuadrón, tanto que[6] distintamente vio las banderas, juzgó de las colores y notó las empresas que en ellas traían, especialmente una que en un estandarte° o jirón° de raso blanco   banner, pennant
venía, en el cual estaba pintado muy al vivo un asno como un pequeño
30   sardesco,° la cabeza levantada, la boca abierta y la lengua de fuera, en acto   small donkey
y postura como si estuviera rebuznando.

Alrededor dél estaban escritos de letras grandes estos dos versos:

NO REBUZNARON EN BALDE
35   EL UNO Y EL OTRO ALCALDE.°   magistrate

Por esta insignia sacó don Quijote que aquella gente debía de ser del pueblo del rebuzno, y así se lo dijo a Sancho, declarándole lo que en el estandarte venía escrito. Díjole también que el que les había dado noticia de aquel caso se había errado en decir que dos regidores habían sido los que
40   rebuznaron. Pero, que según los versos del estandarte, no habían sido sino alcaldes.

A lo que respondió Sancho Panza: "Señor, en eso no hay que reparar,

---

[5] The Ebro (Latin *Iberu*) is the longest river entirely in Spain (910 kms.), and the least navigable of the major ones. It flows through Zaragoza on its way to the Ebro Delta on the Mediterranean coast, south of Barcelona.

[6] **Tanto...** *so much so,* that is, he was so close that he could see...

que bien puede ser que los regidores que entonces rebuznaron viniesen con
el tiempo a ser alcaldes de su pueblo, y así se pueden llamar con entrambos
títulos, cuanto más que 'no hace al caso° a la verdad de la historia ser los   it makes no
rebuznadores alcaldes o regidores, como ellos 'una por una° hayan   difference; really
5   rebuznado, porque 'tan a pique está° de rebuznar un alcalde como un   is just as liable
regidor."
    Finalmente, conocieron y supieron cómo el pueblo corrido salía a
pelear con otro que le corría° más de lo justo y de lo que se debía a la   offended
buena vecindad.° Fuese llegando a ellos don Quijote, no con poca   neighborly
10 pesadumbre de Sancho, que nunca fue amigo de hallarse en semejantes
jornadas.° Los del escuadrón 'le recogieron en medio,° creyendo que era   situations, surrounded
alguno de los de su parcialidad. Don Quijote, alzando la visera, con gentil   him
brío y continente llegó hasta el estandarte del asno, y allí se le pusieron
alrededor° todos los más principales del ejército, por verle, admirados con   around
15 la admiración acostumbrada en que caían todos aquellos que la vez primera
le miraban.
    Don Quijote, que los vio tan atentos a mirarle, sin que ninguno le
hablase ni le preguntase nada, quiso aprovecharse de aquel silencio, y
rompiendo el suyo, alzó la voz y dijo: "Buenos señores, cuan
20 encarecidamente puedo os suplico que no interrumpáis un razonamiento que
quiero haceros, hasta que veáis que os disgusta° y enfada. Que si esto   bores
sucede, con la más mínima señal que me hagáis, pondré un sello en mi
boca y echaré una mordaza° a mi lengua."   muzzle
    Todos le dijeron que dijese lo que quisiese, que de buena gana le
25 escucharían. Don Quijote, con esta licencia, prosiguió, diciendo: "Yo,
señores míos, soy caballero andante, cuyo ejercicio es el de las armas, y
cuya profesión la de favorecer a los necesitados de favor y acudir a los
menesterosos. Días ha que he sabido vuestra desgracia y la causa que os
mueve a tomar las armas a cada paso, para vengaros de vuestros enemigos.
30 Y habiendo discurrido° una y muchas veces en mi entendimiento sobre   mulled over
vuestro negocio, hallo, según las leyes del duelo, que estáis engañados en
teneros por afrentados, porque ningún particular puede afrentar a un pueblo
entero, si no es retándole de traidor por junto, porque no sabe en particular
quién cometió la traición porque le reta. Ejemplo desto tenemos en don
35 Diego Ordóñez de Lara, que retó a todo el pueblo zamorano, porque
ignoraba que solo Vellido Dolfos había cometido la traición de matar a su
rey,[7] y así, retó a todos y a todos tocaba la venganza y la respuesta. Aunque
bien es verdad que el señor don Diego anduvo algo demasiado y aun pasó

---

[7] Sancho II of Castile and León (1038?–1072), **el Fuerte**, was laying siege to Zamora
in 1072 when Vellido Adolfo, also known as Vellido Dolfos, snuck out of Zamora on
October 7 and treacherously murdered him at a most unfortunate moment (see Menéndez
Pidal's edition of the *Primera Crónica General*, Chapter 836, p. 511, col. 1, ll. 24-30).
Vellido Adolfo then returned to Zamora. Diego Ordóñez de Lara, knowing full well
(unlike what Don Quijote thinks) that Vellido Adolfo murdered the king, in order to make
the Zamorans release the culprit, challenged the whole city, past, present and future: "Reto
a los zamoranos, también al grande como al pequeño, y al muerto también como al vivo,
y al que es por nacer también como al que es nacido, y a las aguas que beban, y a los
paños que vistan" (*Primera Crónica General*, modernized, p. 513, col. 2, ll. 15-19).

muy adelante de los límites del reto, porque no tenía para qué retar a los
muertos, a las aguas, ni a los panes,[8] ni a los que estaban por nacer, ni a las
otras menudencias que allí se declaran. Pero ¡vaya! pues cuando la cólera
sale de madre, no tiene la lengua padre, ayo ni freno° que la corrija.°   restraint, tempers
5 Siendo, pues, esto así, que uno solo no puede afrentar a reino, provincia,
ciudad, república ni pueblo entero, 'queda en limpio° que no hay para qué   it's clear
salir a la venganza del reto de la tal afrenta, pues no lo es. Porque ¡bueno
sería que se matasen a cada paso los del pueblo de La Reloja con quien se
lo llama, ni los cazoleros, berenjeneros, ballenatos, jaboneros,[9] ni los de
10 otros nombres y apellidos que andan por ahí en boca de los muchachos y
de gente de poco más a menos! ¡Bueno sería, por cierto, que todos estos
insignes pueblos se corriesen y vengasen y anduviesen contino hechas las
espadas sacabuches a cualquier pendencia,[10] por pequeña que fuese! No, no,
ni Dios lo permita o quiera.
15   "Los varones prudentes, las repúblicas bien concertadas, por cuatro
cosas han de tomar las armas y desenvainar las espadas y poner a riesgo sus
personas, vidas y haciendas: la primera, por defender la fe católica; la
segunda, por defender su vida, que es de ley natural y divina; la tercera, en
defensa de su honra, de su familia y hacienda; la cuarta, en servicio de su
20 rey en la guerra justa; y si le quisiéremos añadir la quinta, que se puede
contar por segunda, es en defensa de su patria. A estas cinco causas, como
capitales, se pueden agregar° algunas otras que sean justas y razonables y   add
que obliguen a tomar las armas, pero tomarlas por niñerías y por cosas que
antes son de risa y pasatiempo que de afrenta, parece que quien las toma
25 carece de todo razonable discurso, cuanto más que el tomar venganza
injusta, que justa no puede haber alguna que lo sea,[11] va derechamente°   directly
contra la santa ley que profesamos, en la cual se nos manda que hagamos
bien a nuestros enemigos y que amemos a los que nos aborrecen,
mandamiento que aunque parece algo dificultoso de cumplir, no lo es sino
30 para aquellos que tienen menos de Dios que del mundo, y más de carne que
de espíritu. Porque Jesu Cristo, Dios y hombre verdadero que nunca mintió,
ni pudo ni puede mentir, siendo legislador° nuestro, dijo que su yugo era   lawmaker

[8] Why would Diego Ordóñez challenge their *bread*? **Panes** seems to be a misconstrued
paños *clothes,* mentioned in the same breath as **aguas** in the example from the *Primera Crónica General* in the previous note. Rodríguez Marín cites these lines from a **romance,**
where **panes** and not **paños** accompanies **aguas:** "y a los panes y a las aguas" (vol. V, p.
269, n. 5). On the other hand, why would he have challenged their *clothes*? In any case,
Cervantes knew the **romances** well.
    [9] Clockers (people from Espartinas, near Seville), casserole makers (people from
Valladolid), eggplant growers (Toledo), whalers (people from Madrid), and soapmakers
(people from Seville). Rodríguez Marín, in appendix 30 to his 1948 edition (vol. X, pp. 49-
56), explains these references. Why are the madrileños called "whalers"? See his p. 53.
    [10] **Anduviesen...** *were continuously taking out their swords over every quarrel.*
Sacabuche is a primitive trombone, the playing of which reminds Don Quijote of removing
and replacing a sword in a sheath. See Rodríguez Marín, vol 5, p. 270, n. 6.
    [11] **Que justa...** *since there can be no just vengeance which is unjust.* **Lo** refers back to
injusta.

suave y su carga liviana,[12] y así no nos había de mandar cosa que fuese imposible el cumplirla. Así que, mis señores, vuesas mercedes están obligados por leyes divinas y humanas a sosegarse."

"El diablo me lleve," dijo a esta sazón Sancho entre sí, "si este mi amo
5 no es tólogo,° y si no lo es, que lo parece como un güevo° a otro."   theologian *rustic*, egg

'Tomó un poco de aliento° don Quijote, y viendo que todavía le   took a breath
prestaban silencio, quiso pasar adelante en su plática, como pasara si no se
pusiera en medio la agudeza de Sancho, el cual, viendo que su amo 'se
detenía,° tomó la mano° por él, diciendo: "Mi señor don Quijote de la   paused, "floor"
10 Mancha, que un tiempo se llamó el Caballero de la Triste Figura y ahora
se llama el Caballero de los Leones, es un hidalgo muy atentado que sabe
latín y romance como un bachiller, y en todo cuanto trata y aconseja
procede como muy buen soldado, y tiene todas las leyes y ordenanzas de
lo que llaman el duelo en la uña,° y así no hay más que hacer sino dejarse   fingernail
15 llevar por lo que él dijere, y sobre mí si lo erraren.[13] Cuanto más que ello
se está dicho que es necedad correrse por sólo oír un rebuzno.[14]

"Que yo me acuerdo, cuando muchacho, que rebuznaba 'cada y
cuando° que se me antojaba, sin que nadie 'me fuese a la mano,° y con   whenever, preventing
tanta gracia y propiedad, que en rebuznando yo, rebuznaban todos los asnos   me
20 del pueblo, y no por eso dejaba de ser hijo de mis padres, que eran
honradísimos. Y aunque por esta habilidad era invidiado° de más de cuatro   envied
de los estirados° de mi pueblo, no se me daba dos ardites.[15] Y porque se   haughty boys
vea que digo verdad, esperen y escuchen. Que esta ciencia es como la del
nadar que, una vez aprendida, nunca se olvida."

25 Y luego, puesta la mano en las narices, comenzó a rebuznar tan
reciamente, que todos los cercanos valles retumbaron. Pero uno de los que
estaban junto a él, creyendo que hacía burla dellos, alzó un varapalo° que   staff
en la mano tenía y diole tal golpe con él, que sin ser poderoso a otra cosa,
dio con Sancho Panza en el suelo. Don Quijote, que vio tan mal parado a
30 Sancho, arremetió al que le había dado, con la lanza sobre mano. Pero
fueron tantos los que se pusieron en medio, que no fue posible vengarle.
Antes, viendo que llovía sobre él un nublado de piedras y que le
amenazaban mil encaradas° ballestas y no menos cantidad de arcabuces,   aimed
volvió las riendas a Rocinante, y a todo lo que su galope pudo se salió de
35 entre ellos, encomendándose de todo corazón a Dios, que de aquel peligro
le librase, temiendo a cada paso no le entrase alguna bala° por las espaldas   bullet
y le saliese al pecho, y a cada punto recogía el aliento, por ver si le
faltaba.[16]

Pero los del escuadrón se contentaron con verle huir, sin tirarle. A
40 Sancho le pusieron sobre su jumento, apenas 'vuelto en sí° y le dejaron ir   come to
tras su amo, no porque él tuviese sentido para regirle. Pero el rucio siguió

---

[12] **Su yugo...** *his yoke was easy and his burden light.* Matthew 11:30.
[13] **Sobre...** *it's my fault if this is bad advice*
[14] **Cuanto más...** *more so because it is foolishness to be offended because of hearing a single bray*
[15] **No se me...** *I couldn't care less*
[16] **A cada...** *taking breaths constantly to see if he still had [breath]*

las huellas de Rocinante, sin el cual no se hallaba un punto.[17]

    Alongado, pues, don Quijote buen trecho, volvió la cabeza y vio que Sancho venía, y atendióle, viendo que ninguno le seguía. Los del escuadrón se estuvieron allí hasta la noche, y por no haber salido a la batalla sus
5 contrarios se volvieron a su pueblo regocijados y alegres, y si ellos supieran la costumbre antigua de los griegos, levantaran en aquel lugar y sitio un trofeo.°   monument

[17] **Sin el...** *from whom he was never separated*

Capítulo XXVIII. De cosas que dice Benengeli que las sabrá quien le leyere, si las lee con atención.

CUANDO el valiente huye, la superchería está descubierta, y es de varones prudentes guardarse para mejor ocasión. Esta verdad se verificó en don Quijote, el cual, dando lugar a la furia[1] del pueblo y a las malas intenciones de aquel indignado escuadrón, puso pies en polvorosa, y sin acordarse de Sancho ni del peligro en que le dejaba, se apartó 'tanto cuanto° le pareció que bastaba para estar seguro. Seguíale Sancho atravesado en su jumento, como queda referido. Llegó, en fin, 'ya vuelto en su acuerdo,° y al llegar se dejó caer del rucio a los pies de Rocinante, todo ansioso,° todo molido y todo apaleado.   — *until* / *having come to* / *in anguish*

Apeóse don Quijote para catarle las feridas, pero como le hallase sano de los pies a la cabeza, con asaz cólera le dijo: "¡Tan en hora mala supistes vos rebuznar, Sancho! Y ¿dónde hallastes vos ser bueno el nombrar la soga en casa del ahorcado? A música de rebuznos ¿qué contrapunto se había de llevar sino de varapalos?[2] Y dad gracias a Dios, Sancho, que ya que os santiguaron con un palo, no os hicieron el *per signum crucis*[3] con un alfanje."

"No estoy para responder," respondió Sancho, "porque me parece que hablo por las espaldas. Subamos y apartémonos de aquí, que yo pondré silencio en mis rebuznos, pero no en[4] dejar de decir que los caballeros andantes huyen, y dejan a sus buenos escuderos molidos como alheña o como cibera, en poder de sus enemigos."

"No huye el que se retira," respondió don Quijote, "porque has de saber, Sancho, que la valentía que no se funda sobre la base de la prudencia se llama temeridad, y las hazañas del temerario más se atribuyen a la buena fortuna que a su ánimo. Y así yo confieso que me he retirado, pero no huido, y en esto he imitado a muchos valientes, que se han guardado para tiempos° mejores, y desto están las historias llenas, las cuales, por no serte a ti de provecho ni a mí de gusto, no te las refiero ahora."   — *occasions*

En esto, ya estaba a caballo Sancho, ayudado de don Quijote, el cual asimismo subió en Rocinante, y poco a poco se fueron a emboscar en una alameda° que hasta un cuarto de legua de allí se parecía. De cuando en cuando daba Sancho unos AYES profundísimos y unos gemidos dolorosos. Y preguntándole don Quijote la causa de tan amargo sentimiento, respondió que desde la punta del espinazo hasta la 'nuca del celebro° le dolía de manera que 'le sacaba de sentido.°   — *poplar grove* / *back of neck* / *was driving him mad*

"La causa dese dolor debe de ser, sin duda," dijo don Quijote, "que como era el palo con que te dieron largo y tendido,° te cogió° todas las espaldas, donde entran todas esas partes que te duelen. Y si más te cogiera, más te doliera."   — *straight, struck*

"Por Dios," dijo Sancho, "que vuesa merced me ha sacado de una gran

---

[1] **Dando lugar *a que pasara* la furia...** Gaos' good note.

[2] **A música...** *to the music of braying, what other counterpoint could there be other than a beating?*

[3] This **per signum crucis** "the sign of the cross" refers to a slash on the face, reflecting the small sign of the cross that many Catholics perform on their foreheads.

[4] Schevill makes an unnecessary correction here by changing **en** to **puedo**.

duda, y que me la ha declarado por lindos términos. '¡Cuerpo de mí!° ¿Tan   by God
encubierta estaba la causa de mi dolor, que ha sido menester decirme que
me duele todo aquello que alcanzó el palo? Si me dolieran los tobillos, aún
pudiera ser que se anduviera adivinando el por qué me dolían.⁵ Pero
5   dolerme lo que me molieron no es mucho adivinar. A la fe, señor nuestro
amo, el mal ajeno de pelo cuelga,⁶ y cada día voy 'descubriendo tierra° de   finding out
lo poco que puedo esperar de la compañía que con vuestra merced tengo,
porque si esta vez me ha dejado apalear, otra y otras ciento volveremos a
los manteamientos de marras y a otras muchacherías,° que si ahora me han   niñerías
10   salido a las espaldas, después me saldrán a los ojos. Harto mejor haría yo,
sino que soy un bárbaro y no haré nada que bueno sea en toda mi vida,
harto mejor haría yo, vuelvo a decir, en volverme a mi casa y a mi mujer
y a mis hijos, y sustentarla y criarlos con lo que Dios fue⁷ servido de
darme, y no andarme tras vuesa merced por caminos sin camino, y por
15   sendas y carreras que no las tienen, bebiendo mal y comiendo peor. Pues
¡'tomadme el dormir!° 'Contad, hermano escudero, siete pies de tierra, y si   as for sleeping
quisiéredes más, tomad otros tantos,' que en vuestra mano está escudillar,°   to serve yourself
y tendeos a todo vuestro buen talante, que quemado vea yo y hecho polvos
al primero que 'dio puntada° en la andante caballería, o a lo menos, al   started
20   primero que quiso ser escudero de tales tontos como debieron ser todos los
caballeros andantes pasados. De los presentes no digo nada, que por ser
vuestra merced uno dellos los tengo respeto, y porque sé que sabe vuesa
merced un punto más que el diablo en cuanto habla y en cuanto piensa."⁸
     "Haría yo una buena apuesta con vos, Sancho," dijo don Quijote, "que
25   ahora que vais hablando, sin que nadie os vaya a la mano, que no os duele
nada en todo vuestro cuerpo. Hablad, hijo mío, todo aquello que os viniere
al pensamiento y a la boca, que a trueco de que a vos no os duela nada,
tendré yo por gusto el enfado que me dan vuestras impertinencias, y si tanto
deseáis volveros a vuestra casa con vuestra mujer y hijos, no permita Dios
30   que yo os lo impida. Dineros tenéis míos, mirad cuánto ha que esta tercera
vez salimos de nuestro pueblo, y mirad lo que podéis y debéis ganar cada
mes, y pagaos de vuestra mano."
     "Cuando yo servía," respondió Sancho, "a Tomé Carrasco, el padre del
bachiller Sansón Carrasco, que vuestra merced bien conoce, dos ducados
35   ganaba cada mes, amén de la comida. Con vuestra merced no sé lo que
puedo ganar, puesto que sé que tiene más trabajo el escudero del caballero
andante que el que sirve a un labrador. Que, en resolución, los que
servimos a labradores, por mucho que trabajemos de día, por mal que
suceda, a la noche cenamos olla y dormimos en cama, en la cual no he
40   dormido después que ha que sirvo a vuestra merced, si no ha sido el tiempo
breve que estuvimos en casa de don Diego de Miranda, y la jira° que tuve   picnic
con la espuma que saqué de las ollas de Camacho, y lo que comí y bebí y
dormí en casa de Basilio. Todo el otro tiempo he dormido en la dura tierra
al cielo abierto, sujeto a lo que dicen inclemencias del cielo, sustentándome

---

⁵ **Aún pudiera…** *it would be worthwhile to try to find out why they hurt me*
⁶ That is, other people's pain doesn't affect us, a proverbial expression.
⁷ Schevill makes this **fue** into **fuese.**
⁸ **En cuanto habla…** *when you talk and when you think*

con rajas de queso y mendrugos de pan, y bebiendo aguas, ya de arroyos, ya de fuentes, de las que encontramos por esos andurriales donde andamos."

"Confieso,°" dijo don Quijote, "que todo lo que dices, Sancho, sea   I concede
verdad. ¿Cuánto parece que os debo dar más de lo que os daba Tomé
Carrasco?"

"A mi parecer," dijo Sancho, "con dos reales más que vuestra merced
añadiese cada mes me tendría por bien pagado. Esto es cuanto al salario de
mi trabajo. Pero en cuanto a satisfacerme a la palabra y promesa que
vuestra merced me tiene hecha de darme el gobierno de una ínsula, sería
justo que se me añadiesen otros seis reales, que por todos serían treinta."

"Está muy bien," replicó don Quijote, "y conforme al salario que vos
os habéis señalado, 25 días ha que salimos de nuestro pueblo. Contad,
Sancho, 'rata por cantidad° y mirad lo que os debo, y pagaos, como os   prorated
tengo dicho, de vuestra mano."

"¡Oh cuerpo de mí!" dijo Sancho, "que va vuestra merced muy errado
en esta cuenta, porque en lo de la promesa de la ínsula se ha de contar
desde el día que vuestra merced me la prometió, hasta la presente hora en
que estamos."

"Pues ¿'qué tanto° ha, Sancho, que os la prometí?" dijo don Quijote.   cuánto

"Si yo mal no me acuerdo," respondió Sancho, "debe de haber más de
20 años, tres días más a menos."

Diose don Quijote una gran palmada en la frente, y comenzó a reír
muy de gana, y dijo: "Pues no anduve yo en Sierra Morena, ni en todo el
discurso de nuestras salidas, sino dos meses apenas. Y ¿dices, Sancho, que
ha 20 años que te prometí la ínsula? Ahora digo que quieres que se
consuma en tus salarios el dinero que tienes mío,[9] y si esto es así y tú
gustas dello, desde aquí te lo doy y buen provecho te haga, que a trueco de
verme sin tan mal escudero, holgaréme de quedarme pobre y sin blanca.
Pero dime, pervaricador de las ordenanzas escuderiles de la andante
caballería, ¿dónde has visto tú, o leído, que ningún escudero de caballero
andante se haya puesto con su señor, en cuanto más tanto me habéis de dar
cada mes porque os sirva?[10] Éntrate, éntrate, malandrín, follón y vestiglo,
que todo lo pareces, éntrate, digo, por el 'mare magnum° de sus historias,   i.e., great sea Latin
y si hallares que algún escudero haya dicho, ni pensado, lo que aquí has
dicho, quiero que me le claves en la frente, y por añadidura, me hagas
cuatro 'mamonas selladas° en mi rostro. Vuelve las riendas o el cabestro al   slaps
rucio, y vuélvete a tu casa, porque un solo paso desde aquí no has de pasar
más adelante conmigo. ¡Oh 'pan mal conocido!° ¡oh promesas mal   ungrateful person
colocadas! ¡oh hombre que tiene más de bestia que de persona! ¿Ahora

---

[9] **El dinero mío que tienes...**

[10] Schevill reads **en tanto más cuanto me habéis de dar** here. The original says: **en
cuanto más tan / más tanto me habéis de dar** (The / represents a line break.) It looks
like the typesetter was distracted, then, at the beginning of the next line he repeated two
words. We should expect **cuanto más tanto** *how much plus so much*, but Don Quijote's
rage doubtless has made him incoherent here. The meaning is: *Where have you seen or
read that any squire of a knight errant has bargained with his master for "You'll give me
so much every month so that I'll serve you."*

cuando yo pensaba ponerte en estado, y tal que a pesar de tu mujer te llamaran SEÑORÍA, te despides? ¿Ahora te vas, cuando yo venía con intención firme y valedera de hacerte señor de la mejor ínsula del mundo? En fin, como tú has dicho otras veces, no es la miel, &c.[11] Asno eres, y asno
5 has de ser y en asno has de parar cuando se te acabe el curso de la vida, que para mí tengo que antes llegará ella a su último término que tú caigas y des en la cuenta de que eres bestia."[12]

Miraba Sancho a don Quijote de en hito en hito, en tanto que los tales vituperios le decía. Y 'compungióse° de manera que le vinieron las lágrimas   was pierced with
10 a los ojos, y con voz dolorida y enferma le dijo: "Señor mío, yo confieso   remorse que, para ser del todo asno, no me falta más de° la cola. Si vuestra merced   **que** quiere ponérmela, yo la daré por bien puesta y le serviré como jumento todos los días que me quedan de mi vida. Vuestra merced me perdone y se duela de mi mocedad,° y advierta que sé poco, y que si hablo mucho, más   inexperience
15 procede de enfermedad que de malicia. Mas quien yerra y se enmienda, a Dios se encomienda."

"Maravillárame yo, Sancho, si no mezclaras algún refrancico° en tu   little proverb coloquio. Ahora bien, yo te perdono 'con que° te emiendes y con que no te   provided that muestres de aquí adelante tan amigo de tu interés, sino que procures
20 ensanchar el corazón y te alientes y animes a esperar el cumplimiento de mis promesas, que aunque se tarda, no se imposibilita."

Sancho respondió que sí haría, aunque sacase fuerzas de flaqueza.[13] Con esto, se metieron en la alameda, y don Quijote se acomodó al pie de un olmo y Sancho al de una haya, que estos tales árboles y otros sus
25 semejantes siempre tienen pies, y no manos. Sancho pasó la noche penosamente,° porque el varapalo se hacía más sentir con el sereno. Don   in pain Quijote la pasó en sus continuas memorias, pero con todo eso dieron los ojos al sueño, y al salir del alba siguieron su camino buscando las riberas°   banks del famoso Ebro, donde les sucedió lo que se contará en el capítulo
30 venidero.

---

[11] The only time we witness Sancho saying **No es la miel para la boca del asno** is to his wife in Part I, chapter 52 (p. 414, l. 35). This does not preclude other times, of course, that have not been recorded. But even though Don Quijote didn't say the remainder of the proverb, he is reminded of **asno** and that's why that word begins the next phrase.

[12] **Para mí…** *I think that your life will end before you realize what a beast you are*

[13] **Aunque…** *although he'd have to draw strength from weakness*

Capítulo XXIX. De la famosa aventura del barco encantado.

POR sus pasos contados y por contar,[1] dos días[2] después que salieron de la alameda, llegaron don Quijote y Sancho al río Ebro, y el verle fue de gran gusto a don Quijote, porque contempló y miró en él la amenidad de sus riberas, la claridad de sus aguas, el sosiego de su curso y la abundancia de sus líquidos cristales, cuya alegre vista renovó en su memoria mil amorosos pensamientos. Especialmente 'fue y vino en° lo que había visto en la cueva de Montesinos, que puesto que el mono de maese Pedro le había dicho que parte de aquellas cosas eran verdad y parte mentira, él se atenía más a las verdaderas que a las mentirosas, bien al revés de Sancho, que todas las tenía por la mesma° mentira.

Yendo, pues, desta manera, se le ofreció a la vista un pequeño barco° sin remos, ni otras jarcias algunas, que estaba atado en la orilla a un tronco de un árbol que en la ribera estaba. Miró don Quijote a todas partes y no vio persona alguna, y luego, sin más ni más, se apeó de Rocinante y mandó a Sancho que lo mesmo hiciese del rucio, y que a entrambas bestias las atase muy bien juntas, al tronco de un álamo o sauce que allí estaba. Preguntóle Sancho la causa de aquel súbito° apeamiento° y de aquel ligamiento.°

Respondió don Quijote: "Has de saber, Sancho, que este barco que aquí está, derechamente y sin poder ser otra cosa en contrario, me está llamando y convidando a que entre en él, y vaya en él a dar socorro a algún caballero o a otra necesitada y principal persona, que debe de estar puesta en alguna grande cuita, porque éste es estilo de los libros de las historias caballerescas y de los encantadores que en ellas se entremeten y platican.° Cuando algún caballero está puesto en algún trabajo, que no puede ser librado dél sino por la mano de otro caballero, puesto que estén distantes el uno del otro dos o tres mil leguas, o aun más, o le arrebatan en una nube, o le deparan un barco donde se entre, y en menos de un 'abrir y cerrar de ojos,° le llevan, o por los aires o por la mar, donde quieren y adonde es menester su ayuda. Así que, ¡oh Sancho! este barco está puesto aquí para el mesmo efecto, y esto es tan verdad como es ahora de día, y antes que éste° se pase, ata juntos al rucio y a Rocinante, y a la mano de Dios que nos guíe, que no dejaré de embarcarme si° me lo pidiesen frailes descalzos."

"Pues así es," respondió Sancho, "y vuestra merced quiere 'dar a cada paso en° estos que no sé si los llame disparates, no hay sino obedecer y bajar la cabeza, atendiendo al refrán: «haz lo que tu amo te manda y siéntate con él a la mesa.» Pero con todo esto, por lo que toca al descargo° de mi conciencia, quiero advertir a vuestra merced que a mí me parece que este tal barco no es de los encantados, sino de algunos pescadores° deste

Glosses (right margin):
- thought about
- itself
- boat
- sudden, dismounting
- tying
- perform [their dark arts]
- twinkling of an eye
- este *día*
- even though
- give in to
- unburdening
- fishermen

---

[1] The expression **Por sus pasos contados y por contar** was coined by Cervantes. Silvia Iriso says it just means "in an orderly way."

[2] Everyone points out here that there are 240 kms. between the inn where Maese Pedro put on his show and the banks of the Ebro. How could Don Quijote make it in just *five* days (three days until Don Quijote saw the braying army plus two)? Cervantes uses the same planned inaccuracies for space as well as time. In Hartzenbusch's first edition of this book, he changes **dos** into **diez**.

río, porque en él se pescan las mejores sabogas° del mundo."   shad
   Esto decía mientras ataba las bestias Sancho, dejándolas a la proteción
y amparo de los encantadores, con harto dolor de su ánima. Don Quijote le
dijo que no tuviese pena del desamparo° de aquellos animales, que el que   abandonment
5   los llevaría a ellos por tan longincuos° caminos y regiones tendría cuenta   remote
de sustentarlos.[3]
   "No entiendo eso de *logicuos*," dijo Sancho, "ni he oído tal vocablo en
todos los días de mi vida."
   "*Longincuos*," respondió don Quijote, "quiere decir *apartados*, y no es
10   maravilla que no lo entiendas, que no estás tú obligado a saber latín, como
algunos que presumen que lo saben, y lo ignoran."
   "Ya están atados," replicó Sancho, "¿qué hemos de hacer ahora?"
   "¿Qué?" respondió don Quijote, "santiguarnos y 'levar ferro,° quiero   weigh anchor
decir, embarcarnos y cortar la amarra° con que este barco está atado."   rope
15   Y dando un salto en él, siguiéndole Sancho, cortó el cordel,° y el barco   line
se fue apartando poco a poco de la ribera, y cuando Sancho se vio obra de
dos varas dentro del río, comenzó a temblar, temiendo su perdición.° Pero   death
ninguna cosa le dio más pena que el oír roznar° al rucio y el ver que   braying
Rocinante pugnaba por desatarse, y díjole a su señor: "El rucio rebuzna,
20   condolido° de nuestra ausencia, y Rocinante procura ponerse en libertad   sad
para arrojarse tras nosotros. ¡Oh carísimos amigos, quedaos en paz, y la
locura que nos aparta de vosotros, convertida en desengaño,° nos vuelva a   sanity
vuestra presencia!"
   Y en esto, comenzó a llorar tan amargamente, que don Quijote, mohino
25   y colérico, le dijo: "¿De qué temes, cobarde criatura? ¿De qué lloras,
corazón de mantequillas°? ¿Quién te persigue o quién te acosa, ánimo de   butter
ratón casero, o qué te falta, menesteroso en la mitad de las entrañas de la
abundancia? ¿Por dicha vas caminando a pie y descalzo por las montañas
rifeas,[4] sino° sentado en una tabla como un archiduque, por el sesgo curso   **y no**
30   deste agradable río, de donde en breve espacio saldremos al mar dilatado?
Pero ya habemos de haber salido, y caminado, por lo menos, setecientas o
ochocientas leguas, y si yo tuviera aquí un astrolabio[5] con que tomar la
altura del polo, yo te dijera las que hemos caminado, aunque, o yo sé poco,
o ya hemos pasado o pasaremos presto por la 'línea equinocial° que divide   equator
35   y corta los dos contrapuestos polos en igual distancia."
   "Y cuando lleguemos a esa leña que vuestra merced dice," preguntó
Sancho, "¿cuánto habremos caminado?"
   "Mucho," replicó don Quijote, "porque de trecientos y sesenta grados
que contiene el globo del agua y de la tierra, según el cómputo° de   computation
40   Ptolomeo,[6] que fue el mayor cosmógrafo que se sabe, la mitad habremos

---

[3] That is, the enchanter who is to take the pair off to remote places will take care of
the animals.
   [4] Refers to the Rhiphæi Mountains, as the Ancients called them, at the headwaters of
the Tanais River (now the Don, in southern Russia). This was never a part of the Roman
Empire.
   [5] The astrolabe was a very old navigational instrument which was used to tell sailors
their latitude and the time of day. It was replaced by the more accurate sextant.
   [6] Ptolemy (fl. 127-145A.D.) considered that the earth was the center of the Universe.

caminado, llegando a la línea que he dicho."

"Por Dios," dijo Sancho, "que vuesa merced me trae por testigo de lo
que dice a una gentil persona, puto y gafo,[7] con la añadidura de meón° o   constantly urinating
meo,° o no sé cómo."   annual flowering
5   Riose don Quijote de la interpretación que Sancho había dado al   plant
nombre y al CÓMPUTO y cuenta del COSMÓGRAFO PTOLOMEO, y díjole:
"Sabrás, Sancho, que los españoles y los que se embarcan en Cádiz[8] para ir
a las 'Indias Orientales,° una de las señales que tienen para entender que han   East Indies
pasado la línea equinocial que te he dicho, es que a todos los que van en el
10   navío se les mueren los piojos,° sin que les quede ninguno, ni en todo el   lice
bajel le hallarán si le pesan a oro, y así puedes, Sancho, pasear° una mano   slide
por un muslo, y si topares cosa viva, saldremos desta duda, y si no, pasado
habemos."

"Yo no creo nada deso," respondió Sancho, "pero con todo haré lo que
15   vuesa merced me manda, aunque no sé para qué hay necesidad de hacer esas
experiencias, pues yo veo con mis mesmos ojos que no nos habemos
apartado de la ribera cinco varas, ni hemos decantado° de donde están las   moved
alemañas° dos varas, porque allí están Rocinante y el rucio en el propio   animals
lugar do los dejamos, y 'tomada la mira° como yo la tomo ahora, ¡voto a tal   looking around
20   que no nos movemos ni andamos al paso de una hormiga!"

"Haz, Sancho, la averiguación que te he dicho y no te cures de otra, que
tú no sabes qué cosa sean coluros, líneas, paralelos, zodíacos, clíticas,
polos, solsticios, equinocios, planetas, signos, puntos, medidas de que se
compone la esfera celeste y terrestre[9]. Que si todas estas cosas supieras, o
25   parte dellas, vieras claramente qué de paralelos hemos cortado,° qué de   crossed
signos visto y qué de imágines° hemos dejado atrás y vamos dejando ahora.   Zodiac signs
Y tórnote a decir que te tientes y pesques.° Que yo para mí tengo que estás   search
más limpio que un pliego° de papel liso y blanco."   sheet

Tentóse Sancho, y llegando con la mano bonitamente y con tiento hacia
30   la corva° izquierda, alzó la cabeza y miró a su amo, y dijo: "O la experiencia   knee
es falsa, o no hemos llegado adonde vuesa merced dice, ni con muchas
leguas."[10]

"Pues ¿qué?" preguntó don Quijote, "¿has topado algo?"

"Y aun algos," respondió Sancho.

35   Y sacudiéndose los dedos, se lavó toda la mano en el río, por el cual
sosegadamente se deslizaba el barco por mitad de la corriente, sin que le
moviese alguna inteligencia secreta ni algún encantador escondido, sino el

[7] **Puto y gafo: puto** is a sodomite and **gafo** is a leprous person.

[8] Cádiz is Spain's most important Atlantic port city.

[9] **No sabes...** *you don't know what colures, lines, parallels, zodiac signs, ecliptics,
poles, equinoxes, planets, astrological signs, points of the compass, and measurements are,
of which the celestial sphere and the terrestrial sphere are composed.* Don Quijote is
referring to pre-Copernican astronomical terms. People had thought that the sky was a
celestial sphere, like the inside of a basketball, with the the earth in the middle. Colures are
the equinoctial and solstitial lines of the celestial sphere, intersecting at the poles. The
ecliptic is the projection on the celestial sphere of the orbit of the Earth around the Sun and
the constellations of the zodiac are arranged along this ecliptic. When Copernicus
revolutionized astronomy in 1540, most of these terms were no longer useful.

[10] **Ni con...** *not by a longshot.* Burton Raffel's translation.

mismo curso del agua, blando entonces y suave.

En esto, descubrieron unas grandes aceñas° que en la mitad del río   water mills
estaban, y apenas las hubo visto don Quijote, cuando con voz alta dijo a
Sancho: "¿Vees? Allí, ¡oh amigo! se descubre la ciudad, castillo o fortaleza
5   donde debe de estar algún caballero oprimido,° o alguna reina, infanta o   opressed
princesa malparada,° para cuyo socorro soy aquí traído."   wronged

"¿Qué diablos de ciudad, fortaleza o castillo, dice vuesa merced,
señor?" dijo Sancho. "¿No echa de ver que aquéllas son aceñas que están
en el río, donde se muele el trigo?"[11]

10   "Calla, Sancho," dijo don Quijote, "que aunque parecen aceñas, no lo
son, y ya te he dicho que todas las cosas trastruecan° y mudan de su ser   change
natural los encantos.[12] No quiero decir que las mudan de en uno en otro ser
realmente, sino que lo parece,[13] como lo mostró la experiencia en la
transformación de Dulcinea, único refugio de mis esperanzas."

15   En esto, el barco, entrado en la mitad de la corriente del río, comenzó
a caminar no tan lentamente como hasta allí. Los molineros de las aceñas,
que vieron venir aquel barco por el río y que se iba a embocar° por el   enter
raudal° de las ruedas,° salieron con presteza muchos dellos con varas largas   swift current, [mill]
a detenerle, y como salían enharinados° y cubiertos los rostros y los   wheels; covered with
20   vestidos del polvo de la harina, representaban una mala vista. Daban voces   flour
grandes diciendo: "¡Demonios de hombres! ¿Dónde vais? ¿Venís
desesperados, que queréis ahogaros y haceros pedazos en estas ruedas?"

"¿No te dije yo, Sancho," dijo a esta sazón don Quijote, "que habíamos
llegado donde he de mostrar a do llega el valor de mi brazo? Mira qué de
25   malandrines y follones me salen al encuentro. Mira cuántos vestiglos se me
oponen. Mira cuántas feas cataduras nos 'hacen cocos.° Pues ¡ahora lo   making faces
veréis, bellacos!"

Y puesto en pie en el barco, con grandes voces comenzó a amenazar
a los molineros, diciéndoles: "¡Canalla malvada y peor aconsejada,° dejad   ill-advised
30   en su libertad y libre albedrío a la persona que en esa vuestra fortaleza o
prisión tenéis oprimida, alta o baja,[14] de cualquiera suerte o calidad que sea.
Que yo soy don Quijote de la Mancha, llamado el Caballero de los Leones
por otro nombre, a quien está reservada por orden de los altos cielos el dar
fin felice a esta aventura!"

35   Y diciendo esto, echó mano a su espada y comenzó a esgrimirla en el
aire contra los molineros, los cuales, oyendo y no entendiendo aquellas
sandeces, se pusieron con sus varas a detener el barco que ya iba entrando
en el raudal y canal° de las ruedas. Púsose Sancho de rodillas, pidiendo   channel
devotamente al cielo le librase de tan manifiesto peligro, 'como lo hizo° por   as well as
40   la industria y presteza de los molineros, que oponiéndose con sus palos al
barco, le detuvieron, pero no de manera que dejasen de trastornar° el barco   overturn
y dar con don Quijote y con Sancho 'al través° en el agua. Pero vínole bien   over the side

---

[11] Since the current is strongest in the middle of a river, these floating mills were anchored there to make the milling of flour more efficient.

[12] **Los encantos** is the subject of **trastruecan; todas las cosas** is the direct object.

[13] **No quiero...** *I don't mean that they [the enchanters] really change the form of things, but rather it just looks that way*

[14] These two adjectives refer back to **persona**.

a don Quijote,[15] que sabía nadar como un ganso, aunque el peso de las armas le llevó al fondo° dos veces, y si no fuera por los molineros, que 'se arrojaron° al agua y los sacaron como en peso a entrambos, allí había sido Troya° para los dos.

     Puestos, pues, en tierra, más mojados que muertos de sed, Sancho, puesto de rodillas, las manos juntas y los ojos clavados al cielo, pidió a Dios con una larga y devota plegaria le librase de allí adelante de los atrevidos deseos y acometimientos de su señor. Llegaron, en esto, los pescadores dueños del barco, a quien habían hecho pedazos las ruedas de las aceñas, y viéndole roto, acometieron a desnudar° a Sancho y a pedir a don Quijote se lo pagase, el cual, con gran sosiego, como si no hubiera pasado nada por él, dijo a los molineros y pescadores que él pagaría el barco de bonísima gana, con condición que le diesen libre y sin cautela a la persona o personas que en aquel castillo estaban oprimidas.

     "¿Qué personas o qué castillo dice," respondió uno de los molineros, "hombre sin juicio? ¿Quiéreste llevar, por ventura, las que vienen a moler trigo a estas aceñas?"[16]

     "Basta," dijo entre sí don Quijote, "aquí será predicar en desierto querer reducir a esta canalla a que por ruegos haga virtud alguna.[17] Y en esta aventura se deben de haber encontrado dos valientes encantadores, y el uno estorba lo que el otro intenta. El uno me deparó el barco y el otro dio conmigo al través. Dios lo remedie, que todo este mundo es máquinas y trazas, contrarias unas de otras. Y no puedo más."

     Y alzando la voz, prosiguió diciendo y mirando a las aceñas: "Amigos, cualesquiera que seáis, que en esa prisión quedáis encerrados, perdonadme, que por mi desgracia y por la vuestra yo no os puedo sacar de vuestra cuita. Para otro caballero debe de estar guardada y reservada esta aventura."

     En diciendo esto, se concertó con los pescadores y pagó por el barco 50 reales, que los dio Sancho de muy mala gana, diciendo: "A dos barcadas° como éstas, daremos con todo el caudal° al fondo."

     Los pescadores y molineros estaban admirados, mirando aquellas dos figuras tan fuera del uso, al parecer, de los otros hombres, y no acababan de entender a do se encaminaban las razones y preguntas que don Quijote les decía, y, teniéndolos por locos, les dejaron y se recogieron a sus aceñas, y los pescadores a sus ranchos.° Volvieron a sus bestias y a ser bestias, don Quijote y Sancho, y este fin tuvo la aventura del encantado barco.

---

[15] **Vínole bien...** *it came out well for Don Quijote*

[16] **¿Quiéreste...** *do you want to carry off the people who bring wheat to grind in these mills?*

[17] **Aquí será...** *it would be like preaching in the desert to persuade this rabble to do anything good*

Margin glosses: bottom · threw themselves · i.e., a disaster · to strip · boat trips, wealth · huts

Capítulo XXX. De lo que le avino a don Quijote con una bella cazadora.

ASAZ melancólicos y de mal talante llegaron a sus animales caballero y escudero, especialmente Sancho, a quien llegaba al alma llegar al caudal del dinero,[1] pareciéndole que todo lo que dél se quitaba era quitárselo a él de las niñas de sus ojos. Finalmente, sin hablarse palabra, se pusieron a caballo y se apartaron del famoso río, Don Quijote, sepultado en los pensamientos de sus amores, y Sancho en los de su acrecentamiento,° que por entonces le parecía que estaba bien lejos de tenerle, porque maguer era tonto, bien se le alcanzaba que las acciones de su amo, todas o las más, eran disparates, y buscaba ocasión de que, sin entrar en cuentas° ni en despedimientos° con su señor, un día se desgarrase y se fuese a su casa. Pero la fortuna ordenó las cosas muy al revés de lo que él temía.

    Sucedió, pues, que otro día, al poner del sol, y al salir de una selva, tendió don Quijote la vista por un verde prado, y en lo último dél vio gente, y llegándose cerca, conoció que eran cazadores de altanería.° Llegóse más, y entre ellos vio una gallarda señora sobre un palafrén o hacanea° blanquísima, adornada de guarniciones verdes y con un sillón de plata. Venía la señora asimismo vestida de verde, tan bizarra y ricamente, que la misma bizarría venía transformada en ella. En la mano izquierda traía un azor,° señal que dio a entender a don Quijote ser aquélla alguna gran señora, que debía serlo° de todos aquellos cazadores, como era la verdad, y así dijo a Sancho: "Corre, hijo Sancho, y di a aquella señora del palafrén y del azor, que yo, el Caballero de los Leones, besa las manos a su gran fermosura, y que si su grandeza me da licencia, se las iré a besar y a servirla en cuanto mis fuerzas pudieren y su alteza me mandare. Y mira, Sancho, cómo hablas, y ten cuenta de no encajar algún refrán de los tuyos en tu embajada."

    "Hallado os le habéis el encajador," respondió Sancho. "¡A mí con eso![2] ¡Sí, que no es ésta la vez primera que he llevado embajadas a altas y crecidas° señoras en esta vida!"

    "Si no fue la que llevaste a la señora Dulcinea," replicó don Quijote, "yo no sé que hayas llevado otra, a lo menos, en mi poder."

    "Así es verdad," respondió Sancho, "pero al buen pagador no le duelen prendas, y en casa llena presto se guisa° la cena. Quiero decir que a mí no hay que decirme ni advertirme de nada. Que para todo tengo y de todo se me alcanza un poco."

    "Yo lo creo, Sancho," dijo don Quijote, "ve en buena hora y Dios te guíe."

    Partió Sancho de carrera, sacando de su paso al rucio, y llegó donde la bella cazadora estaba, y apeándose, puesto ante ella de hinojos, le dijo: "Hermosa señora, aquel caballero que allí se parece, llamado el Caballero de los Leones, es mi amo, y yo soy un escudero suyo, a quien llaman en su casa Sancho Panza. Este tal Caballero de los Leones, que no ha mucho que se llamaba el de la Triste Figura, envía por mí a decir a vuestra

monetary advancement

explanations
farewells

falconry
small horse

falcon
i.e., ser señora

important

cook

---

[1] **A quien...** *who, when something touched his money, it also touched his soul*
[2] **"Hallado os...** *"You come to me saying that you have found a person who inserts proverbs!" said Sancho. "You tell me that!"*

grandeza sea servida de darle licencia para que, con su° propósito y   your
beneplácito y consentimiento, él venga a poner en obra su deseo, que no es
otro, según él dice y yo pienso, que de servir a vuestra encumbrada°   lofty
altanería° y fermosura. Que en dársela vuestra señoría hará cosa que   highness
redunde en su pro, y él recibirá señaladísima° merced y contento."   very great
   "Por cierto, buen escudero," respondió la señora, "vos habéis dado la
embajada vuestra con todas aquellas circunstancias que las tales embajadas
piden. Levantaos del suelo, que escudero de tan gran caballero como es el
de la Triste Figura, de quien ya tenemos acá mucha noticia, no es justo que
esté de hinojos. Levantaos, amigo, y decid a vuestro señor que venga
mucho en hora buena a servirse de mí y del duque, mi marido, en una casa
de placer que aquí tenemos."
   Levantóse Sancho, admirado así de la hermosura de la buena señora
como de su mucha crianza y cortesía, y más° de lo que había dicho que   más *admirado*
tenía noticia de su señor el Caballero de la Triste Figura, y que si no le
había llamado el de los Leones, debía de ser por habérsele puesto tan
nuevamente. Preguntóle la duquesa, cuyo título aun no se sabe:[3] "Decidme,
hermano escudero, este vuestro señor, ¿no es uno de quien anda impresa
una historia que se llama *Del ingenioso hidalgo don Quijote de la Mancha*,
que tiene por señora de su alma a una tal Dulcinea del Toboso?"
   "El mesmo es, señora," respondió Sancho, "y aquel escudero suyo que
anda, o debe de andar en la tal historia, a quien llaman Sancho Panza, soy
yo, si no es que me trocaron en la cuna,° quiero decir, que me trocaron en   cradle
la estampa."
   "De todo eso me huelgo yo mucho," dijo la duquesa."Id, hermano
Panza, y decid a vuestro señor que él sea el bien llegado y el bien venido
a mis estados, y que ninguna cosa me pudiera venir que más contento me
diera."
   Sancho, con esta tan agradable respuesta, con grandísimo gusto volvió
a su amo, a quien contó todo lo que la gran señora le había dicho,
levantando con sus rústicos términos a los cielos su mucha fermosura, su
gran donaire y cortesía. Don Quijote 'se gallardeó° en la silla. Púsose bien   sat up
en los estribos, acomodóse la visera, arremetió° a Rocinante y con gentil   put spurs to
denuedo fue a besar las manos a la duquesa, la cual, haciendo llamar al
duque, su marido, le contó, en tanto que don Quijote llegaba, toda la
embajada suya, y los dos, por haber leído la primera parte desta historia y
haber entendido por ella el disparatado humor de don Quijote, con
grandísimo gusto y con deseo de conocerle, le atendían, con presupuesto
de seguirle el humor y 'conceder con° él en cuanto les dijese, tratándole   go along with
como a caballero andante los días que con ellos se detuviese, con todas las
ceremonias acostumbradas en los libros de caballerías que ellos habían
leído, y aun les eran muy aficionados.
   En esto, llegó don Quijote, alzada la visera, y dando muestras de
apearse, acudió Sancho a tenerle el estribo. Pero fue tan desgraciado, que
al apearse del rucio, se le asió un pie en una soga del albarda, de tal modo

---

[3] That is, we don't know what she is duchess of. Many editors have ascribed real names
to this duke and duchess, but it is impossible that a real duke and duchess would come into
contact with a fictional knight.

que no fue posible desenredarle,° antes quedó colgado dél,° con la boca y   get free, **del** *rucio*
los pechos en el suelo. Don Quijote, que no tenía en costumbre apearse sin
que le tuviesen el estribo, pensando que ya Sancho había llegado a
tenérsele, descargó de golpe el cuerpo⁴ y llevóse tras sí la silla de
5 Rocinante, que debía de estar mal cinchado, y la silla y él vinieron al suelo,
no sin vergüenza suya y de muchas maldiciones que entre dientes echó al
desdichado de Sancho, que aun todavía tenía el pie 'en la corma.°   trapped

    El duque mandó a sus cazadores que acudiesen al caballero y al
escudero, los cuales levantaron a don Quijote maltrecho de la caída, y
10 renqueando° y como pudo, fue a hincar las rodillas ante los dos señores.   limping
Pero el duque no lo consintió en ninguna manera. Antes, apeándose de su
caballo, fue a abrazar a don Quijote, diciéndole: "A mí me pesa, señor
Caballero de la Triste Figura, que la primera° que vuesa merced ha hecho   **primera** *figura*
en mi tierra haya sido tan mala como se ha visto. Pero descuidos de
15 escuderos suelen ser causa de otros peores sucesos."

    "El° que yo he tenido en veros, valeroso príncipe," respondió don   **el** *suceso*
Quijote, "es imposible ser malo, aunque mi caída no parara hasta el
profundo de los abismos, pues de allí me levantara y me sacara la gloria de
haberos visto. Mi escudero, que Dios maldiga, mejor desata la lengua para
20 decir malicias que ata y cincha una silla para que esté firme. Pero 'como
quiera° que yo me halle, caído o levantado, a pie o a caballo, siempre estaré   however
al servicio vuestro y al de mi señora la duquesa, digna consorte° vuestra y   companion
digna señora de la hermosura y universal princesa de la cortesía."

    "Pasito,° mi señor don Quijote de la Mancha," dijo el duque, "que   careful
25 adonde está mi señora doña Dulcinea del Toboso, no es razón que se alaben
otras fermosuras."

    Ya estaba a esta sazón libre Sancho Panza del lazo, y hallándose allí
cerca, antes que su amo respondiese, dijo: "No se puede negar, sino afirmar,
que es muy hermosa mi señora Dulcinea del Toboso. Pero donde menos se
30 piensa se levanta la liebre, que yo he oído decir que esto que llaman
naturaleza es como un alcaller° que hace vasos de barro, y el que hace un   potter
vaso hermoso también puede hacer dos, y tres, y ciento. Dígolo, porque mi
señora la duquesa a fee que no va en zaga a mi ama la señora Dulcinea del
Toboso."

35   Volvióse don Quijote a la duquesa y dijo: "Vuestra grandeza imagine
que no tuvo caballero andante en el mundo escudero más hablador ni más
gracioso del que yo tengo, y 'él me sacará verdadero° si algunos días   he'll prove me right
quisiere vuestra gran celsitud° servirse de mí."   loftiness

    A lo que respondió la duquesa: "De que Sancho el bueno sea gracioso
40 lo estimo yo en mucho, porque es señal que es discreto. Que las gracias y
los donaires, señor don Quijote, como vuesa merced bien sabe, no asientan
sobre ingenios torpes, y pues el buen Sancho es gracioso y donairoso,°   witty
desde aquí le confirmo por discreto."

    "Y hablador," añadió don Quijote.

45   "'Tanto que mejor,°" dijo el duque, "porque muchas gracias no se   so much the better
pueden decir con pocas palabras, y porque no se nos vaya el tiempo en

---

⁴ **Descargó...** *he got off all at once*

ellas,[5] venga el gran Caballero de la Triste Figura."

"DE LOS LEONES ha de decir vuestra alteza," dijo Sancho, "que ya no hay Triste Figura. El Figuro sea el de los Leones."[6]

Prosiguió el duque, "Digo que venga el señor Caballero de los Leones a un castillo mío que está aquí cerca, donde se le hará el acogimiento que a tan alta persona se debe justamente,° y el que yo y la duquesa solemos hacer a todos los caballeros andantes que a él llegan." $\quad$ justly

Ya en esto Sancho había aderezado y cinchado bien la silla a Rocinante, y subiendo en él don Quijote, y el duque en un hermoso caballo, pusieron a la duquesa en medio y encaminaron al castillo. Mandó la duquesa a Sancho que fuese junto a ella, porque gustaba infinito° de oír sus $\quad$ infinitely discreciones. No se hizo de rogar Sancho,[7] y entretejióse° entre los tres y $\quad$ inserted himself hizo cuarto en la conversación, con gran gusto de la duquesa y del duque, que tuvieron a gran ventura acoger en su castillo tal caballero andante y tal escudero andado.

---

[5] **Porque...** *let's not waste time in them* [i.e., words]

[6] I keep the original text here. Schevill changes it to: **"que ya no hay Triste Figura ni Figuro," ¶"Sea el de los Leones," prosiguió el duque,...** (folio 116ʳ, 5 up).

[7] **No se...** *Sancho needed no urging*

Capítulo XXXI. Que trata de muchas y grandes cosas.

SUMA era la alegría que llevaba consigo Sancho viéndose, a su parecer, en privanza con la duquesa, porque se le figuraba que había de hallar en su castillo 'lo que° en la casa de don Diego y en la de Basilio, siempre   lo que *hallaba*
5   aficionado a la buena vida, y así tomaba la Ocasión por la melena[1] en esto del regalarse 'cada y cuando° que se le ofrecía.   whenever

Cuenta, pues, la historia, que antes que a la casa[2] de placer o castillo llegasen, se adelantó el duque y dio orden a todos sus criados del modo que habían de tratar a don Quijote, el cual como° llegó con la duquesa a las   *así* como
10   puertas del castillo, al instante salieron dél dos lacayos° o palafreneros,°   grooms, stableboys
vestidos hasta en° pies de unas ropas que llaman de levantar,[3] de finísimo   los
raso carmesí, y cogiendo a don Quijote en brazos, 'sin ser oído ni visto,° le   very quickly
dijeron: "Vaya la vuestra grandeza a apear° a mi señora la duquesa."   "help dismount"

Don Quijote lo hizo, y hubo grandes comedimientos entre los dos[4]
15   sobre el caso. Pero, en efecto, venció la porfía de la duquesa y no quiso decender o bajar del palafrén sino en los brazos del duque, diciendo que no se hallaba digna de dar a tan gran caballero tan inútil carga. En fin, salió el duque a apearla, y al entrar en un gran patio, llegaron dos hermosas doncellas y echaron sobre los hombros a don Quijote un gran manto de
20   finísima escarlata, y en un instante 'se coronaron° todos los corredores del   were crowded
patio de criados y criadas de aquellos señores, diciendo a grandes voces: "Bien sea venido la flor y la nata de los caballeros andantes."

Y todos, o los más, derramaban pomos° de aguas olorosas sobre don   small bottles
Quijote y sobre los duques, de todo lo cual se admiraba don Quijote, y aquél
25   fue el primer día que de todo en todo conoció y creyó ser caballero andante verdadero, y no fantástico, viéndose tratar del mesmo modo que él había leído se trataban los tales caballeros en los pasados siglos.

Sancho, desamparando al rucio, se cosió con la duquesa y se entró en el castillo, y remordiéndole la conciencia[5] de que dejaba al jumento solo, se
30   llegó a una reverenda dueña, que con otras a recebir a la duquesa había salido, y con voz baja le dijo: "Señora González, o como es su gracia° de   name
vuesa merced…"

"Doña Rodríguez de Grijalba[6] me llamo;" respondió la dueña, "qué es lo que mandáis, hermano?"
35   A lo que respondió Sancho: "Querría que vuesa merced me la° hiciese   **la = merced** *favor*
de salir a la puerta del castillo, donde hallará un asno rucio mío. Vuesa merced sea servida de mandarle poner, o ponerle, en la caballeriza, porque el pobrecito es un poco medroso, y no 'se hallará° a estar solo, 'en ninguna   can't take

---

[1] The Roman god of Opportunity (**Ocasión**) was bald except for a lock of hair (**melena**) in the middle of his forehead. When you saw Opportunity coming, you had to grab him before he went by, otherwise it was too late. The same **ocasión** was mentioned on p. 15, l. 31, in the sonnet of Belianís dedicated to Don Quijote.

[2] The first edition has **plaza** here. It looks like the typographer skipped forward to **placer** and became distracted.

[3] **Ropas de levantar** are long houserobes.

[4] **Los dos** refers to Don Quijote and the duchess.

[5] **Remordiéndole…** *since his conscience caused him remorse*

[6] Grijalba is a very small town in the province of Burgos. A recent census showed it with 158 inhabitants.

de las maneras."°   in any way
    "Si tan discreto es el amo como el mozo," respondió la dueña,
"'¡medradas estamos!° Andad, hermano, mucho de enhoramala° para vos   we're in trouble, bad
y para quien acá os trujo, y 'tened cuenta con° vuestro jumento, que las   luck; *you* take care
5 dueñas desta casa no estamos acostumbradas a semejantes haciendas.°'"   of; work
    "Pues en verdad," respondió Sancho, "que he oído yo decir a mi señor,
que es zahorí° de las historias, contando aquella de Lanzarote: very knowledgeable

            Cuando de Bretaña vino,
            que damas curaban dél,
10   y dueñas del su rocino[7]

y que en el particular° de mi asno, que no le trocara yo con el rocín del   case
señor Lanzarote."
    "Hermano, si sois juglar,°" replicó la dueña, "guardad vuestras gracias   trobadour
para donde lo parezcan y se os paguen, que de mí no podréis llevar sino
15 una higa."[8]
    "Aun bien," respondió Sancho, "que será bien madura, pues no perderá
vuesa merced la quínola de sus años por punto menos."[9]
    "¡Hijo de puta!" dijo la dueña, toda ya encendida en cólera, "Si soy
vieja o no, a Dios daré la cuenta, que no a vos, bellaco, 'harto de ajos.°'"   full of garlic
20 Y esto dijo en voz tan alta, que lo oyó la duquesa, y volviendo y
viendo a la dueña tan alborotada y tan encarnizados° los ojos, le preguntó   flashing
con quién 'las había.°   she was quarreling
    "Aquí 'las he,°" respondió la dueña, "con este buen hombre que me ha   I am quarreling
pedido encarecidamente que vaya a poner en la caballeriza a un asno suyo
25 que está a la puerta del castillo, trayéndome por ejemplo que así lo hicieron
no sé dónde, que unas damas curaron a un tal Lanzarote, y unas dueñas a
su rocino, y sobre todo, por buen término me ha llamado vieja."
    "Eso tuviera yo por afrenta," respondió la duquesa, "más que cuantas
pudieran decirme."[10]
30 Y hablando con Sancho, le dijo: "Advertid, Sancho amigo, que doña
Rodríguez es muy moza, y que aquellas tocas° más las trae por autoridad   hood
y por la usanza, que por los años."
    "Malos sean los que me quedan por vivir," respondió Sancho, "si lo
dije 'por tanto.° Sólo lo dije porque es tan grande el cariño que tengo a mi   i.e., as an insult
35 jumento, que me pareció que no podía encomendarle a persona más
caritativa que a la señora doña Rodríguez."

---

[7] Sancho never heard Don Quijote say this in the narrative. In Part I, chapter 2, p.
31, Don Quijote recited a variant, but this was before Sancho was in the picture. In any
case, the typical version was: "que dueñas curaban dél / doncellas de su rocino…"
    [8] The **higa** is the vulgar sign made with the fist, where the thumb is inserted between
the index and middle fingers. Rodríguez Marín gives one of his longest notes here, vol.
6, p. 12, 1. 5.
    [9] **Madura** refers to the fruit of the fig tree. **Quínola** is four of a kind in cards. In the
case of a tie, the highest four of a kind wins. Sancho says that her age is like the highest
four of a kind, so she won't lose the game.
    [10] **Más que…** *greater than any other one they could give to me*

Don Quijote, que todo lo oía, le dijo: "¿Pláticas son estas, Sancho, para este lugar?"

"Señor," respondió Sancho, "cada uno ha de hablar de su menester donde quiera que estuviere. Aquí se me acordó del rucio y aquí hablé dél, 5 y si en la caballeriza se me acordara, allí hablara."

A lo que dijo el duque: "Sancho está muy en lo cierto y no hay que culparle en nada. Al rucio se le dará recado 'a pedir de boca,° y descuide Sancho. Que se le tratará como a su mesma persona."

    as much as he wants

Con estos razonamientos, gustosos a todos, sino a don Quijote, llegaron 10 a 'lo alto,° y entraron° a don Quijote en una sala adornada de telas riquísimas de oro y de brocado. Seis doncellas le desarmaron y sirvieron de pajes, todas industriadas° y advertidas del duque y de la duquesa de lo que habían de hacer, y de cómo habían de tratar a don Quijote para que imaginase y viese que le trataban como caballero andante. Quedó don 15 Quijote, después de desarmado, en sus estrechos gregüescos y en su jubón de camuza, seco, alto, tendido, con las quijadas, que por de dentro se besaba la una con la otra, figura que, a no tener cuenta las doncellas que le servían con disimular la risa, que fue una de las precisas órdenes que sus señores les habían dado, reventaran riendo.

    top of the stairs,
    escorted
    instructed

20 Pidiéronle que se dejase desnudar para° una camisa, pero nunca lo consintió, diciendo que la honestidad parecía tan bien en los caballeros andantes como la valentía.

    para *ponerle*

Con todo, dijo que diesen la camisa a Sancho, y encerrándose con él en una cuadra° donde estaba un rico lecho, se desnudó y vistió la camisa, 25 y viéndose solo con Sancho, le dijo: "Dime, truhán moderno y majadero antiguo, ¿parécete bien deshonrar y afrentar a una dueña tan veneranda° y tan digna de respeto como aquélla? ¿Tiempos eran aquéllos para acordarte del rucio? ¿O señores son éstos para dejar mal pasar a las bestias, tratando tan elegantemente a sus dueños? Por quien Dios es, Sancho, que te reportes 30 y que no descubras la hilaza[11] de manera que caigan en la cuenta de que eres de villana y grosera tela tejido.° Mira, pecador de ti, que en tanto más es tenido el señor, cuanto tiene más honrados y bien nacidos criados, y que una de las ventajas mayores que llevan los príncipes a los demás hombres es que se sirven de criados tan buenos como ellos. ¿No adviertes, 35 angustiado° de ti y mal aventurado de mí, que si veen que tú eres un grosero villano o un mentecato gracioso, pensarán que yo soy algún echacuervos° o algún caballero de mohatra?° No, no, Sancho amigo. Huye, huye destos inconvinientes,° que quien tropieza en hablador y en gracioso, al primer puntapié cae y da en truhán desgraciado.[12] Enfrena la lengua, 40 considera y rumia° las palabras antes que te salgan de la boca, y advierte que hemos llegado a parte donde, con el favor de Dios y valor de mi brazo, hemos de salir mejorados 'en tercio y quinto,° en fama y en hacienda."

    room
    venerable
    woven
    wretched
    charlatan, fraudulent
    inconvenientes
    meditate on
    greatly

Sancho le prometió, con muchas veras, de coserse la boca o morderse la lengua antes de hablar palabra que no fuese muy a propósito y bien 45 considerada, como él se lo mandaba, y que descuidase acerca de 'lo tal.°

    that

[11] **No descubras…** *not to show your true character*
[12] **Quien tropieza…** *whoever stumbles into being a chatterbox and jester at the first kick they give him, will be a most unfortunate buffoon*

Que nunca por él se descubriría quién ellos eran. Vistióse don Quijote,
púsose su tahalí° con su espada, echóse el mantón de escarlata a cuestas,   strap
púsose una montera de raso verde que las doncellas le dieron, y con este
adorno salió a la gran sala, adonde halló a las doncellas puestas en ala,
5   tantas a una parte como a otra, y todas con aderezo de darle aguamanos, la
cual le dieron con muchas reverencias y ceremonias.
     Luego llegaron doce pajes con el maestresala° para llevarle a comer,   butler
que ya los señores le aguardaban. Cogiéronle en medio, y lleno de pompa
y majestad, le llevaron a otra sala donde estaba puesta una rica mesa con
10 solos cuatro servicios. La duquesa y el duque salieron a la puerta de la sala
a recebirle, y con ellos un grave eclesiástico° destos que gobiernan las casas   priest
de los príncipes—destos que, como no nacen príncipes, no aciertan a
enseñar cómo lo han de ser los que lo son; destos que quieren que la
grandeza de los grandes se mida con la estrecheza de sus ánimos; destos
15 que queriendo mostrar a los que ellos gobiernan a ser limitados,° les hacen   thrifty
ser miserables; destos tales, digo, que debía de ser el grave religioso que
con los duques salió a recebir a don Quijote. Hiciéronse mil corteses
comedimientos, y finalmente, cogiendo a don Quijote en medio, se fueron
a sentar a la mesa.
20   Convidó el duque a don Quijote con la cabecera de la mesa,[13] y aunque
él lo rehusó, las importunaciones del duque fueron tantas, que la hubo de
tomar. El eclesiástico se sentó frontero, y el duque y la duquesa a los dos
lados. A todo estaba presente Sancho, embobado y atónito de ver la honra
que a su señor aquellos príncipes le hacían, y viendo las muchas ceremonias
25 y ruegos que pasaron entre el duque y don Quijote para hacerle sentar a la
cabecera de la mesa, dijo: "Si sus mercedes me dan licencia, les contaré un
cuento que pasó en mi pueblo, acerca desto de los asientos."
     Apenas hubo dicho esto Sancho, cuando don Quijote tembló, creyendo,
sin duda alguna, que había de decir alguna necedad. Miróle Sancho y
30 entendióle, y dijo: "No tema vuesa merced, señor mío, que yo me desmande
ni que diga cosa que no venga muy a pelo, que no se me han olvidado los
consejos que poco ha vuesa merced me dio sobre el hablar mucho o poco,
o bien o mal."
     "Yo no me acuerdo de nada, Sancho," respondió don Quijote, "di lo
35 que quisieres, como lo digas presto."
     "Pues lo que quiero decir," dijo Sancho, "es tan verdad, que mi señor
don Quijote, que está presente, no me dejará mentir."
     "'Por mí,°'" replicó don Quijote, "miente tú, Sancho, cuanto quisieres,   as for me
que yo 'no te iré a la mano.° Pero mira lo que vas a decir."   I won't cut you off
40   "Tan mirado y remirado lo tengo, que a buen salvo está el que repica,[14]
como se verá por la obra."
     "Bien será," dijo don Quijote, "que vuestras grandezas manden echar
de aquí a este tonto, que dirá mil patochadas."
     "Por vida del duque," dijo la duquesa, "que no se ha de apartar de mí
45 Sancho un punto.° Quiérole yo mucho, porque sé que es muy discreto."   bit

---

[13] **Convidó...** *the duke invited Don Quijote to sit at the head of the table*
[14] **A buen salvo...** *the one who rings the alarm bell is safe,* that is, Sancho is as safe
as the alarm ringer. He will thus not embarrass Don Quijote.

"Discretos días," dijo Sancho, "viva vuestra santidad por el buen crédito° que de mí tiene, aunque en mí no lo haya.[15] Y el cuento que quiero   confidence
decir es éste. Convidó un hidalgo de mi pueblo, muy rico y principal, porque venía de los Álamos de Medina del Campo,[16] que casó con doña
5   Mencía de Quiñones, que fue hija de don Alonso de Marañón, caballero del hábito de Santiago, que se ahogó en la Herradura,[17] por quien hubo aquella pendencia años ha en nuestro lugar, que a lo que entiendo, mi señor don Quijote se halló en ella, de donde salió herido Tomasillo el Travieso,° el   mischievous
hijo de Balbastro el herrero. ¿No es verdad todo esto, señor nuestro amo?
10   Dígalo por su vida, porque estos señores no me tengan por algún hablador mentiroso."

"Hasta ahora," dijo el eclesiástico, "más os tengo por hablador que por mentiroso. Pero de aquí adelante no sé por lo que os tendré."

"Tú das tantos testigos, Sancho, y tantas señas, que no puedo dejar de
15   decir que debes de decir verdad. Pasa adelante y acorta el cuento, porque llevas camino de no acabar en dos días."

"No ha de acortar tal," dijo la duquesa, "por hacerme a mí placer. Antes le ha de contar de la manera que le sabe, aunque no le acabe en seis días. Que si tantos fuesen, serían para mí los mejores que hubiese llevado
20   en mi vida."

"Digo, pues, señores míos," prosiguió Sancho, "que este tal hidalgo, que yo conozco como a mis manos, porque no hay de mi casa a la suya un tiro de ballesta, convidó un labrador pobre, pero honrado."

"Adelante, hermano," dijo a esta sazón el religioso, "que camino lleváis
25   de no parar con vuestro cuento hasta el otro mundo."

"A menos de la mitad pararé,[18] si Dios fuere servido," respondió Sancho, "y así, digo, que llegando el tal labrador a casa del dicho hidalgo convidador,° que buen poso haya su ánima, que ya es muerto, y por más   inviting
señas dicen que hizo una muerte de un ángel, que yo no me hallé presente,
30   que había ido por aquel tiempo a segar a Tembleque…"[19]

"Por vida vuestra, hijo, que volváis presto de Tembleque, y que sin enterrar al hidalgo, si no queréis hacer más exequias,[20] acabéis vuestro cuento."

"Es, pues, el caso," replicó Sancho, "que estando los dos para
35   asentarse° a la mesa, que parece que ahora los veo más que nunca…"   to sit down

Gran gusto recebían los duques del disgusto que mostraba tomar el buen religioso de la dilación° y pausas con que Sancho contaba su cuento,   delay
y don Quijote se estaba consumiendo en cólera y en rabia.

---

[15] **Aunque…** *even if I don't deserve it*

[16] Medina del Campo (current population ca. 20,000) is about 300 kms. northwest of Madrid and was an important commercial and economic center in Cervantes' time.

[17] This refers to the loss of twenty-two gallies which took the lives of four thousand men due to a storm near Herradura (a port on the southern coast of Spain, 40 kms. east of Vélez Málaga) in 1562.

[18] **A menos…** *I'll stop less than half way there*

[19] Tembleque (population 2000) is a farming and cattle raising community about 90 kms. south of Madrid.

[20] **Si no…** *if you don't want to bore us to death.* **Exequias** are funeral rites. The priest is speaking.

"Digo, así," dijo Sancho, "que estando como he dicho los dos para sentarse a la mesa, el labrador porfiaba con el hidalgo que tomase la cabecera de la mesa, y el hidalgo porfiaba también que el labrador la tomase, porque en su casa se había de hacer lo que él mandase. Pero el labrador, que presumía de cortés y bien criado, jamás quiso, hasta que el hidalgo, mohíno, poniéndole ambas manos sobre los hombros, le hizo sentar por fuerza, diciéndole, 'Sentaos, majagranzas,° que adondequiera que yo me siente será vuestra cabecera.' Y éste es el cuento, y en verdad que creo que no ha sido aquí traído fuera de propósito."

    you stupid bore

Púsose don Quijote de mil colores, que sobre lo moreno le jaspeaban y se le parecían.[21] Los señores disimularon la risa, porque don Quijote no acabase de correrse, habiendo entendido la malicia° de Sancho, y por 'mudar de plática° y hacer que Sancho no prosiguiese con otros disparates, preguntó la duquesa a don Quijote que qué nuevas tenía de la señora Dulcinea, y que si le había enviado aquellos días algunos presentes de gigantes o malandrines, pues no podía dejar de haber vencido muchos.

    mischievousness
    to change the subject

A lo que don Quijote respondió: "Señora mía, mis desgracias, aunque tuvieron principio, nunca tendrán fin. Gigantes he vencido, y follones y malandrines le he enviado. Pero ¿adónde la habían de hallar, si está encantada y vuelta en la más fea labradora que imaginar se puede?"

"No sé," dijo Sancho Panza, "a mí me parece la más hermosa criatura del mundo. A lo menos, en la ligereza y en el brincar bien sé yo que no dará ella la ventaja a un volteador. A buena fe, señora duquesa, así salta desde el suelo sobre una borrica como si fuera un gato."

"¿Habéisla visto vos encantada, Sancho?" preguntó el duque.

"Y ¡cómo si la he visto!"[22] respondió Sancho. "Pues ¿quién diablos, sino yo, fue el primero que cayó en el achaque del encantorio?° Tan encantada está como mi padre."

    enchantment

El eclesiástico, que oyó decir de gigantes, de follones y de encantos, cayó en la cuenta de que aquí debía de ser don Quijote de la Mancha, cuya historia leía el duque de ordinario, y él se lo había reprehendido muchas veces, diciéndole que era disparate leer tales disparates, y enterándose ser verdad lo que él sospechaba, con mucha cólera, hablando con el duque, le dijo: "Vuestra excelencia, señor mío, tiene que dar cuenta a nuestro Señor de lo que hace este buen hombre. Este don Quijote, o don Tonto, o como se llama, imagino yo que no debe de ser tan mentecato como vuestra excelencia quiere que sea, dándole ocasiones a la mano para que lleve adelante sus sandeces y vaciedades."

Y volviendo la plática a don Quijote, le dijo: "Y a vos, 'alma de cántaro,° ¿quién os ha encajado en el celebro que sois caballero andante y que vencéis gigantes y prendéis malandrines? Andad en hora buena, y en tal se os diga[23]—volveos a vuestra casa y criad vuestros hijos si los tenéis, y curad de vuestra hacienda, y dejad de andar vagando por el mundo, 'papando viento° y dando que reír a cuantos os conocen y no conocen. ¿En dónde, '¡nora tal!° habéis vos hallado que hubo ni hay ahora caballeros

    crazy person

    wasting time
    enhoramala

---

[21] **Sobre lo...** *on his browned skin one could see a marbled effect*
[22] **¡Cómo...** *what do you mean have I seen her?*
[23] **En tal...** *let me tell you*

andantes? ¿Dónde hay gigantes en España o malandrines en la Mancha, ni Dulcineas encantadas, ni toda la caterva de las simplicidades que de vos se cuentan?"

5   Atento estuvo don Quijote a las razones de aquel venerable varón, y viendo que ya callaba, sin guardar respeto a los duques, con semblante airado y alborotado rostro, se puso en pie y dijo... Pero esta respuesta capítulo por sí merece.

Capítulo XXXII. De la respuesta que dio don Quijote a su reprehensor, con otros graves y graciosos sucesos.

LEVANTADO, pues, en pie don Quijote, temblando de los pies a la cabeza como azogado,[1] con presurosa y turbada lengua dijo: "El lugar donde estoy y la presencia ante quien me hallo, y el respeto que siempre tuve y tengo al estado que vuesa merced profesa, tienen y atan las manos de mi justo enojo. Y así por lo que he dicho como por saber que saben todos[2] que las armas de los togados[3] son las mesmas que las de la mujer, que son la lengua, entraré con la mía° en igual batalla con vuesa merced, de quien se debía esperar antes buenos consejos que infames vituperios. Las reprehensiones santas y bien intencionadas otras circunstancias requieren y otros puntos piden. A lo menos, el haberme reprehendido en público, y tan ásperamente,° ha pasado todos los límites de la buena reprehensión, pues las primeras° mejor asientan sobre la blandura que sobre la aspereza, y no es bien, que sin tener conocimiento del pecado que se reprehende, llamar al pecador sin más ni más MENTECATO y TONTO.

"Si no, dígame vuesa merced, ¿por cuál de las mentecaterías° que en mí ha visto me condena y vitupera, y me manda que me vaya a mi casa a tener cuenta en el gobierno della y de mi mujer y de mis hijos, sin saber si la tengo o los tengo? ¿No hay más sino a troche moche entrarse por las casas ajenas a gobernar° sus dueños, y habiéndose criado algunos en la estrecheza de algún pupilaje,[4] sin haber visto más mundo que el que puede contenerse en veinte o treinta leguas de distrito, meterse 'de rondón° a dar leyes a la caballería y a juzgar de los caballeros andantes? ¿Por ventura es asumpto vano, o es tiempo mal gastado el que se gasta en vagar por el mundo, no buscando los regalos dél, sino las asperezas por donde los buenos suben al asiento de la inmortalidad?

"Si me tuvieran por tonto los caballeros, los magníficos, los generosos, los altamente nacidos, tuviéralo por afrenta irreparable.° Pero de que me tengan por sandio los estudiantes, que nunca entraron ni pisaron las sendas de la caballería, no se me da un ardite. Caballero soy y caballero he de morir si place al Altísimo.°

"Unos van por el ancho campo de la ambición soberbia, otros por el de la adulación servil° y baja, otros por el de la hipocresía engañosa y algunos por el de la verdadera religión. Pero yo, inclinado de mi estrella, voy por la angosta senda de la caballería andante, por cuyo ejercicio desprecio la hacienda, pero no la honra. Yo he satisfecho agravios, enderezado tuertos, castigado insolencias, vencido gigantes y atropellado vestiglos. Yo soy enamorado, no más de porque es forzoso que los caballeros andantes lo sean, y siéndolo, no soy de los enamorados viciosos,° sino de los platónicos continentes. Mis intenciones siempre las enderezo a buenos fines, que son de hacer bien a todos y mal a ninguno. Si el que esto entiende, si el que esto obra, si el que desto trata merece ser llamado bobo,

Marginal glosses: i.e., **mi lengua** · harshly · **primeras** *reprehensiones* · nonsense · **gobernar** *a* · rashly · irreparable · God · groveling · depraved

---

[1] **Temblando...** *shaking... like a leaf* (not literal)

[2] **Como por...** *and as everyone knows*

[3] **Togados** are people who wear gowns, such as academics and priests.

[4] **Habiéndose...** *yourself having been raised in the austerity of a university boarding house*

díganlo vuestras grandezas, duque y duquesa excelentes."

"Bien, por Dios," dijo Sancho, "no diga más vuestra merced, señor y amo mío, en su abono,° porque no hay más que decir, ni más que pensar, behalf ni más que perseverar en el mundo. Y más, que negando este señor, como
5   ha negado, que no ha habido en el mundo ni los hay, caballeros andantes, ¿qué mucho que no sepa ninguna de las cosas que ha dicho?"[5]

"Por ventura," dijo el eclesiástico, "¿sois vos, hermano, aquel Sancho Panza que dicen, a quien vuestro amo tiene prometida una ínsula?"

"Si soy," respondió Sancho, "y soy quien la merece tan bien como otro
10 cualquiera; soy quien «júntate a los buenos y serás uno dellos», y soy yo de aquellos «no con quien naces sino con quien paces», y de los «quien a buen árbol 'se arrima° buena sombra le cobija»° Yo me he arrimado a buen leans, covers señor, y ha muchos meses que ando en su compañía y he de ser otro como él, Dios queriendo. Y viva él y viva yo, que ni a él le faltarán imperios que
15 mandar, ni a mí ínsulas que gobernar."

"No, por cierto, Sancho amigo," dijo a esta sazón el duque, "que yo, en nombre del señor don Quijote, os mando el gobierno de una que tengo 'de nones,° de no pequeña calidad." extra

"Híncate de rodillas, Sancho," dijo don Quijote, "y besa los pies a su
20 excelencia, por la merced que te ha hecho."

Hízolo así Sancho. Lo cual visto por el eclesiástico, se levantó de la mesa mohino° a demás, diciendo: "Por el hábito que tengo, que estoy por angry decir que es tan sandio vuestra excelencia como estos pecadores. Mirad si no han de ser ellos locos, pues los cuerdos canonizan sus locuras. Quédese
25 vuestra excelencia con ellos, que en tanto que estuvieren en casa, me estaré yo en la mía, y me escusaré de reprehender lo que no puedo remediar."

Y sin decir más, ni comer más, se fue, sin que 'fuesen parte° a being able detenerle los ruegos de los duques, aunque el duque no le dijo mucho, impedido de la risa que su impertinente cólera le había causado. Acabó de
30 reír, y dijo a don Quijote: "Vuesa merced, señor Caballero de los Leones, ha respondido por sí tan altamente, que no le queda cosa por satisfacer déste, que aunque parece agravio, no lo es en ninguna manera, porque así como no agravian las mujeres, no agravian los eclesiásticos, como vuesa merced mejor sabe."

35 "Así es," respondió don Quijote, "y la causa es que el que no puede ser agraviado, no puede agraviar a nadie. Las mujeres, los niños y los eclesiásticos, como no pueden defenderse, aunque sean ofendidos, no pueden ser afrentados, porque entre el agravio y la afrenta hay esta diferencia, como mejor vuestra excelencia sabe. La afrenta viene de parte
40 de quien la puede hacer y la hace y la sustenta.[6] El agravio puede venir de cualquier parte sin que afrente. Sea ejemplo—está uno en la calle descuidado, llegan diez con mano armada, y dándole de palos, pone mano a la espada y hace su deber. Pero la muchedumbre de los contrarios se le opone y no le deja salir con su intención, que es de vengarse. Éste tal queda
45 agraviado, pero no afrentado, y lo mesmo confirmará otro ejemplo. Está uno 'vuelto de espaldas,° llega otro y dale de palos, y en dándoselos huye with his back turned

---

[5] **¿Qué mucho...** *I'll bet he doesn't know any of the things he's talking about*
[6] **Viene de...** *comes from someone who can give it, gives it, and maintains it*

y no espera, y el otro le sigue y no alcanza. Este que recibió los palos, recibió agravio, mas no afrenta, porque la afrenta ha de ser sustentada. Si el que le dio los palos, aunque se los dio 'a hurta cordel,° pusiera mano a su espada y se estuviera quedo 'haciendo rostro° a su enemigo, quedara el 5 apaleado agraviado y afrentado juntamente—agraviado, porque le dieron 'a traición;° afrentado, porque el que le dio sustentó lo que había hecho, sin volver las espaldas y 'a pie quedo.° Y así, según las leyes del maldito duelo, yo puedo estar agraviado, mas no afrentado, porque los niños 'no sienten,° ni las mujeres, ni pueden huir, ni tienen para qué esperar,[7] y lo 10 mesmo los constituidos° en la sacra religión, porque estos tres géneros de gente carecen de armas ofensivas y defensivas, y así, aunque naturalmente estén obligados a defenderse, no lo están para ofender a nadie, y aunque poco ha dije que yo podía estar agraviado, agora digo que no, en ninguna manera, porque quien no puede recebir afrenta, menos la puede dar. Por las 15 cuales razones yo no debo sentir, ni siento, las° que aquel buen hombre me ha dicho. Sólo quisiera que esperara algún poco para darle a entender en el error en que está en pensar y decir que no ha habido, ni los hay, caballeros andantes en el mundo. Que si lo tal oyera Amadís, o uno de los infinitos de su linaje, yo sé que no le fuera bien a su merced."
20 "Eso juro yo bien," dijo Sancho, "cuchillada le hubieran dado, que le abrieran de arriba abajo como una granada o como a un melón° muy maduro. ¡Bonitos eran ellos para sufrir semejantes cosquillas!° Para mi santiguada que tengo por cierto que si Reinaldos de Montalbán hubiera oído estas razones al hombrecito, tapaboca le hubiera dado que no hablara más 25 en tres años. ¡No, sino 'tomárase con° ellos, y viera cómo escapaba de sus manos!"
Perecía de risa la duquesa en oyendo hablar a Sancho, y en su opinión le tenía por más gracioso y por más loco que a su amo, y muchos hubo en aquel tiempo que fueron deste mismo parecer. Finalmente, don Quijote se 30 sosegó y la comida se acabó, y en levantando los manteles, llegaron cuatro doncellas, la una, con una fuente° de plata, y la otra, con un aguamanil° asimismo de plata, y la otra, con dos blanquísimas y riquísimas toallas al hombro, y la cuarta, descubiertos los brazos hasta la mitad, y en sus blancas manos, que sin duda eran blancas, una redonda pella° de jabón napolitano.[8] 35 Llegó la de la fuente, y con gentil donaire y desenvoltura encajó la fuente debajo de la barba de don Quijote, el cual, sin hablar palabra, admirado de semejante ceremonia, creyendo que debía ser usanza de aquella tierra en lugar de las manos lavar las barbas. Y así tendió la suya todo cuanto pudo, y al mismo punto comenzó a llover el aguamanil, y la doncella del jabón 40 le manoseó° las barbas con mucha priesa, levantando 'copos de nieve,° que no eran menos blancas las jabonaduras,° no sólo por las barbas, mas por todo el rostro y por° los ojos del obediente caballero, tanto que se los hicieron cerrar por fuerza.[9]

on the sly
facing

treacherously

held his ground

no sienten *la afrenta*
ordained

las *razones*

cantaloupe
nonsense

let him fight

basin, water pitcher

cake

scrubbed, snowflakes
lather
around

---

[7] That is, stand their ground.

[8] Neapolitan soap, says Rodríguez Marín, was really "homemade" soap that the upper classes had made for them. The basis was Valencian soap, to which was added wheat bran, poppy juice, goat milk, deer marrow, bitter almonds, and even sugar.

[9] That is, the "snowflakes" of lather made him close his eyes.

El duque y la duquesa, que de nada desto eran sabidores, estaban esperando en qué había de parar tan extraordinario lavatorio.° La doncella barbera,° cuando le tuvo con un palmo de jabonadura, fingió que se le había acabado el agua, y mandó a la del aguamanil fuese por ella, que el señor don 5 Quijote esperaría. Hízolo así, y quedó don Quijote con la más estraña figura y más para hacer reír que se pudiera imaginar. Mirábanle todos los que presentes estaban, que eran muchos, y como le veían con media vara de cuello, más que medianamente moreno, los ojos cerrados y las barbas llenas de jabón, fue gran maravilla y mucha discreción poder disimular la risa. Las 10 doncellas de la burla tenían los ojos bajos, sin osar mirar a sus señores. A ellos les retozaba la cólera y la risa en el cuerpo,[10] y no sabían a qué acudir—o a castigar el atrevimiento de las muchachas, o darles premio por el gusto que recibían de ver a don Quijote de aquella suerte.

Finalmente, la doncella del aguamanil vino y acabaron de lavar a don 15 Quijote, y luego la que traía las toallas le limpió y le enjugó muy reposadamente,° y haciéndole todas cuatro 'a la par° una grande y profunda inclinación° y reverencia, se querían ir, pero el duque, porque don Quijote no cayese en la burla, llamó a la doncella de la fuente, diciéndole: "Venid y lavadme a mí, y mirad que no se os acabe el agua."

20 La muchacha, aguda y diligente,° llegó y puso la fuente al duque como a don Quijote, y dándose prisa, le lavaron y jabonaron muy bien, y dejándole enjuto y limpio, haciendo reverencias se fueron. Después se supo que había jurado el duque que si a él no le lavaran como a don Quijote había de castigar su desenvoltura, lo cual habían enmendado discretamente 25 con haberle a él jabonado.

Estaba atento Sancho a las ceremonias de aquel lavatorio, y dijo entre sí: "¡Válame Dios! ¿Si será también usanza en esta tierra lavar las barbas a los escuderos como a los caballeros? Porque en Dios y en mi ánima que lo he bien menester, y aunque si me las rapasen a navaja, lo tendría a más 30 beneficio."

"¿Qué decís entre vos, Sancho?" preguntó la duquesa.

"Digo, señora," respondió él, "que en las cortes de los otros príncipes siempre he oído decir que en levantando los manteles dan agua a las manos, pero no lejía° a las barbas. Y que por eso es bueno vivir mucho por ver 35 mucho, aunque también dicen que el que larga vida vive mucho mal ha de pasar,[11] puesto que pasar por un lavatorio de estos antes es gusto que trabajo."

"No tengáis pena, amigo Sancho," dijo la duquesa, "que yo haré que mis doncellas os laven, y aun 'os metan en colada,° si fuere menester."

40 "Con las barbas me contento," respondió Sancho, "por ahora, a lo menos, que andando el tiempo, Dios dijo lo que será."

"Mirad,° maestresala," dijo la duquesa, "lo que el buen Sancho pide, y cumplidle su voluntad al pie de la letra."

---

[10] Covarrubias says that **retozar la risa en el cuerpo** means "to want to laugh but to repress it," so the duke and duchess alternated wanting to laugh and getting mad.

[11] Editors point out that this derives from some verses recorded in the *Cancionero de Amberes* about the Marqués de Mantua: "que quien larga vida vive / mucho mal ha de pasare."

washing

in charge of the beard

calmly, in unison

bow of head

assiduous

soap

put you in the wash

see to

El maestresala respondió que en todo sería servido el señor Sancho, y con esto se fue a comer y llevó consigo a Sancho,[12] quedándose a la mesa los duques y don Quijote, hablando en muchas y diversas cosas, pero todas tocantes al ejercicio de las armas y de la andante caballería. La duquesa
5 rogó a don Quijote que le delinease y describiese, pues parecía tener felice memoria, la hermosura y facciones° de la señora Dulcinea del Toboso, que,   features según lo que la fama pregonaba de su belleza, tenía por entendido que debía de ser la más bella criatura del orbe, y aun de toda la Mancha.

Sospiró don Quijote oyendo lo que la duquesa le mandaba, y dijo: "Si
10 yo pudiera sacar mi corazón y ponerle ante los ojos de vuestra grandeza, aquí sobre esta mesa y en un plato, quitara el trabajo a mi lengua de decir lo que apenas se puede pensar, porque vuestra excelencia la viera en él toda retratada.° Pero ¿para qué es ponerme yo[13] ahora a delinear y describir   drawn punto por punto y parte por parte la hermosura de la sin par Dulcinea,
15 siendo carga digna de otros hombros que de los míos, empresa en quien se debían ocupar los pinceles° de Parrasio, de Timantes y de Apeles, y los   brushes buriles° de Lisipo,[14] para pintarla y grabarla en tablas, en mármoles y en   chisels bronces, y la retórica° ciceroniana° y demostina° para alabarla?"   rhetoric, Ciceronian, Demosthenian

"¿Qué quiere decir *demostina*, señor don Quijote?" preguntó la
20 duquesa, "que es vocablo que no le he oído en todos los días de mi vida."

"*Retórica demostina*," respondió don Quijote, "es lo mismo que decir *retórica de Demóstenes*,[15] como *ciceroniana* de Cicerón, que fueron los dos mayores retóricos° del mundo."   rhetoricians

"Así es," dijo el duque, "y habéis andado deslumbrada[16] en la tal
25 pregunta. Pero, con todo eso, nos daría gran gusto el señor don Quijote si nos la pintase. Que a buen seguro que aunque sea en rasguño° y bosquejo,   sketch que ella salga tal, que la tengan invidia las más hermosas."

"Sí, hiciera, por cierto," respondió don Quijote, "si no me la hubiera borrado de la idea° la desgracia que poco ha que le sucedió, que es tal, que   mind
30 más estoy para llorarla que para describirla, porque habrán de saber vuestras grandezas, que yendo los días pasados a besarle las manos y a recebir su bendición, beneplácito y licencia para esta tercera salida, hallé otra de la que buscaba. Halléla encantada y convertida de princesa en labradora, de hermosa en fea, de ángel en diablo, de olorosa en pestífera,° de bien   noxious

[12] Both of them being basically servants, it is logical that they would withdraw to the kitchen table to eat, then tend to Sancho's beard.

[13] **¿Para qué...** *why should I undertake...?*

[14] These are three ancient Greek painters and a sculptor. Parrhasius worked in the 5th century B.C. in Athens. None of his works or copies of them survive. Timanthes was a painter of human passions, born around 400 B.C. Apelles (fl. 4th century B.C.) was a painter whose work was held in such high esteem that he continues to be regarded, even though none of his works have survived, as the greatest painter of antiquity. Lysippus (fl. 4th century B.C.) was a Greek sculptor famous for slender proportions of his figures and for their lifelike look. Alexander the Great would not let any other sculptor portray him.

[15] Demosthenes (384-322B.C.) was the greatest of ancient Greek orators, who roused Athens to oppose Philip of Macedon and, later, his son Alexander the Great. His speeches provide valuable information about the political, social, and economic life of Athens in the fourth century B.C.

[16] **Habéis...** *have shown your lack of knowledge*

hablada en rústica, de reposada en brincadora,° de luz en tinieblas, y   leaper
finalmente, de Dulcinea del Toboso en una villana de Sayago."[17]
"¡Válame Dios!" dando una gran voz dijo a este instante el duque.
"¿Quién ha sido el que tanto mal ha hecho al mundo? ¿Quién ha quitado dél
5   la belleza que le alegraba, el donaire que le entretenía y la honestidad que
le acreditaba?"
"¿Quién?" respondió don Quijote. "¿Quién puede ser sino algún
maligno encantador de los muchos invidiosos que me persiguen? Esta raza
maldita, nacida en el mundo para escurecer y aniquilar las hazañas de los
10   buenos y para dar luz y levantar los fechos de los malos. Perseguido me han
encantadores, encantadores me persiguen y encantadores me persiguirán
hasta dar conmigo y con mis altas caballerías en el profundo abismo del
olvido. Y en aquella parte me dañan y hieren donde veen que más lo siento,
porque quitarle a un caballero andante su dama es quitarle los ojos con que
15   mira, y el sol con que se alumbra, y el sustento con que se mantiene. Otras
muchas veces lo he dicho, y ahora lo vuelvo a decir, que el caballero
andante sin dama es como el árbol sin hojas, el edificio sin cimiento, y la
sombra sin cuerpo de quien se cause."[18]
"No hay más que decir," dijo la duquesa, "pero si con todo eso hemos
20   de dar crédito a la historia que del señor don Quijote de pocos días a esta
parte ha salido a la luz del mundo,[19] con general aplauso de las gentes, della
se colige, si mal no me acuerdo, que nunca vuesa merced ha visto a la
señora Dulcinea, y que esta tal señora no es° en el mundo, sino que es dama   exists
fantástica, que vuesa merced la engendró y parió en su entendimiento, y la
25   pintó con todas aquellas gracias y perfeciones que quiso."
"En eso hay mucho que decir," respondió don Quijote. "Dios sabe si
hay Dulcinea o no en el mundo, o si es fantástica o no es fantástica. Y éstas
no son de las cosas cuya averiguación se ha de llevar hasta el cabo.[20] Ni yo
engendré ni parí a mi señora, puesto que la contemplo como conviene que
30   sea una dama que contenga en sí las partes que puedan hacerla famosa en
todas las° del mundo, como son: hermosa sin tacha, grave sin soberbia,   las *partes*
amorosa con honestidad, agradecida por cortés, cortés por bien criada y
finalmente, alta por linaje, a causa que sobre la buena sangre resplandece
y campea la hermosura con más grados de perfeción que en las hermosas
35   humildemente° nacidas."   humbly
"Así es," dijo el duque, "pero hame de dar licencia el señor don Quijote
para que diga lo que me fuerza a decir la historia que de sus hazañas he
leído, de donde se infiere que, puesto que se conceda que hay Dulcinea en
el Toboso o fuera dél, y que sea hermosa en el sumo grado que vuesa
40   merced nos la pintó, en lo de la alteza del linaje no 'corre parejas°   compare

[17] Don Quijote doesn't mean that she is literally **una villana de Sayago**, but rather
reminds him of one. Sayago is a district in the province of Zamora, bordering on Portugal,
about 350 kms. from el Toboso. Its inhabitants and their language epitomized what "rustic"
meant in the Golden Age (mentioned in Part II, Chapter 19, p. 553, n. 17).
[18] **Sin cuerpo...** *without the body that casts it*
[19] **De pocos...** *which came out a few days ago*
[20] **Se ha de...** *should be carried out*

con las Orianas, con las Alastrajareas, con las Madásimas.[21] Ni con otras deste jaez, de quien están llenas las historias que vuesa merced bien sabe."

"A eso puedo decir," respondió don Quijote, "que Dulcinea es hija de sus obras y que las virtudes adoban la sangre, y que en más se ha de

5   estimar y tener un humilde virtuoso, que un vicioso levantado.° Cuanto más   noble person

que Dulcinea tiene un jirón° que la puede llevar a ser reina de corona y   quality

ceptro. Que el merecimiento de una mujer hermosa y virtuosa a hacer mayores milagros se estiende, y aunque no formalmente, virtualmente tiene en sí encerradas mayores venturas."

10 "Digo, señor don Quijote," dijo la duquesa, "que en todo cuanto vuestra merced dice va con pie de plomo[22] y como suele decirse, 'con la

sonda en la mano,° y que yo, desde aquí adelante, creeré y haré creer a   prudent

todos los de mi casa, y aun al duque mi señor si fuere menester, que hay

Dulcinea en el Toboso y que vive hoy día, y es hermosa, y principalmente°   high

15 nacida y merecedora que un tal caballero como es el señor don Quijote la sirva, que es lo más que puedo ni sé encarecer. Pero no puedo dejar de formar un escrúpulo y tener algún no sé qué de ojeriza contra Sancho Panza. El escrúpulo es que dice la historia referida que el tal Sancho Panza halló a la tal señora Dulcinea, cuando de parte de vuestra merced le llevó

20 una epístola, ahechando un costal de trigo, y por más señas, dice que era rubión, cosa que me hace dudar en la alteza de su linaje."

A lo que respondió don Quijote: "Señora mía, sabrá la vuestra grandeza que todas o las más cosas que a mí me suceden van fuera de los términos ordinarios de las que a los otros caballeros andantes acontecen, o

25 ya sean encaminadas por el querer inescrutable de los hados, o ya vengan encaminadas por la malicia de algún encantador invidioso, y como es cosa ya averiguada que todos o los más caballeros andantes y famosos, uno tenga gracia de no poder ser encantado, otro, de ser de tan impenetrables carnes que no pueda ser herido, como lo fue el famoso Roldán, uno de los

30 Doce Pares de Francia, de quien se cuenta que no podía ser ferido sino por la planta[23] del pie izquierdo, y que esto había de ser con la punta de un alfiler gordo y no con otra suerte de arma alguna. Y así, cuando Bernardo

del Carpio le mató en Roncesvalles, viendo que no le podía llagar° con   injure

fierro,° le levantó del suelo entre los brazos y le ahogó, acordándose   weapon

35 entonces de la muerte que dio Hércules a Anteón,[24] aquel feroz gigante que decían ser hijo de la tierra.

"Quiero inferir de lo dicho, que podría ser que yo tuviese alguna gracia déstas—no del no poder ser ferido, porque muchas veces la experiencia me ha mostrado que soy de carnes blandas y no nada impenetrables, ni la de

40 no poder ser encantado, que ya me he visto metido en una jaula, donde todo

---

[21] Alastrajarea was the wife of Príncipe Folanges de Altrea in *Florisel de Niquea*; Oriana was Amadís' lady; and Reina Madásima is another character in *Amadís de Gaula* already referred to in Part I, Chapter 24, p. 183, l. 33.

[22] **Va con...** *is very circumspect*

[23] In Part I, Chapter 26, p. 199, l. 14, Don Quijote said that the pin had to go into the **punta** of his foot—now he has it right.

[24] See Part I, Chapter 1, p. 24, n. 39. Antæus is called with the variant **Anteo** there. Also Hercules there is identified with his Greek name, Heracles.

el mundo no fuera poderoso a encerrarme, si no fuera a fuerzas de
encantamentos. Pero pues de aquél me libré, quiero creer que no ha de
haber otro alguno que me empezca,° y así viendo estos encantadores que   hinder
con mi persona no pueden usar de sus malas mañas, vénganse en las cosas
5 que más quiero,25 y quieren quitarme la vida maltratando la de Dulcinea,
por quien yo vivo. Y así creo que cuando mi escudero le llevó mi
embajada, se la convirtieron en villana y ocupada en tan bajo ejercicio
como es el de ahechar trigo. Pero ya tengo yo dicho que aquel trigo ni era
rubión ni trigo, sino granos de perlas orientales. Y para prueba desta verdad
10 quiero decir a vuestras magnitudes, como viniendo poco ha por el Toboso,
jamás pude hallar los palacios de Dulcinea. Y que otro día, habiéndola visto
Sancho, mi escudero, en su mesma figura, que es la más bella del orbe, a
mí me pareció una labradora tosca° y fea y no nada 'bien razonada,° siendo   ill-bred, well-spoken
la discreción del mundo. Y pues yo no estoy encantado ni lo puedo estar,
15 según buen discurso, ella es la encantada, la ofendida y la mudada, trocada
y trastrocada,° y en ella se han vengado de mí mis enemigos, y por ella   out of order
viviré yo en perpetuas lágrimas hasta verla en su prístino° estado.   original

"Todo esto he dicho para que nadie repare en lo que Sancho dijo del
cernido° ni del ahecho° de Dulcinea. Que pues a mí me la mudaron, no es   sifting, winnowing
20 maravilla que a él° se la cambiasen. Dulcinea es principal y bien nacida, y   i.e., Sancho
de los hidalgos linajes que hay en el Toboso,26 que son muchos, antiguos
y muy buenos, a buen seguro que no le cabe poca parte27 a la sin par
Dulcinea, por quien su lugar será famoso y nombrado en los venideros
siglos, como lo ha sido Troya por Elena, y España por la Cava,28 aunque
25 con mejor título y fama. Por otra parte, quiero que entiendan vuestras
señorías que Sancho Panza es uno de los más graciosos escuderos que
jamás sirvió a caballero andante. Tiene a veces unas simplicidades tan
agudas, que el pensar si es simple o agudo causa no pequeño contento.
Tiene malicias que le condenan por bellaco, y descuidos que le confirman
30 por bobo. Duda de todo y créelo todo.

"Cuando pienso que se va a despeñar de tonto, sale con unas
discreciones que le levantan al cielo. Finalmente, yo no le trocaría con otro
escudero, aunque me diesen de añadidura una ciudad. Y así estoy en duda
si será bien enviarle al gobierno de quien vuestra grandeza le ha hecho
35 merced, aunque veo en él una cierta aptitud para esto de gobernar, que
atusándole° tantico el entendimiento, se saldría con cualquier gobierno como   smoothing out
el rey con sus alcabalas. Y más que ya por muchas experiencias sabemos
que no es menester ni mucha habilidad ni muchas letras para ser uno
gobernador,29 pues hay por ahí ciento que apenas saben leer y gobiernan
40 'como unos girifaltes.°   very well

"El toque está en que tengan buena intención y deseen acertar en todo,

---

25 **Vénganse...** *they are taking vengeance on what I love the most*
26 In those times, el Toboso was mostly populated by people of Moorish origin, thus
there was little room for noble families, although Clemencín did find *one.*
27 **A buen...** *although certainly none can compare with*
28 This is a most unfortunate comparison since Spain was *lost* because of la Cava. See
Part I, Chapter 41, p. 342, l. 28.
29 **Para ser...** *for one to be a governor*

que nunca les faltará quien les aconseje y encamine en lo que han de hacer,
como los gobernadores caballeros y no letrados, que sentencian° con   pass judgment
asesor.° Aconsejaríale yo que ni tome cohecho,° ni pierda° derecho, y otras   legal adviser, bribe,
cosillas° que me quedan en el estómago, que saldrán a su tiempo para   surrender; little
5 utilidad de Sancho, y provecho de la ínsula que gobernare."   things
A este punto llegaban de su coloquio el duque, la duquesa y don
Quijote, cuando oyeron muchas voces y gran rumor de gente en el palacio,
y a deshora entró Sancho en la sala, todo asustado, con un cernadero° por   thick cloth
babador,° y tras él muchos mozos, o por mejor decir, 'pícaros de cocina° y   bib, kitchen boys
10 otra gente menuda,° y uno venía con un artesoncillo° de agua que, en la   low, basin
color y poco limpieza, mostraba ser 'de fregar.° Seguíale y perseguíale el de   for washing dishes
la artesa,° y procuraba con toda solicitud ponérsela y encajársela debajo de   basin
las barbas, y otro pícaro mostraba querérselas lavar.
"¿Qué es esto, hermanos?" preguntó la duquesa. "¿Qué es esto? ¿Qué
15 queréis a ese buen hombre? ¿Cómo y no consideráis que está electo°   appointed
gobernador?"
A lo que respondió el pícaro barbero: "No quiere este señor dejarse
lavar como es usanza y como se la lavó el duque mi señor y el señor su
amo."
20 "Sí, quiero," respondió Sancho con mucha cólera, "pero querría que
fuese con toallas más limpias, con lejía más clara y con manos no tan
sucias, que no hay tanta diferencia de mí a mi amo, que a él le laven con
'agua de ángeles° y a mi con lejía de diablos. Las usanzas de las tierras y de   perfumed water
los palacios de los príncipes 'tanto son buenas cuanto° no dan pesadumbre.   are only good if
25 Pero la costumbre del lavatorio que aquí se usa peor es que de diciplinantes.
Yo estoy limpio de barbas, y no tengo necesidad de semejantes refrigerios,
y el que se llegare a lavarme ni a tocarme a un pelo de la cabeza, digo, de
mi barba, hablando con el debido acatamiento, le daré tal puñada, que le
deje el puño engastado° en los cascos. Que estas tales cirimonias y   sunken
30 jabonaduras más parecen burlas que gasajos° de huéspedes."   cerimonias, graceful
Perecida de risa estaba la duquesa, viendo la cólera y oyendo las   reception
razones de Sancho. Pero no dio mucho gusto a don Quijote verle tan mal
adeliñado° con la jaspeada° toalla, y tan rodeado de tantos entretenidos° de   adorned, stained,
cocina, y así haciendo una profunda reverencia[30] a los duques, como que les   pranksters
35 pedía licencia para hablar, con voz reposada dijo a la canalla: "¡Hola,
señores caballeros! Vuesas mercedes dejen al mancebo y vuélvanse por
donde vinieron, o por otra parte si se les antojare. Que mi escudero es
limpio tanto como otro, y esas artesillas° son para él estrechos y 'penantes   basins
búcaros.° Tomen mi consejo y déjenle, porque ni él ni yo sabemos de   narrow-mouthed
40 achaque de burlas."   vessels
Cogióle la razón de la boca Sancho, y prosiguió diciendo: "¡No, sino
lléguense a hacer burla del mostrenco, que así lo sufriré como ahora es de
noche! Traigan° aquí un peine, o lo que quisieren, y almohácenme° estas   let them bring, curry
barbas, y si sacaren dellas cosa que ofenda a la limpieza, que me trasquilen   my
45 a cruces."[31]

---

[30] That is, Don Quijote bowed to the duke and duchess.
[31] **Que me...** *let them shear my beard off*

A esta sazón, sin dejar la risa, dijo la duquesa: "Sancho Panza tiene
razón en todo cuanto ha dicho, y la tendrá en todo cuanto dijere. Él es
limpio, y como él dice, no tiene necesidad de lavarse, y si nuestra usanza
no le contenta, su alma en su palma.[32] Cuanto más que vosotros, ministros
de la limpieza, habéis andado demasiadamente de remisos° y descuidados,   remiss
y no sé si diga atrevidos, a traer a tal personaje y a tales barbas en lugar de
fuentes y aguamaniles de oro puro y de alemanas° toallas, artesillas y   foreign-made
dornajos de palo y 'rodillas de aparadores.° Pero, en fin, sois malos y mal   dishrags
nacidos, y no podéis dejar, como malandrines que sois, de mostrar la ojeriza
que tenéis con los escuderos de los andantes caballeros."

Creyeron los 'apicarados ministros,° y aun el maestresala que venía con   mischievous servants
ellos, que la duquesa hablaba de veras, y así quitaron el cernadero del
pecho de Sancho, y todos confusos y casi corridos se fueron y le dejaron,
'el cual,° viéndose fuera de aquel a su parecer sumo peligro, se fue a hincar   i.e., Sancho
de rodillas ante la duquesa, y dijo: "De grandes señoras grandes mercedes
se esperan. Esta que la vuestra merced hoy me ha fecho, no puede pagarse
con menos sino es con desear verme armado caballero andante para
ocuparme todos los días de mi vida en servir a tan alta señora. Labrador
soy, Sancho Panza me llamo, casado soy, hijos tengo y de escudero sirvo.
Si con alguna destas cosas puedo servir a vuestra grandeza, menos tardaré
yo en obedecer que vuestra señoría en mandar."[33]

"Bien parece, Sancho," respondió la duquesa, "que habéis aprendido
a ser cortés en la escuela de la misma cortesía. Bien parece, quiero decir,
que os habéis criado a los pechos del señor don Quijote, que debe de ser
la nata de los comedimientos y la flor de las ceremonias o *cirimonias*, como
vos decís. Bien haya tal señor y tal criado, el uno, por norte de la andante
caballería, y el otro, por estrella de la escuderil fidelidad. Levantaos, Sancho
amigo, que yo satisfaré vuestras cortesías con hacer que el duque, mi señor,
lo más presto que pudiere, os cumpla la merced prometida del gobierno."

Con esto cesó la plática, y don Quijote se fue a reposar la siesta, y la
duquesa pidió a Sancho que, si no tenía mucha gana de dormir, viniese a
pasar la tarde con ella y con sus doncellas en una muy fresca sala. Sancho
respondió, que aunque era verdad que tenía por costumbre dormir cuatro o
cinco horas las siestas del verano,[34] que por servir a su bondad, él
procuraría con todas sus fuerzas no dormir aquel día ninguna,° y vendría   ninguna *hora*
obediente a su mandado, y fuese. El duque dio nuevas órdenes cómo se
tratase a don Quijote como a caballero andante, sin salir un punto del estilo,
como cuentan que se trataban los antiguos caballeros.

---

[32] **Su alma...** *let him do as he wants*
[33] **Menos...** *I will obey quicker than you can command*
[34] Vicente de los Ríos has been counting days as well as he can and says this *should
be* the 23rd of October by now, and not summer anymore. But it's *always* July and August
in this book, no matter how many days go by.

Capítulo XXXIII. De la sabrosa plática que la duquesa y sus doncellas pasaron con Sancho Panza, digna de que se lea y de que se note.

CUENTA, pues, la historia, que Sancho no durmió aquella siesta, sino que
por cumplir su palabra, vino 'en comiendo° a ver a la duquesa, la cual,   *after eating*
con el gusto que tenía de oírle, le hizo sentar junto a sí en una silla baja,
aunque Sancho, de puro bien criado, no quería sentarse. Pero la duquesa le
dijo que se sentase como gobernador y hablase como escudero, puesto que
por entrambas cosas merecía el mismo escaño del Cid Ruy Díaz
Campeador.[1]

Encogió Sancho los hombros, obedeció y sentóse, y todas las doncellas
y dueñas de la duquesa la rodearon atentas, con grandísimo silencio, a
escuchar lo que diría.

Pero la duquesa fue la que habló primero, diciendo: "Ahora que
estamos solos, y que aquí no nos oye nadie, querría yo que el señor
gobernador me asolviese ciertas dudas que tengo, nacidas de la historia que
del gran don Quijote anda ya impresa, una de las cuales dudas es que pues
el buen Sancho nunca vio a Dulcinea, digo, a la señora Dulcinea del
Toboso, ni le llevó la carta del señor don Quijote, porque se quedó en el
libro de memoria en Sierra Morena, ¿cómo se atrevió a fingir la respuesta
y aquello de que la halló ahechando trigo, siendo todo burla y mentira, y
tan en daño de la buena opinión de la sin par Dulcinea, y todas que no
vienen bien con la calidad y fidelidad de los buenos escuderos?"[2]

A estas razones, sin responder con alguna, se levantó Sancho de la
silla, y con pasos quedos, el cuerpo agobiado y el dedo puesto sobre los
labios, anduvo por toda la sala levantando los doseles,° y luego, esto hecho,   *curtains*
se volvió a sentar y dijo: "Ahora, señora mía, que he visto que no nos
escucha nadie 'de solapa,° fuera de los circunstantes, sin temor ni   *on the sly*
sobresalto, responderé a lo que se me ha preguntado y a todo aquello que
se me preguntare. Y lo primero que digo es que yo tengo a mi señor don
Quijote por loco rematado,° puesto que algunas veces dice cosas que, a mi   *complete*
parecer y aun de todos aquellos que le escuchan, son tan discretas y por tan
buen carril° encaminadas, que el mesmo Satanás no las podría decir   *road*
mejores. Pero, con todo esto, verdaderamente y sin escrúpulo, a mí se me
ha asentado que es un mentecato.

"Pues como yo tengo esto en el magín, me atrevo a hacerle creer lo
que no lleva pies ni cabeza, como fue aquello de la respuesta de la carta,
y lo de habrá seis o ocho días,[3] que aún no está en historia, conviene a
saber: lo del encanto de mi señora doña Dulcinea, que le he dado a entender
que está encantada, no siendo más verdad que por los cerros de Úbeda."[4]

Rogóle la duquesa que le contase aquel encantamento o burla, y
Sancho se lo contó todo del mesmo modo que había pasado, de que no

---

[1] The Cid won this marble bench in Valencia (verse 3115).

[2] **Todas que...** *all these [jokes and lies] don't sit well with the character and loyalty of good squires.*

[3] **Lo de...** *that business of maybe six or eight days ago*

[4] **Ir por los cerros de Úbeda** is a proverbial expression. There are no hills at Úbeda (a Spanish city in the province of Jaén, 150 kms. north of Granada).

poco gusto recibieron los oyentes.

Y prosiguiendo en su plática, dijo la duquesa: "De lo que el buen Sancho me ha contado me anda brincando° un escrúpulo en el alma, y un cierto susurro° llega a mis oídos, que me dice: pues don Quijote de la Mancha es loco, menguado y mentecato, y Sancho Panza su escudero lo conoce, y con todo eso, le sirve y le sigue y va atenido a las vanas promesas suyas, sin duda alguna debe de ser él más loco y tonto que su amo. Y siendo esto así, como lo es, 'mal contado te será,° señora duquesa, si al tal Sancho Panza le das ínsula que gobierne, porque el que no sabe gobernarse a sí, ¿cómo sabrá gobernar a otros?"

"Par Dios, señora," dijo Sancho, "que ese escrúpulo viene con parto derecho.[5] Pero dígale° vuesa merced que hable claro, o como quisiere, que yo conozco que dice verdad. Que si yo fuera discreto, días ha que había de haber dejado a mi amo. Pero ésta fue mi suerte y ésta mi malandanza.° 'No puedo más,° seguirle tengo, somos de un mismo lugar, he comido su pan, quiérole bien, es agradecido, diome sus pollinos, y sobre todo, yo soy fiel, y así es imposible que nos pueda apartar otro suceso que el de la pala y azadón.° Y si vuestra altanería no quisiere que se me dé el prometido gobierno, de menos me hizo Dios, y podría ser que el no dármele redundase en pro de mi conciencia. Que maguera° tonto se me entiende aquel refrán de «por su mal la nacieron alas a la hormiga».[6] Y aun podría ser que se fuese más aína[7] Sancho escudero al cielo que no Sancho gobernador. Tan buen pan hacen aquí como en Francia, y de noche todos los gatos son pardos, y asaz de desdichada es la persona que a las dos de la tarde no se ha desayunado. Y no hay estómago que sea un palmo mayor que otro, el cual se puede llenar, como suele decirse, de paja y de heno[8], y las avecitas° del campo tienen a Dios por su proveedor y despensero.° Y más calientan cuatro varas de paño de Cuenca que otras cuatro de límiste° de Segovia. Y al dejar este mundo y meternos la tierra adentro, por tan estrecha senda va el príncipe como el jornalero, y no ocupa más pies de tierra el cuerpo del papa que el del sacristán, aunque sea más alto el uno que el otro. Que al entrar en el hoyo° todos nos ajustamos y encogemos, o nos hacen ajustar y encoger, mal que nos pese, y 'a buenas noches.° Y torno a decir que si vuestra señoría no me quisiere dar la ínsula por tonto, yo sabré no dárseme nada por discreto.[9] Y yo he oído decir que detrás de la cruz está el diablo, y que no es oro todo lo que reluce, y que de entre los bueyes, arados y coyundas° sacaron al labrador Bamba para ser rey de España, y de entre los brocados, pasatiempos y riquezas sacaron a Rodrigo para ser comido de culebras, si es que las trovas de los romances antiguos no mienten."

"Y ¡cómo que no mienten!" dijo a esta sazón doña Rodríguez, la dueña, que era una de las escuchantes, "que un romance hay que dice, que metieron al rey Rodrigo vivo vivo en una tumba llena de sapos,° culebras

	flitting about
	whisper
	it'll be bad
	a su escrúpulo
	bad fortune
	I can't help it
	pick-axe
	although
	little birds
	provider
	fine cloth
	grave
	into the dark
	yokes
	toads

[5] **Ese escrúpulo...** *that qualm is well founded*
[6] Since birds eat them, as Gaos points out.
[7] **Más aína** means *more easily*, but Ferreras adds that this reflects words from a second variant proverb: **Da Dios alas a la hormiga para morir** *más aína.*
[8] Alluded to already in Part II, Chapter 3, p. 458, l. 1, and n. 32.
[9] **Yo sabré...** *I'm smart enough not to let it bother me*

y lagartos, y que de allí a dos días dijo el rey desde dentro de la tumba, con voz doliente y baja:

> Ya me comen, ya me comen
> por do más pecado había.[10]

"Y según esto, mucha razón tiene este señor en decir que 'quiere más° ser más labrador que rey, si le han de comer sabandijas.°'" prefers
vermin

No pudo la duquesa tener la risa oyendo la simplicidad de su dueña, ni dejó de admirarse en oír las razones y refranes de Sancho, a quien dijo: "Ya sabe el buen Sancho que lo que una vez promete un caballero, procura cumplirlo, aunque le cueste la vida. El duque, mi señor y marido, aunque no es de los andantes, no por eso deja de ser caballero, y así cumplirá la palabra de la prometida ínsula, a pesar de la invidia y de la malicia del mundo. Esté Sancho de buen ánimo, que cuando menos lo piense se verá sentado en la silla de su ínsula, y en la de su estado, y empuñará su gobierno, que con otro de brocado de tres altos lo deseche.[11] Lo que yo le encargo es que mire cómo gobierna sus vasallos, advirtiendo que todos son leales y bien nacidos."

"Eso de gobernarlos bien," respondió Sancho, "no hay para qué encargármelo, porque yo soy caritativo 'de mío° y tengo compasión de los pobres, y a quien cuece y amasa° no le hurtes hogaza. Y para mi santiguada que no me han de echar 'dado falso.° Soy perro viejo y entiendo todo «tus, tus»,[12] y sé despabilarme a sus tiempos,[13] y no consiento que me anden musarañas° ante los ojos, porque sé dónde me aprieta el zapato. Dígolo, porque los buenos tendrán conmigo mano° y concavidad[14] y los malos, ni pie ni entrada. Y paréceme a mí que en esto de los gobiernos todo es comenzar,[15] y podría ser que a quince días de gobernador me comiese las manos tras el oficio[16] y supiese más dél que de la labor del campo en que me he criado." by nature
kneads
loaded dice

cobwebs
help

"Vos tenéis razón, Sancho," dijo la duquesa, "que nadie nace enseñado, y de los hombres se hacen los obispos, que no de las piedras. Pero volviendo a la plática que poco ha tratábamos del encanto de la señora Dulcinea, tengo por cosa cierta y más que averiguada que aquella imaginación que Sancho tuvo de burlar a su señor, y darle a entender que la labradora era Dulcinea, y que si su señor no la conocía debía de ser por

---

[10] Rodrigo was the last of the Gothic kings in what was to be Spain. Because of his sexual escapade with La Cava, "Spain" was lost to the Moors. So the **romance** refers to the eating of his genitals by the creatures. (Historically, Rodrigo died in the Battle of Guadalete [July, 711] fighting the Moors.)

[11] **Con otro…** *you can trade it in for a brocade of three layers.* That is, you can move to a better government from there. The duchess knows more about brocade than Sancho (see his erroneous comment in Part II, Chapter 10, p. 495, n. 19).

[12] The proverb is **A perro viejo no hay «tus, tus»** *There's no use saying "tus, tus' to an old dog.*

[13] **Sé despabilarme…** *I know how to wake up at the right time*

[14] **Concavidad** *concavity* is Sancho's error for **cabida** *favor.*

[15] **Todo…** *a good beginning is everything*

[16] **Me comiese…** *I'll really like the office*

estar encantada, toda fue invención de alguno de los encantadores que al
señor don Quijote persiguen. Porque real y verdaderamente yo sé de buena
parte° que la villana que dio el brinco sobre la pollina era y es Dulcinea del   source
Toboso, y que el buen Sancho, pensando ser el engañador,° es el engañado,   deceiver
y no hay poner más duda en esta verdad que en las cosas que nunca vimos.
Y sepa el señor Sancho Panza, que también tenemos acá encantadores que
nos quieren bien y nos dicen lo que pasa por el mundo, pura y
sencillamente, sin enredos ni máquinas. Y créame Sancho que la villana
brincadora era y es Dulcinea del Toboso, que está encantada como la madre
que la parió. Y cuando menos nos pensemos, la habemos de ver en su
propia figura, y entonces saldrá Sancho del engaño en que vive."
    "Bien puede ser todo eso," dijo Sancho Panza, "y agora quiero creer
lo que mi amo cuenta de lo que vio en la cueva de Montesinos, donde dice
que vio a la señora Dulcinea del Toboso en el mesmo traje y hábito que yo
dije que la había visto cuando la encanté por solo mi gusto. Y todo debió
de ser al revés, como vuesa merced, señora mía, dice, porque de mi ruin
ingenio no se puede ni debe presumir que fabricase en un instante tan
agudo embuste, ni creo yo que mi amo es tan loco que con tan flaca y
magra° persuasión como la mía creyese una cosa tan fuera de todo término.   meager
Pero, señora, no por esto será bien que vuestra bondad me tenga por
malévolo,° pues no está obligado un porro como yo a taladrar° los   mischievous, under-
pensamientos y malicias de los pésimos° encantadores. Yo fingí aquello por   stand; very bad
escaparme de las riñas de mi señor don Quijote, y no con intención de
ofenderle. Y si ha salido al revés, Dios está en el cielo, que juzga los
corazones."
    "Así es la verdad," dijo la duquesa, "pero dígame agora Sancho qué es
esto que dice de la cueva de Montesinos, que gustaría saberlo."
    Entonces Sancho Panza le contó punto por punto lo que queda dicho
acerca de la tal aventura. Oyendo lo cual, la duquesa dijo: "Deste suceso se
puede inferir que pues el gran don Quijote dice que vio allí a la mesma
labradora que Sancho vio a la salida del Toboso, sin duda es Dulcinea, y
que andan por aquí los encantadores muy listos y demasiadamente
curiosos.°"   meddlesome
    "Eso digo yo," dijo Sancho Panza, "que si mi señora Dulcinea del
Toboso está encantada, 'su daño.°' Que yo no me tengo de tomar con los   too bad for her
enemigos de mi amo, que deben de ser muchos y malos. Verdad sea que la
que yo vi fue una labradora, y por labradora la tuve y por tal labradora la
juzgué. Y si aquélla era Dulcinea, no ha de estar a mi cuenta, ni ha de
correr por mí,[17] o sobre ello, morena.° No sino ándense a cada triquete   careful!
conmigo a dime y diréte,[18] Sancho lo dijo, Sancho lo hizo, Sancho tornó y
Sancho volvió, como si Sancho fuese algún quienquiera,° y no fuese el   nobody
mismo Sancho Panza, el que anda ya en libros por ese mundo adelante,
según me dijo Sansón Carrasco, que, por lo menos, es persona bachillerada
por Salamanca. Y los tales° no pueden mentir, si no es cuando se les antoja   i.e., Salamanca
o les viene muy a cuento.[19] Así que no hay para qué nadie se tome   graduates

---

[17] **Ni ha...** *nor should it be at my expense*
[18] **No sino...** *here they come after me saying*
[19] **O les...** *or it suits their purpose*

conmigo, y pues que tengo buena fama y, según oí decir a mi señor, que
más vale el buen nombre que las muchas riquezas,[20] encájenme ese
gobierno y verán maravillas. Que quien ha sido buen escudero será buen
gobernador."

5   "Todo cuanto aquí ha dicho el buen Sancho," dijo la duquesa, "son
sentencias catonianas,[21] o, por lo menos, sacadas de las mesmas entrañas del
mismo Micael Verino, *florentibus occidit annis*.[22] En fin, en fin, hablando
a su° modo, debajo de mala capa suele haber buen bebedor."   i.e., your
"En verdad, señora," respondió Sancho, "que en mi vida he bebido de
10   malicia.[23] Con sed, bien podría ser, porque no tengo nada de hipócrita. Bebo
cuando tengo gana, y cuando no la tengo, y cuando me lo dan, por no
parecer o melindroso o mal criado. Que a un brindis° de un amigo, ¿qué   toast
corazón ha de haber tan de mármol que no haga la razón?[24] Pero, aunque
las calzo, no las ensucio.[25] Cuanto más que los escuderos de los caballeros
15   andantes casi de ordinario beben agua, porque siempre andan por florestas,
selvas y prados, montañas y riscos, sin hallar una misericordia° de vino, si   drop
dan por ella un ojo."
"Yo lo creo así," respondió la duquesa, "y por ahora váyase Sancho a
reposar, que después hablaremos más largo y daremos orden como vaya
20   presto a encajarse, como él[26] dice, aquel gobierno."
De nuevo le besó las manos Sancho a la duquesa, y le suplicó le
hiciese merced de que se tuviese buena cuenta° con su rucio, porque era la   care
lumbre de sus ojos.
"¿Qué rucio es éste?" preguntó la duquesa.
25   "Mi asno," respondió Sancho, "que por no nombrarle con este
nombre,[27] le suelo llamar EL RUCIO, y a esta señora dueña le rogué, cuando
entré en este castillo, tuviese cuenta con él, y azoróse° de manera como si   was distressed
la hubiera dicho que era fea o vieja, debiendo ser más propio y natural de
las dueñas pensar jumentos que autorizar las salas. ¡Oh válame Dios, y cuán
30   mal estaba con estas señoras un hidalgo de mi lugar!"[28]
"Sería algún villano," dijo doña Rodríguez, la dueña, "que si él fuera
hidalgo y bien nacido, él las pusiera sobre el cuerno de la luna."[29]

---

[20] This is vaguely Ecclesiastes 7:1: "A good name is better than precious ointment."
[21] This refers to "Dionysius Cato" [actually a made-up name] (3rd. century A.D.)
whose 164 moral maxims (each one written in a two-line hexameter), called *Disticha
moribus ad filium,* were used as a schoolbook in the Middle Ages.
[22] This quote, by Angelo Poliziano, means "who died in the flower of his youth." The
Florentine Micael Verino, in fact, did die at age 17 in 1483. He wrote a series of two-line
maxims to help instruct children. Given the similar nature of his maxims with those just
mentioned by "Dionysius Cato," the two collections were published together frequently.
[23] **Que en mi...** *I have never in my life used drinking as a vice*
[24] **Que no...** *which doesn't do the right thing*
[25] **Aunque...** *although I put them [the pants = bragas] on, I don't get them dirty.*
[26] The duchess throughout this episode has referred to Sancho in the third person, thus
él really means *you.*
[27] **Por no...** *so I won't have to call him by this name [= donkey]*
[28] **Cuán mal...** *a gentleman in my village really had it in for these ladies*
[29] That is, he should exalt them by placing them as high as possible. The horn of the
moon refers to the crescent of the new moon.

"Agora bien," dijo la duquesa, "no haya más. Calle doña Rodríguez y sosiéguese el señor Panza, y quédese a mi cargo el regalo del rucio, que por ser alhaja de Sancho, le pondré yo sobre las niñas de mis ojos."

"En la caballeriza basta que esté," respondió Sancho, "que sobre las
5 niñas de los ojos de vuestra grandeza, ni él ni yo somos dignos de estar sólo un momento. Y así lo consintiría yo como darme de puñaladas,° que   <small>stabs</small> aunque dice mi señor que en las cortesías antes se ha de perder por carta de más que de menos, en las jumentiles y asininas[30] se ha de ir con el compás en la mano y con medido término."[31]

10 "Llévele," dijo la duquesa, "Sancho al gobierno, y allá le podrá regalar como quisiere, y aun jubilarle° del trabajo."   <small>retire him</small>

"No piense vuesa merced, señora duquesa, que ha dicho mucho," dijo Sancho, "que yo he visto ir más de dos asnos a los gobiernos, y que llevase yo el mío no sería cosa nueva."

15 Las razones de Sancho renovaron en la duquesa la risa y el contento, y enviándole a reposar, ella fue a dar cuenta al duque de lo que con él había pasado. Y entre los dos dieron traza y orden de hacer una burla a don Quijote que fuese famosa y viniese bien con el estilo caballeresco, en el cual le hicieron muchas,° tan propias y discretas, que son las mejores   <small>i.e., **muchas** *burlas*</small>
20 aventuras que en esta grande historia se contienen.

---

[30] There is a bit of a dispute here among editors since the first edition says **así niñas**. Several, including Gaos and Riquer, keep the original, while others, including Schevill, Rodríguez Marín and Allen, prefer **asininas**. I agree with the latter. Both of the nominalized adjectives refer to donkeys.

[31] **Se ha...** *to be prudent and take the middle road*

Capítulo XXXIIII. *Que cuenta de la noticia que se tuvo de cómo se había de desencantar la sin par Dulcinea del Toboso, que es una de las aventuras más famosas deste libro.*

GRANDE era el gusto que recebían el duque y la duquesa de la conversación de don Quijote y de la de Sancho Panza, y confirmándose en la intención que tenían de hacerles algunas burlas que llevasen vislumbres y apariencias de aventuras, tomaron motivo de la que don Quijote ya les había contado de la cueva de Montesinos, para hacerle una que fuese famosa. Pero de lo que más la duquesa se admiraba era que la simplicidad de Sancho fuese tanta, que hubiese venido a creer ser verdad infalible que Dulcinea del Toboso estuviese encantada, habiendo sido él mesmo el encantador y el embustero de aquel negocio. Y así habiendo dado orden a sus criados de todo lo que habían de hacer, de allí a seis días le llevaron a 'caza de montería,° con tanto aparato de monteros° y cazadores como pudiera llevar un rey coronado.

Diéronle a don Quijote un vestido de monte y a Sancho otro verde, de finísimo paño. Pero don Quijote no se le quiso poner, diciendo que otro día había de volver al duro ejercicio de las armas, y que no podía llevar consigo guardarropas° ni reposterías.° Sancho sí tomó el que le dieron, con intención de venderle en la primera ocasión que pudiese.

Llegado, pues, el esperado día, armóse don Quijote, vistióse Sancho, y encima de su rucio, que no le quiso dejar, aunque le daban un caballo, se metió entre la tropa de los monteros. La duquesa salió bizarramente° aderezada, y don Quijote, de puro cortés y comedido, tomó la rienda de su palafrén, aunque el duque no quería consentirlo, y finalmente, llegaron a un bosque que entre dos altísimas montañas estaba, donde, tomados los puestos, paranzas° y veredas,° y repartida la gente por diferentes puestos, se comenzó la caza con grande estruendo, grita y vocería,° de manera que unos a otros no podían oírse, así por el ladrido° de los perros, como por el son de las bocinas.° Apeóse la duquesa, y con un agudo venablo° en las manos, se puso en un puesto por donde ella sabía que solían venir algunos jabalíes.° Apeóse asimismo el duque y don Quijote y pusiéronse a sus lados. Sancho se puso detrás de todos, sin apearse del rucio, a quien no osara desamparar, porque no le sucediese algún desmán.

Y apenas habían sentado el pie y puesto en ala[1] con otros muchos criados suyos, cuando acosado de los perros y seguido de los cazadores vieron que hacia ellos venía un desmesurado jabalí, crujiendo° dientes y colmillos° y arrojando espuma° por la boca, y en viéndole, embrazando su escudo y puesto mano a su espada, se adelantó a recebirle don Quijote. Lo mesmo hizo el duque con su venablo. Pero a todos se adelantara la duquesa si el duque no se lo estorbara. Sólo Sancho, en viendo al valiente animal, desamparó al rucio y dio a correr cuanto pudo. Y procurando subirse sobre una alta encina, no fue posible.[2] Antes, 'estando ya a la mitad dél,° asido° de una rama, pugnando subir a la cima, fue tan corto de ventura y tan

big game hunting,
beaters

wardrobe, luggage

elegantly

blinds, paths
yelling
barking
huntsman's horns,
spear
wild boars

gnashing
tusks, foam

half way up the tree,
holding on

---

[1] **Y apenas...** *and no sooner had they gotten settled and in a line*
[2] That is, it was not possible to get all the way up.

desgraciado, que se desgajó la rama, y al venir al suelo,³ se quedó en el
aire, 'asido de° un gancho° de la encina, sin poder llegar al suelo, y   caught on, snag
viéndose así, y que el sayo verde se le rasgaba, y pareciéndole que si aquel
fiero animal allí allegaba le podía alcanzar, comenzó a dar tantos gritos y
5   a pedir socorro con tanto ahinco, que todos los que le oían y no le veían
creyeron que estaba entre los dientes de alguna fiera.

Finalmente, el colmilludo° jabalí quedó atravesado° de las cuchillas de   tusked, pierced
muchos venablos que se le pusieron delante, y volviendo la cabeza don
Quijote a los gritos de Sancho, que ya por ellos le había conocido, viole
10   pendiente de la encina, y la cabeza abajo, y al rucio junto a él, que no le
desamparó en su calamidad. Y dice Cide Hamete que pocas veces vio a
Sancho Panza sin ver al rucio, ni al rucio sin ver a Sancho, tal era la
amistad y buena fe que entre los dos se guardaban. Llegó don Quijote y
descolgó a Sancho, el cual, viéndose libre y en el suelo, miró lo
15   desgarrado° del sayo de monte, y pesóle en el alma, que pensó que tenía en   torn
el vestido un mayorazgo.°   estate
En esto, atravesaron° al jabalí poderoso sobre una acémila, y   placed
cubriéndole con matas° de romero y con ramas de mirto,° le llevaron, como   sprigs, myrtle
en señal de victoriosos despojos, a unas grandes tiendas° de campaña que   tents
20   en la mitad del bosque estaban puestas, donde hallaron las mesas en orden
y la comida aderezada, tan sumptuosa y grande, que se echaba bien de ver
en ella la grandeza y magnificencia de quien la daba.
Sancho, mostrando las llagas° a la duquesa de su roto vestido, dijo: "Si   tears
esta caza fuera de liebres o de pajarillos, seguro estuviera mi sayo de verse
25   en este extremo.⁴ Yo no sé qué gusto se recibe de esperar a un animal que
si os alcanza con un colmillo, os puede quitar la vida. Yo me acuerdo haber
oído cantar un romance antiguo, que dice:

De los osos seas comido
30   como Fávila⁵ el nombrado.

"Ése fue un rey godo," dijo don Quijote, "que yendo a caza de
montería, le comió un oso."
"Eso es lo que yo digo," respondió Sancho, "que no querría yo que los
príncipes y los reyes se pusiesen en semejantes peligros, a trueco de un
35   gusto que parece que no le había de ser, pues consiste en matar a un animal
que no ha cometido delito alguno."
"Antes os engañáis, Sancho," respondió el duque, "porque el ejercicio
de la caza de monte es el° más conveniente y necesario para los reyes y   *el ejercicio*
príncipes que otro alguno. La caza es una imagen de la guerra. Hay en ella
40   estratagemas, astucias, insidias° para vencer a su salvo al enemigo.   snares
Padécense en ella° fríos grandísimos y calores intolerables, menoscábase el   = la caza
ocio y el sueño, corrobóranse° las fuerzas, agilítanse° los miembros del que   strengthen, make
la usa, y en resolución, es ejercicio que se puede hacer sin perjuicio de   active

---

³ **Se desgajó...** *the branch broke off, and on his way down to the ground*
⁴ **Seguro...** *my suit would never be seen in this state*
⁵ Fávila (Fáfila) was the son of Pelayo, and the king of Asturias from 737-739, when
he was indeed killed by a bear.

nadie y con gusto de muchos. Y lo mejor que él tiene es que no es para todos, como lo es el de los otros géneros de caza, excepto el de la volatería,° que también es sólo para reyes y grandes señores. Así que, ¡oh Sancho! mudad de opinión, y cuando seáis gobernador, ocupaos en la caza y veréis como os vale un pan por ciento."[6]

    "Eso no," respondió Sancho, "el buen gobernador la pierna quebrada, y en casa. Bueno sería que viniesen los negociantes a buscarle fatigados, y él estuviese en el monte holgándose. Así enhoramala andaría el gobierno. Mía fe, señor, la caza y los pasatiempos más han de ser para los holgazanes° que para los gobernadores. En lo que yo pienso entretenerme, es en jugar al 'triunfo envidado° las pascuas[7], y a los bolos° los domingos y fiestas. Que esas cazas ni cazos° no dicen° con mi condición ni hacen con mi conciencia."

    "Plega a Dios, Sancho, que así sea, porque del dicho al hecho hay gran trecho."

    "Haya lo que hubiere," replicó Sancho, "que al buen pagador no le duelen prendas, y más vale al que Dios ayuda, que al que mucho madruga. Y tripas llevan pies, que no pies a tripas. Quiero decir que si Dios me ayuda, y yo hago lo que debo con buena intención, sin duda que gobernaré 'mejor que un gerifalte.° No sino pónganme el dedo en la boca, y verán si aprieto° o no."

    "¡Maldito seas de Dios y de todos sus santos, Sancho maldito!" dijo don Quijote. "¿Y cuándo será el día, como otras muchas veces he dicho, donde yo te vea hablar sin refranes una razón corriente y concertada? Vuestras grandezas dejen a este tonto, señores míos, que les molerá las almas, no sólo puestas entre dos, sino entre dos mil refranes traídos tan a sazón y tan a tiempo cuanto le dé Dios a él la salud, o a mí si los querría escuchar."

    "Los refranes de Sancho Panza," dijo la duquesa, "puesto que son más que los del Comendador Griego,[8] no por eso son en menos de estimar por la brevedad de las sentencias. De mí sé decir que me dan más gusto que otros, aunque sean mejor traídos y con más sazón acomodados."

    Con estos y otros entretenidos razonamientos salieron de la tienda al bosque, y en requerir° algunas paranzas y presto se les pasó el día y se les vino la noche, y no tan clara ni tan sesga° como la sazón del tiempo pedía, que era en la mitad del verano. Pero un cierto claro escuro que trujo consigo, ayudó mucho a la intención de los duques. Y así como comenzó a anochecer, un poco más adelante del crepúsculo, a deshora pareció que todo el bosque 'por todas cuatro partes° se ardía. Y luego se oyeron por aquí y por allí, y por acá y por acullá, infinitas cornetas° y otros instrumentos de guerra, como de muchas tropas de caballería que por el bosque pasaba. La luz del fuego, el son de los bélicos° instrumentos, casi cegaron y atronaron los ojos y los oídos de los circunstantes y aun de todos

Marginal glosses:
- hawking
- lazy people
- "card game,"
- ninepins; ladles, jibe
- perfectly
- I bite
- investigating
- calm
- in all four directions
- bugles
- military

---

[6] **Como...** *how you will benefit from it*

[7] **Pascuas** refers to the holidays Easter, twelfth night, Pentecost and Christmas.

[8] This is El Pinciano (1475?-1553), who collected 3000 *Refranes o proverbios en romance* (Salamanca, 1555). He was Comendador in the Order of Calatrava and a professor of Greek, thus the nickname. The duchess means that Sancho uses lots of proverbs.

los que en el bosque estaban.

Luego se oyeron infinitos lelilíes[9] al uso de moros cuando entran en las batallas. Sonaron trompetas y clarines, retumbaron tambores,° resonaron pífaros,° casi todos a un tiempo, tan contino y tan apriesa, que no tuviera 5 sentido el que no quedara sin él al son confuso de tantos instrumentos.[10] Pasmóse el duque, suspendióse la duquesa, admiróse don Quijote, tembló Sancho Panza, y finalmente, aun hasta los mesmos sabidores de la causa se espantaron. Con el temor les cogió el silencio, y un postillón° que en traje de demonio les pasó por delante, tocando en vez de corneta un hueco° y 10 desmesurado cuerno, que un ronco y espantoso son despedía.°

"Hola, hermano correo," dijo el duque, "¿quién sois, adónde vais y qué gente de guerra es la que por este bosque parece que atraviesa?"

A lo que respondió el correo con voz horrísona° y desenfadada: "Yo soy el diablo. Voy a buscar a don Quijote de la Mancha. La gente que por 15 aquí viene son seis tropas de encantadores, que sobre un carro triunfante° traen a la sin par Dulcinea del Toboso. Encantada viene con el gallardo francés° Montesinos a dar orden a don Quijote de cómo ha de ser desencantada la tal señora."

"Si vos fuérades diablo, como decís y como vuestra figura muestra, ya 20 hubiérades conocido al tal caballero don Quijote de la Mancha, pues le tenéis delante."[11]

"En Dios y en mi conciencia," respondió el diablo, "que no miraba en ello,[12] porque traigo en tantas cosas divertidos° los pensamientos, que de la principal, a que venía,[13] se me olvidaba."

25 "Sin duda," dijo Sancho, "que este demonio debe de ser hombre de bien y buen cristiano, porque a no serlo, no jurara «en Dios y en mi conciencia». Ahora, yo tengo para mí que aun en el mesmo infierno debe de haber buena gente."

Luego el demonio, sin apearse, encaminando la vista a don Quijote, 30 dijo: "A ti, el Caballero de los Leones—que entre las garras dellos te vea yo—me envía el desgraciado pero valiente caballero Montesinos, mandándome que de su parte te diga que le esperes en el mismo lugar que te topare, a causa que trae consigo a la que llaman Dulcinea del Toboso, con orden de darte lo° que es menester para desencantarla. Y por no ser 35 para más mi venida, no ha de ser más mi estada.[14] Los demonios como yo queden contigo y los ángeles buenos con estos señores."

Y en diciendo esto, tocó el desaforado cuerno y volvió las espaldas y fuese sin esperar respuesta de ninguno.

Renovóse la admiración en todos, especialmente en Sancho y don 40 Quijote. En Sancho, en ver que, a despecho de la verdad, querían que

---

drums
fifes

courier
hollow
emitted

terrifying

triumphal

Frenchman

different

la *orden*

---

[9] This Moorish war cry is made by moving your tongue back and forth from [u] (as in **tú**) to [i] (as in **sí**) two or three times a second. It produces a startling effect.

[10] **No tuviera…** *upon hearing so many instruments, anyone who was sane would lose his sanity*

[11] Who is talking? Is it the duke or Don Quijote?

[12] **No miraba…** *I wasn't paying attention*

[13] **A que…** *the reason I came*

[14] **Y por…** *since this is all I came for, I won't stay any longer*

estuviese encantada Dulcinea; en don Quijote, por no poder asegurarse si era verdad o no lo que le había pasado en la cueva de Montesinos. Y estando elevado° en estos pensamientos, el duque le dijo: "¿Piensa vuestra merced esperar, señor don Quijote?"   absorbed

5 "Pues ¿no?" respondió él. "Aquí esperaré intrépido y fuerte, si me viniese a embestir todo el infierno."

"Pues si yo veo otro diablo y oigo otro cuerno como el pasado, así esperaré yo aquí como en Flandes," dijo Sancho.

En esto, se cerró más la noche, y comenzaron a discurrir muchas luces
10 por el bosque, bien así como discurren por el cielo las exhalaciones secas de la tierra, que parecen a nuestra vista estrellas que corren.[15] Oyóse, asimismo, un espantoso ruido, al modo de aquel que se causa de las ruedas macizas que suelen traer los carros de bueyes, de cuyo chirrio° áspero y   creaking
continuado° se dice que huyen los lobos y los osos, si los hay por donde   continuous
15 pasan.[16] Añadióse a toda esta tempestad otra que las aumentó todas, que fue que parecía verdaderamente que a las cuatro partes del bosque se estaban dando a un mismo tiempo cuatro rencuentros o batallas, porque allí sonaba el duro estruendo de espantosa artillería; acullá se disparaban infinitas escopetas; cerca casi sonaban las voces de los combatientes; lejos se
20 reiteraban los lililíes agarenos.°   Mohammadan

Finalmente, las cornetas, los cuernos, las bocinas, los clarines, las trompetas, los tambores, la artillería, los arcabuces, y sobre todo, el temeroso ruido de los carros, formaban todos juntos un son tan confuso y tan horrendo, que fue menester que don Quijote se valiese de todo su
25 corazón para sufrirle. Pero el° de Sancho vino a tierra y dio con él   **el** *corazón*
desmayado en las faldas de la duquesa, la cual le recibió en ellas y a gran priesa mandó que le echasen agua en el rostro. Hízose así, y él volvió en su acuerdo a tiempo que ya un carro de las rechinantes° ruedas llegaba a   creaking
aquel puesto. Tirábanle cuatro perezosos bueyes, todos cubiertos de
30 paramentos° negros; en cada cuerno traían atada y encendida una grande   caparisons
hacha de cera, y encima del carro venía hecho un asiento alto, sobre el cual venía sentado un venerable viejo con una barba más blanca que la mesma nieve, y tan luenga que le pasaba de la cintura. Su vestidura era una ropa larga de negro bocací. Que por venir el carro lleno de infinitas luces[17] se
35 podía bien divisar y discernir todo lo que en él venía. Guiábanle dos feos demonios vestidos del mesmo bocací, con tan feos rostros, que Sancho, habiéndolos visto una vez, cerró los ojos por no verlos otra. Llegando, pues, el carro a igualar al puesto,[18] se levantó de su alto asiento el viejo venerable, y puesto en pie, dando una gran voz, dijo: "Yo soy el sabio
40 Lirgandeo."[19] Y pasó el carro adelante, sin hablar más palabra.

Tras éste pasó otro carro de la misma manera, con otro viejo entronizado,° el cual, haciendo que el carro se detuviese, con voz no menos   enthroned

---

[15] **Bien así como...** The meaning of this is: *like shooting stars in the sky*
[16] **Se dice...** *they say bears and wolves flee from, if there are any around*
[17] **Por venir...** *since the cart was coming with an infinite number of lights*
[18] **Llegando, pues...** *when the cart came up to them*
[19] This enchanter was mentioned in Part I, Chapter 42, p. 360, l. 4.

grave que el otro, dijo: "Yo soy el sabio Alquife,[20] el grande amigo de
Urganda la Desconocida."[21] Y pasó adelante.

    Luego, por el mismo continente° llegó otro carro. Pero el que venía   way
sentado en el trono no era viejo como los demás, sino hombrón° robusto y   big man
5   de mala catadura, el cual, al llegar, levantándose en pie como los otros, dijo
con voz más ronca y más endiablada: "Yo soy Arcaláus,[22] el encantador,
enemigo mortal de Amadís de Gaula y de toda su parentela." Y pasó
adelante.

    Poco desviados de allí 'hicieron alto° estos tres carros y cesó el   stopped
10 enfadoso ruido de sus ruedas. Y luego se oyó otro, no ruido, sino un son
de una suave y concertada música formado, con que Sancho se alegró y lo
tuvo a buena señal. Y así dijo a la duquesa, de quien un punto ni un paso
se apartaba: "Señora, donde hay música no puede haber cosa mala."

    "Tampoco donde hay luces y claridad," respondió la duquesa.

15   A lo que replicó Sancho: "Luz da el fuego, y claridad las hogueras,
como lo vemos en las que nos cercan, y bien podría ser que nos abrasasen.
Pero la música siempre es indicio de regocijos y de fiestas."

    "'Ello dirá,°" dijo don Quijote, que todo lo escuchaba, y dijo bien,   we'll see
como se muestra en el capítulo siguiente.

[20] Also mentioned in the same footnote cited in note 19 above.
[21] Urganda was an enchantress and Amadís's friend, mentioned in Part I, Chapter 5,
p. 40, l. 13. She was also the wife of Alquife.
[22] Arcalaus was an enchanter, and Amadís's mortal enemy, see Part I, Chapter 15, p.
108, l. 31.

Capítulo XXXV. *Donde se prosigue la noticia que tuvo don Quijote del desencanto° de Dulcinea con otros admirables° sucesos.*

disenchantment
astonishing

AL COMPÁS de la agradable música vieron que hacia ellos venía un carro
de los que llaman triunfales, tirado de seis mulas pardas encubertadas,° draped
empero, de lienzo blanco, y sobre cada una venía un diciplinante de luz,[1]
asimesmo vestido de blanco, con una hacha de cera grande, encendida, en
la mano. Era el carro dos veces, y aun tres, mayor que los pasados, y los
lados y encima dél, ocupaban doce otros diciplinantes albos° como la nieve, very white
todos con sus hachas encendidas, vista que admiraba y espantaba
juntamente.

Y en un levantado trono venía sentada una ninfa vestida de mil velos
de tela 'de plata,° brillando por todos ellos infinitas 'hojas de argentería de silvery
oro,° que la hacían, si no rica, a lo menos, vistosamente vestida. Traía el gold sequins
rostro cubierto con un transparente y delicado cendal, de modo que, sin
impedirlo sus lizos, por entre ellos se descubría un hermosísimo rostro de
doncella. Y las muchas luces daban lugar para distinguir la belleza y los
años, que al parecer no llegaban a veinte ni bajaban de diez y siete. Junto
a ella venía una figura vestida de una ropa de las que llaman rozagantes,° flowing
hasta los pies, cubierta la cabeza con un velo negro. Pero al punto que llegó
el carro a estar 'frente a frente de° los duques y de don Quijote, cesó la in front of
música de las chirimías, y luego la de las harpas y laúdes que en el carro
sonaban. Y levantándose en pie la figura de la ropa, la apartó a entrambos
lados, y quitándose el velo del rostro, descubrió patentemente° ser la mesma clearly
figura de la muerte descarnada° y fea, de que don Quijote recibió fleshless
pesadumbre, y Sancho miedo, y los duques hicieron algún sentimiento
temeroso. Alzada y puesta en pie esta muerte viva, con voz algo dormida° sleepy
y con lengua no muy despierta, comenzó a decir desta manera:

> Yo soy Merlín,[2] aquel que las historias[3]
> dicen que tuve por mi padre al diablo,
> (mentira autorizada de los tiempos),
> príncipe de la mágica y monarca
> y archivo de la ciencia zoroástrica,[4]
> émulo a las edades y a los siglos,
> que solapar pretenden las hazañas
> de los andantes bravos caballeros,
> a quien yo tuve y tengo gran cariño.
> Y puesto que es de los encantadores,
> de los magos o mágicos contino
> dura la condición, áspera y fuerte,
> la mía es tierna, blanda y amorosa,
> y amiga de hacer bien a todas gentes.

---

[1] The **disciplinates de luz** were the penitents who bore torches.

[2] See Part II, Chapter 23, p. 578, l. 3.

[3] This is written in eleven-syllable lines, but there is no rhyme scheme, except that the last two lines do rhyme.

[4] See part I, Chapter 47, p. 382, n. 8.

En las cavernas lóbregas° de Dite,[5]   lugubrious
donde estaba mi alma entretenida
en formar ciertos rombos y caráteres,[6]
llegó la voz doliente de la bella
5   y sin par Dulcinea del Toboso.
Supe su encantamento y su desgracia,
y su trasformación de gentil dama
en rústica aldeana: condolíme,
y encerrando mi espíritu en el hueco
10 desta espantosa y fiera notomía,°   skeleton
después de haber revuelto cien mil libros
desta mi ciencia endemoniada y torpe,
vengo a dar el remedio que conviene
a tamaño dolor, a mal tamaño.
15 ¡Oh tú, gloria y honor de cuantos visten
las túnicas de acero y de diamante,
luz y farol, sendero, norte y guía
de aquellos que, dejando el torpe sueño
y las ociosas plumas, se acomodan
20 a usar el ejercicio intolerable
de las sangrientas y pesadas armas!
a ti digo, ¡oh varón, como se debe,
por jamás alabado! a ti, valiente
juntamente y discreto don Quijote,
25 de la Mancha esplendor, de España estrella,
que para recobrar° su estado primo°   recover, original
la sin par Dulcinea del Toboso,
es menester que Sancho, tu escudero,
se dé tres mil azotes y trecientos
30 en ambas sus valientes posaderas,
al aire descubiertas, y de modo
que le escuezan,° le amarguen° y le enfaden.   smart, sting
Y en esto se resuelven todos cuantos
de su desgracia han sido los autores,
35 y a esto es mi venida,[7] mis señores.

"¡Voto a tal!" dijo a esta sazón Sancho, "No digo yo tres mil azotes,
pero así me daré yo tres, como tres puñaladas ¡Válate el diablo por modo
de desencantar! ¡Yo no sé qué tienen que ver mis posas° con los encantos!   rear end
Par Dios que si el señor Merlín no ha hallado otra manera como
40 desencantar a la señora Dulcinea del Toboso, encantada se podrá ir a la
sepultura."
"'Tomaros he yo,°'" dijo Don Quijote, "don villano, harto de ajos, y   I'll take you

---

[5] **Dite** is the Spanish term for the Roman god **Dis**, known more commonly as Pluto,
the god of the underworld.

[6] Rhombuses and characters referred to magical figures.

[7] **A esto...** *and that's why I came*

'amarraros he° a un árbol, desnudo como vuestra madre os parió, y no digo   I'll tie you
yo tres mil y trecientos, sino seis mil y seis cientos azotes os daré, tan bien
pegados,° que no se os caigan a tres mil y trecientos tirones.[8] Y no me   laid on
repliquéis palabra, que os arrancaré el alma.°"   heart

5   Oyendo lo cual Merlín, dijo: "No ha de ser así, porque los azotes que
ha de recebir el buen Sancho, han de ser por su voluntad y no por fuerza,
y en el tiempo que él quisiere. Que no se le pone 'término señalado.° Pero   time limit
permítesele que si él quisiere redemir su vejación por la mitad de este
vapulamiento,[9] puede dejar que se los dé ajena mano, aunque sea algo
10   pesada."

"Ni ajena, ni propia, ni pesada, ni por pesar," replicó Sancho, "a mí no
me ha de tocar alguna° mano. ¿Parí yo, por ventura, a la señora Dulcinea   **ninguna**
del Toboso, para que paguen mis posas lo que pecaron sus ojos?[10] El señor
mi amo sí, que es parte suya, pues la llama a cada paso «mi vida, mi alma»,
15   sustento y arrimo suyo, se puede y debe azotar por ella y hacer todas las
diligencias necesarias para su desencanto. Pero ¿azotarme yo?
¡Abernuncio!"[11]

Apenas acabó de decir esto Sancho, cuando levantándose en pie la
argentada° ninfa que junto al espíritu de Merlín venía, quitándose el sutil   silvered
20   velo del rostro, le descubrió tal,° que a todos pareció más que   **tal** *rostro*
demasiadamente hermoso, y con un desenfado varonil° y con una voz no   mannish
muy adamada,° hablando derechamente con Sancho Panza, dijo: "¡Oh   feminine
malaventurado escudero, alma de cántaro, corazón de alcornoque, de
entrañas guijeñas° y apedernaladas!° Si te mandaran, ladrón, desuellacaras,   stone, flinty
25   que te arrojaras de una alta torre al suelo; si te pidieran, enemigo del género
humano, que te comieras una docena de sapos, dos de lagartos y tres de
culebras; si te persuadieran a que mataras a tu mujer y a tus hijos con algún
truculento° y agudo alfanje, no fuera maravilla que te mostraras melindroso   huge
y esquivo. Pero hacer caso de tres mil y trecientos azotes, que no hay 'niño
30   de la doctrina,° por ruin° que sea, que no se los lleve cada mes,[12] admira, orphan, frail
adarva, espanta a todas las entrañas piadosas de los que lo escuchan y aun
las de todos aquellos que lo vinieren a saber con el discurso del tiempo.[13]

"Pon ¡oh miserable y endurecido° animal! pon, digo, eso tus ojos de   hardened
machuelo° espantadizo° en las niñas destos° míos, comparados a rutilantes°   mule, skittish, **destos**
35   estrellas, y veráslos llorar hilo a hilo y madeja a madeja,[14] haciendo surcos,   *ojos*, shining

---

[8] There is a pun here with **tirón**, meaning *stuck on* and *pulled off*. These lashes will be
so well stuck on he won't be able to take them off with as many tugs. Not a very good pun,
but then again, Don Quijote is livid.

[9] **Quisiere redemir...** *wants to cut his whipping in half*

[10] **Para qué paguen mis posas lo que pecaron sus ojos?** *Why should my rear end pay
for the sins of her eyes?* doesn't make sense to me. Some translate it something like *Why
should my rear end pay for her mistakes?*

[11] Deformation of **abrenuncio** *I renounce*, a Latinism used during the sacrament of
baptism to reject the devil.

[12] **Que no se...** *who doesn't get as many every month*

[13] **Admira, adarva...** *(to make a big deal of this) will amaze, stun, and astonish all
those pious souls who hear it and those who will come to hear of it with the passage of time*

[14] The threads and skeins are metaphors for tears.

carreras y sendas[15] por los hermosos campos de mis mejillas. Muévate, socarrón y mal intencionado monstro, que la edad tan florida° mía, que aún se está todavía en el diez y... de los años, pues tengo diez y nueve y no llego a veinte, se consume y marchita[16] debajo de la corteza de una rústica labradora. Y si ahora no lo parezco es merced particular que me ha hecho el señor Merlín, que está presente, sólo porque te enternezca mi belleza. Que las lágrimas de una afligida hermosura vuelven en algodón los riscos y los tigres en ovejas.[17]

"Date, date en esas carnazas,° 'bestión indómito,° y saca de harón[18] ese brío que a sólo comer y más comer te inclina.° Y pon en libertad la lisura de mis carnes, la mansedumbre de mi condición y la belleza de mi faz. Y si por mí no quieres ablandarte° ni reducirte a algún razonable término,[19] hazlo por ese pobre caballero que a tu lado tienes, por tu amo, digo, de quien estoy viendo el alma, que la tiene atravesada° en la garganta, no diez dedos[20] de los labios, que no espera sino tu rígida o blanda repuesta,[21] o para salirse por la boca, o para volverse al estómago."

Tentóse oyendo esto la garganta don Quijote, y dijo, volviéndose al duque: "Por Dios, señor, que Dulcinea ha dicho la verdad, que aquí tengo el alma atravesada en la garganta, como una nuez[22] de ballesta."

"¿Qué decís vos a esto, Sancho?" preguntó la duquesa.

"Digo, señora," respondió Sancho, "lo que tengo dicho—que de los azotes abernuncio."

"*Abrenuncio* habréis de decir, Sancho, y no como decís," dijo el duque.

"Déjeme vuestra grandeza," respondió Sancho, "que no estoy agora para mirar en sotilezas, ni en letras más a menos, porque me tienen tan turbado estos azotes que me han de dar o me tengo de dar, que no sé lo que me digo ni lo que me hago. Pero querría yo saber de la señora, mi señora doña Dulcinea del Toboso, adonde aprendió el modo de rogar que tiene. Viene a pedirme que me abra las carnes a azotes, y llámame 'alma de cántaro y bestión indómito,' con una tiramira° de malos nombres, que el diablo los sufra. ¿Por ventura son mis carnes de bronce? ¿O vame a mí algo en que se desencante o no?[23] ¿Qué canasta de ropa blanca, de camisas, de tocadores° y de escarpines,° aunque no los gasto,° trae delante de sí para ablandarme, sino un vituperio y otro, sabiendo aquel refrán que dicen por ahí, que un asno cargado de oro sube ligero por una montaña, y que dádivas quebrantan° peñas, y a Dios rogando y con el mazo dando,[24] y que más vale un TOMA que dos TE DARÉ?

"Pues el señor, mi amo, que había de traerme la mano por el cerro y

Right margin glosses:
blossoming
hams, untamed brute
moves
relent
stuck
series
handkerchiefs, socks,
wear
break

---

[15] **Surcos,...** *furrows, lines, and paths*
[16] Her youth is the subject of these two verbs.
[17] **Vuelven en...** *make stones into cotton and tigers into sheep*
[18] **Saca...** *remove your sluggishness*
[19] **Ni reducirte...** *nor adhere to some reasonable time limit*
[20] This is the width of ten fingers, maybe eight inches.
[21] Probable typographical error for **respuesta**.
[22] The **nuez** is where the cord releases the arrow from the crossbow. There is also a play on words with **nuez de garganta** *Adam's apple.*
[23] **O vame...** *or what do I care if she is disenchanted or not?*
[24] **A Dios...** *pray devoutly and hammer stoutly.* Starkie's good translation

halagarme° para que yo me hiciese de lana y de algodón cardado,[25] dice que   treat me tenderly
si me coge me amarrará desnudo a un árbol, y me doblará la parada[26] de los
azotes. Y habían de considerar estos lastimados señores que no solamente
piden que se azote un escudero, sino un gobernador. Como quien dice:
5 'bebe con guindas.'[27] Aprendan, aprendan mucho de enhoramala a saber
rogar, y a saber pedir, y a tener crianza. Que no son todos los tiempos unos,
ni están los hombres siempre de un buen humor. Estoy yo ahora reventando
de pena por ver mi sayo verde roto, y vienen a pedirme que me azote de
mi voluntad, estando ella tan ajena dello, como de volverme cacique.°"   Indian chief
10 "Pues en verdad, amigo Sancho," dijo el duque, "que si no os ablandáis
más que una breva° madura, que no habéis de empuñar el gobierno. Bueno   fig
sería que yo enviase a mis insulanos un gobernador cruel, de entrañas
pedernalinas,° que no 'se doblega° a las lágrimas de las afligidas doncellas   hard, acquiesces
ni a los ruegos de discretos, imperiosos° y antiguos encantadores y sabios.   powerful
15 En resolución, Sancho: o vos habéis de ser azotado, o os han de azotar, o
no habéis de ser gobernador."
"Señor," respondió Sancho, "¿no se me darían dos días de término para
pensar lo que me está mejor?"
"No, en ninguna manera," dijo Merlín, "aquí, en este instante y en este
20 lugar ha de quedar asentado lo que ha de ser deste negocio—o Dulcinea
volverá a la cueva de Montesinos y a su prístino estado de labradora, o ya
en el ser que está será llevada a los Elíseos Campos,[28] donde estará
esperando se cumpla el número del vápulo.°"   whiplashes
"Ea, buen Sancho," dijo la duquesa, "buen ánimo y buena
25 correspondencia° al pan que habéis comido del señor don Quijote, a quien   appreciation
todos debemos servir y agradar por su buena condición y por sus altas
caballerías. Dad el sí, hijo, desta azotaina,° y váyase el diablo para diablo   whipping
y el temor para mezquino.[29] Que un buen corazón quebranta mala ventura,
como vos bien sabéis."
30 A estas razones respondió con estas° disparatadas Sancho, que,   estas *razones*
hablando con Merlín, le preguntó: "Dígame vuesa merced, señor Merlín—
cuando llegó aquí el diablo correo, y dio a mi amo un recado del señor
Montesinos, mandándole de su parte que le esperase aquí, porque venía a
dar orden de que la señora Dulcinea del Toboso se desencantase, y hasta
35 agora no hemos visto a Montesinos ni a sus semejas."
A lo cual respondió Merlín: "El diablo, amigo Sancho, es un ignorante
y un grandísimo bellaco. Yo le envié en busca de vuestro amo, pero no con
recado de Montesinos, sino mío, porque Montesinos se está en su cueva,
entendiendo, o por mejor decir, esperando su desencanto, que aún le falta
40 la cola por desollar. Si os debe algo o tenéis alguna cosa que negociar con
él, yo os lo traeré y pondré donde vos más quisiéredes. Y por agora acabad

[25] That is, *he ought to soften me up.*
[26] **Doblar la parada** means, in cards, to double the bet.
[27] **Guindas** are cherries. Sancho uses the expression, which means "piling one good
thing on another" in an ironic way.
[28] The Elysian Fields was the place in Greek mythology where the gods sent heroes
to enjoy eternal life.
[29] **El temor...** *(and leave) fear to the wretched*

de dar el sí de esta diciplina,° y creedme que os será de mucho provecho,   whipping
así para el alma como para el cuerpo—para el alma, por la caridad con que
la haréis; para el cuerpo, porque yo sé que sois de complexión sanguínea,°   sanguine
y no os podrá hacer daño sacaros un poco de sangre."

5   "Muchos médicos hay en el mundo, hasta los encantadores son
médicos," replicó Sancho, "pero, pues todos me lo dicen, aunque yo no me
lo veo, digo que soy contento de darme los tres mil y trecientos azotes, con
condición que me los tengo de dar cada y cuando que yo quisiere, sin que
se me ponga tasa° en los días ni en el tiempo. Y yo procuraré salir de la   limit
10   deuda lo más presto que sea posible, porque goce el mundo de la hermosura
de la señora doña Dulcinea del Toboso, pues, según parece, al revés de lo
que yo pensaba, en efecto es hermosa. Ha de ser también condición que no
he de estar obligado a sacarme sangre con la diciplina, y que si algunos
azotes fueren de mosqueo,[30] se me han de tomar en cuenta. Iten,° que si me   moreover
15   errare en el número, el señor Merlín, pues lo sabe todo, ha de tener cuidado
de contarlos y de avisarme los que me faltan o los que me sobran."

"De las sobras no habrá que avisar," respondió Merlín, "porque
llegando al cabal número, luego quedará de improviso desencantada la
señora Dulcinea, y vendrá a buscar, como agradecida, al buen Sancho y a
20   darle las gracias y aun premios por la buena obra. Así que no hay de qué
tener escrúpulo de las sobras ni de las faltas, ni el cielo permita que yo
engañe a nadie, aunque sea en un pelo de la cabeza."

"Ea, pues, a la mano de Dios," dijo Sancho, "yo consiento en mi mala
ventura, digo, que yo acepto la penitencia con las condiciones apuntadas."

25   Apenas dijo estas últimas palabras Sancho, cuando volvió a sonar la
música de las chirimías y se volvieron a disparar infinitos arcabuces, y don
Quijote se colgó del cuello de Sancho, dándole mil besos en la frente y en
las mejillas. La duquesa y el duque y todos los circunstantes dieron
muestras de haber recebido grandísimo contento, y el carro comenzó a
30   caminar, y al pasar la hermosa Dulcinea inclinó la cabeza a los duques y
hizo una gran reverencia a Sancho.

Y ya, en esto, se venía 'a más andar° el alba alegre y risueña. Las   quickly
florecillas° de los campos 'se descollaban y erguían,° y los líquidos cristales   little flowers, raised
de los arroyuelos, murmurando por entre blancas y pardas guijas,° iban a   up; pebbles
35   dar tributo a los ríos que los esperaban. La tierra alegre, el cielo claro, el
aire limpio, la luz serena, cada uno por sí y todos juntos daban manifiestas
señales que el día que al aurora venía pisando las faldas[31] había de ser
sereno y claro. Y satisfechos los duques de la caza y de haber conseguido
su intención tan discreta y felicemente, se volvieron a su castillo con
40   prosupuesto° de segundar en sus burlas. Que para ellos no había veras° que   object, reality
más gusto les diesen.

---

[30] A **mosqueo** is a swat to scare flies away, thus not very hard.
[31] **Que al aurora...** *which was treading on the skirts of the dawn*

Capítulo XXXVI. Donde se cuenta la estraña y jamás imaginada aventura de la dueña Dolorida, alias de la condesa Trifaldi, con una carta que Sancho Panza escribió a su mujer, Teresa Panza.

5   TENÍA un mayordomo° el duque de muy burlesco° y desenfadado ingenio,   steward, jovial
el cual hizo la figura de Merlín y acomodó todo el aparato de la aventura
pasada, compuso los versos y hizo que un paje hiciese a Dulcinea.
Finalmente, con intervención° de sus señores ordenó otra, del más gracioso   assistance
y estraño artificio que puede imaginarse.

10   Preguntó la duquesa a Sancho otro día si había comenzado la tarea de
la penitencia que había de hacer por el desencanto de Dulcinea. Dijo que
sí, y que aquella noche se había dado cinco azotes. Preguntóle la duquesa
que con qué se los había dado. Respondió que con la mano.

   "Eso," replicó la duquesa, "más es darse de palmadas que de azotes.
15 Yo tengo para mí que el sabio Merlín no estará contento con tanta blandura.
Menester será que el buen Sancho haga algún diciplina de abrojos,° o de las   metal thorns
de canelones,° que se dejen sentir, porque la letra con sangre entra,[1] y no   cat-o'-nine-tails
se ha de dar tan barata la libertad de una tan gran señora como lo es
Dulcinea por tan poco precio. Y advierta Sancho que las obras de caridad
20 que se hacen tibia y flojamente° no tienen mérito ni valen nada."[2]   in a lax way

   A lo que respondió Sancho: "Déme vuestra señoría alguna diciplina o
ramal° conveniente,° que yo me daré con él, como no me duela demasiado.   rope, appropriate
Porque hago saber a vuesa merced que, aunque soy rústico, mis carnes
tienen más de algodón que de esparto, y no será bien que yo 'me descríe°   damage myself
25 por el provecho ajeno."

   "Sea en buena hora," respondió la duquesa, "yo os daré mañana una
diciplina que os venga muy 'al justo° y se acomode con la ternura de   just right
vuestras carnes, como si fueran sus hermanas propias."

   A lo que dijo Sancho: "Sepa vuestra alteza, señora mía de mi ánima,
30 que yo tengo escrita una carta a mi mujer Teresa Panza, dándole cuenta de
todo lo que me ha sucedido después que me aparté della. Aquí la tengo en
el seno, que no le falta más de ponerle el sobreescrito.° Querría que vuestra   address
discreción la leyese, porque me parece que va conforme a lo de gobernador,
digo, al modo que deben de escribir los gobernadores."

35   "Y ¿quién la notó?°" preguntó la duquesa.   dictated

   "¿Quién la había de notar sino yo, pecador de mí?" respondió Sancho.

   "Y ¿escribístesla vos?" dijo la duquesa.

   "Ni por pienso," respondió Sancho, "porque yo no sé leer ni escribir
puesto que sé firmar."

40   "Veámosla," dijo la duquesa, "que a buen seguro que vos mostréis en
ella la calidad y suficiencia° de vuestro ingenio."   capacity

   Sacó Sancho una carta abierta del seno, y tomándola la duquesa, vio
que decía desta manera:

---

[1] **La letra con sangre entra,** indicating that it was hard to learn, is a proverb (see Covarrubias, p. 763b, 27)
[2] This sentence was excised from editions of the *Quijote* starting with the Valencia edition of 1616.

CARTA DE SANCHO PANZA A TERESA PANZA, SU MUJER

Si buenos azotes me daban, bien caballero me iba;[3] si buen
gobierno me tengo, buenos azotes me cuesta. Esto no lo entenderás tú,
Teresa mía, por ahora—otra vez lo sabrás. Has de saber, Teresa, que
tengo determinado que andes en coche, que es lo que hace al caso,[4]
porque todo otro andar es andar a gatas. Mujer de un gobernador eres,
¡mira si te roerá nadie los zancajos![5] Ahí te envío un vestido verde de
cazador que me dio mi señora la duquesa. Acomódale en modo que
sirva de saya y cuerpos° a nuestra hija. Don Quijote, mi amo, según he   bodice
oído decir en esta tierra, es un loco cuerdo y un mentecato gracioso, y
que yo no le voy en zaga. Hemos estado en la cueva de Montesinos, y
el sabio Merlín ha echado mano de mí para el desencanto de Dulcinea
del Toboso, que por allá se llama Aldonza Lorenzo, con tres mil y
trecientos azotes menos cinco, que me he de dar, quedará desencantada
como la madre que la parió. No dirás desto nada a nadie, porque pon
lo tuyo en concejo,° y unos dirán que es blanco y otros que es negro.[6]   town council
De aquí a pocos días me partiré al gobierno, adonde voy con
grandísimo deseo de hacer dineros, porque me han dicho que todos los
gobernadores nuevos van con este mesmo deseo. Tomaréle el pulso y
avisaréte si has de venir a estar conmigo o no. El rucio está bueno, y 'se
te encomienda mucho,° y no lo pienso dejar aunque me llevaran a ser   he sends you his best
Gran Turco.[7] La duquesa, mi señora, te besa mil veces las manos.
Vuélvele el retorno con dos mil, que no hay cosa que menos cueste ni
valga más barata, según dice mi amo, que los buenos comedimientos.
No ha sido Dios servido de depararme otra maleta con otros cien
escudos como la de marras. Pero no te dé pena, Teresa mía, que en
salvo está el que repica, y todo saldrá en la colada del gobierno. Sino
que me ha dado gran pena que me dicen que si una vez le pruebo, que
me tengo de comer las manos tras él, y si así fuese, no me costaría muy
barato, aunque los estropeados y mancos° ya tienen su calonjía° en la   one-armed person,
limosna que piden. Así que, por una vía o por otra, tú has de ser rica,   canonry
de buena ventura. Dios te la dé, como puede, y a mí me guarde para
servirte. Deste castillo, a veinte de julio 1614.

TU MARIDO EL GOBERNADOR,
SANCHO PANZA

En acabando la duquesa de leer la carta, dijo a Sancho: "En dos cosas

---

[3] It is assumed that this refers to an unattested proverb dealing with the lawbreaker who
is whipped then put on the back of a donkey and paraded through town. See Part I, Chapter
22, p. 162. n. 14. Sancho is being ironic in a couple of ways, particularly in reference to his
whiplashes.
[4] **Que es lo...** *that's the appropriate thing*
[5] **¡Mira si te...** *see if they say anything bad about you!*
[6] Starting with **Pon**, this is a proverb, as you doubtless suspected.
[7] This was the sultan of Constantinople. See Part I, Chapter 40. p. 324, n. 7.

anda un poco descaminado el buen gobernador—la una, en decir o dar a
entender que este gobierno se le han dado por los azotes que se ha de dar,
sabiendo él que no lo puede negar que cuando el duque, mi señor, se le
prometió, no se soñaba haber azotes en el mundo. La otra es que se muestra
en ella muy codicioso, y no querría que orégano fuese, porque la codicia
rompe el saco, y el gobernador codicioso hace la justicia desgobernada.°"   ungoverned

"Y no lo digo por tanto,[8] señora," respondió Sancho, "y si a vuesa
merced le parece que la tal carta no va como ha de ir, no hay sino rasgarla
y hacer otra nueva, y podría ser que fuese peor si me lo dejan a mi caletre."

"No, no," replicó la duquesa, "buena está ésta, y quiero que el duque
la vea."

Con esto se fueron a un jardín donde habían de comer aquel día.
Mostró la duquesa la carta de Sancho al duque, de que recibió grandísimo
contento. Comieron, y después de alzado los manteles, y después de haberse
entretenido un buen espacio con la sabrosa conversación de Sancho, a
deshora se oyó el son tristísimo de un pífaro y el de un ronco y
destemplado° tambor. Todos mostraron alborotarse con la confusa, marcial°   unharmonious,
y triste armonía, especialmente don Quijote, que no cabía en su asiento de   warlike
puro alborotado. De Sancho no hay que decir, sino que el miedo le llevó a
su acostumbrado refugio, que era el lado o faldas de la duquesa, porque real
y verdaderamente el son que se escuchaba era tristísimo y malencólico. Y
estando todos así suspensos, vieron entrar por el jardín adelante dos
hombres vestidos de luto, tan luengo y tendido que les arrastraba por el
suelo. Éstos venían tocando dos grandes tambores, asimismo cubiertos de
negro. A su lado venía el pífaro,° negro y pizmiento como los demás.   fife player
Seguía a los tres un personaje de cuerpo agigantado,° amantado,° no que   gigantic, draped
vestido, con una negrísima loba,° cuya falda era asimismo desaforada de   long gown
grande. Por encima de la loba le ceñía y atravesaba un ancho tahelí,
también negro, de quien pendía un desmesurado alfanje 'de guarniciones°   with set stones
y vaina° negra. Venía cubierto el rostro con un trasparente velo negro, por   scabbard
quien se entreparecía° una longísima° barba, blanca como la nieve. Movía   glimpsed, very long
el paso al son de los tambores[9] con mucha gravedad y reposo. En fin, su
grandeza, su contoneo,° su negrura° y su acompañamiento pudiera y pudo   affected gait, black-
suspender[10] a todos aquellos que, sin conocerle, le miraron.   ness

Llegó, pues, con el espacio° y prosopopeya° referida a hincarse de   slowness, pomposity
rodillas ante el duque, que en pie, con los demás que allí estaban, le
atendía. Pero el duque en ninguna manera le consintió hablar hasta que se
levantase. Hízolo así el espantajo° prodigioso,° y puesto en pie, alzó el   frightening appari-
antifaz del rostro y 'hizo patente° la más horrenda, la más larga, la más   tion, monstrous;
blanca y 'más poblada° barba que hasta entonces humanos ojos habían   revealed; fullest
visto, y luego desencajó y arrancó del ancho y dilatado pecho una voz grave
y sonora, y poniendo los ojos en el duque, dijo: "Altísimo y poderoso
señor: a mí me llaman Trifaldín[11] el de la Barba Blanca, soy escudero de

---

[8] **Y no lo...** *That's not what I mean*
[9] **Movía el paso...** *he walked in time with the drums*
[10] That is, it could and *did* amaze...
[11] Clemencín observed that this is Italian—there is a character in both *Orlando innamorato* and *Orlando furioso* with the name Truffaldin (It. **truffare** = *to deceive*).

la condesa Trifaldi, por otro nombre llamada la dueña Dolorida, de parte
de la cual traigo a vuestra grandeza una embajada, y es que la vuestra
magnificencia sea servida de darla facultad° y licencia para entrar a decirle   right
su cuita, que es una de las más nuevas y más admirables que el más cuitado
5   pensamiento del orbe pueda haber pensado. Y primero quiere saber si está
en este vuestro castillo el valeroso y jamás vencido caballero don Quijote
de la Mancha, en cuya busca viene a pie, y sin desayunarse, desde el reino
de Candaya[12] hasta este vuestro estado, cosa que se puede y debe tener a
milagro, o a fuerza de encantamento. Ella queda a la puerta desta fortaleza
10   o casa de campo, y no aguarda para entrar sino vuestro beneplácito. Dije."
Y tosió luego, y manoseóse° la barba de arriba abajo con entrambas   smoothed
manos, y con mucho sosiego estuvo atendiendo la repuesta del duque, que
fue: "Ya, buen escudero Trifaldín de la Blanca Barba, ha muchos días que
tenemos noticia de la desgracia de mi señora la condesa Trifaldi, a quien
15   los encantadores la hacen llamar la dueña Dolorida. Bien podéis, estupendo
escudero, decirle que entre y que aquí está el valiente caballero don Quijote
de la Mancha, de cuya condición generosa puede prometerse con seguridad
todo amparo y toda ayuda, y asimismo le podréis decir de mi parte que si
mi favor le fuere necesario, no le ha de faltar, pues ya me tiene obligado
20   a dársele el ser caballero, a quien es anejo y concerniente favorecer a toda
suerte de mujeres, en especial a las dueñas viudas, menoscabadas y
doloridas, cual lo debe estar su señoría."
Oyendo lo cual Trifaldín, inclinó la rodilla hasta el suelo, y haciendo
al pífaro y tambores° señal que tocasen, al mismo son y al mismo paso que   drummers
25   había entrado, se volvió a salir del jardín, dejando a todos admirados de su
presencia y compostura.
Y volviéndose el duque a don Quijote, le dijo: "En fin, famoso
caballero, no pueden las tinieblas de la malicia ni de la ignorancia encubrir
y escurecer la luz del valor y de la virtud. Digo esto, porque apenas ha seis
30   días que la vuestra bondad está en este castillo, cuando ya os vienen a
buscar de lueñas y apartadas tierras, y no en carrozas° ni en dromedarios,   coaches
sino a pie y 'en ayunas,° los tristes, los afligidos, confiados que han de   fasting
hallar en ese fortísimo brazo el remedio de sus cuitas y trabajos, 'merced
a° vuestras grandes hazañas, que corren y rodean todo lo descubierto de la   thanks to
35   tierra."
"Quisiera yo, señor duque," respondió don Quijote, "que estuviera aquí
presente aquel bendito religioso, que a la mesa el otro día mostró tener tan
mal talante y tan mala ojeriza contra los caballeros andantes, para que viera
por vista de ojos si los tales caballeros son necesarios en el mundo. Tocara,
40   por lo menos, con la mano que los extraordinariamente afligidos y
desconsolados, en casos grandes y en desdichas inormes,° no van a buscar   **enormes**
su remedio a las casas de los letrados, ni a la de los sacristanes de las
aldeas, ni al caballero que nunca ha acertado a salir de los términos de su
lugar, ni al perezoso cortesano, que antes busca nuevas para referirlas y
45   contarlas que procura hacer obras y hazañas para que otros las cuenten y las
escriban. El remedio de las cuitas, el socorro de las necesidades, el amparo

---

[12] Candaya seems to be an island which the squire later situates near modern Sri
Lanka. Don't try to find it on the map since it is fictional.

de las doncellas, el consuelo de las viudas, en ninguna suerte de personas se halla mejor que en los caballeros andantes, y de serlo yo doy infinitas gracias al cielo, y doy por muy bien empleado cualquier desmán y trabajo que en este tan honroso ejercicio pueda sucederme. Venga esta dueña y pida
5   lo que quisiere, que yo le libraré su remedio en la fuerza de mi brazo y en la intrépida resolución de mi animoso espíritu."

Capítulo 37.[1] Donde se prosigue la famosa aventura de la dueña Dolorida.

EN EXTREMO se holgaron el duque y la duquesa de ver cuán bien iba respondiendo a su intención don Quijote, y a esta sazón dijo Sancho:
5 "No querría yo que esta señora dueña pusiese algún tropiezo a la promesa de mi gobierno, porque yo he oído decir a un boticario° toledano, que   apothecary hablaba como un silguero,[2] que donde interviniesen° dueñas no podía   get involved suceder cosa buena. ¡Válame Dios! y qué mal estaba con ellas el tal boticario, de lo que yo saco° que, pues todas las dueñas son enfadosas e   gather
10 impertinentes, de cualquiera calidad y condición que sean, ¿qué serán las que son doloridas, como han dicho que es esta condesa Tres Faldas o Tres Colas°? Que en mi tierra faldas y colas, colas y faldas, todo es uno."   trains
  "Calla, Sancho amigo," dijo don Quijote, "que pues esta señora dueña de tan lueñes tierras viene a buscarme, no debe ser de aquellas que el
15 boticario tenía en su número. Cuanto más que ésta es condesa, y cuando las condesas sirven de dueñas, será° sirviendo a reinas y a emperatrices, que   it must be like en sus casas son señorísimas° que se sirven de otras dueñas."   great ladies
  A esto respondió doña Rodríguez, que se halló presente: "Dueñas tiene mi señora la duquesa en su servicio que pudieran ser condesas si la fortuna
20 quisiera. Pero allá van leyes do quieren reyes, y nadie diga mal de las dueñas, y más° de las antiguas y doncellas, que aunque yo no lo soy, bien   especially se me alcanza y se me trasluce la ventaja que hace una dueña doncella a una dueña viuda, y quien a nosotras trasquiló, las tijeras le quedaron en la mano."[3]
25 "Con todo eso," replicó Sancho, "hay tanto que trasquilar en las dueñas, según mi barbero, cuanto será mejor no menear el arroz, aunque se pegue."
  "Siempre los escuderos," respondió doña Rodríguez, "son enemigos nuestros, que como son duendes° de las antesalas° y nos veen a cada paso,   elves, antechambers
30 los ratos que no rezan, que son muchos, los gastan en murmurar de nosotras, desenterrándonos los huesos[4] y enterrándonos la fama. Pues mándoles yo a los 'leños movibles,° que, mal que les pese, hemos de vivir   gallies en el mundo y en las casas principales, aunque muramos de hambre y cubramos con un negro monjil° nuestras delicadas o no delicadas carnes,   nun's habit
35 como quien cubre o tapa un muladar con un tapiz en día de procesión.[5] A fe que si me fuera dado y el tiempo lo pidiera, que yo diera a entender, no sólo a los presentes, sino a todo el mundo, como no hay virtud que no se encierre en una dueña."
  "Yo creo," dijo la duquesa, "que mi buena doña Rodríguez tiene razón,
40 y muy grande, pero conviene que aguarde tiempo para 'volver por° sí y por   defend las demás dueñas, para confundir° la mala opinión de aquel mal boticario   refute

[1] Arabic numbers are used here in the first edition. Schevill changes it to XXXVII.
[2] A **silguero** (mod. **jilguero**) is a goldfinch; this apothecary spoke as well as a goldfinch sings.
[3] **Quien a nosotras...** *he who sheared us has the shears in his hand.* That is, the person who did it to us can do it to others.
[4] *Digging up our bones* seems to refer to "finding our obvious faults."
[5] These are Catholic processions—religious parades—on fixed days (such as Good Friday and Corpus Christi), for funerals, and for other events.

y desarraigar° la que tiene en su pecho el gran Sancho Panza."   remove

A lo que Sancho respondió: "Después que tengo humos° de   taste
gobernador se me han quitado los vaguidos° de escudero y no se me da por   humor
cuantas dueñas hay un cabrahigo."

5   Adelante pasaran con el coloquio dueñesco,° si no oyeran que el pífaro   dueña-ish
y los tambores volvían a sonar, por donde entendieron que la dueña
Dolorida entraba. Preguntó la duquesa al duque si sería bien ir a recebirla,
pues era condesa y persona principal.

"Por lo que tiene de condesa," respondió Sancho, antes que el duque
10   respondiese, "'bien estoy° en que vuestras grandezas salgan a recebirla, pero   I agree
por lo de dueña, soy de parecer que no se muevan un paso."

"¿Quién te mete a ti en esto, Sancho?" dijo don Quijote.

"¿Quién, señor?" respondió Sancho. "Yo me meto, que puedo
meterme, como escudero que ha aprendido los términos de la cortesía en la
15   escuela de vuesa merced, que es el más cortés y bien criado caballero que
hay en toda la cortesanía,° y en estas cosas, según he oído decir a vuesa   realm of courtesy
merced, tanto se pierde por carta de más como por carta de menos, y al
buen entendedor,° pocas palabras."   understander

"Así es como Sancho dice," dijo el duque. "Veremos el talle de la
20   condesa[6] y por él tantearemos° la cortesía que se le debe."   we'll measure

En esto entraron los tambores y el pífaro como la vez primera.

Y aquí con este breve capítulo dio fin el autor, y comenzó el otro
siguiendo la mesma aventura, que es una de las más notables de la historia.

---

[6] **Veremos...** *let's see what the countess is like*

Capítulo XXXVIII. Donde se cuenta la¹ que dio de su mala andanza la dueña Dolorida.

DETRÁS de los tristes músicos comenzaron a entrar por el jardín adelante hasta cantidad de doce dueñas, repartidas en dos hileras, todas vestidas
5 de unos monjiles anchos, al parecer, de 'anascote batanado,° con unas tocas° blancas de delgado canequí,° tan luengas, que sólo el ribete° del monjil descubrían. Tras ellas venía la condesa Trifaldi, a quien traía de la mano el escudero Trifaldín de la Blanca Barba, vestida de finísima y negra bayeta 'por frisar,° que, a venir frisada, descubriera cada grano del grandor
10 de un garbanzo de los buenos de Martos.² La cola o falda, o como llamarla quisieren, era de tres puntas, las cuales se sustentaban en las manos de tres pajes asimesmo vestidos de luto, haciendo una vistosa y matemática figura con aquellos tres ángulos acutos,° que las tres puntas formaban, por lo cual cayeron todos los que la falda puntiaguda miraron, que por ella se debía
15 llamar LA CONDESA TRIFALDI, como si dijésemos LA CONDESA DE LAS TRES FALDAS. Y así dice Benengeli que fue verdad, y que de su propio apellido se llama³ LA CONDESA LOBUNA,° a causa que se criaban en su condado muchos lobos, y que, si como eran lobos fueran zorras,° la llamaran LA CONDESA ZORRUNA,° por ser costumbre en aquellas partes tomar los
20 señores la denominación de sus nombres de la cosa, o cosas, en que más sus estados abundan. Empero esta condesa, por favorecer la novedad de su falda, dejó el LOBUNA, y tomó el TRIFALDI.

Venían las doce dueñas y la señora a paso de procesión, cubiertos los rostros con unos velos negros, y no trasparentes como el de Trifaldín, sino
25 tan apretados que ninguna cosa se traslucían.

Así como acabó de parecer el dueñesco escuadrón, el duque, la duquesa y don Quijote se pusieron en pie, y todos aquellos que la espaciosa° procesión miraban. Pararon las doce dueñas y 'hicieron calle,° por medio de la cual la Dolorida 'se adelantó,° sin dejarla de la mano
30 Trifaldín, viendo lo cual el duque, la duquesa y don Quijote, se adelantaron obra de doce pasos a recebirla.

Ella, puesta las rodillas en el suelo, con voz antes basta y ronca que sutil y dilicada,° dijo: "Vuestras grandezas sean servidas de no hacer tanta cortesía a este su criado, digo a esta su criada, porque según soy de
35 dolorida, no acertaré a responder a lo que debo, a causa que mi estraña y jamás vista desdicha me ha llevado el entendimiento,° no sé adónde, y debe de ser muy lejos, pues cuanto más le busco, menos le hallo."

"Sin él° estaría," respondió el duque, "señora condesa, el que no descubriese por vuestra persona vuestro valor,⁴ el cual, sin más ver, es
40 merecedor de toda la nata de la cortesía, y de toda la flor de las bien criadas ceremonias."

---

fine lightweight
wool; hoods, muslin,
hems

unnapped

acute

wolfish
foxes
foxlike

slow, cleared a
passage; came
forward

delicada

senses

el *entendimiento*

---

¹ This **la** refers to **cuenta** *account*, even though **cuenta** is a verb and not a noun.
² **A venir frisada...** *had it been napped, each tuft would have been the size of a Martos chickpea.* Martos is an Andalusian town in the province of Jaén. The indefatigable Rodríguez Marín found documents showing that Cervantes went to Martos in 1592 and collected 150 bushels of chickpeas for use in gallies (vol. 6, p. 153, n. *1).
³ The first edition has **llama**. Schevill changed it to **llamó**.
⁴ That is, **el que no descubriese vuestro valor por vuestra persona** *he who could not tell your worth by seeing how you look.*

Y levantándola de la mano, la llevó a asentar en una silla junto a la duquesa, la cual la recibió asimismo con mucho comedimiento.

Don Quijote callaba, y Sancho andaba muerto por ver el rostro de la Trifaldi y de alguna de sus muchas dueñas. Pero no fue posible, hasta que 5 ellas de su grado y voluntad se descubrieron.

Sosegados todos y puestos en silencio, estaban esperando quién le había de romper,° y fue la dueña Dolorida con estas palabras: "Confiada   **romper** *el silencio* estoy, señor poderosísimo, hermosísima señora y discretísimos°   very discreet circunstantes, que ha de hallar mi cuitísima⁵ en vuestros valerosísimos°   very worthy 10 pechos acogimiento, no menos plácido que generoso y doloroso.⁶ Porque ella es tal, que es bastante a enternecer los mármoles, y a ablandar los diamantes, y a molificar los aceros de los más endurecidos corazones del mundo.⁷ Pero antes que salga a la plaza de vuestros oídos, por no decir orejas, quisiera que ᶦme hicieran sabidora° si está en este gremio, corro y   let me know 15 compañía,⁸ el acendradísimo° caballero don Quijote de la Manchísima, y su   very unblemished escuderísimo⁹ Panza."

"El Panza," antes que otro respondiese, dijo Sancho, "aquí está, y el don Quijotísimo asimismo. Y así podréis, dolorosísima dueñísima, decir lo que quisieridísimis.° Que todos estamos prontos y aparejadísimos° a ser   **quisiéredes,** very 20 vuestros servidorísimos."   prepared

En esto, se levantó don Quijote, y encaminando sus razones a la Dolorida dueña, dijo: "Si vuestras cuitas, angustiada señora, se pueden prometer alguna esperanza de remedio por algún valor o fuerzas de algún andante caballero, aquí están las mías, que aunque flacas y breves,° todas   limited 25 se emplearán en vuestro servicio. Yo soy don Quijote de la Mancha, cuyo asumpto es acudir a toda suerte de menesterosos, y siendo esto así, como lo es, no habéis menester, señora, ᶦcaptar benevolencias,° ni buscar   to beg for favors preámbulos, sino a la llana y sin rodeos decir vuestros males. Que oídos°   listeners os escuchan, que sabrán, si no remediarlos, dolerse dellos."

30 Oyendo lo cual la Dolorida dueña, ᶦhizo señal de° querer arrojarse a los   showed that pies de don Quijote, y aun se arrojó, y pugnando por abrazárselos, decía: "Ante estos pies y piernas me arrojo, ¡oh caballero invicto! por ser los que son basas y colunas de la andante caballería. Estos pies quiero besar, de cuyos pasos pende° y cuelga todo el remedio de mi desgracia, ¡oh valeroso   hangs 35 andante, cuyas verdaderas fazañas dejan atrás y escurecen las fabulosas de los Amadises, Esplandianes y Belianises!"

Y dejando a don Quijote, se volvió a Sancho Panza y asiéndole de las manos, le dijo: "¡Oh tú, el más leal escudero que jamás sirvió a caballero andante en los presentes, ni en los pasados siglos, más luengo en bondad

---

⁵ **Cuitísima** would mean *great affliction*, but you cannot put **-ísimo** on nouns, in principle.

⁶ **Mi cuita ha de hallar acogimiento (no menos plácido que generoso y doloroso) en vuestros valerosísimos pechos** *my affliction will find a no less attentive than generous and sympathetic reception in your most valiant hearts*

⁷ **A molificar...** *to soften the steel of the most hardened hearts in the world*

⁸ **Gremio,...** *guild, group, and company*

⁹ Needless to say, **Manchísima, escuderísimo** and those that follow are not normally possible.

que la barba de Trifaldín, mi acompañador que está presente! Bien puedes
preciarte que en servir al gran don Quijote sirves 'en cifra° a toda la caterva   in effect
de caballeros que han tratado las armas en el mundo. Conjúrote, por lo que
debes a tu bondad fidelísima,° me seas buen intercesor con tu dueño, para   most loyal
5   que luego favorezca a esta humildísima y desdichadísima condesa."
     A lo que respondió Sancho: "De que sea mi bondad, señoría mía, tan
larga y grande como la barba de vuestro escudero, a mí me hace muy poco
al caso.[10] Barbada y con bigotes tenga yo mi alma cuando desta vida vaya,
que es lo que importa. Que de las barbas de acá poco o nada me curo.[11]
10   Pero, sin esas socaliñas° ni plegarias, yo rogaré a mi amo, que sé que me   cunning
quiere bien, y más agora que me ha menester para cierto negocio, que
favorezca y ayude a vuesa merced en todo lo que pudiere. Vuesa merced
desembaule° su cuita, y cuéntenosla, y 'deje hacer,° que todos nos   disclose, leave it to
entenderemos."   us
15   Reventaban de risa con estas cosas los duques, como aquellos que
habían tomado el pulso a la tal aventura, y alababan entre sí la agudeza° y   shrewdness
disimulación de la Trifaldi, la cual, volviéndose a sentar, dijo: "Del famoso
reino de Candaya, que cae entre la gran Trapobana y el mar del Sur, dos
leguas más allá del cabo Comorín,[12] fue señora la reina doña Maguncia,[13]
20   viuda del rey Archipiela,[14] su señor y marido, de cuyo matrimonio tuvieron
y procrearon a la infanta Antonomasia,[15] heredera del reino, la cual dicha
infanta Antonomasia se crió y creció debajo de mi tutela° y doctrina,° por   protection, instruc-
ser yo la más antigua y la más principal dueña de su madre. Sucedió, pues,   tion
que yendo días y viniendo días, la niña Antonomasia llegó a edad de catorce
25   años, con tan gran perfeción de hermosura, que no la pudo subir° más de   increase
punto la naturaleza. Pues ¡digamos agora que la discreción era mocosa! Así
era discreta como bella, y era la más bella del mundo, y lo es, 'si ya° los   unless
hados invidiosos y las parcas° endurecidas no la han cortado la estambre°   fates, yarn
de la vida. Pero no habrán, que no han de permitir los cielos que se haga
30   tanto mal a la tierra, como sería llevarse 'en agraz° el racimo del más   prematurely
hermoso veduño° del suelo.   grapevine
     "De esta hermosura, y no-como-se-debe encarecida de mi torpe lengua,
se enamoró un número infinito de príncipes, así naturales como estranjeros,
entre los cuales osó levantar los pensamientos al cielo de tanta belleza un
35   caballero particular, que en la corte estaba, confiado en su mocedad y en su
bizarría° y en sus muchas habilidades y gracias, y facilidad y felicidad de   elegance
ingenio. Porque hago saber a vuestras grandezas, si no lo tienen por enojo,
que tocaba una guitarra que la hacía hablar, y más que era poeta y gran

---

[10] **A mí me...** *it doesn't matter much to me*

[11] **Que de las...** *I care little or not at all about beards here [on earth]*

[12] Trapobana refers to modern Sri Lanka. See Part I, Chapter 18, p. 128, l. 6. Cape
Comorin is the southern tip of India. The South Sea is the Pacific Ocean (see note 24).

[13] **Maguncia** is the Spanish name for Mainz, on the Rhine River in Germany, where
Gutenberg set up his printing press.

[14] Abreviated form of **archipiélago**, a series of islands.

[15] **Antonomasia** is a rhetorical device where you use a proper name to represent a class
of persons or a specific person, such as "Juan is a real Solomon" (= wise ruler), or an
epithet used to represent a person.

bailarín,° y sabía hacer una jaula de pájaros, que solamente a hacerlas[16]   *dancer*
pudiera ganar la vida, cuando se viera en estrema necesidad. Que todas
estas partes y gracias son bastantes a derribar una montaña, no que una
delicada doncella. Pero toda su gentileza y buen donaire, y todas sus gracias
y habilidades fueran poca o ninguna parte para rendir la fortaleza de mi
niña, si el ladrón desuellacaras no usara del remedio de rendirme a mí
primero. Primero quiso el malandrín y desalmado vagamundo granjearme
la voluntad, y cohecharme° el gusto, para que yo, mal alcaide,° le entregase   *bribe, governess*
las llaves de la fortaleza que guardaba.

"En resolución, él me aduló° el entendimiento, y me rindió la voluntad   *flattered*
con no sé qué dijes y brincos° que me dio. Pero lo que más me hizo postrar   *headdress pins*
y dar conmigo por el suelo[17] fueron unas coplas que le oí cantar una noche,
desde una reja que caía a una callejuela° donde él estaba, que si mal no me   *narrow street*
acuerdo decían:

> De la dulce mi enemiga
> nace un mal que al alma hiere,
> y por más tormento, quiere
> que se sienta y no se diga.[18]

"Parecióme la trova de perlas, y su voz, de almíbar,° y después acá,   *syrup*
digo, desde entonces, viendo el mal en que caí por estos y otros semejantes
versos, he considerado que de las buenas y concertadas repúblicas se habían
de desterrar los poetas, como aconsejaba Platón,[19] a lo menos los lascivos,
porque escriben unas coplas, no como las del marqués de Mantua, que
entretienen y hacen llorar los niños y a las mujeres, sino unas agudezas°   *subtleties*
que a modo de blandas espinas os atraviesan el alma, y como rayos os
hieren en ella, dejando sano el vestido.[20] Y otra vez cantó:

> Ven, muerte, tan escondida,
> que no te sienta venir;
> porque el placer del morir
> no me torne a dar la vida.[21]

"Y deste jaez otras coplitas° y estrambotes° que, cantados encantan, y   *little verses, refrains*
escritos suspenden. Pues ¿qué° cuando se humillan a componer un género   *what happens when*
de verso que en Candaya se usaba entonces, a quien ellos llamaban
SEGUIDILLAS? Allí era el brincar° de las almas, el retozar° de la risa, el   *frisking about,*
desasosiego° de los cuerpos, y finalmente, el azogue de todos los sentidos.   *frolicking; restless-*
   ness

---

[16] **Solamente…** *if he made only them*
[17] **Me hizo…** *brought my downfall*
[18] This is a translation from the 15th-century Italian poet Serafino dell'Aquila (1466-1500), annotated by editors since Juan Antonio Pellicer put it in his 1797 edition of the *Quijote*.
[19] In Plato's *Republic*, III.
[20] **Dejando…** *without tearing your dress*
[21] This is modified from a popular **redondilla** by Comendador Escrivá (fifteenth century) and published in the *Cancionero general* in Valencia (1511).

Y así digo, señores míos, que los tales trovadores con justo título los debían
desterrar a las 'Islas de los Lagartos.° Pero no tienen ellos la culpa, sino los   deserted islands
simples que los alaban, y las bobas que los creen. Y si yo fuera la buena
dueña que debía, no me habían de mover sus trasnochados conceptos,° ni   literary conceits
5   había de creer ser verdad aquel decir, «Vivo muriendo, ardo en el hielo,
tiemblo en el fuego, espero sin esperanza, pártome y quédome» con otros
imposibles° desta ralea,° de que están sus escritos llenos. Pues ¿qué cuando   impossible things,
prometen el fénix de Arabia, la corona de Aridiana,[22] los caballos del Sol,[23]   kind
del Sur las perlas,[24] de Tíbar el oro,[25] y de Pancaya el bálsamo?[26] Aquí es
10   donde ellos alargan más la pluma,[27] como les cuesta poco prometer lo que
jamás piensan, ni pueden cumplir. Pero ¿dónde me divierto?° ¡Ay de mí,   I wander
desdichada! ¿Qué locura, o qué desatino me lleva a contar las ajenas faltas,
teniendo tanto que decir de las mías? ¡Ay de mí, otra vez, sin ventura! Que
no me rindieron los versos, sino mi simplicidad. No me ablandaron las
15   músicas, sino mi liviandad. Mi mucha ignorancia y mi poco advertimiento°   lack of caution
abrieron el camino y desembarazaron la senda a los pasos de don Clavijo—
que éste es el nombre del referido caballero. Y así, siendo yo la medianera,
él se halló una y muy muchas veces en la estancia de la por mí y no por él
engañada Antonomasia, debajo del título de verdadero esposo. Que aunque
20   pecadora, no consintiera° que, sin ser su marido, la llegara a la vira[28] de la   I would not consent
suela de sus zapatillas.° ¡No, no, eso no—el matrimonio ha de ir adelante   slippers
en cualquier negocio destos, que por mí se tratare! Solamente hubo un daño
en este negocio, que fue el de la desigualdad, por ser don Clavijo un
caballero particular, y la infanta Antonomasia heredera, como ya he dicho,
25   del reino.
     "Algunos días estuvo encubierta y solapada° en la sagacidad de mi   hidden
recato esta maraña, hasta que me pareció que la iba descubriendo a más
andar no sé qué hinchazón° del vientre de Antonomasia, cuyo temor nos   swelling
hizo entrar en bureo a los tres, y 'salió dél° que antes que se saliese a luz   the result was
30   el mal recado, don Clavijo pidiese ante el vicario° por su mujer a   vicar
Antonomasia, en fe de una cédula,° que de ser su esposa la infanta le había   contract
hecho,[29] notada por mi ingenio con tanta fuerza, que las de Sansón no
pudieran romperla. Hiciéronse las diligencias,° vio el vicario la cédula,   preparations

---

[22] **Aridiana** is a rustic way of referring to Ariadna (Ariadne, in Greek mythology).
When she married Dionysus, he gave her a crown, now among the stars, known as the
corona borealis.

[23] The Roman god Sol (Helios in Greek) drove his four-horse chariot across the sky
every day. These are the horses referred to here.

[24] This "mar del sur" was the Pacific Ocean discovered (!) by Núñez de Balboa in
1513, where pearls, large and small, were found.

[25] Many think that Tíbar is a river. Rodríguez Marín maintains that it comes from the
Arabic **tibr** meaning *pure*, thus it refers to pure gold.

[26] Pancaya refers to Felix Arabia, modern Yemen, a fertile region, celebrated for its
spices, among other things.

[27] **Aquí es donde...** *Here [where they promise these fabulous items just mentioned]
is where they let their pens run free*

[28] The **vira** is the "welt of the shoe," a strip through which the sole is stitched to the
upper.

[29] **Que de ser...** *which the princess had made agreeing to be his wife*

tomó el tal vicario la confesión a la señora,° confesó 'de plano,° mandóla   i.e., Antonomasia's
depositar en casa de un 'alguacil de corte° muy honrado…"   openly; bailiff

    A esta sazón dijo Sancho: "También en Candaya hay alguaciles de
corte, poetas y seguidillas. Por lo que puedo jurar que imagino que todo el
5 mundo es uno. Pero dése vuesa merced priesa, señora Trifaldi, que es tarde,
y ya me muero por saber el fin desta tan larga historia."

    "Sí haré," respondió la condesa.

Capítulo XXXIX. Donde la Trifaldi prosigue su estupenda y memorable historia.

DE CUALQUIERA palabra que Sancho decía la duquesa gustaba tanto, como se desesperaba don Quijote, y mandándole que callase, la
5 Dolorida prosiguió, diciendo: "En fin, al cabo de muchas demandas y respuestas, como la infanta se estaba 'siempre en sus trece,° sin salir ni   persisting stubbornly
variar de la primera declaración, el vicario sentenció en favor de don Clavijo, y se la entregó por su legítima esposa, de lo que recibió tanto enojo la reina doña Maguncia, madre de la infanta Antonomasia, que dentro de
10 tres días la enterramos."
    "Debió de morir, sin duda," dijo Sancho.
    "Claro está," respondió Trifaldín, "que en Candaya no se entierran las personas vivas, sino las muertas."
    "Ya se ha visto, señor escudero," replicó Sancho, "enterrar un
15 desmayado, creyendo ser muerto, y parecíame a mí que estaba la reina Maguncia obligada a desmayarse antes que a morirse. Que con la vida muchas cosas se remedian, y no fue tan grande el disparate de la infanta, que obligase a sentirle tanto. Cuando se hubiera casado esa señora con algún paje suyo, o con otro criado de su casa, como han hecho otras
20 muchas, según he oído decir, fuera° el daño sin remedio. Pero el haberse   sería
casado con un caballero tan gentilhombre, y tan entendido como aquí nos le han pintado, en verdad en verdad, que aunque fue necedad, no fue tan grande como se piensa. Porque según las reglas de mi señor, que está presente y no me dejará mentir, así como se hacen de los hombres letrados
25 los obispos,¹ se pueden hacer de los caballeros, y más si son andantes, los reyes y los emperadores."
    "Razón tienes, Sancho," dijo don Quijote, "porque un caballero andante, como tenga dos dedos de ventura, está en potencia propincua de ser el mayor señor del mundo. Pero pase adelante la señora Dolorida. Que
30 a mí se me trasluce que le falta por contar lo amargo desta hasta aquí dulce historia."
    "Y ¡cómo si queda lo amargo!" respondió la condesa, "y tan amargo, que en su comparación son dulces las tueras,² y sabrosas las adelfas.³ Muerta, pues, la reina, y no desmayada, la enterramos, y apenas la cubrimos
35 con la tierra, y apenas le dimos el último vale, cuando, *quis talia fando temperet a lachrymis*?⁴ puesto sobre un caballo de madera,° pareció encima   wood
de la sepultura de la reina el gigante Malambruno, 'primo cormano° de   first cousin
Maguncia, que junto con ser cruel era encantador, el cual con sus artes, en venganza de la muerte de su cormana, y por castigo del atrevimiento de don
40 Clavijo, y por despecho de la demasía de Antonomasia, los dejó encantados sobre la mesma sepultura, a ella, convertida en una jimia° de bronce, y a   female ape
él, en un espantoso cocodrilo° de un metal no conocido, y entre los dos está   crocodile
un padrón° asimismo de metal, y en él escritas en lengua siríaca° unas   column, Syrian

---

¹ **Así como...** *just as educated men become bishops.* The next phrase follows suit.
² These "bitter apples" aren't apples at all, but rather a kind of Mediterranean squash.
³ The oleander is characterized by a poisonous milky juice.
⁴ From Virgil's *Æneid*, II, 6 and 8: "Who, on hearing this, can contain his tears."

letras, que, habiéndose declarado° en la candayesca,° y ahora en la
castellana, encierran esta sentencia:

NO COBRARÁN SU PRIMERA FORMA ESTOS DOS ATREVIDOS AMANTES,
HASTA QUE EL VALEROSO MANCHEGO VENGA CONMIGO A LAS MANOS EN
5 SINGULAR BATALLA. QUE PARA SOLO SU GRAN VALOR GUARDAN LOS
HADOS ESTA NUNCA VISTA AVENTURA.

"Hecho esto, sacó de la vaina un ancho y desmesurado alfanje, y
asiéndome a mí por los cabellos, 'hizo finta° de querer segarme° la gola,°
y 'cortarme cercen la cabeza.° Turbéme, pegóseme la voz a la garganta,
10 quedé mohina en todo extremo. Pero con voz tembladora° y doliente, le dije
tantas y tales cosas, que le hicieron suspender la ejecución de tan riguroso
castigo. Finalmente, hizo traer ante sí todas las dueñas de palacio, que
fueron estas que están presentes, y después de haber exagerado nuestra
culpa, y vituperado° las condiciones de las dueñas, sus malas mañas° y
15 peores trazas, y cargando a todas la culpa que yo sola tenía, dijo que no
quería con pena capital castigarnos, sino con otras penas dilatadas,° que nos
diesen una muerte civil[5] y continua, y en aquel mismo momento y punto
que acabó de decir esto, sentimos todas que se nos abrían los poros° de la
cara, y que por toda ella nos punzaban° como con puntas de agujas.
20 Acudimos luego con las manos a los rostros, y hallámonos de la manera
que ahora veréis."

Y luego la Dolorida y las demás dueñas alzaron los antifaces con que
cubiertas venían, y descubrieron los rostros todos poblados de barbas,
cuales° rubias,° cuales negras, cuales blancas, y cuales albarrazadas,° de
25 cuya vista mostraron quedar admirados el duque y la duquesa, pasmados
don Quijote y Sancho, y atónitos todos los presentes, y la Trifaldi prosiguió:
"Desta manera nos castigó aquel follón y mal intencionado de Malambruno,
cubriendo la blandura y morbidez° de nuestros rostros con la aspereza
destas cerdas. Que pluguiera al cielo que antes con su desmesurado alfanje
30 nos hubiera derribado las testas,° que no que nos asombrara° la luz de
nuestras caras con esta borra° que nos cubre, porque si entramos en cuenta,
señores míos—y esto que voy a decir agora, lo quisiera decir hechos mis
ojos fuentes,[6] pero la consideración de nuestra desgracia y los mares que
hasta aquí han llovido, los tienen sin humor y secos como aristas,° y así lo
35 diré sin lágrimas—digo, pues, que ¿adónde podrá ir una dueña con barbas?
¿Qué padre, o qué madre se dolerá della? ¿Quién la dará ayuda? Pues aun
cuando tiene la tez° lisa, y el rostro martirizado con mil suertes de
menjurjes° y mudas, apenas halla quien bien la quiera, ¿qué hará cuando
descubra hecho un bosque su rostro?[7] ¡Oh dueñas y compañeras mías, en
40 desdichado punto nacimos, en hora menguada nuestros padres nos
engendraron!"

Y diciendo esto, dio muestras de desmayarse.

---

[5] In Part I, Chapter 22, p. 164, n. 26, **muerte civil** was something different from here,
where it means *a wretched life*.

[6] **Lo quisiera...** *I wish I could cry while saying it*

[7] **Cuando dscubra...** *when they find out her face has been turned into a forest?*

Margin glosses:
i.e., translated,
Candayan

threatened, cut, throat
cut off my head
trembling

condemned, customs

prolonged

pores
punctured

some, blond, brown-
ish red

smoothness

heads, darken
animal hair

chaff

skin of face
cosmetics

Capítulo XL. De cosas que atañen y tocan a esta aventura y a esta memorable historia.

REAL y verdaderamente todos los que gustan de semejantes historias como
ésta deben de mostrarse agradecidos a Cide Hamete, su autor primero, por
la curiosidad° que tuvo en contarnos las semínimas° della, sin dejar cosa, care, quarter notes
por menuda que fuese, que no la sacase a luz distintamente. Pinta los
pensamientos, descubre las imaginaciones, responde a las tácitas,° aclara las **preguntas tácitas**
dudas, resuelve los argumentos. Finalmente, los átomos del más curioso deseo
manifiesta. ¡Oh autor celebérrimo! ¡Oh don Quijote dichoso! ¡Oh Dulcinea
famosa! ¡Oh Sancho Panza gracioso! Todos juntos y cada uno de por sí viváis
siglos infinitos, para gusto y general pasatiempo de los vivientes.

Dice, pues, la historia que así como Sancho vio desmayada a la Dolorida,
dijo: "Por la fe de hombre de bien juro, y por el siglo de todos mis pasados los
Panzas, que jamás he oído ni visto, ni mi amo me ha contado, ni en su
pensamiento ha cabido semejante aventura como ésta. Válgate mil
Satanases,[1]—por no maldecirte, por encantador y gigante[2]—Malambruno, y ¿no
hallaste otro género de castigo que dar a estas pecadoras, sino el de barbarlas?° putting beards on
them
¿Cómo y no fuera mejor, y a ellas les estuviera más a cuento,[3] quitarles la mitad
de las narices de medio arriba, aunque hablaran gangoso,° que no ponerles with a twang
barbas? Apostaré yo que no tienen hacienda para pagar a quien las rape."

"Así es la verdad, señor," respondió una de las doce, "que no tenemos
hacienda para mondarnos,° y así hemos tomado algunas de nosotras por have ourselves
remedio ahorrativo° de usar de unos pegotes o parches pegajosos,[4] y trimmed
aplicándolos a los rostros y tirando de golpe, quedamos rasas y lisas como economizing
fondo de mortero de piedra.[5] Que puesto que hay en Candaya mujeres que
andan de casa en casa a quitar el vello y a pulir° las cejas y hacer otros pluck
menjurjes tocantes a mujeres, nosotras las dueñas de mi señora por jamás
quisimos admitirlas,° porque las más oliscan a terceras, habiendo dejado de **las = mujeres**
ser primas.[6] Y si por el señor don Quijote no somos remediadas, con barbas
nos llevarán a la sepultura."

"Yo me pelaría las mías," dijo don Quijote, "en tierra de moros, si no
remediase las vuestras."

A este punto volvió de su desmayo la Trifaldi, y dijo: "El retintín° desa sound
promesa, valeroso caballero, en medio de mi desmayo llegó a mis oídos, y
ha sido parte para que yo dél vuelva y cobre todos mis sentidos, y así, de
nuevo os suplico, andante ínclito y señor indomable,° vuestra graciosa unconquerable
promesa se convierta en obra."

"Por mí no quedará,"[7] respondió don Quijote. "Ved, señora, qué es lo
que tengo de° hacer. Que el ánimo está muy pronto para serviros." **que**

---

[1] **Válgate...** *may a thousand devils take you away*

[2] **Por no maldecirte...** *not to curse you, since you are both an enchanter and a giant*

[3] **¿Cómo y no...** *wouldn't it have been better for them, and more appropriate*

[4] **Pegotes...** *sticky patches or sticky plasters*

[5] A stone mortar, such as the kind used with pestles by pharmacists to grind medicines, would become very smooth after long use.

[6] **Oliscan...** *they smell of go-betweens* (**terceras**), *no longer being prime prostitutes.*

[7] **Por mí...** *there will be no delay because of me*

"Es el caso," respondió la Dolorida, "que desde aquí al reino de Candaya, si se va por tierra, hay cinco mil leguas, dos más a menos. Pero si se va por el aire, y por la línea recta, hay tres mil y docientas y veinte y siete. Es también de saber que Malambruno me dijo que cuando la suerte me
5 deparase al caballero nuestro libertador, que él le enviaría una cabalgadura°   mount
harto mejor y con menos malicias que las que son 'de retorno,° porque ha   rental
de ser aquel mesmo caballo de madera sobre quien llevó el valeroso Pierres robada a la linda Magalona,[8] del cual caballo se rige por una clavija que tiene en la frente, que le sirve de freno, y vuela por el aire con tanta ligereza,
10 que parece que los mesmos diablos le llevan. Este tal caballo, según es tradición antigua, fue compuesto° por aquel sabio Merlín. Prestósele a   made Pierres, que era su amigo, con el cual hizo grandes viajes y robó, como se ha dicho, a la linda Magalona, llevándola a las ancas por el aire, dejando embobados a cuantos desde la tierra los miraban. Y no le prestaba sino a
15 quien él quería o mejor se lo pagaba,[9] y desde el gran Pierres hasta ahora no sabemos que haya subido alguno en él. De allí le ha sacado Malambruno con sus artes y le tiene en su poder, y se sirve dél en sus viajes, que los hace por momentos, por diversas partes del mundo, y hoy está aquí y mañana en Francia, y otro día en Potosí,[10] y es lo bueno que el tal caballo ni come, ni
20 duerme, ni gasta° herraduras, y lleva un portante° por los aires, sin tener   wears out, quick pace alas, que el que lleva encima puede llevar una taza llena de agua en la mano, sin que se le derrame gota, según camina llano° y reposado, por lo cual la   smoothly linda Magalona se holgaba mucho de andar caballera en él."
A esto dijo Sancho: "Para andar reposado y llano, mi rucio, puesto que
25 no anda por los aires. Pero, por la tierra, yo 'le cutiré° con cuantos   will match him portantes° hay en el mundo."   against; amblers
Riéronse todos y la Dolorida prosiguió: "Y este tal caballo, si es que Malambruno quiere dar fin a nuestra desgracia, antes que sea media hora entrada la noche[11] estará en nuestra presencia. Porque él me significó que
30 la señal que me daría por donde yo entendiese que había hallado el caballero que buscaba, sería enviarme el caballo, 'donde fuese,° con comodidad y   wherever presteza."
"Y ¿cuántos caben en ese caballo?" preguntó Sancho.
La Dolorida respondió: "Dos personas, la una en la silla y la otra en las
35 ancas, y por la mayor parte estas tales dos personas son caballero y escudero, cuando falta alguna robada doncella."
"Querría yo saber, señora Dolorida," dijo Sancho, "qué nombre tiene ese caballo."
"El nombre," respondió la Dolorida, "no es como el caballo de

---

[8] Martín de Riquer, the person who knows Old French and medieval Spanish heroic literature best, says that this episode of the flying wooden horse derives from an Old French source (*ca.* 1290) called *Cléomadès*, which was prosified in the Spanish *Historia del muy valeroso e esforzado caballero Clamades...* (Burgos, 1521, and reprinted many times). See also notes 15 and 16 in Part I, Chapter 49, p. 399.

[9] **O mejor...** *or [whoever] paid him well*

[10] Potosí is in Bolivia and here refers to faraway places.

[11] **Antes que...** *before the night is half an hour old*

Belorofonte,[12] que se llamaba Pegaso, ni como el del Magno Alejandro, llamado Bucéfalo, ni como el del furioso Orlando, cuyo nombre fue Brilladoro, ni menos Bayarte, que fue el de Reinaldos de Montalbán, ni Frontino como el de Rugero, ni Bootes, ni Peritoa, como dicen que se
5 llaman los del Sol,[13] ni tampoco se llama Orelia, como el caballo en que el desdichado Rodrigo, último rey de los godos, entró en la batalla donde perdió la vida y el reino."

"Yo apostaré," dijo Sancho, "que pues no le han dado ninguno desos famosos nombres de caballos tan conocidos, que tampoco le habrán dado
10 el de mi amo, Rocinante, que en ser propio[14] excede a todos los que se han nombrado."

"Así es," respondió la barbada condesa, "pero todavía le cuadra mucho, porque se llama Clavileño[15] el Alígero,° cuyo nombre conviene con   swift
el ser de leño y con la clavija que trae en la frente, y con la ligereza con que
15 camina, y así, en cuanto al nombre, bien puede competir con el famoso Rocinante."

"No me descontenta el nombre," replicó Sancho, "pero ¿con qué freno o con qué jáquima se gobierna?°"   control

"Ya he dicho," respondió la Trifaldi, "que con la clavija, que
20 volviéndola° a una parte o a otra el caballero que va encima, le hace   turning it
caminar como quiere, o ya por los aires, o ya rastreando° y casi barriendo   skimming
la tierra, o por el medio, que es el que se busca y se ha de tener en todas las acciones bien ordenadas."

"Ya lo querría ver," respondió Sancho, "pero pensar que tengo de subir
25 en él, ni en la silla ni en las ancas, es pedir peras al olmo. ¡Bueno es que apenas puedo tenerme en mi rucio, y sobre un albarda más blanda que la mesma seda, y querrían ahora que me tuviese en unas ancas de tabla sin cojín ni almohada alguna! Pardiez, yo no me pienso moler por quitar las barbas a nadie. Cada cual se rape como más le viniere a cuento, que yo no
30 pienso acompañar a mi señor en tan largo viaje, cuanto más que yo no debo de hacer al caso para el rapamiento° destas barbas como lo soy para el   shaving
desencanto de mi señora Dulcinea."

"Sí sois, amigo," respondió la Trifaldi, "y tanto que sin vuestra presencia entiendo que no haremos nada."
35 "¡Aquí del rey!" dijo Sancho. "¿Qué tienen que ver los escuderos con las aventuras de sus señores? ¿Hanse de llevar ellos la fama de las que acaban, y hemos de llevar nosotros el trabajo?[16] ¡Cuerpo de mí! Aun si

[12] Bellerophon (**Belorofonte** in the first edition) captured the flying horse Pegasus and used him on many adventures. When he tried to fly to heaven, the gods sent a gadfly to sting the horse, and Bellerophon was killed having been flung from the horse.

[13] The horses of the Sun (See Ovid's *Metamorphoses*, II, III) are Pyrœis, Eous, Æton, and Phlegon, and not Bootes and Peritoa. Boötes is the Plowman constellation in the northern sky. Peritoa possibly refers to Theseus' friend Peirithous, who became a perpetual prisoner of Hades for trying to abduct Persephone.

[14] **Que en...** *because it is so fitting*

[15] **Clavileño** comes from **clavija** *peg* and **leño** *wood*.

[16] **¿Hanse de...** *are they supposed to get all the fame for the adventures they do while we have to do the work?*

dijesen los historiadores:[17] 'El tal caballero acabó la tal y tal aventura, pero con ayuda de fulano su escudero, sin el cual fuera imposible el acabarla.' Pero, ¡que escriban a secas: 'Don Paralipómenon de las Tres Estrellas acabó la aventura de los seis vestiglos,' sin nombrar la persona de su escudero que se halló presente a todo, como si no fuera en el mundo! Ahora, señores, vuelvo a decir que mi señor se puede ir solo, y buen provecho le haga. Que yo me quedaré aquí en compañía de la duquesa mi señora, y podría ser que cuando volviese hallase mejorada la causa de la señora Dulcinea en tercio y quinto, porque pienso, en los ratos ociosos y desocupados, darme una tanda° de azotes, que no me la cubra pelo."[18]   batch

"Con todo eso, le habéis de acompañar si fuere necesario, buen Sancho, porque os lo rogarán buenos.° Que no han de quedar por vuestro   important people
inútil temor tan poblados los rostros destas señoras, que cierto sería mal caso."

"¡Aquí del rey otra vez!" replicó Sancho. "Cuando esta caridad se hiciera por algunas doncellas recogidas, o por algunas niñas de la doctrina, pudiera el hombre aventurarse a cualquier trabajo. Pero que lo sufra por quitar las barbas a dueñas, ¡mal año! 'Mas que° las viese yo a todas con   aunque
barbas desde la mayor hasta la menor, y de la más melindrosa hasta la más repulgada."°   affected

"Mal estáis con las dueñas, Sancho amigo," dijo la duquesa, "mucho os vais tras la opinión del boticario toledano, pues a fe que no tenéis razón. Que dueñas hay en mi casa que pueden ser ejemplo de dueñas. Que aquí está mi doña Rodríguez que no me dejará decir otra cosa."

"Mas que la diga vuestra excelencia," dijo Rodríguez, "que Dios sabe la verdad de todo, y buenas o malas, barbadas o lampiñas° que seamos las   beardless
dueñas, también nos parió nuestra madre como a las otras mujeres, y pues Dios nos echó en el mundo, Él sabe para qué, y a su misericordia me atengo, y no a las barbas de nadie."

"Ahora bien, señora Rodríguez," dijo don Quijote, "y señora Trifaldi y compañía, yo espero en el cielo que mirará con buenos ojos vuestras cuitas. Que Sancho hará lo que yo le mandare, ya viniese Clavileño, y ya me viese con Malambruno. Que yo sé que no habría navaja que con más facilidad rapase a vuestras mercedes como mi espada raparía de los hombros la cabeza de Malambruno. Que Dios sufre a los malos, pero no para siempre."

"¡Ay!" dijo a esta sazón la Dolorida. "Con benignos ojos miren a vuestra grandeza, valeroso caballero, todas las estrellas de las regiones celestes[19] e infundan en vuestro ánimo toda prosperidad y valentía para ser escudo y amparo del vituperoso° y abatido género dueñesco,° abominado   censured, of **dueñas**
de boticarios, murmurado de escuderos y socaliñado° de pajes. Que mal   tricked
haya la bellaca que en la flor de su edad no 'se metió° primero a ser monja,   became
que a dueña. ¡Desdichadas de nosotras las dueñas, que aunque vengamos

---

[17] **Aun si...** *if the historians would only say*
[18] **Que no me...** *so that my hair won't grow back*
[19] That is, **Que todas las estrellas [de las regiones celestes] miren a vuestra grandeza, [valeroso caballero], con benignos ojos.**

por línea recta de varón en varón del mismo Héctor el troyano,[20] no dejaran
de echaros un VOS[21] nuestras señoras si pensasen por ello ser reinas![22] ¡Oh
gigante Malambruno, que aunque eres encantador, eres certísimo en tus
promesas! Envíanos ya al sin par Clavileño, para que nuestra desdicha se
5   acabe. Que si entra el calor y estas nuestras barbas duran, ¡guay° de nuestra   alas!
ventura!"
    Dijo esto con tanto sentimiento la Trifaldi, que sacó las lágrimas de los
ojos de todos los circunstantes, y aun arrasó los de Sancho, y propuso en
su corazón de acompañar a su señor hasta las últimas partes del mundo, si
10   es que en ello consistiese quitar la lana de aquellos venerables rostros.

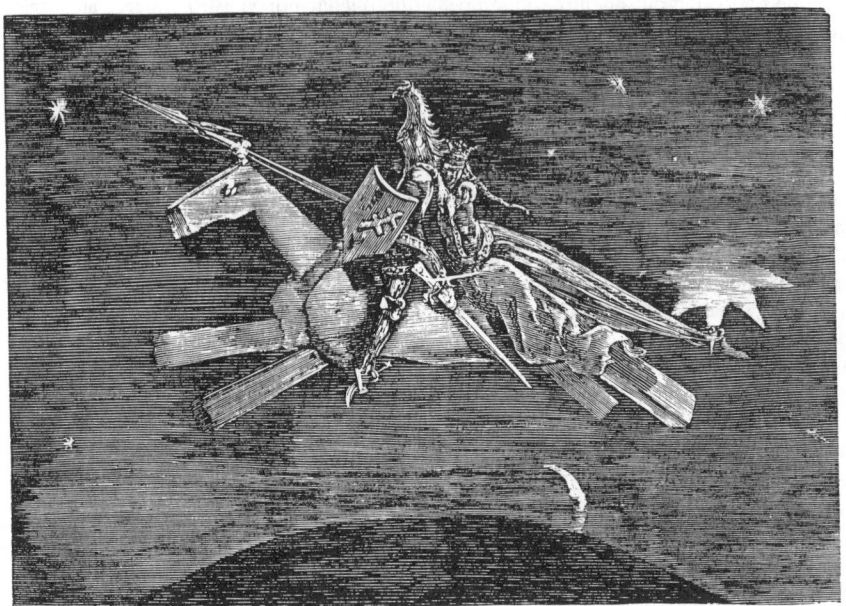

---

[20] Hector was a great warrrior, a good son, and a loving husband, and has nothing to
do with **dueñas**.

[21] **Vos** was used for inferiors, as you know.

[22] **Si pensasen…** *if they think it'll make them feel like queens*

Capítulo XLI. De la venida de Clavileño, con el fin desta dilatada aventura.

LLEGÓ en esto la noche, y con ella el punto° determinado en que el famoso caballo Clavileño viniese, cuya tardanza fatigaba ya a don Quijote, pareciéndole que, pues Malambruno se detenía en enviarle, o° que él no era el caballero para quien estaba guardada aquella aventura, o° que Malambruno no osaba venir con él a singular batalla. Pero veis aquí, cuando° a deshora entraron por el jardín cuatro salvajes vestidos todos de verde yedra, que sobre sus hombros traían un gran caballo de madera.

Pusiéronle de pies en el suelo, y uno de los salvajes dijo: "Suba sobre esta máquina el que tuviere ánimo para ello."

"Aquí," dijo Sancho, "yo no subo, porque ni tengo ánimo, ni soy caballero."

Y el salvaje prosiguió, diciendo: "Y ocupe° las ancas el escudero, si es que lo tiene, y fíese del valeroso Malambruno, que si no fuere de su espada, de ninguna otra ni de otra malicia será ofendido.[1] Y no hay más que torcer° esta clavija que sobre el cuello trae puesta, que él los llevará por los aires adonde los atiende Malambruno. Pero porque la alteza° y sublimida° del camino no les cause vaguidos,° se han de cubrir los ojos hasta que el caballo relinche, que será señal de haber dado fin a su viaje."

Esto dicho, dejando a Clavileño, con gentil continente se volvieron por donde habían venido. La Dolorida, así como vio al caballo, casi con lágrimas dijo a don Quijote: "Valeroso caballero, las promesas de Malambruno han sido ciertas, el caballo está en casa, nuestras barbas crecen, y cada una de nosotras y con cada pelo dellas te suplicamos nos rapes y tundas,° pues no está° en más sino en que subas en él con tu escudero y des felice principio a vuestro nuevo viaje."

"Eso haré yo, señora condesa Trifaldi, de muy buen grado y de mejor talante, sin ponerme a tomar cojín, ni calzarme espuelas, por no detenerme, tanta es la gana que tengo de veros a vos, señora, y a todas estas dueñas rasas y mondas."

"Eso no haré yo," dijo Sancho, "ni de malo ni de buen talante, en ninguna manera. Y si es que este rapamiento no se puede hacer sin que yo suba a las ancas, bien puede buscar mi señor otro escudero que le acompañe, y estas señoras otro modo de alisarse° los rostros. Que yo no soy brujo, para gustar de andar por los aires. Y ¿qué dirán mis insulanos cuando sepan que su gobernador se anda paseando por los vientos? Y otra cosa más—que habiendo tres mil y tantas leguas de aquí a Candaya, si el caballo se cansa, o el gigante 'se enoja,° tardaremos en dar la vuelta media docena de años, y ya ni habrá ínsula, ni ínsulos en el mundo que me conozcan. Y pues se dice comúnmente que en la tardanza va el peligro y que cuando te dieren la vaquilla, acudas con la soguilla,° perdónenme las barbas de estas señoras, que bien se está San Pedro en Roma. Quiero decir que bien me estoy en esta casa, donde tanta merced se me hace, y de cuyo dueño tan gran bien espero, como es verme gobernador."

A lo que el duque dijo: "Sancho amigo, la ínsula que yo os he

---

[1] **Si no fuere...** *by no sword other than his [Malambruno's], nor by the malice of another person, will he be offended*

---

time

either
or

que

occupy

twist
altitude, loftiness
dizziness

shear, consists

make smooth

becomes vexed

cord

prometido no es movible° ni fugitiva.° Raíces tiene tan hondas echadas en

los abismos de la tierra, que no la arrancarán ni mudarán de donde está a°

tres tirones. Y pues vos sabéis que sé yo que no hay ningún género de oficio

destos de mayor cantía° que no se granjee con alguna suerte de cohecho,

5 'cual más, cual menos,° el que yo quiero llevar por este gobierno es que

vais° con vuestro señor don Quijote a dar cima y cabo a esta memorable

aventura. Que ahora° volváis sobre Clavileño con la brevedad que su

ligereza promete, ora° la contraria fortuna os traiga y vuelva a pie, hecho

romero,° de mesón en mesón, y de venta en venta, 'siempre que° volviéredes

10 hallaréis vuestra ínsula donde la dejáis, y a vuestros insulanos con el mesmo

deseo de recebiros por su gobernador que siempre han tenido, y mi voluntad

será la mesma, y no pongáis duda en esta verdad, señor Sancho. Que sería

hacer notorio agravio al deseo que de serviros tengo."

"No más, señor," dijo Sancho, "yo soy un pobre escudero y no puedo

15 llevar a cuestas tantas cortesías. Suba mi amo, tápenme estos ojos, y

encomiéndenme a Dios, y avísenme si cuando vamos° por esas altanerías°

podré encomendarme a nuestro Señor, o invocar los ángeles que me

favorezcan."[2]

A lo que respondió Trifaldi: "Sancho, bien podéis encomendaros a

20 Dios, o a quien quisiéredes. Que Malambruno, aunque es encantador, es

cristiano y hace sus encantamentos con mucha sagacidad y con mucho

tiento, sin meterse con nadie."

"Ea, pues," dijo Sancho, "Dios me ayude y la Santísima Trinidad de

Gaeta."[3]

25 "Desde la memorable aventura de los batanes," dijo don Quijote,

"nunca he visto a Sancho con tanto temor como ahora, y si yo fuera tan

agorero como otros, su pusilanimidad° me hiciera algunas cosquillas en el

ánimo.[4] Pero llegaos° aquí, Sancho. Que con licencia destos señores os

quiero hablar aparte dos palabras."

30 Y apartando a Sancho entre unos árboles del jardín, y asiéndole ambas

las manos, le dijo: "Ya vees, Sancho hermano, el largo viaje que nos espera,

y que sabe Dios cuándo volveremos dél, ni la comodidad y espacio que nos

darán los negocios. Y así querría que ahora te retirases en tu aposento, como

que vas a buscar alguna cosa necesaria para el camino, y en un dacá las

35 pajas te dieses 'a buena cuenta° de los tres mil y trecientos azotes a que estás

obligado, siquiera quinientos, que dados te los tendrás. Que el comenzar las

cosas es tenerlas medio acabadas."

"¡Par Dios!" dijo Sancho, "¡que vuesa merced debe de ser menguado!°

Esto es como aquello que dicen, «En priesa° me vees y ¿doncellez° me

40 demandas?°» ¿Ahora que tengo de ir sentado en una tabla rasa, quiere vuesa

merced que me lastime las posas? En verdad en verdad que no tiene vuesa

merced razón. Vamos ahora a rapar estas dueñas. Que a la vuelta yo le

prometo a vuesa merced, como quien soy, de darme tanta priesa a salir de

---

[2] Since this voyage smacks of sorcery, Sancho is loathe to invoke God, fearing some
kind of divine retribution.

[3] See Part II, Chapter 22, p. 574, n. 35.

[4] **Me hiciera...** *might make my courage waver*

Marginal glosses:

moveable, perishable
ni a

importance
big or small
vayáis
whether
or
pilgrim, whenever

vayamos, heights

cowardliness
come

a large amount

impaired
pregnant, virginity
want

mi obligación que vuesa merced se contente, y no le digo más."

Y don Quijote respondió: "Pues con esa promesa, buen Sancho, voy consolado, y creo que la cumplirás, porque, en efecto, aunque tonto, eres hombre verídico.°" — truthful

5 "No soy verde, sino moreno," dijo Sancho, "pero aunque fuera de mezcla, cumpliera° mi palabra." — I would keep

Y con esto se volvieron a subir en Clavileño, y al subir dijo don Quijote: "Tapaos, Sancho, y subid, Sancho. Que quien de tan lueñes tierras envía por nosotros no será para engañarnos, por la poca gloria que le puede
10 redundar de engañar a quien dél se fía, y puesto que todo sucediese al revés de lo que imagino, la gloria de haber emprendido esta hazaña no la podrá escurecer malicia alguna."⁵

"Vamos, señor," dijo Sancho, "que las barbas y lágrimas destas señoras las tengo clavadas en el corazón, y no comeré bocado que 'bien me sepa° — tastes good to me
15 hasta verlas en su primera lisura. Suba vuesa merced, y tápese primero. Que si yo tengo de ir a las ancas, claro está que primero sube el de la silla."

"Así es la verdad," replicó don Quijote.

Y sacando un pañuelo de la faldriquera, pidió a la Dolorida que le cubriese muy bien los ojos, y habiéndoselos cubierto, se volvió a descubrir
20 y dijo: "Si mal no me acuerdo, yo he leído en Virgilio aquello del Paladión de Troya,⁶ que fue un caballo de madera que los griegos presentaron a la diosa Palas, el cual iba preñado de caballeros armados, que después fueron la total ruina de Troya. Y así será bien ver primero lo que Clavileño trae en su estómago."

25 "No hay para qué," dijo la Dolorida, "que yo le fío, y sé que Malambruno no tiene nada de malicioso ni de traidor. Vuesa merced, señor don Quijote, suba sin pavor alguno, y a mi daño si alguno le sucediere."⁷

Parecióle a don Quijote que cualquiera cosa que replicase° acerca de — he might say
su seguridad° sería poner en detrimento 'su valentía,° y así sin más — safety, su *fama de*
30 altercar,⁸ subió sobre Clavileño, y le tentó la clavija, que fácilmente 'se — *valentía*
rodeaba,° y como no tenía estribos y le colgaban las piernas, no parecía — turned
sino figura de tapiz flamenco,° pintada o tejida, en algún romano triunfo.⁹ — Flemish
De mal talante, y poco a poco, llegó a subir Sancho, y acomodándose lo mejor que pudo en las ancas, las halló algo duras y no nada blandas, y
35 pidió al duque que, si fuese posible, le acomodasen de algún cojín, o de alguna almohada, aunque fuese del estrado de su señora la duquesa o del lecho de algún paje, porque las ancas de aquel caballo más parecían de

---

⁵ **La gloria...** *no malice can dim the glory of having undertaken this deed.* The **la** before **podrá** reflects **la gloria**.

⁶ Don Quijote here thinks that Paladión (Palladium) was the *name* of the Trojan Horse. In reality, the Greeks pretended that the Trojan Horse was an offering to Athena (Pallas) in order to make Troy impregnable. Once inside the city, Greek soldiers came out of the horse and opened the gates of the city so their army could enter. "Instar montis equum, divina Palladis arte, ædificant," *They built a horse as large as a mountain with the divine skill of Pallas, Æneid,* II, 15. I thank Nik Gross for the translation.

⁷ **A mi daño...** *I'll be responsible if anything happens.* **Alguno** refers to **daño**.

⁸ **Sin más...** *without further debate*

⁹ **En algún...** *of a Roman victory.* The stirrup wasn't invented until about the year 500, after Roman times, and thus would not be depicted in a Roman scene.

mármol que de leño.

A esto dijo la Trifaldi que ningún jaez ni ningún género de adorno° adornment
sufría sobre sí Clavileño. Que lo que podía hacer era ponerse a mujeriegas,
y que así no sentiría tanto la dureza. Hízolo así Sancho, y diciendo, "¡A
5 Dios!" se dejó vendar° los ojos, y ya después de vendados, se volvió a blindfold
descubrir, y mirando a todos los del jardín tiernamente° y con lágrimas dijo tenderly
que le ayudasen en aquel trance con sendos paternostres y sendas
avemarías, por que Dios deparase quien por ellos los dijese cuando en
semejantes trances se viesen.[10]
10 A lo que dijo don Quijote: "Ladrón, ¿estás puesto en la horca por
ventura, o en el último término de la vida, para usar de semejantes
plegarias? ¿No estás, desalmada y cobarde criatura, en el mismo lugar que
ocupó la linda Magalona, del cual decendió, no a la sepultura, sino a ser
reina de Francia, si no mienten las historias? Y yo, que voy a tu lado, ¿no
15 puedo ponerme° al del valeroso Pierres, que oprimió este mismo lugar que be like
yo ahora oprimo? Cúbrete, cúbrete, animal descorazonado,° y no te salga spiritless
a la boca el temor que tienes, a lo menos, en presencia mía."

"Tápenme," respondió Sancho, "y pues no quieren que me encomiende
a Dios ni que sea encomendado, ¿qué mucho[11] que tema no ande por aquí
20 alguna región de diablos que den con nosotros en Peralvillo?"[12]

Cubriéronse, y sintiendo don Quijote que estaba como había de estar,
tentó la clavija, y apenas hubo puesto los dedos en ella, cuando todas las
dueñas y cuantos estaban presentes levantaron las voces, diciendo: "¡Dios
te guíe, valeroso caballero! ¡Dios sea contigo, escudero intrépido! ¡Ya, ya
25 vais por esos aires, rompiéndolos con más velocidad que una saeta! ¡Ya
comenzáis a suspender y admirar a cuantos desde la tierra os están mirando!
¡Tente, valeroso Sancho—que 'te bamboleas°—mira no cayas! Que será you are tottering
peor tu caída que la del atrevido mozo que quiso regir el carro del Sol, su
padre!"[13]
30 Oyó Sancho las voces, y apretándose con su amo, y ciñéndole con los
brazos, le dijo: "Señor, ¿cómo dicen éstos que vamos tan altos, si alcanzan
acá sus voces y no parece sino que están aquí hablando, junto a nosotros?"

"No repares en eso, Sancho. Que como estas cosas y estas volaterías
van fuera de los cursos° ordinarios, de mil leguas verás y oirás lo que course of events
35 quisieres. Y no me aprietes tanto, que me derribas. Y en verdad, que no sé
de qué te turbas ni te espantas. Que osaré jurar que en todos los días de mi
vida he subido en cabalgadura de paso más llano.° No parece sino que no smooth
nos movemos de un lugar. Destierra, amigo, el miedo, que en efecto, la
cosa va como ha de ir, y el viento llevamos 'en popa.°" from behind
40 "Así es la verdad," respondió Sancho, "que por este lado me da un

---

[10] **Con sendos...** *with one Our Father and one Hail Mary apiece so that God should provide them with people to say prayers for them if they were in similar straits*
[11] **¿qué...** *is it any wonder?*
[12] Clemencín points out that Peralvillo was a town near Ciudad Real where the Holy Brotherhood executed criminals.
[13] This refers to Phæthon, son of Apollo, who took his father's chariot and rode across the sky. When he almost crashed into the earth, Zeus killed him with a lightning bolt.

viento tan recio, que parece que con mil fuelles° me están soplando."   bellows
    Y así era ello—que unos grandes fuelles le estaban haciendo aire. Tan
bien trazada estaba la tal aventura por el duque y la duquesa y su
mayordomo, que no le faltó requisito que la dejase de hacer perfecta.
    Sintiéndose pues soplar don Quijote, dijo: "Sin duda alguna, Sancho,
que ya debemos de llegar a la segunda región del aire, adonde se engendra
el granizo, las nieves. Los truenos, los relámpagos, y los rayos se engendran
en la tercera región, y si es que desta manera vamos subiendo, presto
daremos en la región del fuego, y no sé yo cómo templar° esta clavija para   turn
que no subamos donde 'nos abrasemos.°"[14]   get burned
    En esto, con unas estopas[15] ligeras° de encenderse y apagarse, desde   easy
lejos, pendientes de una caña, les calentaban° los rostros. Sancho, que sintió   warmed
el calor, dijo: "Que me maten si no estamos ya en el lugar del fuego, o bien
cerca, porque una gran parte de mi barba se me ha chamuscado,° y estoy,   singed
señor, por descubrirme y ver en qué parte estamos."
    "No hagas tal," respondió don Quijote, "y acuérdate del verdadero
cuento del licenciado Torralba,[16] a quien llevaron los diablos en volandas
por el aire, caballero en una caña, cerrados los ojos, y en doce horas llegó
a Roma, y se apeó en Torre de Nona, que es una calle de la ciudad,[17] y vio
todo el fracaso° y asalto y muerte de Borbón,[18] y por la mañana ya estaba   defeat
de vuelta en Madrid, donde dio cuenta de todo lo que había visto, el cual
asimismo dijo que cuando iba por el aire le mandó el diablo que abriese los
ojos, y los abrió, y se vio tan cerca, a su parecer, del cuerpo[19] de la luna,
que la pudiera asir con la mano, y que no osó mirar a la tierra por no
desvanecerse.° Así que, Sancho, no hay para qué descubrirnos. Que el que   faint
nos lleva a cargo, él 'dará cuenta de nosotros.° Y quizá vamos tomando   will take care of us
puntas[20] y subiendo en alto, para dejarnos caer de una sobre el reino de
Candaya, como hace el sacre o neblí[21] sobre la garza° para cogerla,° por   heron, catch it
más que se remonte.° Y aunque nos parece que no ha media hora que nos   soars
partimos del jardín, créeme que debemos de haber hecho gran camino."
    "No sé lo que es," respondió Sancho Panza, "sólo sé decir que si la
señora Magallanes,[22] o Magalona, se contentó destas ancas, que no debía de
ser muy tierna de carnes."

[14] This paragraph presents Ptolemy's thought on the nature of space.
[15] This material, *tow* in English, represents tufts of flax or jute that burns easily and is easy to put out.
[16] Dr. Eugenio Torralba was tried by the Inquisition in 1531 having been accused of going from Spain to Rome on a rod, and returned the same night. See Clemencín, p. 1756, n. 38.
[17] Annotators point out that this is a jail and not a street.
[18] This is Carlos, duque de Borbón (1490-1527), who was killed by a bullet while Rome was being sacked by soldiers of Carlos V in May of 1527.
[19] Jay Allen suggests that this might be a mistake for **cuerno**. See his edition, vol. 2, p. 333, n. 7.
[20] **Vamos tomando...** *we are going higher.* This is precisely a falconry term, the action which Don Quijote goes on to describe.
[21] Both the **sacre** *saker* and the **neblí** are Old World falcons.
[22] Magallanes is the Spanish name for the Portuguese explorer Fernão de Magalhães (1480-1521) that we know as Magellan.

Todas estas pláticas de los dos valientes oían el duque y la duquesa y los del jardín, de que recibían estraordinario contento. Y queriendo dar remate a la estraña y bien fabricada aventura, por la cola de Clavileño le pegaron fuego con unas estopas, y al punto, por estar el caballo lleno de
5 'cohetes tronadores,° voló por los aires con estraño ruido, y dio con don   loud rockets
Quijote y con Sancho Panza en el suelo, medio chamuscados.

En este tiempo ya se habían desparecido del jardín todo el barbado escuadrón de las dueñas, y la Trifaldi y todo, y los del jardín quedaron como desmayados, tendidos por el suelo. Don Quijote y Sancho se levantaron
10 maltrechos, y mirando a todas partes, quedaron atónitos de verse en el mesmo jardín de donde habían partido, y de ver tendido por tierra tanto número de gente. Y creció más su admiración cuando a un lado del jardín vieron hincada° una gran lanza en el suelo, y pendiente della y de dos   stuck
cordones° de seda verde un pergamino liso y blanco, en el cual con grandes   cords
15 letras de oro estaba escrito lo siguiente:

EL ÍNCLITO CABALLERO DON QUIJOTE DE LA MANCHA FENECIÓ Y
ACABÓ LA AVENTURA DE LA CONDESA TRIFALDI, POR OTRO NOMBRE
LLAMADA LA DUEÑA DOLORIDA, Y COMPAÑÍA, CON SÓLO INTENTARLA.
MALAMBRUNO SE DA POR CONTENTO Y SATISFECHO A TODA SU
20 VOLUNTAD, Y LAS BARBAS° DE LAS DUEÑAS YA QUEDAN LISAS Y   chins
MONDAS, Y LOS REYES° DON CLAVIJO Y ANTONOMASIA, EN SU PRÍSTINO   king and queen
ESTADO. Y CUANDO SE CUMPLIERE EL ESCUDERIL VÁPULO, LA BLANCA
PALOMA SE VERÁ LIBRE DE LOS 'PESTÍFEROS GIRIFALTES° QUE LA   foul falcons
PERSIGUEN Y EN BRAZOS DE SU QUERIDO ARRULLADOR.° QUE ASÍ ESTÁ   flatterer
25 ORDENADO POR EL SABIO MERLÍN, PROTOENCANTADOR DE LOS
ENCANTADORES.

Habiendo, pues, don Quijote leído las letras del pergamino, claro entendió que del desencanto de Dulcinea hablaban, y dando muchas gracias al cielo de que con tan poco peligro hubiese acabado tan gran fecho,
30 reduciendo a su pasada tez los rostros de las venerables dueñas, que ya no parecían, se fue adonde el duque y la duquesa aún no habían vuelto en sí, y trabando de la mano al duque, le dijo: "¡Ea, buen señor, buen ánimo, buen ánimo, 'que todo es nada!° La aventura es ya acabada 'sin daño de barras,°   it's all over, with no
como lo muestra claro el escrito que en aquel padrón está puesto."   danger to anyone
35 El duque, poco a poco y como quien de un 'pesado sueño° recuerda,°   deep sleep, wakes up
fue volviendo en sí, y por el mismo tenor la duquesa y todos los que por el jardín estaban caídos, con tales muestras de maravilla y espanto, que casi se podían dar a entender haberles acontecido de veras lo que tan bien sabían fingir de burlas. Leyó el duque el cartel° con los ojos medio cerrados, y   placard
40 luego, con los brazos abiertos, fue a abrazar a don Quijote, diciéndole ser el más buen caballero que en ningún siglo se hubiese visto.

Sancho andaba mirando por la Dolorida, por ver qué rostro tenía sin las barbas, y si era tan hermosa sin ellas como su gallarda disposición°   elegance
prometía. Pero dijéronle que así como Clavileño bajó ardiendo por los aires
45 y dio en el suelo, todo el escuadrón de las dueñas con la Trifaldi había desaparecido, y que ya iban rapadas y sin cañones.°   stubble

Preguntó la duquesa a Sancho que cómo 'le había ido° en aquel largo viaje. A lo cual Sancho respondió: "Yo, señora, sentí que íbamos, según mi señor me dijo, volando por la región del fuego, y quise descubrirme un poco los ojos. Pero mi amo, a quien pedí licencia para descubrirme, no la consintió. Mas yo, que tengo no sé qué briznas de curioso y de desear saber lo que se me estorba y impide,[23] bonitamente, y sin que nadie lo viese, por junto a las narices aparté° tanto cuanto el pañizuelo que me tapaba los ojos, y por allí miré hacia la tierra, y parecióme que toda ella no era mayor que un grano de mostaza,[24] y los hombres que andaban sobre ella poco mayores que avellanas, por que se vea cuán altos debíamos de ir entonces."

things had gone

I lifted up

A esto dijo la duquesa: "Sancho amigo, mirad lo que decís, que a lo que parece vos no vistes la tierra, sino los hombres que andaban sobre ella. Y está claro que si la tierra os pareció como un grano de mostaza, y cada hombre como una avellana, un hombre solo había de cubrir toda la tierra.

"Así es verdad," respondió Sancho, "pero con todo eso la descubrí por un ladito,° y la vi toda."

corner

"Mirad, Sancho," dijo la duquesa, "que por un ladito no se ve el todo de lo que se mira."

"Yo no sé esas miradas,°" replicó Sancho. "Sólo sé que será bien que vuestra señoría entienda que, pues volábamos por encantamento, por encantamento podía yo ver toda la tierra y todos los hombres por doquiera que los mirara. Y si esto no se me cree, tampoco creerá vuesa merced cómo, descubriéndome por junto a las cejas,[25] me vi tan junto al cielo, que no había de mí a él palmo y medio, y por lo que puedo jurar, señora mía, que es muy grande a demás. Y sucedió que íbamos por parte donde están las siete cabrillas,[26] y en Dios y en mi ánima, que como yo en mi niñez° fui en mi tierra cabrerizo,° que así como las vi, me dio una gana de entretenerme con ellas un rato. Y si no le cumpliera, me parece que reventara. Vengo, pues, y tomo, y ¿qué hago? Sin decir nada a nadie, ni a mi señor tampoco, bonita y pasitamente° me apeé de Clavileño y me entretuve con las cabrillas, que son como unos alhelíes° y como unas flores,[27] casi tres cuartos de hora, y Clavileño no se movió de un lugar, ni pasó adelante."

ways of looking

childhood
goatherd

quietly
pink flowers

"Y ¿en tanto que el buen Sancho se entretenía con las cabras," preguntó el duque, "en qué se entretenía el señor don Quijote?"

A lo que don Quijote respondió: "Como todas estas cosas y estos tales sucesos van fuera del orden natural, no es mucho que Sancho diga lo que dice. De mí sé decir que ni me descubrí por alto, ni por bajo, ni vi el cielo, ni la tierra, ni la mar, ni las arenas. Bien es verdad que sentí que pasaba por

[23] **Tengo no sé qué...** *I have some kind of spark of curiosity in me and of wanting to know everything that is put in my way or forbidden me*

[24] Mustard seeds are about 2 millimeters in diameter. The hazel nut in the next phrase is about ½ inch in diameter (13mm).

[25] **Por junto...** *above my eyebrows*

[26] The seven goats are in the star cluster known as Pleiades, in the constellation Taurus, about 400 light-years from the earth. It has several hundred stars, of which six or seven can be seen without a telescope.

[27] **Y *hermosas* como unas flores**

la región del aire, y aun que tocaba a la del fuego. Pero que pasásemos de allí, no lo puedo creer, pues, estando la región del fuego entre el cielo de la luna y la última región del aire, no podíamos llegar al cielo donde están las siete cabrillas, que Sancho dice, sin abrasarnos. Y pues 'no nos asuramos,° o Sancho miente, o Sancho sueña."   we weren't burned

"Ni miento, ni sueño," respondió Sancho, "si no, pregúntenme las señas° de las tales cabras, y por ellas verán si digo verdad o no."   descriptions

"Dígalas, pues, Sancho," dijo la duquesa.

"Son," respondió Sancho, "las dos verdes, las dos encarnadas, las dos azules, y la una de mezcla."

"Nueva manera de cabras es esa," dijo el duque, "y por esta nuestra región del suelo no se usan tales colores, digo, cabras de tales colores."

"Bien claro está eso," dijo Sancho, "sí, que diferencia ha de haber de las cabras del cielo a las del suelo."

"Decidme, Sancho," preguntó el duque, "¿vistes allá entre esas cabras algún cabrón?"

"No señor," respondió Sancho, "pero oí decir que ninguno pasaba de los cuernos de la luna."

No quisieron preguntarle más de su viaje, porque les pareció que 'llevaba Sancho hilo de° pasearse por todos los cielos, y dar nuevas de   Sancho was ready t cuanto allá pasaba, sin haberse movido del jardín. En resolución, éste fue el fin de la aventura de la dueña Dolorida, que dio que reír a los duques, no sólo aquel tiempo, sino el de toda su vida, y que contar a Sancho siglos,[28] si los viviera.

Y llegándose don Quijote a Sancho al oído, le dijo: "Sancho, pues vos queréis que se os crea lo que habéis visto en el cielo, yo quiero que vos me creáis a mí lo que vi en la cueva de Montesinos, y no os digo más."

[28] **[Dio] que contar a Sancho siglos** *it gave Sancho something to talk about for centuries*

Capítulo XLII. De los consejos° que dio don Quijote a Sancho Panza antes que fuese a gobernar la ínsula, con otras cosas bien consideradas.

advice

CON el felice y gracioso suceso de la aventura de la Dolorida quedaron tan contentos los duques, que determinaron pasar con las burlas adelante, viendo el acomodado sujeto que tenían para que se tuviesen por veras.[1] Y así habiendo dado la traza y órdenes que sus criados y sus vasallos habían de guardar con Sancho en el gobierno de la ínsula prometida, otro día, que fue el que sucedió al vuelo de Clavileño, dijo el duque a Sancho que 'se adeliñase° y compusiese para ir a ser gobernador. Que ya sus insulanos le estaban esperando como el agua° de mayo.

prepare himself
rain

Sancho 'se le humilló,° y le dijo: "Después que bajé del cielo, y después que desde su alta cumbre miré la tierra y la vi tan pequeña, se templó en parte en mí la gana que tenía tan grande de ser gobernador, porque ¿qué grandeza es mandar en un grano de mostaza, o qué dignidad o imperio el gobernar a media docena de hombres tamaños como avellanas, que, a mi parecer, no había más en toda la tierra? Si vuestra señoría fuese servido de darme una tantica parte del cielo, aunque no fuese más de media legua, la tomaría de mejor gana que la mayor ínsula del mundo."

bowed to him

"Mirad, amigo Sancho," respondió el duque, "yo no puedo dar parte del cielo a nadie, aunque no sea mayor que una uña. Que a sólo Dios están reservadas esas mercedes y gracias. Lo que puedo dar, os doy, que es una ínsula hecha y derecha, redonda y bien proporcionada, y sobremanera fértil y abundosa, donde, si vos os sabéis dar maña, podéis con las riquezas de la tierra granjear las del cielo."

"Ahora bien," respondió Sancho, "venga esa ínsula. Que yo pugnaré por ser tal gobernador, que a pesar de bellacos, me vaya al cielo. Y esto no es por codicia que yo tenga de salir de mis casillas, ni de levantarme a mayores, sino por el deseo que tengo de probar a qué sabe el ser gobernador."

"Si una vez lo probáis, Sancho," dijo el duque, "comeros heis[2] las manos tras el gobierno, por ser dulcísima cosa el mandar y ser obedecido. A buen seguro que cuando vuestro dueño llegue a ser emperador, que lo será sin duda, según van encaminadas sus cosas, que no se lo arranquen comoquiera,[3] y que le duela y le pese en la mitad del alma del tiempo que hubiere dejado de serlo."

"Señor," replicó Sancho, "yo imagino que es bueno mandar, aunque sea a un hato° de ganado."

herd

"Con vos me entierren, Sancho, que sabéis de todo," respondió el duque, "y yo espero que seréis tal gobernador como vuestro juicio promete. Y quédese esto aquí, y advertid que 'mañana en ese mesmo día° habéis de ir al gobierno de la ínsula, y esta tarde os acomodarán del traje conveniente que habéis de llevar,° y de todas las cosas necesarias a vuestra partida."

tomorrow morning

wear

"Vístanme," dijo Sancho, "como quisieren. Que de cualquier manera que vaya vestido, seré Sancho Panza."

---

[1] **Para que...** *so that their jokes would be considered real*

[2] This is the old way of forming the future—**os comeréis** in modern Spanish.

[3] **No se lo...** *it won't be easy to take it away from him*

"Así es verdad," dijo el duque, "pero los trajes se han de acomodar con
el oficio, o dignidad, que se profesa. Que no sería bien que un jurisperito°   professor of law
se vistiese como soldado, ni un soldado como un sacerdote. Vos, Sancho,
iréis vestido parte de letrado, y parte de capitán, porque en la ínsula que os
5   doy tanto son menester las armas como las letras y las letras como las
armas."

"Letras," respondió Sancho, "pocas tengo, porque aun no sé el ABC
pero bástame tener el *Christus*[4] en la memoria para ser buen gobernador. De
las armas manejaré las que me dieren, hasta caer, y Dios delante."

10   "Con tan buena memoria," dijo el duque, "no podrá Sancho errar en
nada."

En esto, llegó don Quijote, y sabiendo lo que pasaba, y la celeridad con
que Sancho se había de partir a su gobierno, con licencia del duque, le tomó
por la mano, y se fue con él a su estancia, con intención de aconsejarle
15   cómo 'se había de haber° en su oficio.   he should behave

Entrados, pues, en su aposento, cerró tras sí la puerta, y hizo casi por
fuerza que Sancho se sentase junto a él, y con reposada voz le dijo:
"Infinitas gracias doy al cielo, Sancho amigo, de que antes y primero que yo
haya 'encontrado con° alguna 'buena dicha,° te haya salido a ti a recebir y   found, good luck
20   a encontrar la buena ventura. Yo, que en mi buena suerte te tenía librada la
paga de tus servicios,[5] me veo en los principios 'de aventajarme,° y tú, antes   of my growth
de tiempo, contra la ley del razonable discurso, te vees premiado de tus
deseos. Otros cohechan, importunan, solicitan, madrugan, ruegan, porfían,
y no alcanzan lo que pretenden. Y llega otro, y sin saber 'cómo ni cómo no,°   why
25   se halla con el cargo y oficio que otros muchos pretendieron. Y aquí entra
y encaja bien el decir que hay buena y mala fortuna en las pretensiones. Tú,
que para mí, sin duda alguna, eres un porro, sin madrugar ni trasnochar,° y   staying up all night
sin hacer diligencia alguna, con sólo el aliento que te ha tocado de la
andante caballería, sin más ni más te vees gobernador de una ínsula, como
30   quien no dice nada. Todo esto digo, ¡oh, Sancho! para que no atribuyas a tus
merecimientos la merced recebida, sino que des gracias al cielo, que
dispone° suavemente° las cosas, y después las darás a la grandeza que en sí   takes care of, quietly
encierra la profesión de la caballería andante. Dispuesto, pues, el corazón
a creer lo que te he dicho, está, ¡oh hijo! atento a este tu Catón,[6] que quiere
35   aconsejarte y ser norte y guía que te encamine y saque a seguro puerto deste
mar proceloso, donde vas a engolfarte.° Que los oficios y grandes cargos no   be engaged in
son otra cosa sino un golfo profundo de confusiones.

"Primeramente, ¡oh hijo! has de temer a Dios, porque en el temerle está
la sabiduría, y siendo sabio, no podrás errar en nada.

40   "Lo segundo, has de poner los ojos en quien eres, procurando
conocerte a ti mismo, que es el más difícil conocimiento que puede
imaginarse. Del conocerte saldrá el no hincharte como la rana° que quiso   frog

---

[4] This was a cross printed at the beginning of spelling books.
[5] **En mi buena…** *I had thought that my good fortune would pay you for your servivces*
[6] Don Quijote is referring to himself as Cato, the imparter of wisdom. See Part II, Chapter 33, p. 645, n 21.

igualarse con el buey.[7] Que si esto haces, vendrá a ser feos pies de la rueda[8]
de tu locura la consideración de haber guardado puercos en tu tierra."
      "Así es la verdad," respondió Sancho, "pero fue cuando muchacho.
Pero después, algo hombrecillo, gansos fueron los que guardé, que no
5 puercos. Pero esto paréceme a mí que no hace al caso. Que no todos los que
gobiernan vienen de casta de reyes."
      "Así es verdad," replicó don Quijote, "por lo cual los no de principios
nobles[9] deben acompañar la gravedad del cargo que ejercitan con una
blanda suavidad que, guiada por la prudencia, los libre de la murmuración°   gossip
10 maliciosa, 'de quien° no hay estado que se escape.   de la que
      "'Haz gala,° Sancho, de la humildad de tu linaje, y 'no te desprecies de°   be proud, don't be
decir que vienes de labradores. Porque viendo que 'no te corres,° ninguno   loathe to, you are
se pondrá a correrte, y préciate más de ser humilde virtuoso que pecador   not ashamed
soberbio. Inumerables son aquellos que de baja estirpe nacidos, han subido
15 a la suma dignidad pontífica° e imperatoria,° y desta verdad te pudiera traer   pontifical, imperial
tantos ejemplos que te cansaran.
      "Mira, Sancho, si tomas por medio a la virtud, y te precias de hacer
hechos virtuosos, no hay para qué tener envidia a los que los tienen,
príncipes y señores.[10] Porque la sangre se hereda, y la virtud 'se aquista,° y   is acquired
20 la virtud vale por sí sola lo que la sangre no vale.
      "Siendo esto así, como lo es, que si acaso viniere a verte cuando estés
en tu ínsula alguno de tus parientes, no le deseches,° ni le afrentes. Antes   scorn
le has de acoger, agasajar y regalar. Que con esto satisfarás al cielo, que
gusta que nadie se desprecie de lo que él hizo, y corresponderás a lo que
25 debes a la naturaleza bien concertada.
      "Si trujeres a tu mujer contigo, porque no es bien que los que asisten
a gobiernos de mucho tiempo estén sin 'las propias,° enséñala, doctrínala°   womenfolk, instruct
y 'desbástala de° su natural rudeza, porque todo lo que suele adquirir un   her; trim away
gobernador discreto, suele perder y derramar una mujer rústica y tonta.
30   "Si acaso enviudares°—cosa que puede suceder—y con el cargo   become a widower
mejorares de consorte,° no la tomes tal, que te sirva de anzuelo° y de 'caña   spouse, hook
de pescar,° y del NO QUIERO de tu capilla.[11] Porque en verdad te digo que de   fishing rod
todo aquello que la mujer del juez recibiere, ha de dar cuenta el marido en
la 'residencia universal,° donde pagará 'con el cuatro° tanto en la muerte las   Judgment Day, four-
35 partidas° de que no se hubiere hecho cargo en la vida.[12]   fold; items
      "Nunca te guíes por la ley del encaje, que suele tener mucha cabida°   favor
con los ignorantes que presumen de agudos.
      "Hallen en ti más compasión las lágrimas del pobre, pero no más

---

[7] This refers to Æsop's fable about the frog who exploded while trying to expand
himself to the size of an ox.
[8] This reflects the saying: "Mírate los pies y desharás la rueda," referring to the
peacock who haughtily spreads his tail out, then looks at how ugly his feet are, and his
tail falls.
[9] **Los no de...** *people who are not of noble origin*
[10] Lots of comment about this phrase (see, for example, Gaos, vol. 2, p. 583, n.
102). Ferreras suggests this reading: **tener envidia a los príncipes y señores.**
[11] Alludes to the saying: **No quiero, no quiero, pero echádmelo en la capilla**
hood. Putnam translates: "as a friar's hood for the receiving of alms."
[12] **De que no...** *which he refused responsibility for in life*

justicia, que las informaciones° del rico.   testimony

"Procura descubrir la verdad por entre las promesas y dádivas del rico,
como por entre los sollozos e importunidades° del pobre.   pleadings

"Cuando pudiere y debiere tener lugar la equidad, no cargues todo el
5   rigor de la ley al delincuente. Que no es mejor la fama del juez riguroso
que la del compasivo.

"Si acaso doblares la vara de la justicia, no sea con el peso de la
dádiva, sino con el de la misericordia.

"Cuando te sucediere juzgar algún pleito de algún tu enemigo, aparta
10 las mientes de tu injuria, y ponlos en la verdad del caso.

"No te ciegue la pasión propia en la causa ajena. Que los yerros que
en ella hicieres las más veces serán sin remedio, y si le tuvieren, será a
costa de tu crédito y aun de tu hacienda.

"Si alguna mujer hermosa veniere° a pedirte justicia, quita los ojos de   viniere
15 sus lágrimas, y tus oídos de sus gemidos, y considera de espacio la
sustancia de lo que pide, si no quieres que se anegue tu razón en su llanto
y tu bondad en sus suspiros.

"Al que has de castigar con obras no trates mal con palabras, pues le
basta al desdichado la pena del suplicio, sin la añadidura de las malas
20 razones.

"Al culpado que cayere debajo de tu juridición, considérale hombre
miserable, sujeto a las condiciones de la depravada naturaleza nuestra, y en
todo cuanto fuere de tu parte, sin hacer agravio a la contraria,[13] muéstratele
piadoso y clemente, porque aunque los atributos de Dios todos son iguales,
25 más resplandece y campea, a nuestro ver, el de la misericordia que el de la
justicia.

"Si estos preceptos y estas reglas sigues, Sancho, serán luengos tus
días, tu fama será eterna, tus premios colmados, tu felicidad indecible,°   inexpressable
casarás tus hijos como quisieres, títulos tendrán ellos y tus nietos, vivirás
30 en paz, y beneplácito de las gentes, y en los últimos pasos de la vida te
alcanzará el de la muerte en vejez suave y madura, y cerrarán tus ojos las
tiernas y delicadas manos de tus 'terceros netezuelos.° Esto que hasta aquí   great-grandchildren
te he dicho son documentos° que han de adornar tu alma. Escucha ahora los   instructions
que han de servir para adorno del cuerpo."

---

[13] **En todo cuanto...** *insofar as you can, without doing harm to the other side*

Capítulo XLIII. De los consejos segundos que dio don Quijote a Sancho Panza.

¿QUIÉN oyera el pasado razonamiento de don Quijote que no le tuviera por persona muy cuerda y mejor intencionada? Pero como muchas veces en el progreso desta grande historia queda dicho, solamente disparaba° en tocándole en la caballería, y en los demás discursos mostraba tener claro y desenfadado° entendimiento, de manera que a cada paso desacreditaban° sus obras su juicio, y su juicio sus obras. Pero en ésta° destos segundos documentos que dio a Sancho mostró tener gran donaire, y puso su discreción y su locura en un levantado punto.

Atentísimamente le escuchaba Sancho y procuraba conservar en la memoria sus consejos, como quien pensaba guardarlos y salir por ellos a buen parto de la preñez° de su gobierno.

Prosiguió, pues, don Quijote, y dijo: "En lo que toca a cómo has de gobernar tu persona y casa, Sancho, lo primero que te encargo es que seas limpio, y que te cortes las uñas, sin dejarlas crecer, como algunos hacen, a quien su ignorancia les ha dado a entender que las uñas largas les hermosean las manos, como si aquel escremento° y añadidura que se dejan de cortar fuese uña, siendo antes garras de cernícalo lagartijero[1]—puerco° y extraordinario abuso.°

"No andes, Sancho, desceñido° y flojo.° Que el vestido descompuesto da indicios de ánimo desmazalado,° si ya la descompostura y flojedad[2] no cae debajo de socarronería, como se juzgó en la de Julio César.[3]

"Toma con discreción el pulso a lo que pudiere valer tu oficio, y si sufriere° que des librea a tus criados, dásela honesta y provechosa[4] más que vistosa y bizarra, y repártela entre tus criados y los pobres. Quiero decir que si has de vestir seis pajes, viste tres y otros tres pobres, y así tendrás pajes para el cielo y para el suelo.° Y este nuevo modo de dar librea no la alcanzan los vanagloriosos.°

"No comas ajos ni cebollas, porque no saquen por el olor tu villanería.° Anda despacio, habla con reposo,° pero no de manera que parezca que te escuchas a ti mismo, que toda afectación es mala.

"Come° poco y cena más poco, que la salud de todo el cuerpo 'se fragua° en la oficina° del estómago.

"Sé templado° en el beber, considerando que el vino demasiado ni guarda secreto ni cumple palabra.

"Ten cuenta, Sancho, de no mascar a dos carrillos, ni de erutar° delante de nadie."

"Eso de *erutar* no entiendo," dijo Sancho.

Y don Quijote le dijo: "*Erutar*, Sancho, quiere decir *regoldar*. Y éste es uno de los 'más torpes° vocablos que tiene la lengua castellana, aunque es muy sinificativo.° Y así la gente curiosa° se ha acogido al latín, y al

Marginal glosses:
blundered
self-confident
contradicted, **esta obra**
pregnancy
growth
foul
misuse
without a belt, with loose clothing; weak
will allow
earth
arrogant
low birth
deliberation
eat lunch
is forged, workshop
temperate
to belch
crudest
meaningful, diligent

[1] Lizard-catching hawk
[2] **Descompostura y flojedad** *slovenliness and negligence*
[3] This is the second time Don Quijote has spoken about the carelessness of dress on the part of Cæsar (see Part II, Chapter 2, p. 451, l. 29 ff.), but in reality Cæsar was not slovenly in his dress.
[4] **Honesta...** *in good taste and useful*

regoldar dice *erutar*, y a los *regüeldos, erutaciones*; y cuando algunos no entienden estos términos, importa poco, que el uso los irá introduciendo con el tiempo, que con facilidad se entiendan, y esto es enriquecer la lengua sobre quien tiene poder el vulgo y el uso."[5]

"En verdad, señor," dijo Sancho, "que uno de los consejos y avisos que pienso llevar en la memoria ha de ser el de no regoldar, porque lo suelo hacer muy a menudo."

"*Erutar*, Sancho, que no *regoldar*," dijo don Quijote.

"*Erutar* diré de aquí adelante," respondió Sancho, "y a fee que no se me olvide."

"También, Sancho, no has de mezclar en tus pláticas la muchedumbre de refranes que sueles. Que puesto que los refranes son sentencias breves, muchas veces los traes tan por los cabellos, que más parecen disparates que sentencias."

"Eso Dios lo puede remediar," respondió Sancho, "porque sé más refranes que un libro, y viénenseme tantos juntos a la boca cuando hablo, que riñen por salir unos con otros. Pero la lengua va arrojando los primeros que encuentra, aunque no vengan a pelo. Mas yo tendré cuenta de aquí adelante de decir los que convengan a la gravedad de mi cargo. Que en casa llena presto se guisa la cena, y quien destaja no baraja, y a buen salvo está el que repica, y el dar y el tener seso ha menester."

"¡Eso sí, Sancho!" dijo don Quijote. "¡Encaja, ensarta, enhila refranes! ¡Que nadie te va a la mano![6] Castígame mi madre, y yo trómpogelas.[7] Estoyte diciendo que escuses refranes, y en un instante has echado aquí una letanía° dellos, que así cuadran con lo que vamos tratando como por los cerros de Úbeda.[8] Mira, Sancho, no te digo yo que parece mal un refrán traído a propósito. Pero cargar y ensartar refranes a troche moche hace la plática desmayada° y baja.   list   dull

"Cuando subieres a caballo, no vayas echando el cuerpo sobre el arzón postrero,[9] ni lleves las piernas tiesas° y tiradas° y desviadas° de la barriga del caballo, ni tampoco vayas tan flojo,° que parezca que vas sobre el rucio. Que el andar a caballo a unos hace caballeros, a otros caballerizos.   stiff, sticking out, away from; slouching

"Sea moderado tu sueño, que el que no madruga con el sol no goza del día. Y advierte, ¡oh Sancho! que la diligencia es madre de la buena ventura, y la pereza, su contraria, jamás llegó al término que pide un buen deseo.

"Este último consejo que ahora darte quiero—puesto que no sirva para adorno del cuerpo—quiero que le lleves muy en la memoria, que creo que no te será de menos provecho que los que hasta aquí te he dado. Y es que jamás te pongas a disputar° de linajes, a lo menos comparándolos entre sí, pues, por fuerza, en los que se comparan uno ha de ser el mejor, y del que abatieres° serás aborrecido, y del que levantares, en ninguna manera premiado.   question   bring down

---

[5] **Sobre quien...** *which the public and usage control*

[6] **Que nadie...** *no one can stop you*

[7] **Castígame...** *my mother punishes me and I make fun of her,* a proverb. The pronouns **-gelas** reflect the Old Spanish solution, reflecting normal development, for what has led to **-selas**.

[8] This is a proverbial expression seen already in Part II, chapter 33, p. 641, n. 4.

[9] **No vayas...** *don't sit way back in the saddle*

"Tu vestido será 'calza entera, ropilla larga,° herreruelo un poco más largo—gregüescos,° ni por pienso. Que no les están bien ni a los caballeros,[10] ni a los gobernadores. long pants and jacket
loose-fitting pants

"Por ahora, esto se me ha ofrecido, Sancho, que aconsejarte. Andará el tiempo, y según las ocasiones, así serán mis documentos, como tú tengas cuidado de avisarme el estado en que te hallares."

"Señor," respondió Sancho, "bien veo que todo cuanto vuesa merced me ha dicho son cosas buenas, santas° y provechosas. Pero ¿de qué han de servir, si de ninguna me acuerdo? Verdad sea que aquello de no dejarme crecer las uñas, y de casarme otra vez, si se ofreciere, no se me pasará del magín. Pero esotros badulaques y enredos y revoltillos,[11] no se me acuerda ni acordará más dellos que de las nubes de antaño,° y así será menester que se me den por escrito. Que puesto que no sé leer ni escribir, yo se los daré a mi confesor para que me los encaje y recapacite[12] cuando fuere menester." virtuous

yesteryear

"¡Ah, pecador de mí," respondió don Quijote, "y qué mal parece en los gobernadores el no saber leer ni escribir! Porque has de saber, ¡oh Sancho! que no saber un hombre leer o ser zurdo arguye una de dos cosas—o que fue hijo de padres demasiado de humildes y bajos, o él tan travieso y malo, que no pudo entrar en él buen uso,[13] ni la buena doctrina. Gran falta es la que llevas contigo, y así querría que aprendieses a firmar siquiera."

"Bien sé firmar mi nombre," respondió Sancho, "que cuando fui prioste en mi lugar aprendí a hacer unas letras como de marca de fardo,[14] que decían que decía mi nombre. Cuanto más que fingiré que tengo tullida° la mano derecha, y haré que firme otro por mí. Que para todo hay remedio, si no es para la muerte. Y teniendo yo el mando y el palo,° haré lo que quisiere. Cuanto más que el que tiene el padre alcalde...[15] Y siendo yo gobernador, que es más que ser alcalde, ¡llegaos, que la dejan ver![16] No sino popen y calóñenme.[17] Que vendrán por lana y volverán trasquilados. Y a quien Dios quiere bien, la casa le sabe.[18] Y las necedades del rico por sentencias pasan en el mundo. Y siéndolo yo, siendo gobernador y juntamente liberal, como lo pienso ser, no habrá falta que se me parezca. No sino haceos miel, y paparos han moscas. Tanto vales cuanto tienes, decía una mi agüela. Y 'del hombre arraigado° no te verás vengado." maimed

rod

of the landed gentry

"¡Oh maldito seas de Dios, Sancho!" dijo a esta sazón don Quijote. "¡Sesenta mil satanases te lleven a ti y a tus refranes! Una hora ha que los estás ensartando y dándome con cada uno tragos de tormento. Yo te aseguro que estos refranes te han de llevar un día a la horca. Por ellos te han de

[10] Don Quijote wears **gregüescos** himself. See Part II, Chapter 31, p. 626, l. 15

[11] **Badulaques...** *jumble of things and entanglements and mess of things*

[12] **Para que me...** *so that he can pass them on to me and remind me*

[13] **No pudo entrar en él buen uso**, thus in the first edition. Many correct this to **en él el buen uso**. The ever-conservative Gaos suggests that the first edition is correct as is: *proper usage could not enter him*, i.e., he could not be taught.

[14] **Como de marca...** *like they use to mark on bales*

[15] **El que tiene el padre alcalde [seguro va al juicio]** *he who has a friend at court goes safely to trial*

[16] **¡Llegaos,...** *come on and we'll see what happens!*

[17] **Popen[me] y calóñenme** *let them scorn and slander me*

[18] **Y quien...** *the lucky man has nothing to worry about*

quitar el gobierno tus vasallos, o ha de haber entre ellos comunidades.°   revolutions
Dime: ¿dónde los hallas, ignorante, o cómo los aplicas, mentecato? Que
para decir yo uno, y aplicarle bien, sudo y trabajo 'como si cavase."°   as if I were digging
    "Por Dios, señor nuestro amo," replicó Sancho, "que vuesa merced se
5   queja de bien pocas cosas. ¿A qué diablos 'se pudre° de que yo me sirva de   get angry
mi hacienda, que ninguna otra tengo, ni otro caudal alguno sino refranes y
más refranes? Y ahora se me ofrecen cuatro, que venían aquí pintiparados,
o como peras en tabaque.° Pero no los diré, porque al buen callar llaman   basket
Sancho."[19]
10   "Ese Sancho no eres tú," dijo don Quijote, "porque no sólo no eres
buen callar, sino mal hablar y mal porfiar. Y con todo eso, querría saber qué
cuatro refranes te ocurrían ahora a la memoria, que venían aquí a propósito.
Que yo ando recorriendo la mía, que la tengo buena, y ninguno se me
ofrece."
15   "¿Qué mejores," dijo Sancho, "que «entre dos muelas cordales nunca
pongas tus pulgares», y «a 'idos de mi casa' y '¿qué queréis con mi mujer?'
no hay responder», y «si da el cántaro en la piedra, o la piedra en el cántaro,
mal para el cántaro», todos los cuales vienen a pelo? Que nadie se tome con
su gobernador, ni con el que le manda, porque saldrá lastimado,° como el   hurt
20   que pone el dedo entre dos muelas cordales, y aunque no sean cordales,
como sean muelas no importa. Y a lo que dijere el gobernador no hay que
replicar, como al «salíos de mi casa, y ¿qué queréis con mi mujer?» Pues
lo de la piedra en el cántaro, un ciego lo verá. Así, que es menester que el
que vee la mota en el ojo ajeno, vea la viga en el suyo,[20] porque no se diga
25   por él «espantóse la muerta de la degollada°». Y vuesa merced sabe bien   person with cut
que «más sabe el necio en su casa que el cuerdo° en la ajena»."   throat; discreet
    "Eso no, Sancho," respondió don Quijote, "que el necio en su casa ni   person
en la ajena sabe nada, a causa que sobre el cimiento de la necedad no
asienta ningún discreto edificio.[21] Y dejemos esto aquí, Sancho. Que si mal
30   gobernares, tuya será la culpa, y mía la vergüenza. Mas consuélome que he
hecho lo que debía en aconsejarte con las veras, y con la discreción a mi
posible. Con esto salgo de mi obligación, y de mi promesa. Dios te guíe,
Sancho, y te gobierne en tu gobierno, y a mí me saque del escrúpulo que me
queda que has de dar con toda la ínsula patas arriba, cosa que pudiera yo
35   escusar con descubrir al duque quién eres, diciéndole que toda 'esa gordura,
y esa personilla° que tienes, no es otra cosa que un costal lleno de refranes   that fat person
y de malicias."
    "Señor," replicó Sancho, "si a vuesa merced le parece que no soy de
pro para este gobierno, 'desde aquí° le suelto. Que más quiero un solo negro   right now
40   de la uña de mi alma que a todo mi cuerpo, y así me sustentaré
Sancho a secas con pan y cebolla como gobernador con 'perdices y
capones.° Y más, que mientras se duerme, todos son iguales, los grandes   partridges and
    capons

---

[19] This was originally a slightly different proverb: **Al buen callar llaman santo**, but
it got changed to **Sancho** some time before Sancho said it.
    [20] This is Matthew 7:3: "Why do you look at the speck in your brother's eye with
never a thought for the great plank in your own."
    [21] **Sobre el...** *on the foundation of foolishness you can't build a building of
discretion*

y los menores, los pobres y los ricos, y si vuesa merced mira en ello, verá
que sólo vuesa merced me ha puesto en esto de gobernar. Que yo no sé
más de gobiernos de ínsulas que un buitre, y si se imagina que por ser
gobernador me ha de llevar el diablo, más me quiero ir Sancho al cielo que
5 gobernador al infierno."

"Por Dios, Sancho," dijo don Quijote, "que por solas estas últimas
razones que has dicho juzgo que mereces ser gobernador de mil ínsulas.
Buen natural tienes, sin el cual no hay ciencia que valga. Encomiéndate a
Dios, y procura no errar en la 'primera intención.° Quiero decir que siempre   main purpose
10 tengas intento y firme propósito de acertar en cuantos negocios te
ocurrieren, porque siempre favorece el cielo los buenos deseos. Y vámonos
a comer, que creo que ya estos señores nos aguardan."

Capítulo XLIIII. Cómo Sancho Panza fue llevado al gobierno, y de la estraña aventura que en el castillo sucedió a don Quijote.

5   DICEN que en el propio° original desta historia se lee que llegando Cide   itself
Hamete a escribir este capítulo, no le tradujo su intérprete° como él le   translator
había escrito,¹ que fue un modo de queja que tuvo el moro de sí mismo por
haber tomado entre manos una historia tan seca y tan limitada° como esta   limited
de don Quijote, por parecerle que siempre había de hablar dél y de Sancho,
sin osar estenderse a otras digresiones y episodios más graves y más
10 entretenidos,° y decía que el ir siempre atenido° el entendimiento, la mano   entertaining, sticking
y la pluma a escribir de un solo sujeto, y hablar por las bocas de pocas   to
personas era un trabajo incomportable,° cuyo fruto no redundaba en el de   unbearable
su autor, y que, por huir deste inconveniente,° había usado en la primera   drawback
parte del artificio de algunas novelas, como fueron la del *Curioso*
15 *impertinente*, y la del *Capitán cautivo*, que están como separadas de la
historia, puesto que las demás que allí se cuentan son casos sucedidos al
mismo don Quijote, que no podían dejar de escribirse. También pensó,
como él dice, que muchos, llevados de la atención que piden las hazañas de
don Quijote, no la darían a las novelas, y pasarían por ellas, o con priesa,
20 o con enfado, sin advertir la gala y artificio que en sí contienen, el cual se
mostrará bien al descubierto, cuando por sí solas, sin arrimarse° a las   depending on
locuras de don Quijote, ni a las sandeces de Sancho, salieran a luz. Y así
en esta segunda parte no quiso ingerir° novelas sueltas, ni pegadizas,° sino   to introduce, attach-
algunos episodios que lo pareciesen, nacidos de los mesmos sucesos que la   able
25 verdad ofrece, y aun éstos, limitadamente y con solas las palabras que
bastan a declararlos. Y pues se contiene y cierra° en los estrechos límites   confines himself
de la narración, teniendo habilidad, suficiencia y entendimiento para tratar
del universo todo, pide no se desprecie su trabajo, y se le den alabanzas no
por lo que escribe, sino por lo que ha dejado de escribir.
30   Y luego prosigue la historia diciendo que en acabando de comer don
Quijote el día que dio los consejos a Sancho, aquella tarde se los dio
escritos para que él buscase quien se los leyese. Pero apenas se los hubo
dado, cuando se le cayeron° y vinieron a manos del duque, que los   se le cayeron *a*
comunicó con la duquesa, y los dos se admiraron de nuevo de la locura y   *Sancho*
35 del ingenio de don Quijote. Y así llevando adelante sus burlas, aquella tarde
enviaron a Sancho con mucho acompañamiento° al lugar que para él había   retinue
de ser ínsula.
    Acaeció, pues, que el que le llevaba 'a cargo° era un mayordomo del   in charge
duque, muy discreto y muy gracioso, que no puede haber gracia donde no
40 hay discreción, el cual había hecho la persona de la condesa Trifaldi, con
el donaire que queda referido, y con esto y con ir industriado de sus señores
de cómo se había de haber° con Sancho, salió con su intento   to act
maravillosamente.
    Digo pues que acaeció que así como Sancho vio al tal mayordomo, se
45 le figuró en su rostro el mesmo de la Trifaldi, y volviéndose a su señor, le

---

¹ When Clemencín says that this beginning cannot be understood, he is absolutely
right (p. 1765, n. 1): *They say that in the original version of this story that the translator
didn't translate it as Cide Hamete had written it.* Lots of questions to answer.

dijo: "Señor, o a mí me ha de llevar el diablo de aquí de donde estoy 'en
justo y en creyente,° o vuesa merced me ha de confesar que el rostro deste   immediately
mayordomo del duque, que aquí está, es el mesmo de la Dolorida."

Miró don Quijote atentamente al mayordomo, y habiéndole mirado,
5 dijo a Sancho: "No hay para qué te lleve el diablo, Sancho, ni en justo ni
en creyente, que no sé lo que quieres decir, que el rostro de la Dolorida es
el del mayordomo, pero no por eso el mayordomo es la Dolorida. Que a
serlo, implicaría contradición muy grande, y no es tiempo ahora de hacer
estas averiguaciones. Que sería entrarnos en intricados laberintos. Créeme,
10 amigo, que es menester rogar a nuestro Señor muy de veras que nos libre
a los dos de malos hechiceros y de malos encantadores."

"No es burla, señor," replicó Sancho, "sino que denantes le oí hablar,
y no pareció sino que la voz de la Trifaldi me sonaba en los oídos. Ahora
bien, yo callaré. Pero no dejaré de andar advertido de aquí adelante, a ver
15 si descubre otra señal que confirme o desfaga mi sospecha."

"Así lo has de hacer, Sancho," dijo don Quijote, "y darásme aviso de
todo lo que en este caso descubrieres, y de todo aquello que en el gobierno
te sucediere."

Salió, en fin, Sancho, acompañado de mucha gente, vestido a lo
20 letrado, y encima un gabán muy ancho de 'chamelote de aguas,° leonado,   wavy camel-colored
con una montera de lo mesmo, sobre un macho a la jineta,[2] y detrás dél, por   material
orden del duque, iba el rucio con jaeces y ornamentos jumentiles de seda,
y flamantes.° Volvía Sancho la cabeza de cuando en cuando a mirar a su   magnificent
asno, con cuya compañía iba tan contento, que no se trocara con el
25 emperador de Alemaña.°   **Alemania**

Al despedirse de los duques les besó las manos, y tomó la bendición
de su señor, que se la dio con lágrimas, y Sancho la recibió 'con
pucheritos.°   whimpering

Deja, lector amable, ir en paz y en hora buena al buen Sancho, y
30 espera dos fanegas de risa, que te ha de causar el saber cómo se portó en
su cargo, y en tanto atiende a saber lo que le pasó a su amo aquella noche.
Que si con ello no rieres, por lo menos desplegarás los labios con risa de
jimia, porque los sucesos de don Quijote, o se han de celebrar° con   greet
admiración o con risa.

35 Cuéntase, pues, que apenas se hubo partido Sancho, cuando don
Quijote 'sintió su soledad,° y si le fuera posible revocarle la comisión y   missed him
quitarle el gobierno, lo hiciera. Conoció la duquesa su melancolía, y
preguntóle que de qué estaba triste. Que si era por la ausencia de Sancho,
que escuderos, dueñas y doncellas había en su casa que le servirían muy a
40 satisfación de su deseo.

"Verdad es, señora mía," respondió don Quijote, "que siento la
ausencia de Sancho. Pero no es ésa la causa principal que me hace parecer
que estoy triste, y de los muchos ofrecimientos que vuestra excelencia me
hace solamente acepto y escojo el de la voluntad con que se me hacen. Y
45 en lo demás suplico a vuestra excelencia que dentro de mi aposento
consienta y permita que yo solo sea el que me sirva."

"En verdad," dijo la duquesa, "señor don Quijote, que no ha de ser así.

---

[2] That is, the mule had short stirrups.

Que le han de servir cuatro doncellas de las mías, hermosas como unas flores."

"Para mí," respondió don Quijote, "no serán ellas como flores, sino como espinas que me puncen el alma. Así entrarán ellas en mi aposento, ni
5 cosa que lo parezca, como volar.[3] Si es que vuestra grandeza quiere llevar adelante el hacerme merced, sin yo merecerla, déjeme que yo me las haya conmigo[4] y que yo me sirva de mis puertas adentro;[5] que yo ponga° una   will put muralla en medio de mis deseos y de mi honestidad, y no quiero perder esta costumbre por la liberalidad que vuestra alteza quiere mostrar conmigo. Y
10 en resolución, antes dormiré vestido que consentir que nadie me desnude."

"¡No más, no más, señor don Quijote!" replicó la duquesa; "por mí digo que daré orden que ni aun una mosca entre en su estancia, no que una doncella. No soy yo persona que por mí se ha de descabalar° la decencia   impeach del señor don Quijote. Que según se me ha traslucido, la que más campea°   is eminent
15 entre sus muchas virtudes es la de la honestidad. Desnúdese vuesa merced y vístase 'a sus solas° y a su modo, cómo y cuándo quisiere. Que no habrá   alone quien lo impida, pues dentro de su aposento hallará los vasos necesarios al menester del que duerme a puerta cerrada, porque ninguna natural necesidad le obligue a que la abra. Viva mil siglos la gran Dulcinea del Toboso, y sea
20 su nombre estendido por toda la redondez de la tierra, pues mereció ser amada de tan valiente y tan honesto caballero, y los benignos cielos infundan en el corazón de Sancho Panza, nuestro gobernador, un deseo de acabar presto sus diciplinas, para que vuelva a gozar el mundo de la belleza de tan gran señora."

25 A lo cual dijo don Quijote: "Vuestra altitud ha hablado como quien es. Que en la boca de las buenas señoras no ha de haber ninguna[6] que sea mala, y más venturosa. Y más conocida será en el mundo Dulcinea por haberla alabado vuestra grandeza, que° por todas las alabanzas que puedan   than darle los más elocuentes de la tierra."

30 "Agora bien, señor don Quijote," replicó la duquesa, "la hora de cenar se llega y el duque debe de esperar. Venga vuesa merced y cenemos, y acostaráse° temprano. Que el viaje que ayer hizo de Candaya no fue tan   you'll go to bed corto, que no haya causado algún molimiento."°   fatigue

"No siento ninguno, señora," respondió don Quijote, "porque osaré
35 jurar a vuestra excelencia que en mi vida he subido sobre bestia más reposada, ni de mejor paso que Clavileño, y no sé yo qué le pudo mover a Malambruno para deshacerse de tan ligera y tan gentil cabalgadura, y abrasarla así, sin más ni más."

"A eso se puede imaginar," respondió la duquesa, "que, arrepentido del
40 mal que había hecho a la Trifaldi y compañía, y a otras personas, y de las maldades que, como hechicero y encantador, debía de haber cometido, quiso concluir con todos los instrumentos de su oficio, y como a principal y que

---

[3] This **como volar** refers to something impossible.
[4] **Déjeme que...** *let me have my way*
[5] **De mis...** *from inside my doors*
[6] Schevill thinks that **ninguna** refers to **señora** since good **señoras** should only talk about other good ones. Rodríguez Marín thinks it refers to **habla** *speech* (from the previous **ha hablado**). I opt, along with Gaos, for Schevill's solution.

más le traía desasosegado, vagando de tierra en tierra, abrasó a Clavileño.[7]
Que con sus abrasadas cenizas, y con el trofeo del cartel queda eterno el valor
del gran don Quijote de la Mancha."

De nuevo nuevas gracias dio don Quijote a la duquesa, y 'en cenando°   after having eaten
5 don Quijote, se retiró en su aposento solo, sin consentir que nadie entrase con
él a servirle, tanto se temía de encontrar ocasiones que le moviesen o forzasen
a perder el honesto decoro que a su señora Dulcinea guardaba, siempre puesta
en la imaginación la bondad de Amadís, flor y espejo de los andantes
caballeros. Cerró tras sí la puerta, y a la luz de dos velas de cera se desnudó,
10 y al descalzarse° ¡oh desgracia indigna de tal persona! se le soltaron, no   taking off shoes
suspiros, ni otra cosa que desacreditasen la limpieza de su policía,° sino hasta   manners
dos docenas de puntos de una media, que quedó hecha celosía. Afligióse en
estremo el buen señor, y diera él por tener allí un adarme° de seda verde una   bit
onza de plata. Digo seda verde, porque las medias eran verdes.
15 Aquí exclamó Benengeli, y escribiendo, dijo: "¡Oh pobreza, pobreza, no
sé yo con qué razon se movió aquel gran poeta cordobés, a llamarte «dádiva
santa desagradecida»![8] Yo, aunque moro, bien sé, por la comunicación que
he tenido con cristianos, que la santidad° consiste en la caridad, humildad,   holiness
fee, obediencia y pobreza. Pero, con todo eso, digo que ha de tener mucho de
20 Dios el que se viniere a contentar con ser pobre, si no es de aquel modo de
pobreza de quien dice uno de sus mayores santos, «Tened todas las cosas
como si no las tuviésedes», y a esto llaman pobreza de espíritu. Pero tú,
segunda pobreza,[9] que eres de la que yo hablo, ¿por qué quieres 'estrellarte
con° los hidalgos y bien nacidos más que con la otra gente? ¿Por qué los   smash
25 obligas a dar pantalia a los zapatos,[10] y a que los botones de sus ropillas unos
sean de seda, otros de cerdas° y otros de vidro? ¿Por qué sus cuellos, por la   horse hair
mayor parte, han de ser siempre escarolados,° y no abiertos con molde?"[11] Y   frilled
en esto se echará de ver que es antiguo el uso del almidón y de los cuellos
abiertos. Y prosiguió, "Miserable del bien nacido que va dando pistos a su
30 honra, comiendo mal, y a puerta cerrada,[12] haciendo hipócrita al palillo de
dientes con que sale a la calle después de no haber comido cosa que le obligue
a limpiárselos. ¡Miserable de aquel, digo, que tiene la honra espantadiza, y
piensa que desde una legua se le descubre el remiendo° del zapato, el   patch
trasudor° del sombrero, la hilaza° del herreruelo y la hambre de su estómago!"   sweat stain, thread-
                                                                    bare quality

---

[7] **Quiso concluir…** *[since] he wanted to get rid of the implements of his craft, and since [Clavileño] was the primary tool which took him restlessly wandering from country to country, he burned up Clavileño*

[8] This Cordovan poet was Juan de Mena (1411-1456) who wrote in his *Laberinto de la Fortuna*, 227: "¡Oh vida segura la mansa pobreza / dádiva santa desagradecida. / Rica se llama, non pobre, la vida / del que se contenta vevir sin riqueza."

[9] The **segunda pobreza** is material poverty.

[10] **Pantalia** seems to refer to soot that poor hidalgos would use on their shoes instead of shoe wax, which they could not afford.

[11] Rodríguez Marín indicates that the second way of fixing collars, **abiertos con molde**, was much more expensive than the first way (vol. 6, p. 280, n. 4).

[12] **Que va dando…** *who nourishes his honor while eating poorly, and behind closed doors*

Todo esto se le renovó a don Quijote en la 'soltura de sus puntos.°   run in his stockings
Pero consolóse con ver que Sancho le había dejado unas 'botas de camino,°   traveling boots
que pensó ponerse otro día.

Finalmente, él se recostó pensativo y pesaroso, así de la falta que
Sancho le hacía, como de la inreparable desgracia de sus medias, a quien
tomara los puntos aunque fuera con seda de otra color, que es una de las
mayores señales de miseria que un hidalgo puede dar en el discurso de su
prolija° estrecheza. Mató° las velas, hacía calor y no podía dormir.   long, he put out
Levantóse del lecho y abrió un poco la ventana de una reja que daba sobre
un hermoso jardín, y al abrirla, sintió y oyó que andaba y hablaba gente en
el jardín. Púsose a escuchar atentamente.

Levantaron la voz los de abajo, tanto que pudo oír estas razones: "No
me porfíes, ¡oh Emerencia! 'que cante,° pues sabes que desde el punto que   que *yo* cante
este forastero entró en este castillo, y mis ojos le miraron, yo no sé cantar,
sino llorar; cuanto más que el sueño de mi señora tiene más de ligero que
de pesado,13 y no querría que nos hallase aquí por todo el tesoro del mundo.
Y puesto caso que durmiese° y no despertase, en vano sería mi canto si   *ella* durmiese
duerme y no despierta para oírle este nuevo Eneas14, que ha llegado 'a mis
regiones° para dejarme escarnida.°"   here, scorned

"No des en eso,15 Altisidora amiga," respondieron, "que sin duda la
duquesa y cuantos hay en esa casa duermen, 'si no es° el señor de tu   but not
corazón y el despertador de tu alma. Porque ahora sentí que abría la ventana
de la reja de su estancia, y sin duda debe de estar despierto. Canta,
'lastimada mía,° en tono bajo y suave, al son de tu harpa, y cuando la   my wounded one
duquesa nos sienta, le echaremos la culpa al calor que hace."

"No está en eso el punto, ¡oh Emerencia!" respondió la Altisidora,16
"sino en que no querría que mi canto descubriese mi corazón y fuese
juzgada de° los que no tienen noticia de las fuerzas poderosas de amor por°   by, as
doncella antojadiza y liviana.° Pero venga lo que viniere.17 Que más vale   frivolous
vergüenza en cara que mancilla en corazón."

Y en esto, sintió tocar una harpa suavísimamente, oyendo lo cual quedó
don Quijote pasmado, porque en aquel instante se le vinieron a la memoria
las infinitas aventuras semejantes a aquélla, de ventanas, rejas y jardines,
músicas, requiebros y desvanecimientos° que en los sus desvanecidos°   faintings, vain
libros de caballerías había leído. Luego imaginó que alguna doncella de la
duquesa estaba dél enamorada, y que la honestidad la forzaba a tener
secreta su voluntad, temió no le rindiese, y propuso en su pensamiento el
no dejarse vencer. Y encomendándose de todo buen ánimo y buen talante
a su señora Dulcinea del Toboso, determinó de escuchar la música, y para
dar a entender que allí estaba, dio un fingido estornudo,° de que no poco   sneeze
se alegraron las doncellas, que otra cosa no deseaban sino que don Quijote

---

13 **El sueño...** *my mistress sleeps more lightly than heavily*
14 This refers to Æneas, the hero of Virgil's *Æneid*. On his way to Italy, Æneas visited
Dido, the founder of Carthage, and she fell in love with him. After he left her, she
comitted suicide on a funeral pyre.
15 **No des...** *don't consider that*
16 That is, **la** *llamada* **Altisidora**, *the one named Altisidora.*
17 **Venga...** *come what may*

las oyese. Recorrida,° pues, y afinada la harpa, Altisidora dio principio a   running fingers over
este romance:

¡O tú, que estás en tu lecho,[18]
    entre sábanas de Holanda,
    durmiendo a pierna tendida
    de la noche a la mañana,
    caballero el más valiente
    que ha producido la Mancha,
    más honesto y más bendito
    que el oro fino de Arabia!
    Oye a una triste doncella,
    bien crecida y mal lograda,
    que en la luz de tus dos soles
    se siente abrasar el alma.
    Tú buscas tus aventuras,
    y ajenas desdichas hallas;
    das las feridas, y niegas
    el remedio de sanarlas.
    Dime, valeroso joven,
    que Dios prospere tus ansias,
    si te criaste en la Libia,[19]
    o en las montañas de Jaca;[20]
    si sierpes te dieron leche;
    si a dicha fueron tus amas°   wetnurses
    la aspereza de las selvas
    y el horror de las montañas.
    Muy bien puede Dulcinea,
    doncella rolliza y sana,
    preciarse de que ha rendido
    a una tigre y fiera brava.
    Por esto será famosa,
    desde Henares a Jarama,
    desde el Tajo a Manzanares,
    desde Pisuerga hasta Arlanza.[21]
    Trocárame yo por ella,
    y diera encima una saya
    de las más gayadas° mías,   motley

Line numbers: 5, 10, 15, 20, 25, 30, 35

---

[18] In the first edition this **romance** is in two columns and divided into pseudo-stanzas of four lines. The rhyme throughout is **á – a** which would be about the easiest scheme for a teenager to use.

[19] In Part I, Chapter 14, p. 98, l. 14, Libya was referred to as a place where wild animals are found (Canción de Grisóstomo).

[20] Jaca is a small city (now with about 24,000 people) in the foothills of the Pyrenees, north of Pamplona.

[21] Dulcinea isn't going to be very famous since the Henares, Jarama, and Manzanares are all tributaries of the Tajo, and the Arlanza flows into the Pisuerga. That is, they don't represent geographical separation, as, say, the Duero and the Tajo would.

que de oro le adornan franjas.°   fringes
¡Oh 'quién se viera° en tus brazos,   if I could see myself
o si no, junto a tu cama,
rascándote° la cabeza,   scratching
5   y matándote la caspa!°   dandruff
Mucho pido, y no soy digna
de merced tan señalada:
los pies quisiera traerte;[22]
que a una humilde esto le basta.
10   ¡Oh qué de cofias° te diera,   hair nets
qué de escarpines° de plata,   slippers
qué de calzas de damasco,
qué de herreruelos de Holanda!
¡Qué de finísimas perlas,
15   cada cual como una agalla,[23]
que, a no tener compañeras,
LAS SOLAS[24] fueran llamadas!
No mires de tu Tarpeya[25]
este incendio que me abrasa,
20   Nerón manchego del mundo,
ni le avives con tu saña.
Niña soy, pulcela° tierna;   maiden
mi edad de quince no pasa;
catorce tengo y tres meses
25   te juro en Dios y en mi ánima.
No soy renca,° ni soy coja,   limping
ni tengo nada de manca;°   maimed in one arm
los cabellos, como lirios,
que, en pie, por el suelo arrastran.
30   Y aunque es mi boca aguileña,
y la nariz algo chata,
ser mis dientes de topacios°   topazes
mi belleza al cielo ensalza.
Mi voz, ya ves, si me escuchas,
35   que a la que es más dulce iguala,
y soy de disposición
algo menos que mediana.
Éstas y otras gracias miras:
son despojos de tu aljaba;[26]
40   desta casa soy doncella,
y Altisidora me llaman.

---

[22] This expression means "to rub one's feet."

[23] This **agalla** is a gallnut, a tumor about the size of a marble that grows on oak leaves.

[24] Pellicer suggested that these were pearls that belonged to the crown.

[25] This alludes to the Tarpeian Rock in Rome, from where condemned prisoners were thrown, and from which, in a Spanish ballad, Nero watched Rome burn.

[26] The *spoils of the quiver* are the result of the arrows that the quiver contained, as if Don Quijote were Cupid.

Aquí dio fin el canto de la malferida° Altisidora, y comenzó el   wounded
asombro del requirido° don Quijote, el cual, dando un gran suspiro, dijo   wooed
entre sí: "¡Que° tengo de ser tan desdichado andante, que no ha de haber   why?
doncella que me mire que de mí no se enamore. ¡Que tenga de ser tan corta
5 de ventura la sin par Dulcinea del Toboso, que no la han de dejar a solas
gozar de la incomparable firmeza mía! ¿Qué la queréis, reinas?[27] ¿'A qué°   for what reason
la perseguís, emperatrices? ¿Para qué la acosáis, doncellas de a catorce a
quince años? Dejad, dejad a la miserable que triunfe,[28] se goce y ufane con
la suerte que amor quiso darle en rendirle mi corazon y entregarle mi alma.
10 Mirad, caterva enamorada, que para sola Dulcinea soy de masa y de
alfeñique, y para todas las demás soy de pedernal.° Para ella soy miel, y   flint
para vosotras acíbar.° Para mí sola Dulcinea es la hermosa, la discreta, la   bitterness
honesta, la gallarda y la bien nacida, y las demás, las feas, las necias, las
livianas y las de peor linaje. Para ser yo suyo,° y no de otra alguna, me   hers = Dulcinea's
15 arrojó la naturaleza al mundo. Llore o cante Altisidora, desespérese
madama° por quien me aporrearon en el castillo del moro encantado.[29] Que   **señora**
yo tengo de ser de Dulcinea, 'cocido o asado,° limpio, bien criado y   no matter what
honesto, a pesar de todas las potestades hechiceras de la tierra."

Y con esto 'cerró de golpe° la ventana, y despechado y pesaroso, como   slammed shut
20 si le hubiera acontecido alguna gran desgracia, se acostó en su lecho, donde
le dejaremos por ahora, porque nos está llamando el gran Sancho Panza,
que quiere° dar principio a su famoso gobierno.   va a

---

[27] **¿Qué la ...** *what do you want of her, queens?*
[28] **Dejad, dejad...** *allow, allow the wretched one [Dulcinea] to triumph*
[29] Refers back to Part I, Chapter 16, p. 115.

Capítulo XLV. De cómo el gran Sancho Panza tomó la posesión de su ínsula, y del modo que comenzó a gobernar.

¡OH PERPETUO descubridor de los antípodas,[1] hacha del mundo, ojo del
cielo, meneo dulce de las cantimploras,[2] Timbrio[3] aquí, Febo allí,
tirador acá, médico acullá, padre de la poesía, inventor de la música,
tú que siempre sales y aunque lo parece, nunca te pones! A ti digo, ¡oh sol,
con cuya ayuda el hombre engendra al hombre![4] A ti digo que me
favorezcas y alumbres la escuridad de mi ingenio, para que pueda discurrir
por sus puntos en la narracion del gobierno del gran Sancho Panza. Que, sin
ti, yo me siento tibio, desmazalado y confuso.

Digo, pues, que con todo su acompañamiento llegó Sancho a un lugar
de hasta mil vecinos, que era de los mejores que el duque tenía. Diéronle
a entender que se llamaba LA ÍNSULA BARATARIA, o ya porque el lugar se
llamaba BARATARIO, o ya por el barato[5] con que se le había dado el
gobierno. Al llegar a las puertas de la villa, que era cercada,° salió el — **walled**
regimiento° del pueblo a recebirle. Tocaron las campanas, y todos los — **municipal council**
vecinos dieron muestras de general alegría, y con mucha pompa le llevaron
a la iglesia mayor a dar gracias a Dios, y luego, con algunas ridículas
ceremonias, le entregaron las llaves del pueblo, y le admitieron por perpetuo
gobernador de la Ínsula Barataria.

El traje, las barbas, la gordura y pequeñez° del nuevo gobernador tenía — **smallness**
admirada a toda la gente que el busilis° del cuento no sabía, y aun a todos — **secret**
los que lo sabían, que eran muchos. Finalmente, en sacándole de la iglesia,
le llevaron a la silla del juzgado° y le sentaron en ella, y el mayordomo del — **tribunal**
duque le dijo: "Es costumbre antigua en esta ínsula, señor gobernador, que
el que viene a tomar posesión desta famosa ínsula está obligado a responder
a una pregunta que se le hiciere, que sea algo intricada° y dificultosa, de — **knotty**
cuya respuesta el pueblo toma y toca el pulso del ingenio de su nuevo
gobernador. Y así o se alegra, o se entristece con su venida."

En tanto que el mayordomo decía esto a Sancho, estaba él mirando
unas grandes y muchas letras que en la pared frontera de su silla estaban
escritas, y como él no sabía leer, preguntó que qué eran aquellas pinturas
que en aquella pared estaban. Fuele respondido: "Señor, allí está escrito y
notado el día en que vuesa señoría tomó posesión desta ínsula, y dice el
epitafio,° HOY DÍA, A TANTOS DE TAL MES Y DE TAL AÑO, TOMÓ LA POSESIÓN — **inscription**
DESTA ÍNSULA EL SEÑOR DON SANCHO PANZA, QUE MUCHOS AÑOS LA GOCE."

"Y ¿a quién llaman don Sancho Panza?" preguntó Sancho.

"A vuesa señoría," respondió el mayordomo, "que en esta ínsula no ha

---

[1] Antipodes represent the opposite side of the earth. This, and all of the references that
follow are to the sun.

[2] This *sweet shaking of copper wine vessels* means that when the sun is hot, you go
frequently to use the wine vessels, thus the allusion to shaking them.

[3] Thymbræus is Virgil's nickname for the sun, Apollo.

[4] In Aristotle's *Physics* II,2, it says: **Sol et homo generant hominem** *both man and
the Sun beget men.* The sun is ultimately responsible for all life.

[5] There has been a lot of discussion about the meaning of ·**barato** in this context, but
the best explanation is that it used to mean *deception*.

entrado otro Panza, sino el que está sentado en esa silla."

"Pues advertid, hermano," dijo Sancho, "que yo no tengo DON, ni en todo mi linaje le ha habido. Sancho Panza me llaman a secas, y Sancho se llamó mi padre, y Sancho mi agüelo, y todos fueron Panzas sin añadiduras

5   de DONES ni DONAS. Y yo imagino que en esta ínsula debe de haber más dones que piedras. Pero basta, Dios me entiende, y podrá ser que si el gobierno me dura cuatro días, yo escardaré° estos dones, que por la   *will weed out* muchedumbre deben de enfadar como los mosquitos. Pase adelante con su pregunta el señor mayordomo, que yo responderé lo mejor que supiere, ora

10 se entristezca, o no se entristezca el pueblo."

A° este instante entraron en el juzgado dos hombres, el uno vestido de   **en** labrador, y el otro de sastre, porque traía unas tijeras en la mano. Y el sastre dijo: "Señor gobernador, yo y este hombre labrador venimos ante vuesa merced en razón que este buen hombre llegó a mi tienda ayer—que yo, con

15 perdón de los presentes, soy sastre examinado,° que Dios sea bendito—y   *licensed* poniéndome un pedazo de paño en las manos, me preguntó, 'Señor, ¿habría en este paño harto para hacerme una caperuza?'° Yo, tanteando el paño, le   *cap* respondí que sí. Él debióse de imaginar, a lo que yo imagino, e imaginé bien, que sin duda yo le quería hurtar alguna parte del paño, fundándose en

20 su malicia y en la mala opinión de los sastres. Y replicóme que mirase si habría para dos. Adivinéle el pensamiento, y díjele que sí. Y él, caballero°   *riding along* en su dañada y primera intención, fue añadiendo caperuzas, y yo añadiendo síes, hasta que llegamos a cinco caperuzas, y ahora en este punto acaba de venir por ellas. Yo se las doy, y no me quiere pagar la hechura. Antes me

25 pide que le pague o vuelva su paño."

"¿Es todo esto así, hermano?" preguntó Sancho.

"Sí, señor," respondió el hombre, "pero hágale vuesa merced que muestre las cinco caperuzas que me ha hecho."

"De buena gana," respondió el sastre.

30 Y sacando encontinente la mano debajo del herreruelo, mostró en ella cinco caperuzas puestas en las cinco cabezas de los dedos de la mano, y dijo: "He aquí las cinco caperuzas que este buen hombre me pide, y en Dios y en mi conciencia que no me ha quedado nada del paño, y yo daré la obra a vista° de veedores del oficio."   *inspection*

35 Todos los presentes se rieron de la multitud de las caperuzas, y del nuevo pleito. Sancho se puso a considerar un poco, y dijo: "Paréceme que en este pleito no ha de haber largas dilaciones, sino juzgar luego a juicio de buen varón, y así yo doy por sentencia que el sastre pierda las hechuras, y el labrador el paño, y las caperuzas se lleven a los presos de la cárcel, y no

40 haya más."

Si la sentencia pasada de la bolsa del ganadero[6] movió a admiración a los circunstantes, ésta les provocó a risa. Pero, en fin, se hizo lo que mandó el gobernador, ante el cual se presentaron dos hombres ancianos, el uno traía una cañaheja° por báculo, y el sin báculo dijo: "Señor, a este buen   *tall pole*

45 hombre le presté días ha 10 escudos de oro en oro, por hacerle placer y buena obra, con condición que me los volviese cuando se los pidiese.

---

[6] Lots of confusion, commentary, additions to the text, and rearranging here since this episode has yet to happen. Cervantes is pretending to be careless.

Pasáronse muchos días sin pedírselos, por no ponerle en mayor necesidad, de volvérmelos, que la que él tenía cuando yo se los presté. Pero por parecerme que se descuidaba en la paga, se los he pedido una y muchas veces, y no solamente no me los vuelve, pero me los niega, y dice que nunca tales 10 escudos le presté, y que si se los presté, que ya me los ha vuelto. Yo no tengo testigos ni del prestado,° ni de la vuelta, porque no me los ha vuelto. Querría que vuesa merced le tomase juramento y si jurare que me los ha vuelto, yo se los perdono para aquí y para delante de Dios."   `lending`

"¿Qué decís vos a esto, buen viejo del báculo?" dijo Sancho.

A lo que dijo el viejo: "Yo, señor, confieso que me los prestó, y baje vuesa merced esa vara, y pues él lo deja en mi juramento,[7] yo juraré como se los he vuelto y pagado real y verdaderamente."

Bajó el gobernador la vara, y en tanto, el viejo del báculo dio el báculo al otro viejo, que se le tuviese en tanto que juraba, como si le embarazara°   `hindered` mucho, y luego puso la mano en la cruz de la vara, diciendo que era verdad, que se le habían prestado aquellos diez escudos que se le pedían. Pero que él se los había vuelto de su mano a la suya, y que por no caer en ello[8] se los volvía a pedir por momentos. Viendo lo cual el gran gobernador, preguntó al acreedor° qué respondía a lo que decía su contrario.   `creditor` Y dijo que sin duda alguna su deudor° debía de decir verdad, porque le   `debtor` tenía por hombre de bien y buen cristiano, y que a él se le debía de haber olvidado el cómo y cuándo se los había vuelto, y que desde allí en adelante jamás le pidiría° nada. Tornó a tomar su báculo el deudor, y bajando la   **pediría** cabeza, se salió del juzgado. Visto lo cual Sancho, y que sin más ni más se iba, y viendo también la paciencia del demandante,° inclinó la cabeza sobre   `plaintiff` el pecho, y poniéndose el índice de la mano derecha sobre las cejas y las narices, estuvo como pensativo un pequeño espacio, y luego alzó la cabeza y mandó que le llamasen al viejo del báculo, que ya se había ido. Trujéronsele, y en viéndole Sancho, le dijo: "Dadme, buen hombre, ese báculo, que le he menester."

"De muy buena gana," respondió el viejo, "hele aquí, señor." Y púsosele en la mano.

Tomóle Sancho, y dándosele al otro viejo, le dijo: "Andad con Dios, que ya vais pagado."

"¿Yo, señor?" repondió el viejo. "Pues ¿vale esta cañaheja 10 escudos de oro?"

"Sí," dijo el gobernador, "o si no, yo soy el mayor porro del mundo, y ahora se verá si tengo yo caletre para gobernar todo un reino."

Y mandó que allí delante de todos se rompiese y abriese la caña. Hízose así, y en el corazón della hallaron 10 escudos en oro. Quedaron todos admirados, y tuvieron a su gobernador por un nuevo Salomón.[9] Preguntáronle de dónde había colegido que en aquella cañaheja estaban aquellos 10 escudos, y respondió que de haberle visto dar el viejo que juraba, a su contrario, aquel báculo en tanto que hacía el juramento, y jurar

---

[7] **Pues él...** *since he leaves it to my oath*

[8] **Por no...** *not realizing it*

[9] Solomon is, of course, the biblical king, whose "wisdom excelled the wisdom of all the children of the east country and all the wisdom of Egypt," I Kings 3:30-31.

que se los había dado real y verdaderamente, y que en acabando de jurar, le tornó a pedir el báculo, le vino a la imaginación que dentro dél estaba la paga de lo que pedían. De donde se podía colegir que los que gobiernan, aunque sean unos tontos, 'tal vez° los encamina Dios en sus juicios. Y más,   sometimes
que él había oído contar otro caso como aquel al cura de su lugar, y que él tenía tan gran memoria, que a no olvidársele todo aquello de que quería acordarse, no hubiera tal memoria en toda la ínsula. Finalmente, el un viejo corrido, y el otro pagado, se fueron, y los presentes quedaron admirados. Y el que escribía las palabras, hechos y movimientos de Sancho, no acababa de determinarse si le tendría y pondría por tonto, o por discreto.

Luego, acabado este pleito, entró en el juzgado una mujer, asida fuertemente de un hombre[10] vestido de ganadero rico, la cual venía dando grandes voces, diciendo: "¡Justicia, señor gobernador, justicia, y si no la hallo en la tierra, la iré a buscar al cielo! Señor gobernador de mi ánima, este mal hombre me ha cogido en la mitad dese campo, y se ha aprovechado de mi cuerpo como si fuera trapo mal lavado, desdichada de mí, me ha llevado lo que yo tenía guardado más de veinte y tres años ha, defendiéndolo de moros y cristianos, de naturales y estranjeros, y yo, siempre dura como un alcornoque, conservándome entera como la salamanquesa en el fuego,[11] o como la lana entre las zarzas, para que este buen hombre llegase ahora con sus manos limpias a manosearme."

"Aun eso está por averiguar, si tiene limpias o no las manos este galán," dijo Sancho.

Y volviéndose al hombre, le dijo qué decía y respondía a la querella de aquella mujer. El cual, todo turbado, respondió: "Señores, yo soy un pobre ganadero de ganado de cerda, y esta mañana salía deste lugar, de vender, con perdón sea dicho, cuatro puercos que me llevaron de alcabalas y socaliñas[12] poco menos de lo que ellos valían. Volvíame a mi aldea, topé en el camino a esta buena dueña, y el diablo, que todo lo añasca y todo lo cuece, hizo que yogásemos° juntos. Paguéle lo soficiente,° y ella, mal   lie, suficiente
contenta, asió de mí, y no me ha dejado hasta traerme a este puesto. Dice que la forcé,° y miente, para el juramento que hago o pienso hacer. Y ésta   raped
es toda la verdad, sin faltar meaja."

Entonces el gobernador le preguntó si traía consigo algún dinero en plata. Él dijo que hasta veinte ducados tenía en el seno° en una bolsa de   inside his shirt
cuero. Mandó que la sacase y se la entregase así como estaba a la querellante.° Él lo hizo temblando, tomóla la mujer, y haciendo mil zalemas   complainant
a todos, y rogando a Dios por la vida y salud del señor gobernador, que así miraba por las huérfanas menesterosas y doncellas. Y con esto, se salió del juzgado, llevando la bolsa asida con entrambas manos, aunque primero miró si era de plata la moneda que llevaba dentro.

Apenas salió, cuando Sancho dijo al ganadero, que ya se le saltaban las

---

[10] **Asida fuertemente...** *holding tightly on to a man*

[11] Covarrubias (p. 921, col. 2, ll. 57-29) says that the salamander is so cold that it puts out hot coals if it passes through them. This is pure nonsense, of course.

[12] **Me llevaron...** *they took [the pigs] from me, what with taxes and cunning,* that is, his profit was diminished by what he had to pay in taxes and what he lost on too low a bargained price.

lágrimas, y los ojos y el corazón se iban tras su bolsa: "Buen hombre, id tras aquella mujer, y quitadle la bolsa, aunque no quiera, y volved aquí con ella.°"

it = the purse

Y no lo dijo a tonto ni a sordo, porque luego partió como un rayo y fue
5   a lo que se le mandaba. Todos los presentes estaban suspensos, esperando el fin de aquel pleito, y de allí a poco volvieron el hombre y la mujer, más asidos y aferrados° que la vez primera, ella la saya levantada, y en el regazo° puesta la bolsa, y el hombre pugnando por quitársela, mas no era posible, según la mujer la defendía, la cual daba voces, diciendo: "¡Justicia
10 de Dios, y del mundo! ¡Mire vuesa merced, señor gobernador, la poca vergüenza y el poco temor deste desalmado, que en mitad de poblado y en mitad de la calle me ha querido quitar la bolsa que vuesa merced mandó darme!"

grasping strongly
lap

"Y ¿háosla quitado?" preguntó el gobernador.
15 "¿Cómo quitar?" respondió la mujer, "Antes me dejara yo quitar la vida que me quiten la bolsa. ¡Bonita es la niña! ¡Otros gatos me han de echar a las barbas, que no este desventurado y asqueroso! ¡Tenazas° y martillos, mazos y escoplos° no serán bastantes a sacármela de las uñas, ni aun garras de leones; antes el ánima de en mitad en mitad de las carnes!"

pincers
chisels

20 "Ella tiene razón," dijo el hombre, "y yo me doy por rendido y sin fuerzas, y confieso que las mías no son bastantes para quitársela, y déjola."

Entonces el gobernador dijo a la mujer: "Mostrad,° honrada y valiente,° esa bolsa."

i.e. show *me*, strong

Ella se la dio luego, y el gobernador se la volvió al hombre y dijo a la
25 esforzada, y no forzada: "Hermana mía, si el mismo aliento y valor que habéis mostrado para defender esta bolsa le mostrárades, y aun la mitad menos, para defender vuestro cuerpo, las fuerzas de Hércules no os hicieran fuerza. Andad con Dios y mucho de en hora mala, y no paréis en toda esta ínsula ni en seis leguas a la redonda, so pena de docientos azotes. ¡Andad
30 luego, digo, churrillera,° desvergonzada° y embaidora!°"

charlatan, shameless,
deceiver

Espantóse la mujer y fuese cabizbaja y mal contenta, y el gobernador dijo al hombre: "Buen hombre, andad con Dios a vuestro lugar con vuestro dinero, y de aquí adelante, si no le queréis perder, procurad que no os venga en voluntad de yogar° con nadie."

to lie

35 El hombre le dio las gracias lo peor que supo[13] y fuese, y los circunstantes quedaron admirados de nuevo de los juicios y sentencias de su nuevo gobernador. Todo lo cual notado de su coronista fue luego escrito al duque, que con gran deseo lo estaba esperando.

Y quédese aquí el buen Sancho. Que es mucha la priesa que nos da su
40 amo, alborozado con la música de Altisidora.

---

[13] **Lo peor**...*in a clumsy way*

Capítulo XLVI. Del temeroso espanto cencerril y gatuno° feline
que recibió don Quijote en el discurso de los amores de
la enamorada Altisidora.

5 DEJAMOS al gran don Quijote envuelto en los pensamientos que le había causado la música de la enamorada doncella Altisidora. Acostóse con ellos, y como si fueran pulgas, no le dejaron dormir ni sosegar un punto, y juntábansele los° que le faltaban de sus medias. Pero como es ligero el **los *puntos*** = stitches tiempo y no hay barranco que le detenga, corrió caballero en las horas, y
10 con mucha presteza llegó la de la mañana. Lo cual visto por don Quijote, dejó las blandas plumas, y no nada perezoso, se vistió su acamuzado° chamois skin vestido y se calzó sus botas de camino, por encubrir la desgracia de sus medias. Arrojóse encima su mantón de escarlata y púsose en la cabeza una montera de terciopelo verde, guarnecida de pasamanos° de plata, colgó el trim
15 tahelí de sus hombros con su buena y tajadora° espada, asió un gran rosario trenchant que consigo contino traía, y con gran prosopopeya y contoneo salió a la antesala, donde el duque y la duquesa estaban ya vestidos y como esperándole, y al pasar por una galería, estaban aposta° esperándole on purpose Altisidora y la otra doncella su amiga. Y así como Altisidora vio a don
20 Quijote, fingió desmayarse, y su amiga la recogió en sus faldas, y con gran presteza la iba a desabrochar el pecho. Don Quijote que lo vio, llegándose a ellas, dijo: "Ya sé yo de qué preceden estos accidentes."

 "No sé yo de qué," respondió la amiga, "porque Altisidora es la doncella más sana de toda esta casa, y yo nunca la he sentido un ¡AY! en
25 cuanto ha que la conozco. Que mal hayan cuantos caballeros andantes hay en el mundo, si es que todos son desagradecidos. Váyase vuesa merced, señor don Quijote. Que no volverá en sí esta pobre niña en tanto que vuesa merced aquí estuviere."

 A lo que respondió don Quijote: "Haga vuesa merced, señora, que se
30 me ponga un laúd esta noche en mi aposento. Que yo consolaré lo mejor que pudiere a esta lastimada doncella. Que en los principios amorosos los desengaños prestos suelen ser remedios calificados."

 Y con esto, se fue, porque no fuese notado de los que allí le viesen. No se hubo bien apartado, cuando, volviendo en sí la desmayada Altisidora,
35 dijo a su compañera: "Menester será que se le ponga el laúd. Que sin duda don Quijote quiere darnos música, y no será mala, siendo suya."

 Fueron luego a dar cuenta a la duquesa de lo que pasaba, y del laúd que pedía don Quijote, y ella, alegre sobremodo, concertó con el duque y con sus doncellas de hacerle una burla que fuese más risueña que dañosa,° harmful
40 y con mucho contento esperaban la noche, que se vino tan apriesa como se había venido el día, el cual pasaron los duques en sabrosas pláticas con don Quijote. Y la duquesa aquel día real y verdaderamente despachó a un paje suyo, que había hecho en la selva la figura encantada de Dulcinea, a Teresa Panza, y con el lío° de ropa que había dejado para que se le enviase, bundle
45 encargándole le trujese buena relación de todo lo que con ella pasase.° said

 Hecho esto, y llegadas las once horas de la noche, halló don Quijote una vihuela en su aposento. Templóla, abrió la reja, y sintió que andaba gente en el jardín, y habiendo recorrido los trastes° de la vihuela, y frets

afinándola[1] lo mejor que supo, escupió y 'remondóse el pecho,° y luego,   cleared his throat
con una voz ronquilla° aunque entonada, cantó el siguiente romance, que   a bit hoarse
él mismo aquel día había compuesto:

5   Suelen las fuerzas de amor
           sacar de quicio a las almas,[2]
           tomando por instrumento
           la ociosidad descuidada.
           Suele el coser y el labrar

10   y el estar siempre ocupada
           ser antídoto al veneno°   venom
           de las amorosas ansias.
           Las doncellas recogidas°   secluded
           que aspiran a ser casadas,

15   la honestidad es la dote
           y voz de sus alabanzas.
           Los andantes caballeros
           y los que en la corte andan
           requiébranse con las libres;

20   con las honestas se casan.
           Hay amores de levante,[3]
           que entre huéspedes se tratan,
           que llegan presto al poniente,
           porque en el partirse acaban.

25   El amor recién venido
           que hoy llegó, y se va mañana,
           las imágines° no deja   **imágenes** = images
           bien impresas en el alma.
           Pintura sobre pintura,

30   ni se muestra ni señala;
           y do hay primera belleza,
           la segunda no hace baza.[4]
           Dulcinea del Toboso
           del alma en la 'tabla rasa°   empty slate

35   tengo pintada, de modo
           que es imposible borrarla.
           La firmeza en los amantes
           es la parte más preciada,
           por quien hace Amor milagros,

40   y asimesmo los levanta.

---

[1] **Afinándola** means *tuning it*. The previous phrase says that he had already tuned the instrument. For this reason a number of editors leave the **n** out, thus making it mean *having tuned it*.

[2] Notice that Don Quijote also chooses the easy rhyme in **á – a**.

[3] There is a play on words here between **levante** *east wind* and **poniente** *west wind* two lines later. It seems to mean that these courtly loves are fleeting and ephemeral.

[4] This deals with one painting done on top of another. **Baza** is a trick in cards: The first painting is beautiful, the second one doesn't do the trick.

Aquí llegaba don Quijote de su canto, a quien estaban escuchando el duque y la duquesa, Altisidora y casi toda la gente del castillo, cuando de improviso, desde encima de un corredor° que sobre la reja de don Quijote 'a plomo° caía, descolgaron° un cordel donde venían más de cien cencerros asidos,° y luego tras ellos derramaron° un gran saco de gatos, que asimismo traían cencerros menores atados a las colas. Fue tan grande el ruido de los cencerros y el mayar° de los gatos, que aunque los duques habían sido inventores de la burla, todavía les sobresaltó, y temeroso don Quijote, quedó pasmado. Y quiso la suerte que dos o tres gatos se entraron por la reja de su estancia, y dando de una parte a otra,[5] parecía que una región° de diablos andaba en ella. Apagaron las velas que en el aposento ardían, y andaban buscando por do escaparse. El descolgar y subir del cordel de los grandes cencerros no cesaba. La mayor parte de la gente del castillo, que no sabía la verdad del caso, estaba suspensa y admirada.

Levantóse don Quijote en pie, y poniendo mano a la espada, comenzó a tirar estocadas por la reja y a decir a grandes voces: "¡Afuera malignos encantadores, afuera canalla hechiceresca,° que yo soy don Quijote de la Mancha, contra quien no valen ni tienen fuerza vuestras malas intenciones!"

Y volviéndose a los gatos que andaban por el aposento, les tiró muchas cuchilladas. Ellos acudieron a la reja, y por allí se salieron, aunque uno, viéndose tan acosado de las cuchilladas de don Quijote, le saltó al rostro y le asío de las narices con las uñas y los dientes, por cuyo dolor don Quijote comenzó a dar los mayores gritos que pudo. Oyendo lo cual el duque y la duquesa, y considerando lo que podía ser, con mucha presteza acudieron a su estancia, y abriendo con llave maestra,° vieron al pobre caballero pugnando con todas sus fuerzas por arrancar el gato de su rostro. Entraron con luces, y vieron la desigual pelea. Acudió el duque a despartirla, y don Quijote dijo a voces: "¡No me le quite nadie, déjenme mano a mano con este demonio, con este hechicero, con este encantador! ¡Que yo le daré a entender de mí a él, quién es don Quijote de la Mancha!"

Pero el gato, no curándose destas amenazas, gruñía y apretaba. Mas, en fin, el duque se le desarraigó y le echó por la reja.

Quedó don Quijote acribado° el rostro y no muy sanas las narices, aunque muy despechado porque no le habían dejado fenecer la batalla que tan trabada tenía con aquel malandrín encantador. Hicieron traer aceite de Aparicio,[6] y la misma Altisidora, con sus blanquísimas manos, le puso unas vendas por todo lo herido, y al ponérselas, con voz baja le dijo: "Todas estas malandanzas te suceden, empedernido° caballero, por el pecado de tu dureza y pertinacia.° Y plega a Dios que se le olvide a Sancho tu escudero el azotarse, porque nunca salga de su encanto esta tan amada tuya Dulcinea, ni tú la goces,[7] ni llegues a tálamo con ella, a lo menos viviendo yo, que te adoro."

A todo esto no respondió don Quijote otra palabra, si no fue dar un profundo suspiro, y luego se tendió en su lecho, agradeciendo a los duques

gallery
straight down, they
released; tied, they
released
meowing

legión

bewitched

master

pierced

hard-hearted
stubbornness

---

[5] **Dando de...** *running from side to side*
[6] This was a sixteenth-century curing oil formulated by Aparicio de Zubia.
[7] The original says **lo goces**, seemingly referring to **desencanto**. But Cervantes typically uses **le** for **lo**. **La**, used by Schevill, refers to Dulcinea. Gaos keeps **lo**.

la merced, no porque él tenía temor de aquella canalla gatesca,° encantadora   cattish
y cencerruna,° sino porque había conocido la buena intención con que   bellish
habían venido a socorrerle. Los duques le dejaron sosegar y se fueron
pesarosos del mal suceso de la burla. Que no creyeron que tan pesada y
5   costosa le saliera a don Quijote aquella aventura, que le costó cinco días de
encerramiento y de cama, donde le sucedió otra aventura más gustosa que
la pasada, la cual no quiere su historiador contar ahora, por acudir a Sancho
Panza, que andaba muy solícito y muy gracioso en su gobierno.

Capítulo XLVII. *Donde se prosigue cómo se portaba Sancho Panza en su gobierno.*

CUENTA la historia que desde el juzgado llevaron a Sancho Panza a un suntuoso palacio, adonde en una gran sala estaba puesta una real y limpísima mesa. Y así como Sancho entró en la sala, sonaron chirimías y salieron cuatro pajes a darle aguamanos, que Sancho recibió con mucha gravedad.

Cesó la música, sentóse Sancho a la cabecera de la mesa, porque no había más de° aquel asiento, y no otro servicio° en toda ella. Púsose a su lado en pie un personaje, que después mostró ser médico, con una varilla de ballena en la mano. Levantaron una riquísima y blanca toalla° con que estaban cubiertas las frutas y mucha diversidad de platos° de diversos manjares. Uno que parecía estudiante echó la bendición, y un paje puso un babador randado° a Sancho, otro que hacía el oficio de maestresala llegó un plato de fruta delante, pero apenas hubo comido un bocado, cuando el de la varilla tocando con ella en el plato, se le quitaron de delante con grandísima celeridad. Pero el maestresala le llegó otro, de otro manjar. Iba a probarle Sancho, pero antes que llegase a él ni le gustase, ya la varilla había tocado en él, y un paje alzádole con tanta presteza como el de la fruta. Visto lo cual por Sancho, quedó suspenso, y mirando a todos, preguntó si se había de comer aquella comida como 'juego de maesecoral.°

A lo cual respondió el de la vara: "No se ha de comer, señor gobernador, sino como es uso y costumbre en las otras ínsulas donde hay gobernadores. Yo, señor, soy médico, y estoy asalariado en esta ínsula para serlo de los gobernadores della, y miro por su salud mucho más que por la mía, estudiando de noche y de día y tanteando la complexión del gobernador, para acertar a curarle cuando cayere enfermo. Y lo principal que hago es asistir a sus comidas y cenas, y a dejarle comer de lo que me parece que le conviene, y a quitarle lo que imagino que le ha de hacer daño y ser nocivo° al estómago. Y así mandé quitar el plato de la fruta, por ser demasiadamente húmeda, y el plato del otro manjar también le mandé quitar, por ser demasiadamente caliente° y tener muchas especies,° que acrecientan la sed. Y el que mucho bebe, mata y consume el húmedo radical,[1] donde consiste la vida."

"Desa manera, aquel plato de perdices que están allí asadas, y a mi parecer, bien sazonadas,° no me harán algún daño."

A lo que el médico respondió: "Ésas no comerá el señor gobernador en tanto que yo tuviere vida."

"Pues ¿por qué?" dijo Sancho.

Y el médico respondió: "Porque nuestro maestro Hipócrates, norte y luz de la medicina, en un aforismo° suyo dice: *Omnis saturatio mala, perdices autem pessima.*[2] Quiere decir, «toda hartazga[3] es mala; pero la de

---

que, table setting

cloth
dishes

lace-trimmed

sleight of hand

injurious

spicy, spices

seasoned

maxim

---

[1] This radical humor was supposed to give vigor and elasticity to the body according to Clemencín (p. 1786, n. 11). He cites no reference. Rico says it refers to *semen*.

[2] Not only did the ancient Greek physician Hippocrates never say this, but the popular maxim refers to **panis** *of bread* and not **perdicis** *of partridge*. **Perdices** is not the correct Latin form, but how is Sancho to know?

[3] Nowadays they say **hartazgo** *satiety, overeating.*

las perdices, malísima»".

"Si eso es así," dijo Sancho, "vea el señor doctor de cuantos manjares hay en esta mesa, cuál me hará más provecho y cuál menos daño, y déjeme comer dél sin que 'me le apalee.° Porque por vida del gobernador, y así   snatching it away
Dios me le° deje gozar, que me muero de hambre, y el negarme la comida,   i.e., governorship
aunque le pese al señor doctor y él más me diga, antes será quitarme la vida que aumentármela."

"Vuesa merced tiene razón, señor gobernador," respondió el médico, "y así es mi parecer que vuesa merced no coma de aquellos conejos guisados que allí están, porque es manjar peliagudo.[4] De aquella ternera, si no fuera asada y 'en adobo,° aún se pudiera probar, pero no hay para qué."   marinated

Y Sancho dijo: "Aquel platonazo° que está más adelante vahando° me   great big plate,
parece que es 'olla podrida,° que por la diversidad de cosas que en las tales   steaming; stew
ollas podridas hay, no podré dejar de topar con alguna que me sea de gusto y de provecho."

"*Absit*,°" dijo el medico, "vaya lejos de nosotros tan mal pensamiento.   away with it *Latin*
No hay cosa en el mundo de peor mantenimiento° que una olla podrida.   nourishment
Allá las ollas podridas para los canónigos, o para los retores° de colegios,   headmasters
o para las 'bodas labradorescas,° y déjennos libres las mesas de los   peasant weddings
gobernadores, donde ha de asistir todo primor° y toda atildadura.° Y la   delicacy, care
razón es porque siempre y a doquiera y de quienquiera son más estimadas las medicinas simples que las compuestas,° porque en las simples no se   compound
puede errar, y en las compuestas sí, alterando la cantidad de las cosas de que son compuestas. Mas lo que yo sé que ha de comer el señor gobernador ahora, para conservar su salud y corroborarla° es un ciento de 'cañutillos de   fortify it
suplicaciones,° y unas tajadicas° subtiles de 'carne de membrillo,° que le   wafers, little slices,
asienten el estómago, y le ayuden a la digestión.   quince

Oyendo esto Sancho, 'se arrimó sobre el espaldar° de la silla, y miró   leaned back
de hito en hito al tal médico, y con voz grave le preguntó cómo se llamaba, y dónde había estudiado.

A lo que él respondió: "Yo, señor gobernador, me llamo el doctor Pedro Recio de Agüero, y soy natural de un lugar llamado Tirteafuera, que está entre Caracuel y Almodóvar del Campo, a la mano derecha,[5] y tengo el grado de doctor por la Universidad de Osuna."[6]

A lo que respondió Sancho, todo encendido en cólera: "Pues, señor doctor Pedro Recio de 'mal Agüero,° natural de Tirteafuera, lugar que está   bad omen
a la derecha mano, como vamos de Caracuel a Almodóvar del Campo, graduado en Osuna, 'quíteseme luego delante.° Si no, voto al sol que tome   get out of here!
un garrote y que a garrotazos, comenzando por él, no me ha de quedar médico en toda la ínsula, a lo menos de aquellos que yo entienda que son ignorantes. Que a los médicos sabios, prudentes y discretos los pondré sobre

---

[4] **Peliagudo** *from a fine-haired animal.* Its harmful quality is nonsense.

[5] If you imagine the letter V, Almodóvar is at the bottom, Caracuel is at the top right and San Quintín is on the top left. Tirteafuera is half way up the left side, between Almodóvar and San Quintín. Tirteafuera is indeed on the right if you are going from Caracuel to Almodóvar. You'll see that Sancho is more specific when he repeats this.

[6] The **loco** in the barber's story in Chapter 1 of this part (p. 442, l. 5) was also graduated from this minor university.

mi cabeza y los honraré como a personas divinas. Y vuelvo a decir que se
me vaya Pedro Recio de aquí. Si no, tomaré esta silla donde estoy sentado,
y se la estrellaré en la cabeza, y pídanmelo 'en residencia.° Que yo 'me   when I leave office
descargaré° con decir que hice servicio a Dios en matar a un mal médico,   I'll clear myself
5   verdugo de la república. Y dénme de comer, o si no, 'tómense° su gobierno.   take back
Que oficio que no da de comer a su dueño no vale dos habas."
   Alborotóse el doctor viendo tan colérico al gobernador, y quiso 'hacer
tirteafuera° de la sala, sino que en aquel instante sonó una 'corneta de   to leave
posta° en la calle, y asomándose el maestresala a la ventana, volvió,   post horn
10 diciendo: "Correo viene del duque mi señor; algún despacho° debe de traer   dispatch
de importancia."
   Entró el correo sudando y asustado,° y sacando un pliego del seno, le   frightened
puso en las manos del gobernador, y Sancho le puso en las del mayordomo,
a quien mandó leyese el sobreescrito que decía así, "A don Sancho Panza,
15 gobernador de la Ínsula Barataria, en su propia mano, o en las de su
secretario."
   Oyendo lo cual Sancho, dijo: "¿Quién es aquí mi secretario?"
   Y uno de los que presentes estaban respondió: "Yo señor, porque sé
leer y escribir, y soy vizcaíno."[7]
20 "Con esa añadidura," dijo Sancho, "bien podéis ser secretario del
mismo emperador. Abrid ese pliego, y mirad lo que dice."
   Hízolo así el recien nacido secretario, y habiendo leído lo que decía,
dijo que era negocio para tratarle a solas. Mandó Sancho despejar la sala,
y que no quedasen en ella sino el mayordomo y el maestresala, y los demás
25 y el médico se fueron, y luego el secretario leyó la carta que así decía:

A mi noticia ha llegado, señor don Sancho Panza, que unos enemigos
míos y desa ínsula la han de dar un asalto furioso° no sé qué noche.   fierce
Conviene velar y 'estar alerta,° porque no le tomen desapercebido. Sé   to be on the watch
también por espías verdaderas que han entrado en ese lugar cuatro
30 personas disfrazadas para quitaros la vida porque se temen de vuestro
ingenio. Abrid el ojo y mirad quién llega a hablaros, y no comáis de
cosa que os presentaren. Yo tendré cuidado de socorreros si os viéredes
en trabajo, y en todo haréis como se espera de vuestro entendimiento.
Deste lugar a 16 de agosto a las cuatro de la mañana.
35   Vuestro amigo,
                                      EL DUQUE

   Quedó atónito Sancho, y mostraron quedarlo asimismo los circunstantes, y volviéndose al mayordomo, le dijo: "Lo que agora se ha de hacer,
y ha de ser luego, es meter en un calabozo al doctor Recio, porque si
40 alguno me ha de matar, ha de ser él, y de muerte adminícula[8] y pésima,
como es la de la hambre."
   "También," dijo el maestresala, "me parece a mí que vuesa merced no
coma de todo lo que está en esta mesa, porque lo han presentado unas
monjas, y como suele decirse, detrás de la cruz está el diablo."

---

[7] Basques had the reputation of being faithful.
[8] This Latinism means *in small doses*.

"No lo niego," respondió Sancho, "y por ahora, denme un pedazo de pan, y obra de cuatro libras de uvas. Que en ellas no podrá venir veneno, porque, en efecto, no puedo pasar sin comer, y si es que hemos de estar prontos para estas batallas que nos amenazan, menester será estar bien

5   mantenidos,° porque tripas llevan corazón, que no corazón tripas, y vos,   nourished secretario, responded al duque mi señor, y decidle que se cumplirá lo que manda como lo manda, sin faltar punto, y daréis de mi parte un besamanos°   kiss on the hands a mi señora la duquesa, y que le suplico no se le olvide de enviar con un propio° mi carta y mi lío a mi mujer Teresa Panza. Que en ello recibiré   messenger

10   mucha merced, y tendré cuidado de servirla con todo lo que mis fuerzas alcanzaren, y de camino podéis encajar un besamanos a mí señor don Quijote de la Mancha, porque vea que soy 'pan agradecido;° y vos, como   grateful buen secretario y como buen vizcaíno, podéis añadir todo lo que quisiéredes y más viniere a cuento. Y álcense estos manteles y denme a mí de comer.

15   Que yo me avendré con cuantas espías y matadores° y encantadores   killers vinieren sobre mí y sobre mi ínsula."

En esto, entró un paje y dijo, "Aquí está un labrador negociante[9] que quiere hablar a vuesa señoría en° un negocio, según él dice, de mucha   about importancia."

20   "Estraño caso es éste," dijo Sancho, "destos negociantes. ¿Es posible que sean tan necios, que no echen de ver que semejantes horas como éstas no son en las que han de venir a negociar? ¿Por ventura los que gobernamos, los que somos jueces, no somos hombres de carne y de hueso, y que es menester que nos dejen descansar el tiempo que la necesidad pide,

25   sino que quieren que seamos hechos de piedra mármol? Por Dios y en mi conciencia que si me dura el gobierno—que no durará según se me trasluce—que 'yo ponga en pretina° a más de un negociante. Agora decid   I give a whipping a ese buen hombre que entre. Pero adviértase primero no sea alguno de los espías, o matador mío."

30   "No, señor," respondió el paje, "porque parece una alma de cántaro, y yo sé poco, o él es tan bueno como el buen pan."

"No hay que temer," dijo el mayordomo, "que aquí estamos todos."

"¿Sería posible," dijo Sancho, "maestresala, que agora que no está aquí el doctor Pedro Recio, que comiese yo alguna cosa de peso y de sustancia,

35   aunque fuese un pedazo de pan y una cebolla?"

"Esta noche, a la cena, se satisfará la falta de la comida, y quedará vuesa señoría satisfecho y pagado," dijo el maestresala.

"Dios lo haga," respondió Sancho. Y en esto, entró el labrador, que era de muy buena presencia,° y de mil leguas se le echaba de ver que era bueno   appearance

40   y buena alma.

Lo primero que dijo fue: "¿Quién es aquí el señor gobernador?"

"¿Quién ha de ser," respondió el secretario, "sino el que está sentado en la silla?"

"Humíllome, pues, a su presencia," dijo el labrador. Y poniéndose de

45   rodillas, le pidió la mano para besársela. Negósela Sancho y mandó que se levantase y dijese lo que quisiese.

Hízolo así el labrador, y luego dijo, "Yo, señor, soy labrador, natural

---

[9] That is, he has business to discuss.

de Miguel Turra, un lugar que está dos leguas de Ciudad Real."[10]

"¡Otro Tirteafuera tenemos!" dijo Sancho. "Decid, hermano, que lo que yo os sé decir es que sé° muy bien a Miguel Turra, y que no está muy lejos de mi pueblo."   conozco

5   "Es, pues, el caso, señor," prosiguió el labrador, "que yo por la misericordia de Dios soy casado en paz y 'en haz de° la santa Iglesia   in Católica Romana. Tengo dos hijos estudiantes, que el menor estudia para bachiller y el mayor para licenciado. Soy viudo porque se murió mi mujer, o por mejor decir, me la mató un mal médico, que la purgó° estando   gave enema

10 preñada, y si Dios fuera servido que saliera a luz el parto, y fuera hijo, yo le pusiera a estudiar para doctor, porque no tuviera invidia a sus hermanos el bachiller y el licenciado."

"De modo," dijo Sancho, "que si vuestra mujer no se hubiera muerto, o la hubieran muerto, ¿vos no fuérades agora viudo?"

15 "No, señor, en ninguna manera," respondió el labrador.

"'Medrados estamos,°" replicó Sancho, "adelante hermano. Que es hora   splendid! de dormir más que de negociar.°"   conduct business

"Digo, pues," dijo el labrador, "que este mi hijo que ha de ser bachiller se enamoró en el mesmo pueblo de una doncella llamada Clara Perlerina,

20 hija de Andrés Perlerino,[11] labrador riquísimo. Y este nombre de Perlerines   lineage no les viene de abolengo° ni otra alcurnia, sino porque todos los deste linaje son perláticos,° y por mejorar el nombre, los llaman Perlerines, aunque si   paralytics va decir la verdad, la doncella es como una perla oriental, y mirada por el lado derecho parece una flor del campo, por el izquierdo no tanto, porque

25 le falta aquel ojo que se le saltó° de viruelas.° Y aunque los hoyos° del   came out, small-pox, rostro son muchos y grandes, dicen los que la quieren bien que aquellos no   pockmarks son hoyos, sino sepulturas donde se sepultan las almas de sus amantes. Es tan limpia, que por no ensuciar la cara, trae las narices, como dicen, arremangadas,° que no parece sino que van huyendo de la boca, y con todo   rolled-up

30 esto parece bien por estremo, porque tiene la boca grande, y a no faltarle diez o doce dientes y muelas, pudiera pasar y 'echar raya° entre las más   surpass bien formadas.° De los labios no tengo que decir, porque son tan sutiles y   formed delicados, que si se usaran aspar labios, pudieran hacer dellos una madeja.[12] Pero como tienen diferente color de la que en los labios se usa

35 comúnmente, parecen milagrosos, porque son jaspeados de azul y verde, y aberenjenado.° Y perdóneme el señor gobernador, si por tan menudo° voy   color of eggplant, in pintando las partes de la que al fin al fin ha de ser mi hija. Que la quiero   a detailed way bien, y no me parece mal."

"Pintad lo que quisiéredes," dijo Sancho, "que yo 'me voy recreando   I am enjoying, des-

40 en° la pintura, y si hubiera comido, no hubiera mejor postre° para mí que   sert vuestro retrato."

---

[10] Miguelturra (in one word) is five kilometers southeast of Ciudad Real.

[11] Clemencín says that when the father's name ended in -o, daughters would use the feminine form as their last name, as in this case.

[12] **Si se usaran...** *If it were customary to wind lips, you could make a skein of them.* On the one hand, the lips-as-yarn would be very fine, on the other hand the lips-as-skein would be very oversized.

"Eso[13] tengo yo por servir," respondió el labrador, "pero tiempo vendrá en que seamos, si ahora no somos. Y digo, señor, que si pudiera pintar su gentileza y la altura de su cuerpo, fuera cosa de admiracion. Pero no puede ser a causa de que ella está agobiada° y encogida,° y tiene las rodillas con la boca, y con todo eso, se echa bien de ver que si se pudiera levantar diera con la cabeza en el techo, y ya ella hubiera dado la mano de esposa a mi bachiller, sino que no la puede estender, que está añudada.° Y con todo, en las uñas largas y acanaladas° se muestra su bondad y buena hechura."

"Está bien," dijo Sancho, "y haced cuenta, hermano, que ya la habéis pintado de los pies a la cabeza. ¿Qué es lo que queréis ahora? Y venid al punto sin rodeos ni callejuelas, ni retazos° ni añadiduras."

"Querría, señor," respondió el labrador, "que vuesa merced me hiciese merced de darme una carta de favor° para mi consuegro,° suplicándole sea servido de que este casamiento se haga, pues no somos desiguales en los bienes de fortuna, ni en los de la naturaleza; porque, para decir la verdad, señor gobernador, mi hijo es endemoniado,° y no hay día que tres o cuatro veces no le atormenten los malignos espíritus. Y de haber caído una vez en el fuego tiene el rostro arrugado° como pergamino, y los ojos algo llorosos° y manantiales.° Pero tiene una condición de un ángel, y si no es que 'se aporrea° y se da de puñadas él mesmo a sí mesmo, fuera un bendito.°'"

"¿Queréis otra cosa buen hombre?" replicó Sancho.

"Otra cosa querría," dijo el labrador, "sino que no me atrevo a decirlo, pero, vaya, que, en fin, no se me ha de podrir° en el pecho, pegue o no pegue.[14] Digo, señor, que querría que vuesa merced me diese trecientos o seiscientos ducados para ayuda a la dote de mi bachiller, digo, para ayuda de poner° su casa, porque, en fin, han de vivir por sí, sin estar sujetos a las impertinencias de los suegros.°"

"Mirad si queréis otra cosa," dijo Sancho, "y no la dejéis de decir por empacho ni por vergüenza."

"No por cierto," respondió el labrador.

Y apenas dijo esto, cuando, levantándose en pie el gobernador, asió de la silla en que estaba sentado, y dijo: "¡Voto a tal, don patán° rústico y mal mirado, que si no os apartáis y ascondéis luego de mi presencia, que con esta silla os rompa y abra la cabeza! Hideputa, bellaco, pintor del mesmo demonio, ¿y a estas horas te vienes a pedirme seiscientos ducados? Y ¿dónde los tengo yo, hediondo? Y ¿por qué te los había de dar, aunque los tuviera, socarrón y mentecato? Y ¿qué se me da a mí de[15] Miguel Turra, ni de todo el linaje de los Perlerines? '¡Va de mí,° digo. Si no, por vida del duque mi señor que haga lo que tengo dicho! ¡Tú no debes de ser de Miguel Turra, sino algún socarrón que para tentarme te ha enviado aquí el infierno! Dime, desalmado, aún no ha día y medio que tengo el gobierno, y ¿ya quieres que tenga séiscientos ducados?"

Hizo de señas el maestresala al labrador que se saliese de la sala, el cual lo hizo cabizbajo, y al parecer, temeroso de que el gobernador no

---

Margin glosses:

bent over, hunched

withered
grooved

bits and pieces

daughter's father-in-law; recommendation
possessed by the devil
wrinkled, watery
running
punches himself, saint

to rot

establish
parents-in-law

hayseed

go away

---

[13] This **eso** refers to the dessert that the peasant is going to serve, that is, he is going to make a request in a moment.

[14] **Pegue o no...** *whether it is appropriate or not*

[15] **¿qué se me...** *what do I care about*

ejecutase su cólera. Que el bellacón° supo hacer muy bien su oficio. Pero   rogue
dejemos con su cólera a Sancho, y ándese la paz en el corro,[16] y volvamos
a don Quijote, que le dejamos vendado el rostro y curado° de las gatescas   treated with medicine
heridas, de las cuales no sanó en ocho dias. En uno de los cuales le sucedió
lo que Cide Hamete promete de contar con la puntualidad y verdad que
suele contar las cosas desta historia, por mínimas que sean.

[16] **Ándese...** *may peace reign*, a saying.

Capítulo XLVIII. De lo que le sucedió a don Quijote con doña Rodríguez, la dueña de la duquesa, con otros acontecimientos dignos de escritura y de memoria eterna.

ADEMÁS estaba mohino y malencólico el malferido don Quijote, vendado el rostro y señalado, no por la mano de Dios,[1] sino por las uñas de un gato, desdichas anejas a la andante caballería. Seis días estuvo sin salir en público, en una noche de las cuales,[2] estando despierto y desvelado,° pensando en sus desgracias y en el 'perseguimiento de° Altisidora, sintió que con una llave abrían la puerta de su aposento, y luego imaginó que la enamorada doncella venía para sobresaltar su honestidad y ponerle en condición° de faltar a la fee que guardar debía a su señora Dulcinea del Toboso.

    "No," dijo, creyendo a su imaginación, y esto, con voz que pudiera ser oída, "no ha de ser parte la mayor hermosura de la tierra para que yo deje de adorar la que tengo grabada y estampada° en la mitad de mi corazón, y en lo más escondido de mis entrañas, ora estés, señora mía, transformada en cebolluda° labradora, ora en ninfa del dorado Tajo,[3] tejiendo telas de oro y sirgo compuestas, ora te tenga Merlín o Montesinos donde ellos quisieren. Que adondequiera eres mía y adoquiera° he sido yo, y he de ser, tuyo."[4]

    El acabar estas razones y el abrir de la puerta fue todo uno. Púsose en pie sobre la cama, envuelto de arriba abajo en una colcha de raso amarillo, una galocha° en la cabeza, y el rostro y los bigotes vendados. El rostro, por los aruños, los bigotes, porque no 'se le desmayasen° y cayesen, en el cual traje parecía la más extraordinaria fantasma que se pudiera pensar. Clavó los ojos en la puerta, y cuando esperaba ver entrar por ella a la rendida y lastimada Altisidora, vio entrar a una reverendísima dueña con unas tocas° blancas repulgadas° y luengas, tanto, que la cubrían y enmantaban° desde los pies a la cabeza. Entre los dedos de la mano izquierda traía una media vela encendida, y con la derecha 'se hacía sombra,° porque no le diese la luz en los ojos, a quien cubrían unos muy grandes antojos. Venía pisando quedito,° y movía los pies blandamente.°

    Miróla don Quijote desde su atalaya,° y cuando vió su adeliño° y notó su silencio, pensó que alguna bruja o maga° venía en aquel traje a hacer en él alguna mala fechuría,° y comenzó a santiguarse con mucha priesa. Fuese llegando la visión, y cuando llegó a la mitad del aposento, alzó los ojos y vio la priesa con que se estaba haciendo cruces don Quijote, y si él quedó medroso en ver tal figura, ella quedó espantada en ver la suya, porque así como le vio tan alto y tan amarillo, con la colcha y con las vendas que le desfiguraban,° dio una gran voz diciendo, "Jesús, ¿qué es lo que veo?"

awake

persecution by

danger

imprinted

stuffed with onions

anywhere

cap with flaps
droop

veil
with border, covered

she covered her eyes

very quietly, softly
vantage point,
manner of dress;
sorceress; deed
archaic

disfigured

---

[1] Ferreras says that the old saying **Señalado por la mano de Dios** referred to a person with a bodily defect.

[2] Schevill changes **las** (referring to **noches**) to **los** (referring to **días**) for no good reason.

[3] This refers to the nymphs of Garcilaso's *Égloga III* (mentioned in Part II, Chapter 8, p. 483, n. 7.).

[4] The verb **ser** is used because it goes with **mía** and **tuyo**. Thus, *anywhere [you are], you are mine and anywhere [I am], I am yours.*

Y con el sobresalto se le cayó la vela de las manos, y viéndose a escuras, volvió las espaldas para irse, y con el miedo tropezó en sus faldas y dio consigo una gran caída. Don Quijote, temeroso, comenzó a decir: "Conjúrote, fantasma, o lo que eres, que me digas quién eres, y que me
5 digas qué es lo que de mí quieres. Si eres alma 'en pena,° dímelo. Que yo   in torment
haré por ti todo cuanto mis fuerzas alcanzaren, porque soy católico cristiano, y amigo de hacer bien a todo el mundo. Que para esto tomé la orden de la caballería andante que profeso, cuyo ejercicio aun hasta hacer bien a las ánimas de purgatorio se estiende."
10   La brumada° dueña, que oyó conjurarse, por su temor coligió el de don   perplexed
Quijote, y con voz afligida y baja le respondió: "Señor don Quijote, si es que acaso vuesa merced es don Quijote, yo no soy fantasma, ni visión, ni alma de purgatorio, como vuesa merced debe de haber pensado, sino doña Rodríguez, la 'dueña de honor° de mi señora la duquesa, que con una   principal **dueña**
15 necesidad, de aquellas que vuesa merced suele remediar, a vuesa merced vengo."
    "Dígame, señora doña Rodríguez," dijo don Quijote, "¿por ventura viene vuesa merced 'a hacer alguna tercería?° Porque le hago saber que no   to be a go-between
soy de provecho para nadie, merced a la sin par belleza de mi señora
20 Dulcinea del Toboso. Digo, en fin, señora doña Rodríguez, que como vuesa merced salve° y deje a una parte todo recado amoroso, puede volver a   avoid
encender su vela, y vuelva, y departiremos de todo lo que más mandare y más en gusto le viniere, salvando, como digo, todo 'incitativo melindre.°"   amorous incitement
    "¿Yo, recado de nadie,° señor mío?" respondió la dueña. "Mal me   someone
25 conoce vuesa merced. Sí, que aún no estoy 'en edad tan prolongada,° que   so old
me acoja a semejantes niñerías, pues, Dios loado, mi alma me tengo en las carnes,[5] y todos mis dientes y muelas en la boca, amén de unos pocos que me han usurpado unos catarros, que en esta tierra de Aragón son tan ordinarios. Pero espéreme vuesa merced un poco. Saldré a encender mi
30 vela, y volveré en un instante a contar mis cuitas, como a remediador de todas las del mundo."
    Y sin esperar respuesta, se salió del aposento, donde quedó don Quijote sosegado y pensativo esperándola. Pero luego le sobrevinieron° mil pensa-   befell
mientos acerca de aquella nueva aventura, y parecíale ser mal hecho y peor
35 pensado ponerse en peligro de romper a su señora la fee prometida, y decíase a sí mismo: "¿Quién sabe si el diablo, que es sutil y mañoso,°   clever
querrá engañarme agora con una dueña, lo que no ha podido con emperatrices, reinas, duquesas, marquesas° ni condesas? Que yo he oído   marquises
decir muchas veces y a muchos discretos que, si él puede, antes os la dará
40 roma que aguileña.[6] Y ¿quién sabe, si esta soledad, esta ocasión y este silencio despertará mis deseos que duermen, y harán que al cabo de mis años venga a caer donde nunca he tropezado? Y en casos semejantes, mejor es huir que esperar la batalla. Pero yo no debo de estar en mi juicio, pues

---

[5] **Mi alma...** *I am still vigorous and nimble.* This is Gaos' solution.

[6] There is a proverb **si le podemos dar roma no la demos aguileña** *if we can give a flat nosed woman, let's not give one with a pretty nose.* This means, in this context, that the devil may be tempting him with an ordinary-looking woman. If the devil were to use a beautiful one, Don Quijote might be more on guard.

tales disparates digo y pienso. Que no es posible que una dueña toquiblanca, larga y antojuna[7] pueda mover ni levantar pensamiento lascivo en el más desalmado pecho del mundo. ¿Por ventura hay dueña en la tierra que tenga buenas carnes? ¿Por ventura hay dueña en el orbe que deje de ser impertinente, fruncida° y melindrosa? ¡Afuera, pues, caterva dueñesca,   *wrinkled* inútil para ningún humano regalo! ¡Oh cuán bien hacía aquella señora de quien se dice que tenía dos dueñas 'de bulto° con sus antojos y almohadillas   *as statues* al cabo de su estrado, como que estaban labrando, y tanto le servían para la autoridad de la sala aquellas estatuas, como las dueñas verdaderas!"

Y diciendo esto, se arrojó del lecho con intención de cerrar la puerta y no dejar entrar a la señora Rodríguez. Mas cuando la llegó a cerrar, ya la señora Rodríguez volvía, encendida una vela de cera blanca, y cuando ella vio a don Quijote de más cerca, envuelto en la colcha, con las vendas, galocha o becoquín,° temió de nuevo, y retirándose atrás como dos pasos,   *same as* **galocha** dijo, "¿Estamos seguras, señor caballero? Porque no tengo a muy honesta señal haberse vuesa merced levantado de su lecho."

"Eso mesmo es bien que yo pregunte, señora," respondió don Quijote, "y así pregunto si estaré yo seguro de ser acometido y forzado.°"   *raped*

"¿De quién o a quién pedis, señor caballero, esa seguridad?" respondió la dueña.

"A vos, y de vos la pido," replicó don Quijote, "porque ni yo soy de mármol, ni vos de bronce, ni ahora son las diez 'del día,° sino medianoche,   A.M. y aun un poco más, según imagino, y en una estancia más cerrada y secreta que lo debió de ser la cueva donde el traidor y atrevido Eneas gozó a la hermosa y piadosa Dido.[8] Pero dadme, señora, la mano, que yo no quiero otra seguridad mayor que la de mi continencia y recato, y la que ofrecen esas reverendísimas tocas."

Y diciendo esto, besó su derecha mano y le asió de la suya, que ella le dio con las mesmas ceremonias.[9] Aquí hace Cide Hamete un paréntesis, y dice que por Mahoma que diera por ver ir a los dos así asidos y trabados desde la puerta al lecho la mejor almalafa° de dos que tenía. Entróse, en fin,   *cape* don Quijote en su lecho, y quedóse doña Rodríguez sentada en una silla, algo desviada de la cama, no quitándose los antojos ni la vela. Don Quijote se acorrucó y se cubrió todo, no dejando más de° el rostro descubierto y   **que** habiéndose los dos sosegado, el primero que rompió el silencio fue don Quijote, diciendo: "Puede vuesa merced ahora, mi señora doña Rodríguez, descoserse° y desbuchar todo aquello que tiene dentro de su cuitado   *speak freely* corazón y lastimadas entrañas. Que será de mí escuchada con castos oídos y socorrida con piadosas obras."

"Así lo creo yo," respondió la dueña, "que de la gentil y agradable presencia de vuesa merced no se podía esperar sino tan cristiana respuesta. Es, pues, el caso, señor don Quijote, que aunque vuesa merced me vee sentada en esta silla y en la mitad del reino de Aragón, y en hábito de

---

[7] **Toquiblanca,...** *long-dressed, tall, and eyeglassed.* Don Quijote has made up the first and third of these words.

[8] See the *Æneid* IV, verses 165-66.

[9] What happens here is that each one kisses his/her own hand, then they shake hands, a sign of good faith.

dueña aniquilada° y asendereada, soy natural de las Asturias de Oviedo[10] y   humbled
de linaje, que atraviesan por él muchos de los mejores de aquella provincia.
Pero mi corta suerte y el descuido de mis padres, que° empobrecieron°   *tal* que, they became
antes de tiempo sin saber cómo ni cómo no, me trujeron a la corte a   poor
5   Madrid, donde, por bien de paz, y por escusar mayores desventuras, mis
padres me acomodaron a servir de 'doncella de labor° a una principal   seamstress
señora. Y quiero hacer sabidor a vuesa merced que en hacer vainillas° y   hem stitches
'labor blanca,° ninguna me ha echado el pie adelante[11] en toda la vida. Mis   backstitching
padres me dejaron sirviendo y se volvieron a su tierra, y de allí a pocos
10   años se debieron de ir al cielo, porque eran además buenos y católicos
cristianos. Quedé huérfana y atenida al miserable salario y a las
angustiadas° mercedes que a las tales criadas se suele dar en palacio. Y en   miserable
este tiempo, sin que diese yo ocasión a ello, se enamoró de mí un escudero
de casa, hombre ya 'en días,° barbudo° y apersonado,° y sobre todo, hidalgo   old, with a beard,
15   como el rey, porque era montañés.[12] No tratamos tan secretamente nuestros   good looking
amores, que no viniesen a noticia de mi señora, la cual, por escusar dimes
y dirétes, nos casó en paz y en haz de la santa madre Iglesia Católica
Romana, de cuyo matrimonio nació una hija para rematar con mi ventura,
si alguna tenía, no porque yo muriese del parto, que le tuve derecho y 'en
20   sazón,° sino porque desde allí a poco murió mi esposo de un cierto espanto   on time
que tuvo, que a tener ahora lugar para contarle, yo sé que vuesa merced se
admirara."
    Y en esto, comenzó a llorar tiernamente, y dijo: "Perdóneme vuesa
merced, señor don Quijote. Que no va más en mi mano, porque todas las
25   veces que me acuerdo de mi 'mal logrado° se me arrasan° los ojos de   ill-fated (husband),
lágrimas. ¡Válame Dios, y con qué autoridad llevaba a mi señora a las   fill
ancas de una poderosa mula, negra como el mismo azabache! Que entonces
no se usaban coches ni sillas,° como agora dicen que se usan, y las señoras   litters
iban a las ancas de sus escuderos. Esto, a lo menos, no puedo dejar de
30   contarlo, porque se note la crianza° y puntualidad de mi buen marido.   upbringing
    "Al entrar de la calle de Santiago en Madrid,[13] que es algo estrecha,
venía a salir por ella un alcalde° de corte, con dos alguaciles° delante, y así   magistrate, constables
como mi buen escudero le vio, volvió las riendas a la mula, dando señal de
volver a acompañarle.[14] Mi señora, que iba a las ancas, con voz baja le
35   decía: '¿Qué hacéis, desventurado, no veis que voy aquí?' El alcalde, de
comedido, detuvo la rienda al caballo, y díjole: 'Seguid, señor, vuestro
camino. Que yo soy el que debo acompañar a mi señora doña Casilda,' que
así era el nombre de mi ama. Todavía porfiaba mi marido con la gorra en
la mano, a querer ir acompañando al alcalde. Viendo lo cual mi señora,

[10] This refers to western Asturias since Oviedo is in this part of Asturias, in northwestern Spain.

[11] **Ninguna me...** *no one has surpassed me*

[12] A **montañés** is a person from the region of Santander. People considered themselves **hidalgos** if they were from that region. Gaos gives two good references (Vol. 2, p. 665, n. 142).

[13] As you leave the Plaza Mayor going west on the Calle Mayor, this street is reached by turning right at the second street (Milaneses), then bearing left.

[14] This was done to show respect. Clemencín says that the custom dates from Roman times.

llena de cólera y sacó un alfiler gordo, o creo que un punzón,° del estuche,°   awl, needlecase
y clavósele por los lomos, de manera que mi marido dio una gran voz, y
torció el cuerpo de suerte que dio con su señora en el suelo.

"Acudieron dos lacayos suyos a levantarla, y lo mismo hizo el alcalde
5 y los alguaciles. Alborotóse la puerta de Guadalajara,[15] digo, la gente
baldía° que en ella estaba. Vínose a pie mi ama, y mi marido acudió en   idle
casa de un barbero,[16] diciendo que llevaba pasadas de parte a parte las
entrañas. Divulgóse° la cortesía de mi esposo, tanto, que los muchachos le   became well-known
corrían por las calles, y por esto, y porque él era algún tanto 'corto de
10 vista,° mi señora la duquesa[17] le despidió,° de cuyo pesar, sin duda alguna,   short-sighted, fired
tengo para mí que se le causó el mal de la muerte.

"Quedé yo viuda y desamparada y con hija a cuestas, que iba creciendo
en hermosura como la espuma de la mar. Finalmente, como yo tuviese fama
de gran labrandera,° mi señora la duquesa, que estaba recién casada con el   seamstress
15 duque mi señor, quiso traerme consigo a este reino de Aragón, y a mi hija
ni más ni menos, adonde, yendo días y viniendo días, creció mi hija, y con
ella todo el donaire del mundo. Canta como una calandria, danza° como el   she dances
pensamiento, baila[18] como una perdida,° lee y escribe como un maestro de   lost soul
escuela, y cuenta como un avariento.° De su limpieza no digo nada. Que el   miser
20 agua que corre no es más limpia, y debe de tener agora, si mal no me
acuerdo, diez y seis años, cinco meses y tres días, uno más a menos.

"En resolución, desta mi muchacha se enamoró un hijo de un labrador
riquísimo que está en una aldea del duque mi señor, no muy lejos de aquí.
En efecto, no sé cómo ni cómo no, ellos 'se juntaron,° y debajo de la   made love
25 palabra de ser su esposo burló° a mi hija y no se la quiere cumplir, y   deceived
aunque el duque mi señor lo sabe, porque yo me he quejado a él, no una,
sino muchas veces, y pedídole mande[19] que el tal labrador se case con mi
hija, 'hace orejas de mercader,° y apenas quiere oírme, y es la causa que   he doesn't listen
como el padre del burlador° es tan rico, y le presta dineros y le sale por   deceiver
30 fiador de sus trampas por momentos,[20] no le quiere descontentar, ni dar
pesadumbre en ningún modo.

"Querría, pues, señor mío, que vuesa merced tomase cargo el deshacer
este agravio, o ya por ruegos, o ya por armas, pues según todo el mundo
dice, vuesa merced nació en él° para deshacerlos y para enderezar los   **el mundo**
35 tuertos y amparar los miserables. Y póngasele a vuesa merced por delante
la orfandad de mi hija, su gentileza, su mocedad con todas las buenas partes
que he dicho que tiene. Que en Dios y en mi conciencia que de cuantas
doncellas tiene mi señora, que no hay niguna que llegue a la suela de su
zapato, y que una que llaman Altisidora, que es la que tienen por más

---

[15] You won't find this Puerta de Guadalajara anymore—it burned down in 1582, says
Pellicer—but it was where Calle Milaneses met Calle Santiago.

[16] Barbers, such as Cervantes' father, were also surgeons in those days.

[17] Several editors omit **la duquesa** here, thinking that "Cervantes" or "the printer" has
made a mistake by confusing doña Casilda with doña Rodríguez's current mistress. But
there is no reason why doña Casilda, this **principal señora**, shouldn't be a duchess as
well. After all, why did the **alcalde** say that he should be accompanying *her*?

[18] **Danzar** was for courtly dances, **bailar** was for popular dances.

[19] **Le he pedido [que] mande...**

[20] **Le sale por...** *he occasionally bails him out after he does his pranks*

desenvuelta° y gallarda, puesta en comparación de mi hija no la llega con   *free and easy*
dos leguas. Porque quiero que sepa vuesa merced, señor mío, que no es
todo oro lo que reluce, porque esta Altisidorilla tiene más de presunción
que de hermosura, y más de desenvuelta que de recogida, además que no
5 está muy sana—que tiene un cierto 'aliento cansado,° que no hay sufrir el   *bad breath*
estar junto a ella un momento, y aun mi señora la duquesa... quiero callar,
que se suele decir que las paredes tienen oídos."
     "¿Qué tiene mi señora la duquesa, por vida mía, señora doña
Rodríguez?" preguntó don Quijote.
10   "Con ese conjuro,°" respondió la dueña, "no puedo dejar de responder   *entreaty*
a lo que se me pregunta, con toda verdad. ¿Vee vuesa merced, señor don
Quijote, la hermosura de mi señora la duquesa, aquella tez° de rostro que   *complexion*
no parece sino de una espada acicalada° y tersa, aquellas dos mejillas de   *polished*
leche y de carmín,° que en la una tiene el sol y en la otra la luna, y aquella   *scarlet*
15 gallardía con que va pisando y aun despreciando° el suelo, que no parece   *ignoring*
sino que va derramando salud donde pasa? Pues sepa vuesa merced que lo
puede agradecer primero a Dios, y luego a dos fuentes[21] que tiene en las dos
piernas, por donde 'se desagua° todo el mal humor de quien dicen los   *drains*
médicos que está llena."
20   "¡Santa María!" dijo don Quijote, "y ¿es posible que mi señora la
duquesa tenga tales desaguaderos?° No lo creyera si° me lo dijeran frailes   *drains, even though*
descalzos. Pero pues la señora doña Rodríguez lo dice, debe de ser así. Pero
tales fuentes y en tales lugares no deben de manar humor, sino ámbar
líquido. Verdaderamente que ahora acabo de creer que esto de hacerse
25 fuentes debe de ser cosa importante para salud."
     Apenas acabó don Quijote de decir esta razón, cuando con un gran
golpe abrieron las puertas del aposento, y del sobresalto del golpe se le
cayó a doña Rodríguez la vela de la mano y quedó la estancia como boca
de lobo, como suele decirse. Luego sintió la pobre dueña que la asían de la
30 garganta con dos manos tan fuertemente, que no la dejaban gañir,° y que   *scream*
otra persona con mucha presteza sin hablar palabra le alzaba las faldas, y
con una al parecer chinela° le comenzó a dar tantos azotes, que era una   *slipper*
compasíon. Y aunque don Quijote se la° tenía, no se meneaba del lecho, y   **la = compasión**
no sabía qué podía ser aquello, y estábase quedo y callando, y aun temiendo
35 no viniese por él la tanda y tunda azotesca.[22] Y no fue vano su temor,
porque, en dejando molida a la dueña los callados° verdugos—la cual no   *silent*
osaba quejarse—acudieron a don Quijote, y desenvolviéndole° de la sábana   *unwrapping him*
y de la colcha, le pellizcaron° tan a menudo y tan reciamente, que no pudo   *they pinched*
dejar de defenderse a puñadas, y todo esto en silencio admirable. Duró la
40 batalla casi media hora, saliéronse las fantasmas, recogió doña Rodríguez
sus faldas, y gimiendo su desgracia, se salió por la puerta afuera, sin decir
palabra a don Quijote, el cual doloroso y pellizcado, confuso y pensativo,
se quedó solo, donde le dejaremos deseoso de saber quién había sido el
perverso encantador que tal le había puesto. Pero ello se dirá a su tiempo.
45 Que Sancho Panza nos llama, y el buen concierto de la historia lo pide.

---

[21] These issues are made by an incision for purposes of, for example, discharging pus.
But since they are on her legs, where they would not be seen, it is doubtless an example
of the old medicine, bloodletting to let "bad humors" drain.
[22] **Temiendo no viniese...** *fearing that the next batch of whipping would be for him*

Capítulo XLIX. *De lo que le sucedió a Sancho Panza rondando su ínsula.*

DEJAMOS al gran gobernador enojado y mohíno con el labrador pintor[1] y socarrón, el cual industriado del mayordomo, y el mayordomo del duque, se burlaban de Sancho. Pero él se las tenía tiesas a todos,[2] maguera tonto, bronco° y rollizo, y dijo a los que con él estaban, y al doctor Pedro Recio, que como se acabó el secreto[3] de la carta del duque, había vuelto a entrar en la sala: "Ahora verdaderamente que entiendo que los jueces y gobernadores deben de ser, o han de ser, de bronce para no sentir las importunidades de los negociantes, que a todas horas y a todos tiempos quieren que los escuchen y despachen,° atendiendo sólo a su negocio, venga lo que viniere. Y si el 'pobre del juez° no los escucha y despacha, o porque no puede, o porque no es aquél el tiempo diputado para darles audiencia, luego les maldicen y murmuran, y les roen los huesos y aun les deslindan los linajes.[4] Negociante necio, negociante mentecato, 'no te apresures,° espera sazón y coyuntura para negociar, no vengas a la hora del comer, ni a la del dormir. Que los jueces son de carne y de hueso, y han de dar a la naturaleza lo que naturalmente les pide, 'si no es° yo, que no le doy de comer a la mía, merced al señor doctor Pedro Recio Tirteafuera, que está delante, que quiere que muera de hambre, y afirma que esta muerte es vida, que así se la dé Dios a él y a todos los de su ralea, digo, a la de los malos médicos. Que la de los buenos palmas y lauros merecen."

Todos los que conocían a Sancho Panza se admiraban, oyéndole hablar tan elegantemente, y no sabían a qué atribuirlo sino a que los oficios y cargos graves, o adoban,° o entorpecen° los entendimientos. Finalmente, el doctor Pedro Recio Agüero de Tirteafuera prometió de darle de cenar aquella noche, aunque excediese de todos los aforismos de Hipócrates. Con esto quedó contento el gobernador, y esperaba con grande ansia llegase la noche y la hora de cenar, y aunque el tiempo, al parecer suyo, se estaba quedo sin moverse de un lugar, todavía se llegó por él el tanto deseado,° donde le dieron de cenar un salpicón de vaca con cebolla, y buenas manos cocidas de ternera, 'algo entrada en días.°

Entregóse en todo con más gusto que si le hubieran dado francolines[5] de Milán, faisanes° de Roma, ternera de Sorrento,[6] perdices de Morón, o gansos de Lavajos,[7] y entre la cena, volviéndose al doctor, le dijo: "Mirad, señor doctor, de aquí adelante no os curéis de darme a comer cosas regaladas ni manjares esquisitos,° porque será sacar a mi estómago de sus

coarse

heed their business

poor judge

don't hurry

except

sharpen, stupefy

deseado *tiempo*

somewhat old

pheasants

rich

---

[1] The text did refer to him in Chapter 47 several times as "painting" his story, and once as **pintor del demonio** (p. 718, l. 34).

[2] **Él se las...** *he held his own with everybody*

[3] **Como se acabó...** *since there was no longer a secret*

[4] **Les deslindan...** *gossip about the purity of their lineage*

[5] No one is quite sure: it's a bird like a pheasant or a partridge.

[6] This is the Italian city south of Naples.

[7] Morón de la Frontera is a city in the province of Seville, now with about 25,000 inhabitants. Cattle is raised there, particularly fighting bulls. Lavajos is also a town in the province of Seville.

quicios, el cual está acostumbrado a cabra, a vaca, a tocino, a cecina,° a   jerky
nabos y a cebollas, y si acaso le° dan otros manjares de palacio los recibe   **le** = *al estómago*
con melindre,° y algunas veces con asco. Lo que el maestresala puede hacer   queasiness
es traerme estas que llaman ollas podridas, que mientras más podridas[8] son,
5   mejor huelen, y en ellas puede embaular° y encerrar° todo lo que él   throw in, include
quisiere, como sea de comer, que yo se lo agradeceré, y se lo pagaré algún
día. Y no se burle nadie conmigo, porque o somos, o no somos. Vivamos
todos y comamos en buena paz compaña, pues cuando Dios amanece, para
todos amanece. Yo gobernaré esta ínsula sin perdonar derecho ni llevar
10   cohecho, y todo el mundo traiga el ojo alerta y mire por el virote, porque
les hago saber que el diablo está en Cantillana,[9] y que si me dan ocasión,
han de ver maravillas. ¡No sino haceos miel, y comeros han moscas!"
        "Por cierto, señor gobernador," dijo el maestresala, "que vuesa merced
tiene mucha razón en cuanto ha dicho, y que yo ofrezco, en nombre de
15   todos los insulanos desta ínsula, que han de servir a vuesa merced con toda
puntualidad, amor y benevolencia,° porque el suave modo de gobernar, que   good will
en estos principios vuesa merced ha dado, no les da lugar de hacer ni de
pensar cosa que en deservicio de vuesa merced redunde."
        "Yo lo creo," respondió Sancho, "y serían ellos unos necios si otra
20   cosa hiciesen o pensasen. Y vuelvo a decir que se tenga cuenta con mi
sustento y con el de mi rucio, que es lo que en este negocio importa y hace
más al caso, y 'en siendo hora,° vamos a rondar.° Que es mi intención   when it's time, make
limpiar esta ínsula de todo género de inmundicia, y de gente vagabunda,   the rounds
holgazana y 'mal entretenida.° Porque quiero que sepáis, amigos, que la   loafing
25   gente baldía y perezosa es en la república lo mesmo que los zánganos° en   drones
las colmenas, que se comen la miel que las trabajadoras° abejas hacen.   worker
Pienso favorecer a los labradores, guardar sus preeminencias a los hidalgos,
premiar los virtuosos, y sobre todo, tener respeto a la religión y a la honra
de los religiosos. ¿Qué os parece desto, amigos? ¿Digo algo, o quiébrome
30   la cabeza?"
        "Dice tanto vuesa merced, señor gobernador," dijo el mayordomo, "que
estoy admirado de ver que un hombre tan 'sin letras° como vuesa merced,   uneducated
que a lo que creo no tiene ninguna, diga tales y tantas cosas llenas de
sentencias y de avisos, tan fuera de todo aquello que del ingenio de vuesa
35   merced esperaban los que nos enviaron y los que aquí venimos. Cada día
se veen cosas nuevas en el mundo, las burlas se vuelven en veras, y los
burladores se hallan burlados."
        Llegó la noche y cenó el gobernador con licencia del señor doctor
Recio. Aderezáronse de ronda, salió con el mayordomo, secretario y
40   maestresala, y el coronista que tenía cuidado de 'poner en memoria° sus   i.e., to write down
hechos, y alguaciles y escribanos—tantos, que podían formar un mediano
escuadrón. Iba Sancho en medio, con su vara, que no había más que ver,
y pocas calles andadas del lugar, sintieron ruido de cuchilladas. Acudieron
allá y hallaron que eran dos solos hombres los que reñían, los cuales,

----

    [8] **Olla podrida** really isn't rotten, it's just stew. As with many foods, flavor develops
over time.
    [9] Proverb: **El diablo esta en Cantillana y el obispo en Brenes.** Both of these are
towns in the province of Seville. It means that there is a disturbance somewhere.

viendo venir a la justicia, se estuvieron quedos, y el uno dellos dijo: "¡'Aquí
de° Dios y del rey! ¿Cómo y qué se ha de sufrir que roben en poblado en   help (in the name of)
este pueblo, y que salga° a saltear en él en la mitad de las calles?"   *se salga*
    "Sosegaos, hombre de bien," dijo Sancho, "y contadme qué es la causa
5 desta pendencia, que yo soy el gobernador."
    El otro contrario[10] dijo: "Señor gobernador, yo la diré con toda
brevedad. Vuesa merced sabrá que este gentilhombre acaba de ganar ahora
en esta casa de juego° que está aquí frontero más de mil reales, y sabe Dios   gambling
cómo. Y hallándome yo presente, juzgué más de una suerte° dudosa en su   point
10 favor, contra todo aquello que me dictaba la conciencia. Alzóse° con la   picked up
ganancia, y cuando esperaba que me había de dar algún escudo, por lo
menos, de barato,° como es uso y costumbre darle a los hombres principales   tip
como yo, que estamos asistentes para bien y mal pasar,[11] y para apoyar
sinrazones y evitar pendencias. Él embolsó° su dinero y se salió de la casa.   pocketed
15 Yo vine despechado tras él, y con buenas y corteses palabras le he pedido
que me diese siquiera ocho reales, pues sabe que yo soy hombre honrado y
que no tengo oficio ni beneficio,[12] porque mis padres no me le enseñaron,
ni me le dejaron. Y el socarrón, que no es más ladrón Caco, ni más fullero
Andradilla,[13] no quería darme más de cuatro reales, porque vea vuesa
20 merced, señor gobernador, ¡qué poca vergüenza y qué poca conciencia!
Pero a fee que si vuesa merced no llegara, que yo le hiciera vomitar la
ganancia, y que había de saber con cuántas entraba la romana."[14]
    "¿Qué decís vos a esto?" preguntó Sancho.
    Y el otro respondió que era verdad cuanto su contrario decía, y no
25 había querido darle más de cuatro reales, porque se los daba muchas veces.
Y los que esperan barato han de ser comedidos y tomar con rostro alegre lo
que les dieren, sin ponerse en cuentas con los gananciosos,° si ya no   winners
supiesen de cierto que son fulleros[15] y que lo que ganan es mal ganado. Y
que para señal que él era hombre de bien, y no ladrón, como decía, ninguna
30 había mayor que el no haberle querido dar nada. Que siempre los fulleros
son tributarios de los mirones que los conocen.[16]
    "Así es," dijo el mayordomo, "vea vuesa merced, señor gobernador,
qué es lo que se ha de hacer destos hombres."
    "Lo que se ha de hacer es esto," respondió Sancho, "vos, ganancioso,
35 bueno o malo, o indiferente, dad luego a este vuestro acuchillador° cien   quarrelsome man

---

[10] This man is not in the employ of the gambling house, but rather wanders around to
see if he can help resolve disputes and earn tips from those he helps. No such custom exists
today.

[11] **Estamos asistentes…** *we are present to oversee fair or foul play* [not literal].

[12] **No tengo oficio ni beneficio** is an expression meaning *I have no job*.

[13] The original edition has **que no es más ladrón** *que* **Caco, ni más fullero** *que*
Andradilla which most editors change to what Schevill has done. No one knows who
Andradilla was.

[14] **Con cuántas [libras] entraba [= empezaba a pesar] la romana** [type of scale].
This expression refers to settling accounts.

[15] That is, if they knew that the winners were cheaters.

[16] **Que siempre los fulleros…** *because cheaters always pay the onlookers who know
them.* Supposedly these onlookers lobby for calls favorable to their friends, the cheaters.

reales, y más habéis de desembolsar treinta para los pobres de la cárcel. Y
vos, que no tenéis oficio ni beneficio, y 'andáis de nones° en esta ínsula,   you are vagrant
tomad luego esos cien reales, y mañana en todo el día salid desta ínsula
desterrado por diez años, so pena, si lo quebrantáredes,° los cumpláis en la   break
5   otra vida,[17] colgándoos yo de una picota,° o a lo menos, el verdugo por mi   gallows
mandado. Y ninguno° me replique, que le asentaré la mano."[18]   i.e., neither of you
   Desembolsó el uno, recibió el otro, éste se salió de la ínsula, y aquél
se fue a su casa, y el gobernador quedó diciendo: "Ahora, yo podré poco,
o quitaré estas casas de juego. Que a mí se me trasluce que son muy
10   perjudiciales."
   "Ésta, a lo menos," dijo un escribano, "no la podrá vuesa merced
quitar, porque la tiene un gran personaje, y más es sin comparación lo que
él pierde al año que lo que saca de los naipes.[19] Contra otros garitos° de   gambling houses
menor cantía podrá vuesa merced mostrar su poder, que son los que más
15   daño hacen y más insolencias encubren. Que en las casas de los caballeros
principales y de los señores no se atreven los famosos fulleros a usar de sus
tretas, y pues el vicio del juego se ha vuelto en ejercicio común, mejor es
que se juegue en casas principales que no en la de algún oficial,° donde   workman
cogen a un desdichado 'de media noche abajo° y le desuellan vivo."   after midnight
20   "Agora, escribano," dijo Sancho, "yo sé que hay mucho que decir en
eso."
   Y en esto, llegó un corchete° que traía asido a un mozo, y dijo, "Señor   constable
gobernador, este mancebo venía hacia nosotros, y así como columbró la
justicia, volvió las espaldas y comenzó a correr como un gamo, señal que
25   debe de ser algún delincuente. Yo partí tras él, y si no fuera porque tropezó
y cayó, no le alcanzara jamás."
   "¿Porqué huías, hombre?" preguntó Sancho.
   A lo que el mozo respondió, "Señor, por escusar de responder a las
muchas preguntas que las justicias hacen."
30   "¿Qué oficio tienes?"
   "Tejedor."
   "¿Y qué tejes?"
   "Hierros de lanzas, con licencia buena de vuesa merced."
   "¿Graciosico me sois? ¿De chocarrero° os picáis? Está bien. Y ¿adónde   coarse comic
35   íbades ahora?"
   "Señor, a tomar el aire."
   "Y ¿adónde se toma el aire en esta ínsula?"
   "Adonde sopla."
   "Bueno. Respondéis muy a propósito, discreto sois, mancebo. Pero
40   haced cuenta que yo soy el aire, y que os soplo en popa, y os encamino a   asidle
la cárcel. Asildle,° hola,[20] y llevadle, que yo haré que duerma allí sin aire
esta noche."
   "¡Par Dios," dijo el mozo, "así me haga vuesa merced dormir en la

---

[17] **Los cumpláis…** *you'll finish your sentence in the next life*
[18] **Le asentaré…** *you'll feel the weight of my hand*
[19] **Más es sin…** *without comparison, what he loses every year is more than he takes in with cards*
[20] **Hola** was an interjection used to get the attention of subordinates.

cárcel como hacerme rey!"

"Pues ¿por qué no te haré yo dormir en la cárcel?" respondió Sancho.
"¿No tengo yo poder para prenderte y soltarte cada y cuando que quisiere?"

"Por más poder que vuesa merced tenga," dijo el mozo, "no será
5 bastante para hacerme dormir en la cárcel."

"¿Cómo que no?" replicó Sancho. "Llevadle luego donde verá por sus
ojos el desengaño. Aunque más el alcaide quiera usar con él de su interesal
liberalidad,[21] que yo le pondré pena de dos mil ducados si te deja salir un
paso de la carcél."

10 "Todo eso es cosa de risa," respondió el mozo. "El caso es que no me
harán dormir en la cárcel cuantos hoy viven."

"Dime, demonio," dijo Sancho, "¿tienes algún ángel que te saque y que
te quite los grillos que te pienso mandar echar?"

"Ahora, señor gobernador," respondió el mozo con muy buen donaire,
15 "estemos a razón y vengamos al punto. Prosuponga° vuesa merced que me   suppose
manda llevar a la cárcel y que en ella me echan grillos° y cadenas, y que me   shackles
meten en un calabozo, y se le ponen al alcaide graves penas si me deja salir,
y que él lo cumple como se le manda. Con todo esto, si yo no quiero dormir,
y estarme despierto toda la noche sin pegar pestaña, ¿será vuesa merced
20 bastante con todo su poder para hacerme dormir, si yo no quiero?"

"No por cierto," dijo el secretario, "y el hombre ha salido con su
intención."

"De modo," dijo Sancho, "que no dejaréis de dormir por otra cosa que
por vuestra voluntad, y no por contravenir° a la mía."   countermine
25 "No, señor," dijo el mozo, "ni por pienso."

"Pues, andad con Dios," dijo Sancho, "idos a dormir a vuestra casa, y
Dios os dé buen sueño. Que yo no quiero quitárosle. Pero aconséjoos que
de aquí adelante no os burléis con la justicia, porque toparéis con alguna
que os dé con la burla en los cascos."

30 Fuese el mozo, y el gobernador prosiguió con su ronda. Y de allí a poco
vinieron dos corchetes que traían a un hombre asido, y dijeron, "Señor
gobernador, este que parece hombre no lo es, sino mujer, y no fea, que
viene vestida en hábito de hombre."

Llegáronle a los ojos dos o tres lanternas, a cuyas luces descubrieron
35 un rostro de una mujer, al parecer, de 16 o pocos más años. Recogidos los
cabellos con una redecilla° de oro y seda verde, hermosa como mil perlas.   hairnet
Miráronla de arriba abajo, y vieron que venía con unas medias de seda
encarnada, con ligas de tafetán blanco, y repacejos° de oro y aljófar. Los   fringes
gregüescos eran verdes, de tela de oro, y una saltaembarca° o ropilla de lo   cape
40 mesmo, suelta, debajo de la cual traía un jubón de tela finísima de oro y
blanco, y los zapatos eran blancos y de hombre. No traía espada ceñida, sino
una riquísima daga, y en los dedos muchos y muy buenos anillos.
Finalmente, la moza parecía bien a todos, y ninguno la conoció de cuantos
la vieron, y los naturales del lugar dijeron que no podían pensar quién
45 fuese, y los consabidores° de las burlas que se habían de hacer a Sancho   accomplices
fueron los que más se admiraron, porque aquel suceso y hallazgo no venía

---

[21] That is, the jailer might let him go free for a bribe, except for what Sancho says
next.

ordenado por ellos, y así estaban dudosos, esperando en qué pararía el caso.

Sancho quedó pasmado de la hermosura de la moza y preguntóle quién era, adónde iba, y qué ocasión le había movido para vestirse en aquel hábito. Ella, puestos los ojos en tierra, con honestísima vergüenza respondió: "No puedo, señor, decir tan en público lo que tanto me importaba fuera° secreto. Una cosa quiero que se entienda—que no soy ladrón ni persona facinorosa, sino una doncella desdichada a quien la fuerza de unos celos ha hecho romper el decoro que a la honestidad se debe."   *que fuera*

Oyendo esto el mayordomo, dijo a Sancho: "Haga, señor gobernador, apartar la gente, porque esta señora con menos empacho° pueda decir lo que quisiere."   embarrassment

Mandólo así el gobernador, apartáronse todos, si no fueron el mayordomo, maestresala y el secretario. Viéndose, pues, solos, la doncella prosiguió diciendo: "Yo, señores, soy hija de Pedro Pérez Mazorca, arrendador° de las lanas deste lugar, el cual suele muchas veces ir en casa de mi padre."   tax collector

"Eso no lleva camino,°" dijo el mayordomo, "señora, porque yo conozco muy bien a Pedro Pérez, y sé que no tiene hijo ninguno, ni varón ni hembra, y más, que decís que es vuestro padre, y luego añadís que suele ir muchas veces en casa de vuestro padre."   that makes no sense

"Ya yo había dado en ello," dijo Sancho.

"Ahora, señores, yo estoy turbada, y no sé lo que me digo," respondió la doncella, "pero la verdad es que yo soy hija de Diego de la Llana, que todos vuesas mercedes deben de conocer."

"Aun eso lleva camino," respondió el mayordomo, "que yo conozco a Diego de la Llana, y sé que es un hidalgo principal y rico, y que tiene un hijo y una hija, y que después que enviudó no ha habido nadie en todo este lugar que pueda decir que ha visto el rostro de su hija. Que la tiene tan encerrada que no da lugar al sol que la vea, y con todo esto, la fama dice que es en estremo hermosa."

"Así es la verdad," respondió la doncella, "y esa hija soy yo. Si la fama miente o no en mi hermosura, ya os habréis, señores, desengañado, pues me habéis visto."

Y en esto, comenzó a llorar tiernamente. Viendo lo cual el secretario, se llegó al oído del maestresala, y le dijo muy paso:° "Sin duda alguna que a esta pobre doncella le debe de haber sucedido algo de importancia, pues en tal traje y a tales horas, y siendo tan principal, anda fuera de su casa."   quietly

"No hay dudar en eso," respondió el maestresala, "y más, que esa sospecha la confirman sus lágrimas."

Sancho la consoló con las mejores razones que él supo, y le pidió que sin temor alguno les dijese lo que le había sucedido. Que todos procurarían remediarlo con muchas veras, y por todas las vías posibles.

"Es el caso, señores," respondió ella, "que mi padre me ha tenido encerrada diez años ha, que son los mismos que a mi madre come la tierra. En casa dicen misa en un rico oratorio,° y yo en todo este tiempo 'no he visto que° el sol del cielo de día, y la luna y las estrellas de noche. Ni sé qué son calles, plazas ni templos, ni aun hombres, 'fuera de° mi padre y de un hermano mio, y de Pedro Pérez el arrendador, que por entrar de   chapel / I have only seen / outside of

ordinario en mi casa, se me antojó decir que era mi padre, por no declarar
el mío. Este encerramiento y este negarme el salir de casa, siquiera° a la   *not even*
iglesia, ha muchos días y meses que me trae muy desconsolada. Quisiera yo
ver el mundo, o a lo menos el pueblo donde nací, pareciéndome que este
5   deseo no iba contra el buen decoro que las doncellas principales deben
guardar a sí mesmas. Cuando oía decir que corrían toros y 'jugaban cañas,°   *there were mock*
y se representaban comedias, preguntaba a mi hermano, que es un año   *battles*
menor que yo, que me dijese qué cosas eran aquéllas, y otras muchas que
yo no he visto. Él me lo declaraba por los mejores modos que sabía, pero
10   todo era encenderme más el deseo de verlo. Finalmente, por abreviar el
cuento de mi perdición, digo que yo rogué y pedí a mi hermano, que nunca
tal pidiera ni tal rogara..."[22]
     Y tornó a renovar el llanto. El mayordomo le dijo, "Prosiga vuesa
merced, señora, y acabe de decirnos lo que le ha sucedido. Que nos tienen
15   a todos suspensos sus palabras y sus lágrimas."
     "Pocas me quedan por decir," respondió la doncella, "aunque muchas
lágrimas sí que llorar, porque los mal colocados deseos no pueden traer
consigo otros descuentos que los semejantes."[23]
     Habíase sentado en el alma del maestresala la belleza de la doncella,
20   y llegó° otra vez su lanterna para verla de nuevo, y parecióle que no eran   *lifted*
lágrimas las que lloraba, sino aljófar o rocío° de los prados, y aun las subía   *dew*
de punto, y las llegaba a perlas orientales,[24] y estaba deseando que su
desgracia no fuese tanta como daban a entender los indicios de su llanto y
de sus suspiros. Desesperábase el gobernador de la tardanza que tenía la
25   moza en dilatar° su historia, y díjole que acabase de tenerlos más   *extending*
suspensos, que era tarde y faltaba mucho que andar del pueblo. Ella entre
interrotos° sollozos y mal formados suspiros, dijo: "No es otra mi desgracia   *broken*
ni mi infortunio es otro sino que yo rogué a mi hermano que me vistiese en
hábitos de hombre con uno de sus vestidos, y que me sacase una noche a
30   ver todo el pueblo cuando nuestro padre durmiese.
     "Él, importunado de mis ruegos, 'condecendió con° mi deseo, y   *condescended to*
poniéndome este vestido, y él, vistiéndose de otro mío, que 'le está como
nacido,° porque él no tiene pelo de barba y no parece sino una doncella   *fits him perfectly*
hermosísima, esta noche, debe de haber una hora, poco más o menos, nos
35   salimos de casa, y guiados de nuestro mozo y desbaratado discurso,[25] hemos
rodeado todo el pueblo, y cuando queríamos volver a casa, vimos venir un
gran tropel de gente, y mi hermano me dijo: 'Hermana, ésta debe de ser la
ronda.° Aligera° los pies y pon alas en ellos, y vente tras mí corriendo,   *patrol, hurry*
porque no nos conozcan. 'Que nos será mal contado.'°   *it will be bad for us*
40   "Y diciendo esto, volvió las espaldas y comenzó, no digo a correr, sino
a volar. Yo, a menos de seis pasos, caí con el sobresalto, y entonces llegó
el ministro de la justicia que me trujo ante vuesas mercedes, adonde por
mala y antojadiza me veo avergonzada ante tanta gente."

[22] **Que nunca...** *which I should have never asked or begged*
[23] **Los mal...** *misdirected longings can only bring negative results.* She learned the
meanings of *colocados* and *descuentos* from her father's talk of business affairs.
[24] **Aun las...** *he even raised the level and compared them to oriental pearls*
[25] **Guiados...** *guided by our childish and ill-advised intention*

"En efecto, señora," dijo Sancho, "¿no os ha sucedido otro desmán alguno, ni celos, como vos al principio de vuestro cuento dijistes, no os sacaron[26] de vuestra casa?"

"No me ha sucedido nada, ni me sacaron celos, sino sólo el deseo de ver mundo, que no se estendía a más que a ver las calles de este lugar."

Y acabó de confirmar ser verdad lo que la doncella decía llegar los corchetes con su hermano preso, a quien alcanzó° uno dellos, cuando se huyó de su hermana. No traía sino un 'faldellín rico° y una mantellina de damasco azul con pasamanos de oro fino, la cabeza sin toca ni con otra cosa adornada que sus mesmos cabellos, que eran sortijas de oro, según eran rubios y enrizados.   °caught / °elegant skirt

Apartáronse con él el gobernador, mayordomo y maestresala, y sin que lo oyese su hermana, le preguntaron cómo venía en aquel traje, y él con no menos vergüenza y empacho contó lo mesmo que su hermana había contado, de que recibió gran gusto el enamorado maestresala. Pero el gobernador les dijo: "Por cierto, señores, que ésta ha sido una gran rapacería,° y para contar esta necedad y atrevimiento no eran menester tantas largas ni tantas lágrimas y suspiros. Que con decir, 'Somos fulano y fulana, que nos salimos a espaciar de casa de nuestros padres[27] con esta intención, sólo por curiosidad, sin otro designio alguno,' se acabara el cuento, y no gemidicos, y lloramicos, y darle."[28]   °childish prank

"Así es la verdad," respondió la doncella, "pero sepan vuesas mercedes que la turbación que he tenido ha sido tanta, que no me ha dejado guardar el término que debía."

"No se ha perdido nada," respondió Sancho, "vamos, y dejaremos a vuesas mercedes en casa de su padre. Quizá no los habrá echado menos. Y de aquí adelante no se muestren tan niños, ni tan deseosos de ver mundo. Que la doncella honrada, la pierna quebrada, y en casa. Y la mujer y la gallina, por andar se pierden aína.° Y la que es deseosa de ver, también tiene deseo de ser vista. No digo más."   °**pronto**

El mancebo agradeció al gobernador la merced que quería hacerles de volverlos a su casa, y así se encaminaron hacia ella, que no estaba muy lejos de allí. Llegaron, pues, y tirando el hermano una china° a una reja, al momento bajó una criada que los estaba esperando y les abrió la puerta, y ellos se entraron, dejando a todos admirados, así de su gentileza y hermosura, como del deseo que tenían de ver mundo de noche, y sin salir del lugar, pero todo lo atribuyeron a su poca edad.   °pebble

Quedó el maestresala traspasado su corazón, y propuso de luego otro día pedírsela por mujer a su padre, teniendo por cierto que no se la negaría, por ser el criado del duque, y aun a Sancho le vinieron deseos y barruntos de casar al mozo con Sanchica su hija, y determinó de ponerlo en plática° 'a su tiempo,° dándose a entender que a una hija de un gobernador ningún marido se le podía negar. Con esto se acabó la ronda de aquella noche, y de allí a dos días el gobierno, con que se destroncaron y borraron todos sus designios, como se verá adelante.   °**práctica** / °in due time

---

[26] **Celos** is the subject of **sacaron**.

[27] **Nos salimos...** *we left the house of our parents for pleasure*

[28] **Y no...** *and no sighs and crying, and that's it*

Capítulo L. Donde se declara quien fueron los encantadores y verdugos que azotaron a la dueña y pellizcaron y arañaron a don Quijote, con el suceso que tuvo el paje que llevó la carta a Teresa Sancha, mujer de Sancho Panza.

DICE Cide Hamete, puntualísimo escudriñador de los átomos desta verdadera historia, que al tiempo que doña Rodríguez salió de su aposento para ir a la estancia de don Quijote, otra dueña que con ella dormía lo sintió, y que como todas las dueñas son amigas de saber, entender y oler, se fue tras ella con tanto silencio, que la buena Rodríguez no lo echó de ver, y así como la dueña la vio entrar en la estancia de don Quijote, por que no faltase en ella la general costumbre que todas las dueñas tienen de ser chismosas, al momento lo fue a 'poner en pico° a su señora la duquesa, de   to tell cómo doña Rodríguez quedaba en el aposento de don Quijote.

La duquesa se lo dijo al duque y le pidió licencia para que ella y Altisidora viniesen a ver lo que aquella dueña quería con don Quijote. El duque se la dio, y las dos, con gran tiento y sosiego, paso ante paso, llegaron a ponerse junto a la puerta del aposento, y tan cerca, que oían todo lo que dentro hablaban. Y cuando oyó la duquesa que Rodríguez 'había echado en la calle° el Aranjuez[1] de sus fuentes, no lo pudo sufrir, ni menos   had revealed Altisidora, y así llenas de cólera, y deseosas de venganza, entraron de golpe en el aposento, y acrebillaron° a don Quijote, y vapularon a la dueña del   pinched modo que queda contado, porque las afrentas que van derechas° contra la   directly hermosura y presunción de las mujeres, despierta en ellas en gran manera la ira, y enciende el deseo de vengarse.

Contó la duquesa al duque lo que le había pasado, de lo que se holgó mucho. Y la duquesa, prosiguiendo con su intención de burlarse y recibir pasatiempo con don Quijote, despachó al paje que había hecho la figura de Dulcinea en el concierto de su desencanto—que tenía bien olvidado Sancho Panza con la ocupación de su gobierno—a Teresa Panza, su mujer, con la carta de su marido, y con otra suya, y con una gran sarta de corales ricos presentados.

Dice, pues, la historia, que el paje era muy discreto y agudo, y con deseo de servir a sus señores, partió de muy buena gana al lugar de Sancho, y antes de entrar en él, vio en un arroyo estar lavando cantidad de mujeres,[2] a quien preguntó si le sabrían decir si en aquel lugar vivía una mujer llamada Teresa Panza, mujer de un cierto Sancho Panza, escudero de un caballero llamado don Quijote de la Mancha, a cuya pregunta se levantó en pie una mozuela que estaba lavando, y dijo: "Esa Teresa Panza es mi madre, y ese tal Sancho mi señor padre, y el tal caballero nuestro amo."

"Pues venid, doncella," dijo el paje, "y mostradme a vuestra madre,

---

[1] Aranjuez refers to the *palace* of Aranjuez, the southernmost city in the province of Madrid. It is the "Spanish Versailles," famous for its fountains. It was built during the reign of Felipe II (1556-1598). The play on words here is between the two meanings of **fuentes**.

[2] **Vio en un...** *he saw a number of women washing [clothes] in a stream*

porque le traigo una carta y un presente del tal vuestro padre."

"Eso haré yo de muy buena gana, señor mío," respondió la moza, que mostraba ser de edad de catorce años, poco más a menos. Y dejando la ropa que lavaba a otra compañera, sin tocarse° ni calzarse, que estaba en piernas   covering her head
5 y desgreñada,[3] saltó delante de la cabalgadura del paje, y dijo: "Venga vuesa merced, que a la entrada del pueblo está nuestra casa, y mi madre en ella, con harta pena por no haber sabido muchos días ha de mi señor padre."

"Pues yo se las llevo tan buenas," dijo el paje, "que tiene que dar bien gracias a Dios por ellas."

10 Finalmente, saltando, corriendo y brincando llegó al pueblo la muchacha, y antes de entrar en su casa, dijo a voces desde la puerta: "Salga, madre Teresa, salga, salga. Que viene aquí un señor que trae cartas y otras cosas de mi buen padre."

A cuyas voces salió Teresa Panza su madre, hilando un copo de estopa,
15 con una saya parda. Parecía, según era de corta, que se la habían cortado por vergonzoso lugar,[4] con un corpezuelo° asimismo pardo, y una 'camisa de   bodice
pechos.° No era muy vieja, aunque mostraba pasar de los cuarenta. Pero   low-cut blouse
fuerte, tiesa, nervuda y avellanada,[5] la cual, viendo a su hija, y al paje a caballo, le dijo: "¿Qué es esto, niña? ¿Qué señor es éste?"

20 "Es un servidor de mi señora doña Teresa Panza," respondió el paje. Y diciendo y haciendo, se arrojó del caballo, y se fue con mucha humildad a poner de hinojos ante la señora Teresa, diciendo: "Déme vuesa merced sus manos, mi señora doña Teresa, bien así como mujer legítima y particular[6] del señor don Sancho Panza, gobernador propio de la ínsula Barataria."

25 "Ay, señor mío, quítese de ahí,° no haga eso," respondió Teresa, "que   i.e., stand up!
yo no soy nada palaciega, sino una pobre labradora, hija de un estripa-
terrones° y mujer de un escudero andante, y no de gobernador alguno."   clodhopper

"Vuesa merced," respondió el paje, "es mujer dignísima° de un   very worthy
gobernador archidignísimo, y para prueba desta verdad reciba vuesa merced
30 esta carta y este presente."

Y sacó al instante de la faldriquera una sarta de corales con estremos[7] de oro, y se la echó al cuello, y dijo: "Esta carta es del señor gobernador, y otra que traigo y estos corales son de mi señora la duquesa, que a vuestra merced me envía."

35 Quedó pasmada Teresa, y su hija ni más ni menos, y la muchacha dijo: "Que me maten si no anda por aquí nuestro señor amo don Quijote, que debe de haber dado a padre el gobierno o condado que tantas veces le había prometido."

---

[3] **Estaba en...** *she had nothing on her legs and her hair was uncombed*
[4] This just means that the skirt was "shamefully short." The skirts of prostitutes in the Middle Ages were cut short to shame them.
[5] **Tiesa,...** *in good physical shape, strong, and tanned*
[6] **Bien así...** *since you are the only legitimate wife*
[7] Although **estremos de oro** seems to refer to the clasps, as Burton Raffel has translated, but it is more likely that it refers to *interspersed gold beads*, as Silvia Iriso has annotated (p. 1033, n. 14).

"Así es la verdad," respondió el paje, "que por respeto del señor don Quijote es ahora el señor Sancho gobernador de la ínsula Barataria, como se verá por esta carta."

"Léamela vuesa merced, señor gentilhombre," dijo Teresa, "porque
5 aunque yo sé hilar, no sé leer migaja.°"   *anything*

"Ni yo tampoco," añadió Sanchica, "pero espérenme aquí. Que yo iré a llamar quien la lea, ora sea el cura mesmo, o el bachiller Sansón Carrasco, que vendrán de muy buena gana por saber nuevas de mi padre."

"No hay para qué se llame a nadie. Que yo no sé hilar, pero sé leer y
10 la leeré."

Y así se la leyó toda, que por quedar ya referida no se pone aquí, y luego sacó otra de la duquesa, que decía desta manera:

Amiga Teresa:

     Las buenas partes de la bondad y del ingenio de vuestro marido
15 Sancho me movieron y obligaron a pedir a mi marido el duque le diese un gobierno de una ínsula, de muchas que tiene. Tengo noticia que gobierna como un girifalte, de lo que yo estoy muy contenta y el duque mi señor por el consiguiente, por lo que doy muchas gracias al cielo de no haberme engañado en haberle escogido para el tal gobierno,
20 porque quiero que sepa la señora Teresa que con dificultad se halla un buen gobernador en el mundo, y tal me haga a mí Dios como Sancho gobierna.[8]

     Ahí le envío, querida mía, una sarta de corales con estremos de oro. Yo me holgara que fuera de perlas orientales, pero quien te da el
25 hueso, no te querría ver muerta. Tiempo vendrá en que nos conoz- camos y nos comuniquemos, y Dios sabe lo que será.[9] Encomiéndeme°   *remember me to* a Sanchica, su hija, y dígale de mi parte que se apareje. Que la tengo de casar altamente cuando menos lo piense. Dícenme que en ese lugar hay bellotas gordas.° Envíeme hasta dos docenas, que las estimaré en   *large*
30 mucho por ser de su mano, y escríbame largo, avisándome de su salud y de su bienestar,° y si hubiere menester alguna cosa, no tiene que   *well-being* hacer más que boquear.° Que su boca será medida.[10] Y Dios me la   *open your mouth* guarde. Deste lugar, su amiga que bien la quiere,

La Duquesa.

35 "¡Ay!" dijo Teresa, en oyendo la carta, "y ¡qué buena y qué llana y qué humilde señora! Con estas tales señoras me entierren a mí, y no las hidalgas que en este pueblo se usan, que piensan que por ser hidalgas no las ha de tocar el viento, y van a la iglesia con tanta fantasía,° como si   *vanity* fuesen las mesmas reinas, que no parece sino que tienen a deshonra el mirar
40 a una labradora. Y veis aquí donde esta buena señora, con ser duquesa, me llama Amiga, y me trata como si fuera su igual. Que igual la vea yo con el más alto campanario que hay en la Mancha. Y en lo que toca a las bellotas,

---

[8] **Tal me haga...** *may God treat me as well as Sancho governs*
[9] **Lo que será...** *when that will be*
[10] **Que su...** *whatever you ask will be done.* Not literal, but that's what it means.

señor mío, yo le enviaré a su señoría un celemín,° que por gordas las pueden   1.5 gallons
venir a ver a la mira y a la maravilla.[11] Y por ahora, Sanchica, atiende a que
se regale este° señor. 'Pon en orden° este caballo, y saca de la caballeriza   *a este,* take care of
güevos, y corta tocino adunia,° y démosle de comer como a un príncipe.   abundant
5   Que las buenas nuevas que nos ha traído y la buena cara que él tiene lo
merece todo, y en tanto, saldré yo a dar a mis vecinas las nuevas de nuestro
contento, y al padre cura, y a maese Nicolás el barbero, que tan amigos son
y han sido de tu padre."
       "Sí, haré, madre," respondió Sanchica, "pero mire que me ha de dar la
10   mitad desa sarta. Que no tengo yo por tan boba a mí señora la duquesa, que
se la había de enviar a ella[12] toda."
       "Todo es para ti, hija," respondió Teresa, "Pero déjamela traer algunos
días al cuello, que verdaderamente parece que me alegra el corazón."
       "También se alegrarán," dijo el paje, "cuando vean el lío que viene en
15   este portamanteo,° que es un vestido de paño finísimo que el gobernador   suitcase
sólo un día llevó a caza, el cual todo le envía para la señora Sanchica."
       "Que me viva él mil años," respondió Sanchica "y el que lo trae, ni más
ni menos, y aun dos mil, si fuere necesidad."
       Salióse en esto Teresa fuera de casa, con las cartas, y con la sarta al
20   cuello, y iba tañendo en las cartas como si fuera en un pandero,[13] y
encontrándose acaso con el cura y Sansón Carrasco, comenzó a bailar, y a
decir: "¡A fee que agora que no hay pariente pobre! ¡Gobiernito° tenemos!   little government
¡No, sino tómese conmigo la más pintada hidalga. Que yo la pondré como
nueva!"[14]
25   "¿Qué es esto, Teresa Panza, qué locuras son éstas y qué papeles son
ésos?"
       "No es otra la locura, sino que éstas son cartas de duquesas y de
gobernadores, y estos que traigo al cuello son corales finos las avemarías,
y los padres nuestros son de oro de martillo,[15] y yo soy gobernadora."°   governor's wife
30   "De Dios en ayuso no os entendemos,[16] Teresa, ni sabemos lo que os
decís."
       "Ahí lo podrán ver ellos,°" respondió Teresa. Y dioles las cartas.   you
Leyólas el cura de modo que las oyó Sansón Carrasco, y Sansón y el cura
se miraron el uno al otro como admirados de lo que habían leído. Y
35   preguntó el bachiller quién había traído aquellas cartas. Respondió Teresa
que se viniesen con ella a su casa y verían el mensajero, que era un mancebo
'como un pino de oro,° y que le traía otro presente que valía más de tanto.   very charming
Quitóle el cura los corales del cuello y mirólos, y remirólos, y certificándose
que eran finos, tornó a admirarse de nuevo, y dijo: "Por el

---

[11] That is, **a mirarlas y a maravillar** *to look at and be astonished*
[12] This **ella** means *you.* It is another third person variant form of address like
vuestra merced. I thank Joseph Silverman for this information.
[13] *She was playing the letters like a tambourine.* That is, she was slapping the
letters against her other hand.
[14] **Tómese conmigo...** *Let the best of the hidalgas take me on! I'll show her!*
[15] This alludes to the rosary. The Hail Marys (= smaller beads) are of coral and the
Our Fathers (= larger beads) are of beaten gold.
[16] **De Dios...** *no one but God can understand you*

hábito que tengo, que no sé qué me diga ni qué me piense de estas cartas
y destos presentes. Por una parte veo y toco la fineza de estos corales, y por
otra leo que una duquesa envía a pedir dos docenas de bellotas."
      "Aderézame esas medidas,"[17] dijo entonces Carrasco. "Agora bien,
5   vamos a ver al portador° deste pliego. Que dél nos informaremos de las   bearer
dificultades que se nos ofrecen."
      Hiciéronlo así, y volvióse Teresa con ellos. Hallaron al paje cribando
un poco de cebada para su cabalgadura, y a Sanchica cortando un torrezno
para empedrarle con güevos[18] y dar de comer al paje, cuya presencia y buen
10   adorno contentó mucho a los dos, y después de haberle saludado
cortésmente, y él a ellos, le preguntó Sansón les dijese nuevas así de don
Quijote, como de Sancho Panza. Que puesto que habían leído las cartas de
Sancho y de la señora duquesa, todavía estaban confusos y no acababan de
atinar qué sería aquello del gobierno de Sancho, y más de una ínsula,
15   siendo todas o las más que hay en el mar Mediterráneo de su majestad. A
lo que el paje respondió: "De que el señor Sancho Panza sea gobernador no
hay que dudar en ello. De que sea ínsula, o no, la que gobierna, en eso no
me entremeto. Pero basta que sea un lugar de más de mil vecinos, y en
cuanto a lo de las bellotas, digo que mi señora la duquesa es tan llana y tan
20   humilde que no," decía él, "enviar a pedir bellotas a una labradora, pero que
le acontecía enviar a pedir un peine prestado a una vecina suya.[19] Porque
quiero que sepan vuesas mercedes que las señoras de Aragón, aunque son
tan principales, no son tan puntuosas° y levantadas° como las señoras   affected, presump-
castellanas. Con más llaneza tratan con las gentes."   tuous
25   Estando en la mitad destas pláticas saltó Sanchica con un 'halda de
güevos,° y preguntó al paje: "Dígame, señor, ¿mi señor padre trae por   skirt filled with eggs
ventura calzas atacadas[20] después que es gobernador?"
      "No he 'mirado en° ello," respondió el paje, "pero sí debe de traer."   noticed
      "¡Ay, Dios mío," replicó Sanchica, "y que será de ver a mi padre con
30   pedorreras![21] ¿No es bueno sino que desde que nací tengo deseo de ver a
mi padre con calzas atacadas?"
      "Como con esas cosas le verá vuesa merced si vive," respondió el paje.
"Par Dios, términos lleva de caminar con papahigo, con solos dos meses
que le dure el gobierno."[22]
35   Bien echaron de ver el cura y el bachiller que el paje hablaba
socarronamente. Pero la fineza de los corales y el vestido de caza que
Sancho enviaba lo deshacía todo. Que ya Teresa les había mostrado el

---

[17] **Aderézame...** *What nonsense!*

[18] Sanchica is going to make scrambled eggs with added bacon. See Gaos (II, p. 705,
n. 173) and Iriso (p. 1036, n. 35).

[19] There are big problems in this last sentence with direct and indirect discourse (see
Gaos II, p. 705, n., 183, for a survey of solutions). Here is Burton Raffel's translation:
" 'My lady the duchess is so straightforward and humble that not only,' said he, 'might
she ask a peasant to send her acorns, but she has been known to borrow a comb from one
of her neighbors.' "

[20] These were short pants that billow out at the top, typical of rich people.

[21] Same as **calzas atacadas** above.

[22] **Términos leva...** *he may be traveling with a protective hood if his governorship
lasts only two months*

vestido, y no dejaron de reírse del deseo de Sanchica, y más, cuando Teresa
dijo: "Señor cura, 'eche cata° por ahí si hay alguien que vaya a Madrid o — find out
a Toledo, para que me compre un 'verdugado redondo,° hecho y derecho, — bell-shaped skirt
y sea 'al uso° y de los mejores que hubiere. Que en verdad en verdad que — fashionable
5 tengo de honrar el gobierno de mi marido en cuanto yo pudiere, y aun que
si me enojo, me tengo de ir a esa corte, y echar° un coche como todas. Que — try out
la que tiene marido gobernador muy bien le puede 'traer y sustentar."° — have and maintain
    "Y ¡cómo, madre!" dijo Sanchica. "Pluguiese a Dios que fuese antes
hoy que mañana, aunque dijesen los que me viesen ir sentada con mi señora
10 madre en aquel coche: '¡Mirad 'la tal por cual,° hija del harto de ajos, y — so-and-so
cómo va sentada y tendida en el coche, como si fuera una papesa!'° Pero — female pope
pisen ellos los lodos y ándeme yo en mi coche, levantados los pies del
suelo. ¡Mal año y mal mes para cuantos murmuradores hay en el mundo.
Y ándeme yo caliente, y 'ríase la gente!° ¿Digo bien, madre mía?" — let 'em laugh
15   "Y ¡cómo que dices bien, hija!" respondió Teresa, "y todas estas
venturas, y aun mayores, me las tiene profetizadas mi buen Sancho, y verás
tú, hija, como 'no para° hasta hacerme condesa. Que todo es comenzar a ser — he won't stop
venturosas, y como yo he oído decir muchas veces a tu buen padre, que así
como lo es tuyo, lo es de los refranes,[23] cuando te dieren la vaquilla, corre
20 con soguilla—cuando te dieren un gobierno, cógele; cuando te dieren un
condado, agárrale,° y cuando te hicieren TUS, TUS,[24] con alguna buena — grab it
dádiva, embásala.° ¡No, sino dormíos, y no respondáis a las venturas y — go get it
buenas dichas que están llamando a la puerta de vuestra casa!"
    "Y ¿'qué se me da a mí,°" añadió Sanchica, "que diga el que quisiere — what do I care
25 cuando me vea entonada y fantasiosa:° «Vióse el perro en bragas de — stuck up
cerro...»[25] y lo demás?"
    Oyendo lo cual el cura, dijo: "Yo no puedo creer sino que todos los
deste linaje de los Panzas nacieron cada uno con un costal de refranes en
el cuerpo. Ninguno dellos he visto, que no los derrame a todas horas y en
30 todas las pláticas que tienen."
    "Así es la verdad," dijo el paje, "que el señor gobernador Sancho a
cada paso los dice. Y aunque muchos no vienen a próposito, todavía dan
gusto, y mi señora la duquesa y el duque los celebran mucho."
    "¿Que todavía se afirma vuesa merced, señor mio," dijo el bachiller,
35 "ser verdad esto del gobierno de Sancho, y de que hay duquesa en el
mundo que le envíe presentes y le escriba? Porque nosotros, aunque
tocamos los presentes y hemos leído las cartas no lo creemos, y pensamos
que ésta es una de las cosas de don Quijote nuestro compatrioto, que todas
piensa que son hechas por encantamiento. Y así estoy por decir que quiero
40 tocar y palpar a vuesa merced, por ver si es embajador° fantástico, o — messenger
hombre de carne y hueso."
    "Señores, yo no sé más de mí," respondió el paje, "sino que soy
embajador verdadero, y que el señor Sancho Panza es gobernador efectivo.° — permanent

---

[23] **Que así como...** *just as he's your father, he's also the father of proverbs*
[24] **Tus, tus** is used to call dogs, but here **cuando te hicieren tus, tus** means *when they offer you something nice.*
[25] **Bragas de cerro** are pants made of hemp. A possible ending of the saying is **y no conoció a su compañero**.

Y que mis señores duque y duquesa pueden dar, y han dado, el tal gobierno. Y que he oído decir que en él se porta valentísimamente el tal Sancho Panza. Si en esto hay encantamento o no, vuesas mercedes lo disputen° allá entre ellos.° Que yo no sé otra cosa para el juramento que   dispute, yourselves
5   hago, que es por vida de mis padres. Que los tengo vivos y los amo y los quiero mucho."

   "Bien podrá ello ser así," replicó el bachiller, "pero *dubitat Augustinus.*"[26]

   "Dude quien dudare," respondió el paje, "la verdad es la que he dicho,
10   y esta que ha de andar siempre sobre la mentira como el aceite° sobre el   oil
agua. Y si no, *operibus credite, & non verbis.*[27] Véngase alguno de vuesas mercedes conmigo, y verán con los ojos lo que no creen por los oídos."

   "Esa ida a mí toca," dijo Sanchica, "lléveme vuesa merced, señor, a las ancas de su rocín. Que yo iré de muy buena gana a ver a mí señor padre."

15   "Las hijas de los gobernadores no han de ir solas por los caminos, sino acompañadas de carrozas y literas, y de gran número de sirvientes."

   "Par Dios," respondió Sancha, "también me vaya yo sobre una pollina como sobre un coche. ¡Hallado la habéis la melindrosa!"[28]

   "Calla, mochacha," dijo Teresa, "que no sabes lo que te dices. Y este
20   señor está en lo cierto. Que tal el tiempo, tal el tiento.[29] Cuando Sancho, Sancha, y cuando gobernador, señora, y no sé si diga algo."[30]

   "Más dice la señora Teresa de lo que piensa," dijo el paje, "y denme de comer y despáchenme luego, porque pienso volverme esta tarde."

   A lo que dijo el cura, "Vuesa merced se vendrá a hacer penitencia
25   conmigo. Que la señora Teresa más tiene voluntad que alhajas para servir a tan buen huesped."

   Rehusólo el paje. Pero, en efecto, lo hubo de conceder por su mejora.[31] Y el cura le llevó consigo de buena gana por tener lugar de preguntarle 'de espacio° por don Quijote y sus hazañas. El bachiller se ofreció de escribir   slowly
30   las cartas a Teresa, de la respuesta. Pero ella no quiso que el bachiller se metiese en sus cosas. Que le tenía por algo burlón. Y así dio un bollo° y   bread roll
dos huevos a un monacillo, que sabía escribir, el cual le escribió dos cartas—una para su marido, y otra para la duquesa, notadas de su mismo caletre,[32] que no son las peores que en esta grande historia se ponen, como
35   se verá adelante.

---

[26] *St. Augustine doubts it.* This derives from St. Augustine's thought about the doubtful effectiveness of urgently confessing oneself just before death.

[27] *Believe my works and not my words,* John 10:38.

[28] **¡Hallado la...** *do you think I'm so fussy?*

[29] **Que tal el...** *you have to behave according to the circumstances*

[30] **No sé...** *I don't know if I am understood*

[31] **Lo hubo...** *he saw that he should do it*

[32] **Notadas...** *dictated out of her head*

Capítulo LI. Del progreso del gobierno de Sancho Panza, con otros sucesos tales como buenos.

AMANECIÓ el día que se siguió a la noche de la ronda del gobernador, la cual el maestresala pasó sin dormir, ocupado el pensamiento en el rostro, brío y belleza de la disfrazada doncella. Y el mayordomo ocupó lo que della° faltaba en escribir a sus señores lo que Sancho Panza hacía y decía, tan admirado de sus hechos como de sus dichos, porque andaban mezcladas sus palabras y sus acciones con asomos discretos y tontos.

Levantóse, en fin, el señor gobernador, y por orden del doctor Pedro Recio le hicieron desayunar con un poco de conserva° y cuatro tragos de agua fría, cosa que la trocara Sancho con un pedazo de pan y un racimo de uvas. Pero viendo que aquello era más fuerza que voluntad, pasó por ello con harto dolor de su alma y fatiga de su estómago, haciéndole creer Pedro Recio que los manjares pocos y delicados avivaban el ingenio, que era lo que más convenía a las personas constituidas en mandos° y en oficios graves, donde se han de aprovechar no tanto de las fuerzas corporales, como de las del entendimiento.

Con esta sofistería° padecía hambre Sancho, y tal, que 'en su secreto° maldecía el gobierno, y aun a quien se le había dado. Pero con su hambre y con su conserva se puso a juzgar aquel día, y lo primero que se le ofreció fue una pregunta que un forastero le hizo, estando presentes a todo el mayordomo y los demás acólitos,° que fue: "Señor: un caudaloso río dividía dos términos° de un mismo señorío—y esté vuesa merced atento, porque el caso es de importancia y algo dificultoso.

"Digo, pues, que sobre este río estaba una puente, y al cabo della una horca° y una como casa de audiencia, en la cual de ordinario había cuatro jueces que juzgaban la ley que puso el dueño del río, de la puente y del señorío, que era en esta forma: 'Si alguno pasare por esta puente de una parte a otra, ha de jurar primero adónde y 'a qué° va. Y si jurare verdad, déjenle pasar, y si dijere mentira, muera por ello ahorcado en la horca que allí 'se muestra,° sin remisión alguna.' Sabida esta ley y la rigurosa condición della, pasaban muchos, y luego en lo que juraban se echaba de ver que decían verdad, y los jueces los dejaban pasar libremente.

"Sucedió, pues, que tomando juramento a un hombre, juró y dijo que para el juramento que hacía, que iba a morir en aquella horca que allí estaba, y no a otra cosa. Repararon los jueces en el juramento y dijeron: 'Si a este hombre le dejamos pasar libremente, mintió en su juramento, y conforme a la ley debe morir. Y si le ahorcamos, él juró que iba a morir en aquella horca, y habiendo jurado verdad, por la misma ley debe ser libre.' Pídese a vuesa merced, señor gobernador, qué harán los jueces de tal hombre. Que aun hasta agora están dudosos y suspensos, y habiendo tenido noticia del agudo y elevado entendimiento de vuesa merced, me enviaron a mí, a que suplicase a vuesa merced de su parte diese su parecer en tan intricado y dudoso caso."[1]

A lo que respondió Sancho: "Por cierto que esos señores jueces que a mí os envían lo pudieran haber escusado, porque yo soy un hombre que

[1] This is another dilemma problem that was circulating in the oral tradition, similar to the ones that Sancho judged in his first day on the **ínsula**.

tengo más de mostrenco° que de agudo. Pero, con todo eso, repetidme otra   ignorant
vez el negocio de modo que yo le entienda. Quizá podría ser que 'diese en
el hito.'°   hit the nail on the
    Volvió otra y otra vez el preguntante a referir lo que primero había   head
5   dicho, y Sancho dijo: "A mi parecer, este negocio 'en dos paletas° le   in an instant
declararé yo, y es así: el tal hombre jura que va a morir en la horca, y si
muere en ella juró verdad, y por la ley puesta merece ser libre, y que pase
la puente; y si no le ahorcan, juró mentira, y por la misma ley merece que
le ahorquen."
10   "Así es como el señor gobernador dice," dijo el mensajero, "y 'cuanto
a° la entereza y entendimiento del caso, no hay más que pedir ni que   *en* cuanto a
dudar."
    "Digo yo, pues, agora," replicó Sancho, "que deste hombre aquella
parte que juró verdad la dejen pasar, y la que dijo mentira la ahorquen, y
15 desta manera se cumplirá al pie de la letra la condición del pasaje.°"   crossing
    "Pues, señor gobernador," replicó el preguntador, "será necesario que
el tal hombre se divida en dos partes, en mentirosa y verdadera, y si se
divide, por fuerza ha de morir. Y así no se consigue cosa alguna de lo que
la ley pide, y es de necesidad espresa que se cumpla con ella."
20   "Venid acá, señor buen hombre," respondió Sancho, "este pasajero que
decís, o yo soy un porro, o él tiene la misma razón para morir que para
vivir y pasar la puente. Porque si la verdad le salva, la mentira le condena
igualmente.° Y siendo esto así, como lo es, soy de parecer que digáis a esos   equally
señores que a mí os enviaron que, pues están en un fil[2] las razones de
25 condenarle o asolverle, que le dejen pasar libremente, pues siempre es
alabado más el hacer bien que mal. Y esto lo diera firmado de mi nombre
si supiera firmar, y yo en este caso no he hablado 'de mío,° sino que se me   on my own
vino a la memoria un precepto, entre otros muchos, que me dio mi amo don
Quijote la noche antes que viniese a ser gobernador desta ínsula, que fue
30 que cuando al justicia estuviese en duda, 'me decantase° y acogiese a la   lean towards
misericordia. Y ha querido Dios que agora se me acordase, por venir en
este caso como de molde."
    "Así es," respondió el mayordomo, "y tengo para mí que el mismo
Licurgo, que dio leyes a los lacedemonios,[3] no pudiera dar mejor sentencia
35 que la que el gran Panza ha dado. Y acábese con esto la audiencia desta
mañana, y yo daré orden como el señor gobernador coma muy a su gusto."
    "Eso pido, y 'barras derechas,°" dijo Sancho, "denme de comer y   without deception
lluevan casos y dudas sobre mí. Que yo las despabilaré en el aire."[4]
    Cumplió su palabra el mayordomo, pareciéndole ser cargo° de   burden
40 conciencia matar de hambre a tan discreto gobernador. Y más, que pensaba
concluir con él° aquella misma noche, haciéndole la burla última, que traía   i.e., *el gobierno*
en comisión de hacerle.[5]
    Sucedió, pues, que habiendo comido aquel día contra las reglas y
aforismos del doctor Tirteafuera, al levantar de los manteles entró un correo

---

[2] The **fil** or **fiel** on a scale is the point where both sides show the same weight.
[3] See Part II, Chapter 1, p. 439, n. 2. Lacedæmon refers to Sparta.
[4] **Yo las...** *I will solve them instantly*
[5] **Que traía...** *which they were charged to do to him*

con una carta de don Quijote para el gobernador. Mandó Sancho al
secretario que la leyese 'para sí,° y que si no viniese en ella alguna cosa · **to himself**
digna de secreto, la leyese en voz alta. Hízolo así el secretario, y
repasándola° primero, dijo: "Bien se puede leer en voz alta. Que lo que el · **going back over it**
5 señor don Quijote escribe a vuesa merced merece estar estampado y escrito
con letras de oro, y dice así:

CARTA DE DON QUIJOTE DE LA MANCHA
A SANCHO PANZA, GOBERNADOR DE LA ÍNSULA BARATARIA.

Cuando esperaba oír nuevas de tus descuidos e impertinencias,
10 Sancho amigo, las oí de tus discreciones, de que di por ello gracias
particulares al cielo, el cual del estiércol sabe levantar los pobres y de
los tontos hacer discretos. Dícenme que gobiernas como si fueses
hombre, y que eres hombre como si fueses bestia, según es la humildad
con que te tratas. Y quiero que adviertas, Sancho, que muchas veces
15 conviene, y es necesario, por la autoridad del oficio, ir contra la
humildad del corazón. Porque el buen adorno de la persona que está
puesta en graves cargos ha de ser conforme a lo que ellos piden, y no
a la medida 'de lo que° su humilde condicion le inclina. Vístete bien, · **de *aquello* que**
que un palo compuesto° no parece palo. No digo que traigas dijes° ni · **decorated, jewels**
20 galas, ni que siendo juez te vistas como soldado, sino que te adornes
con el hábito que tu oficio requiere, con tal que sea limpio y bien
compuesto.

Para ganar la voluntad del pueblo que gobiernas, entre otras, has
de hacer dos cosas: la una, ser bien criado con todos, aunque esto ya
25 otra vez te lo he dicho; y la otra, procurar la abundancia de los
mantenimientos. Que no hay cosa que más fatigue el corazón de los
pobres que la hambre y la carestía.° · **want**

No hagas muchas pragmáticas, y si las hicieres, procura que sean
buenas y sobre todo que se guarden y cumplan. Que las pragmáticas
30 que no se guardan lo mismo es que si no lo fuesen. Antes dan a
entender que el príncipe que tuvo discreción y autoridad para hacerlas,
no tuvo valor para hacer que se guardasen, y las leyes que atemorizan
y no se ejecutan vienen a ser como la viga,° rey de las ranas,[6] que al · **log**
principio las espantó, y con el tiempo la menospreciaron y se subieron
35 sobre ella.

Sé padre de las virtudes y padrastro de los vicios. No seas siempre
riguroso, ni siempre blando, y escoge el medio entre estos dos
estremos. Que en esto está el punto de la discreción. Visita las
cárceles,° las carnicerías° y las plazas. Que la presencia del gobernador · **jails, butcher stands**
40 en lugares tales es de mucha importancia. Consuela a los presos que
esperan la brevedad de su despacho,° es coco° a los carniceros que · **release, fearful shock**
por entonces igualan los pesos, y es espantajo° a las placeras° por la · **deterrent, market**
misma razón. No te muestres, aunque por ventura lo seas—lo cual yo · **women**

---

[6] See Æsop's fables, N° 44. In the Spanish version, *Ysopete*, it is Fable 1 of Book II
(see John Keller's translation [*Æsop's Fables*, Lexington: The University Press of
Kentucky, 1992], p. 70).

no creo—codicioso, mujeriego° ni glotón, porque en sabiendo el   woman chaser
pueblo y los que te tratan tu inclinación determinada, por allí 'te darán
batería,° hasta derribarte en el profundo° de la perdición.   they will attack you, depths

   Mira y remira, pasa y repasa los consejos y documentos que te di
5 por escrito antes que de aquí partieses a tu gobierno, y verás como
hallas en ellos, si los guardas, una ayuda 'de costa° que te sobrelleve°   additional, will help
los trabajos y dificultades que a cada paso a los gobernadores se les   you bear
ofrecen. Escribe a tus señores y muéstrateles agradecido. Que la
ingratitud es hija de la soberbia, y uno de los mayores pecados que se
10 sabe, y la persona que es agradecida a los que bien le han hecho da
indicio que también lo será a Dios, que tantos bienes le hizo y de
contino le hace.

   La señora duquesa despachó un propio con tu vestido y otro
presente a tu mujer Teresa Panza. Por momentos esperamos respuesta.

15   Yo he estado un poco mal dispuesto de un cierto gateamiento° que   "catting"
me sucedió no muy 'a cuento° de mis narices, pero no fue nada. Que   to the advantage of
si hay encantadores que me maltraten, también los hay que me
defiendan.

   Avísame si el mayordomo que está contigo tuvo que ver en las
20 acciones de la Trifaldi, como tú sospechaste; y de todo lo que te
sucediere me irás dando aviso, pues es tan corto el camino, cuanto más
que yo pienso dejar presto esta vida ociosa en que estoy, pues no nací
para ella.

   Un negocio se me ha ofrecido, que creo que me ha de poner en
25 desgracia destos señores. Pero aunque 'se me da° mucho, no se me da   **me importa**
nada, pues en fin en fin, tengo de cumplir antes con mi profesión que
con su gusto, conforme a lo que suele decirse: *Amicus Plato, sed magis
amica veritas.*[7] Dígote este latín porque me doy a entender que después
que eres gobernador lo habrás aprendido. Y a Dios, el cual te guarde
30 de que ninguno te tenga lástima.

TU AMIGO,
DON QUIJOTE DE LA MANCHA

   Oyó Sancho la carta con mucha atención, y fue celebrada y tenida por
discreta de los que la oyeron, y luego Sancho se levantó de la mesa, y
35 llamando al secretario, se encerró con él en su estancia, y sin dilatarlo más,
quiso responder luego a su señor don Quijote, y dijo al secretario que sin
añadir ni quitar cosa alguna fuese escribiendo lo que él le dijese. Y así lo
hizo, y la carta de la respuesta fue del tenor° siguiente: manner

CARTA DE SANCHO PANZA A DON QUIJOTE DE LA MANCHA

40   La ocupación de mis negocios es tan grande, que no tengo lugar
para rascarme la cabeza, ni aun para cortarme las uñas, y así las traigo
tan crecidas° cual Dios lo remedie.[8] Digo esto, señor mío de mi alma,   long

---

[7] "Plato is a friend, but the truth is a greater friend." This version of the proverb
comes from the *Adagios* of Erasmus.

[8] **Cual Dios...** *that God will have to fix them*

porque vuesa merced no se espante, si hasta agora no he dado aviso de mi bien o mal estar en este gobierno, en el cual tengo más hambre que cuando andábamos los dos por las selvas y por los despoblados.

Escribióme el duque mi señor el otro día, dándome aviso que habían entrado en esta ínsula ciertas espías para matarme, y hasta agora yo no he descubierto otra que un cierto doctor que está en este lugar asalariado para matar a cuantos gobernadores aquí vinieren. Llámase el doctor Pedro Recio, y es natural de Tirteafuera, porque vea vuesa merced qué nombre para no temer que he de morir a sus manos.[9] Este tal doctor dice él mismo de sí mismo que él no cura las enfermedades cuando las hay, sino que las previene para que no vengan, y las medecinas que usa son dieta y más dieta, hasta poner la persona en los huesos mondos, como si no fuese mayor mal la flaqueza que la calentura. Finalmente, él me va matando de hambre, y yo me voy muriendo de despecho, pues cuando pensé venir a este gobierno a comer caliente y a beber frío, y a recrear el cuerpo entre sábanas de Holanda, sobre colchones de pluma, he venido a hacer penitencia como si fuera ermitaño, y como no la hago de mi voluntad, pienso que al cabo al cabo me ha de llevar el diablo.

Hasta agora no he tocado derecho° ni llevado cohecho, y no puedo pensar en qué va esto, porque aquí me han dicho que los gobernadores que a esta ínsula suelen venir, antes de entrar en ella, o les han dado o les han prestado los del pueblo muchos dineros, y que ésta es ordinaria usanza en los demás que van a gobiernos, no solamente en éste. [fee]

Anoche, andando de ronda, topé una muy hermosa doncella en traje de varón y un hermano suyo en hábito de mujer. De la moza se enamoró mi maestresala, y la escogió en su imaginación para su mujer, según él ha dicho, y yo escogí al mozo para mi yerno. Hoy los dos pondremos en plática nuestros pensamientos con el padre de entrambos, que es un tal Diego de la Llana, hidalgo y cristiano viejo 'cuanto se quiere.° [as good as you could want]

Yo visito las plazas como vuesa merced me lo aconseja, y ayer hallé una tendera° que vendía avellanas nuevas, y averigüéle que había mezclado con una hanega de avellanas nuevas otra de viejas, vanas° y podridas.° Apliquélas° todas para los niños de la doctrina, que las sabrían bien distinguir, y sentenciéla que por quince días no entrase en la plaza. Hanme dicho que lo hice valerosamente. Lo que sé decir a vuesa merced es que es fama en este pueblo que no hay gente más mala que las placeras, porque todas son desvergonzadas, desalmadas y atrevidas,° y yo así lo creo por las que he visto en otros pueblos. [market seller / worthless / rotten, I gave them / bold]

De que mi señora la duquesa haya escrito a mi mujer Teresa Panza y enviádole el presente que vuesa merced dice, estoy muy satisfecho, y procuraré de mostrarme agradecido a su tiempo. Bésele vuesa merced las manos de mi parte, diciendo que digo yo que no lo

[9] **Porque vea...** *from that name your worship can judge whether or not I have reason to fear dying at his hands.* The **no** is another of those used with no translation before a verb of fear.

ha echado en saco roto, como lo verá por la obra.[10]

No querría que vuesa merced tuviese trabacuentas° de disgusto   disputes
con esos mis señores, porque si vuesa merced se enoja con ellos, claro
está que ha de redundar en mi daño, y no será bien que pues se me da
a mí por consejo que sea agradecido, que vuesa merced no lo sea con
quien tantas mercedes le tiene hechas, y con tanto regalo ha sido
tratado en su castillo.

Aquello del gateado[11] no entiendo, pero imagino que debe de ser
alguna de las malas fechorías que con vuesa merced suelen usar los
malos encantadores. Yo lo sabré cuando nos veamos.

Quisiera enviarle a vuesa merced alguna cosa, pero no sé qué
envíe, si no es algunos cañutos de jeringas, que para con vejigas los
hacen en esta ínsula[12] muy curiosos,° aunque si me dura el oficio, yo   high-quality
buscaré qué enviar, 'de haldas o de mangas.°   one way or another

Si me escribiere mi mujer Teresa Panza, pague vuesa merced el
porte° y envíeme la carta. Que tengo grandísimo deseo de saber del   postage
estado de mi casa, de mi mujer y de mis hijos. Y con esto, Dios libre
a vuesa merced de malintencionados encantadores y a mí me saque con
bien y en paz deste gobierno, que lo dudo, porque le pienso dejar con
la vida, según me trata el doctor Pedro Recio.

CRIADO DE VUESA MERCED,
SANCHO PANZA, EL GOBERNADOR

Cerró la carta el secretario y despachó° luego al correo, y juntándose   dispatched
los burladores de Sancho, dieron orden entre sí cómo despacharle del
gobierno. Y aquella tarde la pasó Sancho en hacer algunas ordenanzas
tocantes al buen gobierno de la-que-él-imaginaba-ser ínsula. Y ordenó que
no hubiese regatones° de los bastimentos° en la república. Y que pudiesen   hoarders, basic
meter en ella° vino de las partes que quisiesen, con aditamento que   necessities;
declarasen el lugar de donde era,[13] para ponerle el precio según su   = la ínsula
estimación, bondad y fama. Y el que lo aguase° o le mudase el nombre,   water down
perdiese la vida por ello. Moderó el precio de todo calzado,° principalmente   footwear
el de los zapatos, por parecerle que corría con exorbitancia. Puso tasa en los
salarios de los criados que caminaban a rienda suelta por el camino del
interese. Puso gravísimas penas a los que cantasen cantares lascivos° y   lasvicious
descompuestos,° ni de noche ni de día. Ordenó que ningún ciego cantase   brazen
milagro en coplas si no trujese testimonio auténtico de ser verdadero, por
parecerle que los más que los ciegos cantan son fingidos, en perjuicio de
los verdaderos. Hizo y creó un alguacil de pobres, no para que los

---

[10] **No lo ha echado...** *she has not cast her bread upon the waters in vain, as she'll
see.* This is Ormsby's good version.

[11] Since Sancho only *heard* Don Quijote's made up word **gateamiento** (which
parallels his own **mantamiento**), it is logical that he doesn't quite remember it as he
heard it.

[12] **Cañutos...** *enema sets that they make on this island*

[13] **De las partes...** *from anywhere they might like, with the added obligation to state
where it [the wine] was from*

persiguiese, sino para que los examinase si lo eran. Porque a la sombra de la manquedad° fingida y de la llaga falsa andan los brazos ladrones y la salud borracha.[14] En resolución, él ordenó cosas tan buenas, que hasta hoy se guardan en aquel lugar y se nombran: LAS CONSTITUCIONES DEL GRAN GOBERNADOR SANCHO PANZA.

                                                     handicap

[14] **Brazos ladrones...** *robbing arms and drunken health*

Capítulo LII. *Donde se cuenta la aventura de la segunda dueña Dolorida, o Angustiada, llamada por otro nombre doña Rodríguez*

CUENTA Cide Hamete que estando ya don Quijote sano de sus aruños,° le pareció que la vida que en aquel castillo tenía era contra toda la orden de caballería que profesaba, y así determinó de pedir licencia a los duques para partirse a Zaragoza, cuyas fiestas llegaban cerca, adonde pensaba ganar el arnés° que en las tales fiestas 'se conquista.°

Y estando un día a la mesa con los duques, y comenzando a poner en obra su intención, y pedir la licencia, veis aquí a deshora entrar por la puerta de la gran sala dos mujeres, como después pareció,[1] cubiertas de luto de los pies a la cabeza, y la una dellas, llegándose a don Quijote, se le echó a los pies, tendida 'de largo a largo,° la boca cosida con los pies de don Quijote, y daba unos gemidos tan tristes, tan profundos y tan dolorosos, que puso en confusión a todos los que la oían y miraban. Y aunque los duques pensaron que sería alguna burla que sus criados querían hacer a don Quijote, todavía,° viendo con el ahinco que la mujer suspiraba, gemía y lloraba, los tuvo dudosos y suspensos, hasta que don Quijote, compasivo, la levantó del suelo, y hizo que se descubriese y quitase el manto de sobre la faz llorosa.

Ella lo hizo así, y mostró ser lo que jamás se pudiera pensar, porque descubrió el rostro de doña Rodríguez, la dueña de casa, y la otra enlutada era su hija, la burlada del hijo del labrador rico. Admiráronse todos aquellos que la conocían, y más los duques que ninguno.° Que puesto que la tenían por boba y 'de buena pasta,° no por tanto que viniese a hacer locuras.[2]

Finalmente, doña Rodríguez, volviéndose a los señores, les dijo: "Vuesas excelencias sean servidos de darme licencia que yo departa un poco con este caballero, porque así conviene para salir con bien del negocio en que me ha puesto el atrevimiento de un mal intencionado villano."

El duque dijo que él se la daba y que departiese con el señor don Quijote cuanto le viniese en deseo. Ella, enderezando° la voz y el rostro a don Quijote, dijo: "Días ha, valeroso caballero, que os tengo dada cuenta de la sinrazón y alevosía que un mal labrador tiene fecha a mi muy querida y amada fija, que es esta desdichada que aquí está presente, y vos me habedes prometido de volver por ella, enderezándole el tuerto que le tienen fecho, y agora ha llegado a mí noticia que os queredes partir deste castillo, en busca de las buenas venturas que Dios os depare. Y así querría que antes que os escurriésedes° por esos caminos, desafiásedes a este rústico indómito y le hiciésedes que se casase con mi hija, en cumplimiento de la palabra que le dio de ser su esposo, antes y primero que yogase con ella. Porque pensar que el duque mi señor me ha de hacer justicia es pedir peras al olmo, por la ocasión que ya a vuesa merced en puridad[3] tengo declarada.

---

[1] **Como después…** *as was later proved.* After all, until now all such women at the Duke's summer house who were involved in adventures with Don Quijote were really men, except for Altisidora.

[2] **No por tanto…** *they didn't think she would engage in foolish acts*

[3] **Puridad** here means *secret*, and not the modern *purity.* It is from the old Spanish **poridad** with the same meaning.

Y con esto, nuestro Señor dé a vuesa merced mucha salud, y a nosotras no nos desampare."

A cuyas razones respondió don Quijote, con mucha gravedad y prosopopeya: "Buena dueña, templad vuestras lágrimas, o por mejor decir, enjugadlas y ahorrad de vuestros suspiros. Que yo tomo a mi cargo el remedio de vuestra hija, a la cual le hubiera estado mejor no haber sido tan fácil en creer promesas de enamorados, las cuales, por la mayor parte, son ligeras de prometer y muy pesadas de cumplir. Y así con licencia del duque mi señor, yo me partiré luego en busca dese desalmado mancebo, y le hallaré y le desafiaré y le mataré 'cada y cuando que se escusare° de   if he fails cumplir la prometida palabra. Que el principal asumpto de mi profesión es perdonar a los humildes y castigar a los soberbios. Quiero decir, acorrer a los miserables y destruir a los rigurosos."

"No es menester," respondió el duque, "que vuesa merced se ponga en trabajo de buscar al rústico de quien esta buena dueña se queja, ni es menester tampoco que vuesa merced me pida a mí licencia para desafiarle. Que yo le doy por desafiado, y tomo a mi cargo[4] de hacerle saber este desafío, y que le acete,° y venga a responder por sí a este mi castillo, donde   accept a entrambos daré 'campo seguro,° guardando todas las condiciones que en   jousting field tales actos suelen y deben guardarse, guardando igualmente su justicia a cada uno, como están obligados a guardarla todos aquellos príncipes° que   i.e., **gente principal** dan 'campo franco° a los que se combaten en los términos de sus señoríos."   open field

"Pues con ese seguro y con buena licencia de vuestra grandeza," replicó don Quijote, "desde aquí digo que por esta vez renuncio mi hidalguía y 'me allano° y ajusto con la llaneza del dañador, y me hago igual   level out con él, habilitándole° para poder combatir conmigo. Y así aunque ausente,   enabling him le desafío y repto° en razón de que hizo mal en defraudar a esta pobre, que   challenge fue doncella y ya por su culpa no lo es. Y que le ha de cumplir la palabra que le dio de ser su legítimo esposo, o morir en la demanda."

Y luego, descalzándose° un guante, le arrojó en mitad de la sala, y el   taking off duque le alzó, diciendo que como ya había dicho, él acetaba, el tal desafío en nombre de su vasallo, y señalaba el plazo de allí a seis días,[5] y el campo en la plaza de aquel castillo, y las armas las acostumbradas de los caballeros—lanza y escudo y 'arnés tranzado,° con todas las demás piezas,   articulated armor sin engaño, superchería o superstición° alguna, examinadas y vistas por los   talisman jueces del campo.

"Pero ante todas cosas es menester que esta buena dueña y esta mala doncella pongan el derecho de su justicia en manos del señor don Quijote, que de otra manera no se hará nada ni llegará a debida ejecución el tal desafío."

"Yo, sí pongo," respondió la dueña.

"Y yo también," añadió la hija, toda llorosa y toda vergonzosa y de mal talante.

Tomado, pues, este apuntamiento,° y habiendo imaginado el duque lo   agreement que había de hacer en el caso, las enlutadas se fueron, y ordenó la duquesa que de allí adelante no las tratasen como a sus criadas, sino como a

---

[4] **Que you le doy…** *I consider him challenged and I take upon myself*
[5] **Señalaba…** *he fixed the date six days hence*

'señoras aventureras° que venían a pedir justicia a su casa. Y así les dieron   ladies errant
cuarto aparte y las sirvieron como a forasteras, no sin espanto de las demás
criadas que no sabían en qué había de parar la sandez y desenvoltura de
doña Rodríguez, y de su mal andante hija.

Estando en esto, para acabar de regocijar la fiesta y dar buen fin a la
comida, veis aquí donde entró por la sala el paje que llevó las cartas y
presentes a Teresa Panza, mujer del gobernador Sancho Panza, de cuya
llegada recibieron gran contento los duques, deseosos de saber lo que le
había sucedido en su viaje. Y preguntándoselo, respondió el paje que no lo
podía decir tan en público, ni con breves palabras. Que sus excelencias
fuesen servidos de dejarlo para a solas,⁶ y que entretanto se entretuviesen
con aquellas cartas. Y sacando dos cartas, las puso en manos de la duquesa.
La una decía en el sobreescrito: CARTA PARA MI SEÑORA LA DUQUESA TAL,
DE NO SÉ DÓNDE, y la otra: A MI MARIDO SANCHO PANZA, GOBERNADOR DE
LA ÍNSULA BARATARIA, QUE DIOS PROSPERE MÁS AÑOS QUE A MÍ. No se le
cocía el pan, como suele decirse, a la duquesa hasta leer su carta, y
abriéndola y leído para sí, y viendo que la podía leer en voz alta para que el
duque y los circunstantes la oyesen, leyó de esta manera:

CARTA DE TERESA PANZA A LA DUQUESA

Mucho contento me dio, señora mía, la carta que vuesa grandeza
me escribió, que en verdad que la tenía bien deseada.⁷ La sarta de
corales es muy buena, y el vestido de caza de mi marido no le va en
zaga. De que vuesa señoría haya hecho gobernador a Sancho mi
consorte ha recebido mucho gusto todo este lugar, puesto que no hay
quien lo crea, principalmente el cura, y mase Nicolás el barbero, y
Sansón Carrasco el bachiller. Pero a mí no se me da nada, que como
ello sea así, como lo es, diga cada uno lo que quisiere, aunque, si va a
decir verdad, a no venir los corales y el vestido,⁸ tampoco yo lo creyera,
porque en este pueblo todos tienen a mi marido por un porro, y que
sacado de gobernar un hato de cabras, no pueden imaginar para qué
gobierno pueda ser bueno. Dios lo haga, y lo encamine como vee que
lo han menester sus hijos.⁹

Yo, señora de mi alma, estoy determinada, con licencia de vuesa
merced, de meter este buen día en mi casa,¹⁰ yéndome a la corte a
tenderme en un coche, para quebrar los ojos a mil envidiosos que ya
tengo. Y así suplico a vuesa excelencia mande a mi marido me envíe
algún dinerillo,° y que sea 'algo qué,° porque en la corte son los gastos   bit of money, quite a
grandes. Que el pan vale a real, y la carne la libra a treinta maravedís,   bit
que 'es un juicio.° Y si quisiere que no vaya, que me lo avise 'con   is shocking
tiempo,° porque me están bullendo los pies por ponerme en camino.   in time

---

⁶ **Dejarlo...** *to leave it for when they could be alone*
⁷ This **la tenía bien deseada** is just an epistolary norm as Gaos points out. Of
course, Teresa had had no notion she'd be receiving a letter from the duchess.
⁸ **A no venir...** *if the corals and suit had not come.* This is a standard construction.
⁹ **Dios lo haga...** *May God grant it and make him to see to the needs of his children*
¹⁰ **De meter...** *to take advantage of the occasion*

Que me dicen mis amigas y mis vecinas que si yo y mi hija andamos orondas° y pomposas° en la corte, vendrá a ser conocido mi marido por mí más que yo por él, siendo forzoso que pregunten muchos: "¿Quién son estas señoras deste coche?" Y un criado mío responder: "La mujer y la hija de Sancho Panza, gobernador de la ínsula Barataria," y desta manera será conocido Sancho, y yo seré estimada, y 'a Roma por todo.°

    Pésame, cuanto pesarme puede, que este año no se han cogido bellotas en este pueblo. Con todo eso envío a vuesa alteza hasta medio celemín, que una a una las fui yo a coger y a escoger al monte, y no las hallé más mayores. Yo quisiera que fueran como huevos de avestruz.

    No se le olvide a vuestra pomposidad de escribirme, que yo tendré cuidado de la respuesta, avisando de mi salud y de todo lo que hubiere que avisar deste lugar, donde quedo rogando a nuestro Señor guarde a vuestra grandeza, y a mí no olvide. Sancha mi hija y mi hijo besan a vuesa merced las manos.

    La que tiene más deseo de ver a vuesa señoría que de escribirla.

SU CRIADA,

TERESA PANZA.

    Grande fue el gusto que todos recibieron de oír la carta de Teresa Panza, principalmente los duques, y la duquesa pidió parecer a don Quijote si sería bien abrir la carta que venía para el gobernador, que imaginaba debía de ser bonísima. Don Quijote dijo que él la abriría por darles gusto, y así lo hizo, y vio que decía desta manera:

CARTA DE TERESA PANZA A SANCHO PANZA, SU MARIDO

    Tu carta recibí, Sancho mío de mi alma, y yo te prometo y juro como católica cristiana que no faltaron dos dedos para volverme loca de contento. Mira, hermano, cuando yo llegué a oír que eres gobernador, me pensé allí caer muerta de puro gozo. Que ya sabes tú que dicen que así mata la alegría súbita como el dolor grande. A Sanchica tu hija 'se le fueron las aguas° sin sentirlo de puro contento. El vestido que me enviaste tenía delante, y los corales que me envió mi señora la duquesa al cuello, y las cartas en las manos, y el portador dellas allí presente, y con todo eso creía y pensaba que era todo sueño lo que veía y lo que tocaba. Porque ¿quién podía pensar que un pastor de cabras había de venir a ser gobernador de ínsulas? Ya sabes tú, amigo, que decía mi madre que era menester vivir mucho para ver mucho. Dígolo porque pienso ver más, si vivo más, porque no pienso parar hasta verte arrendador° o alcabalero,° que son oficios que aunque lleva el diablo a quien mal los usa, en fin en fin siempre tienen y manejan dineros. Mi señora la duquesa te dirá el deseo que tengo de ir a la corte. Mírate en ello, y avísame de tu gusto, que yo procuraré honrarte en ella andando en coche.

    El cura, el barbero, el bachiller y aun el sacristán no pueden creer que eres gobernador y dicen que todo es embeleco, o cosas de

Margin glosses:
- puffed up, pompous
- the sky's the limit
- she wet herself
- landlord, tax collector

encantamento, como son todas las de don Quijote tu amo, y dice
Sansón que ha de ir a buscarte y a sacarte el gobierno de la cabeza,[11]
y a don Quijote la locura de los cascos. Yo no hago sino reírme, y
mirar mi sarta, y 'dar traza° del vestido que tengo de hacer del tuyo a   think about
nuestra hija.

Unas bellotas envié a mi señora la duquesa. Yo quisiera que
fueran de oro. Envíame tú algunas sartas de perlas, si se usan en esa
ínsula.

Las nuevas deste lugar son que la Berrueca casó a su hija con un
pintor de mala mano, que llegó a este pueblo a pintar lo que saliese.
Mándole el concejo pintar las armas de su majestad sobre las puertas
del Ayuntamiento,° pidió dos ducados, diéronselos adelantados, trabajó   town hall
ocho días, al cabo de los cuales no pintó nada y dijo que no acertaba
a pintar tantas baratijas.° Volvió el dinero, y con todo eso, se casó a   junk
título de buen oficial.° Verdad es que ya ha dejado el pincel y tomado   artisan
el azada,° y va al campo como gentilhombre. El hijo de Pedro de Lobo   hoe
se ha ordenado de grados y corona,[12] con intención de hacerse clérigo.
Súpolo Minguilla, la nieta de Mingo Silvato, y hale puesto demanda de
que la tiene dada palabra de casamiento. Malas lenguas quieren decir
que ha estado encinta dél, pero él lo niega 'a pies juntillas.°   firmly

Hogaño° no hay aceitunas,° ni se halla una gota de vinagre en   this year, olives
todo este pueblo. Por aquí pasó una compañia de soldados. Lleváronse
de camino tres mozas deste pueblo, no te quiero decir quién son. Quizá
volverán y no faltará quien las tome por mujeres, con sus tachas
buenas o malas.

Sanchica hace 'puntas de randas,° gana cada día ocho maravedís   lace
horros,° que los va echando en una alcancía para ayuda a su ajuar.°   clear, trousseau
Pero ahora que es hija de un gobernador tú le darás la dote sin que ella
lo trabaje. La fuente de la plaza se secó, un rayo cayó en la picota, y
allí me las den todas.[13]

Espero respuesta désta, y la resolución de mi ida a la corte. Y con
esto, Dios te me guarde más años que a mí, o tantos, porque no querría
dejarte sin mí en este mundo.

TU MUJER,
TERESA PANZA

Las cartas fueron solenizadas, reídas, estimadas y admiradas, y para
acabar de echar el sello[14] llegó el correo, el que traía la que Sancho enviaba
a don Quijote, que asimesmo se leyó públicamente, la cual puso en duda la
sandez del gobernador.

Retiróse la duquesa para saber del paje lo que le había sucedido en el
lugar de Sancho, el cual se lo contó muy por estenso sin dejar circunstancia
que no refiriese; diole las bellotas, y más un queso que Teresa le dio por

---

[11] **Sacarte de la cabeza el gobierno**

[12] **Se ha ordenado...** He has received the minor orders of the church. The **corona** is
the tonsure, the rounded area at the top-back of the head shaved clean.

[13] **Y allí...** *and I could care less*

[14] **Para acabar...** *to cap it off*

ser muy bueno, que se aventajaba a los de Tronchón.[15] Recibiólo la duquesa con grandísimo gusto, con el cual la dejaremos, por contar el fin que tuvo el gobierno del gran Sancho Panza, flor y espejo de todos los insulanos gobernadores.

15 Tronchón is a sheep's milk cheese made in the city of Teruel.

Capítulo LIII. Del fatigado fin y remate que tuvo el gobierno de Sancho Panza.

"PENSAR que en esta vida las cosas della han de durar siempre en un estado es pensar en lo escusado. Antes parece que ella anda todo en redondo, digo, a la redonda. La 'primavera sigue° al verano, el verano al estío,[1] el estío al otoño,° y el otoño al invierno, y el invierno a la primavera, y así torna a andarse el tiempo con esta rueda continua. Sola la vida humana corre a su fin, ligera más que el tiempo, sin esperar renovarse, sino es en la otra° que no tiene términos que la limiten." Esto dice Cide Hamete, filósofo mahomético.° Porque esto de entender la ligereza e instabilidad° de la vida presente y la duración de la eterna que se espera, muchos sin lumbre de fe, sino con la 'luz natural,° lo han entendido. Pero aquí nuestro autor lo dice por la presteza con que se acabó, se consumió, se deshizo, se fue como en sombra y humo el gobierno de Sancho. El cual, estando la séptima noche de los días de su gobierno en su cama, no harto de pan ni de vino, sino de juzgar y dar pareceres y de hacer estatutos° y pragmáticas, cuando el sueño a despecho y pesar de la hambre le comenzaba a cerrar los párpados,° oyó tan gran ruido de campanas y de voces, que no parecía sino que toda la ínsula se hundía. Sentóse en la cama y estuvo atento y escuchando, por ver si daba en la cuenta de lo que podía ser la causa de tan grande alboroto. Pero no sólo no lo supo, pero° añadiéndose al ruido de voces y campanas el de infinitas trompetas y atambores, quedó más confuso y lleno de temor y espanto. Y levantándose en pie, se puso unas chinelas por la humedad del suelo, y sin ponerse 'sobrerropa de levantar,° ni cosa que se pareciese, salió a la puerta de su aposento, a tiempo cuando vio venir por unos corredores más de veinte personas con hachas encendidas en las manos, y con las espadas desenvainadas, gritando todos a grandes voces, "¡Arma,° arma, señor gobernador, arma! Que han entrado infinitos enemigos en la ínsula, y somos° perdidos si vuestra industria y valor no nos socorre." Con este ruido, furia y alboroto llegaron donde Sancho estaba, atónito y embelesado° de lo que oía y veía, y cuando llegaron a él, uno le dijo: "Ármese luego vuesa señoría, si no quiere perderse y que toda esta ínsula se pierda."

"¿Qué° me tengo de armar," respondió Sancho, "ni qué sé yo de armas ni de socorros? Estas cosas mejor será dejarlas para mi amo don Quijote, que en dos paletas las despachará, y 'pondrá en cobro.° Que yo, pecador fui a Dios, no se me entiende nada destas priesas.°"

"¡Ah, señor gobernador!" dijo otro. "¿Qué relente° es ése? Ármese vuesa merced, que aquí le traemos armas ofensivas y defensivas, y salga a esa plaza y sea nuestra guía y nuestro capitán, pues de derecho 'le toca° el serlo, siendo nuestro gobernador."

"Ármenme norabuena,"[2] replicó Sancho. Y al momento le trujeron dos paveses,° que venían proveídos dellos, y le pusieron encima de la camisa, sin dejarle tomar otro vestido, un pavés delante y otro detrás, y por unas concavidades que traían hechas, le sacaron los brazos y le liaron muy bien con unos cordeles,° de modo que quedó emparedado° y entablado,° derecho

---

[1] Until the Golden Age, says Gaos, **verano** was the end of spring and **estío** was summer. Notice the etymology of **primavera = prima vera(no)**.

[2] **Norabuena** really is best left untranslated. It intensifies what precedes.

spring pursues
autumn

otra *vida*

Muslim, insta-
bility
intelligence

statutes
eyelids

sino que

robe

emergency
estamos

stunned

¿Para qué

will resolve
difficulties
lack of care

it's your responsi-
bility

body-length shields

cords, confined,
splinted

como un huso, sin poder doblar las rodillas, ni menearse un solo paso.
Pusiéronle en las manos una lanza a la cual se arrimó para poder tenerse
en pie. Cuando así le tuvieron, le dijeron que caminase y los guiase y
animase a todos. Que siendo él su norte, su lanterna° y su lucero,° tendrían   beacon, north star
5 buen fin los negocios.

"¿Cómo tengo de caminar, desventurado yo," respondió Sancho, "que
no puedo jugar las choquezuelas de las rodillas,[3] porque me lo impiden
estas tablas que tan cosidas tengo con mis carnes? Lo que han de hacer es
llevarme en brazos y ponerme atravesado,° o en pie, en algún postigo.° Que   lying across, doorway
10 yo le guardaré, o con esta lanza o con mi cuerpo."

"Ande, señor gobernador," dijo otro, "que más el miedo que las tablas
le impiden el paso. Acabe y menéese, que es tarde y los enemigos crecen,
y las voces se aumentan, y el peligro carga."

Por cuyas persuasiones y vituperios probó el pobre gobernador a
15 moverse, y fue dar consigo en el suelo tan gran golpe que pensó que se
había hecho pedazos. Quedó como galápago° encerrado° y cubierto con sus   tortoise, enclosed
conchas, o como medio tocino metido entre dos artesas,[4] o bien así como
barca que da al través en la arena,[5] y no por verle caído aquella gente
burladora le tuvieron compasión alguna.[6] Antes, apagando las antorchas°   torches
20 tornaron a reforzar las voces y a reiterar el ¡ARMA! con tan gran priesa,
pasando por encima del pobre Sancho, dándole infinitas cuchilladas sobre
los paveses, que si él no se recogiera y encogiera metiendo la cabeza entre
los paveses, lo pasara muy mal el pobre gobernador, el cual, en aquella
estrecheza recogido, sudaba y trasudaba, y de todo corazón se encomendaba
25 a Dios que de aquel peligro le sacase.

Unos tropezaban en él, otros caían, y tal hubo quien se puso encima un
buen espacio,[7] y desde allí, como desde atalaya, gobernaba los ejércitos, a
grandes voces decía: "¡Aquí de los nuestros: que por esta parte cargan más
los enemigos! ¡Aquel portillo° se guarde, aquella puerta se cierre, 'aquellas   gate
30 escalas se tranquen!° ¡Vengan alcancías, pez y resina en calderas de aceite   bar those staircases
ardiendo![8] ¡Trinchéense° las calles con colchones!"   barricade

En fin, él nombraba con todo ahinco todas las baratijas° e instrumentos   details
y pertrechos de guerra, con que suele defenderse el asalto de una ciudad, y
el molido Sancho, que lo escuchaba y sufría todo, decía entre sí: "¡Oh, si
35 mi Señor fuese servido que se acabase ya de perder esta ínsula, y me viese
yo, o muerto, o fuera desta grande angustia!"[9]

---

[3] **No puedo...** *I can't move the joints in my knees*

[4] This evokes the old process of curing pork (**tocino**) between two troughs (**artesas**)
or planks.

[5] **O bien así...** *or like a ship that has run aground on the sand*

[6] **No por verle...** *and seeing him on the ground, those mischievous people showed
him no compassion at all.* The Spanish seems to mean the opposite of what it does.

[7] **Tal hubo...** *there was one who stood on top of him for a good while*

[8] **¡Vengan alcancías...** *bring incendiary bombs, and tar and resin in vats of boiling
oil.* **Ardiendo = hirviendo.** These vessels stay boiling hot in the vats. The oil is poured
down directly, over a doorway, for example, and the clay vessels could be thrown with
tongs.

[9] **Oh, si mi Señor...** *Oh, if my Lord would be pleased to allow the island to be
captured, or if I could either be dead or relieved from this great anguish!*

Oyó el cielo su petición, y cuando menos lo esperaba, oyó voces que decían: "¡Vitoria, vitoria, los enemigos van de vencida! ¡Ea, señor gobernador, levántese vuesa merced! Y venga a gozar del vencimiento, y a repartir los despojos que se han tomado a los enemigos, por el valor dese
5 invencible brazo."

"Levántenme," dijo con voz doliente el dolorido Sancho.

Ayudáronle a levantar, y puesto en pie, dijo: "El enemigo que yo hubiere vencido quiero que me lo claven° en la frente. Yo no quiero repartir   nail
despojos de enemigos, sino pedir y suplicar a algún amigo, si es que le
10 tengo, que me dé un trago de vino, que 'me seco,° y me enjugue este sudor,   I'm wilted
que 'me hago agua.°'"   I'm really sweating

Limpiáronle, trujéronle el vino, desliáronle los paveses, sentóse sobre su lecho, y desmayóse del temor del sobresalto y del trabajo. Ya les pesaba a los de la burla, de habérsela hecho tan pesada. Pero el haber vuelto en sí
15 Sancho les templó° la pena que les había dado su desmayo. Preguntó qué   tempered
hora era. Respondiéronle que ya amanecía. Calló, y sin decir otra cosa, comenzó a vestirse, todo sepultado° en silencio, y todos le miraban y   shrouded
esperaban en qué había de parar la priesa con que se vestía. Vistióse, en fin, y poco a poco, porque estaba molido y no podía ir mucho a mucho,[10] se fue
20 a la caballeriza, siguiéndole todos los que allí se hallaban, y llegándose al rucio, le abrazó y le dio un beso de paz en la frente y no sin lágrimas en los ojos, le dijo: "Venid vos acá, compañero mío y amigo mío, y conllevador° de mis trabajos y miserias. Cuando 'yo me avenía° con vos,   fellow sufferer, I was
y no tenía otros pensamientos que los que me daban los cuidados de   together
25 remendar vuestros aparejos y de sustentar vuestro corpezuelo,° dichosas   little body
eran mis horas, mis días y mis años. Pero después que os dejé y me subí sobre las torres de la ambición y de la soberbia, se me han entrado por el alma adentro mil miserias, mil trabajos y cuatro mil desasosiegos."

Y en tanto que estas razones iba diciendo, iba asimesmo enalbardando
30 el asno sin que nadie nada le dijese. Enalbardado, pues, el rucio, con gran pena y pesar subió sobre él, y encaminando sus palabras y razones al mayordomo, al secretario, al maestresala y a Pedro Recio el doctor, y a otros muchos que allí presentes estaban, dijo: "Abrid camino,° señores   make way
míos, y dejadme volver a mi antigua libertad. Dejadme que vaya a buscar
35 la vida pasada, para que me resucite de esta muerte presente. Yo no nací para ser gobernador, ni para defender ínsulas ni ciudades de los enemigos que quisieren acometerlas. Mejor se me entiende a mí de arar° y cavar,   to plow
podar° y ensarmentar[11] las viñas que de dar leyes ni de defender provincias   to prune
ni reinos. Bien se está San Pedro en Roma. Quiero decir que bien se está
40 cada uno usando el oficio para que fue nacido. Mejor me está a mí una hoz° en la mano que un cetro de gobernador. Más quiero hartarme de   scythe
gazpachos[12] que estar sujeto a la miseria de un médico impertinente que me

---

[10] This adverbial **mucho a mucho** was invented by Cervantes to parallel the preceding **poco a poco**. The whole phrase means that he couldn't move very fast.

[11] This refers to burying grapevine shoots so they'll take root and produce new vines.

[12] Covarrubias (p. 635, col. 1, l. 17) says that this is a meal for field hands made from bits of bread, oil, vinegar and other things. It is not the same as the modern soup with the same name.

mate de hambre, y más quiero recostarme a la sombra de una encina en el
verano, y arroparme con un zamarro de dos pelos[13] en el invierno, en mi
libertad, que acostarme con la sujeción° del gobierno entre sábanas de   weight
Holanda, y vestirme de martas cebollinas.[14] Vuesas mercedes se queden con
5   Dios y digan al duque mi señor que desnudo nací, desnudo me hallo, ni
pierdo ni gano. Quiero decir que sin blanca entré en este gobierno, y sin
ella salgo, bien al revés de como suelen salir los gobernadores de otras
ínsulas. Y apártense,° déjenme ir. Que me voy a bizmar, que creo que tengo   make way
brumadas todas las costillas, merced a los enemigos que esta noche se han
10   paseado sobre mí."

"No ha de ser así, señor gobernador," dijo el doctor Recio, "que yo le
daré a vuesa merced una bebida contra caídas y molimientos, que luego le
vuelva en su prístina entereza y vigor, y en lo de la comida yo prometo a
vuesa merced de enmendarme, dejándole comer abundantemente de todo
15   aquello que quisiere."

"Tarde piache,"[15] respondió Sancho, "así dejaré de irme como volverme
turco. No son estas burlas para dos veces. Por Dios que así me quede en
éste ni admita otro gobierno, aunque me le diesen entre dos platos, como
volar al cielo sin alas. Yo soy del linaje de los Panzas, que todos son
20   testarudos,° y si una vez dicen nones,[16] nones han de ser aunque sean pares,   obstiante
a pesar de todo el mundo. Quédense en esta caballeriza las alas de la
hormiga, que me levantaron en el aire para que me comiesen vencejos[17] y
otros pájaros, y volvámonos a andar por el suelo con pie llano. Que si no
le adornaren zapatos picados de cordobán,[18] no le faltarán alpargatas toscas
25   de cuerda.[19] Cada oveja con su pareja, y nadie tienda más la pierna de
cuanto fuere larga la sábana;[20] y déjenme pasar, que se me hace tarde."

A lo que el mayordomo dijo: "Señor gobernador, de muy buena gana
dejáramos ir a vuesa merced, puesto que nos pesará mucho de perderle. Que
su ingenio y su cristiano proceder obligan a desearle. Pero ya se sabe que
30   todo gobernador está obligado, antes que se ausente de la parte donde ha
gobernado, dar primero residencia.° Déla vuesa merced de los diez días que   accounting
ha que tiene el gobierno, y váyase a la paz de Dios."

"Nadie me la puede pedir," respondió Sancho, "si no es quien ordenare
el duque mi señor. Yo voy a verme con él y 'a él se la daré de molde;°   I'll tell him
35   cuanto más que saliendo yo desnudo como salgo, no es menester otra señal   everything
para dar a entender que he gobernado como un ángel."

"Par Dios que tiene razón el gran Sancho," dijo el doctor Recio, "y que

---

[13] The **zamarro** is a sheepskin jacket with a year's growth of wool still on it.

[14] **Martas cebollinas** should be **martas cibelinas** *sable.*

[15] This is a proverb either from the Spanish **piar** *to chirp* or from the Galician **piar**
to speak: "You chirped/spoke too late!" **Piache** is supposed to represent a child's
pronunciation of **piaste**.

[16] **Nones** is the plural of **no**, and later **nones** means *odd numbers* to contrast with
pares *even numbers*. A nonsensical bad pun.

[17] This bird is called a swift in English. It resembles a swallow.

[18] These are fancy shoes made of goat leather.

[19] These are typical Spanish canvas shoes with soles made of coiled rope.

[20] Starkie translates this as "Never stretch your feet beyond the sheet."

soy de parecer que le dejemos ir, porque el duque ha de gustar infinito de verle."

Todos vinieron en ello, y le dejaron ir, ofreciéndole primero compañía y todo aquello que quisiese para el regalo de su persona y para la comodidad de su viaje. Sancho dijo que no quería más de un poco de cebada para el rucio, y medio queso y medio pan para él. Que pues el camino era tan corto, no había menester mayor ni mejor repostería. Abrazáronle todos, y él, llorando, abrazó a todos, y los dejó admirados así de sus razones como de su determinación tan resoluta y tan discreta.

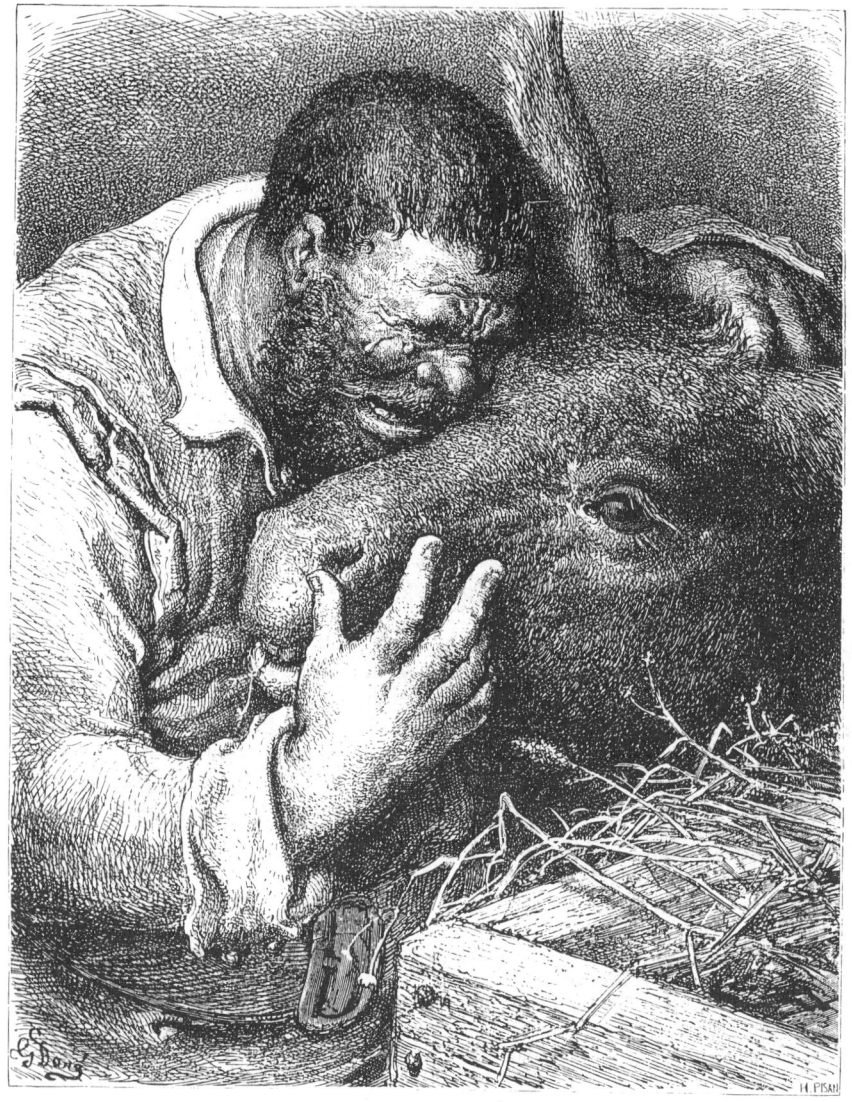

Capítulo LIIII. *Que trata de cosas tocantes a esta historia y no a otra alguna.*

RESOLVIÉRONSE el duque y la duquesa de que el desafío que don Quijote hizo a su vasallo por la causa ya referida pasase adelante. Y puesto que
5   el mozo estaba en Flandes, adonde se había ido huyendo por no tener por suegra a doña Rodríguez, ordenaron de poner en su lugar a un lacayo gascón[1] que se llamaba Tosilos, industriándole° primero muy bien de todo   instructing him
lo que había de hacer.

De allí a dos días dijo el duque a don Quijote como desde allí a cuatro
10 vendría su contrario, y se presentaría en el campo armado como caballero, y sustentaría como la doncella mentía por mitad de la barba, y aun por toda la barba entera, si se afirmaba que él le hubiese dado palabra de casamiento. Don Quijote recibió mucho gusto con las tales nuevas, y se prometió a sí mismo de hacer maravillas en el caso, y tuvo a gran ventura
15 habérsele ofrecido ocasión donde aquellos señores pudiesen ver hasta dónde se estendía el valor de su poderoso brazo. Y así con alborozo y contento esperaba los cuatro días que se le iban haciendo, a la cuenta de su deseo, cuatrocientos siglos.

Dejémoslos pasar nosotros, como dejamos pasar otras cosas, y vamos
20 a acompañar a Sancho, que entre alegre y triste venía caminando sobre el rucio a buscar a su amo, cuya compañía le agradaba más que ser gobernador de todas las ínsulas del mundo.

Sucedió, pues, que no habiéndose alongado mucho de la ínsula de su gobierno—que él nunca se puso a averiguar si era ínsula, ciudad, villa o
25 lugar la que gobernaba—vio que por el camino por donde él iba venían seis peregrinos con sus bordones, de estos estranjeros° que piden la limosna   foreigners
cantando, los cuales, en llegando a él, se pusieron en ala, y levantando las voces todos juntos, comenzaron a cantar en su lengua lo que Sancho no pudo entender, si no fue una palabra que claramente pronunciaba LIMOSNA,
30 por donde entendió que era limosna la que en su canto pedían. Y como él, según dice Cide Hamete, era caritativo a demás, sacó de sus alforjas medio pan y medio queso, de que venía proveído, y dióselo, diciéndoles por señas que no tenía otra cosa que darles. Ellos lo recibieron de muy buena gana y dijeron: "¡Guelte, guelte!"[2]
35   "No entiendo," respondió Sancho, "qué es lo que me pedís, buena gente."

Entonces uno de ellos sacó una bolsa del seno, y mostrósela a Sancho, por donde entendió que le pedían dineros, y él, poniéndose el dedo pulgar en la garganta, y estendiendo la mano arriba, les dio a entender que no tenía
40 ostugo° de moneda, y picando al rucio, rompió por ellos.   nothing at all

Y al pasar, habiéndole estado mirando uno dellos con mucha atención, arremetió a él, echándole los brazos por la cintura, en voz alta y muy

---

[1] A **gascón** is a person from southwest France, the area around Biarritz.

[2] **Geld** (pronounced "gelt") is the German word for *money*. There is nothing in the history of this Germanic word that accounts for the final -e—but since this is a Spanish text, and since a **t** after an **l** always is followed by a vowel in Spanish, the final -e was added as a support vowel. I thank Alexander Lehrman for his research into this word.

castellana dijo: "¡Válame Dios! ¿Qué es lo que veo? ¿Es posible que tengo en mis brazos al mi caro amigo, al mi buen vecino Sancho Panza? Sí, tengo, sin duda, porque yo ni duermo, ni estoy ahora borracho."

5   Admiróse Sancho de verse nombrar por su nombre, y de verse abrazar del estranjero peregrino, y después de haberle estado mirando, sin hablar palabra, con mucha atención, nunca pudo conocerle. Pero viendo su suspensión el peregrino, le dijo: "¿Cómo y es posible, Sancho Panza hermano, que no conoces a tu vecino Ricote el morisco, tendero de tu lugar?"

10   Entonces Sancho le miró con más atención, y comenzó a rafigurarle,°   recognize him
y finalmente, le vino a conocer de todo punto, y sin apearse del jumento, le echó los brazos al cuello, y le dijo: "¿Quién diablos te había de conocer, Ricote, en ese traje de moharracho° que traes? Dime: ¿quién te ha hecho   tramp
franchote,° y cómo tienes atrevimiento de volver a España, donde si te   foreigner
15   cogen y conocen, tendrás harta mala ventura?

"Si tú no me descubres, Sancho," respondió el peregrino, "seguro estoy. Que en este traje no habrá nadie que me conozca. Y apartémonos del camino a aquella alameda que allí parece, donde quieren comer y reposar mis compañeros, y allí comerás con ellos, que son muy apacible gente. Yo
20   tendré lugar de contarte lo que me ha sucedido después que me partí de nuestro lugar, por obedecer el bando° de su majestad,[3] y que con tanto rigor   edict
a los desdichados de mi nación amenazaba, según oíste."

Hízolo así Sancho, y hablando Ricote a los demás peregrinos, se apartaron a la alameda, que se parecía, bien desviados del camino real.
25   Arrojaron los bordones, quitáronse las 'mucetas o esclavinas° y quedaron   short capes
'en pelota,° y todos ellos eran mozos, y muy gentiles hombres, excepto   without a coat
Ricote, que ya era hombre 'entrado en años.° Todos traían alforjas, y todas,   on in years
según pareció, venían bien proveídas, a lo menos, de cosas incitativas° y   stimulating thirst
que llaman a la sed de dos leguas.[4]
30   Tendiéronse en el suelo, y haciendo manteles de las hierbas, pusieron sobre ellas pan, sal, cuchillos, nueces, rajas de queso, huesos mondos° de   gnawed
jamón, que si no se dejaban mascar, no defendían° el ser chupados.°   prevented, sucked
Pusieron asimismo un manjar negro que dicen que se llama CABIAL,° y es   caviar
hecho de huevos de pescados, gran despertador de la colambre.° No faltaron   thirst
35   aceitunas, aunque secas y sin adobo[5] alguno, pero sabrosas y entretenidas.°   warding off hunger
Pero lo que más campeó en el campo de aquel banquete fueron seis botas   abounded
de vino, que cada uno sacó la suya de su alforja. Hasta el buen Ricote, que se había transformado de morisco en alemán,° o en tudesco,[6] sacó la suya,   German
que en grandeza podía competir con las cinco. Comenzaron a comer con
40   grandísimo gusto y muy de espacio, saboreándose° con cada bocado, que   savoring
le tomaban con la punta del cuchillo, y muy poquito de cada cosa, y luego al punto todos 'a una° levantaron los brazos y las botas en el aire. Puestas   **a una** *vez* at the same time

---

[3] The expulsion of the Moors began with the edict of December 9, 1609 (in the south), and of July 10, 1610 (for Castilla and la Mancha). The expulsion lasted until 1614.

[4] That is, these items can beckon thirst from miles away.

[5] **Sin adobo** seems to indicate that the olives were not pickled, but since the olives were dry, the pickling juices were also dry, thus **sin adobo**.

[6] **Tudesco** means *German* (compare Italian **tedesco** *German*).

las bocas en su boca, clavados los ojos en el cielo, no parecía sino que
'ponían en él la puntería,° y desta manera meneando las cabezas a un lado   *they were aiming at*
y a otro, señales que acreditaban el gusto que recebían, se estuvieron un   *it*
buen espacio trasegando° en sus estómagos las entrañas de las vasijas.°   *decanting, vessels*

5   Todo lo miraba Sancho, y de ninguna cosa se dolía,[7] antes por cumplir
con el refrán que él muy bien sabía, de «cuando a Roma fueres haz como
vieres», pidió a Ricote la bota, y tomó su puntería como los demás, y no
con menos gusto que ellos. Cuatro veces dieron lugar las botas para ser
empinadas, pero la quinta no fue posible, porque ya estaban más enjutas y
10   secas que un esparto, cosa que 'puso mustia la alegría° que hasta allí habían   *saddened their happi-*
mostrado.   *ness*
        De cuando en cuando juntaba alguno su mano derecha con la de
Sancho, y decía: "*Español*[8] *y tudesqui tuto uno—bon compaño.*"
        Y Sancho respondía: "*Bon compaño, jura Di,*"[9] y disparaba con una
15   risa que le duraba un hora, sin acordarse entonces de nada de lo que le
había sucedido en su gobierno, porque sobre el rato y tiempo cuando se
come y bebe, poca jurisdición suelen tener los cuidados. Finalmente, el
acabársele el vino fue principio de un sueño que dio a todos, quedándose
dormidos sobre las mismas mesas y manteles.
20   Solos Ricote y Sancho quedaron alerta,° porque habían comido más y   *alert*
bebido menos, y apartando Ricote a Sancho, se sentaron al pie de una haya,
dejando a los peregrinos sepultados en dulce sueño, y Ricote, sin tropezar
nada en su lengua morisca, en la pura castellana le dijo las siguientes
razones: "Bien sabes, ¡oh Sancho Panza, vecino y amigo mío! como el
25   pregón y bando que su majestad mandó publicar contra los de mi nación,
puso terror y espanto en todos nosotros, a lo menos, en mí le puso de suerte
que me parece que antes del tiempo que se nos concedía para que
hiciésemos ausencia de España, ya tenía el rigor de la pena ejecutado° en   *carried out*
mi persona y en la de mis hijos.
30   "Ordené, pues, a mi parecer, como prudente, bien así como el que sabe
que para tal tiempo le han de quitar la casa donde vive, y se provee de otra
donde mudarse—ordené, digo, de salir yo solo sin mi familia de mi pueblo,
y ir a buscar donde llevarla con comodidad, y sin la priesa con que los
demás salieron. Porque bien vi y vieron todos nuestros ancianos que
35   aquellos pregones no eran sólo amenazas, como algunos decían, sino
verdaderas leyes que se habían de poner en ejecución a su determinado
tiempo.
        "Y forzábame a creer esta verdad saber yo los ruines y disparatados

---

[7] **De ninguna...** *nothing bothered him.* This is another reference to Nero from a **ro-mance**: "Mira Nero de Tarpeya / a Roma como se ardía; / gritos dan niños y viejos, / y él de nada se dolía" (See Rodríguez Marín, vol. VII, p. 213, n. 3). The first reference to Nero on the Tarpeian Rock is in Part II, Chapter 44, p. 702, n. 25,

[8] Some editors, starting with Pellicer, think that this should be **Españoli**, a mock-Italian plural form, parallel with **tudesqui** which follows. Gaos reasons that **español** is correct in the singular since the pilgrims are referring only to Sancho as the lone Spaniard: "Spaniard and Germans: all one. Good companion."

[9] Sancho continues the mock-Italian conversation. Editors say that "jura Di" means **juro a Dios,** yet Italian **giurare** *to swear* would have as its first person form **giuro** and not the form **giura** reflected in the Spanish transcription **jura.**

intentos que los nuestros tenían, y tales que me parece que fue inspiración
divina la que movió a su majestad a poner en efecto tan gallarda resolución,
no porque todos fuésemos culpados, que algunos había cristianos firmes y
verdaderos. Pero eran tan pocos que no se podían 'oponer a° los que no lo   compare
5   eran, y no era bien criar la sierpe en el seno, teniendo los enemigos dentro
de casa. Finalmente, con justa razón fuimos castigados con la pena del
destierro, blanda y suave al parecer de algunos. Pero al nuestro la más
terrible que se nos podía dar. Doquiera que estamos lloramos por España.
Que en fin nacimos en ella y es nuestra patria natural.
10   "En ninguna parte hallamos el acogimiento que nuestra desventura
desea, y en Berbería[10] y en todas las partes de África donde esperábamos
ser recibidos, acogidos y regalados, allí es donde más nos ofenden y
maltratan. No hemos conocido el bien hasta que le hemos perdido, y es el
deseo tan grande que casi todos tenemos de volver a España, que los más
15   de aquellos, y son muchos, que saben la lengua como yo, se vuelven a ella
y dejan allá sus mujeres y sus hijos desamparados, tanto es el amor que la
tienen. Y agora conozco y experimento lo que suele decirse—que es dulce
el amor de la patria.
"Salí, como digo, de nuestro pueblo, entré en Francia, y aunque allí nos
20   hacían buen acogimiento, quise verlo todo, pasé a Italia, y llegué a
Alemania, y allí me pareció que se podía vivir con más libertad, porque sus
habitadores° no miran en muchas delicadezas. Cada uno vive como quiere,   inhabitants
porque en la mayor parte della se vive con libertad de conciencia.[11] Dejé
tomada casa en un pueblo junto a Augusta.[12] Juntéme con estos peregrinos
25   que tienen por costumbre de venir a España, muchos dellos cada año, a
visitar los santuarios° della. Que los tienen por sus Indias,[13] y por certísima   shrines
granjería° y conocida ganancia. Ándanla casi toda, y no hay pueblo ninguno   gains
de donde no salgan 'comidos y bebidos,° como suele decirse, y con un real,   well fed and sated
por lo menos, 'en dineros,° y al cabo de su viaje salen con más de cien   in change
30   escudos de sobra, que trocados en oro, o ya en el hueco de los bordones,
o entre los remiendos de las esclavinas, o con la industria que ellos pueden
los sacan del reino, y los pasan a sus tierras, a pesar de las guardas de los
puestos y puertos donde 'se registran.°   they are searched
"Ahora es mi intención, Sancho, sacar el tesoro que dejé enterrado, que
35   por estar fuera del pueblo lo podré hacer sin peligro, y escribir o pasar
desde Valencia a mi hija y a mi mujer,[14] que sé que está° en Argel, y 'dar   **están**
traza como° traerlas a algún puerto de Francia, y desde allí llevarlas a   manage to
Alemania, donde esperaremos lo que Dios quisiere hacer de nosotros. Que,

[10] Barbary represents the Arabic-speaking countries of North Africa from Morocco to
Egypt.

[11] **Libertad...** *freedom of worship*

[12] Augsburg is a city northwest of Munich. Madariaga thinks that this city was chosen
because it was where the Augsburg Confession was presented to Charles V at the Diet of
Augsburg in 1530. This document explained Lutheran theology and defended Lutheranism
against misrepresentations made about it.

[13] That is, since Spaniards went to the Indies (the New World) to get rich, these
pilgrims considered Spain to be the place where they could earn lots of easy money.

[14] **Y escribir o pasar...** *and I'll write from Valencia to my wife and daughter, or go
to them*

en resolución, Sancho, yo sé cierto que la Ricota mi hija y Francisca Ricota mi mujer son católicas cristianas, y aunque yo no lo soy tanto, todavía tengo más de cristiano que de moro, y ruego siempre a Dios me abra los ojos del entendimiento y me dé a conocer cómo le tengo de servir. Y lo que
5 me tiene admirado es no saber por qué se fue mi mujer y mi hija antes a Berbería que a Francia, adonde podía vivir como cristiana."

A lo que respondió Sancho: "Mira, Ricote, eso no debió estar en su mano, porque las llevó Juan Tiopieyo, el hermano de tu mujer, y como debe de ser fino moro, fuese a lo más bien parado.[15] Y séte decir otra cosa
10 que creo. Que vas en balde a buscar lo que dejaste encerrado, porque tuvimos nuevas que habían quitado a tu cuñado y tu mujer muchas perlas y mucho dinero en oro, que llevaban por registrar."[16]

"Bien puede ser eso," replicó Ricote, "pero yo sé, Sancho, que no tocaron a mi encierro,° porque yo no les descubrí donde estaba, temeroso   hiding place
15 de algún desmán, y así, si tú, Sancho, quieres venir conmigo y ayudarme a sacarlo y a encubrirlo, yo te daré docientos escudos, con que podrás remediar tus necesidades, que ya sabes que sé yo que las tienes muchas."

"Yo lo hiciera," respondió Sancho, "pero no soy nada codicioso, que 'a serlo° un oficio dejé yo esta mañana de las manos, donde pudiera hacer   if I had been
20 las paredes de mi casa de oro, y comer antes de seis meses en platos de plata. Y así, por esto, como por parecerme haría traición a mi rey en dar favor a sus enemigos, no fuera° contigo, si° como me prometes docientos   iría, even if
escudos me dieras aquí 'de contado° cuatrocientos."   in cash

"Y ¿qué oficio es el que has dejado, Sancho?" preguntó Ricote.
25 "He dejado de ser gobernador de una ínsula," respondió Sancho, "y tal, que a buena fee que no hallen otra como ella a tres tirones."[17]

"Y ¿dónde está esa ínsula?" preguntó Ricote.
"¿Adónde?" respondió Sancho. "Dos leguas de aquí, y se llama la ínsula Barataria."
30 "Calla, Sancho," dijo Ricote, "que las ínsulas están allá dentro de la mar—que no hay ínsulas en la tierra firme."

"¿Cómo no?" replicó Sancho. "Dígote, Ricote amigo, que esta mañana me partí della, y ayer estuve en ella gobernando a mi placer, como un sagitario.° Pero, con todo eso, la he dejado, por parecerme oficio peligroso   wise man
35 el de los gobernadores."

"Y ¿qué has ganado en el gobierno?" preguntó Ricote.
"He ganado," respondió Sancho, "el haber conocido que no soy bueno para gobernar, si no es un hato de ganado, y que las riquezas que se ganan en los tales gobiernos son a costa de perder el descanso y el sueño y aun
40 el sustento. Porque en las ínsulas deben de comer poco los gobernadores, especialmente si tienen médicos que miren por su salud."

"Yo no te entiendo, Sancho," dijo Ricote, "pero paréceme que todo lo que dices es disparate. Que ¿quién te había de dar a ti ínsulas que gobernases? ¿Faltaban hombres en el mundo más hábiles para gobernadores
45 que tú eres? Calla, Sancho, y vuelve en ti y mira si quieres venir conmigo,

---

[15] **A lo más...** *to where he thought best*
[16] **Por registrar** *for having been searched.*
[17] **A tres...** *no matter how hard you look*

como te he dicho, a ayudarme a sacar el tesoro que dejé escondido. Que en verdad que es tanto que se puede llamar tesoro, y te daré con que vivas, como te he dicho."

"Ya te he dicho, Ricote," replicó Sancho, "que no quiero. Conténtate que por mí no serás descubierto, y prosigue en buena hora tu camino y déjame seguir el mío. Que yo sé que lo bien ganado se pierde, y lo malo, ello° y su dueño."

°= lo mal ganado

"No quiero porfiar, Sancho," dijo Ricote, "pero dime: ¿hallástete en nuestro lugar cuando se partió dél mi mujer, mi hija y mi cuñado?"

"Si, hallé," respondió Sancho, "y séte decir que salió tu hija tan hermosa, que salieron a verla cuantos había en el pueblo, y todos decían que era la más bella criatura del mundo. Iba llorando y abrazaba a todas sus amigas y conocidas y a cuantos llegaban a verla, y a todos pedía la encomendasen a Dios y a Nuestra Señora su madre. Y esto, con tanto sentimiento, que a mí me hizo llorar, que no suelo ser muy llorón. Y a fee que muchos tuvieron deseo de esconderla y salir a quitársela en el camino. Pero el miedo de ir contra el mandado del rey los detuvo. Principalmente se mostró más apasionado don Pedro Gregorio, aquel mancebo mayorazgo° rico que tú conoces, que dicen que la quería mucho, y después que ella se partió, nunca más él ha parecido en nuestro lugar, y todos pensamos que iba tras ella para robarla. Pero hasta ahora no se ha sabido nada."

°principal heir

"Siempre tuve yo mala sospecha," dijo Ricote, "de que ese caballero adamaba a mi hija. Pero fiado en el valor de mi Ricota, nunca me dio pesadumbre el saber que la quería bien. Que ya habrás oído decir, Sancho, que las moriscas pocas o ninguna vez se mezclaron por amores con cristianos viejos, y mi hija, que, a lo que yo creo, atendía a ser más cristiana que enamorada, no se curaría de las solicitudes de ese señor mayorazgo."

"Dios lo haga," replicó Sancho, "que a entrambos les estaría mal,[18] y déjame partir de aquí, Ricote amigo. Que quiero llegar esta noche adonde está mi señor don Quijote."

"Dios vaya contigo, Sancho hermano. Que ya mis compañeros 'se rebullen,° y también es hora que prosigamos nuestro camino."

°are stirring

Y luego se abrazaron los dos, y Sancho subió en su rucio y Ricote se arrimó a su bordón, y se apartaron.

---

[18] **A entrambos...** *it would be bad for both of them*

Capítulo LV. De cosas sucedidas a Sancho en el camino, y otras, 'que no hay más que ver.°

which cannot be surpassed

EL HABERSE detenido Sancho con Ricote no le dio lugar a que aquel día llegase al castillo del duque, puesto que 'llegó media legua° dél, donde le tomó la noche algo escura y cerrada. Pero como era verano, no le dio mucha pesadumbre, y así se apartó del camino, con intención de esperar la mañana. Y quiso su corta y desventurada suerte, que, buscando lugar donde mejor acomodarse, cayeron él y el rucio en una honda y escurísima° sima que entre unos 'edificios muy antiguos° estaba, y al tiempo del caer, se encomendó a Dios de todo corazón, pensando que no había de parar hasta el profundo de los abismos, y no fue así, porque a poco más de tres estados 'dio fondo° el rucio. Y él se halló encima dél, sin haber recebido lisión° ni daño alguno. Tentóse todo el cuerpo y recogió el aliento[1] por ver si estaba sano, o agujereado,° por alguna parte, y viéndose bueno, entero y católico° de salud, no se hartaba de dar gracias a Dios nuestro Señor de la merced que le había hecho. Porque sin duda pensó que estaba hecho mil pedazos. Tentó asimismo con las manos por las paredes de la sima, por ver si sería posible salir della sin ayuda de nadie. Pero 'todas las halló° rasas y sin asidero alguno,[2] de lo que Sancho se congojó mucho, especialmente cuando oyó que el rucio se quejaba tierna y dolorosamente, y no era mucho,° ni se lamentaba 'de vicio,° que a la verdad no estaba muy bien parado.[3]

"¡Ay," dijo entonces Sancho Panza, "y cuán no pensados sucesos suelen suceder a cada paso a los que viven en este miserable mundo! ¿Quién dijera que el que ayer se vio entronizado gobernador de una ínsula, mandando a sus sirvientes y a sus vasallos, hoy se había de ver sepultado en una sima, sin haber persona alguna que le remedie, ni criado, ni vasallo que acuda a su socorro? Aquí habremos de perecer de hambre yo y mi jumento, si ya no nos morimos antes, él de molido y quebrantado, y yo de pesaroso.

"A lo menos, no seré yo tan venturoso como lo fue mi señor don Quijote de la Mancha, cuando decendió y bajó a la cueva de aquel encantado Montesinos, donde halló quien le regalase mejor que en su casa. Que no parece sino que se fue a mesa puesta y a cama hecha. Allí vio él visiones hermosas y apacibles, y yo veré aquí, a lo que creo, sapos y culebras. ¡Desdichado de mí! Y ¿en qué han parado mis locuras y fantasías? De aquí sacarán mis huesos, cuando el cielo sea servido que me descubran, mondos, blancos y raídos,° y los de mi buen rucio con ellos, por donde quizá se echará de ver quien somos, a lo menos, de los que tuvieren noticia de que nunca Sancho Panza se apartó de su asno, ni su asno de Sancho Panza. Otra vez digo, ¡miserables de nosotros, que no ha querido nuestra corta suerte que muriésemos en nuestra patria,° y entre los nuestros, donde ya que no hallara remedio nuestra desgracia, no faltara quien dello° se doliera, y en la hora última de nuestro pasamiento° nos cerrara los ojos!

"¡Oh compañero y amigo mío, qué mal pago te he dado de tus buenos

llegó *a* media legua

very dark
i.e., ruins

hit the bottom, injury

punctured, whole

he found them all

exaggeration
without reason

scraped

home
i.e., of our deaths
passing on

---

[1] **Recogió...** *he held his breath..*
[2] **Sin asidero...** *without any place to grab on*
[3] **No estaba...** *he wasn't in a very good state*

servicios! Perdóname, y pide a la fortuna, en el mejor modo que supieres, que nos saque deste miserable trabajo en que estamos puestos los dos. Que yo prometo de ponerte una corona de laurel en la cabeza, que no parezcas sino un laureado poeta, y de darte los piensos doblados."

5   Desta manera se lamentaba Sancho Panza, y su jumento le escuchaba sin responderle palabra alguna, tal era el aprieto y angustia en que el pobre se hallaba. Finalmente, habiendo pasado toda aquella noche en miserables quejas y lamentaciones, vino el día, con cuya claridad y resplandor vio Sancho que era imposible de toda imposibilidad salir de aquel pozo, sin ser
10   ayudado, y comenzó a lamentarse y dar voces, por ver si alguno le oía. Pero todas sus voces eran dadas en desierto, pues por todos aquellos contornos no había persona que pudiese escucharle, y entonces se acabó de dar por muerto. Estaba el rucio boca arriba y Sancho Panza le acomodó de modo que le puso en pie, que apenas se podía tener. Y sacando de las alforjas,
15   que también habían corrido la mesma fortuna de la caída, un pedazo de pan, lo dio a su jumento, que 'no le supo mal,° y díjole Sancho, como si lo   didn't taste bad to entendiera: "Todos los duelos con pan son buenos."   him

En esto, descubrió a un lado de la sima un agujero, capaz de caber por él una persona, si 'se agobiaba° y encogía. Acudió a él Sancho Panza, y   bent over
20   agazapándose,° se entró por él y vio que por de dentro era espacioso y   crouching largo. Y púdolo ver porque por lo que se podía llamar techo entraba un rayo de sol que lo descubría todo. Vio también que se dilataba y alargaba por otra concavidad espaciosa, viendo lo cual volvió a salir adonde estaba el jumento, y con una piedra comenzó a desmoronar° la tierra del agujero de   dig out
25   modo que en poco espacio hizo lugar donde con facilidad pudiese entrar el asno, como lo hizo, y cogiéndole del cabestro, comenzó a caminar por aquella gruta adelante, por ver si hallaba alguna salida por otra parte. A veces iba a escuras, y a veces sin luz, pero ninguna vez sin miedo.

"¡Válame Dios todopoderoso!" decía entre sí. "Ésta, que para mí es
30   desventura, mejor fuera para aventura de mi amo don Quijote. Él sí que tuviera estas profundidades y mazmorras por jardines floridos, y por palacios de Galiana,[4] y esperara salir de esta escuridad y estrecheza a algún florido prado. Pero yo sin ventura, falto de consejo y menoscabado de ánimo, a cada paso pienso que debajo de los pies de improviso se ha de
35   abrir otra sima más profunda que la otra, que acabe de tragarme. Bien vengas, mal, si vienes solo."

Desta manera, y con estos pensamientos le pareció que habría caminado poco más de media legua, al cabo de la cual descubrió una confusa claridad que pareció ser ya de día, y que por alguna parte entraba,
40   que daba indicio de tener fin abierto aquel, para él, camino de la otra vida.

Aquí le deja Cide Hamete Benengeli, y vuelve a tratar de don Quijote, que alborozado y contento esperaba el plazo° de la batalla que había de   scheduled time hacer con el robador de la honra de la hija de doña Rodríguez, a quien pensaba enderezar el tuerto y desaguisado que malamente le tenían fecho.
45   Sucedió, pues, que saliéndose una mañana a 'imponerse y ensayarse°   train and practice en lo que había de hacer en el trance en que otro día pensaba verse, dando

---

[4] Galiana was the wife of the Moorish governor of Toledo, and her palace was near the banks of the Tajo river.

un repelón⁵ o arremetida° a Rocinante, llegó a poner los pies tan junto a   attack
una cueva, que a no tirarle fuertemente las riendas, fuera imposible no caer
en ella. En fin, le detuvo, y no cayó. Y llegándose algo más cerca sin
apearse, miró aquella hondura,° y estándola mirando, oyó grandes voces   depth
5   dentro, y escuchando atentamente pudo percebir y entender que el que las
daba decía: "¡Ah de arriba! ¿Hay algún cristiano que me escuche, o algún
caballero caritativo que se duela de un pecador enterrado en vida, o un
desdichado desgobernado gobernador?"
        Parecióle a don Quijote que oía la voz de Sancho Panza, de que quedó
10 suspenso y asombrado, y levantando la voz todo lo que pudo, dijo: "¿Quién
está allá bajo, quién se queja?"
        "¿Quién puede estar aquí, o quién se ha de quejar," respondieron, "sino
el asendereado de Sancho Panza, gobernador, por sus pecados y por su mala
andanza, de la ínsula Barataria, escudero que fue del famoso caballero don
15 Quijote de la Mancha?"
        Oyendo lo cual don Quijote, se le dobló la admiración, y se le
acrecentó el pasmo,° viniéndosele al pensamiento que Sancho Panza debía   astonishment
de ser° muerto, y que estaba allí penando su alma. Y llevado desta   estar
imaginación dijo: "Conjúrote por todo aquello que puedo conjurarte, como
20 católico cristiano, que me digas quién eres, y si eres alma en pena,° dime   torment
qué quieres que haga por ti. Que pues es mi profesión favorecer y acorrer
a los necesitados° deste mundo, también lo seré para acorrer y ayudar a los   needy people
menesterosos del otro mundo, que no pueden ayudarse por sí propios."
        "Desa manera," respondieron, "vuesa merced que me habla debe de ser
25 mi señor don Quijote de la Mancha, y aun en el órgano de la voz no es
otro, sin duda."
        "Don Quijote soy," replicó don Quijote, "el que profeso socorrer y
ayudar en sus necesidades a los vivos y a los muertos. Por eso, dime quién
eres. Que me tienes atónito. Porque si eres mi escudero Sancho Panza, y te
30 has muerto, como no te hayan llevado los diablos, y por la misericordia de
Dios estés en el purgatorio, sufragios⁶ tiene nuestra Santa Madre, la Iglesia
Católica Romana bastantes a sacarte de las penas en que estás, y yo, que lo
solicitaré con ella, por mi parte, con cuanto mi hacienda alcanzare. Por eso
acaba de declararte, y dime quién eres."
35 "¡Voto a tal!" respondieron, "y por el nacimiento de quien vuesa
merced quisiere juro, señor don Quijote de la Mancha, que yo soy su
escudero Sancho Panza, y que nunca me he muerto en todos los días de mi
vida, sino que habiendo dejado mi gobierno por cosas y causas que es
menester más espacio para decirlas, anoche caí en esta sima donde yago, el
40 rucio conmigo, que no me dejará mentir, pues, por más señas, está aquí
conmigo."
        Y hay más—que no parece sino que el jumento entendió lo que Sancho
dijo, porque ¹al momento° comenzó a rebuznar, tan recio, que toda la cueva   right then
retumbaba.
45 "Famoso testigo," dijo don Quijote, "el rebuzno conozco como si le
pariera, y tu voz oigo, Sancho mío. Espérame, iré al castillo del duque

⁵ A **repelón** is a rapid assault on horseback.
⁶ **Sufragios** are services for the redemption of souls from purgatory.

que está aquí cerca, y traeré quien te saque desta sima donde tus pecados te deben de haber puesto."

"Vaya vuesa merced," dijo Sancho, "y vuelva presto, por un solo Dios, que ya no lo puedo llevar el estar aquí sepultado en vida, y me estoy
5   muriendo de miedo."

Dejóle don Quijote y fue al castillo a contar a los duques el suceso de Sancho Panza, de que no poco se maravillaron, aunque bien entendieron que debía de haber caído por la correspondencia° de aquella gruta, que de   other entrance
tiempos inmemoriales estaba allí hecha. Pero no podían pensar cómo había
10   dejado el gobierno, sin tener ellos aviso de su venida. Finalmente, como dicen, llevaron sogas y maromas,[7] y a costa de mucha gente y de mucho trabajo sacaron al rucio y a Sancho Panza de aquellas tinieblas a la luz del sol.

Viole un estudiante, y dijo: "Desta manera habían de salir de sus
15   gobiernos todos los malos gobernadores, como sale este pecador del profundo del abismo—muerto de hambre, descolorido y sin blanca, a lo que yo creo."

Oyólo Sancho, y dijo: "Ocho días o diez ha, hermano murmurador, que entré a gobernar la ínsula que me dieron, en los cuales no me vi harto de
20   pan siquiera un hora. En ellos me han perseguido médicos y enemigos me han brumado los güesos,° ni he tenido lugar de hacer cohechos ni de cobrar   bones derechos, y siendo esto así, como lo es, no merecía yo, a mi parecer, salir de esta manera. Pero el hombre pone y Dios dispone, y Dios sabe lo mejor y lo que le está bien a cada uno, y cual el tiempo tal el tiento,[8] y nadie diga
25   desta agua no beberé, que adonde se piensa que hay tocinos no hay estacas, y Dios me entiende y basta y no digo más, aunque pudiera."

"No te enojes, Sancho, ni recibas pesadumbre de lo que oyeres. Que será nunca acabar. Ven tú con segura conciencia, y digan lo que dijeren, y es querer atar las lenguas de los maldicientes lo mesmo que querer poner
30   puertas al campo. Si el gobernador sale rico de su gobierno dicen dél que ha sido un ladrón, y si sale pobre, que ha sido un parapoco° y un   numbskull mentecato."

"A buen seguro," respondió Sancho, "que por esta vez antes me han de tener por tonto que por ladrón."

35   En estas pláticas llegaron, rodeados de muchachos y de otra mucha gente, al castillo, adonde en unos corredores estaban ya el duque y la duquesa, esperando a don Quijote y a Sancho, el cual no quiso subir a ver al duque sin que 'primero no hubiese° acomodado al rucio en la   **primero hubiese** caballeriza—porque decía que había pasado muy mala noche en la
40   posada—y luego subió a ver a sus señores, ante los cuales puesto de rodillas, dijo: "Yo, señores, porque lo quiso así vuestra grandeza, sin ningún merecimiento mío, fui a gobernar vuestra ínsula Barataria, en la cual entré desnudo, y desnudo me hallo, ni pierdo, ni gano. Si he gobernado bien o mal, testigos he tenido delante que dirán lo que quisieren. He declarado

---

[7] **Sogas y maromas** is rope. **Como dicen**, because there is a verse from several **romances** similar to "Toman sogas y maromas / por salvar del muro abajo..."

[8] **A cada uno...** *we should take time as it comes and our lot as it falls.* This is Starkie's solution.

dudas, sentenciado pleitos, y siempre muerto de hambre, por haberlo
querido así el doctor Pedro Recio, natural de Tirteafuera, médico insulano,
y gobernadoresco.° Acometiéronnos enemigos de noche, y habiéndonos   *pertaining to a*
puesto en grande aprieto, dicen los de la ínsula que salieron libres y con   *governor*
5   victoria por el valor de mi brazo. Que tal salud les dé Dios como ellos
dicen verdad.

"En resolución, en este tiempo yo he tanteado las cargas que trae
consigo y las obligaciones el gobernar, y he hallado por mi cuenta que no
las podrán llevar mis hombros, ni son peso de mis costillas,[9] ni flechas de
10 mi aljaba. Y así antes que diese conmigo al través el gobierno, he querido
yo dar con el gobierno al través,[10] y ayer de mañana dejé la ínsula como la
hallé, con las mismas calles, casas y tejados que tenía cuando entré en ella.
No he pedido prestado a nadie ni metídome en granjerías, y aunque pensaba
hacer algunas ordenanzas provechosas, no hice ninguna, temeroso que no
15 se habían de guardar. Que es lo mesmo hacerlas que no hacerlas.

"Salí, como digo, de la ínsula, sin otro acompañamiento que el de mi
rucio. Caí en una sima, víneme por ella adelante, hasta que esta mañana,
con la luz del sol, vi la salida, pero no tan fácil, que a no depararme el
cielo a mi señor don Quijote, allí me quedara hasta la fin del mundo. Así
20 que, mis señores duque y duquesa, aquí está vuestro gobernador Sancho
Panza, que ha granjeado en solos diez días que ha tenido el gobierno a
conocer que no se le ha de dar nada por ser gobernador, 'no que° de una   *not only*
ínsula, sino de todo el mundo. Y con este presupuesto,° besando a vuesas   *purpose*
mercedes los pies, imitando al juego de los muchachos que dicen, «salta tú,
25 y dámela tú»,[11] doy un salto del gobierno y me paso al servicio de mi señor
don Quijote. Que en fin, en él, aunque como el pan con sobresalto,
hártome, a lo menos, y para mí, como yo esté harto, 'eso me hace° que sea   *it's all the same to*
de zanahorias° que de perdices."   *me; carrots*

Con esto dio fin a su larga plática Sancho, temiendo siempre don
30 Quijote que había de decir en ella millares de disparates, y cuando le vio
acabar con tan pocos, dio en su corazón gracias al cielo, y el duque abrazó
a Sancho y le dijo que le pesaba en el alma de que hubiese dejado tan
presto el gobierno. Pero que él haría° de suerte que se le diese en su estado   *would arrange*
otro oficio de menos carga y de más provecho. Abrazóle la duquesa
35 asimismo, y mandó que le regalasen, porque daba señales de venir mal
molido y peor parado.

[9] **Ni son...** *nor can my ribs bear it*
[10] **Antes que diese...** *before the government could hit me broadside, I decided to hit it broadside*
[11] This is what children say in the Spanish version of the game called Four Square.

Capítulo LVI. De la descomunal y nunca vista batalla que pasó entre don Quijote de la Mancha y el lacayo Tosilos, en la defensa de la hija de la dueña doña Rodríguez.

NO QUEDARON arrepentidos los duques de la burla hecha a Sancho Panza del gobierno que le dieron, y más que aquel mismo día vino su mayordomo y les contó punto por punto 'todas casi° las palabras y acciones que Sancho había dicho y hecho en aquellos días, y finalmente, les encareció el asalto de la ínsula y el miedo de Sancho, y su salida, de que no pequeño gusto recibieron.

Después desto, cuenta la historia que se llegó el día de la batalla aplazada,° y habiendo el duque una y muy muchas veces advertido a su lacayo Tosilos cómo se había de avenir° con don Quijote para vencerle sin matarle ni herirle, ordenó que se quitasen los hierros a las lanzas, diciendo a don Quijote que no permitía la cristiandad de que él se preciaba,[1] que aquella batalla fuese con tanto riesgo y peligro de las vidas, y que se contentase con que le daba campo franco° en su tierra, puesto que iba contra el decreto del Santo Concilio,[2] que prohibe los tales desafíos, y no quisiese llevar[3] 'por todo rigor° aquel trance tan fuerte.

Don Quijote dijo que su excelencia dispusiese las cosas de aquel negocio como más fuese servido. Que él le obedecería en todo. Llegado, pues, el temeroso día, y habiendo mandado el duque que delante de la plaza del castillo se hiciese un espacioso cadahalso,° donde estuviesen los jueces del campo, y las dueñas—madre y hija—demandantes, había acudido de todos los lugares y aldeas circunvecinas infinita gente a ver la novedad de aquella batalla, que nunca otra 'tal no habían° visto ni oído decir en aquella tierra los que vivían, ni los que habían muerto.

El primero que entró en el campo y estacada fue el maestro de las ceremonias, que tanteó el campo, y le paseó todo, porque en él no hubiese algún° engaño ni cosa encubierta donde se tropezase y cayese. Luego entraron las dueñas y se sentaron en sus asientos, cubiertas con los mantos hasta los ojos, y aun hasta los pechos,[4] con muestras de no pequeño sentimiento. 'Presente don Quijote° en la estacada, 'de allí a poco,° acompañado de muchas trompetas, asomó por una parte de la plaza, sobre un poderoso caballo, hundiéndola toda,[5] el grande lacayo Tosilos, calada la visera y todo encambronado° con unas fuertes y lucientes armas. El caballo mostraba ser frisón,[6] ancho y de color tordillo. 'De cada mano y pie° le

casi todas	
agreed upon	
to act	
open	
to the extremes	
platform	
tal habían	
ningún	
once Don Quijote was present, in a little while serious and erect from all four feet	

---

[1] **De que...** *which he valued*

[2] The Council of Trent (1545-63) forbade duels of all kinds, and threatened excommunication for those who engaged in them.

[3] Schevill, ordinarily quite careful, omits **llevar** (see the original edition, folio 213ᵛ, l. 5.

[4] That is, veils fell from the tops of their heads not only just covering their eyes, but also went as far as their chests.

[5] **Hundiéndola...** *deafening it.* That is, the sound of the trumpets were so loud they had this effect.

[6] This is an imposing fleecy horse with large feet from the region of Frisia in Northern Europe (encompassing parts of Holland and Germany).

pendía una arroba de lana.

    Venía el valeroso combatiente bien informado del duque su señor de cómo se había de portar° con el valeroso don Quijote de la Mancha,   *behave* advertido que en ninguna manera le matase sino que procurase huir el primer encuentro, por escusar el peligro de su muerte, que estaba cierto si 'de lleno en lleno° le encontrase. Paseó la plaza, y llegando donde las   *head on* dueñas estaban, se puso algún tanto a mirar a la que por esposo le pedía. Llamó el maese de campo a don Quijote, que ya se había presentado en la plaza, y junto con Tosilos habló a las dueñas, preguntándoles si consentían que volviese por su derecho don Quijote de la Mancha. Ellas dijeron que sí, y que todo lo que en aquel caso hiciese lo daban por bien hecho, por firme y por valedero.

    Ya en este tiempo estaban el duque y la duquesa puestos en una galería que caía sobre la estacada, toda la cual estaba coronada de infinita gente que esperaba ver el riguroso trance nunca visto. Fue condición de los combatientes que si don Quijote vencía, su contrario se había de casar con la hija de doña Rodríguez. Y si él fuese vencido, quedaba libre su contendor de la palabra que se le pedía, sin dar otra satisfacción alguna.

    Partióles el maestro de las ceremonias el sol y puso a los dos cada uno en el puesto donde habían de estar. Sonaron los atambores, llenó el aire el son de las trompetas, temblaba debajo de los pies la tierra,[7] estaban suspensos los corazones de la mirante° turba, temiendo unos y esperando otros el   *gazing* bueno o el mal suceso de aquel caso. Finalmente, don Quijote, encomendándose de todo su corazón a Dios nuestro Señor, y a la señora Dulcinea del Toboso, estaba aguardando que se le diese señal precisa de la arremetida.

    Empero nuestro lacayo tenía diferentes pensamientos. No pensaba él sino en lo que agora diré. Parece ser que cuando estuvo mirando a su enemiga le pareció la más hermosa mujer que había visto en toda su vida, y el niño ceguezuelo° a quien suelen llamar de ordinario Amor por esas   *little blind* calles, no quiso perder la ocasión que se le ofreció de triunfar de una alma lacayuna° y ponerla en la lista de sus trofeos, y así llegándose a él   *of a groom* bonitamente, sin que nadie le viese, le envasó al pobre lacayo una flecha de dos varas por el lado izquierdo y le pasó el corazón 'de parte a parte,° y   *asunder* púdolo hacer bien al seguro, porque el amor es invisible y entra y sale por do quiere, sin que nadie le pida cuenta de sus hechos.

    Digo, pues, que cuando dieron la señal de la arremetida, estaba nuestro lacayo transportado, pensando en la hermosura de la que ya había hecho señora de su libertad, y así no atendió al son de la trompeta, como hizo don Quijote, que apenas la hubo oído, cuando arremetió. Y a todo el correr que permitía Rocinante, partió contra su enemigo, y viéndole partir su buen escudero Sancho, dijo a grandes voces: "¡Dios te guíe, nata y flor de los andantes caballeros. Dios te dé la vitoria, pues llevas la razón de tu parte!"

    Y aunque Tosilos vio venir contra sí a don Quijote, no se movió un paso de su puesto. Antes, con grandes voces, llamó al maese de campo, el cual, venido a ver lo que quería, le dijo: "Señor, ¿esta batalla no se hace porque yo me case, o no me case, con aquella señora?"

---

[7] **La tierra temblaba debajo de los pies**

"Así es," le fue respondido.

"Pues yo," dijo el lacayo, "soy temeroso de mi conciencia y pondríala en gran cargo si pasase adelante en esta batalla, y así digo que yo me doy por vencido y que quiero casarme luego con aquella señora."

5   Quedó admirado el maese de campo de las razones de Tosilos, y como era uno de los sabidores de la máquina de aquel caso, no le supo responder palabra. Detúvose don Quijote en la mitad de su carrera, viendo que su enemigo no le acometía. El duque no sabía la ocasión por que no se pasaba adelante en la batalla. Pero el maese de campo le fue a declarar lo que

10   Tosilos decía, de lo que quedó suspenso y colérico en estremo.

En tanto que esto pasaba, Tosilos se llegó adonde doña Rodríguez estaba, y dijo a grandes voces: "Yo, señora, quiero casarme con vuestra hija, y no quiero alcanzar por pleitos ni contiendas lo que puedo alcanzar por paz, y sin peligro de la muerte."

15   Oyó esto el valeroso don Quijote, y dijo: "Pues esto así es, yo quedo libre y suelto de mi promesa. Cásense 'enhorabuena,° y pues Dios nuestro Señor se la dio, San Pedro se la bendiga."   *and congratulations*

El duque había bajado a la plaza del castillo, y llegándose a Tosilos, le dijo: "¿Es verdad, caballero, que os dais por vencido, y que, instigado de

20   vuestra temerosa conciencia, os queréis casar con esta doncella?"

"Sí, señor" respondió Tosilos.

"Él hace muy bien," dijo a esta sazón Sancho Panza, "porque lo que has de dar al mur,° dalo al gato, y 'sacarte ha° de cuidado."   *Lat.* mouse, **te sacará**

Íbase Tosilos desenlazando° la celada, y rogaba que apriesa le   unlacing

25   ayudasen, porque le iban faltando 'los espíritus del aliento,° y no podía   breath
verse encerrado tanto tiempo en la estrecheza de aquel aposento.°   space
Quitáronsela a priesa y quedó descubierto y patente su rostro de lacayo. Viendo lo cual doña Rodríguez y su hija, dando grandes voces, dijeron: "¡Éste es engaño, engaño es éste! ¡A Tosilos, el lacayo del duque mi señor,

30   nos han puesto en lugar de mi verdadero esposo! ¡Justicia de Dios y del rey de° tanta malicia, por no decir bellaquería!"   **por**

"No vos° acuitéis, señoras," dijo don Quijote, "que ni ésta es malicia,   *archaic* **os**
ni es bellaquería, y si la es, y no ha sido la causa el duque, sino los malos encantadores que me persiguen, los cuales invidiosos de que yo alcanzase

35   la gloria deste vencimiento, han convertido el rostro de vuestro esposo en el de este que decís que es lacayo del duque. Tomad mi consejo, y a pesar de la malicia de mis enemigos, casaos con él. Que, sin duda, es el mismo que vos deseáis alcanzar por esposo."

El duque, que esto oyó, estuvo por romper en risa toda su cólera, y

40   dijo: "Son tan extraordinarias las cosas que suceden al señor don Quijote, que estoy por creer que este mi lacayo no lo es.[8] Pero usemos deste ardid°   scheme
y maña. Dilatemos el casamiento quince días, si quieren, y tengamos encerrado a este personaje que nos tiene dudosos, en los cuales° podría ser   = **días**
que volviese a su prístina figura. Que no ha de durar tanto el rancor que los

45   encantadores tienen al señor don Quijote, y más, yéndoles tan poco en usar estos embelecos y transformaciones."

"Oh señor," dijo Sancho, "que ya tienen estos malandrines por uso y

---

[8] **Este mi...** *this isn't my groom*

costumbre de mudar las cosas de unas en otras, que tocan a mi amo. Un caballero que venció los días pasados, llamado EL DE LOS ESPEJOS, le volvieron en la figura del bachiller Sansón Carrasco, natural de nuestro pueblo y grande amigo nuestro, y a mi señora Dulcinea del Toboso la han vuelto en una rústica labradora, y así imagino que este lacayo ha de morir y vivir lacayo todos los días de su vida."

A lo que dijo la hija de Rodríguez: "Séase quien fuere este que me pide por esposa—que yo se lo agradezco—que más quiero ser mujer legítima de un lacayo, que no amiga y burlada de un caballero, puesto que el que a mí me burló no lo es.°'"

En resolución, todos estos cuentos y sucesos pararon en que Tosilos se recogiese hasta ver en qué paraba su transformación. Aclamaron° todos la vitoria por don Quijote, y los más quedaron tristes y melancólicos de ver que no se habían hecho pedazos los tan esperados° combatientes, bien así como los mochachos quedan tristes, cuando no sale el ahorcado que esperan, porque le ha perdonado, o la parte,° o la justicia. Fuese la gente, volviéronse el duque y don Quijote al castillo, encerraron a Tosilos, quedaron doña Rodríguez y su hija contentísimas de ver que por una vía o por otra aquel caso había de parar en casamiento, y Tosilos no esperaba menos.

i.e., not a **caballero**

acclaimed

eagerly awaited

accuser

*Capítulo LVII. Que trata de cómo don Quijote se despidió
del duque, y de lo que le sucedió con la discreta y
desenvuelta Altisidora, doncella de la duquesa.*

YA LE pareció a don Quijote que era bien salir de tanta ociosidad como
la que en aquel castillo tenía. Que se imaginaba ser grande la falta que
su persona hacía en dejarse estar encerrado y perezoso entre los infinitos
regalos y deleites que como a caballero andante aquellos señores le hacían,
y parecíale que había de dar 'cuenta estrecha° al cielo de aquella ociosidad   strict accounting
y encerramiento. Y así pidió un día licencia a los duques para partirse.
Diéronsela con muestras de que en gran manera les pesaba de que los
dejase.

Dio la duquesa las cartas de su mujer a Sancho Panza, el cual lloró con
ellas, y dijo: "¿Quién pensara que esperanzas tan grandes como las que en
el pecho de mi mujer Teresa Panza engendraron las nuevas de mi gobierno
habían de parar en volverme yo agora a las arrastradas° aventuras de mi   uncertain
amo don Quijote de la Mancha? Con todo esto, me contento de ver que mi
Teresa correspondió a ser quien es, enviando las bellotas a la duquesa. Que
a no habérselas enviado,[1] quedando yo pesaroso, se mostrara ella
desagradecida. Lo que me consuela es que esta dádiva no se le puede dar
nombre de cohecho, porque ya tenía yo el gobierno cuando ella las envió,
y está puesto en razón que los que reciben algún beneficio, aunque sea con
niñerías, se muestren agradecidos. En efecto, yo entré desnudo en el
gobierno y salgo desnudo dél. Y así podré decir con segura conciencia, que
no es poco, «desnudo nací, desnudo me hallo, ni pierdo ni gano»."

Esto pasaba entre sí Sancho el día de la partida. Y saliendo don
Quijote, habiéndose despedido la noche antes de los duques, 'una mañana°   the next morning
se presentó armado en la plaza del castillo. Mirábanle de los corredores
toda la gente del castillo, y asimismo los duques salieron a verle. Estaba
Sancho sobre su rucio, con sus alforjas, maleta y repuesto, contentísimo,
porque el mayordomo del duque—el que fue la Trifaldi—le había dado un
bolsico° con docientos escudos de oro, para suplir los menesteres del   small purse
camino, y esto aún no lo sabía don Quijote.

Estando como queda dicho, mirándole todos, a deshora entre las otras
dueñas y doncellas de la duquesa, que le miraban, alzó la voz la
desenvuelta y discreta Altisidora, y en son lastimero dijo:

> Escucha, mal caballero,
> detén un poco las riendas;
> no fatigues las hijadas[2]
> de tu mal regida bestia.
> Mira, falso, que no huyes
> de alguna serpiente fiera,
> sino de una corderilla°   little lamb
> que está muy lejos de oveja.
> Tú has burlado, monstruo horrendo,
> la más hermosa doncella

---

[1] **A no habérselas...** *if she hadn't sent them*
[2] **No fatigues...** *don't spur*

que Diana³ vio en sus montes,
que Venus miró en sus selvas.
Cruel Vireno, fugitivo Eneas,⁴
Barrabás te acompañe; allá te avengas.⁵

Tú llevas ¡llevar impío!⁶
en las garras de tus cerras⁷
las entrañas de una humilde,
como enamorada, tierna.
Llévaste tres tocadores,°   nightcaps
y unas ligas (de unas piernas
que al mármol puro se igualan
en lisas)⁸ blancas y negras.
Llévaste dos mil suspiros,
que, a ser de fuego, pudieran
abrasar a dos mil Troyas,
si dos mil Troyas hubiera.
Cruel Vireno, fugitivo Eneas,
Barrabás te acompañe; allá te avengas.

De ese Sancho tu escudero
las entrañas sean tan tercas°   stubborn
y tan duras, que no salga
de su encanto Dulcinea.
De la culpa que tú tienes
lleve 'la triste° la pena;   = Dulcinea
que justos por pecadores
tal vez pagan en mi tierra.
Tus más finas aventuras
en desventuras se vuelvan,
en sueños tus pasatiempos,
en olvidos tus firmezas.
Cruel Vireno, fugitivo Eneas,
Barrabás te acompañe; allá te avengas.

Seas tenido por falso
desde Sevilla a Marchena,⁹

---

³ Diana was the Roman goddess of the forests. Venus, in the next line, was the Roman goddess of love.

⁴ Vireno is a character in *Orlando Furioso* who, in Canto X, abandons Olimpia. In the *Æneid* IV, Æneas abandons Dido. Barrabas, in the next verse, is the thief who was released instead of Christ; see, for example, Matthew 27:16.

⁵ *Allá... get along as well as you can*

⁶ ¡**Llevar impío!** means something like *impious act of carrying off!*

⁷ **En las garras...** *in your clawlike hands*

⁸ Hartzenbusch in his edition suggests the use of these parentheses, without which black and white seem to modify Altisidora's legs!

⁹ Marchena is a town in the province of Seville, east of the city. Loja (next line) is a town in the province of Granada west of the city.

desde Granada hasta Loja,
de Londres a Inglaterra.[10]
Si jugares al «reinado»,
los «cientos», o la «primera»,
5   los reyes huyan de ti;
ases, ni sietes no veas.[11]
Si te cortares los callos,°   corn on foot
sangre las heridas viertan;
y quédente los raigones°   roots
10   si te sacares las muelas.
Cruel Vireno, fugitivo Eneas,
Barrabás te acompañe; allá te avengas.

En tanto que de la suerte que se ha dicho se quejaba la lastimada
Altisidora, la estuvo mirando don Quijote, y sin responderla palabra,
15   volviendo el rostro a Sancho, le dijo: "Por el siglo de tus pasados,°   forebears
mío, te conjuro que me digas una verdad. Dime, ¿llevas por ventura, los tres
tocadores, y las ligas que esta enamorada doncella dice?"
A lo que Sancho respondió: "Los tres tocadores sí llevo. Pero las ligas,
como por los cerros de Úbeda."
20   Quedó la duquesa admirada de la desenvoltura de Altisidora, que
aunque la tenía por atrevida, graciosa y desenvuelta, no en grado que se
atreviera a semejantes desenvolturas. Y como no estaba advertida desta
burla, creció más su admiración.
El duque quiso reforzar el donaire, y dijo: "No me parece bien, señor
25   caballero, que habiendo recebido en este mi castillo el buen acogimiento
que en él se os ha hecho, os hayáis atrevido a llevaros tres tocadores, por lo
menos, si por lo más las ligas de mi doncella. Indicios son de 'mal pecho°   ill-will
y muestras que no corresponden a vuestra fama. Volvedle las ligas. Si no,
yo os desafío a mortal batalla, sin tener temor que malandrines encantadores
30   me vuelvan ni muden el rostro, como han hecho en el de Tosilos mi lacayo,
el que entró con vos en batalla."
"No quiera Dios," respondió don Quijote, "que yo desenvaine mi
espada contra vuestra ilustrísima persona, de quien tantas mercedes he
recebido. Los tocadores volveré, porque dice Sancho que los tiene. Las ligas
35   es imposible, porque ni yo las he recebido ni él tampoco, y si esta vuestra
doncella quisiere mirar sus escondrijos,° a buen seguro que las halle. Yo,   hiding places
señor duque, jamás he sido ladrón, ni lo pienso ser en toda mi vida, como
Dios no me deje de su mano.[12] Esta doncella habla, como ella dice, como
enamorada, de lo que yo no le tengo culpa, y así no tengo de qué pedirle
40   perdón, ni a ella, ni a vuestra excelencia, a quien suplico me tenga en mejor
opinión, y me dé de nuevo licencia para seguir mi camino."
"Déosle Dios tan bueno," dijo la duquesa, "señor don Quijote, que

---

[10] Schevill here transcribes **Ingalaterra**, seen six other times in the text. **Inglaterra** is
seen only one other time aside from this instance.

[11] **Reinado, cientos,** and **primera** were card games (see Rodríguez Marín, vol. VII, p.
258, n. 22) in which kings, aces and sevens were high cards.

[12] **Como Dios...** *as long as God holds me in his hand*

siempre oigamos buenas nuevas de vuestras fechurías. Y andad con Dios,
que mientras más os detenéis, más aumentáis el fuego en los pechos de las
doncellas que os miran. Y a la mía° yo la castigaré de modo que de aquí   = Altisidora
adelante no se desmande con la vista ni con las palabras."

5   "Una° no más quiero que me escuches, ¡oh valeroso don Quijote!" dijo   **una** *palabra*
entonces Altisidora, "y es que te pido perdón del latrocinio° de las ligas,   theft
porque en Dios y en mi ánima, que las tengo puestas, y he caído en el
descuido del que yendo sobre el asno, le buscaba."

       "¿No lo dije yo?" dijo Sancho. "'¡Bonico soy° yo para encubrir hurtos!   a fine one I am
10 Pues 'a quererlos hacer,° 'de paleta° me había venido la ocasión en mi   if I had wanted to,
gobierno."   easily

       Abajó la cabeza don Quijote y hizo reverencia a los duques y a todos
los circunstantes, y volviendo las riendas a Rocinante, siguiéndole Sancho
sobre el rucio, se salió del castillo, enderezando su camino a Zaragoza.

Capítulo LVIII. Que trata de cómo menudearon sobre don Quijote aventuras tantas, que no se daban vagar unas a otras.[1]

Cuando don Quijote se vio en la campaña rasa, libre y desembarazado de los requiebros de Altisidora, le pareció que estaba en su centro° y que los espíritus se le renovaban para proseguir de nuevo el asumpto de sus caballerías, y volviéndose a Sancho, le dijo: "La libertad, Sancho, es uno de los más preciosos dones° que a los hombres dieron los cielos. Con ella no pueden igualarse los tesoros que encierra la tierra ni el mar encubre. Por la libertad, así como por la honra, se puede y debe aventurar la vida. Y por el contrario, el cautiverio es el mayor mal que puede venir a los hombres.

"Digo esto, Sancho, porque bien has visto el regalo, la abundancia que en este castillo, que dejamos, hemos tenido. Pues en metad° de aquellos banquetes sazonados y de aquellas bebidas de nieve me parecía a mí que estaba metido entre las estrechezas de la hambre, porque no lo gozaba con la libertad que lo gozara si fueran míos. Que las obligaciones de las recompensas de los beneficios y mercedes recebidas son ataduras que no dejan campear al ánimo libre. ¡Venturoso aquel a quien el cielo dio un pedazo de pan, sin que le quede obligación de agradecerlo a otro que al mismo cielo!"

"Con todo eso," dijo Sancho, "que vuesa merced me ha dicho, no es bien que se queden sin agradecimiento de nuestra parte docientos escudos de oro, que en una bolsilla° me dio el mayordomo del duque, que como píctima[2] y confortativo° la llevo puesta sobre el corazón, para lo que se ofreciere. Que no siempre hemos de hallar castillos donde nos regalen, que tal vez toparemos con algunas ventas donde nos apaleen."

En estos y otros razonamientos iban los andantes caballero y escudero, cuando vieron, habiendo andado poco más de una legua, que encima de la hierba de un pradillo verde, encima de sus capas, estaban comiendo hasta una docena de hombres, vestidos de labradores. Junto a sí tenían unas como sábanas blancas, con que cubrían alguna cosa que debajo estaba. Estaban empinadas° y tendidas° y 'de trecho a trecho° puestas.

Llegó don Quijote a los que comían, y saludándolos primero cortésmente, les preguntó que qué era lo que aquellos lienzos cubrían. Uno de ellos le respondió: "Señor, debajo destos lienzos están unas imágines 'de relieve° y entabladura,° que han de servir en un retablo° que hacemos en nuestra aldea. Llevámoslas cubiertas porque no se desfloren,° y en hombros porque no se quiebren."

"Si sois servidos," respondió don Quijote, "holgaría de verlas, pues imágines que con tanto recato se llevan, sin duda deben de ser buenas."

"Y ¡cómo si lo son!°" dijo otro, "si no, dígalo lo que cuesta; que en verdad que no hay ninguna que no esté en más de cincuenta ducados, y porque vea vuesa merced esta verdad, espere vuesa merced, y 'verla ha° por vista de ojos."

Y levantándose, dejó de comer, y fue a quitar la cubierta de la primera

----

°element

°gifts

°middle

°small purse
°tonic

°standing up, on their sides, at intervals

°striking, carved from wood, altarpiece; lose their shine

°are they ever!

°la verá

[1] *No se daban...* they gave one another no rest

[2] A **píctima** was a medicinal plaster placed over the heart to relieve its pain. Note where Sancho carries this purse.

imagen, que mostró ser la de San Jorge[3] puesto a caballo, con una serpiente
enroscada° a los pies, y la lanza atravesada por la boca, con la fiereza° que   coiled, fierceness
suele pintarse. Toda la imagen parecía 'una ascua de oro,° como suele   shining gold
decirse. Viéndola don Quijote, dijo: "Este caballero fue uno de los mejores
5 andantes que tuvo la milicia divina. Llamóse don San Jorge, y fue, además,
defendedor de doncellas. Veamos esta otra."

Descubrióla el hombre, y pareció ser la de San Martín,[4] puesto a
caballo, que partía la capa con el pobre, y apenas la hubo visto don Quijote,
cuando dijo: "Este caballero también fue de los aventureros cristianos, y
10 creo que fue más liberal que valiente, como lo puedes echar de ver, Sancho,
en que está partiendo la capa con el pobre, y le da la mitad, y sin duda
debía de ser entonces invierno, que si no, él se la diera toda, según era de
caritativo."

"No debió de ser eso," dijo Sancho, "sino que se debió de atener al
15 refrán que dicen, que «para dar y tener, seso es menester»."

Riose don Quijote, y pidió que quitasen otro lienzo, debajo del cual se
descubrió la imagen del patrón de las Españas a caballo,[5] la espada
ensangrentada,° atropellando moros y pisando cabezas, y en viéndola, dijo   bloodied
don Quijote: "Éste sí que es caballero y de las escuadras de Cristo; éste se
20 llama don San Diego Matamoros, uno de los más valientes santos y
caballeros que tuvo el mundo y tiene agora el cielo."

Luego descubrieron otro lienzo y pareció que encubría la caída de San
Pablo del caballo abajo,[6] con todas las circunstancias que en el retablo de
su conversión suelen pintarse. Cuando le vido tan al vivo, que dijeran° que   **se diría**
25 Cristo le hablaba y Pablo respondía.

"Éste," dijo don Quijote, "fue el mayor enemigo que tuvo la Iglesia de
Dios Nuestro Señor en su tiempo, y el mayor defensor suyo que tendrá
jamás, caballero andante por la vida, y santo 'a pie quedo° por la muerte.   steadfast
Trabajador incansable en la viña del Señor, doctor de las gentes,° a quien   gentiles
30 sirvieron de escuelas los cielos, y de catedrático y maestro que le enseñase

[3] St. George, the patron of England, lived about in the third century A.D. Some
legends about him were extravagant, such as the one depicted here, where he rescued a
maiden from a dragon. The maiden is not mentioned here and may have not been present
in the representation.

[4] St. Martin of Tours (ca. 316-397) was originally a pagan and served in the Roman
army. When he became a Christian, he refused to fight anymore. He was later named
bishop of Tours in 371 and founded a monastery nearby. Legend has it that he tore his
cape in half to share with a ragged beggar and that later he had a vision in which Christ
was wearing that half cape. One of the first non-martyrs to become a saint.

[5] St. James the Great, the Apostle, known as Santiago and San Diego in Spain, is
Spain's patron saint. He was martyred in Jerusalem in about 44A.D. and his bones taken
to Hispania where he had evangelized, it was said. The tomb was discovered in 813, and
the relics became a rallying point for the Christians in their battles against the Moors. He
is said to have descended on his white horse from heaven to slay Moors during battles,
and Spaniards call on him before entering into battle.

[6] Paul of Tarsus—a town above the northeast corner of the Mediterranean Sea—
(10A.D.–67) was a rabbi and tentmaker. He was originally a very great enemy of the
Christian Church. Once, on his way to Damascus he had a vision, fell from his horse, and
became a Christian (Acts 9:1-22).

el mismo Jesucristo."[7]

No había más imágines, y así mandó don Quijote que las volviesen a cubrir, y dijo a los que las llevaban: "Por buen agüero he tenido, hermanos, haber visto lo que he visto, porque estos santos y caballeros profesaron lo que yo profeso, que es el ejercicio de las armas. Sino que la diferencia que hay entre mí y ellos es que ellos fueron santos y pelearon a lo divino, y yo soy pecador y peleo 'a lo humano.° Ellos conquistaron el cielo a fuerza de brazos, porque el cielo padece fuerza,[8] y yo hasta agora no sé lo que conquisto a fuerza de mis trabajos. Pero si mi Dulcinea del Toboso saliese de los que padece, mejorándose mi ventura y adobándoseme el juicio, podría ser que encaminase mis pasos por mejor camino del que llevo."

"Dios lo oiga y el pecado sea sordo," dijo Sancho a esta ocasión.

Admiráronse los hombres así de la figura como de las razones de don Quijote, sin entender la mitad de lo que en ellas decir quería. Acabaron de comer, cargaron con sus imágines y despidiéndose de don Quijote, siguieron su viaje.

Quedó Sancho de nuevo como si jamás hubiera conocido a su señor, admirado de lo que sabía, pareciéndole que no debía de haber historia en el mundo, ni suceso que no lo tuviese cifrado en la uña y clavado en la memoria, y díjole: "En verdad, señor nuestramo,° que si esto que nos ha sucedido hoy se puede llamar aventura, ella ha sido de las más suaves y dulces que en todo el discurso de nuestra peregrinación nos ha sucedido. Della habemos salido sin palos y sobresalto alguno, ni hemos echado mano a las espadas, ni hemos batido la tierra con los cuerpos, ni quedamos hambrientos. ¡Bendito sea Dios, que tal° me ha dejado ver con mis propios ojos!"

"Tú dices bien, Sancho," dijo don Quijote, "pero has de advertir que no todos los tiempos son unos ni corren de una misma suerte, y esto que el vulgo suele llamar comúnmente agüeros, que no se fundan sobre natural razón alguna, del que es discreto han de ser tenidos y juzgados por buenos acontecimientos. Levántase uno destos agoreros° por la mañana, sale de su casa, encuéntrase con un fraile de la Orden del bienaventurado San Francisco,[9] y como si hubiera encontrado con un grifo,° vuelve las espaldas, y vuélvese a su casa. Derrámasele al otro Mendoza[10] la sal encima de la mesa, y derrámasele a él la melancolía por el corazón, como si estuviese obligada la naturaleza a dar señales de las venideras desgracias con cosas tan de poco momento° como las referidas. El discreto y cristiano no ha de

in a secular way

nuestro amo

such a thing

soothsayers

griffin

importance

---

[7] **De catedrático y maestro...** *Christ himself was his professor and master to teach him.* See Galatians 4:11-12 for the biblical reference.

[8] Matthew 11:12: "Ever since the coming of John the Baptist the kingdom of Heaven has been subjected to violence..."

[9] There was a superstition in Spain that running across a priest was a bad omen. The Franciscan religious order was founded by St. Francis of Assisi in the early thirteenth century. (For these superstitions, see Rodríguez Marín, vol. IX, p. 200).

[10] The Mendoza family is well documented as being superstitious, to the point where **mendocino** used to mean *superstitious.* See Gaos. vol. II, p. 805, n. 112.

andar en puntillos° con lo que quiere hacer el cielo. Llega Cipión[11] a África,   small points
tropieza en saltando en tierra, tiénenlo por mal agüero sus soldados, pero él,
abrazándose con el suelo, dijo, «No te me podrás huir, África, porque te
tengo asida y entre mis brazos». Así que, Sancho, el haber encontrado con
estas imágines ha sido para mi felicísimo acontecimiento."

    "Yo así lo creo," respondió Sancho, "y querría que vuesa merced me
dijese qué es la causa porque dicen los españoles cuando quieren dar alguna
batalla, invocando aquel San Diego Matamoros, «¡Santiago, y cierra
España!» ¿Está por ventura España abierta, y de modo que es menester
cerrarla, o qué ceremonia es ésta?"[12]

    "Simplicísimo eres, Sancho," respondió don Quijote, "y mira que este
gran caballero de la cruz bermeja[13] háselo dado Dios a España por patrón
y amparo suyo,[14] especialmente en los rigurosos trances que con los moros
los españoles han tenido, y así le invocan° y llaman como a defensor suyo   invoke
en todas las batallas que acometen, y muchas veces le han visto
visiblemente en ella, derribando, atropellando, destruyendo y matando los
agarenos escuadrones, y desta verdad se pudiera traer muchos ejemplos que
en las verdaderas historias españolas se cuentan."

'Mudó Sancho plática° y dijo a su amo: "Maravillado estoy, señor, de   Sancho changed the
la desenvoltura de Altisidora, la doncella de la duquesa. Bravamente° la   subject; fiercely
debe de tener herida y traspasada aquel que llaman Amor, que dicen que es
un rapaz cegüezuelo que, con estar lagañoso,° o por mejor decir, sin vista,   bleary-eyed
si toma por blanco un corazón, por pequeño que sea, le acierta y traspasa de
parte a parte con sus flechas. He oído decir también que en la vergüenza°   timidity, dull
y recato de las doncellas 'se despuntan° y embotan las amorosas saetas. Pero
en esta Altisidora más parece que 'se aguzan° que despuntan."   sharpen

    "Advierte, Sancho," dijo don Quijote, "que el Amor ni mira respetos
ni guarda términos de razón en sus discursos, y tiene la misma condición
que la muerte, que así acomete los altos alcázares de los reyes como las
humildes chozas de los pastores, y cuando toma entera posesión de una
alma, lo primero que hace es quitarle el temor y la vergüenza. Y así sin ella°   i.e., sin vergüenza
declaró Altisidora sus deseos, que engendraron en mi pecho antes confusión
que lástima."

    "Crueldad notoria," dijo Sancho, "desagradecimiento inaudito. Yo de mí
sé decir que me rindiera y avasallara° la más mínima razón amorosa suya.   I would submit to
¡Hideputa, y qué corazón de mármol, qué entrañas de bronce y que alma de
argamasa! Pero no puedo pensar qué es lo que vio esta doncella en vuesa
merced que así la rindiese y avasallase—qué gala, qué brío, qué donaire, qué
rostro, qué cada cosa por sí destas, o todas juntas, le enamoraron. Que en
verdad en verdad que muchas veces me paro a mirar a vuesa merced desde la

---

[11] Scipio Africanus (263–186 B.C.), was the celebrated Roman general who defeated
Hannibal in 202 B.C., thus ending the Second Punic War. The quotation that follows about
holding Africa in his arms is also attributed to Cæsar.

[12] See Part II, Chapter 4, p. 462, l. 21, where Sancho uses this expression while talking
with Sansón, seemingly with full understanding.

[13] Santiago's shield is white with a red cross on it.

[14] **Dios le ha dado a España [a] este gran caballero de la cruz bermeja por patrón
y amparo suyo**

punta del pie hasta el último cabello de la cabeza, y que veo más cosas para espantar que para enamorar. Y habiendo yo también oído decir que la hermosura es la primera y principal parte que enamora, no teniendo vuesa merced ninguna, no sé yo de qué se enamoró la pobre."

5   "Advierte, Sancho," respondió don Quijote, "que hay dos maneras de hermosura—una del alma, y otra del cuerpo; la del alma campea y se muestra en el entendimiento, en la honestidad, en el buen proceder, en la liberalidad y en la buena crianza, y todas estas partes caben y pueden estar en un hombre feo, y cuando se pone la mira en esta hermosura y no en la del
10   cuerpo, suele nacer el amor con ímpetu y con ventajas. Yo, Sancho, bien veo que no soy hermoso, pero también conozco que no soy disforme, y bástale a un hombre de bien no ser monstruo para ser bien querido, como°   as long as
tenga los dotes° del alma que te he dicho."   qualities

En estas razones y pláticas se iban entrando por una selva que fuera del
15   camino estaba, y a deshora, 'sin pensar en ello,° se halló don Quijote   without realizing it
enredado° entre unas redes de hilo verde, que desde unos árboles a otros   tangled
estaban tendidas.

Y sin poder imaginar qué pudiese ser aquello, dijo a Sancho: "Paréceme, Sancho, que esto destas redes debe de ser una de las más nuevas
20   aventuras que pueda° imaginar. Que me maten si los encantadores que me   = se pueda
persiguen no quieren enredarme° en ellas, y detener mi camino, como en   tangle me
venganza de la riguridad° que con Altisidora he tenido. Pues mándoles° yo   harshness, I guaran-
que aunque estas redes, si como son hechas de hilo verde fueran de   tee them
durísimos diamantes, o más fuertes que aquella con que el celoso dios de
25   los herreros[15] enredó a Venus y a Marte,[16] así la rompiera como si fuera de
juncos marinos° o de hilachas° de algodón."   marine, threads

Y queriendo pasar adelante y romperlo todo, al improviso se le ofrecieron delante, saliendo de entre unos árboles, dos hermosísimas pastoras—a lo menos, vestidas como pastoras—sino que los pellicos y sayas
30   eran de fino brocado, digo, que las sayas eran riquísimos faldellines° de   short skirts
tabí° de oro. Traían los cabellos sueltos por las espaldas, que en rubios°   silk fabric, blondness
podían competir con los rayos del mismo sol, los cuales se coronaban con
dos guirnaldas, de verde laurel y de rojo amaranto[17] tejidas. La edad, al
parecer, ni bajaba de los quince, ni pasaba de los diez y ocho. Vista fue ésta
35   que admiró a Sancho, suspendió a don Quijote, hizo parar al sol en su
carrera para verlas, y tuvo en maravilloso silencio a todos cuatro.

En fin, quien primero habló fue una de las dos zagalas, que dijo a don Quijote: "Detened, señor caballero, el paso, y no rompáis las redes, que no para daño vuestro, sino para nuestro pasatiempo ahí están tendidas. Y
40   porque sé que nos habéis de preguntar para qué se han puesto, y quién somos, os lo quiero decir en breves palabras. En una aldea que está hasta dos leguas de aquí, donde hay mucha gente principal y muchos hidalgos y ricos, entre muchos amigos y parientes se concertó que con sus hijos,

---

[15] The god of the blacksmiths is Vulcan.

[16] Vulcan was Venus' husband and captured her with her lover Mars to the shame of both.

[17] Amaranth is a weed with a showy flower. Silvia Iriso says that the combination of laurel and amaranth symbolize immortal fame or beauty.

mujeres y hijas, vecinos, amigos y parientes nos viniésemos a holgar a este sitio, que es uno de los más agradables de todos estos contornos, formando entre todos una nueva y pastoril Arcadia, vistiéndonos las doncellas de zagalas, y los mancebos de pastores. Traemos estudiadas dos églogas, una del famoso poeta Garcilaso, y otra del excelentísimo Camões,[18] en su misma lengua portuguesa, las cuales hasta agora no hemos representado. Ayer fue el primero día que aquí llegamos. Tenemos entre estos ramos plantadas°   set up algunas tiendas que dicen se llaman «de campaña», en el margen de un abundoso arroyo que todos estos prados fertiliza.° Tendimos la noche   nourishes pasada estas redes de estos árboles, para engañar los simples pajarillos que, ojeados° con nuestro ruido, vinieren a dar° en ellas. Si gustáis, señor, de ser   frightened, get caught nuestro huésped, seréis agasajado liberal y cortésmente, porque por agora en este sitio no ha de entrar la pesadumbre ni la melancolía."

Calló y no dijo más. A lo que respondió don Quijote: "Por cierto, hermosísima señora, que no debió de quedar más suspenso ni admirado Anteón[19] cuando vio al improviso bañarse en las aguas a Diana, como yo he quedado atónito en ver vuestra belleza. Alabo el asumpto de vuestros entretenimientos, y el de vuestros ofrecimimentos agradezco, y si os puedo servir, con seguridad de ser obedecidas, me lo podéis mandar, porque no es ésta[20] la profesión mía, sino de mostrarme agradecido y bienhechor° con   being kind todo género de gente, en especial, con la principal que vuestras personas representan, y 'si como° estas redes, que deben de ocupar algún pequeño   **como si** espacio, ocuparan toda la redondez de la tierra, buscara yo nuevos mundos por do pasar, sin romperlas. Y porque deis algún crédito a esta mi exageración, ved que os lo promete 'por lo menos° don Quijote de la   nothing less than Mancha, si es que ha llegado a vuestros oídos este nombre."

"¡Ay, amiga de mi alma," dijo entonces la otra zagala, "y qué ventura tan grande nos ha sucedido! ¿Ves este señor que tenemos delante? Pues hágote saber que es el más valiente y el más enamorado y el más comedido que tiene el mundo, si no es que nos miente y nos engaña una historia que de sus hazañas anda impresa y yo he leído. Yo apostaré que este buen hombre que viene consigo[21] es un tal Sancho Panza, su escudero, a cuyas gracias no hay ningunas que se le igualen."

"Así es la verdad," dijo Sancho, "que yo soy ese gracioso y ese escudero que vuesa merced dice, y este señor es mi amo, el mismo don Quijote de la Mancha historiado° y referido.°"   historiated, told of

"¡Ay!" dijo la otra "supliquémosle, amiga, que se quede. Que nuestros padres y nuestros hermanos gustarán infinito dello. Que también he oído yo

---

[18] Luis de Camões (*ca.* 1524–d. 1580) is Portugal's national poet, the author of *Os Lusíadas*, an epic poem which tells of the major events in Portuguese history. However, the girl in this episode is doubtless going to recite one of his 16 eclogues from the collection of *Rimas* (1598), and not anything from *Os Lusíadas*.

[19] Actæon was a hunter in Greek mythology. He spied on Artemis (Diana) when she was bathing naked, and she turned him into a stag, whereupon he was promptly devoured by his own hunting dogs.

[20] Schevill and others have changed this to **otra** which is what it means, of course. Gaos suggests this implied meaning: **no es sino esta de…**

[21] **Con él—consigo** would be correct in current Portuguese. You will see this used again in Chapter 60.

decir de su valor y de sus gracias lo mismo que tú me has dicho, y sobre todo, dicen dél que es el más firme y más leal enamorado que se sabe, y que su dama es una tal Dulcinea del Toboso, a quien en toda España la dan la palma de la hermosura."

5   "Con razón se la dan," dijo don Quijote, "si ya no lo pone en duda vuestra sin igual belleza. No 'os canséis,° señoras, en detenerme, porque las precisas obligaciones de mi profesión no me dejan reposar en ningún cabo.°"   bother / place

Llegó en esto donde los cuatro estaban un hermano de una de las dos
10   pastoras, vestido asimismo de pastor, con la riqueza° y galas que a las de las   richness
zagalas correspondía. Contáronle ellas que el que con ellas estaba era el valeroso don Quijote de la Mancha, y el otro su escudero Sancho, de quien tenía él ya noticia por haber leído su historia. Ofreciósele el gallardo pastor, pidióle que se viniese con él a sus tiendas. Húbolo de conceder don Quijote,
15   y así lo hizo.

Llegó, en esto, el ojeo,° llenáronse las redes de pajarillos diferentes,   "beating"
que, engañados de la color de las redes caían en el peligro de que iban huyendo. Juntáronse° en aquel sitio más de treinta personas, todas   gathered together
bizarramente de pastores y pastoras vestidas, y en un instante quedaron
20   enteradas de quienes eran don Quijote y su escudero, de que no poco contento recibieron, porque ya tenían dél noticia por su historia. Acudieron a las tiendas, hallaron las mesas puestas, ricas, abundantes y limpias. Honraron a don Quijote, dándole el primer lugar en ellas.°   = las mesas

Mirábanle todos y admirábanse de verle. Finalmente, alzados los
25   manteles, con gran reposo alzó don Quijote la voz, y dijo: "Entre los pecados mayores que los hombres cometen, aunque algunos dicen que es la soberbia, yo digo que es el desagradecimiento, ateniéndome a lo que suele decirse, que de los desagradecidos está lleno el infierno. Este pecado, en cuanto me ha sido posible, he procurado yo huir desde el instante que tuve
30   uso de razón. Y si no puedo pagar las buenas obras que me hacen con otras obras, pongo en su lugar los deseos de hacerlas. Y cuando éstos° no bastan,   = estos *deseos*
las publico, porque quien dice y publica las buenas obras que recibe, también las recompensara con otras, si pudiera, porque, por la mayor parte los que reciben son inferiores a los que dan,[22] y así es Dios sobre todos,
35   porque es dador sobre todos, y no pueden corresponder las dádivas del hombre a las de Dios con igualdad, por infinita distancia. Y esta estrecheza y cortedad, en cierto modo, la suple el agradecimiento.

"Yo, pues, agradecido a la merced que aquí se me ha hecho, no pudiendo corresponder 'a la misma medida,° conteniéndome en los   in kind
40   estrechos límites de mi poderío, ofrezco lo que puedo y lo que tengo de mi cosecha, y así digo, que sustentaré dos días naturales,° en metad de ese   whole
camino real que va a Zaragoza, que estas señoras zagalas contrahechas° que   pretend
aquí están son las más hermosas doncellas, y más corteses, que hay en el mundo, excetando[23] sólo a la sin par Dulcinea del Toboso, única señora de

---

[22] **Los que reciben...** *those [people] who receive are of lower social standing than those who give*

[23] The original has **excetado** seemingly an error for **exceptando** *except* which Schevill corrects.

mis pensamientos, con paz sea dicho de cuantos y cuantas me escuchan."[24]
Oyendo lo cual Sancho, que con grande atención le había estado
escuchando, dando una gran voz, dijo: "¿Es posible que haya en el mundo
personas que se atrevan a decir y a jurar que este mi señor es loco? Digan
vuesas mercedes señores pastores, ¿hay cura de aldea, por discreto y por   studious
estudiante° que sea, que pueda decir lo que mi amo ha dicho, ni hay
caballero andante, por más fama que tenga de valiente, que pueda ofrecer
lo que mi amo aquí ha ofrecido?"

Volvióse don Quijote a Sancho, y encendido el rostro, y colérico, le
dijo: "¿Es posible, ¡oh Sancho! que haya en todo el orbe alguna persona
que diga que no eres tonto, aforrado° de lo mismo, con no sé qué ribetes[25]   lined
de malicioso y de bellaco? ¿Quién te mete a ti en mis cosas, y en averiguar
si soy discreto o majadero? Calla y no me repliques, sino ensilla, si está
desensillado° Rocinante. Vamos a poner en efecto mi ofrecimiento. Que con   unsaddled
la razón que va de mi parte, puedes dar por vencidos a todos cuantos
quisieren contradecirla."

Y con gran furia y muestras de enojo se levantó de la silla, dejando
admirados a los circunstantes, haciéndoles dudar si le podían tener por loco,
o por cuerdo. Finalmente, habiéndole persuadido que no se pusiese en tal
demanda, que ellos daban por bien conocida su agradecida voluntad, y que
no eran menester nuevas demostraciones para conocer su ánimo valeroso,
pues bastaban las que en la historia de los hechos se referían, con todo esto,
salió don Quijote con su intención, y puesto sobre Rocinante, embrazando
su escudo y tomando su lanza, se puso en la mitad de un real camino que
no lejos del verde prado estaba. Siguióle Sancho sobre su rucio, con toda
la gente del pastoral rebaño, deseosos de ver en qué paraba su arrogante y
nunca visto ofrecimiento.

Puesto, pues, don Quijote en mitad del camino, como os he dicho,
hirió° el aire con semejantes palabras: "¡Oh vosotros, pasajeros y   pierced
viandantes,° caballeros, escuderos, gente de a pie y de a caballo que por   passers by
este camino pasáis o habéis de pasar en estos dos días siguientes, sabed que
don Quijote de la Mancha, caballero andante, está aquí puesto para defender
que a todas las hermosuras y cortesías del mundo exceden las que se
encierran en las ninfas habitadoras destos prados y bosques, dejando a un
lado a la señora de mi alma, Dulcinea del Toboso. Por eso, el que fuere de
parecer contrario, acuda. Que aquí le espero!"

Dos veces repitió estas mismas razones, y dos veces no fueron oídas
de ningún aventurero. Pero la suerte, que sus cosas iba encaminando 'de
mejor en mejor,° ordenó, que de allí a poco se descubriese por el camino   better and better
muchedumbre de hombres de a caballo, y muchos dellos con lanzas en las
manos, caminando todos apiñados° de tropel y a gran priesa. No los   crowded together
hubieron bien visto los que con don Quijote estaban, cuando volviendo las
espaldas se apartaron bien lejos del camino, porque conocieron que si
esperaban les podía suceder algún peligro. Sólo don Quijote, con intrépido
corazón, se estuvo quedo, y Sancho Panza se escudó con las ancas de
Rocinante.

---

[24] **Con paz...** was a common way to end a speech courteously.

[25] **Aforrado** and **ribetes** *trimming* are dressmaker's terms.

Llegó el tropel de los lanceros,° y uno dellos que venía más delante, a   men with lances
grandes voces comenzó a decir a don Quijote: "¡Apártate, hombre del diablo,
del camino—que te harán pedazos estos toros!"

"¡Ea, canalla," respondió don Quijote, "para mí no hay toros que valgan,
5 aunque sean de los más bravos que cría° Jarama[26] en sus riberas! Confesad,   raises
malandrines, así, a carga cerrada, que es verdad lo que yo aquí he publicado,
si no, conmigo sois en batalla."

No tuvo lugar de responder el vaquero, ni don Quijote le tuvo de
desviarse, aunque quisiera. Y así el tropel de los toros bravos y el de los
10 mansos cabestros,° con la multitud de los vaqueros y otras gentes que a   leading oxen
encerrar los llevaban a un lugar donde otro día habían de correrse, pasaron
sobre don Quijote y sobre Sancho, Rocinante y el rucio, dando con todos ellos
en tierra, echándole a rodar por el suelo. Quedó molido Sancho, espantado
don Quijote, aporreado el rucio y no muy católico Rocinante. Pero, en fin, se
15 levantaron todos, y don Quijote a gran priesa, tropezando aquí y cayendo allí,
comenzó a correr tras la vacada, diciendo a voces: "¡Deteneos y esperad,
canalla malandrina. Que un solo caballero os espera, el cual no tiene
condición, ni es de parecer de los que dicen que al enemigo que huye, hacerle
la puente de plata!"[27]

20   Pero no por eso se detuvieron los apresurados corredores, ni hicieron más
caso de sus amenazas que de las nubes de antaño. Detúvole el cansancio a don
Quijote, y más enojado que vengado se sentó en el camino, esperando a que
Sancho, Rocinante y el rucio llegasen. Llegaron, volvieron a subir amo y
mozo, y sin volver a despedirse de la Arcadia fingida o contrahecha y con más
25 vergüenza que gusto, siguieron su camino.

[26] The Jarama River flows south into the Tajo River, a bit to the east of Madrid. Clemencín says that it was held that the pasturage in the Jarama Valley contributed to the
fierceness of these bulls.

[27] See Part I, Chapter 18, p. 127, n. 24.

Capítulo LIX. *Donde se cuenta del extraordinario suceso, que se puede tener por aventura, que le sucedió a don Quijote.*

AL POLVO y al cansancio que don Quijote y Sancho sacaron del
descomedimiento de los toros socorrió una fuente clara y limpia que
entre una fresca arboleda° hallaron, en el margen de la cual, dejando libres   wooded area
sin jáquima y freno al rucio y a Rocinante, los dos asendereados amo y
mozo se sentaron. Acudió Sancho a la repostería° de sus alforjas, y dellas   larder
sacó de lo que él solía llamar condumio.° Enjuagóse° la boca, lavóse don   ordinary food, rinsed
Quijote el rostro, con cuyo refrigerio cobraron aliento los espíritus
desalentados.° No comía don Quijote de puro pesaroso, ni Sancho no osaba   discouraged
tocar a los manjares que delante tenía, de puro comedido y esperaba a que
su señor 'hiciese la salva.° Pero viendo que, llevado de sus imaginaciones,   had the first bite
no se acordaba de llevar el pan a la boca, no abrió la suya, y atropellando
por todo género de crianza, comenzó a embaular en el estómago el pan y
queso que se le ofrecía.

"Come, Sancho amigo," dijo don Quijote, "sustenta la vida, que más
que a mí te importa, y déjame morir a mí a manos de mis pensamientos y
a fuerzas de mis desgracias. Yo, Sancho, nací para vivir muriendo, y tú para
morir comiendo, y porque veas que te digo verdad en esto, considérame
impreso en historias, famoso en las armas, comedido en mis acciones,
respetado de príncipes, solicitado de doncellas. Al cabo al cabo cuando
esperaba palmas, triunfos y coronas granjeadas y merecidas por mis
valerosas hazañas, me he visto esta mañana pisado y acoceado y molido de
los pies de animales inmundos° y soeces. Esta consideración° me embota   filthy, thought
los dientes, entorpece las muelas y entomece las manos y quita de todo en
todo la gana del comer, de manera que pienso dejarme morir de hambre—
muerte la más cruel de las muertes."

"Desa manera," dijo Sancho, sin dejar de mascar apriesa, "no aprobará
vuesa merced aquel refrán que dicen «muera Marta, y muera harta». Yo, a
lo menos, no pienso matarme a mí mismo. Antes pienso hacer como el
zapatero, que tira el cuero con los dientes hasta que le hace llegar donde él
quiere. Yo tiraré mi vida comiendo hasta que llegue al fin que le tiene
determinado el cielo, y sepa, señor, que no hay mayor locura que la que
toca en querer desesperarse como vuesa merced, y créame y después de
comido, 'échese a dormir° un poco sobre los colchones verdes destas   go to sleep
hierbas, y verá como cuando despierte se halla algo más aliviado."

Hízolo así don Quijote, pareciéndole que las razones de Sancho más
eran de filósofo que de mentecato, y díjole: "Si tú, ¡oh Sancho! quisieses
hacer por mí lo que yo ahora te diré, serían mis alivios más ciertos y mis
pesadumbres no tan grandes, y es que mientras yo duermo, obedeciendo tus
consejos, tú te desviases un poco lejos de aquí, y con las riendas de
Rocinante, echando al aire tus carnes, te dieses trecientos o cuatrocientos
azotes a buena cuenta de los tres mil y tantos que te has de dar por el
desencanto de Dulcinea. Que es lástima no pequeña que aquella pobre
señora esté encantada por tu descuido y negligencia."

"Hay mucho que decir en eso," dijo Sancho "durmamos por ahora
entrambos, y después, Dios dijo lo que será. Sepa vuesa merced que esto

de azotarse un hombre a sangre fría es cosa recia, y más si caen los azotes
sobre un cuerpo mal sustentado y peor comido. Tenga paciencia mi señora
Dulcinea. Que cuando menos se cate, me verá hecho una criba° de azotes.   sieve
Y hasta la muerte todo es vida, quiero decir que aún yo la tengo, junto con
5   el deseo de cumplir con lo que he prometido."
　　Agradeciéndoselo don Quijote, comió algo, y Sancho mucho, y
echáronse a dormir entrambos, dejando a su albedrío y sin orden alguna
pacer del abundosa hierba de que aquel prado estaba lleno a los dos
continuos compañeros y amigos Rocinante y el rucio. Despertaron algo
10   tarde, volvieron a subir y a seguir su camino, dándose priesa para llegar a
una venta, que, al parecer, una° legua de allí se descubría. Digo que era   *a una*
venta, porque don Quijote la llamó así, fuera del uso que tenía de llamar a
todas las ventas castillos.
　　Llegaron, pues, a ella, preguntaron al huésped si había posada. Fueles
15   respondido que sí, con toda la comodidad y regalo que pudiera hallar en
Zaragoza. Apeáronse, y recogió Sancho su repostería en un aposento, de
quien el huésped le dio la llave. Llevó las bestias a la caballeriza, echóles
sus piensos, salió a ver lo que don Quijote, que estaba sentado sobre un
poyo, le mandaba, dando particulares gracias al cielo de que a su amo no
20   le hubiese parecido castillo aquella venta.
　　Llegóse la hora del cenar, recogiéronse a su estancia. Preguntó Sancho
al huésped que qué tenía para darles de cenar. A lo que el huésped
respondió que su boca sería medida,[1] y así que pidiese lo que quisiese. Que
de las pajaricas° del aire, de las aves de la tierra y de los pescados del mar   little birds
25   estaba proveída aquella venta.
　　"No es menester tanto," respondió Sancho, "que con un par de pollos°   chickens
que nos ase, tendremos lo suficiente, porque mi señor es delicado y come
poco, y no soy tragantón° en demasía."   glutton
　　Respondióle el huésped que no tenía pollos, porque los milanos[2] los
30   tenían asolados.°   devastated
　　"Pues mande el señor huésped," dijo Sancho, "asar una polla° que sea   young hen
tierna."
　　"¿Polla? ¡Mi padre!" respondió el huésped, "en verdad en verdad que
envié ayer a la ciudad a vender más de cincuenta. Pero fuera de pollas pida
35   vuesa merced lo que quisiere."
　　"Desa manera," dijo Sancho, "no faltará ternera o cabrito."
　　"En casa, por ahora," respondió el huésped, "no lo hay, porque se ha
acabado. Pero la semana que viene lo habrá de sobra."
　　"¡Medrados estamos con eso!" repondió Sancho, "yo pondré que se
40   vienen a resumirse todas estas faltas en las sobras que debe de haber de
tocino y huevos."
　　"Por Dios," respondió el huésped, "que es gentil relente el que mi huésped
tiene, pues hele dicho que ni tengo pollas ni gallinas, y quiere que tenga
huevos. Discurra, si quisiere, por otras delicadezas, y déjese de pedir gallinas."

---

[1] **Que su boca...** *that he ask for whatever he wanted*
[2] **Milanos** *kites* are hawklike birds of prey, generally eating rodents, snails, and small
reptiles. I don't think that a European kite can handle a chicken.

"Resolvámonos, cuerpo de mí," dijo Sancho, "y dígame finalmente lo que tiene, y déjese de discurrimientos,° señor huésped."   *discussions*

Dijo el ventero: "Lo que real y verdaderamente tengo son dos 'uñas de vaca° que parecen manos de ternera, o dos manos de ternera que parecen   *cows' feet*

5 uñas de vaca. Están cocidas, con sus garbanzos, cebollas y tocino, y la hora de ahora están diciendo, «Coméme,° coméme!»"   *rustic* ¡**comedme!**

"'Por mías las marco desde aquí,°" dijo Sancho, "y nadie las toque. Que   I claim them now yo las pagaré mejor que otro, porque para mí ninguna otra cosa pudiera esperar de más gusto, y 'no se me daría nada° que fuesen manos como   it makes no differ-

10 fuesen uñas."   ence

"Nadie las tocará," dijo el ventero, "porque otros huéspedes que tengo, de puro principales, traen consigo cocinero, despensero° y repostería."   *steward*

"Si por principales va," dijo Sancho, "ninguno más que mi amo. Pero el oficio que él trae no permite despensas° ni botillerías.° Ahí nos tendemos   provisions, provisions

15 en mitad de un prado, y nos hartamos de bellotas o de nísperos.°"   crabapple-like fruit

Ésta fue la plática que Sancho tuvo con el ventero, sin querer Sancho pasar adelante en responderle. Que ya le había preguntado qué oficio o qué ejercicio era el de su amo.

Llegóse, pues, la hora de cenar, recogióse a su estancia don Quijote,

20 trujo el huésped la olla así como estaba, y sentóse a cenar muy de propósito. Parece ser que en otro aposento que junto al de don Quijote estaba, que no le dividía más que un sutil tabique,° oyó decir don Quijote: "Por vida de   *partition* vuesa merced, señor don Jerónimo, que en tanto que trae° la cena leamos   *se* **trae** otro capítulo de la *Segunda Parte de don Quijote de la Mancha*."[3]

25 Apenas oyó su nombre don Quijote, cuando se puso en pie, y con oído alerto escuchó lo que dél trataban, y oyó que el tal don Jerónimo referido respondió: "¿Para qué quiere vuesa merced, señor don Juan, que leamos estos disparates si el que hubiere leído la primera parte de la historia de don Quijote de la Mancha no es posible que pueda tener gusto en leer esta

30 segunda?"

"Con todo eso," dijo el don Juan, "será bien leerla, pues no hay libro tan malo que no tenga alguna cosa buena.[4] Lo que a mí en éste más desplace es que pinta a don Quijote ya desenamorado° de Dulcinea del Toboso."[5]   out of love

Oyendo lo cual don Quijote, lleno de ira y de despecho, alzó la voz, y dijo:

35 "Quienquiera que dijere que don Quijote de la Mancha ha olvidado, ni puede olvidar a Dulcinea del Toboso, yo le haré entender con armas iguales que va muy lejos de la verdad, porque la sin par Dulcinea del Toboso ni puede ser olvidada, ni en don Quijote puede caber olvido. Su blasón° es la firmeza, y su profesión el   honor guardarla con suavidad y sin hacerse fuerza alguna."

---

[3] The real title of this book by Avellaneda is *Segundo tomo del ingenioso hidalgo don Quijote de la Mancha*. This is not a real error, of course, since don Juan is just identifying the book as well as he can remember the title.

[4] See Part II, Chapter 3, p. 458, n. 35, where Sansón refers to the same quotation by Pliny the Elder.

[5] See the Clásicos Castellanos edition of Avellaneda edited by Martín de Riquer, Chapter II, in vol. I at p. 63, l. 17, where the false Don Quijote declares this.

"¿Quién es el que nos responde?" respondieron del otro aposento.

"¿Quién ha de ser," respondió Sancho, "sino el mismo don Quijote de la Mancha, que hará bueno cuanto ha dicho, y aun cuanto dijere? Que al buen pagador no le duelen prendas."

5 Apenas hubo dicho esto Sancho, cuando entraron por la puerta de su aposento dos caballeros, que tales lo parecían, y uno dellos, echando los brazos al cuello de don Quijote, le dijo: "Ni vuestra presencia puede desmentir vuestro nombre, ni vuestro nombre puede no acreditar vuestra presencia. Sin duda vos, señor, sois el verdadero don Quijote de la Mancha,
10 norte y lucero de la andante caballería, a despecho y pesar del que ha querido usurpar vuestro nombre y aniquilar vuestras hazañas, como lo ha hecho el autor deste libro que aquí os entrego."

Y poniéndole un libro en las manos, que traía su compañero, le tomó don Quijote, y sin responder palabra, comenzó a hojearle, y de allí a un
15 poco se le volvió, diciendo: "En esto poco que he visto he hallado tres cosas en este autor, dignas de reprehensión. La primera es algunas palabras que he leído en el prólogo.[6] La otra, que el lenguaje es aragonés, porque 'tal vez° escribe sin artículos.[7] Y la tercera, que más le confirma por ignorante,   at times
es que yerra y se desvía de la verdad en lo más principal de la historia,
20 porque aquí dice que la mujer de Sancho Panza mi escudero se llama Mari Gutiérrez,[8] y no llama tal, sino Teresa Panza. Y quien en esta parte tan principal yerra, bien se podrá temer que yerra en todas las demás de la historia."

A esto dijo Sancho:
25 "¡Donosa cosa de historiador! ¡Por cierto, bien debe de estar en el cuento de nuestros sucesos, pues llama a Teresa Panza, mi mujer, Mari Gutiérrez! 'Torne a tomar el libro,° señor, y mire si ando yo por ahí, y si   take your book back
me ha mudado el nombre."

"Por lo que he oído hablar, amigo," dijo don Jerónimo, "sin duda
30 debéis de ser Sancho Panza, el escudero del señor don Quijote."

"Sí, soy," respondió Sancho, "y me precio dello."

"Pues a fe," dijo el caballero, "que no os trata este autor moderno con la limpieza que en vuestra persona se muestra. Píntaos comedor° y simple,   glutton
y no nada gracioso, y muy otro del Sancho que en la primera parte de la
35 historia de vuestro amo se describe."

"Dios se lo perdone," dijo Sancho, "dejárame° en mi rincón, sin   he should have left
acordarse de mí porque quien las sabe las tañe, y bien se está San Pedro en   me
Roma."

Los dos caballeros pidieron a don Quijote se pasase a su estancia a
40 cenar con ellos, que bien sabían que en aquella venta no había cosas pertenecientes° para su persona. Don Quijote, que siempre fue comedido,   appropriate
condecendió con su demanda, y cenó con ellos. Quedóse Sancho con la olla con mero mixto imperio.[9] Sentóse en cabecera de mesa, y con él el ventero,

---

[6] These gratuitous insults have already been discussed in the **Prólogo**, p, 433, n. 3.

[7] There are really no missing articles in Avellaneda's book.

[8] In Part I, Chapter 7, p. 60, l. 24, Sancho himself calls his wife Mari Gutiérrez, one of several variants.

[9] **Con mero...** *with full power over it [the stew]*

que no menos que Sancho estaba de sus manos y de sus uñas aficionado.

En el discurso de la cena preguntó don Juan a don Quijote qué nuevas tenía de la señora Dulcinea del Toboso, si se había casado, si 'estaba parida° o preñada, o si estando en su entereza se acordaba—guardando su 5 honestidad y buen decoro—de los amorosos pensamientos del señor don Quijote.

A lo que él respondió: "Dulcinea se está entera,° y mis pensamientos más firmes que nunca. Las correspondencias, en su sequedad antigua. Su hermosura, en la de una soez labradora transformada."

10 Y luego les fue contando punto por punto el encanto de la señora Dulcinea, y lo que le había sucedido en la cueva de Montesinos, con la orden que el sabio Merlín le había dado, para desencantarla, que fue la de los azotes de Sancho.

Sumo fue el contento que los dos caballeros recibieron de oír contar a 15 don Quijote los estraños sucesos de su historia, y así quedaron admirados de sus disparates, como del elegante modo con que los contaba. Aquí le tenían por discreto, y allí se les deslizaba por mentecato, sin saber determinarse qué grado le darían entre la discreción y la locura.

Acabó de cenar Sancho, y dejando 'hecho equis° al ventero, se pasó a 20 la estancia de su amo,[10] y en entrando, dijo: "Que me maten, señores, si el autor deste libro que vuesas mercedes[11] tienen quiere que no comamos buenas migas juntos.[12] Yo querría que ya que me llama comilón, como vuesas mercedes dicen, no me llamase también borracho."[13]

"Sí, llama," dijo don Jerónimo, "pero no me acuerdo en qué manera, 25 aunque sé que son malsonantes° las razones, y además, mentirosas, según 'yo echo de ver° en la fisonomía del buen Sancho, que está presente."

"Créanme vuesas mercedes," dijo Sancho, "que el Sancho y el don Quijote desa historia deben de ser otros que los que andan en aquella que compuso Cide Hamete Benengeli, que somos nosotros—mi amo, valiente, 30 discreto y enamorado, y yo, simple, gracioso, y no comedor ni borracho."

"Yo así lo creo," dijo don Juan, "y si fuera posible, se había de mandar que ninguno fuera osado a tratar de las cosas del gran don Quijote, si no fuese Cide Hamete su primer autor. Bien así como mandó Alejandro que ninguno fuese osado a retratarle sino Apeles."[14]

35 "Retráteme el que quisiere," dijo don Quijote, "pero no me maltrate. Que muchas veces suele caerse la paciencia cuando la cargan de injurias."

"Ninguna," dijo don Juan, "se le puede hacer al señor don Quijote, de quien él no se pueda vengar, si no la repara° en el escudo de su paciencia,

had given birth

virgin

drunk

offensive
I can see

ward off

---

[10] That is, to the room where Don Quijote was, that of don Juan and don Jerónimo.

[11] In the orignal, **mercedes** was omitted, doubtless by mistake, restored by all editors.

[12] **"Que me maten...** *May they kill me, gentlemen, if the author of that book you have doesn't want to be my friend.* **Hacer/comer migas** refers to *being friends.*

[13] **Yo quería...** *Now that he has called me a glutton I'd like it if he didn't also call me a drunk.*

[14] It is true that Apelles did paint a portrait of Alexander holding a lightning bolt (neither it nor any copy survives), but I am not certain that Alexander wanted to be painted only by him. In Part II, Chapter 32, p. 635, n. 14, you read that Alexander wanted only Lysippus to *sculpt* him.

que, a mi parecer, es fuerte y grande."

En estas y otras pláticas se pasó gran parte de la noche, y aunque don Juan quisiera que don Quijote leyera más del libro, por ver lo que discantaba,[15] no lo pudieron acabar con él, diciendo que él lo daba por leído y lo confirmaba por todo necio, y que no quería, si acaso llegase a noticia de su autor que le había tenido en sus manos, se alegrase con pensar que le había leído, pues de las cosas obscenas y torpes los pensamientos se han de apartar, cuanto más los ojos. Preguntáronle que adónde llevaba determinado su viaje. Respondió que a Zaragoza a hallarse en las justas del arnés que en aquella ciudad suelen hacerse todos los años. Díjole don Juan que aquella nueva historia contaba como don Quijote, sea quien se quisiere, se había hallado en ella en una sortija[16] falta de invención, pobre de letras, pobrísima de libreas, aunque rica de simplicidades.[17]

"Por el mismo caso," respondió don Quijote, "no pondré los pies en Zaragoza, y así sacaré a la plaza del mundo[18] la mentira dese historiador moderno, y echarán de ver las gentes como yo no soy el don Quijote que él dice."

"Hará muy bien," dijo don Jerónimo, "y otras justas hay en Barcelona, donde podrá el señor don Quijote mostrar su valor."

"Así lo pienso hacer," dijo don Quijote, "y vuesas mercedes me den licencia, pues ya es hora, para irme al lecho, y me tengan y pongan en el número de sus mayores amigos y servidores."

"Y a mí también," dijo Sancho, "quizá seré bueno para algo."

Con esto, se despidieron, y don Quijote y Sancho se retiraron a su aposento, dejando a don Juan y a don Jerónimo admirados de ver la mezcla que había hecho de su discreción y de su locura, y verdaderamente creyeron que éstos eran los verdaderos don Quijote y Sancho, y no los que describía su autor aragonés. Madrugó don Quijote, y dando golpes al tabique del otro aposento, se despidió de sus huéspedes. Pagó Sancho al ventero magníficamente, y aconsejóle que alabase menos la provisión de su venta, o la tuviese más proveída.

---

[15] **Por ver lo que...** *to see where there were discrepancies*

[16] See Avellaneda, Chapter XI.

[17] **Falta de invención...** That is, this episode as described was lacking in imagination, poor in devices written on sheilds, poorer still in descriptions of uniforms, although rich in stupidities.

[18] **Sacaré a la plaza...** *I will expose to the world*

Capítulo LX. *De lo que sucedió a don Quijote yendo a Barcelona.*

ERA FRESCA la mañana, y daba muestras de serlo asimesmo el día en que don Quijote salió de la venta, informándose primero cuál era el más derecho camino para ir a Barcelona, sin tocar en Zaragoza, tal era el deseo que tenía de sacar mentiroso aquel nuevo historiador que tanto decían que le vituperaba.°   *abused*

Sucedió, pues, que en más de seis días no le sucedió cosa de ponerse en escritura, al cabo de los cuales, yendo fuera de camino, le tomó la noche entre unas espesas encinas, o alcornoques, que en esto no guarda la puntualidad Cide Hamete que en otras cosas suele. Apeáronse de sus bestias amo y mozo, y acomodándose a los troncos de los árboles, Sancho, que había merendado aquel día, se dejó entrar 'de rondón° por las puertas del   *headlong* sueño, pero don Quijote, a quien desvelaban sus imaginaciones mucho más que la hambre,[1] no podía pegar sus ojos, antes iba y venía con el pensamiento por mil géneros de lugares. Ya le parecía hallarse en la Cueva de Montesinos, ya ver brincar y subir sobre su pollina a la convertida-en-labradora Dulcinea, ya que le sonaban en los oídos las palabras del sabio Merlín, que le referían las condiciones y diligencias que se habían de hacer y tener en el desencanto de Dulcinea.

Desesperábase de ver la flojedad y caridad poca de Sancho su escudero, pues, a lo que creía, solos cinco azotes se había dado, número desigual y pequeño para los infinitos que le faltaban, y desto recibió tanta pesadumbre y enojo, que hizo este discurso: "Si nudo gordiano cortó el Magno Alejandro, diciendo: ''Tanto monta° cortar como desatar,' y no por   *it's all the same* eso dejó de ser universal señor de toda la Asia, ni más ni menos podría suceder ahora en el desencanto de Dulcinea, si yo azotase a Sancho a pesar suyo. Que si la condición deste remedio está en que Sancho reciba los tres mil y tantos azotes, ¿qué se me da a mí que se los dé él, o que se los dé otro, pues la sustancia está en que él los reciba, lleguen por do llegaren?"

Con esta imaginación se llegó a Sancho, habiendo primero tomado las riendas de Rocinante, y acomodádolas en modo que pudiese azotarle con ellas, comenzóle a quitar las cintas, que es opinión que no tenía más que la delantera, en que se sustentaban los gregüescos.

Pero apenas hubo llegado, cuando Sancho 'despertó en todo su   *woke fully up,* acuerdo,° y dijo: "¿Qué es esto? ¿Quién me toca y desencinta?"°   *is taking off my belt*

"Yo soy" respondió don Quijote, "que vengo a suplir tus faltas y a remediar mis trabajos. Véngote a azotar, Sancho, y a descargar° en parte la   *discharge* deuda a que te obligaste. Dulcinea perece, tú vives 'en descuido,° yo muero   *without cares* deseando, y así 'desatácate° por tu voluntad, que la mía es de darte en esta   *lower your pants* soledad por lo menos estos mil azotes."

"Eso no," dijo Sancho, "vuesa merced se esté quedo. Si no, por Dios verdadero que nos han de oír los sordos. Los azotes a que yo me obligué han de ser voluntarios, y no por fuerza, y ahora 'no tengo gana° de   *I don't feel like* azotarme. Basta que doy a vuesa merced mi palabra de vapularme y mosquearme° cuando en voluntad me viniere."   *swat myself*

"No hay dejarlo a tu cortesía, Sancho," dijo don Quijote, "porque eres

---

[1] **A quien...** *whose thoughts kept him awake more than his hunger did*

duro de corazón, y aunque villano, blando de carnes."

Y así procuraba, y pugnaba por desenlazarle. Viendo lo cual Sancho Panza, se puso en pie, y arremetiendo a su amo, se abrazó 'con él a brazo partido,° y 'echándole una zancadilla,° dio con él en el suelo boca arriba. Púsole la rodilla derecha sobre el pecho, y con las manos le tenía las manos, de modo que ni le dejaba rodear ni alentar.

> on equal terms, tripping him

Don Quijote le decía: "¿Cómo, traidor? ¿Contra tu amo y señor natural te desmandas? ¿Con quien te da su pan te atreves?"[2]

"Ni quito rey, ni pongo rey," respondió Sancho, "sino ayúdome a mí, que soy mi señor. Vuesa merced me prometa que se estará quedo y no tratará de azotarme por agora. Que yo le dejaré libre y desembarazado. donde no, «aquí morirás, traidor, enemigo de doña Sancha.»"[3]

Prometióselo don Quijote, y juró por vida de sus pensamientos no tocarle en el pelo de la ropa, y que dejaría en toda su voluntad y albedrío el azotarse cuando quisiese. Levantóse Sancho, y desvióse de aquel lugar un buen espacio, y yendo a arrimarse a otro árbol, sintió que le tocaban en la cabeza, y alzando las manos, topó con dos pies de persona, con zapatos y calzas. Tembló de miedo, acudió a otro árbol y sucedióle lo mesmo. Dio voces, llamando a don Quijote que le favoreciese. Hízolo así don Quijote, y preguntándole qué le había sucedido y de qué tenía miedo, le respondió Sancho que todos aquellos árboles estaban llenos de pies de piernas humanas.

Tentólos don Quijote, y cayó luego en la cuenta de lo que podía ser, y díjole a Sancho: "No tienes de qué tener miedo, porque estos pies y piernas que tientas y no vees, sin duda son de algunos forajidos° y bandoleros° que en estos árboles están ahorcados. Que por aquí los suele ahorcar la justicia, cuando los coge, de veinte en veinte, y de treinta en treinta, por donde me doy a entender que debo de estar cerca de Barcelona."

> outlaws
> highwaymen

Y así era la verdad, como él lo había imaginado.

Al parecer,[4] alzaron los ojos y vieron los racimos de aquellos árboles, que eran cuerpos de bandoleros. Ya en esto amanecía, y si los muertos los habían espantado, no menos los atribularon° más de cuarenta bandoleros vivos que de improviso les rodearon, diciéndoles en lengua catalana[5] que estuviesen quedos y se detuviesen, hasta que llegase su capitán.

> distressed

Hallóse don Quijote a pie, su caballo sin freno, su lanza arrimada a un árbol, y finalmente, sin defensa alguna, y así tuvo por bien de cruzar las manos e inclinar la cabeza, guardándose para mejor sazón y coyuntura. Acudieron los bandoleros a espulgar° al rucio, y a no dejarle ninguna cosa

> examine

---

[2] **¿Con quien...** *you dare [to do this] to the person who gives you his bread?*

[3] These are two verses from an old **romance** about the **Siete infantes de Lara**. Doña Sancha was the evil aunt of the **infantes**.

[4] Not many editors like **al parecer** here, and some add **...el alba** *when the dawn came*. Others change it to **al amanecer**. Some editors grudgingly keep it as it is, as I do, with this note.

[5] Catalan is, of course, the language spoken natively in the area around Barcelona. It is more related to Provençal than Spanish. Dialects of Catalan are spoken all along that coast as far as Valencia, and in the Balearic Islands.

de cuantas en las alforjas y la maleta traía, y avínole bien a Sancho, que en
una ventrera° que tenía ceñida venían los escudos del duque y los que   belt
habían sacado de su tierra. Y con todo eso, aquella buena gente le escardara
y le mirara hasta lo que entre el cuero y la carne tuviera escondido, si no
5 llegara en aquella sazón su capitán, el cual mostró ser de hasta edad de
treinta y cuatro años, robusto, más que de mediana proporción, de mirar
grave y color morena.° Venía sobre un poderoso caballo, vestida la acerada   dark complected
cota,[6] y con cuatro pistoletes,° que en aquella tierra se llaman PEDREÑALES,[7]   pistols
a los lados. Vio que sus escuderos, que así llaman a los que andan en aquel
10 ejercicio, iban a despojar a Sancho Panza. Mandóles que no lo hiciesen, y
fue luego obedecido, y así se escapó la ventrera. Admiróle ver lanza
arrimada al árbol, escudo en el suelo, y a don Quijote armado y pensativo,
con la más triste y melancólica figura que pudiera formar la misma tristeza.
    Llegóse a él, diciéndole: "No estéis tan triste, buen hombre, porque no
15 habéis caído en las manos de algún cruel Osiris,[8] sino en las de Roque
Guinart,[9] que tienen más de compasivas que de rigurosas."
    "No es mi tristeza," respondió don Quijote, "haber caído en tu poder,
¡oh valeroso Roque! cuya fama no hay límites en la tierra que la encierren,
sino por haber sido tal mi descuido, que me hayan cogido tus soldados sin
20 el freno,[10] estando yo obligado, según la orden de la andante caballería, que
profeso, a vivir contino alerta, siendo a todas horas centinela de mí mismo.
Porque te hago saber, ¡oh gran Roque! que si me hallaran sobre mi caballo,
con mi lanza y con mi escudo, no les fuera muy fácil rendirme, porque yo
soy don Quijote de la Mancha, aquel que de sus hazañas tiene lleno todo
25 el orbe."
    Luego Roque Guinart conoció que la enfermedad de don Quijote
tocaba más en locura que en valentía, y aunque algunas veces le había oído
nombrar, nunca tuvo por verdad sus hechos, ni se pudo persuadir a que
semejante humor reinase en corazón de hombre, y holgóse en estremo de
30 haberle encontrado, para tocar de cerca lo que de lejos dél había oído, y así   catastrophic
le dijo: "Valeroso caballero, no os despechéis, ni tengáis a siniestra° fortuna
esta en que os halláis, que podía ser que en estos tropiezos vuestra torcida
suerte se enderezase. Que el cielo, por estraños y nunca vistos rodeos, de
los hombres no imaginados, suele levantar los caídos y enriquecer los
35 pobres."
    Ya le iba a dar las gracias don Quijote, cuando sintieron a sus espaldas
un ruido como de tropel de caballos, y no era sino uno solo, sobre el cual
venía a toda furia un mancebo, al parecer, de hasta veinte años, vestido de
damasco verde, con pasamanos de oro, gregüescos y saltaembarca, con

---

6 **Vestida la...** *he was wearing a coat of mail* = doublet of steel
7 Because they were set off with a **pedernal** [sic] *flint*.
8 Osiris was the ancient Egyptian god of fertility and also the personification of the
dead king. However, who is meant here is *Bu*siris, who is, in Greek mythology, an
Egyptian king who annually sacrificed a foreigner (until the foreigner in question was
Hercules, who killed Busiris instead of allowing himself to be sacrificed).
9 There was a historical Roca Guinarda who would have been 33 years old in 1615.
Of course the historical Roca never met up with the fictional Don Quijote.
10 That is, **con el caballo sin freno**, on foot and not ready to do battle.

sombrero terciado 'a la valona,° botas enceradas y justas,° espuelas, daga   with feathers, tight
y espada doradas, una escopeta pequeña en las manos y dos pistolas a los
lados.

    Al ruido, volvió Roque la cabeza y vio esta hermosa figura, la cual, en
5 llegando a él, dijo: "En tu busca venía, ¡oh valeroso Roque! para hallar en
ti, si no remedio, a lo menos alivio en mi desdicha, y por no tenerte
suspenso, porque sé que no me has conocido, quiero decirte quién soy. Y
soy Claudia Jerónima, hija de Simón Forte, tu singular amigo, y enemigo
particular de Clauquel Torrellas, que asimismo lo es tuyo[11] por ser uno de
10 los de tu contrario bando.° Y ya sabes que este Torrellas tiene un hijo que   faction
don Vicente Torrellas se llama, o a lo menos se llamaba no ha dos horas.
Éste, pues, por abreviar el cuento de mi desventura, te diré en breves
palabras la que me ha causado, vióme, requebróme, escuchéle, enamoréme
a hurto de mi padre, porque no hay mujer, por retirada que esté y recatada
15 que sea, a quien no le sobre tiempo para poner en ejecución y efecto sus
atropellados° deseos. Finalmente, él me prometió de ser mi esposo, y yo le   hasty
di la palabra de ser suya, sin que en obras pasásemos adelante. Supe ayer
que, olvidado de lo que me debía, se casaba con otra, y que esta mañana
iba a desposarse, nueva que me turbó el sentido y acabó la paciencia. Y por
20 no estar mi padre en el lugar, le tuve yo[12] de ponerme en el traje que vees,
y apresurando el paso a este caballo, alcancé a don Vicente 'obra de° una   at about
legua de aquí, y sin ponerme a dar quejas ni a oír disculpas, le disparé estas
escopetas,[13] y por añadidura estas dos pistolas, y a lo que creo le debí de
encerrar más de dos balas en el cuerpo, abriéndole puertas por donde
25 envuelta en su sangre saliese mi honra. Allí le dejo entre sus criados, que
no osaron ni pudieron ponerse en su defensa. Vengo a buscarte para que me
pases a Francia, donde tengo parientes con quien viva, y asimesmo, a
rogarte defiendas a mi padre, porque los muchos° de don Vicente no se   **muchos** *parientes*
atrevan a tomar en él desaforada venganza."

30   Roque, admirado de la gallardía, bizarría, buen talle y suceso de la
hermosa Claudia, le dijo: "Ven, señora, y vamos a ver si es muerto tu
enemigo. Que después veremos lo que más te importare."

    Don Quijote que estaba escuchando atentamente lo que Claudia había
dicho y lo que Roque Guinart respondió, dijo: "No tiene nadie para qué
35 tomar trabajo en defender a esta señora; que lo tomo yo a mi cargo. Denme
mi caballo y mis armas, y espérenme aquí. Que yo iré a buscar a ese
caballero, y muerto o vivo le haré cumplir la palabra prometida a tanta
belleza."

    "Nadie dude de esto," dijo Sancho, "porque mi señor tiene muy buena
40 mano para casamentero,° pues no ha muchos días que hizo casar a otro que   matchmaker

---

[11] **Que asimismo...** *who is also your [enemy]*

[12] **Le tuve yo...** This is a play on words with **lugar:** since her father was not in town
(= **lugar**) she took the occasion (= **lugar**) to dress as she has...

[13] The original has **estas escopetas,** as I have here. Schevill has changed it to **esta
escopeta** because there was only one mentioned in the description of Claudia Jerónima.
I restore the plural because it is another example of the contradictions built into the work.
In Part I, Chapter 22, there is a parallel contradiction, where the **galeotes'** guards first have
two flintlocks, then only one.

también negaba a otra doncella su palabra, y si no fuera porque los encantadores que le persiguen le mudaron su verdadera figura en la de un lacayo, ésta fuera la hora que ya la tal doncella no lo fuera."

Roque, que atendía más a pensar en el suceso de la hermosa Claudia que en las razones de amo y mozo, no las entendió, y mandando a sus escuderos que volviesen° a Sancho todo cuanto le habían quitado del rucio,   give back
mandándoles asimesmo que se retirasen a la parte donde aquella noche habían estado alojados, y luego se partió con Claudia a toda priesa a buscar al herido o muerto don Vicente. Llegaron al lugar donde le encontró Claudia, y no hallaron en él sino recién derramada sangre. Pero tendiendo la vista por todas partes, descubrieron por un recuesto arriba alguna gente, y diéronse a entender, como era la verdad, que debía ser don Vicente, a quien sus criados, o muerto o vivo, llevaban, o para curarle o para enterrarle. Diéronse priesa a alcanzarlos, que, como iban de espacio, con facilidad lo hicieron.

Hallaron a don Vicente en los brazos de sus criados, a quien con cansada y debilitada voz rogaba que le dejasen allí morir, porque el dolor de las heridas no consentía que más adelante pasase. Arrojáronse de los caballos Claudia y Roque, llegáronse a él. Temieron los criados la presencia de Roque, y Claudia se turbó en ver la° de don Vicente, y así entre   la *presencia*
enternecida y rigurosa se llegó a él, y asiéndole de las manos, le dijo: "Si   estas *manos*
tú me dieras éstas° conforme a nuestro concierto, nunca tú te vieras en este paso."

Abrió los casi cerrados ojos el herido caballero, y conociendo a Claudia, le dijo: "Bien veo, hermosa y engañada señora, que tú has sido la que me has muerto, pena no merecida ni debida a mis deseos, con los cuales, ni con mis obras, jamás quise ni supe ofenderte."

"Luego, ¿no es verdad," dijo Claudia, "que ibas esta mañana a desposarte con Leonora, la hija del rico Balvastro?"

"No, por cierto," respondió don Vicente, "mi mala fortuna te debió de llevar estas nuevas, para que, celosa, me quitases la vida, la cual pues la dejo en tus manos y en tus brazos, tengo mi suerte por venturosa. Y para asegurarte desta verdad, aprieta la mano y recíbeme por esposo, si quisieres. Que no tengo otra mayor satisfación que darte del° agravio que piensas que   for the
de mí has recibido."

Apretóle la mano Claudia, y apretósele a ella el corazón de manera que sobre la sangre y pecho de don Vicente se quedó desmayada, y a él le tomó un mortal parasismo. Confuso estaba Roque y no sabía qué hacerse. Acudieron los criados a buscar agua que echarles en los rostros, y trujéronla, con que se los bañaron. Volvió de su desmayo Claudia, pero no de su parasismo don Vicente, porque se le acabó la vida. Visto lo cual de Claudia, habiéndose enterado que ya su dulce esposo no vivía, rompió los aires con suspiros, hirió los cielos con quejas, maltrató sus cabellos entregándolos al viento, afeó su rostro con sus propias manos, con todas las muestras de dolor y sentimiento que de un lastimado pecho pudieran imaginarse.

"¡Oh cruel e inconsiderada mujer," decía, "con qué facilidad te moviste a poner en ejecucion tan mal pensamiento! ¡Oh fuerza rabiosa de los celos, a qué desesperado fin conducís a quien os da acogida en su pecho! ¡Oh esposo mío, cuya desdichada suerte, por ser prenda mía, te ha llevado del tálamo a la sepultura!"

Tales y tan tristes eran las quejas de Claudia, que sacaron las lágrimas
5 de los ojos de Roque, no acostumbrados a verterlas en ninguna ocasión.
Lloraban los criados, desmayábase a cada paso Claudia, y todo aquel circuito° parecía campo de tristeza y lugar de desgracia. Finalmente, Roque   surroundings
Guinart ordenó a los criados de don Vicente que llevasen su cuerpo al lugar de su padre, que estaba allí cerca, para que le diesen sepultura. Claudia dijo
10 a Roque que querría irse a un monasterio donde era abadesa una tía suya, en el cual pensaba acabar la vida, de otro mejor esposo y más eterno acompañada.[14] Alabóle Roque su buen propósito, ofreciósele de acompañarla hasta donde quisiese, y de defender a su padre de los parientes y de todo el mundo, si ofenderle quisiese. No quiso su compañía Claudia
15 en ninguna manera, y agradeciendo sus ofrecimientos con las mejores razones que supo, se despedió° dél llorando. Los criados de don Vicente   **despídió**
llevaron su cuerpo, y Roque se volvió a los suyos, y este fin tuvieron los amores de Claudia Jerónima. Pero, ¿qué mucho, si tejieron la trama[15] de su lamentable historia las fuerzas invencibles y rigurosas de los celos?
20 Halló Roque Guinart a sus escuderos en la parte donde les había ordenado, y a don Quijote entre ellos sobre Rocinante, haciéndoles una plática en que les persuadía° dejasen aquel modo de vivir tan peligroso así   **persuadía *que***
para el alma como para el cuerpo. Pero como los más eran gascones,[16] gente rústica y desbaratada, no les entraba bien la plática de don Quijote.
25 Llegado que fue Roque, preguntó a Sancho Panza si le habían vuelto y restituido las alhajas y preseas° que los suyos del rucio le habían quitado.   precious objects
Sancho respondió que sí, sino que le faltaban tres tocadores que valían tres ciudades.

"¿Qué es lo que dices, hombre?" dijo uno de los presentes, "que yo los
30 tengo y no valen tres reales."

"Así es," dijo don Quijote, "pero estímalos mi escudero en lo que ha dicho, por habérmelos dado quien me los dio."

Mándóselos volver al punto Roque Guinart, y mandando poner los suyos 'en ala,° mandó traer allí delante todos los vestidos, joyas y dineros,   in a half circle
35 y todo aquello que desde la última repartición° habían robado, y haciendo   distribution
brevemente el tanteo,° volviendo lo no repartible,[17] y reduciéndolo a   rough estimate
dineros, lo repartió por toda su compañía con tanta legalidad° y prudencia,   faithfulness
que no pasó un punto ni defraudó nada de la justicia distributiva[18].

Hecho esto, con lo cual todos quedaron contentos, satisfechos y
40 pagados, dijo Roque a don Quijote: "Si no se guardase esta puntualidad con éstos, no se podría vivir con ellos."

---

[14] **De otro y más...** *accompanied by another better and more eternal Husband.*

[15] **Trama** is a weaving term referring to the *woof* of cloth as well as the word meaning *plot.*

[16] Not all **gascones** are this way—remember that Tosilos is a **gascón.**

[17] **Volviendo lo...** *returning what couldn't be distributed*

[18] This is a variant on what was explained in Part II, Chapter 18, p. 544, n. 13. Here it means that Roque distributed everything in an equal way.

A lo que dijo Sancho: "Según lo que aquí he visto es tan buena la justicia, que es necesaria que se use aun entre los mesmos ladrones."

Oyólo un escudero, y enarboló el mocho° de un arcabuz, con el cual   butt
sin duda le abriera la cabeza a Sancho, si Roque Guinart no le diera voces
5 que se detuviese. Pasmóse Sancho y propuso de no descoser los labios en
tanto que entre aquella gente estuviese. Llegó, en esto, uno o algunos de
aquellos escuderos que estaban puestos por centinelas por los caminos, para
ver la gente que por ellos venía y dar aviso a su mayor de lo que pasaba,
y éste dijo: "Señor, no lejos de aquí, por el camino que va a Barcelona,
10 viene un gran tropel de gente."

A lo que respondió Roque: "¿Has echado de ver si son de los que nos
buscan, o de los que nosotros buscamos?"

"No sino de los que buscamos," respondió el escudero.

"Pues salid todos," replicó Roque, "y traédmelos aquí luego, sin que
15 se os escape ninguno."

Hiciéronlo así, y quedándose solos don Quijote, Sancho y Roque,
aguardaron a ver lo que los escuderos traían, y en este entretanto dijo
Roque a don Quijote: "Nueva manera de vida le debe de parecer al señor
don Quijote la nuestra, nuevas aventuras, nuevos sucesos, y todos
20 peligrosos. Y no me maravillo que así le parezca, porque realmente le
confieso que no hay modo de vivir más inquieto ni más sobresaltado° que   terrifying
el nuestro. A mí me han puesto en él no sé qué deseos de venganza,[19] que
tienen fuerza de turbar los más sosegados corazones. 'Yo de mi natural soy°   I am by nature
compasivo y bien intencionado, pero como tengo dicho, el querer vengarme
25 de un agravio que se me hizo, así da con todas mis buenas inclinaciones en
tierra,[20] que persevero en ese estado a despecho y pesar de lo que entiendo.
Y como un abismo llama a otro y un pecado a otro pecado, hanse
eslabonado las venganzas de manera que no sólo las mías, pero° las ajenas   sino que
tomo a mi cargo. Pero Dios es servido de que, aunque me veo en la mitad
30 del laberinto de mis confusiones, no pierdo la esperanza de salir dél a
puerto seguro."

Admirado quedó don Quijote de oír hablar a Roque tan buenas y
concertadas razones, porque él se pensaba que entre los de oficios
semejantes de robar, matar y saltear, no podía haber alguno° que tuviese   ninguno
35 buen discurso, y respondióle: "Señor Roque, el principio de la salud está en
conocer la enfermedad, y en querer tomar el enfermo las medicinas que el
médico le ordena. Vuesa merced está enfermo, conoce su dolencia, y el
cielo, o Dios, por mejor decir, que es nuestro médico, le aplicará medicinas
que le sanen, las cuales suelen sanar poco a poco, y no de repente y por
40 milagro. Y más, que los pecadores discretos están más cerca de enmendarse
que los simples, y pues vuesa merced ha mostrado en sus razones su
prudencia, no hay sino tener buen ánimo y esperar mejoría de la
enfermedad de su conciencia. Y si vuesa merced quiere ahorrar camino y
ponerse con facilidad en el de su salvación, véngase conmigo. Que yo le
45 enseñaré a ser caballero andante, donde se pasan tantos trabajos y

---

[19] **A mí me han puesto en él [modo de vivir] no sé qué deseos de venganza** *it was
the desire for some kind of revenge that got me into this way of life*
[20] **Así da con...** *has brought down all of my good intentions*

desventuras, que tomándolas por penitencia, en dos paletas le pondrán en el cielo."

Riose Roque del consejo de don Quijote, a quien, mudando plática, contó el trágico suceso de Claudia Jerónima, de que le pesó en estremo a
5 Sancho. Que no le había parecido mal la belleza, desenvoltura y brío de la moza. Llegaron, en esto, los escuderos de la presa,[21] trayendo consigo dos caballeros a caballo y dos peregrinos a pie, y un coche de mujeres con hasta seis criados, que a pie y a caballo las acompañaban, con otros dos mozos de mulas que los caballeros traían. Cogiéronlos los escuderos en medio,
10 guardando vencidos y vencedores gran silencio, esperando a que el gran Roque Guinart hablase. El cual preguntó a los caballeros que quién eran y adónde iban, y qué dinero llevaban.

Uno dellos le respondió: "Señor, nosotros somos dos capitanes de infantería española. Tenemos nuestras compañías en Nápoles y vamos a
15 embarcarnos° en cuatro galeras que dicen están en Barcelona, con orden de   embark
pasar a Sicilia. Llevamos hasta docientos o trecientos escudos, con que, a nuestro parecer, vamos ricos y contentos, pues la estrecheza ordinaria de los soldados no permite mayores tesoros."

Preguntó Roque a los peregrinos lo mesmo que a los capitanes. Fuele
20 respondido que iban a embarcarse para pasar a Roma, y que entre entrambos podían llevar hasta sesenta reales. Quiso saber también quién iba en el coche y adónde, y el dinero que llevaban. Y uno de los de a caballo dijo: "Mi señora doña Guiomar de Quiñones, mujer del regente de la Vicaría[22] de Nápoles, con una hija pequeña, una doncella y una dueña, son
25 las que van en el coche. Acompañámosla seis criados, y los dineros son seiscientos escudos."

"De modo," dijo Roque Guinart, "que ya tenemos aquí novecientos escudos y sesenta reales. Mis soldados deben de ser hasta sesenta. Mírese a cómo le cabe a cada uno, porque yo soy mal contador."[23]
30 Oyendo decir esto los salteadores, levantaron la voz, diciendo, "¡Viva Roque Guinart muchos años, a pesar de los *lladres*° que su perdición   thieves (in Catalan)
procuran!"

Mostraron afligirse los capitanes, entristecióse la señora regenta° y no   president of the
se holgaron nada los peregrinos, viendo la confiscación de sus bienes.   court's wife
35 Túvolos así un rato suspensos Roque. Pero no quiso que pasase adelante su°   their
tristeza, que ya se podía conocer° a tiro de arcabuz, y volviéndose a los   tell
capitanes, dijo: "Vuesas mercedes, señores capitanes, por cortesía, sean servidos de prestarme sesenta escudos, y la señora regenta ochenta para contentar esta escuadra que me acompaña, porque «el abad de lo que canta
40 yanta». Y luego puédense ir su camino libre y desembarazadamente,° con   freely
un salvoconduto° que yo les daré, para que si toparen otras de algunas   pass
escuadras mías que tengo divididas por estos contornos no les hagan daño, que no es mi intención de agraviar a soldados, ni a mujer alguna, especialmente, a las que son principales."

---

[21] **Llegaron, en esto...** *the squires returned then with their captives*
[22] The Vicaría was the court and jail in Naples, and the **regente** was the president of the court of justice. In those days, Naples was part of the Spanish empire.
[23] **Mírese a cómo...** *see how much is due everyone since I am bad at math*

Infinitas y bien dichas fueron las razones con que los capitanes agradecieron a Roque su cortesía y liberalidad, que por tal la tuvieron en dejarles su mismo dinero. La señora doña Guiomar de Quiñones se quiso arrojar del coche para besar los pies y las manos del gran Roque, pero él no lo consintió en ninguna manera. Antes le pidió perdón del agravio que le hacía, forzado de cumplir con las obligaciones precisas de su mal oficio. Mandó la señora regenta a un criado suyo diese luego los ochenta escudos que le habían repartido,[24] y ya los capitanes habían desembolsado los sesenta.

Iban los peregrinos a dar toda su miseria,° pero Roque les dijo que se   pittance
estuviesen quedos, y volviéndose a los suyos, les dijo: "Destos escudos dos tocan a cada uno, y sobran veinte. Los diez se den a estos peregrinos, y los otros diez a este buen escudero, porque pueda decir bien de esta aventura."

Y trayéndole aderezo de escribir, de que siempre andaba proveído Roque, les dio por escrito un salvoconduto para los mayorales° de sus   captains
escuadras, y despidiéndose dellos, los dejó ir libres y admirados de su nobleza, de su gallarda disposición y estraño proceder, teniéndole más por un Alejando Magno, que por ladrón conocido.

Uno de los escuderos dijo en su lengua gascona y catalana:[25] "Este nuestro capitán más es para *frade*,[26] que para bandolero. Si de aquí adelante quisiere mostrarse liberal, séalo con su hacienda, y no con la nuestra."

No lo dijo tan paso el desventurado, que dejase de oírlo Roque, el cual, echando mano a la espada, le abrió la cabeza casi en dos partes, diciéndole: "Desta manera castigo yo a los deslenguados° y atrevidos."   insolent

Pasmáronse todos y ninguno le osó decir palabra, tanta era la obediencia que le tenían. Apartóse Roque a una parte y escribió una carta a un su amigo a Barcelona, dándole aviso como estaba consigo el famoso don Quijote de la Mancha, aquel caballero andante de quien tantas cosas se decían, y que le hacía saber que era el más gracioso y el más entendido hombre del mundo, y que de allí a cuatro días, que era el de San Juan Bautista,[27] se le pondría en mitad de la playa de la ciudad, armado de todas sus armas, sobre Rocinante su caballo, y a su escudero Sancho sobre un asno, y que diese noticia desto a sus amigos los Niarros, para que con él se solazasen. Que él quisiera que carecieran° deste gusto los Cadells,[28] sus   miss
contrarios. Pero que esto era imposible, a causa que las locuras y discreciones de don Quijote, y los donaires de su escudero Sancho Panza no podían dejar de dar gusto general a todo el mundo. Despachó esta carta con uno de sus escuderos que, mudando el traje de bandolero en el de un labrador, entró en Barcelona y la dio a quien iba.

[24] That is, which was her part of the booty.

[25] This linguistic mixture is far from far-fetched. Gascón is a dialect of Provençal, and Catalán is related to that language.

[26] Martín de Riquer, a Catalan speaker, points out that **frade** *priest* is not Catalan or Gascón, but rather Portuguese. Is it a typesetter's error or Cervantes' error (heaven forbid)? Or is it that the language spoken is neither Catalan nor Gascón, as Gaos suggests?

[27] The birth of John the Baptist is celebrated on June 24. The date of his decapitation is August 29. One has to assume the latter date, given the general chronology of this book.

[28] Historically, there were Nyerros and Cadells in Barcelona, of opposite political viewpoints, the former favoring the monarchy, and the latter favored the common man.

Capítulo LXI. De lo que le sucedió a don Quijote en la entrada de Barcelona, con otras cosas que tienen más de lo verdadero que de lo discreto.

TRES días y tres noches estuvo don Quijote con Roque, y si estuviera
trecientos años, no le faltara qué mirar y admirar en el modo de su
vida. Aquí amanecían, acullá comían, unas veces huían sin saber de quién,
y otras esperaban sin saber a quién. Dormían en pie, interrumpiendo el
sueño, mudándose de un lugar a otro. Todo era poner espías, escuchar
centinelas, soplar las cuerdas de los arcabuces,[1] aunque traían pocos, porque
todos se servían de pedreñales. Roque pasaba las noches apartado de los
suyos en partes y lugares donde ellos no pudiesen saber donde estaba,
porque los muchos bandos que el visorrey de Barcelona había echado sobre
su vida, le traían inquieto y temeroso, y no se osaba fiar de ninguno,
temiendo que los mismos suyos, o le habían de matar, o entregar a la
justicia. Vida, por cierto, miserable y enfadosa.

En fin, por caminos desusados, por atajos° y sendas encubiertas   **shortcuts**
partieron Roque, don Quijote y Sancho con otros seis escuderos a
Barcelona. Llegaron a su playa la víspera de San Juan, en la noche, y
abrazando Roque a don Quijote y a Sancho, a quien dio los diez escudos
prometidos, que hasta entonces no se los había dado, los dejó con mil
ofrecimientos que de la una a la otra parte se hicieron.

Volvióse Roque, quedóse don Quijote esperando el día, así a caballo
como estaba, y no tardó mucho cuando comenzó a descubrirse por los
balcones del Oriente la faz de la blanca aurora, alegrando las hierbas y las
flores, en lugar de alegrar el oído, aunque al mesmo instante alegraron
también el oído el son de muchas chirimías y atabales, ruido de cascabeles,
"¡'Trapa, trapa, aparta, aparta!°" de corredores° que, al parecer, de la ciudad   **make way! runners**
salían. Dio lugar la aurora al sol, que, un rostro mayor que el de una rodela,
por el más bajo horizonte poco a poco se iba levantando. Tendieron don
Quijote y Sancho la vista por todas partes, vieron el mar hasta entonces
dellos no visto. Parecióles espaciosísimo° y largo,° harto más que las   **very wide, long**
lagunas de Ruidera que en la Mancha habían visto. Vieron las galeras que
estaban en la playa, las cuales, abatiendo° las tiendas,° se descubrieron   **rolling up, awnings**
llenas de 'flámulas y gallardetes,° que tremolaban al viento y besaban y   **pennants**
barrían el agua. Dentro sonaban clarines, trompetas y chirimías, que cerca
y lejos llenaban el aire de suaves y belicosos acentos. Comenzaron a
moverse y a hacer modo de escaramuza por las sosegadas aguas,
correspondiéndoles casi al mismo modo infinitos caballeros que de la
ciudad, sobre hermosos caballos y con vistosas libreas, salían. Los soldados
de las galeras disparaban infinita artillería, a quien respondían los que
estaban en las murallas y fuertes de la ciudad. Y la artillería gruesa con
espantoso estruendo rompía los vientos, a quien respondían los cañones de
crujía[2] de las galeras. El mar alegre, la tierra jocunda,° el aire claro, sólo tal   **cheerful**
vez turbio° del humo de la artillería, parece que iba infundiendo y   **unclear**
engendrando gusto súbito en todas las gentes.

---

[1] In this version of the musket, a slow burning cord—which you kept burning by
blowing on it—was used to ignite the charge in the breech.

[2] **Cañones de crujía** were large maritime cannons placed on a ship's deck.

No podía imaginar Sancho cómo pudiesen tener tantos pies aquellos bultos que por el mar se movían. En esto, llegaron corriendo con grita, lililíes° y algazara los de las libreas, adonde don Quijote suspenso y atónito estaba, y uno dellos, que era el avisado de Roque, dijo en alta voz a don Quijote: "Bien sea venido a nuestra ciudad el espejo, el farol,° la estrella y el norte de toda la caballería andante, donde más largamente se contiene. Bien sea venido, digo, el valeroso don Quijote de la Mancha, no el falso, no el ficticio, no el apócrifo, que en falsas historias estos días nos han mostrado, sino el verdadero, el legal y el fiel que nos describió Cide Hamete Benengeli, flor de los historiadores."

 Arabic war cries

 lantern

No respondió don Quijote palabra, ni los caballeros esperaron a que la respondiese, sino, 'volviéndose y revolviéndose° con los demás que los seguían, comenzaron a 'hacer un revuelto caracol° 'al derredor de° don Quijote, el cual, volviéndose a Sancho, dijo: "Éstos bien nos han conocido. Yo apostaré que han leído nuestra historia, y aun la del aragonés recién impresa."

 whirling their horses to prance, all around

Volvió otra vez el caballero que habló a don Quijote, y díjole: "Vuesa merced, señor don Quijote, se venga con nosotros. Que todos somos sus servidores, y grandes amigos de Roque Guinart."

A lo que don Quijote respondió: "Si cortesías engendran cortesías, la vuestra, señor caballero, es hija o parienta muy cercana de las del gran Roque. Llevadme do quisiéredes, que yo no tendré otra voluntad que la vuestra, y más, si la queréis ocupar en vuestro servicio."

Con palabras no menos comedidas que éstas le respondió el caballero, y encerrándole todos en medio, al son de las chirimías y de los atabales, se encaminaron con él a la ciudad. Al entrar de la cual, el malo,° que todo lo malo ordena, y los muchachos que son más malos que el malo, dos dellos, traviesos y atrevidos, se entraron por toda la gente, y alzando el uno de la cola del rucio, y el otro la de Rocinante, les pusieron y encajaron sendos manojos° de aliagas.° Sintieron los pobres animales las nuevas espuelas, y apretando las colas, aumentaron su disgusto de manera que, dando mil corcovos, dieron con sus dueños en tierra. Don Quijote, corrido y afrentado, acudió a quitar el plumaje° de la cola de su matalote,° y Sancho el de su rucio. Quisieran los que guiaban a don Quijote castigar el atrevimiento de los muchachos, y no fue posible, porque se encerraron entre más de otros mil que los seguían. Volvieron a subir don Quijote y Sancho. Con el mismo aplauso y música llegaron a la casa de su guía, que era grande y principal, en fin, como de caballero rico, donde le dejaremos por agora, porque así lo quiere Cide Hamete.

 devil

 bunches, furze (thorny plant)

 feathers, nag

Capítulo LXII Que trata de la aventura de la cabeza encantada, con otras niñerías que no pueden dejar de contarse.

D ON ANTONIO Moreno se llamaba el huésped de don Quijote, caballero
5 rico y discreto, y amigo de holgarse° a lo honesto y afable. El cual, — to have a goood time
viendo en su casa a don Quijote, andaba buscando modos como, sin su
perjuicio, 'sacase a plaza° sus locuras. Porque no son burlas las que duelen, — show
ni hay pasatiempos que valgan si son con daño de tercero.° Lo primero que — someone else
hizo fue hacer desarmar a don Quijote y sacarle 'a vistas° con aquel su — to be seen
10 estrecho y acamuzado vestido—como ya otras veces le hemos descrito y
pintado—a un balcón que salía° a una calle de las más principales de la — looked out onto
ciudad, 'a vista de° las gentes y de los muchachos que como a mona° le — visible to, monkey
miraban. Corrieron de nuevo delante dél los de las libreas, como si para él
solo, no para alegrar aquel festivo día[1], se las hubieran puesto. Y Sancho
15 estaba contentísimo, por parecerle que se había hallado, sin saber cómo ni
cómo no, otras bodas de Camacho, otra casa como la de don Diego de
Miranda y otro castillo como el del duque.

Comieron aquel día con don Antonio algunos de sus amigos, honrando
todos y tratando a don Quijote como a caballero andante, de lo cual, hueco° — vain
20 y pomposo, 'no cabía en sí° de contento. Los donaires de Sancho fueron — couldn't contain
tantos, que de su boca andaban como colgados todos los criados de casa y — himself
todos cuantos le oían. Estando a la mesa, dijo don Antonio a Sancho: "Acá
tenemos noticia, buen Sancho, que sois tan amigo de 'manjar blanco° y de — creamed chicken
albondiguillas, que si os sobran, las guardáis en el seno para el otro día."[2] — breasts

25 "No, señor, no es así," respondió Sancho, "porque tengo más de
limpio° que de goloso,° y mi señor don Quijote, que está delante, sabe bien — cleanliness, glutton
que con un puño de bellotas o de nueces nos solemos pasar entrambos ocho
días. Verdad es que si tal vez me sucede que me den la vaquilla, corro con
la soguilla. Quiero decir, que como lo que me dan, y uso de los tiempos
30 como los hallo. Y quienquiera que hubiere dicho que yo soy comedor
aventajado° y no limpio, téngase por dicho que no acierta. Y de otra manera — excessive
dijera esto, si no mirara a las barbas honradas que están a la mesa."[3]

"Por cierto," dijo don Quijote, "que la parsimonia° y limpieza con que — moderation
Sancho come se puede escribir y grabar en láminas de bronce, para que
35 quede en memoria eterna en los siglos venideros. Verdad es que cuando él
tiene hambre parece algo tragón,° porque come a priesa y masca a dos — gluttonous
carrillos. Pero la limpieza siempre la tiene 'en su punto,° y en el tiempo que — just right
fue gobernador aprendió a comer 'a lo melindroso,° tanto, que comía con — in an affected way
tenedor las uvas, y aun los granos de la granada."

[1] This *now* appears to be the San Juan on June 24, which was very colorful and
festive, and not the August date mentioned in n. 27 of Chapter 60, p. 801.
[2] **Manjar blanco** is a dish of creamed chicken breasts. **Albondiguillas** are small meat
balls. Don Antonio, however, confuses "our" Sancho here with Avellaneda's, since the
other Sancho does love **manjar blanco** and in Chapter 12 of Avellaneda we see the
other Sancho saving creamed chicken just this way (See Riquer's edition, vol. I, p. 230,
l. 20).
[3] **Y de otra manera...** *and I'd say they were lying, if it weren't for the respect I
have for those who are at this table*

"¿Cómo?" dijo don Antonio, "¿gobernador ha sido Sancho?"

"Sí," respondió Sancho, "y de una ínsula llamada la Barataria. Diez días la goberné 'a pedir de boca.° En ellos perdí el sosiego y aprendí a *perfectly* despreciar todos los gobiernos del mundo. Salí huyendo della, caí en una cueva donde me tuve por muerto, de la cual salí vivo por milagro."

Contó don Quijote por menudo todo el suceso del gobierno de Sancho, con que dio gran gusto a los oyentes. Levantados los manteles, y tomando don Antonio por la mano a Don Quijote, se entró con él en un apartado aposento, en el cual no había otra cosa de adorno que una mesa, al parecer, de jaspe, que sobre un pie de lo mesmo se sostenía, sobre la cual estaba puesta al modo de las cabezas de los emperadores romanos, de los pechos arriba, una° que semejaba ser de bronce. Paseóse don Antonio con don *= una cabeza* Quijote por todo el aposento, rodeando muchas veces la mesa, después de lo cual dijo: "Agora, señor don Quijote, que estoy enterado que no nos oye y° escucha alguno,° y está cerrada la puerta, quiero contar a vuesa merced *= ni, = ninguno* una de las más raras aventuras, o por mejor decir, novedades que imaginarse pueden, con condición que lo que a vuesa merced dijere lo ha de depositar en los últimos retretes° del secreto." *secret rooms*

"Así lo juro," respondió don Quijote, "y aun le echaré una losa encima para más seguridad, porque quiero que sepa vuesa merced, señor don Antonio," que ya sabía su nombre, "que está hablando con quien, aunque tiene oídos para oír, no tiene lengua para hablar. Así que con seguridad puede vuesa merced trasladar lo que tiene en su pecho en el mío y hacer cuenta que lo ha arrojado en los abismos del silencio."

"En fee de esa promesa," respondió don Antonio, "quiero poner a vuesa merced en admiración con lo que viere y oyere, y darme a mí algún alivio de la pena que me causa no tener con quien comunicar mis secretos, que no son para fiarse de todos."

Suspenso estaba don Quijote, esperando en qué habían de parar tantas prevenciones. En esto, tomándole la mano don Antonio, se la paseó por la cabeza de bronce, y por toda la mesa, y por el pie de jaspe sobre que se sostenía, y luego dijo: "Esta cabeza, señor don Quijote, ha sido hecha y fabricada por uno de los mayores encantadores y hechiceros que ha tenido el mundo, que creo era polaco° de nación y discípulo del famoso Escotillo,[4] *Polish* de quien tantas maravillas se cuentan, el cual estuvo aquí en mi casa, y por precio de mil escudos que le di labró° esta cabeza que tiene propiedad y *made* virtud de responder a cuantas cosas al oído le preguntaren. Guardó rumbos, pintó caracteres, observó astros, miró puntos,[5] y finalmente, la sacó con la perfeción que veremos mañana, porque los viernes está muda. Y hoy, que lo es,° nos ha de hacer esperar hasta mañana. En este tiempo podrá vuesa *i.e., Friday* merced prevenirse de lo que querrá preguntar. Que por esperiencia sé que dice verdad en cuanto responde."

Admirado quedó don Quijote de la virtud y propiedad de la cabeza, y

---

[4] There is some discussion who this Escotillo is. Pellicer, the first annotator of the *Quijote* thinks it refers to an Italian adventurer from Parma, sixteenth century.

[5] **Guardó rumbos...** *he [the supposed Pole] noted the orbit of the stars, made magic signs, observed the stars, looked at the points of the celestial sphere...* In other words, he went through magical/astrological processes to construct the head.

estuvo por no creer a don Antonio. Pero por ver cuán poco tiempo había para hacer la experiencia, no quiso decirle otra cosa sino que le agradecía el haberle descubierto tan gran secreto. Salieron del aposento, cerró la puerta don Antonio con llave y fuéronse a la sala donde los demás
5   caballeros estaban.

En este tiempo les había contado Sancho muchas de las aventuras y sucesos que a su amo habían acontecido. Aquella tarde sacaron a pasear a don Quijote, no armado, sino 'de rúa,° vestido un balandrán° de paño   in street clothes, leonado, que pudiera hacer sudar en aquel tiempo al mismo hielo.   short-sleeved cape
10   Ordenaron con sus criados que entretuviesen a Sancho, de modo que no le dejasen salir de casa. Iba don Quijote, no sobre Rocinante, sino sobre un gran macho de paso llano° y muy bien aderezado. Pusiéronle el balandrán,   even y en las espaldas, sin que lo viese, le cosieron un pargamino° donde le   = **pergamino** escribieron con letras grandes: ÉSTE ES DON QUIJOTE DE LA MANCHA. En
15   comenzando el paseo, llevaba el rétulo los ojos de cuantos venían a verle, y como leían: ÉSTE ES DON QUIJOTE DE LA MANCHA, admirábase don Quijote de ver que cuantos le miraban 'le nombraban° y conocían. Y   called him by name volviéndose a don Antonio, que iba a su lado, le dijo: "Grande es la prerrogativa que encierra en sí la andante caballería, pues hace conocido y
20   famoso al que la profesa por todos los términos de la tierra. Si no, mire vuesa merced, señor don Antonio, que hasta los muchachos desta ciudad, sin nunca haberme visto, me conocen."

"Así es, señor don Quijote," respondió don Antonio, "que así como el fuego no puede estar escondido y encerrado, la virtud no puede dejar de ser
25   conocida, y la que se alcanza por la profesión de las armas resplandece y campea sobre todas las otras."

Acaeció, pues, que yendo don Quijote con el aplauso que se ha dicho, un castellano° que leyó el rétulo de las espaldas, alzó la voz, diciendo: Castilian "¡Válgate el diablo por don Quijote de la Mancha![6] ¿Cómo que hasta aquí
30   has llegado sin haberte muerto los infinitos palos que tienes a cuestas? Tú eres loco, y si lo fueras a solas y dentro de las puertas de tu locura, fuera menos mal. Pero tienes propiedad de volver locos y mentecatos a cuantos te tratan y comunican.° Si no, mírenlo por estos señores que te acompañan.   accompany you Vuélvete, mentecato, a tu casa, y mira por tu hacienda, por tu mujer y tus
35   hijos, y déjate destas vaciedades que te carcomen° el seso y te desnatan° el   eat away, skim off entendimiento."

"Hermano," dijo don Antonio, "seguid vuestro camino y no deis consejos a quien no os los pide. El señor don Quijote de la Mancha es muy cuerdo y nosotros que le acompañamos no somos necios. La virtud se ha
40   de honrar dondequiera que se hallare. Y andad enhoramala, y no os metáis donde no os llaman."

"Pardiez, vuesa merced tiene razón," respondió el castellano, "que aconsejar a este buen hombre es dar coces contra el aguijón. Pero con todo eso, me da muy gran lástima que el buen ingenio que dicen que tiene en
45   todas las cosas este mentecato, se le desagüe por la canal de su andante caballería. Y la enhoramala que vuesa merced dijo sea para mí y para todos mis descendientes si de hoy más, aunque viviese más años que Matusalén,

---

[6] **¡Válgate...** *Don Quijote can go to hell!*

diere consejo a nadie, aunque me lo pida."

Apartóse el consejero,° siguió adelante el paseo. Pero fue tanta la priesa° que los muchachos y toda la gente tenía leyendo el rétulo, que se le hubo de quitar don Antonio, como que le quitaba otra cosa. Llegó la noche, volviéronse a casa, hubo sarao° de damas, porque la mujer de don Antonio, que era una señora principal y alegre, hermosa y discreta, convidó a otras sus amigas a que viniesen a honrar a su huésped y a gustar de sus nunca vistas locuras. Vinieron algunas, cenóse espléndidamente y comenzóse el sarao casi a las diez de la noche. Entre las damas había dos de gusto pícaro,° y burlonas,° y 'con ser° muy honestas, eran algo descompuestas,° por dar lugar que las burlas alegrasen sin enfado. Éstas dieron tanta priesa en sacar a danzar a don Quijote, que le molieron, no sólo el cuerpo, pero el ánima. Era cosa de ver la figura de don Quijote, largo, tendido, flaco, amarillo, estrecho° en el vestido, desairado,° y sobre todo, no nada ligero. Requebrábanle como a hurto las damiselas,[7] y él, también como a hurto, las desdeñaba.

Pero viéndose apretar de requiebros, alzó la voz, y dijo: "*Fugite, partes adversæ.*[8] ¡Dejadme en mi sosiego, pensamientos mal venidos! Allá 'os avenid,° señoras, con vuestros deseos, que la que es reina de los míos, la sin par Dulcinea del Toboso, no consiente que ningunos otros que los suyos me avasallen y rindan."

Y diciendo esto, se sentó en mitad de la sala en el suelo, molido y quebrantado de tan bailador ejercicio. Hizo don Antonio que 'le llevasen en peso° a su lecho, y el primero que asió dél fue Sancho, diciéndole: "'¡Nora en tal,° señor nuestro amo, lo habéis bailado! ¿Pensáis que todos los valientes son danzadores,° y todos los andantes caballeros bailarines? Digo que si lo pensáis, que estáis engañado. Hombre hay que se atreverá a matar a un gigante antes que hacer una cabriola. Si hubiérades de zapatear,[9] yo supliera vuestra falta, que zapateo como un girifalte. Pero en lo del danzar no doy puntada."[10]

Con estas y otras razones dio que reír Sancho a los del sarao, y dio con su amo en la cama, arropándole para que sudase la frialdad[11] de su baile.

Otro día le pareció a don Antonio ser bien hacer la experiencia de la cabeza encantada, y con don Quijote, Sancho y otros dos amigos, con las dos señoras que habían molido a don Quijote en el baile, que aquella propia noche se habían quedado con la mujer de don Antonio, se encerró en la estancia donde estaba la cabeza. Contóles la propiedad que tenía, encargóles el secreto y díjoles que aquél era el primero día donde se había de probar la virtud de la tal cabeza encantada. Y si no eran los dos amigos de don Antonio, ninguna otra persona sabía el busilis del encanto, y aun si don Antonio no se le hubiera descubierto primero a sus amigos, también ellos

---

[7] **Requebrábanle...** *the young ladies flirted with him on the sly*

[8] These Latin words, meaning *may the enemies flee,* is part of the Catholic rite of exorcism.

[9] This is the style of dancing referred to in Part II, Chapter 19, p. 551, n. 6.

[10] **Pero en lo...** *but about formal dancing, I haven't the slightest idea*

[11] They covered him to sweat off a cold? Better, rather, the other meaning implied by **frialdad**—*lack of gracefulness?*

Margin glosses:

adviser
crush of people

dancing party

mischievous, joking, although they were; carefree

tight, clumsy

stay away

carry him out
= **en hora mala**
dancers

cayeran en la admiración en que los demás cayeron, sin ser posible otra
cosa—con tal traza y tal orden estaba fabricada.

El primero que se llegó al oído de la cabeza fue el mismo don
Antonio, y díjole en voz sumisa,° pero no tanto que de todos no fuese   low
5   entendida: "Dime, cabeza, por la virtud que en ti se encierra, ¿qué
pensamientos tengo yo agora?"

Y la cabeza le respondió, sin mover los labios, con voz clara y distinta,
de modo que fue de todos entendida, esta razón: "Yo no juzgo de
pensamientos."

10 Oyendo lo cual todos quedaron atónitos, y más, viendo que en todo el
aposento ni al derredor de la mesa no había persona humana que responder
pudiese.

"¿Cuántos estamos aquí?" tornó a preguntar don Antonio, y fuele
respondido 'por el propio tenor,° paso°: "Estáis tú y tu mujer, con dos   in the same way,
15 amigos tuyos, y dos amigas della, y un caballero famoso llamado don   slowly
Quijote de la Mancha, y un su escudero que Sancho Panza tiene por
nombre."

¡Aquí sí que fue el admirarse de nuevo, aquí sí que fue el erizarse los
cabellos a todos, de puro espanto! Y apartándose don Antonio de la cabeza,
20 dijo: "¡Esto me basta para darme a entender que no fui engañado del que
te me vendió, cabeza sabia, cabeza habladora,° cabeza respondona,° y   talking, responding
admirable cabeza! Llegue otro, y pregúntele lo que quisiere."

Y como las mujeres de ordinario son presurosas° y amigas de saber,   anxious
la primera que se llegó fue una de las dos amigas de la mujer de don
25 Antonio, y lo que le preguntó fue: "Dime, cabeza ¿qué haré yo para ser
muy hermosa?"

Y fuele respondido: "Sé muy honesta."

"No te pregunto más," dijo la preguntanta.

Llegó luego la compañera, y dijo: "Querría saber, cabeza, si mi marido
30 me quiere bien o no."

Y respondiéronle : "Mira las obras que te hace, y 'echarlo has de ver.°"   you'll see

Apartóse la casada, diciendo: "Esta respuesta no tenía necesidad de
pregunta, porque, en efecto, las obras que se hacen declaran la voluntad que
tiene el que las hace."

35 Luego llegó uno de los dos amigos de don Antonio, y preguntóle:
"¿Quién soy yo?"

Y fuele respondido: "Tú lo sabes."

"No te pregunto eso," respondió el caballero, "sino que me digas si me
conoces tú."

40 "Sí, conozco," le respondieron, "que eres don Pedro Noriz."

"No quiero saber más, pues esto basta para entender, ¡oh cabeza! que
lo sabes todo."

Y apartándose, llegó el otro amigo, y preguntóle: "Dime, cabeza, ¿qué
deseos tiene mi hijo el mayorazgo?"

45 "Ya yo he dicho," le respondieron, "que yo no juzgo de deseos. Pero
con todo eso te sé decir que los que tu hijo tiene son de enterrarte."

"Eso es," dijo el caballero, "lo que veo por los ojos con el dedo lo señalo,[12] y no pregunto más."

Llegóse la mujer de don Antonio, y dijo: "Yo no sé, cabeza, qué preguntarte. Sólo querría saber de ti si gozaré muchos años de buen marido."

Y respondiéronle : "Sí, gozarás, porque su salud y su templanza° en el vivir prometen muchos años de vida, la cual muchos suelen acortar por su destemplanza.°"

moderation

abuse

Llegóse luego don Quijote, y dijo: "Dime tú, el que respondes: ¿fue verdad, o fue sueño lo que yo cuento que me pasó en la cueva de Montesinos? ¿Serán ciertos los azotes de Sancho mi escudero? ¿Tendrá efeto el desencanto de Dulcinea?"

"A lo de la cueva," respondieron, "hay mucho que decir—de todo tiene. Los azotes de Sancho irán de espacio. El desencanto de Dulcinea llegará a debida ejecución."

"No quiero saber más," dijo don Quijote, "que como yo vea a Dulcinea desencantada, haré cuenta que vienen de golpe todas las venturas que acertare a desear."

El último preguntante fue Sancho, y lo que preguntó fue: "Por ventura, cabeza, ¿tendré otro gobierno? ¿Saldré de la estrecheza de escudero? ¿Volveré a ver a mi mujer y a mis hijos?"

A lo que le respondieron: "Gobernarás en tu casa, y si vuelves a ella, verás a tu mujer y a tus hijos, y dejando de servir, dejarás de ser escudero."

"¡Bueno, par Dios!" dijo Sancho Panza. "Esto yo me lo dijera. No dijera más el profeta° Perogrullo."[13]

prophet

"Bestia," dijo don Quijote, "¿qué quieres que te respondan? ¿No basta que las respuestas que esta cabeza ha dado correspondan a lo que se le pregunta?"

"Sí, basta," respondió Sancho, "pero quisiera yo que se declarara más y me dijera más."

Con esto se acabaron las preguntas y las respuestas. Pero no se acabó la admiración en que todos quedaron, excepto los dos amigos de don Antonio, que el caso sabían. El cual quiso Cide Hamete Benengeli declarar luego, por no tener suspenso al mundo, creyendo que algún hechicero y extraordinario misterio en la tal cabeza se encerraba, y así dice que don Antonio Moreno, a imitación de otra cabeza que vio en Madrid, fabricada por un estampero,° hizo ésta en su casa para entretenerse y suspender a los ignorantes, y la fábrica° era de esta suerte: la tabla de la mesa era de palo pintada y barnizada° como jaspe, y el pie sobre que se sostenía era de lo mesmo, con cuatro garras de águila que dél salían para mayor firmeza° del peso. La cabeza, que parecía medalla° y figura de emperador romano y de color de bronce, estaba toda hueca, y ni más ni menos la tabla de la mesa, en que se encajaba tan justamente, que ninguna señal de juntura° se parecía.

engraver
manufacture
varnished
stability
image

joining

El pie de la tabla era ansimesmo hueco, que respondía a la garganta y pechos de la cabeza, y todo esto venía a responder a otro aposento que debajo de la estancia de la cabeza estaba. Por todo este hueco de pie, mesa, garganta y pechos de la medalla y figura referida se encaminaba un cañón

---

[12] Variant of an old saying meaning that something is obvious.

[13] Perogrullo is the personification of the person who says things that are obvious.

de hoja de lata muy justo, que de nadie podía ser visto. En el aposento de abajo correspondiente al de arriba se ponía el que había de responder, pegada la boca con el mesmo cañón, de modo que a modo de cerbatana° iba   ear-trumpet la voz de arriba abajo y de abajo arriba, en palabras articuladas y claras, y
5 de esta manera no era posible conocer el embuste. Un sobrino de don Antonio, estudiante agudo y discreto, fue el respondiente,° el cual, estando   answerer avisado de su señor tío de los que habían de entrar con él en aquel día en el aposento de la cabeza, le fue fácil responder con presteza y puntualidad a la primera pregunta. A las demás respondió por conjeturas, y como discreto,
10 discretamente.

     Y dice más Cide Hamete, que hasta diez o doce días duró esta maravillosa máquina. Pero que divulgándose por la ciudad que don Antonio tenía en su casa una cabeza encantada, que a cuantos le preguntaban respondía, temiendo no llegase a los oídos de las despiertas centinelas de
15 nuestra fe, habiendo declarado[14] el caso a los señores inquisidores, le mandaron que lo deshiciese y no pasase más adelante, porque el vulgo ignorante 'no se escandalizase.° Pero en la opinión de don Quijote y de   would not be Sancho Panza la cabeza quedó por encantada y por respondona, más a   shocked satisfación de don Quijote que de Sancho.

20   Los caballeros de la ciudad por complacer a don Antonio y por agasajar a don Quijote y dar lugar a que descubriese sus sandeces, ordenaron de correr sortija de allí a seis días, que no tuvo efecto por la ocasión que se dirá adelante. Diole gana a don Quijote de pasear la ciudad a la llana y a pie, temiendo que si iba a caballo le habían de perseguir los mochachos, y así él
25 y Sancho con otros dos criados que don Antonio le dio salieron a pasearse.

     Sucedió, pues, que yendo por una calle, alzó los ojos don Quijote y vio escrito sobre una puerta, con letras muy grandes, AQUÍ SE IMPRIMEN LIBROS, de lo que se contentó mucho, porque hasta entonces no había visto emprenta alguna, y deseaba saber como fuese. Entró dentro con todo su
30 acompañamiento, y vio tirar° en una parte, corregir° en otra, componer° en   print, correct proofs, ésta, enmendar° en aquélla, y finalmente, toda aquella máquina° que en las   set type; correct emprentas grandes se muestra. Llegábase don Quijote a un cajón° y   type, machinery; preguntaba qué era aquello que allí se hacía. Dábanle cuenta los oficiales,   typesetter admirábase y pasaba adelante. Llegó en esto a uno, y preguntóle qué era lo
35 que hacía. El oficial le respondió: "Señor, este caballero que aquí está," y enseñóle a un hombre de muy buen talle y parecer y de alguna gravedad, "ha traducido un libro toscano° en nuestra lengua castellana, y estoyle yo   Italian componiendo,° para darle a la estampa.°"   composing, presses

"¿Qué título tiene el libro?" preguntó don Quijote.

40   A lo que el autor respondió: "Señor, el libro en toscano se llama *Le Bagatelle*."

"Y ¿qué responde *Le Bagatelle* en nuestro castellano?" preguntó don Quijote.

"*Le Bagatelle*," dijo el autor, "es como si en castellano dijésemos LOS
45 JUGUETES,° y aunque este libro es en el nombre humilde, contiene y   toys

[14] That is, don Antonio himself told the Inquisition about the head before others could report it.

encierra en sí cosas muy buenas y sustanciales."

"Yo," dijo don Quijote, "sé algún tanto del toscano, y me precio de cantar algunas estancias del Ariosto. Pero dígame vuesa merced, señor mío, y no digo esto porque quiero examinar el ingenio de vuesa merced, sino por curiosidad no más: ¿ha hallado en su escritura alguna vez nombrar *pignatta*?"

"Sí, muchas veces," respondió el autor.

"Y ¿cómo la traduce vuesa merced en castellano?" preguntó don Quijote.

"¿Cómo la había de traducir?" replicó el autor, "sino diciendo OLLA."

"¡Cuerpo de tal," dijo don Quijote, "y qué adelante está vuesa merced en el toscano idioma! Yo apostaré una buena apuesta° que adonde diga en   bet el toscano *piace*, dice vuesa merced en el castellano PLACE, y donde diga *più* dice MÁS, y el *su* declara con ARRIBA, y el *giù* con ABAJO."

"Sí, declaro, por cierto," dijo el autor, "porque ésas son sus propias correspondencias."

"Osaré yo jurar," dijo don Quijote, "que no es vuesa merced conocido en el mundo, enemigo siempre de premiar los floridos ingenios ni los loables trabajos. ¡Qué° de habilidades hay perdidas por ahí, qué de ingenios   how many arrinconados,° qué de virtudes menospreciadas! Pero, con todo esto, me   discarded parece que el traducir de una lengua en otra, como no sea de las reinas de las lenguas, griega y latina, es como quien mira los tapices flamencos 'por el revés.° Que aunque se veen las figuras, son llenas de hilos que las   from the back escurecen, y no se veen con la lisura y tez de la haz.[15] Y el traducir de lenguas fáciles ni arguye ingenio ni elocución,° como no le arguye el que   good style traslada ni el que copia° un papel de otro papel. Y no por esto quiero inferir   copies que no sea loable este ejercicio del traducir, porque en otras cosas peores se podría ocupar el hombre y que menos provecho le trujesen. Fuera desta cuenta van los dos famosos traductores, el uno, el doctor Cristóbal de Figueroa, en su *Pastor Fido*,[16] y el otro, don Juan de Jáurigui, en su *Aminta*,[17] donde felizmente ponen en duda cuál es la tradución o cuál el original. Pero dígame vuesa merced, este libro ¿imprímese por su cuenta, o tiene ya vendido el privilegio a algún librero?"[18]

"Por mi cuenta lo imprimo," respondió el autor, "y pienso ganar mil ducados, por lo menos, con esta primera impresión, que ha de ser de dos mil cuerpos, y se han de despachar a seis reales cada uno, en «dacá las pajas.»"

"Bien está vuesa merced en la cuenta," respondió don Quijote, "bien parece que no sabe las entradas y salidas[19] de los impresores, y las

---

[15] **Con la lisura...** *with the clarity and colors of the front*

[16] Cristóbal Suárez de Figueroa (*ca.*1571-1639) published in 1602 his Spanish translation of Battista Guarini's *Il Pastore Fido*, a pastoral work.

[17] Juan de Jáuregui (1583-1641) translated Tasso's *L'Aminta* in 1607, another pastoral work.

[18] If the author prints the book at his own expense, he earns all of the proceeds, or takes all of the losses. If he sells the copyright (**privilegio**) to a bookseller, as Cervantes did with Francisco de Robles for this work, he collects only a royalty.

[19] Refers to fraudulent accounting.

correspondencias° que hay de unos a otros. Yo le prometo que cuando se   tricks
vea cargado de dos mil cuerpos de libros, vea tan molido su cuerpo, que se
espante, y más si el libro es un poco avieso,° y 'no nada picante.°"   perverse, not amusing
   "Pues ¿qué?" dijo el autor, "¿quiere vuesa merced que se lo dé a un
librero que me dé por él privilegio tres maravedís, y aun piensa que me
hace merced en dármelos? Yo no imprimo mis libros para alcanzar fama en
el mundo, que ya en él soy conocido por mis obras. Provecho quiero, que
sin él no vale un cuatrín° la buena fama."   old coin of little
   "Dios le dé a vuesa merced buena manderecha," respondió don Quijote.   worth
   Y pasó adelante a otro cajón, donde vio que estaban corrigiendo un
pliego de un libro que se intitulaba *Luz del alma*,[20] y en viéndole, dijo:
"Estos tales libros, aunque hay muchos deste género, son los que se deben
imprimir, porque son muchos los pecadores que se usan, y son menester
infinitas luces para tantos desalumbrados."°   unenlightened
   Pasó adelante y vio que asimesmo estaban corrigiendo otro libro, y
preguntando su título, le respondieron que se llamaba la *Segunda parte del
ingenioso Hidalgo don Quijote de la Mancha*, compuesta por un tal vecino
de Tordesillas.
   "Ya yo tengo noticia deste libro," dijo don Quijote, "y en verdad y en
mi conciencia que pensé que ya estaba quemado y hecho polvos por
impertinente. Pero su San Martín[21] se le llegará como a cada puerco. Que
las historias fingidas tanto tienen de buenas y deleitables cuanto se llegan
a la verdad o la semejanza della, y las verdaderas tanto son mejores cuanto
son más verdaderas."
   Y diciendo esto, con muestras de algún despecho, se salió de la
emprenta. Y aquel mesmo día ordenó don Antonio de llevarle a ver las
galeras que en la playa estaban, de que Sancho se regocijó mucho, a causa
que en su vida las había visto. Avisó don Antonio al cuatralbo° de las   commodore
galeras como aquella tarde había de llevar a verlas a su huésped el famoso
don Quijote de la Mancha, de quien ya el cuatralbo y todos los vecinos de
la ciudad tenían noticia, y lo que le sucedió en ellas se dirá en el siguiente
capítulo.

---

[20] This is *La luz del alma cristiana* by fray Felipe de Meneses (Valladolid, 1554) with
several reimpressions.
   [21] On the day of San Martín, November 11, pigs are traditionally slaughtered.

Capítulo LXIII. De lo mal que le avino a Sancho Panza con la visita de las galeras, y la nueva aventura de la hermosa morisca.

GRANDES eran los discursos° que don Quijote hacía sobre la respuesta de la encantada cabeza, sin que ninguno dellos° diese en el embuste, y todos paraban con la promesa, que él tuvo por cierto, del desencanto de Dulcinea. Allí iba y venía, y se alegraba entre sí mismo, creyendo que había de ver presto su cumplimiento, y Sancho, aunque aborrecía el ser gobernador, como queda dicho, todavía deseaba volver a mandar y a ser obedecido. Que esta mala ventura trae consigo el mando,[1] aunque sea de burlas.

En resolución, aquella tarde don Antonio Moreno, su huésped, y sus dos amigos, con don Quijote y Sancho fueron a las galeras. El cuatralbo, que estaba avisado de su buena venida, por ver a los dos tan famosos Quijote y Sancho, apenas llegaron a la marina,° cuando todas las galeras 'abatieron tienda,° y sonaron las chirimías. Arrojaron luego el esquife al agua, cubierto de ricos tapetes y de almohadas de terciopelo carmesí, y en poniendo que puso los pies en él don Quijote, disparó la capitana el cañón de crujía,[2] y las otras galeras hicieron lo mesmo, y al subir don Quijote por la escala derecha,[3] toda la chusma° le saludó, como es usanza cuando una persona principal entra en la galera, diciendo, "Hu, hu, hu," tres veces.

Diole la mano el general, que con este nombre lo llamaremos, que era un principal caballero valenciano, abrazó a don Quijote, diciéndole: "Este día señalaré yo con piedra blanca, por ser uno de los mejores que pienso llevar en mi vida, habiendo visto al señor don Quijote de la Mancha: tiempo y señal[4] que nos muestra que en él se encierra y cifra° todo el valor del andante caballería."

Con otras no menos corteses razones le respondió don Quijote, alegre sobremanera de verse tratar tan 'a lo señor.° Entraron todos en la popa, que estaba muy bien aderezada, y sentáronse por los bandines.° Pasóse el cómitre° en crujía, y dio señal con el pito° que la chusma hiciese fuera ropa,[5] que se hizo en un instante. Sancho, que vio tanta gente en cueros, quedó pasmado, y más cuando vio 'hacer tienda° con tanta priesa, que a él le pareció que todos los diablos andaban allí trabajando. Pero esto todo fueron tortas y pan pintado,[6] para lo que ahora diré.

Estaba Sancho sentado sobre el estanterol,[7] junto al espalder[8] de la mano derecha, el cual, ya avisado de lo que había de hacer, asió de Sancho, y levantándole en los brazos, toda la chusma puesta en pie y alerta, comenzando de la derecha banda,° le fue dando y volteando sobre los

Marginal glosses:
- meditations
- i.e., **de los discursos**
- shore
- rolled back the awnings
- crew
- summarizes
- in a lordly way
- guest benches
- rower boss, whistle
- roll up the awnings
- side

---

[1] **El mando** is the subject of **trae**.
[2] This was a large cannon located amidships on the deck.
[3] This is the principal ladder leading to the ship on the starboard side.
[4] **Tiempo** refers back to **día** and **señal** refers to **piedra blanca**.
[5] **Hiciese fuera…** *take off their shirts*
[6] See Part I, Chapter 17, p. 118, l. 8.
[7] This is a beam on the deck to which are attached the cords leading to the sails.
[8] This was the principal rower of each side of the two banks of rowers, the one that the rest of the rowers followed for their rhythm.

brazos de la chusma de banco° en banco, con tanta priesa, que el pobre   bench
Sancho perdió la vista de los ojos, y sin duda pensó que los mismos
demonios le llevaban, y no pararon con él hasta volverle por la siniestra
banda y ponerle en la popa. Quedó el pobre molido y jadeando y
5 trasudando, sin poder imaginar qué fue lo que sucedido le había.

Don Quijote, que vio el vuelo sin alas de Sancho, preguntó al general
si eran ceremonias aquellas que se usaban con los primeros que entraban en
las galeras, porque si acaso lo fuese, él, que no tenía intención de profesar°   to participate
en ellas, no quería hacer semejantes ejercicios, y que votaba a Dios que si
10 alguno llegaba a asirle para voltearle, que le había de sacar el alma a
puntillazos.° Y diciendo esto, se levantó en pie y empuñó la espada.   kicks

A este instante abatieron tienda, y con grandísimo ruido dejaron caer
la entena[9] 'de alto abajo.° Pensó Sancho que el cielo se desencajaba de sus   all the way down
quicios y venía a dar sobre su cabeza. Y agobiándola,° lleno de miedo, la   **la = cabeza**
15 puso entre las piernas. No las tuvo todas consigo don Quijote,[10] que también
se estremeció y encogió de hombros y perdió la color del rostro. La chusma
izó ° la entena con la misma priesa y ruido que la habían amainado,° y todo   hoisted, lowered
esto, callando, como si no tuvieran voz ni aliento. Hizo señal el cómitre que
'zarpasen el ferro,° y saltando en mitad de la crujía con el corbacho o   weigh anchor
20 rebenque,° comenzó a mosquear las espaldas de la chusma, y a largarse   whip
poco a poco a la mar.

Cuando Sancho vio a una moverse tantos pies colorados, que tales
pensó él que eran los remos, dijo entre sí: "Éstas sí son verdaderamente
cosas encantadas, y no las que mi amo dice. ¿Qué han hecho estos
25 desdichados, que ansí los azotan, y cómo este hombre solo que anda por
aquí silbando° tiene atrevimiento para azotar a tanta gente? Ahora yo digo   whistling
que éste es infierno, o por lo menos, el purgatorio."

Don Quijote, que vió la atención con que Sancho miraba lo que pasaba,
le dijo: "¡Ah Sancho amigo, y con qué brevedad y cuán a poca costa os
30 podíades vos, si quisiésedes, desnudar de medio cuerpo arriba, y poneros
entre estos señores, y acabar con el desencanto de Dulcinea! Pues con la
miseria y pena de tantos, no sentiríades vos mucho la vuestra. Y más que
podría ser que el sabio Merlín tomase en cuenta cada azote déstos, por ser
dados de buena mano, por diez de los que vos finalmente os habéis de dar."
35 Preguntar quería el general, qué azotes eran aquéllos, o qué desencanto
de Dulcinea, cuando dijo el marinero: "Señal hace Monjuí[11] de que hay
bajel de remos en la costa, por la banda 'del poniente."°   on the west side

Esto oído, saltó el general en la crujía y dijo: "¡Ea, hijos, no se nos
vaya! Algún bergantín° de cosarios de Argel debe de ser este que la atalaya°   brigantine, watch
40 nos señala.°"   tower; signals

Llegáronse luego las otras tres galeras a la capitana, a saber lo que se
les ordenaba. Mandó el general que las dos saliesen a la mar, y él con la otra
'iría tierra a tierra,° porque ansí el bajel no se les escaparía. Apretó la   would go along the
    coast

---

[9] The **entena** is a *lateen yard*. It is a cross member of wood attached to a mast
which supports a sail, in this case a triangular one.

[10] **No las tuvo...** *Don Quijote was a bit afraid himself*

[11] This is the Castillo de Montjuich, on a hill in the south of Barcelona, used
specifically to warn of sea attacks on the city.

chusma los remos, impeliendo° las galeras con tanta furia que parecía que   propelling
volaban. Las que salieron a la mar, a obra de dos millas, descubrieron un
bajel, que con la vista 'le marcaron por° de hasta catorce o quince bancos,[12]   they judged it to have
y así era la verdad. El cual bajel, cuando descubrió las galeras, se puso en
5   caza,[13] con intención y esperanza de escaparse por° su ligereza.   because of

Pero avínole mal, porque la galera capitana era de los más ligeros
bajeles que en la mar navegaban,° y así le fue entrando, que claramente los   sailed
del bergantín conocieron que no podían escaparse, y así el arráez° quisiera   Arabic captain
que dejaran los remos y se entregaran, por no irritar a enojo al capitán que
10   nuestras galeras regía.°   was directing

Pero la suerte, que de otra manera lo guiaba, ordenó que ya que la
capitana llegaba tan cerca que podían los del bajel oír las voces que desde
ella les decían que se rindiesen, dos *toraquís*, que es como decir dos turcos
borrachos, que en el bergantín venían con estos doce,[14] dispararon dos
15   escopetas, con que dieron muerte a dos soldados que sobre nuestras   forecastle
arrumbadas° venían. Viendo lo cual, juró el general de no dejar con vida a
todos cuantos en el bajel tomase, y llegando a embestir con toda furia, se le   banks of oars
escapó por debajo de la palamenta.° Pasó la galera adelante un buen trecho.   they put up sails
Los del bajel se vieron perdidos, 'hicieron vela° en tanto que la galera
20   volvía, y de nuevo, a vela y a remo se pusieron en caza. Pero no les
aprovechó su diligencia tanto como les dañó su atrevimiento, porque,
alcanzándoles la capitana a poco más de media milla, les echó la palamenta
encima y los cogió vivos a todos.

Llegaron en esto las otras dos galeras, y todas cuatro con la presa
25   volvieron a la playa, donde infinita gente los estaba esperando, deseosos de
ver lo que traían. 'Dio fondo° el general cerca de tierra, y conoció° que   dropped anchor,
estaba en la marina el virrey de la ciudad. Mandó echar el esquife para   found out
traerle, y mandó amainar la entena para ahorcar luego luego al arráez, y a
los demás turcos que en el bajel había cogido, que serían hasta treinta y seis
30   personas, todos gallardos, y los más, escopeteros° turcos.   riflemen

Preguntó el general quién era el arráez del bergantín, y fuele
respondido por uno de los cautivos, en lengua castellana, que después
pareció ser renegado español: "Este mancebo, señor, que aquí vees, es
nuestro arráez."

35   Y mostróle uno de los más bellos y gallardos mozos que pudiera pintar
la humana imaginación. La edad, al parecer, no llegaba a veinte años.
Preguntóle el general: "Dime, mal aconsejado perro, ¿quién te movió a
matarme mis soldados, pues veías ser imposible el escaparte? ¿Ese respeto
se guarda a las capitanas? ¿No sabes tú que no es valentía la temeridad? Las
40   esperanzas dudosas han de hacer a los hombres atrevidos, pero no
temerarios."

Responder quiera el arráez, pero no pudo el general por entonces oír la
respuesta, por acudir a recebir al virrey, que ya entraba en la galera, con el
cual entraron algunos de sus criados y algunas personas del pueblo.

[12] That is, fourteen or fifteen banks of rowers on each side of the ship.

[13] **Se puso...** *started to flee*

[14] Gaos explains that "these twelve" plus the two Turks make one bank of fourteen
rowers. There has been lots of discussion about this.

"¡Buena ha estado la caza, señor general!" dijo el virrey.

"Y tan buena," respondió el general, "cual la verá vuestra excelencia agora colgada de esta entena."

"¿Cómo ansí?" replicó el virrey.

5 "Porque me han muerto," respondió el general, "contra toda ley y contra toda razón y usanza de guerra, dos soldados de los mejores que en estas galeras venían, y yo he jurado de ahorcar a cuantos he cautivado, principalmente a este mozo, que es el arráez del bergantín."

Y enseñóle al que ya tenía atadas las manos y echado el cordel° a la   rope
10 garganta, esperando la muerte.

Miróle el virrey, y viéndole tan hermoso y tan gallardo y tan humilde, dándole en aquel instante una carta de recomendación su hermosura, le vino deseo de escusar su muerte, y así le preguntó: "Dime, arráez, ¿eres turco de nación, o moro, o renegado?"

15 A lo cual el mozo respondió en lengua asimesmo castellana: "Ni soy turco de nación, ni moro, ni renegado."

"Pues ¿qué eres?" replicó el virrey.

"Mujer cristiana," respondió el mancebo.

"¿Mujer, y cristiana, y en tal traje y en tales pasos°? Más es cosa para   straits
20 admirarla que para creerla."

"Suspended," dijo el mozo, "¡oh señores! la ejecución de mi muerte. Que no se perderá mucho en que se dilate° vuestra venganza en tanto que   delay yo os cuente mi vida."

¿Quién fuera el de corazón tan duro, que con estas razones no se 25 ablandara, o a lo menos, hasta oír las que el triste y lastimado mancebo decir quería? El general le dijo que dijese lo que quisiese. Pero que no esperase alcanzar perdón de su conocida culpa.

Con esta licencia el mozo comenzó a decir desta manera: "De aquella nación más desdichada que prudente, sobre quien ha llovido estos días un 30 mar de desgracias, nací yo de moriscos padres engendrada.[15] En la corriente de su desventura fui yo por dos tíos míos llevada a Berbería, sin que me aprovechase decir que era cristiana, como, en efecto, lo soy, y no de las fingidas ni aparentes, sino de las verdaderas y católicas. No me valió con los que tenían a cargo nuestro miserable destierro decir esta verdad, ni mis 35 tíos quisieron creerla. Antes la° tuvieron por mentira y por invención, para   = verdad quedarme en la tierra donde había nacido, y así por fuerza más que por grado me trujeron consigo.

"Tuve una madre cristiana y un padre discreto y cristiano ni más ni menos. Mamé la fe católica en la leche, criéme con buenas costumbres. Ni 40 en la lengua, ni en ellas° jamás, a mi parecer, di señales de ser morisca. ¡Al   = costumbres par y al paso° destas virtudes, que yo creo que lo son, creció mi hermosura,   along with si es que tengo alguna. Y aunque mi recato y mi encerramiento fue mucho, no debió de ser tanto que no tuviese lugar de verme un mancebo caballero llamado don Gaspar Gregorio, hijo mayorazgo de un caballero que junto a 45 nuestro lugar otro suyo tiene.[16] Cómo me vio, cómo nos hablamos, có- mo se vio perdido por mí y cómo yo no muy ganada por

---

[15] **Nací yo engendrada de padres moriscos**

[16] That is, the **caballero** owned a village next to their own.

él,[17] sería largo de contar, y más en tiempo que estoy temiendo que entre la lengua y la garganta se ha de atravesar el riguroso cordel que me amenaza.

"Y así sólo diré como en nuestro destierro quiso acompañarme don
5 Gregorio. Mezclóse con los moriscos que de otros lugares salieron, porque sabía muy bien la lengua, y en el viaje se hizo amigo de dos tíos míos, que consigo me traían, porque mi padre, prudente y prevenido, así como oyó el primer bando de nuestro destierro, se salió del lugar y se fue a buscar alguno en los reinos extraños, que nos acogiese. Dejó encerradas y
10 enterradas en una parte, de quien yo sola tengo noticia, muchas perlas y piedras de gran valor, con algunos dineros en cruzados° y doblones de oro. Mandóme que no tocase al tesoro que dejaba, en ninguna manera, si acaso antes que él volviese nos desterraban. Hícelo así, y con mis tíos, como tengo dicho, y otros parientes y allegados pasamos a Berbería y el lugar
15 donde hicimos asiento fue en Argel, como si le hiciéramos en el mismo infierno.

"Tuvo noticia el rey de mi hermosura, y la fama se la° dio de mis riquezas, que en parte fue ventura mía. Llamóme ante sí, preguntóme de qué parte de España era, y qué dineros y qué joyas traía. Díjele el lugar, y
20 que las joyas y dineros quedaban en él enterrados. Pero que con facilidad se podrían cobrar si yo misma volviese por ellos. Todo esto le dije, temerosa de que no le cegase mi hermosura, sino su codicia. Estando conmigo en estas pláticas, le llegaron a decir como venía conmigo uno de los más gallardos y hermosos mancebos que se podía imaginar. Luego
25 entendí que lo decían por don Gaspar Gregorio, cuya belleza se deja atrás las mayores que encarecer se pueden. Turbéme, considerando el peligro que don Gregorio corría, porque entre aquellos bárbaros turcos en más se tiene y estima un mochacho o mancebo hermoso que una mujer, por bellísima que sea.
30 "Mandó luego el rey que se le trujesen allí delante para verle, y preguntóme si era verdad lo que de aquel mozo le decían. Entonces yo, casi como prevenida° del cielo, le dije que sí era. Pero que le hacía saber que no era varón, sino mujer como yo, y que le suplicaba me la dejase ir a vestir en su natural traje, para que de todo en todo mostrase su belleza y
35 con menos empacho° pareciese ante su presencia. Díjome que fuese en buena hora, y que otro día hablaríamos en el modo que se podía tener para que yo volviese a España a sacar el escondido tesoro.

"Hablé con don Gaspar, contéle el peligro que corría el mostrar ser hombre, vestíle de mora, y aquella mesma tarde le truje a la presencia del
40 rey, el cual, en viéndole, quedó admirado y hizo disignio de guardarla para hacer presente della al Gran Señor.[18] Y por huir del peligro que en el serrallo° de sus mujeres podía tener, y temer de sí mismo, la mandó poner

Portuguese gold coins (line 11)

= noticia (line 17)

forewarned (line 32)

bashfulness (line 35)

harem (line 42)

---

[17] There is a play on words here, as Gaos ably points out, between **perdido** and **ganado**. If he is **perdido** in love with her, she responds using the negative antitheses of **ganado**, that is, **no... ganada** which would also mean **perdida**mente enamorada. Until you study it, it seems to mean the opposite of what it does, and has even confused Rodríguez Marín and Clemencín.

[18] This refers to the **Gran Turco**.

en casa de unas principales moras que la guardasen, y la sirviesen, adonde le llevaron luego. Lo que los dos sentimos, que no puedo negar que no le quiero, se deje a la consideración de los que se apartan si bien se quieren.

"Dio luego traza el rey de que yo volviese a España en este bergantín, y que me acompañasen dos turcos de nación que fueron los que mataron vuestros soldados. Vino también conmigo este renegado español," señalando al que había hablado primero, "del cual sé yo bien que es cristiano encubierto° y que viene con más deseo de quedarse en España que de volver a Berbería. La demás chusma del bergantín son moros y turcos, que no sirven de más que de bogar al remo. Los dos turcos codiciosos e insolentes, sin guardar el orden que traíamos de que a mí y a este renegado en la primer parte de España, en hábito de cristianos, de que venimos proveídos, nos echasen en tierra, primero quisieron barrer esta costa y hacer alguna presa, si pudiesen, temiendo que si primero nos echaban en tierra, por algún acidente que a los dos nos sucediese, podríamos descubrir que quedaba el bergantín en la mar, y si acaso hubiese galeras por esta costa, los tomasen.[19]

"Anoche descubrimos esta playa, y sin tener noticia destas cuatro galeras, fuimos descubiertos, y nos ha sucedido lo que habéis visto. En resolución, don Gregorio queda en hábito de mujer entre mujeres, con manifiesto peligro de perderse, y yo me veo atadas las manos esperando, o por mejor decir, temiendo perder la vida que ya me cansa.°

"Éste es, señores, el fin de mi lamentable historia, tan verdadera como desdichada. Lo que os ruego es que me dejéis morir como cristiana, pues como ya he dicho, en ninguna cosa he sido culpante de la culpa en que los de mi nación han caído."

Y luego calló, preñados los ojos de tiernas lágrimas, a quien acompañaron muchas de los que presentes estaban. El virrey, tierno y compasivo, sin hablarle palabra, se llegó a ella y le quitó con sus manos el cordel que las hermosas de la mora ligaba.

En tanto, pues, que la morisca cristiana su peregrina historia trataba, tuvo clavados los ojos en ella un anciano peregrino, que entró en la galera cuando entró el virrey, y apenas dio fin a su plática la morisca, cuando él se arrojó a sus pies, y abrazado dellos, con interrumpidas palabras de mil sollozos y suspiros, le dijo: "¡Oh Ana Félix, desdichada hija mía! Yo soy tu padre Ricote, que volvía a buscarte, por no poder vivir sin ti, que eres mi alma."

A cuyas palabras abrió los ojos Sancho, y alzó la cabeza—que inclinada° tenía pensando en la desgracia de su paseo—y mirando al peregrino, conoció ser el mismo Ricote que topó el día que salió de su gobierno, y confirmóse que aquélla era su° hija, la cual, ya desatada, abrazó a su padre, mezclando sus lágrimas con las suyas,° el cual dijo al general y al virrey: "Ésta, señores, es mi hija, más desdichada en sus sucesos que

secret

is tiring

bowed

= Ricote's
= Ricote's

---

[19] This is what this 85-word sentence means: "The two Turks, who didn't stick to the orders the renegade and I were bringing (which was to dress as Christians, and to be left off at the first Spanish place we came to), first wanted to sweep the coast for booty, fearing that if we got off first and something happened to us, we might tell where the bergantine was, and if there were galleys on the coast, it would be taken."

en su nombre. Ana Félix se llama, con el sobrenombre de Ricote, famosa tanto por su hermosura como por mi riqueza. Yo salí de mi patria a buscar en reinos estraños quien 'nos albergase° y recogiese, y habiéndole hallado   *would give us shelter* en Alemania, volví en este hábito de peregrino, en compañía de tres
5   alemanes a buscar mi hija y a desenterrar muchas riquezas que dejé escondidas. No hallé a mi hija, hallé el tesoro que conmigo traigo, y agora, por el estraño rodeo que habéis visto, he hallado el tesoro que más me enriquece, que es a mi querida hija. Si nuestra poca culpa y sus lágrimas y las mías por la integridad° de vuestra justicia pueden abrir puertas a la   *integrity*
10   misericordia, usadla con nosotros, que jamás tuvimos pensamiento de ofenderos, ni convenimos en ningún modo con la intención de los nuestros, que justamente han sido desterrados."

     Entonces dijo Sancho: "Bien conozco a Ricote, y sé que es verdad lo que dice en cuanto a ser Ana Félix su hija. Que en esotras zarandajas de ir
15   y venir, tener buena o mala intención, no me entremeto."

     Admirados del estraño caso todos los presentes, el general dijo: "Una por una, vuestras lágrimas no me dejarán cumplir mi juramento. Vivid, hermosa Ana Félix, los años de vida que os tiene determinados el cielo, y lleven la pena de su culpa los insolentes y atrevidos que la cometieron."
20   Y mandó luego ahorcar de la entena a los dos turcos, que a sus dos soldados habían muerto. Pero el virrey le pidió encarecidamente no los ahorcase, pues más locura que valentía había sido la suya. Hizo el general lo que el virrey le pedía, porque no se ejecutan bien las venganzas a 'sangre helada.°   *cold blood*
25   Procuraron luego dar traza de sacar a don Gaspar Gregorio del peligro en que quedaba. Ofreció Ricote para ello más de dos mil ducados que en perlas y en joyas tenía. Diéronse muchos medios,[20] pero ninguno fue tal como el que dio el renegado español que se ha dicho, el cual se ofreció de volver a Argel en algún barco pequeño, de hasta seis bancos, armado de
30   remeros cristianos, porque él sabía dónde, cómo y cuándo podía y debía desembarcar. Y asimismo, no ignoraba la casa donde don Gaspar quedaba.

     Dudaron el general y el virrey el fiarse del renegado, ni confiar de los cristianos que habían de bogar el remo. Fiole Ana Félix, y Ricote, su padre, dijo que salía° a dar el rescate de los cristianos, si acaso se perdiesen.   *promised*
35   Firmados,° pues, en este parecer, se desembarcó el virrey, y don Antonio   *resolved* Moreno se llevó consigo a la morisca y a su padre, encargándole el virrey que los regalase y acariciase cuanto le fuese posible, que 'de su parte° le   *for his own part* ofrecía lo que en su casa hubiese para su regalo. Tanta fue la benevolencia y caridad que la hermosura de Ana Félix infundió en su pecho.

---

[20] **Diéronse...** *many ways [to rescue Gaspar] were suggested*

Capítulo LXIIII. *Que trata de la aventura que más pesadumbre dio a don Quijote de cuantas hasta entonces le habían sucedido.*

L A MUJER de don Antonio Moreno cuenta la historia que recibió
grandísimo contento de ver a Ana Félix en su casa. Recibióla con mucho
agrado, así enamorada de su belleza como de su discreción, porque en lo
uno y en lo otro era estremada la morisca, y toda la gente de la ciudad, como
a campana tañida,[1] venían a verla.

Dijo don Quijote a don Antonio que el parecer que habían tomado en
la libertad de don Gregorio no era bueno, porque tenía más de peligroso que
de conveniente, y que sería mejor que le pusiesen a él en Berbería con sus
armas y caballo, que él le sacaría a pesar de toda la morisma, como había
hecho don Gaiferos a su esposa Melisendra.

"Advierta vuesa merced," dijo Sancho oyendo esto, "que el señor don
Gaiferos sacó a su esposa de tierra firme y la llevó a Francia por tierra
firme. Pero aquí, si acaso sacamos a don Gregorio, no tenemos por dónde
traerle a España, pues está la mar en medio."

"Para todo hay remedio, si no es para la muerte," respondió don
Quijote, "pues llegando el barco a la marina, nos podremos embarcar en él,
aunque todo el mundo lo impida."

"Muy bien lo pinta y facilita vuesa merced," dijo Sancho, "pero del
dicho al hecho hay gran trecho, y yo me atengo al renegado que me parece
muy hombre de bien y de muy buenas entrañas."

Don Antonio dijo que si el renegado no saliese bien del caso, se
tomaría el espediente° de que el gran don Quijote pasase en Berbería. De   resolution
allí a dos días partió el renegado en un ligero barco de seis remos por banda,
armado de valentísima chusma, y de allí a otros dos se partieron las galeras
a Levante,° habiendo pedido el general al visorrey fuese servido de avisarle   East
de lo que sucediese en la libertad de don Gregorio y en el caso de Ana Félix.
Quedó° el visorrey de hacerlo así, como se lo pedía.   agreed

Y una mañana, saliendo don Quijote a pasearse por la playa, armado de
todas sus armas, porque, como muchas veces decía, ellas° eran sus arreos,   = sus armas
y su descanso el pelear, y no se hallaba sin ellas un punto, vio venir hacia
él un caballero armado asimismo de punta en blanco, que en el escudo traía
pintada una luna resplandeciente. El cual, llegándose a trecho que podía ser
oído, en altas voces, encaminando° sus razones a don Quijote, dijo: directing
"Insigne caballero y jamás-como-se-debe alabado don Quijote de la
Mancha, yo soy el Caballero de la Blanca Luna, cuyas inauditas hazañas
quizá te le habrán traído a la memoria. Vengo a contender° contigo y a   fight
probar la fuerza de tus brazos, en razón de hacerte conocer y confesar que
mi dama, sea quien fuere,° es sin comparación más hermosa que tu   may be
Dulcinea del Toboso, la cual verdad si tú la confiesas 'de llano en llano,°   plainly
escusarás tu muerte y el trabajo que yo he de tomar en dártela. Y si tú
pelaeres y yo te venciere no quiero otra satisfación sino que, dejando las
armas y absteniéndote de buscar aventuras, te recojas y retires a tu lugar

---

[1] That is, people came from all over town, as if within the area reached by the tolling
of the bell.

por tiempo de un año, donde has de vivir sin echar mano a la espada, en paz tranquila y en provechoso sosiego, porque así conviene al aumento de tu hacienda y a la salvación de tu alma. Y si tú me vencieres, quedará a tu discreción mi cabeza, y serán tuyos los despojos de mis armas y caballo,
5   y pasará a la tuya la fama de mis hazañas. Mira lo que está mejor, y respóndeme luego, porque hoy todo el día traigo de término para despachar este negocio."[2]

Don Quijote quedó suspenso y atónito, así de la arrogancia del Caballero de la Blanca Luna, como de la causa porque le desafiaba. Y con reposo y ademán
10 severo le respondió: "Caballero de la Blanca Luna, cuyas hazañas hasta agora no han llegado a mi noticia, yo osaré jurar que jamás habéis visto a la ilustre Dulcinea. Que si visto la hubiérades yo sé que procurárades no poneros en esta demanda, porque su vista os desengañara[3] de que no ha habido ni puede haber belleza que con la suya comparar se pueda. Y así no diciéndoos que mentís, sino
15 que no acertáis en lo propuesto, con las condiciones que habéis referido aceto vuestro desafío, y luego, porque no se pase el día que traéis determinado.[4] Y sólo exceto de las condiciones la de que se pase a mí la fama de vuestras hazañas, porque no sé cuáles ni qué tales sean. Con las mías me contento, tales cuales ellas son. Tomad, pues la parte del campo que quisiéredes, que yo haré lo mesmo, y a
20 quien Dios se la diere San Pedro se la bendiga."

Habían descubierto de° la ciudad al Caballero de la Blanca Luna, y   **desde**
díchoselo al visorrey que estaba hablando[5] con don Quijote de la Mancha. El visorrey, creyendo sería alguna nueva aventura fabricada por don Antonio Moreno o por otro algún caballero de la ciudad, salió luego a la
25 playa con don Antonio y con otros muchos caballeros que le acompañaban, a tiempo cuando don Quijote volvía las riendas a Rocinante para tomar del campo lo necesario. Viendo, pues, el visorrey que daban los dos señales del volverse a encontrar,[6] se puso en medio, preguntándoles qué era la causa que les movía a hacer tan de improviso batalla.
30   El Caballero de la Blanca Luna respondió que era precedencia° de   priority
hermosura, y en breves razones, le dijo las mismas que había dicho a don Quijote, con la acetación de las condiciones del desafío hechas por entrambas partes. Llegóse el visorrey a don Antonio y preguntóle paso si sabía quién era el tal Caballero de la Blanca Luna, o si era alguna burla que
35 querían hacer a don Quijote. Don Antonio le respondió que ni sabía quién era, ni si era de burlas ni de veras el tal desafío. Esta respuesta tuvo perplejo° al visorrey en si les dejaría o no pasar adelante en la batalla.   perplexed

Pero no pudiéndose persuadir a que fuese sino burla, se apartó, diciendo: "Señores caballeros, si aquí no hay otro remedio sino confesar o
40 morir, y el señor don Quijote está en sus trece, y vuesa merced, el de la Blanca Luna en sus catorce,[7] a la mano de Dios, y dense.°"   attack

---

[2] **Porque hoy todo…** *because I have to finish this business today*

[3] **Su vista…** *if you saw her, you would be convinced*

[4] **Porque no se…** *so that the day you have fixed [for this business] will not go by*

[5] That is, **que *el Caballero de la Blanca Luna* estaba hablando…**

[6] **Del volverse…** *to face each other to attack*

[7] You know **estar en sus trece** *to persist stubbornly* from Part II, Chapter 39. Given the viceroy's attitude towards the affair, he makes a light-hearted pun using **catorce**.

Agradeció el de la Blanca Luna con corteses y discretas razones al
visorrey la licencia que se les daba, y don Quijote hizo lo mesmo, el cual,
encomendándose al cielo de todo corazón y a su Dulcinea, como tenía de
costumbre al comenzar de las batallas que se le ofrecían, tornó a tomar otro
5 poco más del campo, porque vio que su contrario hacía lo mesmo, y sin
tocar trompeta ni otro instrumento bélico que les diese señal de arremeter,
volvieron entrambos 'a un mesmo punto° las riendas a sus caballos, y como   at the same time
era más ligero el de la Blanca Luna, llegó a don Quijote a dos tercios°   thirds
andados de la carrera, y allí le encontró con tan poderosa fuerza, sin tocarle
10 con la lanza—que la levantó, al parecer, de propósito—que dio con
Rocinante y con don Quijote por el suelo una peligrosa caída.

Fue luego sobre él, y poniéndole la lanza sobre la visera, le dijo:
"Vencido sois, caballero, y aun muerto, si no confesáis las condiciones de
nuestro desafío."

15 Don Quijote, molido y aturdido, sin alzarse la visera, como si hablara dentro
de una tumba, con voz debilitada y enferma, dijo: "Dulcinea del Toboso es la más
hermosa mujer del mundo, y yo el más desdichado caballero de la tierra, y no es
bien que mi flaqueza defraude esta verdad. Aprieta, caballero, la lanza, y quítame
la vida, pues me has quitado la honra."

20 "Eso no haré yo, por cierto," dijo el de la Blanca Luna, "viva, viva en
su entereza la fama de la hermosura de la señora Dulcinea del Toboso. Que
sólo me contento con que el gran don Quijote se retire a su lugar un año, o
hasta el tiempo que por mí le fuere mandado, como concertamos antes de
entrar en esta batalla."

25 Todo esto oyeron el visorrey y don Antonio, con otros muchos que allí
estaban, y oyeron asimismo que don Quijote respondió que como no le
pidiese cosa que fuese en perjuicio de Dulcinea, todo lo demás cumpliría
como caballero puntual° y verdadero.°   conscientious,
                                               truthful
Hecha esta confesión, volvió las riendas el de la Blanca Luna, y
30 'haciendo mesura° con la cabeza al visorrey, a medio galope se entró en la   bowing
ciudad. Mandó el visorrey a don Antonio que fuese tras él, y que en todas
maneras supiese quién era. Levantaron a don Quijote, descubriéronle el
rostro y halláronle sin color y trasudando. Rocinante, de puro malparado,
no se pudo mover por entonces.

35 Sancho, todo triste, todo apesarado,° no sabía qué decirse ni qué   troubled
hacerse. Parecíale que todo aquel suceso pasaba en sueños, y que toda
aquella máquina era cosa de encantamento. Veía a su señor rendido y
obligado a no tomar armas en un año. Imaginaba la luz de la gloria de sus
hazañas escurecida, las esperanzas de sus nuevas promesas deshechas,
40 como se deshace el humo con el viento. Temía si quedaría, o no, contrecho°   injured
Rocinante, o deslocado° su amo. Que no fuera poca ventura si deslocado[8]   dislocated
quedara.

Finalmente, con una 'silla de manos,° que mandó traer el visorrey, le   litter
llevaron a la ciudad, y el visorrey se volvió también a ella con deseo de
45 saber quién fuese el Caballero de la Blanca Luna, que de tan mal talante°   state
había dejado a don Quijote.

---

[8] Cejador points out that **deslocado** could also mean that his craziness has been
removed, as this seems to indicate.

Capítulo LXV. *Donde se da noticia quién era el de la Blanca Luna, con la libertad de don Gregorio y de otros sucesos.*

5 SIGUIÓ don Antonio Moreno al Caballero de la Blanca Luna, y siguiéronle también, y aun persiguiéronle, muchos muchachos hasta que 'le cerraron en° un mesón dentro de la ciudad. Entró en él don Antonio con deseo de conocerle. Salió un escudero a recebirle y a desarmarle, encerróse en una sala baja, y con él don Antonio, que no se le cocía el pan hasta saber quién fuese.

they caught up with him

10 Viendo, pues, el de la Blanca Luna, que aquel caballero no le dejaba, le dijo: "Bien sé, señor, a lo que venís, que es a saber quién soy. Y porque no hay para qué negároslo, en tanto que este mi criado me desarma, os lo diré sin faltar un punto a la verdad del caso. Sabed, señor, que a mí me llaman el bachiller Sansón Carrasco. Soy del mesmo lugar de don Quijote

15 de la Mancha, cuya locura y sandez mueve a que le tengamos lástima todos cuantos le conocemos, y entre los que más se la han tenido he sido yo, y creyendo que está° su salud en su reposo y en que se esté en su tierra y en su casa, 'di traza° para hacerle estar en ella, y así habrá tres meses que le salí al camino como caballero andante, llamándome el Caballero de los Espejos,

lies
I made a plan

20 con intención de pelear con él y vencerle sin hacerle daño, poniendo por condición de nuestra pelea que el vencido quedase a discreción del vencedor. Y lo que yo pensaba pedirle, porque ya le juzgaba por vencido, era que se volviese a su lugar y que no saliese dél en todo un año, en el cual tiempo podría ser curado.

25 "Pero la suerte lo ordenó de otra manera, porque él me venció a mí y me derribó del caballo, y así no tuvo efecto mi pensamiento. Él prosiguió su camino, y yo me volví vencido, corrido y molido de la caída, que fue además peligrosa. Pero no por esto se me quitó el deseo de volver a buscarle y a vencerle, como hoy se ha visto. Y como él es tan puntual en guardar las

30 órdenes de la andante caballería, sin duda alguna, guardará la que le he dado en cumplimiento de su palabra. Esto es, señor, lo que[1] pasa, sin que tenga que deciros otra cosa alguna.

"Suplícoos no me descubráis, ni le digáis a don Quijote quién soy, por que tengan efecto los buenos pensamientos míos, y vuelva a cobrar su juicio

35 un hombre que le tiene bonísimo, como le dejen las sandeces de la caballería."

"¡Oh señor!" dijo don Antonio, "Dios os perdone el agravio que habéis hecho a todo el mundo en querer volver cuerdo al más gracioso loco que hay en él. ¿No veis, señor, que no podrá llegar el provecho que cause la

40 cordura de don Quijote a lo que llega el gusto que da con sus desvaríos? Pero yo imagino que toda la industria del señor bachiller no ha de ser parte para[2] volver cuerdo a un hombre tan rematadamente loco, y si no fuese contra caridad diría que nunca sane don Quijote, porque, con su salud, no solamente perdemos sus gracias, sino las de Sancho Panza su escudero. Que

45 cualquiera dellas puede volver a alegrar a la misma melancolía.

"Con todo esto, callaré, y no le diré nada, por ver si salgo verdadero°

right

---

[1] This **que** is missing in the first editon.
[2] **No ha de…** *will not be enough to*

en sospechar que no ha de tener efecto la diligencia hecha por el señor Carrasco."

El cual respondió que ya 'una por una° estaba en buen punto aquel negocio, de quien esperaba feliz suceso. Y habiéndole ofrecido don Antonio de hacer lo que más le mandase, se despidió dél, y hecho liar sus armas sobre un macho, luego al mismo punto, sobre el caballo con que entró en la batalla, se salió de la ciudad aquel mismo día, y se volvió a su patria, sin sucederle cosa que obligue a contarla en esta verdadera historia.

Contó don Antonio al visorrey todo lo que Carrasco le había contado, de lo que el visorrey no recibió mucho gusto, porque en el recogimiento de don Quijote se perdía el° que podían tener todos aquellos que de sus locuras tuviesen noticia.

Seis días estuvo don Quijote en el lecho, marrido,° triste, pensativo y 'mal acondicionado,° yendo y viniendo con la imaginación en el desdichado suceso de su vencimiento. Consolábale Sancho, y entre otras razones, le dijo: "Señor mío, alce vuesa merced la cabeza y alégrese si puede, y dé gracias al cielo, que, ya que le derribó en la tierra, no salió con alguna costilla quebrada, y pues sabe que donde las dan las toman, y que no siempre hay tocinos donde hay estacas, dé una higa al médico, pues no le ha menester para que le cure en esta enfermedad. Volvámonos a nuestra casa, y dejémonos de andar buscando aventuras por tierras y lugares que no sabemos.° Y si bien se considera, yo soy aquí el más perdidoso,[3] aunque es vuesa merced el más mal parado. Yo, que dejé con el gobierno los deseos de ser más° gobernador, no dejé la gana de ser conde, que jamás tendrá efecto si vuesa merced deja de ser rey, dejando el ejercicio de su caballería, y así vienen a volverse en humo mis esperanzas."

"Calla, Sancho, pues ves que mi reclusión y retirada no ha de pasar de un año. Que luego volveré a mis honrados ejercicios, y no me ha de faltar reino que gane y algún condado que darte."

"Dios lo oiga," dijo Sancho, "y el pecado sea sordo.[4] Que siempre he oído decir que más vale buena esperanza que ruin posesión."

En esto estaban, cuando entró don Antonio, diciendo, con muestras de grandísimo contento: "¡Albricias,° señor don Quijote, que don Gregorio y el renegado que fue por él está en la playa! ¿Qué digo en la playa? Ya está en casa del visorrey, y será° aquí al momento."

Alegróse algún tanto don Quijote, y dijo: "En verdad que estoy por decir que me holgara que hubiera sucedido todo al revés, porque me obligara a pasar en Berbería, donde con la fuerza de mi brazo diera libertad no sólo a don Gregorio sino a cuantos cristianos cautivos hay en Berbería. Pero ¿qué digo, miserable? ¿No soy yo el vencido? ¿No soy yo el derribado? ¿No soy yo el que no puede 'tomar arma° en un año? Pues ¿qué prometo? ¿De qué me alabo, si antes me conviene usar de la rueca que de la espada?"

"Déjese deso, señor," dijo Sancho, "viva la gallina aunque con su pepita.[5] Que hoy por ti y mañana por mí. Y en cosas de encuentros y

in any case

= el *gusto*

under the weather
with a bad dispo-
sition

= conocemos

ever again

good news

= estará

take up arms

---

[3] **Yo soy aquí...** *I'm the one who loses the most*
[4] The saying is usually: **...y el diablo sea sordo.**
[5] See Part II, Chapter 5, p. 466, n. 5.

porrazos no hay tomarles tiento alguno,[6] pues el que hoy cae puede
levantarse mañana, si no es que se quiere estar en la cama, quiero decir, que
se deje desmayar,° sin cobrar nuevos bríos para nuevas pendencias. Y   become weak
levántese vuesa merced agora para recebir a don Gregorio, que me parece
5   que anda la gente alborotada y ya debe de estar en casa."
    Y así era la verdad, porque habiendo ya dado cuenta don Gregorio y el
renegado al visorrey de su ida y vuelta, deseoso don Gregorio de ver a Ana
Félix, vino con el renegado a casa de don Antonio, y aunque don Gregorio
cuando le sacaron de Argel fue con hábitos de mujer, en el barco los trocó
10   por los de un cautivo que salió consigo. Pero en cualquiera° que viniera   = cualquier *hábito*
mostrara ser persona para ser codiciada,° servida y estimada, porque era   much desired
hermoso sobremanera, y la edad, al parecer, de diez y siete o diez y ocho
años. Ricote y su hija salieron a recebirle, el padre con lágrimas, y la hija
con honestidad. No se abrazaron unos a otros, porque donde hay mucho
15   amor no suele haber demasiada desenvoltura. Las dos bellezas juntas de don
Gregorio y Ana Félix admiraron 'en particular° a todos juntos los que   extraordinarily
presentes estaban. El silencio fue allí el que habló por los dos amantes, y los
ojos fueron las lenguas que descubrieron sus alegres y honestos
pensamientos.
20   Contó el renegado la industria y medio que tuvo para sacar a don
Gregorio. Contó don Gregorio los peligros y aprietos en que se había visto
con las mujeres con quien había quedado, no con largo razonamiento, sino
con breves palabras, donde mostró que su discreción se adelantaba a sus
años. Finalmente, Ricote pagó y satisfizo liberalmente así al renegado como
25   a los que habían bogado al remo. Reincorporóse° y redújose° el renegado   reconciled himself,
con la iglesia, y de miembro podrido, volvió limpio y sano con la penitencia   reconfirmed himself
y el arrepentimiento.
    De allí a dos días trató el visorrey con don Antonio qué modo tendrían
para que Ana Félix y su padre quedasen en España, pareciéndoles no ser de
30   inconveniente alguno que quedasen 'en ella° hija tan cristiana, y padre, al   en *España*
parecer, tan bien intencionado. Don Antonio se ofreció venir a la corte a
negociarlo, donde había de venir forzosamente a otros negocios, dando a
entender que en ella,° por medio del favor y de las dádivas, muchas cosas   en *la corte*
dificultosas 'se acaban.°   are gotten
35   "No," dijo Ricote, que se halló presente a esta plática, "hay que esperar
en favores ni en dádivas; porque con el gran don Bernardino de Velasco,
conde de Salazar,[7] a quien dio su majestad cargo de nuestra expulsión, no
valen ruegos, no promesas, no dádivas, no lástimas, porque aunque es
verdad que él mezcla la misericordia con la justicia, como él vee que todo
40   el cuerpo de nuestra nación está contaminado y podrido, usa con él antes del
cauterio[8] que abrasa° que del ungüento que molifica.   burns
    "Y así con prudencia, con sagacidad, con diligencia y con miedo que

---

[6] **No hay...** *don't pay any attention to* **cosas de encuentros y porrazos**

[7] Bernardino de Velasco y Aragón, conde de Salazar, was in charge of the expulsion of
the Moors from various regions in Spain starting in 1609. He was to have cleared the area
where Ricote would have lived in 1614.

[8] Cauterization is the process of using, for example, a red-hot steel instrument to seal a
wound.

pone,° ha llevado sobre sus fuertes hombros a debida ejecución el peso   he inspires
desta gran máquina, sin que nuestras industrias, estratagemas, solicitudes
y fraudes hayan podido deslumbrar° sus ojos de Argos,⁹ que contino tiene   dazzle
alerta, porque no se le quede ni encubra ninguno de los nuestros, que, como
5   raíz escondida, que con el tiempo venga después a brotar° y a echar frutos   sprout
venenosos° en España, ya limpia, ya desembarazada de los temores en que   poisonous
nuestra muchedumbre la tenía. Heroica resolución del gran Filipo Tercero,¹⁰
y inaudita prudencia en haberla encargado al tal don Bernardino de
Velasco."
10   "Una por una, yo haré, 'puesto allá,° las diligencias posibles, y haga el   when I am there
cielo lo que más fuere servido," dijo don Antonio, "don Gregorio se irá
conmigo a consolar la pena que sus padres deben tener por su ausencia. Ana
Félix se quedará con mi mujer en mi casa, o en un monasterio, y yo sé que
el señor visorrey gustará se quede en la suya el buen Ricote, hasta ver cómo
15   yo negocio."
        El visorrey consintió en todo lo propuesto, pero don Gregorio, sabiendo
lo que pasaba, dijo que en ninguna manera podía ni quería dejar a doña Ana
Félix. Pero teniendo intención de ver a sus padres y de 'dar traza° de volver   plan to
por ella, vino en el decretado concierto.¹¹ Quedóse Ana Félix con la mujer
20   de don Antonio y Ricote en casa del visorrey.
        Llegóse el día de la partida de don Antonio, y el de don Quijote y
Sancho, que fue de allí a otros dos. Que la caída no le concedió que más
presto se pusiese en camino. Hubo lágrimas, hubo suspiros, desmayos y
sollozos al despedirse don Gregorio de Ana Félix. Ofrecióle Ricote a don
25   Gregorio mil escudos si los quería. Pero él no tomó ninguno, sino solos
cinco que le prestó don Antonio, prometiendo la paga dellos en la Corte.
Con esto se partieron los dos, y don Quijote y Sancho después, como se ha
dicho—don Quijote, desarmado y 'de camino,° Sancho, a pie, por ir el rucio   = *vestido* de camino
cargado con las armas.

---

⁹ Argos was a mythological monster with a hundred eyes.
¹⁰ Felipe III (1578-1621) was king of Spain and Portugal. He had a peaceful foreign
policy and internally he initiated the expulsion of the *moriscos* on April 9, 1609.
¹¹ **Vino en el...** *he acceeded to the agreement that they had discussed*

Capítulo LXVI. Que trata de lo que verá el que lo leyere, o lo oirá el que lo escuchare leer.

AL SALIR de Barcelona volvió don Quijote a mirar el sitio donde había caído, y dijo: "Aquí fue Troya, aquí mi desdicha, y no mi cobardía, se llevó mis alcanzadas glorias. Aquí usó la fortuna conmigo de sus vueltas y revueltas. Aquí se escurecieron mis hazañas. Aquí, finalmente, cayó mi ventura para jamás levantarse."

Oyendo lo cual Sancho, dijo: "Tan de valientes corazones es, señor mío, tener sufrimiento en las desgracias, como alegría en las prosperidades, y esto lo juzgo por mí mismo, que si cuando era gobernador estaba alegre, agora que soy escudero de a pie, no estoy triste. Porque he oído decir que esta que llaman por ahí Fortuna es una mujer borracha y antojadiza, y sobre todo, ciega, y así no vee lo que hace ni sabe a quien derriba ni a quien ensalza."

"Muy filósofo estás, Sancho," respondió don Quijote, "muy a lo discreto hablas.[1] No sé quién te lo enseña. Lo que te sé decir es que no hay fortuna en el mundo, ni las cosas que en él suceden, buenas o malas que sean, 'vienen acaso,° sino por particular providencia de los cielos, y de aquí viene lo que suele decirse que cada uno es artífice de su ventura. Yo lo he sido de la mía, pero no con la prudencia necesaria, y así, me han salido al gallarín mis presunciones.[2] Pues debiera pensar que al poderoso grandor del caballo del de la Blanca Luna no podía resistir la flaqueza de Rocinante. Atrevíme, en fin—hice lo que pude, derribáronme, y aunque perdí la honra, no perdí ni puedo perder la virtud de cumplir mi palabra. Cuando era caballero andante, atrevido y valiente, con mis obras y con mis manos acreditaba mis hechos, y agora, cuando soy escudero pedestre,° acreditaré mis palabras, cumpliendo la que di de mi promesa. Camina, pues, amigo Sancho, y vamos a tener en nuestra tierra el año del noviciado,° con cuyo encerramiento cobremos virtud nueva para volver al nunca de mí olvidado ejercicio de las armas." — happen by chance / ordinary / penitence

"Señor," respondió Sancho, "no es cosa tan gustosa el caminar a pie, que me mueva e incite a hacer grandes jornadas. Dejemos estas armas colgadas de algun árbol, en lugar de un ahorcado, y ocupando yo las espaldas del rucio, levantados los pies del suelo, haremos las jornadas como vuesa merced las pidiere y midiere. Que pensar que tengo de caminar a pie y hacerlas grandes es pensar en lo escusado."

"Bien has dicho, Sancho," respondió don Quijote, "cuélguense mis armas por trofeo, y al pie dellas, o alrededor dellas grabaremos en los árboles lo que en el trofeo de las armas de Roldán estaba escrito:

> NADIE LAS MUEVA
> QUE ESTAR NO PUEDA
> CON ROLDÁN A PRUEBA.[3]

[1] **Muy a lo...** *you speak with great wisdom*
[2] **Me han...** *my pride has cast me down*
[3] From *Orlando Furioso*, Canto 24. I use the first edition's line breaks (folio 254ᵛ). *Orlando Furioso* is written in eleven-syllable verses, so this really represents one verse and a half: ...nadie las mueva / que estar no pueda con Roldán a prueba.

"Todo eso me parece de perlas," respondió Sancho, "y si no fuera por la falta que para el camino nos había de hacer Rocinante, también fuera bien dejarle colgado."

"Pues ni él ni las armas," replicó Don Quijote, "quiero que se ahorquen, porque no se diga que a buen servicio mal galardón."

"Muy bien dice vuesa merced," respondió Sancho, "porque, según opinión de discretos, la culpa del asno no se ha de echar a la albarda. Y pues deste suceso vuesa merced tiene la culpa, castíguese a sí mesmo, y no revienten sus iras por las ya rotas y sangrientas armas, ni por las mansedumbres de Rocinante, ni por la blandura de mis pies, queriendo que caminen más de lo justo."

En estas razones y pláticas se les pasó todo aquel día, y aun otros cuatro, sin sucederles cosa que estorbase su camino, y al quinto día, a la entrada de un lugar, hallaron a la puerta de un mesón mucha gente que por ser fiesta se estaba allí solazando.

Cuando llegaba a ellos don Quijote, un labrador alzó la voz, diciendo: "Alguno destos dos señores que aquí vienen, que no conocen las partes,° dirá lo que se ha de hacer en nuestra apuesta."[4]   circumstances

"Sí, diré, por cierto," respondió don Quijote, "con toda rectitud, si es que alcanzo a entenderla."

"Es, pues el caso," dijo el labrador, "señor bueno, que un vecino deste lugar, tan gordo que pesa once arrobas,[5] desafió a correr a otro su vecino, que no pesa más que cinco. Fue la condición que habían de correr una carrera de cien pasos con pesos iguales, y habiéndole preguntado al desafiador cómo se había de igualar el peso, dijo que el desafiado, que pesa cinco arrobas, se pusiese seis de hierro a cuestas, y así se igualarían las once arrobas del flaco con las once del gordo."

"Eso no," dijo a esta sazón Sancho, antes que don Quijote respondiese. "Y a mí, que ha pocos días que salí de ser gobernador y juez, como todo el mundo sabe, toca averiguar estas dudas y dar parecer en todo pleito."

"Responde, en buen hora," dijo don Quijote, "Sancho amigo. Que yo no estoy para dar migas a un gato,[6] según traigo alborotado y trastornado el juicio."

Con esta licencia, dijo Sancho a los labradores, que estaban muchos alrededor dél, la boca abierta, esperando la sentencia de la suya: "Hermanos, lo que el gordo pide no lleva camino, ni tiene sombra de justicia alguna, porque si es verdad lo que se dice que el desafiado puede escoger las armas, no es bien que éste las escoja tales, que le impidan ni estorben el salir vencedor. Y así es mi parecer que el gordo desafiador se escamonde, monde, entresaque, pula y atilde, y saque[7] seis arrobas de sus carnes, de aquí o de allí de su cuerpo, como mejor le pareciere y estuviere, y desta manera quedando en cinco arrobas de peso, se igualará y ajustará con las cinco de su contrario, y así podrán correr igualmente."

---

[4] Silvia Iriso points out that this problem (and its solution) comes from a popular book called *De singulari certamine* by the Italian Andrea Alciatto (1544).

[5] About 275 pounds (125 kilos).

[6] **No estoy…** *I'm of no use*

[7] All of these verbs imply losing weight.

"Voto a tal," dijo un labrador que escuchó la sentencia° de Sancho,   judgment
"que este señor ha hablado como un bendito y sentenciado como un
canónigo. Pero a buen seguro que no ha de querer quitarse el gordo una
onza de sus carnes, cuanto más seis arrobas."

5   "Lo mejor es que no corran," respondió otro, "porque el flaco no se
muela con el peso, ni el gordo 'se descarne.° Y échese la mitad de la apuesta   lose weight
en vino, y llevemos a estos señores a la taberna de 'lo caro,° y sobre mí la   good wine
capa cuando llueva."[8]

     "Yo, señores," respondió don Quijote, "os lo agradezco, pero no puedo
10 detenerme un punto, porque pensamientos y sucesos tristes me hacen
parecer descortés y caminar más que de paso."

     Y así dando de las espuelas a Rocinante, pasó adelante, dejándolos
admirados de haber visto y notado así su estraña figura como la discreción
de su criado, que por tal juzgaron a Sancho.

15   Y otro de los labradores dijo: "Si el criado es tan discreto, ¡cuál debe
de ser el amo! Yo apostaré que si van a estudiar a Salamanca, que 'a un tris°   soon
han de venir a ser alcaldes° de corte. Que todo es burla sino estudiar y más   judges
estudiar, y tener favor y ventura, y cuando menos se piensa el hombre se
halla con una vara en la mano o con una mitra en la cabeza."

20   Aquella noche la pasaron amo y mozo en mitad del campo al cielo raso
y descubierto, y otro día, siguiendo su camino, vieron que hacia ellos venía
un hombre de a pie, con unas alforjas al cuello y una 'azcona o chuzo° en   short lance
la mano, propio 'talle de° correo de a pie, el cual como llegó junto a don   characteristic of
Quijote adelantó el paso, y medio corriendo llegó a él, y abrazándole por el
25 muslo derecho, que no alcanzaba a más, le dijo, con muestras de mucha
alegría, "¡Oh mi señor don Quijote de la Mancha, y qué gran contento ha de
llegar al corazón de mi señor el duque cuando sepa que vuesa merced
vuelve a su castillo! Que todavía se está en él con mi señora la duquesa."

     "No os conozco, amigo," respondió don Quijote, "ni sé quién sois, si
30 vos no me lo decís."

     "Yo, señor don Quijote," respondió el correo, "soy Tosilos, el lacayo
del duque mi señor, que no quise pelear con vuesa merced sobre el
casamiento de la hija de doña Rodríguez."

     "¡Válame Dios!" dijo don Quijote, "¿es posible que sois vos el que los
35 encantadores mis enemigos transformaron en ese lacayo que decís, por
defraudarme de la honra de aquella batalla?"

     "Calle, señor bueno," replicó el cartero,° "que no hubo encanto alguno,   messenger
ni mudanza de rostro ninguna. Tan lacayo Tosilos entré en la estacada como
Tosilos lacayo salí della. Yo pensé casarme sin pelear, por haberme
40 parecido bien la moza. Pero sucedióme al revés mi pensamiento, pues así
como vuesa merced se partió de nuestro castillo, el duque mi señor me hizo
dar cien palos por haber contravenido a las ordenanzas° que me tenía dadas   orders
antes de entrar en la batalla, y todo ha parado en que la muchacha es ya
monja, y doña Rodríguez se ha vuelto a Castilla, y yo voy ahora a Barce-
45 lona a llevar un pliego° de cartas al virrey, que le envía mi amo. Si vuesa   bundle
merced quiere un traguito,° aunque caliente, puro, aquí llevo una calabaza°   bit to drink, gourd
llena de lo caro, con no sé cuantas rajitas° de queso de Tronchón, que   little slices

---

[8] **Sobre mí...** *I assume responsibility for the decision*

servirán de llamativo° y despertador de la sed, si acaso está durmiendo."   appetizer

"Quiero° el envite," dijo Sancho, "y échese el resto de la cortesía,[9] y   I accept
escancie el buen Tosilos a despecho y pesar de cuantos encantadores hay
en las Indias."[10]

5   "En fin," dijo don Quijote, "tú eres, Sancho, el mayor glotón del
mundo, y el mayor ignorante de la tierra, pues no te persuades que este
correo es encantado, y este Tosilos, contrahecho. Quédate con él y hártate.
Que yo mé ire adelante poco a poco, esperándote a que vengas."

Riose el lacayo, desenvainó° su calabaza, desalforjó° sus rajas, y   took out, took out of
10   sacando un panecillo,° él y Sancho se sentaron sobre la hierba verde, y en   saddlebags; bread
buena paz compaña despabilaron y dieron fondo con todo el repuesto de las   roll
alforjas, con tan buenos alientos, que lamieron el pliego de las cartas, sólo
porque olía a queso.

Dijo Tosilos a Sancho: "Sin duda este tu amo, Sancho amigo, debe de
15   ser un loco."

"¿Cómo debe?" respondió Sancho, "no debe nada a nadie. Que todo lo
paga, y más, cuando la moneda es locura. Bien lo veo yo, y bien se lo digo
a él. Pero ¿'qué aprovecha?° Y más agora que va rematado,° porque va   what good does it
vencido del Caballero de la Blanca Luna."   do? finished

20   Rogóle Tosilos le contase lo que le había sucedido. Pero Sancho le
respondió que era descortesía dejar que su amo le esperase. Que otro día,
si se encontrasen, habría lugar para ello. Y levantándose, después de
haberse sacudido el sayo y las migajas de las barbas, antecogió° al rucio,   led from the front
y diciendo a Dios, dejó a Tosilos, y alcanzó a su amo que a la sombra de
25   un árbol le estaba esperando.

[9] **Échese el resto...** *take out everything you have to eat*
[10] Las Indias refers to the New World, the Americas.

Capítulo LXVII. De la resolución que tomó don Quijote de hacerse pastor y seguir la vida del campo en tanto que se pasaba el año de su promesa,° con otros sucesos en verdad gustosos y buenos.

vow

5 S I MUCHOS pensamientos fatigaban a don Quijote antes de ser derribado, muchos más le fatigaron después de caído. A la sombra del árbol estaba, como se ha dicho, y allí, como moscas a la miel le acudían y picaban° pensamientos. Unos iban al desencanto de Dulcinea, y otros a la vida que había de hacer en su forzosa retirada.° Llegó Sancho, y alabóle la 10 liberal condición del lacayo Tosilos.

were stinging
withdrawal

"¿Es posible," le dijo don Quijote, "que todavía, ¡oh Sancho! pienses que aquel sea verdadero lacayo? Parece que 'se te ha ido de las mientes° haber visto a Dulcinea convertida y transformada en labradora, y al Caballero de los Espejos en el bachiller Carrasco, obras todas de los 15 encantadores que me persiguen. Pero dime agora, ¿preguntaste a ese Tosilos 'que dices° qué ha hecho Dios de Altisidora—si ha llorado mi ausencia, o si ha dejado ya en las manos del olvido los enamorados pensamientos que en mi presencia la fatigaban?"

you must have for-
gotten

as you call him

"No eran," respondió Sancho, "los° que yo tenía tales, que me diesen 20 lugar a preguntar boberías.° ¡Cuerpo de mí,¹ señor! ¿Está vuesa merced ahora en términos de inquirir° pensamientos ajenos, especialmente amorosos?"

los *pensamientos*
stupid things
investigate

"Mira, Sancho," dijo don Quijote, "mucha diferencia hay de las obras que se hacen por amor a las que se hacen por agradecimiento. Bien puede 25 ser que un caballero sea desamorado, pero no puede ser, hablando en todo rigor, que sea desagradecido. Quísome bien, al parecer, Altisidora. Diome los tres tocadores que sabes, lloró en mi partida, maldíjome, vituperóme, quejóse a despecho de la vergüenza, públicamente—señales todas de que me adoraba. Que las iras° de los amantes suelen parar en maldiciones. Yo 30 no tuve esperanzas que darle, ni tesoros que ofrecerle, porque las mías las tengo entregadas a Dulcinea, y los tesoros de los caballeros andantes son como los de los duendes,² aparentes y falsos, y sólo puedo darle estos acuerdos° que della tengo, sin perjuicio, pero, de los que tengo de Dulcinea, a quien tú agravias con la remisión° que tienes en azotarte y en castigar 35 esas carnes—que vea yo comidas de lobos—que quieren guardarse antes para los gusanos que para el remedio de aquella pobre señora."

wrath

memories
postponement

"Señor," respondió Sancho, "si va a decir la verdad, yo no me puedo persuadir que los azotes de mis posaderas tengan que ver con los desencantos de los encantados, que es como si dijésemos: si os duele la 40 cabeza, untaos las rodillas. A lo menos, yo osaré jurar que en cuantas historias vuesa merced ha leído que tratan de la andante caballería no ha visto algún desencantado por azotes. Pero, por sí o por no, yo me los daré cuando tenga gana y el tiempo me dé comodidad para castigarme."

"Dios lo haga," respondió don Quijote, "y los cielos te den gracia para

---

¹ Euphemism for **Cuerpo de Cristo.**

² Covarrubias says that a **tesoro de duende** is one that is consumed without the person knowing how.

que caigas en la cuenta y en la obligación que te corre de ayudar a mi
señora, que lo es tuya,[3] pues tú eres mío."

En estas pláticas iban siguiendo su camino, cuando llegaron al mesmo
sitio y lugar donde fueron atropellados de° los toros. Reconocióle don   by
5 Quijote; dijo a Sancho: "Éste es el prado donde topamos a las bizarras
pastoras y gallardos pastores que en él querían renovar e imitar a la pastoral
Arcadia, pensamiento tan nuevo como discreto, a cuya imitación, si es que
a ti te parece bien, querría, ¡oh Sancho! que nos convirtiésemos en pastores,
siquiera el tiempo que tengo de estar recogido. Yo compraré algunas ovejas
10 y todas las demás cosas que al pastoral ejercicio son necesarias, y
llamándome yo EL PASTOR QUIJOTIZ, y tú EL PASTOR PANCINO, nos
andaremos por los montes, por las selvas y por los prados, cantando aquí,
endechando° allí, bebiendo de los líquidos cristales de las fuentes, o ya de   lamenting
los limpios arroyuelos, o de los caudalosos° ríos. Darános[4] con   mighty
15 abundantísima mano de su dulcísimo fruto las encinas, asiento los troncos
de los durísimos alcornoques, sombra los sauces, olor las rosas, alfombras
de mil colores matizadas° los estendidos prados, aliento el aire claro y puro,   harmonizing
luz la luna y las estrellas, a pesar de la escuridad de la noche, gusto el
canto, alegría el lloro, Apolo versos, el amor conceptos, con que podremos
20 hacernos eternos y famosos, no sólo en los presentes, sino en los venideros
siglos."

"Pardiez," dijo Sancho, "que me ha cuadrado, y aun esquinado tal
género de vida.[5] Y más, que no la ha de haber aún bien visto el bachiller
Sansón Carrasco y maese Nicolás el barbero, cuando la han de querer
25 seguir, y hacerse pastores con nosotros, y aun quiera Dios no[6] le venga en
voluntad al cura de entrar también en el aprisco, según es de alegre y amigo
de holgarse."

"Tú has dicho muy bien," dijo don Quijote, "y podrá llamarse el
bachiller Sansón Carrasco, si entra en el pastoral gremio, como entrará sin
30 duda, EL PASTOR SANSONINO, o ya° EL PASTOR CARRASCÓN; el barbero   even
Nicolás se podrá llamar MICULOSO,[7] como ya el antiguo Boscán se llamó
NEMOROSO[8]; al cura no sé que nombre le pongamos, si no es algún
derivativo de su nombre, lamándole EL PASTOR CURIAMBRO. Las pastoras
de quien hemos de ser amantes, como entre peras podremos escoger sus
35 nombres. Y pues el de mi señora cuadra así al° de pastora como a de   al *nombre*
princesa, no hay para qué cansarme en buscar otro que mejor le venga. Tú,
Sancho, pondrás a la tuya el que quisieres."

---

[3] **Que lo es...** *and she's yours, too*

[4] Many editors change this to **daránnos**. Since there are two singular nouns that
follow—even though the subject is clearly **encinas**—I am reticent to change it.

[5] **Que me ha...** *this type of life really suits me.* **Cuadrar** means *to suit.* There is a
play on words between **cuadrar** and **esquinar** which is difficult to render in English.

[6] This is another pleonastic **no** although it doesn't follow a verb of fear.

[7] Since **Micolás** was a rustic variant of **Nicolás**, the name **Miculoso** is quite to the
pastoral point.

[8] It is true that El Brocense first identified Boscán with the name **Nemoroso**,
apparently erroneously, even though Lat. **nemus** means **bosque**. It is more logical that
Garcilaso used that name to represent himself. But certainly in 1615, people thought
Boscán was Nemoroso owing to El Brocense.

"No pienso," respondió Sancho, "ponerle otro alguno sino el de TERESONA, que le vendrá bien con su gordura y con el propio° que tiene, pues se llama Teresa. Y más, que celebrándola yo en mis versos, vengo a descubrir mis castos deseos, pues no ando a buscar 'pan de trastrigo° por las casas ajenas. El cura no será bien que tenga pastora, por dar buen ejemplo. Y si quisiere el bachiller tenerla, su alma en su palma."[9]

    propio nombre

    something impossible

"¡Válame Dios," dijo don Quijote, "y qué vida nos hemos de dar, Sancho amigo! ¡Qué de churumbelas[10] han de llegar a nuestros oídos, qué de gaitas zamoranas, qué tamborines,[11] y qué de sonajas, y qué de rabeles! Pues ¡qué si destas diferencias de músicas resuena la de los albogues! Allí se verán casi todos los instrumentos pastorales."

"¿Qué son albogues?" preguntó Sancho, "que ni los he oído nombrar, ni los he visto en toda mi vida."[12]

"Albogues son," respondió don Quijote, "unas chapas a modo de candeleros de azófar,[13] que dando una con otra por lo vacío y hueco, hace un son, si no muy agradable, ni armónico,° no descontenta, y viene bien con la rusticidad° de la gaita y del tamborín. Y este nombre *albogues* es morisco, como lo son todos aquellos que en nuestra lengua castellana comienzan en *al-*, conviene a saber: *almohaza, almorzar, alhombra, alguacil, alhucema, almacén, alcancía,*[14] y otros semejantes, que deben ser pocos más.[15] Y solos tres tiene nuestra lengua que son moriscos y acaban en *í*, y son *borceguí, zaquizamí,*° *y maravedí. Alhelí y alfaquí,*[16] tanto por el *al*– primero como por el *–í* en que acaban, son conocidos por arábigos.[17] Esto te he dicho de paso por habérmelo reducido a la memoria la ocasión de haber nombrado *albogues.*

    harmonic

    rusticity

    garret

"Y hanos de ayudar mucho al parecer en perfeción este ejercicio el ser yo algún tanto poeta, como tú sabes,[18] y el serlo también en estremo el bachiller Sansón Carrasco. Del cura no digo nada, pero yo apostaré que

---

[9] See Part II, Chapter 32, p. 640, n. 32.

[10] This is another double-reeded instrument.

[11] A **tamborín** is a *tabor*, a small snare drum suspended from the player's left elbow and struck with the right. This is so the player can play a three-holed flute with the left hand.

[12] Sancho may not have heard them *named* before, but he *heard* and saw these cymbals, without recognizing what they were, in Part II, Chapter 19 (p. 555, l. 20) at Camacho's wedding.

[13] **Unas chapas...** *brass plates that look like candlesticks...* What would look like the bottom of the candlestick is what you crash against the other side, and what looks like where the candle is inserted is where you hold it.

[14] An **almohaza** is a horse grooming brush, **almorzar** is *to eat lunch* and is not Arabic in its origin, **alhombra** is *carpet* (= **alfombra**), **alguacil** is *bailiff*, **alhucema** is the *lavender plant*, **almacén** is *warehouse*, and **alcancía** is a *money box*.

[15] There are really hundreds of words of Arabic origin that begin with **al-** in Spanish. Al is the Arabic definite article which became fused with the noun, and that's why there are so many.

[16] This is an Arabic professor of jurisprudence.

[17] Other Arabic words that end in -í and found in this work are **boací, canequí, carmesí, jabalí, lililí, tabí, tahalí,** and **vellorí.**

[18] **Hanos de ayudar...** *since I am something of a poet, as you know, this seemingly will help us perfect this new calling*

debe de tener sus puntas y collares de poeta. Y que las tenga también maese
Nicolás, no dudo en ello, porque todos o 'los más° son guitarristas y   i.e., most *barbers*
copleros.° Yo me quejaré de ausencia, tú te alabarás de firme enamorado,   ballad singers
el pastor Carrascón de desdeñado, y el cura Curiambro de lo que él más
5   puede servirse, y así andará la cosa que no haya más que desear."
      A lo que respondió Sancho: "Yo soy, señor, tan desgraciado que temo
no ha de llegar el día en que en tal ejercicio me vea. ¡Oh qué polidas
cuchares° tengo de hacer cuando pastor me vea![19] ¡Qué de migas, qué de   **cucharas**
natas, qué de guirnaldas y qué de zarandajas pastoriles, que, puesto que no
10   me granjeen fama de discreto, no dejarán de granjearme la de ingenioso!
Sanchica mi hija nos llevará la comida al hato. Pero ¡guarda!° que es de   be careful!
buen parecer, y hay pastores más maliciosos que simples, y ni querría que
fuese por lana y volviese trasquilada. Y también suelen andar los amores
y los no buenos deseos por los campos como por las ciudades, y por las
15   pastorales chozas como por los reales palacios, y quitada° la causa, se quita   once taken away
el pecado, y ojos que no veen, corazón que no quiebra, y más vale salto de
mata que ruego de hombres buenos."[20]
      "No más refranes, Sancho," dijo don Quijote, "pues cualquiera de los
que has dicho basta para dar a entender tu pensamiento, y muchas veces te
20   he aconsejado que no seas tan pródigo° de refranes, y que te vayas a la   extravagant
mano en decirlos. Pero paréceme que es predicar en desierto, y castígame
mi madre, y yo trómpogelas."[21]
      "Paréceme," respondió Sancho, "que vuesa merced es como lo que
dicen: «Dijo la sartén a la caldera: quítate allá, ojinegra°». Estáme   black eyed
25   reprehendiendo que no diga yo refranes, y ensártalos vuesa merced 'de dos
en dos.°"   two at a time
      "Mira, Sancho," respondió don Quijote, "yo traigo los refranes a
propósito, y vienen cuando los digo como anillo en el dedo. Pero tráeslos
tan por los cabellos, que los arrastras, y no los guías. Y si no me acuerdo
30   mal, otra vez te he dicho que los refranes son sentencias breves, sacadas de
la experiencia y especulación° de nuestros antiguos sabios, y el refrán que   contemplation
no viene a propósito antes es disparate que sentencia. Pero dejémonos desto,
y pues ya viene la noche, retirémonos del camino real algún trecho, donde
pasaremos esta noche, y Dios sabe lo que será mañana."
35   Retiráronse, cenaron tarde y mal, bien contra la voluntad de Sancho,
a quien se le representaban las estrechezas de la andante caballería usadas
en las selvas y en los montes, si bien tal vez la abundancia se mostraba en
los castillos y casas, así de don Diego de Miranda, como en las bodas del
rico Camacho, y de don Antonio Moreno. Pero consideraba no ser posible
40   ser siempre de día ni siempre de noche, y así pasó aquella durmiendo y su
amo velando.

---

[19] Shepherds did carve wooden spoons, but Gaos thinks this phrase refers to polishing
the spoons through eating.
[20] See Part I, Chapter 21, p. 157, n. 52.
[21] See Part II, Chapter 43, p. 692, n. 7.

Capítulo LXVIII. De la cerdosa[1] aventura que le aconteció a don Quijote.

ERA LA noche algo escura, puesto que la luna estaba en el cielo, pero no en parte que pudiese ser vista. Que tal vez la señora Diana[2] se va a pasear a los antípodas,° y deja los montes negros y los valles escuros. Cumplió don Quijote con la naturaleza, durmiendo el primer sueño, sin dar lugar al segundo,[3] bien al revés de Sancho, que nunca tuvo segundo, porque le duraba el sueño desde la noche hasta la mañana, en que se mostraba su buena complexión y pocos cuidados.

5

10 Los de don Quijote le desvelaron de manera que despertó a Sancho y le dijo: "Maravillado estoy, Sancho, de la libertad de tu condición. Yo imagino que eres hecho de mármol o de duro bronce, en quien no cabe movimiento° ni sentimiento alguno. Yo velo cuando tu duermes, yo lloro cuando cantas, yo me desmayo de ayuno cuando tú estás perezoso y desalentado° de puro harto.

15 "De buenos criados es conllevar° las penas de sus señores y sentir sus sentimientos, por el bien parecer siquiera.[4] Mira la serenidad desta noche, la soledad en que estamos, que nos convida a entremeter° alguna vigilia° entre nuestro sueño. Levántate, por tu vida, y desvíate° algún trecho de aquí, y con buen ánimo y denuedo agradecido, date trecientos o cuatrocientos azotes a buena cuenta de los del desencanto de Dulcinea, y esto rogando te lo suplico. Que no quiero venir contigo a los brazos, como la otra vez,[5] porque sé que los tienes pesados. Después que te hayas dado, pasaremos lo que resta de la noche cantando, yo mi ausencia, y tú tu firmeza, dando desde agora principio al ejercicio pastoral que hemos de tener en nuestra aldea."

20

25

"Señor," respondió Sancho, "no soy yo religioso para que desde la mitad de mi sueño me levante y 'me dicipline,° ni menos me parece que del estremo del dolor de los azotes se pueda pasar al° de la música. Vuesa merced me deje dormir y no me apriete en lo del azotarme. Que me hará hacer juramento de no tocarme jamás al pelo del sayo, 'no que° al de mis carnes."

30

"¡Oh alma endurecida! ¡oh escudero sin piedad! ¡oh pan mal empleado,[6] y mercedes mal consideradas las que te he hecho y pienso de hacerte! Por mí te has visto gobernador, y por mí te vees con esperanzas propincuas de ser conde o tener otro título equivalente, y no tardará el cumplimiento de ellas más de cuanto tarde en pasar este año. Que yo, POST

35

opposite end of the earth

emotion

slugggish

share

insert, wakefulness
go away

whip myself
al *estremo*

not to mention

---

[1] **Cerdoso** means *bristly*, but, as you'll see, it really refers to *dealing with pigs* = **cerdos**.

[2] You have seen the goddess Diana with varying roles. She was *also* the goddess of the moon, as seen here.

[3] The notion of *first sleep* and *second sleep* is an old notion, less sophisticated, but related to the modern discoveries of five levels of sleep described by Aserinsky and Kleitman in 1953.

[4] **Por el bien...** *if only for the sake of appearances*

[5] This refers back to Part II, Chapter 60, p. 794, l. 3, where Sancho overpowers his master.

[6] That is, I feed you bread and you are not grateful.

TENEBRAS SPERO LUCEM."[7]

"No entiendo eso," replicó Sancho, "sólo entiendo que en tanto que duermo, ni tengo temor, ni esperanza, ni trabajo, ni gloria. Y bien haya el que inventó el sueño, capa que cubre todos los humanos pensamientos, manjar que quita la hambre, agua que ahuyenta° la sed, fuego que calienta el frío, frío que templa el ardor, y finalmente, moneda° general con que todas las cosas se compran, balanza y peso que iguala al pastor con el rey, y al simple con el discreto. Sola una cosa tiene mala el sueño, según he oído decir, y es que se parece a la muerte, pues de un dormido a un muerto hay muy poca diferencia."

"Nunca te he oído hablar, Sancho," dijo don Quijote, "tan elegantemente como ahora. Por donde vengo a conocer ser verdad el refrán que tú algunas veces sueles decir: «no con quien naces, sino con quien paces»."

"Ah, pesia tal," replicó Sancho, "señor nuestro amo. ¡No soy yo ahora el que ensarta refranes. Que también a vuesa merced se le caen de la boca de dos en dos mejor que a mí, sino que debe de haber entre los míos y los suyos esta diferencia—que los de vuesa merced vendrán 'a tiempo,° y los míos a deshora. Pero, en efecto, todos son refranes."

En esto estaban, cuando sintieron un sordo estruendo y un áspero ruido, que por todos aquellos valles se estendía. Levantóse en pie don Quijote y puso mano a la espada, y Sancho se agazapó debajo del rucio, poniéndose a los lados el lío de las armas y la albarda de su jumento,[8] tan temblando de miedo, como alborotado don Quijote. 'De punto en punto° iba creciendo el ruido, y llegándose cerca de los dos temerosos, a lo menos, al uno, que al otro ya se sabe su valentía.

Es pues, el caso que llevaban unos hombres a vender a una feria° más de seiscientos puercos, con los cuales caminaban a aquellas horas, y era tanto el ruido que llevaban, y el gruñir° y el bufar,° que ensordecieron° los oídos de don Quijote y de Sancho, que no advirtieron lo que ser podía. Llegó de tropel la estendida y gruñidora piara,° y sin tener respeto a la autoridad de don Quijote ni a la de Sancho, pasaron por cima de los dos, deshaciendo las trincheas de Sancho y derribando no sólo a don Quijote, sino llevando por añadidura a Rocinante. El tropel, el gruñir, la presteza con que llegaron los animales inmundos puso en confusión y por el suelo a la albarda, a las armas, al rucio, a Rocinante, a Sancho y a don Quijote. Levantóse Sancho como mejor pudo y pidió a su amo la espada, diciéndole que quería matar media docena de aquellos señores y descomedidos puercos, que ya había conocido que lo eran.

Don Quijote le dijo: "Déjalos estar, amigo, que esta afrenta es pena de mi pecado, y justo castigo del cielo es que a un caballero andante vencido le coman adivas,° y le piquen avispas,° y le hollen° puercos."

"También debe de ser castigo del cielo," respondió Sancho, "que a los escuderos de los caballeros vencidos los puncen° moscas, los coman piojos,

drives away
currency

opportunely

with each moment

market
grunting, snorting, deafened
herd

jackals, wasps, tread on
sting

[7] From Job 17:12, meaning *After darkness I hope for light*. Also, of course, it is the Latin motto on Juan de la Cuesta's covers, which you can see at the beginning of Parts I and II here.

[8] That is, he used the bundle of armor and the packsaddle as additional protection.

y les embista la hambre. Si los escuderos fuéramos hijos de los caballeros a quien servimos, o parientes suyos muy cercanos, no fuera mucho que nos alcanzara la pena de sus culpas, hasta la cuarta generación. Pero ¿qué tienen que ver los Panzas con los Quijotes? Ahora bien, tornémonos a acomodar, y durmamos lo poco que queda de la noche, y amanecerá Dios y medraremos."

"Duerme tú, Sancho," respondió don Quijote, "que naciste para dormir. Que yo, que nací para velar, en el tiempo que falta de aquí al día daré rienda a mis pensamientos, y los desfogaré° en un madrigalete° que, sin que   *release, song* tú lo sepas, anoche compuse en la memoria."

"A mí me parece," respondió Sancho, "que los pensamientos que dan lugar a hacer coplas no deben de ser muchos. Vuesa merced coplee cuanto quisiere. Que yo dormiré cuanto pudiere."

Y luego, tomando en el suelo cuanto quiso,[9] 'se acurrucó,° y 'durmió   *curled up* a sueño suelto,° sin que fianzas,° ni deudas, ni dolor alguno se lo estorbase.   *slept a sound sleep,* Don Quijote, arrimado a un tronco de una haya o de un alcornoque—que   *bonds* Cide Hamete Benengeli no distingue el árbol que era—al son de sus mesmos suspiros cantó de esta suerte:

> Amor, cuando yo pienso
> en el mal que me das, terrible y fuerte,
> voy corriendo a la muerte,
> pensando así acabar mi mal inmenso;
> Mas en llegando al paso
> que es puerto en este mar de mi tormento,
> tanta alegría siento,
> que la vida se esfuerza, y no le paso.
> Así el vivir me mata,
> que la muerte me torna a dar la vida.
> ¡oh condición no oída
> la que conmigo muerte y vida trata![10]

Cada verso destos acompañaba con muchos suspiros y no pocas lágrimas, bien como aquel cuyo corazón tenía traspasado con el dolor del vencimiento, y con la ausencia de Dulcinea. Llegóse en esto el día, dio el sol con sus rayos en los ojos a Sancho, despertó y esperezóse,°   *he stretched* sacudiéndose y estirándose los perezosos miembros. Miró el destrozo que habían hecho los puercos en su repostería, y maldijo la piara, y aun más adelante.[11]

Finalmente, volvieron los dos a su comenzado camino, y al declinar°   *coming to a close* de la tarde vieron que hacia ellos venían hasta diez hombres de a caballo y cuatro o cinco de a pie. Sobresaltóse el corazón de don Quijote y azoróse el de Sancho, porque la gente que se les llegaba traía lanzas y adargas y

---

[9] **Tomando en el...** *taking as much of the ground as he wanted*

[10] This is a Spanish translation of an Italian poem by Pietro Bembo from a collection called *Gli Asolani* (1505). Cultured readers would have recognized this popularly sung poem and its Italian source.

[11] That is, he either cursed them some more, or he cursed their lineages.

venía muy a punto de guerra.[12]

Volvióse don Quijote a Sancho, y dijole: "Si yo pudiera, Sancho, ejercitar mis armas, y mi promesa no me hubiera atado los brazos, esta máquina que sobre nosotros viene la tuviera yo por tortas y pan pintado.
5   Pero podría ser fuese otra cosa de la que tememos."

Llegaron en esto los de a caballo, y arbolando las lanzas, sin hablar palabra alguna, rodearon a don Quijote y se las° pusieron a las espaldas y pechos, amenazándole de muerte. Uno de los de a pie, puesto un dedo en la boca en señal de que callase, asió del freno de Rocinante y le sacó del
10   camino, y los demás de a pie, antecogiendo a Sancho y al rucio, guardando todos maravilloso silencio, siguieron los pasos del que llevaba a don Quijote, el cual dos o tres veces quiso preguntar adonde le llevaban, o qué querían. Pero apenas comenzaba a mover los labios, cuando se los iban a cerrar con los hierros de las lanzas. Y a Sancho le acontecía lo mismo,
15   porque apenas daba muestras de hablar, cuando uno de los de a pie con un aguijón le punzaba, y al rucio ni más ni menos, como si hablar quisiera.

Cerró la noche, apresuraron el paso, creció en los dos presos el miedo, y más, cuando oyeron que de cuando en cuando les decían: "¡Caminad, trogloditas!° ¡Callad, bárbaros! ¡Pagad, antropófagos!° ¡No os quejéis,
20   scitas,[13] ni abráis los ojos, Polifemos[14] matadores, leones carniceros!"

Y otros nombres semejantes a éstos, con que atormentaban los oídos de los miserables amo y mozo. Sancho iba diciendo entre sí: "¿Nosotros tortolitas?° ¿Nosotros barberos ni estropajos?° ¿Nosotros perritas,° a quien dicen 'cita, cita'?[15] No me contentan nada estos nombres, a mal viento va
25   esta parva.[16] Todo el mal nos viene junto, como al perro los palos, y ¡ojalá parase en ellos[17] lo que amenaza esta aventura tan desventurada!"

Iba don Quijote embelesado, sin poder atinar con cuantos discursos hacía qué serían aquellos nombres llenos de vituperios que les ponían, de los cuales sacaba en limpio no esperar ningún bien y temer mucho mal.
30   Llegaron, en esto, un hora casi de la noche, a un castillo, que bien conoció don Quijote que era el del duque, donde había poco que había estado.

"¡Válame Dios!" dijo así como conoció la estancia, "y ¿qué será esto? Sí, que en esta casa todo es cortesía y buen comedimiento. Pero para los vencidos el bien se vuelve en mal y el mal en peor."

35   Entraron al patio principal del castillo, y viéronle aderezado y puesto de manera que les acrecentó la admiración y les dobló el miedo, como se verá en el siguiente capítulo.

las = lances

brutes, cannibals

little turtle doves, useless persons, dogs

---

[12] **A punto...** *ready for battle*

[13] The Scythians were cruel warriors who flourished in about the 8th century B.C. in what is now Iran.

[14] Polyphemus was the most famous cyclops (one-eyed giant cannibal) in Greek mythology.

[15] No mention of anything resembling **perritas**, but ¡**Cita, cita!** was used to call dogs to eat. Sancho mistakes **scitas**.

[16] **Parva** is *unthreshed wheat*. If a bad wind is blowing, you cannot thresh it properly.

[17] The best referent for **ellos** is **nombres** and not **palos**. Sancho hopes that the threats will just end in names, and not acts.

Capítulo LXIX. Del más raro y más nuevo° suceso que en todo el discurso desta grande historia avino a don Quijote.

unusual

APEÁRONSE los de a caballo, y junto con los de a pie, tomando ¹en peso° y arrebatadamente° a Sancho y a don Quijote, los entraron en el patio, alrededor del cual ardían casi cien hachas, puestas en sus blandones,° y por los corredores del patio más de quinientas luminarias, de modo que a pesar de la noche, que se mostraba algo escura, no se echaba de ver la falta del día.° En medio del patio se levantaba un túmulo° como dos varas del suelo, cubierto todo con un grandísimo dosel de terciopelo negro, alrededor del cual, por sus gradas,° ardían velas de cera blanca sobre más de cien candeleros de plata. Encima del cual túmulo se mostraba un cuerpo muerto de una tan hermosa doncella, que hacía parecer con su hermosura hermosa a la misma muerte. Tenía la cabeza sobre una almohada de brocado, coronada con una guirnalda de diversas y odoríferas° flores tejida, las manos cruzadas° sobre el pecho, y entre ellas un ramo de amarilla y vencedora palma.¹

bodily
hurriedly
holders

daylight, tomb

steps

sweet-smellling
crossed

A un lado del patio estaba puesto un teatro y en dos sillas, sentados, dos personajes, que, por tener coronas en la cabeza y ceptros en las manos daban señales de ser algunos reyes, ya° verdaderos o ya° fingidos. Al lado deste teatro, adonde se subía por algunas gradas, estaban otras dos sillas, sobre las cuales los que trujeron los presos sentaron a don Quijote y a Sancho, todo esto callando, y dándoles a entender con señales a los dos que asimismo callasen. Pero sin que se lo señalaran, callaron ellos, porque la admiración de lo que estaban mirando les tenía atadas las lenguas.

either, or

Subieron en esto al teatro con mucho acompañamiento dos principales personajes, que luego fueron conocidos de don Quijote ser el duque y la duquesa, sus huéspedes, los cuales se sentaron en dos riquísimas sillas junto a los dos que parecían reyes. ¿Quién no se había de admirar con esto, añadiéndose a ello haber conocido don Quijote que el cuerpo muerto que estaba sobre el túmulo era el de la hermosa Altisidora?

Al subir el duque y la duquesa en el teatro, se levantaron don Quijote y Sancho, y les hicieron una profunda humillación,° y los duques hicieron lo mesmo, inclinando° algún tanto las cabezas. Salió en esto de través un ministro, y llegándose a Sancho, le echó una ropa de bocací negro encima, toda pintada con llamas de fuego, y quitándole la caperuza, le puso en la cabeza una coroza° al modo de las que sacan los penitenciados° por el santo oficio, y díjole al oído que no descosiese los labios, porque le echarían una mordaza o le quitarían la vida. Mirábase Sancho de arriba abajo, veíase ardiendo en llamas, pero como no le quemaban, no las estimaba en dos ardites.

bow
bowing

conical penitent's hat,
condemned

Quitóse la coroza, viola pintada de diablos, volviósela a² poner, diciendo entre sí: "Aun bien que ni ellas me abrasan ni ellos me llevan."

Mirábale también don Quijote, y aunque el temor le tenía suspensos los sentidos, no dejó de reírse de ver la figura de Sancho. Comenzó, en esto,

---

¹ The palm is symbolic of virginity, and **vencedora** means that she has conquered sin (the latter is Gaos' observation).

² This **a** was not in the original edition (Part II, folio 262ᵛ, l. 15 up).

a salir, al parecer, debajo del túmulo un son sumiso y agradable de flautas,
que por no ser impedido de alguna humana voz, porque en aquel sitio el
mesmo silencio guardaba silencio a sí mismo, se mostraba blando y
amoroso.° Luego hizo de sí improvisa muestra,° junto a la almohada del al   gentle, appearance
parecer cadáver,° un hermoso mancebo vestido 'a lo romano,° que al son   body, in a toga
de una harpa, que él mismo tocaba, cantó con suavísima y clara voz estas
dos estancias:°   octaves (8-line
                                                            stanzas)

> En tanto que en sí vuelve Altisidora,
>   muerta por la crueldad de don Quijote,
> y en tanto que en la corte encantadora
> se vistieren las damas de picote,°   coarse cloth
> y en tanto que a sus dueñas mi señora
> vistiere de bayeta y de anascote,
> cantaré su belleza y su desgracia,
> con mejor plectro que el cantor de Tracia.[3]
> Y aun no se me figura que me toca
>   aqueste oficio solamente en vida;
> mas con la lengua muerta y fría en la boca
> pienso mover la voz a ti debida.
> Libre mi alma de su estrecha roca,
> por el 'estigio lago° conducida,   River Styx
> celebrándote irá, y aquel sonido
> para parar las aguas del olvido.[4]

"No más," dijo a esta sazón uno de los dos que parecían reyes, "no
más, cantor divino. Que sería 'proceder en infinito° representarnos ahora la   unending
muerte y las gracias de la sin par Altisidora, no muerta como el mundo
ignorante piensa, sino viva, en las lenguas de la fama, y en la pena que para
volverla a la perdida luz° ha de pasar Sancho Panza, que está presente.[5] Y   = life
así, ¡oh tú, Radamanto, que conmigo[6] juzgas en las cavernas lóbregas de
Lite![7] pues sabes todo aquello que en los inescrutables hados está
determinado acerca de volver en sí esta doncella, dilo y decláralo luego, por
que no se nos dilate el bien que con su nueva vuelta esperamos."

Apenas hubo dicho esto Minos, juez y compañero de Radamanto,
cuando, levantándose en pie Radamanto, dijo: "Ea, ministros de esta casa,
altos y bajos, grandes y chicos, acudid unos tras otros y sellad° el rostro de   smack
Sancho con veinte y cuatro mamonas y doce pellizcos° y seis alfilerazos°   pinches, pin pricks
en brazos y lomos.° Que en esta ceremonia consiste la salud de Altisidora."   back

Oyendo lo cual Sancho Panza, rompió el silencio, y dijo: "¡Voto a tal,
así me deje yo sellar el rostro ni manosearme la cara como volverme moro!

---

[3] This refers to Orpheus, who was killed by the women of Thrace.

[4] This second octave is by Garcilaso de la Vega (*Égloga III*, lines 9-16).

[5] **y en la pena que ha de pasar Sancho Panza (que está presente) para volverla a la perdida luz**

[6] Rhadamanthus and Minos (the person talking who will be named later) were the mythological kings of hell.

[7] This is a confusion with **Dite** [Dis in English] the god of the underworld.

¡Cuerpo de mí! ¿Qué tiene que ver manosearme el rostro con la resurreción desta doncella? Regostóse la vieja a los bledos...[8] Encantan a Dulcinea, y azótanme para que se desencante. Muérese Altisidora de males que Dios quiso darle, y hanla de resucitar a hacerme a mí veinte y cuatro mamonas, y a cribarme° el cuerpo a alfilerazos, y a acardenalarme° los brazos a pellizcos. Esas burlas a un cuñado. Que yo soy perro viejo, y no hay conmigo «tus, tus». "

    "¡Morirás!" dijo en alta voz Radamanto. "¡Ablándate, tigre; humíllate, Nembrot[9] soberbio, y sufre y calla, pues no te piden imposibles! Y no te metas en averiguar las dificultades deste negocio. Mamonado has de ser, acrebillado te has de ver, pellizcado has de gemir. ¡Ea, digo, ministros, cumplid mi mandamiento. Si no, por la fe de hombre de bien que habéis de ver para lo que nacistes!"

    Parecieron, en esto, que por el patio venían hasta seis dueñas en procesión, una tras otra, las cuatro con antojos, y todas levantadas las manos derechas en alto, con cuatro dedos de muñecas de fuera,[10] para hacer las manos más largas, 'como ahora se usa.°

    No las hubo visto Sancho, cuando, bramando como un toro, dijo: "Bien podré yo dejarme manosear de todo el mundo. Pero consentir que me toquen dueñas, ¡eso no! Gatéenme el rostro,[11] como hicieron a mi amo en este mesmo castillo; traspásenme el cuerpo con puntas de dagas buidas; atenácenme° los brazos con tenazas de fuego, que yo lo llevaré en paciencia, o serviré a estos señores. Pero que me toquen dueñas no lo consentiré, si me llevase el diablo."

    Rompió también el silencio don Quijote, diciendo a Sancho: "Ten paciencia, hijo, y da gusto a estos señores, y muchas gracias al cielo por haber puesto tal virtud en tu persona, que con el martirio della desencantes los encantados, y resucites los muertos."

    Ya estaban las dueñas cerca de Sancho, cuando él, más blando y más persuadido, poniéndose bien en la silla, dio rostro y barba a la primera, la cual le hizo una mamona muy bien sellada y luego una gran reverencia.

    "Menos cortesía, menos mudas, señora dueña," dijo Sancho, "que por Dios que traéis las manos oliendo a vinagrillo."[12]

    Finalmente, todas las dueñas le sellaron, y otra mucha gente de casa le pellizcaron. Pero lo que él no pudo sufrir fue el punzamiento° de los alfileres. Y así se levantó de la silla, al parecer, mohíno, y asiendo de una hacha encendida que junto a él estaba, 'dio tras° las dueñas, y tras todos sus verdugos, diciendo: "¡Afuera, ministros infernales—que no soy yo de

Margin glosses:
- riddle, bruise (line 5)
- as is the fashion (line 16)
- tear (line 21)
- puncturing (line 35)
- began to pursue (line 37)

---

[8] "The old lady took a fancy to the beets," and it goes on to say **no dejó verdes ni secas** *she left neither green nor dry ones.* Sancho is equating the old lady's eagerness to eat with the enchanters' eagerness to make Sancho the means by which women are disenchanted, as the text goes on to confirm.

[9] Little is said about the warrior Nimrod in the Old Testament (Genesis 10:8-12, I Chronicles 1:10, Micah 5:6), but he had a reputation for being evil and haughty.

[10] That is, their sleeves were short enough to reveal the width of four fingers in the area of their wrists.

[11] **Gatéenme...** *let cats scratch my face*

[12] **Vinagrillo** was a cosmetic used to whiten the hands and face, and whose principal ingredient was vinegar.

bronce para no sentir tan extraordinarios martirios!°"   torture

En esto, Altisidora, que debía de estar cansada por haber estado tanto
tiempo supina,° se volvió de un lado. Visto lo cual por los circunstantes,   on her back
casi todos a una voz dijeron: "¡Viva es Altisidora! ¡Altisidora vive!"

Mandó Radamanto a Sancho que depusiese la ira, pues ya se había
alcanzado el intento que se procuraba.

Así como don Quijote vio rebullir° a Altisidora, se fue a poner de   come to life
rodillas delante de Sancho, diciéndole: "Agora es tiempo, hijo de mis
entrañas, no que escudero mío, que te des algunos de los azotes que estás
obligado a dar por el desencanto de Dulcinea. Ahora, digo, que es el tiempo
donde tienes sazonada la virtud, y con eficacia° de obrar el bien que de ti se   efficiency
espera."

A lo que respondió Sancho: "Esto me parece argado° sobre argado, y   bad move
no miel sobre hojuelas.° ¡Bueno sería que tras pellizcos, mamonas y   cakes
alfilerazos viniesen ahora los azotes! No tiene más que hacer sino tomar una
gran piedra y atármela al cuello, y dar conmigo en un pozo, de lo que a mí
no pesaría mucho, si es que para curar los males ajenos tengo yo de ser la
vaca de la boda.[13] Déjenme, si no, por Dios que lo arroje y lo eche todo a
trece, aunque no se venda."[14]

Ya, en esto se había sentado en el túmulo Altisidora, y al mismo
instante sonaron las chirimías, a quien acompañaron las flautas, y las voces
de todos que aclamaban: "¡Viva Altisidora, Altisidora viva!"

Levantáronse los duques y los reyes Minos y Radamanto, y todos juntos
con don Quijote y Sancho fueron a recibir a Altisidora, y a bajarla del
túmulo, la cual, haciendo de la desmayada,[15] se inclinó a los duques y a los
reyes, y mirando de través a don Quijote, le dijo: "Dios te lo perdone,
desamorado caballero, pues por tu crueldad he estado en el otro mundo, a
mi parecer, más de mil años. Y a ti, ¡oh el más compasivo escudero que
contiene el orbe! te agradezco la vida que poseo. Dispón° desde hoy más,   take
amigo Sancho, de seis camisas mías que te mando, para que hagas otras seis
para ti, y si no son todas sanas, a lo menos, son todas limpias."

Besóle por ello las manos Sancho, con la coroza en la mano y las
rodillas en el suelo. Mandó el Duque que se la quitasen, y le volviesen su
caperuza y le pusiesen el sayo y le quitasen la ropa de las llamas. Suplicó
Sancho al duque que le dejasen la ropa y mitra,° que las quería llevar a su   hat
tierra por seña y memoria de aquel nunca visto suceso. La duquesa
respondió que sí dejarían, que ya sabía él cuan grande amiga suya era.
Mandó el duque despejar el patio, y que todos se recogiesen a sus estancias,
y que a don Quijote y a Sancho los llevasen a las que ellos ya 'se sabían.°   conocían

---

[13] A cow used to be slaughtered for rustic weddings. Sancho's allusion here is that he
has to be a martyr.

[14] **Que lo arroje...** *or I will upset the whole applecart, come what may.* Ormsby's good
equivalent.

[15] **Haciendo de...** *pretending to be faint*

Capítulo LXX. Que sigue al sesenta y nueve, y trata de cosas ño escusadas° para la claridad desta historia. crucial

D URMIÓ Sancho aquella noche en una carriola,° en el mesmo aposento de portable bed
don Quijote, cosa que él quisiera escusarla si pudiera, porque bien sabía
que su amo no le había de dejar dormir a° preguntas y respuestas, y no se because of
hallaba en disposición de hablar mucho porque los dolores de los martirios
pasados los tenía presentes,[1] y no le dejaban libre la lengua, y viniérale más
a cuento[2] dormir en una choza solo, que no en aquella rica estancia
acompañado.

Salióle su temor tan verdadero y su sospecha tan cierta, que apenas
hubo entrado su señor en el lecho, cuando dijo: "¿Qué te parece, Sancho,
del suceso desta noche? Grande y poderosa es la fuerza del desdén
desamorado, como por tus mismos ojos has visto muerta a Altisidora, no
con otras saetas, ni con otra espada, ni con otro instrumento bélico, ni con
venenos mortíferos,° sino con la consideración del rigor y el desdén con que deadly
yo siempre la he tratado."

"Muriérase ella enhorabuena cuanto[3] quisiera y como quisiera,"
respondió Sancho, "y dejárame a mí en mi casa, pues ni yo la enamoré, ni
la desdeñé en mi vida. Yo no sé ni puedo pensar cómo sea que la salud de
Altisidora, doncella más antojadiza que discreta, tenga que ver, como otra
vez he dicho, con los martirios de Sancho Panza. Agora sí que vengo a
conocer clara y distintamente que hay encantadores y encantos en el mundo,
de quien Dios me libre, pues yo no me sé librar. Con todo esto, suplico a
vuesa merced me deje dormir y no me pregunte más si no quiere que me
arroje por una ventana abajo."

"Duerme, Sancho amigo," respondió don Quijote, "si es que te 'dan
lugar° los alfilerazos y pellizcos recebidos, y las mamonas hechas." allow

"Ningún dolor," replicó Sancho, "llegó a la afrenta de las mamonas, no
por otra cosa que por habérmelas hecho dueña,[4] ¡que confundidas sean! Y
torno a suplicar a vuesa merced me deje dormir, porque el sueño es alivio
de las miserias de los que las tienen despiertos."

"Sea así," dijo don Quijote, "y Dios te acompañe."

Durmiéronse los dos, y en este tiempo quiso escribir y dar cuenta Cide
Hamete, autor desta grande historia, qué les movió a los duques a levantar
el edificio° de la máquina referida. Y dice que no habiéndosele olvidado al plot
bachiller Sansón Carrasco cuando el Caballero de los Espejos fue vencido
y derribado por don Quijote, cuyo vencimiento y caída borró y deshizo
todos sus designios, quiso volver a probar la mano, esperando mejor suceso
que el pasado. Y así informándose del paje que llevó la carta y presente a
Teresa Panza, mujer de Sancho, adónde don Quijote quedaba, buscó nuevas
armas y caballo, y puso en el escudo la blanca luna, llevándolo todo sobre
un macho a quien guiaba un labrador, y no Tomé Cecial, su antiguo

---

[1] **Los tenía...** *he still had them [pains]*
[2] **Viniérale más...** *it would have been more opportune*
[3] Schevill and others have changed this to **cuando**, but Sancho really means *let her die as much as she wants.*
[4] Schevill retains this singular from the first edition, a kind of generic singular, whereas most other editions change it to **dueñas**.

escudero, porque no fuese conocido de Sancho ni de don Quijote.

Llegó, pues, al castillo del duque, que le informó el camino y derrota que don Quijote llevaba, con intento de hallarse en las justas de Zaragoza. Díjole asimismo las burlas que le había hecho con la traza del desencanto
5 de Dulcinea, que había de ser a costa de las posaderas de Sancho. En fin, dio cuenta de la burla que Sancho había hecho a su amo, dándole a entender que Dulcinea estaba encantada y transformada en labradora, y cómo la duquesa su mujer había dado a entender a Sancho que él era el que se engañaba, porque verdaderamente estaba encantada Dulcinea, de que no
10 poco se rio y admiró el bachiller, considerando la agudeza y simplicidad de Sancho, como del estremo de la locura de don Quijote.

Pidióle el duque que si le hallase, y le venciese o no, se volviese por allí a darle cuenta del suceso. Hízolo así el bachiller. Partióse en su busca, no le halló en Zaragoza, pasó adelante, y sucedióle lo que queda referido.
15 Volvióse por el castillo del duque, y contóselo todo, con las condiciones de la batalla, y que ya don Quijote volvía a cumplir, como buen caballero andante, la palabra de retirarse° un año en su aldea, en el cual tiempo podía   retire ser—dijo el bachiller—que sanase de su locura. Que ésta era la intención que le había movido a hacer aquellas transformaciones, por ser cosa de
20 lástima que un hidalgo tan bien entendido como don Quijote fuese loco. Con esto se despidió del duque, y se volvió a su lugar, esperando en él a don Quijote, que tras él venía.

De aquí tomó ocasión el duque de hacerle aquella burla, tanto era lo que gustaba de las cosas de Sancho y de don Quijote, y haciendo tomar los
25 caminos cerca y lejos del castillo, por todas las partes que imaginó que podría volver don Quijote, con muchos criados suyos de a pie y de a caballo, para que por fuerza o de grado le trujesen al castillo, si le hallasen.

Halláronle, dieron aviso al duque, el cual ya prevenido de todo lo que había de hacer, así como tuvo noticia de su llegada, mandó encender las
30 hachas y las luminarias del patio, y poner a Altisidora sobre el túmulo, con todos los aparatos que se han contado, tan al vivo y tan bien hechos, que de la verdad a ellos había bien poca diferencia.

Y dice más Cide Hamete, que tiene para sí ser tan locos los burladores como los burlados, y que no estaban los duques dos dedos de parecer
35 tontos, pues tanto ahinco ponían en burlarse de dos tontos, los cuales, el uno durmiendo a sueño suelto, y el otro velando a pensamientos desatados, les tomó el día y la gana de levantarse. Que las 'ociosas plumas,° ni   i.e., staying in bed vencido ni vencedor, jamás dieron gusto a don Quijote.

Altisidora, en la opinión de don Quijote, vuelta de muerte a vida,
40 siguiendo el humor de sus señores, coronada con la misma guirnalda que en el túmulo tenía, y vestida una tunicela° de tafetán blanco, sembrada de   tunic flores de oro, y sueltos los cabellos por las espaldas, arrimada a un báculo de negro y finísimo ébano, entró en el aposento de don Quijote, con cuya presencia turbado y confuso, se encogió y cubrió casi todo con las sábanas
45 y colchas de la cama, muda la lengua, sin que acertase a hacerle cortesía ninguna.

Sentóse Altisidora en una silla, junto a su cabecera, y después de haber dado un gran suspiro, con voz tierna y debilitada, le dijo: "Cuando las

mujeres principales y las recatadas doncellas 'atropellan por la honra,° y   trample their honor
dan licencia a la lengua que rompa por todo inconveniente, dando noticia
en público de los secretos que su corazón encierra, en estrecho término se
hallan. Yo, señor don Quijote de la Mancha, soy una déstas, apretada,°   in a tight spot
5 vencida y enamorada. Pero, con todo esto, sufrida y honesta, tanto, que por
serlo tanto, reventó mi alma por mi silencio, y perdí la vida. Dos días ha
que con la consideración del rigor con que me has tratado, ¡oh más-duro-
que-mármol a mis quejas,⁵ empedernido caballero! he estado muerta, o a lo
menos, juzgada por tal de los que me han visto. Y si no fuera porque el
10 amor, 'condoliéndose de° mí, depositó mi remedio en los martirios deste   feeling sorry for
buen escudero, allá me quedara en el otro mundo."
    "Bien pudiera el amor," dijo Sancho, "depositarlos en los de mi asno,
que yo se lo agradeciera. Pero dígame, señora, así el cielo la acomode con
otro más blando amante que mi amo, ¿qué es lo que vio en el otro mundo?
15 ¿Qué hay en el infierno? ¿Por qué quien muere desesperado, por fuerza ha
de tener aquel paradero?"
    "La verdad que os diga," respondió Altisidora, "yo no debí de morir
del todo, pues no entré en el infierno. Que si allá entrara, una por una no
pudiera salir dél, aunque quisiera. La verdad es que llegué a la puerta
20 adonde estaban jugando hasta una docena de diablos a la pelota, todos en
calzas y en jubón, con valonas guarnecidas con puntas de randas flamencas,
y con unas vueltas de lo mismo que les servían de puños,⁶ con cuatro dedos
de brazo de fuera, porque pareciesen las manos más largas, en las cuales
tenían unas palas° de fuego.   bats
25   "Y lo que más me admiró fue que les servían, en lugar de pelotas,
libros, al parecer llenos de viento y de borra,° cosa maravillosa y nueva.   rubbish
Pero esto no me admiró tanto como el ver que, siendo natural de los
jugadores el alegrarse los gananciosos y entristecerse los que pierden, allí
en aquel juego todos gruñían, todos regañaban° y todos se maldecían."   were arguing
30   "Eso no es maravilla," respondió Sancho, "porque los diablos, jueguen
o no jueguen, nunca pueden estar contentos, ganen o no ganen."
    "Así debe de ser," respondió Altisidora. "Mas hay otra cosa que
también me admira, quiero decir me admiró entonces, y fue que al primer
voleo° no quedaba pelota 'en pie,° ni de provecho para servir otra vez, y   volley, whole
35 así, menudeaban libros nuevos y viejos, que era una maravilla. A uno
dellos, nuevo, flamante y bien encuadernado, le dieron un papirotazo,° que   whack
le sacaron las tripas° y le esparcieron las hojas. Dijo un diablo a otro   insides
'Mirad qué libro es ése.' Y el diablo le respondió, 'Ésta es la *Segunda parte
de la historia de don Quijote de la Mancha,* no compuesta por Cide
40 Hamete, su primer autor, sino por un aragonés, que él dice ser natural de
Tordesillas.'⁷ 'Quitádmele de ahí,' respondió el otro diablo, 'y metedle en
los abismos del infierno, no le vean más mis ojos.' '¿Tan malo es?'
respondió otro. 'Tan malo,' replicó el primero, 'que si de propósito yo

---

    ⁵ This is verse 57 of the *Égloga I* by Garcilaso de la Vega. Garcilaso's **dura** becomes
Altisidora's **duro**.
    ⁶ **Guarnecidas con puntas…**   *wide collars decorated with lace, with more lace
serving as cuffs*
    ⁷ **Que él dice…**   *who says he's from Tordesillas*

mismo me pusiera a hacerle peor, no acertara.' Prosiguieron su juego, peloteando otros libros, y yo por haber oído nombrar a don Quijote a quien tanto adamo y quiero, procuré que se me quedase en la memoria esta visión."

5   "Visión debió de ser, sin duda," dijo don Quijote, "porque no hay otro yo en el mundo, y ya esa historia anda por acá de mano en mano, pero no para en ninguna, porque todos 'la dan del pie.° 'Yo no me he alterado° en oír que ando como cuerpo fantástico por las tinieblas del abismo, ni por la claridad de la tierra, porque no soy aquel de quien esa historia trata. Si ella
10 fuere buena, fiel y verdadera, tendrá siglos de vida, pero si fuere mala, de su parto a la sepultura no será muy largo el camino."

    Iba Altisidora a proseguir en quejarse de don Quijote, cuando le dijo don Quijote: "Muchas veces os he dicho, señora, que a mí me pesa de que hayáis colocado en mí vuestros pensamientos, pues de los míos antes
15 pueden ser agradecidos que remediados. Yo nací para ser de Dulcinea del Toboso, y los hados, si los hubiera, me dedicaron para ella. Y pensar que otra alguna hermosura ha de ocupar el lugar que mi alma tiene, es pensar lo imposible. Suficiente desengaño es éste para que os retiréis en los límites de vuestra honestidad, pues nadie se puede obligar a lo imposible."

20   Oyendo lo cual Altisidora, mostrando enojarse y alterarse, le dijo: "¡Vive el Señor, don bacallao, alma de almirez,° cuesco° de dátil, más terco y duro que villano rogado cuando tiene la suya sobre el hito,[8] que si arremeto a vos, que os tengo de sacar los ojos! ¿Pensáis, por ventura, don vencido y don molido a palos, que yo me he muerto por vos? Todo lo que
25 habéis visto esta noche ha sido fingido. Que no soy yo mujer que por semejantes camellos° había de dejar que me doliese un negro de la uña, cuanto más° morirme."

    "Eso creo yo muy bien," dijo Sancho, "que esto del morirse los enamorados es cosa de risa. Bien lo pueden ellos decir, pero hacer, créalo
30 Judas."

    Estando en estas pláticas, entró el músico, cantor y poeta, que había cantado las dos ya referidas estancias, el cual, haciendo una gran reverencia a don Quijote, dijo: "Vuesa merced, señor caballero, me cuente y tenga en el número de sus mayores servidores, porque ha muchos días que le soy
35 muy aficionado, así por su fama como por sus hazañas."

    Don Quijote le respondió: "Vuesa merced me diga quien es, porque mi cortesía responda a sus merecimientos."

    El mozo respondió que era el músico y panegírico° de la noche antes.

    "Por cierto," replicó don Quijote, "que vuesa merced tiene estremada
40 voz. Pero lo que cantó no me parece que fue muy a propósito, porque ¿qué tiene que ver las estancias de Garcilaso[9] con la muerte desta señora?

    "No se maraville vuesa merced deso," respondió el músico, "que ya entre los intonsos° poetas de nuestra edad se usa que cada uno escriba como quisiere, y hurte de quien quisiere, venga o no venga a pelo de su intento, y ya no hay
45 necedad que canten o escriban que no se atribuya a licencia poética."

[right margin glosses]
kick it away, I'm not
upset

mortar, stone

camels
menos

poet

novice

---

[8] **Cuando tiene...** *when he insists he's right*
[9] Of course only the second stanza was by Garcilaso (see the previous chapter, p. 840, lines 17-24 and note 4). But give Don Quijote credit for recognizing Garcilaso's octave.

Responder quisiera don Quijote, pero estorbáronlo el duque y la duquesa, que entraron a verle, entre los cuales pasaron una larga y dulce plática, en la cual dijo Sancho tantos donaires y tantas malicias,° que dejaron de nuevo admirados a los duques, así con su simplicidad, como con su agudeza. Don Quijote les suplicó le diesen licencia para partirse aquel mismo día, pues a los vencidos caballeros, como él, más le convenía habitar una zahurda° que no reales palacios. Diéronsela de muy buena gana, y la duquesa le preguntó si quedaba en su gracia Altisidora.

Él le respondió: "Señora mía, sepa vuestra señoría que todo el mal desta doncella nace de ociosidad, cuyo remedio es la ocupación honesta y continua. Ella me ha dicho aquí que se usan randas en el infierno, y pues ella las debe de saber hacer, no las deje de la mano.[10] Que ocupada en menear los palillos, no se menearán en su imaginación la imagen o imágines de lo que bien quiere. Y ésta es la verdad, éste mi parecer y éste es mi consejo."

"Y el mío," añadió Sancho, "pues no he visto en toda mi vida randera° que por amor se haya muerto. Que las doncellas ocupadas más ponen sus pensamientos en acabar sus tareas que en pensar en sus amores. Por mí lo digo, pues mientras estoy cavando, no me acuerdo de mi oíslo, digo, de mi Teresa Panza, a quien quiero más que a las pestañas de mis ojos.

"Vos decís muy bien, Sancho," dijo la duquesa, "y yo haré que mi Altisidora se ocupe de aquí adelante en hacer alguna 'labor blanca,° que la sabe hacer por estremo."

"No hay para qué, señora," respondió Altisidora, "usar dese remedio, pues la consideración de las crueldades que conmigo ha usado este malandrín mostrenco, me le borrarán de la memoria sin otro artificio alguno. Y con licencia de vuestra grandeza, me quiero quitar de aquí, por no ver delante de mis ojos ya no su triste figura, sino su fea y abominable catadura.°"

"Eso me parece," dijo el duque, "a lo que suele decirse:

> Porque aquel que dice injurias,
> cerca está de perdonar.[11]

Hizo Altisidora muestra de limpiarse las lágrimas con un pañuelo, y haciendo reverencia a sus señores, se salió del aposento.

"'Mándote° yo," dijo Sancho, "pobre doncella, mándote, digo, mala ventura, pues 'las has habido con° una alma de esparto y con un corazón de encina. ¡A fee que si las hubieras conmigo, que otro gallo te cantara!"

Acabóse la plática, vistióse don Quijote, comió con los duques y partióse aquella tarde.

---

[10] **No las deje...** *Let her keep doing it*
[11] These lines are not set off in the first edition, folio 268ʳ, l. 4 up. They are the refrain from an old **romance**.

Margin glosses:
astute things (l. 3)
pigsty (l. 7)
lacemaker (l. 16)
handwork (l. 22)
face (l. 29)
I promise you (l. 35)
you've had to deal with (ll. 36–37)

Capítulo LXXI. De lo que a don Quijote le sucedió con su escudero Sancho yendo a su aldea.

IBA EL vencido y asendereado don Quijote pensativo además por una parte y muy alegre por otra. Causaba su tristeza el vencimiento, y la alegría el
5 considerar en la virtud de Sancho, como lo había mostrado en la resureción[1] de Altisidora, aunque con algún escrúpulo se persuadía a que la enamorada doncella fuese muerta de veras.

No iba nada Sancho alegre, porque le entristecía ver que Altisidora no le había cumplido la palabra de darle las camisas, y yendo y viniendo en
10 esto, dijo a su amo: "En verdad, señor, que soy el más desgraciado médico que se debe de hallar en el mundo, en el cual hay físicos° que, con matar   doctors al enfermo que curan, quieren ser pagados de su trabajo, que no es otro sino firmar una cedulilla° de algunas medicinas, que no las hace él, sino el   prescription boticario, y cátalo cantusado.[2] Y a mí, que la salud ajena me cuesta gotas
15 de sangre, mamonas, pellizcos, alfilerazos y azotes, no me dan un ardite. Pues yo les voto a tal que si me traen a las manos otro algún enfermo que antes que le cure me han de 'untar las mías.° Que el abad de donde canta   pay me yanta, y no quiero creer que me haya dado el cielo la virtud que tengo para que yo la comunique con otros de *bóbilis, bóbilis.*"[3]
20 "Tú tienes razon, Sancho amigo," respondió don Quijote, "y halo hecho muy mal Altisidora en no haberte dado las prometidas camisas, y puesto que tu virtud es *gratis data*,[4] que no te ha costado estudio alguno, más que estudio es recebir martirios en tu persona. De mí te sé decir que si quisieras paga por los azotes del desencanto de Dulcinea, ya te la hubiera dado 'tal
25 como buena.° Pero no sé si vendrá bien con la cura la paga,[5] y no querría   a really good que impidiese el premio a la medicina. Con todo eso, me parece que no se   [payment] perderá nada en probarlo. Mira,° Sancho, el° que quieres, y azótate luego,   figure out, *el premio* y 'págate de contado y de tu propia mano, pues tienes dineros míos.'"

A cuyos ofrecimientos abrió Sancho los ojos y las orejas 'de un
30 palmo,° y dio consentimiento en su corazón a azotarse de buena gana, y   wide dijo a su amo: "Agora bien, señor, yo quiero disponerme a dar gusto a vuesa merced en lo que desea, con provecho mío. Que el amor de mis hijos y de mi mujer me hace que me muestre interesado. Dígame vuesa merced cuánto me dará por cada azote que me diere."
35 "Si yo te hubiera de pagar, Sancho," respondió don Quijote, "conforme lo que merece la grandeza y calidad deste remedio, el tesoro de Venecia, las minas del Potosí[6] fueran poco para pagarte. 'Toma tú el tiento a° lo que   estimate llevas mío, y pon el precio a cada azote,"

"Ellos," respondió Sancho, "son tres mil y trecientos y tantos. De ellos

---

[1] Thus in the first edition, with only one **-r-** in the middle.

[2] **Cátalo...** *There's the poor patient, fleeced.* This phrase has caused problems for both annotators and translators: to whom does **cantusado** refer? What is the meaning of **cantusado**? (the verb means several disparate things). I have used Starkie's solution here, which seems to reflect the consensus.

[3] **De bóbilis...** *free of charge.* Sancho also used this in a variant in Part I (Chapter 30, p. 244, l. 26).

[4] **Gratis...** *given free.* Latin phrase.

[5] **No sé si...** *I don't know if the payment will go well with the cure*

[6] Both of these represent great riches,

me he dado hasta cinco. Quedan los demás. Entren entre los tantos estos cinco, y vengamos a los tres mil y trecientos que a cuartillo cada uno—que no llevaré menos si todo el mundo me lo mandase—montan tres mil y trecientos cuartillos, que son los tres mil, mil y quinientos medios reales, que, hacen setecientos y cincuenta reales. Y los trecientos hacen ciento y cincuenta medios reales, que vienen a hacer setenta y cinco reales, que, juntándose a los setecientos y cincuenta, son por todos ochocientos y veinte y cinco reales. Estos desfalcaré° yo de los que tengo de vuesa merced y   I will take entraré en mi casa rico y contento, aunque bien azotado, porque no se toman truchas…[7] y no digo más."

"¡Oh Sancho bendito! ¡oh Sancho amable," respondió do Quijote, "y cuán obligados hemos de quedar Dulcinea y yo a servirte todos los días que el cielo nos diere de vida! Si ella vuelve al ser perdido[8]—que no es posible sino que vuelva—su desdicha habrá sido dicha, y mi vencimiento, felicísimo triunfo. Y mira, Sancho, cuándo quieres comenzar la diciplina, que porque la abrevies te añado cien reales."

"¿Cuándo?" replicó Sancho, "esta noche sin falta. Procure° vuesa   make sure merced que la° tengamos en el campo al cielo abierto. Que yo me abriré mis   = la *noche* carnes."

Llegó la noche esperada de don Quijote con la mayor ansia del mundo, pareciéndole que 'las ruedas del carro de Apolo° se habían quebrado, y que   i.e., the sun el día se alargaba más de lo acostumbrado, bien así como acontece a los enamorados, que jamás ajustan la cuenta de sus deseos. Finalmente, se entraron entre unos amenos árboles que poco desviados del camino estaban, donde dejando vacías la silla y albarda de Rocinante y el rucio, se tendieron sobre la verde hierba, y cenaron del repuesto de Sancho, el cual, haciendo del cabestro y de la jáquima del rucio un poderoso y flexible azote, se retiró hasta veinte pasos de su amo, entre unas hayas.

Don Quijote, que le vio ir con denuedo y con brío, le dijo: "Mira, amigo, que no te hagas pedazos. Da lugar que unos azotes aguarden a otros. No quieras apresurarte tanto en la carrera, que en la mitad della te falte el aliento. Quiero decir que no te des tan recio° que te falte la vida antes de   hard llegar al número deseado. Y porque no pierdas por carta de más ni de menos, yo estaré desde a parte contando por este mi rosario los azotes que te dieres. Favorézcate el cielo conforme tu buena intención merece."

"Al buen pagador no le duelen prendas," respondió Sancho, "yo pienso darme de manera que sin matarme, me duela. Que en esto debe de consistir la sustancia deste milagro."

Desnudóse luego de medio cuerpo arriba, y arrebatando el cordel,°   whip comenzó a darse, y comenzó don Quijote a contar los azotes.

Hasta seis o ocho se habría dado Sancho, cuando le pareció ser pesada la burla, y muy barato el precio della, y deteniéndose un poco, dijo a su amo que 'se llamaba a engaño,° porque merecía cada azote de aquellos ser   he made a bad deal pagado a medio real, no que a cuartillo.

"Prosigue, Sancho amigo, y no desmayes," le dijo don Quijote, "que yo doblo la parada del precio."

[7] **No se toman truchas a bragas enjutas** *with dry pants on*
[8] **Si ella vuelve…** *if she comes back to her lost self*

"Dese modo," dijo Sancho, "¡a la mano de Dios, y lluevan azotes!"

Pero el socarrón dejó de dárselos en las espaldas, y daba en los árboles, con unos suspiros de cuando en cuando, que parecía que con cada uno dellos se le arrancaba el alma. Tierna la de don Quijote, temeroso de que no se le acabase la vida y no consiguiese su deseo por la imprudencia de Sancho, le dijo: "Por tu vida, amigo, que se quede en este punto este negocio. Que me parece muy áspera esta medicina, y será bien dar tiempo al tiempo. Que no se ganó Zamora en una hora. Más de mil azotes, si yo no he contado mal, te has dado. Bastan por agora. Que el asno—hablando a lo grosero—sufre la carga, más no la sobrecarga.°"   overload

"No, no, señor, respondió Sancho, "no se ha de decir por mí «a dineros pagados, brazos quebrados».⁹ Apártese vuesa merced otro poco y déjeme dar otros mil azotes siquiera. Que a dos levadas° destas habremos cumplido   series con esta partida,° y aun nos sobrará ropa.°"   match, merchandise

"Pues tú te hallas con tan buena disposición," dijo don Quijote, "el cielo te ayude, y pégate, que yo me aparto."

Volvió Sancho a su tarea con tanto denuedo, y ya había quitado las cortezas a muchos árboles, tal era la riguridad con que se azotaba. Y alzando una vez la voz, y dando un desaforado azote en una haya, dijo: "«Aquí morirás, Sansón, y cuantos con él son».¹⁰

Acudió don Quijote luego al son de la lastimada voz y del golpe del riguroso azote, y asiendo del torcido cabestro que le servía de corbacho a Sancho, le dijo: "No permita la suerte, Sancho amigo, que por el gusto mío pierdas tú la vida, que ha de servir para sustentar a tu mujer, y a tus hijos. Espere Dulcinea mejor coyuntura. Que 'yo me contendré° en los límites de   I will keep myself la esperanza propincua, y esperaré que cobres fuerzas nuevas, para que se concluya este negocio a gusto de todos."

"Pues vuesa merced, señor mío, lo quiere así," respondió Sancho, "sea en buena hora, y écheme su ferreruelo sobre estas espaldas. Que estoy sudando y no querría resfriarme.° Que los nuevos diciplinantes corren este   catch a cold peligro."

Hízolo así don Quijote, y quedándose en pelota abrigó a Sancho, el cual se durmió hasta que le despertó el sol. Y luego volvieron a proseguir su camino, a quien dieron fin, por entonces, en un lugar que tres leguas de allí estaba. Apeáronse en un mesón, que por tal le reconoció don Quijote, y no por castillo de cava honda, torres, rastrillos° y 'puente levadiza.° Que   iron gratings, drawbridge después que le vencieron, con más juicio en todas las cosas discurría, como agora se dirá. Alojáronle en una sala baja a quien servían de guadameciles unas sargas viejas pintadas,¹¹ como se usan en las aldeas. En una dellas estaba pintada de malísima mano el robo de Elena, cuando el atrevido huésped se la llevó a Menalao,¹² y en otra estaba la historia de Dido y de Eneas,¹³ ella sobre una alta torre, como que hacía de señas con una media

---

⁹ Refers to taking money and then not doing the work (because of broken arms).

¹⁰ This is Sancho's version of a popular saying **Muera Sansón e cuantos con él son.**

¹¹ **A quien...** *instead of tooled leather panels there were painted fabric hangings*

¹² In Greek myths, Paris abducted Helen from her husband Menelaus and fled to Troy.

¹³ In the *Æneid*, Dido falls in love with Æneas. This scene shows Æneas abandoning her on the African coast.

sábana al fugitivo huésped, que por el mar, sobre una fragata o bergantín, se iba huyendo.

 Notó en las dos historias que Elena no iba de muy mala gana, porque se reía a socapa, y a lo socarrón. Pero la hermosa Dido mostraba verter lágrimas del tamaño de nueces por los ojos. Viendo lo cual don Quijote, dijo: "Estas dos señoras fueron desdichadísimas por no haber nacido en esta edad, y yo sobre todos desdichado, en no haber nacido en la suya. Encontrara° a aquestos señores, ni fuera abrasada Troya, ni Cartago *if I had found* destruida, pues con sólo que yo matara a Paris, se escusaran tantas desgracias."

 "Yo apostaré," dijo Sancho, "que antes de mucho tiempo no ha de haber bodegón,° venta ni mesón, o tienda de barbero, donde no ande *wine shop* pintada la historia de nuestras hazañas. Pero querría yo que la pintasen manos de otro mejor pintor que el que ha pintado a éstas."

 "Tienes razon, Sancho," dijo don Quijote, "porque este pintor es como Orbaneja[14] un pintor que estaba en Úbeda, que cuando le preguntaban qué pintaba, respondía: 'Lo que saliere.' Y si por ventura pintaba un gallo, escribía debajo: «ÉSTE ES GALLO», porque no pensasen que era zorra. Desta manera me parece a mí, Sancho, que debe de ser el pintor o escritor (que todo es uno) que sacó a luz la historia de este nuevo don Quijote que ha salido—que pintó o escribió lo que saliere. O habrá sido como un poeta que andaba los años pasados en la corte, llamado Mauleón, el cual respondía de repente a cuanto le preguntaban, y preguntándole uno que qué quería decir «Deum de Deo»,[15] respondió: 'Dé donde diere.'[16] Pero dejando esto aparte, dime si piensas, Sancho, darte otra tanda esta noche, y si quieres que sea debajo de techado o al cielo abierto."

 "Pardiez, señor," respondió Sancho, "que para lo que yo pienso darme, eso se me da en casa que en el campo. Pero con todo eso querría que fuese entre árboles, que parece que me acompañan y me ayudan a llevar mi trabajo maravillosamente."

 "Pues no ha de ser así, Sancho amigo," respondió don Quijote,"sino que, para que tomes fuerzas, lo hemos de guardar para nuestra aldea, que a lo más tarde, llegaremos allá después de mañana."

 Sancho respondió que hiciese su gusto. Pero que él quisiera concluir con brevedad aquel negocio a sangre caliente y cuando estaba picado el molino,[17] porque en la tardanza suele estar muchas veces el peligro. Y a Dios rogando, y con el mazo dando, y que más valía un TOMA que dos TE DARÉ, y el pájaro en la mano que el buitre volando.

 "No más refranes, Sancho, por un solo Dios," dijo don Quijote, "que parece que te vuelves al SICUT ERAT.[18] Habla a lo llano, a lo liso, a lo no intricado, como muchas veces te he dicho, y verás como te vale un pan por ciento."

---

[14] This is the same painter mentioned in Part II, Chapter 3, p. 457, l. 19, using practically the same words.

[15] *God from God* in Latin.

[16] *Let him strike wherever he can.*

[17] **Cuando estaba...** *while the mill was still grinding*

[18] *As it was in the beginning,* Latin.

"No sé qué mala ventura es esta mía," respondió Sancho, "que no sé decir razón sin refrán, ni refrán que no me parezca razón. Pero yo me emendaré, si pudiere."

Y con esto cesó por entonces su plática.

Capítulo LXXII. De cómo don Quijote y Sancho llegaron a su aldea.

TODO aquel día esperando la noche estuvieron en aquel lugar y mesón don Quijote y Sancho, el uno para acabar en la campaña rasa la tanda
5 de su diciplina, y el otro para ver el fin della, en el cual consistía el de su deseo. Llegó en esto al mesón un caminante a caballo, con tres o cuatro criados, uno de los cuales dijo al que el señor dellos parecía: "Aquí puede vuesa merced, señor don Álvaro Tarfe, pasar hoy la siesta. La posada parece limpia y fresca."
10 Oyendo esto don Quijote, le dijo a Sancho: "Mira, Sancho, cuando yo hojeé aquel libro de la segunda parte de mi historia, me parece que 'de pasada° topé allí este nombre de don Álvaro Tarfe."[1]   *in passing*
"Bien podrá ser," respondió Sancho, "dejémosle apear. Que después se lo preguntaremos."
15 El caballero se apeó, y frontero del aposento de don Quijote la huéspeda le dio una sala baja, enjaezada° con otras pintadas sargas, como   *decorated* las que tenía la estancia de don Quijote.
Púsose el recién venido caballero 'a lo de verano,° y saliéndose al   *in cool clothes* portal del mesón, que era espacioso y fresco, por el cual se paseaba don
20 Quijote, le preguntó: "¿Adónde bueno camina vuesa merced, señor gentil hombre?"
Y don Quijote le respondió: "A una aldea que está aquí cerca, de donde soy natural; y vuesa merced, ¿dónde camina?"
"Yo, señor," respondió el caballero, "voy a Granada, que es mi patria."
25 "Y buena patria," replicó don Quijote, "pero dígame vuesa merced por cortesía, su nombre, porque me parece que me ha de importar saberlo más de lo que buenamente podré decir."
"Mi nombre es don Álvaro Tarfe," respondió el huésped.
A lo que replicó don Quijote: "Sin duda alguna pienso que vuesa
30 merced debe de ser aquel don Álvaro Tarfe que anda impreso en la *Segunda parte de la historia de don Quijote de la Mancha,* recién impresa, y dada a la luz del mundo por un autor moderno."
"El mismo soy," respondió el caballero, "y el tal don Quijote, sujeto principal de la tal historia, fue grandísimo amigo mío, y yo fui el que le
35 sacó de su tierra, o a lo menos, le moví a que viniese a unas justas que se hacían en Zaragoza, adonde yo iba, y en verdad en verdad que le hice muchas amistades, y que le quité de que no le palmease° las espaldas el   *whip* verdugo, por ser demasiadamente atrevido."[2]
"Y dígame vuesa merced, señor don Álvaro, ¿parezco yo en algo a ese
40 tal don Quijote, que vuesa merced dice?"
"No, por cierto," respondió el huésped, "en ninguna manera."

[1] Don Álvaro Tarfe is indeed the third most important character in the false *Quijote,* appearing already in the first chapter (mentioned first on p. 33, l. 19 of Riquer's edition).

[2] This is from Avellaneda's Chapter 8 (starts in Vol. I, p. 166, l. 11 in Riquer's edition) where don Quijote believes that a thief being taken to be whipped is really a captive knight, so he attacks the constables who are taking the criminal away. They in turn haul don Quijote off to jail. In Chapter 9, don Quijote is rescued by Álvaro Tarfe.

"Y ese don Quijote," dijo el nuestro, "¿traía consigo a un escudero llamado Sancho Panza?"

"Sí, traía," respondió don Álvaro, "y aunque tenía fama de muy gracioso, nunca le oí decir gracia que la tuviese."

5 "Eso creo y muy bien," dijo a esta sazón Sancho, "porque el decir gracias no es para todos, y ese Sancho que vuesa merced dice, señor gentil hombre, debe de ser algún grandísimo bellaco, frión° y ladrón juntamente.   dull
Que el verdadero Sancho Panza soy yo, que tengo más gracias que llovidas, y si no, haga vuesa merced la experiencia, y ándese tras de mí por lo menos
10 un año, y verá que se me caen a cada paso, y tales y tantas, que sin saber yo las más veces lo que me digo, hago reír a cuantos me escuchan. Y el verdadero don Quijote de la Mancha, el famoso, el valiente y el discreto, el enamorado, el desfacedor de agravios, el tutor° de pupilos y huérfanos, el   guardian
amparo de las viudas, el matador de las doncellas, el que tiene por única
15 señora a la sin par Dulcinea del Toboso, es este señor que está presente, que es mi amo. Todo cualquier otro don Quijote y cualquier otro Sancho Panza es burlería° y cosa de sueño."   joke

"Por Dios que lo creo," respondió don Álvaro, "porque más gracias habéis dicho vos, amigo, en cuatro razones que habéis hablado, que el otro
20 Sancho Panza en cuantas yo le oí hablar, que fueron muchas. Más tenía de comilón que de bien hablado, y más de tonto que de gracioso. Y tengo por sin duda que los encantadores que persiguen a don Quijote el bueno, han querido perseguirme a mí con don Quijote el malo. Pero no sé qué me diga. Que osaré yo jurar que le dejo[3] metido en la casa del Nuncio en Toledo[4]
25 para que le curen, y agora remanece aquí otro don Quijote, aunque bien diferente del mío."

"Yo," dijo don Quijote, "no sé si soy bueno, pero sé decir que no soy el malo, para prueba de lo cual quiero que sepa vuesa merced, mi señor don Álvaro Tarfe, que en todos los días de mi vida no he estado en Zaragoza.
30 Antes por haberme dicho que ese don Quijote fantástico se había hallado en las justas desa ciudad, no quise yo entrar en ella, por sacar 'a las barbas del° mundo su mentira, y así me pasé 'de claro° a Barcelona, archivo de la   in front of the, directly
cortesía, albergue de los estranjeros, hospital de los pobres, patria de los   home
valientes, venganza de los ofendidos, y correspondencia° grata de firmes   location
35 amistades, y en sitio° y en belleza, única.

"Y aunque los sucesos que en ella me han sucedido no son de mucho gusto, sino de mucha pesadumbre, los llevo sin ella, sólo por haberla visto.[5] Finalmente, señor don Álvaro Tarfe, yo soy don Quijote de la Mancha, el mismo que dice la fama, y no ese desventurado que ha querido usurpar mi
40 nombre y honrarse con mis pensamientos. A vuesa merced suplico por lo que debe 'a ser° caballero, sea servido de hacer una declaración° ante el   because of being, affidavit

---

[3] It is true that the first edition shows **dejô** here (folio 272ᵛ, l. 5), which everyone except Gaos has reverted to **dejo**.

[4] In the last chapter of Avellaneda (36) Álvaro Tarfe does take don Quijote to this crazy house in Toledo. The institution was founded by a papal nuncio (the pope's representative to civil government) in the late 1400s, thus its name.

[5] Los *[los sucesos]* **llevo sin ella** *[pesadumbre]* **sólo por haberla** *[Barcelona]* **visto**

alcalde deste lugar, de que vuesa merced no me ha visto en todos los días
de su vida hasta agora, y de que yo no soy el don Quijote impreso en la
segunda parte, ni este Sancho Panza, mi escudero, es aquel que vuesa
merced conoció."

5   "Eso haré yo de muy buena gana," respondió don Álvaro, "puesto que
causa admiración ver dos don Quijotes y dos Sanchos a un mismo tiempo,
tan conformes en los nombres como diferentes en las acciones, y vuelvo a
decir y 'me afirmo° que no he visto lo que he visto, ni ha pasado por mí lo   I confirm
que ha pasado."

10   "Sin duda," dijo Sancho, "que vuesa merced debe de estar encantado,
como mi señora Dulcinea del Toboso. Y pluguiera al cielo que estuviera su
desencanto de vuesa merced en darme otros tres mil y tantos azotes como
me doy por ella. Que yo me los diera sin interés alguno."

       "No entiendo eso de azotes," dijo don Álvaro.

15   Y Sancho le respondió que era largo de contar. Pero que él se lo
contaría si acaso iban un mesmo camino.

       Llegóse, en esto, la hora de comer. Comieron juntos don Quijote y don
Álvaro, entró acaso el alcalde del pueblo en el mesón, con un escribano
ante el cual alcalde pidió don Quijote, por una petición, de que a su derecho
20   convenía,[6] de que don Álvaro Tarfe, aquel caballero que allí estaba
presente, declarase ante su merced como no conocía a don Quijote de la
Mancha, que asimismo estaba allí presente, y que no era aquel que andaba
impreso en una historia intitulada *Segunda parte de don Quijote de lo
Mancha,* compuesta por un tal de Avellaneda, natural de Tordesillas.
25   Finalmente, el alcalde proveyó jurídicamente,[7] la declaración se hizo con
todas las fuerzas que en tales casos debían hacerse, con lo que quedaron
don Quijote y Sancho muy alegres, como si les importara mucho semejante
declaración, y no mostrara claro la diferencia de los dos don Quijotes y la
de los dos Sanchos sus obras y sus palabras.[8] Muchas° de cortesías y   muchas *palabras*
30   ofrecimientos pasaron entre don Álvaro y don Quijote, en las cuales mostró
el gran manchego su discreción, de modo que desengañó a don Álvaro
Tarfe del error en que estaba. El cual se dio a entender que debía de estar
encantado, pues tocaba con la mano dos tan contrarios don Quijotes.

       Llegó la tarde, partiéronse de aquel lugar, y a obra de media legua se
35   apartaban dos caminos diferentes, el uno que guiaba a la aldea de don
Quijote, y el otro, el que había de llevar don Álvaro. En este poco espacio
le contó don Quijote la desgracia de su vencimiento, y el encanto y el
remedio de Dulcinea, que todo puso en nueva admiración a don Álvaro, el
cual, abrazando a don Quijote y a Sancho, siguió su camino, y don Quijote
40   el suyo, que aquella noche la pasó entre otros árboles, por dar lugar a
Sancho de cumplir su penitencia, que la cumplió del mismo modo que la
pasada noche, a costa de las cortezas de las hayas, harto más que de sus
espaldas, que las guardó tanto, que no pudieran quitar los azotes una mosca,

---

[6] **De que ...** *which was his legal right*
[7] **Proveyó...** *put it in legal form*
[8] **No mostrara claro...** *[as if] their deeds and words wouldn't clearly show the
differences between the two don Quijotes and Sanchos*

aunque la tuviera encima.[9]

No perdió el engañado don Quijote un solo golpe de la cuenta, y halló que con los de la noche pasada eran tres mil y veinte y nueve. Parece que había madrugado el sol a ver el sacrificio, con cuya luz volvieron a
5 proseguir su camino, tratando entre los dos del engaño de don Álvaro, y de cuán bien acordado había sido tomar su declaración ante la justicia, y 'tan auténticamente.°   with such authority

Aquel día y aquella noche caminaron sin sucederles cosa digna de contarse, si no fue que en ella acabó Sancho su tarea, de que quedó don
10 Quijote contento sobremodo, y esperaba el día, por ver si en el camino topaba ya desencantada a Dulcinea su señora. Y siguiendo su camino, no topaba mujer ninguna que no iba a reconocer si era Dulcinea del Toboso,[10] teniendo por infalible no poder mentir las promesas de Merlín.

Con estos pensamientos y deseos, subieron una cuesta arriba, desde la
15 cual descubrieron su aldea, la cual vista de Sancho, se hincó de rodillas, y dijo: "Abre los ojos, deseada patria, y mira que vuelve a ti Sancho Panza tu hijo, si no muy rico, muy bien azotado. Abre los brazos, y recibe también tu hijo don Quijote, que si viene vencido de los brazos ajenos, viene vencedor de sí mismo. Que según él me ha dicho, es el mayor
20 vencimiento que desearse puede. Dineros llevo, porque si buenos azotes me daban, bien caballero me iba."[11]

"Déjate desas sandeces," dijo don Quijote, "y vamos con pie derecho a entrar en nuestro lugar, donde daremos vado° a nuestras imaginaciones,   truce y la traza que en la pastoral vida pensamos ejercitar."
25 Con esto, bajaron de la cuesta y se fueron a su pueblo.

[9] **Las guardó...** *He guarded it [his back] so carefully that the lashes wouldn't have removed a fly, even though he had one there [on his back]*

[10] **No topaba...** *as he went along he scrutinized every woman he happened upon to see if she was Dulcinea del Toboso*

[11] See Part II, Chapter 36, p. 660, l. 2.

Capítulo LXXIII. De los agüeros que tuvo don Quijote al entrar de su aldea, con otros sucesos que adornan y acreditan° esta grande historia.   authenticate

A LA ENTRADA del cual, según dice Cide Hamete, vio don Quijote que en las
5   eras del lugar estaban riñendo dos mochachos, y el uno dijo al otro: "No te
canses, Periquillo, que no la has de ver en todos los días de tu vida."
      Oyólo don Quijote, y dijo a Sancho: "¿No adviertes, amigo, lo que
aquel mochacho ha dicho: 'No la has de ver en todos los días de tu vida?'"
      "Pues bien—¿qué importa," respondió Sancho, "que haya dicho eso el
10   mochacho?"
      "¿Qué?" replicó don Quijote. "No vees tú que aplicando aquella
palabra a mi intención, quiere significar que no tengo de ver más a
Dulcinea?"
      Queríale responder Sancho, cuando se lo estorbó ver que por aquella
15   campaña venía huyendo una liebre seguida de muchos galgos y cazadores,
la cual, temerosa, se vino a recoger y a agazapar debajo de los pies del
rucio. Cogióla Sancho 'a mano salva,° y presentósela a don Quijote, el cual   easily
estaba diciendo: "'*Malum signum!*° *Malum signum!* Liebre huye, galgos la   bad sign
siguen, Dulcinea no parece."
20   "Estraño es vuesa merced," dijo Sancho, "presupongamos que esta
liebre es Dulcinea del Toboso y estos galgos que la persiguen son los
malandrines encantadores que la transformaron en labradora. Ella huye, yo
la cojo y la pongo en poder de vuesa merced, que la tiene en sus brazos y la
regala. ¿Qué mala señal es ésta ni qué mal agüero se puede tomar de aquí?"
25   Los dos mochachos de la pendencia se llegaron a ver la liebre, y al uno
dellos preguntó Sancho que por qué reñían. Y fuele respondido por el que
había dicho «no la verás más en toda tu vida» que él había tomado al otro
mochacho una jaula de grillos, la cual no pensaba volvérsela en toda su
vida.
30   Sacó Sancho cuatro cuartos de la faltriquera, y dióselos al mochacho
por la jaula, y púsosela en las manos a don Quijote, diciendo: "He aquí,
señor, rompidos y desbaratados estos agüeros, que no tienen que ver más
con nuestros sucesos, según que yo imagino, aunque tonto, que con las
nubes de antaño. Y si no me acuerdo mal, he oído decir al cura de nuestro
35   pueblo que no es de personas cristianas ni discretas mirar en estas niñerías,
y aun vuesa merced mismo me lo dijo los días pasados, dándome a entender
que eran tontos todos aquellos cristianos que miraban en agüeros. Y no es
menester 'hacer hincapié° en esto, sino pasemos adelante, y entremos en   insist
nuestra aldea."
40   Llegaron los cazadores, pidieron su liebre y diósela don Quijote.
Pasaron adelante, y a la entrada del pueblo toparon en un pradecillo rezando
al cura y al bachiller Carrasco.[1] Y es 'de saber° que Sancho Panza había   made known
echado sobre el rucio y sobre el lío de las armas, para que sirviese de
repostero, la túnica de bocací pintada de llamas de fuego, que le vistieron
45   en el castillo del duque la noche que volvió en sí Altisidora. Acomodóle

---

[1] **Toparon al cura y al bachiller Carrasco rezando en un pradecillo.**

también la coroza en la cabeza,[2] que fue la más nueva transformación y adorno con que se vio jamás jumento en el mundo.

Fueron luego conocidos los dos del cura y del bachiller, que se vinieron a ellos con los brazos abiertos. Apeóse don Quijote y abrazólos estrechamente, y los mochachos, que son linces 'no escusados,° divisaron   inevitable la coroza del jumento, y acudieron a verle, y decían unos a otros: "Venid, mochachos, y veréis el asno de Sancho Panza más galán que Mingo,[3] y la bestia de don Quijote más flaca hoy que el primer día."

Finalmente, rodeados de mochachos, y acompañados del cura y del bachiller, entraron en el pueblo, y se fueron a casa de don Quijote, y hallaron a la puerta della al ama y a su sobrina, a quien ya habían llegado las nuevas de su venida. Ni más ni menos se las habían dado a Teresa Panza, mujer de Sancho, la cual, desgreñada y medio desnuda, trayendo de la mano a Sanchica su hija, acudió a ver a su marido. Y viéndole no tan bien adeliñado° como ella se pensaba que había de estar un gobernador, le dijo: dressed "¿Cómo venís así, marido mío, que me parece que venís a pie y despeado,°   footsore y más traéis semejanza de desgobernado que de gobernador?"

"Calla, Teresa," respondió Sancho, "que muchas veces donde hay estacas no hay tocinos, y vámonos a nuestra casa. Que allá oirás maravillas. Dineros traigo, que es lo que importa, ganados por mi industria y sin daño de nadie."

"Traed vos dinero, mi buen marido," dijo Teresa, "y sean ganados por aquí o por allí, que como quiera que los hayáis ganado, no habréis hecho usanza nueva en el mundo."

Abrazó Sanchica a su padre, y preguntóle si traía algo. Que le estaba esperando como el agua de mayo, y asiéndole de un lado del cinto,° y su   belt mujer de la mano, tirando su hija al rucio, se fueron a su casa, dejando a don Quijote en la suya, en poder de su sobrina y de su ama, y en compañía del cura y del bachiller.

Don Quijote, sin guardar términos ni horas, en aquel mismo punto se apartó a solas con el bachiller y el cura, y en breves razones les contó su vencimiento y la obligación en que había quedado de no salir de su aldea en un año, la cual pensaba guardar al pie de la letra, sin traspasarla° en un   violating it átomo, bien así como caballero andante obligado por la puntualidad y orden de la andante caballería, y que tenía pensado de hacerse aquel año pastor y entretenerse en la soledad de los campos, donde a rienda suelta podía dar vado a sus amorosos pensamientos, ejercitándose en el pastoral y virtuoso ejercicio, y que les suplicaba, si no tenían mucho que hacer y no estaban impedidos en negocios más importantes, quisiesen ser sus compañeros. Que él compraría ovejas y ganado suficiente que les diese nombre de pastores, y que les hacía saber que lo más principal de aquel negocio estaba hecho, porque les tenía puestos los nombres que les vendrían como de molde.

Díjole el cura que los dijese. Respondió don Quijote que él se había de llamar el pastor Q<small>UIJOTIZ</small>, y el bachiller, el pastor C<small>ARRASCÓN</small>; y el cura, el pastor C<small>URAMBRO</small>, y Sancho Panza, el pastor P<small>ANCINO</small>.

Pasmáronse todos de ver la nueva locura de don Quijote. Pero porque

---

[2] That is, the donkey was wearing the penitent's hat.

[3] A popular comparison. No one knows who this Mingo might have been.

no se les fuese otra vez del pueblo a sus caballerías, esperando que en aquel
año podría ser curado, concedieron con su nueva intención, y aprobaron por
discreta su locura, ofreciéndósele por compañeros en su ejercicio.

   "Y más," dijo Sansón Carrasco, "que, como ya todo el mundo sabe, yo
5 soy celebérrimo poeta, y a cada paso compondré versos pastoriles, o
cortesanos, o como más me viniere a cuento, para que nos entretengamos
por esos andurriales donde habemos de andar. Y lo que más es menester,
señores míos, es que cada uno escoja el nombre de la pastora que piensa
celebrar en sus versos, y que no dejemos árbol, por duro que sea, donde no
10 la retule° y grabe su nombre como es uso y costumbre de los enamorados   inscribe
pastores."

   "Eso está de molde," respondió don Quijote, "puesto que yo estoy libre
de buscar nombre de pastora fingida, pues está ahí la sin par Dulcinea del
Toboso, gloria de estas riberas, adorno de estos prados, sustento de la
15 hermosura, nata de los donaires, y finalmente, sujeto sobre quien puede
asentar bien toda alabanza, por hipérbole° que sea."   exaggerated

   "Así es verdad," dijo el cura, "pero nosotros buscaremos por ahí
pastoras mañeruelas,° que si no nos cuadraren, nos esquinen."[4]   gentle

   A lo que añadió Sansón Carrasco: "Y cuando faltaren, darémosles los
20 nombres de las estampadas e impresas, de quien está lleno el mundo:
FÍLIDAS, AMARILIS, DIANAS, FLÉRIDAS, GALATEAS y BELISARDAS. Que pues
las venden en las plazas, bien las podemos comprar nosotros, y tenerlas por
nuestras. Si mi dama, o por mejor decir mi pastora, por ventura se llamare
Ana, la celebraré debajo del nombre de ANARDA; y si Francisca, la llamaré
25 yo FRANCENIA; y si Lucía, LUCINDA; que todo se sale allá. Y Sancho Panza,
si es que ha de entrar en esta cofadría, podrá celebrar a su mujer Teresa
Panza con nombre de TERESAINA."

   Riose don Quijote de la aplicación del nombre, y el cura le alabó
infinito su honesta y honrada resolución, y se ofreció de nuevo a hacerle
30 compañía todo el tiempo que 'le vacase° de atender a sus forzosas   devote himself
obligaciones. Con esto, se despidieron dél, y le rogaron y aconsejaron
tuviese cuenta con su salud, con regalarse lo que fuese bueno.

   Quiso la suerte que su sobrina y el ama oyeron la plática de los tres, y
así como se fueron, se entraron entrambas con don Quijote, y la sobrina le
35 dijo: "¿Qué es esto, señor tío? Ahora que pensábamos nosotras que vuesa
merced volvía a reducirse° en su casa, y pasar en ella una vida quieta y   stay
honrada, ¿se quiere meter en nuevos laberintos, haciéndose

        pastorcillo, tú que vienes,
        pastorcico, tú que vas?[5]

---

[4] See Part II, Chapter 67, p. 832, l. 22.
[5] Clemencín has identified the *first* line of this **villancico** as coming from the *cancionero de Amberes* (1603). No printed source has been found for the *second* line. In the
first edition, these lines are not set off (folio 276ʳ).

"Pues en verdad que está ya duro el alcacel para zampoñas.°"⁶   pastoral flutes

A lo que añadió el ama: "Y ¿podrá vuesa merced pasar en el campo
las siestas del verano, los serenos del invierno, el aullido de los lobos? No
por cierto. Que éste es ejercicio y oficio de hombres robustos, curtidos,° y   hardened by weather
5   criados para tal ministerio casi desde las 'fajas y mantillas.° Aun mal por   diapers
mal, mejor es ser caballero andante que pastor. Mire señor, tome mi
consejo, que no se le doy sobre estar harta de pan y vino, sino en ayunas,
y sobre cincuenta años que tengo de edad: estése en su casa, atienda a su
hacienda, confiese a menudo, favorezca a los pobres, y sobre mi ánima si
10   mal le fuere."

"Callad, hijas," les respondió don Quijote, "que yo sé bien lo que me
cumple. Llevadme al lecho—que me parece que no estoy muy bueno, y
tened por cierto que, ahora sea caballero andante, o pastor 'por andar,° no   future
dejaré siempre de acudir a lo que hubiéredes menester, como lo veréis por
15   la obra."

Y las buenas hijas, que lo eran sin duda ama y sobrina, le llevaron a
la cama, donde le dieron de comer y le regalaron lo posible.

⁶ Children used this green barley (**alcacel**), when still naturally moist, to make little
pipes with which to make music, but once it was dry, it could no longer be used for that
purpose. In other words, don Quijote is too old to take on his new calling.

Capítulo LXXIIII. De cómo don Quijote cayó malo, y del testamento que hizo, y su muerte.

COMO las cosas humanas no sean eternas, yendo siempre 'en declinación° | downwards
de° sus principios hasta llegar a su último fin, especialmente las vidas | desde
de los hombres, y como la de don Quijote no tuviese privilegio del cielo
para detener el curso° de la suya, llegó su fin y acabamiento cuando él | course
menos lo pensaba, porque, o ya fuese de la melancolía que le causaba el
verse vencido, o ya por la disposición° del cielo, que así lo ordenaba, se le | will
arraigó° una calentura, que le tuvo seis días en la cama, en los cuales fue | took hold
visitado muchas veces del cura, del bachiller, y del barbero, sus amigos, sin
quitársele de la cabecera Sancho Panza, su buen escudero.

Éstos, creyendo que la pesadumbre de verse vencido y de no ver
cumplido su deseo en la libertad y desencanto de Dulcinea le tenía de
aquella suerte, por todas las vías posibles procuraban alegrarle, diciéndole
el bachiller que 'se animase° y levantase para comenzar su pastoral | cheer up
ejercicio, para el cual tenía ya compuesta una écloga,° que 'mal año° para | = égloga, too bad
cuantas Sanazaro[1] había compuesto, y que ya tenía comprados de su propio
dinero dos famosos perros, para guardar el ganado, el uno llamado Barcino° | reddish colored
y el otro Butrón,[2] que se los había vendido un ganadero del Quintanar.[3]
Pero no por esto dejaba don Quijote sus tristezas. Llamaron sus amigos al
médico, tomóle el pulso y no le contentó mucho, y dijo que, 'por sí o por
no,° atendiese a la salud de su alma, porque la del cuerpo corría peligro. | just in case

Oyólo don Quijote con ánimo sosegado, pero no lo oyeron así su ama,
su sobrina y su escudero, los cuales comenzaron a llorar tiernamente, como
si ya le tuvieran muerto delante. Fue el parecer del médico que melancolías
y desabrimientos° le acababan. Rogó don Quijote que le dejasen solo, | worries
porque quería dormir un poco. Hiciéronlo así, y durmió de un tirón,° como | stretch
dicen, más de seis horas, tanto que pensaron el ama y la sobrina que se
había de quedar en el sueño. Despertó al cabo del tiempo dicho, y dando
una gran voz, dijo: "¡Bendito sea el poderoso Dios que tanto bien me ha
hecho! En fin, sus misericordias no tienen límite, ni las abrevian ni impiden
los pecados de los hombres."

Estuvo atenta la sobrina a las razones del tío, y pareciéronle más
concertadas que él solía decirlas, a lo menos, en aquella enfermedad, y
preguntóle: "¿Qué es lo que vuesa merced dice, señor? ¿Tenemos 'algo de
nuevo°? ¿Qué misericordias son éstas, o qué pecados de los hombres?" | something new

"Las misericordias," respondió don Quijote, "sobrina, son las que en este
instante ha usado Dios conmigo, a quien, como dije, no las impiden mis pecados.
Yo tengo juicio ya, libre y claro, sin las sombras caliginosas° de la ignorancia, | dark
que sobre él me pusieron mi amarga y continua leyenda de los detestables libros
de las caballerías. Ya conozco sus disparates y sus embelecos, y no me pesa sino
que este desengaño ha llegado tan tarde, que no me deja tiempo 'para hacer
alguna recompensa° leyendo otros que sean luz del alma. | to compensate

---

[1] Jacopo Sannazzaro (1456–1520), a very influential Italian writer who composed the first pastoral romance, *Arcadia* (1504).

[2] This is an ancient Spanish noble surname.

[3] Juan Haldudo, the person who was whipping young Andrés, was also from El Quintanar (Part I, Chapter 4, p. 40, l. 12).

"Yo me siento, sobrina, a punto de muerte. Querría hacerla° de tal   la = his death
modo que 'diese a entender° que no había sido mi vida tan mala que dejase   make it understood
renombre de loco. Que puesto que lo he sido, no querría confirmar esta
verdad en mi muerte. Llámame, amiga, a mis buenos amigos—al cura, al
5   bachiller Sansón Carrasco y a maese Nicolás, el barbero. Que quiero
confesarme y hacer mi testamento."
    Pero de este trabajo se escusó la sobrina con la entrada de los tres.
Apenas los vio don Quijote, cuando dijo: "Dadme albricias, buenos señores,
de que ya yo no soy don Quijote de la Mancha, sino Alonso Quijano, a
10   quien mis costumbres me dieron renombre de BUENO. Ya soy enemigo de
Amadís de Gaula y de toda la infinita caterva de su linaje, ya me son
odiosas todas las historias profanas del andante caballería. Ya conozco mi
necedad y el peligro en que me pusieron haberlas leído. Ya, por
misericordia de Dios, escarmentando en cabeza propia,[4] las abomino."
15   Cuando esto le oyeron decir los tres, creyeron sin duda que alguna
nueva locura le había tomado. Y Sansón le dijo: "¿Ahora, señor don
Quijote, que tenemos nueva que está desencantada la señora Dulcinea, sale
vuesa merced con eso? ¿Agora que estamos tan a pique de ser pastores,
para pasar cantando la vida como unos príncipes, quiere vuesa merced
20   hacerse ermitaño? Calle por su vida, vuelva en sí y déjese de cuentos."[5]
    "Los de hasta aquí," replicó don Quijote, "que han sido verdaderos en
mi daño, los ha de volver mi muerte con ayuda del cielo en mi provecho.
Yo, señores, siento que me voy muriendo a toda priesa. Déjense burlas
aparte, y tráiganme un confesor que me confiese, y un escribano que haga
25   mi testamento. Que en tales trances como éste no se ha de burlar el hombre
con el alma. Y así suplico, que en tanto que el señor cura me confiesa,
vayan por el escribano."
    Miráronse unos a otros, admirados de las razones de don Quijote, y
aunque en duda, le quisieron creer, y una de las señales por donde
30   conjeturaron se moría fue el haber vuelto con tanta facilidad de loco a
cuerdo, porque a las ya dichas razones añadió otras muchas tan bien dichas,
tan cristianas y con tanto concierto, que del todo les vino a quitar la duda,
y a creer que estaba cuerdo.
    Hizo salir la gente el cura, y quedóse solo con él, y confesóle. El
35   bachiller fue por el escribano, y de allí a poco volvió con él y con Sancho
Panza, el cual Sancho, que ya sabía por nuevas del bachiller en qué estado
estaba su señor, hallando a la ama y a la sobrina llorosas, comenzó a 'hacer
pucheros° y a derramar lágrimas. Acabóse la confesión, y salió el cura,   whimper
diciendo: "Verdaderamente se muere, y verdaderamente está cuerdo Alonso
40   Quijano el Bueno. Bien podemos entrar para que haga su testamento."
    Estas nuevas dieron un terrible empujón° a los ojos preñados de ama,   push
sobrina, y de Sancho Panza su buen escudero, de tal manera que los hizo
reventar las lágrimas de los ojos y mil profundos suspiros del pecho, porque
verdaderamente, como alguna vez se ha dicho, en tanto que don Quijote fue
45   Alonso Quijano el Bueno a secas, y en tanto que fue don Quijote de la
Mancha, fue siempre de apacible condición y de agradable trato, y por esto

---

[4] **Escarmentando...** *[and] having learned by my own experience*
[5] **Déjese...** *stop this nonsense*

no sólo era bien querido de los de su casa, sino de todos cuantos le conocían.

Entró el escribano con los demás, y después de haber hecho la cabeza° del testamento y ordenado su alma don Quijote, con todas aquellas circunstancias cristianas que se requieren, llegando a las mandas,° dijo: "ITEN,[6] es mi voluntad que de ciertos dineros que Sancho Panza, a quien en mi locura hice mi escudero, tiene, que porque ha habido entre él y mí ciertas cuentas y 'dares y tomares,° quiero que no se le haga cargo° dellos ni se le pida cuenta alguna, sin que si sobrare alguno, después de haberse pagado de lo que le debo, el restante sea suyo, que será bien poco, y buen provecho le haga. Y si como estando yo loco fui parte para darle el gobierno de la ínsula, pudiera agora, estando cuerdo, darle el de un reino, se le diera, porque la sencillez de su condición y fidelidad de su trato lo merece."

Y volviéndose a Sancho, le dijo: "Perdóname, amigo, de la ocasión que te he dado de parecer loco como yo, haciéndote caer en el error en que yo he caído, de que hubo y hay caballeros andantes en el mundo."

"¡Ay!" respondió Sancho llorando, "no se muera vuesa merced, señor mío, sino tome mi consejo, y viva muchos años, porque la mayor locura que puede hacer un hombre en esta vida es dejarse morir, sin más ni más, sin que nadie le mate, ni otras manos le acaben que las de la melancolía. Mire, no sea perezoso, sino levántese desa cama, y vámonos al campo, vestidos de pastores, como tenemos concertado. Quizá tras de alguna mata hallaremos a la señora doña Dulcinea, desencantada, que no haya más que ver.[7] Si es que se muere de pesar de verse vencido, 'écheme a mí la culpa,° diciendo que por haber yo cinchado mal a Rocinante le derribaron. 'Cuanto más° que vuesa merced habrá visto en sus libros de caballerías ser cosa ordinaria derribarse unos caballeros a otros, y el que es vencido hoy, ser vencedor mañana."

"Así es," dijo Sansón, "y el buen Sancho Panza está muy en la verdad destos casos."

"Señores," dijo don Quijote, "vámonos poco a poco, pues ya en los nidos de antaño no hay pájaros hogaño. Yo fui loco, y ya soy cuerdo. Fui don Quijote de la Mancha, y soy agora, como he dicho, Alonso Quijano el Bueno. Pueda con vuesas mercedes mi arrepentimiento y mi verdad volverme a la estimación que de mí se tenía,[8] y prosiga adelante el señor escribano.

"ITEN, mando° toda mi hacienda 'a puerta cerrada° a Antonia Quijana, mi sobrina, que está presente, habiendo sacado primero de lo más bien parado della[9] lo que fuere menester para cumplir las mandas que dejo hechas. Y la primera satisfación° que se haga quiero que sea pagar el salario que debo del tiempo que mi ama me ha servido, y más veinte

---

[6] **Iten** announces that an article of a legal document is coming up. Here, in English we might number them *Article 1, Article 2.* and so on.

[7] **Que no haya...** *as nice as can be*

[8] **Pueda con vuesas mercedes...** *may my repentance and truth restore me to the esteem in which you held me*

[9] **De lo más...** *off the top*

Marginal glosses:
- heading
- bequests
- debits and credits, claim
- let me take the blame
- moreover
- I bequeath, wholly
- payment

ducados para un vestido. Dejo por mis albaceas° al señor cura y al señor   executors
bachiller Sansón Carrasco, que están presentes.

"ITEN, es mi voluntad que si Antonia Quijana, mi sobrina, quisiere
casarse, se case con hombre de quien primero 'se haya hecho información,°   found out
5   que no sabe qué cosas sean libros de caballerías, y en caso que se
averiguare que lo sabe, y con todo eso mi sobrina quisiere casarse con él,
y se casare, pierda todo lo que le he mandado, lo cual puedan mis albaceas
distribuir en obras pías, 'a su voluntad.°   any way they see fit

"ITEN, suplico a los dichos señores mis albaceas que si la buena suerte
10   les trujere a conocer al autor que dicen que compuso una historia que anda
por ahí con el título de *Segunda parte de las hazañas de don Quijote de la
Mancha,* de mi parte le pidan, cuan encarecidamente ser pueda, perdone la
ocasión que sin yo pensarlo le di de haber escrito tantos y tan grandes
disparates como en ella escribe, porque parto desta vida con escrúpulo de
15   haberle dado motivo para escribirlos."

Cerró con esto el testamento, y tomándole un desmayo, se tendió de
largo a largo en la cama. Alborotáronse todos, y acudieron a su remedio,
y en tres días que vivió después deste donde hizo el testamento, se
desmayaba muy a menudo. Andaba la casa alborotada, pero, con todo,
20   comía la sobrina, brindaba° el ama y se regocijaba Sancho Panza. Que esto   toasted
del heredar algo borra o templa en el heredero la memoria de la pena que
es razón que deje el muerto.

En fin, llegó el último de don Quijote, después de recebidos todos los
sacramentos, y después de haber abominado con muchas y eficaces razones
25   de los libros de caballerías. Hallóse el escribano presente, y dijo que nunca
había leído en ningún libro de caballerías que algún caballero andante
hubiese muerto en su lecho tan sosegadamente y tan cristiano como don
Quijote, el cual, entre compasiones y lágrimas de los que allí se hallaron
dio su espíritu, quiero decir, que se murió.

30   Viendo lo cual el cura, pidió al escribano le diese por testimonio como
Alonso Quijano el Bueno, llamado comúnmente don Quijote de la Mancha,
había pasado desta presente vida y muerto naturalmente. Y que el tal
testimonio pedía para quitar la ocasión de que algún otro autor que Cide
Hamete Benengeli le resucitase falsamente,[10] y hiciese inacabables historias
35   de sus hazañas.[11]

Este fin tuvo el ingenioso hidalgo de la Mancha, cuyo lugar no quiso
poner Cide Hamete puntualmente, por dejar que todas las villas y lugares
de la Mancha contendiesen entre sí por ahijársele y tenérsele por suyo,
como contendieron las siete ciudades de Grecia por Homero.[12]
40   Déjanse de poner aquí los llantos de Sancho, sobrina y ama de don

---

[10] **Y que el tal...** *and he asked for this affidavit to remove the possibility that any
author other than Cide Hamete Benengeli falsely resuscitate him*

[11] At the end of Avellaneda's book, it says that Don Quijote continued his adventures
in Castilla la Vieja—Salamanca, Ávila and Valladolid with a new name, el CABALLERO
DE LOS TRABAJOS (see Riquer's edition, vol. 3, pp. 229-30). This affidavit was supposed
to prevent further continuations, specifically one inspired by Avellaneda.

[12] These Greek cities were Smyrna, Rhodes, Colophon, Salamis, Chios, Argos, and
Athens.

Quijote, los nuevos epitafios de su sepultura, aunque Sansón Carrasco le
puso éste:

> YACE AQUÍ EL HIDALGO FUERTE
> QUE A TANTO ESTREMO LLEGÓ
> DE VALIENTE, QUE SE ADVIERTE
> QUE LA MUERTE NO TRIUNFÓ
> DE SU VIDA CON SU MUERTE.
> TUVO A TODO EL MUNDO EN POCO;[13]
> FUE EL ESPANTAJO Y EL COCO°   bogeyman
> DEL MUNDO, EN TAL COYUNTURA,
> QUE ACREDITÓ SU VENTURA
> MORIR CUERDO, Y VIVIR LOCO.

Y el prudentísimo Cide Hamete dijo a su pluma: "Aquí quedarás, colgada
desta espetera° y deste hilo de alambre,° ni sé si bien cortada° o mal tajada   rack, wire, cut
péñola° mía, adonde vivirás luengos siglos, si presuntuosos° y malandrines   quill, presumptuous
historiadores no te descuelgan para profanarte. Pero antes que a ti lleguen,
les puedes advertir y decirles en el mejor modo que pudieres:

> ¡Tate,° tate folloncicos!°   careful, rogues
> De ninguno sea tocada;
> porque esta empresa, buen rey,
> para mí estaba guardada."[14]

"Para mí sola[15] nació don Quijote, y yo para él. Él supo obrar, y yo
escribir. Solos los dos somos para en uno a despecho y pesar del escritor   pretend, from
fingido° y tordesillesco° que se atrevió, o se ha de atrever, a escribir con   Tordesillas
pluma de avestruz grosera y mal deliñada[16] las hazañas de mi valeroso   ungraceful
caballero, porque no es carga de sus hombros ni asunto de su resfriado°
ingenio, a quien advertirás, si acaso llegas a conocerle, que deje reposar en
la sepultura los cansados y ya podridos huesos de don Quijote, y no le
quiera llevar, contra todos los fueros de la muerte, a Castilla la Vieja,
haciéndole salir de la fuesa,° donde real y verdaderamente yace, tendido de   grave
largo a largo, imposibilitado de hacer tercera jornada y salida nueva. Que
para hacer burla de tantas como hicieron tantos andantes caballeros, bastan
las dos que él hizo, tan a gusto y beneplácito° de las gentes a cuya noticia   approval
llegaron, así en estos como en los estraños reinos. Y con esto cumplirás con
tu cristiana profesión, aconsejando bien a quien mal te quiere, y yo quedaré
satisfecho[17] y ufano de haber sido el primero que gozó el fruto de sus

---

[13] **Tuvo a todo...** *he cared little for the world*

[14] These verses are more or less in imitation of a *romance* found in *Guerras civiles
de Granada* (see Gaos, Part II, p. 1043, n. 192e).

[15] The feminine form proves that it is Cide Hamete's *pen* that is writing these words.

[16] Although Schevill changes this to **adeliñada**, the form from the first edition,
deliñada, is correct. **Mal deliñada** means *incapable of writing well*.

[17] This was supposed to be the pen talking. Now the gender has changed back to
masculine, yet the speaker doesn't seem to have changed.

escritos enteramente, como deseaba, pues no ha sido otro mi deseo que
poner en aborrecimiento° de los hombres las fingidas y disparatadas   loathing
historias de los libros de caballerías, que por las
de mi verdadero don Quijote van ya
5   tropezando, y han de caer
del todo, sin duda
alguna. VALE.°"   Good-bye (*Latin*)

FIN

TABLA
DE LOS CAPÍTULOS
desta segunda parte de don Quijote de la Mancha.

Fin de la Tabla.

Index

An asterisk following an entry means that the item or person is alluded to but not named. Certain characters who are mentioned frequently are listed only with their first appearance. Saints are listed under *San(ta)*. References are to page and line numbers. Sometimes you'll have to look two places— *Sancho de Azpetia* is listed under *Sancho* and not under *Azpetia*; and *Alonso de Ercilla* is listed under *Ercilla* and not *Alonso*.